LOIS USUELLES

DÉCRETS, ORDONNANCES ET AVIS DU CONSEIL D'ÉTAT

DANS L'ORDRE CHRONOLOGIQUE

[illegible]

ARRÊTS DE LA COUR DE CASSATION

ET DES CIRCULAIRES MINISTÉRIELLES

[illegible] TABLE ALPHABÉTIQUE DE CONCORDANCE

PAR

H. F. RIVIÈRE

DOCTEUR EN DROIT

CONSEILLER A LA COUR DE CASSATION

Avec le concours de MM.

FAUSTIN HÉLIE — [illegible]

PAUL PONT — MEMBRE DE L'INSTITUT, CONSEILLER A LA COUR DE CASSATION, MEMBRE DU TRIBUNAL DES CONFLITS

ONZIÈME ÉDITION, REVUE ET AUGMENTÉE

PARIS

LIBRAIRIE A. MARESCQ AINÉ

CHEVALIER-MARESCQ SUCCESSEUR

20, RUE SOUFFLOT, 20

[illegible] coin de la rue Victor Cousin

188[illegible]

LOIS USUELLES

6148-82 — CORBEIL. TYP. ET STÉR. CRÉTÉ.

LOIS USUELLES

DÉCRETS, ORDONNANCES ET AVIS DU CONSEIL D'ÉTAT

DANS L'ORDRE CHRONOLOGIQUE

annotés

DES ARRÊTS DE LA COUR DE CASSATION

ET DES CIRCULAIRES MINISTÉRIELLES

AVEC UNE TABLE ALPHABÉTIQUE DE CONCORDANCE

PAR

H. F. RIVIÈRE

DOCTEUR EN DROIT
CONSEILLER A LA COUR DE CASSATION

Avec le concours de MM.

FAUSTIN HÉLIE
MEMBRE DE L'INSTITUT
VICE-PRÉSIDENT
DU CONSEIL D'ÉTAT

PAUL PONT
MEMBRE DE L'INSTITUT
CONSEILLER A LA COUR DE CASSATION
MEMBRE DU TRIBUNAL DES CONFLITS

DIXIÈME ÉDITION, REVUE, CORRIGÉE ET AUGMENTÉE

PARIS
LIBRAIRIE A. MARESCQ AINÉ
A. CHEVALIER-MARESCQ, SUCCESSEUR
20, RUE SOUFFLOT, 20
Au coin de la rue Victor-Cousin.

1883

LOIS USUELLES

DÉCRETS, ORDONNANCES ET AVIS

DU CONSEIL D'ÉTAT

DANS L'ORDRE CHRONOLOGIQUE.

1607

—

ÉDIT

Sur les attributions du grand-voyer, etc.

(Décembre 1607)

. . . .

ART. 3. Voulons aussi et nous plaist que lorsque les rues et chemins seront encombrez ou incommodez, nostredict grand-voyer ou ses commis enjoignent aux particuliers de faire oster lesdicts empeschemens, et sur l'opposition ou différens qui en pourroient résulter, faire condamner lesdicts particuliers qui n'auront obey à ses ordonnances, trois jours après la signification qui leur en sera faite, jusqu'à la somme de dix livres et au-dessous pour lesdictes entreprises par eux faictes. .

4. Deffendons à nostredict grand-voyer ou ses commis de permettre qu'il soit faict aucunes saillies, avances et pans de bois aux bastimens neufs, et mesme à ceux où il y en a à présent, de contraindre les réédifier, n'y faire ouvrages qui les puissent conforter, conserver et soutenir, n'y faire aucun encorbellement en avance pour porter aucun mur, pan de bois ou autres choses en saillie, et porter à faux sur lesdictes rues, ains faire le tout continuer à plomb, depuis le rez-de-chaussée tout contremont, et pourvoir à ce que les rues s'embellissent et élargissent au mieux que faire se pourra, et en baillant par luy les alignemens, redressera les murs où il y aura ply ou coude, et de tout sera tenu de donner par écrit son procez-verbal de luy signé ou de son greffier, portant l'alignement desdicts édifices de deux toises en deux toises, à ce qu'il n'y soit contrevenu, ...

5. Comme aussi nous deffendons à tous nosdicts sujets de ladite ville, fauxbourgs, prévosté et vicomté de Paris, et autres villes de ce royaume, faire aucun édifice, pan de mur, jambes, estriers, encoigneures, caves, ny caval, forme ronde en saillie, siéges, barrières, contre-fenestre, huis de caves, bornes, pas, marches, siéges, montoirs à cheval, auvens, enseignes, establies cages de menuiserie, chassis à verre et autres avances sur ladicte voyerie, sans le congé et alignement de nostredict grand-voyer, ou desdicts commis. . . . . et après la perfection d'iceux, seront tenus lesdicts particuliers d'en avertir ledits grand-voyer ou son commis, afin qu'il recolle lesdicts alignemens, et reconnoisse si lesdicts ouvriers auront travaillé suivant iceux, sans toutesfois payer aucune chose pour ledict recollement et confrontation, et où il se trouveroit qu'ils auroient contrevenu auxdicts alignemens, seront lesdicts particuliers assignez. . . . . pour voir ordonner que la besongne mal plantée sera abattue, et condamnez à telle amende que de raison. . .

6. Deffendons au commis de nostredict grand-voyer de prendre aucuns droits pour mettre les treillis de fer aux fenestres sur rues, pourvu qu'ils n'excèdent les corps des murs qui seront tirez à plomb, et pour ceux qui sortiront hors des murs payeront la somme *de trente sol tournois*.

1*

7. Faisons aussi deffenses à toutes personnes de faire et creuser aucunes caves sous les rues, et pour le regard de ceux qui voudront faire degrez pour monter à leurs maisons, par le moyen desquels les rues estrécissent, faire siéges ès dictes rues, estail ou auvent, clorre ou fermer aucunes rues, faire planter bornes au coin d'icelles, ès entrées de maisons, poser enseignes nouvelles, ou faire le tout réparer, prenaent congé dudict grand-voyer ou commis. . . . . . . , et où aucuns voudroient faire telles entreprises sans lesdites permissions, les pourra faire condamner en ladite amende de dix livres. . . . . . , ou plus grande somme, si le cas y échet, et faire abattre lesdictes entreprises; le tout au cas que lesdictes entreprises incommodent le public, et pour cet effet, sera tenu le commis dudict grand-voyer se transporter sur les lieux auparavant que donner la permission ou congé de faire lesdictes entreprises.

8. Pareillement, avons deffendu et deffendons à tous nosdicts sujets de jeter dans les rues eaues ny ordures par les fenestres, de jour ny de nuit, faire préaux ny aucuns jardins en saillies, aux hautes fenestres, ny pareillement tenir fiens, terreaux, bois, ny autres choses dans les rues et voyes publiques, plus de vingt-quatre heures, et encore sans incommoder les passans, autrement lui avons permis et permettons de les faire condamner en l'amende comme dessus, auquel voyer ou commis nous enjoignons se transporter par toutes les rues, mesmes par les maistresses, de quinze jours en quinze jours, afin de commander qu'elles soient délivrées et nettoyées, et que les passans ne puissent recevoir aucunes incommoditez.

9. Deffendons aussi à toutes personnes de faire des éviers plus haut que rez-de-chaussée, s'ils ne sont couverts jusqu'audict rez-de-chaussée, et mesmes sans la permission de nostredict grand-voyer, ses lieutenans ou commis. . . . .

. . . .

13. Deffendons au commis de nostredict grand-voyer, de donner aucune permission de faire des marches dans les rues, mais seulement continuer les anciennes ès lieux où elles n'empeschent le passage.

14. Ne pourra aussi nostredict voyer ou commis, donner permission d'auvent plus bas que de dix pieds, à prendre du rez-de-chaussée en amont.

. . . .

1629

ORDONNANCE DU ROI

Sur les plaintes et doléances faites par les députez des Estats de son royaume convoquez et assemblez en la ville de Paris en l'année 1614, etc.

(15 janvier 1629) (1)

1669

ÉDIT

Portant règlement général pour les eaux et forêts.

(Août 1669)

TITRE XXVII. — *De la police et conservation des forêts, eaux et rivières.*

. . . .

ART. 40. Ne seront tirés terres, sables, et autres matériaux, à six toises près des rivières navigables, à peine de cent livres d'amende.

41. Déclarons la propriété de tous les fleuves et rivières portant bateaux de leurs fonds, sans artifices et ouvrages de mains, dans nostre Royaume et terres de nostre obéissance, faire partie du domaine de nostre couronne, nonobstant tous titres et possessions contraires; sauf les droits de pesches, moulins, bacs, et autres usages que les particuliers peuvent y avoir par titres et possession valables, auxquels ils seront maintenus.

42. Nul, soit propriétaire ou engagiste, ne pourra faire moulins, bastardeaux, écluses, gords, pertuis, murs, plants d'arbres, amas de pierres, de terre et de fascines, ny autres édifices ou empeschemens nuisibles au cours de l'eau, dans les fleuves et rivières navigables et flottables, ny mesme y jetter aucunes ordures, immondices, ou les amasser sur les quais et rivages; à peine d'amende arbitraire. Enjoignons à toutes personnes de les oster dans trois mois du jour de la publication des présentes; et, si aucuns se trouvent subsister après ce temps, voulons qu'ils soient incessam-

(1) V. les textes du droit ancien, sous l'art. 546, C. pr.

ment ostez et levez à la diligence de nos procureurs des maistrises, aux frais et despens de ceux qui les auront faits ou causez, sur peine de cinq cents livres d'amende, tant contre les particuliers, que contre le juge et nostre procureur, qui auront négligé de le faire, et de répondre en leurs privez noms des dommages et intérests.

43. Ceux qui ont fait bastir des moulins, écluses, vannes, gords et autres édifices dans l'étendue des fleuves te rivières navigables et flottables, sans en avoir obtenu la permission de nous ou de nos prédécesseurs, seront tenus de les démolir ; sinon le seront à leurs frais et despens.

44. Deffendons à toutes personnes de détourner l'eau des rivières navigables et flottables, ou d'en affoiblir et altérer le cours par tranchées, fossez et canaux, à peine contre les contrevenans, d'être punis comme usurpateurs, et les choses réparées à leurs dépens.

. . . .

TITRE XXVIII. — *Des routes et chemins royaux ès forêts, et marchepieds des rivières.*

. . . .

ART. 7. Les propriétaires des héritages aboutissans aux rivières navigables laisseront le long des bords vingt-quatre pieds au moins de place en largeur pour chemin royal et trait des chevaux, sans qu'ils puissent planter arbres, ny tenir closture ou haye plus près que trente pieds du costé que les bateaux se tirent, et dix pieds de l'autre bord, à peine de cinq cents livres d'amende, confiscation des arbres, et d'estre, les contrevenans, contraints à réparer et remettre les chemins en estat à leurs frais.

1672

ÉDIT

Sur la police de l'Hôtel-de-Ville de Paris, et portant règlement sur la juridiction des prévôt et échevins.

(Décembre 1672)

CHAP. Ier. — CONCERNANT LES RIVIÈRES ET BORDS D'ICELLES.

. . . .

ART. 3. Seront tous propriétaires d'héritages aboutissans aux rivières navigables, tenus laisser, le long des bords, vingt-quatre pieds pour le trait des chevaux, sans pouvoir planter arbres, ny tirer clôtures ou haies plus près du bord que de trente pieds, et, en cas de contravention, seront les fossés comblés, les arbres arrachés et les murs démolis aux frais des contrevenans.

. . . .

CHAP. XVII. — CONCERNANT LA MARCHANDISE DE BOIS NEUF, FLOTTÉ, etc.

. . . .

ART. 6. Les marchands de bois flotté pourront faire jeter leurs bois à bois perdu, sur les rivières et ruisseaux, en avertissant les seigneurs intéresses, par publications qui seront faites dix jours avant que de jeter lesdits bois, aux prônes des messes des paroisses étant depuis le lieu où les bois seront jetés, jusqu'à celui de l'arrêt, et à la charge de dédommager les propriétaires des dégradations, si aucunes estoient faites aux ouvrages et édifices construits sur lesdites rivières et ruisseaux.

7. Afin que le flottage desdits bois puisse être plus commodément fait, seront tenus, les propriétaires des héritages étant des deux côtés desdits ruisseaux, de laisser un chemin de quatre pieds, pour le passage des ouvriers préposés par les marchands, pour pousser aval l'eau lesdits bois.

. . . .

1693

DÉCLARATION

Portant règlement pour les fonctions et droits des officiers de voirie.

(16 juin 1693)

..... Faisons deffenses à tous particuliers, maçons et ouvriers, de faire démolir, construire ou réédifier aucuns édifices ou bâtiments, élever aucuns pans de bois, balcons ou auvens cintrés, établir travaux de maréchaux, poser pieux ou barrières, étais ou étresillons, sans avoir pris les alignemens et permissions nécessaires de nos trésoriers de France (*aujourd'hui les préfets et les maires*), à peine, contre les contrevenans, de 20 livres d'amende.. ..

1720

RÈGLEMENT

Sur les agents de change.

(30 août 1720)

. . . .

ART. 2. Il sera élu, entre eux tous, les premiers jours d'assemblée de chaque année, à la pluralité des voix, un syndic et un adjoint pour, pendant ladite année, rédiger, signer et expédier les délibérations, et généralement faire tout ce qui despendra des fonctions de leurs emplois, pour l'établissement et conservation des intérests de la compagnie, conformément aux édits et reglements, sans que lesdits syndics et adjoints puissent rien innover ni conclure que de l'avis de la compagnie assemblée.

3. Le syndic, et, à son défaut, l'adjoint convoquera la compagnie toutes les fois qu'il en sera besoin, et chacun s'y rendra ponctuellement, à peine de 6 livres d'amende payables par ceux qui ne s'y trouveront point sans causes légitimes, lesquelles 6 livres seront applicables aux besoins de la compagnie, et sera délivré un jeton d'argent pour droit de présence à chacun de ceux qui se seront rendus à ladite assemblée.

4. Lorsqu'un agent de change sera en conférence avec quelque banquier, négociant ou autre, pour quelque négociation, un second agent de change survenant ne pourra les écouter ni les interrompre, à peine de 50 livres d'amende payables par le contrevenant, au profit du plaignant, sans néanmoins que la liberté soit ostée audit banquier, négociant ou autres, de conférer en particulier avec ce dernier, même de conclure avec lui, s'il le juge à propos, plutost qu'avec le premier.

5. Ne pourront lesdits agents exiger ni recevoir aucune somme au delà des droits qui leur sont attribués par les édits des mois d'août 1708 et novembre 1714, sous peine de concussion, et leur sera loisible de se faire payer leurs droits après la consommation de chaque négociation ou, suivant l'ancien usage sur des mémoires qu'ils fourniront de trois mois en trois mois des négociations faites par leur entremise aux banquiers, négociants ou autres, pour le compte desquels ils les auront faites. Mais ne seront préférés et privilégiés sur les effets lesdits banquiers, négociants ou autres, que pour lesdits droits des négociations qu'ils auront faites pendant les trois derniers mois.

6. Il sera tenu un registre pour les délibérations de la compagnie, un autre pour l'enregistrement des édits, arrests et reglements sur le fait desdits emplois, et un troisième pour les commissions et sentences de réception de chacun desdits employés, lesquels registres et autres pièces concernant ladite compagnie seront mis dans un coffre qui restera dans le bureau, et dont la clef demeurera entre les mains du syndic, pour les représenter quand besoin sera.

7. Chaque syndic sortant de charge sera tenu de présenter son compte de recettes et de despenses trois mois après son année d'exercice, sur le bureau de l'assemblée ordinaire, auquel jour seront nommées deux personnes de la compagnie, pour l'examiner et en faire leur rapport à l'assemblée suivante ; ce qui se trouvera despensé pour le bien et l'utilité de la compagnie sera alloué sans difficulté, et ce dont le syndic se trouvera redevable sera par lui payé au syndic entrant en charge, et en cas qu'il soit dû au syndic sortant, la compagnie lui en fera le remboursement.

8. Seront les présens articles et reglements lus à toutes les assemblées qui se tiendront pour l'élection des syndics et adjoints, auxquels il est enjoint de tenir la main à leur exécution.

1723

RÈGLEMENT DU CONSEIL

Pour la librairie et imprimerie de Paris.

(28 février 1723) (1)

---

(1) *Rec. gén. des anc. Lois franç.*, par Isambert, vol. XXI p. 216. — Ce

1724

—

ARRÊT DU CONSEIL

Portant établissement d'une Bourse de commerce à Paris.

(24 septembre 1724)

. . . .

ART. 11. Les femmes ne pourront entrer à la Bourse, pour quelque cause ou prétexte que ce soit.

12. Toutes les négociations de lettres de change, billets au porteur ou à ordre, marchandises, papiers commerçables et autres effets se feront à la Bourse, de la manière et ainsi qu'il sera ci-après expliqué. Défend, Sa Majesté, à tout particulier, de quelque état et condition qu'il soit, de faire aucune assemblée et de tenir aucun bureau pour y traiter de négociations, soit en maisons bourgeoises, hostels garnis, chambres garnies, cafés et limonadiers, cabaretiers et partout ailleurs, à peine de prison et de 6,000 livres d'amende contre les contrevenants, payable avant de pouvoir être élargis, et applicable moitié au dénonciateur et l'autre moitié à l'Hospital général. Et seront tenus les propriétaires, en cas qu'ils occupent leurs maisons, ou les principaux locataires, aussitost qu'ils auront connoissance de l'usage qui en sera fait en contravention au présent article, d'en faire déclaration au commissaire du quartier et d'en requérir acte; faute de quoi ils seront condamnés par corps en pareille amende de 6,000 livres, applicable comme ci-dessus.

13. Défend très-expressément, Sa Majesté, aucuns attroupemens dans les rues aux environs de la Bourse et dans toutes les autres rues de la ville et fauxbourgs de Paris, pour y faire aucunes négociations, et sous quelque cause ou prétexte que ce soit. Enjoint Sa Majesté au sieur lieutenant général de police, de faire arrester les contrevenants et de les faire constituer prisonniers.

14. N'entend, Sa Majesté, comprendre, dans les deffenses portées par les deux précédents articles, les traités ou négociations pour marchandises seulement, qui, outre la Bourse, pourront continuer de se faire dans les foires, halles ou marchés à ce destinés, et sans néanmoins qu'il y puisse être fait aucune négociation d'autres effets.

. . . .

26. Ils (*les agents de change*) tiendront chacun un registre-journal, qui sera coté et paraphé par les juge et consuls de la ville de Paris, sur lequel Sa Majesté leur enjoint de garder une note exacte des lettres de change, billets et autres papiers commerçables et des marchandises et effets qui seront par eux négociés, sans y enregistrer aucuns noms, mais en distinguant chaque partie par une suite de numéros, et de délivrer à ceux qui les emploieront un certificat signé d'eux, de chaque négociation qu'ils feront, lequel certificat portera le même numéro et sera timbré du folio où la partie aura été inscrite sur leur registre.

. . . .

28. Lorsque les négociations de lettres de change, billets au porteur ou à ordre et des marchandises, seront faites à la Bourse par le ministère des agents de change, le même agent pourra servir au tireur et au preneur des lettres ou billets, et au vendeur et à l'acheteur des marchandises.

29. A l'égard des négociations de papiers commerçables et autres effets, elles seront toujours faites par le ministère de deux agens de change; à l'effet de quoi les particuliers qui voudront acheter ou vendre des papiers commerçables et autres effets, remettront l'argent ou les effets aux agens de change, avant l'heure de la Bourse, sur leur reconnoissance, portant promesse de leur en rendre compte dans le jour, et ne pourront néanmoins, lesdits agens de change, porter ni recevoir aucuns effets ni argent à la Bourse, ni faire leurs négociations, autrement qu'en la forme ci-après marquée; le tout à peine, contre les agens de change qui contreviendront au contenu au présent article, de destitution et de 3,000 livres d'amende, payable par corps, dont la moitié appartiendra au dénonciateur et l'autre moitié à l'Hospital général.

30. Lorsque deux agens de change

règlement, virtuellement abrogé par l'art. 2 de la loi du 17 mars 1791, n'a été remis en vigueur ni par le décret du 5 février 1810, ni par la loi du 21 octobre 1814. — Cass. 26 févr. 1836; 13 févr. 1836; 24 sept. 1841. — V. aussi L. 29 juill. 1881, art. 68.

seront d'accord à la Bourse d'une négociation, ils se donneront réciproquement leurs billets portant promesse de se fournir dans le jour, savoir : par l'un les effets négociés, et par l'autre le prix desdits effets; et non-seulement chaque billet sera timbré du même numéro, sous lequel la négociation sera inscrite sur le registre de l'agent de change qui fera le billet, mais encore il rappellera le numéro du billet fourni par l'autre agent de change, afin que l'un serve de renseignement et de contrôle à l'autre; lesquels billets seront régulièrement acquittés de part et d'autre dans le jour, à peine d'y être contraints par corps, même poursuivis extraordinairement en cas de divertissement de deniers ou effets.

31. Les agens de change seront pareillement tenus, en consommant leurs négociations avec ceux qui les auront employés, de leur représenter le billet au dos duquel sera l'acquit de l'agent de change avec qui la négociation aura été faite, et de rappeler, dans le certificat qu'ils en délivreront, conformément à l'article 26, le nom dudit agent de change, et les deux numéros du billet, aussi bien que la nature et la quantité des effets vendus ou achetés, et le prix desdits effets.

. . . .

36. Les agens de change ne pourront nommer dans aucun cas les personnes qui les auront chargés de négociations, auxquelles ils seront tenus de garder un secret inviolable, et de les servir avec fidélité dans toutes les circonstances de leurs négociations, soit pour la nature et la qualité des effets, ou pour le prix d'iceux; et ceux qui seront convaincus de prévarication seront condamnés de réparer le tort qu'ils auront fait, et, en outre, aux peines portées par l'article 29.

. . . .

39. Leur défend pareillement, Sa Majesté, sous les mêmes peines, de faire ailleurs qu'à la Bourse aucune négociation de lettres, billets, marchandises, papiers commerçables et autres effets.

41. Les noms des agens de change qui tomberont en contravention, et qui auront été destitués, seront inscrits à la Bourse dans un tableau, afin que le public soit informé de ne plus se servir de leur ministère.

1728

—

DÉCLARATION

Concernant le port des armes.

(23 mars 1728) (1)

Voulons et nous plaist que la déclaration du 18 décembre 1660, au sujet de la fabrique et port d'armes, soit exécutée selon sa forme et teneur; ordonnons, en conséquence, qu'à l'avenir toute fabrique, commerce, vente, débit, achat, port et usage des poignards, couteaux en forme de poignards, soit de poche, soit de fusil, des baïonnettes, pistolets de poche, épées en bâtons, bâtons à ferremens, autres que ceux qui sont ferrés par le bout, et autres armes offensives cachées et secrètes, soient et demeurent pour toujours généralement abolis et défendus : enjoignons à tous couteliers, fourbisseurs, armuriers et marchands, de les rompre et briser incessamment après l'enregistrement des présentes, si mieux ils n'aiment faire rompre et arrondir la pointe des couteaux, en sorte qu'il n'en puisse arriver d'inconvéniens; à peine contre les armuriers, couteliers, fourbisseurs et marchands trouvés en contravention, de confiscation pour la première fois, d'amende de 100 livres et interdiction de leur maistrise pour un an, et de privation d'icelle en cas de récidive, même de peine corporelle, s'il y échet; et contre les garçons qui travaillent en chambre, d'être fustigés et flétris pour la première fois; et pour la seconde, d'être condamnés aux galères; et à l'égard de ceux qui portent sur eux lesdits couteaux, baïonnettes, pistolets et autres armes offensives, cachées et secrètes, ils seront condamnés en six mois de prison et en 500 livres d'amende. N'entendons néanmoins comprendre en ces présentes défenses les baïonnettes à ressort qui se mettent au bout des armes à feu pour l'usage de la guerre; à condition que les ouvriers qui les fabriqueront seront tenus d'en faire déclaration au juge de police du lieu, et sans qu'ils puissent les vendre ni débiter qu'aux officiers de nos trou-

(1) Le décret du 12 mars 1806 a ordonné la réimpression de cette déclaration. — V. Ord. 23 fév. 1837, *Sur les pistolets de poche.*

pes, qui leur en délivreront certificat, dont lesdits ouvriers tiendront registre parafé par nosdits juges de police.

1738

RÈGLEMENT

Concernant la procédure au Conseil.

(28 juin 1738) (1)

PREMIÈRE PARTIE.

DE LA MANIÈRE D'INTRODUIRE LES DIFFÉRENTES ESPÈCES D'AFFAIRES QUI SONT PORTÉES AU CONSEIL, ET DES RÈGLES QUI SONT PROPRES A CHACUNE DESDITES AFFAIRES.

TITRE Ier. — *Des Evocations sur parentés et alliances, et des Règlemens de juges en matière civile et criminelle.*

ART. 3. Les instances en règlement de juges, en matiere civile ou criminelle, ne pourront être introduites que par lettres du grand sceau ou par arrêt du Conseil, ainsi qu'il est prescrit par les articles 1er et 19 du titre des Règlemens de juges en matière civile et par l'article 2 du titre des Règlemens de juges en matière criminelle, de la même ordonnance.

TITRE IV. — *Des demandes en cassation d'arrêts ou de jugemens rendus en dernier ressort.*

ART. 1er. Les demandes en cassation d'arrêts ou de jugemens rendus en dernier ressort seront formées par une requête en forme de vu d'arrêt, qui contiendra les moyens de cassation.

2. Ladite requête sera signée de l'avocat du demandeur, et, en outre, de deux anciens avocats au Conseil, du nombre de ceux qui seront syndics en charge, ou des trois plus anciens ; sinon ladite requête ne pourra être reçue ; et, à cet effet, le tableau du nom des avocats au Conseil, signé de leur greffier, sera remis tous les ans au greffe du Conseil et en celui des requêtes de l'Hôtel (2).

(1) V. L. 2 juin 1862, art. 11.

(2) La signature de deux anciens avocats a été supprimée par le décret du 19 août 1793.

. . . .

4. Le demandeur en cassation sera tenu de joindre à sa requête la copie qui lui aura été signifiée de l'arrêt ou jugement en dernier ressort, ou une expédition en forme dudit arrêt ou jugement, s'ils ne lui ont pas été signifiés, sinon la requête ne pourra être reçue.

5 Le demandeur en cassation sera tenu de consigner la somme de 150 livres pour l'amende envers Sa Majesté lorsqu'il s'agira d'un arrêt ou jugement contradictoire, et celle de 75 livres s'il ne s'agit que d'un arrêt ou jugement par défaut ou par forclusion ; desquelles sommes le receveur des amendes se chargera, sans droits ni frais ; et sera la quittance de consignation jointe à la requête en cassation, sinon ladite requête ne pourra être reçue (3).

6. Les accusés qui auront été décrétés de prise de corps ne seront reçus à demander la cassation des arrêts ou jugemens en dernier ressort, qui les auront décrétés, ou d'autres arrêts ou jugemens préparatoires ou interlocutoires, s'ils ne sont actuellement en état dans les prisons des juges qui auront rendu lesdits arrêts ou jugemens, ou dans celles du lieu où se tient le Conseil ; et, à l'égard de ceux qui se pourvoiront en cassation contre des arrêts ou jugements définitifs rendus contre eux, ils ne pourront y être reçus qu'après s'être mis en état dans les prisons du lieu où se tient ledit Conseil, lorsque lesdits arrêts ou jugemens auront prononcé contre eux des peines afflictives ou infamantes ; et, dans tous lesdits cas, l'acte de leur écrou, en bonne et due forme, sera joint à la requête en cassation, et visé dans l'arrêt qui interviendra sur icelle, à peine de nullité. (*V. art.* 421, *C. I. crim.*)

7. La requête en cassation, avec l'arrêt ou jugement en dernier ressort, et la quittance de consignation de l'amende, sera remise au greffier du Conseil. . . . .

8. Aucune requête en cassation ne pourra être reçue, si elle n'a pas été présentée et le rapporteur commis dans le délai qui sera marqué par les articles suivans, et ce, soit en matière civile ou criminelle.

9 (4). . . . .

(3) V. Décr. 2 brum. an IV.

(4) Les art. 9 à 19, relatifs aux délais du pourvoi, ont été remplacés par les lois des 27 nov. 1790, art. 14, 2 brum. an IV, art. 15, et 2 juin 1862.

20. Dans tous les cas où il aura été nommé un rapporteur, l'ordonnance qui l'aura commis, et la requête en cassation lui seront remises incontinent par le greffier, avec les pièces qui y auront été jointes.

21. Aucune requête en cassation ne pourra être portée au Conseil sans avoir été préalablement communiquée aux sieurs commissaires nommés en général pour l'examen des demandes en cassation, ou, lorsqu'il s'agira du domaine, des aides et gabelles, ou de matières ecclésiastiques, aux sieurs commissaires nommés pour l'examen desdites matières; et seront lesdites requêtes rapportées au premier conseil, qui sera tenu après la communication auxdits sieurs commissaires, à l'effet de quoi monsieur le chancelier donnera la parole aux sieurs rapporteurs desdites requêtes, par préférence à tous autres.

22, 23, 24 (1).

25. En cas que, sur le rapport de la requête en cassation, le demandeur se trouve non recevable ou mal fondé dans sa demande, il sera rendu arrêt par lequel ledit demandeur sera débouté de sa demande, ou déclaré non recevable, s'il y échet; et dans l'un et l'autre cas, il sera condamné par le même arrêt, en l'amende de 150 livres ou de 75 livres, suivant la distinction portée par l'article 5 ci-dessus.

26, 27 (2).

28. Lorsque le Conseil, soit en ordonnant l'envoi des motifs, ou après les avoir vus, jugera que la demande en cassation mérite d'être introduite contradictoirement avec toutes les parties intéressées, l'arrêt qui interviendra ordonnera seulement que la requête en cassation leur sera communiquée, pour y répondre dans les délais du règlement, faute de quoi il y sera fait droit, ainsi qu'il appartiendra.

29. Les demandes en cassation, ni même les arrêts qui interviendront pour demander les motifs, ou pour ordonner que la requête sera communiquée à la partie, ne pourront empêcher l'exécution des arrêts ou jugemens en dernier ressort, dont la cassation sera demandée; et ne seront données aucunes défenses ni surséance en aucun cas, si ce n'est par ordre exprès de Sa Majesté.

30. Dans le cas porté par l'article 28 ci-dessus, l'arrêt du Conseil par lequel il aura été ordonné que la requête en cassation sera communiquée à la partie qui a obtenu l'arrêt ou jugement en dernier ressort, sera signifié à sa personne ou domicile, et ce, dans trois mois au plus tard, à compter du jour dudit arrêt. . . ; et, faute par le demandeur en cassation de l'avoir fait signifier dans ledit temps, il demeurera déchu de sa demande en cassation, sans qu'on puisse y avoir égard dans la suite, sous quelque prétexte que ce soit (3).

31. — *Abrogé.*

32. Il ne pourra être donné aucune requête ni mémoire pour répondre aux demandes en cassation, lorsqu'il n'y aura pas eu d'arrêt de soit communiqué, ou que, s'il y en a eu un, il n'aura pas été signifié. Défenses sont faites aux avocats de signer de pareilles requêtes ou mémoires, sous telles peines qu'il appartiendra; et ne pourront, en aucun cas, lesdites requêtes en cassation être communiquées avant ledit arrêt par les greffiers du Conseil ou leur commis, ou par les clercs des sieurs rapporteurs; ce qui sera exécuté à peine de 200 livres d'aumônes applicables à l'Hôpital général, sauf à être prononcé de plus grandes peines, s'il y échet.

33. Les requêtes en cassation, qui seront présentées incidemment à des instances pendantes au Conseil, seront remises au sieur rapporteur de l'instance à laquelle on prétendra que lesdites requêtes seront incidentes, lequel en communiquera aux sieurs commissaires mentionnés en l'article 21 ci-dessus, sans qu'il soit besoin de le faire commettre sur icelles; et seront au surplus observées les règles ci-dessus prescrites pour les autres demandes en cassation, sans que lesdites demandes puissent être jointes à l'instance principale autrement que par arrêt, et après qu'elles auront été préalablement communiquées auxdits sieurs commissaires, le tout à peine de nullité, et autres qu'il appartiendra (4).

34. Ne seront néanmoins comprises dans la disposition de l'article précédent, les demandes en cassation des procédures ou arrêts attentatoires à l'autorité du Conseil, lesquelles seront formées et instruites ainsi qu'il sera réglé ci-après. . . . . . . , sans

(1) Ces articles ne sont plus en vigueur. — *V.* sur la communication des pièces, art. 22 et suiv., Ord. 15 janv. 1826.

(2) Ces articles ne sont plus en vigueur.

(3) *V.* art. 2, L. 2 juin 1862.

(4) La communication aux commissaires est une disposition maintenant sans objet

être sujettés à aucune des règles prescrites par le présent titre pour les autres demandes en cassation.

35. Le demandeur en cassation qui succombera en sa demande, après un arrêt de soit communiqué, sera condamné en 300 livres d'amende envers Sa Majesté, et en 150 livres envers la partie, si l'arrêt ou le jugement dont la cassation était demandée a été rendu contradictoirement; et en la moitié seulement desdites sommes, si l'arrêt ou le jugement a été rendu par défaut ou par forclusion, dans lesquelles sommes sera comprise celle qui aura été consignée par le demandeur en cassation, suivant l'article 5 ci-dessus.

36. L'amende portée par l'article précédent ne pourra être remise ni modérée sous quelque prétexte que ce soit; mais elle pourra être augmentée, s'il est ainsi ordonné, en statuant sur ladite demande en cassation.

37. L'amende sera acquise de plein droit, quand même il auroit été omis d'y prononcer, et en quelques termes que l'arrêt qui rejettera la demande en cassation soit conçu; ce qui aura lieu pareillement dans le cas porté par l'article 25 ci-dessus.

38. Lorsque le demandeur aura obtenu la cassation par lui demandée, l'amende consignée lui sera rendue sans aucun délai, en quelques termes que l'arrêt qui aura égard à ladite demande soit conçu, et quand même il auroit été omis d'ordonner que ladite amende seroit rendue.

39. Après qu'une demande en cassation d'un arrêt ou jugement aura été rejetée par arrêt sur requête ou contradictoire, la partie qui l'aura formée ne pourra plus se pourvoir en cassation contre le même arrêt ou jugement, encore qu'elle prétendît avoir de nouveaux moyens, ni pareillement contre l'arrêt qui aura rejeté ladite demande; ce qui sera observé à peine de nullité, même sous telle autre peine qu'il appartiendra, notamment contre les avocats qui, après avoir signé la première requête en cassation, auroient aussi signé la seconde.

40. Défenses très-expresses sont faites aux avocats, sous telles peines qu'il appartiendra, même d'interdiction, s'il y échet, de faire aucunes procédures pour introduire au Conseil des demandes en cassation d'arrêts ou jugemens en dernier ressort, par autres voies et en autres formes que celles qui sont établies par les dispositions du présent titre; ce qui aura lieu même dans le cas où la requête en cassation ayant été d'abord rapportée à Sa Majesté, elle auroit ordonné qu'il y seroit pourvu en son Conseil. . . . .

. . . .

TITRE VI. — *Des demandes en contrariété d'arrêts, autres que celles dont la connoissance est attribuée au Grand-Conseil.*

ART. 1er. — Lorsqu'une partie prétendra qu'il y aura contrariété d'arrêts entre un arrêt d'une des Cours de parlement ou autres et un arrêt du Grand-Conseil, elle ne pourra se pourvoir qu'au Conseil; ce qui aura lieu pareillement lorsque l'arrêt ou le jugement en dernier ressort, auquel on prétendra qu'un autre arrêt ou jugement en dernier ressort est contraire, sera émané du Conseil, ou rendu par des commissaires dudit Conseil, ou par les sieurs maîtres des requêtes ordinaires de l'Hôtel.

2. — *Abrogé* (1).

3. La demande en contrariété sera formée par une requête en forme de vu d'arrêt, à laquelle le demandeur sera tenu de joindre les copies à lui signifiées, ou des expéditions en forme des arrêts qu'il soutiendra être contraires, sinon elle ne pourra être reçue.

4. Les dispositions des articles 7, 20 et 21 du titre IV ci-dessus, soit sur la forme de commettre un rapporteur, soit sur la communication aux sieurs commissaires dénommés dans ledit article 21, seront pareillement observées à l'égard desdites requêtes, après laquelle communication il en sera fait rapport au Conseil par ledit sieur rapporteur, pour y être statué ainsi qu'il appartiendra.

5. Lorsqu'il ne se trouvera aucune contrariété entre les deux arrêts ou jugemens dont il s'agira, ledit demandeur sera débouté de sa demande ou déclaré non recevable, s'il y échet; et, si ladite demande paroît mériter une plus grande instruction, il sera ordonné qu'elle sera communiquée aux parties qui y seront intéressées, pour y répondre dans les délais du règlement.

6. En cas que, sur le rapport de l'instance introduite par ledit arrêt de soit communiqué, il soit jugé qu'il y a contrariété entre les deux arrêts ou jugemens, il sera ordonné que, sans s'arrêter au dernier, le premier

(1) V. L. 21 nov. 1790 et L. 2 brum. an IV, art. 17.

sera exécuté selon sa forme et teneur; et, si le demandeur succombe en sa demande, il pourra être condamné en tels dommages et intérêts qu'il appartiendra envers sa partie, même en telle amende qu'il plaira au Conseil d'arbitrer.

. . . .

Titre IX. — *Des autres matières non comprises dans les titres précédens* (1).

Art. 1er. — Lorsqu'une partie sera dans le cas de se pourvoir au Conseil, dans d'autres matières que celles qui sont mentionnées aux titres précédens, elle ne pourra le faire que par une requête en forme de vu d'arrêt, contenant sa demande et ses moyens, et elle sera tenue d'y joindre les pièces sur lesquelles ladite demande sera fondée.

2. Ladite requête sera signée d'un avocat au Conseil, dont la signature vaudra élection de domicile pour le demandeur, en la personne dudit avocat; et ladite requête contiendra les moyens et les conclusions du demandeur, avec l'énonciation sommaire des pièces dont il entendra se servir, sinon elle ne pourra être reçue.

3. Le demandeur remettra ladite requête et les pièces y jointes à l'un des sieurs maîtres des requêtes, si ce n'est toutefois qu'elle fût incidente à une instance dans laquelle il y auroit eu un rapporteur commis, auquel cas, aucun autre des sieurs maîtres des requêtes ne pourra s'en charger, et il y sera statué au premier conseil par un arrêt qui sera écrit au pied d'icelle. Défenses sont faites aux parties, à peine de nullité et de tous dépens, dommages et intérêts, de se servir des arrêts qui auroient été rendus sur pareilles requêtes, dans une autre forme que celle prescrite par le présent article et par le précédent, qui seront observés dans tous les cas où, suivant le présent règlement, les parties doivent se pourvoir par requête en forme de vu d'arrêt.

4. Lorsque la demande portée par ladite requête se trouvera suffisamment justifiée, elle pourra être adjugée sur-le-champ par ledit arrêt, sinon il sera ordonné qu'elle sera communiquée aux parties dénommées dans la requête; et, en cas que le demandeur se trouve non recevable ou mal fondé dans ladite demande, il en sera débouté ou déclaré non recevable, s'il y échet.

5. Après qu'il aura été statué par arrêt sur une requête, il ne pourra plus en être présenté aucune autre tendant aux mêmes fins, à peine de nullité, même, s'il y échet, de telle aumône qu'il appartiendra contre la partie et contre l'avocat qui, après avoir signé la première requête, auroit aussi signé la seconde, et sera ladite aumône appliquée à l'Hôpital général.

. . . .

SECONDE PARTIE.

De la manière de procéder a l'instruction des affaires portées au Conseil, et des règles qui sont communes a ladite instruction.

Titre Ier. — *De la forme et des délais des assignations et autres actes ou exploits introductifs d'instance et des présentations.*

Art. 1er. — Toutes assignations seront données et tous actes introductifs d'instance seront signifiés au domicile des parties, à l'exception des cas portés par les articles 53, 59 et 69 de l'ordonnance du mois d'août 1737, au titre des Evocations; comme aussi par les articles 4 et 6 du titre II et par l'article 4 du titre X de la première partie du présent règlement.

2. Tous exploits d'assignation, ou actes introductifs d'instance, de quelque qualité qu'ils soient, même les significations des requêtes d'opposition à des arrêts du Conseil, contiendront le nom de l'avocat dont la partie entend se servir, à peine de nullité desdits exploits ou actes, et de 20 livres d'amende contre les huissiers ou sergens qui les auront signifiés.

3, 4 (2).

5. Dans tous les délais ci-dessus marqués, les jours de l'assignation ou de la signification, et celui de l'échéance, ne seront point comptés; ce qui sera pareillement observé dans tous les délais marqués par le présent règlement.

6. Lorsque les instances auront été introduites par arrêt de soit communiqué, la signification desdits arrêts emportera, de droit, sommation d'y satisfaire et de se présenter au Conseil dans les délais ci-dessus prescrits, sans qu'il puisse être donné au-

(1) Nous conservons ce titre à cause des dispositions générales qu'il contient.

(2) V. L. 2 juin 1862.

cune assignation, ni être fait aucune sommation ni autre signification, à peine de nullité desdites assignations, sommations ou significations.

7. Dans les lettres portant permission d'assigner au Conseil, seront nommés et désignés distinctement tous ceux qui doivent y être assignés, sans qu'on puisse user des termes *et autres qu'il appartiendra ;* et toutes assignations données à autres qu'à ceux qui sont nommés ou désignés dans lesdites lettres, seront réputées nulles ; sauf, en cas qu'il y ait d'autres parties dont la présence paroisse nécessaire dans la suite, à y être pourvu par un arrêt portant permission de les mettre en cause ; auquel cas, il pourra être ordonné, s'il y échet, que l'instance sera instruite avec lesdites nouvelles parties, aux frais et dépens de celle qui aura négligé de les faire comprendre dans lesdites lettres, et qu'elle ne pourra répéter lesdits frais, quand même, par l'arrêt définitif, elle obtiendroit une condamnation de dépens contre toutes les parties.

8. L'avocat constitué par lesdites lettres sera tenu, à la première sommation qui lui sera faite par l'avocat qui sera constitué pour une desdites parties, de justifier des assignations qui auront été données aux parties dénommées dans les lettres, sinon il demeurera responsable en son nom de tous les dépens, dommages et intérêts de la partie.

9. En cas qu'il se trouve qu'une ou plusieurs des parties comprises dans lesdites lettres n'ait pas été assignée avant ladite sommation, la partie assignée en conséquence desdites lettres, pourra obtenir un arrêt pour lui permettre de faire assigner les parties qui ne l'auroient pas été, et ce, dans le délai qui sera prescrit par ledit arrêt ; le tout aux frais de celui qui aura obtenu lesdites lettres, et sans qu'il puisse les répéter, quand même, par l'arrêt définitif, il obtiendroit une condamnation de dépens.

10. Les dispositions des trois articles précédens seront observées à l'égard des arrêts de soit communiqué, et des significations desdits arrêts.

11. L'avocat coté par les lettres, arrêts, exploits ou actes introductifs d'instance, sera tenu d'occuper pour le demandeur, lors même qu'il n'aura point d'autre pouvoir, et sans qu'il soit reçu à déclarer qu'il n'a point de charge, ou que c'est à son insu et sans son aveu qu'il a été coté par lesdites lettres, arrêts, exploits ou actes.

12. La simple remise faite à un avocat de la copie signifiée desdites lettres, arrêts, exploits, ou autres actes introductifs d'instance, lui tiendra lieu de pouvoir suffisant pour occuper pour le défendeur, sans qu'il ait besoin d'en avoir aucun autre.

13, 14. — *Abrogés par la loi du 2 brum. an IV.*

15. Dans les instances qui seront introduites par arrêt de soit communiqué, le premier acte signifié de la part de l'avocat pour le défendeur tiendra lieu de présentation au greffe, et vaudra constitution, sans qu'il soit besoin d'en faire signifier d'autre.

16. Il sera permis au défendeur ou à l'intimé d'anticiper le délai porté par l'assignation ou par la signification de l'arrêt de soit communiqué, auquel cas, l'avocat du demandeur ou de l'appelant sera tenu d'occuper.

17. Les avocats seront tenus de signer les originaux et les copies de tous les actes, requêtes ou autres procédures, qui seront signifiés pendant le cours des instances, ce qui sera observé à peine de nullité de ladite signification : défenses sont faites aux greffiers du Conseil et à leurs commis de délivrer aucunes expéditions sur les cédules non signées, et aux huissiers dudit Conseil de signifier aucunes écritures ou actes, soit d'instruction ou autres, s'ils ne sont pas signés desdits avocats, à peine de nullité et de 200 livres d'amende.

18. Défenses sont faites, sous les mêmes peines, auxdits huissiers de signifier aucunes requêtes, si elles ne sont répondues d'une ordonnance du rapporteur (1), et seront tenus de faire en personne toutes les significations dont ils seront chargés, comme aussi de recevoir les réponses, si aucunes sont faites par les avocats des parties, et de les leur faire signer : ce qui sera observé à peine de 20 livres d'amende.

TITRE II. — *Des défauts, des arrêts sur lesdits défauts, et de la restitution contre lesdits arrêts.*

ART. 1er. — En cas que le défendeur ou l'intimé qui aura été assigné au Conseil ne se soit pas présenté dans les délais marqués au titre précédent, ou qu'il n'ait pas fait signifier son acte de présentation conformément à ce qui est porté par l'article 14 dudit titre, le demandeur pourra, huitaine après l'échéance de l'assignation, le-

(1) Disposition abrogée.

ver un défaut au greffe contre ledit défendeur (1).

2. Lorsqu'il y aura eu plusieurs parties assignées, en vertu des mêmes lettres, à pareils ou différents délais, l'avocat du demandeur ou de l'appelant ne pourra prendre un défaut contre aucune desdites parties, qu'après l'échéance de toutes les assignations et l'expiration du temps prescrit pour lever le défaut.

3. L'avocat du demandeur qui voudra lever un défaut sera tenu d'y comprendre toutes les parties assignées qui n'auront pas comparu, faute de quoi, celles desdites parties qui se seront présentées pourront obtenir un arrêt portant permission de lever ledit défaut ; le tout aux frais dudit demandeur, et sauf à être prononcé contre lui ou contre son avocat, s'il y échet, telle condamnation de dommages et intérêts qu'il appartiendra.

4. En cas que le demandeur ait laissé passer une année entière depuis l'assignation donnée, sans faire aucune poursuite, il ne pourra lever un défaut sur ladite assignation, à peine de nullité, si ce n'est toutefois que l'un des défendeurs se fût présenté ; auquel cas, il pourra être pris, même après l'année de l'assignation, un défaut contre les autres défendeurs défaillants ; et ne pourra la surannation être opposée au défendeur par le demandeur, en aucun cas.

5. Lorsque le défaut aura été levé, il sera remis à l'un des sieurs maîtres des requêtes, avec une requête pour en demander le profit, à laquelle seront jointes les pièces justificatives de la demande ; et ne pourra ladite requête excéder quatre rôles.

6. Ledit défaut sera jugé sans autre procédure ni formalité, après qu'il en aura été communiqué aux sieurs maîtres des requêtes étant en quartier au Conseil, en leur assemblée, sans néanmoins que l'arrêt puisse être rendu que trois jours après la date dudit défaut.

7. Le défaut sur une assignation en reprise d'instance ou en constitution de nouvel avocat, comme aussi tout défaut levé contre des parties défaillantes, lorsque d'autres parties auront comparu, demeurera joint de droit au principal, sans qu'il soit rendu aucun arrêt à cet effet, et sera jugé avec l'instance par un seul et même arrêt.

8. Dans les instances introduites par arrêt de soit communiqué, faute par la partie de constituer avocat à l'échéance du délai porté par ledit arrêt l'avocat du demandeur pourra, huitaine après l'expiration dudit délai, remettre ledit arrêt dûment signifié, avec les pièces qui y auront été visées, au sieur maître des requêtes au rapport duquel l'arrêt de soit communiqué sera intervenu, ou, en son absence ou légitime empêchement, à celui des sieurs maîtres des requêtes qui aura été commis à sa place en la forme ordinaire, pour être statué, ainsi qu'il appartiendra, au premier conseil, sur la requête insérée audit arrêt, sans sommation, et sans autres procédures ni formalités, après néanmoins qu'il en aura été communiqué aux sieurs maîtres des requêtes, ainsi qu'il est porté par l'article 6 ci-dessus. (*La procédure indiquée par cet article ne peut plus être suivie.*)

9. Les parties défaillantes ne pourront être restituées contre les arrêts par défaut, que par lettres du grand sceau, ou par arrêt du Conseil.

10. La partie qui voudra se pourvoir par cette voie sera tenue, avant toutes choses, d'offrir à l'avocat qui aura obtenu l'arrêt par défaut la somme de 100 livres pour la réfusion des frais, jusqu'au jour des offres ; et faute par ledit avocat de recevoir ladite somme, les deniers demeureront consignés entre les mains de l'huissier qui en aura fait l'offre, aux risques, périls et fortune de l'avocat qui l'aura refusée, sans que, pour raison de ce, ledit huissier puisse prétendre aucun droit de consignation.

11. En rapportant la quittance de l'avocat, ou l'acte d'offre portant consignation, ladite partie sera restituée par lettres ou par arrêt, qu'elle sera tenue d'obtenir, et même de faire signifier à l'avocat de l'autre partie, dans les délais suivans, à compter du jour de la signification de l'arrêt par défaut, faite à la personne ou domicile du défaillant ; savoir, de trois mois, quand l'assignation aura été donnée à deux mois ; de deux mois, quand elle aura été donnée à un mois, et d'un mois, quand elle aura été donnée à quinzaine : le tout suivant la distinction portée par l'article 3 du titre des Assignations ; et, à l'égard des parties domiciliées dans les ressorts des conseils supérieurs, mentionnés en l'article 4 dudit titre, outre les délais des assignations dont il y est fait mention, il sera accordé six mois de plus pour obtenir et faire signifier ledit arrêt de restitution (2).

(1) V. art. 7 et suiv., L. 2 juin 1862.

(2) V. 7 et suiv., L. 2 juin 1862

12. Après les délais marqués par l'article précédent, ledit défaillant ne sera plus reçu à se pourvoir contre ledit arrêt, *par aucune autre voie que celle de ladite demande en cassation* (1) ; et l'avocat de la partie qui aura obtenu l'arrêt par défaut pourra rendre les pièces qu'elle lui avoit remises, dont il demeurera bien et valablement déchargé.

13. En matière d'évocation et de règlement de juges, la voie de restitution contre les arrêts rendus par défaut ne pourra être admise ou avoir son effet, si, après la signification desdits arrêts, et avant celle des lettres ou arrêts de restitution, il est intervenu sentence ou arrêt définitif sur la contestation principale dans le tribunal où l'affaire aura été renvoyée ; et les lettres ou arrêts de restitution, si aucuns avoient été obtenus dans ledit cas, seront réputés nuls et de nul effet, sans qu'il soit besoin de le faire déclarer ; à l'effet de quoi, il en sera inséré une clause expresse dans lesdites lettres ou arrêts, le tout à peine de nullité.

14. Il ne sera accordé pareillement aucune restitution contre les arrêts donnés par défaut contre quelques-unes des parties de l'instance, lorsqu'ils auront été rendus contradictoirement avec d'autres parties qui avoient le même intérêt que les parties défaillantes, à l'égard desquelles ils seront réputés contradictoires, et ne pourront être attaqués que par la voie de la demande en cassation.

15. Les sommes payées pour la réfusion des frais ci-dessus marqués, même pour ceux qui auront été faits à l'occasion de la restitution demandée, ne pourront être répétées par le demandeur en restitution, quand même il lui auroit été adjugé des dépens par l'arrêt définitif, si ce n'est seulement lorsque la procédure sur laquelle le défaut auroit été obtenu sera déclarée nulle ; auquel cas, ladite somme sera rendue au demandeur en restitution ; et si elle étoit demeurée entre les mains de l'huissier, suivant ce qui a été dit ci-dessus, il sera tenu de la remettre au demandeur ou à son avocat ; à quoi faire il sera contraint par toutes voies de droit même par corps.

16. Les dispositions des articles précédens, à l'égard des restitutions contre les arrêts par défaut, seront pareillement observées à l'égard des arrêts rendus faute d'avoir répondu aux requêtes insérées dans les arrêts de soit communiqué dûment signifiés.

. . . .

TITRE X (2). — *Du Faux incident aux instances pendantes au Conseil.*

ART. 1er. La partie qui voudra obtenir la permission de s'inscrire en faux contre une pièce produite dans une instance, sera tenue de présenter, à cet effet, une requête en forme de vu d'arrêt, et de consigner préalablement l'amende de 100 livres, en se conformant au surplus à ce qui est prescrit par les articles 3, 6 et 7 du titre en Faux incident de l'ordonnance du mois de juillet 1737, et sera ladite requête remise au sieur rapporteur de ladite instance, avec la quittance de consignation de ladite amende, pour en être fait rapport au premier conseil.

2. La permission de s'inscrire en faux ne pourra être accordée que par arrêt délibéré au Conseil, et, lorsqu'elle l'aura été, le demandeur sera tenu d'observer tout ce qui est porté par les articles 8, 9, 10 et 11 dudit titre de ladite ordonnance, et notamment par rapport à la sommation qui doit être faite au défendeur de déclarer s'il entend se servir de la pièce arguée de faux, laquelle sommation lui sera faite au domicile de son avocat au Conseil.

3. En cas que le défendeur déclare qu'il n'entend pas se servir de ladite pièce, ou faute par lui de faire sa déclaration, ainsi qu'il est porté par ledit article 11, le demandeur en faux pourra se pourvoir par requête en forme de vu d'arrêt, à l'effet de faire ordonner que la pièce maintenue fausse sera rejetée de l'instance par rapport au défendeur, sauf, s'il y a lieu de procéder par voie d'accusation de faux principal, à y être pourvu ainsi qu'il appartiendra ; auquel cas le jugement de ladite instance ne pourra être différé, si ce n'est que le Conseil en eût ordonné autrement, le tout ainsi qu'il est prescrit par les articles 12, 13 et 19 dudit titre.

4. Si le défendeur déclare qu'il veut se servir de ladite pièce, il sera rendu arrêt sur sa requête ou sur

(1) Les décisions de la Cour de cassation ne sont susceptibles d'aucun recours.

(2) Les titres III à IX ont été remplacés par les lois des 2 brum. an IV, 27 vent. an VIII et l'Ord. 15 janv. 1826.

celle du demandeur, portant que les parties se pourvoiront aux requêtes de l'Hôtel, pour y être, ladite pièce arguée de faux, déposée au greffe dans les vingt-quatre heures, à compter du jour de la signification dudit arrêt, et être au surplus l'inscription de faux formée et ledit incident instruit et jugé dans la forme prescrite par ladite ordonnance du mois de juillet 1737, après quoi, et le jugement dudit incident rapporté, il sera passé outre au Conseil au jugement de l'instance principale.

5. N'entend néanmoins Sa Majesté empêcher que dans les instances d'évocation ou de règlement de juges, où la pièce arguée de faux, dont le défendeur aura déclaré vouloir se servir, se trouveroit entièrement inutile au jugement desdites instances, il ne puisse être ordonné qu'il sera passé outre au jugement d'icelles; sans préjudice au demandeur en faux d'en poursuivre, si bon lui semble, l'instruction et le jugement en tel tribunal qu'il appartiendra, à l'effet de quoi les parties y seront renvoyées.

6. Le demandeur en faux qui succombera sera condamné en 300 livres d'amende, y compris les 100 livres consignées, laquelle amende sera appliquée et réglée conformément à ce qui est prescrit par les articles 40, 50 et 51 du titre du Faux incident de ladite ordonnance du mois de juillet 1737.

Titre XVII (1). — *De la discipline qui doit être observée par les avocats au Conseil.*

Art. 1er. Aucun ne pourra être pourvu d'un office d'avocat aux Conseils du Roi, s'il n'a été reçu avocat en Parlement.

2. Les secrétaires, clercs ou commis de ceux qui ont entrée, séance et voix délibérative au Conseil, ne pourront être pourvus d'offices d'avocats au Conseil, tant qu'ils demeureront en cet état; et à l'égard des clercs des avocats au Conseil, ils ne pourront pareillement être pourvus desdits offices, si, après avoir cessé d'être clercs, ils n'ont fréquenté le barreau pendant deux ans au moins en qualité d'avocats au Parlement, dont ils seront tenus de rapporter des preuves en bonne forme.

(1) Les titres XI à XVI, ou ne sont plus en vigueur, ou sont remplacés par le Code de procédure.

3. Après que celui qui poursuivra sa réception en l'office de l'avocat au Conseil aura été agréé par monsieur le chancelier, et en aura obtenu le *soit montré* aux doyen et syndics desdits avocats, il se présentera à l'assemblée desdits avocats, et s'ils trouvent qu'il ait les qualités requises, ils en rendront compte à monsieur le chancelier, et en conséquence il sera fait information de ses vie et mœurs, et religion, par un des sieurs maîtres des requêtes qui sera commis à cet effet.

4. Défenses sont faites aux clercs, solliciteurs, et à tous autres qu'aux avocats au Conseil, de signer aucuns actes de procédure, soit d'instruction ou autres, ni même de les coter du nom desdits avocats, à peine de faux, et ne pourront lesdits avocats leur prêter leur ministère directement, ou indirectement, ni signer pour eux aucunes écritures ou expéditions, à peine d'interdiction pour la première fois, et de privation de leur charge pour la seconde.

5. Ne pourront pareillement lesdits avocats occuper pour leurs confrères, ou leur prêter leurs noms, directement ou indirectement, en quelque affaire que ce puisse être, quand même ce seroit pour des parties qui n'auroient pas des intérêts opposés; et ce, sous telle peine qu'il appartiendra, sauf aux parties qui auroient un même intérêt à constituer le même avocat.

6. Aucun avocat au Conseil ne pourra faire fonction de secrétaire, clerc, ou commis de ceux qui ont entrée, séance et voix délibérative au Conseil, ni pareillement d'intendant ou agent de quelque personne que ce puisse être; ce qui sera observé, à peine de destitution de son office; à l'effet de quoi, les doyen et syndics desdits avocats seront tenus de se retirer par devers monsieur le chancelier, pour y être par lui pourvu.

7. Les avocats au Conseil tiendront une fois la semaine une assemblée composée des doyen, syndics, greffier, et de ceux d'entre eux qui seront députés par chacun mois, à laquelle assemblée les autres avocats pourront se trouver, si bon leur semble.

8. Les députés seront tenus, dans le mois de leur députation, et les avocats nouvellement reçus, dans les trois premières années de leur réception, de se trouver à toutes lesdites assemblées à peine de trois livres d'aumône pour chaque contra-

vention, s'ils n'en sont excusés par les syndics, pour causes justes et légitimes.

9. Dans lesdites assemblées seront examinées les plaintes touchant la discipline desdits avocats, l'irrégularité des procédures, et en général l'observation des règlements, notamment en ce qui concerne les termes injurieux dont aucuns desdits avocats se plaindront contre leurs confrères; sur quoi l'assemblée pourra mulcter les contrevenants de telle aumône qui sera jugée convenable, jusqu'à la somme de 100 livres, applicable à l'Hôpital général.

10. Ne pourra néanmoins ladite assemblée prendre connoissance de la révocation qui auroit été faite d'un avocat par sa partie, et l'avocat que ladite partie aura constitué à la place du premier ne pourra se dispenser d'occuper pour elle, sous prétexte de vouloir y être autorisé par l'avis de ladite assemblée, par-devant laquelle, ou par-devant lesdits syndics en charge, les parties ou leurs avocats ne pourront être obligés de se pourvoir au sujet de ladite révocation.

11. Les délibérations qui auront été prises dans lesdites assemblées ne pourront être attaquées par opposition ni par appel, sauf à ceux qui auront à s'en plaindre à se retirer par-devant monsieur le chancelier, pour y être pourvu ainsi qu'il appartiendra.

12. Les doyen et syndics des avocats seront tenus de remettre tous les mois à monsieur le chancelier un extrait des délibérations prises en ladite assemblée sur tous les points contenus en l'article 9 ci-dessus, concernant la discipline des avocats.

13. — *Transitoire.*

1745

ARRÊT DE RÈGLEMENT

Concernant la contagion des bestiaux.

(24 mars 1745) (1)

1746

ARRÊT DU CONSEIL

Prescrivant des précautions contre la maladie épidémique des bestiaux.

(19 juillet 1746) (2)

1755

ARRÊT DU CONSEIL

Concernant l'extraction des matériaux pour l'entretien des levées de la Loire et des rivières y affluentes.

(7 septembre 1755) (3)

1775

ARRÊT DU CONSEIL

Contenant des mesures contre les maladies épizootiques.

(30 janvier 1775) (4)

1777

ARRÊT DU CONSEIL

Portant règlement pour la navigation de la rivière de Marne et autres rivières et canaux.

(24 juin 1777) (5)

---

(1) *Rec. gén. des anc. Lois franç.*, vol. XXII, p. 178. — Abrogé par L. 21 juill. 1881, art. 41.

(2) *Rec. gén. des anc. Lois franç.*, vol. XXII, p. 186. — Abrogé par L. 21 juill. 1881, art. 41.

(3) *Loc. cit.*, p. 261.

(4) Abrogé par L. 21 juill. 1881, art. 41.

(5) *Rec. gén. des anc. Lois franç.*, vol. XXV, p. 46.

1778

—

DÉCLARATION

Concernant les fripiers et brocanteurs.

(29 mars 1778)

Tous ceux ou celles qui voudront à l'avenir exercer la profession de fripiers, brocanteurs, seront tenus, conformément à l'article 2 de notreé dit du mois d'août 1776, et à notre déclaration du 19 décembre suivant, de se faire inscrire tant sur les livres de la police que sur ceux tenus par le syndic de ladite profession, à peine de confiscation de leurs marchandises, de tels dommages-intérêts qu'il appartiendra, et de 10 livres d'amende envers nous.

ORDONNANCE DE POLICE

Concernant les femmes et les filles de débauche.

(6 novembre 1778)

Art. 1er. — Faisons très-expresses inhibitions et défenses à toutes femmes ou filles de débauche de raccrocher dans les rues, etc....

2. Défendons à tous propriétaires et principaux locataires des maisons de cette ville et fauxbourgs, d'y louer ni sous-louer les maisons dont ils sont propriétaires ou locataires, qu'à des personnes de bonnes vie et mœurs, bien famées, et de ne souffrir en icelles aucun lieu de débauche, à peine de 500 livres d'amende.

3. Enjoignons auxdits propriétaires ou locataires des maisons où il aura été introduit des femmes de débauche, de faire dans les vingt-quatre heures leurs déclarations par-devant le commissaire du quartier, contre les particuliers ou particulières qui les auront surpris, à l'effet par les commissaires de faire leurs rapports contre les délinquants qui seront condamnés à 400 livres d'amende, et même poursuivis extraordinairement.

4. Défendons à toutes personnes, de quelque état et condition qu'elles soient, de sous-louer, jour par jour ou autrement, des chambres et lieux garnis à des femmes ou filles de débauche, ni de s'entremettre directement ou indirectement auxdites locations sous la même peine de 400 livres d'amende.

5. Enjoignons à toutes personnes tenant hôtels, maisons et chambres garnies au mois ou à la quinzaine, à la huitaine, à la journée, etc., d'écrire de suite, jour par jour, et sans aucun blanc, les personnes logées chez elles par noms, prénoms, pays de naissance et lieu de domicile ordinaire, sur des registres de police qu'ils devront tenir à cet effet cotés et paraphés par les commissaires du quartier, et de ne souffrir dans leurs hôtels, maisons et chambres aucuns individus sans aveu, femmes, ni filles de débauche se livrant à la prostitution, de mettre les hommes et les femmes dans des chambres séparées, de ne souffrir dans les chambres particulières des hommes et des femmes prétendus mariés qu'en représentant, par eux, des actes en forme de leur mariage ou en les faisant certifier par écrit par des gens notables et dignes de foi, le tout à peine de 200 livres d'amende.

1779

—

DÉCLARATION

Concernant les pensions de l'Etat.

(7 janvier 1779) (1)

Art. 13. Nous avons déclaré et déclarons toutes lesdites pensions et grâces viagères (celles dues par l'Etat) non saisissables ni cessibles pour quelque cause ou raison que ce soit, sauf aux créanciers des pensionnaires à exercer après leur décès, sur les décomptes de leurs pensions, toutes les poursuites et diligences nécessaires pour la conservation de leurs droits et actions, et sans préjudice des ordres particuliers qui pourroient être donnés par nos secrétaires d'Etat pour arrêter le paiement de quelques-unes.

(1) Cette déclaration est visée dans l'arrêté du 7 therm. an X, qui remplace l'art. 13 ci-dessus. — V. LL. 14 févr. 1792; 30 mai 1793; 24 août 1793; 19 pluv. an III; 21 vent. an IX; Décr. 13 pluv., 28 flor. an XIII; 18 août 1807; Ord. 26 juin 1816; 27 août 1817; Ord. 16 nov. 1831; L. 9 juill. 1836; Ord. 16 sept. 1837.

desdites grâces, ainsi qu'il en a été usé par le passé.

. . . .

1780

ORDONNANCE

Du lieutenant général de police de Paris, concernant la sûreté publique.

(8 novembre 1780)

ART. 1er. Faisons très-expresses inhibitions et défenses à tous marchands et artisans d'acheter aucunes hardes, meubles, linges, livres, bijoux, plomb, vaisselle et autres choses des enfans de famille ou des domestiques, sans un consentement exprès et par écrit de leurs pères, mères, tuteurs, et de leurs maîtres ou maîtresses : leur faisons, semblables défenses d'en acheter d'aucunes personnes dont le nom et la demeure ne leur sont connus, ou qui ne leur donnent caution et répondant d'une qualité non suspecte, et à toutes personnes sans qualité de s'entremettre dans lesdites ventes et reventes, le tout à peine de 400 livres d'amende, et à répondre en leur propre et privé nom des choses volées, et même d'être poursuivis extraordinairement si le cas y échoit.

2. Enjoignons aux marchands merciers, quincailliers, orfévres, joailliers, bijoutiers, horlogers, fripiers, tapissiers, fourbisseurs, potiers d'étain, fondeurs, plombiers, chaudronniers, vendeurs de vieux fers, et à tous marchands qui achètent et revendent, changent et trafiquent de vieux meubles, linges, hardes, bijoux, vaisselle, tableaux, armes, plomb, étain, cuivre, ferraille et autres effets et marchandises de hasard ; — Ou qui achètent les mêmes choses neuves, d'autres personnes que les artisans qui les fabriquent ou des marchands qui en font le commerce, — D'avoir et tenir chacun deux registres sur lesquels ils inscriront, jour par jour, de suite et sans aucun blanc ni rature, les noms, surnoms, qualités et demeures de ceux de qui ils achèteront, et avec qui ils trafiqueront ou échangeront des effets de hasard, ensemble la nature, la qualité et le prix desdites marchandises... Seront tenus lesdits marchands de représenter lesdits registres au moins une fois le mois, savoir, l'un au commissaire de police de leur quartier, l'autre à l'inspecteur de police, à l'effet d'être chaque fois parafés par les commissaires et visés par l'inspecteur. — Le tout à peine contre chacun des contrevenans ou refusans de 400 livres d'amende, et même de plus grande peine.

3. Toutes personnes dont le commerce consiste à acheter de vieux passemens d'or et d'argent, brocanteurs, crieurs de vieux chapeaux, colporteurs de merceries ou joailleries, appelés vulgairement *haut-à-bas*, revendeurs, revendeuses, seront également tenus d'avoir un registre coté et parafé par le commissaire ancien de leur quartier, de porter journellement sur eux ledit registre, d'y inscrire les hardes, linges, nippes et autres choses qu'ils achèteront, et les noms et demeures des vendeurs, et de faire viser ledit registre, au moins une fois la semaine, par l'inspecteur de police du quartier, en tête duquel registre seront les noms, demeures et signalemens desdits revendeurs et revendeuses, lesquels, en cas de changement de domicile, en feront la déclaration tant au commissaire ancien et à l'inspecteur de police du quartier qu'ils quitteront, qu'à ceux du quartier dans lequel ils iront demeurer, le tout à peine de 100 livres d'amende, et même de prison.

4. Seront aussi tenus lesdits revendeurs et revendeuses de représenter leurs registres, même les effets, hardes et autres choses qu'ils auront achetés, aux commissaires, inspecteurs et autres officiers de police toutes les fois qu'ils en seront requis, à peine de saisie et confiscation des hardes et effets qu'ils auront celés, et de 50 livres d'amende.

. . . .

8. Défenses sont faites à tous serruriers, taillandiers ou autres ouvriers travaillant à la forge, ferrailleurs, vendeurs et crieurs de vieilles ferrailles, et à toutes autres personnes telles qu'elles soient, d'exposer en vente et débiter aucune clef vieille ou neuve séparément de la serrure pour laquelle ladite clef aura été faite, sous peine de 100 livres d'amende pour la première fois, et de prison en cas de récidive, même d'être poursuivis extraordinairement suivant l'exigence des cas.

1781

—

ARRÊT DU CONSEIL

Sur les bourses de commerce et agents de change.

(26 novembre 1781)

. . . .

ART. 12. Il ne pourra être fait à la Bourse aucune négociation après le son de la cloche de retraite, à peine de nullité desdites négociations, et d'interdiction des agens de change qui les auront faites.

13. Fait, Sa Majesté, défenses à toutes personnes autres que les agens de change, de s'immiscer dans les négociations d'effets royaux et papiers commerçables, comme aussi de prendre la qualité d'agent ou courtier de change, d'avoir et tenir dans la Bourse aucuns carnets, pour y inscrire les cours des effets, et de rester à la Bourse après le son de la cloche qui en indique la sortie, à peine, pour l'une ou l'autre de ces contraventions, de nullité des négociations, de 3,000 livres d'amende, et, en cas de récidive, de punition corporelle.

14. Il sera, néanmoins, permis aux marchands, négocians, banquiers et autres qui sont dans l'usage d'aller à la Bourse, de négocier entre eux des lettres de change, billets au porteur, à ordre, et des marchandises, sans l'entremise des agens de change, en se conformant au surplus aux règlemens.

. . . .

1785

—

ARRÊT DU CONSEIL

Qui renouvelle les ordonnances et réglements concernant la Bourse et proscrit les négociations à terme.

(7 août 1785) (1)

ART. 1er. Les édits de décembre 1705, août 1708, mai 1713, novembre 1714, août 1720, janvier 1723 ; les déclarations des 3 septembre 1709, 13 juillet 1714 ; les arrêts du Conseil des 10 avril 1706, 24 septembre 1724 et 26 février 1726, seront exécutés selon leur forme et teneur ; en conséquence, fait, Sa Majesté, défenses à toutes personnes de quelque état, qualité et condition qu'elles soient, sujets du Roi ou étrangers, autres que les agens de change de s'immiscer dans aucunes négociations publiques, de banque, de finance et de commerce.

2. Leur fait, Sa Majesté, pareillement défenses de s'assembler à cet effet, et de tenir aucun bureau pour y traiter de semblables négociations, en aucun lieu public ou particulier, et notamment dans les cafés, à peine de prison et de 6,000 livres d'amende applicable moitié aux dénonciateurs, l'autre moitié à l'Hôpital général ; et seront tenus les propriétaires, en cas qu'ils occupent leurs maisons, ou les principaux locataires, aussitôt qu'ils auront connoissance de l'usage qui en sera fait en contravention au présent arrêt, d'en faire déclaration au commissaire du quartier, à peine de pareille amende, applicable comme dessus.

3. Veut, Sa Majesté, que, conformément aux dispositions des articles 17 et 18 de l'arrêt du 24 septembre 1724, les négociations d'effets royaux et autres effets publics ne puissent être faites validément que par l'entremise des agens de change, ni en d'autres lieux qu'à la Bourse, où le cours d'iceux sera côté aux termes des règlemens, par deux desdits agens de change ; permet seulement aux courtiers de change compris dans la liste arrêtée par le contrôleur général pour être admis dans la suite au nombre des agens de change, de suivre la Bourse comme par le passé, et d'y négocier les lettres de change et billets au porteur.

4, 5, 6. — *Abrogés.*

7. Déclare nuls, Sa Majesté, les marchés et compromis d'effets royaux et autres quelconques, qui se feroient à terme et sans livraison desdits effets ou sans le dépôt réel d'iceux, constaté par acte dûment contrôlé au moment même de la signature de l'engagement.

8, 9. — *Abrogés.*

(1) V. Ord. 12 nov. 1823.

1786

. . . .

ARRÊT DU CONSEIL

Sur le délai dans lequel les marchés à terme d'effets royaux ou publics doivent recevoir leur exécution.

(22 septembre 1786) (1)

Le Roi s'étant fait rendre compte de tout ce qui concerne le cours des effets publics, Sa Majesté n'a pu voir sans une vraie peine que nonobstant les sages mesures qu'elle avoit ordonnées l'année dernière pour réprimer les excès de l'agiotage, ce désordre aussi nuisible au commerce, dont il détourne les fonds, qu'aux négociants honnêtes, dont il trouble toutes les combinaisons, s'efforçoit encore depuis quelque temps de se reproduire sous des formes qui, pour être différentes de celles déjà proscrites, n'ont guère moins d'inconvénients. Les défenses portées par l'arrêt rendu en son Conseil le 7 août 1785 ont, à la vérité, anéanti l'usage de ces compromis illusoires, inventés par la cupidité, et qui présentoient des piéges à la bonne foi, des ressources à l'intrigue et des écueils à tous les gens avides de fortune ; mais l'intérêt, toujours ingénieux à s'affranchir de ce qui le captive, a trouvé moyen d'éluder le règlement qui interdit tout marché d'effets royaux ou publics, sans livraison ou dépôt réel des objets vendus ; des reconnaissances concertées, des déclarations annulées par des contre-lettres et des dépôts fictifs, voilent aujourd'hui les contraventions et rendent fort difficile d'en découvrir la trame. Sa Majesté, instruite des abus qui se perpétuent à l'aide de ces divers déguisements, a jugé à propos, pour y apporter un nouvel obstacle, d'ajouter aux prohibitions précédentes celle de faire à l'avenir aucun marché d'effets ayant cours à la Bourse, dont la livraison se trouverait différée au delà d'un terme qu'elle a fixé d'après ce qui s'observe dans les plus grandes places de commerce des pays étrangers ; mais quelle que puisse être l'efficacité de cette nouvelle mesure pour arrêter le cours des spéculations désordonnées qui font gémir les gens sensés, Sa Majesté doit compter encore plus sur l'impression salutaire que fera sans doute sur tous les esprits le témoignage public du mécontentement qu'elle auroit de la conduite de ceux qui continueroient de s'y livrer, et la résolution qu'elle a prise de les éloigner à jamais de tout emploi ou charge de finance. A quoi voulant pourvoir : ouï le rapport, etc. Le Roi étant en son Conseil a ordonné et ordonne ; que les arrêts de son Conseil des 7 août et 2 octobre 1785 seront exécutés, et notamment l'article 7 du premier desdits arrêts qui déclare nuls les marchés et compromis d'effets royaux et autres quelconques qui seroient à terme, sans livraison desdits effets et sans le dépôt réel d'iceux. Veut en outre, Sa Majesté, qu'il ne puisse être fait à l'avenir aucun marché d'effets royaux ou autres effets publics ayant cours à la Bourse pour être livrés à un terme plus éloigné que celui de *deux mois à compter du jour de sa date*, déclare nuls tous ceux qui seroient à plus long terme. . . . .

(1) V. arrêts du Cons. 2 oct. 1785 (Merlin, *Rép.*, v° *Marché à terme*, § 2) et 14 juill. 1787 (*loc. cit.*).

1789

LOI

Portant abolition du régime féodal.

(4 août 1789)

. . . .

ART. 2. Le droit exclusif des fuies et colombiers est aboli ; les pigeons seront enfermés aux époques fixées par les communautés ; et, durant ce temps, ils seront regardés comme gibier, et chacun aura le droit de les tuer sur son terrain (2).

3. Le droit exclusif de la chasse et des garennes ouvertes est pareillement aboli ; et tout propriétaire a le droit de détruire et faire détruire, seulement sur ses possessions, toute espèce de gibier, sauf à se conformer

(2) L'arrêté préfectoral qui, pour assurer l'exécution de la loi du 4 août 1789, prescrit de renfermer les pigeons à certaines époques de l'année, est obligatoire ; et l'infraction à un tel arrêté est passible, à défaut de toute autre sanction pénale portée dans cette loi, des peines de police prononcées en général par le nouveau § 15 de l'art. 471 du Code pénal, contre toute contravention aux règlements faits par l'autorité administrative ou municipale. — Cass. *Ch. réun.* 5 févr. 1844.

aux lois de police qui pourront être faites relativement à la sûreté publique. . . . .

1790

—

LOI

Sur l'organisation judiciaire.

(16-24 août 1790)

. . . .

TITRE II. — *Des juges en général.*

. . . .

ART. 2. La vénalité des offices de judicature est abolie pour toujours : les juges rendront gratuitement la justice et seront salariés par l'Etat.

. . . .

10. Les tribunaux ne pourront prendre directement ou indirectement aucune part à l'exercice du pouvoir législatif, ni empêcher ou suspendre l'exécution des décrets du Corps législatif, sanctionnés par le Roi, à peine de forfaiture.

. . . .

12 Ils ne pourront point faire de règlements, mais ils s'adresseront au Corps législatif toutes les fois qu'ils croiront nécessaire soit d'interpréter une loi, soit d'en faire une nouvelle (1).

13. Les fonctions judiciaires sont distinctes et demeureront toujours séparées des fonctions administratives. Les juges ne pourront, à peine de forfaiture, troubler, de quelque manière que ce soit, les opérations des corps administratifs, ni citer devant eux les administrateurs pour raison de leurs fonctions.

14. En toute matière, civile ou criminelle, les plaidoiries, rapports et jugements seront publics, et tout citoyen aura le droit de défendre lui-même sa cause, soit verbalement, soit par écrit (2).

. . . .

17. L'ordre constitutionnel des juridictions ne pourra être troublé, ni les justiciables distraits de leurs juges naturels par aucune commission, ni par d'autres attributions ou évocations que celles qui seront déterminées par la loi.

. . . .

TITRE VIII. — *Du ministère public.*

. . . .

ART. 2. Au civil, les commissaires du Roi exerceront leur ministère, non par voie d'action, mais seulement par celle de réquisition, dans les procès dont les juges auront été saisis.

. . . .

TITRE IX. — *Des greffiers.*

. . . .

ART. 2. Il y aura en chaque tribunal un greffier, âgé au moins de vingt-cinq ans, lequel sera tenu de présenter aux juges et de faire admettre au serment un ou plusieurs commis, également âgés au moins de vingt-cinq ans, en nombre suffisant pour le remplacer en cas d'empêchement légitime, desquels il sera responsable (*V. Décr.* 18 *août* 1810, *art.* 24 ; *L.* 20 *avril* 1810, *art.* 65) (3).

. . . .

TITRE XI. — *Des juges en matière de police.*

. . . .

ART. 3. Les objets de police confiés à la vigilance et à l'autorité des corps municipaux, sont : 1° tout ce qui intéresse la sûreté et la commodité du passage dans les rues, quais, places et voies publiques ; ce qui comprend le nettoiement, l'illumination, l'enlèvement des encombrements, la démolition ou la réparation des bâtiments menaçant ruine, l'interdiction de rien

(1) Il y a excès de pouvoir dans l'arrêt qui décide par voie de disposition générale ou réglementaire qu'à l'avenir, et dans toutes les affaires sommaires dans lesquelles ils occuperont, les avoués d'un tribunal seront admis à plaider concurremment avec les avocats. — Cass. 27 avril 1837.

(2) Les tribunaux doivent user plus souvent de la faculté qui leur est donnée par l'art. 17, § 2 du décret du 17 février 1852, d'interdire le compte-rendu de procès, dans l'intérêt de la morale ou de l'ordre social. — *Circ. g. des Sc.* 12 avril 1853.

(3) Les greffiers et leurs commis doivent être âgés de vingt-cinq ans. Aucune dispense d'âge ne peut leur être accordée. — *Instr. g. des Sc.* 9 déc. 1858 ; 27 sept. 1828.

exposer aux fenêtres ou autre partie des bâtiments qui puisse nuire par sa chute, et celle de rien jeter qui puisse blesser ou endommager les passants, ou causer des exhalaisons nuisibles ; — 2° Le soin de réprimer ou de punir les délits contre la tranquillité publique, tels que les rixes et les disputes accompagnées d'ameutement dans les rues, le tumulte excité dans les lieux d'assemblées publiques, les bruits et attroupements nocturnes qui troublent le repos des citoyens ; — 3° Le maintien du bon ordre dans les endroits où il se fait de grands rassemblements d'hommes, tels que les foires, marchés, réjouissances et cérémonies publiques, spectacles, jeux, cafés, églises et autres lieux publics (1) ; — 4° L'inspection sur la fidélité du débit des denrées qui se vendent au poids, à l'aune ou à la mesure, et sur la salubrité des comestibles exposés en vente publique ; — 5° Le soin de prévenir par des précautions convenables, et celui de faire cesser par la distribution des secours nécessaires, les accidents et fléaux calamiteux, tels que les incendies, les épidémies, les épizooties, en provoquant aussi, dans ces deux derniers cas, l'autorité des administrations de département et de district ; — 6° Le soin d'obvier ou de remédier aux événements fâcheux qui pourraient être occasionnés par les insensés ou les furieux laissés en liberté, et par la divagation des animaux malfaisants ou féroces.

4. Les spectacles publics ne pourront être permis et autorisés que par les officiers municipaux. . . . .

. . . .

(1) (*a*) Le règlement de police qui défend l'ouverture de bals publics, sans une autorisation préalable, rentre dans les attributions de l'autorité municipale, et dès lors est obligatoire. — Cass. *Ch. réun.* 7 nov. 1833.

(*b*) L'autorité municipale peut, dans un intérêt de police, défendre par un arrêté de donner des jeux, bals et divertissements publics, pendant le jour de la fête patronale de l'année, ailleurs que dans un lieu loué à cet effet par la commune. Un tel arrêté est obligatoire, encore bien qu'il eût en même temps pour objet d'assurer au fermier de ces jeux ou divertissements le monopole qui lui a été concédé. — Cass. *Ch. réun.* 23 déc. 1842.

DÉCRET

Relatif aux domaines nationaux, aux échanges et concessions et aux apanages.

(22 nov.-1er déc. 1790)

§ 1er. — De la nature du domaine national et de ses principales divisions.

Art. 1 à 5. — Voy. *C. civ., art.* 538 *et suiv.*

6, 7. . . . .

§ 2. — Comment et à quelles conditions les domaines nationaux peuvent être aliénés.

8. Les domaines nationaux et les droits qui en dépendent, sont et demeurent inaliénables sans le consentement et le concours de la nation ; mais ils peuvent être vendus et aliénés à titre perpétuel et incommutable, en vertu d'un décret formel du Corps législatif, sanctionné par le Roi, en observant les formalités prescrites pour la validité de ces sortes d'aliénations.

9. Les droits utiles et honorifiques ci-devant appelés régaliens, et notamment ceux qui participent de la nature de l'impôt, comme droits d'aides et autres y joints, contrôle, insinuation, centième denier, droits de nomination et de casualité des offices, amendes, confiscations, greffes, sceaux et tous autres droits semblables, ne sont point communicables ni cessibles ; et toutes concessions de droits de ce genre, à quelque titre qu'elles aient été faites, sont nulles, et en tous cas révoquées par le présent décret.

10. Les droits utiles, mentionnés en l'article précédent, seront, à l'instant de la publication du présent décret, réunis aux finances nationales ; et dès lors ils seront administrés, régis et perçus par les commis, agents ou préposés des compagnies établies par l'administration actuelle, dans la même forme et à la charge de la même comptabilité que ceux dont la régie et l'administration leur est actuellement confiée.

11. Les obligations que le Roi pourrait avoir contractées pour rentrer dans les droits ainsi concédés, seront annulées comme ayant été consenties sans cause, et les rentes cesseront du jour de la publication du présent décret.

12. Les grandes masses de bois des forêts nationales demeurent exceptées de la vente et aliénation des biens

nationaux, permise ou ordonnée par le présent décret et autres décrets antérieurs.

13. Aucun laps de temps, aucune fin de non-recevoir ou exception, excepté celles résultant de l'autorité de la chose jugée, ne peuvent couvrir l'irrégularité connue et bien prouvée des aliénations faites sans le consentement de la nation.

14. L'Assemblée nationale exempte de toute recherche et confirme en tant que de besoin, 1° les contrats d'échange faits régulièrement dans la forme, et consommés sans fraude, fiction ni lésion, avant la convocation de la présente session; 2° les ventes et aliénations pures et simples, sans clause de rachat, même les inféodations, dons et concessions à titre gratuit, sans clause de réversion, pourvu que la date de ces aliénations, à titre onéreux ou gratuit, soit antérieure à l'ordonnance de février 1566 (1).

15. Tout domaine dont l'aliénation aura été révoquée ou annulée en vertu d'un décret spécial du Corps législatif, pourra être sur-le-champ mis en vente, avec les formalités prescrites pour l'aliénation des biens nationaux, à la charge par l'acquéreur d'indemniser le possesseur, et de verser le surplus du prix à la caisse de l'extraordinaire.

. . . .

LOI

Pour la formation d'un tribunal de cassation.

(27 nov.-1er déc. 1790)

Art. 1er. Il y aura un tribunal de cassation établi auprès du Corps législatif.

2. Les fonctions du tribunal de cassation seront de prononcer sur toutes les demandes en cassation contre les jugements rendus en dernier ressort, de juger les demandes de renvoi d'un tribunal à un autre pour cause de suspicion légitime, les conflits de juridiction et les règlements de juges, les demandes de prise à partie contre un tribunal entier.

3. Il annulera toutes procédures dans lesquelles les formes auront été violées, et tout jugement qui contiendra une contravention expresse au texte de la loi.

Et jusqu'à la formation d'un Code unique des lois civiles, la violation des formes de procédure prescrites sous peine de nullité, et la contravention aux lois particulières aux différentes parties de l'Empire donneront ouverture à la cassation.

Sous aucun prétexte et en aucun cas, le tribunal ne pourra connaître du fond des affaires. Après avoir cassé les procédures ou le jugement, il renverra le fond des affaires aux tribunaux qui devront en connaître, ainsi qu'il sera fixé ci-après.

4. On ne pourra pas former la demande de cassation contre les jugements rendus en dernier ressort par les juges de paix : il est interdit au tribunal de cassation d'admettre de pareilles demandes. (*Modifié par l'art.* 15 *de la loi du* 25 *mai* 1838.)

5. Avant que la demande en cassation ou en prise à partie soit mise en jugement, il sera préalablement examiné et décidé si la requête doit être admise et la permission d'assigner accordée. (*L.* 27 *vent. an VIII, art.* 60.)

6, 7 *et* 8. — *Modifiés.* (*V. LL.* 2 *brum. an IV, art.* 16, *et* 27 *vent. an VIII, art.* 60.)

9. Les demandes de renvoi d'un tribunal à un autre pour cause de suspicion légitime, les conflits de juridiction et règlements de juges seront portés devant le bureau des requêtes, et jugés définitivement par lui sans frais, sur simples mémoires par forme d'administration et à la pluralité des voix. (*L.* 27 *vent. an VIII, art.* 60.)

10. La section de cassation seule, et sans la réunion des membres du bureau des requêtes, prononcera sur toutes les demandes en cassation, lorsque la requête aura été admise. La section de cassation ne pourra juger qu'au nombre de quinze juges au moins : la simple majorité des voix

(1) *Ordonnance du Roi pour l'union et la conservation de son domaine*, de février 1566 :

Art. 1er. Le dommaine de nostre Couronne ne peut estre aliéné qu'en deux cas seulement, l'un pour appanage des puisnez masles de la maison de France; auquel cas y a retour à nostre Couronne par leur decéds sans masles, en pareil estat et condition qu'étoit ledit dommaine, lors de la concession de l'appanage : nonobstant toute disposition, possession, acte exprès ou taisible fait ou intervenu pendant l'appanage; l'autre pour l'aliénation à deniers comptans pour la nécessité de la guerre, après lettres patentes pour ce décernées et publiées en nos Parlemens, auquel cas y a faculté de rachat perpétuel.

suffira pour former la décision (*Modifié par l'art.* 63 *de la loi du* 27 *vent. an VIII, et l'art.* 3 *de l'Ord.* 15 *janv.* 1826.)

11. — Les sections du tribunal de cassation, soit qu'elles jugent séparément, soit qu'elles se réunissent, suivant les cas spécifiés, tiendront toujours leurs séances publiquement.

12. En toutes affaires, les parties pourront, par elles-mêmes ou par leurs défenseurs, plaider et faire les observations qu'elles jugeront nécessaires à leur cause ou à leur demande. (*V. art.* 21, *L.* 2 *brum. an IV; Ord.* 15 *janv.* 1826, *art.* 37.)

13. Dans les procès qui seront jugés par rapport, la discussion sera précédée du rapport par un des juges, sans qu'il énonce son opinion. Les parties ou leurs défenseurs ne pourront être entendus qu'après ce rapport terminé : il sera libre aux juges de se retirer en particulier pour recueillir les opinions; ils rentreront dans la salle d'audience pour prononcer leur jugement en public. — Cette forme sera celle de tous les autres tribunaux du Royaume, dans toutes les affaires qui y seront jugées sur rapport. (*V. art.* 19, *L.* 2 *brum. an IV.*)

14. En matière civile, le délai pour se pourvoir en cassation ne sera que de trois mois, du jour de la signification du jugement à personne ou domicile pour tous ceux qui habitent en France, sans aucune distinction quelconque, et sans que, sous aucun prétexte, il puisse être donné des lettres de relief de laps de temps pour se pourvoir en cassation (1).

15. — *Transitoire.*

16. En matière civile, la demande en cassation n'arrêtera pas l'exécution du jugement; et dans aucun cas, et sous aucun prétexte, il ne pourra être accordé de surséance.

17. L'intitulé du jugement de cassation portera toujours, avec les noms des parties, l'objet de leur demande, et le dispositif contiendra le texte de la loi ou des lois sur lesquelles la décision sera appuyée.

18. Aucune qualification ne sera donnée aux plaideurs dans l'intitulé des jugements : on n'y inscrira que leurs noms patronymiques et de famille, et celui de leurs fonctions ou de leur profession. (*V. art.* 38, *Décr.* 6 *juill.* 1810.)

19. — *Abrogé.* (*V. L.* 27 *vent. an VIII, art.* 87. — *Inst. cr.*, 427.)

(1) Ce délai a été réduit à deux mois par la loi du 2 juin 1862.

20. Dans le cas où la procédure aura été cassée, elle sera recommencée à partir du premier acte où les formes n'auront pas été observées; l'affaire sera plaidée de nouveau dans son entier, et il pourra encore y avoir lieu à la demande en cassation contre le second jugement. (*V. art.* 24, *L.* 2 *brum. an IV.*)

21. (*Ainsi rectifié : Arrêté du* 2 *prairial an V.*) Dans les cas où le jugement seul aura été cassé, l'affaire sera aussitôt portée à l'audience : elle y sera plaidée sur les moyens de droit sans aucune forme de procédure, et sans que les parties ou leurs défenseurs puissent plaider sur le point réglé par un premier jugement; et si le nouveau jugement est conforme à celui qui a été cassé, il pourra encore y avoir lieu à la demande en cassation.

Mais lorsque le jugement aura été cassé deux fois... (*Abrogé par la loi du* 1er *avril* 1837.)

22. Tout jugement du tribunal de cassation sera imprimé, et inscrit sur les registres du tribunal dont la décision aura été cassée. (*V. art.* 85, *L.* 27 *vent. an VIII.*)

23. Il y aura auprès du tribunal de cassation un commissaire du Roi qui sera nommé par le Roi, comme les commissaires auprès des tribunaux de district, et qui aura des fonctions du même genre. (*Ord.* 15 *janv.* 1826, *art.* 43 *et suiv.*)

24. — *Abrogé.*

25. — *Remplacé par l'art.* 88 *de la loi du* 27 *vent. an VIII.*

26. — *Remplacé par les art.* 72 *et suiv. de l'Ord. du* 15 *janv.* 1826.

27. — *Abrogé.* (*V. L.* 2 *brum. an IV; L.* 27 *vent. an VIII; Ord.* 15 *janv.* 1826.)

28. Provisoirement et jusqu'à ce qu'il ait été autrement statué, le règlement qui fixait la forme de procéder au conseil des parties sera exécuté au tribunal de cassation, à l'exception des points auxquels il est dérogé par le présent décret. (*Règl.* 28 *juin* 1738.)

29. — *Abrogé.*

LOI

Relative au rachat des rentes foncières.

(18-29 décembre 1790) (2)

(2) V. le texte dans notre édition in-8.

1791

—

LOI

Relative aux offices et commissions d'agents et courtiers de change, de banque et d'assurances, conducteurs-interprètes, etc.

(8 mai 1791)

. . . .

ART. 7. Ne pourront ceux qui seront reçus courtiers (1) et agents de change faire pour leur compte aucune espèce de commerce et négociation, à peine de destitution et de 1,500 livres d'amende. Ils ne pourront, sous les mêmes peines, endosser aucune lettre ou billet commerçable, donner aucun aval, tenir caisse, ni contracter aucune société, faire ni signer aucune assurance, et s'intéresser directement ni indirectement dans aucune affaire; tous actes, promesses, contrats et obligations qu'ils auraient pu faire à cet égard, seront nuls et de nul effet.

8. Ne pourront de même les négociants, banquiers ou marchands, prêter leurs noms directement ni indirectement aux courtiers et agents de change pour faire le commerce, et les intéresser dans celui qu'ils pourraient faire; et ce, sous peine d'être solidairement responsables et garants de toutes les condamnations pécuniaires qui pourraient être prononcées contre lesdits courtiers et agents de change.

9. Dans tous les lieux où il sera établi des courtiers et agents de change, il sera dressé un tableau sur lequel seront inscrits leurs noms et demeures; ledit tableau sera affiché dans les tribunaux de commerce et dans les lieux où les marchands et négociants sont dans l'usage de s'assembler, ainsi qu'à la maison commune.

10. Les courtiers et agents de change seront obligés de tenir des livres ou registres-journaux en papier timbré, lesquels seront signés, cotés et parafés par un des juges du tribunal de commerce. Lesdits registres seront écrits par ordre de dates, sans aucun blanc, par articles séparés; ils contiendront toutes les négociations et opérations de commerce pour lesquelles lesdits courtiers, agents de change et de commerce auront été employés, le nom des parties contractantes, ainsi que les différentes conditions convenues entre elles. Seront tenus lesdits courtiers de donner aux parties intéressées un extrait signé d'eux desdites négociations et opérations, dans le même jour où elles auront été arrêtées.

11. Ils ne pourront, sous peine de destitution et de responsabilité, négocier aucun effet, lorsqu'il se trouvera cédé par un négociant dont la faillite serait déclarée ouverte, ou qui leur serait remis par des particuliers non connus et non domiciliés.

. . . .

13. Les courtiers et agents de change, de banque et de commerce, ne pourront, à peine d'interdiction, se servir de commis, facteurs et entremetteurs pour traiter et conclure les marchés ou négociations dont ils seront chargés.

. . . .

16. Les courtiers et agents de change se conformeront aux dispositions du présent décret, à peine de destitution; et ceux contre lesquels elle aura été prononcée, ne pourront dans aucun temps, quoique pourvus de patentes, en exercer les fonctions.

(1) V. L. 18 juill. 1866, *Sur les courtiers de marchandises.*

—

LOI

Relative à l'organisation d'une police municipale et correctionnelle.

(19-22 juillet 1791)

TITRE Ier. — *Police municipale.*

. . . .

ART. 29. . . . . Sont également confirmés provisoirement les règlements qui subsistent touchant la voirie, ainsi que ceux actuellement existants à l'égard de la construction des bâtiments, et relatifs à leur solidité et sûreté (2). . . . .

. . . .

46. Aucun tribunal de police municipale ni aucun corps municipal ne pourra faire de règlements : le corps municipal néanmoins pourra, sous le nom et l'intitulé de *délibération*, et sauf la réformation, s'il y a lieu, par l'administration du département, sur l'avis de celle du district, faire des arrêtés sur les objets qui suivent : — 1° Lorsqu'il s'agira d'ordonner les précautions locales sur les objets confiés à sa vigilance et à son autorité par les articles 3 et 4 du titre XI du décret du 16 août sur *l'organisation judi-*

(2) V. Edit. déc. 1607; Décl. 16 juin 1693.

ciaire; — 2° de publier de nouveau les lois et règlements de police, ou de rappeler les citoyens à leur observation.

. . . .

LOI

sur l'exécution du tarif des droits d'entrée et de sortie dans les relations du Royaume avec l'étranger.

(6-22 août 1791)

. . . .

TITRE XII. — *Des jugements et de leur exécution.*

. . . .

ART. 9. Toutes saisies du produit des droits, faites entre les mains des receveurs, ou en celles des redevables envers la Régie, seront nulles et de nul effet; nonobstant lesdites saisies, les redevables seront contraints au paiement des sommes par eux dues; et les huissiers qui auront fait aucuns desdits actes seront interdits de leurs fonctions et condamnés en 1,000 livres d'amende, sauf aussi les dommages-intérêts *de la Régie* contre les huissiers et contre les saisissants.

TITRE XIII. — *De la police générale.*

. . . .

22. La Régie aura privilége et préférence à tous créanciers, sur les meubles et effets mobiliers des comptables, pour leurs débets, et sur ceux des redevables pour les droits, à l'exception des frais de justice et autres privilégiés, de ce qui sera dû pour six mois de loyer seulement, et sauf aussi la revendication, dûment formée par les propriétaires, des marchandises en nature, qui seront encore sous balle et sous corde. Pareil privilége s'exercera sur les immeubles acquis par les comptables, depuis le commencement de leur gestion.

24. Au cas de l'article précédent, la Régie aura hypothèque sur les immeubles des comptables et des redevables, savoir : à l'égard des comptables, à dater du jour de leur prestation de serment; et des redevables, à compter de celui où les soumissions ont été faites sur le registre, et signées par eux ou leurs facteurs, pourvu néanmoins que les extraits des registres, contenant les soumissions desdits redevables aient été soumis à l'enregistrement dans le délai fixé pour les actes des notaires.

. . . .

25. Aucune personne ne sera recevable à former, contre la Régie des douanes nationales, de demandes en restitution de droits et de marchandises, paiement de loyers et appointements de préposés, deux ans après l'époque que les réclamateurs donneraient au paiement des droits, dépôt des marchandises, échéances des loyers et appointements. La Régie sera déchargée envers les redevables, trois ans après chaque année expirée, de la garde des registres de recettes et autres de ladite annee, sans pouvoir être tenue de les représenter, s'il y avait des instances encore subsistantes pour les instructions et jugements desquels lesdits registres et pièces fussent nécessaires. — Ladite Régie sera pareillement non recevable à former aucune demande en paiement de droits, un an après que lesdits droits auront dû être payés, le tout à moins qu'il n'y eût avant lesdits termes, soit pour la Régie, soit pour les parties, contrainte décernée et signifiée, demande formée en justice, condamnation, promesse, convention ou obligations particulières et spéciales relativement à l'objet qui serait répété.

. . . .

DÉCRET

Concernant les biens et usages ruraux et la police rurale.

(28 sept.-6 oct. 1791)

TITRE Ier. — *Des biens et des usages ruraux.*

SECTION I. — *Des principes généraux sur la propriété territoriale.*

ART. 1er. Le territoire de la France, dans toute son étendue, est libre comme les personnes qui l'habitent : ainsi toute propriété territoriale ne peut être sujette, envers les particuliers, qu'aux redevances et aux charges dont la convention n'est pas défendue par la loi; et envers la nation, qu'aux contributions publiques établies par le Corps législatif, et aux sacrifices que peut exiger le bien général, sous la condition d'une juste et préalable indemnité.

2. Les propriétaires sont libres de varier à leur gré la culture et l'exploitation de leurs terres, de conserver

à leur gré leurs récoltes, et de disposer de toutes les productions de leur propriété dans l'intérieur du Royaume et au dehors, sans préjudicier au droit d'autrui, et en se conformant aux lois.

. . . .

4. Nul ne peut se prétendre propriétaire exclusif des eaux d'un fleuve ou d'une rivière navigable ou flottable; en conséquence, tout propriétaire riverain peut, en vertu du droit commun, y faire des prises d'eau, sans néanmoins en détourner ni embarrasser le cours d'une manière nuisible au bien général et à la navigation établie. (*V. LL.* 29 *avr.* 1845, 11 *juill.* 1847, 10 *juin* 1854.)

. . . .

SECTION III. — *De diverses propriétés rurales.*

ART. 1er. Nul agent de l'agriculture employé avec des bestiaux au labourage ou à quelque travail que ce soit, ou occupé à la garde des troupeaux, ne pourra être arrêté, sinon pour crime, avant qu'il ait été pourvu à la sûreté desdits animaux; et en cas de poursuite criminelle, il y sera également pourvu immédiatement après l'arrestation, et sous la responsabilité de ceux qui l'auront exercée.

2, 3, 4. — (*V. art.* 592 *et suiv., et* 1041, *C. pr. civ.*)

5. Le propriétaire d'un essaim a le droit de le réclamer et de s'en ressaisir, tant qu'il n'a point cessé de le suivre; autrement l'essaim appartient au propriétaire du terrain sur lequel il s'est fixé.

SECTION IV. — *Des troupeaux, des clôtures, du parcours et de la vaine pâture.*

ART. 1er. Tout propriétaire est libre d'avoir chez lui telle quantité et telle espèce de troupeaux qu'il croit utile à la culture et à l'exploitation de ses terres, et de les y faire pâturer exclusivement, sauf ce qui sera réglé ci-après relativement au parcours et à la vaine pâture.

2. La servitude réciproque de paroisse à paroisse, connue sous le nom de *parcours*, et qui entraîne avec elle le droit de vaine pâture, continuera provisoirement d'avoir lieu avec les restrictions déterminées à la présente section, lorsque cette servitude sera sdéefsouur un titre ou sur une possession autorisée par les lois et les coutumes; à tous autres égards, elle est abolie.

3. Le droit de vaine pâture dans une paroisse, accompagné ou non de la servitude du parcours, ne pourra exister que dans les lieux où il est fondé sur un titre particulier, ou autorisé par la loi ou par un usage local immémorial, et à la charge que la vaine pâture n'y sera exercée que conformément aux règles et usages locaux, qui ne contrarieront point les réserves portées dans les articles suivants de la présente section.

4. Le droit de clore et de déclore ses héritages résulte essentiellement de celui de propriété, et ne peut être contesté à aucun propriétaire. L'Assemblée nationale abroge toutes lois et coutumes qui peuvent contrarier ce droit.

5. Le droit de parcours et le droit simple de vaine pâture ne pourront, en aucun cas, empêcher les propriétaires de clore leurs héritages; et tout le temps qu'un héritage sera clos de la manière qui sera déterminée par l'article suivant, il ne pourra être assujetti ni à l'un ni à l'autre droit ci-dessus.

6. L'héritage sera réputé clos, lorsqu'il sera entouré d'un mur de quatre pieds de hauteur, avec barrière ou porte, ou lorsqu'il sera exactement fermé et entouré de palissades, ou de treillages, ou d'une haie vive, ou d'une haie sèche, faite avec des pieux ou cordelée avec des branches, ou de toute autre manière de faire les haies en usage dans chaque localité; ou enfin d'un fossé de quatre pieds de large au moins à l'ouverture, et de deux pieds de profondeur.

7. La clôture affranchira de même du droit de vaine pâture réciproque ou non réciproque entre particuliers, si ce droit n'est pas fondé sur un titre. Toutes lois et tous usages contraires sont abolis.

. . . .

9. Dans aucun cas et dans aucun temps, le droit de parcours, ni celui de vaine pâture, ne pourront s'exercer sur les prairies artificielles, et ne pourront avoir lieu sur aucune terre ensemencée ou couverte de quelques productions que ce soit, qu'après la récolte.

10. Partout où les prairies naturelles sont sujettes au parcours ou à la vaine pâture, ils n'auront lieu provisoirement que dans le temps autorisé par les lois et coutumes, et jamais tant que la première herbe ne sera pas récoltée.

11. Le droit dont jouit tout propriétaire de clore ses héritages, a lieu, même par rapport aux prairies dans

les paroisses où, sans titre de propriété, et seulement par l'usage, elles deviennent communes à tous les habitants, soit immédiatement après la récolte de la première herbe, soit dans tout autre temps déterminé.

12. Dans les pays de parcours ou de vaine pâture soumis à l'usage du troupeau en commun, tout propriétaire ou fermier pourra renoncer à cette communauté, et faire garder, par troupeau séparé, un nombre de têtes de bétail proportionné à l'étendue des terres qu'il exploitera dans la paroisse.

13. La quantité de bétail, proportionnellement à l'étendue du terrain, sera fixée, dans chaque paroisse, à tant de bêtes par arpent, d'après les règlements et usages locaux; et, à défaut de documents positifs à cet égard, il y sera pourvu par le Conseil général de la commune.

14. Néanmoins, tout chef de famille domicilié, qui ne sera ni propriétaire, ni fermier d'aucun des terrains sujets au parcours ou à la vaine pâture, et le propriétaire ou fermier à qui la modicité de son exploitation n'assurerait pas l'avantage qui va être déterminé, pourront mettre sur lesdits terrains, soit par troupeau séparé, soit en troupeau en commun, jusqu'au nombre de six bêtes à laine et d'une vache avec son veau, sans préjudicier aux droits desdites personnes sur les terres communales, s'il y en a dans la paroisse, et sans entendre rien innover aux lois, coutumes ou usages locaux et de temps immémorial, qui leur accorderaient un plus grand avantage.

15. Les propriétaires ou fermiers exploitant des terres sur les paroisses sujettes au parcours ou à la vaine pâture, et dans lesquelles ils ne seraient pas domiciliés, auront le même droit de mettre dans le troupeau commun, ou de faire garder par troupeau séparé, une quantité de têtes de bétail proportionnée à l'étendue de leur exploitation, et suivant les dispositions de l'article 13 de la présente section; mais, dans aucun cas, ces propriétaires ou fermiers ne pourront céder leurs droits à d'autres.

16. Quand un propriétaire d'un pays de parcours ou de vaine pâture aura clos une partie de sa propriété, le nombre de têtes de bétail qu'il pourra continuer d'envoyer dans le troupeau commun, ou par troupeau séparé, sur les terres particulières des habitants de la communauté, sera restreint proportionnellement et suivant les dispositions de l'article 13 de la présente section.

17. La commune dont le droit de parcours sur une paroisse voisine sera restreint par des clôtures faites de la manière déterminée à l'article 6 de cette section, ne pourra prétendre, à cet égard, à aucune espèce d'indemnité, même dans le cas où son droit serait fondé sur un titre; mais cette communauté aura le droit de renoncer à la faculté réciproque qui résultait de celui de parcours entre elle et la paroisse voisine: ce qui aura également lieu, si le droit de parcours s'exerçait sur la propriété d'un particulier.

18. Par la nouvelle division du Royaume, si quelques sections de paroisse se trouvent réunies à des paroisses soumises à des usages différents des leurs, soit relativement au parcours ou à la vaine pâture, soit relativement au troupeau en commun, la plus petite partie dans la réunion suivra la loi de la plus grande, et les corps administratifs décideront des contestations qui naîtraient à ce sujet. Cependant, si une propriété n'était point enclavée dans les autres, et qu'elle ne gênât point le droit provisoire de parcours ou de vaine pâture auquel elle n'était point soumise, elle serait exceptée de cette règle.

19. Aussitôt qu'un propriétaire aura un troupeau malade, il sera tenu d'en faire la déclaration à la municipalité; elle assignera sur le terrain du parcours de la vaine pâture, si l'un ou l'autre existe dans la paroisse, un espace où le troupeau malade pourra pâturer exclusivement, et le chemin qu'il devra suivre pour se rendre au pâturage. Si ce n'est point un pays de parcours ou de vaine pâture, le propriétaire sera tenu de ne point faire sortir de ses héritages son troupeau malade.

20. Les corps administratifs emploieront constamment les moyens de protection et d'encouragement qui sont en leur pouvoir pour la multiplication des chevaux, des troupeaux, et de tous bestiaux de race étrangère qui seront utiles à l'amélioration de nos espèces, et pour le soutien de tous les établissements de ce genre. — Ils encourageront les habitants des campagnes, par des récompenses, et suivant les localités, à la destruction des animaux malfaisants qui peuvent ravager les troupeaux, ainsi qu'à la destruction des animaux et des insectes qui peuvent nuire aux récoltes. — Ils emploieront particulièrement tous les moyens de prévenir et d'arrêter les épizooties et la contagion de la morve des chevaux.

SECTION V. — *Des récoltes.*

ART. 1er. La municipalité pourvoira à faire serrer la récolte d'un cultivateur absent, infirme, ou accidentellement hors d'état de la faire lui-même, et qui réclamera ce secours; elle aura soin que cet acte de fraternité et de protection de la loi soit exécuté aux moindres frais. Les ouvriers seront payés sur la récolte de ce cultivateur. — Chaque propriétaire sera libre de faire sa récolte, de quelque nature qu'elle soit, avec tout instrument et au moment qui lui conviendra, pourvu qu'il ne cause aucun dommage aux propriétaires voisins. — Cependant, dans les pays où le ban de vendange est en usage, il pourra être fait à cet égard un règlement chaque année par le conseil général de la commune, mais seulement pour les vignes non closes. Les réclamations qui pourraient être faites contre le règlement, seront portées au directoire du département, qui y statuera sur l'avis du directoire de district.

2. Nulle autorité ne pourra suspendre ou intervertir les travaux de la campagne, dans les opérations de la semence et des récoltes.

. . . .

SECTION VII. — *Des gardes champêtres.*

ART. 1er. Pour assurer les propriétés et conserver les récoltes, il pourra être établi des gardes champêtres dans les municipalités, sous la juridiction des juges de paix, et sous la surveillance des officiers municipaux. Ils seront nommés par le conseil général de la commune, et ne pourront être changés ou destitués que dans la même forme. (*Modifié par Décr. 25 mars* 1852, *art.* 5, *n°* 21.)

2. Plusieurs municipalités pourront choisir et payer le même garde champêtre, et une municipalité pourra en avoir plusieurs. Dans les municipalités où il y a des gardes établis pour la conservation des bois, ils pourront remplir les deux fonctions.

3. Les gardes champêtres seront payés par la communauté ou les communautés, suivant le prix déterminé par le conseil général; les gages seront prélevés sur les amendes qui appartiendront en entier à la communauté. Dans le cas où elles ne suffiraient pas au salaire des gardes, la somme qui manquerait serait répartie au marc la livre de la contribution foncière, mais serait à la charge de l'exploitant; toutefois les gages des gardes des bois communaux seront prélevés sur le produit de ces bois, et séparés des gages de ceux qui conservent les autres propriétés rurales.

4. Dans l'exercice de leurs fonctions, les gardes champêtres pourront porter toutes sortes d'armes qui seront jugées leur être nécessaires par le directoire du département. Ils auront sur le bras une plaque de métal ou d'étoffe, où seront inscrits ces mots : la *loi*, le nom de la municipalité, celui du garde.

5. Les gardes champêtres seront âgés au moins de vingt-cinq ans; ils seront reconnus pour gens de bonnes mœurs, et ils seront reçus par le juge de paix : il leur fera prêter le serment de veiller à la conservation de toutes les propriétés qui sont sous la foi publique, et de toutes celles dont la garde leur aura été confiée par l'acte de leur nomination.

6. Ils feront, affirmeront et déposeront leurs rapports devant le juge de paix de leur canton, ou l'un de ses assesseurs (suppléants), ou feront devant l'un ou l'autre leurs déclarations. Leurs rapports, ainsi que leurs déclarations, lorsqu'ils ne donneront lieu qu'à des réclamations pécuniaires, feront foi en justice pour tous les délits mentionnés dans la police rurale, sauf la preuve contraire.

7. Ils seront responsables des dommages, dans le cas où ils négligeront de faire, dans les vingt-quatre heures, les rapports des délits.

8. La poursuite des délits ruraux sera faite au plus tard dans le délai d'un mois, soit par les parties lésées, soit par le procureur de la commune ou ses substituts, s'il y en a, soit par des hommes de loi commis à cet effet par la municipalité, faute de quoi il n'y aura plus lieu à poursuite.

TITRE II. — *De la police rurale.*

ART. 1er. La police des campagnes est spécialement sous la juridiction des juges de paix et des officiers municipaux, et sous la surveillance des gardes champêtres et de la gendarmerie nationale.

2. Tous les délits ci-après mentionnés sont, suivant leur nature, de la compétence du juge de paix ou de la municipalité du lieu où ils auront été commis.

. . . .

4. Les moindres amendes seront de la valeur d'une journée de travail, au taux du pays, déterminée par le directoire de département. Toutes les amendes ordinaires qui n'excéderont

pas la somme de trois journées de travail, seront doubles en cas de récidive dans l'espace d'une année, ou si le délit a été commis avant le lever ou après le coucher du soleil; elles seront triples quand les deux circonstances précédentes se trouveront réunies : elles seront versées dans la caisse de la municipalité du lieu.

. . . .

6. Les délits mentionnés au présent décret, qui entraîneraient une détention de plus de trois jours dans les campagnes, et de plus de huit jours dans les villes, seront jugés par voie de police correctionnelle; les autres le seront par voie de police municipale. (*V. art.* 139 *et* 179, *Inst. cr.*)

7. Les maris, pères, mères, tuteurs, maîtres, entrepreneurs de toute espèce, seront civilement responsables des délits commis par leurs femmes et enfants, pupilles, mineurs n'ayant pas plus de vingt ans et non mariés, domestiques, ouvriers, voituriers et autres subordonnés. — L'estimation du dommage sera toujours faite par le juge de paix ou ses assesseurs (suppléants), ou par des experts par eux nommés.

8. Les domestiques, ouvriers, voituriers, ou autres subordonnés, seront, à leur tour, responsables de leurs délits envers ceux qui les emploient.

9. Les officiers municipaux veilleront généralement à la tranquillité, à la salubrité et à la sûreté des campagnes; ils seront tenus particulièrement de faire, au moins une fois par an, la visite des fours et cheminées de toutes maisons et de tous bâtiments éloignés de moins de 100 toises d'autres habitations : ces visites seront préalablement annoncées huit jours d'avance. — Après la visite, ils ordonneront la réparation ou la démolition des fours et cheminées qui se trouveront dans un état de délabrement qui pourrait occasionner un incendie ou d'autres accidents ; il pourra y avoir lieu à une amende au moins de 6 livres, et au plus de 24 livres.

10. Toute personne qui aura allumé du feu dans les champs plus près que 50 toises des maisons, bois, bruyères, vergers, haies, meules de grains, de paille ou de foin, sera condamnée à une amende égale à la valeur de douze journées de travail, et paiera en outre le dommage que le feu aura occasionné. Le délinquant pourra de plus, suivant les circonstances, être condamné à la détention de la police municipale. (*V. C. for.*, 48)

. . . .

12. Les dégâts que les bestiaux de toute espèce, laissés à l'abandon, feront sur les propriétés d'autrui, soit dans l'enceinte des habitations, soit dans un enclos rural, soit dans les champs ouverts, seront payés par les personnes qui ont la jouissance de ces bestiaux ; si elles sont insolvables, ces dégâts seront payés par celles qui en ont la propriété. Le propriétaire qui éprouvera les dommages, aura le droit de saisir les bestiaux, sous l'obligation de les faire conduire, dans les vingt-quatre heures, au lieu du dépôt qui sera désigné à cet effet par la municipalité. — Il sera satisfait aux dégâts par la vente des bestiaux, s'ils ne sont pas réclamés, ou si le dommage n'a point été payé dans la huitaine du jour du délit. — Si ce sont des volailles, de quelque espèce que ce soit, qui causent le dommage, le propriétaire, le détenteur ou le fermier qui l'éprouvera, pourra les tuer, mais seulement sur le lieu, au moment du dégât.

13. Les bestiaux morts seront enfouis dans la journée à quatre pieds de profondeur par le propriétaire, et dans son terrain, ou voiturés à l'endroit désigné par la municipalité, pour y être également enfouis, sous peine par le délinquant de payer une amende de la valeur d'une journée de travail, et les frais de transport et d'enfouissement.

. . . .

15. Personne ne pourra inonder l'héritage de son voisin, ni lui transmettre volontairement les eaux d'une manière nuisible, sous peine de payer le dommage et une amende qui ne pourra excéder la somme du dédommagement. (*V. C. pén.*, 457.)

16. Les propriétaires ou fermiers des moulins et usines construits ou à construire, seront garants de tous dommages que les eaux pourraient causer aux chemins ou aux propriétés voisines, par la trop grande élévation du déversoir, ou autrement. Ils seront forcés de tenir les eaux à une hauteur qui ne nuise à personne, et qui sera fixée par le directoire du département, d'après l'avis du directoire de district. En cas de contravention, la peine sera une amende qui ne pourra excéder la somme du dédommagement.

. . . .

18. Dans les lieux qui ne sont sujets ni au parcours, ni à la vaine pâture, pour toute chèvre qui sera trouvée sur l'héritage d'autrui, contre le gré du propriétaire de l'héritage, il sera payé une amende de la valeur d'une journée

de travail par le propriétaire de la chèvre. — Dans les pays de parcours ou de vaine pâture, où les chèvres ne sont pas rassemblées et conduites en troupeau commun, celui qui aura des animaux de cette espèce ne pourra les mener aux champs qu'attachés, sous peine d'une amende de la valeur d'une journée de travail par tête d'animal. — En quelque circonstance que ce soit, lorsqu'elles auront fait du dommage aux arbres fruitiers ou autres, haies, vignes, jardins, l'amende sera double, sans préjudice du dédommagement dû au propriétaire.

19. — *Abrogé par l'art. 2 de la loi du 25 mai 1864.*

20. — *Abrogé par l'art. 2 de la loi du 25 mai 1864.*

21. Les glaneurs, les râteleurs et les grappilleurs, dans les lieux où les usages de glaner, de râteler ou de grappiller sont reçus, n'entreront dans les champs, prés et vignes récoltés et ouverts, qu'après l'enlèvement entier des fruits. En cas de contravention, les produits du glanage, du râtelage et du grappillage seront confisqués, et, suivant les circonstances, il pourra y avoir lieu à la détention de police municipale. Le glanage, le râtelage et le grappillage sont interdits dans tout enclos rural, tel qu'il est défini à l'article 6 de la quatrième section du premier titre du présent décret.

22. Dans les lieux de parcours ou de vaine pâture, comme dans ceux où ces usages ne sont point établis, les pâtres et les bergers ne pourront mener les troupeaux d'aucune espèce dans les champs moissonnés et ouverts, que deux jours après la récolte entière, sous peine d'une amende de la valeur d'une journée de travail : l'amende sera double, si les bestiaux d'autrui ont pénétré dans un enclos rural.

23. Un troupeau atteint de maladie contagieuse, qui sera rencontré au pâturage sur les terres du parcours ou de la vaine pâture, autres que celles qui auront été désignées pour lui seul, pourra être saisi par les gardes champêtres, et même par toute personne ; il sera ensuite mené au lieu du dépôt qui sera indiqué à cet effet par la municipalité. — Le maître de ce troupeau sera condamné à une amende de la valeur d'une journée de travail par tête de bête à laine, et à une amende triple par tête d'autre bétail. — Il pourra, en outre, suivant la gravité des circonstances, être responsable du dommage que son troupeau aurait occasionné, sans que cette responsabilité puisse s'étendre au delà des limites de la municipalité. A plus forte raison, cette amende et cette responsabilité auront lieu, si ce troupeau a été saisi sur les terres qui ne sont point sujettes au parcours ou à la vaine pâture.

24. Il est défendu de mener sur le terrain d'autrui des bestiaux d'aucune espèce, et en aucun temps, dans les prairies artificielles, dans les vignes, oseraies, dans les plants de câpriers, dans ceux d'oliviers, de mûriers, de grenadiers, d'orangers et arbres du même genre, dans tous les plants ou pépinières d'arbres fruitiers ou autres, faits de main d'homme. — L'amende encourue pour le délit sera une somme de la valeur du dédommagement dû au propriétaire : l'amende sera double, si le dommage a été fait dans un enclos rural ; et, suivant les circonstances, il pourra y avoir lieu à la détention de police municipale. (*V. art. 479, n° 10, C. pén.*)

25. Les conducteurs des bestiaux revenant des foires, ou les menant d'un lieu à un autre, même dans les pays de parcours ou de vaine pâture, ne pourront les laisser pacager sur les terres des particuliers, ni sur les communaux, sous peine d'une amende de la valeur de deux journées de travail, en outre du dédommagement. L'amende sera égale à la somme du dédommagement, si le dommage est fait sur un terrain ensemencé, ou qui n'a pas été dépouillé de sa récolte, ou dans un enclos rural. — A défaut de paiement, les bestiaux pourront être saisis et vendus jusqu'à concurrence de ce qui sera dû pour l'indemnité, l'amende et autres frais y relatifs ; il pourra même y avoir lieu, envers les conducteurs, à la détention de police municipale, suivant les circonstances.

26. Quiconque sera trouvé gardant à vue ses bestiaux dans les récoltes d'autrui, sera condamné, en outre du paiement du dommage, à une amende égale à la somme du dédommagement ; et pourra l'être, suivant les circonstances, à une détention qui n'excédera pas une année.

27. Celui qui entrera à cheval dans les champs ensemencés, si ce n'est le propriétaire ou ses agents, paiera le dommage et une amende de la valeur d'une journée de travail ; l'amende sera double si le délinquant y est entré en voiture. Si les blés sont en tuyau et que quelqu'un y entre même à pied, ainsi que dans toute autre récolte pendante, l'amende sera au moins de la valeur d'une journée de

travail, et pourra être d'une somme égale à celle due pour dédommagement au propriétaire.

. . . .

33. Celui qui, sans la permission du propriétaire ou fermier, enlèvera des fumiers, de la marne ou tous autres engrais portés sur les terres, sera condamné à une amende qui n'excédera pas la valeur de six journées de travail, en outre du dédommagement, et pourra l'être à la détention de police municipale. L'amende sera de douze journées, et la détention pourra être de trois mois, si le délinquant a fait tourner à son profit lesdits engrais.

. . . .

36. Le maraudage ou l'enlèvement de bois, fait à dos d'homme dans les bois taillis ou futaies, ou autres plantations d'arbres des particuliers ou communautés, sera puni d'une amende double du dédommagement dû au propriétaire. La peine de la détention pourra être la même que celle portée en l'article précédent (1).

37. Le vol dans les bois taillis, futaies et autres plantations d'arbres des particuliers ou communautés, exécuté à la charge de bête de somme ou de charrette, sera puni par une détention qui ne pourra être de moins de trois jours, ni excéder six mois. Le coupable paiera en outre une amende triple de la valeur du dédommagement dû au propriétaire. (*V. art.* 194, *C. for.*)

. . . .

39. Conformément au décret sur les fonctions de la gendarmerie nationale, tout dévastateur des bois, des récoltes, ou chasseur masqué, pris sur le fait, pourra être saisi par tout gendarme national, sans aucune réquisition d'officier civil.

40. Les cultivateurs ou tous autres qui auront dégradé ou détérioré, de quelque manière que ce soit, les chemins publics, ou usurpé sur leur largeur, seront condamnés à la réparation ou à la restitution, et à une amende qui ne pourra être moindre de 3 livres, ni excéder 24 livres. (*V. art.* 479, *n°* 11, *C. pén.*)

41. Tout voyageur qui déclôra un champ pour se faire un passage dans sa route, paiera le dommage fait au propriétaire, et de plus, une amende de la valeur de trois journées de travail, à moins que le juge de paix du canton ne décide que le chemin public était impraticable; et alors les dommages et les frais de clôture seront à la charge de la communauté.

42. Le voyageur qui, par la rapidité de sa voiture ou de sa monture, tuera ou blessera des bestiaux sur les chemins, sera condamné à une amende égale à la somme du dédommagement dû au propriétaire des bestiaux. (*V. art.* 479, *n°* 2, *C. pén.*)

43. Quiconque aura coupé ou détérioré des arbres plantés sur les routes, sera condamné à une amende du triple de la valeur des arbres, et à une détention qui ne pourra excéder six mois. (*V. art.* 448, *C. pén.*)

44. Les gazons, les terres ou les pierres des chemins publics, ne pourront être enlevés, en aucun cas, sans l'autorisation du directoire du département. Les terres ou matériaux appartenant aux communautés ne pourront être également enlevés, si ce n'est par suite d'un usage général établi dans la commune pour les besoins de l'agriculture, et non aboli par une délibération du Conseil général. — Celui qui commettra l'un de ces délits sera, en outre de la réparation du dommage, condamné, suivant la gravité des circonstances, à une amende qui ne pourra excéder 24 livres, ni être moindre de 3 livres; il pourra de plus être condamné à la détention de police municipale. (*V. art.* 479, *n.* 12, *C. pén.*)

. . . .

(1) L'article 35 porte : « La détention, qui aura toujours lieu, pourra être de trois mois, suivant la gravité des cas. »

1792

—

DÉCRET

Relatif à la conservation des saisies et oppositions formées sur les sommes qui s'acquittent directement au Trésor public.

(14 février 1792)

Art. 1er. Les commissaires de la Trésorerie nationale seront chargés de l'enregistrement et de la conservation des saisies et oppositions formées sur les sommes dues par l'État aux absents, conformément au décret du 29 juillet dernier, ainsi que sur les arrérages des pensions et secours, pour la partie qui est déclarée saisissable par le décret du 18 août dernier.

. . . .

4. Les créanciers autorisés par le décret du 29 juillet dernier à pour-

suivre leur paiement sur les sommes dues par l'État aux absents hors du Royaume, pourront saisir, entre les mains du préposé à la conservation des oppositions et saisies établi près la Trésorerie nationale, ce qui est à payer à leurs débiteurs directement par le Trésor public; mais leur paiement ne pourra être effectué qu'après qu'ils auront rempli les conditions portées audit décret, qu'ils auront fait constater l'absence et prononcer la validité de la saisie.

5. Toute personne pourra s'opposer et saisir entre les mains des commissaires de la Trésorerie nationale les sommes qui doivent être acquittées directement au Trésor public, soit pour intérêts de finances, de cautionnement et de prix d'acquisition, soit pour fournitures, entreprises et travaux autres que ceux de charité.

6. Il pourra de même être formé opposition et saisie entre les mains des commissaires de la Trésorerie nationale de la moitié des arrérages, pensions, secours, dons et gratifications, autres néanmoins que les primes et encouragements pour le commerce, par les créanciers desdits pensionnaires fondés en titres, pour entretien, nourriture et logement, conformément au décret du 18 août dernier.

7. A la mort d'un créancier de l'État, tout ce qui sera dû à sa succession par la Trésorerie nationale sera saisissable par ses créanciers, quel que soit le titre dudit créancier.

8. Les saisies et oppositions ne pourront porter que sur les objets mentionnés aux articles précédents : elles seront datées du jour et de l'heure, elles exprimeront clairement, outre les noms des saisissants et opposants, les noms et qualités des parties prenantes, et l'objet saisi ou grevé d'opposition : faute de quoi elles seront regardées comme non avenues.

9. L'huissier chargé des saisies et oppositions sera tenu de déposer son exploit pendant vingt-quatre heures à la Trésorerie nationale, pour y être enregistré et visé sans frais : toutes saisies et oppositions non visées seront nulles.

10. Les commissaires de la Trésorerie nationale seront tenus, en inscrivant le *visa*, d'exprimer le montant des sommes dues par le Trésor public au débiteur saisi; au moyen de quoi le *visa* tiendra lieu d'affirmation, et les saisissants pourront, sans qu'il soit besoin de nouvelle déclaration ni de mise en cause de l'agent du Trésor public, poursuivre la validité des saisies et jugements de distributions. Les sommes saisies resteront par forme de dépôt au Trésor public, jusqu'audit jugement de distribution ou de mainlevée, si mieux n'aiment lesdites parties saisissantes convenir d'un autre séquestre, ou le faire nommer par justice, auquel cas la Trésorerie nationale en viderait ses mains dans celles du séquestre agréé ou nommé à l'effet d'en fournir quittance comptable.

11. Les commissaires de la Trésorerie nationale feront faire annotation de celles des saisies et oppositions qui frapperont, soit sur les pensions et secours annuels, soit sur des objets que l'on comprend dans les états ordonnancés, sur les registres d'immatricule des payeurs de la Trésorerie et sur lesdits états. A l'égard des autres objets énoncés aux articles 5 et 6, ils ne seront acquittés par lesdits payeurs qu'après que les commissaires de la Trésorerie auront mis sur lesdites ordonnances qu'il n'existe point d'opposition.

12. Les oppositions qui pourraient avoir été formées entre les mains des conservateurs des finances et hypothèques, sur les objets ci-dessus mentionnés et qui s'acquittent directement au Trésor public, tiendront pendant trois mois à compter du jour de la publication du présent décret; et pendant ledit temps les parties prenantes ne pourront toucher qu'en rapportant desdits conservateurs un certificat de non-opposition, dans les cas où elles étaient précédemment tenues d'en justifier. Lesdits trois mois expirés, les oppositions ne vaudront qu'autant qu'elles seront formées à la Trésorerie nationale et dans les formes ci-dessus prescrites.

13. Les saisies et oppositions dont il s'agit n'auront d'effet que pendant trois années, à compter de leurs dates.

14. Il sera délivré, aussi sans frais, par les commissaires de la Trésorerie nationale des extraits d'opposition, à la charge par les requérants de fournir le papier timbré nécessaire.

15. Au moyen de ce que les pensions et secours annuels sont déclarés saisissables pour moitié par les créanciers porteurs de titres de la nature de ceux indiqués par le décret du 18 août, le paiement desdits pensionnaires ne pourra être suspendu par aucun ordre particulier : les ordres qui auraient pu être donnés précédemment par les ministres, en vertu de la déclaration du 7 janvier 1779, demeurent révoqués, sauf aux créanciers desdit pen-

sionnaires à se pourvoir conformément au décret du 18 août dernier et aux dispositions ci-dessus.

LOI

Sur les difficultés qui s'élèvent dans les tribunaux relativement aux agents de change.

(27-29 juillet 1792)

L'Assemblée nationale décrète que le défaut d'enregistrement aux ci-devant Parlements ne peut être opposé aux règlements qui, jusqu'au décret de l'Assemblée constituante des 14, 19 et 21 avril 1791, ont réglé les conditions et l'exercice des fonctions des agents de change, et que ces règlements auront leur plein et entier effet pour tous les engagements et négociations qui ont eu lieu sur la foi de leur exécution.

DÉCRET

Relatif à la suppression des congrégations séculières et des confréries.

(18-18 août 1792)

1793

LOI

Relative aux saisies et oppositions sur le Trésor public.

(30 mai-8 juin 1793)

Art. 1er. La loi du 19 février 1792, relative aux saisies et oppositions formées au Trésor public, continuera d'avoir son exécution, à la charge toutefois par l'opposant de déclarer dans l'exploit le montant de sa créance, et de fournir copie ou extrait en forme de son titre.

2. Lesdites saisies et oppositions n'auront d'effet que jusqu'à concurrence de la somme portée auxdits titres seulement, ou de ce qui sera déclaré en rester dû.

3. Toutes saisies ou oppositions faites à l'avenir, sans remplir les conditions ci-dessus, ne seront point visées et demeureront nulles.

DÉCRET

Portant qu'il ne sera fait aucun paiement par la Trésorerie nationale et les caisses des diverses administrations de la République, en exécution de jugements attaqués par la voie de cassation, sans une caution préalable.

(19-24 juillet 1793)

Art. unique. — Il ne sera fait par la Trésorerie nationale et par les caisses des diverses administrations de la République, aucun paiement en vertu des jugements qui seront attaqués par la voie de la cassation, dans les termes prescrits par le décret, qu'au préalable ceux au profit desquels lesdits jugements auraient été rendus, n'aient donné bonne et suffisante caution pour sûreté des sommes à eux adjugées.

DÉCRET

Relatif aux droits de propriété des auteurs d'écrits en tout genre, des compositeurs de musique, des peintres et des dessinateurs.

(19-24 juillet 1793) (1)

Art. 1er. Les auteurs d'écrits en tout genre, les compositeurs de musique, les peintres et dessinateurs qui feront graver des tableaux ou dessins, jouiront, durant leur vie entière, du droit exclusif de vendre, faire vendre, distribuer leurs ouvrages dans le territoire de la République, et d'en céder la propriété en tout ou en partie (2).

2. Leurs héritiers ou cessionnaires jouiront du même droit, durant l'espace de dix ans, après la mort des auteurs.

3. Les officiers de paix seront tenus de faire confisquer, à la réquisition et au profit des auteurs, compositeurs, peintres ou dessinateurs et autres, leurs héritiers ou cessionnaires, tous les exemplaires des éditions imprimées ou gravées sans la permission formelle et par écrit des auteurs.

4. Tout contrefacteur sera tenu de

(1) V. LL. 16 mai 1866 et 14 juill. 1866.

(2) La vente d'un tableau emporte celle du droit exclusif de le reproduire par la gravure ou par tout autre moyen de reproduction, alors même que la cession de ce droit n'a pas fait l'objet d'une stipulation particulière. — Cass. *Ch. reun.* 27 mai 1842.

payer au véritable propriétaire une somme équivalente au prix de trois mille exemplaires de l'édition originale.

5. Tout débitant d'édition contrefaite, s'il n'est pas reconnu contrefacteur, sera tenu de payer au véritable propriétaire une somme équivalente au prix de 500 exemplaires de l'édition originale.

6. Tout citoyen qui mettra au jour un ouvrage, soit de littérature ou de gravure, dans quelque genre que ce soit, sera obligé d'en déposer deux exemplaires à la Bibliothèque nationale ou au cabinet des estampes de la République, dont il recevra un reçu signé par le bibliothécaire ; faute de quoi il ne pourra être admis en justice pour la poursuite des contrefacteurs.

7. Les héritiers de l'auteur d'un ouvrage de littérature ou de gravure, ou de toute autre production de l'esprit ou du génie qui appartiennent aux beaux-arts, en auront la propriété exclusive pendant dix années.

DÉCRET

Relatif à l'organisation des postes et messageries en régie nationale.

(24-30 juillet 1793) (1)

. . . .

ART. 76. Les paiements, ainsi que les chevaux, provisions, ustensiles et équipages destinés au service de la poste, ne pourront être saisis sous aucun prétexte.

. . . .

LOI

Qui ordonne la formation d'un grand-livre de la dette publique.

(24 août 13-sept. 1793) (2)

ART. 156. Tous les débets arriérés, antérieurs à l'année précédente, seront payés à la Trésorerie nationale par le payeur principal de la dette publique, et, dans tous les cas, aucun créancier ne pourra réclamer que les cinq dernières années avant le semestre courant.

---

(1) *V.* le texte dans notre édition in-8°.
(2) *V.* art. 4, L. 8 niv. an VI.

DÉCRET

Qui rapporte la loi du 30 *août* 1792, *relative aux ouvrages dramatiques, et ordonne l'exécution de celles des* 13 *janvier* 1791, 19 *juillet* 1791 *et* 19 *juillet* 1793.

(1er septembre 1793)

ART. 1er. La Convention nationale rapporte la loi du 30 août 1792 relative aux ouvrages dramatiques.

2. Les lois des 13 janvier 1791, 19 juillet 1791 et 19 juillet 1793 leur sont appliquées dans toutes leurs dispositions.

3. La police des spectacles continuera d'appartenir exclusivement aux municipalités. Les entrepreneurs ou associés seront tenus d'avoir un registre dans lequel ils inscriront et feront viser par l'officier de police de service, à chaque représentation, les pièces qui seront jouées, pour constater le nombre des représentations de chacune.

LOI

Contenant l'acte de navigation

(21 septembre 1793)

ART. 1er. Les traités de navigation et de commerce existant entre la France et les Puissances avec lesquelles elle est en paix, seront exécutés selon leur forme et teneur, sans qu'il y soit apporté aucun changement par le présent décret.

2. Après le 1er janvier 1794, aucun bâtiment ne sera réputé français, n'aura droit aux privilèges des bâtiments français, s'il n'a pas été construit en France, ou dans les colonies, ou autres possessions de France, ou déclaré de bonne prise faite sur l'ennemi, ou confisqué pour contravention aux lois de la République, s'il n'appartient pas entièrement à des Français, et si les officiers et trois quarts de l'équipage ne sont pas Français. (*V. L.* 9 *juin* 1845, *art.* 11.)

3. Aucunes denrées, productions ou marchandises étrangères, ne pourront être importées en France, dans les colonies et possessions de France, que directement par des bâtiments français ou appartenant aux habitants du pays des cru, produit ou manufactures, ou des ports ordinaires de vente et première exportation, les officiers et trois

quarts des équipages étrangers étant du pays dont le bâtiment porte le pavillon, le tout sous peine de confiscation des bâtiments et cargaison, et de 3,000 livres d'amende, solidairement et par corps, contre les propriétaires, consignataires et agents des bâtiments et cargaisons, capitaine et lieutenant.

4. Les bâtiments étrangers ne pourront transporter d'un port français à un autre port français aucunes denrées, productions ou marchandises des cru, produit ou manufactures de France, colonies ou possessions de France, sous les peines portées par l'art. 3.

5. Le tarif des douanes nationales sera refait et combiné avec l'acte de navigation et le décret qui abolit les douanes entre la France et les colonies.

AN II

LOI

Contenant des dispositions relatives à l'acte de navigation.

(27 vendémiaire an II)

ART. 1er à 3. — *Transitoires.*

4. — *Abrogé par la loi du 6 mai 1841, art. 21.*

5. Les numéros et noms des propriétaires et des ports seront insérés dans un congé, que chacun de ces bâtiments sera tenu de prendre chaque année, sous peine de confiscation et de 100 livres d'amende.

6. Ceux des bâtiments qui seront pontés, paieront trois livres pour chaque congé ; il ne sera payé que 20 sous pour celui des bâtiments non pontés.

7. Un bâtiment étranger étant jeté sur les côtes de France ou possessions françaises, et tellement endommagé que le propriétaire ou assureur ait préféré de le vendre, sera, en devenant entièrement propriété française, et après radoub ou réparations, dont le montant sera quadruple du prix de vente du bâtiment, et étant monté par des Français, réputé bâtiment français.

8. Les bâtiments français ne pourront, sous peine d'être réputés bâtiments étrangers, être radoubés ou réparés en pays étranger, si les frais de radoub ou réparations excèdent 6 livres par tonneau, à moins que la nécessité de frais plus considérables ne soit constatée par le rapport signé et affirmé par le capitaine et autres officiers du bâtiment, vérifié et approuvé par le consul ou autre officier de France, ou deux négociants français résidant en pays étranger, et déposé au bureau du port français où le bâtiment reviendra.

9. Les bâtiments de trente tonneaux et au-dessus auront un congé où seront la date et le numéro de l'acte de francisation, qui exprimera les noms, état, domicile du propriétaire, et son affirmation qu'il est seul propriétaire (ou conjointement avec des Français dont il indiquera les noms, état et domicile), le nom du bâtiment, du port auquel il appartient, le temps et le lieu où le bâtiment a été construit, ou condamné, ou adjugé, le nom du vérificateur, qui certifiera que le bâtiment est de construction... ; qu'il a.... mâts... ponts ; que sa longueur, de l'éperon à l'étambot, est de..... pieds..... pouces que sa plus grande largeur est de..... pieds..... pouces ; que sa hauteur entre les ponts est de..... pieds..... pouces (s'il n'y a qu'un pont) ; que la profondeur de la cale est de..... pieds..... pouces ; qu'il mesure..... tonneaux ; qu'il est un brick, ou navire, ou bateau ; qu'il a ou n'a pas de galerie en tête.

10. Les congés et actes de francisation seront délivrés au bureau du port ou district auquel appartient le bâtiment.

11. Le propriétaire donnera une soumission et caution de 20 livres par tonneau, si le bâtiment est au-dessous de deux cents tonneaux ; et de 30 livres par tonneau, s'il est au-dessus de deux cents tonneaux ; de 40 livres par tonneau, s'il est au-dessus de quatre cents tonneaux. Les congés ne seront bons que pour un voyage.

12. Aucun Français résidant en pays étranger ne pourra être propriétaire, en totalité ou en partie, d'un bâtiment français, s'il n'est pas associé d'une maison de commerce française, faisant le commerce en France ou possession de France ; et s'il n'est pas prouvé, par le certificat du consul de France dans le pays étranger où il réside, qu'il n'a point prêté serment de fidélité à cet Etat, et qu'il s'y est soumis à la juridiction consulaire de France. (*V. art.* 11 *L.* 9 *juin* 1845.)

13. Le serment à prêter par le propriétaire avant la délivrance des congés et actes de francisation, sera en cette forme : — « (*Le nom, état, domicile*), jure et affirme que (*le nom du bâtiment, du port auquel appartient le bâtiment*) est un (*espèce*

tonnage du bâtiment et description, suivant le certificat du mesureur vérificateur), a été construit à (*lieu de construction*), en (*année de construction ; s'il a été pris ou confisqué ou perdu sur la côte, exprimer le lieu, le temps des jugement et vente*) ; que je suis seul propriétaire dudit bâtiment, ou conjointement avec (*nom, état, domicile des intéressés*), et qu'aucune autre personne quelconque n'y a droit, titre, intérêt, portion ou propriété ; que je suis citoyen de France, soumis et fidèle à la Constitution des Français, ainsi que les associés ci-dessus (*s'il y en a*) ; qu'aucun étranger n'est directement ou indirectement intéressé dans le susdit bâtiment. (*V. art.* 11, *L.* 9 *juin* 1845.)

14. Le préposé du bureau se transportera à bord du bâtiment, pour en vérifier la description et le tonnage, et en sera responsable.

15. Tous ceux qui prêteront leur nom à la francisation de bâtiments étrangers ; qui concourront comme officiers publics ou témoins aux ventes simulées ; tout préposé dans les bureaux, consignataire, agent des bâtiments et cargaison, capitaine et lieutenant du bâtiment, qui, connaissant la francisation frauduleuse, n'empêcheront pas la sortie du bâtiment, disposeront de la cargaison d'entrée ou en fourniront une sortie, auront commandé ou commandent le bâtiment, seront condamnés solidairement et par corps, en 6,000 livres d'amende, déclarés incapables d'aucun emploi, et de commander aucun bâtiment français. Le jugement de condamnation sera publié et affiché.

16. Le propriétaire ou les propriétaires se soumettront, par le cautionnement qu'ils seront tenus de donner, sous peine de confiscation du montant des sommes énoncées audit cautionnement, outre les autres condamnations prononcées par le présent décret, à ne point vendre, donner, prêter, ni autrement disposer des congé et acte de francisation, à n'en faire usage que pour le service du bâtiment pour lequel ils sont accordés, à rapporter l'acte de francisation au même bureau, si le bâtiment est pris par l'ennemi, brûlé ou perdu de quelque autre manière, vendu en partie ou en totalité à un étranger ; et ce, dans un mois, si la perte ou vente de la totalité ou partie du bâtiment a eu lieu en France ou sur les côtes de France ; et dans trois, six ou neuf mois, suivant la distance des autres lieux de perte ou de vente. — Dans le même cas et les mêmes délais, les passes pour la Méditerranée seront remises au bureau.

17. Les ventes de partie du bâtiment seront inscrites au dos de l'acte de francisation, par le préposé du bureau qui en tiendra registre, et auquel il sera payé 6 livres pour chaque tel endossement (1).

18. Toute vente de bâtiment ou de partie de bâtiment contiendra la copie de l'acte de francisation, et sera faite par-devant un officier public, sans qu'il soit perçu plus de 15 sous pour droit d'enregistrement, quel que soit le prix de vente.

19. — *Abrogé par l'art.* 21 *de la loi du* 6 *mai* 1841.

20. Si l'acte de francisation est perdu, le propriétaire, en affirmant la sincérité de cette perte, en obtiendra un nouveau, en observant les mêmes formalités et à la charge des mêmes cautionnement, soumission, déclaration et droits, que pour l'obtention du premier.

21. Si, après la délivrance de l'acte de francisation, le bâtiment est changé dans sa forme, tonnage, ou de toute autre manière, on en obtiendra un nouveau ; autrement le bâtiment sera réputé bâtiment étranger.

22. Après la publication du présent décret, aucun bâtiment français ne pourra partir du port ou district auquel il appartiendra, sans acte de francisation et congé, conformément au présent décret.

23. Le préposé du bureau laissera partir, avec un ancien congé, les bâtiments qui ne seront pas dans le port ou district auxquels ils appartiennent, en exigeant une soumission et caution du quart de la valeur du bâtiment, que ces actes seront pris au bureau où ils doivent l'être, dans un délai qui sera fixé suivant la distance du lieu ou la longueur du voyage proposé.

24. Le préposé du port où sera le bâtiment, transmettra, s'il en est requis, à celui du port ou district auquel appartient le bâtiment, l'état de description, mesurage et tonnage du bâtiment par lui certifié.

25. Sur cet état ainsi certifié, qui sera déposé au bureau du port ou district auquel appartient le bâtiment, le préposé de ce bureau recevra du propriétaire du bâtiment les cautionnement, déclaration, soumission, affirmation ordonnés par le présent décret, et délivrera un acte de francisation, sur l'exhibition duquel le préposé du

(1) Ce droit de 6 livres est supprimé par l'article 20 de la loi du 6 mai 1841.

bureau du port où sera le bâtiment, lui donnera un congé.

26. Il sera payé pour l'acte de francisation des bâtiments au-dessous de cent tonneaux, 9 livres; de cent tonneaux et au-dessous de deux cents, 18 livres; de deux cents tonneaux et au-dessous de trois cents, 24 livres; et en sus, 6 livres pour chaque cent de tonneaux au-dessus de trois cents. On paiera 6 livres pour chaque congé.

27. Une moitié du produit des confiscations et amendes prononcées par le présent décret, frais déduits, sera donnée au dénonciateur ou aux préposés dans les bureaux saisissant et poursuivant; l'autre moitié sera au profit de la République.

28. Les actes de francisation et congé seront, dans vingt-quatre heures de l'arrivée du bâtiment, déposés au bureau, et y resteront jusqu'au départ.

29. Les droits de fret, ancrage, feux, phares, toues, balises, signaux, lestage, délestage, pontage, traversage, et tous autres de cette nature, sous quelque dénomination que ce soit, sont supprimés.

30. Les bâtiments français au-dessus de trente tonneaux, venant d'un port français sur l'Océan dans un autre sur l'Océan, ou d'un port français sur la Méditerranée dans un autre sur la Méditerranée, paieront 3 sous par tonneau; s'ils viennent d'un port français sur l'Océan dans un sur la Méditerranée, et *vice versâ*, ils paieront 4 sous par tonneau.

31. Les bâtiments français venant des colonies et comptoirs des Français en Asie, en Afrique, en Amérique, dans un port de France, paieront 6 sous par tonneau.

32. Les bâtiments français venant de la pêche, de la course ou d'un port étranger, ne paieront aucun droit.

33. Les bâtiments étrangers venant dans un port de France paieront 50 sous par tonneau.

34. Le tonnage des bâtiments sera calculé ainsi : « Ajouter la longueur du pont, prise de tête en tête, à celle de l'étrave à l'étambot; déduire la moitié du produit; multiplier le reste par la plus grande largeur du navire au maître-bau; multiplier encore le produit par la hauteur de la cale et de l'entre-pont, et diviser par quatre-vingt-quatorze. — Si le bâtiment n'a qu'un pont, prendre la plus grande longueur du bâtiment, multiplier par la plus grande largeur du navire au maître-bau, et le produit de la plus grande hauteur, puis diviser par quatre-vingt-quatorze (1).

35. Les bâtiments étrangers paieront, pour frais d'expédition, d'entrée et sortie, 18 livres, s'ils sont de deux cents tonneaux ou au-dessous; 36 livres, s'ils sont au-dessus.

36. Les bâtiments français de trente à cent cinquante tonneaux paieront 2 livres; de cent cinquante à trois cents, 6 livres; au-dessus de trois cents, 15 livres.

37. Tous acquits, permis et certificats relatifs aux cargaisons étrangères, seront payés 20 sous; ceux pour cargaisons françaises, 10 sous (2).

38. Le registre pour entrée et sortie des bâtiments contiendra la date d'arrivée ou départ, l'espèce, le nom du bâtiment, le nom du capitaine, le nombre des officiers et matelots, la nation dont ils sont, le lieu d'arrivée ou destination, la date et le numéro du manifeste général des cargaisons, qui sera signé et déposé par les capitaines, dans les vingt-quatre heures de l'arrivée et avant le départ, distinctement et outre les déclarations à faire par les consignataires et parties intéressées à la cargaison, pour acquitter les droits.

39. Les actes de francisation seront extraits du registre où seront inscrites les déclarations de construction, mesurage, description et propriété, ordonnées par le présent décret.

LOI

Qui interdit provisoirement la faculté de faire des saisies-arrêts ou oppositions sur les fonds destinés aux entrepreneurs de travaux nationaux.

(26 pluviôse an II)

Art. 1er. Les créanciers particuliers des entrepreneurs et adjudicataires des ouvrages faits ou à faire pour le compte de la Nation, ne peuvent, jusqu'à l'organisation définitive des travaux publics, faire aucune saisie-arrêt ni opposition sur les fonds déposés dans les caisses des receveurs de districts, pour être délivrés auxdits entrepreneurs ou adjudicataires.

(1) La rédaction de cet article, différente de la première, a été décrétée le 12 niv. an II.

(2) Ce droit est supprimé par l'art. 20 de la loi du 6 mai 1841.

2. Les saisies-arrêts et oppositions qui auraient été faites jusqu'à ce jour par les créanciers particuliers desdits entrepreneurs ou adjudicataires, sont déclarées nulles et comme non avenues.

3. Ne sont point comprises dans les dispositions des articles précédents les créances provenant du salaire des ouvriers employés par lesdits entrepreneurs, et les sommes dues pour fournitures de matériaux et autres objets servant à la construction des ouvrages (1).

4. Néanmoins, les sommes qui resteront dues aux entrepreneurs ou adjudicataires, après la réception des ouvrages, pourront être saisies par leurs créanciers particuliers, lorsque les dettes mentionnées en l'article 3 auront été acquittées.

---

(1) (*a*) Le privilége accordé, par le décret du 26 pluviôse an II, aux ouvriers ou fournisseurs pour travaux de l'Etat, n'affecte que les sommes dues à l'entrepreneur pour ses travaux; il ne s'étend pas aux fonds de son cautionnement. — Cass. 31 juill. 1849.

(*b*) Ce privilége a lieu même alors que l'entreprise a pour objet une œuvre d'art, par exemple des statues devant décorer un monument public. — Cass. 20 août 1862.

(*c*) Mais il est spécial aux travaux entrepris pour le compte de l'Etat. Ainsi, il ne s'applique pas au cas de travaux de chemins de fer exécutés par des compagnies; peu importe que l'Etat ait garanti à ces compagnies un *minimum* d'intérêts jusqu'à concurrence d'une certaine somme. — Cass. 16 juill. 1860.

(*d*)... Ni aux travaux communaux. — Cass. 18 janv. 1854.

(*e*)... Ni aux travaux départementaux. — Cass. 9 août 1859.

(*f*) Une simple subvention accordée par l'Etat ne saurait faire considérer comme exécutés pour son compte les travaux entrepris par une commune. — Cass. 12 août 1862.

(*g*) Le privilége accordé par le décret du 26 pluv. an II, à raison des sommes pour fournitures de matériaux aux entrepreneurs de travaux publics, peut être invoqué non-seulement par les sous-traitants contre l'entrepreneur principal, mais aussi par tous fournisseurs. — Cass. 21 juill. 1847.

(*h*) Et ce privilége peut être invoqué contre l'entrepreneur failli, aussi bien que contre un entrepreneur jouissant de la plénitude de ses droits. — *Même arrêt.*

LOI

Relative aux scellés apposés après le décès des citoyens dont les défenseurs de la patrie sont héritiers.

(11 ventôse an II)

ART. 1er. Immédiatement après l'apposition des scellés sur les effets et papiers délaissés par les père et mère des défenseurs de la patrie, et autres parents dont ils sont héritiers, le juge de paix qui les a apposés en avertira ces héritiers, s'il sait à quel corps ou armée ils sont attachés; il en instruira pareillement le ministre de la Guerre, et le double de ses lettres sera copié à la suite de son procès-verbal, avant de le présenter à l'enregistrement, sans augmentation de droits.

2. Le délai d'un mois expiré, si l'héritier ne donne pas de ses nouvelles, et n'envoie pas de procuration, l'agent national de la commune dans laquelle les père et mère seront décédés, convoquera sans frais devant le juge de paix la famille, et à son défaut, les voisins et amis, à l'effet de nommer un curateur à l'absent.

3. Ce curateur provoquera la levée des scellés, assistera à leur reconnaissance, pourra faire procéder à l'inventaire et vente des meubles, en recevoir le prix, à la charge d'en rendre compte, soit au militaire absent, soit à son fondé de pouvoir.

4. Il administrera les immeubles en bon père de famille.

LOI

Relative au commerce maritime et aux douanes de la République.

(4 germinal an II) (2)

. . . .

TITRE VI. — *Contraventions, saisies, condamnations, partage du produit des amendes et confiscations.*

ART. 1er. Aucune marchandise ne pourra être embarquée ou déchargée qu'en plein jour, entre le lever et le coucher du soleil, et après un permis du préposé des douanes.

2. Quiconque cachera ou achètera

(2) V. le texte dans notre édition in-8o.

des objets saisissables, ou participera à une contravention aux lois des douanes, sera condamné à une amende de dix fois la valeur des objets cachés ou achetés en fraude.

3. Les objets qui doivent être pesés ou jaugés ne pourront être déplacés du quai et autre lieu de décharge, qu'après avoir été pesés ou jaugés, avec le permis des préposés.

4. La République est préférée à tous créanciers, pour droits, confiscation, amende et restitution, et avec la contrainte par corps.

5. La facture faite au lieu de l'exportation sera jointe à l'évaluation donnée au lieu d'importation.

6. Toute personne a droit de saisir et arrêter pour contravention aux lois sur la navigation et le commerce. Tout saisissant, préposé des douanes ou non, aura une moitié du produit des amendes et confiscations ; l'autre moitié sera au profit de la République.

7. Dans toute action sur une saisie, les preuves de non-contravention sont à la charge du saisi.

8. Un ou plusieurs préposés des douanes saisissant bâtiments ou marchandises, feront dans les vingt-quatre heures, un rapport énonciatif du fait de contravention, et descriptif de l'objet saisi.

9. Les rapports de saisie seront soumis à l'enregistrement.

10. Le lendemain du jour de la saisie, le rapport sera transcrit sur le registre du bureau des douanes le plus prochain.

11. Les expéditions et toutes pièces relatives aux bâtiments, cargaisons et voitures de la saisie, seront déposées au même bureau.

12. Le rapport sera affiché à la porte du bureau, dans le jour du dépôt, et contiendra sommation à la partie saisie, nommée ou inconnue, de comparaître dans trois jours devant le juge de paix du lieu le plus prochain.

13. Le rapport et les pièces jointes seront présentés au juge de paix, qui recevra l'affirmation du saisissant, et l'entendra sur le fait de la saisie.

14. Si la saisie est jugée bonne, et qu'il n'y ait pas d'appel dans les trois jours suivants, le quatrième jour, le préposé du bureau indiquera la vente des objets confisqués, par affiche mise à la porte du bureau et à celle de l'auditoire, et procédera à la vente cinq jours après.

15. Les délais d'appel et de vente expirés, toutes répétitions et actions seront non recevables.

16. S'il y a appel, le tribunal du district de la situation du bureau prononcera en dernier ressort.

17. En première instance et sur l'appel, l'instruction sera verbale, sur simple mémoire et sans frais de justice à répéter de part ni d'autre.

18. Le préposé du bureau interjettera appel du jugement du juge de paix, si la saisie n'est pas déclarée valable.

19. — *Abrogé par l'art. 18 de la L. 9 flor. an VII.*

20. S'il y a lieu à procédure criminelle, on suivra les règles prescrites par le Code pénal et les lois sur la justice criminelle.

21. — *Abrogé par l'arrêté du 14 fruct. an X.*

22. Tous les condamnés sur une saisie sont solidaires pour la confiscation et l'amende.

23. Aucun juge ne modérera ni les droits, ni la confiscation, ni l'amende, sous peine d'en répondre personnellement.

24. Dans les cas de saisie ou de préemption, il est expressément interdit au conseil exécutif, à chaque ministre en particulier et aux corps administratifs, de donner des décisions.

LOI

Portant qu'aucun citoyen ne pourra porter de nom ni de prénom autres que ceux exprimés dans son acte de naissance.

(6 fructidor an II) (1)

ART. 1er. Aucun citoyen ne pourra porter de nom ni de prénom autres que ceux exprimés dans son acte de naissance : ceux qui les auraient quittés seront tenus de les reprendre.

2. Il est également défendu d'ajouter aucun surnom à son nom propre, à moins qu'il n'ait servi jusqu'ici à distinguer les membres d'une même famille, sans rappeler des qualifications féodales ou nobiliaires.

3. . . . .

4. Il est expressément défendu à tous fonctionnaires publics de désigner les citoyens dans les actes autrement que par le nom de famille, les prénoms portés en l'acte de naissance, ou les surnoms maintenus en l'article 2, ni d'en exprimer d'autres dans les ex-

(1) Bull., 1re série, no 240.

péditions et extraits qu'ils délivreront à l'avenir.

5, 6, 7. . . . .

LOI

Additionnelle à celle du 11 ventôse, relative aux scellés apposés sur les effets et papiers des parents des défenseurs de la patrie.

(16 fructidor an II)

Art. 1er. Les dispositions de la loi du 11 ventôse concernant les défenseurs de la patrie sont communes aux officiers de santé et à tous autres citoyens attachés au service des armées de la République.

2. Lorsque les citoyens compris dans l'article 1er et dans la loi précitée, se trouveront soit en pays ennemi, soit au bivouac, n'ayant point de notaire pour recevoir leur procuration, ils pourront s'adresser au conseil d'administration du corps auquel ils appartiennent.

3. Cette procuration sera signée et certifiée par les membres du conseil; elle sera scellée du sceau de l'administration.

4. Le fondé de pouvoir sera tenu de soumettre à la formalité de l'enregistrement l'acte de procuration qui lui aura été adressé, avant d'en faire usage, à peine de nullité.

. . . .

AN III

LOI

Sur l'incompatibilité des fonctions administratives et judiciaires.

(24 vendémiaire an III) (1)

LOI

Relative aux oppositions sur les appointements des officiers, des commissaires des guerres et employés, dans les armées.

(19 pluviôse an III) (2)

La Trésorerie nationale est autorisée à faire pay r aux officiers de troupes, aux commissaires des guerres, et à tous autres employés dans les armées ou à la suite, grevés d'oppositions par leurs créanciers, les quatre cinquièmes de leurs appointements; le cinquième restant sera réservé aux créanciers, qui pourront d'ailleurs exercer leurs droits sur les autres biens de leurs débiteurs.

LOI

Relative aux poids et mesures.

(18 germinal an III) (3)

LOI

Contenant des mesures répressives de tous pillages de grains, farines ou subsistances.

(16 prairial an III) (4)

LOI

Qui prohibe les ventes de grains en vert et pendants par racines.

(6 messidor an III) (5)

Art. 1er. Toutes les ventes de grains en vert et pendants par racines sont prohibées, sous peine de confiscation des grains et fruits vendus ; casse et annule toutes celles qui auraient été faites jusqu'à présent; en défend l'exécution sous la peine de confiscation, dans le cas où elles seraient exécutées postérieurement à la promulgation de la présente loi.

2. La confiscation encourue sera supportée, moitié par le vendeur, moitié par l'acheteur. Elle sera appliquée, un tiers au dénonciateur, un tiers à la commune du lieu où les fonds qui ont produit les grains se trouvent situés : ce tiers sera distribué à la classe indigente ; le troisième tiers au trésor public.

3. Les officiers municipaux, les administrateurs de district et de département sont spécialement chargés de veiller à l'exécution de la présente loi.

---

(1) Bull., 1re série, no 388.
(2) Bull., 1re série, no 640.

(3) Bull., 1re série, no 749. — *V.* le tableau des mesures légales, à la suite de la loi du 4 juill. 1837.
(4) Bull., 1re série, no 896. — *V.* 10 vend. an IV, et art. 440, C. pén.
(5) *V.* L. 23 mess. an III.

DÉCRET

Qui ordonne l'établissement de gardes champêtres dans toutes les communes rurales.

(20 messidor an III) (1)

ART. 1er. Il sera établi immédiatement après la promulgation du présent décret, des gardes champêtres dans toutes les communes rurales.

2. Les gardes champêtres ne pourront être choisis que parmi les citoyens dont la probité, le zèle et le patriotisme seront généralement reconnus ; ils seront nommés par l'administration du district sur la présentation des Conseils généraux des communes (*Modifié par l'art.* 13 *de la loi du* 18 *juill.* 1837) ; leur traitement sera aussi fixé par le district d'après l'avis du Conseil général, et réparti au marc la livre de l'imposition foncière. (*Modifié par l'art.* 30 *de la loi du* 18 *juill.* 1837.)

3. Il y aura au moins un garde par commune, et la municipalité jugera de la nécessité d'y en établir davantage.

4. Tout propriétaire aura le droit d'avoir pour ses domaines un garde champêtre ; il sera tenu de le faire agréer par le conseil général de la commune, et confirmer par le district : ce droit ne pourra l'exempter néanmoins de contribuer au traitement du garde de la commune.

5. La police rurale sera exercée provisoirement par le juge de paix.

. . . .

LOI

Qui excepte de la prohibition des ventes de grains en vert et pendants par racines, celles qui ont lieu par suite de tutelle, curatelle, etc.

(23 messidor an III) (2)

La Convention nationale décrète que, dans la prohibition portée par la loi du 6 messidor sur les ventes de grains en vert et pendants par racines, ne sont pas comprises celles qui ont lieu par suite de tutelle, curatelle, changement de fermier, saisie de fruits, baux judiciaires et autres de cette nature. Sont également exceptées les ventes qui comprendraient tous autres fruits ou productions que les grains.

(1) V. Décr. 28 sept. — 6 oct. 1791, *Concernant les biens et usages ruraux et la police rurale.*

(2) Bull., 1re série, no 948.

LOI

Qui autorise le dépôt du montant des billets à ordre ou autres effets négociables, dont le porteur ne se sera pas présenté dans les trois jours qui suivront celui de l'échéance.

(6 thermidor an III)

ART. 1er. Tout *débiteur* (3) de billet à ordre, lettre de change, billet au porteur ou autre effet négociable, dont le porteur ne se sera pas présenté dans les trois jours qui suivront celui de l'échéance, est autorisé à déposer la somme portée au billet, aux mains du receveur de l'enregistrement dans l'arrondissement duquel l'effet est payable.

2. L'acte de dépôt contiendra la date du billet, celle de l'échéance et le nom de celui au bénéfice duquel il aura été originairement fait.

3. Le dépôt consommé, le débiteur ne sera tenu qu'à remettre l'acte de dépôt en échange du billet.

4. La somme déposée sera remise à celui qui représentera l'acte de dépôt sans autre formalité que celle de la remise d'icelui, et de la signature du porteur sur le registre du receveur.

5. Si le porteur ne sait pas écrire, il en sera fait mention sur le registre.

6. Les droits attribués aux receveurs de l'enregistrement pour les présents dépôts, sont fixés à un pour cent. Ils sont dus par le porteur du billet.

DÉCRET

Portant défense de vendre, dans d'autres lieux qu'à la Bourse, de l'or et de l'argent, etc.

(13 fructidor an III)

ART. 1er. Il est défendu à tout individu, à Paris et dans toutes les places de commerce où il y a Bourse, de

(3) Ainsi rectifié par Décr. 28 therm. an III (Bull., 1re série, no 1025).

vendre de l'or et de l'argent, soit monnayés, soit en barre, en lingots ou ouvrés, ou de faire des marchés qui auraient ces matières pour objet, sur les places et dans les lieux publics autres que la Bourse. . . . . . .

2. Il est également défendu de vendre dans les lieux publics autres que la Bourse, aucune espèce de marchandise qui ne sera point exposée en vente sur le lieu même où cette vente se fait. — Les contrevenants seront réputés *agioteurs*. . . . .

3. Tout homme qui sera convaincu d'avoir vendu des marchandises et effets dont, au moment de la vente, il ne serait pas propriétaire, est aussi déclaré *agioteur*. . . . .

. . . .

AN IV

LOI

Sur la police intérieure des communes de la République.

(10 vendémiaire an IV)

TITRE Ier.

Tous citoyens habitant la même commune sont garants civilement des attentats commis sur le territoire de la commune, soit envers les personnes, soit contre les propriétés (1).

. . . .

TITRE IV. — *Des espèces de délits dont les communes sont civilement responsables.*

ART. 1er. Chaque commune est responsable des délits commis à force ouverte ou par violence sur son territoire, par des attroupements ou rassemblements armés ou non armés, soit envers les personnes, soit contre les propriétés nationales ou privées, ainsi que des dommages-intérêts auxquels ils donneront lieu (2).

2. Dans le cas où les habitants de la commune auraient pris part aux délits commis sur son territoire par des attroupements et rassemblements, cette commune sera tenue de payer à la République une amende égale au montant de la réparation principale.

3. Si les attroupements ou rassemblements ont été formés d'habitants de plusieurs communes, toutes seront responsables des délits qu'ils auront commis, et contribuables, tant à la réparation et dommages-intérêts qu'au paiement de l'amende.

4. Les habitants de la commune ou des communes contribuables qui prétendraient n'avoir pris aucune part aux délits, et contre lesquels il ne s'élèverait aucune preuve de complicité ou participation aux attroupements, pourront exercer leur recours contre les auteurs et complices des délits.

5. Dans les cas où les rassemblements auraient été formés d'individus étrangers à la commune sur le territoire de laquelle les délits ont été commis, et où la commune aurait pris toutes les mesures qui étaient en son pouvoir à l'effet de les prévenir et d'en faire connaître les auteurs, elle demeurera déchargée de toute responsabilité (3).

6. Lorsque, par suite de rassemblements ou attroupements, un individu, domicilié ou non sur une commune, y aura été pillé, maltraité ou homicidé, tous les habitants seront tenus de lui payer, ou, en cas de mort, à sa veuve et enfants, des dommages-intérêts.

7. Lorsque des ponts auront été rompus, des routes coupées ou interceptées par des abatis d'arbres ou autrement, dans une commune, la municipalité ou l'administration municipale du canton les fera réparer sans délai, aux frais de la commune, sauf son recours contre les auteurs du délit.

8. Cette responsabilité de la commune n'aura pas lieu dans les cas où elle justifierait avoir résisté à la destruction des ponts et des routes, ou bien avoir pris toutes les mesures qui étaient en son pouvoir pour prévenir l'événement, et encore dans le cas où elle désignerait les auteurs, provocateurs et complices du délit, tous étrangers à la commune.

(1) *V.* note sous l'arrêté du 17 vend. an X.

(2) La loi du 10 vend. an IV n'est pas applicable à la ville de Paris. — Cass. *Ch. réun.* 15 mai 1841. — *V.* L. 7 avril 1873, art. 2.

(3) Les communes ne sont pas responsables des dommages causés sur leur territoire par des attroupements, même composés d'individus appartenant à la commune, s'il est reconnu qu'elles ont pris toutes les mesures en leur pouvoir pour prévenir ces dommages. — Cass. *Ch. réun.* 15 mai 1841.

9. Lorsque, dans une commune, des cultivateurs tiendront leurs voitures démontées, ou n'exécuteront pas les réquisitions qui en seront faites légalement pour transports et charrois, les habitants de la commune sont responsables des dommages-intérêts en résultant.

10. Si, dans une commune, des cultivateurs à part de fruits refusent de livrer, aux termes du bail, la portion due aux propriétaires, tous les habitants de cette commune sont tenus des dommages-intérêts.

11. Dans les cas énoncés aux articles 9 et 10, les habitants de la commune exerceront leur recours contre les cultivateurs qui auront donné lieu aux dommages-intérêts.

12. — *Transitoire.*

TITRE V. — *Des dommages-intérêts et réparations civiles.*

ART. 1er. Lorsque, par suite de rassemblements ou attroupements, un citoyen aura été contraint de payer, lorsqu'il aura été volé ou pillé sur le territoire d'une commune, tous les habitants de la commune seront tenus de la restitution, en même nature, des objets pillés et choses enlevées par force, ou d'en payer le prix sur le pied du double de leur valeur, au cours du jour où le pillage aura été commis.

2. Lorsqu'un délit de la nature de ceux exprimés aux articles précédents aura été commis sur une commune, les officiers municipaux ou l'agent municipal seront tenus de le faire constater sommairement dans les vingt-quatre heures, et d'en adresser procès-verbal, sous trois jours au plus tard, au commissaire du Pouvoir exécutif près le tribunal civil du département. — Les officiers de police de sûreté n'en seront pas moins tenus de remplir, à cet égard, les obligations que la loi leur prescrit.

3. Le commissaire du pouvoir exécutif près l'administration du département dans le territoire duquel il aurait été commis des délits, à force ouverte et par violence, sur des propriétés nationales, en poursuivra la réparation et les dommages-intérêts devant le tribunal civil du département.

4. Les dommages-intérêts dont les communes sont tenues, aux termes des articles précédents, seront fixés par le tribunal civil du département, sur le vu des procès-verbaux et autres pièces constatant les voies de fait, excès et délits.

5. Le tribunal civil du département réglera le montant de la réparation et des dommages-intérêts, dans la décade, au plus tard, qui suivra l'envoi des procès-verbaux.

6. Les dommages-intérêts ne pourront jamais être moindres que la valeur entière des objets pillés et choses enlevées.

7. Le jugement du tribunal civil, portant fixation des dommages-intérêts, sera envoyé, dans les vingt-quatre heures, par le commissaire du Pouvoir exécutif, à l'administration départementale, qui sera tenue de l'envoyer, sous trois jours, à la municipalité ou à l'administration municipale du canton.

8. La municipalité ou l'administration municipale sera tenue de verser le montant des dommages-intérêts à la caisse du département, dans le délai d'une décade ; à cet effet, elle fera contribuer les vingt plus forts contribuables résidant dans la commune.

9. La répartition et la perception pour le remboursement des sommes avancées, seront faites sur tous les habitants de la commune, par la municipalité ou l'administration municipale du canton, d'après le tableau des domiciliés, et à raison des facultés de chaque habitant.

10. Dans le cas de réclamation de la part d'un ou plusieurs contribuables, l'administration départementale statuera sur la demande en réduction.

11. À défaut de paiement dans la décade, l'administration départementale requerra une force armée suffisante, et l'établira dans les communes contribuables, avec un commissaire pour opérer le versement de la contribution.

12. Les frais du commissaire de département, et de séjour de la force armée, seront ajoutés au montant des contributions prononcées, et supportés par les communes contribuables.

13. Dans la décade du versement fait dans la caisse du département, l'administration fera remettre aux parties intéressées le montant du jugement portant fixation de dommages-intérêts.

14. Au moyen des dispositions des titres IV et V, la loi du 16 prairial, relative au pillage des grains et farines, demeure rapportée dans les dispositions qui seraient contraires à la présente loi.

16. — *Transitoires.*

DÉCRET

Portant que le cours du change, et celui de l'or et de l'argent, soit monnayés, soit en barres, seront réglés chaque jour à l'issue de la Bourse.

(20 vendémiaire an IV)

ART. 1er. Le cours du change et celui de l'or et de argent, soit monnayés, soit en barres, seront réglés chaque jour à l'issue de la Bourse.

2. Les Comités des finances et de salut public, réunis, nommeront deux agents de change, qui seront chargés de calculer ce cours, d'en déterminer la fixation, et de l'afficher à la Bourse dans les lieux les plus apparents.

3. Tout autre agent qui se permettrait de publier un autre cours que celui légalement constaté, sera sur-le-champ destitué et puni de trois mois de détention.

4. La Commission des administrations civiles, de police et tribunaux, est chargée de l'exécution du présent décret.

LOI

Sur la police de la Bourse.

(28 vendémiaire an IV) (1)

CHAP. Ier. — DE LA POLICE DE LA BOURSE.

ART. 1er. La Bourse, c'est-à-dire le lieu où se rassemblent les négociants et marchands munis de patentes, pour leurs opérations de banque ou de commerce, s'ouvrira à onze heures jusqu'à une heure pour les ventes et achats de matières et espèces métalliques, et depuis une heure jusqu'à trois heures pour les opérations de banque et les négociations de lettres de change.

2. Aucun pouvoir militaire n'exercera de fonctions dans l'intérieur de la Bourse, et sa police ne sera soumise qu'à la surveillance de la police administrative.

3. L'administration de police disposera des moyens les plus actifs pour rendre facile et accessible l'entrée de la Bourse, et dissiper tout attroupement.

4. Le local intérieur de la Bourse sera disposé de manière que chaque négociant et marchand puisse s'y choisir une place fixe et déterminée, tant dans les salles que dans les jardins du bâtiment.

. . . .

(1) Bull., 1re série, no 1183.

LOI

Concernant l'organisation du tribunal de cassation.

(2 brumaire an IV) (2)

. . . .

TITRE III. — *Formes à observer au tribunal de cassation.*

ART. 14. Le recours en cassation contre les jugements préparatoires et d'instruction ne sera ouvert qu'après le jugement définitif, mais l'exécution, même volontaire, de tel jugement, ne pourra en aucun cas être opposée comme fin de non-recevoir.

15. Il ne sera point admis de relief de laps de temps pour se pourvoir en cassation.

16. L'instruction au tribunal de cassation se fera par simples requêtes ou mémoires déposés au greffe; ils ne pourront y être reçus, et les juges ne pourront y avoir égard que lorsqu'on y aura joint, en les déposant, l'original de la signification à la partie ou à son domicile, excepté pour la requête ou mémoire introductif, qui ne sera signifié qu'en cas d'admission, et avec le jugement d'admission.

17. La requête ou mémoire en cassation, en matière civile, ne sera pas reçu au greffe, et les juges ne pourront y avoir égard, à moins que la quittance de consignation d'amende n'y soit jointe. Sont néanmoins dispensés de la consignation d'amende : 1o Les agents de la République, lorsqu'ils se pourvoiront pour affaires qui la concernent directement; — 2o Les citoyens indigents, aux termes de la loi du 8 juillet 1793.

18. Il ne pourra, en matière civile, y avoir plus de deux mémoires de la part de chaque partie, compris en ce nombre la requête introductive.

(2) Les art. 1 à 13 sont remplacés par la loi du 27 vent. an VIII, tit. VI, par l'Ord. du 15 janv. 1826.

19. Dans toutes les sections du tribunal de cassation, les affaires seront jugées sur le rapport fait publiquement par l'un des juges, lequel n'énoncera son opinion qu'en même temps que ses collègues et dans la même forme.

20. Aucun membre du tribunal ne pourra rapporter une affaire qu'il aurait déjà rapportée lors du jugement d'admission du mémoire en cassation ou en prise à partie.

21. En toute affaire, les parties peuvent par elles-mêmes, ou par leurs défenseurs, plaider et faire des observations pertinentes : les plaidoiries suivront le rapport; ensuite le ministère public fera ses réquisitions; après quoi les juges procéderont au jugement en la forme indiquée par la loi.

TITRE IV. — *Des jugements et de leurs effets.*

22. — *Remplacé par l'art.* 63 *de la loi du* 27 *vent. an VIII, et l'Ord. du* 15 *janv.* 1826, *art.* 37.

23. — *Remplacé par l'art.* 64 *de la loi du* 27 *vent. an VIII.*

24. En matière civile, lorsque la procédure seule aura été cassée, elle sera recommencée à partir du premier acte où les formes n'auront pas été observées. Si le jugement seul a été cassé, l'affaire sera portée devant l'un des tribunaux d'appel de celui qui avait rendu le jugement. Ce tribunal sera déterminé de la même manière que dans le cas de l'appel. Il procédera au jugement sans nouvelle instruction.

25. Le règlement du 28 juin 1738, et les lois antérieures, relatives au tribunal de cassation, continueront d'y être observés en toutes les dispositions auxquelles il n'est pas dérogé par la présente loi.

LOI

Concernant l'inscription maritime.

(3 brumaire an IV) (1)

---

(1) Bull., 1re série, no 1222. — *V.* le texte dans notre édition in-8o.

ARRÊTÉ DU DIRECTOIRE EXÉCUTIF

Portant règlement concernant la Bourse.

(2 ventôse an IV)

Le Directoire exécutif, voulant assurer l'exécution des lois des 13 fructidor et 28 vendémiaire derniers, et par là faire cesser les manœuvres criminelles et sans cesse renaissantes des agioteurs, qui parviennent à s'introduire à la Bourse de Paris, et qui y jouent de la manière la plus scandaleuse, à la hausse et à la baisse; — Considérant qu'en assignant un temps suffisant pour que chaque jour le cours du change soit établi, et la base des négociations fixée, il est nécessaire de retrancher tout le temps qui n'est employé qu'aux combinaisons infâmes de l'agiotage et aux manœuvres perfides de la malveillance; — Considérant que la loi du 28 vendémiaire destine expressément la Bourse aux rassemblements des *négociants et marchands munis de patentes pour leurs opérations de banque ou de commerce;* qu'ainsi son intention est évidemment d'éloigner de la Bourse ceux qui ne sont ni banquiers ni commerçants, ayant maison de commerce et domicile fixe; que même elle s'explique clairement à cet égard, en ne permettant (chap. II, art. 5) la négociation du papier qu'entre les personnes qui viennent d'être désignées; qu'enfin il est d'une extrême urgence de purger la Bourse de cette nuée d'agioteurs sans état, qui s'y introduisent chaque jour sous le vain titre de marchands forains; — Arrête ce qui suit :

ART. 1er. A dater du 4 du présent mois, la Bourse de Paris ne sera ouverte que depuis une heure jusqu'à deux, pour les négociations de toute nature.

2. Nul ne pourra y vendre ou échanger des matières ou espèces métalliques, ni des assignats, et faire aucun traité y relatif, si, conformément au vœu de la loi du 13 fructidor, il ne justifie qu'il est actuellement possesseur des objets à vendre ou échanger, et ce, par la production d'un certificat de dépôt desdits objets, soit chez un des vingt agents de change, soit chez un des notaires publics du canton de Paris.

3. L'annonce qui se fait à haute voix de chaque marché conclu par un des agents de change, comprendra le

nom et le domicile du dépositaire de la chose vendue, et il en sera fait mention sur le registre tenu par l'écrivain-crieur, et dont un double, remis chaque jour au bureau central, mettra cette administration à portée de vérifier la réalité du dépôt, et surtout s'il y a eu tradition de l'objet vendu dans les vingt-quatre heures.

4. Toutes ventes de marchandises non exposées, devant, aux termes de la loi du 13 fructidor de l'an III, se faire exclusivement à la Bourse, le mode de négociation prescrit par la loi du 28 vendémiaire, pour les matières et espèces métalliques, sera exactement suivi pour les négociations de marchandises non exposées.

5. Chaque marché de marchandises fait à la Bourse par l'un des soixante courtiers, sera proclamé à haute voix, enregistré par l'écrivain-crieur, et comprendra le nom et le domicile du vendeur, afin que le bureau central puisse s'assurer et de l'existence réelle des marchandises, et de leur tradition dans les vingt-quatre heures.

6. Toute contravention aux dispositions des articles 2, 3, 4 et 5 ci-dessus, étant considérée comme agiotage, le bureau central du canton de Paris et le commissaire chargé de la police de la Bourse en dénonceront et feront poursuivre respectivement les auteurs, conformément à la loi du 13 fructidor.

7. Seront seuls admis à la Bourse les agents de change et courtiers de marchandises légalement nommés (*V. L. 18 juill.* 1866, *art.* 1er), et les banquiers et négociants qui, indépendamment de leurs patentes et de la quittance du paiement de leur cote dans l'emprunt forcé, justifieront qu'ils ont maison de banque ou de commerce en France, et domicile fixe, par un certificat de leurs municipalités, visé par le bureau central dans les communes où il en existe, et dans les autres, par l'administration de département.

LOI

Qui ordonne l'échenillage des arbres.

(26 ventôse an IV)

Art. 1er. Dans la décade de la publication de la présente loi, tous propriétaires, fermiers, locataires ou autres, faisant valoir leurs propres héritages ou ceux d'autrui, seront tenus, chacun en droit soi, d'écheniller ou faire écheniller les arbres étant sur lesdits héritages, à peine d'amende qui ne pourra être moindre de trois journées de travail, et plus forte de dix.

2. Ils sont tenus, sous les mêmes peines, de brûler sur-le-champ les bourses et toiles qui sont tirées des arbres, haies ou buissons, et ce, dans un lieu où il n'y aura aucun danger de communication de feu, soit pour les bois, arbres et bruyères, soit pour les maisons et bâtiments.

3. Les administrateurs de département feront écheniller, dans le même délai, les arbres étant sur les domaines nationaux non affermés.

4. Les agents et adjoints des communes sont tenus de surveiller l'exécution de la présente loi dans leurs arrondissements respectifs; ils sont responsables des négligences qui y sont découvertes.

5. Les commissaires du Directoire exécutif près les municipalités sont tenus, dans la deuxième décade de la publication, de visiter tous les terrains garnis d'arbres, d'arbustes, haies ou buissons, pour s'assurer que l'échenillage aura été fait exactement, et d'en rendre compte au ministre chargé de cette partie.

6. Dans les années suivantes, l'échenillage sera fait, sous les peines portées par les articles ci-dessus, avant le 1er ventôse.

7. Dans le cas où quelques propriétaires ou fermiers auraient négligé de le faire pour cette époque, les agents et adjoints le feront faire, aux dépens de ceux qui l'auront négligé, par des ouvriers qu'ils choisiront: l'exécutoire des dépenses leur sera délivré par le juge de paix, sur les quittances des ouvriers, contre lesdits propriétaires et locataires, et sans que ce paiement puisse les dispenser de l'amende.

8. La présente loi sera publiée le 1er pluviôse de chaque année, à la diligence des agents des communes, sur le réquisitoire du commissaire du Directoire exécutif.

LOI

Qui autorise la réquisition des ouvriers pour les travaux nécessaires à l'exécution des jugements.

(22 germinal an IV) (1)

Art. 1er. Les commissaires du Di

(1) Cette loi n'a pas cessé d'être en

recteire exécutif près les tribunaux requerront les ouvriers, chacun à leur tour, de faire les travaux nécessaires pour l'exécution des jugements, à la charge de leur en faire compter le prix ordinaire.

2. Tout ouvrier qui refuserait de déférer à la réquisition desdits commissaires, sera condamné, la première fois, par voie de police simple, à un emprisonnement de trois jours; et, en cas de récidive, il sera condamné, par voie de police correctionnelle, à un emprisonnement qui ne pourra être de moins d'une décade, ni excéder trente jours. (*V. l'art.* 475, § 22, *C. pén.*)

LOI

Sur le prédécès des individus morts dans la même exécution.

(20 prairial an IV) (1)

AN V

ARRÊTÉ DU DIRECTOIRE EXÉCUTIF

Concernant la chasse des animaux nuisibles.

(19 pluviôse an V) (2)

LOI

Relative à la destruction des loups.

(10 messidor an V) (3)

LOI

Relative aux rectifications d'erreurs de noms et de prénoms sur le grand-livre de la dette publique.

(8 fructidor an V) (4)

---

vigueur. — Cass. 13 mars 1835. — V. art. 376, C inst. cr m.

(1) V. note sous l'art. 720, C. civ.

(2) Bull., 2e série, no 1143. — V. le texte dans notre édition in-8o.

(3) La la loi ci-dessus est abrogée par L. 3 août 1882.

(4) Bull., 2e série, no 1377. — V. le texte dans notre ditio in-8o.

AN VI

LOI

Relative aux préposés à la garde des détenus.

(4 vendémiaire an VI)

Art. 1er. Les huissiers, gendarmes, gardiens, concierges, geôliers et tous autres préposés à la conduite ou à la garde des individus mis en arrestation, détenus ou condamnés, sont responsables de l'évasion desdits individus, soit qu'ils y aient connivé, soit qu'ils n'aient été que négligents.

2. En sont également responsables les citoyens composant la force armée servant d'escorte ou garnissant les postes établis pour la garde des détenus.

3. En cas d'évasion d'un ou de plusieurs individus arrêtés ou détenus, celui qui était chargé en chef de leur garde dans la maison d'arrêt, de justice, ou dans la prison, celui qui était chargé en chef de l'arrestation ou de la conduite, et le commandant de l'escorte ou du poste, s'il y en a un, seront tenus d'en dresser procès-verbal, à peine d'une amende qui ne pourra être moindre de 25 francs, ni excéder 150 francs : elle sera prononcée pour le simple défaut de procès-verbal, indépendamment des peines ci-après relatives à l'évasion.

4. L'original de ces procès-verbaux sera adressé à l'accusateur public près le tribunal criminel de département; et copie certifiée en sera envoyée, par ceux qui sont tenus de les dresser, à l'autorité ou au fonctionnaire public qui a ordonné l'arrestation, la conduite ou la détention. Sur cette copie, ou même d'office, sur le bruit public, ce fonctionnaire dénoncera l'évasion au directeur du jury, qui sera tenu, sous peine de forfaiture, de présenter sans retard un acte d'accusation contre les huissiers, geôliers, gardiens, concierges, chefs de gendarmes, d'escorte ou de poste, ou tous autres responsables de l'évasion. Cet acte sera porté à la première assemblée du jury.

5. Tout officier de police judiciaire, sur la connaissance qu'il aura par bruit public, ou de quelque manière que ce soit, d'une évasion, fera saisir et arrêter ceux qui, par les articles 1 et 2 ci-dessus, en doivent répondre : il les fera conduire devant le directeur du jury, s'il y en a un sur les

lieux, ou, à défaut, devant le juge de paix; un mandat d'arrêt sera lancé contre les prévenus, soit qu'on ait pu les arrêter ou non.

6. S'il y a lieu à accusation, et que le jury de jugement trouve que les accusés sont convaincus de négligence ou de connivence avec les détenus évadés, le tribunal criminel prononcera les peines suivantes.

7. Pour le cas de négligence, un emprisonnement de six mois, si le détenu évadé était inculpé d'un délit n'emportant point peine afflictive; — Un emprisonnement d'un an, si le délit était susceptible de peine afflictive.

8. Si le détenu évadé était condamné aux fers ou à la mort, les prévenus convaincus de négligence subiront, dans le premier cas, un an de fers; dans le second, deux ans.

9. S'ils sont convaincus de connivence, ils seront condamnés à deux ans de fers, lorsque le délit dont l'évadé était prévenu n'emportera point peine afflictive; et à quatre ans de fers, si le délit est susceptible de peine afflictive.

10. Si l'évasion par connivence est d'un condamné à mort, la peine sera de douze ans de fers; elle sera de six ans si l'évadé n'était condamné qu'aux fers.

11. Toutes les fois qu'il sera intervenu condamnation à quelqu'une des peines ci-dessus, ceux qui les auront encourues seront destitués ou cassés par leurs supérieurs ou chefs, lesquels disposeront de leurs places, ou les feront remplir conformément aux règles et usages sur ce établis.

12. La déclaration des jurés qu'il n'y a pas lieu à l'accusation, ou que les geôliers, gardiens et autres préposés à la garde des détenus ne sont pas coupables, ne prive pas de la faculté de les destituer ceux qui en ont le droit.

13. Si les évadés viennent à être repris dans les six mois de leur évasion, la durée de l'emprisonnement ou des fers prononcés contre les préposés à leur garde et autres responsables, sera diminuée de moitié. — Cette diminution n'aura point lieu pour le cas de connivence.

14. Les personnes étrangères à la garde des détenus, qui seront convaincues d'avoir préparé ou aidé à leur évasion, seront condamnées, pour ce seul fait, à deux mois d'emprisonnement, si le détenu évadé n'était point inculpé d'un délit emportant peine afflictive. — L'emprisonnement sera de quatre mois, si le délit imputé était susceptible de peine afflictive. — Et si l'évadé était condamné à la détention, aux fers ou à la mort, la peine sera de deux ans de détention, sauf plus grande peine en cas de bris de prison, force, violence et attroupements, lesquels seront réprimés par les peines prononcées dans le Code pénal. — La peine de bris de prison contre les individus non détenus, sera celle qui est prononcée par l'article 8, section IV du Code pénal.

15. Les administrateurs municipaux, et tous autres ayant la police des maisons d'arrêt, de justice et des prisons, ne pourront faire passer dans les hospices de santé, sous prétexte de maladie, les détenus, que du consentement, pour les maisons d'arrêt, du directeur du jury; pour les maisons de justice, du président du tribunal criminel, et pour les prisons de l'administration centrale du département, si elle siége dans le lieu où se trouvent les prisons; à défaut, l'on prendra l'avis et consentement du commissaire du pouvoir exécutif auprès de la municipalité.

16. Dans le cas où la translation dans les hospices de santé sera reconnue nécessaire, il sera pourvu dans les hospices à la garde des détenus ou prisonniers, à la diligence de ceux qui auront autorisé et consenti la translation.

17. Toutes les lois et dispositions contraires à la présente résolution sont rapportées.

LOI

Relative à la surveillance du titre et à la perception des droits de garantie des matières et ouvrages d'or et d'argent.

(19 brumaire an VI) (1)

. . . .

94. L'administration municipale, ou son agent, fera saisir et remettre au tribunal de police correctionnelle du canton, les ouvrages d'or et d'argent qui ne seraient point accompagnés de bordereaux, ou ne seraient pas marqués du poinçon de vieux ou de recense, ainsi qu'il est prescrit à l'article 92, ou les ouvrages dont les marques paraîtraient contrefaites, ou enfin ceux qui n'auraient pas été déclarés conformément audit article 92.

(1) Bull., 2e série, no 1542. — V. le texte dans notre édition in-8o.

— Le tribunal de police correctionnelle appliquera aux délits des marchands ambulants les mêmes peines portées dans la présente loi, contre les orfèvres, pour des contraventions semblables.

. . . .

TITRE VIII. — *Des formes à observer dans les recherches, saisies et poursuites relatives aux contraventions à la présente loi.*

101. Lorsque les employés d'un bureau de garantie auront connaissance d'une fabrication illicite de poinçons, le receveur et le contrôleur, accompagnés d'un officier municipal, se transporteront dans l'endroit ou chez le particulier qui leur aura été indiqué, et y saisiront les faux poinçons, les ouvrages et lingots qui en seraient marqués, ou enfin les ouvrages achevés et dépourvus de marque qui s'y trouveraient ; ils pourront se faire accompagner, au besoin, par l'essayeur ou par un de ses agents.

102. Il sera dressé à l'instant, et sans déplacer, procès-verbal de la saisie et de ses causes, lequel contiendra les dires de toutes les parties intéressées, et sera signé d'elles : ledit procès-verbal sera remis, dans le délai d'une décade au plus, au commissaire du Directoire exécutif près le tribunal de police correctionnelle, qui demeure chargé de faire la poursuite également dans le délai d'une décade.

103. Les poinçons, ouvrages ou objets saisis, seront mis sous les cachets de l'officier municipal, des employés du bureau de garantie présents, et de celui chez lequel la saisie aura été faite, pour être déposés, sans délai, au greffe du tribunal de police correctionnelle.

104. Dans le cas où le tribunal prononcerait la confiscation des objets saisis, ils seront remis au receveur de la régie de l'Enregistrement, pour être vendus. — Il sera prélevé, sur le prix qui en proviendra, un dixième, qui sera donné à celui qui aura le premier dénoncé le délit, et un second dixième partageable, par portions égales, entre les employés du bureau de garantie. Le surplus, ainsi que les amendes, seront versés dans la caisse du receveur de l'enregistrement.

(1) V. l'art. 76 de la Constitution de l'an VIII qui a remplacé l'art. 359 de la Constitution du 5 fruct. an III.

105. Les mêmes formes et dispositions prescrites par les quatre articles précédents, auront lieu également pour toutes les recherches saisies et poursuites relatives aux contraventions à la présente loi.

106. Les recherches ne pourront être faites qu'en se conformant à l'article 359 de la Constitution (1).

107. Tout ouvrage d'or et d'argent achevé et non marqué, trouvé chez un marchand ou fabricant, sera saisi, et donnera lieu aux poursuites pardevant le tribunal de police correctionnelle. Les propriétaires des objets saisis encourront la confiscation de ces objets, et en outre les autres peines portées par la loi.

108. Seront saisis également et confisqués tous les ouvrages d'or et d'argent sur lesquels les marques des poinçons se trouveront entées, soudées ou contre-tirées en quelque manière que ce soit ; et le possesseur avec connaissance sera condamné à six années de fers.

109. Les ouvrages marqués de faux poinçons seront confisqués dans tous les cas ; et ceux qui les garderaient ou les exposeraient en vente avec connaissance, seront condamnés, la première fois, à une amende de 200 francs ; la deuxième, à une amende de 400 francs, avec affiche de la condamnation dans tout le département, aux frais du délinquant ; et la troisième fois, à une amende de 1,000 francs, avec interdiction de tout commerce d'or et d'argent.

110. Tous citoyens, autres que les préposés à l'application des poinçons légaux, qui en emploieraient même de véritables, seront condamnés à un an de détention.

ARRÊTÉ DU DIRECTOIRE EXÉCUTIF

Qui défend aux entrepreneurs de voitures libres de se charger du port des lettres et ouvrages périodiques.

(2 nivôse an VI

ART. 1er. — En conformité de la loi du 24 août 1798, portant, article 4, qu'aucuns entrepreneurs de voitures de transports libres ne pourront se charger d'aucune lettre ni papiers autres que ceux relatifs à leurs service personnel et particulier, ou les sacs de procès ; il est défendu à tous les entrepreneurs de voitures libres de se charger du port des lettres, journaux, feuilles à la main et ouvrages périodiques.

2. Les commissaires du pouvoir exécutif près les administrations centrales et municipales et les bureaux centraux, sont autorisés à faire, ou faire faire, dans les établissements desdites voitures, et partout où il sera nécessaire, toutes visites indispensables pour assurer l'exécution de la loi.

3. En conformité des dispositions du règlement sur cette matière, en date du 18 juin 1681, confirmé par la loi du 24 décembre 1790, (*V. arr. 26 ventôse an VII*), les contrevenants seront poursuivis pour être condamnés à 300 livres d'amende par chaque contravention.

LOI

Relative à la formation d'un nouveau grand-livre du tiers consolidé de la dette publique.

(8 nivôse an VI) (1)

. . . .

Art. 4. Il ne sera plus reçu, à l'avenir, d'oppositions sur le tiers conservé de la dette publique inscrite ou à inscrire. . . . .

. . . .

ARRÊTÉ DU DIRECTOIRE EXÉCUTIF

Concernant le transport des lettres et journaux par toute autre voie que celle de la poste.

(7 fructidor an VI)

Art. 1er. — Les dispositions de l'arrêté du 2 nivôse an VI sont, en tant que de besoin, renouvelées ; il est en conséquence expressément défendu à tous les entrepreneurs de voitures libres, et à toute autre personne étrangère au service des postes, de s'immiscer dans le transport de lettres, paquets et papiers du poids d'un kilogramme ou de deux livres et au-dessous, journaux, feuilles à la main et ouvrages périodiques, dont le port est exclusivement confié à l'administration des postes aux lettres.

2 à 9. — *Remplacés par les articles 2 à 9 de l'arrêté du 27 prairial an IX.*

(1) Quelques-uns des articles supprimés sont relatifs à la liquidation des rentes dues par l'Etat au moment de la loi du 8 niv. an VI ; les autres contiennent des détails relatifs à la formation du grand-livre de la dette publique. — V. Bull., 2e série, n. 1641.

AN VII

LOI

Sur le timbre.

(13 brumaire an VII)

Titre Ier. — *De l'établissement et de la fixation des droits.*

Art. 1er. La contribution du timbre est établie sur tous les papiers destinés aux actes civils et judiciaires, et aux écritures qui peuvent être produites en justice et y faire foi. — Il n'y a d'autres exceptions que celles *nommément* exprimées dans la présente.

2. Cette contribution est de deux sortes : — La première est le droit de timbre imposé et tarifé en raison de la dimension du papier dont il est fait usage ; — La seconde est le droit de timbre créé pour les effets négociables ou de commerce, et gradué en raison des sommes à exprimer, sans égard à la dimension du papier.

3. Les papiers destinés au timbre qui seront débités par la Régie, seront fabriqués dans les dimensions déterminées suivant le tableau ci-après.

. . . .

7. Les citoyens qui voudront se servir de papiers autres que ceux de la Régie, ou de parchemin, seront admis à les faire timbrer avant que d'en faire usage . . . .

. . . — Si les papiers ou le parchemin se trouvent être de dimensions différentes de celles des papiers de la Régie, le timbre, quant au droit établi en raison de la dimension, sera payé aux prix du format supérieur.

8. Le prix des papiers timbrés fournis par la Régie, et les droits de timbre des papiers que les citoyens feront timbrer, sont fixés ainsi qu'il suit :... (*V. L.* 5 *juin* 1850, *et L.* 2

juill. 1862, *art.* 17 ; *L.* 23 *août* 1871, *art.* 2.)

9, 10, 11. — *Remplacés par la loi du* 5 *juin* 1850.

TITRE II. — *De l'application des droits.*

12. Sont assujettis au droit de timbre, établi en raison de la dimension, tous les papiers à employer pour les actes et écritures, soit publics, soit privés, savoir : — 1° Les actes des notaires et les extraits, copies et expéditions qui en sont délivrés ; — ceux des huissiers et les copies et expéditions qu'ils en délivrent ; — les actes et les procès-verbaux des gardes et de tous autres employés ou agents ayant le droit de verbaliser, et les copies qui en sont délivrées ; — les actes et jugements de la justice de paix, des bureaux de paix et de conciliation, de la police ordinaire, des tribunaux et des arbitres ; et les extraits, copies et expéditions qui en sont délivrés ; — les actes particuliers des juges de paix et de leurs greffiers, ceux des autres juges et commissaires du Directoire exécutif, et ceux reçus aux greffes ou par les greffiers, ainsi que les extraits, copies et expéditions qui s'en délivrent ; — les actes des avoués ou défenseurs officieux près les tribunaux, et les copies ou expéditions qui en seront faites ou signifiées ; — les consultations, mémoires, observations et précis signés des hommes de loi et défenseurs officieux ; les actes des autorités constituées administratives, qui sont assujettis à l'enregistrement, ou qui se délivrent aux citoyens, et toutes les expéditions et extraits des actes, arrêtés et délibérations desdites autorités, qui sont délivrés aux citoyens ; — les pétitions et mémoires, même en forme de lettres, présentés au Directoire exécutif, aux ministres, à toutes autorités constituées ; aux commissaires de la Trésorerie nationale ; à ceux de la Comptabilité nationale, aux directeurs de la Liquidation générale, et aux administrations ou établissements publics (1) ; — les actes entre particuliers sous signature privée, et le double des comptes de recette ou gestion particulière ; — et généralement tous actes et écritures, extraits, copies et expéditions, soit publics, soit privés, devant ou pouvant faire titre, ou être produits pour obligation, décharge, justification, demande ou défense ; — 2° Les registres de l'autorité judiciaire où s'écrivent des actes sujets à l'enregistrement sur les minutes, et les répertoires des greffiers : — ceux des administrations centrales et municipales, tenus pour objets qui leur sont particuliers, et n'ayant point de rapport à l'administration générale, et les répertoires de leurs secrétaires ; — ceux des notaires, huissiers et autres officiers publics et ministériels, et leurs répertoires ; — ceux des receveurs des droits et des revenus des communes et des établissements publics ; — ceux des fermiers des postes et messageries ; — ceux des compagnies et sociétés d'actionnaires ; — ceux des établissements particuliers et des maisons particulières d'éducation ; — ceux des agents d'affaires, directeurs, régisseurs, syndics de créanciers et entrepreneurs de travaux et fournitures ; — ceux des banquiers, négociants, armateurs, marchands, fabricants, commissionnaires, agents de change, courtiers, ouvriers et artisans ; — ceux des aubergistes, maîtres d'hôtels garnis et logeurs, sur lesquels ils doivent inscrire les noms des personnes qu'ils logent ; — et généralement tous livres, registres et minutes de lettres qui sont de nature à être produits en justice et dans le cas d'y faire foi, ainsi que les extraits, copies et expéditions, qui sont délivrés desdits livres et registres.

13. Tout acte fait ou passé en pays étranger, ou dans les îles et colonies françaises où le timbre n'aurait pas encore été établi, sera soumis au timbre avant qu'il puisse en être fait aucun usage en France, soit dans un acte public soit dans une déclaration

(1) On a demandé si, en matière de dons et legs faits aux communes et aux établissements publics, les lettres d'envoi des pièces tendant à obtenir l'autorisation d'accepter sont assujetties au timbre. — Il est certain que si la lettre n'a d autre objet que d'annoncer officiellement l'envoi des pièces justificatives d'une demande d'autorisation, cette lettre est exempte de timbre comme objet rentrant dans la catégorie de correspondances administratives, lesquelles échappent à l'impôt. Mais il est bien entendu que la demande d'autorisation indépendante de la lettre d'envoi, ou explicitement comprise dans cette lettre, doit être rédigée sur papier timbré. Les communes et établissements publics sont, en effet, considérés, au point de vue de l'application de l'impôt, comme de simples particuliers. — *Circ. min. Int.* 5 janv. 1872.

quelconque, soit devant une autorité judiciaire ou administrative.

14. Sont assujettis au droit de timbre, en raison des sommes et valeurs, les billets à ordre ou au porteur, les prescriptions, mandats, mandements, ordonnances, et tous autres effets négociables ou de commerce, même les lettres de change tirées par seconde, troisième et *duplicata*, et ceux faits en France et payables chez l'étranger.

15. — *Remplacé par l'article 3 de la loi du 5 juin 1850.*

TITRE III. — *Des actes et registres non soumis à la formalité du timbre.*

16. Sont exceptés du droit et de la formalité du timbre, savoir : — 1° Les actes du Corps législatif et ceux du Directoire exécutif ; — les minutes de tous les actes, arrêtés, décisions et délibérations de l'administration publique en général, et de tous établissements publics, dans tous les cas où aucun de ces actes n'est sujet à l'enregistrement sur la minute, et les extraits, copies et expéditions qui s'expédient ou se délivrent par une administration ou un fonctionnaire public à une autre administration publique ou à un fonctionnaire public, lorsqu'il y est fait mention de cette destination ; — les inscriptions sur le grand-livre de la dette nationale, et les effets publics ; — tous les comptes rendus par des comptables publics ; — les doubles, autres que celui du comptable, de chaque compte de recette ou gestion particulière et privée ; — les quittances de traitements et émoluments des fonctionnaires et employés salariés par la République ; — les quittances ou récépissés délivrés aux collecteurs et receveurs de deniers publics : celles que les collecteurs des contributions directes peuvent délivrer aux contribuables ; celles des contributions indirectes qui s'expédient sur les actes, et celles de toutes autres contributions qui se délivrent sur feuilles particulières, et qui n'excèdent pas 10 francs ; — les quittances des secours payés aux indigents, et des indemnités pour incendies, inondations, épizooties et autres cas fortuits ; — toutes autres quittances, même celles entre particuliers, pour créances en sommes non excédant 10 francs, quand il ne s'agit pas d'un à-compte ou d'une quittance finale sur une plus forte somme ; — les engagements, enrôlements, congés, certificats, cartouches, passe-ports, quittances pour prêt et fournitures, billets d'étapes, de subsistances et de logement, et autres pièces ou écritures concernant les gens de guerre, tant pour le service de terre que pour le service de mer (1) ; — les pétitions présentées au Corps législatif ; celles qui ont pour objet des demandes de congés absolus et limités, et de secours (2), et les pétitions des déportés et réfugiés des colonies, tendant à obtenir des certificats de résidence, passe-ports et passages pour retourner dans leurs pays ; — les certificats d'indigence ; — les rôles qui sont fournis pour l'appel des causes ; — les actes de police générale et de vindicte publique, et ceux des commissaires du Directoire exécutif, non soumis à la formalité de l'enregistrement, et les copies des pièces de procédure criminelle qui doivent être délivrées sans frais ; — 2° Les registres de toutes les administrations publiques et des établissements publics pour ordre et administration générale ; ceux des tribunaux, des accusateurs publics, et des commissaires du Directoire exécutif, où il ne se transcrit aucune minute d'actes soumis à la formalité de l'enregistrement ; ceux des receveurs des contributions publiques et autres préposés publics (3).

(1) Il y a lieu d'appliquer cette disposition de faveur aux actes de l'état civil destinés à être joints à des demandes de pensions ou secours militaires. Mais il est nécessaire que le maire mentionne, sur les actes qu'il délivre, la destination spéciale de ces pièces. — *Circ. min. Int.* 5 janv. 1812.

(2) L'article 16 n'a eu en vue que les demandes de secours en argent ou en nature, et non les demandes ayant pour objet l'obtention d'une bourse ou d'une admission dans un établissement spécial, qui ne sont pas toujours motivées par l'indigence du pétitionnaire. Ces sortes de pétitions doivent donc être rédigées sur papier timbré. — *Circ. min. Int.* 5 janv. 1812.

(3) (*a*) Lorsqu'un notaire dresse l'acte de suscription d'un testament mystique sur l'enveloppe non timbrée de ce testament, il ne commet pas de contravention ; il y a seulement lieu, lors de l'ouverture du testament, de viser l'enveloppe pour timbre. — *Décis. min. Fin.* 3 sept. 1807.

(*b*) La copie des conclusions motivées que les avoués remettent au greffier de service à l'audience, en vue de soulager la mémoire du juge, n'a pas besoin d'être sur timbre. — *Circ.* 4 oct. 1825.

TITRE IV. — *Des obligations respectives des notaires, huissiers, greffiers, secrétaires des administrations, arbitres et experts, des diverses autorités publiques, des préposés de la régie et des citoyens, et peines prononcées contre les contrevenants.*

17. Les notaires, huissiers, secrétaires des administrations centrales et municipales, et autres officiers et fonctionnaires publics, les arbitres et les avoués ou défenseurs officieux près les tribunaux, ne pourront employer, pour les actes qu'ils rédigeront et leurs copies et expéditions, d'autre papier que celui timbré du département où ils exercent leurs fonctions.

18. La faculté accordée, par l'article 7 de la présente, aux citoyens qui voudront employer d'autre papier que celui fourni par la Régie, en le faisant timbrer avant d'en faire usage, est interdite aux notaires, huissiers, greffiers, arbitres, avoués ou défenseurs officieux, et à tous autres officiers ou fonctionnaires publics; ils seront tenus de se servir du papier timbré débité par la Régie. — Les administrations publiques seulement conserveront cette faculté. — Les notaires et autres officiers publics pourront néanmoins faire timbrer, à l'extraordinaire, du parchemin, lorsqu'ils seront dans le cas d'en employer.

19. Les notaires, greffiers, arbitres et secrétaires des administrations, ne pourront employer, pour les expéditions qu'ils délivreront des actes retenus en minutes, et de ceux déposés ou annexés, de papier timbré d'un format inférieur à celui *moyen* appelé *papier*, et dont le prix est fixé à. . . . (*V. art.* 17, *L.* 2 *juill.* 1862; *art.* 2, *L.* 23 *août* 1871.) — Ce prix sera aussi celui du timbre du parchemin que l'on voudra employer pour expédition, sans égard à la dimension, si toutefois elle est au-dessous de celle de ce papier. — Les huissiers et autres officiers publics ou ministériels ne pourront non plus employer de papier timbré d'une dimension inférieure à celle du moyen papier, pour les expéditions des procès-verbaux de ventes de mobilier. (*V. L.* 2 *juill.* 1862.)

20. Les papiers employés à des expéditions ne pourront contenir, compensation faite d'une feuille à l'autre, savoir : — Plus de vingt-cinq lignes par page de moyen papier; — plus de trente lignes par page de grand papier, — et plus de trente-cinq lignes par page de grand registre. (*V. Décr.* 30 *juill.* 1862.)

21. L'empreinte du timbre ne pourra être couverte d'écriture ni altérée.

22. Le papier timbré qui aura été employé à un acte quelconque, ne pourra plus servir pour un autre acte, quand même le premier n'aurait pas été achevé.

23. Il ne pourra être fait ni expédié deux actes à la suite l'un de l'autre sur la même feuille de papier timbré, nonobstant tout usage ou règlement contraires. — Sont exceptés les ratifications des actes passés en l'absence des parties, les quittances de prix de ventes, et celles de remboursement de contrats de constitution ou obligation, les inventaires, procès-verbaux et autres actes qui ne peuvent être consommés dans un même jour et dans la même vacation; les procès-verbaux de reconnaissance et levée de scellés qu'on pourra faire à la suite du procès-verbal d'apposition, et les significations des huissiers, qui peuvent également être écrites à la suite des jugements et autres pièces dont il est délivré copie. — Il pourra aussi être donné plusieurs quittances sur une même feuille de papier timbré, pour à-compte d'une seule et même créance, ou d'un seul terme de fermage ou loyer. — Toutes autres quittance qui seront données sur une même feuille de papier timbré n'auront pas plus d'effet que si elles etaient sur papier non timbré. (*V. Décr.* 15 *juin* 1812.)

24. Il est fait défenses aux notaires, huissiers, greffiers, arbitres et experts, d'agir, aux juges de prononcer aucun jugement, et aux administrations publiques de rendre aucun arrêté sur un acte, registre ou effet de commerce, non écrit sur papier timbré du timbre prescrit, ou non visé pour timbre. — Aucun juge ou officier public ne pourra non plus coter et parapher un registre assujetti au timbre, les feuilles n'en sont timbrées.

25. Il est également fait défenses à tout receveur de l'enregistrement, — 1° d'enregistrer aucun acte qui ne serait pas sur papier timbré du timbre prescrit, ou qui n'aurait pas été visé pour timbre; — 2° d'admettre à la formalité de l'enregistrement, des protêts d'effets négociables, sans se faire représenter ces effets en bonne forme; — 3° de délivrer de patente aux citoyens dont les registres doivent être tenus en papier timbré, si ces registres ne leur sont préalablement représentés aussi en bonne forme. — Les

citoyens seront, en conséquence, tenus d'en justifier. (*V. art.* 4, *L.* 20 *juill.* 1837.)

26. Il est prononcé, par la présente, une amende : savoir, — 1° de 15 fr., pour contravention, par les particuliers, aux dispositions de l'article 21 ci-dessus ; — 2° de 25 fr., pour contravention aux articles 20 et 21, par les officiers et fonctionnaires publics ; — 3° de 30 fr., pour chaque acte ou écrit sous signature privée, fait sur papier non timbré, ou en contravention aux articles 22 et 23 ; — 4° de 50 fr., pour contravention à l'article 15, de la part des officiers et fonctionnaires publics y dénommés ; et à l'article 25, de la part des préposés de l'enregistrement ; — 5° de 100 fr., pour chaque acte public ou expédition écrit sur papier non timbré, et pour contravention aux articles 17, 18, 22, 23 et 24, par les officiers et fonctionnaires publics ; — 6° et du vingtième de la somme exprimée dans un effet négociable, s'il est écrit sur papier non timbré, ou sur un papier timbré d'un timbre inférieur à celui qui aurait dû être employé aux termes de la présente, et pour contravention aux articles 22 et 23. L'amende sera de 30 fr., dans les mêmes cas, pour les effets au-dessous de 600 fr. — Les contrevenants, dans tous les cas ci-dessus, paieront en outre les droits de timbre. (*V. L.* 16 *juin* 1824, *art.* 10 ; *L.* 5 *juin* 1850, *art.* 4, 5, 6.)

27. Aucune personne ne pourra vendre ou distribuer du papier timbré qu'en vertu d'une commission de la Régie, à peine d'une amende de 100 fr., pour la première fois, et de 300 fr. en cas de récidive. — Le papier, qui sera saisi chez ceux qui s'en permettront ainsi le commerce, sera confisqué au profit de la République.

28. La peine contre ceux qui abuseraient des timbres pour timbrer et vendre frauduleusement du papier timbré, sera la même que celle qui est prononcée par le Code pénal contre les contrefacteurs des timbres. (*C. pén., art.* 140 *et suiv.*)

29. Le timbre des quittances fournies à la République, ou délivrées en son nom, est à la charge des particuliers qui les donnent ou les reçoivent ; il en est de même pour tous autres actes entre la République et les citoyens.

30. Les écritures privées qui auraient été faites sur papier non timbré, sans contravention aux lois du timbre, quoique non comprises nommément dans les exceptions, ne pourront être produites en justice sans avoir été soumises au timbre extraordinaire, ou au *visa pour timbre*, à peine d'une amende de 30 fr. outre le droit de timbre. (*V. L.* 16 *juin* 1824, *art.* 10.)

31. Les préposés de la Régie sont autorisés à retenir les actes, registres ou effets en contravention à la loi du timbre, qui leur seront présentés, pour les joindre aux procès-verbaux qu'ils en rapporteront, à moins que les contrevenants ne consentent à signer lesdits procès-verbaux, ou à acquitter sur-le-champ l'amende encourue et le droit de timbre.

32. En cas de refus, de la part des contrevenants, de satisfaire aux dispositions de l'article précédent, les préposés de la Régie leur feront signifier, dans les trois jours, les procès-verbaux qu'ils auront rapportés avec assignation devant le tribunal civil du département. — L'instruction se fera ensuite sur simples mémoires, respectivement signifiés. — Les jugements définitifs qui interviendront seront sans appel.

TITRE V. — *Des dispositions particulières.*

33 à 38. — *Transitoires.*

39. Toutes lois et dispositions d'autres lois sur le timbre des actes civils et judiciaires, et des registres, sont et demeurent abrogées pour l'avenir, et à compter de la publication de la présente. — Les dispositions de la loi du 9 vendémiaire an VI, relatives au timbre des journaux, gazettes, feuilles périodiques ou papiers-nouvelles, feuilles de papier-musique, affiches et cartes à jouer, sont maintenues.

LOI

Relative à la répartition, à l'assiette et au recouvrement de la contribution foncière.

(3 frimaire an VII) (1)

---

(1) Bull., 2e série, n. 2197. — *V.* le texte de cette loi, à sa date, dans notre édition in-8°.

LOI

Portant établissement d'une contribution sur les portes et fenêtres.

(4 frimaire an VII) (1)

LOI

Relative au régime, à la police et à l'administration des bacs et bateaux sur les fleuves, rivières et canaux navigables.

(6 frimaire an VII) (2)

LOI

Sur l'Enregistrement.

(22 frimaire an VII) (3)

TITRE Ier. — *De l'enregistrement, des droits et de leur application.*

ART. 1er. Les droits d'enregistrement seront perçus d'après les bases et suivant les règles déterminées par la présente.

2. Les droits d'enregistrement sont fixes ou proportionnels, suivant la nature des actes et mutations qui y sont assujettis.

3. Le droit fixe s'applique aux actes, soit civils, soit judiciaires ou extrajudiciaires, qui ne contiennent ni obligation, ni libération, ni condamnation, collocation ou liquidation de sommes et valeurs, ni transmission de propriété, d'usufruit ou de jouissance de biens meubles ou immeubles ; — il est perçu aux taux réglés par l'article 68 de la présente.

4. Le droit proportionnel est établi pour les obligations, libérations, condamnations, collocations ou liquidations de sommes et valeurs, et pour toute transmission de propriété, d'usufruit ou de jouissance de biens meubles et immeubles, soit entre-vifs, soit par décès (*V. Av. C. d'Et.* 22 *déc.* 1809). — Ses quotités sont fixées par l'article 69 ci-après. — Il est assis sur les valeurs (4).

5. Il n'y a point de fraction de centime dans la liquidation du droit proportionnel. Lorsqu'une fraction de somme ne produit pas un centime de droit, le centime est perçu au profit de la République. (*V. L.* 27 *vent. an IX, art.* 2.)

6. Cependant le moindre droit à percevoir sur un acte donnant lieu au droit proportionnel, et sur une mutation de biens par décès, sera du montant de la quotité sous laquelle chaque acte ou mutation se trouve classé dans les articles 68 et 69, sauf les exceptions y mentionnées. (*V. art.* 3 *L.* 27 *vent. an IX.*)

7. Les actes civils et extrajudiciaires sont enregistrés sur les minutes, brevets ou originaux. — Les actes judiciaires reçoivent cette formalité soit sur les minutes, soit sur les expéditions, suivant les distinctions ci-après. — Ceux qui doivent être enregistrés sur les minutes sont les procès-verbaux d'apposition, de reconnaissance et de levée de scellés, et ceux de nomination de tuteurs et curateurs ; les avis de parents, les émancipations, les actes de notoriété, les déclarations en matière civile, les adoptions ; tous actes contenant autorisation, acceptation, abstention, renonciation ou répudiation ; les nominations d'experts et arbitres, les oppositions à levée de scelles par comparution personnelle, les cautionnements de personnes à représenter à justice, ceux de sommes déterminées ou non déterminées, les ordonnances et mandements d'assigner les opposants à scellés : tous procès-verbaux généralement quelconques des bureaux de paix, portant conciliation ou non-conciliation, défaut ou congé, remise ou ajournement ; tous actes d'acquiescement, de dépôt et consignation, d'exclusion de tribunaux, d'affirmation de voyage, d'enchère et surenchère, de reprise d'instance, de communication de pièces avec ou sans déplacement, d'affirmation ou vérification de créances, d'opposition à délivrance de titres ou jugements, de procès-verbaux et rapports, de dépôt de bilan et de décharges ; les certificats de toute nature et ordonnances sur requêtes ; les jugements portant transmission d'immeubles, et ceux par

(1) Bull., 2e série, n. 2195. — *V.* le texte dans notre édition in-8o.

(2) Bull., 2e série, n. 2218.

(3) *V.* LL. 23 août 1871 ; 28 févr. 1872 ; 19 févr. 1874 ; 21 juin 1875.

(4) Il y a mutation de propriété, et, par suite, il y a lieu à la perception du droit proportionnel, lorsque l'acte de liquidation et de partage d'une société dissoute attribue à l'un des associés un immeuble qu'un autre associé avait apporté dans la société. — Cass. *Ch. réun.* 6 juin 1842.

lesquels il est prononcé des condamnations sur des conventions sujettes à l'enregistrement, sans énonciation de titres enregistrés. — Tous autres actes et jugements, soit préparatoires ou d'instruction, soit définitifs, ne sont soumis à l'enregistrement que sur les expéditions. Ceux des actes de l'état civil qui sont assujettis à l'enregistrement par la présente, ne seront également enregistrés que sur les expéditions. — Les jugements de la police ordinaire, des tribunaux de police correctionnelle et des tribunaux criminels, ne sont de même soumis à l'enregistrement que sur les expéditions, lorsqu'il y a partie civile, et seulement pour les expéditions requises par elles ou autres intéressés. (*V. Av. C. d'Et.* 22 *oct.* 1808, *et L.* 28 *avril* 1816, *art.* 38.)

8. Il n'est dû aucun droit d'enregistrement pour les extraits, copies ou expéditions des actes qui doivent être enregistrés sur les minutes ou originaux. — Quant à ceux des actes judiciaires qui ne sont assujettis à l'enregistrement que sur les expéditions, chaque expédition doit être enregistrée, savoir, la première, pour le droit proportionnel, s'il y a lieu ; ou pour le droit fixe, si le jugement n'est pas passible du droit proportionnel ; et chacune des autres, pour le droit fixe.

9. Lorsqu'un acte translatif de propriété ou d'usufruit comprend des meubles et immeubles, le droit d'enregistrement est perçu sur la totalité du prix, au taux réglé pour les immeubles, à moins qu'il ne soit stipulé un prix particulier pour les objets mobiliers, et qu'ils ne soient désignés et estimés, article par article, dans le contrat.

10. Dans le cas de transmission de biens, la quittance donnée ou l'obligation consentie par le même acte, pour tout ou partie du prix entre les contractants, ne peut être sujette à un droit particulier d'enregistrement.

11. Mais lorsque dans un acte quelconque, soit civil, soit judiciaire ou extrajudiciaire, il y a plusieurs dispositions indépendantes ou ne dérivant pas nécessairement les unes des autres, il est dû pour chacune d'elles, et selon son espèce, un droit particulier. La quotité en est déterminée par l'article de la présente dans lequel la disposition se trouve classée ou auquel elle se rapporte (1).

12. La mutation d'un immeuble en propriété ou usufruit, sera suffisamment établie pour la demande du droit d'enregistrement et la poursuite du paiement contre le nouveau possesseur, soit par l'inscription de son nom au rôle de la contribution foncière, et des paiements par lui faits d'après ce rôle, soit par des baux par lui passés, ou enfin par des transactions ou autres actes constatant sa propriété ou son usufruit (*V. art* 4, *L.* 27 *vent. an IX*) (2).

(1) La clause d'un acte de vente par laquelle une rente viagère, formant tout ou partie du prix, est stipulée réversible au profit d'un tiers, constitue une disposition indépendante de la vente, et, par suite, donne ouverture, si ce tiers survit au vendeur (indépendamment du droit proportionnel de vente perçu lors du contrat), au droit proportionnel de mutation à titre gratuit sur la valeur de la rente viagère. (*V.* art. 4, L. 22 frim. an VII.) — Cass. *Ch. réun.* 23 déc. 1862.

(2) (*a*) Un acte translatif de propriété est soumis au droit proportionnel d'enregistrement, quoiqu'il soit dans une forme qui en emporterait la nullité, s'il était attaqué par l'une des parties. — Il est soumis à ce droit lorsque, étant synallagmatique et se trouvant entre les mains de la partie au profit de laquelle il a été passé, il n'est pas signé d'elle, mais seulement de l'autre partie. — Cass. *Sect. réun.* 1 août 1807.

(*b*) L'acte sous seing privé portant qu'une vente faite par acte public antérieur, est feinte et simulée, est réputé revente ou rétrocession, sujette au droit proportionnel. — *Même arrêt.*

(*c*) La régie de l'Enregistrement peut, à l'appui d'une contrainte décernée pour une mutation déniée, invoquer les actes postérieurs à cette contrainte, qui prouvent qu'en effet la mutation a eu lieu. — *Même arrêt.*

(*d*) L'énonciation par un époux, dans un acte de vente, qu'il est propriétaire de l'immeuble vendu, alors que cet immeuble a fait partie de la communauté de biens qui a existé entre le vendeur et son conjoint décédé, fait preuve de l'acquisition par l'époux vendeur de la part de son conjoint, et donne ouverture, dès lors, au droit proportionnel de mutation. — Cass. *Ch. réun.* 18 juill. 1853.

(*e*) Les droits de mutation résultant d'une vente d'immeuble peuvent être poursuivis contre l'acquéreur, bien que l'acte de vente ait été présenté à l'enregistrement par le vendeur. — Il n'y a pas obligation pour la direction d'exercer les poursuites contre la partie qui pré-

13. La jouissance à titre de ferme, ou de location, ou d'engagement d'un immeuble, sera aussi suffisamment établie, pour la demande et la poursuite du paiement des droits des baux ou engagements non enregistrés, par les actes qui la feront connaître, ou par des paiements de contributions imposées aux fermiers, locataires et détenteurs temporaires.

Titre II. — *Des valeurs sur lesquelles le droit proportionnel est assis et de l'expertise.*

14. La valeur de la propriété, de l'usufruit et de la jouissance des biens meubles, est déterminée pour la liquidation et le paiement du droit proportionnel, ainsi qu'il suit ; savoir : — 1° Pour les baux et locations, par le prix annuel exprimé, en y ajoutant les charges imposées au preneur ; — 2° Pour les créances à terme, leurs cessions et transports, et autres actes obligatoires, par le capital exprimé dans l'acte qui en fait l'objet ; — 3° Pour les quittances et tous autres actes de libération, par le total des sommes ou capitaux dont le débiteur se trouve libéré ; — 4° Pour les marchés et traités, par le prix exprimé ou l'évaluation qui sera faite des objets qui en seront susceptibles ; — 5° Pour les ventes et autres transmissions à titre onéreux, par le prix estimé et le capital des charges qui peuvent ajouter aux prix ; — 6° Pour les créations de rentes, soit perpétuelles, soit viagères, ou de pensions, aussi à titre onéreux, par le capital constitué et aliéné ; — 7° Pour les cessions ou transports desdites rentes ou pensions, et pour leur amortissement ou rachat, par le capital constitué, quel que soit le prix stipulé pour le transport ou l'amortissement ; — 8° Pour les transmissions entre-vifs, à titre gratuit, et celles qui s'opèrent par décès, par la déclaration estimative des parties, sans distraction des charges ; — 9° Pour les rentes et pensions créées sans expression de capital, leur transport et amortissement ; à raison d'un capital formé de vingt fois la rente perpétuelle, et de dix fois la rente viagère ou la pension, et quel que soit le prix stipulé pour le transport ou l'amortissement. — Il ne sera fait aucune distinction entre les rentes viagères et pensions créées sur une tête et celles créées sur plusieurs têtes, quant à l'évaluation. — Les rentes et pensions stipulées payables en nature, seront évaluées aux mêmes capitaux, estimation préalablement faite des objets, d'après les dernières mercuriales du canton de la situation des biens, à la date de l'acte, s'il s'agit d'une rente créée pour aliénation d'immeubles, ou, dans tout autre cas, d'après les dernières mercuriales du canton où l'acte aura été passé. — Il sera rapporté à l'appui de l'acte un extrait certifié des mercuriales. — S'il est question d'objets dont les prix ne puissent être réglés par les mercuriales, les parties en feront une déclaration estimative. — 10° Pour les actes et jugements portant condamnation, collocation, liquidation ou transmission, par le capital des sommes, et les intérêts et dépens liquidés. — 11° L'usufruit, transmis à titre gratuit, s'évalue à la moitié de la valeur entière de l'objet.

15. La valeur de la propriété, de l'usufruit et de la jouissance des immeubles, est déterminée pour la liquidation et le paiement du droit proportionnel, ainsi qu'il suit ; savoir, — 1° Pour les baux à ferme ou à loyer, les sous-baux, cessions et subrogations de baux, par le prix annuel exprimé, en y ajoutant les charges imposées au preneur. — Si le bail est stipulé payable en nature, il en sera fait une évaluation d'après les dernières mercuriales du canton de la situation des biens, à la date de l'acte, à l'appui duquel il sera rapporté un extrait certifié des mercuriales. — Il en sera de même des baux à portion de fruits, pour la part revenant au bailleur, dont la quotité sera préalablement déclarée, et sur la valeur de laquelle le droit d'enregistrement sera perçu. — S'il s'agit d'objets dont la valeur ne puisse être constatée par les mercuriales, les parties en feront une déclaration estimative. — 2° Pour les baux à rentes perpétuelles et ceux dont la durée est illimitée, par un capital formé de vingt fois la rente ou le prix annuel, et les charges aussi annuelles, en y ajoutant également les autres charges en capital, et les deniers d'entrée s'il en est stipulé. — Les objets en nature s'évaluent comme ci-dessus. — 3° Pour les baux à vie, sans distinction de ceux faits sur une ou plusieurs têtes, par un capital formé de dix fois le prix et les charges annuelles, en y ajoutant de même

sente l'acte à l'enregistrement. (*V.* art. 31, L. 22 frim. an VII.) — Cass. *Sect. réun.* 12 janv. 1822. — *V.* cependant Cass. 15 niv. an XI.

le montant des deniers d'entrée, et des autres charges, s'il s'en trouve d'exprimées. Les objets en nature s'évaluent pareillement comme il est prescrit ci-dessus. — 4° Pour les échanges, par une évaluation qui doit être faite en capital, d'après le revenu annuel multiplié par vingt, sans distraction des charges (*V. art.* 69, § 5, *n°* 3). — 5° Pour les engagements, par les prix et sommes pour lesquels ils sont faits. — 6° Pour les ventes, adjudications, cessions, rétrocessions, licitations, et tous autres actes civils ou judiciaires, portant translation de propriété ou d'usufruit, à titre onéreux, par le prix exprimé, en y ajoutant toutes les charges en capital, ou par une estimation d'experts, dans les cas autorisés par la présente (1). Si l'usufruit est réservé par le vendeur, il sera évalué à la moitié de tout ce qui forme le prix du contrat, et le droit sera perçu sur le total; mais il ne sera dû aucun autre droit pour la réunion de l'usufruit à la propriété : cependant, si elle s'opère par un acte de cession, et que le prix soit supérieur à l'évaluation qui en aura été faite pour régler le droit de la translation de propriété, il est dû un droit, par supplément, sur ce qui se trouve excéder cette évaluation. Dans le cas contraire, l'acte de cession est enregistré pour le droit fixe. — 7° Pour les transmissions de propriété entre-vifs, à titre gratuit, et celles qui s'effectuent par décès, par l'évaluation qui sera faite et portée à vingt fois le produit des biens, ou le prix des baux courants, sans distraction des charges. — Il ne sera rien dû pour la réunion de l'usufruit à la propriété, lorsque le droit d'enregistrement aura été acquitté sur la valeur entière de la propriété. (*V. art.* 44, *n°* 4, *L.* 28 *avril* 1816.) — 8° Pour les transmissions d'usufruit seulement, soit entre-vifs, à titre gratuit, soit par décès, par l'évaluation qui en sera portée à dix fois le produit des biens ou le prix des baux courants, aussi sans distraction des charges. — Lorsque l'usufruitier qui aura acquitté le droit d'enregistrement pour son usufruit, acquerra la nue-propriété, il paiera le droit d'enregistrement sur sa valeur, sans qu'il y ait lieu de joindre celle de l'usufruit. (*Cet article est modifié par la loi du* 21 *juin* 1875, *art.* 2.)

16. Si les sommes et valeurs ne sont pas déterminées dans un acte ou un jugement donnant lieu au droit proportionnel, les parties seront tenues d'y suppléer, avant l'enregistrement, par une déclaration estimative, certifiée et signée au pied de l'acte.

17. Si le prix énoncé dans un acte translatif de propriété ou d'usufruit de biens immeubles, à titre onéreux, paraît inférieur à leur valeur vénale à l'époque de l'aliénation, par comparaison avec les fonds voisins de même nature, la Régie pourra requérir une expertise, pourvu qu'elle en fasse la demande dans l'année à compter du jour de l'enregistrement du contrat. (*V. art.* 5, *L.* 27 *vent. an IX.*)

18. La demande en expertise sera faite, au tribunal civil du département dans l'étendue duquel les biens sont situés, par une pétition portant nomination de l'expert de la nation. — L'expertise sera ordonnée dans la décade de la demande. — En cas de refus par la partie de nommer son expert, sur la sommation qui lui aura été faite d'y satisfaire dans les trois jours, il lui en sera nommé un d'office par le tribunal. — Les experts, en cas de partage, appelleront un tiers expert; s'ils ne peuvent en convenir, le juge de paix du canton de la situation des biens y pourvoira. — Le procès-verbal d'expertise sera rapporté, au plus tard, dans le mois qui suivra la remise qui aura été faite aux experts de l'ordonnance du tribunal, ou dans le mois après l'appel d'un tiers expert. — Les frais de l'expertise seront à la charge de l'acquéreur, mais seulement lorsque l'estimation excédera d'un huitième au moins le prix énoncé au contrat. — L'acquéreur sera tenu, dans tous les cas, d'acquitter le droit sur le supplément d'estimation, s'il y a une plus-value constatée par le rapport des experts. (*V. art.* 5, *L.* 27 *vent. an IX.*)

19. Il y aura également lieu à requérir l'expertise des revenus des im-

(1) Lorsque, en cas de transmission d'un immeuble grevé d'usufruit au profit d'un tiers, le droit proportionnel d'enregistrement a été perçu sur la valeur entière de la propriété à raison de vingt fois le revenu des biens, en conformité de l'article 15 de la loi du 22 frimaire an VII, les nouvelles transmissions qui ont lieu ensuite, soit par décès, soit autrement, de cette nue-propriété avant sa réunion à l'usufruit, ne donnent ouverture qu'à un droit proportionnel calculé sur la valeur de la nue-propriété, c'est-à-dire à raison de dix fois le revenu net, et non sur la valeur entière (*V.* art. 4, L. 22 frim. an VII). — Cass. *Ch. réun.* 21 déc. 1841.

meubles transmis en propriété ou usufruit, à tout autre titre qu'à titre onéreux, lorsque l'insuffisance dans l'évaluation ne pourra être établie par actes qui puissent faire connaître le véritable revenu des biens. (*V. art.* 5, *L.* 27 *vent. an IX.*)

TITRE III. — *Des délais pour l'enregistrement des actes et déclarations.*

20. Les délais pour faire enregistrer les actes publics sont, savoir, — de quatre jours, pour ceux des huissiers et autres ayant pouvoir de faire des exploits et procès-verbaux ; — de dix jours, pour les actes des notaires qui résident dans la commune où le bureau de l'enregistrement est établi ; — de quinze jours, pour ceux des notaires qui n'y résident pas ; — de vingt jours, pour les actes judiciaires soumis à l'enregistrement sur les minutes, et pour ceux dont il ne reste pas de minute au greffe, ou qui se délivrent en brevet ; — de vingt jours aussi, pour les actes des administrations centrales et municipales assujettis à la formalité de l'enregistrement. (*V. L.* 9 *flor. an VII, tit. IV, art.* 9 ; *L.* 22 *pluv. an VII, art.* 6 ; *L.* 27 *vent. an IX, art.* 14, 16 ; *Av. C. d'Et.* 22 *oct.* 1808 ; 21 *oct.* 1809 ; *Ord.* 7 *oct.* 1818 ; *L.* 15 *avril* 1829 ; *L.* 24 *mai* 1834, *art.* 23 ; *L.* 25 *juin* 1841, *art.* 12 ; *Décr.* 1er *mars* 1854 ; *C. for., art.* 170.)

21. Les testaments déposés chez les notaires, ou par eux reçus, seront enregistrés dans les trois mois du décès des testateurs, à la diligence des héritiers, donataires, légataires ou exécuteurs testamentaires.

22. Les actes qui, à l'avenir, seront faits sous signature privée, et qui porteront transmission de propriété ou d'usufruit de biens immeubles, et les baux à ferme ou à loyer, sous-baux, cessions et subrogations de baux, et les engagements, aussi sous signature privée, de biens de même nature seront enregistrés dans les trois mois de leur date. Pour ceux des actes de ces espèces qui seront passés en pays étranger, ou dans les îles ou colonies françaises où l'enregistrement n'aurait pas encore été établi, le délai sera de six mois, s'ils sont faits en Europe ; d'une année, si c'est en Amérique ; et de deux années, si c'est en Asie ou en Afrique. (*V. L.* 27 *vent. an IX, art.* 4 ; *L.* 16 *juin* 1824, *art.* 4.)

23. Il n'y a point de délai de rigueur pour l'enregistrement de tous autres actes que ceux mentionnés dans l'article précédent, qui seront faits sous signature privée, ou passés en pays étranger, et dans les îles et colonies françaises où l'enregistrement n'aurait pas encore été établi ; mais il ne pourra en être fait aucun usage, soit en justice, ou devant toute autre autorité constituée, qu'ils n'aient été préalablement enregistrés (1).

24. Les délais pour l'enregistrement des déclarations que les héritiers, donataires ou légataires auront à passer des biens à eux échus ou transmis par décès, sont ; — savoir, — de six mois, à compter du jour du décès, lorsque celui dont on recueille la succession est décédé en France ; — de huit mois, s'il est décédé dans toute autre partie de l'Europe ; — d'une année, s'il est mort en Amérique ; — et de deux années, si c'est en Afrique ou en Asie. — Le délai de six mois ne courra que du jour de la mise en possession, pour la succession d'un absent ; celle d'un condamné, si ses biens sont séquestrés, celle qui aurait été séquestrée pour toute autre cause, celle d'un défenseur de la patrie s'il est mort en activité de service hors de son département, ou enfin celle qui serait recueillie par indivis avec la nation. (*V. L.* 28 *avril* 1816, *art.* 40.) — Si, avant les derniers six mois des délais fixés par les déclarations des successions des personnes décédées hors de France, les héritiers prennent possession des biens, il ne restera d'autre délai à courir, pour passer déclaration, que celui de six mois, à compter du jour de la prise de possession.

25. Dans les délais fixés par les articles précédents pour l'enregistrement des actes et des déclarations, le jour de la date de l'acte, ou celui de

(1) De ce qu'un acte de liquidation et partage d'une succession fait figurer à la masse active des créances résultant d'actes sous seing privé non enregistrés, émanés de l'un ou de plusieurs des copartageants et énoncés dans l'inventaire dressé après le décès, mais sans toutefois se référer à ces actes et sans les mentionner, on ne saurait conclure par induction qu'il ait été fait usage des actes dont il s'agit, et prétendre, par suite, qu'il y ait lieu à la perception d'un droit d'enregistrement sur ces mêmes actes et à une amende contre le notaire rédacteur du partage (*V.* art. 42, L. 22 frim. an VII, et Arr. 22 vent. an VII.) — Cass. *Ch. réun.* 27 mai 1867.

l'ouverture de la succession, ne sera point compté. — Si le dernier jour du délai se trouve être un décadi, ou un jour de fête nationale, ou s'il tombe dans les jours complémentaires, ces jours-là ne seront point comptés non plus.

TITRE IV. — *Des bureaux où les actes et mutations doivent être enregistrés.*

26. Les notaires ne pourront faire enregistrer leurs actes qu'aux bureaux dans l'arrondissement desquels ils résident. — Les huissiers et tous autres ayant pouvoir de faire des exploits, procès-verbaux ou rapports, feront enregistrer leurs actes, soit au bureau de leur résidence, soit au bureau du lieu où ils les auront faits (1). — Les greffiers et les secrétaires des administrations centrales et municipales feront enregistrer les actes qu'ils sont tenus de soumettre à cette formalité, aux bureaux dans l'arrondissement desquels ils exercent leurs fonctions. — Les actes sous signature privée, et ceux passés en pays étrangers, pourront être enregistrés dans tous les bureaux indistinctement.

27. Les mutations de propriété ou d'usufruit par décès seront enregistrées au bureau de la situation des biens. — Les héritiers, donataires ou légataires, leurs tuteurs ou curateurs, seront tenus d'en passer déclaration détaillée et de la signer sur le registre. — S'il s'agit d'une mutation, au même titre, de biens meubles, la déclaration en sera faite au bureau dans l'arrondissement duquel ils se seront trouvés au décès de l'auteur de la succession. — Les rentes et les autres biens meubles, sans assiette déterminée lors du décès, seront déclarés au bureau du domicile du décédé. — Les héritiers, légataires ou donataires rapporteront, à l'appui de leurs déclarations de biens meubles, un inventaire ou état estimatif, article par article, par eux certifié, s'il n'a pas été fait par un officier public; cet inventaire sera déposé et annexé à la déclaration, qui sera reçue et signée sur le registre du receveur de l'enregistrement.

(1) Les gardes champêtres peuvent faire enregistrer leurs procès-verbaux au bureau le plus voisin de leur commune, lors même que ce bureau serait situé dans un autre arrondissement. — *Décis. min. Fin.* 17 sept. 1823.

TITRE V. — *Du paiement des droits, et de ceux qui doivent les acquitter.*

28. Les droits des actes et ceux des mutations par décès seront payés avant l'enregistrement, aux taux et quotités réglés par la présente. — Nul ne pourra en atténuer ni différer le paiement, sous le prétexte de contestation sur la quotité, ni pour quelque autre motif que ce soit, sauf à se pourvoir en restitution, s'il y a lieu.

29. Les droits des actes à enregistrer seront acquittés, savoir, — par les notaires, pour les actes passés devant eux; — par les huissiers et autres ayant pouvoir de faire des exploits et procès-verbaux, pour ceux de leur ministère; — par les greffiers, pour les actes et jugements (sauf le cas prévu par l'article 37 ci-après) qui doivent être enregistrés sur les minutes, aux termes de l'article 7 de la présente, et ceux passés et reçus aux greffes, et pour les extraits, copies et expéditions qu'ils délivrent des jugements qui ne sont pas soumis à l'enregistrement sur les minutes; — par les secrétaires des administrations centrales et municipales, pour les actes de ces administrations qui sont soumis à la formalité de l'enregistrement, sauf aussi le cas prévu par l'article 37; — par les parties, pour les actes sous signature privée, et ceux passés en pays étranger, qu'elles auront à faire enregistrer; pour les ordonnances sur requêtes ou mémoires, et les certificats qui leur sont immédiatement délivrés par les juges; et pour les actes et décisions qu'elles obtiennent des arbitres, si ceux-ci ne les ont pas fait enregistrer; — et par les héritiers, légataires et donataires, leurs tuteurs et curateurs, et les exécuteurs testamentaires, pour les testaments et autres actes de libéralité à cause de mort (2).

30. Les officiers publics qui, aux termes des dispositions précédentes, auraient fait, pour les parties, l'avance des droits d'enregistrement, pourront

(2) Le légataire universel qui, après envoi en possession de l'hérédité, renonce à une portion de son legs et l'abandonne à un héritier qui contestait la validité du testament, n'en doit pas moins le droit de mutation par décès sur l'intégralité des biens, dont la propriété a pleinement résidé sur sa tête par suite de son acceptation de la succession. (*V.* L. 21 avril 1832, art. 33, et L. 18 mai 1850, art. 10.) — Cass. *Ch. réun.* 12 déc. 1865.

prendre exécutoire du juge de paix de leur canton, pour leur remboursement. — L'opposition qui serait formée contre cet exécutoire, ainsi que toutes les contestations qui s'élèveraient à cet égard, seront jugées conformément aux dispositions portées par l'article 65 de la présente, relatif aux instances poursuivies au nom de la nation.

31. Les droits des actes civils et judiciaires emportant obligation, libération, ou translation de propriété ou d'usufruit de meubles ou immeubles, seront supportés par les débiteurs et nouveaux possesseurs ; et ceux de tous les autres actes le seront par les parties auxquelles les actes profiteront, lorsque, dans ces divers cas, il n'aura pas été stipulé de dispositions contraires dans les actes.

32. Les droits des déclarations des mutations par décès seront payés par les héritiers, donataires ou légataires. — Les cohéritiers seront solidaires. — La nation aura action sur les revenus des biens à déclarer, en quelques mains qu'ils se trouvent, pour le paiement des droits dont il faudrait poursuivre le recouvrement.

TITRE VI. — *Des peines pour défaut d'enregistrement des actes et déclarations dans les délais ; et de celles portées relativement aux omissions, aux fausses estimations et aux contre-lettres.*

33. Les notaires qui n'auront pas fait enregistrer leurs actes dans les délais prescrits, paieront personnellement, à titre d'amende et pour chaque contravention, une somme de 50 francs, s'il s'agit d'un acte sujet au droit fixe, ou une somme égale au montant du droit, s'il s'agit d'un acte sujet au droit proportionnel, sans que, dans ce dernier cas, la peine puisse être au-dessous de 50 francs. — Ils seront tenus, en outre, du paiement des droits, sauf leur recours contre les parties pour ces droits seulement (1).

34. La peine contre un huissier ou autre ayant pouvoir de faire des exploits ou procès-verbaux est, pour un exploit ou procès-verbal non présenté à l'enregistrement dans le délai, d'une somme de 25 francs, et de plus une somme équivalente au montant du droit de l'acte non enregistré. L'exploit ou procès-verbal non enregistré dans le délai est déclaré nul, et le contrevenant responsable de cette nullité envers la partie. — Ces dispositions, relativement aux exploits et procès-verbaux ne s'étendent pas aux procès-verbaux de vente de meubles et autres objets mobiliers ; ni à tout autre acte du ministère des huissiers sujet au droit proportionnel. La peine pour ceux-ci sera d'une somme égale au montant du droit, sans qu'elle puissse être au-dessous de 50 francs. Le contrevenant paiera en outre le droit dû pour l'acte, sauf son recours contre la partie pour ce droit seulement. (*V. art.* 10, *L.* 16 *juin* 1824.)

35. Les greffiers qui auront négligé de soumettre à l'enregistrement, dans le délai fixé, les actes qu'ils sont tenus de présenter à cette formalité, paieront personnellement, à titre d'amende, et pour chaque contravention, une somme égale au montant du droit. — Ils acquitteront en même temps le droit, sauf leur recours, pour ce droit seulement, contre la partie. (*V. L.* 27 *vent. an IX*, *art.* 7 ; *L.* 28 *avril* 1816, *art.* 38.)

36. Les dispositions de l'article précédent s'appliquent également aux secrétaires des administrations centrales et municipales, pour chacun des actes qu'il leur est prescrit de faire enregistrer, s'ils ne les ont pas soumis à l'enregistrement dans le délai. (*V. L.* 27 *vent. an IX*, *art.* 7.)

37. Il est néanmoins fait exception aux dispositions des deux articles précédents, quant aux jugements rendus à l'audience, qui doivent être enregistrés sur les minutes, et aux actes d'adjudication passés en séance publique des administrations, lorsque les parties n'auront pas consigné aux mains des greffiers et des secrétaires, dans le délai prescrit pour l'enregistrement, le montant des droits fixés par la loi. Dans ce cas, le recouvrement en sera poursuivi contre les parties par les receveurs ; et elles supporteront en outre la peine du droit en sus. — Pour cet effet, les greffiers et les secrétaires fourniront aux receveurs de l'enregistrement, dans la décade qui suivra l'expiration du délai, des extraits par eux certifiés des actes et jugements dont les droits ne leur auront pas été remis par les parties, à peine d'une amende de 10 francs pour chaque décade de retard et pour chaque acte et jugement, et d'être en outre personnellement contraints au paiement des doubles droits. (*V. L.* 27 *vent. an IX*, *art.* 7, 14, 16 *L.*

(1) L'amende a été réduite à 10 francs par l'article 10 de la loi du 16 juin 1824.

28 *avril* 1816, *art.* 38; *L.* 16 *juin* 1824, *art.* 10; *L.* 22 *janv.* 1851, *art.* 20.)

38. Les actes sous signature privée, et ceux passés en pays étranger, dénommés dans l'article 22, qui n'auront pas été enregistrés dans les délais déterminés, seront soumis au double droit d'enregistrement. — Il en sera de même pour les testaments non enregistrés dans le délai. (*V. L.* 27 *vent. an IX*, *art.* 4; *L.* 28 *avril* 1816, *art.* 40.)

39. Les héritiers, donataires ou légataires qui n'auront pas fait, dans les délais prescrits, les déclarations des biens à eux transmis par décès, paieront, à titre d'amende, un demi-droit en sus du droit qui sera dû pour la mutation. — La peine pour les omissions qui seront reconnues avoir été faites dans les déclarations, sera d'un droit en sus de celui qui se trouvera dû pour les objets omis : il en sera de même pour les insuffisances constatées dans les estimations des biens déclarés. — Si l'insuffisance est établie par un rapport d'experts, les contrevenants paieront en outre les frais de l'expertise. — Les tuteurs et curateurs supporteront personnellement les peines ci-dessus lorsqu'ils auront négligé de passer les déclarations dans les délais, ou qu'ils auront fait des omissions ou des estimations insuffisantes. (*V. L.* 25 *juin* 1841, *art.* 11; *L.* 18 *mai* 1850, *art.* 7.)

40. Toute contre-lettre faite sous signature privée, qui aurait pour objet une augmentation du prix stipulé dans un acte public ou dans un acte sous signature privée précédemment enregistré, est déclarée nulle et de nul effet. (*Abrogé par l'art.* 1321 *du C. civ. et la loi du* 30 *vent. an XII.*) — Néanmoins, lorsque l'existence en sera constatée, il y aura lieu d'exiger, à titre d'amende, une somme triple dudroit qui aurait eu lieu sur les sommes et valeurs ainsi stipulées.

Titre VII. — *Des obligations des notaires, huissiers, greffiers, secrétaires, juges, arbitres, administrateurs et autres officiers ou fonctionnaires publics, des parties et des receveurs, indépendamment de celles imposées sous les titres précédents.*

41. Les notaires, huissiers, greffiers, et les secrétaires des administrations centrales et municipales ne pourront délivrer en brevet, copie ou expédition, aucun acte soumis à l'enregistrement sur la minute ou l'original, ni faire aucun autre acte en conséquence, avant qu'il ait été enregistré, quand même le délai pour l'enregistrement ne serait pas encore expiré, à peine de 50 francs d'amende, outre le paiement du droit (*V. art.* 56, *L.* 28 *avril* 1816; *art.* 10 *et* 13, *L.* 16 *juin* 1824; *art.* 23, *L.* 24 *mai* 1834; *art.* 6 *et* 10, *L.* 25 *juin* 1841) (1). — Sont exceptés les exploits et autres actes de cette nature qui se signifient à parties ou par affiches et proclamations, et les effets négociables compris sous l'article 69, § 2, nombre 6, de la présente. — A l'égard des jugements qui ne sont assujettis à l'enregistrement que sur les expéditions, il est défendu aux greffiers, sous les mêmes peines, d'en délivrer aucune, même par simple note ou extrait, aux parties ou autres intéressés, sans l'avoir fait enregistrer. (*V. art.* 38, *L.* 28 *avril* 1816.)

42. Aucun notaire, huissier, greffier, secrétaire ou autre officier public ne pourra faire ou rédiger un acte en vertu d'un acte sous signature privée, ou passé en pays étranger, l'annexer à ses minutes, ni le recevoir en dépôt, ni en délivrer extrait, copie ou expédition, s'il n'a été préalablement enregistré, à peine de 50 francs d'amende, et de répondre personnellement du droit, sauf l'exception mentionnée dans l'article précédent. (*V. art.* 10 *et* 13, *L.* 16 *juin* 1824.)

43. Il est également défendu sous la même peine de 50 francs d'amende, à tout notaire ou greffier, de recevoir aucun acte en dépôt sans dresser acte

(1) (*a*) Les notaires sont autorisés, par dérogation à l'article 41 de la loi du 22 frimaire an VII, à délivrer sur papier libre pour être placée sous les yeux du préfet dont l'approbation est indispensable, une copie des contrats intéressant les communes ou les établissements publics. — *Circ. min. Int.* 6 sept. 1853.

(*b*) Lorsque le testateur demande au notaire l'expédition du testament qu'il a fait devant cet officier public, celui-ci peut la lui délivrer sans soumettre la minute à l'enregistrement. — *Décis.* 25 avril 1809.

(*c*) Les notaires qui reçoivent en dépôt, sur ordonnance du juge, un testament et des pièces qui s'y trouvent renfermées, sans enregistrement préalable, ne commettent pas de contravention. — *Décis. min. Fin.* 29 sept. 1807.

du dépôt. Sont exceptés les testaments déposés chez les notaires par les testateurs. (*V. art.* 10, *L.* 16 *juin* 1824.)

44. Il sera fait mention, dans toutes les expéditions des actes publics, civils ou judiciaires qui doivent être enregistrés sur les minutes, de la quittance des droits, par une transcription littérale et entière de cette quittance. — Pareille mention sera faite dans les minutes des actes publics, civils, judiciaires ou extrajudiciaires, qui se feront en vertu d'actes sous signature privée, ou passés en pays étranger, et qui sont soumis à l'enregistrement par la présente. — Chaque contravention sera punie par une amende de 10 francs. (*V. art.* 10, *L.* 16 *juin* 1824.)

45. Les greffiers qui délivreront des secondes et subséquentes expéditions des actes et jugements assujettis au droit proportionnel, mais qui ne sont pas dans le cas d'être enregistrés sur les minutes, seront tenus de faire mention, dans chacune de ces expéditions, de la quittance du droit payé pour la première expédition, par une transcription littérale de cette quittance. — Ils feront également mention, sur la minute de chaque expédition délivrée, de la date de l'enregistrement et du droit payé. — Toute contravention à ces dispositions sera punie par une amende de 10 francs. (*V. art.* 38, *L.* 28 *avril* 1816.)

46. Dans le cas de fausse mention d'enregistrement, soit dans une minute, soit dans une expédition, le délinquant sera poursuivi par la partie publique, sur la dénonciation du préposé de la Régie, et condamné aux peines prononcées pour le faux.

47. Il est défendu aux juges et arbitres de rendre aucun jugement, et aux administrations centrales et municipales de prendre aucun arrêté, en faveur des particuliers, sur des actes non enregistrés, à peine d'être personnellement responsables des droits (*V. L.* 28 *avril* 1816, *art.* 58; *L.* 16 *juin* 1824, *art.* 4) (1).

48. Toutes les fois qu'une condamnation sera rendue ou qu'un arrêté sera pris sur un acte enregistré, le jugement, la sentence arbitrale ou l'arrêté en fera mention et énoncera le montant du droit payé, la date du paiement et le nom du bureau où il aura été acquitté : en cas d'omission, le receveur exigera le droit, si l'acte n'a pas été enregistré dans son bureau; sauf la restitution dans le délai prescrit, s'il est ensuite justifié de l'enregistrement de l'acte sur lequel le jugement aura été prononcé ou l'arrêté pris. (*V. L.* 28 *avril* 1816, *art.* 57.)

49. Les notaires, huissiers, greffiers, et les secrétaires des administrations centrales et municipales, tiendront des répertoires à colonnes, sur lesquels ils inscriront, jour par jour, sans blanc ni interligne, et par ordre de numéros, savoir : — 1° Les notaires, tous les actes et contrats qu'ils recevront, même ceux qui seront passés en brevet, à peine de 10 francs d'amende pour chaque omission ; — 2° Les huissiers, tous actes et exploits de leur ministère, sous peine d'une amende de 5 francs pour chaque omission ; — 3° Les greffiers, tous les actes et jugements qui, aux termes de la présente, doivent être enregistrés sur les minutes, à peine d'une amende de 10 franc pour chaque omission (2) ; — 4° Et les secrétaires, tous les actes des administrations, qui doivent être aussi enregistrés sur les minutes, à peine d'une amende de 10 francs pour chaque omission.

50. Chaque article du répertoire contiendra, 1° son numéro ; 2° la date de l'acte ; 3° sa nature : 4° les noms et prénoms des parties et leur domi-

(1) (*a*) Les officiers ministériels et les avocats sont souvent admis à produire des actes qui, n'étant ni timbrés ni enregistrés, sont énoncés comme simples conventions verbales et conservent dans les jugements cette qualification, alors même qu'on en cite littéralement les clauses. Cet abus ne peut être toléré, et les magistrats doivent s'attacher à le faire cesser. — *Circ. g. des Sc.* 18 nov. 1848. — V. art. 16, L. 23 août 1871.

(*b*) Lorsque des actes qui ne sont ni timbrés, ni enregistrés, sont produits devant les tribunaux sans opposition de la part de ceux-ci, les membres du parquet doivent s'élever contre cet abus et requérir d'office l'enregistrement. — *Circ. g. des Sc.* 25 mai 1834.

(2) Les greffiers de paix doivent, sous peine d'amende, tenir leurs répertoires jour par jour et par ordre de numéros. Si un suppléant remplace le juge de paix sans être assisté du greffier en chef, les actes qu'il aura faits, seront visés par le juge de paix le jour même de leur remise au greffe, et ils pourront être portés sur les répertoires du greffier à la date de ce visa qui y sera mentionné, et dans ce cas spécial l'interversion de l'ordre des dates résultant des circonstances ne donnera lieu à aucune amende. — *Circ. g. des Sc.* 13 août 1810.

cile; 5o l'indication des biens, leur situation et le prix, lorsqu'il s'agira d'actes qui auront pour objet la propriété, l'usufruit ou la jouissance de biens-fonds; 6o la relation de l'enregistrement. (*V. L.* 25 *vent. an XI, art.* 30; *Décr.* 14 *juin* 1813, *art.* 47.)

51. Les notaires, huissiers, greffiers, et les secrétaires des administrations centrales et municipales, présenteront, tous les trois mois, leurs répertoires aux receveurs de l'enregistrement de leur résidence, qui les viseront, et qui énonceront dans leur *visa* le nombre des actes inscrits. Cette présentation aura lieu chaque année, dans la première décade de chacun des mois de nivôse, germinal, messidor et vendémiaire, à peine d'une amende de 10 francs pour chaque décade de retard. (*V. L.* 16 *juin* 1824, *art.* 10, 11, 14; *L.* 5 *juin* 1850, *art.* 35, 36, 44 *et* 46.)

52. Indépendamment de la représentation ordonnée par l'article précédent, les notaires, huissiers, greffiers et secrétaires seront tenus de communiquer leurs répertoires, à toute réquisition, aux préposés de l'enregistrement qui se présenteront chez eux pour les vérifier, à peine d'une amende de 50 francs en cas de refus. (*V. art.* 10, *L.* 16 *juin* 1824.) — Le préposé, dans ce cas, requerra l'assistance d'un officier municipal, ou de l'agent ou de l'adjoint de la commune du lieu, pour dresser, en sa présence, procès-verbal du refus qui lui aura été fait.

53. Les répertoires seront cotés et paraphés; savoir, ceux des notaires, huissiers et greffiers de la justice de paix, par le juge de paix de leur domicile; ceux des greffiers des tribunaux, par le président; et ceux des secrétaires des administrations, par le président de l'administration.

54. Les dépositaires des registres de l'état civil, ceux des rôles des contributions, et tous autres chargés des archives et dépôts de titres publics, seront tenus de les communiquer, sans déplacer, aux préposés de l'Enregistrement, à toute réquisition, et de leur laisser prendre, sans frais, les renseignements, extraits et copies qui leur seront nécessaires pour les intérêts de la République, à peine de 50 francs d'amende pour refus constaté par procès-verbal du préposé, qui se fera accompagner, ainsi qu'il est prescrit par l'article 52 ci-dessus, chez les détenteurs et dépositaires qui auront fait refus. — Ces dispositions s'appliquent aussi aux notaires, huissiers, greffiers et secrétaires d'administrations centrales et municipales, pour les actes dont ils sont dépositaires. (*V. L.* 16 *juin* 1824, *art.* 10; *L.* 5 *juin* 1850, *art.* 16, 28, 35, 36, 46.) — Sont exceptés les testaments et autres actes de libéralité à cause de mort, du vivant des testateurs. — Les communications ci-dessus ne pourront être exigées les jours de repos; et les séances, dans chaque autre jour, ne pourront durer plus de quatre heures, de la part des préposés, dans les dépôts où ils feront leurs recherches.

55. Les notices des actes de décès, qui, aux termes de l'article 5 de la loi du 13 fructidor an VI, relative à la célébration des décadis, doivent être remises, pour chaque décade, au chef-lieu du canton, par les officiers publics, ou les agents de communes faisant fonctions d'officiers publics, seront transcrites sur un registre particulier tenu par les secrétaires des administrations municipales. — Ces secrétaires fourniront, par quartier, aux receveurs de l'enregistrement de l'arrondissement, les relevés, par eux certifiés, desdits actes de décès. Ils seront délivrés sur papier non timbré, et remis dans les mois de nivôse, germinal, messidor et vendémiaire, à peine d'une amende de 30 francs pour chaque mois de retard. Ils en retireront *récépissé*, aussi sur papier non timbré. (*V. art.* 10, *L.* 16 *juin* 1824.)

56. Les receveurs de l'enregistrement ne pourront, sous aucun prétexte, lors même qu'il y aurait lieu à l'expertise, différer l'enregistrement des actes et mutations dont les droits auront été payés aux taux réglés par la présente. — Ils ne pourront non plus suspendre ou arrêter le cours des procédures, en retenant des actes ou exploits : cependant, si un acte dont il n'y a pas de minute ou un exploit contient des renseignements dont la trace puisse être utile pour la découverte des droits dus, le receveur aura la faculté d'en tirer copie, et de la faire certifier conforme à l'original par l'officier qui l'aura présentée. En cas de refus, il pourra réserver l'acte pendant vingt-quatre heures seulement, pour s'en procurer une collation en forme, à ses frais, sauf répétition s'il y a lieu. — Cette disposition est applicable aux actes sous signature privée qui seront présentés à l'enregistrement.

57. La quittance de l'enregistrement sera mise sur l'acte enregistré, ou sur l'extrait de la déclaration du nouveau possesseur. — Le receveur y expri-

mera en toutes lettres la date de l'enregistrement, le folio du registre, le numéro et la somme des droits perçus. — Lorsque l'acte renfermera plusieurs dispositions opérant chacune un droit particulier, le receveur les indiquera sommairement dans sa quittance, et y énoncera distinctement la quotité de chaque droit perçu, à peine d'une amende de 10 francs pour chaque omission. (*V. art.* 10, *L.* 16 *juin* 1824.)

58. Les receveurs de l'enregistrement ne pourront délivrer d'extraits de leurs registres que sur une ordonnance du juge de paix, lorsque ces extraits ne seront pas demandés par quelqu'une des parties contractantes, ou leurs ayants-cause. — Il leur sera payé 1 franc pour recherche de chaque année indiquée, et 50 centimes par chaque extrait, outre le papier timbré : ils ne pourront rien exiger au delà.

59. Aucune autorité publique, ni la Régie, ni ses préposés, ne peuvent accorder de remise ou modération des droits établis par la présente et des peines encourues, ni en suspendre ou faire suspendre le recouvrement, sans en devenir personnellement responsables.

TITRE VIII. — *Des droits acquis et des prescriptions.*

60. Tout droit d'enregistrement perçu régulièrement en conformité de la présente ne pourra être restitué, quels que soient les événements ultérieurs, sauf les cas prévus par la présente *L.* 28 *avril* 1816, *art.* 40 ; *L.* 25 *juin* 1841, *art.* 14) (1).

61. Il y a prescription pour la demande des droits, savoir : — 1° Après deux années, à compter du jour de l'enregistrement, s'il s'agit d'un droit non perçu sur une disposition particulière dans un acte, ou d'un supplément de perception insuffisamment faite, ou d'une fausse évaluation dans une déclaration, et pour la constater par voie d'expertise. (*L.* 16 *juin* 1824, *art.* 14 ; *L.* 25 *juin* 1841, *art.* 14) (2). — Les parties seront également non recevables, après le même délai, pour toute demande en restitution de droits perçus ; — 2° Après trois années, aussi à compter du jour de l'enregistrement, s'il s'agit d'une omission de biens dans une déclaration faite après décès ; — 3° Après cinq années à compter du jour du décès, pour les successions non déclarées. (*V. art.* 11 *et* 12, *L.* 18 *mai* 1850 ; *art.* 25, *L.* 22 *janv.* 1851.) — Les prescriptions ci-dessus seront suspendues par des demandes signifiées et enregistrées avant l'expiration des délais ; mais elles seront acquises irrévocablement si les poursuites commencées sont interrompues pendant une année sans qu'il y ait d'instance devant les juges compétents, quand même le premier délai pour la prescription ne serait pas expiré.

62. La date des actes sous signature privée ne pourra cependant être opposée à la République pour prescription des droits et peines encourus, à moins que ces actes n'aient acquis une date certaine par le décès de l'une des parties, ou autrement.

TITRE IX. — *Des poursuites et instances.*

63. La solution des difficultés qui pourront s'élever relativement à la perception des droits d'enregistrement avant l'introduction des instances, appartient à la Régie.

64. Le premier acte de poursuite pour le recouvrement des droits d'enregistrement et le paiement des peines et amendes prononcées par la présente sera une contrainte : elle sera décernée par le receveur ou préposé de la Régie ; elle sera visée et déclarée exécutoire par le juge de paix du canton où le bureau est établi, et elle sera

(1) (*a*) Il n'y a pas lieu à restituer le droit de mutation perçu sur un jugement prononçant la résolution d'une vente, par cela seul que ce jugement est ensuite rétracté sur la poursuite de la partie contre laquelle la résolution avait été prononcée. — Cass. *Ch. réun.* 15 nov. 1828 ; *V.* aussi Cass. 11 avril et 7 août 1826, 7 févr. 1838.

(*b*) Un acte susceptible d'être annulé, spécialement une obligation consentie par une femme sans l'autorisation de son mari, est soumis à l'enregistrement comme s'il était valable. — En conséquence, lorsque cet acte a été enregistré, son annulation postérieure, prononcée même par jugement, ne rend pas le droit perçu restituable. — Cass. *Ch. réun.* 11 févr. 1854.

(2) La prescription de deux ans établie par l'article 61 ne s'applique qu'au cas où il s'agit d'un droit dont la perception a été entamée et à celui où ce droit résulte d'une mutation énoncée dans un acte présenté à l'enregistrement. — Cass. *Sect. réun.* 14 août 1813.

signifiée. — L'exécution de la contrainte ne pourra être interrompue que par une opposition formée par le redevable et motivée, avec assignation à jour fixe, devant le tribunal civil du département. Dans ce cas, l'opposant sera tenu d'élire domicile dans la commune où siége le tribunal.

65. L'introduction et l'instruction des instances auront lieu devant les tribunaux civils de département : la connaissance et la décision en sont interdites à toutes autres autorités constituées ou administratives. — L'instruction se fera par simples mémoires respectivement signifiés. — Il n'y aura d'autres frais à supporter pour la partie qui succombera que ceux du papier timbré, des significations, et du droit d'enregistrement des jugements. (*V. L.* 27 *vent. an IX*, *art.* 17.) — Les tribunaux accorderont soit aux parties, soit aux préposés de la Régie qui suivront les instances, le délai qu'ils leur demanderont pour produire leurs défenses : il ne pourra néanmoins être de plus de trois décades. — Les jugements seront rendus dans les trois mois, au plus tard, à compter de l'introduction des instances, sur le rapport d'un juge, fait en audience publique, et sur les conclusions du commissaire du Directoire exécutif : ils seront sans appel, et ne pourront être attaqués que par voie de cassation.

66. Les frais de poursuite payés par les préposés de l'Enregistrement pour des articles tombés en non-valeur pour cause d'insolvabilité reconnue des parties condamnées, leur seront remboursés sur l'état qu'ils en rapporteront à l'appui de leurs comptes. L'état sera taxé sans frais par le tribunal civil du département, et appuyé des pièces justificatives.

TITRE X. — *De la fixation des droits.*

67. Les droits à percevoir pour l'enregistrement des actes et mutations sont et demeurent fixés aux taux et quotités tarifés par les articles 68, 69 et suivants.

Droits fixes.

68. Les actes compris sous cet article seront enregistrés et les droits payés ainsi qu'il suit, savoir :

§ 1. — Actes sujets à un droit fixe d'un franc (1).

1° Les abstentions, répudiations et renonciations à successions, legs ou communautés, lorsqu'elles seront pures et simples, si elles ne sont pas faites en justice. — Il est dû un droit pour chaque renonçant et pour chaque succession à laquelle on renonce ; — 2° Les acceptations de successions, legs ou communautés, aussi lorsqu'elles seront pures et simples. — Il est dû un droit par chaque acceptant et pour chaque succession ; — 3° Les acceptations de transports ou délégations de créances à terme, faites par actes séparés, lorsque le droit proportionnel a été acquitté pour le transport ou la délégation ; — Et celles qui se font dans les actes mêmes de délégation de créances, aussi à terme ; — 4° Les acquiescements purs et simples, quand ils ne sont pas faits en justice (*V. art.* 43, *n°* 1, *L.* 28 *avril* 1816) ; — 5° Les actes de notoriété (*V. L.* 28 *avril* 1816, *art.* 43, 2° ; *L.* 10 *déc.* 1850, *art.* 4) ; — 6° Les actes qui ne contiennent que l'exécution, le complément et la consommation d'actes antérieurs enregistrés ; — 7° Les actes refaits pour cause de nullité ou autres motifs, sans aucun changement qui ajoute aux objets des conventions ou à leur valeur (*V. L.* 28 *avril* 1816, *art.* 43, 3°) ; — 8° Les adjudications à la folle enchère, lorsque le prix n'est pas supérieur à celui de la précédente adjudication, si elle a été enregistrée (*V. L.* 28 *avril* 1816, *art.* 44, 1°) : — 9° Les adoptions (*V. L.* 28 *avril* 1816, *art.* 48, *n°* 2, 49, *n°* 1) ; — 10° Les attestations pures et simples ; — 11° Les avis de parents, autres que ceux contenant nomination de tuteurs et curateurs (*V. L.* 28 *avril* 1816. *art.* 43, 4°) ; — 12° Les autorisations pures et simples ; — 13° Les bilans ; — 14° Les brevets d'apprentissage qui ne contiennent ni obligation de sommes et valeurs mobilières, ni quittance (*V. L.* 22 *février* 1851, *art.* 2) ; — 15° Les cautionnements de personnes à représenter en justice (*V. L.* 28 *avril* 1816, *art.* 50) ; — 16° Les certificats de cautions et de cautionnements (*V. L.* 28 *avril* 1816, *art.* 43, 6°) ; — 17° Les certificats purs et simples, ceux de vie par chaque individu, et ceux de résidence ; — 18° Les collations d'actes et pièces ou des extraits d'iceux, par quelque officier public qu'elles soient faites. — Le droit sera payé par chaque acte, pièce ou extrait collationné ; — 19° Les compromis qui ne contiennent aucune obligation de sommes et valeurs donnant lieu au droit proportionnel (*V. L.* 28 *avril* 1816 *art.* 44, 2°) ; —

(1) V. art. 8, L. 18 mai 1850, et art. 24, L. 22 févr. 1872.

20° Les connaissements ou reconnaissances de chargement par mer, et les lettres de voiture (*V. L.* 28 *avril* 1816, *art.* 44, 6°). — Il est dû un droit par chaque personne à qui les envois sont faits ; — 21° Les consentements purs et simples (*V. L.* 28 *avril* 1816, *art.* 43, 7°) ; — 22° Les décharges également pures et simples, et les récépissés de pièces (*V. Av. C. d'Et.* 21 *oct.* 1809 ; *L.* 28 *avril* 1816, *art.* 43, 8°) ; — 23° Les déclarations, aussi pures et simples, en matière civile (*L.* 28 *avril* 1816, *art.* 43, 9°) ; — 24° Les déclarations ou élections de command ou d'ami, lorsque la faculté d'élire un command a été réservée dans l'acte d'adjudication ou le contrat de vente, et que la déclaration est faite par acte public et notifiée dans les vingt-quatre heures de l'adjudication ou du contrat (*V. L.* 28 *avril* 1816, *art.* 44, 3°) : — 25° Les délivrances de legs pures et simples (*V. L.* 28 *fév.* 1872, *art.* 1er, 6°) ; — 26° Les dépôts d'actes et pièces chez des officiers publics (*V. L.* 28 *avril* 1816, *art.* 43, 10°) ; — 27° Les dépôts et consignations de sommes et effets mobiliers chez des officiers publics, lorsqu'ils n'opèrent pas la libération des déposants ; et les décharges qu'en donnent les déposants ou leurs héritiers, lorsque la remise des objets déposés leur est faite (*V. L.* 28 *avril* 1816, *art.* 43, 11°) ; — 28° Les désistements purs et simples (*V. L.* 28 *avril* 1816, *art.* 43, 12°) ; — 29° Les devis d'ouvrages et entreprises qui ne contiennent aucune obligation de somme et valeur, ni quittance ; — 30° Les exploits, les significations (*V. L.* 28 *avril* 1816, *art.* 41, 42) celles des cédules des juges de paix, les commandements, demandes, notifications, citations, offres ne faisant pas titre au créancier et non acceptées, oppositions, sommations, procès-verbaux, assignations, protêts (*V. L.* 24 *mai* 1834, *art.* 23, *et Décr.* 23 *mars* 1848), interventions à protêts, protestations, publications et affiches, saisies, saisies-arrêts, séquestres, mainlevées, et généralement tous actes extrajudiciaires des huissiers ou de leur ministère, qui ne peuvent donner lieu au droit proportionnel, sauf les exceptions mentionnées dans la présente (*V. L.* 28 *avril* 1816, *art.* 43, *n°* 13, 44, *nos* 7, 11, 45, *n°* 1) ; — Et aussi les exploits, significations, et tous autres actes extrajudiciaires faits pour le recouvrement des contributions directes et indirectes, et de toutes autres sommes dues à la nation, même des contributions locales, mais seulement lorsque la somme principale excède 25 francs. (*V. L.* 27 *vent. an IX*, *art.* 13 *et* 15 ; *L.* 16 *juin* 1824, *art.* 6.) — Il sera dû un droit pour chaque demandeur ou défendeur, en quelque nombre qu'ils soient dans le même acte, excepté les copropriétaires et cohéritiers, les parents réunis, les co-intéressés, les débiteurs ou créanciers associés ou solidaires, les séquestres, les experts et les témoins, qui ne seront comptés que pour une seule et même personne, soit en demandant, soit en défendant, dans le même original d'acte, lorsque leurs qualités y seront exprimées ; — 31° Les lettres missives qui ne contiennent ni obligation, ni quittance, ni aucune autre convention donnant lieu au droit proportionnel (*V. L.* 28 *avril* 1816, *art.* 43, *n°* 14) ; — 32° Les nominations d'experts ou arbitres (*V. L.* 28 *avril* 1816, *art.* 43, *n°* 15, *et* 44, *n°* 2) ; — 33° Les prises de possession en vertu d'actes enregistrés ; — 34° Les prisées de meubles ; — 35° Les procès-verbaux et rapports d'employés, gardes, commissaires, séquestres, experts, arpenteurs, et agents forestiers ou ruraux (*V. L.* 28 *avril* 1816, *art.* 43, *n°* 16) ; — 36° Les procurations et pouvoirs pour agir ne contenant aucune stipulation ni clause donnant lieu au droit proportionnel (*V. L.* 28 *avril* 1816, *art.* 43, *n°* 17) ; — 37° Les promesses d'indemnités indéterminées et non susceptibles d'estimation (*id.*, *art.* 43, *n°* 18) ; — 38° Les ratifications pures et simples d'actes en forme ; — 39° Les reconnnaissaces, aussi pures et simples, ne contenant aucune obligation ni quittance (*id.*, *n°* 19) ; — 40° Les résiliements purs et simples, faits par actes authentiques dans les vingt-quatre heures des actes résiliés (*id.*, *n°* 20) ; — 41° Les rétractations et révocations (*id.*, *n°* 21) ; — 42° Les réunions de l'usufruit à la propriété, lorsque la réunion s'opère par acte de cession, et qu'elle n'est pas faite pour un prix supérieur à celui sur lequel le droit a été perçu lors de l'aliénation de la propriété (*id.*, *art.* 44, *n°* 4) ; — 43° Les soumissions et enchères, hors celles faites en justice, sur des objets mis ou à mettre en adjudication ou en vente, ou sur des marchés à passer, lorsqu'elles seront faites par actes séparés de l'adjudication (*L.* 18 *mai* 1850, *art.* 8) ; — 44° Les titres nouvels ou reconnaissances de rentes dont les contrats sont justifiés en forme (*L.* 28 *avril* 1816, *art.* 44 *n°* 5 ; *L.* 28 *févr.*

1872, *art.* 1er) ; — 45° Les transactions, en quelque matière que ce soit, qui ne contiennent aucune stipulation de somme et valeur, ni dispositions soumises par la présente à un plus fort droit d'enregistrement (*L.* 28 *avril* 1816, *art.* 44, *n°* 8) (1) ; — 46° Les actes (les cédules exceptées) et jugements préparatoires, interlocutoires ou d'instruction des juges de paix ; certificats d'individualité, procès-verbaux d'avis de parents, visa de pièces et poursuites préalables à l'exercice de la contrainte par corps ; les oppositions à la levée des scellés, par comparance personnelle dans le procès-verbal ; les ordonnances et mandements d'assigner les opposants à scellés ; tous autres actes des juges de paix non classés dans les paragraphes et articles suivants, et leurs jugements définitifs portant condamnation de sommes dont le droit proportionnel ne s'élèverait pas à 1 franc (*L.* 28 *avril* 1816, *art.* 44, *n°* 9) ; — 47° Tous les procès-verbaux des bureaux de paix desquels il ne résulte aucune disposition donnant lieu au droit proportionnel, ou dont le droit proportionnel ne s'élèverait pas à 1 franc ; — 48° Les actes et jugements de la police ordinaire et des tribunaux de police correctionnelle et criminels, soit entre parties, soit sur la poursuite du ministère public, avec partie civile, lorsqu'il n'y a pas condamnation de sommes et valeurs, ou dont le droit proportionnel ne s'élèverait pas à 1 franc ; et les dépôts et décharges aux greffes desdits tribunaux, dans les mêmes cas où il y a partie civile ; — 49° Les jugements qui seront rendus en matière de contributions soit directes, soit indirectes, ou pour autres sommes dues à la nation, ou pour contributions locales, quel que soit le montant des condamnations, et de quelque autorité ou tribunal qu'émanent les jugements (*V. L.* 28 *avril* 1816, *art.* 39) ; — 50° Les procès-verbaux de délits et contraventions aux règlements généraux de police ou d'impositions ; — 51° Et généralement tous actes civils, judiciaires ou extrajudiciaires, qui ne se trouvent dénommés dans aucun des paragraphes suivants, ni dans aucun autre article de la présente, et qui ne peuvent donner lieu au droit proportionnel. (*V. L.* 18 *mai* 1850, *art.* 8 ; *L.* 28 *févr.* 1872, *art.* 1er.)

(1) (*a*) Si les transactions ont, en général, un caractère simplement déclaratif entre les parties contractantes, il n'en est pas nécessairement de même vis-à-vis de l'administration de l'Enregistrement en ce qui touche la perception des droits : à son égard, il y a lieu d'examiner si la transaction ne contient pas des dispositions soumises au droit proportionnel. — Cass. *Ch. réun.* 12 déc. 1865.

(*b*) La transaction intervenue entre un légataire universel et l'héritier légitime, par laquelle le premier abandonne au second une partie de la succession, moyennant quoi, celui-ci renonce à une action en nullité du testament, qu'il avait intentée, constitue un contrat commutatif translatif de propriété, passible comme tel du droit de mutation. — *Même arrêt.*

(*c*) Il en est de même, à plus forte raison, de l'acte par lequel le légataire universel, après envoi en possession, reconnaissant la nullité de son legs, abandonne l'entière succession à l'héritier qui attaquait le testament. — Cass. *Ch. civ.* 30 janv. 1866.

(*d*) Mais le droit dû à raison de tels abandons est le droit de mutation à titre onéreux, et non celui de mutation à titre gratuit : ces abandons n'ont pas le caractère de libéralités. — Cass. *Ch. réun.* 12 déc. 1865 ; Cass. *Ch. civ.* 30 janv. 1866.

§ 2. — Actes sujets à un droit fixe de 2 francs (2).

1° Les inventaires de meubles, objets mobiliers, titres et papiers. — Il est dû un droit pour chaque vacation (*V. L.* 24 *mai* 1834, *art.* 11) ; — 2° Les clôtures d'inventaires ; — 3° Les procès-verbaux d'apposition, de reconnaissance et de levée de scellés. — Il est dû un droit pour chaque vacation ; — 4° Les procès-verbaux de nomination de tuteurs et curateurs (*V. L.* 28 *avril* 1816, *art.* 48, 1°) ; — 5° Les jugements de juges de paix portant renvoi ou décharge de demande, débouté d'opposition, validité de congé, expulsion, condamnation à réparation d'injures personnelles, et généralement tous ceux qui, contenant des dispositions définitives, ne donnent pas ouverture au droit proportionnel (*L.* 28 *avril* 1816, *art.* 44 *n°* 9, *et* 46, *n°* 3) ; — 6° Les ordonnances des juges des tribunaux civils rendues sur requêtes ou mémoires ; celles de référé, de compulsoire et d'injonction ; celles portant permission de saisir-gager, revendiquer ou vendre, et celles des commissaires du Directoire exécutif dans tous les cas où la loi les autorise à en rendre (*id.*, *n°* 10, *et* 45, *n°* 6) ; — les actes

(2) V. L. 28 avril 1816, art. 43, n° 22.

et jugements préparatoires ou d'instruction de ces tribunaux et des arbitres ; — et les actes faits ou passés aux greffes des mêmes tribunaux, portant acquiescement, dépôt, décharge, désaveu, exclusion de tribunaux, affirmation de voyage, opposition à remises de pièces, enchères, surenchères, renonciation à communauté, succession ou legs (il est dû un droit par chaque renonçant), reprise d'instance, communication de pièces sans déplacement, affirmation et vérification de créance, opposition à délivrance de jugement (*V. L.* 24 *mai* 1834, *art.* 13) ; — 7° Les ordonnances sur requêtes ou mémoires, celles de réassigné, et tous actes et jugements préparatoires ou d'instruction des tribunaux de commerce ; — et les actes passés aux greffes des mêmes tribunaux, portant dépôt de bilan et registres, opposition à publication de séparation, dépôt de sommes et pièces, et tous autres actes conservatoires ou de formalité (*V. L.* 28 *avril* 1816, *art.* 44, *n°* 10, *et* 45, *n°* 6) ; — 8° Les expéditions des ordonnances et procès-verbaux des officiers publics de l'état civil, contenant indication du jour ou prorogation de délai pour la tenue des assemblées préliminaires au mariage ou à divorce.

§ 3. — Actes sujets à un droit fixe de 3 francs.

1° Les contrats de mariage qui ne contiennent d'autres dispositions que des déclarations, de la part des futurs, de ce qu'ils apportent eux-mêmes en mariage et se constituent, sans aucune stipulation avantageuse entre eux. (*V. L.* 28 *févr.* 1872, *art.* 1er.) — La reconnaissance y énoncée, de la part du futur, d'avoir reçu la dot apportée par la future, ne donne pas lieu à un droit particulier. — Si les futurs sont dotés par leurs ascendants, ou s'il leur est fait des donations par des collatéraux ou autres personnes non parentes, par leur contrat de mariage, les droits, dans ces cas, sont perçus suivant la nature des biens, ainsi qu'ils sont réglés dans les paragraphes 4, 6 et 8 de l'article suivant (*V. L.* 28 *avril* 1816, *art.* 45, 2°) ; — 2° Les partages de biens meubles et immeubles entre copropriétaires, à quelque titre que ce soit, pourvu qu'il en soit justifié (*id., art.* 45, 3°). — S'il y a retour, le droit sur ce qui en sera l'objet, sera perçu aux taux réglés pour les ventes (*V. L.* 16 *juin* 1824, *art.* 3 ; *L.* 18 *mai* 1850, *art.* 5 ; *L.* 28 *févr.* 1872, *art.* 1er) ; — 3° Les prestations de serment des greffiers et huissiers des juges de paix, des gardes des douanes gardes forestiers et gardes champêtres pour entrer en fonctions ; — 4° Les actes de société qui ne portent ni obligation, ni libération, ni transmission de biens meubles ou immeubles entre les associés ou autres personnes, — et les actes de dissolution de société qui sont dans le même cas (*V. L.* 28 *avril* 1816, *art.* 45, *n°* 2 ; *L.* 28 *févr.* 1872, *art.* 1er) ; — 5° Les testaments et tous autres actes de libéralité qui ne contiennent que des dispositions soumises à l'événement du décès, et les dispositions de même nature qui sont faites par contrat de mariage entre les futurs ou par d'autres personnes. — Le droit pour ces dispositions par acte de mariage sera perçu indépendamment de celui du contrat (*L.* 28 *avril* 1816, *art.* 45, *n°* 4) ; — 6° Les unions et directions de créanciers. — Si elles portent obligation de sommes déterminées par les co-intéressés envers un ou plusieurs d'entre eux, ou autres personnes chargées d'agir pour l'union, il sera perçu un droit particulier, comme pour obligation (*V. L.* 22 *frim. an VII, art.* 68, § 4, *n°* 1 ; *art.* 69, § 2 *n°* 4 ; *L.* 24 *mai* 1834, *art.* 14) ; — 7° Les expéditions (*V. L.* 28 *avril* 1816, *art.* 38) des jugements des tribunaux civils, rendus en première instance ou sur appel, portant acquiescement, acte d'affirmation (*V. L.* 24 *mai* 1834, *art.* 13), d'appel, de conversion d'opposition en saisie, débouté d'opposition, décharge et renvoi de demande, déchéance d'appel, péremption d'instance, déclinatoire, entérinement de procès-verbaux et rapports, homologation d'actes d'union et attermoiements ; injonction de procéder à inventaire, licitation, partage ou vente, main-levée d'opposition ou de saisie, nullité de procédure, maintenue en possession, résolution de contrat ou de clause de contrat pour cause de nullité radicale (*V. L.* 27 *vent. an IX, art.* 12) (1), reconnaissance d'écriture, nomination de commissaires, directeurs et séquestres, publication judi-

(1) La résolution d'une vente prononcée par jugement entre les parties contractantes, pour cause de simulation et d'après leur aveu, constitue une véritable rétrocession passible du droit proportionnel. — Ce n'est pas là une résiliation pour nullité radicale, passible seulement du droit fixe (art. 69, § 7, n° 1, L. 22 frim. an VII). — Cass. *Sect. réun.* 29 déc. 1821. — V. aussi Cass. 2 juill. 1823 ; 23 nov. 1836.

ciaire de donation, bénéfice d'inventaire, rescision, soumission et exécution de jugement, — et généralement tous jugements de ces tribunaux, ceux de commerce et d'arbitrage, contenant des dispositions définitives qui ne peuvent donner lieu au droit proportionnel, ou dont le droit proportionnel ne s'élèverait pas à 3 francs, et qui ne sont pas classés dans les autres paragraphes du présent article. (*V. L.* 28 *avril* 1816, *art.* 45, 5°, 6°, 8° ; 46, 1°, 2° ; 47, 2°, 3° ; 48, 2° ; 49, 1°, 2°.)

§ 4. — Actes sujets à un droit fixe de 5 francs.

1° Les abandonnements de biens, soit volontaires, soit forcés, pour être vendus en direction ; — 2° Les actes d'émancipation. — Le droit est dû par chaque émancipé ; — 3° Les déclarations et significations d'appel des jugements des juges de paix aux tribunaux civils. (*V. L.* 27 *vent. an IX, art.* 13.)

§ 5. — Actes sujets à un droit fixe de 10 francs.

Les déclarations et significations d'appel des jugements des tribunaux civils, de commerce et d'arbitrage. (*V. L.* 27 *vent. an IX, art.* 13.)

§ 6. — Actes sujets à un droit fixe de 15 francs.

1° Les actes de divorce ; — 2° Les jugements des tribunaux civils portant interdiction, et ceux de séparations de biens entre mari et femme, lorsqu'ils ne portent point condamnation de sommes et valeurs, ou lorsque le droit proportionnel ne s'élèvera pas à 15 francs ; — 3° Le premier acte de recours au tribunal de cassation, soit par requête, mémoire ou déclaration, en matière civile, de police ou correctionnelle (*V. L.* 28 *avril* 1816, *art.* 47, *n°* 1) ; — 4° Les prestations de serment des notaires, des greffiers et huissiers des tribunaux civils, criminels, correctionnels et de commerce, et de tous employés salariés par la République autres que ceux compris sous le paragraphe 3 ci-dessus, nombre 3, pour entrer en fonctions. (*L.* 27 *vent. an IX, art.* 14 : *Décr.* 31 *mai* 1807, *art.* 1er ; *L.* 21 *avril* 1832, *art.* 34 ; *L.* 25 *juin* 1841, *art.* 6).

§ 7. — Actes sujets à un droit fixe de 25 francs.

Chaque expédition de jugement du tribunal de cassation délivrée à partie. (*V. L.* 28 *avril* 1816, *art.* 46, 47.)

Droits proportionnels.

69. Les actes et mutations compris sous cet article seront enregistrés, et les droits payés suivant les quotités ci-après, savoir :

§ 1er. — 25 centimes par 100 francs.

1° Les baux de pâturages et nourritures d'animaux. — Le droit sera perçu sur le prix cumulé des années du bail, savoir : à raison de 25 centimes par 100 francs sur les deux premières années, et du demi-droit sur les années suivantes (*V. L.* 16 *juin* 1824, *art.* 1er) ; — 2° Les baux à cheptel, et reconnaissances de bestiaux. — Le droit sera perçu sur le prix exprimé dans l'acte, ou, à défaut, d'après l'évaluation qui sera faite du bétail (*ibid.*) ; — 3° Les mutations qui s'effectueront par décès en propriété ou usufruit de biens meubles, en ligne directe. (*V. L.* 16 *juin* 1824, *art.* 3 ; *L.* 18 *mai* 1850, *art.* 5.)

§ 2. — 50 centimes par 100 francs.

1° Les abandonnements pour fait d'assurance ou grosse aventure. (*L.* 28 *avril* 1816, *art.* 51, *n°* 1.) — Le droit est perçu sur la valeur des objets abandonnés. — En temps de guerre, il n'est dû qu'un demi-droit ; — 2° Les actes et contrats d'assurance. — Le droit est dû sur la valeur de la prime. — En temps de guerre, il n'y a lieu qu'au demi-droit (*ibid.*, *n°* 2 ; *L.* 16 *juin* 1824, *art.* 5) ; — 3° Les adjudications au rabais et marchés pour constructions, réparations, entretien, approvisionnements et fournitures dont le prix doit être payé par le Trésor national, ou par les administrations centrales et municipales, ou par des établissements publics. — Le droit est dû sur la totalité du prix. (*V. L.* 28 *avril* 1816, *art.* 51, *n°* 3 ; *L.* 21 *mai* 1836, *art.* 20 ; *L.* 18 *mai* 1850, *art.* 8 ; *L.* 28 *févr.* 1872, *art.* 1.) — Et celles au rabais de la levée des contributions directes. — Le droit est assis sur la somme à laquelle s'élève la remise du percepteur, d'après le montant du rôle ; — 4° Les attermoiements entre débiteurs et créanciers. — Le droit est perçu sur les sommes que le débiteur s'oblige de payer (*V. L.* 24 *mai* 1834, *art.* 14) ;

— 5° Les baux ou conventions pour nourriture de personnes, lorsque les années sont limitées. — Le droit est dû sur le prix cumulé des années du bail ou de la convention; mais si la durée est illimitée, l'acte sera assujetti au droit réglé par le paragraphe 5, nombre 2 ci-après. — S'il s'agit de baux de nourriture de mineurs, il ne sera perçu qu'un demi-droit ou 25 centimes par 100 francs, sur le montant des années réunies (*V. L.* 16 *juin* 1824, *art.* 1); — 6° Les billets à ordre, les cessions d'actions et coupons d'actions mobilières des compagnies et sociétés d'actionnaires, et tous autres effets négociables de particuliers ou de compagnies, à l'exception des lettres de change tirées de place en place (*V. L.* 28 *avril* 1816, *art.* 50; *L.* 5 *juin* 1850, *art.* 15 *et* 25; *L.* 28 *févr.* 1872, *art.* 10) (1). — Les effets négociables de cette nature pourront n'être présentés à l'enregistrement qu'avec les protêts qui en auront été faits; — 7° Les brevets d'apprentissage, lorsqu'ils contiendront stipulation de sommes ou valeurs mobilières, payées ou non (*V. L.* 22 *févr.* 1851, *art.* 2); — 8° Les cautionnements de sommes et objets mobiliers, les garanties mobilières et les indemnités de même nature. (*V. L.* 27 *vent. an IX, art.* 9.) — Le droit sera perçu indépendamment de celui de la disposition que le cautionnement, la garantie ou l'indemnité aura pour objet, mais sans pouvoir l'excéder. — Il ne sera perçu qu'un demi-droit pour les cautionnements des comptables envers la République; — 9° Les expéditions (*V. L.* 28 *avril* 1816, *art.* 38 *et* 57) des jugements, contradictoires ou par défaut, des juges de paix, des tribunaux civils, de commerce et d'arbitrage, de la police ordinaire, de la police correctionnelle et des tribunaux criminels, portant condamnation, collocation ou liquidation de sommes et valeurs mobilières, intérêts et dépens entre particuliers, excepté les dommages-intérêts, dont le droit proportionnel est fixé à deux pour cent, sous le paragraphe 5, nombre 8, ci-après. — Dans aucun cas, et pour aucun de ces jugements, le droit proportionnel ne pourra être au-dessous du droit fixe, tel qu'il est réglé dans l'article précédent pour les jugements des divers tribunaux. — Lorsque le droit proportionnel aura été acquitté sur un jugement rendu par défaut, la perception sur le jugement contradictoire qui pourra intervenir, n'aura lieu que sur le supplément des condamnations: il en sera de même des jugements rendus sur appel et des exécutoires. — S'il n'y a pas de supplément de condamnation, l'expédition sera enregistrée pour le droit fixe, qui sera toujours le moindre droit à percevoir. — Lorsqu'une condamnation sera rendue sur une demande non établie par un titre enregistré et susceptible de l'être, le droit auquel l'objet de la demande aurait donné lieu s'il avait été convenu par acte public, sera perçu indépendamment du droit dû pour l'acte ou le jugement qui aura prononcé la condamnation; — 10° Les obligations à la grosse aventure, ou pour retour de voyage; — 11° Les quittances, remboursements ou rachats de rentes et redevances de toute nature; les retraits exercés en vertu de réméré, par actes publics, dans les délais stipulés, ou faits sous signature privée, et présentés à l'enregistrement avant l'expiration de ces délais, et tous autres actes et écrits portant libération de sommes et valeurs mobilières. (*V. L.* 24 *mai* 1834; *L.* 7 *août* 1850, *art.* 9; *L.* 5 *mai* 1855, *art.* 15, *qui a abrogé l'art.* 9, *L.* 7 *août* 1850 *et rétabli le tarif de la loi de frim. an VII.*)

§ 3. — 1 franc par 200 francs.

1° Les adjudications au rabais et marchés, autres que ceux compris dans le paragraphe précédent pour constructions, réparations et entre-

(1) (*a*) La disposition du n° 6, § 2, de l'article 69, qui réduit à 50 centimes par 100 francs le droit à percevoir sur les cessions d'actions dans les compagnies et sociétés d'actionnaires, s'applique à toutes les divisions d'un capital social, quelle qu'en soit la dénomination, pourvu que leur transmission puisse avoir lieu en faisant abstraction des meubles et des immeubles appartenant aux sociétés et sans que les parts d'intérêt cédées aient besoin, pour jouir du bénéfice de la réduction des droits, d'être représentées par des titres distincts, nominatifs ou au porteur: les cessions faites par des actes particuliers ne sont donc pas passibles du droit de 2 francs par 100 francs établi par le n° 155 de l'article 69, sur les cessions mobilières. — Cass. *Ch. réun.* 29 déc. 1868.

(*b*) Et cette règle s'étend à toutes les sociétés, sous quelque forme qu'elles soient constituées, spécialement à une société en nom collectif dont le fonds social est également réparti entre les associés. — *Même arrêt.*

tien, et tous autres objets mobiliers susceptibles d'estimation, faits entre particuliers, qui ne contiendront ni vente, ni promesse de livrer des marchandises, denrées ou autres objets mobiliers (*V. L.* 28 *avril* 1816, *art.* 51, *n*o 3; *L.* 11 *juin* 1859, *art.* 22); — 2o Les baux à ferme ou à loyer, d'une seule année; — Ceux faits pour deux années. — Le droit sera perçu sur le prix cumulé des deux années. — Ceux d'un plus long temps, pourvu que leur durée soit limitée. — Le droit sera également perçu sur le prix cumulé, savoir : pour les deux premières années, à raison de 1 franc par 100 francs; et pour les autres années, sur le pied de 25 centimes par 100 francs. — Et les sous-baux, subrogations, cessions et rétrocessions de baux. — Le droit sera liquidé et perçu sur les années à courir, comme il est établi pour les baux; savoir, à raison de 1 p. 100 sur les deux premières années restant à courir et de 25 centimes par 100 francs, pour les autres années. — Seront considérés, pour la liquidation et le paiement du droit, comme baux de neuf années, ceux faits pour trois, six ou neuf ans. — Les baux de biens nationaux sont assujettis aux mêmes droits (*V. L.* 27 *vent. an IX, art.* 8, 9; *L.* 16 *juin* 1824, *art.* 1); — 3o Les contrats, transactions, promesses de payer, arrêtés de comptes, billets, mandats; les transports, cessions et délégations de créances à terme; les délégations de prix stipulées dans un contrat (*V. L.* 7 *août* 1850, *art.* 9, *et L.* 5 *mai* 1855, *art.* 15, *qui a rétabli l'ancien tarif de* 50 *centimes par* 100 *francs*), pour acquitter des créances à terme envers un tiers, sans énonciation de titre enregistré, sauf, pour ce cas, la restitution dans le délai prescrit, s'il est justifié d'un titre précédemment enregistré; les reconnaissances, celles de dépôts de sommes chez des particuliers, et tous autres actes ou écrits qui contiendront obligations de sommes, sans libéralité et sans que l'obligation soit le prix d'une transmission de meubles ou immeubles non enregistrée; — 4o Les mutations de biens immeubles, en propriété ou usufruit, qui auront lieu par décès en ligne directe (*V.* 16 *juin* 1824, *art.* 3.)

§ 4. — 1 franc 25 centimes par 100 francs.

1o Les donations entre-vifs, en propriété ou usufruit, de biens meubles en ligne directe. — Il ne sera perçu que moitié droit si elles sont faites par contrat de mariage aux futurs (*V. L.* 29 *vent. an IX, art.* 10; *L.* 16 *juin* 1824, *art.* 3; *L.* 18 *mai* 1850, *art.* 5, 6 *et* 10); — 2o Les mutations en propriété ou usufruit de biens meubles qui s'effectuent par décès, entre collatéraux et autres personnes non parentes, soit par succession, soit par testament ou autre acte de libéralité à cause de mort. — Il ne sera dû que moitié droit pour celles qui auront lieu entre époux. (*V. L.* 28 *avril* 1816, *art.* 53; *L.* 21 *avril* 1832, *art.* 33; *L.* 18 *mai* 1850, *art.* 10.)

§ 5. — 2 francs par 100 francs.

1o Les adjudications, ventes, reventes, cessions, rétrocessions, marchés, traités, et tous autres actes, soit civils, soit judiciaires, translatifs de propriété, à titre onéreux, de meubles, récoltes de l'année sur pied, coupes de bois-taillis et de hautes futaies, et autres objets mobiliers généralement quelconques, même les ventes de biens de cette nature faites par la nation. — Les adjudications à la folle enchère de biens meubles sont assujetties au même droit, mais seulement sur ce qui excède le prix de la précédente adjudication, si le droit en a été acquitté (*V. L.* 22 *pluv. an VII, art.* 6; *L.* 15 *mai* 1818, *art.* 74; *L.* 24 *mai* 1834, *art.* 12; *L.* 25 *juin* 1841, *art.* 7; *L.* 11 *juin* 1859, *art.* 22); — 2o Les constitutions de rentes, soit perpétuelles, soit viagères, et de pensions, à titre onéreux; les cessions, transports et délégations qui en sont faits au même titre, et les baux de biens meubles faits pour un temps illimité; — 3o Les échanges de biens immeubles. — Le droit sera perçu sur la valeur d'une des parts, lorsqu'il n'y aura aucun retour. S'il y a retour, le droit sera payé à raison de 2 fr. par 100 fr., sur la moindre portion, et comme pour vente sur le retour ou la plus-value (*V. L.* 16 *juin* 1824, *art.* 2; *L.* 24 *mai* 1834); — 4o Les élections ou déclarations de command ou d'ami, sur adjudication ou contrat de vente de biens meubles, lorsque l'élection est faite après les vingt-quatre heures, ou sans que la faculté d'élire un command ait été réservée dans l'acte d'adjudication ou le contrat de vente; — 5o Les engagements de biens immeubles; — 6o Les parts et portions acquises par licitation de biens meubles indivis (*V. L.* 22 *pluv. an VII, art.* 6); — 7o Les retours de partage de biens meubles (*V. L.* 18 *mai* 1850, *art.* 5) ; — 8° Les dommages-intérêts prononcés par les tribunaux criminels, correctionnels et de police. (*V. L.* 27 *vent. an IX, art.* 11.)

§ 6. — 2 fr. 50 centimes par 100 francs.

1° Les donations entre-vifs, en propriété ou usufruit, de biens meubles, par des collatéraux et autres personnes non parentes. — Il ne sera perçu que moitié droit, si elles sont faites par contrat de mariage aux futurs (*V. L.* 21 *avril* 1832, *art.* 33 ; *L.* 25 *juin* 1841, *art.* 8 *et* 10 ; *L.* 18 *mai* 1850, *art.* 6 *et* 10) : — 2° Les donations entre-vifs, en propriété ou usufruit, de biens immeubles en ligne directe. — Il ne sera perçu que moitié droit, si elles sont faites par contrat de mariage aux futurs (*V. L.* 27 *vent. an IX, art.* 10 ; *Av. C. d'Et.* 22 *déc.* 1809 ; *L.* 16 *juin* 1824, *art.* 3 ; *L.* 18 *mai* 1850, *art.* 5, 6, 10). — 3° Les transmissions de propriété ou d'usufruit de biens immeubles, qui s'effectuent par décès, entre époux. (*V. L.* 28 *avril* 1816, *art.* 53 ; *L.* 18 *mai* 1850, *art.* 10.)

§ 7. — 4 francs par 100 francs.

1° Les adjudications, ventes, reventes, cessions, rétrocessions, et tous autres actes civils et judiciaires translatifs de propriété ou d'usufruit de biens immeubles, à titre onéreux. (*V. L.* 28 *avril* 1816, *art.* 52 *et* 54 ; *L.* 27 *vent. an IX, art.* 4 ; *L.* 18 *avril* 1831, *art.* 17 ; *L.* 21 *mai* 1836, *art.* 20 ; *L.* 3 *mai* 1841, *art.* 58.) — Les adjudications à la folle enchère de biens de même nature sont assujetties au même droit, mais seulement sur ce qui excède le prix de la précédente adjudication, si le droit en a été acquitté. — La quotité du droit d'enregistrement des adjudications de domaines nationaux sera réglée par des lois particulières ; — 2° Les baux à rentes perpétuelles de biens immeubles, ceux à vie, et ceux dont la durée est illimitée (*V. L.* 27 *vent. an IX, art.* 8 ; *L.* 28 *avril* 1816, *art.* 54 ; *L.* 16 *juin* 1824, *art.* 1er) ; — 3° Les déclarations ou élections de command ou d'ami, par suite d'adjudication ou contrats de vente de biens immeubles, autres que celles des domaines nationaux, si la déclaration est faite après les vingt-quatre heures de l'adjudication ou du contrat, ou lorsque la faculté d'élire un command n'y a pas été réservée (*V. L.* 28 *avril* 1816, *art.* 44, n° 3, 52 *et* 54) ; — 4° Les parts et portions indivises de biens immeubles acquises par licitation (*V. L.* 28 *avril* 1816, *art.* 52 *et* 54) ; — 5° Les retours d'échanges et de partages de biens immeubles (*V. ibid.* ; *L.* 16 *juin* 1824, *art.* 2 ; *L.* 24 *mai* 1834, *art.* 16) ; — 6° Les retraits exercés après l'expiration des délais convenus par les contrats de vente sous faculté de réméré. (*V. L.* 28 *avril* 1816, *art.* 52 *et* 54.)

§ 8. — 5 francs par 100 francs.

1° Les donations entre-vifs de biens immeubles, en propriété ou usufruit, par des collatéraux et autres personnes non parentes. — Il ne sera perçu que moitié droit, si elles sont faites par contrat de mariage aux futurs (*V. ibid., art.* 53, 54 ; *L.* 21 *avril* 1832, *art.* 33 ; *L.* 18 *mai* 1850, *art.* 6) ; — 2° Les mutations de biens immeubles en propriété ou usufruit, qui s'effectuent par décès, entre collatéraux et personnes non parentes, soit par succession, soit par testament ou autre acte de libéralité à cause de mort. (*V. ibid.*)

TITRE XI. — *Des actes qui doivent être enregistrés en débet ou gratis, et de ceux qui sont exempts de cette formalité.*

70. Seront soumis à la formalité de l'enregistrement et enregistrés en débet ou gratis, ou exempts de cette formalité, les actes ci-après ; savoir :

§ 1er. — A enregistrer en débet.

1° Les actes et procès-verbaux des juges de paix pour faits de police (*V. Ord.* 22 *mai* 1816) ; — 2° Ceux faits à la requête des commissaires du Directoire exécutif près les tribunaux ; — 3° Ceux des commissaires de police (*V. L.* 25 *mars* 1817, *art.* 74 ; *C. for., art.* 104, 170 ; *L.* 15 *avril* 1829, *art.* 47 ; *L.* 30 *juin* 1838, *art.* 29 ; *L.* 7 *août* 1850, *art.* 1er ; *L.* 22 *janv.* 1851, *art.* 14 ; *L.* 30 *mai* 1851, *art.* 19 ; *Décr.* 27 *déc.* 1851, *art.* 11 ; *Décr.* 1er *mars* 1854, *art.* 491, 492) ; — 4° Ceux des gardes établis par l'autorité publique pour délits ruraux et forestiers (1) ; — 5° Les actes et juge-

(1) Les procès-verbaux des maires,

ments qui interviennent sur des actes et procès-verbaux. — Il y aura lieu de suivre la rentrée des droits d'enregistrement de ces actes, procès-verbaux et jugements contre les parties condamnées, d'après les extraits des jugements qui seront fournis aux préposés de la régie par les greffiers.

§ 2. — A enregistrer gratis.

1° Les acquisitions et échanges faits par la République; les partages de biens entre elle et des particuliers, et tous autres actes faits à ce sujet (*V. L.* 3 *mai* 1841, *art.* 58); — 2° Les exploits, commandements, significations, sommations, établissements de garnison, saisies, saisies-arrêts et autres actes, tant en action qu'en défense, ayant pour objet le recouvrement des contributions directes ou indirectes, et de toutes autres sommes dues à la République, à quelque titre et pour quelque objet que ce soit, même des contributions locales, lorsqu'il s'agira de cotes de 25 francs et au-dessous, ou de droits et créances non excédant en total la somme de 25 francs (*V. L.* 16 *juin* 1824, *art.* 6); — 3° Les actes des huissiers et gendarmes, dans les cas spécifiés par le paragraphe suivant, nombre 9. (*V. L.* 25 *mars* 1817, *art.* 75; *L.* 10 *déc.* 1850, *art.* 4.)

§ 3. — Exempts de la formalité de l'enregistrement.

1° Les actes du Corps législatif et ceux du Directoire exécutif; — 2° Les actes d'administration publique non compris dans les articles précédents; — 3° Les inscriptions sur le grand-livre de la dette publique, leurs transferts et mutations, les quittances des intérêts qui en sont payés, et tous les effets de la dette publique inscrits ou à inscrire définitivement (*V. L.* 18 *juill.* 1836, *art.* 6; *L.* 18 *mai* 1850, *art.* 7 (1); — 4° Les rescriptions, mandats et ordonnances de paiement sur les caisses nationales, leurs endossements et acquits; — 5° Les quittances de contributions, droits, créances et revenus payés à la nation, celles pour charges locales, et celles des fonctionnaires et employés salariés par la République, pour leurs traitements et émoluments; — 6° Les ordonnances de décharge ou de réduction, remise ou modération d'imposition, les quittances y relatives, les rôles et extraits d'iceux; — 7° Les récépissés délivrés aux collecteurs, aux receveurs de deniers publics et de contributions locales, et les comptes de recettes ou gestions publiques; — 8° Les actes de naissances, sépultures et mariages reçus par les officiers de l'état civil, et les extraits qui en sont délivrés; — 9° Tous les actes et procès-verbaux (excepté ceux des huissiers et gendarmes, qui doivent être enregistrés, ainsi qu'il est dit au paragraphe précédent, nombre 4), et jugements concernant la police générale et de sûreté et la vindicte publique; — 10° Les cédules pour appeler au bureau de conciliation, sauf le droit de la signification; — 11° Les légalisations de signatures d'officiers publics; — 12° Les affirmations de procès-verbaux des employés, gardes et agents salariés par 50; *L.* 1er *mai* 1822, *art.* 6; *L.* 28 *févr.* 1872, *art.* 10); — 16° Les actes passés en forme authentique avant l'établissement de l'enregistrement, la République, faits dans l'exercice de leurs fonctions; — 13° Les engagements, enrôlements, congés, certificats, cartouches, passe-ports, quittances de prêts et fournitures, billets d'étape, de subsistances et de logement, tant pour le service de terre que pour le service de mer, et tous autres actes de l'une et l'autre administration non compris dans les articles précédents. — Sont aussi exceptés de la formalité de l'enregistrement les rôles d'équipage et les engagements de matelots et gens de la marine marchande et des armements en course; — 14° Les passe-ports délivrés par l'administration publique; — 15° Les lettres de change tirées de place en place; celles venant de l'étranger ou des colonies françaises, les endossements et acquits de ces effets, et les endossements et acquits de billets à ordre et autres effets négociables (*V. L.* 28 *avril* 1816, *art.*

adjoints, gardes champêtres et forestiers, gendarmes et commissaires de police, qui constatent des contraventions, doivent être enregistrés sous peine d'amende. — *Circ. g. des Sc.* 21 juin 1823.

(1) Le transfert par acte notarié d'une rente sur l'État n'est pas exempt du droit proportionnel d'enregistrement, si de l'ensemble des stipulations de l'acte, il résulte que ce transfert a principalement pour objet un véritable prêt représenté par le capital de la rente transférée. (*V.* art. 4 et 69, § 3, n° 3, L. 22 frim. an VII.) — Cass. *Ch. réun.* 24 avril 1839.

dans l'ancien territoire de France, et ceux passés également en forme authentique ou sous signature privée, dans les pays réunis, et qui y ont acquis une date certaine suivant les lois de ces pays, ainsi que les mutations qui se sont opérées par décès avant la réunion desdits pays. (*V. Décr.* 18 *sept.* 1806, *art.* 2; *L.* 18 *juin* 1850, *art.* 11; *L.* 22 *janv.* 1851, *art.* 14; *Décr.* 26 *mars* 1852, *art.* 11.)

TITRE XII. — *Des lois précédentes sur l'enregistrement, et de l'exécution de la présente.*

71, 72. — *Transitoires.*

75. Toutes les lois rendues sur les droits d'enregistrement, et toutes dispositions d'autres lois y relatives sont et demeurent abrogées pour l'avenir.

LOI

Qui prescrit des formalités pour les ventes d'objets mobiliers.

(22 pluviôse an VII)

ART. 1er. — A compter du jour de la publication de la présente, les meubles, effets, marchandises, bois, fruits, récoltes et tous autres objets mobiliers, ne pourront être vendus publiquement et par enchères, qu'en présence et par le ministère d'officiers publics ayant qualité pour y procéder.

2. Aucun officier public ne pourra procéder à une vente publique et par enchères, d'objets mobiliers, qu'il n'en ait préalablement fait la déclaration au bureau de l'enregistrement dans l'arrondissement duquel la vente aura lieu.

3. La déclaration sera inscrite sur un registre qui sera tenu à cet effet, et elle sera datée. Elle contiendra les noms, qualité et domicile de l'officier, ceux du requérant, ceux de la personne dont le mobilier sera mis en vente, et l'indication de l'endroit où se fera la vente et du jour de son ouverture. Elle sera signée par l'officier public, et il lui en sera fourni une copie, sans autres frais que le prix du papier timbré sur lequel cette copie sera délivrée. — Elle ne pourra servir que pour le mobilier de celui qui y sera dénommé.

4. Le registre sera en papier non timbré; il sera coté et paraphé, sans frais, par le juge de paix dans l'arrondissement duquel sera le bureau d'enregistrement.

5. Les officiers publics transcriront, en tête de leurs procès-verbaux de vente, les copies de leurs déclarations. — Chaque objet adjugé sera porté de suite au procès-verbal; le prix y sera écrit en toutes lettres, et tiré hors ligne en chiffres. — Chaque séance sera close et signée par l'officier public et deux témoins domiciliés. — Lorsqu'une vente aura lieu par suite d'inventaire, il en sera fait mention au procès-verbal, avec indication de la date de l'inventaire, du nom du notaire qui y aura procédé et de la quittance de l'enregistrement.

6. Les procès-verbaux de vente ne pourront être enregistrés qu'aux bureaux où les déclarations auront été faites (1). — Le droit d'enregistrement sera perçu sur le montant des sommes que contiendra cumulativement le procès-verbal des séances à enregistrer dans le délai prescrit par la loi sur l'enregistrement.

7. Les contraventions aux dispositions ci-dessus seront punies par les amendes ci-après; savoir (2), — de 100 francs, contre tout officier public qui aurait procédé à une vente sans en avoir fait la déclaration; — de 25 francs, pour défaut de transcription, en tête du procès-verbal, de la déclaration faite au bureau d'enregistrement; — de 100 francs, pour chaque article adjugé, et non porté au procès-verbal de vente, outre la restitution du droit; — de 100 francs aussi, pour chaque altération de prix des articles adjugés, faite dans le procès-verbal, indépendamment de la restitution du droit et des peines de faux; — et de 15 francs, pour chaque article dont le prix ne serait pas écrit en toutes lettres au procès-verbal. — Les autres contraventions que pourraient commettre les officiers publics contre les dispositions de la loi sur l'enregistrement, seront punies par les amendes et restitutions qu'elle prononce. — L'amende qu'aura encourue tout citoyen, pour contravention à l'article 1er de la présente, en vendant ou faisant vendre publiquement et par enchères, sans le ministère d'un officier public, sera déterminée en raison de l'importance

(1) Les officiers publics qui procèdent aux ventes mobilières sont tenus de conserver minute de leurs procès-verbaux. — *Circ. g. des Sc.* 8 févr. 1830.

(2) Ces amendes ont été réduites par l'article 10 de la loi du 16 juin 1824.

de la contravention : elle ne pourra être au-dessous de 50 francs ni excéder 1,000 francs pour chaque vente, outre la restitution des droits qui se trouveront dus.

8. Les préposés de la Régie de l'enregistrement sont autorisés à se transporter dans tous les lieux où se feront des ventes publiques et par enchères, et à s'y faire représenter les procès-verbaux de vente et les copies des déclarations préalables. — Ils dresseront des procès-verbaux des contraventions qu'ils auront reconnues et constatées; ils pourront même requérir l'assistance d'un officier municipal, ou de l'agent, ou de l'adjoint de la commune ou de la municipalité où se fera la vente. — Les poursuites et instances auront lieu ainsi et de la manière prescrite par la loi du 22 frimaire dernier sur l'enregistrement. — La preuve testimoniale pourra être admise sur les ventes faites en contravention à la présente.

9. Sont dispensés de la déclaration ordonnée par l'article 2, les officiers publics qui auront à procéder aux ventes du mobilier national et à celles des effets du mont-de-piété.

10. Toutes dispositions de lois contraires à la présente sont abrogées.

LOI

Relative à l'organisation de la conservation des hypothèques.

(21 ventôse an VII)

TITRE Ier. — *De la conservation des hypothèques.*

CHAP. Ier. — DISPOSITIONS GÉNÉRALES.

ART. 1er. La conservation des hypothèques est remise à la Régie nationale de l'enregistrement; elle en confiera l'exécution aux receveurs de l'enregistrement, dans les lieux et suivant les formes qui vont être ci-après déterminés.

CHAP. II. — ÉTABLISSEMENT DES BUREAUX DES HYPOTHÈQUES.

2. Il y aura un bureau de la conservation des hypothèques par chaque arrondissement de tribunal de police correctionnelle; il sera placé dans la commune où siége le tribunal. — Si, dans le même arrondissement, le tribunal civil et le tribunal de police correctionnelle siégent dans deux communes différentes, le bureau sera placé dans la commune où siégera le tribunal civil.

CHAP. III. — DE L'INSTITUTION DES AGENTS DES HYPOTHÈQUES, ET LEURS FONCTIONS.

3. Les préposés de la Régie à la conservation des hypothèques seront chargés, 1° de l'exécution des formalités civiles prescrites pour la conservation des hypothèques et la consolidation des mutations de propriétés immobilières; 2° de la perception des droits établis au profit du Trésor public pour chacune de ces formalités.

4. Avant d'entrer en exercice, chaque préposé fera enregistrer sa commission au greffe du tribunal civil du département : il y prêtera le serment prescrit par la loi du 19 fructidor an V, et celui de remplir avec fidélité et exactitude les fonctions qui lui sont confiées.

CHAP. IV. — DES CAUTIONNEMENTS QUE DOIVENT FOURNIR LES PRÉPOSÉS AUX HYPOTHÈQUES.

5. Le préposé fournira, en outre, un cautionnement en immeubles. (*V. L. 8 juin* 1864, *art.* 26 *et suiv.; Décr.* 11 *août* 1864.)

6. Le préposé sera tenu de faire recevoir son cautionnement, et d'en justifier à la Régie nationale dans le mois de l'enregistrement de sa commission; il déposera, dans le même délai, une expédition de la réception dudit cautionnement au greffe du tribunal civil dans l'arrondissement duquel il remplira ses fonctions. (*V. L.* 8 *juin* 1864, *art.* 29, § 2.)

7. L'inscription du cautionnement sera faite à la diligence et aux frais du préposé. — Elle subsistera pendant toute la durée de sa responsabilité, sans avoir besoin d'être renouvelée.

8. Le cautionnement ci-dessus demeure spécialement et exclusivement affecté à la responsabilité du préposé à la conservation des hypothèques, pour les erreurs et omissions dont la loi le rend garant envers les citoyens. — Cette affectation subsistera pendant toute la durée des fonctions, et dix années après; passé lequel délai, les biens servant de cautionnement seront affranchis de plein droit de toutes actions de recours qui n'auraient point été intentées dans cet intervalle.

9. Les préposés à la conservation des hypothèques auront domicile dans

le bureau où ils rempliront leurs fonctions, pour les actions auxquelles leur responsabilité pourrait donner lieu. Ce domicile est de droit; il durera aussi longtemps que la responsabilité des préposés : toutes poursuites à cet égard pourront y être dirigées contre eux, quand même ils seraient sortis de place, ou contre leurs ayants-cause.

10. Le passage d'un bureau dans un autre n'emportera point l'obligation d'un nouveau cautionnement; celui déjà fourni subsistera pour le nouveau bureau, sauf à suppléer, s'il y a lieu.

11. Le cautionnement sera, — de 20,000 francs pour une population de cinquante mille individus et au-dessous; — de 30,000 francs pour une population de cinquante mille à cent mille individus; — de 40,000 francs, pour une population de cent mille à cent cinquante mille individus; — de 50,000 francs pour une population de cent cinquante mille à deux cent mille individus, et au-dessus. — Il sera de 100,000 francs pour la commune de Paris.

CHAP. V. — DE L'EMPÊCHEMENT DES PRÉPOSÉS, ET DE LA VACANCE DES BUREAUX.

12. En cas d'absence ou d'empêchement d'un préposé, il sera suppléé par le vérificateur ou l'inspecteur de l'enregistrement dans le département, ou bien, à leur défaut, par le plus ancien surnuméraire du bureau. — Le préposé demeurera garant de cette gestion, sauf son recours contre ceux qui l'auront remplacé.

13. S'il y a vacance d'un bureau, par mort ou autrement, le cas de démission excepté, il sera rempli provisoirement par le vérificateur ou l'inspecteur de l'enregistrement, ou bien, à leur défaut, par le plus ancien surnuméraire du bureau. — Ils demeureront responsables de leur gestion. — La Régie pourvoira sur-le-champ à la place vacante.

14. Nul préposé démissionnaire ne pourra quitter ses fonctions avant l'installation de son successeur, à peine de répondre de tous dommages et intérêts auxquels la vacance momentanée du bureau pourrait donner lieu.

CHAP. VI. — DU TRAITEMENT DES PRÉPOSÉS AUX HYPOTHÈQUES.

15. Le traitement des préposés à la conservation des hypothèques est réglé ainsi qu'il suit : — 1° Ils auront sur la recette des droits d'hypothèques, joint aux autres recettes dont ils sont chargés, les remises accordées sur les droits d'enregistrement et autres par le tarif compris en l'article 9 de la loi du 14 août 1793. — 2° Il leur sera payé par les requérants, pour les actes qu'ils délivreront, outre le papier timbré, les sommes énoncées au tarif suivant (1). . . . .

CHAP. VII. — DES REGISTRES DESTINÉS A RECEVOIR LES ACTES DU NOUVEAU RÉGIME HYPOTHÉCAIRE.

16. Les registres servant à recevoir les actes du nouveau régime hypothécaire, seront en papier timbré; les préposés les feront coter et parapher à chaque feuillet, par le président de l'administration municipale du lieu. — Cette formalité sera remplie dans les trois jours de la présentation des registres, et sans frais.

17. Les actes seront datés et consignés de suite, sans blancs, et jour par jour; ils seront numérotés suivant le rang qu'ils tiendront dans les registres et signés du préposé.

18. Outre les registres mentionnés en l'article 16, les préposés tiendront un registre, sur papier libre, dans lequel seront portés par extrait, au fur et à mesure des actes, sous le nom de chaque grevé, et à la case qui lui sera destinée, les inscriptions à sa charge, les transcriptions, les radiations et les autres actes qui le concernent, ainsi que l'indication des registres où chacun de ces actes sera porté, et les numéros sous lesquels ils y seront consignés.

TITRE II. — *De la perception des droits d'hypothèque.*

CHAP. Ier. — DE L'ÉTABLISSEMENT DES DROITS D'HYPOTHÈQUE.

19. Il sera perçu, au profit du Trésor public, conformément à l'article 62 du titre IV de la loi du 9 vendémiaire an VI, un droit sur l'inscription des créances hypothécaires, et sur la transcription des actes emportant mutation de propriétés immobilières.

CHAP. II. — DU DROIT D'INSCRIPTION.

20. Le droit d'inscription des créances hypothécaires sera : 1° d'un pour

(1) Ce tarif a été modifié par le Décr. du 21 sept. 1810. — *V.* le texte de ce décret dans notre édition in-8°.

deux mille du capital de chaque créance hypothécaire antérieure à la promulgation de la loi du 11 brumaire dernier; 2° d'un pour mille du capital des créances postérieures à ladite époque.

21. Il ne sera payé qu'un seul droit d'inscription pour chaque créance, quels que soient d'ailleurs le nombre des créanciers requérants et celui des débiteurs grevés.

22. S'il y a lieu à inscription d'une même créance dans plusieurs bureaux, le droit sera acquitté en totalité dans le premier bureau; il ne sera payé, pour chacune des autres inscriptions, que le simple salaire du préposé, sur la représentation de la quittance constatant le paiement entier du droit, lors de la première inscription. — En conséquence, le préposé dans le premier bureau sera tenu de délivrer à celui qui paiera le droit, indépendamment de la quittance au pied du bordereau d'inscription, autant de *duplicata* de ladite quittance qu'il lui en sera demandé. — Il sera payé au préposé 20 centimes pour chaque *duplicata*, outre le papier timbré.

23. L'inscription des créances appartenant à la République, aux hospices civils et aux autres établissements publics, sera faite sans avance du droit d'hypothèque et des salaires des préposés.

24. Toutes les fois que l'inscription aura lieu sans avance du droit et des salaires, le préposé sera tenu : 1° d'énoncer, tant sur les registres que sur le bordereau à remettre au requérant, que les droits et salaires sont dus; 2° d'en poursuivre le recouvrement sur les débiteurs, dans les deux décades après la date de l'inscription. — Ces poursuites s'exerceront suivant les formes établies pour le recouvrement des droits d'enregistrement.

CHAP. III. — Du droit de transcription.

25. Le droit sur la transcription des actes emportant mutation de propriétés immobilières sera d'un et demi pour cent du prix intégral desdites mutations, suivant qu'il aura été réglé à l'enregistrement (1).

26. Si le même acte donne lieu à transcription dans plusieurs bureaux, le droit sera acquitté ainsi qu'il est porté à l'article 22 ci-dessus pour les inscriptions.

27. Hors les cas d'exception prononcés par la présente loi et par celle du 11 brumaire dernier, les droits et salaires dus pour les formalités hypothécaires seront payés d'avance par les requérants. Les préposés en expédieront quittance au pied des actes et certificats par eux remis et délivrés : chaque somme y sera mentionnée séparément et en toutes lettres.

28 à 38. — *Transitoires.*

39. Il sera placé dans chaque bureau de la conservation des hypothèques un tableau divisé en trois colonnes. — La première contiendra, par ordre alphabétique, le nom des communes de l'arrondissement. — La seconde désignera l'ancien arrondissement dont chacune d'elles faisait partie. — La troisième indiquera dans quel bureau de la nouvelle organisation hypothécaire auront été déposés les registres des inscriptions et transcriptions antérieures à sa mise en activité et relatives à chaque commune.

(1) *V.* L. 28 avril 1816, art. 52, 54, 61; L. 16 juin 1824, art. 3. — *V.* note sous l'art. 54, L. 28 avril 1816.

ARRÊTÉ DU DIRECTOIRE EXÉCUTIF

Contenant rectification de ceux des 2 nivôse et 7 fructidor an VI, sur le transport des lettres.

(26 ventôse an VII)

Art. 1er. Les arrêtés du 2 nivôse et du 7 fructidor an VI, qui défendent aux entrepreneurs de voitures libres et aux voituriers de se charger du transport des lettres et ouvrages périodiques, seront exécutés; et l'insertion du présent arrêt au *Bulletin des Lois* servira de rectification aux indications des lois faites dans ces arrêtés.

2. L'extrait des règlements des 18 juin et 29 novembre 1681 sera imprimé et inséré au *Bulletin des Lois* à la suite du présent.

LOI

Sur le tarif des douanes.

(9 floréal an VII) (2)

Titre IV.

Art. 10. Les rapports seront affir-

(2) Bull., 2e série, n° 2838. — *V.* le texte dans notre édition in-8°.

més au moins par deux des saisissants, devant le juge de paix ou l'un de ses assesseurs, dans le délai donné pour comparaître : l'affirmation énoncera qu'il en a été donné lecture aux affirmants.

11. Les rapports ainsi rédigés et affirmés seront crus jusqu'à inscription de faux. — Les tribunaux ne pourront admettre, contre lesdits rapports, d'autres nullités que celles résultant de l'omission des formalités prescrites par les dix articles précédents.

LOI

Contenant des mesures pour assurer et faciliter le paiement des rentes et pensions.

(22 floréal an VII)

. . . .

ART. 7. Il ne sera plus reçu, à l'avenir, d'opposition au paiement des arrérages dus pour rentes perpétuelles viagères et pensions, à l'exception de celle qui serait formée par le propriétaire de l'inscription ou du brevet de pension. — Cette disposition n'aura son effet qu'à dater de deux mois après la publication de la présente.

8. L'opposition du propriétaire sera faite aux bureaux des payeurs de la Trésorerie nationale, chargés du paiement des arrérages, par une déclaration écrite, et qui sera signée de lui ou d'un fondé de pouvoir spécial. — Elle sera annulée de la même manière.

ARRÊTÉ

Concernant les sources et fontaines d'eaux minérales.

(29 floréal an VII) (1)

LOI

Qui ordonne la perception d'une subvention extraordinaire de guerre sur les droits d'enregistrement, de timbre, d'hypothèque, etc.

(6 prairial an VII)

ART. 1er. A compter du jour de la publication de la présente loi, il sera perçu au profit de la République, à titre de subvention extraordinaire de guerre, pour l'an VII, un décime par franc en sus des droits d'enregistrement, de timbre, hypothèque, droits de greffe, droits de voitures publiques, de garantie sur les matières d'or et d'argent, amendes et condamnations pécuniaires, ainsi que sur les droits de douane à l'importation, l'exportation et la navigation.

2. La subvention établie par la présente loi sera perçue en même temps que le principal, et par les mêmes préposés, sans donner lieu à aucune retenue pour ceux-ci. Il en sera compté par un article séparé.

(1) Bull., 2e série, no 2961.

LOI

Relative à l'administration des hospices civils.

(16 messidor an VII) (2)

AN VIII

CONSTITUTION

De la République française.

(22 frimaire an VIII)

TITRE Ier. — *De l'exercice des droits de cité.*

ART. 1er. . . . .

2. Tout homme né et résidant en France, qui, âgé de vingt-un ans accomplis, s'est fait inscrire sur le registre civique de son arrondissement communal, et qui a demeuré depuis pendant un an, sur le territoire de la République, est citoyen français.

3. Un étranger devient citoyen français, lorsqu'après avoir atteint l'âge de vingt et un ans accomplis, et avoir déclaré l'intention de se fixer en France, il y a résidé pendant dix années consécutives. (*V. art.* 1 *et* 2, *L.* 29 *juin* 1867.)

4. La qualité de citoyen français se perd,

Par la naturalisation en pays étranger ;

Par l'acceptation de fonctions ou de

(2) Bull., 2e série, no 3112. — V. le texte dans notre édition in-8o.

pensions offertes par un Gouvernement étranger;

Par l'affiliation à toute corporation étrangère qui supposerait des distinctions de naissance;

Par la condamnation à des peines afflictives ou infamantes.

5. L'exercice des droits de citoyen français est suspendu par. . . . . (*V. art.* 15, 16 *et* 27, *Décr.* 2 *févr.* 1852.)

6. Pour exercer les droits de cité dans un arrondissement communal, il faut y avoir acquis domicile par une année de résidence, et ne l'avoir pas perdu par une année d'absence. (*V. art.* 12 *et* 13, *Décr.* 2 *févr.* 1852; *art.* 5, *L.* 7 *juill.* 1874.)

. . . .

TITRE VI. — *De la responsabilité des fonctionnaires publics.*

. . . .

75. Les agents du Gouvernement, autres que les ministres, ne peuvent être poursuivis, pour des faits relatifs à leurs fonctions, qu'en vertu d'une décision du Conseil d'Etat; en ce cas, la poursuite a lieu devant les tribunaux ordinaires. (*Abrogé Décr.* 19 *sept.* 1870.)

TITRE VII. — *Dispositions générales* (1).

76. La maison de toute personne habitant le territoire français, est un asile inviolable. — Pendant la nuit, nul n'a le droit d'y entrer que dans le cas d'incendie, d'inondation, ou de réclamation faite de l'intérieur de la maison. — Pendant le jour, on peut y entrer pour un objet spécial déterminé ou par une loi, ou par un ordre émané d'une autorité publique.

77. Pour que l'acte qui ordonne l'arrestation d'une personne puisse être exécuté, il faut, 1° qu'il exprime formellement le motif de l'arrestation, et la loi en exécution de laquelle elle est ordonnée; 2° qu'il émane d'un fonctionnaire à qui la loi ait donné formellement ce pouvoir; 3° qu'il soit notifié à la personne arrêtée, et qu'il lui en soit laissé copie.

78. Un gardien ou geôlier ne peut recevoir ou détenir aucune personne qu'après avoir transcrit sur son registre l'acte qui ordonne l'arrestation; cet acte doit être un mandat donné dans les formes prescrites par l'article précédent, ou une ordonnance de prise de corps, ou un décret d'accusation, ou un jugement.

79. Tout gardien ou geôlier est tenu, sans qu'aucun ordre puisse l'en dispenser, de représenter la personne détenue à l'officier civil ayant la police de la maison de détention, toutes les fois qu'il en sera requis par cet officier.

80. La représentation de la personne détenue ne pourra être refusée à ses parents et amis porteurs de l'ordre de l'officier civil, lequel sera toujours tenu de l'accorder, à moins que le gardien ou geôlier ne représente une ordonnance du juge pour tenir la personne au secret.

81. Tous ceux qui, n'ayant point reçu de la loi le pouvoir de faire arrêter, donneront, signeront, exécuteront l'arrestation d'une personne quelconque; tous ceux qui, même dans le cas de l'arrestation autorisée par la loi, recevront ou retiendront la personne arrêtée, dans un lieu de détention non publiquement et légalement désigné comme tel, et tous les gardiens ou geôliers qui contreviendront aux dispositions des trois articles précédents, seront coupables du crime de détention arbitraire.

82. Toutes rigueurs employées dans les arrestations, détentions ou exécutions, autres que celles autorisées par les lois, sont des crimes.

. . . .

LOI

Concernant la division du territoire de la République, et l'administration.

(28 pluviôse an VIII)

. . . .

TITRE II. — *Administration.*

§ 1er. — Administration de département.

ART. 2. Il y aura dans chaque département un *préfet*, un *Conseil de préfecture*, et un *Conseil général de département*, lesquels rempliront les fonctions exercées maintenant par les administrations et commissaires de département.....

3. Le préfet sera chargé seul de l'administration.

4. Le *Conseil de préfecture* prononcera : Sur les demandes des particuliers, tendant à obtenir la décharge

(1) V. art. 615, C. Instr. cr.

ou la réduction de leur cote de contributions directes; — Sur les difficultés qui pourraient s'élever entre les entrepreneurs des travaux publics et l'administration, concernant le sens ou l'exécution des clauses de leurs marchés; — Sur les réclamations des particuliers qui se plaindront des torts et dommages procédant du fait personnel des entrepreneurs, et non du fait de l'administration; — Sur les demandes et contestations concernant les indemnités dues aux particuliers, à raison de terrains pris ou fouillés pour la confection des chemins, canaux et autres ouvrages publics; — Sur les difficultés qui pourront s'élever en matière de grande voirie; — Sur les demandes qui seront présentées par les communautés des villes, bourgs ou villages, pour être autorisées à plaider; — Enfin sur le contentieux des domaines nationaux.

5. Lorsque le préfet assistera au Conseil de préfecture, il présidera; en cas de partage, il aura voix prépondérante.

. . . .

LOI

Sur l'organisation des tribunaux.

(27 ventôse an VIII)

TITRE Ier. — *Dispositions générales.*

ART. 1er. Les tribunaux civils et criminels de département, et les tribunaux de police correctionnelle, sont supprimés; néanmoins, ils continueront leurs fonctions jusqu'à l'installation des nouveaux tribunaux.

2. Il n'est rien innové d'ailleurs aux lois concernant les juges de paix et les juges de commerce, lesquels continueront à exercer leurs fonctions jusqu'à ce qu'il en ait été autrement ordonné.

3. Il n'est point dérogé au droit qu'ont les citoyens de faire juger leurs contestations par des arbitres de leur choix; la décision de ces arbitres ne sera point sujette à appel, s'il n'est expressément réservé. (*C. pr.*, 1003.)

4. Nul ne pourra être juge, suppléant, commissaire du gouvernement près les tribunaux, substitut, ni greffier, s'il n'est âgé de *trente* ans accomplis. (*Modifié par la loi du 20 avril 1810, art.* 64, 65) (1).

5. Les fonctionnaires désignés dans l'article précédent ne pourront être requis pour aucun autre service public: ils ne pourront s'absenter plus d'une décade sans congé du tribunal, et plus d'un mois sans congé du gouvernement, sous peine d'être privés de la totalité de leur traitement pendant la durée de leur absence, et si elle dure plus de six mois, d'être considérés comme démissionnaires. (*V. Décr.* 9 *nov.* 1853, *art.* 16) (2).

TITRE II. — *Des tribunaux de première instance.*

6. Il sera établi un tribunal de première instance par arrondissement communal.

7. Les tribunaux de première instance connaîtront en premier et dernier ressort, dans les cas déterminés par la loi, des matières civiles; ils connaîtront également des matières de police correctionnelle; ils prononceront sur l'appel des jugements rendus en premier ressort par les juges de paix. (*V. L.* 11 *avril* 1838.)

8. Chaque tribunal de première instance sera composé de trois juges et de deux suppléants dans les villes ci-après..... (3).

9. Chaque tribunal de première instance sera composé de quatre juges et de trois suppléants dans les villes ci-après..... (4).

10. Chaque tribunal de première instance sera composé de sept juges et de quatre suppléants, et se divisera en deux sections, dans les villes ci-après,.... (5).

11. Chaque tribunal de première instance sera composé de dix juges et de cinq suppléants, et se divisera en trois sections, dans les villes ci-après.... (6).

12. Les suppléants n'auront point de fonctions habituelles; ils seront simplement nommés pour remplacer momentanément, selon l'ordre de leur nomination, soit les juges, soit les commissaires du Gouvernement. (V

(1) On n'accorde pas de dispense d'âge pour exercer les fonctions de greffier. — *Instr. g. des Sc.* 6 févr. 1822.

(2) *V.* le texte de l'art. 16 du décret du 9 nov. 1853 dans notre édition in-8o,

(3) Cette classification a été, depuis, modifiée.

(4) *V.* note précédente.

(5) *V.* note 3.

(6) *V.* note 3.

art. 7, *Décr.* 18 *août* 1810 ; *L.* 10 *déc.* 1830 ; *Décr.* 19 *mars* 1852) (1).

13. Il y aura près de chaque tribunal de première instance un commissaire du Gouvernement et un greffier.

Il y aura un substitut du commissaire dans les villes mentionnées à l'article 10, et deux substituts dans celles mentionnées à l'article 11.

14, 15. — *Abrogés.*

16. Les jugements de tous tribunaux de première instance ne pourront être rendus par moins de trois juges.

L'ordre du service, dans chaque tribunal de première instance, sera établi par un règlement du tribunal, soumis à l'approbation du Gouvernement.

17 à 20. — *Abrogés par la loi du* 23 *mai* 1854.

TITRE III. — *Des tribunaux d'appel.*

21. Il sera établi vingt-neuf tribunaux d'appel dans les lieux et pour les départements ci-après... (2).

22. Les tribunaux d'appel statueront sur les appels des jugements de première instance rendus en matière civile par les tribunaux d'arrondissement, et sur les appels des jugements de première instance rendus par les tribunaux de commerce.

23. — *Abrogé.*

24. Il y aura près de chaque tribunal d'appel un commissaire du Gouvernement et un greffier ; il y aura un substitut du commissaire dans les tribunaux qui se divisent en deux sections, deux substituts dans ceux qui se divisent en trois sections.

25. — *Abrogé.*

26. En cas d'empêchement du commissaire du Gouvernement et des substituts près les tribunaux d'appel, les fonctions du ministère public seront momentanément remplies par le dernier nommé des juges.

27. Les jugements des tribunaux d'appel ne pourront être rendus par moins de sept juges. L'ordre du service, dans chaque tribunal d'appel, sera établi par un règlement du tribunal, soumis à l'approbation du Gouvernement.

28 à 31. — *Abrogés.*

TITRE IV. — *Des tribunaux criminels.*

32 à 39. — *Abrogés.*

TITRE V. — *Des tribunaux du département de la Seine.*

§ 1er. — Du tribunal de première instance.

40. Il sera établi à Paris, pour tout le département de la Seine, un tribunal de première instance qui aura la même compétence que les autres tribunaux de première instance.

41. Il sera composé de vingt-quatre juges (3).

42 à 57. — *Ne sont plus en vigueur.*

TITRE VI. — *Du tribunal de cassation* (4).

58. Le tribunal de cassation siégera à Paris, dans le local déterminé par le Gouvernement. — Il sera composé de quarante-huit juges (5).

59. — *Abrogé.*

60. Le tribunal se divisera en trois sections, chacune de seize juges. — La première statuera sur l'admission ou le rejet des requêtes en cassation ou en prise à partie, et définitivement sur les demandes soit en règlement de juges, soit en renvoi d'un tribunal à un autre. — La seconde prononcera définitivement sur les demandes en cassation ou en prise à partie, lorsque les requêtes auront été admises. — La troisième prononcera sur les demandes

(1) (*a*) Les juges suppléants ne peuvent faire d'autre service que celui réglé par les lois de 1791, 27 vent. an VIII, 20 avril et 18 août 1810. Il leur faut une autorisation spéciale pour concourir habituellement, avec les juges en titre, aux enquêtes, interrogatoires et autres opérations relatives à l'instruction des procès. — *L. g. des Sc.* 3 sept. 1817. — *V.* Décr. 1er et 19 mars 1852 ; 2 juill. 1857 ; L. 10 déc. 1830.

(*b*) Les juges suppléants ont le droit de concourir, même avec voix délibérative, à la présentation des huissiers à la nomination royale. — Cass. 19 déc. 1833.

(*c*) *V.* L. 11 avril 1838, art. 11.

(2) Le nombre des Cours est aujourd'hui de vingt-six.

(3) Le tribunal de la Seine est composé aujourd'hui d'un président, onze vice-présidents, soixante-deux juges, quinze juges suppléants, un procureur de la République, vingt-six substituts. — L. 21 juill. 1875, art. 2.

(4) *V.* Ord. 15 janv. 1826.

(5) Il est composé aujourd'hui de quarante-neuf juges. (*V.* Ord. 15 févr. 1815.)

en cassation en matières criminelle, correctionnelle et de police, sans qu'il soit besoin de jugement préalable d'admission. (*V. Ord.* 15 *janv.* 1826.)

61. Les sections se formeront d'abord par la voie du sort.

62. — *Abrogé.*

63. Chaque section ne pourra juger qu'au nombre de onze membres au moins, et tous les jugements seront rendus à la majorité absolue des suffrages. (*V. art.* 3, *Ord.* 15 *janv.* 1826.)

64. En cas de partage d'avis, on appellera cinq juges pour le vider ; les cinq juges seront pris d'abord parmi ceux de la section qui n'auraient pas assisté à la discussion de l'affaire sur laquelle il y aura partage, et subsidiairement tirés au sort parmi les membres des autres sections. (*Modifié par l'Ord. du* 15 *janv.* 1826, *art.* 5.)

65, 66. — *Abrogés.*

67. Il y aura près du tribunal de cassation un commissaire, six substituts et un greffier en chef, nommés par le premier Consul et pris dans la liste nationale. (*V. Ord.* 15 *janv.* 1826, *art.* 43.)

68. Le greffier en chef présentera au tribunal, pour les faire instituer, quatre commis greffiers, qui pourront néanmoins être révoqués par le greffier en chef, sans le concours du tribunal. (*V. Ord.* 15 *janv.* 1826, *art.* 74.)

69. Il y aura un commis de parquet, nommé et révocable par le commissaire du Gouvernement.

70. Il y aura auprès du tribunal de cassation huit huissiers, qu'il nommera et pourra révoquer.

Ils instrumenteront exclusivement pour les affaires de la compétence du tribunal de cassation, dans l'étendue seulement du lieu de sa résidence ; ils pourront instrumenter, concurremment avec les autres huissiers, dans tout le département de la résidence du tribunal de cassation (1).

71, 72, 73. — *Abrogés.*

74. Il sera payé par année, au greffier en chef, une somme de 36,000 fr., tant pour son traitement et celui de ses commis et expéditionnaires, que pour toutes les fournitures du greffe.

(1) Les arrêts d'admission de la Cour de cassation ne peuvent être valablement signifiés à Paris, que par un huissier attaché au service de cette cour. En conséquence, est nulle la signification d'un arrêt d'admission, faite à Paris, par un un huissier du tribunal de première instance. — Cass. *Ch. réun.*, 8 nov. 1831.

75. Le traitement du commis du parquet sera de 2,400 fr. ; celui des huissiers, de 1,500 fr. ; celui du concierge, de 1,000 fr. ; celui des garçons de bureau, de 800 fr. (*V. Décr.* 23 *août* 1858.)

76. Outre les fonctions données au tribunal de cassation par l'article 65 de la Constitution, il prononcera sur les règlements de juges, quand le conflit s'élèvera entre plusieurs tribunaux d'appel ou entre plusieurs tribunaux de première instance, non ressortissant au même tribunal d'appel.

77. Il n'y a point ouverture à cassation, ni contre les jugements en dernier ressort des juges de paix, si ce n'est pour cause d'incompétence ou d'excès de pouvoir, ni contre les jugements des tribunaux militaires de terre et de mer, si ce n'est pareillement pour cause d'incompétence ou d'excès de pouvoir, proposée par un citoyen non militaire, ni assimilé aux militaires par les lois, à raison de ses fonctions.

78. Lorsque, après une cassation, le second jugement sur le fond sera attaqué par les mêmes moyens que le premier, la question sera portée devant toutes les sections réunies du tribunal de cassation. (*V. L.* 1er *avril* 1837.)

79. Lorsqu'il y aura lieu à renvoi d'un tribunal à un autre pour cause de sûreté publique, ce renvoi ne pourra être prononcé que sur la réquisition expresse du commissaire du Gouvernement.

80. Le Gouvernement, par la voie de son commissaire, et sans préjudice du droit des parties intéressées, dénoncera au tribunal de cassation, section des requêtes, les actes par lesquels les juges auront excédé leurs pouvoirs, ou les délits par eux commis relativement à leurs fonctions. La section des requêtes annulera ces actes, s'il y a lieu, et dénoncera les juges à la section civile, pour faire à leur égard les fonctions de jury d'accusation : dans ce cas, le président de la section civile remplira toutes celles d'officier de police judiciaire et de directeur du jury ; il ne votera pas. Il pourra déléguer sur les lieux, à un directeur du jury, l'audition des témoins, les interrogatoires, et autres actes d'instruction seulement.

81. Si la section civile déclare qu'il y a lieu à accusation contre les juges, elle les renverra, pour être jugés sur la déclaration d'un jury de jugement, devant l'un des tribunaux criminels les plus voisins de celui où les

accusés exerçaient leurs fonctions. Ces deux tribunaux seront nommés dans l'acte qui prononce qu'il y a lieu à accusation, et le choix en sera laissé aux accusés.

82. Lorsque, dans l'examen d'une demande en cassation, soit la section civile, soit la section criminelle, trouveront des actes emportant forfaitures ou des délits commis par des juges, relatifs à leurs fonctions, elles dénonceront les juges à la section des requêtes, laquelle remplira à leur égard les fonctions de jury d'accusation, et son président toutes celles d'officier de police judiciaire et de directeur de jury.

83. Si le juge renvoyé devant un tribunal criminel se pourvoit en cassation contre le jugement définitif qui y interviendra, la demande en sera portée à celle des sections qui n'aura pas connu de l'affaire, pour y être instruite et jugée selon les formes usitées à la section criminelle.

84. S'il se trouve, dans la section chargée de prononcer sur le recours, des juges qui aient connu de l'affaire, dans l'une des deux autres sections, ils s'abstiendront sur la demande en cassation.

85. Les jugements de cassation seront transcrits sur les registres des tribunaux dont les jugements auront été cassés, et la notice, ainsi que le dispositif, en seront insérés, chaque mois, dans un bulletin.

Cette notice, rédigée par le rapporteur dans la quinzaine du jugement, et visée par le président de section, sera par lui remise au commissaire du Gouvernement.

86. Le tribunal de cassation enverra, chaque année, au Gouvernement, une députation pour lui indiquer les points sur lesquels l'expérience lui aura fait connaître les vices ou l'insuffisance de la législation.

87. Si les jugements cassés émanent des tribunaux de première instance, lorsqu'ils jugent en premier et dernier ressort, le tribunal renverra devant le tribunal de première instance le plus voisin : s'ils ont été rendus par les tribunaux criminels ou tribunaux d'appel, le renvoi sera fait devant le tribunal criminel ou d'appel le plus voisin. (*C. instr. cr.*, 427, 428.)

88. Si le commissaire du Gouvernement apprend qu'il ait été rendu en dernier ressort un jugement contraire aux lois ou aux formes de procéder, ou dans lequel un juge ait excédé ses pouvoirs, et contre lequel cependant aucune des parties n'ait réclamé dans le délai fixé, après ce délai expiré, il en donnera connaissance au tribunal de cassation ; et si les formes ou les lois ont été violées, le jugement sera cassé, sans que les parties puissent se prévaloir de la cassation pour éluder les dispositions de ce jugement, lequel vaudra transaction pour elles.

89. Le commissaire du Gouvernement sera entendu dans toutes les affaires ; il est chargé de défendre celles qui intéressent la République, d'après les mémoires qui lui seront fournis par les agents d'administration, régisseurs, préposés, etc. (*Ord. 15 janv.* 1826, *art.* 44.)

90. Jusqu'à la formation du Code judiciaire, les lois et règlements précédents seront suivis pour la forme de se pourvoir et celle de procéder au tribunal de cassation, pour la consignation d'amende, et autres objets non prévus par la présente loi.

91. Toutes dispositions des lois antérieures sont abrogées en ce qu'elles auraient de contraire à la présente.

TITRE VII. — *Des greffiers et officiers ministériels.*

92. Les greffiers de tous les tribunaux seront nommés par le premier Consul, qui pourra les révoquer à volonté. Le Gouvernement pourvoira à leur traitement, au moyen duquel ils seront chargés de payer leurs commis et expéditionnaires, ainsi que toutes les fournitures de leur greffe.

93. Il sera établi près le tribunal de cassation, près chaque tribunal d'appel, près chaque tribunal criminel, près chacun des tribunaux de première instance, un nombre fixe d'avoués, qui sera réglé par le Gouvernement, sur l'avis du tribunal auquel les avoués devront être attachés.

94. Les avoués auront exclusivement le droit de postuler et de prendre des conclusions dans le tribunal pour lequel ils seront établis ; néanmoins les parties pourront toujours se défendre elles-mêmes verbalement et par écrit, ou faire proposer leur défense par qui elles jugeront à propos.

95. Les avoués seront nommés par le premier Consul, sur la présentation du tribunal dans lequel ils devront exercer leur ministère.

96. Il sera établi près de chaque tribunal de première instance, près de chaque tribunal d'appel, un nombre fixe d'huissiers, qui sera réglé par le Gouvernement, sur l'avis du tribu-

nal près duquel ils devront servir : ils seront nommés par le premier Consul, sur la présentation de ce même tribunal.

97. La loi du 7 de ce mois, concernant les cautionnements, s'applique à tous les greffiers, avoués et huissiers classés en vertu de la présente loi, conformément au tarif ci-après. (*Modifié par la loi du 28 avril 1816.*) . .

ARRÊTÉ

Relatif à la location et à l'administration des établissements d'eaux minérales.

(3 floréal an VIII) (1)

ARRÊTÉ

Relatif aux réclamations en matière de contributions.

(24 floréal an VIII) (2)

ARRÊTÉ

Contenant règlement sur le recouvrement des contributions directes et l'exercice des contraintes.

(16 thermidor an VIII) (3)

AN IX

ARRÊTÉ

Qui établit une chambre des avoués auprès du tribunal de cassation, et de chaque tribunal d'appel et de première instance.

(13 frimaire an IX)

Chambre des avoués et ses attributions.

ART. 1er. Il est établi, auprès du tribunal de cassation, et de chaque tribunal d'appel et de première instance, une chambre des avoués, pour leur discipline intérieure ; elle est composée de membres pris dans leur sein et nommés par eux. — Cette chambre prononce par voie de décision, lorsqu'il s'agit de police et de discipline intérieure, et par forme de simple avis, dans les autres cas.

2. Les attributions de ladite chambre seront, — 1o De maintenir la discipline intérieure entre les avoués, et de prononcer l'application des censures de discipline ci-après établies ; — 2o De prévenir ou concilier tous différends entre avoués, sur des communications, remises ou rétention de pièces, sur des questions de préférence ou concurrence dans les poursuites ou dans l'assistance aux levées de scellés et inventaires, et en cas de non-conciliation, émettre son opinion, par forme de simple avis, sur lesdites questions ou différends ; — 3o De prévenir toutes plaintes et réclamations de la part de tiers contre les avoués, à raison de leurs fonctions ; concilier celles qui pourraient avoir lieu ; émettre son opinion, par forme de simple avis, sur les réparations civiles qui pourraient en résulter, et réprimer, par voie de discipline et censure, les infractions qui en seraient l'objet, sans préjudice de l'action publique devant les tribunaux, s'il y a lieu ; — 4o De donner son avis, comme tiers, sur les difficultés qui peuvent s'élever lors de la taxe de tous frais et dépens, et même sur tous les articles soumis à la taxe, lorsqu'elle se poursuit contre partie, ou lorsque l'avoué fait défaut ; cet avis pourra être donné par un des membres commis par la chambre à cet effet ; — 5o De former dans son sein un bureau de consultation gratuite pour les citoyens indigents, dont la chambre distribue les affaires aux divers avoués, pour les suivre, quand il y a lieu ; — 6o De délivrer, s'il y a lieu, tous certificats de moralité et de capacité aux candidats, lorsqu'elle en sera requise, soit par le tribunal, soit par les candidats que le tribunal présente à la nomination du premier Consul, en remplacement des avoués morts ou démissionnaires ; — 7o Enfin, de représenter tous les avoués au tribunal collectivement, sous le rapport de leurs droits et intérêts communs.

3. Tous avis de la chambre seront sujets à homologation, à l'exception des décisions sur les cas de police et de discipline intérieure, déterminés en l'article 8.

(1) Bull., 3e série, no 149.
(2) Bull., 3e série, no 170. — *V.* le texte dans notre édition in-8o.
(3) Bull., 3e série, no 244. — *V.* le texte dans notre édition in-8o.

Organisation de la Chambre.

4. La chambre des avoués est composée, — De quinze membres dans les tribunaux où le nombre des avoués est de deux cents et au-dessus; — De onze, lorsque les avoués sont au nombre de cent et plus, jusqu'à deux cents exclusivement; — De neuf, lorsque les avoués sont au nombre de cinquante et plus, jusqu'à cent exclusivement; — De sept, lorsque les avoués sont au nombre de trente et plus, jusqu'à cinquante exclusivement; — De cinq, lorsque les avoués sont au nombre de vingt et plus, jusqu'à trente exclusivement; — De quatre, lorsque le nombre des avoués est inférieur à vingt. — Et néanmoins la chambre peut délibérer valablement, quand les membres présents et votants forment au moins les deux tiers de ceux dont elle est composée. (*V. Ord.* 12 *août* 1832.)

5. Parmi les membres dont la chambre se compose, il y a, — 1° Un président, qui a voix prépondérante en cas de partage d'opinions : il convoque extraordinairement quand il le juge à propos, ou sur la réquisition motivée de deux autres membres; il a la police d'ordre dans la chambre; — 2° Un syndic, lequel est partie poursuivante contre les avoués inculpés : il est entendu préalablement à toutes délibérations de la chambre, qui est tenue de délibérer sur tous ses réquisitoires; il a, comme le président, le droit de la convoquer; il poursuit l'exécution de ses délibérations, dans la forme ci-après déterminée, et agit pour la chambre, dans tous les cas, et conformément à ce qu'elle a délibéré: — 3° Un rapporteur, qui recueille les renseignements sur les affaires contre les avoués inculpés, et en fait le rapport à la chambre; — 4° Un secrétaire, qui rédige les délibérations de la chambre : il est le gardien des archives, et délivre toutes expéditions; — 5° Un trésorier, qui tient la bourse commune ci-après établie, fait les recettes et dépenses autorisées par la chambre, et en rend compte, à la fin de chaque trimestre, à la chambre assemblée, qui les arrête ainsi que de droit, et lui donne sa décharge. — Indépendamment des attributions particulières données aux membres désignés dans le présent article, chacun d'eux a voix délibérative, ainsi que les autres membres, dans toutes les assemblées de la chambre; et néanmoins, lorsqu'il s'agit d'affaires où le syndic est partie contre un avoué inculpé, le syndic n'a que voix consultative, et n'est point compté parmi les votants, à moins que son opinion ne soit à décharge.

6. Les fonctions spéciales attribuées à chacun des cinq membres désignés dans l'article précédent, peuvent être cumulées, lorsque le nombre des membres composant la chambre est au-dessous de cinq, et néanmoins les fonctions de président, de syndic et de rapporteur, seront toujours exercées par trois personnes différentes. — Quel que soit le nombre des membres composant la chambre, la même cumulation peut avoir lieu momentanément, en cas d'absence ou d'empêchement d'aucun des membres désignés dans l'article précédent, lesquels, pour ce cas, se suppléent entre eux, ou peuvent même être suppléés par tels autres membres que ce soit de la chambre. — Les suppléants momentanés sont nommés par le président de la chambre, ou, s'il est absent, par la majorité des membres présents en nombre suffisant pour délibérer.

7. Outre les fonctions spéciales ci-dessus attribuées à quelques membres, et celles communes à tous dans les délibérations, chacun des membres de la chambre est sous-délégué, — 1° Pour faire les taxes des frais, qui lui sont réparties par le président de la chambre; — 2° Pour l'examen et consultation des affaires des indigents qui lui sont aussi réparties par le président de la chambre à laquelle il les renvoie avec son avis, pour, s'il y a lieu de les suivre, être, par le président, distribuées aux divers avoués; — 3° Enfin, pour se trouver à la chambre des avoués chaque jour des audiences du tribunal, à l'effet de faciliter l'exercice des fonctions attribuées à ladite chambre.

Pouvoirs de la Chambre dans les moyens de discipline.

8. La chambre prononce contre les avoués, par forme de discipline, et suivant la gravité des cas, celles des dispositions suivantes qu'elle croit devoir leur appliquer; savoir : — 1° Le rappel à l'ordre; — 2° La censure simple, par la décision même; — 3° La censure avec réprimande par le président, à l'avoué en personne, dans la chambre assemblée; — 4° L'interdiction de l'entrée de la chambre (1).

(1) (*a*) Il est interdit aux avoués d'acheter des immeubles et des créances pour les revendre. — *Circ. min.* 5 févr. 1840.

9. Si l'inculpation portée à la chambre contre un avoué, paraît assez grave pour mériter la suspension de l'avoué inculpé, la chambre s'adjoint, par la voie du sort, d'autres avoués en nombre égal, plus un, à celui des membres dont elle est composée; et ainsi formée, la chambre émet son opinion sur la suspension et sa durée, par la forme de simple avis. — Les voix sont recueillies, en ce cas, au scrutin secret, par *oui*, ou par *non;* et l'avis ne peut être formé, si les deux tiers au moins des membres appelés à l'assemblée n'y sont présents. — Les dispositions de cet article ne sont point applicables aux avoués des tribunaux où leur nombre total n'est pas au moins triple de celui des membres de la chambre.

10. Quand l'avis émis par la chambre sera pour la suspension, il sera déposé au greffe du tribunal; expédition en sera remise au commissaire du Gouvernement, qui en fera l'usage qui sera voulu par la loi.

Mode de procéder en la Chambre.

11. Le syndic défère à la chambre les faits relatifs à la discipline; et il est tenu de les lui dénoncer, soit d'office, quand il en a connaissance, soit sur la provocation des parties intéressées, soit sur celle de l'un des membres de la chambre. — Les avoués inculpés sont cités à la chambre, avec délai suffisant, qui ne peut être au-dessous de cinq jours, à la diligence du syndic, par une simple lettre indicative de l'objet, signée de lui, et envoyée par le secrétaire, qui en tient note.

12. Quant aux différends entre avoués, et aux difficultés sur lesquelles la chambre est chargée d'émettre son avis, les avoués peuvent se présenter contradictoirement et sans citation préalable, aux séances de la chambre; ils peuvent également y être cités, soit par simples lettres indicatives des objets, signées des avoués provoquants, et renvoyées par le secrétaire, auquel ils en laissent des doubles, soit par des citations ordinaires, dont ils déposent les originaux au secrétariat. Ces citations officielles, ou par lettres, sont données avec les mêmes délais que celles du syndic, après avoir été préalablement soumises au visa du président de la chambre.

13. La chambre prend ses délibérations dans les affaires particulières, après avoir entendu, ou dûment appelé, dans la forme ci-dessus prescrite, les avoués inculpés ou intéressés, ensemble les tierces parties qui voudront être entendues, et qui, dans tous les cas, pourront se faire représenter ou assister par un avoué. — Les délibérations de la chambre sont motivées et signées sur la minute par la majorité des membres présents : les expéditions ne le sont que par le président et le secrétaire. — Ces délibérations n'étant que de simples actes d'administration, d'ordre et de discipline intérieure ou de simples avis, ne sont, dans aucun cas, sujettes au droit d'enregistrement ni de timbre, non plus que les pièces y relatives. — Les délibérations de la chambre sont notifiées, quand il y a lieu, dans la même forme que les citations; et il en est fait mention par le secrétaire, en marge desdites délibérations.

Nomination des membres de la Chambre, et durée de leurs fonctions.

14. Les membres de la chambre sont nommés par l'assemblée générale des avoués, qui se réunissent à cet effet dans le lieu où siége le tribunal. — Lorsqu'il y a cent votants et au-dessus, l'assemblée se divise par bureaux qui ne peuvent être composés de moins de trente, ni de plus de cinquante. — Chaque bureau est présidé par le doyen d'âge des avoués présents; les deux plus âgés après lui font les fonctions de scrutateurs, et le plus jeune celles de secrétaire. — La nomination se fait au scrutin secret, par bulletin de liste, contenant un nombre de noms qui ne peut excéder celui des membres à nommer. — La majorité absolue des voix de l'assemblée générale est nécessaire pour la nomination (1).

15. Les membres de la chambre sont renouvelés tous les ans, par tiers pour

(*b*) La chambre de discipline ne peut, sans manquer aux devoirs de la hiérarchie, trouver dans les termes employés par un avoué dans une réclamation adressée au ministre la base d'une poursuite disciplinaire. — *Instr. g. des Sc.* 12 oct. 1866.

(*c*) V. Arr. 2 therm. an X, *Relatif aux décisions de la chambre des avoués.*

(1) (*a*) La chambre des avoués n'a pas le droit de statuer sur la démission de ses membres. — Il n'appartient qu'à l'assemblée générale d'accepter ou de refuser la démission d'un membre de la chambre. — *Décis. g. des Sc.* 13 avril 1810.

(*b*) V. sur les conditions d'éligibilité à la chambre des avoués, Ord. 12 août 1832.

les nombres qui comportent cette division, et par portions les plus approximatives du tiers pour les autres nombres, en faisant alterner, chaque année, les portions inférieures et supérieures au tiers, à commencer par les inférieures; de manière que, dans tous les cas, aucun membre ne puisse rester en fonctions plus de trois ans consécutifs. — Le sort indique ceux des membres qui doivent sortir la première et la seconde année; et ensuite ils sortent par ancienneté de nomination. — Les membres sortants ne peuvent être réélus qu'après une année d'intervalle. — Il est fait exception aux dispositions du présent article, pour les cas où le nombre total des avoués n'est pas suffisant pour le renouvellement, qui alors n'a lieu que jusqu'à concurrence du nombre existant. Il n'y a de même pas lieu audit renouvellement ni à la nomination primitive, si le nombre des avoués n'excède pas celui nécessaire pour la composition de la chambre, dont, en ce cas, ils sont membres de droit.

16. Les membres choisis pour composer la chambre, ou qui en sont membres de droit, nomment entre eux, au scrutin secret, à la majorité absolue, le président, le syndic, le rapporteur, le secrétaire et le trésorier. — Cette nomination se renouvelle tous les ans, et les mêmes peuvent être réélus. — En cas de partage des voix, le scrutin est recommencé; et si le résultat est le même, le plus âgé des deux membres qui sont l'objet de ce partage, est nommé de droit, à moins qu'il n'ait rempli, pendant les deux années précédentes, la place à laquelle il s'agit de nommer; auquel cas la nomination de droit s'opère en faveur de son concurrent.

17. La nomination des membres de la chambre a lieu de droit le 15 fructidor (1er septembre) de chaque année. Ils entrent en fonctions le 1er vendémiaire (22 septembre) suivant; et le même jour ils nomment le président et les autres officiers, qui entrent de suite en fonctions. — Les premières nominations pour la mise en activité du présent règlement, se feront, savoir, à Paris, dans les deux décades de sa date, et dans les autres départements, dans les deux décades qui suivront sa publication. (*V. Décr. 17 juill. 1806.*)

Fonds pour les dépenses de la Chambre.

18. Il y a une bourse commune pour ses dépenses des bureaux de la chambre. — Chaque membre de la chambre verse dans cette bourse commune la moitié des droits de présence à la taxe ou des droits de tiers qui lui sont attribués par les ordonnances. — Pour le surplus des fonds à fournir à la bourse commune, chaque avoué, même chacun des membres de la chambre, contribue de ses deniers, suivant ses facultés, et ainsi qu'il est réglé par elle, sans qu'il puisse néanmoins être exigé d'aucun d'eux, pour chaque année, au delà d'une somme égale à l'intérêt annuel de son cautionnement. — Et les fonds qui se trouvent dans la bourse commune au delà des dépenses annuelles, sont réservés et employés par la chambre pour subvenir aux besoins des pauvres qu'elle croit avoir le plus de droits à la bienfaisance des avoués.

LOI

Qui détermine la portion saisissable sur les traitements des fonctionnaires publics et des employés civils.

(21 ventôse an IX)

Les traitements des fonctionnaires publics et employés civils seront saisissables jusqu'à concurrence du cinquième sur les premiers 1,000 francs et toutes les sommes au-dessous, du quart sur les 5,000 francs suivants, et du tiers sur la portion excédant 6,000, à quelque somme qu'elle s'élève; et ce, jusqu'à l'entier acquittement des créances.

LOI

Portant établissement de quatre-vingts commissaires-priseurs-vendeurs de meubles, à Paris.

(27 ventôse an IX) (1)

ART. 1er. A compter du 1er floréal prochain, les prisées des meubles et ventes publiques aux enchères, d'effets mobiliers, qui auront lieu à Paris, seront faites exclusivement par des commissaires-priseurs-vendeurs de meubles. — Ils auront la concurrence pour les ventes de même nature qui se feront dans le département de la Seine. (*V. Ord. 26 juin 1816, art. 2.*)

2. Il est défendu à tous particuliers, à tous autres officiers publics, de s'immiscer dans lesdites opérations qui se

(1) V. Ord. 26 juin 1816.

feront à Paris, à peine d'amende, qui ne pourra excéder le quart du prix des objets prisés ou vendus. (*V. Ord.* 26 *juin* 1816, *art.* 3.)

3. Lesdits commissaires-priseurs-vendeurs de meubles pourront recevoir toute déclaration concernant lesdites ventes, recevoir et viser toutes les oppositions qui y seront formées, introduire devant les autorités compétentes tous référés auxquels leurs opérations pourront donner lieu, et citer, à cet effet, les parties intéressées devant lesdites autorités. (*V. Ord.* 26 *juin* 1816, *art.* 6.)

4. Toute opposition, toute saisie-arrêt, formées entre les mains des commissaires-priseurs-vendeurs, relatives à leurs fonctions, toute signification de jugement prononçant la validité desdites opposition ou saisie-arrêt, seront sans effet, à moins que l'original desdites opposition, saisie-arrêt ou signification de jugement, n'ait été visé par le commissaire-priseur-vendeur, ou, en cas d'absence ou de refus, par le syndic desdits commissaires. (*V. Ord.* 26 *juin* 1816, *art.* 7.)

5. Les commissaires-priseurs-vendeurs auront la police dans les ventes, et pourront faire toute réquisition pour y maintenir l'ordre. (*Id.*, *art.* 8.)

6. Il sera alloué auxdits commissaires, pour frais de prisée, 6 francs par chaque vacation de trois heures. (*V. le tarif de la loi du* 18 *juin* 1843.)

7. Il leur sera alloué, pour tous frais de vente, vacations à ladite vente, rédaction de minute et première expédition du procès-verbal, droits de clercs et tous autres droits, non compris les déboursés faits pour annoncer la vente et en acquitter les droits, savoir : 8 francs pour 100 francs, lorsque le produit de la vente s'élèvera jusqu'à 1,000 francs : 7 pour 100, lorsque le produit s'élèvera jusqu'à 4,000 francs, et 5 pour 100 lorsque le produit s'élèvera au-dessus de 4,000 francs. (*V. le tarif de la loi du* 18 *juin* 1843.)

8. Le nombre des commissaires-priseurs-vendeurs sera de quatre-vingts.

9. Ils seront nommés par le premier Consul sur une liste de candidats qui sera soumise au Gouvernement par le tribunal de première instance du département de la Seine, devant lequel les commissaires nommés prêteront serment. (*V. Ord.* 26 *juin* 1816, *art.* 9.)

10. Ils auront une chambre de discipline, qui sera organisée par un règlement ; ils seront sous la surveillance du commissaire du Gouvernement établi près le tribunal. (*V. Arr.* 29 *germ. an IX.*) — Ils verseront au Trésor public, et par forme de cautionnement, une somme de 10,000 francs (1), dont il sera payé un intérêt, conformément à la loi du 9 frimaire an IX. (*V. L.* 28 *avril* 1816, *art.* 89.)

11. Le tribunal ne pourra admettre à la prestation du serment que ceux qui justifieront de la quittance dudit cautionnement. Le jugement qui donnera acte du serment mentionnera la quittance. (*V. L.* 28 *avril* 1816, *art.* 92 ; *Ord.* 26 *juin* 1816, *art.* 15.)

LOI

Relative à la perception des droits d'enregistrement.

(27 ventôse an IX) (2)

LOI

Relative à l'établissement des Bourses de commerce.

(28 ventôse an IX)

TITRE Ier. — *Etablissement des Bourses.*

ART. 1er. Le Gouvernement pourra établir des Bourses de commerce dans tous les lieux où il n'en existe pas, et où il le jugera convenable.

2. Il pourra affecter à la tenue de la Bourse, les édifices et emplacements qui ont été ou sont encore employés à cet usage, et qui ne sont pas aliénés. — Il pourra assigner à cette destination tout ou partie d'un édifice national, dans les lieux où il n'y a pas de bâtiments qui aient été ou soient affectés à cet usage. — Les banquiers, négociants et marchands, pourront faire des souscriptions pour construire des établissements de ce genre, avec l'autorisation du Gouvernement.

3. Le Gouvernement pourvoira à l'administration des édifices et emplacements où se tiennent les Bourses, et de ceux qui seront affectés ultérieurement à la même destination, ou construits par le commerce.

4. Les dépenses annuelles relatives à l'entretien et réparation des Bourses, seront supportées par les banquiers, négociants et marchands ; en conséquence, il pourra être levé une con-

(1) Le cautionnement est de 20,000 fr., d'après la loi du 28 avril 1816.

(2) Bull., 3e sér., no 589. — *V.* le texte dans notre édition in-8o.

tribution proportionnelle sur le total de chaque patente de commerce de première et deuxième classe, et sur celles d'agents de change et courtiers. — Le montant en sera fixé chaque année, en raison des besoins, par un arrêté du préfet du département.

5. Le Gouvernement réglera le mode suivant lequel seront faits la perception et l'emploi, et rendu le compte des fonds provenant de cette contribution.

TITRE II. — *Etablissement des agents de change et courtiers.*

6. Dans toutes les villes où il y aura une Bourse, il y aura des agents de change et des courtiers de commerce nommés par le Gouvernement.

7. Les agents de change et courtiers qui seront nommés en vertu de l'article précédent, auront seuls le droit d'en exercer la profession, de constater le cours du change, celui des effets publics, marchandises, matières d'or et d'argent, et de justifier devant les tribunaux ou arbitres la vérité et le taux des négociations, ventes et achats.

8. Il est défendu, sous peine d'une amende qui sera au plus du sixième du cautionnement des agents de change ou courtiers de la place, et au moins du douzième, à tous individus autres que ceux nommés par le Gouvernement, d'exercer les fonctions d'agent de change ou courtier. — L'amende sera prononcée correctionnellement par le tribunal de première instance, payable par corps, et applicable aux enfants abandonnés.

9. Les agents de change et courtiers de commerce seront tenus de fournir un cautionnement. Le montant en sera réglé par le Gouvernement, sur l'avis des préfets de département. — Il ne pourra excéder, pour les agents de change, la somme de 60,000 francs, ni être moindre de 6,000 francs en numéraire. — Pour les courtiers de commerce, il ne pourra excéder la somme de 12,000 francs, ni être moindre de 2,000 francs. — Le montant en sera versé à la caisse d'amortissement. — L'intérêt en sera payé à cinq pour cent (3 *pour* 100; *V. L.* 4 *août* 1844, *art.* 7.)

10. En cas de démission ou décès, le cautionnement sera remboursé par la Caisse d'amortissement à l'agent de change ou courtier, ses héritiers ou ayants-cause.

11. Le Gouvernement, fera, pour la police des Bourses, et en général pour l'exécution de la présente loi, les règlements qui seront nécessaires.

LOI

Qui détermine le mode d'élection des juges de paix.

(29 ventôse an IX) (1)

ART. 1 à 7. — *Abrogés.*

8. Il (le juge de paix) sera installé par le sous-préfet, après avoir prêté serment à l'audience publique du tribunal de l'arrondissement communal (2).

9. Il sera tenu de donner ses audiences au chef-lieu du canton (3).

LOI

Qui supprime les assesseurs des juges de paix, et donne deux suppléants à chacun de ces juges.

(29 ventôse an IX)

ART. 1er. Les assesseurs des justices de paix sont supprimés; ils cesseront leurs fonctions au moment où les juges de paix des nouveaux cantons seront installés.

2. Chaque juge de paix remplira seul les fonctions, soit judiciaires, soit de conciliation ou autres, qui sont attribuées aux justices de paix par les lois actuelles.

3. En cas de maladie, absence ou autre empêchement du juge de paix, ses fonctions seront remplies par un suppléant. — A cet effet, chaque juge de paix aura deux suppléants.

4. Les deux suppléants, désignés par *premier* et *second*, seront les

(1) (*a*) La nomination des juges de paix appartient aujourd'hui au chef du Pouvoir exécutif.

(*b*) Les fonctions de juge de paix sont incompatibles avec la profession d'avocat. — *Instr. g. des Sc.* 27 juin 1818.

(*c*) Avec celle de médecin. — *Circ. g. des Sc.* 16 août 1848.

(*d*) Avec celle de commerçant. — *Circ. g. des Sc.* 31 déc. 1849.

(2) L'installation par le sous-préfet est généralement tombée en désuétude; le juge de paix est installé par son suppléant.

(3) Les juges de paix ne peuvent être autorisés à tenir des audiences hors du chef-lieu de canton. — *Instr. g. des Sc.* 30 août 1844.

deux citoyens ayant réuni le plus grand nombre de suffrages, après le juge de paix, dans les élections du canton (1).

ARRÊTÉ

Relatif aux baux à longues années des biens ruraux appartenant aux hospices, aux établissements d'instruction publique et aux communautés d'habitants.

(7 germinal an IX) (2)

ARRÊTÉ

Relatif à la désignation des villes où devront être établies des Bourses de commerce, à l'organisation et à la police de ces Bourses.

(29 germinal an IX) (3)

ARRÊTÉ

Qui renouvelle les défenses faites aux entrepreneurs de voitures libres de transporter les lettres, journaux, etc.

(27 prairial an IX) (4)

ARRÊTÉ

Relatif aux rentes et domaines nationaux affectés aux hospices.

(7 messidor an IX)

. . . .

ART. 15. Pourra le Comité consultatif, pour les cas qui le permettront, transiger sur tous les droits litigieux. Les transactions recevront leur exécution provisoire; mais elles ne seront définitives et irrévocables qu'après avoir été approuvées par le Gouvernement, à l'effet de quoi elles seront transmises au ministre de l'Intérieur, revêtues de l'avis des préfets et sous-préfets.

ARRÊTÉ

Relatif aux délibérations des Conseils de préfecture.

(19 fructidor an IX) (5)

ART. 1er. Les conseils de préfecture ne pourront prendre aucune délibération, si les membres ne sont au moins au nombre de trois. Le préfet, lorsqu'il assistera à la séance, comptera pour compléter les membres nécessaires pour délibérer.

2. En cas de partage, ou d'insuffisance du nombre des membres du conseil, ils seront remplacés de la manière suivante.

3. Les membres restants au conseil de préfecture désigneront, à la pluralité des voix, un des membres du conseil général de département, qui siégera avec ceux du conseil de préfecture, soit qu'il faille compléter le nombre nécessaire pour délibérer, ou vider un partage. Le choix ne pourra jamais tomber sur les membres des tribunaux qui font partie des conseils généraux de département.

4. En cas de partage sur le choix du suppléant, la voix du préfet, s'il assiste à la séance, ou du plus ancien d'âge des conseillers, si le préfet n'est pas à la séance du conseil, aura la prépondérance.

5. Si le préfet est absent du chef-lieu ou du département, celui qui le remplacera aura, dans tous les cas, la voix prépondérante comme le préfet lui-même.

6. Le service des suppléants au conseil de préfecture sera gratuit, en cas de récusation, maladie ou partage : en cas d'absence, le suppléant aura droit, proportionnellement au temps de son service, à la moitié du traitement de celui qu'il remplacera.

ARRÊTÉ

Relatif à la nomination des gardes champêtres.

(25 fructidor an IX) (6)

(1) Le titre de premier suppléant n'est point aujourd'hui conféré par l'ordonnance de nomination; il appartient au plus ancien.

(2) Bull., 3e sér., no 607. — *V.* le texte dans notre édition in-8o.

(3) Bull., 3e sér., no 642. — *V.* le texte dans notre édition in-8o.

(4) Bull., 3e sér., no 696. — *V.* le texte dans notre édition in-8o.

(5) *V.* Décr. 16 juin 1808, et Décr. 30 déc. 1862.

(6) Bull., 3e série, no 859. — *V.* Ord.

AN X

ARRÊTÉ

Relatif aux formalités nécessaires pour intenter action contre des communes.

(17 vendémiaire an X)

ART. UNIQUE. Les créanciers des communes ne pourront intenter contre elles aucune action, qu'après qu'ils en auront obtenu la permission par écrit du conseil de préfecture, sous les peines portées par l'édit du mois d'août 1683 (1).

ARRÊTÉ

Relatif à l'apposition des scellés après le décès des officiers généraux ou supérieurs, des commissaires-ordonnateurs, des inspecteurs aux revues et des officiers de santé.

(13 nivôse an X) (2)

ARRÊTÉ

Relatif à la consignation d'amende sur appel.

(27 nivôse an X) (3)

ART. 1er. Tout appelant sera tenu de consigner l'amende d'avance en faisant enregistrer son acte d'appel, sauf à ordonner la restitution, si l'appel est jugé bien fondé.

2. Si le tribunal ordonne la restitution de l'amende, ou si les parties transigent sur l'appel avant le jugement, le receveur restituera le montant de l'amende à qui de droit, soit sur le vu du jugement, soit sur le vu de la transaction des parties.

ARRÊTÉ

Qui déclare non avenus, pour cause d'incompétence, des jugements rendus par le tribunal de première instance de Marseille.

(9 ventôse an X)

Considérant que, d'après les lois des 16 vendémiaire an V et 16 messidor an VII, les fonctions des commissaires-administrateurs des hospices civils sont de même nature que celles des administrations municipales; qu'elles en sont une dépendance, que tous les arrêtés desdits commissaires sont soumis à l'approbation de l'autorité administrative, ayant la surveillance immédiate; que, par ces motifs, les actions contre les commissaires-administrateurs des hospices, ne peuvent être intentées que suivant les règles établies pour les actions à intenter contre l'État.

LOI

Relative à l'organisation des cultes.

(18 germinal an X) (4)

TITRE Ier. — *Du régime de l'Église catholique dans ses rapports généraux avec les droits et la police de l'État.*

ART. 1er. Aucune bulle, bref, rescrit, décret, mandat, provision, signature servant de provision, ni autres expéditions de la cour de Rome, même ne concernant que les particuliers, ne pourront être reçus, publiés, imprimés, ni autrement mis à exécution, sans l'autorisation du Gouvernement.

. . . .

6. Il y aura recours au Conseil

---

29 nov. 1820 (Bull., 7e série, no 9929); art. 13, L. 18 juill. 1837; art. 5, Décr. 25 mars 1852.

(1) L'autorisation exigée par l'arrêté du 17 vendémiaire an X, pour plaider contre une commune, n'est pas nécessaire lorsqu'il s'agit d'une action pour dommages intentée par un particulier contre la commune, dans les cas de responsabilité prévus par la loi du 10 vendémiaire an IV. Cette matière est soumise à des règles spéciales qui ne peuvent se concilier avec la nécessité d'obtenir une autorisation. — Cass. *Ch. réun.* 28 janv. 1826.

(2) Bull., 3e série, no 1124.

(3) *V.* Arr. 10 flor. an XI et L. 16 juin 1824.

(4) Bull., 3e série, no 1344. — *V.* texte dans notre édition in-8o.

d'Etat, dans tous les cas d'abus de la part des supérieurs et autres personnes ecclésiastiques. — Les cas d'abus sont : l'usurpation ou l'excès de pouvoir, la contravention aux lois et règlements de la République, l'infraction des règles consacrées par les canons reçus en France, l'attentat aux libertés, franchises et coutumes de l'Eglise gallicane, et toute entreprise ou tout procédé qui, dans l'exercice du culte, peut compromettre l'honneur des citoyens, troubler arbitrairement leur conscience, dégénérer contre eux en oppression, ou en injure, ou en scandale public.

7. Il y aura pareillement recours au Conseil d'Etat, s'il est porté atteinte à l'exercice public du culte et à la liberté que les lois et règlements garantissent à ses ministres.

8. Le recours compétera à toute personne intéressée. A défaut de plainte particulière, il sera exercé d'office par les préfets. — Le fonctionnaire public, l'ecclésiastique ou la personne qui voudra exercer ce recours, adressera un mémoire détaillé et signé au *conseiller d'Etat chargé de toutes les affaires concernant les cultes*, lequel sera tenu de prendre, dans le plus court délai, tous les renseignements convenables; et, sur son rapport, l'affaire sera suivie et définitivement terminée dans la forme administrative, ou renvoyée, selon l'exigence des cas, aux autorités compétentes.

. . . .

11. Les archevêques et évêques pourront, avec l'autorisation du gouvernement, établir dans leurs diocèses des chapitres cathédraux et des séminaires. Tous autres établissements ecclésiastiques sont supprimés. (*V. Décr.* 29 *mars* 1880.)

. . . .

54. Ils (*les curés*) ne donneront la bénédiction nuptiale qu'à ceux qui justifieront, en bonne et due forme, avoir contracté mariage devant l'officier civil. (*V. art.* 199 *et* 200, *C. pén.*)

LOI

Portant création d'une Légion-d'Honneur.

(29 floréal an X) (1)

---

(1) Bull., 3e série, no 1604. — Remplacée par le Décr du 16 mars 1852.

LOI

Relative aux contraventions en matière de grande voirie.

(29 floréal an X) (2)

LOI

Relative à l'établissement d'un droi de navigation intérieure.

(30 floréal an X) (3)

ARRÊTÉ

Concernant les Bourses de commerce.

(27 prairial an X)

§ 1. — Dispositions générales

ART. 1er. Les Bourses de commerce seront ouvertes à tous les citoyens, et même aux étrangers.

2. A Paris, le préfet de police réglera, de concert avec quatre banquiers, quatre négociants, quatre agents de change et quatre courtiers de commerce désignés par le tribunal de commerce, les jours et heures d'ouverture, de tenue et de fermeture de la Bourse. — Dans les autres villes, le commissaire général de police ou le maire fera cette fixation de concert avec le tribunal de commerce.

3. Il est défendu de s'assembler ailleurs qu'à la Bourse, et à d'autres heures qu'à celles fixées par le règlement de police, pour proposer et faire des négociations, à peine de destitution des agents de change ou courtiers, qui auraient contrevenu, et, pour les autres individus, sous les peines portées par la loi contre ceux qui s'immisceront dans les négociations sans titre légal. — Le préfet de police de Paris, et les maires et officiers de police des villes des départements, sont chargés de prendre les mesures nécessaires pour l'exécution de cet article.

4. Il est défendu, sous les peines portées par les articles 13 de l'arrêt du Conseil du 26 nov. 1781, et 8 de la loi du 28 ventôse an IX, à toutes per-

(2) Bull., 3e série, no 1606. — *V.* le texte dans notre édition in-8o.

(3) Bull., 3e série, no 1608. — *V. LL.* 21 déc. 1879 et 19 févr. 1880 sur la suppression des droits de navigation intérieure.

sonnes autres que celles nommées par le Gouvernement, de s'immiscer, en façon quelconque, et sous quelque prétexte que ce puisse être, dans les fonctions des agents de change et courtiers de commerce (*V. L.* 18 *juillet* 1866), soit dans l'intérieur, soit à l'extérieur de la Bourse. Les commissaires de police sont spécialement chargés de veiller à ce qu'il ne soit pas contrevenu à la présente disposition. Il est néanmoins permis à tous particuliers de négocier entre eux et par eux-mêmes les lettres de change ou billets à leur ordre ou au porteur, et tous les effets de commerce qu'ils garantiront par leur endossement, et de vendre aussi par eux-mêmes leurs marchandises.

5. En cas de contravention à l'article ci-dessus, les commissaires de police, les syndics ou les adjoints des agents de change et courtiers de commerce, feront connaître les contrevenants au préfet de police, à Paris, et aux maires et officiers de police, dans les départements; lesquels, après vérification des faits et audition du prévenu, pourront, par mesure de police, lui interdire l'entrée de la Bourse. — En cas de récidive, il sera, par le Gouvernement, déclaré incapable de pouvoir parvenir à l'état d'agent de change ou courtier; le tout sans préjudice de la traduction devant les tribunaux, pour faire prononcer les peines portées par les loi et arrêt du Conseil ci-dessus cités.

6. Il est défendu, sous les peines portées contre ceux qui s'immiscent dans les négociations sans être agents de change ou courtiers, à tout banquier, négociant ou marchand, de confier ses négociations, ventes ou achats, et de payer des droits de commission ou de courtage à d'autres qu'aux agents de change et courtiers. — Les syndics et adjoints des agents de change et courtiers, le préfet de police de Paris, et les maires et officiers de police des autres places de commerce, sont spécialement chargés de veiller à l'exécution du présent article, et de dénoncer les contrevenants aux tribunaux. — Le commissaire du Gouvernement sera tenu de les poursuivre d'office.

7. Conformément à l'article 7 de la loi du 28 ventôse an IX, toutes négociations faites par des intermédiaires sans qualité sont déclarées nulles.

8. Les compagnies de banque ou de commerce qui émettent des actions, sont comprises dans la disposition des articles précédents, et ne pourront exiger d'autre garantie que celles prescrites par les lois et règlements.

9. Les agents de change pourront faire, concurremment avec les courtiers de commerce, les négociations en ventes ou achats des monnaies d'or ou d'argent et matières métalliques.

§ 2. — Obligation des agents de change et courtiers.

10. Les agents de change et les courtiers de commerce ne pourront être associés, teneurs de livres ni caissiers d'aucun négociant, marchand ou banquier; ne pourront pareillement faire aucun commerce de marchandises, lettres, billets, effets publics et particuliers, pour leur compte, ni endosser aucun billet, lettre de change ou effet négociable quelconque, ni avoir entre eux ou avec qui que ce soit, aucune société de banque ou en commandite, ni prêter leur nom, pour une négociation, à des citoyens non commissionnés, sous peine de 3,000 francs d'amende et de destitution. — Il n'est pas dérogé à la faculté qu'ont les agents de change de donner leur aval pour les effets de commerce.

11. Les agents de change et courtiers de commerce seront tenus de consigner leurs opérations sur des carnets, et de les transcrire, dans le jour, sur un journal timbré, coté et paraphé par les juges du tribunal de commerce, lesquels registre et carnet ils seront tenus de représenter aux juges ou aux arbitres : ils ne pourront, en outre, refuser de donner des reconnaissances des effets qui leur seront confiés.

12. Lorsque deux agents de change ou courtiers de commerce auront consommé une opération, chacun d'eux l'inscrira sur son carnet, et le montrera à l'autre.

13. Chaque agent de change devant avoir reçu de ses clients les effets qu'il vend, ou les sommes nécessaires pour payer ceux qu'il achète, est responsable de la livraison et du paiement de ce qu'il aura vendu et acheté : son cautionnement sera affecté à cette garantie, et sera saisissable en cas de non-consommation dans l'intervalle d'une Bourse à l'autre, sauf le délai nécessaire au transfert des rentes, ou autres effets publics dont la remise exige des formalités. — Lorsque le cautionnement aura été entamé, l'agent de change sera suspendu de ses fonctions jusqu'à ce qu'il l'ait complété entièrement, conformément à l'arrêté du 29 germinal an IX. Les noms des

agents de change ainsi suspendus de leurs fonctions, seront affichés à la Bourse.

14. Les agents de change seront civilement responsables de la vérité de la dernière signature des lettres de change ou autres effets qu'ils négocieront.

15. A compter de la publication du présent arrêté, les transferts d'inscriptions sur le grand-livre de la dette publique seront faits au Trésor public, en présence d'un agent de change de la Bourse de Paris, qui certifiera l'identité du propriétaire, la vérité de sa signature et des pièces produites.

16. Cet agent de change sera, par le seul effet de sa certification, responsable de la validité desdits transferts, en ce qui concerne l'identité du propriétaire, la vérité de sa signature et des pièces produites : cette garantie ne pourra avoir lieu que pendant cinq années, à partir de la déclaration du transfert.

17. En cas de mort, démission ou destitution d'un agent de change, il ne pourra, ainsi que ses héritiers et ayants-cause, demander le remboursement du cautionnement par lui fourni, qu'en justifiant d'un certificat des syndics des agents de change, constatant que la cessation de ses fonctions a été annoncée et affichée, depuis un mois, à la Bourse, et qu'il n'est survenu aucune réclamation contre.

18. Ne pourront les agents de change et courtiers de commerce, sous peine de destitution et de 3,000 francs d'amende, négocier aucune lettre de change, billet, vendre aucune marchandise appartenant à des gens dont la faillite serait connue.

19. Les agents de change devront garder le secret le plus inviolable aux personnes qui les auront chargés de négociations, à moins que les parties ne consentent à être nommées, ou que la nature des opérations ne l'exige.

§ 3. — Des droits à percevoir par les agents de change ou courtiers, jusqu'à ce qu'il en ait été autrement ordonné par le Gouvernement.

20. Ne pourront les agents de change et courtiers de commerce exiger ni recevoir aucune somme au delà des droits qui leur sont attribués par le tarif arrêté par les tribunaux de commerce, sous peine de concussion; et ils auront la faculté de se faire payer de leurs droits après la consommation de chaque négociation, ou sur des mémoires qu'ils fourniront de trois mois en trois mois, des négociations faites par leur entremise, aux banquiers, négociants ou autres, pour le compte desquels ils les auront faites.

§ 4. — Dispositions concernant la discipline intérieure des agents de change et courtiers (1).

21. Les fonctions de syndics et adjoints des agents de change et courtiers de commerce, conformément aux dispositions de l'article 15 de l'arrêté du 29 germinal, dureront un an. Extrait de la délibération portant nomination, sera, à chaque élection, envoyé dans les vingt-quatre heures, au préfet de police, à Paris, et au commissaire général de police ou au maire, dans les autres places. Les syndics et adjoints des agents de change et courtiers donneront leur avis motivé sur les listes de candidats qui seront présentées au Gouvernement.

22. Les agents de change et courtiers de commerce de chaque place sont autorisés à faire un règlement de discipline intérieure, qu'ils remettront au ministre de l'Intérieur, pour être par lui présenté à la sanction du Gouvernement. (*V. Décr.* 5 *janv.* 1867.)

§ 5. — Dispositions particulières pour la ville de Paris.

23. Il sera établi à la Bourse de Paris un lieu séparé et placé à la vue du public, dans lequel les agents de change se réuniront pour la négociation des effets publics et particuliers, en exécution des ordres qu'ils auront reçus avant la Bourse ou pourront recevoir pendant sa durée : l'entrée de ce lieu séparé, ou parquet, sera interdite à tout autre qu'aux agents de change. — Il sera également établi un lieu séparé, convenable pour les courtiers de commerce.

24. Les agents de change, étant sur le parquet, pourront proposer à haute voix la vente ou l'achat d'effets publics et particuliers; et lorsque deux d'entre eux auront consommé une négociation, ils en donneront le cours à un crieur, qui l'annoncera sur-le-champ au public.

25. Ne sera crié à haute voix que le cours des effets publics : quant aux actions de commerce, lettres de change et billets, tant de l'intérieur que de l'étranger, leur négociation en exigeant l'exhibition et l'examen, elle ne

(1) V. L. 18 juill. 1866.

pourra être faite à haute voix, et les cours auxquels elle aura donné lieu seront recueillis, après la Bourse, par les syndics et adjoints, et cotés sur le bulletin des cours.

26. Les syndics et adjoints des courtiers de commerce se réuniront également pour recueillir le cours des marchandises et le coter, article par article, sur le bulletin.

27. Chaque agent de change pourra, dans le délai d'un mois, faire choix d'un commis principal (*V. Décr.* 13 *oct.* 1859) qu'il présentera aux agents de change assemblés spécialement, lesquels, au scrutin et à la majorité, l'agréeront ou le rejetteront. La liste des commis ainsi agréés sera remise au préfet de police.

28. Ces commis ne pourront faire aucune négociation pour leur compte, ni signer aucun bulletin ou bordereau; ils opéreront pour, au nom et sur la signature de l'agent de change : en cas d'absence ou de maladie, ils transmettront chaque jour les ordres qu'ils auront reçus pour leur agent, à celui de ses collègues fondé de sa procuration. Ils seront dans la dépendance et révocables à la volonté tant de leur agent que de la compagnie.

ARRÊTÉ

Portant que les décisions de la chambre de discipline des avoués, prononçant seulement des peines de discipline, ne sont pas susceptibles de recours aux tribunaux.

(2 thermidor an X)

Art. 1er. Dans les cas prévus par l'article 8 de l'arrêté du 13 frimaire an IX, où la chambre a le droit de prononcer le rappel à l'ordre, la censure simple, la censure avec réprimande, l'interdiction de l'entrée de la chambre, les décisions sont exécutées sans appel ou recours aux tribunaux (1).

2. Dans les cas prévus par l'article 9, où la chambre n'a le droit de prononcer que par forme d'avis, les avis n'ont d'effet qu'après qu'ils ont été homologués par le tribunal, sur les conclusions du commissaire du Gouvernement.

3. Dans aucun cas, la chambre des avoués ne pourra ordonner l'impression des actes de police et de discipline intérieure.

4. — *Transitoire.*

(1) L'interdiction d'appel des décisions disciplinaires de la chambre des avoués, rendues par application de l'article 8 de l'arrêté du 13 frimaire an IX, est absolue.— Mais l'arrêté du 2 thermidor an X n'a pas interdit le recours en cassation, quand ces décisions sont viciées d'incompétence ou d'excès de pouvoir. — Cass. 9 avril 1862.

ARRÊTÉ

Portant qu'il n'est point reçu de transports, cession ou délégations de pensions à la charge de la République.

(7 thermidor an X)

Art. 1er. (*Cet article annule des transports déterminés, antérieurs.*)

2. Il ne sera reçu à l'avenir, au Trésor public, aucune signification de transport, cession ou délégation de pension à la charge de la République.

3. Les créanciers d'un pensionnaire ne pourront exercer qu'après son décès, et sur le décompte de sa pension, les poursuites et diligences nécessaires pour la conservation de leurs droits.

SÉNATUS-CONSULTE

Organique de la Constitution.

(16 thermidor an X)

. . . .

Titre IX. — *De la justice et des tribunaux.*

Art. 78. Il y a un grand-juge, ministre de la justice.

. . . .

80. Il préside le tribunal de cassation et les tribunaux d'appel, quand le Gouvernement le juge convenable (*abrogé*).

81. Il a, sur les tribunaux, les justices de paix et les membres qui les composent, le droit de les surveiller et de les reprendre.

82. Le tribunal de cassation, *présidé par lui*, a droit de censure et de discipline sur les tribunaux d'appel et les tribunaux criminels; il peut, pour cause grave, suspendre les juges de leurs fonctions, les mander près du grand-juge pour y rendre compte de leur conduite.

83. Les tribunaux d'appel ont droit

de surveillance sur les tribunaux civils de leur ressort, et les tribunaux civils sur les juges de paix de leur arrondissement.

84. Le commissaire du Gouvernement près le tribunal de cassation surveille les commissaires près les tribunaux d'appel et les tribunaux criminels. — Les commissaires près les tribunaux d'appel surveillent les commissaires près les tribunaux civils.

. . . .

AN XI

AVIS DU CONSEIL D'ÉTAT

Concernant les formalités à observer pour inscrire sur les registres de l'état civil des actes qui n'y ont pas été portés dans les délais prescrits.

(12 brumaire an XI) (1)

ARRÊTÉ

Qui déclare les traitements ecclésiastiques insaisissables dans leur totalité.

(18 nivôse an XI) (2)

LOI

Relative à l'exercice de la médecine.

(19 ventôse an XI) (3)

LOI

Contenant organisation du notariat.

(25 ventôse an XI)

TITRE Ier. — *Des notaires et des actes notariés.*

SECTION I. — *Des fonctions, ressort et devoirs des notaires.*

ART. 1er. Les notaires sont les fonctionnaires publics établis pour recevoir tous les actes et contrats auxquels les parties doivent ou veulent faire donner le caractère d'authenticité attaché aux actes de l'autorité publique, et pour en assurer la date, en conserver le dépôt, en délivrer des grosses et expéditions.

2. Ils sont institués à vie.

3. Ils sont tenus de prêter leur ministère lorsqu'ils en sont requis.

4. Chaque notaire devra résider dans le lieu qui lui sera fixé par le Gouvernement. En cas de contravention, le notaire sera considéré comme démissionnaire ; en conséquence, le grand-juge, ministre de la justice, après avoir pris l'avis du tribunal, pourra proposer au Gouvernement le remplacement.

5. Les notaires exercent leurs fonctions, savoir : — Ceux des villes où est établi le tribunal d'appel, dans l'étendue du ressort de ce tribunal ; — Ceux des villes où il n'y a qu'un tribunal de première instance, dans l'étendue du ressort de ce tribunal ; — Ceux des autres communes, dans l'étendue du ressort du tribunal de paix.

6. Il est défendu à tout notaire d'instrumenter hors de son ressort, à peine d'être suspendu de ses fonctions pendant trois mois, d'être destitué en cas de récidive, et de tous dommages et intérêts.

7. Les fonctions de notaires sont incompatibles avec celles de juges, commissaires du Gouvernement près les tribunaux, leurs substituts, greffiers, avoués, huissiers, préposés à la recette des contributions directes et indirectes, juges, greffiers et huissiers des justices de paix, commissaires de police et commissaires aux ventes.

SECTION II. — *Des actes, de leur forme, des minutes, grosses, expéditions et répertoires.*

8. Les notaires ne pourront recevoir des actes dans lesquels leurs parents ou alliés, en ligne directe, à tous les degrés, et en collatérale, jusqu'au degré d'oncle ou de neveu inclusivement, seraient parties, ou qui contiendraient quelque disposition en leur faveur.

9. Les actes seront reçus par deux notaires, ou par un notaire assisté de deux témoins, citoyens français, sachant signer, et domiciliés dans l'arrondissement communal où l'acte sera passé.

10. Deux notaires, parents ou alliés au degré prohibé par l'article 8, ne

(1) Bull., 3e série, no 2067. — V. le texte dans notre édition in-8o.
(2) Bull., 3e série, no 2247.
(3) Bull., 3e série, no 2436. — V. le texte dans notre édition in-8o.

pourront concourir au même acte. — Les parents, alliés, soit du notaire, soit des parties contractantes, au degré prohibé par l'article 8, leurs clercs et leurs serviteurs, ne pourront être témoins.

11. Le nom, l'état et la demeure des parties devront être connus des notaires, ou leur être attestés dans l'acte par deux citoyens connus d'eux, ayant les mêmes qualités que celles requises pour être témoin instrumentaire.

12. Tous les actes doivent énoncer les nom et lieu de résidence du notaire qui les reçoit, à peine de 100 francs d'amende contre le notaire contrevenant. — Ils doivent également énoncer les noms des témoins instrumentaires, leur demeure, le lieu, l'année et le jour où les actes sont passés, sous les peines prononcées par l'article 68 ci-après, et même de faux, si le cas y échoit.

13. Les actes de notaires seront écrits en un seul et même contexte, lisiblement, sans abréviation, blanc, lacune ni intervalle; ils contiendront les noms, prénoms, qualités et demeures des parties, ainsi que des témoins qui seraient appelés dans le cas de l'article 11 ; ils énonceront en toutes lettres les sommes et les dates ; les procurations des contractants seront annexées à la minute, qui fera mention que lecture de l'acte a été faite aux parties : le tout à peine de 100 francs d'amende contre le notaire contrevenant.

14. Les actes seront signés par les parties, les témoins et les notaires, qui doivent en faire mention à la fin de l'acte. — Quant aux parties qui ne savent ou ne peuvent signer, le notaire doit faire mention, à la fin de l'acte, de leurs déclarations à cet égard.

15. Les renvois et apostilles ne pourront, sauf l'exception ci-après, être écrits qu'en marge ; ils seront signés ou paraphés, tant par les notaires que par les autres signataires, à peine de nullité des renvois et apostilles. Si la longueur du renvoi exige qu'il soit transporté à la fin de l'acte, il devra être non-seulement signé ou paraphé comme les renvois écrits en marge, mais encore expressément approuvé par les parties, à peine de nullité du renvoi.

16. Il n'y aura ni surcharge, ni interligne, ni addition dans le corps de l'acte, et les mots surchargés, interlignés ou ajoutés seront nuls. Les mots qui devront être rayés le seront de manière que le nombre puisse en être constaté à la marge de la page correspondante, ou à la fin de l'acte, et approuvé de la même manière que les renvois écrits en marge : le tout à peine d'une amende de 50 francs contre le notaire, ainsi que de tous dommages et intérêts, même de destitution en cas de fraude.

17. Le notaire qui contreviendra aux lois et aux arrêtés du Gouvernement concernant les noms et qualifications supprimés, les clauses et expressions féodales, les mesures et l'annuaire de la République, ainsi que la numération décimale, sera condamné à une amende de 100 francs, qui sera double en cas de récidive. (*V. art.* 5, *L.* 4 *juill.* 1837.)

18. Le notaire tiendra exposé, dans son étude, un tableau sur lequel il inscrira les noms, prénoms, qualités et demeures des personnes qui, dans l'étendue du ressort où il peut exercer, sont interdites et assistées d'un conseil judiciaire, ainsi que la mention des jugements y relatifs ; le tout immédiatement après la notification qui en aura été faite, et à peine des dommages et intérêts des parties.

19. Tous actes notariés feront foi en justice, et seront exécutoires dans toute l'étendue de la République. — Néanmoins, en cas de plainte en faux principal, l'exécution de l'acte argué de faux sera suspendue par la déclaration du jury d'accusation, prononçant qu'*il y a lieu à accusation ;* en cas d'inscription de faux faite incidemment, les tribunaux pourront, suivant la gravité des circonstances, suspendre provisoirement l'exécution de l'acte.

20. Les notaires seront tenus de garder minute de tous les actes qu'ils recevront. — Ne sont néanmoins compris dans la présente disposition, les certificats de vie, procurations, actes de notoriété, quittances de fermages, de loyers, de salaires, arrérages de pensions et rentes, et autres actes simples qui, d'après les lois, peuvent être délivrés en brevet.

21. Le droit de délivrer des grosses et des expéditions n'appartiendra qu'au notaire possesseur de la minute ; et, néanmoins, tout notaire pourra délivrer copie d'un acte qui lui aura été déposé pour minute.

22. Les notaires ne pourront se dessaisir d'aucune minute, si ce n'est dans les cas prévus par la loi, et en vertu d'un jugement. — Avant de s'en dessaisir, ils en dresseront et signeront une copie figurée, qui, après avoir été certifiée par le président et

le commissaire du tribunal civil de leur résidence, sera substituée à la minute, dont elle tiendra lieu jusqu'à sa réintégration.

23. Les notaires ne pourront également, sans l'ordonnance du président du tribunal de première instance, délivrer expédition ni donner connaissance des actes à d'autres qu'aux personnes intéressées en nom direct, héritiers ou ayants-droit, à peine de dommages et intérêts, d'une amende de 100 francs, et d'être en cas de récidive, suspendus de leurs fonctions pendant trois mois ; sauf néanmoins l'exécution des lois et règlements sur le droit d'enregistrement, et de celles relatives aux actes qui doivent être publiés dans les tribunaux.

24. En cas de compulsoire, le procès-verbal sera dressé par le notaire dépositaire de l'acte, à moins que le tribunal qui l'ordonne ne commette un de ses membres, ou tout autre juge, ou un autre notaire. (*C. pr.*, 839.)

25. Les grosses seules seront délivrées en forme exécutoire; elles seront intitulées et terminées dans les mêmes termes que les jugements des tribunaux.

26. Il doit être fait mention, sur la minute, de la délivrance d'une première grosse, faite à chacune des parties intéressées ; il ne peut lui en être délivré d'autre, à peine de destitution, sans une ordonnance du président du tribunal de première instance, laquelle demeurera jointe à la minute.

27. Chaque notaire sera tenu d'avoir un cachet ou sceau particulier, portant ses nom, qualité et résidence, et, d'après un modèle uniforme, le type de la République française. — Les grosses et expéditions des actes porteront l'empreinte de ce cachet.

28. Les actes notariés seront légalisés, savoir : ceux des notaires à la résidence des tribunaux d'appel, lorsqu'on s'en servira hors de leur ressort; et ceux des autres notaires, lorsqu'on s'en servira hors de leur département. — La légalisation sera faite par le président du tribunal de première instance de la résidence du notaire ou du lieu où sera délivré l'acte ou l'expédition. (*V. L.* 2 *mai* 1861.)

29. Les notaires tiendront répertoire de tous les actes qu'ils recevront.

30. Les répertoires seront visés, cotés et paraphés par le président, ou, à son défaut, par un autre juge du tribunal civil de la résidence : ils contiendront la date, la nature et l'espèce de l'acte, les noms des parties et la relation de l'enregistrement.

TITRE II. — *Régime du notariat.*

SECTION I. — *Nombre, placement et cautionnement des notaires.*

31. Le nombre des notaires pour chaque département, leur placement et résidence, seront déterminés par le Gouvernement, de manière : 1° que dans les villes de cent mille habitants et au-dessus, il y ait un notaire au plus par six mille habitants ; 2° que dans les autres villes, bourgs ou villages, il y ait deux notaires au moins, ou cinq au plus, par chaque arrondissement de justice de paix.

32. Les suppressions ou réductions de places ne seront effectuées que par mort, démission ou destitution.

33. Les notaires exercent sans patentes ; mais ils sont assujettis à un cautionnement fixé par le Gouvernement d'après les bases ci-après, et qui sera spécialement affecté à la garantie des condamnations prononcées contre eux, par suite de l'exercice de leurs fonctions. — Lorsque, par l'effet de cette garantie, le montant du cautionnement aura été employé en tout ou en partie, le notaire sera suspendu de ses fonctions jusqu'à ce que le cautionnement ait été entièrement rétabli ; et, faute par lui de rétablir, dans les six mois, l'intégralité du cautionnement, il sera considéré comme démissionnaire, et remplacé.

34. Le cautionnement sera fixé par le Gouvernement, en raison combinée des ressort et résidence de chaque notaire, d'après un *minimun* et un *maximum*, suivant le tableau ci-après, savoir..... — Ces cautionnements seront versés, remboursés, et les intérêts payés conformément aux lois sur les cautionnements, sous la déduction de tous versements antérieurs.

SECTION II. — *Conditions pour être admis, et mode de nomination au notariat.*

35. Pour être admis aux fonctions de notaire, il faudra : — 1° Jouir de l'exercice des droits de citoyen ; — 2° Avoir satisfait aux lois sur la conscription militaire ; — 3° Être âgé de vingt-cinq ans accomplis ; — 4° Justifier du temps de travail prescrit par les articles suivants.

36. Le temps de travail ou stage sera, sauf les exceptions ci-après, de six années entières et non interrompues dont une des deux dernières, au moins, en qualité de premier clerc chez un notaire d'une classe égale à

celle où se trouvera la place à remplir.

37. Le temps de travail pourra n'être que de quatre années, lorsqu'il en aura été employé trois dans l'étude d'un notaire d'une classe supérieure à la place qui devra être remplie, et lorsque, pendant la quatrième, l'aspirant aura travaillé, en qualité de premier clerc, chez un notaire d'une classe supérieure ou égale à celle où se trouvera la place pour laquelle il se présentera.

38. Le notaire déjà reçu, et exerçant depuis un an, dans une classe inférieure, sera dispensé de toute justification de stage, pour être admis à une place de notaire vacante dans une classe immédiatement supérieure.

39. L'aspirant qui aura travaillé pendant quatre ans, sans interruption, chez un notaire de première ou de seconde classe, et qui aura été, pendant deux ans au moins, défenseur ou avoué près d'un tribunal civil, pourra être admis dans une des classes où il aura fait son stage, pourvu que, pendant l'une des deux dernières années de son stage, il ait travaillé, en qualité de premier clerc, chez un notaire d'une classe égale à celle où se trouvera la place à remplir.

40. Le temps de travail exigé par les articles précédents devra être d'un tiers en sus, toutes les fois que l'aspirant, ayant travaillé chez un notaire d'une classe inférieure, se présentera pour remplir une place d'une classe immédiatement supérieure.

41. Pour être admis à exercer dans la troisième classe de notaires, il suffira que l'aspirant ait travaillé pendant trois années chez un notaire de première ou de seconde classe, ou qu'il ait exercé, comme défenseur ou avoué, pendant l'espace de deux années, auprès du tribunal d'appel ou de première instance, et qu'en outre il ait travaillé pendant un an chez un notaire.

42. Le Gouvernement pourra dispenser de la justification du temps d'étude les individus qui auront exercé des fonctions administratives ou judiciaires.

43. L'aspirant demandera à la chambre de discipline du ressort dans lequel il devra exercer, un certificat de moralité et de capacité. Le certificat ne pourra être délivré qu'après que la chambre aura fait parvenir au commissaire du Gouvernement du tribunal de première instance, l'expédition de la délibération qui l'aura accordé.

44. En cas de refus, la chambre donnera un avis motivé, et le communiquera au commissaire du Gouvernement, qui l'adressera au grand-juge, avec ses observations.

45. Les notaires seront nommés par le premier Consul, et obtiendront de lui une commission qui énoncera le lieu fixe de la résidence.

46. Les commissions de notaires seront, dans leur intitulé, adressées au tribunal de première instance dans le ressort duquel le pourvu aura sa résidence.

47. Dans les deux mois de sa nomination, et à peine de déchéance, le pourvu sera tenu de prêter, à l'audience du tribunal auquel la commission aura été adressée, le serment que la loi exige de tout fonctionnaire public, ainsi que celui de remplir ses fonctions avec exactitude et probité. — Il ne sera admis à prêter serment qu'en représentant l'original de sa commission et la quittance du versement de son cautionnement. — Il sera tenu de faire enregistrer le procès-verbal de prestation de serment au secrétariat de la municipalité du lieu où il devra résider, et aux greffes de tous les tribunaux dans le ressort desquels il doit exercer.

48. Il n'aura le droit d'exercer qu'à compter du jour où il aura prêté serment.

49. Avant d'entrer en fonctions, les notaires devront déposer au greffe de chaque tribunal de première instance de leur département, et au secrétariat de la municipalité de leur résidence, leur signature et paraphe. (*V. L. 2 mai 1861, art. 2.*) — Les notaires à la résidence des tribunaux d'appel feront, en outre, ce dépôt au greffe des autres tribunaux de première instance de leur ressort.

SECTION III. — *Chambre de discipline.*

50. Les chambres qui seront établies pour la discipline intérieure des notaires seront organisées par des règlements. (*Voy. Ord. 4 janv. 1843.*)

51. Les honoraires et vacations des notaires seront réglés, à l'amiable, entre eux et les parties ; sinon, par le tribunal civil de la résidence du notaire, sur l'avis de la chambre et sur simples mémoires, sans frais.

52. Tout notaire suspendu, destitué ou remplacé, devra, aussitôt après la notification qui lui aura été faite de sa suspension, de sa destitution ou de son remplacement, cesser l'exercice de son état, à peine de tous dommages et intérêts, et des autres condamnations prononcées par les lois contre

tout fonctionnaire, suspendu ou destitué, qui continue l'exercice de ses fonctions. — Le notaire suspendu ne pourra les reprendre, sous les mêmes peines, qu'après la cessation du temps de la suspension.

53. Toutes suspensions, destitutions, condamnations d'amende et dommages et intérêts, seront prononcées contre les notaires par le tribunal civil de leur résidence, à la poursuite des parties intéressées, ou d'office, à la poursuite et diligence du commissaire du Gouvernement.

Ces jugements seront sujets à l'appel, et exécutoires par provision, excepté quant aux condamnations pécuniaires. (*V. art.* 16, *Ord.* 4 *janv.* 1843.)

SECTION IV. — *Garde, transmission, tables des minutes et recouvrements.*

54. Les minutes et répertoires d'un notaire remplacé ou dont la place aura été supprimée, pourront être remis par lui ou par ses héritiers à l'un des notaires résidant dans la même commune, ou à l'un des notaires résidant dans le même canton, si le remplacé était le seul notaire établi dans la commune (1).

55. Si la remise des minutes et répertoires du notaire remplacé n'a pas été effectuée, conformément à l'article précédent, dans le mois, à compter du jour de la prestation de serment du successeur, la remise en sera faite à celui-ci.

56. Lorsque la place de notaire sera supprimée, le titulaire ou ses héritiers seront tenus de remettre les minutes et répertoires, dans le délai de deux mois du jour de la suppression, à l'un des notaires de la commune, ou à l'un des notaires du canton, conformément à l'article 54 (2).

57. Le commissaire du Gouvernement près le tribunal de première instant est chargé de veiller à ce que les remises ordonnées par les articles précédents soient affectuées; et dans le cas de suppression de la place, si le titulaire ou ses héritiers n'ont pas fait choix, dans les délais prescrits, du notaire à qui les minutes et répertoires devront être remis, le commissaire indiquera celui qui en demeurera dépositaire. — Le titulaire ou ses héritiers en retard de satisfaire aux dispositons des articles 55 et 56 seront condamnés à 100 francs d'amende par chaque mois de retard, à compter du jour de la sommation qui leur aura été faite d'effectuer la remise.

58. Dans tout les cas, il sera dressé un état sommaire des minutes remises; et le notaire qui les recevra s'en chargera au pied de cet état, dont un double sera remis à la chambre de discipline.

59. Le titulaire ou ses héritiers, et le notaire qui recevra les minutes, aux termes des articles 54, 55 et 56, traiteront, de gré à gré, des recouvrements à raison des actes dont les honoraires sont encore dus, et du bénéfice des expéditions. — S'ils ne peuvent s'accorder, l'appréciation en sera faite par deux notaires dont les parties conviendront ou qui seront nommés d'office parmi les notaires de la même résidence, ou, à leur défaut, parmi ceux de la résidence la plus voisine.

60. Tous dépôts de minutes, sous la dénomination de la *chambre de contrats, bureaux, de tabellionnage,* et autres, sont maintenus à la garde de leurs possesseurs actuels. Les grosses et expéditions ne pourront en être délivrées que par un notaire de la résidence des dépôts, ou, à défaut, par un notaire de la résidence la plus voisine.

Néanmoins, si lesdits dépôts de minutes ont été remis au greffe d'un tribunal, les grosses et expéditions pourront, dans ce cas seulement, être délivrées par le greffier.

16. Immédiatement après le décès du notaire ou autre possesseur de minutes, les minutes et répertoires seront mis sous les scellés par le juge de paix de la résidence, jusqu'à ce qu'un autre notaire en ait été provisoirement chargé par ordonnance du président du tribunal de la résidence.

(1) (*a*) Quand un notaire est suspendu, le président doit commettre un autre notaire à l'effet de recevoir temporairement le dépôt des minutes, et d'en délivrer des grosses et expéditions. — Cass. 22 mai 1854.

(*b*) Il est d'usage que les minutes d'un notaire suspendu de ses fonctions soient déposées dans l'étude d'un de ses confrères du canton. — *Instr. g. des Sc.* 5 nov. 1851.

(2) Quand une étude est supprimée, les minutes ne peuvent être partagées entre deux notaires.

L'indemnité ne peut pas non plus être mise en tout ou en partie à la charge d'un notaire d'un canton voisin. — *Instr. g. des Sc.* 3 oct. 1859.

TITRE III. — *Des notaires actuels.*

62. Sont maintenus définitivement tous les notaires qui, au jour de la promulgation de la présente loi, seront en exercice.

63 à 67. — *Dispositions transitoires.*

Dispositions générales.

68. Tout acte fait en contravention aux dispositions contenues aux articles 6, 8, 9, 10, 14, 20, 52, ... , est nul, s'il n'est pas revêtu de la signature de toutes les parties; et lorsque l'acte sera revêtu de la signature de toutes les parties contractantes, il ne vaudra que comme écrit sous signature privée; sauf dans les deux cas, s'il y a lieu, les dommages et intérêts contre le notaire contrevenant.

69. La loi du 6 octobre 1791 et toutes autres sont abrogées en ce qu'elles ont de contraire à la présente.

LOI

Relative aux prénoms et changements de noms.

(11 germinal an XI)

TITRE Ier. — *Des prénoms.*

ART. 1er. A compter de la publication de la présente loi, les noms en usage dans les différents calendriers, et ceux des personnages connus de l'histoire ancienne, pourront seuls être reçus, comme prénoms, sur les registres de l'état civil destinés à constater la naissance des enfants; et il est interdit aux officiers publics d'en admettre aucun autre dans leurs actes.

2. Toute personne qui porte actuellement comme prénom, soit le nom d'une famille existante, soit un nom quelconque qui ne se trouve pas compris dans la désignation de l'article précédent, pourra en demander le changement, en se conformant aux dispositions de ce même article (1).

3. Le changement aura lieu d'après un jugement du tribunal d'arrondissement, qui prescrira la rectification de l'acte de l'état civil. — Ce jugement sera rendu, le commissaire du Gouvernement entendu, sur simple requête présentée par celui qui demandera le changement, s'il est majeur ou émancipé, et par ses père et mère ou tuteur, s'il est mineur.

TITRE II. — *Des changements de noms.*

4. Toute personne qui aura quelque raison de changer de nom, en adressera la demande motivée au Gouvernement.

5. Le Gouvernement prononcera dans la forme prescrite pour les règlements d'administration publique (2).

6. S'il admet la demande, il autorisera le changement de nom, par un arrêté rendu dans la même forme, mais qui n'aura son exécution qu'après la révolution d'une année, à compter du jour de son insertion au Bulletin des lois.

7. Pendant le cours de cette année, toute personne y ayant droit sera admise à présenter requête au Gouvernement pour obtenir la révocation de l'arrêté autorisant le changement de nom; et cette révocation sera prononcée par le Gouvernement, s'il juge l'opposition fondée.

8. S'il n'y a pas eu d'oppositions, ou si celles qui ont été faites n'ont point été admises, l'arrêté autorisant le changement de nom aura son plein et entier effet à l'expiration de l'année (3).

9. Il n'est rien innové, par la présente loi, aux dispositions des lois existantes relatives aux questions d'état, entraînant changement de nom, qui continueront à se poursuivre devant les tribunaux dans les formes ordinaires.

---

(1) (*a*) La loi du 11 germinal an XI ne s'appliquant qu'aux noms, on ne peut demander à être autorisé à changer son prénom. — *Lett. min.* 20 mars 1858.

(*b*) On ne peut obtenir d'ajouter à son nom patronymique le nom d'une commune. — *Décis. min.* 30 déc. 1856; *Av. C. d'Ét.* 21 déc. 1820.

(2) L'addition de nom, comme le changement de nom, ne peut être demandée et obtenue qu'en se conformant à la règle tracée par cet article. — *Circ. g. des Sc.* 9 nov. 1821.

(3) Celui qui est en possession d'un nom est recevable à s'opposer à ce que le même nom soit conféré à une autre famille, bien que cette famille soit alliée de la sienne. — *Cons. d'Ét.* 12 août 1818.

LOI

Sur la pharmacie.

(21 germinal an XI) (1)

LOI

Relative à la Banque de France.

(24 germinal an XI) (2)

LOI

Relative aux adoptions faites avant la publication du titre VIII du Code civil.

(25 germinal an XI) (3)

LOI

Relative au paiement des contributions assises sur les biens communaux.

(26 germinal an XI) (4)

LOI

Relative à la contribution foncière des canaux de navigation.

(5 floréal an XI) (5)

ARRÊTÉ

Concernant l'amende à consigner pour appel des jugements rendus par les tribunaux de première instance et de commerce, et par les juges de paix.

(10 floréal an XI) (6)

Art. 1er. Tout appel des jugements des tribunaux de commerce sera, en conformité de la déclaration du 21 mars 1671 et de l'édit de février 1691, sujet à l'amende, comme l'appel des jugements des tribunaux de première instance et des juges de paix.

2. Il sera consigné 12 *francs* à compte sur l'amende de 60 *francs* pour l'appel des jugements des tribunaux de première instance et de commerce. (*V. art.* 471, *C. pr.*)

3. L'amende de 9 *francs* pour l'appel des jugements des juges de paix continuera d'être consignée en totalité. (*V. art.* 471, *C. pr.*)

4. La consignation prescrite par les deux articles précédents sera toujours faite avant les jugements, même par défaut, qui interviendront sur l'appel; et les greffiers ne pourront délivrer d'expéditions ou extraits de ces jugements, avant qu'il leur ait été justifié de la consignation d'amende.

5. Faute par l'appelant de faire cette consignation, l'intimé sera tenu de l'effectuer, sauf la répétition en définitive contre l'appelant, si celui-ci succombe.

6. Le tribunal d'appel condamnera l'appelant, par le jugement qui confirmera, au paiement du surplus de l'amende.

7. La restitution du montant de la consignation sera ordonnée par le jugement qui aura déclaré l'appel bien fondé; et cette restitution sera effectuée par le préposé qui l'aura reçue, entre les mains de la partie ou de l'avoué de la partie au nom de laquelle la consignation aura été faite, sur une copie, signée par cet avoué, du dispositif du jugement, et sur la remise de la quittance.

8. Toute contravention aux dispositions du présent arrêté relatives à la consignation, continuera de donner lieu à l'amende de 500 francs prononcée par l'article 7 de la déclaration du 21 mars 1671.

9. Les dispositions de l'arrêté du 27 nivôse an X, contraires aux présentes, sont rapportées.

---

(1) Bull., 3e série, no 2616. — *V.* le texte dans notre édition in-8o.

(2) Bull., 3e série, no 2698. — *V.* le texte dans notre édition in-8o.

(3) Bull., 3e série, no 2700.

(4) Bull., 3e série, no 2711. — *V.* le texte dans notre édition in-8o. — *V.* L. 20 févr. 1849, relative à l'application de l'impôt des mutations aux biens de mainmorte.

(5) Bull., 3e série, no 2745. — *V.* le texte dans notre édition in-8o. — L'article 26 de la loi du 23 juillet 1820 a étendu les dispositions de cette loi à tous les canaux de navigation.

(6) *V.* Arr. 27 niv. an X; art. 10, L. 16 juin 1824.

ARRÊTÉ

Contenant règlement sur les armements en course.

(2 prairial an XI) (1)

ARRÊTÉ

Sur le mode de délivrance des dispenses relatives au mariage.

(20 prairial an XI) (2)

ARRÊTÉ

Contenant le tableau des distances de Paris aux chefs-lieux des départements.

(25 thermidor an XI. — Ord. 7 juill. 1824. — 1er nov. 1826. 12 juin 1834. — Décr. 4 août 1860) (3)

DÉPARTEMENTS.	CHEFS-LIEUX.	MYRIAM.	kilomètres.
Ain	Bourg	43	2
Aisne	Laon	12	7
Allier	Moulins	28	9
Alpes (Basses-)	Digne	75	5
Alpes (Hautes-)	Gap	66	5
Alpes-Maritimes	Nice	96	»
Ardèche	Privas	60	6
Ardennes	Mézières	23	4
Ariége	Foix	75	2
Aube	Troyes	15	9
Aude	Carcassonne	76	5
Aveyron	Rhodez	69	2
Bouches-du-Rhône	Marseille	81	3
Calvados	Caen	26	3
Cantal	Aurillac	53	9
Charente	Angoulême	45	4
Charente-Inférieure	La Rochelle	46	»
Cher	Bourges	23	3
Corrèze	Tulle	46	1
Corse	Ajaccio	145	5
Côte-d'Or	Dijon	30	5
Côtes-du-Nord	Saint-Brieuc	44	6
Creuse	Guéret	42	8
Dordogne	Périgueux	47	2
Doubs	Besançon	39	6
Drôme	Valence	56	»
Eure	Evreux	10	4
Eure-et-Loir	Chartres	9	2
Finistère	Quimper	62	3
Gard	Nîmes	70	2
Garonne (Haute-)	Toulouse	66	9
Gers	Auch	74	3
Gironde	Bordeaux	57	3

(1) *V.* le texte dans notre édition in-8o.

(2) Bull. 3e série, no 2792. — *V.* le texte dans notre édition in-8o.

(3) Selon l'article 1er de l'arrêté du 25 thermidor, an XI, ce tableau fut inséré au Bulletin des lois pour servir de régulateur et d'indicateur du jour où, conformément à l'art. 1er du Code civil, la promulgation de chaque loi devait être réputée connue dans chacun des départements de la République.

DÉPARTEMENTS.	CHEFS-LIEUX.	MYRIAM.	kilomètres.
Hérault	Montpellier	75	2
Ille-et-Vilaine	Rennes	34	6
Indre	Châteauroux	25	9
Indre-et-Loire	Tours	24	2
Isère	Grenoble	56	8
Jura	Lons-le-Saulnier	41	1
Landes	Mont-de-Marsan	70	2
Loir-et-Cher	Blois	18	1
Loire	Montbrison	44	3
Loire (Haute-)	Le Puy	50	5
Loire-Inférieure	Nantes	38	9
Loiret	Orléans	12	3
Lot	Cahors	55	8
Lot-et-Garonne	Agen	71	4
Lozère	Mende	56	6
Maine-et-Loire	Angers	30	»
Manche	Saint-Lô	32	6
Marne	Châlons	16	4
Marne (Haute-)	Chaumont	24	7
Mayenne	Laval	28	1
Meurthe	Nancy	33	4
Meuse	Bar-sur-Ornain	25	1
Morbihan	Vannes	50	»
(*Moselle*)	(*Metz*)	30	8
Nièvre	Nevers	23	6
Nord	Lille	23	6
Oise	Beauvais	8	8
Orne	Alençon	19	1
Pas-de-Calais	Arras	19	3
Puy-de-Dôme	Clermont	38	4
Pyrénées (Basses-)	Pau	78	1
Pyrénées (Hautes-)	Tarbes	81	5
Pyrénées-Orientales	Perpignan	88	8
(*Rhin* (*Bas-*)	(*Strasbourg*)	46	4
(*Rhin* (*Haut-*)	(*Colmar*)	48	1
Rhône	Lyon	46	6
Saône (Haute-)	Vesoul	35	4
Saône-et-Loire	Mâcon	39	9
Sarthe	Le Mans	21	1
Savoie	Chambéry	56	5
Savoie (Haute-)	Annecy	61	3
Seine	Paris	»	»
Seine-Inférieure	Rouen	13	7
Seine-et-Marne	Melun	4	6
Seine-et-Oise	Versailles	2	1
Sèvres (Deux-)	Niort	41	6
Somme	Amiens	12	8
Tarn	Alby	65	7
Tarn-et-Garonne	Montauban	63	3
Var	Draguignan	89	»
Vaucluse	Avignon	70	7
Vendée	Fontenay	44	7
Vienne	Poitiers	34	3
Vienne (Haute-)	Limoges	38	»
Vosges	Epinal	38	1
Yonne	Auxerre	16	8

AN XII

—

ARRÊTÉ

Relatif aux formalités à observer pour les transactions entre des communes et des particuliers sur des droits de propriété.

(21 frimaire an XII)

ART. 1er. Dans tous les procès nés ou à naître, qui auraient lieu entre des communes et des particuliers sur des droits de propriété, les communes ne pourront transiger qu'après une délibération du Conseil municipal, prise sur la consultation de trois jurisconsultes, désignés par le préfet du département, et sur l'autorisation de ce même préfet, donnée d'après l'avis du Conseil de préfecture.

2. Cette transaction, pour être définitivement valable, devra être homologuée par un arrêté du Gouvernement, rendu dans la forme prescrite pour les règlements d'administration publique.

—

ARRÊTÉ

Concernant les acceptations de legs faits aux hospices et aux pauvres.

(4 pluviôse an XII)

ART. 1er. Les commissions administratives des hôpitaux, et les administrateurs des bureaux de bienfaisance, pourront accepter et employer à leurs besoins, comme recette ordinaire, sur la simple autorisation des sous-préfets, et sans qu'il soit désormais besoin d'un arrêté spécial du Gouvernement, les dons et legs qui leur seront faits, par actes entre-vifs ou de dernière volonté, soit en argent, soit en meubles, soit en denrées, lorsque leur valeur n'excédera pas 300 francs de capital, et qu'ils seront faits à titre gratuit.

2. Conformément aux anciens règlements constitutifs de l'administration des hospices, les notaires et autres officiers ministériels appelés pour la rédaction des donations et actes testamentaires, auront soin de donner avis aux administrateurs des dispositions qui seront faites en leur faveur.

3. Les donations d'immeubles ou d'objets mobiliers excédant une valeur caiptale de 300 francs, faites par actes entre-vifs ou de dernière volonté, et toutes les dispositions à titre onéreux n'auront leur effet qu'après que l'acceptation en aura été autorisée par le Gouvernement.

4. En attendant l'acceptation des legs excédant 300 francs, les receveurs des pauvres et des hospices, sur la remise des testaments, feront tous les actes conservatoires qui seront jugés nécessaires.

—

LOI

Relative aux maisons de prêt sur nantissement.

(16 pluviôse an XII) (1)

—

ARRÊTÉ

Additionnel à celui du 9 frimaire an XII, relatif au livret des ouvriers travaillant en qualité de compagnons ou garçons.

(10 ventôse an XII) (2)

—

LOI

Relative au remplacement des juges de paix et de leurs suppléants en cas d'empêchement légitime.

(16 ventôse an XII)

ART. 1er. En cas d'empêchement légitime d'un juge de paix et de ses suppléants, le tribunal de première instance dans l'arrondissement duquel est située la justice de paix renverra les parties devant le juge de paix du canton le plus voisin.

2. Ce jugement de renvoi sera rendu à la demande de la partie la plus diligente, sur simple requête, et d'après les conclusions du commissaire du Gouvernement, parties présentes ou dûment appelées.

3. La distance d'une justice de paix à l'autre est réglée d'après celle de leurs chefs-lieux entre eux.

—

(1) Bull., 3e série, no 3561. — *V.* le texte dans notre édition in-8o.

(2) Bull., 3e série, no 3638. — *V.* le texte dans notre édition in-8o.

LOI

Relative aux écoles de droit.

(22 ventôse an XII)

Titre Ier. — *Des écoles de droit, et des matières qui y seront enseignées.*

Art. 1er. Les écoles de droit seront organisées successivement dans le cours de l'an XIII et de l'an XIV. Les étudiants ne pourront y être admis avant seize ans.

2. On y enseignera : 1° le droit civil français, dans l'ordre établi par le Code civil, les éléments du droit naturel et du droit des gens, et le droit romain dans ses rapports avec le droit français ; — 2° Le droit public français, et le droit civil dans ses rapports avec l'administration publique ; — 3° La législation criminelle et la procédure civile et criminelle.

Titre II. — *Des cours d'études, des examens et des degrés.*

3. Le cours ordinaire des études sera de trois ans. Ceux qui voudront obtenir le grade de docteur, feront une année d'étude de plus.

4. Les étudiants subiront un examen la première année, et un autre la deuxième. Les inspecteurs et professeurs pourront autoriser à soutenir les deux examens pendant la dernière an·ée. — La troisième année ils en subiront deux autres, et soutiendront ensuite un acte public sur tous les objets de leurs études. — La quatrième année, ceux qui aspireront au doctorat subiront encore deux examens, et soutiendront un acte public.

5. Les cours d'étude de législation criminelle et de procédure civile et ciminelle seront d'une année.

6. Ceux qui ne suivront que ce seul cours seront examinés au bout de l'année.

7. Les examens seront faits par les professeurs de l'école.

8. Les inspecteurs des écoles de droit, dont il sera parlé ci-après, auront le droit d'y assister; ils auront aussi celui d'examiner séparément les étudiants, s'ils le jugent convenable.

9. Les étudiants qui auront été trouvés capables aux deux premiers examens, obtiendront un diplôme de bachelier.

10. Ceux qui auront obtenu un diplôme de bachelier, et auront été trouvés capables aux deux examens et à l'acte public de la troisième année, obtiendront un diplôme de licencié.

11. Ceux qui auront obtenu un diplôme de licencié, et auront été trouvés capables aux examens et à l'acte public de la quatrième année, obtiendront un diplôme de docteur en droit.

12. Ceux qui auront été examinés et trouvés capables sur la législation criminelle et la procédure civile et criminelle, obtiendront un certificat de capacité.

13. Les diplômes et certificats ne seront valables qu'après avoir été visés par un des inspecteurs des écoles de droit.

. . . .

Titre IV. — *Des fonctions pour lesquelles l'étude du droit et l'obtention des grades seront nécessaires.*

23. A dater du 1er vendémiaire an XVII, nul ne pourra être appelé à l'exercice des fonctions de juge, commissaire du Gouvernement ou leurs substituts, dans les tribunaux de cassation, d'appel, criminels ou de première instance, s'il ne représente un diplôme de licencié, ou des lettres de licence obtenues dans les Universités.

. . . .

24. A compter de la même époque, nul ne pourra exercer les fonctions d'avocat près les tribunaux, et d'avoué près le tribunal de cassation, sans avoir représenté au commissaire du Gouvernement, et fait enregistrer, sur ses conclusions, son diplôme de licencié, ou des lettres de licence obtenues dans les Universités, comme il est dit en l'article précédent.

25. Nul ne pourra, quatre ans après la première formation des écoles de droit, être reçu professeur, ni suppléant de professeur, s'il n'a été reçu docteur, et n'en représente les lettres visées dans une école de droit, sans préjudice des autres conditions qui pourront être imposées par les lois ou règlements.

26 Nul ne pourra, après le 1er vendémiaire an XVII, être reçu avoué près les tribunaux, s'il n'a suivi le cours de législation criminelle et de procédure civile et criminelle, subi un examen devant les professeurs, et s'il n'en rapporte attestation visée d'un inspecteur général. Jusqu'à cette époque, il suffira de justifier de cinq ans de cléricature chez un avoué ou homme de loi (1).

(1) Un diplôme de bachelier ne peut tenir lieu du certificat prescrit par l'article 26, L. 22 vent. an XII, qui veut que l'aspirant justifie qu'il a suivi un cours de procédure criminelle. — *Instr. g. des Sc.* 30 août 1822.

27. Les avoués, après dix ans d'exercice, pourront être nommés aux fonctions de juges, commissaires du Gouvernement ou leurs substituts.

28. — *Transitoire.*

TITRE V. — *Du tableau des avocats près les tribunaux.*

29. Il sera formé un tableau des avocats près les tribunaux. (*V. Décr.* 2 *juill.* 1812.)

30. A compter du 1er vendémiaire an XVII, les avocats selon l'ordre du tableau, et, après eux, les avoués selon la date de leur réception, seront appelés, en l'absence des suppléants, à suppléer les juges, les commissaires du Gouvernement et leurs substituts.

31. Les avocats et avoués seront tenus, à la publication de la présente loi, et, à l'avenir, avant d'entrer en fonctions, de prêter serment de ne rien dire ou publier, comme defenseurs ou conseils, de contraire aux lois, aux règlements, aux bonnes mœurs, à la sûreté de l'Etat et à la paix publique, et de ne jamais s'écarter du respect dû aux tribunaux et aux autorités publiques.

32. Les avoués qui seront licenciés, pourront, devant le tribunal auquel ils sont attachés, et dans les affaires où ils occuperont, plaider et écrire dans toute espèce d'affaires, concurremment et contradictoirement avec les avocats. — En cas d'absence ou de refus des avocats de plaider, le tribunal pourra autoriser l'avoué, même non licencié, à plaider la cause. (*V. Décr.* 2 *juill.* 1812, *art.* 2) (1).

TITRE VI. — *Des professeurs et inspecteurs des écoles de droit, et de leur nomination.*

33 à 37. — *V. art.* 1er *et* 6, *Décr.* 9 *mars* 1852.

TITRE VII. — *Dispositions générales.*

38. Il sera pourvu, par des règlements d'administration publique, à l'exécution de la présente loi, et notamment à ce qui concernera, — 1o La désignation détaillée de la matière de l'enseignement, des livres qu'on emploiera dans les écoles, la fixation des jours et heures d'étude, et de la durée des vacances; — 2o La forme et le nombre des inscriptions à prendre par les élèves; — 3o Les rétributions à payer par les élèves, de manière cependant que les frais d'étude, d'examen et de diplôme, pour arriver au grade de licencié, ne soient pas au-dessus de 800 francs, et de 1,200 francs pour arriver au grade de docteur, et que ceux qui obtiendront des diplômes de licencié, d'après les dispositions du titre III (2), ne paient que la moitié de la rétribution; — 4o L'organisation administrative des écoles, le traitement des professeurs, et l'application des rétributions; — 5o La forme et la durée des examens des élèves et des professeurs; — 6o La forme et la délivrance des diplômes; — 7o La formation du tableau des avocats, et la discipline du barreau; — 8o Le placement des écoles de droit; — 9o L'établissement de bibliothèques pour faciliter les études des professeurs et des étudiants.

(1) Ces dispositions ont été modifiées par l'Ordonnance du 27 févr, 1822.

(2) Ce titre contient des dispositions transitoires.

LOI

Contenant la réunion des lois civiles en un seul corps de lois, sous le titre de Code civil des Français.

(30 ventôse an XII)

ART. 1er. Seront réunies en un seul corps de lois, sous le titre de *Code civil des Français,* les lois qui suivent; savoir :

1o Loi du 14 ventôse an XI sur la Publication, les Effets et l'application des lois en général; — 2o Loi du 17 ventôse an XI, sur la Jouissance et la Privation des droits civils; — 3o Loi du 20 ventôse an XI, sur les Actes de l'état civil; — 4o Loi du 23 ventôse an XI, sur le Domicile; — 5o Loi du 24 ventôse an XI, sur les Absents; — 6o Loi du 26 ventôse an XI, sur le Mariage; — 7o Loi du 30 ventôse an XI, sur le Divorce; — 8o Loi du 2 germinal an XI, sur la Paternité et la Filiation; — 9o Loi du 2 germinal an XI, sur l'Adoption et la Tutelle officieuse; — 10o Loi du 3 germinal an XI, sur la Puissance paternelle; — 11o Loi du 5 germinal an XI, sur la Minorité, la Tutelle et l'Emancipation; — 12o Loi du 8 germinal an XI, sur la Majorité, l'Interdiction et le Conseil judiciaire; — 13o Loi du 4 pluviôse an XII, sur la Distinction des biens; — 14o Loi du 6 pluviôse an XII, sur la Propriété; — 15o Loi du 9 pluviôse an XII, sur l'Usufruit, l'Usage et l'Habitation; — 16o Loi du 10 pluviôse an XII, sur les Servitudes ou Services fonciers; — 17° Loi du 29 germinal an XI, sur les Successions; — 18° Loi du 13 floréal an XI, sur les Donations entre-vifs et les Testaments; — 19° Loi du 17 pluviôse an XII, sur les Contrats, ou les Obligations conventionnelles en général; — 20° Loi du 19 pluviôse an XII, sur les Engagements qui se forment sans convention; — 21° Loi du 20 pluviôse an XII, sur le Contrat de mariage; — 22° Loi du 15 ventôse an XII, sur la Vente; — 23° Loi du 16 ventôse an XII, sur l'Echange; — 24° Loi du 16 ventôse an XII, sur le Louage; — 25° Loi du 17 ventôse an XII, sur le Contrat de société; — 26° Loi du 18 ventôse an XII, sur le Prêt; — 27° Loi du 23 ventôse an XII, sur le Dépôt et le Séquestre; — 28° Loi du 19 ventôse an XII, sur les Contrats aléatoires; — 29° Loi du 19 ventôse an XII, sur le Mandat; — 30° Loi du 24 pluviôse an XII, sur le Cautionnement; — 31° Loi du 29 ventôse an XII, sur les Transactions; — 32° Loi du 23 pluviôse an XII, sur la Contrainte par corps en matière civile; — 33° Loi du 25 ventôse an XII, sur le Nantissement; — 34° Loi du 28 ventôse an XII, sur les Privilèges et Hypothèques; — 35° Loi du 28 ventôse an XII, sur l'Expropriation forcée et les Ordres entre les créanciers; — 36° Loi du 24 ventôse an XII, sur la Prescription.

2. Les six articles dont est composée la loi du 21 du présent mois, concernant les actes respectueux à faire par les enfants aux pères et mères, aïeuls et aïeules, dans les cas où ils sont prescrits, seront insérés au titre *du Mariage*, à la suite de l'article qui se trouve maintenant au n° 151.

3. Sera insérée au titre *de la Distinction des biens*, à la suite de l'article qui se trouve maintenant au n° 523, la disposition contenue en l'article qui suit :

Art.... « Toute rente établie à perpétuité pour le prix de la vente « d'un immeuble ou comme condition « de la cession à titre onéreux ou « gratuit d'un fonds immobilier, est « essentiellement rachetable. Il est « néanmoins permis au créancier de « régler les clauses et conditions du « rachat. Il lui est aussi permis de « stipuler que la rente ne pourra lui « être remboursée qu'après un certain « terme, lequel ne peut jamais excéder « trente ans : toute stipulation con- « traire est nulle. »

4. Le Code civil sera divisé en un titre préliminaire et en trois livres. — La loi du 14 ventôse an XI, *sur la Publication, les Effets et l'Application des lois en général*, est le titre préliminaire; — Le premier livre sera composé des onze lois suivantes, sous le titre *des Personnes;* — Le second livre sera composé des quatre lois suivantes, sous le titre *des Biens et des différentes Modifications de la propriété;* — Le troisième livre sera composé des vingt dernières lois, sous le titre *des différentes Manières dont on acquiert la propriété.* — Chaque livre sera divisé en autant de titres qu'il y a de lois qui doivent y être comprises.

5. Il n'y aura pour tous les articles du Code civil qu'une seule série de numéros.

6. La disposition de l'article 1er n'empêche pas que chacune des lois qui y sont énoncées n'ait son exécution du jour qu'elle a dû l'avoir en vertu de sa promulgation particulière.

7. A compter du jour où ces lois sont exécutoires, les lois romaines, les ordonnances, les coutumes générales ou locales, les statuts, les règlements, cessent d'avoir force de loi générale ou particulière dans les matières qui sont l'objet desdites lois composant le présent code.

DÉCRET

Sur les sépultures.

(23 prairial an XII) (1)

DÉCRET

Qui ordonne la dissolution de plusieurs agrégations ou associations religieuses.

(3 messidor an XII)

DÉCRET

Concernant les monts-de-piété et les maisons de prêt sur nantissement.

(24 messidor an XII) (2)

---

(1) Bull., 4e série, n° 25. — *V.* le texte dans notre édition in-8°. — *V.* Décr. 4 therm. an XIII; Ord. 6 déc. 1843.

(2) Bull., 4e série, n° 102. — *V.* le texte dans notre édition in-8°.

DÉCRET

Concernant les main-levées d'oppositions formées pour la conservation des droits des pauvres et des hospices.

(11 thermidor an XII)

ART. UNIQUE. — Les receveurs des établissements de charité ne pourront, dans les cas où elle ne serait point ordonnée par les tribunaux, donner main-levée des oppositions formées pour la conservation des droits des pauvres et des hospices, ni consentir aucune radiation, changement ou limitation d'inscriptions hypothécaires, qu'en vertu d'une décision spéciale du Conseil de préfecture, prise sur une proposition formelle de l'administration et l'avis du comité consultatif établi près de chaque arrondissement communal, en exécution de l'arrêté du 7 messidor an IX.

AVIS DU CONSEIL D'ÉTAT

Qui applique aux actes émanés de l'autorité administrative les dispositions des lois du 11 brumaire an VII, sur le régime hypothécaire, et de l'article 2123 du Code civil, qui accordent hypothèque aux condamnations judiciaires.

(25 thermidor an XII)

Le Conseil d'Etat est d'avis, — 1° Que les condamnations et les contraintes émanées des administrateurs, dans les cas et pour les matières de leur compétence, emportent hypothèque de la même manière et aux mêmes conditions que celles de l'autorité judiciaire; — 2° Que, conformément aux articles 2157 et 2159 du Code civil des Français, la radiation non consentie des inscriptions hypothécaires faites en vertu de condamnations prononcées, ou de contraintes décernées par l'autorité administrative, doit être poursuivie devant les tribunaux ordinaires ; mais que, si le fond du droit y est contesté, les parties doivent être renvoyées devant l'autorité administrative.

DÉCRET

Concernant l'organisation des écoles de droit.

(4e jour complémentaire an XII) (1)

AN XIII

LOI

Contenant des mesures relatives au remboursement des cautionnements fournis par les agents de change, courtiers de commerce, etc.

(25 nivôse an XIII)

ART. 1er. Les cautionnements fournis par les agents de change, les courtiers de commerce, les avoués, greffiers, huissiers, et les commissaires-priseurs, sont, comme ceux des notaires (*art. 33, L. 25 vent. an XI*), affectés, par premier privilége, à la garantie des condamnations qui pourraient être prononcées contre eux par suite de l'exercice de leurs fonctions; par second privilége, au remboursement des fonds qui leur auraient été prêtés pour tout ou partie de leur cautionnement, et subsidiairement, au paiement, dans l'ordre ordinaire, des créances particulières qui seraient exigibles sur eux.

2. Les réclamants, aux termes de l'article précédent, seront admis à faire sur ces cautionnements, des oppositions motivées, soit directement à la caisse d'amortissement, soit aux greffes des tribunaux dans le ressort desquels les titulaires exercent leurs fonctions; savoir, pour les notaires, commissaires-priseurs, avoués, greffiers et huissiers, au greffe des tribunaux civils ; et pour les agents de change et courtiers, au greffe des tribunaux de commerce.

3. L'original des oppositions faites sur les cautionnements, soit à la caisse d'amortissement, soit au greffe des tribunaux, y restera déposé pendant vingt-quatre heures, pour y être visé.

4. La déclaration au profit des prêteurs des fonds de cautionnement, faite à la caisse d'amortissement à l'époque de la prestation, tiendra lieu d'op-

(1) Bull., 4e série, no 239. — *V.* le texte dans notre édition in-8o.

position pour leur assurer l'effet du privilége du second ordre, aux termes de l'article 1er.

5. Les notaires, avoués, greffiers et huissiers près les tribunaux, ainsi que les commissaires-priseurs, seront tenus, avant de pouvoir réclamer leur cautionnement à la Caisse d'amortissement, de déclarer au greffe du tribunal, dans le ressort duquel ils exercent, qu'ils cessent leurs fonctions : cette déclaration sera affichée dans le lieu des séances du tribunal pendant trois mois ; après ce délai et après la levée des oppositions directement faites à la Caisse d'amortissement, s'il en était survenu, leur cautionnement leur sera remboursé par cette caisse, sur la présentation et le dépôt d'un certificat du greffier, visé par le président du tribunal, qui constatera que la déclaration prescrite a été affichée dans le délai fixé ; que, pendant cet intervalle, il n'a été prononcé contre eux aucune condamnation pour fait relatif à leurs fonctions, et qu'il n'existe au greffe du tribunal aucune opposition à la délivrance du certificat, ou que les oppositions survenues ont été levées.

6. Les agents de change et courtiers de commerce seront tenus de remplir les formalités ci-dessus devant les tribunaux de commerce : ils feront en outre afficher, pendant le même délai, la déclaration de la cessation de leurs fonctions, à la Bourse près de laquelle ils exercent ; et ils produiront à la Caisse d'amortissement le certificat du syndic de cette Bourse, relatif à l'affiche de leur démission, joint au certificat du greffier, visé par le président du tribunal, motivé ainsi qu'il est prescrit par l'article précédent.

7. Seront assujettis aux mêmes formalités, pour la notification de la vacance, ceux qui seront destitués, et les héritiers de ceux qui seront décédés dans l'exercice de leurs fonctions.

DÉCRET

Qui prescrit des formalités pour les saisies-arrêts et oppositions entre les mains des préposés de l'administration de l'Enregistrement et des domaines.

(13 pluviôse an XIII)

Art. 1er. Les saisies-arrêts et oppositions aux paiements à faire par les préposés de l'administration de l'Enregistrement et des domaines, pour les objets susceptibles d'être ainsi arrêtés, ne seront valables qu'autant qu'elles auront été notifiées au directeur de cette administration dans le département où le paiement devra être effectué, et que l'original en aura été visé par ce directeur, avec indication de la date et du numéro du registre par lui tenu à cet effet.

2. Les ordonnances, mandats et exécutoires (excepté ceux pour indemnité aux jurés, taxes à témoins, et autres frais de justice qui doivent être payés sur-le-champ), ne pourront être acquittés par les préposés qu'après qu'ils auront été revêtus du *visa* du directeur, constatant qu'il n'existe point de saisie-arrêt ni d'opposition.

LOI

Relative à la tutelle des enfants admis dans les hospices.

(15 pluviôse an XIII) (1)

Art. 1er. Les enfants admis dans les hospices, à quelque titre et sous quelque dénomination que ce soit, seront sous la tutelle des commissions administratives de ces maisons, lesquelles désigneront un de leurs membres pour exercer, le cas advenant, les fonctions de tuteur, et les autres formeront le conseil de tutelle.

2. Quand l'enfant sortira de l'hospice pour être placé, comme ouvrier, serviteur ou apprenti, dans un lieu éloigné de l'hospice où il avait été placé d'abord, la commission de cet hospice pourra, par un simple acte administratif, visé du préfet ou du sous-préfet, déférer la tutelle à la commission administrative de l'hospice du lieu le plus voisin de la résidence actuelle de l'enfant.

3. La tutelle des enfants admis dans les hospices durera jusqu'à leur majorité ou émancipation par mariage ou autrement.

4. Les commissions administratives des hospices jouiront, relativement à l'émancipation des mineurs qui sont sous leur tutelle, des droits attribués aux pères et mères par le Code civil. — L'émancipation sera faite, sur l'avis des membres de la commission administrative, par celui d'entre eux qui aura été désigné tuteur, et qui seul sera tenu de comparaître à cet effet devant le juge de paix. — L'acte d'émancipation sera délivré sans autres

(1) V. Décr. 19 janv. 1811 (Bull., 4e série, no 6418).

frais que ceux d'enregistrement et de papier timbré.

5. Si les enfants admis dans les hospices ont des biens, le receveur de l'hospice remplira, à cet égard, les mêmes fonctions que pour les biens des hospices. — Toutefois les biens des administrateurs-tuteurs ne pourront, à raison de leurs fonctions, être passibles d'aucune hypothèque. La garantie de la tutelle résidera dans le cautionnement du receveur chargé de la manutention des deniers et de la gestion des biens. — En cas d'émancipation, il remplira les fonctions de curateur.

6. Les capitaux qui appartiendront ou écherront aux enfants admis dans les hospices, seront placés dans les monts-de-piété ; dans les communes où il n'y aura pas de monts-de-piété, ces capitaux seront placés à la Caisse d'amortissement, pourvu que chaque somme ne soit pas au-dessous de 150 francs ; auquel cas, il en sera disposé selon que le réglera la commission administrative.

7. Les revenus des biens et capitaux appartenant aux enfants admis dans les hospices, seront perçus, jusqu'à leur sortie desdits hospices, à titre d'indemnité des frais de leur nourriture et entretien.

8. Si l'enfant décède avant sa sortie de l'hospice, son émancipation ou sa majorité, et qu'aucun héritier ne se présente, ses biens appartiendront en propriété à l'hospice, lequel en pourra être envoyé en possession, à la diligence du receveur et sur les conclusions du ministère public. — S'il se présente ensuite des héritiers, ils ne pourront répéter les fruits que du jour de la demande.

9. Les héritiers qui se présenteront pour recueillir la succession d'un enfant décédé avant sa sortie de l'hospice, son émancipation ou sa majorité, seront tenus d'indemniser l'hospice des aliments fournis et des dépenses faites pour l'enfant décédé, pendant le temps qu'il sera resté à la charge de l'administration, sauf à faire entrer en compensation, jusqu'à due concurrence, les revenus perçus par l'hospice.

LOI

Additionnelle à celle du 25 nivôse an XIII, relative aux cautionnements.

(6 ventôse an XIII) (1)

Bull., 4e série, no 580. — *V.* le texte dans notre édition in-8o. — *V.* Décr. 16 sept. 1861 (Bull., 11e série, no 1588).

DÉCRET

Concernant les rentes viagères, dont les arrérages n'auraient pas été réclamés pendant trois années.

(8 ventôse an XIII) (2)

(2) Bull. 4e série, no 585. — *V.* le texte dans notre édition in-8o

---

LOI

Relative aux plantations des grandes routes et des chemins vicinaux.

(9 ventôse an XIII)

ART. 1er. Les grandes routes de l'Empire non plantées, et susceptibles d'être plantées, le seront en arbres forestiers ou fruitiers, suivant les localités, par les propriétaires riverains.

2. Les plantations seront faites dans l'intérieur de la route et sur le terrain appartenant à l'Etat, avec un contre-fossé, qui sera fait et entretenu par l'administration des Ponts et chaussées.

3. Les propriétaires riverains auront la propriété des arbres et de leur produit ; ils ne pourront cependant les couper, abattre ou arracher, que sur une autorisation donnée par l'administration préposée à la conservation des routes, et à la charge du remplacement.

4. Dans les parties de routes où les propriétaires riverains n'auront point usé, dans le délai de deux années, à compter de l'époque à laquelle l'administration aura désigné les routes qui doivent être plantées, de la faculté qui leur est donnée par l'article précédent, le Gouvernement donnera des ordres pour faire exécuter la plantation aux frais de ces riverains ; et la propriété des arbres plantés leur appartiendra aux mêmes conditions imposées par l'article précédent.

5. Dans les grandes routes dont la largeur ne permettra pas de planter sur le terrain appartenant à l'Etat, lorsque le particulier riverain voudra planter des arbres sur son propre terrain à moins de 6 mètres de distance de la route, il sera tenu de demander et d'obtenir l'alignement à suivre, de la préfecture du départe-

ment; dans ce cas, le propriétaire n'aura besoin d'aucune autorisation particulière pour disposer entièrement des arbres qu'il aura plantés.

6. L'administration publique fera rechercher et reconnaître les anciennes limites des chemins vicinaux, et fixera, d'après cette reconnaissance, leur largeur suivant les localités, sans pouvoir cependant, lorsqu'il sera nécessaire de l'augmenter, la porter au delà de six mètres, ni faire aucun changement aux chemins vicinaux qui excèdent actuellement cette dimension.

7. A l'avenir, nul ne pourra planter sur le bord des chemins vicinaux, même dans sa propriété, sans leur conserver la largeur qui leur aura été fixée en exécution de l'article précédent.

8. Les poursuites en contravention aux dispositions de la présente loi seront portées devant les Conseils de préfecture, sauf le recours au Conseil d'Etat.

DÉCRET

Concernant les droits réunis, la manière de procéder sur les contraventions, etc.

1er germinal an XIII) (1)

DÉCRET

Concernant les droits des propriétaires d'ouvrages posthumes.

(1er germinal an XIII)

ART. UNIQUE. Les propriétaires, par succession ou à autre titre, d'un ouvrage posthume, ont les mêmes droits que l'auteur, et les dispositions des lois sur la propriété exclusive des auteurs et sur sa durée leur sont applicables; toutefois à la charge d'imprimer séparément les œuvres posthumes, et sans les joindre à une nouvelle édition des ouvrages déjà publiés et devenus propriété publique.

DÉCRET

Concernant l'impression des livres d'église, des heures et des prières.

(7 germinal an XIII)

ART. 1er. Les livres d'église, les heures et prières, ne pourront être imprimés ou réimprimés que d'après la permission donnée par les évêques diocésains; laquelle permission sera textuellement rapportée et imprimée en tête de chaque exemplaire.

2. Les imprimeurs-libraires qui feraient imprimer, réimprimer des livres d'église, des heures ou prières, sans avoir obtenu cette permission seront poursuivis conformément à la loi du 19 juillet 1793.

AVIS DU CONSEIL D'ÉTAT

Sur les preuves admissibles pour constater le décès des militaires.

(17 germinal an XIII) (2)

DÉCRET

Concernant le mode de notification des saisies-arrêts et oppositions relatives aux paiements à faire par les préposés de l'administration de l'Enregistrement et des domaines dans le département de la Seine.

(28 floréal an XIII)

ART. 1er. Les notifications de saisies-arrêts et oppositions relatives à des paiements à faire par les préposés de l'administration de l'Enregistrement et des domaines dans le département de la Seine, seront faites au secrétaire général de l'administration à Paris.

2. Le secrétaire général de l'administration sera seul chargé du *visa* de ces saisies-arrêts et oppositions, ainsi que de celui des ordonnances, mandats et exécutoires qui en sont susceptibles.

DÉCRET

Relatif à l'annonce et à la vente des remèdes secrets.

(25 prairial an XIII

ART. 1er. La défense d'annoncer et vendre des remèdes secrets, portée par l'article 36 de la loi du 21 germinal an XI, ne concerne pas les préparations et remèdes qui, avant la publication de ladite loi, avaient été ap-

(1) Bull., 4e série, no 646. — *V.* le texte dans notre édition in-8o.

(2) Bull., 4e série, no 666. — *V.* le texte dans notre édition in-8o.

prouvés, et dont la distribution avait été permise dans les formes alors usitées : elle ne concerne pas non plus les préparations et remèdes qui, d'après l'avis des écoles ou sociétés de médecine ou de médecins commis à cet effet depuis ladite loi, ont été ou seront approuvés, et dont la distribution a été ou sera permise par le Gouvernement, quoique leur composition ne soit pas divulguée.

2. Les auteurs et propriétaires de ces remèdes peuvent les vendre par eux-mêmes.

3. Ils peuvent aussi les faire vendre et distribuer par un ou plusieurs préposés, dans les lieux où ils jugeront convenable d'en établir; à la charge de les faire agréer, à Paris, par le préfet de police, et dans les autres villes par le préfet, sous-préfet, ou, à défaut, par le maire, qui pourront, en cas d'abus, retirer leur agrément.

DÉCRET

Relatif aux autorisations des officiers de l'état civil pour les inhumations.

(4 thermidor an XIII)

Art. 1er. Il est défendu à tous maires, adjoints et membres d'administrations municipales, de souffrir les transport, présentation, dépôt, inhumation des corps, ni l'ouverture des lieux de sépulture; à toutes fabriques d'églises et consistoires ou autres, ayant droit de faire les fournitures requises pour les funérailles, de livrer lesdites fournitures; à tous curés, desservants et pasteurs, d'aller lever aucun corps, ou de les accompagner hors des églises et temples, qu'il ne leur apparaisse de l'autorisation donnée par l'officier de l'état civil pour l'inhumation, à peine d'être poursuivis comme contrevenant aux lois.

. . . .

AVIS DU CONSEIL D'ÉTAT

Sur les formalités relatives au mariage.

(4 thermidor an XIII)

Le Conseil d'État... — Est d'avis, — 1° Qu'il n'est pas nécessaire de produire les actes de décès des pères et mères des futurs mariés, lorsque les aïeuls ou aïeules attestent ce décès; et, dans ce cas, il doit être fait mention de leur attestation dans l'acte de mariage; — 2° Que, si les pères, mères, aïeuls ou aïeules, dont le consentement ou conseil est requis, sont décédés, et si l'on est dans l'impossibilité de produire l'acte de leur décès ou la preuve de leur absence, faute de connaître leur dernier domicile, il peut être procédé à la célébration du mariage des majeurs, sur leur déclaration à serment que le lieu du décès et celui du dernier domicile de leurs ascendants leur sont inconnus. Cette déclaration doit être certifiée aussi par serment des quatre témoins de l'acte de mariage, lesquels affirment que, quoiqu'ils connaissent les futurs époux, ils ignorent le lieu du décès de leurs ascendants et leur dernier domicile. Les officiers de l'état civil doivent faire mention, dans l'acte de mariage, desdites déclarations.

. . . .

DÉCRET

Relatif aux déclarations de transfert des 5 pour 100 consolidés.

(13 thermidor an XIII) (1)

AVIS DU CONSEIL D'ÉTAT

Sur les formalités à observer pour la célébration du mariage des militaires résidant sur le territoire de l'Empire.

(4e jour complémentaire an XIII)

Le Conseil d'Etat... — Est d'avis que les militaires, lorsqu'ils se trouvent sur le territoire de l'Empire, ne peuvent contracter mariage que devant les officiers de l'état civil des communes où ils ont résidé sans interruption pendant six mois, ou devant l'officier de l'état civil de la commune où leurs futures épouses ont acquis le domicile fixé par l'article 74 du Code civil, et après avoir rempli les formalités prescrites par les articles 166, 167 et 168.

---

(1) Bull., 4e série, no 861. — V. le texte dans notre édition in-8o.

AN XIV

—

DÉCRET

Qui prescrit des formalités pour les procès-verbaux de scellés, d'inventaires, etc.

(10 brumaire an XIV) (1)

DÉCRET

Qui interdit l'usage et le port des fusils et pistolets à vent.

(2 nivôse an XIV)

ART. 1er. Les fusils et pistolets à vent sont déclarés compris dans les armes offensives dangereuses, cachées et secrètes, dont la fabrication, l'usage et le port sont interdits par les lois.

2. Toute personne qui, à dater de la publication du présent décret, sera trouvée porteur desdites armes, sera poursuivie et traduite devant les tribunaux de police correctionnelle, pour y être jugée et condamnée conformément à la loi du 23 mars 1728.

1806

—

DÉCRET

Qui ordonne l'impression de la déclaration du 23 mars 1728, concernant le port d'armes.

(12 mars 1806)

ART. UNIQUE. La déclaration du 23 mars 1728, concernant le port d'armes, sera imprimée à la suite du présent décret, et exécutée conformément à notre décret du 2 nivôse dernier.

LOI

Relative au transfert d'inscriptions de 5 pour 100 consolidés appartenant à des mineurs ou à des interdits.

(24 mars 1806) (2)

ART. 1er. Les tuteurs et curateurs des mineurs ou interdits qui n'auraient en inscriptions ou promesses d'inscriptions de 5 pour 100 consolidés, qu'une rente de 50 fr. et au-dessous, en pourront faire le transfert, sans qu'il soit besoin d'autorisation spéciale, ni d'affiches, ni de publication, mais seulement d'après le cours constaté du jour, et à la charge d'en compter comme du produit des meubles.

2. Les mineurs émancipés, qui n'auraient de même en inscriptions ou promesses d'inscriptions qu'une rente de 50 fr. et au-dessous, pourront également les transférer avec la seule assistance de leurs curateurs, et sans qu'il soit besoin d'avis de parents ou d'aucune autre autorisation.

3. Les inscriptions ou promesses d'inscriptions au-dessus de 50 fr. de rente, ne pourront être vendues par les tuteurs ou curateurs qu'avec l'autorisation du conseil de famille, et suivant le cours du jour légalement constaté ; dans tous les cas, la vente pourra s'effectuer sans qu'il soit besoin d'affiches ni de publication.

LOI

Relative à la prescription des droits d'enregistrement des inscriptions et transcriptions hypothécaires.

(24 mars 1806)

ART. UNIQUE. Les dispositions de l'article 61 de la loi du 22 frimaire an VII, concernant la prescription des droits d'enregistrement, seront, à compter de la publication de la présente loi, applicables aux perceptions des droits d'inscriptions et de transcriptions hypothécaires établies par les chapitres II et III du titre II de la loi du 21 ventôse an VII.

LOI

Relative à la Banque de France.

(22 avril 1806) (3)

(1) Bull., 4e série, no 1100. — *V.* le texte dans notre édition in-8o.

(2) Abrogée par L. 27 févr. 1880, art. 12.

(3) Bull., 4e série, no 1511. — *V.* le texte dans notre édition in-8.

LOI

Qui prescrit des mesures relatives à la procédure en matière criminelle et correctionnelle.

(29 avril 1806)

. . . .

ART. 2. Le prévenu en police correctionnelle ne sera pas recevable à présenter, comme moyen de cassation, les nullités commises en première instance, et qu'il n'aurait pas opposées devant la Cour d'appel, en exceptant seulement la nullité pour cause d'incompétence.

. . . .

DÉCRET

Concernant les théâtres.

(8 juin 1806) (1)

DÉCRET

Concernant les rapports entre les fonctions des gardes champêtres et celles de la gendarmerie.

(11 juin 1806)

. . . .

ART. 3. Les sous-officiers de gendarmerie pourront, pour tous les objets importants et urgents, mettre en réquisition les gardes champêtres d'un canton ; et les officiers, ceux d'un arrondissement, soit pour les seconder dans l'exécution des ordres qu'ils auront reçus, soit pour le maintien de la police et de la tranquillité publique ; mais ils seront tenus de donner avis de ladite réquisition aux maires et aux sous-préfets, et de leur en faire connaître les motifs généraux.

. . . .

DÉCRET

ortant que les avoués en la Cour de cassation prendront le titre d'avocats.

(25 juin 1806)

ART. UNIQUE. Les avoués en la Cour de cassation prendront le titre d'avocats. — Toutefois, nous n'entendons rien innover à ce qui a été précédemment réglé pour leur discipline et l'exercice de leurs fonctions.

DÉCRET

Concernant le mode de rédaction de l'acte par lequel l'officier de l'état civil constate qu'il lui a été présenté un enfant sans vie.

(4 juillet 1806)

ART. 1er. Lorsque le cadavre d'un enfant dont la naissance n'a pas été enregistrée, sera présenté à l'officier de l'état civil, cet officier n'exprimera pas qu'un tel enfant est décédé, mais seulement qu'il lui a été présenté sans vie. Il recevra de plus la déclaration des témoins touchant les noms, prénoms, qualités et demeure des père et mère de l'enfant, et la désignation des an, jour et heure auxquels l'enfant est sorti du sein de sa mère.

2. Cet acte sera inscrit à sa date sur les registres des décès, sans qu'il en résulte aucun préjugé sur la question de savoir si l'enfant a eu vie ou non.

DÉCRET

Qui fixe l'époque de renouvellement des Chambres des avoués.

(17 juillet 1806)

ART. UNIQUE. A l'avenir, les Chambres des avoués seront renouvelées le 1er septembre de chaque année ; les membres nouvellement élus entreront en fonctions le 15 du même mois.

DÉCRET

Contenant règlement sur les affaires contentieuses portées au Conseil d'Etat.

(22 juillet 1806) (2)

---

(1) Bull., 4e série, no 1663. — *V.* le texte dans notre édition in-8o.

(2) Bull., 4e série, no 1193. — Les dispositions de ce décret doivent encore être observées (*V.* L. 24 mai 1872, art. 24). — *V.* le texte dans notre édition in-8o.

DÉCRET

Portant que les certificats de vie nécessaires pour le paiement des rentes viagères et pensions sur l'Etat seront délivrés par les notaires.

(21 août 1806) (1)

DÉCRET

Sur le mode de remboursement des cautionnements des titulaires décédés ou interdits.

(18 septembre 1806) (2)

DÉCRET

Contenant les attestations à délivrer aux rentiers viagers et pensionnaires de l'Etat qui ne peuvent se transporter au domicile du notaire certificateur.

(23 septembre 1806) (3)

AVIS DU CONSEIL D'ÉTAT

Sur la question de savoir si, sur l'appel émis par la partie civile, les Cours criminelles peuvent réformer les dispositions non attaquées de jugements rendus en matière correctionnelle.

(12 novembre 1806) (4)

AVIS DU CONSEIL D'ÉTAT

Sur la dispense de tutelle en faveur des ecclésiastiques desservant des cures.

(20 novembre 1806)

Le Conseil d'Etat est d'avis que la dispense accordée par l'article 427 du Code civil à tout citoyen exerçant une fonction publique dans un département autre que celui où la tutelle s'établit, est applicable, non-seulement aux ecclésiastiques desservant des cures ou des succursales, mais à toutes personnes exerçant pour les cultes des fonctions qui exigent résidence, dans lesquelles ils sont agréés par Sa Majesté, et pour lesquelles ils prêtent serment.

DÉCRET

Additionnel à celui du 13 juin 1806, sur la remise des pièces à l'appui des réclamations concernant le service de la guerre.

(12 décembre 1806) (5)

1807

DÉCRET

Qui fixe les droits d'enregistrement des actes de prestation de serment des avocats, avoués et défenseurs officieux.

(31 mai 1807)

Art. 1er Les droits d'enregistrement des actes de prestation de serment des avocats, avoués et défenseurs officieux, seront, conformément à l'article 68 de la loi du 22 frim. an VII, de 15 francs. La formalité aura lieu sur la minute. (*V. Décr.* 3 *oct.* 1811.)

. . . .

AVIS DU CONSEIL D'ÉTAT

Sur les moyens de prévenir les difficultés en matière d'hypothèques légales indépendantes de l'inscription.

(1er juin 1807) (6)

---

(1) Bull., 4e série, no 1849. — *V.* le texte dans notre édition in-8o.

(2) Bull., 4e série, no 1990. — *V.* le texte dans notre édition in-8o.

(3) Bull., 4e série, no 1953. — *V.* le texte dans notre édition in-8o.

(4) *V.* le texte dans notre édition in-8o.

(5) *V.* le texte dans notre édition in-8o.

(6) Bull., 4e série, no 2451. — *V.* le texte dans notre édition in-8o.

AVIS DU CONSEIL D'ÉTAT

Sur la forme de procéder dans les affaires concernant la régie de l'Enregistrement et des domaines

(1er juin 1807) (1)

AVIS DU CONSEIL D'ÉTAT

Relatif aux extraits des actes de l'état civil.

(2 juillet 1807)

Le Conseil d'Etat est d'avis... que le ministre de l'Intérieur doit rappeler de nouveau, par une instruction, que les employés des mairies, qui se qualifient de *secrétaires* ou de *secrétaires généraux*, n'ont point de caractère public ; qu'ils ne peuvent rendre authentiques aucun acte, aucune expédition, ni aucun extrait des actes des autorités ; que notamment les extraits des actes de l'état civil ne peuvent être délivrés que par le fonctionnaire public dépositaire des registres.

. . . .

DÉCRET

Concernant les droits à percevoir par les officiers publics de l'état civil.

(12 juillet 1807)

ART. 1er. Conformément aux lois précitées (*LL. 20 sept., 19 déc.* 1792 *et 3 vent. an III*), il continuera à être perçu par les officiers publics de l'état civil,

Pour chaque expédition d'un acte de naissance, de décès, ou de publication de mariage, trente centimes, ci.	0,30
Plus, pour le remboursement du droit de timbre, et le dixième en sus pour la taxe de guerre, quatre-vingt-trois centimes (2), ci.	0,83
	1,13
Pour celles des actes de mariage, d'adoption (*et de divorce*), soixante centimes, ci. .	0,60
Plus, pour le droit de timbre et la taxe de guerre, quatre-vingt-trois centimes, ci. . .	0,83
	1,43

2. Dans les villes de cinquante mille âmes et au-dessus,

pour chaque expédition d'acte de naissance, de décès, et de publication de mariage, cinquante centimes, ci. . . .	0,50
Plus, pour le droit de timbre et la taxe de guerre, quatre-vingt-trois centimes, ci. . .	0,83
	1,33
Pour celles des actes de mariage, d'adoption (*et de divorce*), un franc, ci. . . .	1 »
Plus, pour le droit de timbre et la taxe de guerre, quatre-vingt-trois centimes, ci. . .	0,83
	1,83

3. A Paris,

pour chaque expédition d'un acte de naissance, de décès, et de publication de mariage, soixante-quinze centimes, ci.	0,75
Plus, pour le droit de timbre et la taxe de guerre, quatre-vingt-trois centimes, ci. .	0,83
	1,58
Pour celles des actes de mariage (*de divorce*) et d'adoption, un franc cinquante centimes, ci.	1,50
Plus, pour le droit de timbre et la taxe de guerre, quatre-vingt-trois, centimes, ci. .	0,83
	2,33

4. Il est défendu d'exiger d'autres taxes et droits, à peine de concussion. — Il n'est rien dû pour la confection desdits actes et leur inscription dans les registres.

5. Le présent décret sera constamment affiché en placard, et en gros caractères, dans chacun des bureaux ou lieux où les déclarations relatives à l'état civil sont reçues, et dans tous les dépôts des registres.

---

(1) Bull., 4e série, no 2452. — V. le texte dans notre édition in-8o.

(2) Toutes les dispositions de ce décret relatives au timbre ont été successivement modifiées par L. 28 avril 1816, art. 62, 63 ; L. 2 juill. 1862, art. 17 ; L. 23 août 1871, art. 2.

DÉCRET

Concernant les tables alphabétiques de l'état civil.

(20 juillet 1807) (1)

AVIS DU CONSEIL D'ÉTAT

Sur le mode de partage de biens communaux dont deux communes sont propriétaires par indivis.

(20 juillet 1807)

Le Conseil d'Etat, qui, d'après le renvoi ordonné par Sa Majesté, a entendu le rapport de la section de l'intérieur, sur celui du ministre de ce département, sur la question de savoir quelle sera la base d'après laquelle deux communes propriétaires par indivis d'un bien communal, et qui veulent faire cesser cet indivis, doivent le partager entre elles, — Est d'avis que ce partage doit être fait en raison du nombre de feux par chaque commune, et sans avoir égard à l'étendue du territoire de chacune d'elles.

AVIS DU CONSEIL D'ÉTAT

Sur les expéditions d'actes émanés des autorités administratives.

(4-18 août 1807) (2)

DÉCRET

Sur le mode d'acceptation des dons et legs faits aux fabriques, aux établissements d'instruction publique et aux communes.

(12 août 1807)

Art. 1er. L'arrêté du 4 pluviôse an XII, sur les dons et legs faits aux hôpitaux et qui n'excèdent pas la somme de 300 francs, est déclaré commun aux fabriques, aux établissements d'instruction publique et aux communes.

2. En conséquence, les administrateurs des établissements d'instruction publique et les maires des communes, tant pour les communes que pour les fabriques, sont autorisés à accepter lesdits legs et dons, sur la simple autorisation des sous-préfets, sans préjudice de l'approbation préalable de l'évêque diocésain, dans le cas où ils seraient faits à la charge de services religieux.

3. Chaque année, le tableau de ces dons et legs sera envoyé, par les préfets, à notre ministre de l'Intérieur, qui en formera un tableau général, lequel nous sera soumis dans le cours du mois de janvier, et sera publié.

(1) Bull., 4e série, no 2613.
(2) V. le texte dans notre édition in-8o.

DÉCRET

Concernant les baux à ferme des hospices et des établissements d'instruction publique.

(12 août 1807) (3)

DÉCRET

Qui prescrit les formes à suivre pour les saisies-arrêts ou oppositions entre les mains des receveurs ou administrateurs de caisses ou de deniers publics.

(18 août 1807) (4)

LOI

Sur le taux de l'intérêt de l'argent

(3 septembre 1807)

Art. 1er. L'intérêt conventionnel ne pourra excéder, en matière civile, 5 pour 100, ni en matière de commerce, 6 pour 100, le tout sans retenue.

2. L'intérêt légal sera, en matière civile, de 5 pour 100, et en matière de commerce, de 6 pour 100, sans retenue.

3. Lorsqu'il sera prouvé que le prêt conventionnel a été fait à un taux excédant celui qui est fixé par l'article 1er, le prêteur sera condamné, par le tribunal saisi de la contestation, à restituer cet excédant, s'il l'a reçu, ou à souffrir la réduction sur le capital de la créance, et pourra même être renvoyé, s'il y a lieu, devant le tri-

(3) Bull., 4e série, no 2655. — V. le texte dans notre édition in-8o.
(4) Bull., 4e série, no 2663. — V. le texte dans notre édition in-8o.

bunal correctionnel, pour y être jugé conformément à l'article suivant. (*Modifié par la loi du* 19 *déc.* 1850.)

4. Tout individu qui sera prévenu de se livrer habituellement à l'usure, sera traduit devant le tribunal correctionnel, et, en cas de conviction, condamné à une amende qui ne pourra excéder la moitié des capitaux qu'il aura prêtés à usure. — S'il résulte de la procédure qu'il y a eu escroquerie de la part du prêteur, il sera condamné, outre l'amende ci-dessus, à un emprisonnement qui ne pourra excéder deux ans. (*Modifié par la loi du* 19 *déc.* 1850.)

5. Il n'est rien innové aux stipulations d'intérêt par contrats ou actes faits jusqu'au jour de la présente loi.

LOI

Relative aux inscriptions hypothécaires en vertu de jugements rendus sur des demandes en reconnaissance d'obligations sous seing privé.

(3 septembre 1807)

Art. 1er. Lorsqu'il aura été rendu un jugement sur une demande en reconnaissance d'obligation sous seing privé, formée avant l'échéance ou l'exigibilité de ladite obligation, il ne pourra être pris aucune inscription hypothécaire en vertu de ce jugement, qu'à défaut de paiement de l'obligation, après son échéance ou son exigibilité, à moins qu'il n'y ait eu stipulation contraire.

2. Les frais relatifs à ce jugement ne pourront être répétés contre le débiteur que dans le cas où il aura dénié sa signature. — Les frais d'enregistrement seront à la charge du débiteur, tant dans le cas dont il vient d'être parlé, que lorsqu'il aura refusé de se libérer après l'échéance ou l'exigibilité de la dette.

LOI

Relative au mode de recouvrement des frais de justice au profit du Trésor public, en matière criminelle, correctionnelle et de police.

(5 septembre 1807)

Art. 1er. En conséquence de l'article 2098 du Code civil, le privilége du Trésor public est réglé de la manière suivante, en ce qui concerne le remboursement des frais dont la condamnation est prononcée à son profit, en matière criminelle, correctionnelle et de police.

2. Le privilége du Trésor public sur les meubles et effets mobiliers des condamnés ne s'exercera qu'après les autres priviléges et droits ci-après mentionnés, savoir : — 1° Les priviléges désignés aux articles 2101 et 2102 du Code civil ; — 2° Les sommes dues pour la défense personnelle du condamné, lesquelles, en cas de contestation de la part de l'administration des domaines, seront réglées d'après la nature de l'affaire par le tribunal qui aura prononcé la condamnation.

3. Le privilége du Trésor public sur les biens immeubles des condamnés n'aura lieu qu'à la charge de l'inscription dans les deux mois, à dater du jour du jugement de condamnation ; passé lequel délai, les droits du Trésor public ne pourront s'exercer qu'en conformité de l'article 2113 du Code civil.

4. Le privilége mentionné dans l'article 3 ci-dessus ne s'exercera qu'après les autres priviléges et droits suivants : — 1° Les priviléges désignés en l'article 2101 du Code civil, dans le cas prévu par l'article 2105 ; — 2° Les priviléges désignés en l'article 2103 du Code civil, pourvu que les conditions prescrites pour leur conservation aient été accomplies ; — 3° Les hypothèques légales existantes indépendamment de l'inscription, pourvu toutefois qu'elles soient antérieures au mandat d'arrêt, dans le cas où il en aurait été décerné contre le condamné, et, dans les autres cas, au jugement de condamnation ; — 4° Les autres hypothèques, pourvu que les créances aient été inscrites au bureau des hypothèques avant le privilége du Trésor public, et qu'elles résultent d'actes qui aient une date certaine antérieure auxdits mandats d'arrêts ou jugements de condamnation ; — 5° Les sommes dues pour la défense personnelle du condamné, sauf le règlement, ainsi qu'il est dit en l'article 2 ci-dessus.

5. Toutes dispositions contraires à la présente loi sont abrogées.

LOI

Relative aux droits du Trésor public sur les biens des comptables.

(5 septembre 1807)

Art. 1er. Le privilége et l'hypothèque maintenus par les articles 2098 et 2121 du Code civil, au profit du Trésor public, sur les biens meubles et immeubles de tous les comptables chargés de la recette ou du paiement de ses deniers, sont réglés ainsi qu'il suit.

2. Le privilége du Trésor public a lieu sur tous les meubles des comptables, même à l'égard des femmes séparées de biens, pour les meubles trouvés dans les maisons d'habitation du mari, à moins qu'elles ne justifient légalement que lesdits meubles leur sont échus de leur chef, ou que les deniers employés à l'acquisition leur appartenaient. — Ce privilége ne s'exerce néanmoins qu'après les priviléges généraux et particuliers énoncés aux articles 2101 et 2102 du Code civil.

3. Le privilége du Trésor public sur les fonds de cautionnement de comptables, continuera d'être régi par les lois existantes.

4. Le privilége du Trésor public a lieu, 1° sur les immeubles acquis à titre onéreux par les comptables, postérieurement à leur nomination ; 2° sur ceux acquis au même titre, et depuis cette nomination, par leurs femmes, même séparées de biens. — Sont exceptées néanmoins les acquisitions à titre onéreux faites par les femmes, lorsqu'il sera légalement justifié que les deniers employés à l'acquisition leur appartenaient.

5. Le privilége du Trésor mentionné en l'article 4 ci-dessus, a lieu conformément aux articles 2106 et 2113 du Code civil, à la charge d'une inscription qui doit être faite dans les deux mois de l'enregistrement de l'acte translatif de propriété. — En aucun cas il ne peut préjudicier, 1° aux créanciers privilégiés désignés dans l'article 2103 du Code civil, lorsqu'ils ont rempli les conditions prescrites pour obtenir privilége ; 2° aux créanciers désignés aux articles 2101, 2104 et 2105 du Code civil, dans le cas prévu par le dernier de ces articles ; 3° aux créanciers du précédent propriétaire qui auraient, sur le bien acquis, des hypothèques légales, existantes indépendamment de l'inscription, ou toute autre hypothèque valablement inscrite.

6. A l'égard des immeubles des comptables qui leur appartenaient avant leur nomination, le Trésor public a une hypothèque légale, à la charge de l'inscription, conformément aux articles 2121 et 2134 du Code civil. — Le Trésor public a une hypothèque semblable, et à la même charge, sur les biens acquis par le comptable autrement qu'à titre onéreux, postérieurement à sa nomination.

7. A compter de la publication de la présente loi, tous receveurs généraux de département, tous receveurs particuliers d'arrondissement, tous payeurs généraux et divisionnaires, ainsi que les payeurs de département, des ports et des armées, seront tenus d'énoncer leurs titres et qualités dans les actes de vente, d'acquisition, de partage, d'échange et autres translatifs de propriété, qu'ils passeront ; et ce, à peine de destitution, et en cas d'insolvabilité envers le Trésor public, d'être poursuivis comme banqueroutiers frauduleux. — Les receveurs de l'enregistrement et les conservateurs des hypothèques seront tenus, aussi à peine de destitution, et en outre de tous dommages et intérêts, de requérir ou de faire, au vu desdits actes, l'inscription au nom du Trésor public, pour la conservation de ses droits, et d'envoyer, tant au procureur impérial du tribunal de première instance de l'arrondissement des biens, qu'à l'agent du Trésor public à Paris, le bordereau prescrit par les articles 2148 et suivants du Code civil. — Demeurent néanmoins exceptés les cas où, lorsqu'il s'agira d'une aliénation à faire, le comptable aura obtenu un certificat du Trésor public, portant que cette aliénation n'est pas sujette à l'inscription de la part du Trésor. Ce certificat sera énoncé et daté dans l'acte d'aliénation.

8. En cas d'aliénation, par tout comptable, de biens affectés aux droits du Trésor public par privilége ou par hypothèque, les agents du Gouvernement poursuivront, par voie de droit, le recouvrement des sommes dont le comptable aura été constitué redevable.

9. Dans le cas où le comptable ne serait pas actuellement constitué redevable, le Trésor public sera tenu, dans trois mois, à compter de la notification qui lui sera faite, aux termes de l'article 2183 du Code civil, de fournir et de déposer au greffe du tribunal de l'arrondissement des biens vendus, un certificat constatant la situation du comptable ; à défaut de

quoi, ledit délai expiré, la main-levée de l'inscription aura lieu de droit, et sans qu'il soit besoin de jugement. — La main-levée aura également lieu de droit dans le cas où le certificat constatera que le comptable n'est pas débiteur envers le Trésor public.

10. La prescription des droits du Trésor public, établie par l'article 2227 du Code civil, court, au profit des comptables, du jour où leur gestion a cessé.

11. Toutes dispositions contraires à la présente loi sont abrogées.

LOI

Qui fixe l'époque à laquelle le Code de commerce sera exécutoire.

(15 septembre 1807)

Art. 1er. Les dispositions du Code de commerce ne seront exécutées qu'à compter du 1er janvier 1808.

2. A dater dudit jour, 1er janvier 1808, toutes les anciennes lois touchant les matières commerciales sur lesquelles il est statué par ledit Code, sont abrogées.

LOI

Relative à l'organisation de la Cour des Comptes.

(16 septembre 1807) (1)

. . . .

Art. 7. La Cour des comptes prend rang immédiatement après la Cour de cassation, et jouit des mêmes prérogatives.

. . . .

15. La Cour prononcera sur les demandes en réduction, en translation d'hypothèques, formées par des comptables encore en exercice, ou par ceux hors d'exercice dont les comptes ne sont pas définitivement apurés, en exigeant les sûretés suffisantes pour la conservation des droits du Trésor.

---

(1) Bull., 4e série, no 2192. — V. le texte entier dans notre édition in-8o.

LOI

Relative au desséchement des marais, etc.

(16 septembre 1807)

Titre Ier. — *Desséchement des marais.*

Art. 1er. La propriété des marais est soumise à des règles particulières. — Le Gouvernement ordonnera les desséchements qu'il jugera utiles ou nécessaires.

2. Les desséchements seront exécutés par l'Etat ou par des concessionnaires.

3. Lorsqu'un marais appartiendra à un seul propriétaire, ou lorsque tous les propriétaires seront réunis, la concession du desséchement leur sera toujours accordée, s'ils se soumettent à l'exécuter dans les délais fixés, et conformément aux plans adoptés par le Gouvernement.

4. Lorsqu'un marais appartiendra à un propriétaire, ou à une réunion de propriétaires qui ne se soumettront pas à dessécher dans les délais, et selon les plans adoptés, ou qui n'exécuteront pas les conditions auxquelles ils se seront soumis ; lorsque les propriétaires ne seront pas tous réunis ; lorsque, parmi lesdits propriétaires, il y aura une ou plusieurs communes, la concession du desséchement aura lieu en faveur des concessionnaires dont la soumission sera jugée la plus avantageuse pour le Gouvernement : celles qui seraient faites par des communes propriétaires, ou par un certain nombre de propriétaires réunis, seront préférées à conditions égales.

5. Les concessions seront faites par des décrets rendus en Conseil d'Etat, sur des plans levés ou sur des plans vérifiés et approuvés par les ingénieurs des Ponts et chaussées, aux conditions prescrites par la présente loi, aux conditions qui seront établies par les règlements généraux à intervenir, et aux charges qui seront fixées à raison des circonstances locales.

6. Les plans seront levés, vérifiés et approuvés aux frais des entrepreneurs du desséchement ; si ceux qui auront fait la première soumission, et fait lever et vérifier les plans, ne demeurent pas concessionnaires, ils seront remboursés par ceux auxquels la concession sera définitivement accordée. — Le plan général du marais comprendra tous les terrains qui seront présumés devoir profiter du desséche-

ment. Chaque propriété y sera distinguée, et son étendue exactement circonscrite. — Au plan général seront joints tous les profils et nivellements nécessaires; ils seront, le plus possible, exprimés sur le plan par des cotes particulières.

TITRE II. — *Fixation de l'étendue, de l'espèce et de la valeur estimable des marais avant le dessèchement.*

7. Lorsque le Gouvernement fera un dessèchement, ou lorsque la concession aura été accordée, il sera formé entre les propriétaires un syndicat, à l'effet de nommer les experts qui devront procéder aux estimations statuées par la présente loi. — Les syndics seront nommés par le préfet; ils seront pris parmi les propriétaires les plus imposés, à raison des marais à dessécher. Les syndics seront au moins au nombre de trois, et au plus au nombre de neuf, ce qui sera déterminé dans l'acte de concession.

8. Les syndics réunis nommeront et présenteront un expert au préfet du département. — Les concessionnaires en présenteront un autre; le préfet nommera un tiers-expert. — Si le dessèchement est fait par l'Etat, le préfet nommera le second expert, et le tiers-expert sera nommé par le ministre de l'Intérieur.

9. Les terrains des marais seront divisés en plusieurs classes, dont le nombre n'excédera pas dix, et ne pourra être au-dessous de cinq: ces classes seront formées d'après les divers degrés d'inondation. Lorsque la valeur des différentes parties du marais éprouvera d'autres variations que celles provenant des divers degrés de submersion, et dans ce cas seulement, les classes seront formées sans égard à ces divers degrés, et toujours de manière à ce que toutes les terres de même valeur présumée soient dans la même classe.

10. Le périmètre des diverses classes sera tracé sur le plan cadastral qui aura servi de base à l'entreprise. — Ce tracé sera fait par les ingénieurs et les experts réunis.

11. Le plan, ainsi préparé, sera soumis à l'approbation du préfet; il restera déposé au secrétariat de la préfecture pendant un mois; les parties intéressées seront invitées, par affiches, à prendre connaissance du plan, à fournir leurs observations sur son exactitude, sur l'étendue donnée aux limites jusques auxquelles se feront sentir les effets du dessèchement, et enfin sur le classement des terres.

12. Le préfet, après avoir reçu ces observations, celles en réponse des entrepreneurs du dessèchement, celles des ingénieurs et des experts, pourra ordonner les vérifications qu'il jugera convenables. — Dans le cas, où, après vérification, les parties intéressées persisteraient dans leurs plaintes, les questions seront portées devant la commission constituée par le titre X de la présente loi.

13. Lorsque les plans auront été définitivement arrêtés, les deux experts nommés par les propriétaires et les entrepreneurs du dessèchement se rendront sur les lieux; et, après avoir recueilli tous les renseignements nécessaires, ils procéderont à l'appréciation de chacune des classes composant le marais, eu égard à sa valeur réelle au moment de l'estimation considérée dans son état de marais, et sans pouvoir s'occuper d'une estimation détaillée par propriété. — Les experts procéderont en présence du tiers-expert, qui les départagera, s'ils ne peuvent s'accorder.

14. Le procès-verbal d'estimation par classe, sera déposé pendant un mois à la préfecture. Les intéressés en seront prévenus par affiches; et, s'il survient des réclamations, elles seront jugées par la commission. — Dans tous les cas, l'estimation sera soumise à ladite commission pour être jugée et homologuée par elle; elle pourra décider outre et contre l'avis des experts.

15. Dès que l'estimation aura été définitivement arrêtée, les travaux de dessèchement seront commencés; ils seront poursuivis et terminés dans les délais fixés par l'acte de concession, sous les peines portées audit acte.

TITRE III. — *Des marais pendant le cours des travaux de dessèchement.*

16. Lorsque, d'après l'étendue des marais, ou la difficulté des travaux, le dessèchement ne pourra être opéré dans trois ans, l'acte de concession pourra attribuer aux entrepreneurs du dessèchement une portion, en deniers, du produit des fonds qui auront les premiers profité des travaux de dessèchement. — Les contestations relatives à l'exécution de cette clause de l'acte de concession seront portées devant la commission.

TITRE IV. — *Des marais après le dessèchement, et de l'estimation de leur valeur.*

17. Lorsque les travaux prescrits

par l'Etat ou par l'acte de concession seront terminés, il sera procédé à leur vérification et réception. — En cas de réclamations, elles seront portées devant la commission, qui les jugera.

18. Dès que la reconnaissance des travaux aura été approuvée, les experts respectivement nommés par les propriétaires et par les entrepreneurs du desséchement, et accompagnés du tiers-expert, procéderont, de concert avec les ingénieurs, à une classification des fonds desséchés, suivant leur valeur nouvelle, et l'espèce de culture dont ils seront devenus susceptibles. — Cette classification sera vérifiée, arrêtée, suivie d'une estimation, le tout dans les mêmes formes ci-dessus prescrites pour la classification et l'estimation des marais avant le desséchement.

TITRE V. — *Règles pour le paiement des indemnités dues par les propriétaires, en cas de dépossession.*

19. Dès que l'estimation des fonds desséchés aura été arrêtée, les entrepreneurs du desséchement présenteront à la commission un rôle contenant : — 1° Le nom des propriétaires ; — 2° L'étendue de leur propriété ; — 3° Les classes dans lesquelles elle se trouve placée, le tout relevé sur le plan cadastral ; — 4° L'énonciation de la première estimation, calculée à raison de l'étendue et des classes ; — 5° Le montant de la valeur nouvelle de la propriété depuis le desséchement, réglée par la seconde estimation et le second classement ; — 6° Enfin la différence entre les deux estimations. — S'il reste dans le marais des portions qui n'auront pu être desséchées, elles ne donneront lieu à aucune prétention de la part des entrepreneurs du desséchement.

20. Le montant de la plus-value obtenue par le desséchement sera divisé entre le propriétaire et le concessionnaire, dans les proportions qui auront été fixées par l'acte de concession. — Lorsqu'un desséchement sera fait par l'Etat, sa portion dans la plus-value sera fixée de manière à le rembourser de toutes ses dépenses. Le rôle des indemnités sur la plus-value sera arrêté par la commission et rendu exécutoire par le préfet.

21. Les propriétaires auront la faculté de se libérer de l'indemnité par eux due, en délaissant une portion relative de fonds calculée sur le pied de la dernière estimation ; dans ce cas, il n'y aura lieu qu'au droit fixe de un franc, pour l'enregistrement de l'acte de mutation de propriété.

22. Si les propriétaires ne veulent pas délaisser des fonds en nature, ils constitueront une rente sur le pied de 4 pour 100, sans retenue : le capital de cette rente sera toujours remboursable, même par portions, qui cependant ne pourront être moindres d'un dixième, et moyennant vingt-cinq capitaux.

23. Les indemnités dues aux concessionnaires ou au Gouvernement, à raison de la plus-value résultant des desséchements, auront privilége sur toute ladite plus-value, à la charge seulement de faire transcrire l'acte de concession, ou le décret qui ordonnera le desséchement au compte de l'Etat, dans le bureau ou dans les bureaux des hypothèques de l'arrondissement ou des arrondissements de la situation des marais desséchés. — L'hypothèque de tout individu inscrit avant le desséchement sera restreinte, au moyen de la transcription ci-dessus ordonnée, sur une portion de propriété égale en valeur à la première valeur estimative des terrains desséchés.

24. Dans le cas où le desséchement d'un marais ne pourrait être opéré par les moyens ci-dessus organisés, et où, soit par les obstacles de la nature, soit par des oppositions persévérantes des propriétaires, on ne pourrait parvenir au desséchement, le propriétaire ou les propriétaires de la totalité des marais pourront être contraints à délaisser leur propriété, sur estimation faite dans les formes déjà prescrites. — Cette estimation sera soumise au jugement et à l'homologation d'une commission formée à cet effet ; et la cession sera ordonnée sur le rapport du ministre de l'Intérieur, par un règlement d'administration publique.

TITRE VI. — *De la conservation des travaux de desséchement.*

25. Durant le cours des travaux de desséchement, les canaux, fossés, rigoles, digues et autres ouvrages, seront entretenus et gardés aux frais des entrepreneurs du desséchement.

26. A compter de la réception des travaux, l'entretien et la garde seront à la charge des propriétaires, tant anciens que nouveaux. Les syndics déjà nommés, auxquels le préfet pourra en adjoindre deux ou quatre pris parmi les nouveaux propriétaires, proposeront au préfet des règlements d'administration publique qui fixeront le genre et l'étendue des contributions

nécessaires pour subvenir aux dépenses. — La commission donnera son avis sur ces projets de règlement, et, en les adressant au ministre, proposera aussi la création d'une administration composée de propriétaires qui devra faire exécuter les travaux; il sera statué sur le tout en Conseil d'Etat.

27. La conservation des travaux de desséchement, celle des digues contre les torrents, rivières et fleuves, et sur les bords des lacs et de la mer, est commise à l'administration publique. Toutes réparations et dommages seront poursuivis par voie administrative, comme pour les objets de grande voirie. Les délits seront poursuivis par les voies ordinaires, soit devant les tribunaux de police correctionnelle, soit devant les Cours criminelles, en raison des cas.

Titre VII. — *Des travaux de navigation, des routes, des ponts, des rues, places et quais dans les villes, des digues, des travaux de salubrité dans les communes.*

28. Lorsque, par l'ouverture d'un canal de navigation, par le perfectionnement de la navigation d'une rivière, par l'ouverture d'une grande route, par la construction d'un pont, un ou plusieurs départements, un ou plusieurs arrondissements seront jugés devoir recueillir une amélioration à la valeur de leur territoire, ils seront susceptibles de contribuer aux dépenses des travaux, par voie de centimes additionnels aux contributions; et ce, dans les proportions qui seront déterminées par des lois spéciales. — Ces contributions ne pourront s'élever au delà de la moitié de la dépense; le Gouvernement fournira l'excédant.

29. Lorsqu'il y aura lieu à l'établissement ou au perfectionnement d'une petite navigation, d'un canal de flottage, à l'ouverture ou à l'entretien de grandes routes d'un intérêt local, à la construction ou à l'entretien de ponts sur lesdites routes ou sur des chemins vicinaux, les départements contribueront dans une proportion, les arrondissements les plus intéressés, dans une autre, les communes les plus intéressées, d'une manière encore différente : le tout selon les degrés d'utilité respective. — Le Gouvernement ne fournira de fonds, dans ce cas, que lorsqu'il le jugera convenable; les proportions des diverses contributions seront réglées par des lois spéciales.

30. Lorsque par suite des travaux déjà énoncés dans la présente loi, lorsque par l'ouverture de nouvelles rues, par la formation de places nouvelles, par la construction de quais, ou par tous autres travaux publics généraux, départementaux ou communaux, ordonnés ou approuvés par le Gouvernement, des propriétés privées auront acquis une notable augmentation de valeur, ces propriétés pourront être chargées de payer une indemnité qui pourra s'élever jusqu'à la valeur de la moitié des avantages qu'elles auront acquis : le tout sera réglé par estimation dans les formes déjà établies par la présente loi, jugé et homologué par la commission qui aura été nommée à cet effet.

31. Les indemnités pour paiement de plus-value seront acquittées, au choix des débiteurs, en argent ou en rentes constituées à 4 pour 100 net, ou en délaissement d'une partie de la propriété si elle est divisible : ils pourront aussi délaisser en entier les fonds, terrains ou bâtiments dont la plus-value donne lieu à l'indemnité; et ce, sur l'estimation réglée d'après la valeur qu'avait l'objet avant l'exécution des travaux desquels la plus-value aura résulté. — Les articles 21 et 23, relatifs aux droits d'enregistrement et aux hypothèques, sont applicables aux cas spécifiés dans le présent article.

32. Les indemnités ne seront dues par les propriétaires des fonds voisins des travaux effectués, que lorsqu'il aura été décidé, par un règlement d'administration publique rendu sur le rapport du ministre de l'Intérieur, et après avoir entendu les parties intéressées, qu'il y a lieu à l'application des deux articles précédents.

33. Lorsqu'il s'agira de construire des digues à la mer, ou contre les fleuves, rivières et torrents navigables ou non navigables, la nécessité en sera constatée par le Gouvernement, et la dépense supportée par les propriétés protégées, dans la proportion de leur intérêt aux travaux; sauf les cas où le Gouvernement croirait utile et juste d'accorder des secours sur les fonds publics.

34. Les formes précédemment établies et l'intervention d'une commission seront appliquées à l'exécution du présent article. — Lorsqu'il y aura lieu de pourvoir aux dépenses d'entretien ou de réparation des mêmes travaux, au curage des canaux qui sont en même temps de navigation et de desséchement, il sera fait des règlements d'administration publique qui

fixeront la part contributive du Gouvernement et des propriétaires. Il en sera de même lorsqu'il s'agira de levées, de barrages, de pertuis, d'écluses, auxquels des propriétaires de moulins ou d'usines seraient intéressés.

35. Tous les travaux de salubrité qui intéressent les villes et les communes, seront ordonnés par le Gouvernement, et les dépenses supportées par les communes intéressées.

36. Tout ce qui est relatif aux travaux de salubrité, sera réglé par l'administration publique; elle aura égard, lors de la rédaction du rôle de la contribution spéciale destinée à faire face aux dépenses de ce genre de travaux, aux avantages immédiats qu'acquerraient telles ou telles propriétés privées, pour les faire contribuer à la décharge de la commune dans des proportions variées, et justifiées par les circonstances.

37. L'exécution des deux articles précédents restera dans les attributions des préfets et des Conseils de préfecture.

TITRE VIII. — *Des travaux de route et de navigation relatifs à l'exploitation des forêts et minières.*

38. Lorsqu'il y aura lieu d'ouvrir ou de perfectionner une route ou des moyens de navigation dont l'objet sera d'exploiter avec économie des forêts ou bois, des mines ou minières, ou de leur fournir un débouché, toutes les propriétés de cette espèce, générales, communales ou privées, qui devront en profiter, seront appelées à contribuer pour la totalité de la dépense, dans les proportions variées des avantages qu'elles devront en recueillir. — Le Gouvernement pourra néanmoins accorder sur les fonds publics les secours qu'il croira nécessaires.

39. Les propriétaires se libéreront dans les formes énoncées aux articles 21, 22 et 23 de la présente loi.

40. Les formes d'estimation et l'intervention de la commission organisée par la présente loi seront appliquées à l'exécution des deux précédents articles.

TITRE IX. — *De la concession de divers objets dépendants du domaine.*

41. Le Gouvernement concédera, aux conditions qu'il aura réglées, les marais, lais, relais de la mer, le droit d'endiguage, les accrues, atterrissements et alluvions des fleuves, rivières et torrents, quant à ceux de ces objets qui forment propriété publique ou domaniale.

TITRE X. — *De l'organisation et des attributions des commissions spéciales* (1).

42. Lorsqu'il s'agira d'un desséchement de marais ou d'autres ouvrages déjà énoncés en la présente loi, et pour lesquels l'intervention d'une commission spéciale est indiquée, cette commission sera établie ainsi qu'il suit.

43. Elle sera composée de sept commissaires : leurs avis ou leurs décisions seront motivés ; ils devront, pour les prononcer, être au moins au nombre de cinq.

44. Les commissaires seront pris parmi les personnes qui seront présumées avoir le plus de connaissances relatives soit aux localités, soit aux divers objets sur lesquels ils auront à prononcer. — Ils seront nommés par l'Empereur.

45. Les formes de la réunion des membres de la commission, la fixation des époques de ses séances et des lieux où elles seront tenues, les règles pour la présidence, le secrétariat et la garde des papiers, les frais qu'entraîneront ses opérations, et enfin tout ce qui concerne son organisation, seront déterminés, dans chaque cas, par un règlement d'administration publique.

46. Les commissions spéciales connaîtront de tout ce qui est relatif au classement des diverses propriétés avant ou après le desséchement des marais, à leur estimation, à la vérification de l'exactitude des plans cadastraux, à l'exécution des clauses des actes de concession relatifs à la jouissance par les concessionnaires d'une portion des produits, à la vérification et à la réception des travaux de desséchement, à la formation et à la vérification du rôle de plus-value des terres après le desséchement; elles donneront leur avis sur l'organisation du mode d'entretien des travaux de desséchement; elles arrêteront les estimations dans le cas, prévu par l'article 24, où le Gouvernement aurait à déposséder tous les propriétaires d'un marais; elles connaîtront des mêmes objets, lorsqu'il s'agira de fixer la va-

(1) V. l'article 26 de la loi du 21 juin 1865.

leur des propriétés, avant l'exécution de travaux d'un autre genre, comme routes, canaux, quais, digues, ponts, rues, etc., et après l'exécution desdits travaux, et lorsqu'il sera question de fixer la plus-value.

47. Elles ne pourront, en aucun cas, juger les questions de propriété, sur lesquelles il sera prononcé par les tribunaux ordinaires, sans que, dans aucun cas, les opérations relatives aux travaux, ou l'exécution des décisions de la commission, puissent être retardées ou suspendues.

TITRE XI. — *Des indemnités aux propriétaires pour occupations de terrains.*

48. Lorsque, pour exécuter un dessèchement, l'ouverture d'une nouvelle navigation, un pont, il sera question de supprimer des moulins et autres usines, de les déplacer, modifier, ou de réduire l'élévation de leurs eaux, la nécessité en sera constatée par les ingénieurs des Ponts-et-chaussées. Le prix de l'estimation sera payé par l'Etat, lorsqu'il entreprend les travaux; lorsqu'ils sont entrepris par des concessionnaires, le prix de l'estimation sera payé avant qu'ils puissent faire cesser le travail des moulins et usines. — Il sera d'abord examiné si l'établissement des moulins et usines est légal; ou si le titre d'établissement ne soumet pas les propriétaires à voir démolir leurs établissements sans indemnité, si l'utilité publique le requiert.

49. Les terrains nécessaires pour l'ouverture des canaux et rigoles de dessèchement, des canaux de navigation, de routes, de rues, la formation de places et autres travaux reconnus d'une utilité générale, seront payés à leurs propriétaires, et à dire d'experts, d'après leur valeur avant l'entreprise des travaux, et sans nulle augmentation du prix d'estimation.

50. Lorsqu'un propriétaire fait volontairement démolir sa maison, lorsqu'il est forcé de la démolir pour cause de vétusté, il n'a droit à indemnité que pour la valeur du terrain délaissé, si l'alignement qui lui est donné par les autorités compétentes le force à reculer sa construction.

51. Les maisons et bâtiments dont il serait nécessaire de faire démolir et d'enlever une portion pour cause d'utilité publique légalement reconnue, seront acquis en entier, si le propriétaire l'exige; sauf à l'administration publique ou aux communes à revendre les portions de bâtiments ainsi acquises, et qui ne seront pas nécessaires pour l'exécution du plan. La cession par le propriétaire à l'administration publique ou à la commune, et la revente, seront effectuées d'après un décret rendu en Conseil d'Etat sur le rapport du ministre de l'Intérieur, dans les formes prescrites par la loi.

52. Dans les villes, les alignements pour l'ouverture des nouvelles rues, pour l'élargissement des anciennes qui ne font point partie d'une grande route, ou pour tout autre d'objet d'utilité publique, seront donnés par les maires, conformément au plan dont les projets auront été adressés aux préfets, transmis avec leur avis au ministre de l'Intérieur, et arrêtés en Conseil d'Etat. — En cas de réclamation des tiers intéressés, il sera de même statué en Conseil d'Etat, sur le rapport du ministre de l'Intérieur

53. Au cas où, par les alignements arrêtés, un propriétaire pourrait recevoir la faculté de s'avancer sur la voie publique, il sera tenu de payer la valeur du terrain qui lui sera cédé. Dans la fixation de cette valeur, les experts auront égard à ce que le plus ou le moins de profondeur du terrain cédé, la nature de la propriété le reculement du reste du terrain bâti ou non bâti loin de la nouvelle voie, peut ajouter ou diminuer de valeur relative pour le propriétaire. — Au cas où le propriétaire ne voudrait point acquérir, l'administration publique est autorisée à le déposséder de l'ensemble de sa propriété, en lui payant la valeur telle qu'elle était avant l'entreprise des travaux. La cession et la revente seront faites comme il a été dit en l'article 51 ci-dessus.

54. Lorsqu'il y aura lieu en même temps à payer une indemnité à un propriétaire pour terrains occupés, et à recevoir de lui une plus-value pour des avantages acquis à ses propriétés restantes, il y aura compensation jusqu'à concurrence; et le surplus seulement, selon les résultats, sera payé au propriétaire ou acquitté par lui.

55. Les terrains occupés pour prendre les matériaux nécessaires aux routes ou aux constructions publiques, pourront être payés aux propriétaires comme s'ils eussent été pris pour la route même. — Il n'y aura lieu à faire entrer dans l'estimation la valeur des matériaux à extraire, que dans les cas où l'on s'emparerait d'une carrière déjà en exploitation; alors lesdits matériaux seront évalués d'après leur prix

courant, abstraction faite de l'existence et des besoins de la route pour laquelle ils seraient pris, ou des constructions auxquelles on les destine.

56. Les experts, pour l'évaluation des indemnités relatives à une occupation de terrain, dans les cas prévus au présent titre, seront nommés, pour les objets de travaux de grande voirie, l'un par le propriétaire, l'autre par le préfet; et le tiers-expert, s'il en est besoin, sera de droit l'ingénieur en chef du département : lorsqu'il y aura des concessionnaires, un expert sera nommé par le propriétaire, un par le concessionnaire, et le tiers-expert par le préfet. — Quant aux travaux des villes, un expert sera nommé par le propriétaire, un par le maire de la ville, ou de l'arrondissement pour Paris, et le tiers-expert par le préfet.

57. Le contrôleur et le directeur des contributions donneront leur avis sur le procès-verbal d'expertise, qui sera soumis, par le préfet, à la délibération du Conseil de préfecture; le préfet pourra, dans tous les cas, faire faire une nouvelle expertise.

TITRE XII. — *Dispositions générales.*

58. Les indemnités pour plus-value, dues à raison des travaux déjà entrepris, et spécialement à raison des travaux de desséchement, seront réglées d'après les dispositions de la présente loi. Des règlements d'administration publique statueront sur la possibilité et le mode d'application à chaque cas ou entreprise particulière; et alors l'organisation et l'intervention de la commission spéciale seront toujours nécessaires.

59. Toutes les lois antérieures cesseront d'avoir leur exécution en ce qui serait contraire à la présente.

DÉCRET

Contenant organisation de la Cour des comptes.

(28 septembre 1807) (1)

---

(1) Bull., 4e série, no 2792. — *V.* le texte dans notre édition in-8o.

1808

AVIS DU CONSEIL D'ÉTAT

Sur la retenue dont la pension d'un militaire peut être susceptible en faveur de sa femme et de ses enfants.

(11 janvier 1808)

Le Conseil d'Etat... Est d'avis que le ministre de la Guerre peut ordonner une retenue du tiers au plus, sur la pension ou solde de retraite de tout militaire qui ne remplirait pas, à l'égard de sa femme ou de ses enfants, les obligations qui lui sont imposées par les chapitres V et VI du titre V du livre Ier du Code Napoléon; sauf le recours du mari au Conseil d'Etat, commission du contentieux, dans le cas où il se croirait lésé par la décision du ministre.

AVIS DU CONSEIL D'ÉTAT

Sur la question de savoir si les héritiers bénéficiaires peuvent transférer, sans autorisation, les inscriptions au-dessus de 50 francs de rente.

(11 janvier 1808) (2)

Le Conseil d'Etat, — Est d'avis que l'héritier bénéficiaire ne peut pas faire le transfert des rentes au-dessus de 50 francs, sans être préalablement autorisé. . . . .

DÉCRET

Qui arrête définitivement les statuts de la Banque de France.

(16 janvier 1808) (3)

. . . .

ART. 7. Les actionnaires qui voudront donner à leurs actions la qualité d'immeubles, en auront la faculté; et dans ce cas, ils en feront la déclaration dans la forme prescrite pour les transferts. — Cette déclaration une fois inscrite sur le registre, les actions immo-

(2) Bull., 4e série, no 2946.
(3) Bull., 4e série, no 2953. — *V.* le texte entier dans notre édition in-8o.

bilisées resteront soumises au Code civil et aux lois de privilége et d'hypothèque, comme les propriétés foncières : elles ne pourront être aliénées et les priviléges et hypothèques être purgés qu'en se conformant au Code civil, et aux lois relatives aux priviléges et hypothèques sur les propriétés foncières.

. . . .

50. Tout failli non réhabilité ne peut être admis à l'escompte.

AVIS DU CONSEIL D'ÉTAT

Sur la durée des inscriptions hypothécaires prises soit d'office, soit par les femmes, les mineurs et le Trésor public, sur les biens des maris, des tuteurs et des comptables.

(22 janvier 1808)

Le Conseil d'Etat, qui, d'après le renvoi ordonné par Sa Majesté, a entendu le rapport de la section de législation sur celui du grand-juge, ministre de la Justice, concernant la question de savoir si les inscriptions hypothécaires prises d'office, et celles prises par les femmes, les mineurs et le Trésor public, sur les biens des maris, des tuteurs et des comptables, doivent être renouvelées avant l'expiration du délai de dix années, — Est d'avis que la question est décidée par l'article 2154 du Code Napoléon. . . . . — 1° Toute inscription doit être renouvelée avant l'expiration du laps de dix années; — 2° Lorsque l'inscription a été nécessaire pour opérer l'hypothèque, le renouvellement est nécessaire pour sa conservation; — 3° Lorsque l'hypothèque existe indépendamment de l'inscription, et que celle-ci n'est ordonnée que sous des peines particulières, ceux qui ont dû la faire doivent la renouveler sous les mêmes peines; — 4° Enfin, lorsque l'inscription a dû être faite d'office par le conservateur, elle doit être renouvelée par le créancier qui y a intérêt.

DÉCRET

Qui déclare l'article 7 du titre XXVIII de l'ordonnance de 1669 applicable à toutes les rivières navigables de l'Empire.

(22 janvier 1808)

ART. 1er Les dispositions de l'article 7, titre XXVIII de l'ordonnance de 1669, sont applicables à toutes les rivières navigables de l'Empire, soit que la navigation y fût établie à cette époque, soit que le Gouvernement se soit déterminé depuis, ou se détermine aujourd'hui et à l'avenir, à les rendre navigables.

2. En conséquence, les propriétaires riverains, en quelque temps que la navigation ait été ou soit établie, sont tenus de laisser le passage pour le chemin de halage.

3. Il sera payé aux riverains des fleuves ou rivières où la navigation n'existait pas et où elle s'établira, une indemnité proportionnée au dommage qu'ils éprouveront; et cette indemnité sera évaluée conformément aux dispositions de la loi du 16 septembre dernier.

4. L'administration pourra, lorsque le service n'en souffrira pas, restreindre la largeur des chemins de halage, notamment quand il y aura antérieurement des clôtures en haies vives, murailles ou travaux d'art, ou des maisons à détruire.

AVIS DU CONSEIL D'ÉTAT

Relatif à l'inaliénabilité des soldes de retraite, des pensions militaires, de la Légion-d'Honneur, et des traitements de réforme.

(23 janvier 1808) (1)

AVIS DU CONSEIL D'ÉTAT

Sur le sens de l'article 620 du Code de commerce, relatif à l'éligibilité aux places de juges.

(2 février 1808)

Le Conseil d'Etat..... Est d'avis que les négociants retirés du commerce, et non livrés actuellement à d'autres professions, sont susceptibles d'être élus aux places mentionnées en l'article 620 du Code de commerce, s'ils ont exercé le commerce pendant le temps prescrit, et s'ils remplissent d'ailleurs les autres conditions imposées par la loi.

---

(1) *V.* le texte dans notre édition in-8°.

SÉNATUS-CONSULTE ORGANIQUE

Sur l'admissibilité des étrangers aux droits de citoyen français.

(19 février 1808) (1)

AVIS DU CONSEIL D'ÉTAT

Sur le mode de transcription des jugements portant rectification d'actes de l'état civil, et de délivrance des actes rectifiés (2).

(4 mars 1808)

DÉCRET

Qui fixe une distance pour les constructions dans le voisinage des cimetières hors des communes.

(7 mars 1808)

ART. 1er. Nul ne pourra, sans autorisation, élever aucune habitation, ni creuser aucun puits, à moins de 100 mètres des nouveaux cimetières transférés hors des communes en vertu des lois et règlements.

2. Les bâtiments existants ne pourront également être restaurés ni augmentés sans autorisation. — Les puits pourront, après visite contradictoire d'experts, être comblés, en vertu d'ordonnance du préfet du département, sur la demande de la police locale.

DÉCRET

Concernant les gardes du commerce.

(14 mars 1808) (3)

DÉCRET

Portant organisation de l'Université.

(17 mars 1808) (4)

---

(1) Bull., 4e série, no 3064. — *V.* le texte dans notre édition in-8o.

(2) *V.* le texte dans notre édition in-8o.

(3) Bull., 4e série, no 3236. — *V.* L. 22 juill. 1867, qui abolit la contrainte par corps, sauf en matière criminelle, correctionnelle et de simple police.

(4) Bull., 4e série, no 3179.

AVIS DU CONSEIL D'ÉTAT

Les notaires, greffiers, et autres gens de loi et de pratique, peuvent-ils, nonobstant les anciens règlements, écrire pour autrui et signer comme témoins des actes sous seing privé?

(26 mars 1808) (5)

DÉCRET

Contenant règlement pour la police et la discipline des Cours et tribunaux.

(30 mars 1808) (6)

TITRE Ier. — *Des Cours d'appel.*

SECTION I. — ***Du rang des juges entre eux et pour leur service.***

ART. 1er. Le premier président d'une Cour d'appel composée de plusieurs chambres présidera celle à laquelle il voudra s'attacher ; il présidera les autres chambres au moins une fois par semestre, et quand il le jugera convenable. (*Décr.* 6 *juill.* 1810, *art.* 7.)

2. Lorsque le premier président sera dans le cas d'être suppléé pour des fonctions qui lui sont spécialement attribuées, il sera remplacé par le plus ancien des présidents. — Si la Cour n'est pas divisée en plusieurs chambres, le président sera suppléé par le doyen. (*V. art.* 40, *Décr.* 6 *juill.* 1810.)

3. Le premier président et les présidents seront, en cas d'empêchement, remplacés, pour le service de l'audience, par le juge présent le plus ancien dans l'ordre des nominations. (*V. art.* 41, *Décr.* 6 *juill.* 1810.)

4. En cas d'empêchement d'un juge, il sera, pour compléter le nombre indispensable, remplacé par un juge d'une autre chambre qui ne tiendrait pas audience, ou qui se trouverait avoir plus de juges que le nombre nécessaire (*V. art.* 9, *Décr.* 6 *juill.* 1810. *V. art.* 49, *Décr.* 30 *mars* 1808) (7).

(5) *V.* le texte, à sa date, dans notre édition in-8o.

(6) *V.* L. 20 avril 1810 ; Décr. 6 juill. 1810, *Sur l'organisation judiciaire.*

(7) (*a*) La loi n'exige pas que les arrêts et jugements mentionnent les noms des juges empêchés et remplacés. — Cass. 13 août 1833. — Ni les causes de l'empêchement. — Cass. 19 févr. 1810.

(*b*) Il suffit que l'arrêt constate que le magistrat étranger à la chambre a été ap-

5. Il sera fait chaque année un roulement des juges d'une chambre à l'autre, à l'exception du doyen, qui en sera dispensé, et qui restera attaché à la chambre présidée habituellement par le premier président. (*Ord.* 11 *oct.* 1820; *Décr.* 28 *mai* 1852.) — Ce roulement aura lieu de telle manière qu'il sorte de chaque chambre la majorité des membres, qui seront répartis dans les autres chambres, le plus également possible, et encore de manière que les juges passent successivement dans toutes les chambres. (*V. Décr.* 6 *juill.* 1810, *art.* 15.)

6. Néanmoins, celui qui aurait été nommé rapporteur dans la chambre dont il serait ensuite sorti par le roulement, reviendra dans cette chambre pour y faire les rapports dont il aurait été chargé. (*V. Décr.* 6 *juill.* 1810, *art.* 16.)

7. Il sera, en conséquence, dressé deux listes des juges : l'une de rang, l'autre de service. — La première, formée suivant l'ordre des nominations, établira le rang dans les cérémonies publiques, dans les assemblées de la Cour, et même entre les juges se trouvant ensemble dans une même chambre. — La seconde liste sera dressée pour régler l'ordre du service; elle sera renouvelée chaque année dans la huitaine qui précédera les vacances. (*V. art.* 36, *Décr.* 6 *juill.* 1810).

8. Chaque juge sera, lors de sa nomination, placé le dernier dans la liste de rang; il remplacera, sur la liste de service, le juge dont la démission ou le décès a donné lieu à sa nomination.

SECTION II. — *De la tenue des audiences.*

9. Il sera fait dans chaque Cour d'appel, sur le nombre des audiences nécessaires pour la plus prompte expédition des affaires, un règlement particulier, qui sera soumis à notre approbation. (*V. art.* 21, *Décr.* 6 *juill.* 1810.)

10. Chaque audience sera au moins de trois heures. — Le temps destiné aux audiences ne devra être employé ni à d'autres fonctions, ni aux assemblées générales de la Cour.

11. Chaque juge sera tenu, avant l'heure fixée pour l'audience, de se faire inscrire sur le registre de pointe. Ce registre sera, avant de commencer l'audience, arrêté et signé par le président de la chambre, ou par le juge qui le remplacera.

12. Sera aussi soumis à la pointe, comme s'il avait été absent d'une audience, le juge qui ne se rendrait pas à une assemblée générale des membres de la Cour, que le premier président pourra convoquer, pour ce qui tient au service intérieur et à la discipline des officiers ministériels.

13. Les droits d'assistance, ainsi qu'ils sont réglés par la loi, n'appartiendront qu'aux membres présents. Néanmoins les absents pour cause de maladie, attestée par un officier de santé, dont le certificat demeurera déposé au greffe, ne perdront point leur droit d'assistance, mais ils ne participeront à aucun accroissement. (*Abrogé; L.* 23 *mai* 1854.)

14. Les absents, pour quelque autre cause que ce soit, même par congé, si ce n'est pour un service public, ne jouiront point, pendant leur absence, des droits d'assistance, et ne participeront point à ceux qui seront distribués à raison de l'absence des autres. — L'absent ne pourra s'excuser sur ce que les juges se seraient trouvés en nombre suffisant. — Le juge qui ne se trouvera pas au moment de la signature du registre de pointe, perdra son droit de présence à cette audience, lors même qu'il y aurait assisté. (*Abrogé; L.* 23 *mai* 1854.)

15. Lorsque l'ouverture n'en aura pas été faite à l'heure prescrite, le président ne pourra être excusé par aucun motif.

Si néanmoins c'était par défaut de juges, il en dressera un procès-verbal, qui devra être envoyé, par le procureur général, au grand-juge, ministre de la Justice.

16. Il sera dressé, au commencement de chaque mois, par le greffier, un procès-verbal de répartition des sommes qui, pour cette cause, seront à distribuer entre ceux qui y auront droit. Ce procès-verbal sera signé et certifié par le premier président et par le procureur général impérial. — Le greffier tiendra registre de cette comptabilité, qui sera surveillée par le procureur général. (*V. L.* 23 *mai* 1854.)

17. La Cour n'accordera de congé, ainsi qu'il est réglé par l'article 5 de la loi du 27 ventôse an VII, que pour cause nécessaire, et qu'autant que l'absence du juge qui le demandera ne fera point manquer le service. — Dans le cas où la demande de congé doit être adressée au grand-juge, on devra également justifier, par un certificat

pelé pour la compléter. — Cass. 19 févr. 1819; 9 mai 1842.

du premier président et du procureur général, que le service ne souffrira point de l'absence. (*V. Décr.* 6 *juill.* 1810, *art.* 25 ; *Ord.* 6 *nov.* 1822 ; *Décr.* 9 *nov.* 1853, *art.* 16 *et suiv.*)

SECTION III. — *De la distribution des affaires.*

18. Lorsqu'il s'agira d'abréger les délais des assignations, les requêtes seront présentées au premier président, et par lui répondues : néanmoins, les requêtes présentées après la distribution de la cause, et dans le cours de l'instruction, seront répondues par le président de la chambre à laquelle la cause aura été distribuée. (*C. proc., art.* 72.)

19. Il sera tenu au greffe un registre ou rôle général, coté et paraphé par le premier président, et sur lequel seront inscrites toutes les causes, dans l'ordre de leur présentation. — Les avoués seront tenus de faire cette inscription la veille au plus tard du jour où l'on se présentera à l'audience. — Chaque inscription contiendra les noms des parties, ceux de l'avoué ; et en marge sera la distribution faite par le premier président.

20. Toutes les citations seront données à l'heure fixée pour la première des audiences, s'il y a plusieurs chambres. (*C. proc., art.* 59.)

21. Au jour de l'échéance des assignations, l'huissier audiencier fera successivement, à l'ouverture de l'audience, l'appel des causes, dans l'ordre de leur placement au rôle général. — Sur cet appel, et à la même audience, seront donnés les défauts, sur les conclusions signées de l'avoué qui le requerra, et déposées sur le bureau, en se conformant au Code de procédure. (*C. proc., art.* 149 *et suiv.*)

22. Si les avoués des deux parties se présentent pour poser des qualités, les causes resteront à la chambre qui tiendra l'audience. — Sont exceptées les contestations sur l'état civil des citoyens, à moins qu'elles ne doivent être décidées à bref délai, ou avec des formes particulières qui ne comportent pas une instruction solennelle, les prises à partie, et les renvois après cassation d'un arrêt, qui seront portés aux audiences solennelles. — Ces audiences se tiendront à la chambre que préside habituellement le premier président, en y appelant la deuxième chambre dans les Cours composées de deux chambres, et alternativement la deuxième et la troisième chambre dans les Cours qui se divisent en trois chambres. (*V. art.* 7, *Décr.* 6 *juill.* 1810. — *V. aussi Ord.* 16 *mai* 1835.)

23. Chaque jour d'audience, le premier président fera, entre les chambres, la distribution de toutes les autres causes inscrites sur le rôle général.

24. Une heure sera employée dans chaque audience ordinaire pour l'expédition des affaires sommaires. — Il sera extrait pour chaque chambre, sur le rôle général, un rôle particulier des affaires qui lui seront distribuées ou renvoyées. — Ce rôle particulier sera remis au greffier de la chambre qu'il concerne. (*C. proc., art.* 404 *et suiv.*)

25. S'il s'élève des difficultés, soit sur la distribution, soit sur la litispendance ou la connexité, les avoués seront tenus de se retirer devant le premier président, à l'heure ordinaire de la distribution ; il statuera sans forme de procès et sans frais.

26. Les réceptions du premier président, des présidents, des juges, de notre procureur général, de ses substituts et du greffier, se feront devant la Cour, chambres assemblées. — Les réceptions des juges de première instance et de commerce, de nos procureurs impériaux et de leurs substituts, celles des officiers ministériels près la Cour, et autres, seront faites à l'audience de la chambre où siége le premier président, ou à l'audience de la chambre des vacations, si ces réceptions se trouvent pendant le temps des vacances.

27. Les homologations d'avis de la chambre de discipline des officiers ministériels seront portées devant la Cour entière, lorsqu'ils intéresseront le corps de ces officiers.

SECTION IV. — *De l'instruction et du jugement.*

28. Le premier jour d'audience de chaque semaine, le président de la chambre fera appeler un certain nombre de causes, dans lesquelles il fera poser les qualités et prendre les conclusions, en indiquant un jour pour plaider. — S'il y a des obstacles à ce que les défenseurs ou l'un d'eux se trouvent au jour indiqué, ils devront en faire sur-le-champ l'observation ; et si la Cour la trouve fondée, il sera indiqué un autre jour. Si l'avoué qui poursuit l'audience ne comparaît pas, la cause sera retirée du rôle et il sera responsable de tous dommages et intérêts envers sa partie, s'il y a lieu.

29. Si, au jour indiqué, aucun avoué ne se présente, ou si celui qui se pré-

sente refuse de prendre jugement, la cause sera retirée du rôle, sans que l'on puisse accorder aucune remise, si ce n'est pour cause légitime, auquel cas il sera indiqué un autre jour. — Une cause retirée du rôle par le motif ci-dessus énoncé ne pourra y être rétablie que sur le vu de l'expédition du jugement de radiation, dont le coût restera à la charge personnelle des avoués, qui seront en outre tenus de tous dommages et intérêts, et auxquels il pourra encore être fait des injonctions suivant les circonstances.

30. Lorsqu'il aura été formé opposition à un arrêt par défaut, la cause reprendra le rang qu'elle occupait au rôle particulier, à moins qu'il ne soit accordé par le président de la chambre un jour fixe pour statuer sur les moyens d'opposition. (*C. proc.*, *art.* 161.)

31. Les causes dans lesquelles il aura été prononcé un arrêt interlocutoire, préparatoire ou d'instruction, seront, après l'instruction faite, jugées dans l'ordre où elles avaient d'abord été placées.

32. Les causes mises en délibéré, ou instruites par écrit, seront distribuées par le président de la chambre entre les juges. (*C. proc.*, *art.* 93.)

33. Dans toutes les causes, les avoués, avant d'être admis à requérir défaut ou à plaider contradictoirement, remettront au greffier de service à l'audience leurs conclusions motivées et signées d'eux, avec le numéro du rôle d'audience de la chambre.

Lorsque les avoués changeront les conclusions par eux déposées, ou qu'ils prendront sur le barreau des conclusions nouvelles, ils seront tenus d'en remettre également les copies signées d'eux au greffier, qui les portera sur les feuilles d'audience.

34. Lorsque les juges trouveront qu'une cause est suffisamment éclaircie, le président devra faire cesser les plaidoiries.

35. Le président recueillera les opinions après que la discussion sera terminée. — Les juges opineront à leur tour, en commençant par le dernier reçu. — Dans les affaires jugées sur rapport, le rapporteur opinera le premier. — Si différents avis sont ouverts, on ira une seconde fois aux opinions. (*C. proc.*, *art.* 111, 117.)

36. Le greffier portera sur la feuille d'audience du jour les minutes de chaque jugement, aussitôt qu'il sera rendu ; il fera mention en marge des noms des juges et du procureur général impérial ou de son substitut qui y auront assisté. — Celui qui aura présidé vérifiera cette feuille à l'issue de l'audience ou dans les vingt-quatre heures, et signera, ainsi que le greffier, chaque minute de jugement et les mentions faites en marge. (*C. proc.*, *art.* 138 *et suiv.*)

37. Si, par l'effet d'un accident extraordinaire, le président se trouvait dans l'impossibilité de signer la feuille d'audience, elle devra l'être, dans les vingt-quatre heures suivantes, par le plus ancien des juges ayant assisté à l'audience. Dans le cas où l'impossibilité de signer serait de la part du greffier, il suffira que le président en fasse mention en signant.

38. Si les feuilles d'une ou de plusieurs audiences n'avaient pas été signées dans les délais et ainsi qu'il est dit ci-dessus, il en sera référé à la chambre que tient le premier président, laquelle pourra, suivant les circonstances, et sur les conclusions par écrit de notre procureur général, autoriser un des juges qui ont concouru à ces jugements à les signer.

39. Les feuilles d'audience seront de papier de même format, et réunies par année en forme de registre.

SECTION V. — *Des chambres de vacations.*

40. Dans les Cours d'appel, la chambre des vacations sera composée d'un président et de sept juges. — Si la Cour n'est pas divisée en plusieurs chambres, les fonctions de président seront remplies par les deux juges les plus anciens, alternativement. — Si la Cour est divisée en deux chambres, le second président et le plus ancien des juges feront alternativement ce service. — Si le nombre des chambres excède celui de deux, le même service sera fait alternativement par les second et troisième présidents. — Le ministère public sera rempli par notre procureur général, s'il n'a pas de substitut, ou alternativement par notre procureur général ou par son substitut, ou alternativement par les substituts, s'il y en a plusieurs. — Le premier président fera l'ouverture de la chambre des vacations, et notre procureur général y assistera.

41. La chambre des vacations sera renouvelée chaque année, de manière que tous les membres de la Cour y fassent le service chacun à leur tour, en commençant par les derniers dans l'ordre des nominations.

42. En cas d'absence du président, il sera remplacé par celui des juges

le premier inscrit dans l'ordre du tableau, ou, en cas d'empêchement, par celui qui suivra. — A défaut d'un ou de plusieurs juges, il en sera appelé en nombre suffisant parmi ceux qui ne sont pas de vacation.

43. Il y aura un rôle particulier pour la tenue des vacations : ce rôle sera coté et paraphé par celui qui devra y présider. — Les causes portées en vacations, et qui n'y auront pas été jugées, seront reportées à la chambre à laquelle elles avaient précédemment appartenu; celles qui auraient été portées directement à la chambre des vacations seront distribuées à la rentrée par le premier président, en suivant l'ordre des inscriptions au rôle.

44. La chambre des vacations est uniquement chargée des matières sommaires et de celles qui requièrent célérité. (*C. proc., art.* 404 *et suiv.*) — Elle donnera au moins deux audiences par semaine. Les jours en seront indiqués lors de son ouverture. (*V. Décr.* 12 *juin* 1880.)

45. Seront, au surplus, les dispositions du présent règlement exécutées en vacations, dans tous les cas où elles pourront être appliquées.

TITRE II. — *Des tribunaux de première instance.*

SECTION I. — *Du rang des juges entre eux et pour le service.*

46. Le président d'un tribunal de première instance composé de plusieurs chambres présidera celle à laquelle il voudra s'attacher; il présidera les autres chambres quand il le jugera convenable.

47. Lorsque le président sera dans le cas d'être suppléé pour des fonctions qui lui sont spécialement attribuées, il sera remplacé par le plus ancien des vice-présidents. — Si le tribunal n'est pas divisé en plusieurs chambres, le président sera suppléé par le plus ancien des juges.

48. Le président et les vice-présidents seront, en cas d'empêchement, remplacés, pour le service de l'audience, par le juge présent le plus ancien dans l'ordre des nominations.

49. En cas d'empêchement d'un juge, il sera, pour compléter le nombre indispensable, remplacé ou par un juge d'une autre chambre qui ne tiendrait pas audience dans le même temps, ou par un des juges suppléants, en observant, dans tous les cas, et autant que faire se pourra, l'ordre des nominations. — A défaut de suppléants, on appellera un avocat attaché au barreau, et, à son défaut, un avoué, en suivant aussi l'ordre du tableau.

50. Il se fera, chaque année, un roulement, de manière que tous les juges fassent consécutivement le service de toutes les chambres. — S'il y a plusieurs vice-présidents, ils passent aussi tous les ans d'une chambre à l'autre. (*V. Ord.* 11 *oct.* 1820; 24 *juill.* 1825; *Décr.* 28 *oct.* 1854; 21 *févr.* 1870; 12 *juill.* 1871.)

51. — *Abrogé; V. art.* 42, *L.* 20 *avril* 1810.

52. — *Abrogé; V. art.* 42, *L.* 20 *avril* 1810.

SECTION II. — *De la tenue des audiences.*

53. Les dispositions des articles 10 et suivants, concernant la tenue des audiences, et composant la seconde section du titre Ier du présent règlement, seront aussi exécutées dans les tribunaux de première instance.

SECTION III. — *De la distribution des affaires.*

54. Toutes requêtes à fin d'arrêt ou de revendication de meubles ou marchandises, ou autres mesures d'urgence, celles pour mises en liberté, ou pour obtenir permission d'assigner sur cession de biens ou sur homologation de concordat et délibérations de créanciers, et celles pour assigner à bref délai, en quelque matière que ce soit, seront présentées au président du tribunal, qui les répondra par son ordonnance, après la communication, s'il y a lieu, au procureur impérial. — Néanmoins, les requêtes présentées après la distribution de la cause, et dans le cours de l'instruction, seront répondues par le vice-président de la chambre à laquelle la cause aura été distribuée. (*C. proc., art.* 72, 417.)

55. Il sera tenu au greffe un registre ou rôle général coté et paraphé par le président, sur lequel seront inscrites, dans l'ordre de leur présentation, toutes les causes, en exceptant seulement celles dont est mention aux articles suivants. — Les avoués seront tenus de faire cette inscription la veille au plus tard du jour où l'on se présentera. — Chaque inscription contiendra les noms des parties, ceux des avoués; et en marge sera la distribution faite par le président.

56. Dans les tribunaux de première instance composés de plusieurs chambres, il sera tenu deux autres rôles,

dont l'un pour les citations libellées en forme de plainte et visées par le directeur du jury, et pour les contraventions aux lois et règlements de police, et l'autre, pour les affaires relatives aux lois forestières, aux droits d'enregistrement, aux loteries, aux droits d'hypothèque, de greffe, et en général aux contributions, le tout en ce qui est de la compétence du tribunal. — Les affaires ci-dessus énoncées seront, par ordre de numéros, portées à la chambre indiquée par le président pour ces sortes d'affaires.

57. Le président du tribunal tiendra l'audience des référés, à laquelle seront portés tous référés, pour quelque cause que ce soit. (*C. proc., art.* 806 *et suiv.*)

58. Toutes les autres assignations en matière civile, soit aux délais ordinaires, soit à bref délai, en vertu d'ordonnance, seront données à la chambre où siége habituellement le président.

59. Les affaires autres que celles qui seront énumérées dans l'article suivant seront distribuées par le président du tribunal entre les chambres sur le rôle général, de la manière qu'il trouvera la plus convenable pour l'ordre du service et l'accélération des affaires. Il renverra aussi à chaque chambre les affaires dont elle doit connaître pour motif de litispendance ou de connexité. (*Ancien art.* 61 *modifié; V. Décr.* 10 *nov.* 1872.)

60. Les contestations relatives aux avis de parents, aux interdictions, à l'envoi en possession des biens des absents, à l'autorisation des femmes pour absence ou refus de leurs maris, à la réformation d'erreurs dans les actes de l'état civil, et autres de même nature, seront, ainsi que les affaires qui intéresseront le Gouvernement, les communes et les établissements publics, réservées à la chambre où le président siége habituellement. — Il en sera de même des renvois de référés à l'audience, sauf au président à renvoyer à une autre chambre, s'il y a lieu. (*Ancien art.* 60; *V. Décr.* 10 *nov.* 1872.)

61. Il sera extrait pour chaque chambre, sur le rôle général, un rôle particulier des affaires qui lui auront été distribuées ou renvoyées. Ce rôle particulier sera remis au greffier de la chambre qu'il concerne. (*Ancien art.* 62; *V. Décr.* 10 *nov.* 1872.)

62. A chaque chambre, au jour où l'on se présentera, l'huissier audiencier fera successivement l'appel des causes dans l'ordre de leur placement au rôle particulier de la chambre. — Sur cet appel seront donnés les défauts sur les conclusions signées de l'avoué qui le requerra, et déposées sur le bureau en se conformant au Code de procédure. (*Ancien art.* 59; *V. Décr.* 10 *nov.* 1872.)

63. S'il s'élève des difficultés, soit sur la distribution, soit sur la litispendance ou la connexité, les avoués seront tenus de se retirer devant le président, à l'heure ordinaire de la distribution; il statuera sans forme de procès et sans frais.

64. Les homologations d'avis des chambres de discipline des officiers ministériels seront portées devant le tribunal entier, lorsqu'ils intéressent le corps de ces officiers (1).

65. Les prestations de serment qui doivent se faire devant le tribunal de première instance seront reçues à l'audience de la chambre que tient le président, ou à l'audience de la chambre des vacations, si on se présente pour ces prestations de serment pendant les vacances.

SECTION IV. — *De l'instruction et du jugement.*

66. Les causes introduites par assignation à bref délai, celles pour déclinatoires, exceptions et règlements de procédure qui ne tiennent point au fond, celles renvoyées à l'audience en état de référé, celles à fin de mise en liberté, de provision alimentaire, ou toutes autres de pareille urgence, seront appelées sur simples mémoires pour être plaidées et jugées sans remise et sans tour de rôle. — Si, par considération extraordinaire, le tribunal croit devoir accorder remise, elle sera ordonnée contradictoirement à jour fixe; et au jour indiqué, il n'en pourrra être accordé une nouvelle. — Aux appels des causes, celles ci-dessus enoncées sont retenues pour être jugées avant celles des affiches.

67. Il sera fait, dans l'ordre des causes du rôle particulier de la chambre, et par les soins de celui qui la présidera, des affiches d'un certain nombre de causes. — Chacune de ces affiches sera exposée dans la salle

(1) (*a*) Modifié pour le tribunal de la Seine par la loi du 30 juill. 1810.

(*b*) La compétence de la juridiction disciplinaire d'un tribunal sur l'un de ses officiers ministériels s'étend à tous les faits qui, dans ses rapports avec ses clients, peuvent affecter sa moralité. — Cass. 6 août 1861.

d'audience et au greffe, huit jours avant que les causes soient appelées.

68. Un certain nombre des causes affichées sera appelé le premier jour d'audience de chaque semaine qui suit celle de l'exposition de l'affiche.

69. En cas de non-comparution des deux avoués à cet appel, la cause sera retirée du rôle, et l'avoué du demandeur sera responsable envers sa partie de tous dommages et intérêts, s'il y a lieu. — Si un seul des avoués se présente, il sera tenu de requérir jugement. — Si les deux avoués sont présents, ils seront tenus de poser les qualités et de prendre des conclusions ; il leur sera indiqué un jour pour plaider. — S'il y a des obstacles à ce que les avoués ou défenseurs, ou l'un d'eux, se trouvent au jour indiqué, ils devront en faire sur-le-champ l'observation, et si le tribunal la trouve fondée, il sera indiqué un autre jour.

70. Les avoués seront tenus, dans les affaires portées aux affiches, de signifier leurs conclusions trois jours au moins avant de se présenter à l'audience, soit pour plaider, soit pour poser les qualités. (*C. proc., art.* 77 *et suiv.*)

71. En toutes causes, les avoués ou défenseurs ne seront admis à plaider contradictoirement ou à prendre leurs conclusions qu'après que les conclusions respectivement prises, signées des avoués, ont été remises au greffier.

72. S'il est pris des conclusions sur le barreau, l'avoué ou les avoués seront tenus de les remettre, après les avoir signées, au greffier, qui les portera sur les feuilles d'audience. — Les avoués seront tenus d'ajouter à leurs conclusions l'indication de la section où la cause est pendante, et son numéro dans le rôle général.

73. Les dispositions des articles 29, 30, 31, 32, 33, 34, 35, 36, 37 et 39 du présent règlement, relatives à l'instruction et au jugement dans les Cours d'appel, seront aussi observées dans les tribunaux de première instance.

74. Si les feuilles d'une ou de plusieurs audiences n'avaient pas été signées dans les délais et ainsi qu'il est réglé par les articles 36 et 37 du présent règlement, il en sera référé par le procureur impérial à la Cour d'appel devant la chambre que tient le premier président. Cette chambre pourra, suivant les circonstances et sur les conclusions par écrit de notre procureur général, autoriser un des juges qui ont concouru à ces jugements, à les signer.

SECTION V. — *Des vacations.*

75. Dans les tribunaux de première instance composés de plusieurs chambres, le service, pendant les vacations, se fait chaque année alternativement par le président et le vice-président, ou par l'un des vice-présidents et par deux des juges qui n'ont point été *directeurs du jury* dans le cours de l'année, et qui ne sont point et ne doivent point être de service à la section chargée de la police correctionnelle, de manière que tous les juges fassent aussi successivement ce service. (*V. Ord.* 11 *oct.* 1820.) — Le directeur du jury n'a point de vacances. (*V. art.* 42, *L.* 20 *avril* 1810.)

76. Le ministère public sera rempli par notre procureur impérial s'il n'a pas de substitut, ou alternativement par notre procureur impérial, et par son substitut, ou alternativement par les substituts, s'il y en a plusieurs.

77. Le president fera l'ouverture de la chambre des vacations, et notre procureur impérial y assistera.

78. Les articles 42, 43, 44 et 45 du présent règlement, concernant les chambres des vacations des Cours d'appel, seront observés dans les tribunaux de première instance. — Néanmoins la chambre des vacations de première instance à Paris tiendra au moins quatre audiences par semaine. (*V. Décr.* 12 *juin* 1880.)

TITRE III. — *Des procureurs généraux et impériaux.*

79. Notre procureur général en chaque Cour d'appel et notre procureur impérial près chaque tribunal de première instance, doivent veiller à ce que les lois et règlements y soient exécutés ; et lorsqu'ils auront des observations à faire à cet égard, le premier président de la Cour d'appel et le président du tribunal de première instance seront tenus, sur leur demande, de convoquer une assemblée générale.

80. Notre procureur général en chaque Cour sera tenu d'envoyer à notre grand-juge, ministre de la justice, en avril et septembre de chaque année, un état contenant : — 1° Le nombre des causes portées sur le rôle dans le semestre précédent ; 2° le nombre des instances d'ordre entre des créanciers ; 3° celui des rapports d'affaires instruites par écrit ; 4° le nombre des affaires qui auront été jugées contradictoirement, et celui des affaires jugées par défaut ; 5° le nombre des affaires restant à juger ; 6° les causes

du retard du jugement des affaires arriérées. — Sont réputées arriérées les causes d'audience qui seraient depuis plus de trois mois sur le rôle général, ainsi que les ordres ou procès par écrit qui ne seraient pas vidés dans quatre mois.

81. Nos procureurs impériaux des arrondissements du ressort de chaque Cour seront tenus d'adresser, dans les huit premiers jours des mêmes mois, un semblable état à notre procureur général, qui l'enverra à notre grand-juge, ministre de la Justice, avec ses observations.

82. Le service du ministère public auprès des chambres de nos Cours d'appel sera distribué par notre procureur général entre lui et ses substituts. — Il en est de même pour notre procureur impérial dans les tribunaux de première instance.

83. Dans toutes les causes où il y aura lieu de communiquer au ministère public, les avoués seront tenus de faire cette communication avant l'audience où la cause devra être appelée, et même, dans les causes contradictoires, de communiquer trois jours avant celui indiqué pour la plaidoirie. — Ces communications se feront au parquet, dans la demi-heure qui précède ou qui suit l'audience. — Si la communication n'a pas été faite dans le temps ci-dessus, elle ne passera point en taxe. (*C. proc., art.* 83 *et suiv.*)

84. Lorsque celui qui remplit le ministère public ne portera pas la parole sur-le-champ, il ne pourra demander qu'un seul délai, et il en sera fait mention sur la feuille d'audience.

85. Dans les procès dont l'instruction est par écrit, le juge-rapporteur devra veiller à ce que les communications au ministère public soient faites assez à temps pour que le jugement ne soit pas retardé.

86. Notre procureur général ou impérial, ou son substitut, après avoir pris communication des pièces, les fera remettre dans le plus bref délai au rapporteur, quand il les aura prises de ses mains, sinon au greffe.

87. Le ministère public une fois entendu, aucune partie ne peut obtenir la parole après lui, mais seulement remettre sur-le-champ de simples notes, comme il est dit à l'article 111 du Code de procédure.

88. Notre procureur général ou impérial, ni ses substituts, n'assisteront point aux délibérations des juges, lorsqu'ils se retireront à la chambre du conseil pour les jugements ; mais ils seront appelés à toutes les délibérations qui regardent l'ordre et le service intérieur ; ils auront le droit de faire inscrire sur les registres de la Cour ou du tribunal les réquisitions qu'ils jugeront à propos de faire sur cette matière.

89. Nos procureurs généraux ou impériaux, et leurs substituts, sont soumis à la pointe de la même manière que les juges, lorsqu'ils sont remplacés par un juge.

TITRE IV. — *Des greffes.*

90. Les greffes de nos Cours d'appel et ceux de nos tribunaux de première instance seront ouverts tous les jours, excepté les dimanches et fêtes, aux heures réglées par la Cour ou par le tribunal de première instance, de manière néanmoins qu'ils soient ouverts au moins huit heures par jour.

91. Le greffier ou l'un de ses commis assermenté tiendra la plume aux audiences depuis leur ouverture jusqu'à ce qu'elles soient terminées. — Le greffier en chef assistera aux audiences solennelles et aux assemblées générales.

92. Le greffier est chargé de tenir dans le meilleur ordre les rôles et les différents registres qui sont prescrits par le Code de procédure, et celui des délibérations de la Cour ou du tribunal.

93. Il conservera avec soin les collections des lois et autres ouvrages à l'usage de la Cour ou du tribunal. Il veillera à la garde des pièces qui lui sont confiées et de tous les papiers du greffe.

TITRE V. — *Des huissiers* (1).

94. Nos tribunaux de première instance désigneront pour le service intérieur ceux de leurs huissiers qu'ils jugeront les plus dignes de leur confiance.

95. Les huissiers audienciers de nos Cours et de nos tribunaux de première instance feront tour à tour le service intérieur, tant aux audiences qu'aux assemblées générales ou particulières, aux enquêtes et autres commissions.

96. Les huissiers qui seront de service se rendront au lieu des séances une heure avant l'ouverture de l'audience ; ils prendront au greffe l'extrait des causes qu'ils doivent appe-

(1) *V. Décr.* 14 juin 1813.

ler. — Ils veilleront à ce que personne ne s'introduise à la chambre du conseil sans s'être fait annoncer, à l'exception des membres de la Cour ou du tribunal. — Ils maintiendront, sous les ordres des présidents, la police des audiences.

97. Les huissiers audienciers auront près la Cour ou le tribunal, une chambre ou un banc où se déposeront les actes et pièces qui se notifieront d'avoué à avoué.

98. Les émoluments des appels des causes et des significations d'avoué à avoué, se partageront également entre eux.

99. Les huissiers désignés par le premier président de la Cour, ou par le président du tribunal de première instance, assisteront aux cérémonies publiques, et marcheront en avant des membres de la Cour ou du tribunal.

TITRE VI. — *Dispositions générales.*

100. Les présidents, les juges, tant de nos Cours d'appel que de nos tribunaux de première instance, nos procureurs généraux et impériaux, et leurs substituts, les greffiers et leurs commis de service aux audiences, seront tenus de résider dans la ville où est établie la Cour ou le tribunal. Le défaut de résidence sera considéré comme absence (*Art.* 20, *Décr.* 18 *août* 1810) (1).

101. Tous les ans, à la rentrée de nos Cours d'appel, chambres réunies, il sera fait, par notre procureur général, un discours sur l'observation des lois et le maintien de la discipline. (*V. art.* 8, *L.* 20 *avril* 1810.)

102. Les officiers ministériels qui seront en contravention aux lois et règlements, pourront, suivant la gravité des circonstances, être punis par des injonctions d'être plus exacts ou circonspects, par des défenses de récidiver, par des condamnations de dépens en leur nom personnel, par des suspensions à temps : l'impression et même l'affiche des jugements à leurs frais pourront aussi être ordonnées, et leur destitution pourra être provoquée, s'il y a lieu (*C. proc., art.* 1031, 1036) (2).

103. Dans les Cours et dans les tribunaux de première instance, chaque chambre connaîtra des fautes de discipline qui auraient été commises ou découvertes à son audience. — Les mesures de discipline à prendre sur les plaintes des particuliers ou sur les réquisitoires du ministère public, pour cause de faits qui ne se seraient point passés ou qui n'auraient pas été découverts à l'audience, seront arrêtées en assemblée générale, à la chambre du conseil, après avoir appelé l'individu inculpé. Ces mesures ne seront point sujettes à l'appel, ni au recours en cassation, sauf le cas où la suspension serait l'effet d'une condamnation prononcée en jugement (3). — Notre procureur général impérial rendra compte de tous les actes de discipline à notre grand-juge, ministre de la Justice, en lui transmettant les arrêtés avec ses observations, afin qu'il puisse être statué sur les réclamations, ou que la destitution soit prononcée, s'il y a lieu. (*C. proc. art.* 90.)

104. Notre procureur impérial en chaque tribunal de première instance sera tenu de rendre, sans délai, un pareil compte à notre procureur général en la Cour du ressort, afin que ce dernier l'adresse à notre grand-juge, ministre de la Justice, avec ses observations.

105. Les avocats, les avoués et les greffiers porteront dans toutes leurs fonctions, soit à l'audience, soit au parquet, soit aux comparutions et aux séances particulières devant les commissaires, le costume prescrit.

106. Les règlements de discipline particuliers à aucune de nos Cours ou tribunaux, continueront d'être exécutés en ce qu'ils n'auraient rien de contraire au présent.

AVIS DU CONSEIL D'ÉTAT

Sur les cas dans lesquels la rectification des registres de l'état civil par les tribunaux n'est pas nécessaire.

(30 mars 1808) (4)

(1) Les magistrats doivent résider habituellement au lieu où ils exercent leurs fonctions. — *Circ. g. des Sc.* 16 août 1859.

(2) Ce décret n'est applicable qu'aux officiers ministériels ; il ne peut être invoqué contre les notaires, qui, en matière de discipline, sont régis par la loi du 25 ventôse an XI. — *Décis. g. des Sc.* 7 juin 1833 ; 12 nov. 1862 ; — Cass. 10 mai 1864.

(3) Modifié, pour le tribunal de la Seine, par L. 30 juill. 1810.

(4) Bull., 4e série, no 3254. — *V.* le texte dans notre édition in-8o.

AVIS DU CONSEIL D'ÉTAT

Sur le mode de partage des bois possédés en indivis par plusieurs communes.

(26 avril 1808) (1)

DÉCRET

Concernant la manière dont peuvent être suppléés les membres des Conseils de préfecture en cas d'empêchement de la totalité.

(16 juin 1808)

ART. 1er. Les membres des Conseils de préfecture qui, tous à la fois, seraient forcément empêchés d'exercer leurs fonctions, seront suppléés par un égal nombre de membres du Conseil général, autres que ceux qui seraient en même temps juges dans nos tribunaux.

2. Seront désignés par notre ministre de l'Intérieur les membres du Conseil général, sur la présentation du préfet.

DÉCRET

Concernant le mariage des militaires en activité de service.

(16 juin 1808)

ART. 1er. Les officiers de tout genre, en activité de service, ne pourront à l'avenir se marier qu'après en avoir obtenu la permission par écrit du ministre de la Guerre.

Ceux d'entre eux qui auront contracté mariage sans cette permission, encourront la destitution et la perte de leurs droits, tant pour eux que pour leurs veuves et leurs enfants, à toute pension ou récompense militaire.

2. Les sous-officiers et soldats en activité de service, ne pourront de même se marier qu'après en avoir obtenu la permission du conseil d'administration de leur corps.

3. Tout officier de l'état civil qui sciemment aura célébré le mariage d'un officier, sous-officier ou soldat en activité de service sans s'être fait remettre lesdites permissions, ou qui aura négligé de les joindre à l'acte de célébration du mariage, sera destitué de ses fonctions.

AVIS DU CONSEIL D'ÉTAT

Sur les intérêts à payer par les préposés des administrations qui se trouvent en débet.

(20 juillet 1808) (2)

DÉCRET

Relatif à l'alignement des villes.

(27 juillet 1808)

ART. 1er. Les alignements qui seront donnés par les maires dans les villes, après l'avis des ingénieurs et sous l'approbation du préfet, seront exécutés jusqu'à ce que les plans généraux d'alignement aient été arrêtés en Conseil d'Etat.. . . . .

2. En cas de réclamations de tiers intéressés, il y sera statué en notre Conseil, sur le rapport de notre ministre de l'Intérieur.

DÉCRET

Qui applique aux officiers de marine, etc., les dispositions du décret du 16 juin 1808, relatif au mariage des militaires en activité de service.

(3 août 1808) (3)

DÉCRET

Additionnel à celui du 16 juin 1808, relatif au mariage des militaires.

(28 août 1808) (4)

---

(1) V. le texte dans notre édition in-8o.

(2) V. le texte dans notre édition in-8o.

(3) Bull., 4e série, no 3604. — V. le texte dans notre édition in-8o.

(4) Bull., 4e série, no 3681. — V. le texte dans notre édition in-8o.

DÉCRET

Qui prescrit des formalités pour l'acquisition d'un privilége de la part des prêteurs de fonds pour cautionnement.

(28 août 1808) (1)

DÉCRET

Qui approuve une délibération du conseil général de la Banque de France sur les dépôts volontaires.

(3 septembre 1808) (2)

LOI

Relative au privilége du Trésor public pour le recouvrement des contributions directes.

(12 novembre 1808)

ART. 1er. Le privilége du Trésor public pour le recouvrement des contributions directes, est réglé ainsi qu'il suit, et s'exerce avant tout autre : 1o pour la contribution foncière de l'année échue et de l'année courante, sur les récoltes, fruits, loyers et revenus des biens immeubles sujets à la contribution ; 2o pour l'année échue et l'année courante des contributions mobilières, des portes et fenêtres, des patentes, et toute autre contribution directe et personnelle, sur tous les meubles et autres effets mobiliers appartenant aux redevables, en quelque lieu qu'ils se trouvent.

2. Tous fermiers, locataires, receveurs, économes, notaires, commissaires-priseurs et autres dépositaires, et débiteurs de deniers provenant du chef des redevables, et affectés au privilége du Trésor public, seront tenus, sur la demande qui leur en sera faite, de payer, en l'acquit des redevables et sur le montant des fonds qu'ils doivent, ou qui sont en leurs mains, jusqu'à concurrence de tout ou partie des contributions dues par ces derniers. Les quittances des percepteurs pour les sommes légitimement dues leur seront allouées en compte.

3. Le privilége attribué au Trésor public pour le recouvrement des contributions directes, ne préjudicie point aux autres droits qu'il pourrait exercer sur les biens des redevables, comme tout autre créancier.

4. Lorsque, dans le cas de saisie de meubles et autres effets mobiliers pour le paiement des contributions, il s'élèvera une demande en revendication de tout ou partie desdits meubles et effets, elle ne pourra être portée devant les tribunaux ordinaires qu'après avoir été soumise, par l'une des parties intéressées, à l'autorité administrative, aux termes de la loi du 5 novembre 1790.

LOI

Relative à la saisie des biens situés dans plusieurs arrondissements.

(14 novembre 1808)

ART. 1er. La saisie immobilière des biens d'un débiteur situés dans plusieurs arrondissements pourra être faite simultanément, toutes les fois que la valeur totale desdits biens sera inférieure au montant réuni des sommes dues tant au saisissant qu'aux autres créanciers inscrits.

2. La valeur des biens sera établie d'après les derniers baux authentiques, sur le pied du denier *vingt-cinq*. — A défaut de baux authentiques, elle sera calculée d'après le rôle des contributions foncières, sur le pied du denier *trente*.

3. Le créancier qui voudra user de la faculté accordée par l'article 1er, sera tenu de présenter requête au président du tribunal de l'arrondissement où le débiteur a son domicile, et d'y joindre, — 1o copie en forme des baux authentiques, ou, à leur défaut, copie également en forme du rôle de la contribution foncière ; — 2o l'extrait des inscriptions prises sur le débiteur dans les divers arrondissements où les biens sont situés, ou le certificat qu'il n'en existe aucune. — La requête sera communiquée au ministère public, et répondue d'une ordonnance portant permis de faire la saisie de tous les biens situés dans les arrondissements et départements y désignés.

4. Les procédures relatives tant à l'expropriation forcée qu'à la distribution du prix des immeubles, seront portées devant les tribunaux respectifs de la situation des biens.

5. Toutes dispositions contraires à la présente loi sont abrogées.

(1) Bull., 4e série, no 3727. — *V.* le texte dans notre édition in-8o.

(2) Bull., 4e série, no 3738. — *V.* le texte dans notre édition in-8o.

AVIS DU CONSEIL D'ÉTAT

Sur les formalités exigées pour le mariage des officiers réformés.

(21 décembre 1808) (1)

1809

DÉCRET

Concernant le timbre des lettres de voiture, connaissements, chartes-parties et polices d'assurance.

(3 janvier 1809)

ART. 1er. Les lettres de voiture, connaissements, chartes-parties et polices d'assurance, continueront d'être assujettis au timbre de dimension. Les parties, pour rédiger ces actes, pourront se servir de telle dimension de papier timbré qu'elles jugeront convenable, sans être tenues d'employer exclusivement à cet usage du papier frappé du timbre d'un franc.

2. Ne sont point assujettis à se pourvoir de lettres de voiture timbrées, les propriétaires qui font conduire, par leurs voituriers et leurs propres domestiques ou fermiers, les produits de leurs récoltes.

DÉCRET

Qui prescrit une nouvelle formalité à remplir par les commissaires-priseurs et les huissiers qui réclament le remboursement de leur cautionnement.

(24 mars 1809) (2)

AVIS DU CONSEIL D'ÉTAT

Sur les associations de la nature des tontines.

(1er avril 1809)

Le Conseil d'Etat... Est d'avis, 1o qu'aucune association de la nature des tontines ne peut être établie sans une autorisation spéciale donnée par Sa Majesté, dans la forme des règlements d'administration publique ; — 2o Qu'à l'égard de toutes les associations de cette nature qui existeraient sans autorisation légale, il n'y a pas un moment à perdre pour suppléer à ce qu'on aurait dû faire dans le principe ; — Qu'il est par conséquent urgent de leur donner un mode d'administration qui calme toute inquiétude de la part des actionnaires, soit par le choix des administrateurs fait pour réunir toute leur confiance, soit par la régularité et la publicité des comptes ; — Qu'en ce qui regarde les difficultés qui pourraient s'élever au sujet de la gestion et comptabilité des administrateurs jusqu'à ce jour, on ne pourrait rien faire de plus avantageux aux intéressés, que d'en soumettre le jugement à des magistrats dont les lumières garantiraient une justice entière à toutes les parties ; — Que le bienfait d'une pareille mesure ne pourrait être contesté que par ceux qui auraient intérêt à la prolongation des abus, ou par ceux qui, voulant les arrêter, auraient spéculé sur les avantages qu'ils pourraient retirer d'une administration nouvelle dont ils feraient partie.

DÉCRET

Relatif aux Français qui auront porté les armes contre la France, et aux Français qui, rappelés de l'étranger, ne rentreront pas en France.

(6 avril 1809) (3)

AVIS DU CONSEIL D'ÉTAT

Sur les formalités à remplir par les réclamants d'arrérages de rentes sur l'Etat, pour interrompre la prescription de cinq ans.

(13 avril 1809)

Le Conseil d'Etat... Est d'avis que les réclamations non appuyées de toutes les pièces justificatives, présentées par des créanciers d'arrérages de rentes sur l'Etat, ne peuvent interrompre la prescription qu'autant que, dans le délai d'un an, du jour de la

(1) Bull., 4e série, no 4032. — V. le texte dans notre édition in-8o.

(2) Bull, 4e sér., no 4211. — V. le texte dans notre édition in-8o.

(3) Bull., 4e sér., no 4296. — V. le texte dans notre édition in-8o

réclamation, le créancier se mettra en règle, et présentera toutes les pièces justificatives de la légitimité de sa demande.

AVIS DU CONSEIL D'ÉTAT

En interprétation des articles 27 et 28 du Code de commerce, relatifs aux associés commanditaires.

(29 avril 1809) (1)

Le Conseil d'Etat... — Est d'avis que les articles 27 et 28 du Code de commerce ne sont applicables qu'aux actes que les associés commanditaires font, en représentant comme gérants la maison commanditée, même par procuration, et qu'ils ne s'appliquent pas aux transactions commerciales que la maison commanditée peut faire pour son compte avec le commanditaire, et réciproquement le commanditaire avec la maison commanditée, comme avec toute autre maison de commerce.

AVIS DU CONSEIL D'ÉTAT

Portant que la connaissance des ventes des navires saisis appartient aux tribunaux.

(17 mai 1809)

Le Conseil d'Etat... — Est d'avis que la connaissance des ventes des navires saisis appartient aux tribunaux ordinaires, et que le présent avis soit inséré au *Bulletin des Lois*.

AVIS DU CONSEIL D'ÉTAT

Relatif aux moyens de réprimer l'exercice illicite des fonctions d'agents de change et de courtiers sur les places de commerce, par des individus non commissionnés.

(17 mai 1809) (2)

DÉCRET

Concernant la retenue qui se fait dans le commerce sous le nom de passe de sacs.

(1er juillet 1809)

Art. 1er. Le prélèvement qui sera fait par le débiteur, sous le nom de *passe de sacs*, en remboursement de l'avance faite par lui des sacs contenant les espèces qu'il donne en paiement, ne pourra avoir lieu, à compter de la publication du présent décret, que dans les cas et aux taux exprimés dans les articles suivants.

2. Dans les paiements en pièces d'argent de sommes de 500 francs et au-dessus, le débiteur est tenu de fournir le sac et la ficelle. — Les sacs seront d'une dimension à contenir au moins 1,000 francs chaque; ils seront en bon état, et faits avec la toile propre à cet usage.

3. La valeur des sacs sera payée par celui qui reçoit, ou la retenue en sera exercée par celui qui paie, sur le pied de 15 centimes par sac. (*Le décret du 17 nov. 1852 a réduit à 10 centimes par sac.*)

4. Le mode de paiement en sacs et au poids ne prive pas celui qui reçoit de la faculté d'ouvrir les sacs, de vérifier et de compter les espèces, en présence du payeur.

DÉCRET

Concernant l'organisation des tribunaux de commerce.

(6 octobre 1809)

Art. 1er. Il y aura un tribunal de commerce dans chacune des villes désignées dans le tableau annexé au présent décret.

2. Ces tribunaux seront composés du nombre de juges et suppléants fixé par le même tableau.

3. Dans les ressorts des tribunaux civils où il se trouve plusieurs tribunaux de commerce, l'arrondissement de chacun d'eux sera composé des cantons désignés au tableau mentionné dans les articles précédents.

4. Lorsque, par des récusations ou des empêchements, il ne restera pas dans les tribunaux de commerce un nombre suffisant de juges ou de suppléants, ces tribunaux seront complétés par des négociants pris sur la liste formée en vertu de l'article 619 du Code de commerce, et suivant l'ordre dans lequel ils y sont portés, s'ils ont d'ailleurs les qualités énoncées en l'article 620 de la même loi.

5. Le tribunal de commerce de Paris sera divisé en deux sections, et aura

(1) V. L. 6 mai 1863.

(2) Bull., 4e sér., no 3492. — V. le texte dans notre édition in-8o. — V. L. 18 juill. 1866.

quatre huissiers. (*V. L.* 3 *mars* 1840.)

6. Les autres tribunaux de commerce n'auront que deux huissiers. — Les huissiers seront, autant que faire se pourra, choisis parmi ceux déjà nommés par nous.

7. — *Modifié par la loi du* 21 *décembre* 1871 (1).

8. Les membres des tribunaux de commerce porteront, dans l'exercice de leurs fonctions et dans les cérémonies publiques, la robe de soie noire avec des parements de velours.

AVIS DU CONSEIL D'ÉTAT

Sur les compagnies d'assurances qui intéressent l'ordre public.

(15 octobre 1809) (2)

AVIS DU CONSEIL D'ÉTAT

Sur plusieurs questions relatives aux quittances et décharges données aux officiers publics qui ont procédé à des ventes à l'encan d'objets mobiliers.

(21 octobre 1809) (3)

AVIS DU CONSEIL D'ÉTAT

Sur les droits à exercer relativement aux effets mobiliers d'une personne décédée dans un hospice, et dont la succession est tombée en déshérence.

(3 novembre 1809)

Le Conseil d'Etat est d'avis, — 1° Que les effets mobiliers apportés par les malades décédés dans les hospices, et qui y ont été traités gratuitement, doivent appartenir auxdits hospices, à l'exclusion des héritiers et du domaine, en cas de déshérence; — 2° Qu'à l'égard des malades ou personnes valides, dont le traitement et l'entretien ont été acquittés de quelque manière que ce soit, les héritiers et légataires peuvent exercer leurs droits sur tous les effets apportés dans les hospices par lesdites personnes malades ou valides; et que, dans le cas de déshérence, les mêmes effets doivent appartenir aux hospices au préjudice du domaine; — 3° Qu'il ne doit être rien innové à l'égard des militaires décédés dans les hospices; — 4° Et que le présent avis soit inséré au *Bulletin des lois*.

AVIS DU CONSEIL D'ÉTAT

Sur une question relative à la perception du droit proportionnel pour les donations de biens présents, faites par contrat de mariage.

(22 décembre 1809) (4)

DÉCRET

Concernant les fabriques.

(30 décembre 1809) (5)

1810

DÉCRET

Concernant les préposés responsables de l'évasion des détenus dans les hôpitaux civils ou militaires.

(8 janvier 1810) (6)

DÉCRET

Contenant règlement sur l'imprimerie et la librairie.

(5 février 1810) (7)

(1) L'institution que les élus devaient obtenir du chef de l'Etat préalablement à leur prestation de serment se trouve supprimée par l'abrogation du décret du 2 mars 1852, lequel avait remis en vigueur le décret du 6 oct. 1809. — *Circ. g. des Sc.* 5 *janv.* 1812.

(2) Bull., 7e série, n° 11676.

(3) Bull., 4e sér., n° 4775. — *V.* le texte dans notre édition in-8°.

(4) Bull., 4e sér., n° 4938. — *V.* le texte dans notre édition in-8°

(5) Bull., 4e sér., n° 5 ??7. — *V.* le texte dans notre édition in-8°.

(6) Bull., 4e sér., n° 5121. — *V.* le texte dans notre édition in-8°.

(7) Bull., 4e sér., n° 5155. — Abrogé par L. 29 juill. 1881, art. 68, APP. C. PÉN.

AVIS DU CONSEIL D'ÉTAT

Sur la nouvelle rédaction du décret du 11 juin 1809, portant règlement sur les conseils de prud'hommes.

(20 février 1810) (1)

DÉCRET

Concernant la propriété et l'administration des canaux d'Orléans et du Loing, cédés au domaine extraordinaire.

(16 mars 1810)

. . . .

ART. 13. Les actions de la compagnie des canaux d'Orléans et du Loing, pour leur immobilisation, leur inaliénabilité, leur disposition et jouissance, sont assimilées en tout aux actions de la Banque de France. (*V. L.* 1er *août* 1860; *L.* 20 *mai* 1863. — *Bull.*, 11e *sér.*, *n*o 11313.)

. . . .

AVIS DU CONSEIL D'ÉTAT

Sur la question de savoir si les effets de commerce échéant le dernier décembre peuvent être protestés, faute de paiement, le 1er *janvier.*

(20 mars 1810)

Le Conseil d'Etat..... Est d'avis que le 1er janvier doit être considéré comme une des fêtes auxquelles s'applique l'article 162 du Code de commerce; et qu'en conséquence, lorsqu'il y aura refus de paiement d'un effet de commerce échu la veille, cet effet ne pourra être protesté que le 2 janvier.....

LOI

Sur l'organisation de l'ordre judiciaire et l'administration de la justice.

(20 avril 1810) (2)

CHAP. Ier. — DES COURS IMPÉRIALES.

ART 1er. Les Cours d'appel prendront le titre de *Cours impériales*, les présidents et autres membres de ces Cours prendront le titre de *Conseillers de Sa Majesté* dans lesdites Cours.

2. Les Cours impériales connaîtront des matières civiles et des matières criminelles, conformément aux Codes et aux lois de l'Empire.

3. Les Cours impériales siégeront dans les mêmes villes où les Cours d'appel ont été établies; elles comprendront dans leur ressort les mêmes départements. — Les Cours de justice criminelle sont supprimées; elles continueront néanmoins leur service jusqu'au moment de l'installation des Cours impériales.

4. Le nombre des juges des Cours impériales ne pourra excéder, à Paris, soixante, et dans les autres Cours quarante : il ne pourra être, à Paris, au-dessous de quarante, et dans les autres Cours de vingt (3).

5. La division des Cours impériales en chambres ou sections, et l'ordre du service, seront fixés par des règlements d'administration publique. — Si l'Empereur juge convenable de créer des sections nouvelles ou d'en supprimer dans les Cours impériales, il y sera également pourvu par des règlements d'administration publique, sans toutefois déroger à ce qui est prescrit par l'article 4 ci-dessus.

6. Les fonctions du ministère public seront exercées, à la Cour impériale, par un procureur général impérial. — Il aura des substituts pour le service des audiences à la Cour impériale, pour son parquet, pour le service des Cours d'assises et des *Cours spéciales*, et pour les tribunaux de première instance. — Les substituts créés pour le service des audiences des Cours impériales portent le titre d'*Avocats généraux*. — Ceux qui font le service aux Cours d'assises et aux *Cours spéciales* portent le titre de *Procureurs impériaux criminels* (4). Ceux établis près des tribunaux de première instance portent le titre de *Procureurs impériaux*. — Les substituts créés pour le service du parquet ou pour résider auprès des Cours d'assises ou *spéciales*, sont répartis par le procureur général, les

(1) Bull., 4e sér., no 5254. — *V.* le texte dans notre édition in-8o.

(2) *V.* Décr. 6 juill. 1810 et Ord. 24 sept. 1828.

(3) Le nombre des conseillers de la Cour de Paris est aujourd'hui de 72, y compris les présidents. (*L.* 25 mars 1863.)

(4) Les procureurs impériaux au criminel ont été supprimés; leurs fonctions sont remplies par les procureurs de la République ou leurs substituts. (*L.* 25 déc. 1815.)

uns pour faire auprès de lui le service du parquet, les autres pour résider, en qualité de procureurs impériaux criminels, dans les lieux où doivent siéger les Cours d'assises ou *spéciales ;* et cependant le procureur général pourra changer, s'il le trouve convenable, la destination qu'il aura donnée à chacun d'eux. — Dans les cas d'absence ou empêchement des avocats généraux, les substituts de service au parquet pourront porter la parole aux audiences de la Cour impériale.

7. La justice est rendue souverainement par les Cours impériales ; leurs arrêts, quand ils sont revêtus des formes prescrites à peine de nullité, ne peuvent être cassés que pour une contravention expresse à la loi. — Les arrêts qui ne sont pas rendus par le nombre de juges prescrit, ou qui ont été rendus par des juges qui n'ont pas assisté à toutes les audiences de la cause, ou qui n'ont pas été rendus publiquement, ou qui ne contiennent pas les motifs, sont déclarés nuls. — La connaissance du fond est toujours renvoyée à une autre Cour impériale.

8. Toutes les chambres de la Cour impériale se réuniront en la chambre du conseil le premier mercredi d'après la rentrée : le procureur général, ou un avocat général en son nom, prononcera un discours sur la manière dont la justice aura été rendue dans l'étendue du ressort pendant la précédente année ; il remarquera les abus qui auraient pu se glisser dans l'administration en cette partie : il fera les réquisitions qu'il jugera convenables, d'après les dispositions des lois. La Cour sera tenue de délibérer sur ces réquisitions, et le procureur général enverra au grand-juge copie de son discours et des arrêts qui seront intervenus. (*Art.* 33, *Décr.* 6 *juill.* 1810.)

9. Dans la même séance, ou dans une autre indiquée à cet effet dans la même semaine, la Cour arrêtera, pour être adressée au grand-juge, une liste des juges de son ressort qui se seront distingués par leur exactitude et par une pratique constante de tous les devoirs de leur état ; elle fera aussi connaître ceux des avocats qui se feront remarquer par leurs lumières, leurs talents, et surtout par la délicatesse et le désintéressement qui doivent caractériser cette profession.

10. Lorsque de grands officiers de la Légion-d'Honneur, des généraux commandant une division ou un département, des archevêques, des évêques, des présidents de consistoire, des membres de la Cour de cassation, de la Cour des comptes et des Cours impériales, et des préfets, seront prévenus de délits de police correctionnelle, les Cours impériales en connaîtront de la manière prescrite par l'article 479 du Code d'instruction criminelle.

11. La Cour impériale pourra, toutes les chambres assemblées, entendre les dénonciations qui lui seraient faites par un de ses membres, de crimes et de délits ; elle pourra mander le procureur général pour lui enjoindre de poursuivre à raison de ces faits, ou pour entendre le compte que le procureur général lui rendra des poursuites qui seraient commencées.

CHAP. II. — DES JUGES AUDITEURS (1).

. . . .

CHAP. III. — DES COURS D'ASSISES.

16. Le premier président de la Cour impériale nommera, pour chaque tenue de Cours d'assises, un membre de ladite Cour pour les présider. Il pourra les présider lui-même quand il le jugera convenable. — Le premier président de la Cour nommera aussi les *quatre* conseillers qui devront assister le président aux assises dans les lieux où siége la Cour impériale. Il nommera pareillement les conseillers de la Cour qui devront, avec le président, tenir les assises dans les départements, lorsque la Cour jugera convenable d'en envoyer. — Le grand-juge pourra néanmoins, dans tous les cas nommer les présidents et les conseillers de la Cour qui devront tenir les assises. — L'époque de ces nominations sera déterminée par des règlements d'administration publique. (*V. C. inst. cr.* 251 *et suiv.* — *V. art.* 79 et 80, *Décr.* 6 *juill.* 1810.)

17. Les Cours d'assises connaîtront des affaires qui leur sont attribuées par le Code d'instruction criminelle ; elles se conformeront, pour l'instruction et le jugement, aux dispositions de ce Code et à celles du Code pénal. — Leurs arrêts ne peuvent être annulés que dans les cas prévus par l'article 7. — Elles tiendront habituellement dans le lieu où siégent actuellement les Cours criminelles. (*V. C. instr. cr., art.* 258 *et suiv.*).

18. La connaissance des faits emportant peine afflictive ou infamante

(1) Les juges auditeurs sont supprimés. (*L.* 10 déc. 1830.)

dont seront accusées les personnes mentionnées en l'article 10, est aussi attribuée à la Cour d'assises du lieu où réside la Cour impériale. — La disposition du présent article et celle de l'article 10 ne sont pas applicables aux crimes ou délits qui seraient de la compétence de la *Haute-Cour*, d'après les dispositions du sénatus-consulte du 28 floréal an XII. (*V. C. instr. cr., art.* 220 *et suiv.*)

19. Les assises se tiendront, dans chaque département, de manière à n'avoir lieu dans le ressort de la même Cour impériale que les unes après les autres, et de mois en mois, à moins qu'il n'y ait plus de trois départements dans le ressort, ou que le besoin du service n'exige qu'il en soit tenu plus souvent. — Le même membre pourra être délégué pour présider successivement, si faire se peut, plusieurs Cours d'assises.

20. Le premier président de la Cour impériale désignera le jour où devra s'ouvrir la séance de la Cour d'assises, quand elle tiendra dans le lieu où elle siége habituellement. (*V. C. instr. cr., art.* 260.)

21. Lorsque la Cour d'assises devra tenir sa séance dans un lieu autre que celui où elle siége habituellement, l'époque de l'ouverture et le lieu seront déterminés par arrêt rendu, toutes les chambres assemblées, et le procureur général entendu. (*V. C. instr. cr.*, 258.)

22. L'ordonnance portant fixation du jour de l'ouverture de la séance de la Cour d'assises, ou l'arrêt qui indiquera le lieu et le jour de cette ouverture, sera publié par affiches et par la lecture qui en sera faite dans tous les tribunaux de première instance du ressort, huit jours au moins avant l'ouverture.

CHAP. IV. — Des Cours spéciales (1).

23 à 33. . . . .

CHAP. V. — Des tribunaux.

34. Les tribunaux de première instance continueront de connaître des matières civiles et de police, conformément aux Codes et aux lois de l'Empire. (*V. L.* 11 *avril* 1838.)

35. Le tribunal de première instance de Paris sera composé de *trente-six* juges et de *douze* suppléants (2).

36. Les tribunaux placés dans les villes les moins populeuses et où il y a le moins d'affaires, seront composés de trois juges, dont deux, autres que le président, pourront être *juges-auditeurs*, et de trois suppléants.

37. Le nombre des juges pourra être augmenté dans les autres villes, suivant les localités.

38. Le classement des tribunaux, leur division en sections et l'ordre de leur service, seront fixés par des règlements d'administration publique. (*V. Décr.* 12 *nov.* 1868.)

39. Si les circonstances exigent qu'il soit formé des sections temporaires dans un tribunal de première instance, ces sections le seront par un règlement d'administration publique. — Elles pourront être composées de juges, de *juges-auditeurs* ou de suppléants.

40. Les juges ne pourront rendre aucun jugement, s'ils ne sont au nombre de trois au moins; sur l'appel en matière correctionnelle, ils seront au nombre de cinq. Les appels des jugements rendus en police correctionnelle seront portés au tribunal du lieu où siégent habituellement les Cours d'assises. (*Modifié par la loi du* 13 *juin* 1856. — *V. art.* 201, *C. instr. cr.*)

41. Les suppléants pourront assister à toutes les audiences; ils auront voix consultative, et, en cas de partage, le plus ancien dans l'ordre de réception aura voix délibérative. (*V. LL.* 10 *déc.* 1830, 11 *avril* 1838; *Décr.* 19 *mars* 1852.)

42. Les directeurs du jury et les magistrats de sûreté sont supprimés. Leurs fonctions seront remplies, conformément au Code d'instruction criminelle, par des juges d'instruction, et par le procureur impérial ou son substitut.

43. Les fonctions du ministère public seront exercées, dans chaque tribunal de première instance, par un substitut du procureur général, qui a le titre de procureur impérial, et par des substituts du procureur impérial dans les lieux où il sera nécessaire d'en établir, sans que le nombre puisse s'élever au-dessus de cinq,

(1) Les cours spéciales ont été supprimées par les Chartes de 1814 et 1830.

(2) Le personnel du tribunal de la Seine est maintenant composé d'un président, de onze vice-présidents, de soixante-deux juges, de quinze suppléants, d'un procureur de la République et de vingt-six substituts. — Il se divise en onze chambres. — L. 21 juillet 1875, art. 2.

excepté à Paris, où le procureur impérial aura *douze* substituts.

44. Les juges de paix continueront de rendre la justice dans les matières dont la connaissance leur est attribuée, et dans les formes prescrites par les Codes et les Lois de l'Empire. (*V. L.* 25 *mai* 1838.) — Les juges de police simple se conformeront aux dispositions du Code d'instruction criminelle, sur leur compétence et sur l'instruction des affaires qui leur sont attribuées. (*V. C. instr. cr., art.* 137 *et s.*) — Il n'est rien innové en ce qui concerne les tribunaux de commerce. (*V. C. comm., art.* 615 *et s.*)

CHAP. VI. — Du ministère public.

45. Les procureurs généraux exerceront l'action de la justice criminelle dans toute l'étendue de leur ressort. Ils veilleront au maintien de l'ordre dans tous les tribunaux ; ils auront la surveillance de tous les officiers de police judiciaire et officiers ministériels du ressort.

46. En matière civile, le ministère public agit d'office dans les cas spécifiés par la loi. — Il surveille l'exécution des lois, des arrêts et des jugements ; il poursuit d'office cette exécution dans les dispositions qui intéressent l'ordre public.

47. Les substituts du procureur général exercent la même action, dans les mêmes cas, d'après les mêmes règles, sous la surveillance et la direction du procureur général. — En cas d'absence ou empêchement du procureur général, il est remplacé par le premier avocat général.

CHAP. VII. — De la discipline.

48. Les juges et les officiers du ministère public qui s'absenteraient sans un congé délivré suivant les règles prescrites par la loi ou les règlements, seront privés de leur traitement pendant le temps de leur absence ; et si leur absence dure plus de six mois, ils pourront être considérés comme démissionnaires, et remplacés. — Néanmoins les juges et officiers du ministère public pourront, après un mois d'absence, être requis par le procureur général de se rendre à leur poste ; et, faute par eux d'y revenir dans le mois, il en sera fait rapport au grand-juge, qui pourra proposer à l'Empereur de les remplacer comme démissionnaires (*V Décr.* 9 *nov.* 1853, *art.* 17).

49. Les présidents des Cours impériales et des tribunaux de première instance avertiront d'office, ou sur la réquisition du ministère public, tout juge qui compromettra la dignité de son caractère.

50. Si l'avertissement reste sans effet, le juge sera soumis, par forme de discipline, à l'une des peines suivantes, savoir : — La censure simple; — La censure avec réprimande ; — La suspension provisoire. — La censure avec réprimande emportera de droit privation de traitement pendant un mois ; la suspension provisoire emportera privation de traitement pendant sa durée.

51. Les décisions prises par les tribunaux de première instance seront transmises, avant de recevoir leur exécution, aux procureurs généraux par les procureurs impériaux, et soumises aux Cours impériales.

52. L'application des peines déterminées par l'article 50 ci-dessus sera faite en chambre du conseil par les tribunaux de première instance, s'il s'agit d'un juge de ces tribunaux, ou d'un membre de justice de paix, ou d'un juge de police de leur arrondissement. — Lorsqu'il s'agira d'un membre des Cours impériales ou d'assises ou *spéciales*, l'application sera faite par les Cours impériales en la chambre du conseil.

53. La disposition de l'article précédent est applicable à tous les membres des Cours d'assises et *spéciales* qui auront encouru l'une des peines portées en l'article 50, même à ceux qui, n'ayant exercé qu'en qualité de suppléants, auront, dans l'exercice de cette suppléance, manqué aux devoirs de leur état.

54. Les Cours impériales exerceront les droits de discipline attribués aux tribunaux de première instance, lorsque ceux-ci auront négligé de les exercer. Les Cours impériales pourront, dans ce cas, donner à ces tribunaux un avertissement d'être plus exacts à l'avenir.

55. Aucune décision ne pourra être prise que le juge inculpé n'ait été entendu ou dûment appelé, et que le procureur impérial ou le procureur général n'ait donné ses conclusions par écrit.

56. Dans tous les cas, il sera rendu compte au grand-juge, ministre de la justice, par les procureurs généraux, de la décision prise par les Cours impériales ; quand elles auront prononcé ou confirmé la censure avec réprimande, ou la suspension provisoire, la décision ne sera mise à exécution

qu'après avoir été approuvée par le grand-juge. Néanmoins, en cas de suspension provisoire, le juge sera tenu de s'abstenir de ses fonctions jusqu'à ce que le grand-juge ait prononcé; sans préjudice du droit que l'article 82 du sénatus-consulte du 16 thermidor an X donne au grand-juge de déférer le juge inculpé à la Cour de cassation, si la gravité des faits l'exige.

57. Le grand-juge, ministre de la Justice, pourra, quand il le jugera convenable, mander auprès de sa personne les membres des Cours et tribunaux, à l'effet de s'expliquer sur les faits qui pourraient leur être imputés.

58. Tout juge qui se trouvera sous les liens d'un mandat d'arrêt, de dépôt, d'une ordonnance de prise de corps ou d'une condamnation correctionnelle, même pendant l'appel, sera suspendu provisoirement de ses fonctions.

59. Tout jugement de condamnation rendu contre un juge, à une peine même de simple police, sera transmis au grand-juge, ministre de la justice, qui, après en avoir fait l'examen, dénoncera à la Cour de cassation, s'il y a lieu, le magistrat condamné; et, sous la présidence du ministre, ledit magistrat pourra être déchu ou suspendu de ses fonctions, suivant la gravité des faits.

60. Les officiers du ministère public dont la conduite est répréhensible, seront rappelés à leur devoir par le procureur général du ressort; il en sera rendu compte au grand-juge, qui, suivant la gravité des circonstances, leur fera faire par le procureur général les injonctions qu'il jugera nécessaires, ou les mandera près de lui.

61. Les Cours impériales, d'assises ou *spéciales*, sont tenues d'instruire le grand-juge, toutes les fois que les officiers du ministère public exerçant leurs fonctions près de ces Cours s'écartent du devoir de leur état, et qu'ils en compromettent l'honneur, la délicatesse et la dignité. — Les tribunaux de première instance instruiront le premier président et le procureur général de la Cour impériale des reproches qu'ils se croiront en droit de faire aux officiers du ministère public exerçant dans l'étendue de l'arrondissement, soit auprès de ces tribunaux, soit auprès des tribunaux de police.

62. Les greffiers seront avertis ou réprimandés par les présidents de leurs Cours et tribunaux respectifs, et ils seront dénoncés, s'il y a lieu, au grand-juge, ministre de la Justice.

CHAP. VIII. — Dispositions générales.

63. Les parents et alliés, jusqu'au degré d'oncle et neveu inclusivement, ne pourront être simultanément membres d'un même tribunal ou d'une même Cour, soit comme juges, soit comme officiers du ministère public, ou même comme greffiers, sans une dispense de l'Empereur. Il ne sera accordé aucune dispense pour les tribunaux composés de moins de huit juges. — En cas d'alliance survenue depuis la nomination, celui qui l'a contractée ne pourra continuer ses fonctions sans obtenir une dispense de Sa Majesté.

64. Nul ne pourra être juge ou suppléant d'un tribunal de première instance, ou procureur impérial, s'il n'est âgé de vingt-cinq ans accomplis, s'il n'est licencié en droit, et s'il n'a suivi le barreau pendant deux ans, après avoir prêté serment à la Cour impériale, ou s'il ne se trouve dans un cas d'exception prévu par la loi. Nul ne pourra être président, s'il n'a vingt-sept ans accomplis. — Les substituts des procureurs impériaux pourront être nommés lorsqu'ils auront atteint leur vingt-deuxième année, et s'ils réunissent les autres conditions requises (1).

65. Nul ne pourra être juge ou greffier dans une Cour impériale s'il n'a vingt-sept ans accomplis, et s'il ne réunit les conditions exigées par l'article précédent. — Nul ne pourra être président ou procureur général s'il n'a trente ans accomplis. — Les substituts du procureur général pourront être nommés lorsqu'ils auront atteint leur vingt-cinquième année.

66. Toutes les dispositions contraires à la présente loi sont abrogées.

---

(1) (*a*) Cet article ne fait pas obstacle à ce qu'on appelle aux fonctions de juge ou de suppléant, en vertu de l'article 27 de la loi du 22 ventôse an XII, un avoué non licencié en droit, mais qui compte plus de dix années d'exercice. — *Instr. g. des Sc.* 21 mars 1833.

(*b*) Les avoués doivent justifier au moins de dix années d'exercice, et avoir été remplacés dans leurs fonctions. — *Circ. g. des Sc.* 29 oct. 1830.

LOI

Concernant les mines, les minières et les carrières.

(21 avril 1810)

TITRE Ier. — *Des mines, minières et carrières.*

ART. 1er. Les masses de substances minérales ou fossiles renfermées dans le sein de la terre ou existant à la surface, sont classées, relativement aux règles de l'exploitation de chacune d'elles, sous les trois qualifications de mines, minières et carrières.

2. Seront considérées comme mines celles connues pour contenir en filons, en couches ou en amas, de l'or, de l'argent, du platine, du mercure, du plomb, du fer en filons ou couches, du cuivre, de l'étain, du zinc, de la calamine, du bismuth, du cobalt, de l'arsenic, du manganèse, de l'antimoine, du molybdène, de la plombagine ou autres matières métalliques, du soufre, du charbon de terre ou de pierre, du bois fossile, des bitumes, de l'alun et des sulfates à base métallique.

3. Les minières comprennent les minerais de fer dits d'alluvion, les terres pyriteuses propres à être converties en sulfate de fer, les terres alumineuses et les tourbes.

4. Les carrières renferment les ardoises, les grès, pierres à bâtir et autres, les marbres, granits, pierres à chaux, pierres à plâtre, les pozzolanes, le trass, les basaltes, les laves, les marnes, craies, sables, pierres à fusil, argiles, kaolin, terres à foulon, terres à poterie, les substances terreuses et les cailloux de toute nature, les terres pyriteuses regardées comme engrais, le tout exploité à ciel ouvert ou avec des galeries souterraines.

TITRE II. — *De la propriété des mines.*

5. Les mines ne peuvent être exploitées qu'en vertu d'un acte de concession délibéré en Conseil d'Etat.

6. Cet acte règle les droits des propriétaires de la surface sur le produit des mines concédées.

7. Il donne la propriété perpétuelle de la mine, laquelle est dès lors disponible et transmissible comme tous autres biens, et dont on ne peut être exproprié que dans les cas et selon les formes prescrits pour les autres propriétés, conformément au Code Napoléon et au Code de procédure civile. Toutefois une mine ne peut être vendue par lots ou partagée, sans une autorisation préalable du Gouvernement, donnée dans les mêmes formes que la concession.

8. Les mines sont immeubles. — Sont aussi immeubles, les bâtiments, machines, puits, galeries et autres travaux établis à demeure, conformément à l'article 524 du Code Napoléon. — Sont aussi immeubles par destination, les chevaux, agrès, outils et ustensiles servant à l'exploitation. — Ne sont considérés comme chevaux attachés à l'exploitation, que ceux qui sont exclusivement attachés aux travaux intérieurs des mines. — Néanmoins les actions ou intérêts dans une société ou entreprise pour l'exploitation des mines, seront réputés meubles, conformément à l'article 529 du Code Napoléon.

9. Sont meubles, les matières extraites, les approvisionnements et autres objets mobiliers.

TITRE III. — *Des actes qui précèdent la demande en concession de mines.*

SECTION I. — *De la recherche et de la découverte des mines.*

10. Nul ne peut faire des recherches pour découvrir des mines, enfoncer des sondes ou tarières sur un terrain qui ne lui appartient pas, que du consentement du propriétaire de la surface, ou avec l'autorisation du Gouvernement, donnée après avoir consulté l'administration des mines, à la charge d'une préalable indemnité envers le propriétaire et après qu'il aura été entendu.

11. Nulle permission de recherches ni concession de mines ne pourra, sans le consentement formel du propriétaire de la surface, donner le droit de faire des sondes et d'ouvrir des puits ou galeries, ni celui d'établir des machines ou magasins dans les enclos murés, cours ou jardins, ni dans les terrains attenants aux habitations ou clôtures murées, dans la distance de 100 mètres desdites clôtures ou des habitations (1). (*Modifié par L. 27 juill.* 1880.)

(1) (*a*) Sous l'empire de la loi du 21 avril 1610, la Cour de cassation a décidé que la prohibition par cet article de faire des sondages et des ouvertures pour l'exploitation des mines, dans la distance de moins de 100 mètres des clôtures murées et des habitations, pouvait être invoquée non-seulement par le propriétaire du fonds dans lequel avait lieu la recherche, mais encore par les propriétaires des maisons et enclos voisins. — *Ch. réun.* 19 mai 1856.

12. Le propriétaire pourra faire des recherches, sans formalité préalable, dans les lieux réservés par le précédent article, comme dans les autres parties de sa propriété; mais il sera obligé d'obtenir une concession avant d'y établir une exploitation. Dans aucun cas, les recherches ne pourront être autorisées dans un terrain déjà concédé.

SECTION II. — *De la préférence à accorder pour les concessions.*

13. Tout Français, ou tout étranger naturalisé ou non en France, agissant isolément ou en société, a le droit de demander et peut obtenir, s'il y a lieu, une concession de mines.

14. L'individu ou la société doit justifier des facultés nécessaires pour entreprendre et conduire les travaux, et des moyens de satisfaire aux redevances, indemnités, qui lui seront imposées par l'acte de concession.

15. Il doit aussi, le cas arrivant de travaux à faire sous des maisons ou lieux d'habitation, sous d'autres exploitations ou dans leur voisinage immédiat, donner caution de payer toute indemnité, en cas d'accident : les demandes ou oppositions des intéressés seront, en ce cas, portées devant nos tribunaux et Cours.

16. Le Gouvernement juge des motifs ou considérations d'après lesquels la préférence doit être accordée aux divers demandeurs en concession, qu'ils soient propriétaires de la surface, inventeurs ou autres. — En cas que l'inventeur n'obtienne pas la concession d'une mine, il aura droit à une indemnité de la part du concessionnaire; elle sera réglée par l'acte de concession.

17. L'acte de concession fait après l'accomplissement des formalités prescrites, purge, en faveur du concessionnaire, tous les droits des propriétaires de la surface et des inventeurs, ou de leurs ayants-droit, chacun dans leur ordre, après qu'ils ont été entendus ou appelés légalement, ainsi qu'il sera ci-après réglé.

18. La valeur des droits résultant en faveur du propriétaire de la surface, en vertu de l'article 6 de la présente loi, demeurera réunie à la valeur de ladite surface, et sera affectée avec elle aux hypothèques prises par les créanciers du propriétaire.

19. Du moment où une mine sera concédée, même au propriétaire de la surface, cette propriété sera distinguée de celle de la surface, et désormais considérée comme propriété nouvelle, sur laquelle de nouvelles hypothèques pourront être assises, sans préjudice de celles qui auraient été ou seraient prises sur la surface et la redevance, comme il est dit à l'article précédent. — Si la concession est faite au propriétaire de la surface, ladite redevance sera évaluée pour l'exécution dudit article.

20. Une mine concédée pourra être affectée, par privilége, en faveur de ceux qui, par acte public et sans fraude, justifieraient avoir fourni des fonds pour les recherches de la mine, ainsi que pour les travaux de construction ou confection de machines nécessaires à son exploitation, à la charge de se conformer aux articles 2103 et autres du Code Napoléon, relatifs aux priviléges.

21. Les autres droits de privilége et d'hypothèque pourront être acquis sur la propriété de la mine, aux termes et en conformité du Code Napoléon, comme sur les autres propriétés immobilières.

TITRE IV. — *Des concessions.*

SECTION I. — *De l'obtention des concessions.*

22. La demande en concession sera faite par voie de simple pétition adressée au préfet, qui sera tenu de la faire enregistrer à sa date sur un registre particulier, et d'ordonner les publications et affiches dans les dix jours.

23. Les affiches auront lieu pendant quatre mois, dans le chef-lieu du département, dans celui de l'arrondissement où la mine est située, dans le lieu du domicile du demandeur, et dans toutes les communes dans le territoire desquelles la concession peut s'étendre; elles seront insérées dans les journaux de département. (*Modifié par L.* 27 *juill.* 1880.)

24. Les publications des demandes en concession de mines auront lieu devant la porte de la maison commune et des églises paroissiales et consistoriales, à la diligence des maires, à l'issue de l'office, un jour de dimanche, et au moins une fois par mois pendant la durée des affiches. Les maires seront tenus de certifier ces publications.

25. Le secrétaire général de la pré-

(*b*) Qu'il en était ainsi alors même que le fonds dans lequel étaient pratiquées les ouvertures était séparé des enclos et habitations par une route impériale. — *Même arrêt.*

lecture délivrera au requérant un extrait certifié de l'enregistrement de la demande en concession.

26. Les demandes en concurrence et les oppositions qui y seront formées, seront admises devant le préfet jusqu'au dernier jour du quatrième mois, à compter de la date de l'affiche : elles seront notifiées par actes extrajudiciaires à la préfecture du département, où elles seront enregistrées sur le registre indiqué à l'article 22. Les oppositions seront notifiées aux parties intéressées ; et le registre sera ouvert à tous ceux qui en demanderont communication. (*Modifié par L.* 27 *juill.* 1880.)

27. A l'expiration du délai des affiches et publications, et sur la preuve de l'accomplissement des formalités portées aux articles précédents, dans le mois qui suivra au plus tard, le préfet du département, sur l'avis de l'ingénieur des mines et après avoir pris des informations sur les droits et les facultés des demandeurs, donnera son avis, et le transmettra au ministre de l'Intérieur.

28. Il sera définitivement statué sur la demande en concession, par un décret impérial délibéré en Conseil d'Etat. — Jusqu'à l'émission du décret, toute opposition sera admissible devant le ministre de l'Intérieur ou le secrétaire général du Conseil d'Etat : dans ce dernier cas, elle aura lieu par une requête signée et présentée par un avocat au Conseil, comme il est pratiqué pour les affaires contentieuses ; et dans tous les cas, elle sera notifiée aux parties intéressées. — Si l'opposition est motivée sur la propriété de la mine acquise par concession ou autrement, les parties seront renvoyées devant les tribunaux et Cours.

29. L'étendue de la concession sera déterminée par l'acte de concession : elle sera limitée par des points fixes, pris à la surface du sol, et passant par des plans verticaux menés de cette surface dans l'intérieur de la terre à une profondeur indéfinie ; à moins que les circonstances et les localités ne nécessitent un autre mode de limitation.

30. Un plan régulier de la surface, en triple expédition, et sur une échelle de 10 millimètres pour 100 mètres, sera annexé à la demande. — Ce plan devra être dressé ou vérifié par l'ingénieur des mines, et certifié par le préfet du département.

31. Plusieurs concessions pourront être réunies entre les mains du même concessionnaire, soit comme individu, soit comme représentant une compagnie, mais à la charge de tenir en activité l'exploitation de chaque concession.

SECTION II. — *Des obligations des propriétaires de mines.*

32. L'exploitation des mines n'est pas considérée comme un commerce, et n'est pas sujette à patente.

33. Les propriétaires de mines sont tenus de payer à l'Etat une redevance fixe, et une redevance proportionnée au produit de l'extraction.

34. La redevance fixe sera annuelle, et réglée d'après l'étendue de celle-ci : elle sera de 10 francs par kilomètre carré. — La redevance proportionnelle sera une contribution annuelle, à laquelle les mines seront assujetties sur leurs produits.

35. La redevance proportionnelle sera réglée chaque année par le budget de l'Etat, comme les autres contributions publiques : toutefois elle ne pourra jamais s'élever au-dessus de 5 pour 100 du produit net. Il pourra être fait un abonnement pour ceux des propriétaires de mines qui le demanderont. (*V. Décr.* 27 *juin* 1866.)

36. Il sera imposé en sus un décime pour franc, lequel formera un fonds de non-valeur, à la disposition du ministre de l'Intérieur, pour dégrèvement en faveur des propriétaires de mines qui éprouveront des pertes ou accidents.

37. La redevance proportionnelle sera imposée et perçue comme la contribution foncière. — Les réclamations à fin de dégrèvement ou de rappel à l'égalité proportionnelle, seront jugées par les Conseils de préfecture. Le dégrèvement sera de droit, quand l'exploitant justifiera que sa redevance excède 5 pour 100 du produit net de son exploitation.

38. Le Gouvernement accordera, s'il y a lieu, pour les exploitations qu'il en jugera susceptibles, et par un article de l'acte de concession ou par un décret spécial délibéré en Conseil d'Etat pour les mines déjà concédées, la remise en tout ou partie du paiement de la redevance proportionnelle, pour le temps qui sera jugé convenable ; et ce, comme encouragement, en raison de la difficulté des travaux : semblable remise pourra aussi être accordée comme dédommagement, en cas d'accident de force majeure qui surviendrait pendant l'exploitation.

39. Le produit de la redevance fixe et de la redevance proportionnelle

formera un fonds spécial, dont il sera tenu un compte particulier au Trésor public, et qui sera appliqué aux dépenses de l'administration des mines, et à celles des recherches, ouvertures et mises en activité des mines nouvelles ou rétablissement de mines anciennes.

40. Les anciennes redevances dues à l'Etat soit en vertu de lois, ordonnances ou règlements, soit d'après les conditions énoncées en l'acte de concession, soit d'après les baux et adjudications au profit de la régie du Domaine, cesseront d'avoir cours à compter du jour où les redevances nouvelles seront établies.

41. Ne sont point comprises dans l'abrogation des anciennes redevances, celles dues à titre de rentes, droits et prestations quelconques, pour cession de fonds ou autres causes semblables, sans déroger toutefois à l'application des lois qui ont supprimé les droits féodaux.

42. Le droit attribué par l'article 6 de la présente loi aux propriétaires de la surface, sera réglé à une somme déterminée par l'acte de concession. (*Modifié par L. 27 juill.* 1880.)

43. Les propriétaires de mines sont tenus de payer les indemnités dues au propriétaire de la surface sur le terrain duquel ils établiront leurs travaux. — Si les travaux entrepris par les explorateurs ou par les propriétaires de mines ne sont que passagers, et si le sol où ils ont été faits peut être mis en culture au bout d'un an comme il l'était auparavant, l'indemnité sera réglée au double de ce qu'aurait produit net le terrain endommagé. (*Modifié par L. 27 juill.* 1880.)

44. Lorsque l'occupation des terrains pour la recherche ou les travaux des mines, prive les propriétaires du sol de la jouissance du revenu au delà du temps d'une année, ou lorsqu'après les travaux, les terrains ne sont plus propres à la culture, on peut exiger des propriétaires des mines l'acquisition des terrains à l'usage de l'exploitation. Si le propriétaire de la surface le requiert, les pièces de terre trop endommagées ou dégradées sur une trop grande partie de leur surface, devront être achetées en totalité par le propriétaire de la mine. — L'évaluation du prix sera faite, quant au mode, suivant les règles établies par la loi du 16 septembre 1807, sur le dessèchement des marais, etc., titre XI ; mais le terrain à acquérir sera toujours estimé au double de la valeur qu'il avait avant l'exploitation de la mine. (*Modifié par L. 27 juill.* 1880.)

45. Lorsque, par l'effet du voisinage ou pour toute autre cause, les travaux d'exploitation d'une mine occasionnent des dommages à l'exploitation d'une autre mine, à raison des eaux qui pénètrent dans cette dernière en plus grande quantité ; lorsque, d'un autre côté, ces mêmes travaux produisent un effet contraire, et tendent à évacuer tout ou partie des eaux d'une autre mine, il y aura lieu à indemnité d'une mine en faveur de l'autre : le règlement s'en fera par experts.

46. Toutes les questions d'indemnité à payer par les propriétaires de mines, à raison des recherches ou travaux antérieurs à l'acte de concession, seront décidées conformément à l'article 4 de la loi du 28 pluviôse an VIII.

TITRE V. — *De l'exercice de la surveillance sur les mines par l'administration.*

47. Les ingénieurs des mines exerceront, sous les ordres du ministre de l'Intérieur et des préfets, une surveillance de police pour la conservation des édifices et la sûreté du sol.

48. Ils observeront la manière dont l'exploitation sera faite, soit pour éclairer les propriétaires sur ses inconvénients ou son amélioration, soit pour avertir l'administration des vices, abus ou dangers qui s'y trouveraient.

49. Si l'exploitation est restreinte ou suspendue, de manière à inquiéter la sûreté publique ou les besoins des consommateurs, les préfets, après avoir entendu les propriétaires, en rendront compte au ministre de l'Intérieur pour y être pourvu ainsi qu'il appartiendra.

50. Si l'exploitation compromet la sûreté publique, la conservation des puits, la solidité des travaux, la sûreté des ouvriers mineurs ou des habitations de la surface, il y sera pourvu par le préfet, ainsi qu'il est pratiqué en matière de grande voirie et selon les lois (1). (*Modifié par L. 27 juill.* 1880.)

(1) Cet article, qui confère à l'autorité administrative le droit d'interdire l'exploitation des mines lorsqu'elle compromet la sûreté des établissements de la surface, ne s'applique pas aux établissements formés depuis la concession de la mine : ces établissements ne peuvent porter préjudice à la mine sans indemnité. — Cass. *Ch. réun.* 3 mars 1841. — *V.* notes sous l'art. 1383 C. civ., lettres *d* et *e*.

TITRE VI. — *Des concessions ou jouissances des mines, antérieures à la présente loi.*

§ 1er. — Des anciennes concessions en général.

51. Les concessionnaires antérieurs à la présente loi deviendront, du jour de sa publication, propriétaires incommutables, sans aucune formalité préalable d'affiches, vérifications de terrain ou autres préliminaires, à la charge seulement d'exécuter, s'il y en a, les conventions faites avec les propriétaires de la surface, et sans que ceux-ci puissent se prévaloir des articles 6 et 42.

52. Les anciens concessionnaires seront, en conséquence, soumis au paiement des contributions, comme il est dit à la section II du titre IV, articles 33 et 34, à compter de l'année 1811.

§ 2. — Des exploitations pour lesquelles on n'a pas exécuté la loi de 1791.

53. Quant aux exploitants de mines qui n'ont pas exécuté la loi de 1791, et qui n'ont pas fait fixer, conformément à cette loi, les limites de leurs concessions, ils obtiendront les concessions de leurs exploitations actuelles, conformément à la présente loi; à l'effet de quoi, les limites de leurs concessions seront fixées sur leur demande ou à la diligence des préfets, à la charge seulement d'exécuter les conventions faites avec les propriétaires de la surface, et sans que ceux-ci puissent se prévaloir des articles 6 et 42 de la présente loi.

54. Ils paieront en conséquence les redevances, comme il est dit à l'article 52.

55. En cas d'usages locaux ou d'anciennes lois qui donneraient lieu à la décision de cas extraordinaires, les cas qui se présenteront seront décidés par les actes de concession ou par les jugements de nos Cours et tribunaux, selon les droits résultant, pour les parties, des usages établis, des prescriptions légalement acquises ou des conventions réciproques.

56. Les difficultés qui s'élèveraient entre l'administration et les exploitants, relativement à la limitation des mines, seront décidées par l'acte de concession. — A l'égard des contestations qui auraient lieu entre des exploitants voisins, elles seront jugées par les tribunaux et Cours.

TITRE VII. — *Règlements sur la propriété et l'exploitation des minières, et sur l'établissement des forges, fourneaux et usines.*

SECTION I. — *Des minières.*

57, 58. — *Abrogés et remplacés par l'article* 3 *de la loi du* 9 *mai* 1866.

SECTION II. — *De la propriété et de l'exploitation des minerais de fer d'alluvion.*

59. Le propriétaire du fonds sur lequel il y a du minerai de fer d'alluvion est tenu d'exploiter en quantité suffisante pour fournir, autant que faire se pourra, aux besoins des usines établies dans le voisinage avec autorisation légale : en ce cas, il ne sera assujetti qu'à en faire la déclaration au préfet du département; elle contiendra la désignation des lieux : le préfet donnera acte de cette déclaration, ce qui vaudra permission pour le propriétaire, et l'exploitation aura lieu par lui sans autre formalité (1).

60. Si le propriétaire n'exploite pas, les maîtres de forges auront la faculté d'exploiter à sa place, à la charge, 1° d'en prévenir le propriétaire, qui, dans un mois à compter de la notification, pourra déclarer qu'il entend exploiter lui-même; 2° d'obtenir du préfet la permission, sur l'avis de l'ingénieur des mines, après avoir entendu le propriétaire (1).

61. Si, après l'expiration du délai d'un mois, le propriétaire ne déclare pas qu'il entend exploiter, il sera censé renoncer à l'exploitation : le maître de forges pourra, après la permission obtenue, faire les fouilles immédiatement dans les terres incultes et en jachères, et, après la récolte, dans toutes les autres terres (1).

62. Lorsque le propriétaire n'exploitera pas en quantité suffisante, ou suspendra ses travaux d'extraction pendant plus d'un mois sans cause légitime, les maîtres de forges se pourvoiront auprès du préfet pour obtenir la permission d'exploiter à sa place. — Si le maître de forges laisse écouler un mois sans faire usage de cette permission, elle sera regardée comme non avenue, et le propriétaire du terrain rentrera dans tous ses droits (1).

63. Quand un maître de forges cessera d'exploiter un terrain, il sera

(1) Abrogé par la loi du 9 mai 1866, art. 2.

tenu de le rendre propre à la culture, ou d'indemniser le propriétaire (1).

64. En cas de concurrence entre plusieurs maîtres de forges pour l'exploitation dans un même fonds, le préfet déterminera, sur l'avis de l'ingénieur des mines, les proportions dans lesquelles chacun d'eux pourra exploiter, sauf le recours au Conseil d'État. — Le préfet réglera de même les proportions dans lesquelles chaque maître de forges aura droit à l'achat du minerai, s'il est exploité par le propriétaire (1).

65. Lorsque les propriétaires feront l'extraction du minerai, pour le vendre aux maîtres de forges, le prix en sera réglé entre eux de gré à gré, ou par des experts choisis ou nommés d'office, qui auront égard à la situation des lieux, aux frais d'extraction et aux dégâts qu'elle aura occasionnés (1).

66. Lorsque les maîtres de forges auront fait extraire le minerai, il sera dû au propriétaire du fonds, et avant l'enlèvement du minerai, une indemnité qui sera aussi réglée par experts, lesquels auront égard à la situation des lieux, aux dommages causés, à la valeur du minerai, distraction faite des frais d'exploitation (1).

67. Si les minerais se trouvent dans les forêts impériales, dans celles des établissements publics ou des communes, la permission de les exploiter ne pourra être accordée qu'après avoir entendu l'administration forestière. L'acte de permission déterminera l'étendue des terrains dans lesquels les fouilles pourront être faites : ils seront tenus, en outre, de payer les dégâts occasionnés par l'exploitation, et de repiquer en glands ou plants les places qu'elle aurait endommagées, ou une autre étendue proportionnelle déterminée par la permission (2).

68. Les propriétaires ou maîtres de forges ou d'usines exploitant les minerais de fer d'alluvion, ne pourront, dans cette exploitation, pousser des travaux réguliers par des galeries souterraines, sans avoir obtenu une concession, avec les formalités et sous les conditions exigées par les articles de la section Ire du titre III et les dispositions du titre IV.

69. Il ne pourra être accordé aucune concession pour minerai d'alluvion ou pour des mines en filons ou couches, que dans les cas suivants : 1° Si l'exploitation à ciel ouvert cesse d'être possible, et si l'établissement de puits, galeries et travaux d'art est nécessaire ; — 2° Si l'exploitation, quoique possible encore, doit durer peu d'années, et rendre ensuite impossible l'exploitation avec puits et galeries.

70. En cas de concession, le concessionnaire sera tenu toujours : — 1° De fournir aux usines qui s'approvisionnaient de minerai sur les lieux compris en la concession, la quantité nécessaire à leur exploitation, au prix qui sera porté au cahier des charges, ou qui sera fixé par l'administration ; — 2° D'indemniser les propriétaires au profit desquels l'exploitation avait lieu, dans la proportion du revenu qu'ils en tiraient (3). (*Modifié par L. 27 juill.* 1880.)

SECTION III. — *Des terres pyriteuses et alumineuses.*

71. L'exploitation des terres pyriteuses et alumineuses sera assujettie aux formalités prescrites par les articles 57 et 58, soit qu'elle ait lieu par les propriétaires des fonds, soit par d'autres individus qui, à défaut par ceux-ci d'exploiter, en auraient obtenu la permission.

72. Si l'exploitation a lieu par des non-propriétaires, ils seront assujettis, en faveur des propriétaires, à une indemnité qui sera réglée de gré à gré, ou par experts.

SECTION IV. — *Des permissions pour l'établissement des fourneaux, forges et usines.*

73. Les fourneaux à fondre les minerais de fer et autres substances métalliques, les forges et martinets pour ouvrer le fer et le cuivre, les usines servant de patouillets et bocards, celles pour le traitement des substances salines et pyriteuses, dans lesquelles on consomme des combustibles, ne pourront être établis que sur une permission accordée par un règlement d'administration publique (4).

74. La demande en permission sera adressée au préfet, enregistrée le jour de la remise sur un registre spécial à ce destiné, et affichée pendant quatre mois dans le chef-lieu du département,

(1) Abrogé par la loi du 9 mai 1866, art. 2.

(2) V. la note sous l'article 50.

(3) V. la note sous l'article 50.

(4) Abrogé par l'article 1er de la loi de 9 mai 1866

dans celui de l'arrondissement, dans la commune où sera situé l'établissement projeté, et dans le lieu du domicile du demandeur. — Le préfet, dans le délai d'un mois, donnera son avis tant sur la demande que sur les oppositions et les demandes en préférence qui seraient survenues ; l'administration des mines donnera le sien sur la quotité du minerai à traiter ; l'administration des forêts, sur l'établissement des bouches à feu en ce qui concerne les bois, et l'administration des Ponts et chaussées, sur ce qui concerne les cours d'eau navigables ou flottables (1).

Les impétrants des permissions pour les usines, supporteront une taxe une fois payée, laquelle ne pourra être au-dessous de 50 francs, ni excéder 300 francs (1).

SECTION V. — *Dispositions générales sur les permissions.*

76. Les permissions seront données à la charge d'en faire usage dans un délai déterminé ; elles auront une durée indéfinie, à moins qu'elles n'en contiennent la limitation (1).

77. En cas de contraventions, le procès-verbal dressé par les autorités compétentes sera remis au procureur impérial, lequel poursuivra la révocation de la permission, s'il y a lieu, et l'application des lois pénales qui y sont relatives (1).

78. Les établissements actuellement existants sont maintenus dans leur jouissance, à la charge par ceux qui n'ont jamais eu de permission, ou qui ne pourraient représenter la permission obtenue précédemment, d'en obtenir une avant le 1er janvier 1813, sous peine de payer un triple droit de permission pour chaque année pendant laquelle ils auront négligé de s'en pourvoir et continué de s'en servir (1).

79. L'acte de permission d'établir des usines à traiter le fer, autorise les impétrants à faire des fouilles même hors de leurs propriétés, et à exploiter les minerais par eux découverts, ou ceux antérieurement connus, à la charge de se conformer aux dispositions de la section II (2).

80. Les impétrants sont aussi autorisés à établir des patouillets, lavoirs et chemins de charroi, sur les terrains qui ne leur appartiennent pas, mais sous les restrictions portées en l'article 11 ; le tout à charge d'indemnité envers les propriétaires du sol, et en les prévenant un mois d'avance (3).

TITRE VIII.

SECTION I. — *Des carrières.*

81. L'exploitation des carrières à ciel ouvert a lieu sans permission, sous la simple surveillance de la police, et avec l'observation des lois ou règlements généraux ou locaux. (*Modifié par L. 27 juill. 1880.*)

82. Quand l'exploitation a lieu par galeries souterraines, elle est soumise à la surveillance de l'administration, comme il est dit au titre V. (*Modifié par L. 27 juill. 1880.*)

SECTION II. — *Des tourbières*

83. Les tourbes ne peuvent être exploitées que par le propriétaire du terrain, ou de son consentement.

84. Tout propriétaire actuellement exploitant, ou qui voudra commencer à exploiter des tourbes dans son terrain, ne pourra continuer ou commencer son exploitation, à peine de 100 francs d'amende, sans en avoir préalablement fait la déclaration à la sous-préfecture et obtenu l'autorisation.

85. Un règlement d'administration publique déterminera la direction général des travaux d'extraction dans le terrain où sont situées les tourbes, celle des rigoles de desséchement, enfin toutes les mesures propres à faciliter l'écoulement des eaux dans les vallées, et l'atterrissement des entailles tourbées.

86. Les propriétaires exploitants, soit particuliers, soit communautés d'habitants, soit établissements publics, sont tenus de s'y conformer, à peine d'être contraints à cesser leurs travaux.

TITRE IX. — *Des expertises.*

87. Dans tous les cas prévus par la présente loi et autres naissant des circonstances, où il y aura lieu à expertise, les dispositions du titre XIV du Code de procédure civile, articles 303 à 323, seront exécutées.

88. Les experts seront pris parmi les ingénieurs des mines, ou parmi les hommes notables et expérimentés dans le fait des mines et de leurs travaux.

89. Le procureur impérial sera toujours entendu et donnera ses conclusions sur le rapport des experts.

90. Nul plan ne sera admis comme

(1) Abrogé par l'article 1er de la loi du 9 mai 1866.
(2) V. la note sous l'article 50.

(3) V. la note sous l'article 50.

pièce probante dans une contestation, s'il n'a été levé ou vérifié par un ingénieur des mines. La vérification des plans sera toujours gratuite.

91. Les frais et vacations des experts seront réglés et arrêtés, selon les cas, par les tribunaux : il en sera de même des honoraires qui pourront appartenir aux ingénieurs des mines : le tout suivant le tarif qui sera fait par un règlement d'administration publique. — Toutefois il n'y aura pas lieu à honoraires pour les ingénieurs des mines, lorsque leurs opérations auront été faites soit dans l'intérêt de l'administration, soit à raison de la surveillance et de la police publiques.

92. La consignation des sommes jugées nécessaires pour subvenir aux frais d'expertise, pourra être ordonnée par le tribunal contre celui qui poursuivra l'expertise.

Titre X. — *De la police et de la juridiction relatives aux mines.*

93. Les contraventions des propriétaires de mines exploitants non encore concessionnaires ou autres personnes, aux lois et règlements, seront dénoncées et constatées comme les contraventions en matière de voirie et de police.

94. Les procès-verbaux contre les contrevenants seront affirmés dans les formes et délais prescrits par les lois.

95. Ils seront adressés en originaux à nos procureurs impériaux, qui seront tenus de poursuivre d'office les contrevenants devant les tribunaux de police correctionnelle, ainsi qu'il est réglé et usité pour les délits forestiers, et sans préjudice des dommages-intérêts des parties.

96. Les peines seront d'une amende de 500 francs au plus et de 100 francs au moins, double en cas de récidive, et d'une détention qui ne pourra excéder la durée fixée par le Code de police correctionnelle.

DÉCRET

Contenant règlement sur l'organisation et le service des Cours impériales et des Cours d'assises.

(6 juillet 1810)

Titre Ier. — *Des Cours impériales.*

Section I. — *De la formation des Cours impériales.*

Art. 1er. Notre Cour impériale d'Ajaccio sera composée de vingt conseillers. — Nos Cours impériales qui remplacent des Cours d'appel composées d'une seule section auront vingt-quatre conseillers ; — Celles qui remplacent des Cours d'appel composées de deux sections en auront trente ; — Celles de *Bruxelles*, *Gênes* et Rennes en auront quarante ; — Celle de Paris en aura cinquante. — Tous les présidents sont compris dans les fixations ci-dessus.

2. Nos Cours impériales, composées de vingt-quatre conseillers au moins, formeront trois chambres, dont une connaîtra des affaires civiles, une connaîtra des mises en accusation, et une connaîtra des appels en matière correctionnelle ; ces deux dernières chambres ne pourront rendre arrêt qu'au nombre de cinq juges au moins. (*V. Ord.* 24 *sept.* 1828.) — Nous déclarerons, par un décret particulier, celles de nos Cours dans lesquelles il serait nécessaire d'établir plus d'une chambre d'accusation.

3. Lorsque notre procureur général estimera qu'à raison de la gravité des circonstances dans lesquelles une affaire se présente, ou à raison du grand nombre des prévenus, il est convenable que le rapport qu'il doit faire en conséquence de l'article 218 du Code d'instruction criminelle, soit présenté à deux chambres d'accusation réunies, dans les Cours où il y a plusieurs chambres d'accusation, ou à la chambre d'accusation, dans les Cours où il n'y en a qu'une, réunie à la chambre qui doit connaître des appels de police correctionnelle, lesdites chambres seront tenues de se réunir, sur l'invitation qui leur en sera faite par notre procureur général, après on avoir conféré avec le premier président ; elles entendront le rapport, et délibéreront sur la mise en accusation, le tout dans les délais fixés par l'article 219 du Code d'instruction criminelle.

4. Les causes de police correctionnelle, dans les cas prévus par l'article 479 du Code d'instruction criminelle et par l'article 10 de la loi du 20 avril 1810, seront portées à la chambre civile, présidée par le premier président.

5. Il y aura deux chambres pour l'expédition des affaires civiles dans les Cours composées de trente conseillers ; il y en aura trois dans les Cours composées de quarante conseillers ou plus.

6. Les présidents et conseillers feront alternativement le service dans toutes les chambres ; ils auront res-

pectivement rang entre eux dans l'ordre de leur nomination ; pour la première fois, ce rang sera par nous déterminé. (*V. Ord.* 11 *oct.* 1820.)

7. Le premier président de nos Cours impériales présidera les chambres assemblées et les audiences solennelles. Il présidera habituellement la première chambre civile ; il présidera aussi les autres chambres quand il le jugera convenable, et au moins une fois dans l'année. — Les audiences solennelles se tiendront dans la chambre présidée par le premier président : elles seront composées des deux chambres civiles ; et dans les Cours où il y en aura trois, la seconde et la troisième feront alternativement le service des audiences solennelles. Dans les Cours impériales qui n'auront qu'une chambre civile, la chambre qui devra connaître des appels en matière coorectionnelle pourra être requise par le premier président de faire le service aux audiences solennelles.

8. — *Transitoire.*

9. Tous les membres des chambres civiles ou criminelles pourront être respectivement appelés, dans les cas de nécessité, pour le service d'une autre chambre.

10. Si le besoin du service exige que, pour l'expédition des affaires civiles, il soit formé une chambre temporaire, elle sera composée de conseillers pris dans les autres chambres, ou de *conseillers-auditeurs*. — La liste de ceux qui pourraient être choisis sera envoyée par le premier président à notre grand-juge, et, sur son rapport, nous nommerons les présidents et conseillers de la chambre temporaire. — Le même décret réglera le temps de la durée de cette chambre.

11. Lorsque, dans le cas de l'article précédent, le besoin d'une chambre temporaire ne sera pas reconnu, et qu'il y aura cependant des affaires civiles en retard, le premier président pourra faire un rôle des affaires sommaires, et les renvoyer à la chambre des appels en matière correctionnelle, qui sera tenue de donner, pour leur expédition, au moins deux audiences par semaine.

12. Lorsque le besoin du service exigera qu'il soit formé dans une Cour impériale une section temporaire d'accusation, elle sera composée de cinq membres de cette Cour, conseillers ou *auditeurs*, que nous désignerons sur la présentation de notre grand-juge. — Ils entreront en exercice à l'époque fixée par notre décret ; ils seront installés par le premier président de la Cour impériale. Ils ne pourront connaître des affaires dans lesquelles il y aurait eu, avant leur nomination, rapport, dénonciation, plainte, poursuite ou information d'office. — Les chambres temporaires seront dissoutes de plein droit six mois après leur entrée en exercice.

SECTION II. — *Des conseillers-auditeurs* (1).

. . . .

SECTION III. — *De l'ordre de service dans les Cours impériales.*

§ 1er. — Service alternatif dans les chambres et sections (2).

15. Chaque année, le tiers des membres d'une chambre passera dans une autre chambre, dans l'ordre qui sera réglé par un décret particulier. — Le premier roulement s'effectuera au 1er novembre 1813 ; les conseillers qui devront quitter leur chambre, seront, pour la première fois, désignés par le sort ; dans la suite, les plus anciens d'une chambre sortiront pour entrer dans l'autre. (*V. Ord.* 11 *oct.* 1820 ; *Décr.* 28 *oct.* 1854.)

16. Les conseillers qui auraient été chargés de quelques rapports dans une chambre civile, pourront, après le roulement effectué, assister à l'audience de cette chambre, pour y faire rapport des affaires dont ils étaient chargés.

17. Les conseillers qui auraient été délégués pour un service aux Cours d'assises ou *spéciales*, seront compris, pendant la durée de leur délégation, dans le roulement qui aura lieu chaque année. — A l'expiration des fonctions à eux déléguées, ils entreront dans les chambres auxquelles ils se trouveront respectivement appelés par le dernier roulement.

§ 2. — De l'ordre de service aux audiences.

18. Les dispositions de notre décret du 30 mars 1808, relatives à la tenue des audiences, à la distribution, à

(1) Les conseillers-auditeurs ont été supprimés par la loi du 10 décembre 1830.

(2) V. Sur le roulement des magistrats dans les Cours et tribunaux, Ord. 11 oct. 1820 ; 24 juill. 1825 ; Décr. 28 oct. 1854 ; 28 mai 1862 ; Arr. 12 juill. 1871.

l'instruction et au jugement des causes dans les Cours d'appel, continueront d'être excécutées dans les chambres civiles de la Cour impériale.

19. Les chambres d'accusation et celles d'appel des jugements de police correctionnelle ne pourront être appelées aux audiences solennelles qui, aux termes de l'article 22 de notre décret du 30 mars 1808, doivent être tenues pour le jugement de certaines affaires civiles. (*V. art.* 3, *Ord.* 24 *sep.* 1828.)

20. Toutefois elles pourront assister et seront convoquées aux audiences solennelles indiquées pour l'enregistrement des lettres de grâce ou de commutation de peine adressées aux Cours impériales, sans qu'elles puissent connaître d'aucune autre affaire portée à ces audiences.

21. — *Transitoire.*

§ 3. — De l'obligation de résider, et des vacations.

22. Les membres des Cours impériales sont tenus de résider dans la ville même où ils doivent exercer leurs fonctions. (*Art.* 100, *Décr.* 30 *mars* 1808.)

23. Ceux délégués pour le service des Cours d'assises et des Cours *spéciales*, sont tenus de résider dans le lieu où elles se tiennent pendant toute la durée de leurs sessions.

24. Le premier président et les procureurs généraux ne pourront s'absenter plus de trois jours, sans avoir obtenu un congé de notre grand-juge. — Si l'absence doit se prolonger plus de quinze jours, notre grand-juge prendra nos ordres avant d'accorder le congé. (*V. Ord.* 6 *nov.* 1822.)

25. Les membres de la Cour impériale ne pourront s'absenter plus de trois jours sans en avoir obtenu la permission du premier président, et sans un congé de notre grand-juge, si l'absence doit se prolonger un mois ; et si l'absence doit se prolonger plus d'un mois, notre grand-juge prendra nos ordres avant d'accorder le congé. (*V. art.* 17, *Décr.* 30 *mars* 1808 ; *Décr.* 9 *nov.* 1853, *art.* 16.)

26. Les avocats généraux et les substituts ne pourront s'absenter plus de trois jours sans la permission du procureur général, et sans un congé de notre grand-juge, si l'absence doit se prolonger un mois ; si l'absence doit se prolonger plus d'un mois, notre grand-juge prendra nos ordres avant d'accorder le congé.

27. Les premiers présidents et procureurs généraux rendront compte, tous les trois mois, à notre grand-juge, des congés qu'ils auront accordés dans le dernier trimestre. (*V. Ord.* 6 *nov.* 1822, *art.* 1er.)

28. Les dispositions des précédents articles ne s'appliquent pas aux absences que pourront faire, pendant les vacations, les membres des Cours impériales, lorsqu'ils ne seront pas employés à quelque service incompatible avec les vacations, ainsi qu'il sera dit dans les deux articles suivants. — Toutefois, les membres des Cours impériales ne pourront sortir du territoire de l'Empire même pendant les vacations, sans une permission expresse du grand-juge. (*Art.* 33, *Décr.* 18 *août* 1810.)

29. Les chambres criminelles de la Cour impériale n'ont point de vacances. (*V. art.* 16. *Décr.* 9 *nov.* 1853.)

30. Les vacances ne pourront empêcher, retarder ni interrompre le service des Cours d'assises et des Cours *spéciales.*

31. Les chambres civiles vaqueront depuis le 1er septembre jusq'au 1er novembre.

32. Il y aura une chambre des vacations pour l'expédition des affaires urgentes : le service de cette chambre se fera ainsi qu'il est prescrit par notre décret du 30 mars 1808.

§ 4. — De la rentrée des Cours impériales après les vacations.

33. La rentrée des Cours impériales se fera chaque année dans une audience solennelle à laquelle assisteront toutes les chambres.

34. Le procureur général, ou l'un des avocats généraux qu'il en aura chargé, prononcera un discours sur un sujet convenable à la circonstance ; il tracera aux avocats et aux avoués le tableau de leurs devoirs ; il exprimera ses regrets sur les pertes que le barreau aurait faites, dans le cours de l'année, de membres distingués par leur savoir, par leurs talents, par de longs et utiles travaux, et par une incorruptible probité. (*V. art.* 8, *L.* 20 *avril* 1810.)

35. Le premier président recevra ensuite le serment, qui sera renouvelé par les avocats présents à l'audience.

§ 5. — Du rang des membres de la Cour impériale entre eux.

36. Indépendamment de la liste de service dont la formation et le renou-

vellement annuel sont ordonnés par l'article 7 de notre décret du 30 mars 1808, il sera tenu, dans la Cour impériale, conformément à l'article 8 du même décret, une liste de rang sur laquelle tous les membres de la Cour, du parquet et du greffe, seront inscrits dans l'ordre qui suit : 1° le premier président ; — 2° les autres présidents de la Cour, dans l'ordre de leur ancienneté comme présidents ; — 3° tous les conseillers sans exception, dans l'ordre de leur ancienneté comme conseillers ; — 4° les *conseillers auditeurs*, dans l'ordre de leur réceptions

Membres du parquet.

1° Le procureur général ; — 2° les avocats généraux, par ordre d'ancienneté de leur nomination ; — 3° les substituts de service au parquet, dans le même ordre.

Greffe.

Le greffier en chef ; — les commis assermentés. . . . .

37. Seront au surplus exécutées, dans les Cours impériales, les dispositions des articles 7 et 8 de notre décret du 30 mars 1808, relatives à la formation et à l'usage de la liste de service dans les Cours d'appel.

§ 6. — Des présidents, et de leur remplacement.

38. Les présidents de nos Cours ne désigneront les parties dans le prononcé des arrêts que par leurs noms et prénoms : ils pourront seulement ajouter les titres de prince, duc, comte baron ou chevalier, qui auront été conférés par nous ou par nos successeurs, avec les grades aussi par nous conférés, et l'état et profession des parties. — Cette disposition est commune au ministère public portant la parole en notre nom.

39. Dans tous les cas où le premier président préside une Cour ou chambre qui ne peut juger qu'à un nombre déterminé, le membre le moins ancien est tenu de se retirer, et le président de la Cour ou chambre siège comme premier juge.

40. Si le premier président est dans le cas d'être suppléé, il sera remplacé ainsi qu'il suit : pour l'audience de la chambre que le premier président préside habituellement, il est suppléé par le second président de cette chambre, et, à son défaut, par le plus ancien des conseillers. — Dans tous les autres cas, le premier président est remplacé par le plus ancien des présidents.

41. Tous les autres présidents des chambres civiles ou criminelles sont remplacés, en cas d'absence ou empêchement, par le plus ancien des conseillers présents de leur chambre.

SECTION IV. — *Du ministère public.*

42. Toutes les fonctions du ministère public sont spécialement et personnellement confiées à nos procureurs généraux. — Les avocats généraux et les substituts ne participent à l'exercice de ces fonctions que sous la direction des procureurs généraux.

43. Notre procureur général porte la parole aux chambres assemblées et aux audiences solennelles, et la porte aussi aux audiences des chambres, quand il le juge convenable.

44. Les avocats généraux sont spécialement chargés de porter la parole, au nom du procureur général, aux audiences civiles ou criminelles de la Cour impériale : le procureur général les attache à la chambre à laquelle il croit leur service le plus utile.

45. Les substituts de service au parquet sont spécialement chargés, sous la direction immédiate du procureur général, de l'examen et des rapports sur les mises en accusation ; ils rédigent les actes d'accusation, et assistent le procureur général dans toutes les parties du service intérieur du parquet.

46. Il y aura, dans chaque Cour impériale, autant d'avocats généraux que de chambres civiles, et un avocat général pour la chambre chargée de juger les appels de police correctionnelle. — Le plus ancien des avocats généraux prendra le titre de premier avocat général. (*V. Décr.* 16 *nov.* 1870.)

47. Il y aura à Paris *six* substituts pour le service du parquet ; trois dans les Cours de *Bruxelles*, *Gênes* et Rennes, deux dans les autres Cours, excepté celle d'Ajaccio, où il n'y en aura qu'un.

48. Dans les causes importantes et ardues, les avocats généraux communiqueront au procureur général les conclusions qu'ils se proposent de donner ; ils feront aussi cette communication dans toutes les affaires dont le procureur général voudra prendre connaissance. — Si le procureur général et l'avocat général ne sont pas d'accord, l'affaire sera rapportée par l'avocat général à l'assemblée générale du parquet, et les conclusions seront

prises à l'audience, conformément à ce qui aura été arrêté à la majorité des voix.

49. En cas de partage, l'avis du procureur général prévaudra; le procureur général pourra aussi, lorsque son avis n'aura pas prévalu au parquet, porter lui-même la parole à l'audience, et conclure d'après son opinion personnelle.

50. Dans les cas d'absence ou empêchement du procureur général, il est remplacé par le plus ancien des avocats généraux, soit pour porter la parole, soit pour les autres actes du ministère public.

51. Les avocats généraux absents ou empêchés sont remplacés par des substituts de service au parquet, ou par des *conseillers-auditeurs* nommés à cet effet par notre procureur général.

52. En cas d'absence ou empêchement des substituts, le service du parquet est fait par les avocats généraux, ou par des *conseillers-auditeurs* désignés à cet effet par notre procureur général.

53. Seront au surplus exécutées dans nos Cours impériales, en tout ce qui n'est pas contraire aux dispositions du présent décret, celles du titre III de notre décret du 30 mars 1808, relatives aux droits et aux devoirs des officiers du ministère public près les Cours d'appel.

SECTION V. — *Des greffiers des Cours impériales.*

54. Il y aura dans chaque Cour impériale un greffier qui prendra le titre de greffier en chef.

55. Le greffier en chef présentera et fera admettre au serment le nombre de commis-greffiers nécessaire pour le service de la Cour impériale.

56. Le greffier en chef tiendra la plume aux assemblées générales de la Cour, aux audiences solennelles et aux audiences des chambres civile et criminelle.

57. Il pourra se faire suppléer par ses commis assermentés pour le service particulier de chaque chambre, et même, en cas d'empêchement, aux assemblées des chambres et aux audiences solennelles.

58. Les commis assermentés seront avertis ou réprimandés, s'il y a lieu, par le premier président ou par le procureur général.

Après une seconde réprimande, la Cour peut, sur la réquisition du ministère public, et après avoir entendu le commis-greffier inculpé, ou lui dûment appelé, ordonner qu'il cessera ses fonctions sur-le-champ; et le greffier en chef sera tenu de le faire remplacer dans le délai qui aura été fixé par la Cour.

59. Le greffier en chef est responsable solidairement de toutes amendes, restitutions, dépens et dommages et intérêts résultant des contraventions, délits ou crimes dont ses commis se seraient rendus coupables dans l'exercice de leurs fonctions; sauf son recours contre eux, ainsi que de droit.

60. Les dispositions du titre IV de notre décret du 30 mars 1808, relatives aux greffiers des Cours d'appel, recevront leur exécution dans les Cours impériales.

SECTION VI. — *Des assemblées des chambres.*

61. Les chambres de nos Cours impériales ne pourront se réunir que sur une convocation de notre premier président.

62. Notre premier président convoquera l'assemblée des chambres quand il le jugera convenable, soit pour délibérer sur des objets d'un intérêt commun à toutes les chambres de la Cour, soit pour s'occuper d'affaires d'ordre public dans le cercle des attributions des Cours impériales.

63. Le premier président convoquera aussi les chambres, sur la demande qui en sera faite par l'une d'elles; il les convoquera pareillement sur un réquisitoire motivé de notre procureur général. La convocation sera faite dans les trois jours du réquisitoire. (*V. Ord.* 18 *janv.* 1846.)

64. Lorsqu'un membre de nos Cours voudra faire une dénonciation sur quelque objet d'ordre public de la compétence des Cours impériales, il sera tenu d'en faire part au premier président, qui fera la convocation, s'il le juge convenable.

65. Si notre premier président n'a pas jugé nécessaire de convoquer les chambres, celui qui voulait faire une dénonciation peut instruire sa chambre de l'objet qu'il se proposait de dénoncer, et si, après en avoir délibéré, la chambre demande l'assemblée, le premier président est tenu de l'accorder. Dans aucun cas, les assemblées de chambre ne pourront empêcher ni suspendre le service des audiences.

66. Lorsque l'assemblée sera formée, le procureur général y sera appelé, et y assistera.

67. Toutes les fois qu'il y aura convocation de chambres, le premier pré

sident en instruira le grand-juge, ainsi que de l'objet dont la Cour impériale devra s'occuper.

68. Le premier président ne permettra pas qu'il soit mis en délibération d'autre objet que celui pour lequel la convocation aura été faite.

69. Dans tous les cas, le résultat de l'assemblée des deux chambres sera envoyé au grand-juge par le premier président.

SECTION VII. — *De l'installation des Cours impériales.*

70. Le jour de l'installation de chaque Cour impériale sera fixé par un décret particulier.

71. Tous les membres de la Cour impériale seront tenus de se trouver, revêtus de la robe rouge, au jour et à l'heure qui auront été indiqués, dans la salle des audiences solennelles de la Cour.

72. L'installation sera faite, à Paris, par notre grand-juge, et, dans les autres Cours, par des commissaires que nous aurons nommés à cet effet, et qui seront pris parmi les sénateurs ou les conseillers d'Etat.

73. Le commissaire recevra de tous les membres de la Cour individuellement le serment prescrit par les constitutions de l'Empire.

74. Après la prestation de serment, le commissaire déclarera que la Cour est légalement constituée.

75. Le procès-verbal de la séance sera transmis à notre grand-juge par notre procureur général.

76. Le procès-verbal sera envoyé à tous les tribunaux de première instance du ressort, pour être lu et enregistré, à la diligence de notre procureur général et de nos procureurs impériaux.

Extrait de ce procès-verbal sera publié par affiches dans tous les chefs-lieux d'arrondissement et chefs-lieux de canton : il en sera fait une annonce dans les journaux du département du ressort.

SECTION VIII. — *Des magistrats qui se retirent après trente ans d'exercice, et des magistrats qui meurent dans l'exercice de leurs fonctions.*

77. Après trente ans d'exercice, les présidents et conseillers de la Cour impériale qui auront bien mérité dans l'exercice de leurs fonctions, pourront se retirer avec le titre de président ou de conseiller honoraire, lorsque nous leur aurons fait expédier nos lettres pour ce nécessaires; ils continueront de jouir des honneurs et priviléges attachés à leur état; ils pourront assister, avec voix délibérative, aux assemblées de chambres et aux audiences solennelles. Nous nous réservons, en outre, de leur donner, suivant les circonstances, des marques particulières de notre bienveillance (1).

78. Les portraits des magistrats de nos Cours impériales, morts dans l'exercice de leurs fonctions, après s'être illustrés par un profond savoir, par une pratique constante des vertus de leur état, et par des actes notables de courage et de dévouement, pourront être placés dans l'une des salles d'audience, en vertu d'un décret émané de nous, sur le rapport de notre grand-juge, notre Conseil d'Etat entendu. — Ce décret ne pourra être rendu que trois ans après la mort du magistrat.

TITRE II. — *Des Cours d'assises.*

79. Lorsque les nominations des présidents des Cours d'assises, qui doivent être tenues tous les trois mois, conformément à l'article 259 du Code d'instruction criminelle, n'auront pas été faites par notre grand-juge pendant la durée d'une assise, pour le trimestre suivant, le premier président de la Cour impériale fera ladite nomination dans la huitaine du jour de la clôture de l'assise. (*V. art.* 16, *L.* 20 *avril* 1810.)

80. La nomination du grand-juge, ou, à son défaut, la nomination faite par le premier président, sera déclarée par une ordonnance du premier président, qui contiendra toujours l'époque fixe de l'ouverture de l'assise; cette ordonnance sera publiée au plus tard le dixième jour qui suivra la clôture de l'assise.

81. Dans les cas prévus par l'article 259 du Code d'instruction criminelle, d'une tenue extraordinaire d'assises, les présidents de la dernière assise sont nommés de droit pour présider l'assise extraordinaire. — En cas de décès ou empêchement légitime, le président de l'assise sera remplacé à l'instant où la nécessité de la tenue de

(1) Les procureurs généraux, en transmettant au garde des sceaux les pièces relatives à une demande de retraite, doivent, dans leur rapport, s'expliquer sur la question de l'honorariat. — *Circ. g. des Sc.* 23 avril 1855. — *V. Instr. min. Just.* 5 avril 1820, au sujet des magistrats honoraires.

l'assise extraordinaire sera connue : le remplacement sera fait par le premier président. L'ordonnance de remplacement contiendra l'époque fixe de l'ouverture de cette assise.

82. La nomination des conseillers ou des *conseillers-auditeurs*, qui devront tenir les assises dans le département où siége la Cour impériale, celles autorisées par les articles 254 et 256 du Code d'instruction criminelle, pour compléter le nombre des juges de la Cour d'assises dans les autres départements, seront faites de la manière et à l'époque ci-dessus déterminées pour les nominations des présidents.

83, 84, 85, 86, 87. — *Dispositions transitoires.*

88. L'ordonnance portant nomination des présidents et des conseillers ou des *auditeurs* délégués pour la tenue des assises, et fixation du jour de l'ouverture des séances de la Cour d'assises, sera envoyée, à la diligence des procureurs généraux, aux tribunaux de première instance de la cour d'assises : elle sera publiée, dans les trois jours de sa réception, à l'audience publique, sur la réquisition du procureur impérial.

89. L'annonce de cette ordonnance sera faite dans les journaux du département où siége la Cour d'assises : elle sera affichée dans les chefs-lieux d'arrondissement et siéges des tribunaux de première instance.

90. Les assises ne pourront être convoquées, pour un lieu autre que celui où elles doivent se tenir habituellement, qu'en vertu d'un arrêt rendu dans l'assemblée des chambres de la Cour, sur la requête de notre procureur général. — Cet arrêt sera lu, publié, affiché, ainsi qu'il est dit ci-dessus pour l'arrêt qui doit fixer l'époque de la tenue des assises, pendant le premier trimestre de l'installation. (*C. inst. cr.*, *art.* 258.)

91. Si, vingt-quatre heures après l'arrivée d'un accusé dans la maison de justice, le président des assises n'est pas sur les lieux, et qu'il n'y ait point de juge par lui délégué, conformement à l'article 293 du Code d'instruction criminelle, pour interroger les accusés, il sera procédé à l'interrogatoire par le président du tribunal de première instance, ou par un juge qu'il aura commis à cet effet.

92. Les Cours d'assises ne pourront rendre arrêt qu'au nombre complet de *cinq* juges. (*Modifié; art.* 252, *C. inst. cr.*)

93. Dans les lieux où réside la Cour impériale, la chambre civile que préside le premier président se réunira à la Cour d'assises pour le débat et le jugement d'une affaire lorsque notre procureur général, à raison de la gravité des circonstances, en aura fait la réquisition aux chambres assemblées, et qu'il sera intervenu arrêt conforme à ses conclusions.

94. — *Aujourd'hui sans objet.*

95. Les présidents des Cours d'assises, dans les lieux autres que ceux où siége la Cour impériale, auront à leur porte une garde d'honneur. — Il en sera de même pour le procureur général de la Cour, lorsqu'il jugera convenable de faire le service des assises. (*V. Décr.* 27 *févr.* 1811.)

96. Il sera préparé, dans les villes où siégeront habituellement les Cours d'assises, un hôtel convenable pour le logement du président, des conseillers ou *auditeurs* qui pourront être délégués pour l'assister, et pour celui du procureur général, de l'avocat général, ou du substitut qu'il aurait délégué. — Notre ministre de l'Intérieur nous fera incessamment un rapport sur les moyens de pourvoir à l'acquisition et à l'entretien tant des bâtiments que du mobilier qui devront être spécialement affectés à cet usage.

97. Les conseillers de la Cour impériale et les *conseillers-auditeurs* qui seront délégués aux assises prendront rang et séance avant tous les membres du tribunal de première instance (1).

Titre III. — *Des Cours spéciales* (2).

. . . .

Titre IV. — *Des officiers ministériels des Cours impériales et d'assises.*

§ 1. — Des avoués.

112. Les avoués immatriculés aux Cours d'appel exerceront exclusivement leur ministère près les Cours impériales.

113. Dans les lieux où il n'y a point de Cour impériale, les avoués immatricules au tribunal de première instance pourront exercer leur ministère près la Cour d'assises ou *spéciale* qui tiendra ses séances au chef-lieu de ce tribunal. — Les avoués qui n'auront été reçus que dans une Cour criminelle, pourront exercer leur ministère près la Cour d'assises ou la Cour *spéciale;* mais ils seront tenus de se faire immatriculer au tribunal de première

(1) Les conseillers-auditeurs sont supprimés. (L. 10 déc. 1830.)

(2) Les Cours spéciales ont été supprimées. (*Ch.* 1830.)

instance du lieu, s'il y a un tribunal, et ils pourront postuler et faire tous actes de leur ministère, concurremment avec les avoués de ce tribunal.

114. Notre grand-juge, ministre de la justice, après avoir pris l'avis des Cours impériales, nous proposera une nouvelle fixation du nombre d'avoués nécessaire pour le service de chaque Cour impériale et de chaque tribunal de première instance.

115. A l'avenir, nul ne pourra être nommé avoué près la Cour impériale, s'il n'est âgé de vingt-cinq ans accomplis, et si, indépendamment du cours d'étude prescrit par l'article 25 de la loi du 22 ventôse an XII, relative aux écoles de droit, il ne justifie de cinq années de cléricature chez un avoué.

§ 2. — Des huissiers.

116. Dans les lieux où il y a une Cour d'appel et une Cour de justice criminelle, les huissiers immatriculés dans l'une ou l'autre de ces Cours, seront exclusivement chargés, — 1° du service personnel près la Cour impériale ; — 2° des significations d'avoué à avoué près la même Cour ; — 3° des exploits en matière criminelle. — Ils pourront instrumenter, en matière civile, concurremment avec les huissiers du tribunal de première instance, et dans l'étendue du ressort de ce tribunal. — Cependant ceux qui seront spécialement chargés du service criminel, ne pourront instrumenter hors du canton de leur résidence, sans un mandement exprès de notre procureur général.

117. Dans les lieux où il n'y a point de Cour d'appel, les huisssiers attachés aux Cours de justice criminelle seront exclusivement chargés du service personnel près la Cour d'assises et la Cour *spéciale*, ainsi que de tous exploits en matière criminelle. Ils seront tenus de se faire immatriculer au tribunal de première instance ; et ils pourront instrumenter, en matière civile, concurremment avec les huissiers de ce tribunal, mais dans l'étendue seulement du canton de leur résidence.

118. A l'avenir, les huissiers qui devront faire le service près les Cours d'assises et les Cours *spéciales* des départements autres que celui où siége la Cour impériale, seront désignés par le procureur impérial criminel, de concert avec le président, parmi les huissiers du tribunal de première instance. En cas de dissentiment, il en sera référé au procureur général : jusqu'à ce qu'il ait statue, les huissiers désignés par le procureur impérial criminel seront tenus de faire le service près la Cour d'assises et *spéciale*, ainsi que tous exploits en matière criminelle.

119. Seront, au surplus, exécutées les dispositions du titre V de notre décret du 30 mars 1808 concernant les huissiers audienciers de nos Cours.

120. Notre grand-juge, après avoir pris l'avis de nos Cours impériales, nous proposera une nouvelle fixation du nombre des huissiers nécessaire pour le service de chaque Cour impériale.

121. A l'avenir, nul ne pourra être nommé huissier, s'il n'est âgé de vingt-cinq ans accomplis.

122. Ne pourront également être nommés huissiers, ceux qui n'auront pas travaillé au moins pendant une année dans l'étude d'un notaire ou d'un avoué, ou pendant deux ans chez un huissier.

DÉCRET

Portant défenses à toutes personnes d'imprimer et débiter les sénatus-consultes, codes, lois et règlements d'administration publique, avant leur publication par la voie du Bulletin des lois.

(6 juillet 1810) (1)

DÉCRET

Contenant des dispositions pénales contre les individus qui seront convaincus de se livrer à la postulation, et contre leurs complices.

(19 juillet 1810) (2)

DÉCRET

Concernant la juridiction des prud'hommes.

(3 août 1810) (3)

---

(1) Bull., 4e série, n° 5727. — *V.* le texte dans notre édition in-8°.

(2) Bull., 4e série, n° 5738. — *V.* le texte dans notre édition in-8°.

(3) Bull., 4e série, n° 5843. — *V.* le texte dans notre édition in-8°.

DÉCRET

Sur la manière dont il sera procédé dans le cas où des ballots, caisses, malles, paquets et tous autres objets confiés à des entrepreneurs de roulage ou de messageries, n'auront pas été réclamés dans les six mois de l'arrivée à leur destination.

(13 août 1810) (1)

DÉCRET

Concernant la monnaie de cuivre et de billon, et les pièces de six, douze et vingt-quatre sous.

(18 août 1810)

. . . .

ART. 2. La monnaie de cuivre et de billon de fabrication française ne pourra être employée dans les paiements, si ce n'est de gré à gré, que pour l'appoint de la pièce de 5 francs.

. . . .

DÉCRET

Contenant règlement sur l'organisation des tribunaux de première instance et des tribunaux de police.

(18 août 1810) (2)

AVIS DU CONSEIL D'ÉTAT

Sur le mode de rectification des erreurs ou irrégularités commises sur les registres hypothécaires.

(26 décembre 1810) (3)

1811

DÉCRET

Concernant les enfants trouvés ou abandonnés et les orphelins pauvres.

(19 janvier 1811) (4)

DÉCRET

Relatif au commerce de la boucherie dans le département de la Seine.

(6 février 1811)

. . . .

ART. 31. La ville de Paris aura privilége sur le cautionnement des bouchers, et sur la valeur estimative des étaux vendus à des tiers, ou supprimés et rachetés par le commerce de la boucherie, et sur ce qui leur sera dû pour viande fournie. — Ce privilége aura lieu jusqu'à concurrence du montant du crédit accordé aux bouchers, en vertu des articles 19 et suivants du présent décret, et des sommes restées en arrière en vertu des délais accordés.

. . . .

DÉCRET

Sur le logement et les honneurs dus aux présidents des Cours d'assises.

(27 février 1811) (5)

DÉCRET

Concernant les Français naturalisés en pays étranger avec ou sans autorisation, et ceux qui sont déjà entrés ou qui voudraient entrer à l'avenir au service d'une puissance étrangère.

(26 août 1811) (6)

(1) Bull., 4e série, no 5818. — *V.* le texte dans notre édition in-8o.

(2) Bull., 4e série, no 5876. — *V.* le texte dans notre édition in-8o.

(3) Bull., 4e série, no 6306. — *V.* le texte dans notre édition in-8o.

(4) Bull., 4e série, no 6478. — *V.* le texte dans notre édition in-8o.

(5) Bull., 4e série, no 6558. — *V.* le texte dans notre édition in-8o. — Décr. 6 juill. 1810, art. 95, 96.

(6) Bull., 4e série, no 7186. — *V.* le texte dans notre édition in-8o.

DÉCRET

Qui ordonne, pour les causes y énoncées, la perception d'un droit de 25 francs sur chaque prestation de serment des avocats qui seront reçus à la Cour impériale de Paris.

(3 octobre 1811) (1)

AVIS DU CONSEIL D'ÉTAT

Qui décide que la peine de réclusion portée par l'article 386 du Code pénal contre les vols commis dans une auberge ou hôtellerie, est applicable aux vols commis dans une maison ou hôtel garni.

(10 octobre 1811)

Le Conseil d'Etat..... — Est d'avis que la peine de réclusion, portée par l'article 386 du Code pénal, contre les vols commis dans une auberge ou hôtellerie, est applicable aux vols commis dans une maison ou hôtel garni.

AVIS DU CONSEIL D'ÉTAT

Portant qu'il peut être pris inscription hypothécaire en vertu des contraintes décernées par l'administration des Douanes en exécution de l'article 32 de la loi des 6-22 août 1791.

(12 novembre 1811) (2)

DÉCRET

Contenant règlement sur la construction, la réparation et l'entretien des routes.

(16 décembre 1811)

TITRE Ier. — *Classification des routes.*

ART. 1er. Toutes les routes de notre Empire seront divisées en routes impériales et routes départementales.

2. Les routes impériales sont de trois classes, conformément aux tableaux 1, 2 et 3 joints au présent décret.

3. Les routes départementales sont toutes les grandes routes non comprises auxdits tableaux, et connues jusqu'à ce jour sous la dénomination de *routes de troisième classe.*

4. Toutes les fois qu'une route nouvelle sera ouverte, le décret qui en ordonnera la construction indiquera la classe à laquelle elle appartiendra; et il sera pourvu aux frais de son exécution et de son entretien, suivant les distinctions ci-après. (*V. L.* 3 *mai* 1841, *art.* 3.)

TITRE II. — *Des dépenses des routes.*

5. Les routes impériales de première et seconde classe seront entièrement construites, reconstruites et entretenues aux frais de notre Trésor impérial.

6. Les frais de construction, de reconstruction et d'entretien des routes impériales de troisième classe seront supportés concurremment par notre Trésor et par les départements qu'elles traverseront.

7. La construction, la reconstruction et l'entretien des routes départementales demeurent à la charge des départements, arrondissements et communes qui seront reconnus participer plus particulièrement à leur usage.

. . . .

TITRE VIII. — *De la plantation des routes.*

SECTION I. — *Plantations anciennes.*

86. Tous les arbres plantés, avant la publication du présent, sur les routes impériales, en dedans des fossés et sur le terrain de la route, sont reconnus appartenir à l'Etat, excepté ceux qui auront été plantés en vertu de la loi du 9 ventôse an XIII.

87. Tous les arbres plantés, jusqu'à la publication du présent décret, le long desdites routes, et sur le terrain des propriétés communales et particulières, sont reconnus appartenir aux communes ou particuliers propriétaires du terrain.

SECTION II. — *Plantations nouvelles.*

88. Toutes les routes impériales non plantées, et qui sont susceptibles de l'être sans inconvénient, seront plantées par les particuliers ou communes propriétaires riverains de ces routes, dans la traversée de leurs propriétés respectives.

(1) Bull., 4e série, no 1336. — *V.* le texte dans notre édition in-8o.

(2) Duvergier, *Lois, etc.*, vol. XVIII, p. 54.

89. Ces propriétaires ou ces communes demeureront propriétaires des arbres qu'ils auront plantés.

90. Les plantations seront faites au moins à la distance d'un mètre du bord extérieur des fossés, et suivant l'essence des arbres.

91. Dans chaque département, l'ingénieur en chef remettra au préfet, avant le 1er juillet 1812, un rapport tendant à fixer celles des routes impériales du département non plantées et susceptibles de l'être sans inconvénient, l'alignement des plantations à faire, route par route et commune par commune, et le délai nécessaire pour l'effectuer : il y joindra son avis sur l'essence des arbres qu'il conviendrait de choisir pour chaque localité : pour le tout devenir l'objet d'un arrêté du préfet, qui sera soumis à l'approbation de notre ministre de l'Intérieur, par l'intermédiaire de notre directeur général.

92. Les arbres seront reçus par les ingénieurs des Ponts-et-chaussées, qui surveilleront toutes les opérations, et s'assureront que les propriétaires se sont conformés en tout aux dispositions de l'arrêté du préfet.

93. Tous les arbres morts ou manquants seront remplacés, dans les trois derniers mois de chaque année, par le planteur, sur la simple réquisition de l'ingénieur en chef.

94. Lorsque les plantations s'effectueront au compte et par les soins des communes propriétaires, les maires surveilleront, de concert avec les ingénieurs, toutes les opérations. — L'entreprise en sera donnée au rabais et à la chaleur des enchères, par voie d'adjudication publique, à moins d'une autorisation formelle du préfet de déroger à cette disposition. — L'adjudicataire garantira pendant trois ans la plantation, et restera chargé tant de son entretien que du remplacement des arbres morts ou manquants pendant ce temps : la garantie de trois années sera prolongée d'autant pour les arbres remplacés.

95. A l'expiration du délai fixé en exécution de l'article 91 pour l'achèvement de la plantation dans chaque département, les préfets feront constater, par les ingénieurs, si des particuliers ou communes propriétaires n'ont pas effectué les plantations auxquelles le présent décret les oblige, ou ne se sont pas conformés aux dispositions prescrites pour les alignements et pour l'essence, la qualité, l'âge des arbres à fournir. — Le préfet ordonnera, au vu dudit rapport de l'ingénieur en chef, l'adjudication des plantations non effectuées ou mal exécutées par les particuliers ou les communes propriétaires. Le prix de l'adjudication sera avancé sur les fonds des travaux des routes.

96. Les dispositions de l'article précédent sont applicables à tous particuliers ou communes propriétaires qui n'auraient pas remplacé leurs arbres morts ou manquants, aux termes de l'article 93 du présent décret.

97. Tous particuliers ou communes aux lieu et place desquels il aura été effectué des plantations, en vertu des deux articles précédents, seront condamnés à l'amende d'un franc par pied d'arbre que l'administration aura planté à leur défaut : et ce, indépendamment du remboursement de tous les frais de plantation.

98. Le produit desdits frais et amendes sera versé, comme fonds spécial, à notre Trésor impérial, et affecté au service des Ponts-et-chaussées.

SECTION III. — *Dispositions générales.*

99. Les arbres plantés sur le terrain de la route et appartenant à l'Etat, ceux plantés sur les terres riveraines, soit par les communes, soit par les particuliers, en exécution du présent décret ou antérieurement, ne pourront être coupés et arrachés qu'avec l'autorisation du directeur général des Ponts-et-chaussées, accordée sur la demande du préfet, laquelle sera formée seulement lorsque le dépérissement des arbres aura été constaté par les ingénieurs, et toujours à la charge du remplacement immédiat.

100. La vente des arbres appartenant à l'Etat, et de ceux appartenant aux communes, sera faite par voie d'adjudication publique ; le prix de ceux appartenant à l'Etat sera versé, comme fonds spécial, à notre Trésor impérial, et affecté au service des Ponts-et-chaussées ; le prix des arbres appartenant aux communes sera versé dans leurs caisses respectives.

101. Tout propriétaire qui sera reconnu avoir coupé sans autorisation, arraché ou fait périr les arbres plantés sur son terrain, sera condamné à une amende égale à la triple valeur de l'arbre détruit.

102. L'élagage de tous les arbres plantés sur les routes, conformément aux dispositions du présent titre, sera exécuté toutes les fois qu'il en sera besoin, sous la direction des ingénieurs des Ponts-et-chaussées, en vertu d'un arrêté du préfet, qui sera

pris sur le rapport des ingénieurs en chef, et qui contiendra les instructions nécessaires sur la manière dont l'élagage devra être fait. — Les ingénieurs et conducteurs des Ponts-et-chaussées sont chargés de surveiller et d'assurer l'exécution desdites instructions.

103. Les travaux de l'élagage des arbres appartenant à l'Etat ou aux communes, seront exécutés au rabais et par adjudication publique.

104. La vente des branches élaguées, des arbres chablis et de ceux qui seraient en partie déracinés, sera faite par voie d'adjudication publique : le prix des bois appartenant à l'Etat sera versé comme fonds spécial à notre Trésor impérial, et affecté au service des Ponts-et-chaussées ; le prix des bois appartenant aux communes sera versé dans leurs caisses respectives.

105. Les particuliers ne pourront procéder à l'élagage des arbres qui leur appartiendraient sur les grandes routes, qu'aux époques et suivant les indications contenues dans l'arrêté du préfet, et toujours sous la surveillance des agents des Ponts-et-chaussées, sous peine de poursuites comme coupables de dommages causés aux plantations des routes.

106. La conservation des plantations des routes est confiée à la surveillance et à la garde spéciale des cantonniers, gardes champêtres, gendarmes, agents et commissaires de police, et des maires, chargés par les lois de veiller à l'exécution des règlements de grande voirie.

107. Un tiers des amendes qui seront prononcées pour peine des dégâts et dommages causés aux plantations des grandes routes, appartiendra aux agents qui auront constaté le dommage ; un deuxième tiers appartiendra à la commune du lieu des plantations, et l'autre tiers sera versé comme fonds spécial à notre Trésor impérial, et au service des Ponts-et-chaussées.

108. Toutes condamnations aux termes des articles 97, 101 et 105 du présent, seront poursuivies et prononcées, et les amendes recouvrées comme en matière de grande voirie.

109 à 111. — *V. L.* 12 *mai* 1825, *art.* 2.

TITRE IX. — *Répression des délits de grande voirie.*

112. A dater de la publication du présent décret, les cantonniers, gendarmes (*V. L.* 17 *juill.* 1856), gardes champêtres, conducteurs des Ponts-et-chaussées, et autres agents appelés à la surveillance de la police des routes, pourront affirmer leurs procès-verbaux de contraventions ou de délits devant le maire ou l'adjoint du lieu.

113. Ces procès-verbaux seront adressés au sous-préfet, qui ordonnera sur-le-champ, aux termes des articles 3 et 4 de la loi du 29 floréal an X, la réparation des délits par les délinquants ou à leur charge, s'il s'agit de dégradations, dépôts de fumiers, immondices ou autres substances, et en rendra compte au préfet en lui adressant les procès-verbaux.

114. Il sera statué sans délai, par les Conseils de préfecture, tant sur les oppositions qui auraient été formées par les délinquants, que sur les amendes encourues par eux, nonobstant la réparation du dommage. Seront, en outre, renvoyés à la connaissance des tribunaux les violences, vols de matériaux, voies de fait, ou réparations de dommages réclamés par des particuliers.

115. Un tiers des amendes de grande voirie appartiendra à l'agent qui aura constaté le délit ; le deuxième tiers, à la commune du lieu du délit ; et le troisième tiers sera versé comme fonds spécial à notre Trésor impérial, et affecté au service des Ponts-et-chaussées.

116. La rentrée des amendes prononcées par les Conseils de préfecture, en matière de grande voirie, sera poursuivie à la diligence du receveur général du département, et dans la forme établie pour la rentrée des contributions publiques. (*V. Décr.* 29 *août* 1813.)

117. Toutes dispositions contraires au présent décret sont abrogées.

1812

AVIS DU CONSEIL D'ÉTAT

Portant solution de diverses questions relatives aux Français naturalisés étrangers, ou servant en pays étranger.

(21 janvier 1812) (1)

---

(1) Bull., 4e série, no 7602. — *V.* le texte dans notre édition in-8o.

AVIS DU CONSEIL D'ÉTAT

Sur la question de savoir si les arrêtés des préfets, fixant les débets des comptables des communes et des établissements publics, sont exécutoires sur les biens de ces comptables sans l'intervention des tribunaux.

(24 mars 1812)

Le Conseil d'Etat... — Est d'avis que les dispositions contenues en ces deux actes (les avis du Conseil d'Etat du 25 thermidor an XII et du 12 novembre 1812) sont applicables aux arrêtés des administrateurs par lesquels les débets des comptables des communes et des établissements publics sont fixés.

DÉCRET

Qui détermine le mode d'exécution de celui du 22 novembre 1811, relatif aux ventes publiques de marchandises par les courtiers de commerce.

(17 avril 1812) (1)

DÉCRET

Relatif au cas de citation en témoignage des ministres, des grands officiers de l'Empire et autres principaux fonctionnaires de l'Etat.

(4 mai 1812) (2)

AVIS DU CONSEIL D'ÉTAT

Relatif au mode de purger les hypothèques légales des femmes devenues veuves, et des mineurs devenus majeurs.

(8 mai 1812)

Le Conseil d'Etat..... Est d'avis, — Que le mode de purger les hypothèques légales des femmes et des mineurs, établi par le Code civil et par l'avis du Conseil d'Etat du 9 mai 1807, est applicable aux femmes veuves et aux mineurs devenus majeurs, ainsi qu'à leurs héritiers ou autres représentants ; — Qu'il n'y a pas nécessité de fixer un délai particulier aux femmes après la mort de leurs maris et aux mineurs devenus majeurs ou à leurs représentants, pour prendre inscription. (*V. L.* 23 *mars* 1855, *article* 8.)

(1) Bull., 4e série, no 7910. — *V.* le texte dans notre édition in-8o.

(2) Bull., 4e série, no 7981. — *V.* le texte dans notre édition in-8o.

AVIS DU CONSEIL D'ÉTAT

Portant que le décret du 26 août 1811, concernant les Français naturalisés en pays étranger, avec ou sans autorisation de l'Empereur, n'est point applicable aux femmes.

(22 mai 1812) (3)

Le Conseil d'Etat..... Est d'avis que le décret du 26 août 1811 n'est point applicable aux femmes.

DÉCRET

Portant que les révocations de procurations et de testaments pourront être faites et expédiées sur la même feuille que ces actes.

(15 juin 1812)

Art. 1er. A dater de la publication du présent décret, les révocations, soit des procurations, soit des testaments, jouiront de l'exception accordée par les premier et deuxième alinéas de l'article 23 de la loi du 13 brumaire an VII sur le timbre. En conséquence, elles pourront être faites et expédiées sur la même feuille que ces actes.

DÉCRET

Sur la plaidoirie dans les Cours impériales et dans les tribunaux de première instance.

(2 juillet 1812)

Art. 1er. Dans toutes les Cours impériales, les causes portées à l'audience seront plaidées par les avocats inscrits sur le tableau des avocats de la Cour, ou admis au stage, conformément à l'article 16 de notre décret du 14 décembre 1810.

2. Les demandes incidentes qui seront de nature à être jugées sommairement, et tous les incidents relatifs à la procédure, pourront être plaidés par les avoués postulants en la Cour, dans les causes dans lesquelles ils occuperont.

(3) Bull., 4e série, no 7994.

3. Il en sera de même dans les tribunaux de première instance séant aux chefs-lieux des Cours impériales, des Cours d'assises et des départements ; les avoués pourront y plaider dans toutes les causes sommaires. Dans les autres tribunaux de première instance, ils pourront plaider toute espèce de cause dans laquelle ils occuperont. (*Modifié ; Ord. 27 févr. 1822.*)

4. — *Abrogé par l'article 4 de l'ordonnance du 27 août 1830.*

5. En l'absence ou sur le refus des avocats de plaider, les avoués, tant en Cour impériale qu'en première instance, pourront être autorisés par le tribunal à plaider en toute espèce de causes.

6. Lorsque l'avocat chargé de l'affaire et saisi des pièces ne pourra, pour cause de maladie, se présenter le jour où elle doit être plaidée, il devra en instruire le président, par écrit, avant l'audience, et renvoyer les pièces à l'avoué ; en ce cas, la cause pourra être plaidée par l'avoué, ou remise au plus prochain jour.

7. Il en sera de même, lorsqu'au moment de l'appel de la cause, l'avocat sera engagé à l'audience d'une autre chambre du même tribunal, séant dans le même temps.

8. Hors ces deux cas, lorsque l'avocat chargé de l'affaire et saisi des pièces ne se sera pas trouvé à l'appel de la cause, et que, par sa faute, elle aura été retirée du rôle et n'aura pu être plaidée au jour indiqué, il pourra être condamné personnellement aux frais de la remise et aux dommages et intérêts du retard envers la partie, s'il y a lieu.

9, 10. — *Transitoires.*

11. Les dispositions des articles 37, 38 et 39 de notre décret du 14 décembre 1810 seront applicables aux avoués usant du droit de plaider.

12. Les avocats seuls porteront la chausse, et parleront couverts, conformément à l'article 35 du décret du 14 décembre 1810.

DÉCRET

Relatif aux déclarations à faire par les titulaires de cautionnements en faveur de leurs bailleurs de fonds, pour leur faire acquérir le privilége du second ordre.

(22 décembre 1812) (1)

(1) Bull., 4e série, no 8373. — *V.* le texte dans notre édition in-8o.

1813

DÉCRET

Contenant des dispositions de police relatives à l'exploitation des mines.

(3 janvier 1813) (2)

. . . .

Art. 13. Dans tous les cas, l'ingénieur des mines se transportera sur les lieux ; il dressera procès-verbal de l'accident séparément ou concurremment avec les maires et autres officiers de police ; il en constatera les causes, et transmettra le tout au préfet du département. — En cas d'absence, les ingénieurs seront remplacés par les élèves-conducteurs et gardes-mines assermentés devant les tribunaux. Si les uns et les autres sont absents, les maires ou autres officiers de police nommeront les experts à ce connaissant, pour visiter l'exploitation et mentionner leurs dires dans un procès-verbal.

. . . .

18. Il est expressément prescrit aux maires et autres officiers de police de se faire représenter les corps des ouvriers qui auraient péri par accident dans une exploitation, et de ne permettre leur inhumation qu'après que le procès-verbal de l'accident aura été dressé, conformément à l'article 81 du Code Napoléon, et sous les peines portées dans les articles 358 et 359 du Code pénal.

19. Lorsqu'il y aura impossibilité de parvenir jusqu'au lieu où se trouvent les corps des ouvriers qui auront péri dans les travaux, les exploitants, directeurs et autres ayants-cause seront tenus de faire constater cette circonstance par le maire ou autre officier public, qui en dressera procès-verbal, et le transmettra au procureur impérial, à la diligence duquel, et sur l'autorisation du tribunal, cet acte sera annexé au registre de l'état civil.

. . . .

22. En cas d'accidents qui auraient occasionné la perte ou la mutilation d'un ou plusieurs ouvriers, faute de s'être conformés à ce qui est prescrit par le présent règlement, les exploitants, propriétaires et directeurs pourront être traduits devant les tribunaux, pour l'application, s'il y a lieu,

(2) Bull., 4e série, no 8561 — *V.* le texte dans notre édition in-8o,

des dispositions des articles 319 et 320 du Code pénal, indépendamment des dommages et intérêts qui pourraient être alloués au profit de qui de droit.

AVIS DU CONSEIL D'ÉTAT

Sur le mode à suivre pour obtenir le paiement des sommes dues par les communes.

(11 mai 1813)

Le Conseil d'Etat..... Est d'avis, qu'il est constant et reconnu que les communes ne peuvent rien payer qu'après qu'elles y auront été autorisées par leur budget annuel; — Que tout paiement fait sans cette autorisation est laissé au compte du receveur, d'après les dispositions précises de plusieurs décrets; — Qu'en conséquence, lorsqu'une commune est débitrice d'une administration, il n'y a lieu ni à délivrance de contrainte contre le receveur, ni à citation devant les tribunaux, ni à saisie-arrêt entre les mains du receveur de la commune ou des débiteurs de la commune, puisque le receveur ne peut rien payer qu'en vertu d'autorisation au budget annuel; mais que le directeur de la Régie doit se pourvoir par-devant le préfet, pour qu'il porte au budget, s'il y a lieu, la somme réclamée contre la commune, afin que le paiement par le receveur soit autorisé.

DÉCRET

Relatif aux prêts qui seront faits par la caisse de Poissy au marché des vaches grasses et à la halle aux veaux.

(15 mai 1813)

. . . .

Art. 4. Le privilége accordé à la ville de Paris sur le cautionnement des bouchers, sur ce qui leur est dû pour viande fournie, et sur la valeur estimative de leurs étaux, aura également lieu sur leurs créances pour peaux et suifs.

DÉCRET

Portant règlement sur l'organisation et le service des huissiers.

(14 juin 1813)

Titre Ier. — *De la nomination du nombre et de la résidence des huissiers.*

§ 1er. — De la nomination et du nombre des huissiers.

Art. 1er. — Les huissiers institués pour le service de nos Cours impériales et *prévôtales*, et pour nos tribunaux, seront nommés par nous.

2. Ils auront tous le même caractère, les mêmes attributions, et le droit d'exploiter concurremment dans l'étendue du ressort du tribunal civil d'arrondissement de leur résidence. — Néanmoins nos Cours et tribunaux choisiront parmi ces huissiers, conformément au titre V de notre décret du 30 mars 1808, ceux qu'ils jugeront les plus dignes de leur confiance, pour le service intérieur de leurs audiences.

3. Les huissiers ainsi désignés par nos Cours et tribunaux continueront de porter le titre d'*huissiers audienciers;* ils auront, pour ce service particulier, une indemnité qui sera réglée par les articles 93, 94, 95, 96 et 103 ci-après. (*V. Ord.* 26 *juin* 1822.)

4. Le tableau des huissiers audienciers sera renouvelé au mois de novembre de chaque année: tous les membres en exercice seront rééligibles; ceux qui n'auront pas été réélus rentreront dans la classe des huissiers ordinaires.

5, 6 et 7. — *Dispositions transitoires.*

8. Notre grand-juge, ministre de la Justice, après avoir pris l'avis de nos Cours et les observations de nos procureurs généraux, nous proposera la fixation définitive du nombre des huissiers qu'il doit y avoir dans le ressort de chaque tribunal civil d'arrondissement.

9. Si le nombre des huissiers maintenus d'après l'article 6 (*cet article concerne les huissiers en activité lors de la publication du présent décret et maintenus après avoir obtenu de l'Empereur une commission confirmative*) excède celui qui sera définitivement fixé par nous en exécution du précédent article, la réduction à ce dernier nombre ne s'opérera que par mort, démission ou destitution.

10. A l'égard de ceux qui aspireront, à l'avenir, aux places d'huissiers ordinaires, les conditions requises seront: — 1° D'être âgé de vingt-cinq ans accomplis; — 2° D'avoir satisfait aux lois de la conscription militaire; — 3° D'avoir travaillé, au moins pendant deux ans, soit dans l'étude d'un notaire ou d'un avoué, soit chez un huissier, ou pendant trois ans au greffe d'une Cour impériale ou d'un tribunal

de première instance ; — 4° D'avoir obtenu de la chambre de discipline, dont il sera parlé ci-après, un certificat de moralité, de bonne conduite et de capacité. — Si la chambre accorde trop légèrement ou refuse sans motif valable ce certificat, il y aura recours au tribunal de première instance, savoir : dans le premier cas, par le procureur impérial, et dans le second, par la partie intéressée. En conséquence, le tribunal, après avoir pris connaissance des motifs d'admission ou de refus de la chambre, ainsi que des moyens de justification de l'aspirant, et après avoir entendu notre procureur impérial, pourra refuser ou accorder lui-même le certificat, par une délibération dont copie sera jointe à l'acte de présentation du candidat.

11. Ceux qui seront nommés huissiers, se présenteront, dans le mois qui suivra la notification à eux faite du décret de leur nomination, à l'audience publique du tribunal de première instance, et y prêteront le serment prescrit par l'article 7 (*celui de se conformer aux lois et règlements concernant leur ministère, et de remplir leurs fonctions avec exactitude et probité*).

12. Ces huissiers ne pourront faire aucun acte de leur ministère avant d'avoir prêté ledit serment ; et ils ne seront admis à le prêter que sur la représentation de la quittance du cautionnement fixé par la loi. (*V. L.* 28 *avril* 1816, *art.* 96.)

13. Ceux qui n'auront point prêté le serment dans le délai ci-dessus fixé, demeureront déchus de leur nomination, à moins qu'ils ne prouvent que le retard ne leur est point imputable ; auquel cas, le tribunal pourra déclarer qu'ils sont relevés de la déchéance par eux encourue, et les admettra au serment.

14. — *Transitoire*

§ 2. — De la résidence des huissiers.

15. Les huissiers audienciers seront tenus, à peine d'être remplacés, de résider dans les villes où siégent les Cours et tribunaux près desquels ils devront faire respectivement leur service.

16. Les huissiers ordinaires seront tenus, sous la même peine, de garder la résidence qui leur aura été assignée par le tribunal de première instance.

17. La résidence des huissiers ordinaires sera, autant que faire se pourra, fixée dans les chefs-lieux de canton.

18. Si des circonstances de localité ne permettent point l'établissement d'un huissier ordinaire au chef-lieu du canton, le tribunal de première instance la fixera dans l'une des communes les plus rapprochées du chef-lieu.

19. Dans les communes divisées en deux arrondissements de justice de paix ou plus, chaque huissier ordinaire sera tenu de fixer sa demeure dans le quartier que le tribunal de première instance jugera convenable de lui indiquer à cet effet.

TITRE II. — *Des attributions des huissiers, et de leurs devoirs.*

CHAP. Ier. — ATTRIBUTIONS DES HUISSIERS.

§ 1. — Service personnel près les Cours impériales et près les divers tribunaux.

20. Les huissiers audienciers sont maintenus dans le droit que leur donne et l'obligation que leur impose notre décret du 30 mars 1808, de faire exclusivement, près leurs Cours et tribunaux respectifs, le service personnel aux audiences, aux assemblées générales ou particulières, aux enquêtes, interrogatoires et autres commissions, ainsi qu'au parquet. — Pourront néanmoins nos Cours et tribunaux commettre accidentellement des huissiers ordinaires, à défaut ou en cas d'insuffisance des huissiers audienciers.

21. Le service personnel d'huissier près les Cours d'assises et les *Cours spéciales* sera fait, savoir : dans les villes où siégent nos Cours impériales, par des huissiers audienciers de la Cour impériale, et partout ailleurs, par des huissiers audienciers du tribunal de première instance du lieu où se tiendront les séances de la Cour d'assises ou de la *Cour spéciale*.

L'article 118 du décret du 6 juillet 1810, relatif au mode de désignation des huissiers qui doivent faire le service près les Cours d'assises et les *Cours spéciales* des départements autres que celui où siége la Cour impériale, continuera de recevoir son exécution.

22. Les huissiers qui seront désignés pour faire le service personnel près les Cours d'assises et les *Cours spéciales*, ne pourront, pendant la durée des sessions criminelles, sortir du canton de leur résidence, sans un ordre exprès du procureur général ou du *procureur impérial criminel*.

23. Il sera fait, par nos Cours et tribunaux, des règlements particuliers sur l'ordre du service de leurs huissiers audienciers, en se conformant

aux dispositions du présent titre et à celles du titre V du décret du 30 mars 1808. — Les règlements que feront sur cet objet les tribunaux de première instance ou de commerce et les *tribunaux* ordinaires des *douanes*, seront soumis à l'approbation des Cours auxquelles ces tribunaux ressortissent.

§ 2. — Droit d'exploiter, etc.

24. Toutes citations, notifications et significations requises pour l'instruction des procès, ainsi que tous actes et exploits nécessaires pour l'exécution des ordonnances de justice, jugements et arrêts, seront faits concurremment par les huissiers audienciers et les huissiers ordinaires, chacun dans l'étendue du ressort du tribunal civil de première instance de sa résidence, sauf les restrictions portées par les articles suivants.

25. Les huissiers audienciers de notre Cour de cassation continueront, dans l'étendue du lieu de la résidence de cette Cour, d'instrumenter exclusivement à tous autres huissiers pour les affaires portées devant elle.

26. Les huissiers audienciers de nos Cours impériales et ceux de nos tribunaux de première instance feront exclusivement, près leurs Cours et tribunaux respectifs, les significations d'avoué à avoué.

27. — *Relatif aux Cours prévôtales, et tribunaux des douanes, qui n'existent plus.*

28. Tous exploits et actes du ministère d'huissier près les justices de paix et les tribunaux de police seront faits par les huissiers ordinaires employés au service des audiences. — A défaut ou en cas d'insuffisance des huissiers ordinaires du ressort, lesdits exploits et actes seront faits par les huissiers ordinaires de l'un des cantons les plus voisins.

29. Défenses itératives sont faites à tous huissiers, sans distinction, d'instrumenter en matière criminelle ou correctionnelle hors du canton de leur résidence, sans un mandement exprès délivré conformément à l'article 84 de notre décret du 18 juin 1811.

30. Nos procureurs près les tribunaux de première instance et les juges d'instruction ne pourront délivrer de pareils mandements que pour l'étendue du ressort du tribunal de première instance.

31. Nos procureurs impériaux criminels pourront ordonner le transport d'un huissier dans toute l'étendue du departement.

32. — *Relatif aux tribunaux des douanes.*

33. Le transport des huissiers dans les divers départements du ressort de nos Cours impériales et *prévôtales*, ne pourra être autorisé, dans les affaires criminelles, que par nos procureurs généraux près ces Cours.

34. En matière de simple police, aucun huissier ne pourra instrumenter hors du canton de sa résidence, si ce n'est dans le cas prévu par le second paragraphe de l'article 28 du présent décret, et en vertu d'une cédule délivrée, pour cet effet, par le juge de paix.

35. Dans tous les cas où les règlements accordent aux huissiers une indemnité pour frais de voyage, il ne sera alloué qu'un seul droit de transport pour la totalité des actes que l'huissier aura faits dans une même course et dans le même lieu. — Ce droit sera partagé en autant de portions égales entre elles qu'il y aura d'originaux d'actes; et à chacun de ces actes l'huissier appliquera l'une desdites portions : le tout à peine de rejet de la taxe, ou de restitution envers la partie, et d'une amende qui ne pourra excéder 100 francs, ni être moindre de 20 francs.

36. Tout huissier qui chargera un huissier d'une autre résidence d'instrumenter pour lui, à l'effet de se procurer un droit de transport qui ne lui aurait pas été alloué s'il eût instrumenté lui-même, sera puni d'une amende de 100 francs. — L'huissier qui aura prêté sa signature sera puni de la même peine. En cas de récidive, l'amende sera double, et l'huissier sera de plus destitué. — Dans tous les cas, le droit de transport indûment alloué ou perçu sera rejeté de la taxe, ou restitué à la partie.

§ 3. — Prisées et ventes publiques de meubles et effets mobiliers.

37. Dans les lieux pour lesquels il n'est point établi de commissaires-priseurs exclusivement chargés de faire les prisées et ventes publiques de meubles et effets mobiliers, les huissiers tant audienciers qu'ordinaires continueront de procéder, concurremment avec les notaires et les greffiers, auxdites prisées et ventes publiques, en se conformant aux lois et règlements qui y sont relatifs. (*V. Ord.* 26 *juin* 1816, *art.* 3.)

38. Les huissiers ne pourront, ni directement ni indirectement, se rendre adjudicataires des objets mobiliers

qu'ils seront chargés de vendre. Toute contravention, à cette disposition sera punie de la suspension de l'huissier pendant trois mois, et d'une amende de 100 francs pour chaque article par lui acheté, sans préjudice de plus fortes peines dans les cas prévus par le Code pénal. La récidive, dans quelque cas que ce soit, entrainera toujours la destitution.

CHAP. II. — Devoirs des huissiers.

39. Les huissiers sont tenus de se renfermer dans les bornes de leur ministère, sous les peines portées par l'article 132 du Code de procédure civile.

40. L'exercice du ministère d'huissier est incompatible avec toute autre fonction publique salariée.

41. Il est défendu aux huissiers, sous peine d'être remplacés, de tenir auberge, cabaret, café, tabagie ou billard, même sous le nom de leurs femmes, à moins qu'ils n'y soient spécialement autorisés.

42. Les huissiers sont tenus d'exercer leur ministère toutes les fois qu'ils en sont requis et sans acception de personnes, sauf les prohibitions pour cause de parenté ou d'alliance portées par les articles 4 et 66 du Code de procédure civile. L'article 85 de notre décret du 18 juin 1811 sera exécuté à l'égard de tout huissier qui, sans cause valable, refuserait d'instrumenter à la requête d'un particulier.

43. — *Remplacé par le décret du 29 août 1813.*

44. Si l'huissier contrevenant à l'une des dispositions du précédent article est convaincu de récidive, le ministère public pourra provoquer sa suspension, ou même son remplacement, s'il y a lieu. (*V. Décr. 29 août* 1813.)

45. Tout huissier qui ne remettra pas lui-même à personne ou domicile l'exploit et les copies de pièces qu'il aura été chargé de signifier, sera condamné, par voie de police correctionnelle, à une suspension de trois mois, à une amende qui ne pourra être moindre de 200 francs, ni excéder 2,000 francs, et aux dommages et intérêts des parties. — Si néanmoins il résulte de l'instruction qu'il a agi frauduleusement, il sera poursuivi criminellement et puni d'après l'article 146 du Code pénal.

46. Les répertoires que les huissiers sont obligés de tenir, conformément à la loi du 22 frimaire an VII, relative à l'enregistrement, seront cotés et paraphés, savoir : — Ceux des huissiers audienciers par le président de la Cour ou du tribunal, ou par le juge qu'il aura commis à cet effet ; — Ceux des huissiers ordinaires résidant dans les villes où siégent les tribunaux de première instance, par le président du tribunal, ou par le juge qu'il aura commis à cet effet ; — Ceux des autres huissiers, par le juge de paix du canton de leur résidence. (*V. L. 22 frim. an VII*, art. 49 et suiv.)

47. Outre les mentions qui, aux termes de l'article 50 de la même loi, doivent être faites dans lesdits répertoires, les huissiers y marqueront, dans une colonne particulière, le coût de chaque acte ou exploit, déduction faite de leurs déboursés (1).

48. Pour faciliter la taxe des frais, les huissiers, outre la mention qu'ils doivent faire au bas de l'original et de la copie de chaque acte, du montant de leurs droits, seront tenus d'indiquer en marge de l'original le nombre de rôles des copies de pièces, et d'y marquer de même le détail de tous les articles de frais formant le coût de l'acte. (*V. art.* 3, *L.* 29 *déc.* 1873.)

Titre III. — *De la réunion des huissiers en communauté d'arrondissement.*

CHAP. Ier. — Formation de la communauté.

49. Il y aura communauté entre tous les huissiers, sans exception, résidant et exploitant dans l'étendue du ressort du tribunal civil d'arrondissement de leur résidence.

50. Le département de la Seine n'ayant qu'un seul tribunal civil, tous les huissiers exerçant dans ce département, y compris ceux de notre Cour de cassation, seront réunis en communauté.

51. — *Relatif au département de la Sésia.*

52. Chaque communauté aura une chambre de discipline qui sera présidée par un syndic.

CHAP. II. — Organisation de la chambre de discipline.

53. Le nombre des membres de la chambre de discipline, y compris le

(1) Les huissiers doivent ajouter une colonne à leur répertoire et y inscrire le montant du droit entier ou partiel de transport applicable à chaque acte. — *Circ. g. des Sc.* 2 déc. 1854.

Sous peine d'être poursuivis disciplinairement. — *Circ. g. des Sc.* 21 sept. 1855.

syndic, est fixé, savoir : — A quinze, dans le département de la Seine ; — A neuf, dans les autres arrondissements où il y aura plus de cinquante huissiers ; — A sept, dans les arrondissements où le nombre des huissiers sera de trente à cinquante ; — A cinq, dans les arrondissements où il y aura moins de trente huissiers. (*V. Ord.* 6 *oct.* 1832.)

54. Dans chaque chambre, il y aura, outre le syndic, un rapporteur, un trésorier et un secrétaire.

55. (*Le* § 1er *est abrogé par le décret du* 13 *octobre* 1870.) — Dans les arrondissements où siégent les Cours impériales, il y aura toujours à la chambre de discipline, indépendamment du syndic, au moins trois huissiers du chef-lieu. — Dans le département de la Seine, les deux tiers au moins des membres de la chambre, y compris le syndic, seront pris parmi les huissiers de Paris.

56. — *Abrogé par le décret du* 13 *octobre* 1870.

57. — *Remplacé par le décret du* 29 *août* 1813.

58. La première nomination des autres membres de la chambre de discipline sera faite de la même manière que celle du syndic.

59. Après cette première nomination, les membres de la chambre de discipline, autres que le syndic, seront élus par l'assemblée générale des huissiers, qui se réuniront pour cet effet au chef-lieu de l'arrondissement, sur la convocation et sous la présidence du syndic.

60. L'élection des membres de la chambre de discipline se fera au scrutin secret. — Un scrutin particulier aura lieu pour la nomination du trésorier, qui sera toujours pris parmi les huissiers du chef-lieu. — Les autres membres de la chambre seront nommés, sans désignation de fonctions, par bulletin de liste contenant un nombre de noms qui ne pourra excéder celui des membres à nommer. — Toutes ces nominations seront faites à la majorité absolue.

61. Lorsqu'il y aura cent votants et au-dessus, l'assemblée se divisera par bureaux, qui ne pourront être composés de moins de trente ni de plus de cinquante votants. — Ces bureaux seront présidés, le premier par le syndic, et chacun des autres par le plus âgé des huissiers présents ; les deux plus âgés après lui feront les fonctions de scrutateurs, et le plus jeune celles de secrétaire.

62. La chambre de discipline sera renouvelée tous les ans par tiers, ou, si le nombre n'est pas susceptible de cette division, par portions les plus approchantes du tiers, en faisant alterner, chaque année, les portions inférieures et supérieures au tiers, à commencer par les inférieures, de manière que, dans tous les cas, aucun membre ne puisse rester en fonctions plus de trois années consécutives.

63. Le sort indiquera ceux des membres qui devront sortir la première et la seconde année ; ensuite, le renouvellement s'opérera par ordre d'ancienneté de nomination. — Les membres sortants ne seront rééligibles qu'après un an d'intervalle, à l'exception toutefois du trésorier, qui sera toujours rééligible.

64. Lorsque le nombre total des huissiers formant la communauté ne sera pas suffisant pour le renouvellement de la chambre tel qu'il est prescrit ci-dessus, ce renouvellement n'aura lieu que jusqu'à concurrence du nombre existant.

65. Les membres de la chambre de discipline nommeront entre eux au scrutin secret, à la majorité absolue, un rapporteur et un secrétaire. — Cette nomination sera renouvelée tous les ans, et les mêmes pourront être réélus.

66. En cas de partage des voix pour ladite nomination, le scrutin sera recommencé ; et si le résultat est le même, le plus âgé des deux membres qui seront l'objet de ce partage sera nommé de droit, à moins qu'il n'ait rempli, pendant les deux années précédentes, la fonction à laquelle il s'agira de nommer ; auquel cas la nomination de droit sera pour son concurrent.

67. La nomination des membres de la chambre de discipline aura lieu chaque année dans la première quinzaine d'octobre, et sera immédiatement suivie de la nomination du rapporteur et du secrétaire.

68. La chambre et les officiers entreront en exercice le 1er novembre.

69. La chambre tiendra ses séances au chef-lieu de l'arrondissement : elle s'assemblera au moins une fois par mois. — Le syndic la convoquera extraordinairement quand il le jugera convenable, ou sur la demande motivée de deux autres membres. — Il sera tenu de la convoquer toutes les fois qu'il en recevra l'ordre du président du tribunal de première instance, ou de notre procureur près ce tribunal.

CHAP. III. — ATTRIBUTIONS DE LA CHAMBRE DE DISCIPLINE ET DE SES OFFICIERS.

70. La chambre de discipline est chargée : — 1° De veiller au maintien de l'ordre et de la discipline parmi tous les huissiers de l'arrondissement, et à l'exécution des lois et règlements qui concernent les huissiers ; — 2° De prévenir ou concilier tous différends qui peuvent s'élever entre huissiers relativement à leurs droits, fonctions et devoirs, et, en cas de non-conciliation, de donner son avis comme tiers sur ces différends ; — 3° De s'expliquer, également par forme d'avis, sur les plaintes ou réclamations de tiers contre des huissiers à raison de leurs fonctions, et sur les réparations civiles qui pourraient résulter de ces plaintes ou réclamations ; — 4° De donner son avis comme tiers sur les difficultés qui peuvent s'élever au sujet de la taxe de tous frais et dépens réclamés par des huissiers. — Lorsque la chambre ne sera point assemblée, cet avis pourra être donné par un de ses membres, à moins que l'objet de la contestation ne soit d'une importance majeure, auquel cas la chambre s'expliquera elle-même à la prochaine séance, ou, si le cas est urgent, dans une séance extraordinaire ; — 5° D'appliquer elle-même les peines de discipline établies par l'article suivant, et de dénoncer au procureur impérial les faits qui donneraient lieu à des peines de discipline excédant la compétence de la chambre, ou à d'autres peines plus graves ; — 6° De délivrer, s'il y a lieu, tous certificats de moralité, de bonne conduite et de capacité à ceux qui se présenteront pour être nommés huissiers ; — 7° De s'expliquer également sur la conduite et la moralité des huissiers en exercice, toutes les fois qu'elle en sera requise par les Cours et tribunaux, ou par les officiers du ministère public ; — 8° Enfin de représenter tous les huissiers sous le rapport de leurs droits et intérêts communs, et, en conséquence, d'administrer la bourse commune dont il sera parlé au chapitre V ci-après.

71. Les peines de discipline que la chambre peut infliger elle-même sont : — 1° Le rappel à l'ordre ; — 2° La censure simple par la décision même ; — 3° La censure avec réprimande par le syndic à l'huissier en personne dans la chambre assemblée ; — 4° L'interdiction de l'entrée de la chambre pendant six mois au plus.

72. L'application par la chambre des huissiers, des peines de discipline spécifiées dans l'article précédent, ne préjudiciera point à l'action des parties intéressées ni à celle du ministère public.

73. Toute condamnation des huissiers à l'amende, à la restitution et aux dommages e intérêts, pour des faits relatifs à leurs fonctions, sera prononcée par le tribunal de première instance du lieu de leur résidence, sauf le cas prévu par le troisième paragraphe de l'article 43, à la poursuite des parties intéressées ou du syndic de la communauté, au nom de la chambre de discipline. Elle pourra l'être aussi à la requête du ministère public.

74. La suspension des huissiers ne pourra être prononcée que par les Cours et tribunaux auxquels ils seront respectivement attachés.

75. Il n'est dérogé, par le présent titre, à aucune des dispositions des articles 102, 103 et 104 de notre décret du 30 mars 1808.

76. Le syndic aura la police d'ordre dans la chambre. — Il proposera les sujets de délibération, recueillera les voix, et prononcera le résultat des délibérations. — Il dirigera toutes actions et poursuites à exercer par la chambre, et agira pour elle et en son nom, dans tous les cas, conformément à ce qu'elle aura délibéré. — Il aura seul le droit de correspondre, au nom de la chambre, avec le président et le ministère public ; sauf, en cas d'empêchement, la délégation au rapporteur.

77. Le rapporteur déférera à la chambre, soit d'office, soit sur la provocation des parties intéressées ou de l'un des membres de la chambre, les faits qui pourront donner lieu à des mesures de discipline contre des membres de la communauté.

Il recueillera des renseignements sur ces faits, ainsi que sur toutes les affaires qui doivent être portées à la connaissance de la chambre, et lui en fera son rapport.

78. Le trésorier tiendra la bourse commune, conformément aux dispositions du chapitre V ci-après.

79. Le secrétaire rédigera les délibérations de la chambre. — Il sera le gardien des archives et délivrera les expéditions.

CHAP. IV. — FORME DE PROCÉDER DANS LA CHAMBRE DE DISCIPLINE.

80. La chambre ne pourra faire l'application de peines de discipline spé-

cifiees en l'article 71 qu'après avoir entendu l'huissier inculpé; ou faute par lui d'avoir comparu dans le délai de la citation. Ce délai ne sera jamais moindre de cinq jours.

81. La citation sera donnée par une simple lettre indicative de l'objet, signée du rapporteur, et envoyée par le secrétaire, qui en prendra note sur un registre tenu à cet effet, coté et paraphé par le président du tribunal de première instance.

82. La même forme aura lieu pour appeler toutes personnes, huissiers ou autres, qui voudront être entendues sur des réclamations ou plaintes par elles adressées à la chambre de discipline.

83. Lorsqu'il s'agira de contestations entre huissiers, les citations pourront être respectivement données dans la forme ordinaire, en déposant les originaux au secrétariat de la chambre.

84. Dans tous les cas, les parties pourront se présenter aux séances de la chambre volontairement et sans citation préalable.

85. La chambre ne pourra prononcer ni émettre son avis sur aucune affaire, qu'après avoir entendu le rapporteur.

86. Elle ne pourra délibérer valablement, si les membres votants ne forment au moins les deux tiers de ceux qui la composent.

87. Les délibérations seront prises à la majorité absolue des voix : le syndic aura voix prépondérante en cas de partage.

88. Les délibérations seront inscrites sur un registre coté et paraphé par le syndic : elles seront signées par tous les membres qui y auront concouru. — Les expéditions seront signées par le syndic et le secrétaire.

89. Tous les actes de la chambre, soit en minute, soit en expédition, à l'exception des certificats et autres pièces à délivrer aux candidats ou à des individus quelconques dans leur intérêt personnel, seront exempts du timbre et de l'enregistrement.

90. La chambre sera tenue de représenter à nos procureurs généraux et impériaux, toutes les fois qu'ils en feront la demande, les registres de ses délibérations, et tous autres papiers déposés dans ses archives.

CHAP. V. — De la bourse commune (1).

91. Dans chaque communauté d'huissiers, il y aura une bourse commune, formée et administrée d'après les règles établies au présent chapitre.

92, 93. — *Abrogés par l'ordonnance du 26 juin 1822.*

94. Les huissiers audienciers de tous nos tribunaux de commerce, sans distinction de lieu, recevront 30 centimes (20 *centimes; Décr.* 8 *avril* 1848), par chaque appel de cause, et ceux près les tribunaux de paix 15 centimes, laquelle rétribution sera également exceptée du versement à la bourse commune.

95, 96, 97. — *Abrogés par l'ordonnance du 26 juin 1822.*

98. L'huissier contrevenant à l'une des obligations qui lui sont imposées par le précédent article. (*V. Ord.* 26 *juin* 1822), sera condamné à 100 francs d'amende. — La contrainte par corps contre l'huissier aura lieu, — pour le paiement de l'amende, — pour la remise de la copie du répertoire, — pour l'acquittement de la somme qu'il doit verser dans la bourse commune.

99. Le syndic pourra exiger la représentation de l'original du répertoire; et. si la copie remise au trésorier n'y est point conforme, l'huissier en fraude sera condamné, par corps, à 100 francs d'amende pour chaque article omis ou infidèlement transcrit.

100. Sera également versé à la bourse commune le quart des amendes prononcées contre les huissiers pour délits ou contraventions relatifs à l'exercice de leur ministère. Ces amendes seront perçues en totalité par le receveur de l'enregistrement du chef-lieu de l'arrondissement, lequel tiendra compte, tous les trois mois, à la communauté des huissiers, de la portion qui pourra lui revenir, aux termes du présent article.

101. La communauté fixera, chaque année, en assemblée générale, la somme à prélever sur la bourse commune, tant pour droit de recette que pour frais de bureau et autres dépenses de la chambre. — L'arrêté portant cette fixation sera homologué par le tribunal de première instance, sur les conclusions du ministère public.

102 à 109. — *Abrogés par l'ordonnance du 26 juin 1822.*

110. Le trésorier rendra aussi, chaque année, dans la première quinzaine d'octobre, le compte général de ses recettes et dépenses pendant l'année révolue. — Ce compte sera vérifié, arrêté et signé par chacun des membres de la chambre. Il pourra être débattu de la même manière que les comptes particuliers. Le délai pour prendre communication sera de deux mois, à

(1) Ce chapitre a été modifié par l'ordonnance du 26 juin 1822.

partir du jour où la chambre aura définitivement arrêté le compte.

111. Le trésorier qui sera en retard, ou qui refusera, soit de rendre ses comptes, soit de remettre les sommes par lui dues à la communauté ou à l'un de ses membres, pourra être poursuivi par les parties intéressées, par toutes les voies ordinaires de droit, et même par celle de la contrainte par corps, comme rétentionnaire de deniers.

112. Le trésorier tiendra un registre coté et paraphé par le président du tribunal de première instance, et dans lequel il inscrira, jour par jour, ses recettes et dépenses. La chambre pourra se faire représenter ce registre aussi souvent qu'elle le jugera convenable, et l'arrêter par une délibération qui y sera transcrite en double minute. Elle l'arrêtera nécessairement tous les ans, lors de la vérification du compte général du trésorier.

113. Le trésorier sera tenu, si l'assemblée générale l'exige, de fournir caution solvable pour le montant présumé de ses recettes pendant quatre mois.

DÉCRET

Relatif aux copies à signifier par les huissiers.

(29 août 1813)

ART. 1er. Les copies d'actes, de jugements, d'arrêts et de toutes autres pièces, qui seront faites par les huissiers, doivent être correctes et lisibles, à peine de rejet de la taxe, ainsi qu'il a déjà été ordonné par l'article 28 du décret du 16 février 1807, pour les copies des pièces faites par les avoués. — Les papiers employés à ces copies ne pourront contenir plus de trente-cinq lignes par page de petit papier; — plus de quarante lignes par page de moyen papier; — et plus de cinquante lignes par page de grand papier (*Modifié; L.* 2 *juill.* 1862, *et Décr.* 30 *juill.* 1862), à peine de l'amende de 25 francs prononcée pour les expéditions par l'article 26 de la loi du 13 brumaire an VII (1).

2. L'huissier qui aura signifié une copie de citation ou d'exploit de jugement ou d'arrêt, qui serait illisible, sera condamné à l'amende de 25 francs, sur la seule provocation du ministère public, et par la Cour ou le tribunal devant lequel cette copie aura été produite. — Si la copie a été faite et signée par un avoué, l'huissier qui l'aura signifiée sera également condamné à l'amende, sauf son recours contre l'avoué, ainsi qu'il avisera. (*L.* 2 *juill.* 1862.)

3. Les articles 43 et 57 de notre décret du 14 juin 1813 sont rapportés.

(1) Cette amende, réduite à 5 francs par l'article 10 de la loi du 16 juin 1824, a été reportée à 25 francs par l'article 20 de la loi du 2 juillet 1862.

DÉCRET

Concernant les mineurs ou interdits propriétaires d'une action de la Banque de France ou de portions d'actions n'excédant pas ensemble une action entière.

(25 septembre 1813)

ART. UNIQUE. Les dispositions de la loi du 24 mars 1806, relatives au transfert d'inscriptions de 5 pour 100 consolidés, appartenant à des mineurs ou interdits, sont rendues applicables aux mineurs ou interdits propriétaires d'actions ou portions d'actions de la Banque de France, toutes les fois qu'ils n'auraient qu'une action ou un droit dans plusieurs actions, n'excédant pas en totalité une action entière. (*Abrogé par L.* 27 *févr.* 1880.)

DÉCRET

Portant règlement sur le commerce des vins à Paris.

(15 décembre 1813) (2)

AVIS DU CONSEIL D'ÉTAT

Sur un référé de la Cour de cassation tendant à obtenir l'interprétation de l'article 62 du Code pénal.

(18 décembre 1813) (3)

Le Conseil d'Etat..... Est d'avis que, lorsqu'un vol a été commis à l'aide et par suite d'un meurtre, les personnes qui ont recélé les effets volés, ayant connaissance que le vol a été précédé du crime de meurtre, doivent, aux

(2) Ce décret établit à Paris cinquant courtiers gourmets-piqueurs de vins, dont il détermine les attributions. — Bull. 4e série, no 9950.

(3) Bull., 4e série, no 9974.

termes de l'article 62 du Code pénal, être considérées comme complices de ce dernier crime.

1814

AVIS DU CONSEIL D'ÉTAT

Sur une question relative au protêt des lettres de change et billets à ordre, dans les cas d'invasion de l'ennemi et d'événements de guerre.

(27 janvier 1814)

Le Conseil d'Etat, etc. — Est d'avis, que l'exception tirée de la force majeure est applicable aux cas de l'invasion de l'ennemi et des événements de guerre, pour relever le porteur de lettres de change et de billets à ordre, de la déchéance prononcée par le Code de commerce, à défaut de protêt à l'échéance, et de dénonciation aux tireurs et endosseurs dans les délais, et que l'application, selon les cas et les circonstances, appartient à la prudence des juges.

ORDONNANCE

Portant nomination des avocats et huissiers au Conseil d'Etat.

(10 juillet 1814) (1)

RÈGLEMENT

Relatif aux chasses dans les forêts et bois de l'Etat.

(20 août 1814) (2)

LOI

Relative à la célébration des fêtes et dimanches.

(18 novembre 1814) (3)

ART. 1er. Les travaux ordinaires seront interrompus les dimanches et jours de fêtes reconnues par la loi de l'Etat.

2. En conséquence, il est défendu lesdits jours, — 1° Aux marchands, d'étaler et de vendre, les ais et volets des boutiques ouverts; — 2° Aux colporteurs et étalagistes, de colporter et d'exposer en vente leurs marchandises dans les rues et places publiques; — 3° Aux artisans et ouvriers, de travailler extérieurement et d'ouvrir leurs ateliers; — 4° Aux charretiers et voituriers employés à des services locaux, de faire des chargements dans les lieux publics de leur domicile.

3. Dans les villes dont la population est au-dessous de 5,000 âmes, ainsi que dans les bourgs et villages, il est défendu aux cabaretiers, marchands de vin, débitants de boissons, traiteurs, limonadiers, maîtres de paume et de billard, de tenir leurs maisons ouvertes et d'y donner à boire et à jouer lesdits jours pendant le temps de l'office.

4. Les contraventions aux dispositions ci-dessus seront constatées par procès-verbaux des maires et adjoints, ou des commissaires de police.

5. Elles seront jugées par les tribunaux de police simple, et punies d'une amende qui, pour la première fois, ne pourra pas excéder 5 francs.

6. En cas de récidive, les contrevenants pourront être condamnés au *maximum* des peines de police.

7. Les défenses précédentes ne sont pas applicables, — 1° Aux marchands de comestibles de toute nature, sauf cependant l'exécution de l'article 3; — 2° A tout ce qui tient au service de santé; — 3° Aux postes, messageries et voitures publiques; — 4° Aux voituriers de commerce par terre et par eau, et aux voyageurs; — 5° Aux usines dont le service ne pourrait être interrompu sans dommage; — 6° Aux ventes usitées dans les foires et fêtes dites *patronales*, et au débit des menues marchandises dans les communes rurales, hors le temps du service divin; — 7° Aux chargements des navires marchands et autres bâtiments du commerce maritime.

8. Sont également exceptés des défenses ci-dessus, les meuniers, et les ouvriers employés, — 1° A la moisson et autres récoltes; — 2° Aux travaux urgents de l'agriculture; — 3° Aux constructions et réparations motivées par un péril imminent, à la charge, dans ces deux derniers cas, d'en demander la permission à l'autorité municipale.

9. L'autorité administrative pourra étendre les exceptions ci-dessus aux usages locaux.

(1) Bull., 5e série, n° 189. — V. le texte dans notre édition in-8°.

(2) Bull., 5e série, n° 251. — V. le texte dans notre édition in-8°.

(3) Abrogée par L. 12 juill. 1880

10. Les lois et règlements de police antérieurs, relatifs à l'observation des dimanches et fêtes, sont et demeurent abrogés.

1815

ORDONNANCE

Contenant règlement sur les manufactures, établissements et ateliers qui répandent une odeur insalubre ou incommode.

(14 janvier 1815) (1)

ORDONNANCE

Contenant des mesures pour prévenir la contagion des maladies épizootiques.

(27 janvier 1815) (2)

ORDONNANCE

Qui prescrit aux commissaires-priseurs-vendeurs de la ville de Paris, de mettre en communauté la moitié des droits qui leur sont alloués sur chaque vente.

(18 février 1815)

ART. UNIQUE. Les commissaires-priseurs-vendeurs de notre bonne ville de Paris mettront en communauté la moitié des droits qui leur sont alloués sur chaque vente, au lieu des deux cinquièmes auxquels les assujettissait le règlement du 29 germinal an IX.

1816

LOI

Sur les finances.

(28 avril 1816) (3)

. . . .

TITRE VII. — *Droits d'enregistrement, hypothèques, timbre, etc.*

§ 1er. — Droits d'enregistrement.

ART. 37. A compter de la promulgation de la présente loi, et jusqu'à ce que l'acquittement des charges extraordinaires soit terminé, les droits d'enregistrement, timbre et hypothèques, seront perçus avec les augmentations énoncées aux articles suivants.

38. Tous actes judiciaires en matière civile, tous jugements en matière criminelle, correctionnelle ou de police, seront, sans exception, soumis à l'enregistrement sur les minutes ou originaux.

39. Les jugements des tribunaux en matière de contributions publiques ou locales, et autres sommes dues à l'État ou établissements locaux, seront assujettis aux mêmes droits d'enregistrement que ceux rendus entre particuliers.

40. Les héritiers, légataires et tous autres appelés à exercer des droits subordonnés au décès d'un individu dont l'absence est déclarée, sont tenus de faire, dans les six mois du jour de l'envoi en possession provisoire, la déclaration à laquelle ils seraient tenus s'ils étaient appelés par effet de la mort, et d'acquitter les droits sur la valeur entière des biens ou droits qu'ils recueillent. — En cas de retour de l'absent, les droits payés seront restitués, sous la seule déduction de celui auquel aura donné lieu la jouissance des héritiers. . . . .

41. Seront assujettis au droit fixe de 50 centimes : — 1o Les significations d'avoué à avoué pour l'instruction des procédures devant les tribunaux de première instance ; — 2o Les assignations et tous autres exploits devant les prud'hommes.

42. Seront sujettes au droit fixe de 1 franc les significations d'avoué à avoué devant les Cours royales.

43. Seront sujets au droit fixe de 2 francs : — 1o Les acquiescements purs et simples ; — 2o Les actes de notoriété ; — 3o Les actes refaits pour nullité ou autre motif, sans aucun changement qui ajoute aux objets des conventions ou à leur valeur ; — 4o Les avis de parents (*aujourd'hui 4 fr., V. L. 19 juill. 1845, art. 5*) ; — 5o Les autorisations pures et simples ; — 6o Les certificats de cautions et de cautionnements ; — 7o Les consentements purs et simples ; — 8o Les décharges également pures et simples, et les récépissés de pièces ; — 9o Les déclarations, aussi pures et simples, en matière civile et de commerce ; — 10o Les dépôts d'actes et pièces chez les officiers publics ; — 11o Les dépôts

(1) Bull., 5e série, no 668. — *V.* Décr. 7 mai 1878.

(2) Bull., 5e série, no 670. — Abrogé par L. 21 juill. 1881, art. 41.

(3) *V. Circ.* 21 févr. 1817 ; 2 juin, 25 oct. 1859.

et consignations de sommes et effets mobiliers chez les officiers publics, lorsqu'ils n'opèrent pas la libération des déposants, et les décharges qu'en donnent les déposants ou leurs héritiers, lorsque la remise des objets déposés leur est faite; — 12° Les désistements purs et simples; — 13° Les exploits et autres actes du ministère des huissiers qui ne peuvent donner lieu au droit proportionnel. — Sont exceptés les exploits relatifs aux procédures devant les juges de paix, les prud'hommes, les Cours royales, la Cour de cassation, et les Conseils de Sa Majesté, jusques et compris les significations des jugements et arrêts définitifs; les déclarations d'appels ou de recours en cassation; les significations d'avoué à avoué, et les exploits ayant pour objet le recouvrement des contributions directes ou indirectes, publiques ou locales; — 14° Les lettres missives qui ne contiennent ni obligation, ni quittance, ni aucune autre convention donnant lieu au droit proportionnel; — 15° Les nominations d'experts hors jugement; — 16° Les procès-verbaux et rapports d'employés, gardes, commissaires, séquestres, experts et arpenteurs; — 17° Les procurations et pouvoirs pour agir, ne contenant aucune stipulation ni clause donnant lieu au droit proportionnel; — 18° Les promesses d'indemnités indéterminées et non susceptibles d'estimation; — 19° Les reconnaissances pures et simples ne contenant aucune obligation ni quittance; — 20° Les résiliements purs et simples faits par acte authentique dans les vingt-quatre heures des actes résiliés; — 21° Les rétractations et révocations; — 22° Les reconnaissances d'enfants naturels par actes de célébration de mariage.

44. Seront sujets au droit fixe de 3 francs : — 1° Les adjudications à la folle enchère, lorsque le prix n'est pas supérieur à celui de la précédente adjudication; — 2° Les compromis, ou nominations d'arbitres, qui ne contiennent aucune obligation de sommes et valeurs donnant lieu au droit proportionnel; — 3° Les déclarations ou élections de command et d'ami, lorsque la faculté d'élire un command a été réservée dans l'acte d'adjudication ou le contrat de vente, et que la déclaration est faite par acte public et notifiée dans les vingt-quatre heures de l'adjudication ou du contrat; — 4° Les réunions de l'usufruit à la propriété, lorsque la réunion s'opère par acte de cession, et qu'elle n'est pas faite pour un prix supérieur a celui sur lequel le droit a été perçu lors de l'aliénation de la propriété; — 5° Les titres nouvels et reconnaissances de rentes dont les contrats sont justifiés en forme (1); — 6° Les connaissements ou reconnaissances de chargements par mer; — 7° Les exploits et autres actes du ministère des huissiers relatifs aux procédures devant les Cours royales, jusques et compris la signification des arrêts définitifs : — Sont exceptées les déclarations d'appel et le significations d'avoué à avoué; — 8° Les transactions, en quelque matière que ce soit, qui ne contiennent aucune stipulation de sommes et valeurs, ni dispositions soumises à un plus fort droit d'enregistrement; — 9° Les jugements définitifs des juges de paix, rendus en dernier ressort, d'après la volonté expresse des parties, au delà des limites de la compétence ordinaire, lor qu'ils ne contiennent pas de dispositions donnant ouverture à un droit proportionnel supérieur; — 10° Les jugements interlocutoires ou préparatoires, ordonnances et autres actes énoncés dans les numéros 6 et 7 du deuxième paragraphe de l'article 68 de la loi du 22 frimaire an VII, lorsqu'ils auront lieu dans les tribunaux de première instance, de commerce ou d'arbitrage, et ne seront pas de l'espèce de ceux dont il sera parlé dans l'article suivant; — 11° Les significations d'avocat à avocat dans les instances à la Cour de cassation et aux Conseils de Sa Majesté.

45. Seront sujets au droit fixe de 5 francs : — 1° Les exploits et autres actes du ministère des huissiers relatifs aux procédures devant la Cour de cassation et les Conseils de Sa Majesté, jusques et compris les significations des arrêts définitifs : — Le premier acte de recours est excepté; — 2° Les contrats de mariage et actes de formation ou de dissolution de société, actuellement soumis au droit fixe de 3 francs (2); — 3° Les partages de biens meubles et immeubles entre copropriétaires, à quelque titre que ce soit, pourvu qu'il en soit justifié; — 4° Les testaments et tous autres actes de libéralité qui ne contiennent que des dispositions soumises à l'événement du décès, et les dispositions de même nature qui sont faites par contrat de mariage entre les futurs ou par d'autres personnes; — 5° Les jugements des tribunaux civils prononçant sur l'appel des juges de paix;

(1) *V.* art. 1er, L. 28 févr. 1872.
(2) *V.* art. 1er, L. 28 févr. 1872

ceux desdits tribunaux et des tribunaux de commerce ou d'arbitres rendus en premier ressort, contenant des dispositions définitives qui ne donneraient pas lieu à un droit plus élevé ; — 6o Les arrêts interlocutoires ou préparatoires rendus par les Cours royales lorsqu'ils ne seront pas susceptibles d'un droit plus élevé et les ordonnances et actes désignés dans les numéros 6 et 7, deuxième paragraphe de l'article 68 de la loi du 22 frimaire an VII, devant les mêmes Cours ; — 7o Les reconnaissances d'enfants naturels autrement que par acte de mariage ; — 8o Les actes et jugements interlocutoires ou préparatoires des divorces.

46. Seront assujettis au droit fixe de 10 francs : — 1o Les jugements rendus en dernier ressort par les tribunaux de première instance ou les arbitres, d'après le consentement des parties, lorsque la matière ne comportait pas le dernier ressort, sauf la perception du droit proportionnel, s'il s'élève au delà de 10 francs ; — 2o Les arrêts définitifs des Cours royales dont le droit proportionnel ne s'élèverait pas à 10 francs ; — 3o Les arrêts interlocutoires ou préparatoires de la Cour de cassation et des Conseils de Sa Majesté.

47. Seront sujets au droit fixe de 25 francs : — 1o Le premier acte de recours en cassation ou devant les Conseils de Sa Majesté, soit par requête, mémoire ou déclaration, en matière civile, de police simple ou de police correctionnelle ; — 2o Les arrêts des Cours royales portant interdiction ou prononçant séparation de corps entre mari et femme ; — 3o Les arrêts définitifs de la Cour de cassation et des Conseils de Sa Majesté.

48. Seront sujets au droit fixe de 50 francs : — 1o Les actes de tutelle officieuse ; — 2o Les jugements de première instance admettant une adoption, ou prononçant un divorce.

49. Seront sujets au droit fixe de 100 francs : — 1o Les arrêts de Cour d'appel confirmant une adoption ; — 2o Ceux qui prononceront définitivement sur une demande en divorce. — S'il n'y a pas d'appel, ce droit sera perçu sur l'acte de l'officier de l'état civil.

50. Seront soumises au droit de 25 centimes par 100 francs les lettres de change tirées de place en place, et celles venant de l'étranger ou des colonies françaises, lorsqu'elles sont protestées faute de paiement. — Elles pourront n'être présentées à l'enregistrement qu'avec l'assignation. — Dans le cas de protêt faute d'acceptation, les lettres de change devront être enregistrées seulement avant que la demande en remboursement ou en cautionnement puisse être formée contre les endosseurs ou le tireur (1). — Seront sujets au droit de 50 centimes par 100 francs, les cautionnements de se représenter ou de représenter un tiers, en cas de mise en liberté provisoire, soit en vertu d'un sauf-conduit dans les cas prévus par le Code de procédure et par le Code de commerce, soit en matière civile, soit en matière correctionnelle ou criminelle.

51. Seront sujets au droit de 1 franc par 100 francs : — 1o Les abonnements pour fait d'assurance ou grosse aventure : — Le droit sera perçu sur la valeur des objets abandonnés ; — En temps de guerre, il ne sera dû qu'un demi-droit ; — 2o Les actes et contrats d'assurance : — Le droit sera perçu sur la valeur de la prime ; — En temps de guerre, il n'y aura lieu qu'au demi-droit : — 3o Les adjudications au rabais et marchés pour constructions, réparations, entretiens, approvisionnements et fournitures dont le prix doit être payé par le Trésor royal, ou par les administrations locales, ou par des établissements publics.

52. Le droit d'enregistrement des ventes d'immeubles est fixé à 5 et demi pour 100 ; mais la formalité de la transcription au bureau de la conservation des hypothèques ne donnera plus lieu à aucun droit proportionnel.

53 (2). Les droits des donations entre-vifs et des mutations qui s'effectuent par décès, soit par succession soit par testament ou autres actes de libéralité à cause de mort, de propriété ou d'usufruit de biens meubles et immeubles entre époux, en ligne collatérales et entre personnes non parentes, seront perçus selon les quotités ci-après : — Pour les biens immeubles, — D'un époux à un autre époux par donation ou testament, 3 francs par 100 francs ; — des frères et sœurs à des frères et sœurs et descendants d'iceux, successions de neveux et nièces, petits-neveux et petites-nièces, dévolues à des oncles et tantes, grands-oncles et grand'tantes, et autres parents au degré successible, 5 francs par 100 francs ; — Entre toutes autres personnes, 7 francs par 100 francs. — Pour les biens meubles, — entre époux, un demi pour 100 ; entre frères, sœurs, oncles, tantes,

(1) *V.* art. 10, L. 28 févr. 1872.
(2) *V.* L. 21 avril 1832, art. 33 ; L. 18 mai 1850, art. 10.

neveux et nièces et autres parents, au degré successible, 2 et demi pour 100 : entre toutes autres personnes, 3 et demi pour 100. — Lorsque l'époux survivant ou les enfants naturels sont appelés à la succession, à défaut de parents au degré successible, ils seront considérés, quant à la quotité des droits, commes personnes non parentes. — Lorsque les donations entre-vifs auront été faites par contrat de mariage aux futurs, il ne sera perçu que moitié du droit.

54. Dans tous les cas où les actes seront de nature à être transcrits au bureau des hypothèques, le droit sera augmenté d'un et demi pour 100, et la transcription ne donnera plus lieu à aucun droit proportionnel (1).

55. Il sera perçu, au profit du Trésor royal un droit d'enregistrement suivant le tableau ci-après (p. 183) : — Aucune expédition desdites lettres-patentes ne pourra être délivrée par le Conseil du sceau des titres, que le droit d'enregistrement n'ait préalablement été payé.

56. L'article 24 de la loi du 22 frimaire an VII continuera d'être exécuté : néanmoins, à l'égard des actes que le même officier aurait reçus, et dont le délai d'enregistrement ne serait pas encore expiré, il pourra en énoncer la date, avec la mention que ledit acte sera présenté à l'enregistrement en même temps que celui qui contient ladite mention ; mais dans aucun cas l'enregistrement du second acte ne pourra être requis avant celui du premier, sous les peines de droit.

57. Lorsqu'après une sommation extrajudiciaire ou une demande tendant à obtenir un paiement, une livraison ou l'exécution de toute autre convention dont le titre n'aurait point été indiqué dans lesdits exploits, ou qu'on aura simplement énoncée comme verbale, on produira, au cours d'instance, des écrits, billets, marchés, factures acceptées, lettres ou tout autre titre émané du défendeur, qui n'auraient pas été enregistrés avant ladite demande ou sommation, le double droit sera dû, et pourra être exigé ou perçu, lors de l'enregistrement du jugement intervenu. (*V. L 11 juin* 1859, *art.* 23.)

58. Il ne pourra être fait usage, en justice, d'aucun acte passé en pays étranger ou dans les colonies, qu'il n'ait acquitté les mêmes droits que s'il avait été souscrit en France et pour des biens situés dans le Royaume ; il en sera de même pour les mentions desdits actes dans des actes publics.

59. Les droits de mutation établis par la présente loi ne seront perçus que sur les mutations qui surviendront après sa publication : les lois antérieures s'appliqueront aux mutations effectuées jusqu'à ladite publication. — Quant aux actes, l'article 1er de la loi du 27 ventôse an IX continuera d'être exécuté.

§ 2. — Des hypothèques.

60. Le droit d'inscription des créances hypothécaires sera d'un pour 1,000 sans distinction des créances antérieures ou postérieures à la loi du 11 brumaire an VII. La perception de ces droits suivra les sommes et valeurs de 20 francs en 20 francs inclusivement, et sans fraction.

61. Les actes de transmission d'immeubles et droits immobiliers, susceptibles de transcription, ne seront assujettis à cette formalité que pour un droit fixe de 1 franc, outre le droit du conservateur, lorsque les droits en auront été acquittés de la manière prescrite par les articles 52 et 54 de la présente loi.

§ 3. — Du timbre et autres droits.

62. A compter de la promulgation de la présente loi, le droit du timbre ordinaire et extraordinaire pour les actes sera fixé ainsi qu'il suit : — Demi-feuille de petit papier, 35 centimes ; feuille *idem*, 70 centimes ; feuille de moyen papier, 1 franc 25 centimes ; feuille de grand papier, 1 franc 50 centimes ; feuille de dimensions supérieures, 2 francs. (*V. art.* 17, *L.* 2 *juill.* 1862.)

63. Aucune expédition, copie ou extrait d'actes reçus par des notaires, greffiers ou autres dépositaires publics, ne pourra être délivré que sur papier de 1 franc 25 centimes. . . . . .

64. . . . .

65. Toutes les affiches, quel qu'en soit l'objet, seront sur papier timbré. . . . . . . — Conformément à la loi du 28 juillet 1791, ce papier, ne pourra être de couleur blan-

(1) L'acte par lequel un père abandonne à ses enfants des immeubles de la communauté pour leur tenir lieu des reprises de leur mère, est de nature à être transcrit à raison des hypothèques antérieures qui peuvent grever les immeubles du chef du mari. (*V. art.* 25, *L.* 21 *vent. an* VII.) — Cass. *Ch. réun.* 13 mai 1844.

État des droits de sceau perçus par le Conseil du sceau des titres, et du droit d'enregistrement proposé pour le compte du Trésor royal.

DATES des ordonnances.	NATURE des LETTRES-PATENTES SCELLÉES.		MONTANT du droit de sceau.	MONTANT du droit d'enregistrement proposé à 20 pour 100.
Ordonnance du 6 octobre 1814.	Renouvellement de lettres-patentes, portant confirmation du même titre et changement d'armoiries	de comte	100	20
		de baron	50	10
		de chevalier	15	3
	Collation du titre de duc		»	3,000
	Collation du titre héréditaire de marquis, comte, vicomte et baron, lettres-patentes de chevalier et lettres de noblesse.	de marquis et comte	6,000	1,200
		de vicomte	4,000	800
		de baron	3,000	600
		de chevalier	60	12
		Lettres de noblesse	600	120
	Grandes lettres de naturalisation		*gratis*	»
	Lettres de déclaration de naturalité		100	20
	Lettres portant autorisation de se faire naturaliser ou de servir à l'étranger.		500	100
	Dispense d'âge pour mariage		100	20
	Dispense de parenté pour le mariage		200	40
Ordonnance du 25 décembre 1814.	Lettres portant renouvellement d'anciennes armoiries	pour les villes de 1re classe	150	30
		pour les villes de 2e classe	100	20
		pour les villes et communes de 3e classe	50	10
	Lettres accordant des armoiries aux villes qui n'en ont pas encore	Les villes de 1re classe	600	120
		Celles de 2e classe	400	80
		Celles de 3e classe	200	40

che. . . . . . . — Le prix de la feuille portant 25 décimètres carrés de superficie sera de 10 centimes ; celui de la demi-feuille, de 5 centimes. (*V. L.* 18 *juill.* 1866, *art* 4.)

66. Les avis et autres annonces, de quelque nature et espèce qu'ils soient, assujettis au timbre par la loi du 6 prairial an VII, qui ne sont pas destinés à être affichés, pourront être imprimés sur papier blanc. — Le prix de la feuille sera de 10 centimes ; celui de la demi-feuille, de 5 centimes ; celui du quart de feuille, de 2 centimes et demi ; celui du demi-quart, cartes et autres de plus petite dimension, sera de 1 centime. (*V. L.* 18 *juill.* 1866, *art.* 4.)

67. La subvention du dixième ne sera point ajoutée aux droits de timbre énoncés aux cinq articles précédents.

68. Il est défendu aux imprimeurs de tirer aucun exemplaire desdites annonces, affiches ou avis, sur papier non timbré. . . . .

69. La contravention d'un imprimeur à ces dispositions sera punie d'une amende de 500 francs, sans préjudice du droit de Sa Majesté de lui retirer sa commission. — Ceux qui seront convaincus d'avoir ainsi fait afficher et distribuer des imprimés non timbrés, seront condamnés à une amende de 100 francs. — Les afficheurs et distributeurs seront, en outre, condamnés aux peines de simple police déterminées par l'article 474 du Code pénal. — L'amende sera solidaire, et emportera contrainte par corps.

. . . .

73. Le paraphe qui doit précéder l'usage d'un registre sera enregistré moyennant un simple droit de 1 franc.

74. . . . .

75. Seront solidaires pour le paiement des droits de timbre et des amendes : — Tous les signataires, pour les actes synallagmatiques ; — Les prêteurs et les emprunteurs, pour les obligations ; — Les créanciers et les débiteurs, pour les quittances ; les officiers ministériels qui auront reçu ou rédigé des actes énonçant des actes ou livres non timbrés.

76. Le recouvrement des droits de timbre et des amendes de contraventions y relatives sera poursuivi par voie de contrainte ; et, en cas d'oppositions, les instances seront instruites et jugées selon les formes prescrites par les lois des 22 frimaire an VII et 27 ventôse an IX, sur l'enregistrement. En cas de décès des contrevenants, lesdits droits et amendes seront dus par leurs successeurs, et jouiront, soit dans les successions, soit dans les faillites ou tous autres cas, du privilége des contributions directes.

. . . .

TITRE IX. — *Des cautionnements.*

. . . .

§ 2. — Cautionnements et suppléments de cautionnements à fournir par les officiers ministériels, agents de change, courtiers de commerce, et autres non comptables du Trésor.

88. Les cautionnements des avocats à la Cour de cassation, notaires, avoués, greffiers et huissiers à notre Cour de cassation, et dans les Cours royales et tribunaux de première instance, tribunaux de commerce et justices de paix, sont fixés en raison de la population et du ressort des tribunaux de la résidence de ces fonctionnaires, conformément au tarif annexé à la présente loi. . . . . . . (*V. Ord.* 9 *oct.* 1816.)

89. Il pourra être établi, dans toutes les villes et lieux où Sa Majesté le jugera convenable, des commissaires-priseurs dont les attributions seront les mêmes que celles des commissaires-priseurs établis à Paris par la loi du 27 ventôse an IX. — Ces commissaires n'auront, conformément à l'article 1er de ladite loi, de droit exclusif que dans le chef-lieu de leur établissement. Ils auront, dans tout le reste de l'arrondissement, la concurrence avec les autres officiers ministériels, d'après les lois existantes. — En attendant qu'il ait été statué par une loi générale sur les vacations et frais desdits officiers, ils ne pourront percevoir autres et plus forts droits que ceux qu'a fixés la loi du 17 septembre 1793

90. . . . .

91. Les avocats à la Cour de cassation, notaires, avoués, greffiers, huissiers, agents de change, courtiers, commissaires-priseurs, pourront présenter à l'agrément de Sa Majesté des successeurs, pourvu qu'ils réunissent les qualités exigées par les lois. Cette faculté n'aura pas lieu pour les titulaires destitués. — Il sera statué, par une loi particulière, sur l'exécution de cette disposition, et sur les moyens d'en faire jouir les héritiers ou ayants-cause desdits officiers. — Cette faculté de présenter des successeurs ne déroge point, au surplus, au droit de Sa

Majesté de réduire le nombre desdits fonctionnaires, notamment celui des notaires dans les cas prévus par la loi du 25 ventôse an XI sur le notariat.

§ 3. — Dispositions générales.

. . . .

96. Nul ne sera admis à prêter serment et à être installé dans les fonctions auxquelles il aura été nommé, s'il ne justifie préalablement de la quittance de son cautionnement.

. . . .

TITRE X. — *De la Caisse d'amortissement et de la Caisse des dépôts.*

98 à 109. . . . .

110. La Caisse d'amortissement ne pourra recevoir aucun dépôt ni consignation, de quelque espèce que ce soit. — Les dépôts, les consignations, les services relatifs à la Légion-d'Honneur, à la compagnie des canaux, aux fonds de retraite, et les autres attributions (l'amortissement excepté) confiées à la caisse actuellement existante, seront administrés par un établissement spécial, sous le nom de *Caisse des dépôts et consignations.*

111. Cet établissement est soumis à la même surveillance et aux mêmes règles de responsabilité et de garantie que la nouvelle Caisse d'amortissement instituée par la présente loi. — Il sera organisé par une ordonnance royale, sur la proposition des commissaires surveillants mentionnés en l'article 99 de la présente loi.

112. Tous les trois mois, les commissaires surveillants entendront le compte qui leur sera rendu de la situation de ces établissements. Ce compte sera rendu public. — Ils vérifieront, toutes les fois qu'ils le jugeront utile, et au moins une fois par mois, l'état des caisses, la bonne tenue des écritures, et tous les détails administratifs.

113. La commission fera passer au directeur général les observations qu'elle jugera convenables, et qui cependant ne seront point obligatoires pour lui.

114. A la session annuelle des Chambres des Pairs et des Députés, le pair de France, commissaire du Roi, au nom de la commission et en présence du directeur général, fera un rapport aux deux Chambres sur la direction morale et sur la situation matérielle de ces établissements. — Ce rapport et les tableaux dont il pourra être accompagné, seront rendus publics.

. . . .

LOI

Sur les finances.

(28 avril 1816) (1)

LOI

Sur l'abolition du divorce.

(8 mai 1816) (2)

ORDONNANCE

Qui conserve dans les attributions du ministre des finances la compagnie des agents de change, banque, finance et commerce de la ville de Paris, et contient règlement sur cette compagnie.

(29 mai 1816) (3)

ORDONNANCE

Qui établit des commissaires-priseurs.

(26 juin 1816) (4)

ORDONNANCE

Relative aux attributions de la Caisse des dépôts et consignations créée par la loi du 28 avril 1816.

(3 juillet 1816)

SECTION I. — *Des sommes qui doivent être versées dans la Caisse des dépôts et consignations.*

ART. 1er. La Caisse des dépôts et

(1) Bull., 7e série, no 623. — La loi du 28 avril 1816, *Sur les contributions indirectes*, est toujours exécutée par suite des prorogations successives qui ont lieu dans toutes les lois de finances. — V. le texte de cette loi, à sa date, dans notre édition in-8o. — V. L. 28 févr. 1872.

(2) Bull., 7e série, no 645. — V. le texte dans notre édition in-8o.

(3) Bull., 7e série, no 782. — V. le texte dans notre édition in-8o.

(4) Bull., 7e série, no 911. — V. le texte dans notre édition in-8o.

consignations, créée par l'article 110 de la loi du 28 avril dernier, recevra seule toutes les consignations judiciaires.

2. Seront, en conséquence, versés dans ladite caisse, — 1° Les deniers offerts réellement, conformément aux articles 1257 et suivants du Code civil; ceux que voudra consigner un acquéreur ou donataire, dans le cas prévu par les articles 2183, 2184, 2186 et 2189; le montant des effets de commerce dont le porteur ne se présente pas à l'échéance, lorsque le débiteur voudra se libérer, conformément à la loi du 23 juillet 1795 (6 thermidor an III); et, en général, toutes sommes offertes à des créanciers refusants par des débiteurs qui veulent se libérer; — 2° Les sommes qu'offriront de consigner, suivant la faculté que leur accordent les articles 2041 du Code civil, 167, 542 du Code de procédure, 117 du Code d'instruction criminelle et autres dispositions des lois, toutes personnes qui, astreintes, soit par lesdites lois, soit par des jugements ou arrêts, à donner des cautions ou garanties, ne pourraient ou ne voudraient pas les fournir en immeubles; — 3° Les deniers remis par un débiteur à un garde de commerce exerçant une contrainte par corps, pour éviter l'arrestation, conformément à l'article 14 du décret du 14 mars 1808, et ceux qui, dans les mêmes circonstances, seraient remis à un huissier exerçant la contrainte par corps dans les villes et lieux autres que Paris, lorsque le créancier n'aura pas voulu recevoir lesdites sommes dans les vingt-quatre heures accordées auxdits officiers ministériels pour lui en faire la remise; — 4° Les sommes que les débiteurs incarcérés doivent, aux termes de l'article 798 du Code de procédure, déposer ès mains du geôlier de la maison de détention pour être mis en liberté, lorsque le créancier ne les aura pas acceptées dans le délai de vingt-quatre heures; — 5° Les sommes dont les Cours et tribunaux ou les autorités administratives, quand ce droit leur appartient, auraient ordonné la consignation, faute par les ayants-droit de les recevoir ou réclamer, ou le séquestre en cas de prétentions opposées; — 6° Le prix que doivent consigner, conformément à l'article 209 du Code de commerce, les adjudicataires de bâtiments de mer vendus par autorité de justice; — 7° Les deniers comptants saisis par un huissier chez un débiteur contre lequel il exerce une saisie-exécution, lorsque, conformément à l'article 590 du Code de procédure civile, le saisissant, la partie saisie et les opposants, ayant la capacité de transiger, ne seront pas convenus d'un séquestre volontaire dans les trois jours du procès-verbal de saisie; et ceux qui se trouveront lors d'une apposition de scellés ou d'un inventaire, si le tribunal l'ordonne ainsi sur le référé provoqué par le juge de paix; — 8° Les sommes saisies et arrêtées entre les mains de dépositaires ou débiteurs, à quelque titre que ce soit; celles qui proviendraient de ventes de biens meubles de toute espèce, par suite de toute sorte de saisies, ou même de ventes volontaires, lorsqu'il y aura des oppositions dans les cas prévus par les articles 656 et 657 du Code de procédure civile; — 9° Le produit des coupes et des ventes de fruits pendants par les racines sur des immeubles saisis réellement; celui des loyers ou fermages des biens non affermés lors de la saisie, qui seraient perçus au profit des créanciers, dans les cas prévus par l'article 688 du Code de procédure; ensemble tous les prix de loyers, fermages ou autres prestations, échus depuis la dénonciation au saisi, au fur et à mesure des échéances; — 10° Le prix ou portion de prix d'une adjudication d'immeubles vendus sur saisie immobilière, bénéfice d'inventaire, cession de biens, faillite, que le cahier des charges n'autoriserait pas l'acquéreur à conserver entre ses mains, si le tribunal ordonne cette consignation sur la demande d'un ou de plusieurs créanciers; — 11° Les deniers provenant des ventes des meubles, marchandises des faillis et de leurs dettes actives, dans le cas prévu par l'article 497 (*aujourd'hui* 489) du Code de commerce; — 12° Les sommes d'argent trouvées ou provenues des ventes et recouvrements dans une succession bénéficiaire, lorsque, sur la demande de quelque créancier, le tribunal en aura ordonné la consignation; — 13° Les sommes de deniers trouvées dans une succession vacante, ou provenant du prix des biens d'icelle, conformément à l'avis du Conseil d'Etat du 13 octobre 1809; — 14° Enfin toutes les consignations ordonnées par des lois, même dans les cas qui ne sont pas rappelés ci-dessus, soit que lesdites lois n'indiquent pas le lieu de la consignation, soit qu'elles désignent une autre caisse, et notamment ce qui peut être encore dû par les anciens commissaires aux saisies réelles, conformément au décret du 12 février 1812, lequel continuera de recevoir son exécution.

3. Défendons à nos Cours, tribunaux et administrations quelconques, d'autoriser ou d'ordonner des consignations en autres caisses et dépôts publics ou particuliers, même d'autoriser les débiteurs, dépositaires, tiers-saisis, à les conserver sous le nom de séquestre ou autrement ; et au cas où de telles consignations auraient lieu, elles seront nulles et non libératoires.

4. Pour assurer l'exécution des dispositions ci-dessus, il ne pourra être ouvert aucune contribution de deniers provenant de ventes, recouvrements mobiliers, saisies-arrêts ou autres, que l'acte de réquisition qui doit être rédigé conformément à l'article 658 du Code de procédure civile, ne contienne mention de la date et du numéro de la consignation qui en a été faite : défendons aux présidents de nos tribunaux de commettre des commissaires pour procéder aux distributions ainsi requises sans ladite mention ; et, au cas où une nomination leur serait surprise, défendons à tous commissaires nommés d'y procéder, sauf aux parties qui seraient lésées, leur recours contre les avoués par la faute desquels la distribution n'aurait pas lieu : défendons pareillement à tous greffiers de délivrer les mandements énoncés en l'article 671 du même Code, sur autres que sur les préposés de la Caisse des dépôts et consignations. Il en sera de même relativement aux ordres, lorsque le prix aura dû être versé dans le cas prévu au no 10 de l'article 2.

SECTION II. — *Obligations des officiers ministériels ou autres, tenus de faire des versements à la Caisse des dépôts et consignations.*

5. Tout officier ministériel qui aura fait des offres réelles extrajudiciairement ou judiciairement, sera tenu, si elles ne sont pas acceptées, d'en effectuer le versement, dans les vingt-quatre heures qui suivront l'acte desdites offres, à la Caisse des dépôts et consignations, à moins qu'il n'en ait été dispensé par ordre écrit de celui qui l'a chargé de faire lesdites offres.

6. Tout garde de commerce, huissier ou geôlier, qui, ayant reçu des sommes dans les cas prévus par les numéros 3 et 4 de l'article 2 ci-dessus, n'en aura pas fait le versement à la Caisse des dépôts et consignations dans les délais prescrits par ledit article 2, sera poursuivi comme rétentionnaire de deniers publics. — Seront, à cet effet, tenus les gardes de commerce et huissiers de mentionner au pied de leurs exploits, et avant de les présenter à l'enregistrement, s'ils ont remis au créancier les sommes par eux reçues, et de mentionner également cette remise sur leurs répertoires ; et les geôliers feront ladite mention sur leurs registres d'écrou.

7. Tout notaire, greffier, huissier, commissaire-priseur, courtier, etc., qui aura procédé à une vente, sera tenu de déclarer au pied de la minute du procès-verbal en le présentant à l'enregistrement, et de certifier par sa signature, qu'il a ou n'a pas d'oppositions et qu'il a ou n'a pas connaissance d'oppositions aux scellés ou autres opérations qui ont précédé ladite vente.

8. Les versements des sommes énoncées au numéro 8 de l'article 2 seront faits dans la huitaine, à compter de l'expiration du mois accordé par l'article 656 du Code de procédure aux créanciers pour procéder à une distribution amiable. — Ce mois comptera, pour les sommes saisies et arrêtées, du jour de la signification, au tiers-saisi, du jugement qui fixe ce qu'il doit rapporter. — S'il s'agit de deniers provenant de ventes ordonnées par justice, ou résultant de saisies-exécutions, saisies foraines, saisies-brandons, ou même de ventes volontaires auxquelles il y aurait eu des oppositions, ce délai courra du jour de la dernière séance du procès-verbal de vente. — S'il s'agit de deniers provenant de saisies de rentes ou d'immeubles, du jour du jugement d'adjudication.

9. Conformément à l'article 10 de la déclaration du 29 février 1648 et de celle du 16 juillet 1669, le directeur général de la Caisse des consignations pourra décerner ou faire décerner par les préposés de la Caisse, des contraintes contre toute personne qui, tenue d'après les dispositions ci-dessus de verser des sommes dans ladite caisse ou dans celle de ses préposés, sera en retard de remplir ces obligations ; il sera procédé pour l'exécution desdites contraintes comme pour celles qui sont décernées en matière d'enregistrement, et la procédure sera communiquée à nos procureurs près les tribunaux.

10. Tout notaire, courtier, commissaire-priseur, huissier ou geôlier, qui aura contrevenu aux obligations qui lui sont imposées par la présente ordonnance, en conservant des sommes de nature à être versées dans la Caisse des consignations, sera dénoncé par

nos préfets ou procureurs à celui de nos ministres dans les attributions duquel est sa nomination, pour sa révocation nous être proposée, s'il y a lieu, sans préjudice des peines qui sont ou pourront être prononcées par les lois.

SECTION III. — *Obligations de la Caisse des dépôts et consignations et de ses préposés.*

11. La Caisse des consignations aura des préposés, pour le service qui lui est confié, dans toutes les villes du Royaume où siége un tribunal de première instance. — Elle sera responsable des sommes par eux reçues, lorsque les parties auront fait enregistrer leurs reconnaissances dans les cinq jours de celui du versement, conformément à l'article 3 de la loi du 18 janvier 1805 (28 nivôse an XIII).

12. Les reconnaissances de consignations délivrées à Paris par le caissier, et dans les départements par les préposés de la Caisse, énonceront sommairement les arrêts, jugements, actes ou causes qui donnent lieu auxdites consignations; et, dans le cas où les deniers consignés proviendraient d'un emprunt, et qu'il y aurait lieu à opérer une subrogation en faveur du prêteur, il sera fait mention expresse de la déclaration faite par le déposant, conformément à l'article 1250 du Code civil, laquelle produira le même effet de subrogation que si elle était passée devant notaire. Le timbre et l'enregistrement seront aux frais de celui qui consigne, s'il est débiteur, ou prélevés sur la somme, s'il la dépose à un autre titre.

13. Tous les frais et risques relatifs à la garde, conservation et mouvement des fonds consignés, sont à la charge de la Caisse : défendons à ses préposés, ou à leurs commis et employés, de se faire payer par les déposants, ou ceux qui retireront les sommes consignées, aucun droit de garde, prompte expédition, travail extraordinaire, ou autre, à quelque titre que ce soit, à peine de destitution et d'être poursuivis comme concussionnaires.

14. Conformément à l'article 2 de la loi du 18 janvier 1805 (28 nivôse an XIII), la Caisse des dépôts et consignations paiera l'intérêt de toute somme consignée, à raison de 3 pour 100, à compter du soixante-unième jour à partir de la date de la consignation jusques et non compris celui du remboursement. — Les sommes qui resteront moins de soixante jours en état de consignation ne produiront aucun intérêt : lorsque les sommes consignées seront retirées partiellement, l'intérêt des portions restantes continuera de courir sans interruption.

15. Conformément à l'article 4 de la susdite loi, les sommes consignées seront remises, dans le lieu où le dépôt aura été fait, à ceux qui justifieront leurs droits, dix jours après la réquisition de paiement au préposé de la Caisse. — Ladite réquisition contiendra élection de domicile dans le lieu où demeure le préposé de la Caisse des consignations; elle devra être accompagnée de l'offre de remettre les pièces à l'appui de la demande, de laquelle remise mention sera faite dans le *visa* que doit donner le prépo é, conformément à l'article 69 du Code de procédure civile. — Les préposés qui ne satisferaient pas au paiement après ce délai seront contraignables par corps, sans préjudice des droits des réclamants contre la Caisse des consignations, ainsi qu'il est dit en l'article 11.

16. Ne pourront lesdits préposés refuser les remises réclamées que dans les deux cas suivants : — 1° sur le fondement d'opposition dans leurs mains, soit sur la généralité de la consignation, soit sur la portion réclamée, soit sur la personne requérante; — 2° sur le défaut de régularité des pièces produites à l'appui de la réquisition. — Ils devront dans ce cas, avant l'expiration du dixième jour, dénoncer lesdites oppositions ou irrégularités aux requérants par signification au domicile élu, et ne seront contraignables que dix jours après la signification des main-levées ou du rapport des pièces régularisées. — Les frais de cette dénonciation seront à la charge des parties réclamantes, à moins qu'elles n'aient fait juger contre le préposé que son refus était mal fondé, auquel cas les frais seront à la charge de ce dernier sans répétition contre la Caisse des dépôts et consignations; sauf le cas où son refus aurait été approuvé par le directeur général.

17. Pour assurer la régularité des paiements requis par suite d'ordre ou de contribution, il sera fait par le greffier du tribunal, un extrait du procès-verbal dressé par le juge commissaire, lequel extrait contiendra, 1° les noms et prénoms des créanciers colloqués; 2° les sommes qui leur sont allouées; 3° mention de l'ordonnance du juge qui, à l'égard des or-

dres, ordonne la radiation des inscriptions, et, à l'égard des contributions, fait main-levée des oppositions des créanciers forclos ou rejetés. — Le coût de cet extrait sera compris dans les frais de poursuite, nonobstant toutes dispositions contraires de l'article 137 du décret du 16 février 1807. Dans les dix jours de la clôture de l'ordre ou contribution, cet extrait sera remis par l'avoué poursuivant, savoir, à Paris, au caissier, et dans les autres villes, au préposé de la Caisse des consignations, à peine de dommages-intérêts envers les créanciers colloqués à qui ce retard pourra être préjudiciable. — La Caisse des consignations ne pourra être tenue de payer aucun mandement ou bordereau de collocation avant la remise de cet extrait, si ce n'est dans le cas de l'article 758 du Code de procédure civile.

SECTION IV. — *Dispositions transitoires.*

18. Toute personne sans distinction, dépositaire ou débitrice, à quelque titre que ce soit, de sommes qui, d'après les dispositions de la présente ordonnance, doivent être reçues par la Caisse des consignations ou par celle de ses préposés, est tenue d'en faire la déclaration et le versement avant le 1er août prochain, sous les peines prononcées par les articles 3, 8 et 10 de la présente ordonnance.

ORDONNANCE

Qui autorise la Caisse des dépôts et consignations à recevoir les dépôts volontaires et particuliers.

(3 juillet 1816)

ART. 1er. Conformément à la faculté accordée par l'article 7 de la loi du 18 janvier 1805 (28 nivôse an XIII), la Caisse des dépôts et consignations est autorisée à recevoir les dépôts volontaires des particuliers.

2. Ces dépôts ne pourront être faits qu'à Paris, et seulement en monnaie ayant cours d'après les lois et ordonnances, ou en billets de la Banque de France.

3. La Caisse et ses préposés ne pourront, sous aucun prétexte, exiger de droit de garde ni aucune rétribution, sous quelque dénomination que ce soit, tant lors du dépôt que lors de sa restitution.

4. La Caisse sera chargée des sommes versées par les récépissés du caissier, visés par le directeur, conformément à l'article 19 de notre ordonnance du 22 mai dernier. Le déposant devra, sur ce même récépissé et par déclaration de lui signée, élire dans la ville de Paris un domicile qui sera attributif de juridiction pour tout ce qui aura trait audit dépôt, conformément à l'article 111 du Code civil.

5. Les sommes déposées porteront intérêt à 3 pour 100, pouvu qu'elles soient restées à la Caisse trente jours. Si elles sont retirées avant ce temps, la caisse ne devra aucun intérêt. (*V. Décr.* 1er *mai* 1851.)

6. Le dépôt sera rendu à celui qui l'aura fait, à son fondé de pouvoirs ou à ses ayants-cause, à l'époque convenue par l'acte de dépôt, et, s'il n'en a pas été convenu, à simple présentation. Ceux qui retireront ainsi leurs fonds, ne seront soumis à aucune autre condition que celle de remettre la reconnaissance de la Caisse et de signer leur quittance.

7. Les sommes déposées ne pourront être saisies et arrêtées que dans les cas, les formes et sous les conditions prévus par les articles 557 et suivants du Code de procédure civile. — Pourront néanmoins être reçues des oppositions, sans que lesdites formes soient observées, — 1o De la part du déposant qui déclarerait avoir perdu son récépissé ; — 2o De la part des agents ou syndics d'un failli, comme il est dit dans l'article 149 du Code de commerce.

8. Les départements et communes sont autorisés à déposer à la Caisse, ou à ses préposés dans les villes autres que Paris, les fonds qui sont ou seront à leur disposition, soit d'après les lois annuelles sur les finances, soit d'après celles qui les auraient autorisés à quelques impositions extraordinaires, soit enfin les sommes qui proviendraient de leurs revenus ordinaires et extraordinaires, excédants de recettes sur les dépenses, coupes de bois et autres causes semblables. — La même faculté est accordée à tous les établissements publics.

9. La Caisse ou ses préposés effectueront les remboursements entre les mains du receveur de l'établissement au nom duquel le dépôt aura été fait, d'après les mandats des préfets, des maires ou administrateurs compétents.

10. Le caissier et autres préposés qui, sans motifs fondés sur les dispositions de la présente ordonnance, refuseraient de faire un remboursement,

seront personnellement condamnés à bonifier les intérêts à la partie prenante sur le pied de 5 pour 100, et poursuivis par voie de contrainte par corps, tant pour le capital que pour les intérêts, sans préjudice du recours du créancier contre la Caisse, qui devra elle-même ladite bonification de retard, comme garante des faits de ses préposés, et sauf son recours contre eux.

11. En cas de perte d'un récépissé, le déposant devra former opposition fondée sur cette cause : ladite opposition sera insérée par extrait dans le journal officiel, aux frais et diligence du réclamant; un mois après ladite insertion, la Caisse sera valablement libérée en lui remboursant le montant du dépôt sur sa quittance motivée.

ORDONNANCE

Relative au versement, à la Caisse des dépôts et consignations, des fonds de retraite des ministères, administrations et établissements.

(3 juillet 1816) (1)

ORDONNANCE

Qui règle le mode de transmission des fonctions d'agents de change et de courtiers de commerce dans tout le Royaume, en cas de démission ou de décès.

3 juillet 1816) (2)

ORDONNANCE

Sur la publication d'un nouveau Codex pharmaceutique.

(8 août 1816) (3)

---

(1) Bull., 7e série, no 878.

(2) Bull., 7e série, no 882. — *V.* le texte dans notre édition in-8o.

(3) Bull., 7e série, no 1003. — *V.* le texte dans notre édition in-8o. — *V.* Décr. 5 déc. 1866.

ORDONNANCE

Sur l'application à faire à deux classes d'officiers de l'ordre judiciaire, des dispositions de la loi du 28 avril 1816, concernant la fixation des suppléments de cautionnements.

(9 octobre 1816)

Art. 1er. Les greffiers des tribunaux de police doivent un supplément de cautionnement supérieur du quart en sus à celui que doivent fournir les greffiers des justices de paix de leur résidence.

2. Les huissiers près la Cour de cassation, les Cours royales, les tribunaux de commerce, les tribunaux de police, doivent un cautionnement égal à celui des huissiers du tribunal civil d'arrondissement dans le ressort duquel ils résident.

3. Les dispositions de l'article précédent sont applicables aux huissiers près les justices de paix, s'ils ont été choisis parmi les huissiers des tribunaux d'appel, criminels ou de première instance, conformément aux articles 5 et 6 de l'acte du 18 mai 1802.

ORDONNANCE

Concernant la promulgation des lois et des ordonnances.

(27 novembre 1816) (4)

Art. 1er. A l'avenir, la promulgation des lois et de nos ordonnances résultera de leur insertion au *Bulletin officiel.*

2. Elle sera réputée connue, conformément à l'article 1er du Code civil, un jour après que le *Bulletin des lois* aura été reçu de l'Imprimerie royale par notre chancelier, ministre de la Justice, lequel constatera sur un registre l'époque de la réception.

3. Les lois et ordonnances seront exécutoires, dans chacun des autres départements du Royaume, après l'expiration du même délai augmenté d'autant de jours qu'il y aura de fois 10 myriamètres (environ 20 lieues anciennes) entre la ville où la promulgation en aura été faite et le chef-lieu de chaque département, suivant le tableau annexé à l'arrêté du 25 thermidor an XI ou 13 août 1803.

4. Néanmoins, dans les cas et les lieux où nous jugerons convenable de

(4) V. Décr. 5 et 11 nov. 1870.

hâter l'exécution, les lois et ordonnances seront censées publiées et seront exécutoires du jour qu'elles seront parvenues au préfet, qui en constatera la réception sur un registre.

1817

LOI

Sur les donations et legs aux établissements ecclésiastiques.

(2 janvier 1817)

Art. 1er. — Tout établissement ecclésiastique reconnu par la loi pourra accepter, avec l'autorisation du Roi, tous les biens meubles, immeubles, ou rentes, qui lui seront donnés par actes entre-vifs ou par actes de dernière volonté.

2. Tout établissement ecclésiastique reconnu par la loi pourra également, avec l'autorisation du Roi, acquérir des biens immeubles ou des rentes.

3. Les immeubles ou rentes appartenant à un établissement ecclésiastique seront possédés à perpétuité par ledit établissement, et seront inaliénables, à moins que l'aliénation n'en soit autorisée par le Roi.

LOI

Relative aux moyens de constater le sort des militaires absents.

(13 janvier 1817) (1)

ORDONNANCE

Additionnelle à celle du 27 novembre 1816, concernant la promulgation des lois et des ordonnances.

(18 janvier 1817) (2)

Art. 1er. Dans les cas, prévus par l'article 4 de notre ordonnance du 27 novembre 1816, où nous jugerons convenable de hâter l'exécution des lois et de nos ordonnances en les faisant parvenir extraordinairement sur les lieux, les préfets prendront incontinent un arrêté par lequel ils ordonneront que lesdites lois et ordonnances seront imprimées et affichées partout où besoin sera.

2. Lesdites lois et ordonnances seront exécutées à compter du jour de la publication faite dans la forme prescrite par l'article ci-dessus.

AVIS DU CONSEIL D'ÉTAT

Sur la promulgation des lois et la date où elles doivent être exécutées.

(24 février 1817) (3)

LOI

Sur les finances.

(25 mars 1817) (4)

Titre VI. — *Droits d'enregistremen et de timbre.*

. . . .

Art. 74. Les actes et procès-verbaux des huissiers, gendarmes, préposés, gardes champêtres ou forestiers (autres que ceux des particuliers), et généralement tous actes et procès-verbaux concernant la police ordinaire, et qui ont pour objet la poursuite et la répression des délits et contraventions aux règlements généraux de police et d'impositions, seront visés pour timbre et enregistrés en débet, lorsqu'il n'y aura pas de partie civile poursuivante, sauf à suivre le recouvrement des droits contre les condamnés. — Seront également visées pour timbre et enregistrées en débet, les déclarations d'appel de tous jugements rendus en matière de police correctionnelle, lorsque l'appelant sera emprisonné.

75. Seront visés pour timbre et enregistrés gratis, les actes de procédure et les jugements à la requête du ministère public, ayant pour objet, 1° de réparer les omissions et faire les rectifications sur les registres de l'état civil, d'actes qui intéressent les individus notoirement indigents ; 2° de remplacer les registres de l'état civil perdus ou incendiés par les événe-

(1) Bull., 7e série, n° 1530. — V. le texte dans notre édition in-8°. — V. L. 9 août 1871.

(2) V. Décr. 5 et 11 nov. 1870.

(3) V. le texte dans notre édition in-8° — V. Décr. 5 et 11 nov. 1870.

(4) Bull., 7e série, n° 1879. — V. le texte entier dans notre édition in-8°.

ments de la guerre, et de suppléer aux registres qui n'auraient pas été tenus. (*V. L.* 10 *déc.* 1850, *art.* 3.)

ORDONNANCE

Qui détermine les règles à suivre pour l'acceptation et l'emploi des dons et legs qui peuvent être faits en faveur tant des établissements ecclésiastiques que de tous autres établissements d'utilité publique, en vertu de la loi du 2 janvier 1817 et de l'article 910 du Code civil.

(2 avril 1817) (1)

ORDONNANCE

Déterminant un mode pour l'exécution des actes et fonctions judiciaires, dans les palais, châteaux, maisons royales et leurs dépendances.

(20 août 1817) (2)

ORDONNANCE

Qui déclare incessibles et insaisissables les pensions affectées sur les fonds de retenue.

(27 août 1817) (3)

ART. 1er. Il ne sera reçu aucune signification de transport, cession ou délégation de pensions de retraite affectées sur des fonds de retenue.

2. Le paiement desdites pensions ne pourra être arrêté par aucune saisie ou opposition, à l'exception des oppositions qui pourraient être formées par le propriétaire du brevet de la pension.

ORDONNANCE

Qui réunit sous la dénomination d'Ordre des avocats aux Conseils du Roi et à la Cour de cassation, l'ordre des avocats aux Conseils et le collége des avocats à la Cour de cassation; fixe irrévocablement le nombre des titulaires, et contient des dispositions pour la discipline intérieure de l'ordre.

(10 septembre 1817) (4)

1818

ORDONNANCE

Portant que le tribunal et la chambre de commerce de Paris concourront à la formation du tableau des marchandises que les courtiers peuvent vendre.

(1er juillet 1818) (5)

1819

ORDONNANCE

Concernant les ventes publiques de marchandises par le ministère des courtiers.

(9 avril 1819) (6)

LOI

Relative à l'ouverture, dans chaque département, d'un livre auxiliaire du grand-livre de la dette publique.

(14 avril 1819) (7)

---

(1) Bull., 7e série, no 1995. — *V.* le texte dans notre édition in-8o.

(2) Bull., 7e série, no 2585. — *V.* le texte dans notre édition in-8o

(3) Bull., 7e série, no 14751. — *V.* Ord. 30 avril 1823.

(4) Bull., 7e série, no 2823. — *V.* le texte dans notre édition in-8o.

(5) Bull., 7e série, no 4583. — Maintenù seulement pour les ventes publiques faites par autorité de justice. — *V.* L. 28 mai 1858, art. 8.

(6) Bull., 7e série, no 6268. — *V.* le textedans notre édition in-8o. — Maintenue seulement pour les ventes publiques faites par autorité de justice. — *V.* L. 28 mai 1858.

(7) Bull., 7e série, no 6249. — *V.* Ord. 14 avril 1819 (Bull., 7e sér., no 6296).

LOI

Relative à l'abolition du droit d'aubaine et de détraction.

(14 juillet 1819)

Art. 1er. Les articles 726 et 912 du Code civil sont abrogés : en conséquence, les étrangers auront le droit de succéder, de disposer et de recevoir de la même manière que les Français, dans toute l'étendue du Royaume.

2. Dans le cas de partage d'une même succession entre des cohéritiers étrangers et français, ceux-ci prélèveront sur les biens situés en France une portion égale à la valeur des biens situés en pays étranger dont ils seraient exclus, à quelque titre que ce soit, en vertu des lois et coutumes locales.

ORDONNANCE

Concernant le paiement des arrérages de la dette publique et des pensions.

(13 octobre 1819) (1)

1820

ORDONNANCE

Relative aux logeurs.

(10 juin 1820)

Art. 9. Les personnes qui se proposent de louer des appartements, portions d'appartement, ou chambres meublées à des étrangers à la ville de Paris ou à des individus qui y font leur résidence habituelle, seront tenues d'en faire préalablement la déclaration à la préfecture de police. — Acte leur sera donné de cette déclaration. — Il leur est enjoint de faire exactement connaître au commissaire de police de leur quartier les noms, prénoms, âge, qualité ou profession, et le lieu de résidence habituelle des étrangers ou autres logés chez eux, dans les vingt-quatre heures de leur arrivée. — Elles seront également tenues de faire la déclaration de leur sortie dans le même délai. — Le tout sous les peines prononcées par le Code pénal, articles 475 et 478.

(1) Bull., 7e série, no 7754. — *V.* le texte dans notre édition in-8o.

ORDONNANCE

Sur le mode de roulement des magistrats dans les Cours et tribunaux.

(11 octobre 1820) (2)

Titre Ier. — *Des Cours royales.*

Art. 1er. Dans la dernière quinzaine qui précède les vacances, une commission, composée du premier président, des présidents de chambre et du plus ancien conseiller de chacune des chambres, d'après l'ordre du tableau, fixera le roulement des conseillers dans les chambres dont la Cour est composée. Notre procureur général sera appelé à la commission pour être entendu en ses observations (3).

2. A la même époque, les présidents se partageront entre eux le service civil et le service criminel de l'année suivante.

3. Aucun président ou conseiller ne pourra être forcé de rester plus d'un an dans chacune des chambres criminelles, et plus de deux ans dans chacune des chambres civiles. (*V. Décr. 28 mai* 1862.)

4. La répartition des conseillers sera combinée de manière que les chambres criminelles soient toujours composées, au moins pour la moitié, de conseillers qui ont déjà fait le service dans la chambre.

5. La chambre des vacations sera toujours tenue par le président et les conseillers composant la chambre des appels de police correctionnelle, et, en cas d'absence ou d'empêchement, par les moins anciens conseillers de la chambre des mises en accusation, d'après l'ordre du tableau.

6. Le tableau de la répartition des conseillers, arrêté par la commission créée par l'article 1er, sera soumis, chaque année, à l'approbation des chambres assemblées. Si la commission et l'assemblée des chambres ne peuvent s'accorder, notre garde des Sceaux prononcera.

(2) *V.* Décr. 21 févr. 1870 ; Arr. 12 juill. 1871.

(3) Un roulement distinct ne peut être fait chaque semestre : il ne doit y avoir qu'un seul roulement pour l'année judiciaire. — *Décis. g. des Sc.* 13 sept. 1862.

TITRE II. — *Des tribunaux de première instance composés de plus de deux chambres.*

7. Dans les tribunaux de première instance composés de plus de deux chambres, et à l'époque fixée par l'article 1er du titre Ier, une commission, composée du président, des vice-présidents et du doyen, fixera le roulement des juges dans chacune des chambres dont se compose le tribunal : notre procureur sera appelé à la commission pour être entendu en ses observations.

8. A la même époque, les vice-présidents se partageront entre eux le service civil et correctionnel de l'année suivante.

9. Le service des vacations sera toujours fait par la troisième chambre.

10 Le tableau de la répartition des juges, arrêté par la commission créée par l'article 7, sera soumis, chaque année, à l'approbation des chambres assemblées. Si la commission et l'assemblée des chambres ne peuvent s'accorder, notre garde des sceaux prononcera.

Disposition générale.

11. Les répartitions prescrites par le présent règlement seront exécutées pour la prochaine année judiciaire, immédiatement après la rentrée des cours et tribunaux.

1821

ORDONNANCE

Relative à l'administration des hospices et bureaux de bienfaisance.

(31 octobre 1821) (1)

1822

ORDONNANCE

Qui modifie le décret du 2 juillet 1812, relatif à la plaidoirie.

(27 février 1822)

ART. 1er. Les avoués qui, en vertu de la loi du 22 ventôse an XII, jusqu'à la publication du décret du 2 juillet 1812, ont obtenu le grade de licencié, continueront de jouir de la faculté qui leur est accordée par l'article 9 du susdit décret.

2. Les avoués non licenciés, et ceux qui ne l'ont été que depuis la publication du décret du 2 juillet 1812, ne pourront plaider les causes dans lesquelles ils occuperont, que dans les tribunaux où le nombre des avocats inscrits sur le tableau, ou stagiaires exerçant et résidant dans le chef-lieu, sera jugé insuffisant pour la plaidoirie et l'expédition des affaires.

3. Chaque année, dans la première quinzaine du mois de novembre, nos Cours royales arrêteront l'état des tribunaux de première instance de leur ressort où les avoués pourront jouir de la faculté énoncée en l'article précédent.

4. Les délibérations de nos Cours, en exécution de l'article ci-dessus, seront prises, à la diligence de nos procureurs généraux, sur l'avis motivé des tribunaux de première instance. — Elles seront soumises à l'approbation de notre garde des sceaux, et recevront provisoirement leur exécution.

5. Il n'est pas dérogé par la présente au droit qu'ont les avoués de plaider, dans les affaires où ils occupent devant nos Cours ou tribunaux, les demandes incidentes qui sont de nature à être jugées sommairement, et tous les incidents relatifs à la procédure.

LOI

Relative à la police sanitaire.

(3 mars 1822) (2)

ORDONNANCE

Portant modification au règlement du 14 juin 1813, en ce qui concerne la bourse commune des huissiers.

(26 juin 1822)

ART. 1er. La bourse commune des huissiers sera exclusivement destinée à subvenir aux dépenses de la communauté, et à distribuer, lorsqu'il y aura lieu, des secours, tant aux huissiers en exercice qui seraient indigents, âgés et hors d'état de travailler, qu'aux huissiers retirés pour cause d'infirmités et de vieillesse, mais non destitués, et aux veuves et orphelins d'huissiers.

(1) Bull., 7e série, no 11623. — V. le texte dans notre édition in-8o.

(2) Bull., 7e série, no 12211. — V. le texte dans notre édition in-8o.

2. Chaque huissier versera dans la bourse commune une portion qui ne pourra être au-dessous d'un vingtième, ni excéder le dixième des émoluments attribués pour les originaux seulement de tous exploits et procès-verbaux portés à son répertoire, et faits soit à la requête des parties, soit à la réquisition ou sur la demande du ministère public, tant en matière civile qu'en matière criminelle, correctionnelle et de simple police.

3. Les actes non susceptibles d'être inscrits sur le répertoire ne seront pas sujets au versement.

4. A l'égard des actes pour lesquels le tarif n'alloue qu'un seul droit dans lequel sont confondues les vacations et diligences, la contribution ne s'exercera que sur la somme allouée pour l'original seulement.

5. Les huissiers suspendus ou destitués verseront dans les proportions ci-dessus les émoluments par eux perçus jusqu'à l'époque de la cessation effective de leurs fonctions.

6. Les huissiers audienciers qui reçoivent un traitement n'en verseront aucune portion à la bourse commune : au surplus, les articles ci-dessus leur seront applicables.

7. Les versements à la bourse commune seront faits par trimestre, entre les mains du trésorier de la chambre de discipline, dans les quinze jours qui suivront le trimestre expiré, sans distinction des actes dont l'huissier aura été payé, d'avec ceux dont le coût lui serait encore dû.

8. A l'appui de chacun de ces versements, l'huissier, après que son répertoire aura été visé par le receveur de l'enregistrement, en remettra au trésorier de la chambre un extrait sur papier libre, lequel sera par lui certifié véritable, et contiendra seulement, en quatre colonnes, le numéro d'ordre, la date des actes, leur nature et le coût de l'original.

9. Pendant le cours de chaque année, les quatre cinquièmes des fonds versés à la bourse commune pourront être employés par la chambre aux besoins de la communauté et aux secours à accorder. — Le dernier cinquième, ensemble ce qui n'aurait pas été employé sur les quatre autres, formera un fonds de réserve, lequel, dès qu'il sera suffisant, sera placé en rentes sur l'État : les intérêts de ce fonds seront successivement cumulés avec le capital, jusqu'à ce que l'intérêt annuel de la réserve suffise à la destination déterminée par l'article 1er.

10. Les secours seront accordés nominativement chaque année par une délibération de la chambre, qui sera soumise à l'homologation du tribunal sur les conclusions du ministère public.

11. Dans le mois qui suivra la publication de la présente ordonnance, chaque communauté d'huissiers fixera, en assemblée générale, la quotité des émoluments qui pour l'exécution de l'article 2 ci-dessus devra être versée en bourse commune. Cette délibération sera homologuée ainsi qu'il est dit au précédent article. Les augmentations et diminutions dont la portion contributive pourrait, par la suite, être jugée susceptible, seront réglées suivant le même mode.

12. Toutes les dispositions du règlement du 14 juin 1813 auxquelles il n'est pas dérogé par la présente ordonnance, continueront d'être exécutées.

ORDONNANCE

Qui prescrit les formalités à remplir pour la délivrance des congés aux membres de l'ordre judiciaire.

(6 novembre 1822) (1)

ORDONNANCE

Contenant règlement sur l'exercice de la profession d'avocat et la discipline du barreau.

(20 novembre 1822)

TITRE Ier. — *Du tableau.*

ART. 1, 2, 3, 4. — *Abrogés par l'ordonnance du 27 août 1830.*

5. Nul ne pourra être inscrit sur le tableau des avocats d'une Cour ou d'un tribunal, s'il n'exerce réellement près de ce tribunal ou de cette Cour.

6. Le tableau sera réimprimé au commencement de chaque année judiciaire, et déposé au greffe de la Cour ou du tribunal auquel les avocats inscrits seront attachés.

TITRE II. — *Du conseil de discipline.*

7, 8. — *Abrogés par l'ordonnance du 27 août 1830.*

9. Le bâtonnier est chef de l'ordre, et préside le conseil de discipline.

10. Lorsque le nombre des avocats portés sur le tableau n'atteindra pas celui de vingt, les fonctions des conseils de discipline seront remplies, savoir : s'il s'agit d'avocats exerçant près d'une Cour royale, par le tribunal

(1) V. le texte dans notre édition in-8o.

de première instance de la ville où siége la Cour; dans les autres cas, par le tribunal auquel seront attachés les avocats inscrits au tableau. (*V. Ord.* 27 *août* 1830.)

11. Les tribunaux qui seront chargés, aux termes de l'article précédent, des attributions du conseil de discipline, nommeront annuellement, le jour de la rentrée, un bâtonnier, qui sera choisi parmi les avocats compris dans les deux premiers tiers du tableau, suivant l'ordre de leur inscription.

12. Les attributions du conseil de discipline consistent : 1° à prononcer sur les difficultés relatives à l'inscription dans le tableau de l'ordre; 2° à exercer la surveillance que l'honneur et les intérêts de cet ordre rendent nécessaire; 3° à appliquer, lorsqu'il y a lieu, les mesures de discipline autorisées par les règlements.

13. Le conseil de discipline statue sur l'admission au stage des licenciés en droit qui ont prêté le serment d'avocat dans nos Cours royales; sur l'inscription au tableau des avocats stagiaires après l'expiration de leur stage, et sur le rang de ceux qui, ayant déjà été inscrits au tableau et ayant abandonné l'exercice de leur profession, se présenteraient de nouveau pour la reprendre.

14. Les conseils de discipline sont chargés de maintenir les sentiments de fidélité à la monarchie et aux institutions constitutionnelles, et les principes de modération, de désintéressement et de probité sur lesquels repose l'honneur de l'ordre des avocats.

Ils surveillent les mœurs et la conduite des avocats stagiaires.

15. Les conseils de discipline répriment d'office, ou sur les plaintes qui leur sont adressées, les infractions et les fautes commises par les avocats inscrits au tableau.

16. Il n'est point dérogé, par les dispositions qui précèdent, au droit qu'ont les tribunaux de réprimer les fautes commises à leur audience par les avocats.

17. L'exercice du droit de discipline ne met point obstacle aux poursuites que le ministère public ou les parties civiles se croiraient fondés à intenter dans les tribunaux, pour la répression des actes qui constitueraient des délits ou des crimes.

18. Les peines de discipline sont : — l'avertissement, — la réprimande, — l'interdiction temporaire, — la radiation du tableau. — L'interdiction temporaire ne peut excéder le terme d'une année. (*V. art.* 3, *Décr.* 22 *mars* 1852.)

19. Aucune peine de discipline ne peut être prononcée sans que l'avocat inculpé ait été entendu, ou appelé avec délai de huitaine.

20. Dans les siéges où les fonctions du conseil de discipline seront exercées par le tribunal; aucune peine de discipline ne pourra être prononcée qu'après avoir pris l'avis écrit du bâtonnier.

21. Toute décision du conseil de discipline emportant interdiction temporaire ou radiation sera transmise, dans les trois jours, au procureur général, qui en assurera et en surveillera l'exécution.

22. Le procureur général pourra, quand il le jugera nécessaire, requérir qu'il lui soit délivré une expédition des décisions emportant avertissement ou réprimande.

23. Pourra également le procureur général demander expédition de toute décision par laquelle le conseil de discipline aurait prononcé l'absolution de l'avocat inculpé.

24. Dans le cas d'interdiction à temps ou de radiation, l'avocat condamné pourra interjeter appel devant la Cour du ressort.

25. Le droit d'appeler des décisions rendues par les conseils de discipline, dans les cas prévus par l'article 15, appartient également à nos procureurs généraux.

26. L'appel, soit du procureur général, soit de l'avocat condamné, ne sera recevable qu'autant qu'il aura été formé dans les dix jours de la communication, qui leur aura été donnée par le bâtonnier, de la décision du conseil de discipline.

27. Les Cours statueront sur l'appel en assemblée générale et dans la chambre du conseil, ainsi qu'il est prescrit par l'article 52 de la loi du 20 avril 1810, pour les mesures de discipline qui sont prises à l'égard des membres des Cours et tribunaux.

28. Lorsque l'appel aura été interjeté par l'avocat condamné, les Cours pourront, quand il y aura lieu, prononcer une peine plus forte, quoique le procureur général n'ait pas lui-même appelé.

29. L'avocat qui aura encouru la peine de la réprimande ou de l'interdiction, sera inscrit au dernier rang de la colonne dont il fera partie.

TITRE III. — *Du stage.*

30. La durée du stage sera de trois années.

31. Le stage pourra être fait en diverses Cours, sans qu'il doive néanmoins être interrompu pendant plus de trois mois.

32. Les conseils de discipline pourront, selon les cas, prolonger la durée du stage.

33. Les avocats stagiaires ne feront point partie du tableau. Ils seront néanmoins répartis et inscrits à la suite de chacune des colonnes, selon la date de leur admission.

34. Les avocats stagiaires ne pourront plaider ou écrire, dans aucune cause, qu'après avoir obtenu de deux membres du conseil de discipline appartenant à leur colonne, un certificat constatant leur assiduité aux audiences pendant deux années. Ce certificat sera visé par le conseil de discipline.

35. Dans les siéges où le nombre des avocats inscrits au tableau sera inférieur à celui de vingt, le certificat d'assiduité sera délivré par le président et par notre procureur.

36. Sont dispensés de l'obligation imposée par l'article 34 ceux des avocats stagiaires qui auront atteint leur vingt-deuxième année.

37. Les avoués licenciés en droit qui, après avoir donné leur démission, se présenteront pour être admis dans l'ordre des avocats, seront soumis au stage (1).

TITRE IV. — *Dispositions générales.*

38. Les licenciés en droit sont reçus avocats par nos Cours royales. Ils prêtent serment en ces termes : — « Je « jure d'être fidèle au Roi et d'obéir « à la Charte constitutionnelle (2), « de ne rien dire ou publier, comme « défenseur ou conseil, de contraire « aux lois, aux règlements, aux bon- « nes mœurs, à la sûreté de l'Etat et « à la paix publique, et de ne jamais « m'écarter du respect dû aux tribu- « naux et aux autorités publiques. »

39, 40. — *Abrogés par l'ordonnance du 27 août 1830, art. 4.*

41. L'avocat nommé d'office pour la défense d'un accusé ne pourra refuser son ministère sans faire approuver ses motifs d'excuse ou d'empêchement par les Cours d'assises, qui prononceront, en cas de résistance, l'une des peines déterminées par l'article 18 ci-dessus.

42. La profession d'avocat est incompatible avec toutes les fonctions de l'ordre judiciaire, à l'exception de celle de suppléant; avec les fonctions de préfet, de sous-préfet et de secrétaire général de préfecture; avec celles de greffier, de notaire et d'avoué; avec les emplois à gages et ceux d'agent comptable; avec toute espèce de négoce. En sont exclues toutes personnes exerçant la profession d'agent d'affaires.

43. Toute attaque qu'un avocat se permettrait de diriger, dans ses plaidoiries ou dans ses écrits, contre la religion, les principes de la monarchie, la Charte, les lois du Royaume ou les autorités établies, sera réprimée immédiatement, sur les conclusions du ministère public, par le tribunal saisi de l'affaire, lequel prononcera l'une des peines prescrites par l'article 18; sans préjudice des poursuites extraordinaires, s'il y a lieu.

44. Enjoignons à nos Cours de se conformer exactement à l'article 9 de la loi du 20 avril 1810, et, en conséquence, de faire connaître, chaque année, à notre garde des sceaux, ministre de la Justice, *ceux des avocats qui se seront fait remarquer par leurs lumières, leurs talents, et surtout par la délicatesse et le désintéressement qui doivent caractériser cette profession.*

45. Le décret du 14 décembre 1810 est abrogé. Les usages observés dans le barreau relativement aux droits et aux devoirs des avocats dans l'exercice de leur profession, sont maintenus.

(1) Cette disposition est applicable même aux licenciés en droit qui, avant d'être avoués, avaient exercé comme avocats. — Cass. 1er mars 1821; *Instr. g. des Sc.* 18 déc. 1851.

(2) Le serment politique est aboli. — Décr. 5 et 11 sept. 1870.

1823

ORDONNANCE

Portant règlement sur la police des eaux minérales.

(18 juin 1823) (3)

(3) Bull., 7e série, no 15049. — V. l texte dans notre édition in-8o,

AVIS DU CONSEIL D'ÉTAT

Sur la marche à suivre par les préfets qui plaident au nom de l'État, et par les particuliers qui plaident contre lui.

(28 août 1823)

Le Conseil d'Etat, consulté sur les questions suivantes : — 1° Si, avant d'intenter ou de soutenir des actions dans l'intérêt de l'Etat, les préfets doivent y être autorisés par les Conseils de préfecture, ou s'ils ne doivent pas du moins prendre leur avis ; — 2° Si les particuliers qui se proposent de plaider contre l'État, sont obligés de remettre préalablement à l'autorité administrative un mémoire expositif de leur demande, et si ce mémoire doit être remis au préfet ou au Conseil de préfecture.

Est d'avis que, — 1° Dans l'exercice des actions judiciaires que la loi leur confie, les préfets doivent se conformer aux instructions qu'ils recevront du Gouvernement, et que les Conseils de préfecture ne peuvent, sous aucun rapport, connaître de ces actions ; — 2° Que conformément à l'article 15 de la loi du 5 décembre 1790, nul ne peut intenter une action contre l'Etat, sans avoir préalablement remis à l'autorité administrative le mémoire mentionné en l'article 15 ; — Et que ce mémoire doit être adressé non au Conseil de préfecture, mais au préfet, qui statuera dans le délai fixé par la loi.

ORDONNANCE

Qui détermine un mode pour la tenue et la vérification des registres et actes judiciaires dans les greffes des Cours royales et tribunaux du Royaume.

(5 novembre 1823) (1)

ORDONNANCE

Portant autorisation de coter sur le cours authentique de la Bourse de Paris les emprunts des gouvernements étrangers.

(12 novembre 1823)

ART. 1er. A l'avenir, les effets publics des emprunts des gouvernements étrangers seront cotés sur le cours authentique de la Bourse de Paris.

2. L'arrêt du Conseil du 7 août 1785 est rapporté, en ce qu'il renferme de contraire à la présente ordonnance.

(1) Bull., 7° série, n° 15883. — *V.* le texte dans notre édition in-8°.

ORDONNANCE

Portant règlement sur la vérification des registres de l'état civil.

(26 novembre 1823)

ART. 1er. La vérification des registres de l'état civil, prescrite par l'article 53 du Code, sera faite par nos procureurs près les tribunaux de première instance, dans les quatre premiers mois de chaque année. — Le procès-verbal destiné à constater cette vérification sera rédigé conformément au modèle annexé à la présente ordonnance. — Ce procès-verbal sera divisé par cantons, et subdivisé par communes et par nature de registres. — Il désignera les actes défectueux par le numéro correspondant du registre dont ils feront partie, et indiquera les contraventions en énonçant les articles du Code civil dont les dispositions auront été violées (2).

2. Les procès-verbaux de vérification seront adressés, dans la première quinzaine du mois de mai, à nos procureurs généraux, qui les transmettront, avec leurs observations, à notre garde des sceaux, dans la première quinzaine du mois suivant.

3. Aussitôt que cette vérification aura été terminée, nos procureurs adresseront aux officiers de l'état civil de leur arrondissement des instructions sur les contraventions qui auront été commises dans les actes de l'année précédente, et sur les moyens de les éviter. — Ils enverront copie de ces instructions à nos procureurs généraux.

4. Afin que la vérification puisse être achevée dans le délai ci-dessus fixé, nos procureurs près les tribunaux de première instance veilleront à ce que les registres soient déposés au greffe

(2) *(a)* La vérification doit porter sur les doubles des registres qui doivent être remis au parquet. — *Circ. g. des Sc.* 11 janv. 1849.

(b) On peut se faire aider pour la vérification par les juges suppléants. — *Circ. g. des Sc.* 31 déc. 1823.

(c) Mais non par les juges titulaires. — *Circ. g. des Sc.* 11 janv. 1849.

dans le mois de janvier de chaque année, conformément aux articles 43, 44 et 63 du Code civil. Ils avertiront, et, en cas de retard, ils poursuivront devant le tribunal les maires qui n'auraient pas déposé les registres de leur commune. — Ils apporteront le même soin pour le dépôt de la table alphabétique annuelle des actes, prescrite par l'article 2 du règlement du 20 juillet 1807.

5. Nos procureurs pourront, lorsqu'ils le jugeront nécessaire, se transporter sur les lieux et vérifier les registres de l'année courante. — Ils pourront, dans le même cas, déléguer le juge de paix du canton dans lequel sera située la commune dont les registres devront être vérifiés.

1824

LOI

Concernant l'admission à la retraite des juges atteints d'infirmités graves et permanentes.

(16 juin 1824) (1)

LOI

Relative aux droits d'enregistrement et de timbre.

(16 juin 1824)

Art. 1er. Les baux à ferme ou à loyer des biens meubles ou immeubles, les baux de pâturage et nourriture d'animaux, les baux à cheptel ou reconnaissances de bestiaux, et les baux ou conventions pour nourriture de personnes, lorsque la durée sera limitée, ne seront désormais soumis qu'au droit de 20 centimes par 100 francs, sur le prix cumulé de toutes les années. — Le droit de cautionnement de ces baux sera de moitié de celui fixé par le présent article.

2 (2). — A l'égard de tous les autres échanges de biens immeubles, utelle que soit leur nature, le droit de 2 pour 100, fixé par l'article 69 de la loi du 12 décembre 1798 (22 frimaire an VII), est réduit à 1 pour 100 (3) ; il sera perçu, comme par le passé, sur la valeur d'une des parts seulement, et celui d'un et demi pour 100, fixé par l'article 54 de la loi du 28 avril 1816, n'aura lieu également que sur la valeur d'une des parts. — Dans tous les cas, le droit réglé par l'article 52 de la même loi continuera d'être perçu sur le montant de la soulte ou de la plus-value. (*V. L. 24 mai 1834, art. 16.*)

3. Le droit d'enregistrement fixé par les paragraphes 4 et 6 de l'article 69 de la loi du 12 décembre 1798, pour les donations entre-vifs en ligne directe, à 1 franc 25 centimes pour 100 francs sur les biens meubles, et 2 francs 50 centimes sur les immeubles, est réduit, en ce qui concerne les donations portant partage, faites par actes entre-vifs, conformément aux articles 1075 et 1076 du Code civil, par les père et mère ou autres ascendants, entre leurs enfants et descendants, aux droits de 25 centimes par 100 francs sur les biens meubles, et de 1 franc par 100 francs sur les immeubles, ainsi qu'il est réglé pour les successions en ligne directe. — Le droit d'un et demi pour 100, ajouté au droit d'enregistrement par l'article 54 de la loi du 28 avril 1816, ne sera perçu pour lesdites donations que lorsque la transcription en sera requise au bureau des hypothèques.

4. Les actes translatifs de propriété, d'usufruit ou de jouissance de biens immeubles situés, soit en pays étranger, soit dans les colonies françaises où le droit d'enregistrement n'est pas établi, ne seront soumis, à raison de cette transmission, qu'au droit fixe de 10 francs, sans que, dans aucun cas, le droit fixe puisse excéder le droit proportionnel qui serait dû, s'il s'agissait de biens situés en France. (*Abrogé par l'art. 1er, L. 28 févr. 1872.*)

5. Les polices d'assurances maritimes ne seront assujetties qu'au droit fixe de 1 franc pour enregistrement. Le paiement du droit proportionnel, fixé par l'article 51 de la loi du 28 avril 1816, sera perçu seulement lorsqu'il sera fait usage de ces actes en justice.

6. Seront enregistrés gratis les actes de poursuites et tous autres actes, tant en action qu'en défense, ayant pour objet soit le recouvrement des contributions publiques et de toutes

(1) Bull., 7e série, no 17186. — V. le texte dans notre édition in-8o.

(2) Le premier paragraphe est abrogé par l'article 16 de la loi du 24 mai 1834.

(3) Reporté à 2 pour 100. (Art. 4, L. 21 juin 1875.)

autres sommes dues à l'Etat, ainsi que des contributions locales, soit le recouvrement des sommes dues pour mois de nourrices ; le tout, lorsqu'il s'agira de cotes, droits et créances non excédant en total la somme de 100 francs.

7. — *Abrogé par l'article* 17 *de la loi du* 18 *avril* 1831.

. . . .

10. Les amendes progressives prononcées, dans certains cas, contre les fonctionnaires publics et les officiers ministériels, par les lois sur l'enregistrement et le dépôt des répertoires, sont réduites à une seule amende de 10 francs, quelle que soit la durée du retard. — Toutes les amendes fixes prononcées par les lois sur l'enregistrement, le timbre, les ventes publiques de meubles et le notariat, ainsi que celles résultant du défaut de mention des patentes dans les actes et du défaut de consignation des amendes d'appel, sont réduites, savoir : celles de 500 francs, à 50 francs ; celles de 100 francs, à 20 francs ; celles de 50 francs, à 10 francs ; et toutes celles au-dessous de 50 francs, à 5 francs. (*V. L.* 2 *juill.* 1862, *art.* 20.)

11. Les dispositions des lois relatives à la tenue et au dépôt des répertoires sont applicables aux commissaires-priseurs et aux courtiers de commerce, mais seulement pour les procès-verbaux de vente de meubles et de marchandises et pour les actes faits en conséquence de ces ventes. — Les articles 41 et 42 de la loi du 12 décembre 1798 sur l'enregistrement sont applicables aux avoués, le tout sauf la réduction aux sommes fixées par l'article précédent, des amendes prononcées par lesdites lois.

. . . .

13. Les notaires pourront faire des actes en vertu et par suite d'actes sous seing privé non enregistrés, et les énoncer dans leurs actes, mais sous la condition que chacun de ces actes sous seing privé demeurera annexé à celui dans lequel il se trouvera mentionné, qu'il sera soumis avant lui à la formalité de l'enregistrement, et que les notaires seront personnellement responsables non-seulement des droits d'enregistrement et de timbre, mais encore des amendes auxquelles les actes sous seing privé se trouveront assujettis. — Il est dérogé, à cet égard seulement, à l'article 41 de la loi du 12 décembre 1798. (*V. art.* 23, *L.* 24 *mai* 1834.)

14. La prescription de deux ans, établie par le nombre 1er de l'article 61 de la loi du 12 décembre 1798, s'appliquera tant aux amendes de contraventions aux dispositions de ladite loi, qu'aux amendes pour contraventions aux lois sur le timbre et sur les ventes de meubles. Elle courra du jour où les préposés auront été mis à portée de constater les contraventions, au vu de chaque acte soumis à l'enregistrement, ou du jour de la présentation des répertoires à leur visa. — Dans tous les cas, la prescription pour le recouvrement des droits simples d'enregistrement et des droits de timbre qui auraient été dus indépendamment des amendes, restera réglée par les lois existantes. — L'action pour faire condamner aux amendes sera prescrite après deux ans, à compter du jour où les contraventions auront été commises, dans les cas déterminés : — 1o par l'article 1er de la loi du 5 mai 1796 (16 floréal an IV), concernant le dépôt des répertoires ; — 2o par l'article 37 de la loi du 22 octobre 1798 (1er brumaire an VII), pour la mention à faire des patentes ; — 3o par la loi du 16 mars 1803 (25 ventôse an XI), contenant organisation du notariat ; — 4o par l'article 68 du Code de commerce, pour la publication des contrats de mariage des commerçants.

15. Toutes les dispositions qui précèdent seront applicables aux perceptions à faire et aux amendes encore dues au moment de la publication de la présente.

16. — *Transitoire.*

LOI

Relative aux altérations ou suppositions de noms sur les produits fabriqués.

(28 juillet 1824) (1)

LOI

Relative aux chemins vicinaux.

(28 juillet 1824) (2)

---

(1) *V.* le texte dans notre édition in-8o.

(2) Bull., 7e série, no 17435. — *V.* le texte dans notre édition in-8o.

ORDONNANCE

Relative aux pensions et secours qui peuvent être accordés aux veuves et orphelins des magistrats, et aux veuves et orphelins des chefs et employés des bureaux du ministère de la Justice et du Conseil d'Etat.

(17 août 1824) (1)

ORDONNANCE

Relative à l'organisation des théâtres dans les départements.

8 décembre 1824) (2)

1825

ORDONNANCE

Relative aux conseils de fabrique des églises.

(12 janvier 1825) (3)

ORDONNANCE

Relative aux presbytères.

(3 mars 1825) (4)

ORDONNANCE

Prescrivant de nouvelles formalités pour constater l'exécution de l'article 421 du Code de procédure civile et de l'article 627 du Code de commerce.

(10 mars 1825)

ART. 1er. Lorsqu'une partie aura été défendue devant le tribunal de commerce par un tiers, il sera fait mention expresse, dans la minute du jugement qui interviendra, soit de l'autorisation que ce tiers aura reçue de la partie présente, soit du pouvoir spécial dont il aura été muni.

2. Les magistrats chargés de procéder à la vérification ordonnée par l'article 6 de l'ordonnance du 5 novembre 1823 s'assureront si la formalité prescrite par l'article précédent est observée dans tous les jugements rendus entre des parties qui ont été défendues ou dont l'une a été défendue par un tiers. Ils consigneront dans leur procès-verbal le résultat de leur examen à cet égard.

3. En cas de contravention à l'article 1er de la présente ordonnance, il en sera rendu compte à notre garde des Sceaux, pour être pris à l'égard du greffier telles mesures qu'il appartiendra.

LOI

Pour la sûreté de la navigation et du commerce maritime.

(10 avril 1825) (5)

LOI

Concernant la propriété des arbres plantés sur le sol des routes royales et départementales, et le curage et l'entretien des fossés qui bordent ces routes.

(12 mai 1825)

ART. 1er. Seront reconnus appartenir aux particuliers les arbres actuellement existants sur le sol des routes royales et départementales, et que ces particuliers justifieraient avoir légitimement acquis à titre onéreux, ou avoir plantés à leurs frais, en exécution des anciens règlements. — Toutefois ces arbres ne pourront être abattus que lorsqu'ils donneront des signes de dépérissement, et sur une permission de l'administration. — La permission de l'administrati n sera également nécessaire pour en opérer l'élagage. — Les contestations qui pourront s'élever entre l'administration et les particuliers, relativement à la propriété des arbres plantés sur le sol des routes, seront portées devant les tribunaux ordinaires. — Les droits de l'État y seront défendus à la dili-

(1) Bull., 7e série, no 11524.
(2) Bull., 8e érie, no 225.
(3) Bull., 8e série, no 590. — *V.* le texte dans notre édition in-8o.
(4) Bull., 8e série no 1595. — *V.* le texte dans notre édition in-8o.

(5) Bull., 8e série, no 663. — *V.* le texte dans notre édition in-8o.

gence de l'administration des Domaines.

2. A dater du 1er janvier 1827, le curage et l'entretien des fossés qui font partie de la propriété des routes royales et départementales, seront opérés par les soins de l'administration publique, et sur les fonds affectés au maintien de la viabilité desdites routes.

LOI

Relative à l'autorisation et à l'existence légale des congrégations et communautés religieuses de femmes.

(24 mai 1825)

. . . .

ART. 4. Les établissements dûment autorisés pourront, avec l'autorisation spéciale du Roi : — 1° Accepter les biens meubles et immeubles qui leur auraient été donnés par acte entre-vifs ou par acte de dernière volonté, à titre particulier seulement (1) ; — 2° Acquérir à titre onéreux des biens immeubles ou des rentes ; — 3° Aliéner les biens immeubles ou les rentes dont ils seraient propriétaires.

5. Nulle personne faisant partie d'un établissement autorisé ne pourra disposer, par acte entre-vifs ou par testament, soit en faveur de cet établissement, soit au profit de l'un de ses membres, au delà du quart de ses biens, à moins que le don ou legs n'excède pas la somme de 10,000 francs. — Cette prohibition cessera d'avoir son effet relativement aux membres de l'établissement, si la légataire ou donataire était héritière en ligne directe de la testatrice ou donatrice. — Le présent article ne recevra son exécution, pour les communautés déjà autorisées, que six mois après la publication de la présente loi ; et pour celles qui seraient autorisées à l'avenir, six mois après l'autorisation accordée.

. . . .

(1) Le legs fait à un établissement dépendant d'une congrégation religieuse de femmes autorisée, est valable, bien que cet établissement lui-même ne soit pas spécialement autorisé, si d'ailleurs, à raison du but de l'institution, il ne doit être considéré que comme faisant partie de la maison mère, et non comme un établissement particulier : dans ce cas, le legs est réputé fait à la maison mère elle-même, mais sous la condition d'en faire profiter l'établissement désigné, et il a pu être valablement accepté par la supérieure de la maison mère. — Cass. *Ch. réun.* 17 juill. 1856.

1826

ORDONNANCE

Portant règlement pour le service de la Cour de cassation.

(15 janvier 1826) (2)

LOI

Sur les substitutions (3).

(17 mai 1826)

ART. UNIQUE. Les biens dont il est permis de disposer, aux termes des articles 913, 915 et 916 du Code civil, pourront être donnés en tout ou en partie, par acte entre-vifs ou testamentaire, avec la charge de les rendre à un ou plusieurs enfants du donataire, nés ou à naître, jusqu'au deuxième degré inclusivement. — Seront observés, pour l'exécution de cette disposition, les articles 1051 et suivants du Code civil, jusques et y compris l'article 1074.

1827

LOI

Qui dispense le Trésor royal d'offrir et de donner caution lorsque, dans le cas prévu par les articles 2185 du Code civil et 832 du Code de procédure civile, la mise aux enchères est requise au nom de l'Etat.

(21 février 1827)

Dans le cas prévu par les articles 2185 du Code civil et 832 du Code de procédure civile, si la mise aux enchères est requise au nom de l'Etat, le Trésor royal sera dispensé d'offrir et de donner caution.

(2) Bull., 8e série, n° 2469. — *V.* le texte dans notre édition in-8°.

(3) Cette loi a été abrogée par la loi du 7 mai 1849.

LOI
Relative à la répression de la traite des noirs.

(25 avril 1827) (1)

ORDONNANCE
Pour l'exécution du Code forestier.

(1er août 1827)

TITRE Ier. — *De l'administration forestière.*

ART. 1er. Les attributions conférées par le Code à l'administration forestière seront exercées, sous l'autorité de notre ministre des Finances, par une direction générale, dont l'organisation est réglée ainsi qu'il suit :

SECTION I. — *De la direction générale des forêts.*

2. La direction générale des forêts se compose d'un directeur général et de trois administrateurs, nommés par nous, sur la proposition de notre ministre des Finances. (*Modifié; Ord. 5 janv.* 1831.)

3. En cas d'absence du directeur général, le ministre des Finances désignera celui des administrateurs qui en remplira les fonctions.

4. Le directeur général dirige et surveille, sous les ordres de notre ministre des Finances, toutes les opérations relatives au service. — Il correspond seul avec les diverses autorités. — Il a seul le droit de recevoir et d'ouvrir la correspondance. — Il donne et signe tous les ordres généraux de service. — Il travaille avec le ministre des Finances et lui rend compte de tous les résultats de son administration. (*Ord. for.* 6 *et suiv.*; 12, 15, 38 *et suiv.*; 48 *et suiv.*)

5. Notre ministre des Finances déterminera les parties de service dont la suite sera attribuée à chaque administrateur. — Les administrateurs pourront être chargés de missions temporaires dans les départements, avec l'approbation du ministre des Finances. (*Ord. for.* 2.)

6. Les administrateurs se réunissent en conseil d'administration, sous la présidence du directeur général. — En cas d'empêchement, le directeur général délègue la présidence à l'un des administrateurs.

7. Le directeur général soumettra à notre ministre des Finances, après délibération préalable du Conseil d'administration, les objets dont la nomenclature suit : — 1° Budget général de l'administration forestière ; — 2° Création et suppression d'emplois supérieurs ; — 3° Destitution, révocation ou mise en jugement des agents forestiers du grade de sous-inspecteur et au-dessus ; — 4° Liquidation de pensions ; — 5° Changements dans la circonscription des arrondissements forestiers ; — 6° Projets d'aménagements, de partages et d'échanges de bois, de cantonnement, ou de rachat de droits d'usage ; — 7° Coupes extraordinaires ; — 8° Etats annuels des coupes ordinaires ; — 9° Cahier des charges pour les adjudications des coupes ordinaires ; — 10° Remboursements pour moins de mesure ; — 11° Remises ou modérations d'amendes ; — 12° Extraction de minerai ou de matériaux dans les forêts ; — 13° Constructions à proximité des forêts ; — 14° Pourvois au conseil d'Etat ; — 15° Dispositions de service qui donneraient lieu à une dépense au-dessus de 500 francs ; — 16° Oppositions à des défrichements ; — 17° Instructions générales et questions douteuses sur l'exécution des lois et ordonnances.

8. Dans toutes les affaires autres que celles qui sont mentionnées en l'article précédent, le directeur général statuera, sauf le recours des parties devant notre ministre des Finances. — Le directeur général devra toutefois prendre l'avis du Conseil d'administration sur les destitutions, révocations ou mises en jugement des agents au-dessous du grade de sous-inspecteur et des préposés de l'administration forestière, sur toutes les affaires contentieuses, ainsi que sur toutes les dépenses au-dessous de 500 francs.

9. Un vérificateur général des arpentages sera attaché à la direction générale des forêts. — Il sera nommé par notre ministre des Finances.

SECTION II. — *Du service forestier dans les départements.*

10. La division territoriale de la France en conservations forestières est arrêtée conformément au tableau annexé à la présente ordonnance (2).

(1) Abrogée par la loi du 4 mars 1831, art. 16.

(2) *V.* plus loin ce tableau modifié par les décrets postérieurs.

— Les conservations seront subdivisées en inspections et sous-inspections, dont le nombre et les circonscriptions seront fixés par notre ministre des Finances. — La direction générale déterminera le nombre et la résidence des gardes généraux, des arpenteurs, des gardes à cheval (1) et des gardes à pied, ainsi que les arrondissements et triages dans lesquels ils devront exercer leurs fonctions.

11. La direction générale a sous ses ordres, — 1° Des agents sous les dénominations de conservateurs, d'inspecteurs, de sous-inspecteurs et de gardes généraux; — 2° Des arpenteurs; — 3° Des gardes à cheval et des gardes à pied. (*Ord.-for.* 10, 14, 19, 24, 31.)

12. Les conservateurs seront nommés par nous, sur la proposition de notre ministre des Finances. — Le ministre des Finances nommera aux places d'inspecteur et de sous-inspecteur, sur la proposition du directeur général. — Le directeur général nommera à tous les autres emplois. — Les nominations à tous les grades supérieurs à celui de garde général seront toujours faites parmi les agents du grade immédiatement inférieur qui auront au moins deux ans d'exercice dans ce grade.

13. Nul ne sera promu au grade de garde général, si préalablement il n'a fait partie de l'École forestière, dont il sera parlé ci-après, ou s'il n'a exercé, pendant deux ans au moins, les fonctions de garde à cheval. (*Ord. for.* 40 *et suiv.*; *C. for.* 3.)

§ 1er. — Des agents forestiers.

14. Chacun des agents dénommés en l'article 11, paragraphe 1er, fera, suivant l'ordre hiérarchique, les opérations, vérifications et tournées qui lui seront prescrites en exécution du Code forestier et de la présente ordonnance, surveillera le service des agents et gardes qui lui seront subordonnés, et leur transmettra les ordres et instructions qu'il recevra de ses supérieurs. Il pourra faire suppléer, en cas d'empêchement, les agents et gardes employés sous ses ordres, à la charge d'en rendre compte, sans délai, à son supérieur immédiat.

15. Les conservateurs correspondront directement avec la direction générale et avec les autorités supérieures des départements. — Les autres agents correspondront avec le chef de service sous les ordres duquel ils seront placés immédiatement, et lui rendront compte de leurs opérations. (*V. Ord.* 10 *mars* 1831.)

16. Les agents forestiers seront tenus d'avoir des sommiers et registres, dont la direction générale déterminera le nombre et la destination, et sur lesquels ils inscriront régulièrement, par ordre de date, les ordonnances et ordres de service qui leur seront transmis, leurs diverses opérations, leurs procès-verbaux, et les déclarations qui leur seront remises. — Ils feront coter et parapher ces registres par le préfet ou le sous-préfet du lieu de leur résidence, et signeront chaque enregistrement, en faisant mention, en marge de chaque pièce ou procès-verbal, de l'inscription à laquelle elle aura donné lieu sur les registres, avec indication du folio. — Les inspecteurs, sous-inspecteurs et gardes généraux tiendront, en outre, un registre spécial sur lequel ils annoteront sommairement, par ordre de réception, les procès-verbaux qui leur seront remis par les gardes, et indiqueront en regard le résultat des poursuites et la date des jugements auxquels ces procès-verbaux auront donné lieu.

17. Les agents forestiers seront responsables des titres, plans et autres actes dont ils se trouveront dépositaires en vertu de leurs fonctions. — A chaque mutation d'emploi, il en sera dressé, ainsi que des registres et sommiers, un inventaire en double, qui constituera le nouvel agent responsable, en opérant la décharge de son prédécesseur. (*Ord. for.* 29.)

18. L'uniforme des agents forestiers est réglé ainsi qu'il suit: — Pour tous les agents, habit et pantalon de drap vert; l'habit boutonné sur la poitrine; le collet droit; le gilet chamois; les boutons de métal blanc, ayant un pourtour de feuilles de chêne et portant au milieu les mots *Direction générale des forêts*, avec une fleur de lis; le chapeau français avec une ganse en argent et un bouton pareil à ceux de l'habit; une épée. — La broderie sera en argent, et le dessin en feuilles de chêne. — Les conservateurs porteront la broderie au collet, aux parements et au bas de la taille de l'habit, avec une baguette unie sur les bords de l'habit et du gilet. — Les inspecteurs porteront la broderie au collet et aux parements. — L'habit des sous-inspecteurs sera brodé au collet avec une baguette unie

(1) Les gardes à cheval ont été supprimés par l'ordonnance du 25 juillet 1844.

aux parements. — Les gardes généraux auront deux rameaux de chêne, de la longueur de 10 centimètres, brodés de chaque côté du collet de l'habit. (*Ord. for.* 29.)

§ 2. — Des arpenteurs.

19. Les arpenteurs nommés et commissionnés par le directeur général des forêts feront, sous les ordres des agents forestiers chefs de service, l'arpentage des coupes ordinaires et extraordinaires, et toutes les opérations de géométrie nécessaires pour les délimitations, aménagements, partages, échanges et cantonnements. (*Ord. for.* 73 *et suiv.*; *C. for.* 5.)

20. Leurs rétributions pour l'arpentage des coupes seront fixées par notre ministre des Finances. — Pour les autres opérations énoncées en l'article précédent, et généralement pour toutes les opérations extraordinaires dont les arpenteurs pourraient être chargés, leur salaire sera réglé de gré à gré entre eux et la direction générale. (*C. for.* 8, 47 *et suiv.*)

21. L'uniforme des arpenteurs sera de même forme et de même couleur que celui des agents forestiers ; mais le collet et les parements seront en velours noir, avec une broderie pareille à celle des gardes généraux. (*Ord. for.* 18.)

22. Les arpenteurs forestiers constateront les délits qu'ils reconnaîtront dans le cours de leurs opérations, les déplacements de bornes et toute dégradation ou altération de limites ; et ils remettront aux agents forestiers les procès-verbaux qu'ils en auront dressés. (*C. for.* 160.)

23. Les arpenteurs seront tenus de représenter, à toute réquisition, aux agents forestiers chefs de service, les minutes et expéditions des procès-verbaux, plans et actes quelconques relatifs à leurs travaux. — En cas de cessation de fonctions, les arpenteurs ou leurs héritiers remettront ces actes à l'agent forestier chef de service, dans le délai de quinze jours. (*Ord. for.* 17.)

§ 3. — Des gardes à cheval (1) et des gardes à pied.

24. Les gardes à cheval et les gardes à pied sont spécialement chargés de faire des visites journalières dans les bois soumis au régime forestier, et de dresser procès-verbal de tous les délits ou contraventions qui y auront été commis. (*Ord. for.* 10 ; *C. for.* 160.)

25. Les gardes forestiers résideront dans le voisinage des forêts ou triages confiés à leur surveillance. Le lieu de leur résidence sera indiqué par le conservateur.

26. Les gardes forestiers tiendront un registre d'ordre, qu'ils feront coter et parapher par le sous-préfet de l'arrondissement. — Ils y transcriront régulièrement leurs procès-verbaux par ordre de date. — Ils signeront cet enregistrement, et inscriront en marge de chaque procès-verbal le folio du registre où il se trouvera transcrit. — Ils feront mention, sur le même registre et dans le même ordre, de toutes les significations et citations dont ils auront été chargés. — Ils y feront également mention des chablis et des bois de délit qu'ils auront reconnus, et en donneront avis, sans délai, à leur supérieur immédiat. — A chaque mutation, les gardes seront tenus de remettre ce registre à celui qui leur succédera. (*Ord. for.* 101 ; *C. for.* 197.)

27. Les gardes à cheval et les gardes à pied adresseront leurs rapports à leur chef immédiat, et lui remettront leurs procès-verbaux revêtus de toutes les formalités prescrites. (*Ord. for.* 181 ; *C. for.* 165.)

28. Indépendamment des fonctions communes aux gardes à cheval et aux gardes à pied, le directeur général pourra attribuer aux gardes à cheval des fonctions de surveillance immédiate sur les gardes à pied.

29. L'uniforme des gardes à cheval et des gardes à pied sera l'habit, le pantalon et le gilet de drap vert. — L'habit des gardes à cheval aura sur le collet une broderie semblable à celle qui sera déterminée ci-après pour les élèves de l'École royale forestière. — Les gardes à cheval et les gardes à pied porteront une bandoulière chamois avec bandes de drap vert, et au milieu une plaque de métal blanc portant ces mots *Forêts royales*, avec une fleur de lis. (*Ord. for.* 18.)

30. Les gardes sont autorisés à porter un fusil simple pour leur défense, lorsqu'ils font leurs tournées et visites dans les forêts.

§ 4. — Dispositions communes aux agents et préposés.

31. Il est interdit aux agents et gardes, sous peine de révocation, de faire le commerce de bois, d'exercer aucune industrie où le bois sera employé comme matière principale, de

(1) L'Ord. 25 juill. 1844 a supprimé les gardes à cheval.

tenir auberge ou vendre des boissons en détail. (*C. for.* 21.)

32. Nul ne pourra exercer un emploi forestier dans l'étendue de la conservation où il fera ses approvisionnements de bois comme propriétaire ou fermier de forges, fourneaux, verreries et autres usines à feu, ou de scieries et autres établissements destinés au travail des bois. (*C. for.* 21.)

33. Les agents forestiers ne pourront avoir sous leurs ordres leurs parents ou alliés en ligne directe, ni leurs frères ou beaux-frères, oncles ou neveux. (*C. for.* 21.)

34. Les agents et les gardes forestiers, ainsi que les arpenteurs, seront toujours revêtus de leur uniforme ou des marques distinctives de leur grade dans l'exercice de leurs fonctions.

35. Les agents et gardes ne pourront, sous aucun prétexte, rien exiger, ni recevoir des communes, des établissements publics et des particuliers, pour les opérations qu'ils auront faites à raison de leurs fonctions. (*C. for.* 107, 119.)

36. Le marteau royal uniforme destiné aux opérations de balivage et de martelage aura pour empreinte une fleur de lis avec le numéro de la conservation. — Il sera déposé chez l'agent chef de service de chaque inspection, et renfermé dans un étui fermant à deux clefs, dont l'une restera entre les mains de cet agent, et l'autre entre les mains de l'agent immédiatement inférieur. — L'agent dépositaire de ce marteau est chargé d'en entretenir l'étui et la monture en bon état, et demeure responsable de son dépôt dans l'étui et de la remise de la seconde clef à l'agent à qui elle doit être confiée. — La direction générale déterminera, sous l'approbation de notre ministre des Finances, les mesures propres à prévenir les abus dans l'emploi de ce marteau.

37. Les agents forestiers, les arpenteurs et les gardes seront pourvus chacun d'un marteau particulier dont la direction générale déterminera, sous l'approbation de notre ministre des Finances, la forme, l'empreinte et l'emploi, et dont chacun d'eux sera chargé de déposer l'empreinte au greffe des Cours et tribunaux, conformément à l'article 7 du Code forestier.

38. Les agents et préposés ne pourront être destitués que par l'autorité même à qui appartient le droit de les nommer. — Toutefois le directeur général pourra, dans les cas d'urgence, suspendre de leurs fonctions et remplacer provisoirement les agents qui ne sont pas nommés par lui : mais il devra en rendre compte immédiatement à notre ministre des Finances. — Les conservateurs pourront, dans le même cas, suspendre provisoirement de leurs fonctions les gardes généraux et les préposés sous leurs ordres, mais à charge d'en rendre compte immédiatement au directeur général. (*C. for.* 98.)

39. Le directeur général, après avoir pris l'avis du Conseil d'administration, pourra dénoncer aux tribunaux les gardes généraux et les préposés forestiers, ou autoriser leur mise en jugement, pour faits relatifs à leurs fonctions. — Notre ministre des Finances pourra de même dénoncer aux tribunaux les inspecteurs et sous-inspecteurs des forêts, ou autoriser leur mise en jugement. — Les conservateurs ne pourront être poursuivis devant les tribunaux qu'en vertu d'autorisation accordée par nous en Conseil d'Etat.

SECTION III. — *Des écoles forestières.*

40. Il y aura, sous la surveillance de notre directeur général des forêts, — 1° Une école royale destinée à former des sujets pour les emplois d'agents forestiers ; — 2° Des écoles secondaires pour l'instruction d'élèves gardes.

§ 1er. — Ecole royale.

41. L'enseignement dans l'École royale aura pour objet : — L'histoire naturelle dans ses rapports avec les forêts ; — Les mathématiques appliquées à la mesure des solides et à la levée des plans ; — La législation et la jurisprudence, tant administratives que judiciaires, en matière forestière ; — L'économie forestière, en ce qui concerne spécialement la culture, l'aménagement et l'exploitation des forêts, et l'éducation des arbres propres aux constructions civiles et navales ; — Le dessin ; — La langue allemande. (*V. Ord.* 16 *déc.* 1837 *et* 31 *oct.* 1838.)

42. Notre ministre des Finances nommera, pour être attachés à l'École royale forestière, trois professeurs, savoir : — Un professeur d'histoire naturelle, — Un professeur de mathématiques, — Un professeur d'économie forestière, de législation et de jurisprudence. — Les cours seront de deux années. Ils commenceront le 1er novembre de chaque année, et se termineront au 1er septembre suivant. — L'un des trois professeurs remplira les fonctions de

directeur de l'école. — Un maître de dessin et un maître d'allemand seront attachés à l'École royale.

43. L'École royale forestière sera établie à Nancy. — Il sera affecté à cette école, — 1° Une maison pour servir aux cours des professeurs, à l'établissement d'une bibliothèque et d'un cabinet d'histoire naturelle, et au logement du directeur; — 2° Un terrain pour les pépinières et cultures forestières nécessaires à l'instruction des élèves.

44, 45. — *Abrogés par l'ordonnance du 21 décembre* 1840, *art.* 5.

46. Les élèves seront nommés par notre ministre des Finances, selon le rang d'instruction et de capacité qui aura été assigné aux aspirants d'après le résultat des examens. Ils auront, pendant la durée de leur séjour à l'école, le rang de garde à cheval.

47. Leur uniforme est réglé ainsi qu'il suit : — Habit et pantalon de drap vert; boutons de métal blanc, portant les mots *École royale forestière*; l'habit boutonné sur la poitrine; deux légers rameaux de chêne, de la longueur de 5 centimètres, et un gland, brodés en argent, de chaque côté du collet; le gilet blanc; le chapeau français avec ganse en argent.

48. Les élèves feront, chaque année, dans les forêts, aux époques qui seront indiquées par le directeur général, et sous la conduite du professeur qu'il aura désigné, des excursions qui auront pour but la démonstration et l'application, sur le terrain, des principes qui leur auront été enseignés.

49. A la fin de chaque année, un jury composé des trois professeurs et présidé par le directeur général, ou par l'administrateur qu'il aura délégué, procédera à l'examen des élèves qui auront complété leurs deux années d'étude.

50. Les élèves qui auront satisfait à l'examen de sortie, auront le rang de garde général, et obtiendront, dès qu'ils auront l'âge requis, ou qu'il leur aura été accordé par nous des dispenses d'âge, les premiers emplois vacants dans ce grade..... (1).

51. Si les élèves, après avoir terminé leurs cours et fait preuve des connaissances requises, n'ont pas atteint l'âge de vingt-cinq ans, ni obtenu de nous des dispenses d'âge, ou s'il n'existe point d'emplois de garde général vacants, ils jouiront du traitement de garde à cheval, et seront provisoirement employés, soit près de la direction générale à Paris, soit près des conservateurs ou des inspecteurs dans les arrondissements les plus importants. — Dès qu'ils auront satisfait à la condition d'âge et que des vacances auront lieu, les premiers emplois de garde général leur seront acquis par préférence aux autres élèves qui auraient postérieurement terminé leurs cours.

52. Ceux qui, après les deux années d'étude révolues, n'auront point fait preuve, devant le jury d'examen, de l'instruction nécessaire pour exercer des fonctions actives, seront admis à suivre les cours pendant une troisième année; mais, si après cette troisième année ils sont encore reconnus incapables, ils cesseront de faire partie de l'école et de l'administration forestière (2). — Quant à ceux qui, d'après les comptes périodiques rendus au directeur général des forêts par le directeur de l'école, ne suivront pas exactement les cours, ou dont la conduite aura donné lieu à des plaintes graves, il en sera référé à notre ministre des Finances, qui ordonnera, s'il y a lieu, leur radiation du tableau des élèves.

53. Notre ministre des Finances fixera par un règlement spécial la division des cours, le classement des élèves, l'ordre et les heures des leçons, la police de l'école et les attributions du directeur.

§ 2. — Écoles secondaires.

54. Il sera établi des écoles secondaires dans les régions de la France les plus boisées. — Elles seront destinées à former des sujets pour les emplois de gardes. — La durée des cours sera de deux ans. (*Ord. for.* 24.)

55. L'enseignement, dans les écoles secondaires, aura pour objet : — 1° L'écriture, la grammaire et les quatre premières règles de l'arithmétique; — 2° La connaissance des arbres forestiers et de leurs qualités et usages, et spécialement celle des arbres propres aux constructions civiles et navales; — 3° Les semis et plantations; — 4° Les principes sur les aménagements, les estimations et les exploitations; — 5° La connaissance des dispositions législatives et réglementaires qui concernent les fonctions des gardes,

(1) Le second paragraphe de l'article 50 a été abrogé par l'ordonnance du 25 juillet 1844.

(2) Ce paragraphe a été modifié pa l'ordonnance du 13 déc. 1841.

la rédaction des procès-verbaux et les formalités dont ils doivent être revêtus; les citations; la tenue d'un livre-journal et l'exercice des droits d'usage.

56. Nous déterminerons par une ordonnance spéciale les lieux où les écoles secondaires seront établies, le nombre des élèves, les conditions d'admissibilité, et les moyens de pourvoir à l'entretien et à l'enseignement des élèves de ces écoles.

TITRE II. — *Des bois et forêts qui font partie du domaine de l'Etat.*

SECTION I. — *De la délimitation et du bornage.*

57. Toutes demandes en délimitation et bornage entre les forêts de l'Etat et les propriétés riveraines seront adressées au préfet du département. (*C. for.* 8 *et suiv.*)

58. Si les demandes ont pour objet des délimitations partielles, il sera procédé dans les formes ordinaires. — Dans le cas où, les parties étant d'accord pour opérer la délimitation et le bornage, il y aurait lieu à nommer des experts, le préfet, après avoir pris l'avis du conservateur des forêts et du directeur des domaines, nommera un agent forestier pour opérer comme expert dans l'intérêt de l'Etat. (*Ord. for.* 129, 133; *C. for.* 9.)

59. Lorsqu'en exécution de l'article 10 du Code, il s'agira d'effectuer la délimitation générale d'une forêt, le préfet nommera, ainsi qu'il est prescrit par l'article précédent, les agents forestiers et les arpenteurs qui devront procéder dans l'intérêt de l'Etat, et indiquera le jour fixé pour le commencement des opérations et le point de départ. (*Ord. for.* 129 *et suiv.*, 133.)

60. Les maires des communes où devra être affiché l'arrêté destiné à annoncer les opérations relatives à la délimitation générale, seront tenus d'adresser au préfet des certificats constatant que cet arrêté a été publié et affiché dans ces communes. (*C. for.* 10.)

61. Le procès-verbal de délimitation sera rédigé par les experts suivant l'ordre dans lequel l'opération aura été faite. Il sera divisé en autant d'articles qu'il y aura de propriétaires riverains, et chacun de ces articles sera clos séparément et signé par les parties intéressées. — Si les propriétaires riverains ne peuvent pas signer ou refusent de le faire, si même ils ne se présentent ni en personne ni par un fondé de pouvoirs, il en sera fait mention. — En cas de difficultés sur la fixation des limites, les réquisitions, dires et observations contradictoires seront consignés au procès-verbal. — Toutes les fois que, par un motif quelconque, les lignes de pourtour d'une forêt, telles qu'elles existent actuellement, devront être rectifiées de manière à déterminer l'abandon d'une portion du sol forestier, le procès-verbal devra énoncer les motifs de cette rectification, quand même il n'y aurait à ce sujet aucune contestation entre les experts. (*C. for.* 10 *et suiv.*)

62. Dans le délai fixé par l'article 11 du Code forestier, notre ministre des Finances nous rendra compte des motifs qui pourront déterminer l'approbation ou le refus d'homologation du procès-verbal de délimitation, et il y sera statué par nous sur son rapport. — A cet effet, aussitôt que ce procès-verbal aura été déposé au secrétariat de la préfecture, le préfet en fera faire une copie entière, qu'il adressera sans délai à notre ministre des Finances. (*C. for.* 11.)

63. Les intéressés pourront requérir des extraits dûment certifiés du procès-verbal de délimitation, en ce qui concernera leurs propriétés. — Les frais d'expédition de ces extraits seront à la charge des requérants, et réglés à raison de 75 centimes par rôle d'écriture, conformément à l'article 37 de la loi du 25 juin 1794 (7 messidor an II). (*C. for.* 11.)

64. Les réclamations que les propriétaires pourront former, soit pendant les opérations, soit dans le délai d'un an, devront être adressées au préfet du département, qui les communiquera au conservateur des forêts et au directeur des domaines pour avoir leurs observations. (*C. for.* 11 *et suiv.*)

65. Les maires justifieront, dans la forme prescrite par l'article 60, de la publication de l'arrêté pris par le préfet pour faire connaître notre résolution relativement au procès-verbal de délimitation. Il en sera de même pour l'arrêté par lequel le préfet appellera les riverains au bornage, conformément à l'article 12 du Code forestier. (*C. for.* 12.)

66. Les frais de délimitation et de bornage seront établis par articles séparés pour chaque propriétaire riverain, et supportés en commun entre l'administration et lui. — L'état en sera dressé par le conservateur des forêts et visé par le préfet. Il sera remis au receveur des domaines, qui poursuivra par voie de contrainte le paiement des

sommes à la charge des riverains, sauf l'opposition, sur laquelle il sera statué par les tribunaux, conformément aux lois. (*Ord. for.* 133 ; *C. for.* 14.)

SECTION II. — *Des aménagements.*

67. Il sera procédé à l'aménagement des forêts dont les coupes ne sont pas fixées régulièrement ou conformément à la nature du sol et des essences. — Notre ministre des Finances nous présentera, au mois de janvier de chaque année, l'état des aménagements effectués durant l'année révolue. (*C. for.* 15 *et suiv.*)

68. Les aménagements seront réglés principalement dans l'intérêt des produits en matière et de l'éducation des futaies. — En conséquence, l'administration recherchera les forêts et parties de forêts qui pourront être réservées pour croître en futaie, et elle en proposera l'aménagement, en indiquant celles où le mode d'exploitation par éclaircie pourrait être le plus avantageusement employé. (*Ord. for.* 134 ; *C. for.* 16.)

69. Dans toutes les forêts qui seront aménagées à l'avenir, l'âge de la coupe des taillis sera fixé à l'âge de vingt-cinq ans au moins, et il n'y aura d'exception à cette règle que pour les forêts dont les essences dominantes seront le châtaignier et les bois blancs, ou qui seront situées sur des terrains de la dernière qualité.

70. Lors de l'exploitation des taillis, il sera réservé cinquante baliveaux de l'âge de la coupe par hectare. En cas d'impossibilité, les causes en seront énoncées aux procès-verbaux de balivage et de martelage. — Les baliveaux modernes et les anciens ne pourront être abattus qu'autant qu'ils seront dépérissants ou hors d'état de prospérer jusqu'à une nouvelle révolution. (*Ord. for.* 134, 137.)

71. Seront considérées comme coupes extraordinaires, et ne pourront en conséquence être effectuées qu'en vertu de nos ordonnances spéciales, celles qui intervertiraient l'ordre établi par l'aménagement ou par l'usage observé dans les forêts dont l'aménagement n'aurait pu encore être réglé ; toutes les coupes par anticipation, et celles des bois ou portions de bois mis en réserve pour croître en futaie et dont le terme d'exploitation n'aurait pas été fixé par l'ordonnance d'aménagement. (*Ord. for.* 174 ; *C. for.* 16.)

72. Pour les forêts d'arbres résineux où les coupes se feront en jardinant, l'ordonnance d'aménagement déterminera l'âge ou la grosseur que les arbres devront atteindre avant que la coupe puisse en être ordonnée.

SECTION III. — *Des assiettes, arpentages, balivages, martelages et adjudications des coupes.*

73. Chaque année, les conservateurs adresseront au directeur général les états des coupes ordinaires à asseoir, conformément aux aménagements, ou selon les usages actuellement observés dans les forêts qui ne sont pas encore aménagées. — Ces états seront soumis à l'approbation de notre ministre des Finances. (*Ord.* 10 *mars* 1831.) — Les conservateurs adresseront pareillement au directeur général, pour chaque coupe extraordinaire à autoriser par nos ordonnances, un procès-verbal qui énoncera les motifs de la coupe proposée, l'état, l'âge, la consistance et la nature des bois qui la composeront, le nombre d'arbres de réserve qu'elle comportera, et les travaux à exécuter dans l'intérêt du sol forestier. (*Ord. for.* 71 ; *C. for.* 16.)

74. Lorsque les coupes ordinaires et extraordinaires auront été autorisées, les conservateurs désigneront ou feront désigner par les agents forestiers les arbres d'assiette, et feront procéder aux arpentages.

75. Les arpenteurs ne pourront, sous peine de révocation et sans préjudice de toutes poursuites en dommages-intérêts, donner aux laies et tranchées qu'ils ouvriront pour le mesurage des coupes plus d'un mètre de largeur. — Les bois qui en proviendront feront partie de l'adjudication de chaque coupe, ou seront vendus suivant la forme des menus marchés. (*Ord. for.* 100 *et suiv.*)

76. Les coupes seront délimitées par des pieds corniers et parois ; lorsqu'il ne se trouvera pas d'arbres sur les angles pour servir de pieds corniers, les arpenteurs y suppléeront par des piquets, et emprunteront au dehors ou au dedans de la coupe les arbres les plus apparents et les plus propres à servir de témoins. — L'arpenteur sera tenu de faire usage au moins de l'un des pieds corniers de la précédente vente. — Tous les arbres de limite seront marqués au pied, et le plus près de terre qu'il sera possible, du marteau de l'arpenteur, savoir : les pieds corniers sur deux faces, l'une dans la direction de la ligne qui sera à droite, et l'autre dans celle de la ligne qui sera à gauche ; et les parois sur une seule face, du côté et en re-

gard de la coupe. — L'arpenteur fera, au-dessus de chaque empreinte de son marteau, dans la même direction, et à la hauteur d'un mètre, une entaille destinée à recevoir l'empreinte du marteau royal.

77. Les arpenteurs dresseront des plans et procès-verbaux d'arpentage des coupes qu'ils auront mesurées, et ils y indiqueront toutes les circonstances nécessaires pour servir à la reconnaissance des limites de ces coupes lors du récolement. — Ils en enverront immédiatement deux expéditions à l'inspecteur ou à l'agent qui en remplira les fonctions dans l'arrondissement. (*C. for.* 50 *et suiv.*)

78. Il sera procédé à chaque opération de balivage et de martelage par deux agents au moins ; le garde du triage devra y assister, et il sera fait au procès-verbal mention de sa présence. (*C. for.* 33 *et suiv.*)

79. Les pieds corniers, les parois et les arbres à réserver dans les coupes, seront marqués du marteau royal, savoir : les arbres de limite, à la hauteur d'un mètre ; et les arbres anciens, les modernes et les baliveaux de l'âge du taillis, à la hauteur et de la manière qui seront déterminées par les instructions de l'administration. — Les baliveaux de l'âge du taillis pourront être désignés par un simple griffage ou toute autre marque autorisée par l'administration, lorsque ces arbres seront trop faibles pour recevoir l'empreinte du marteau royal. — Il sera fait mention dans les affiches et dans le procès-verbal d'adjudication, du mode de martelage ou de désignation des arbres de réserve. (*C. for.* 33.)

80. Dans les coupes qui s'exploitent en jardinant ou par pieds d'arbres, le marteau royal sera appliqué aux arbres à abattre, et la marque sera faite au corps et à la racine.

81. Les procès-verbaux de balivage et de martelage indiqueront le nombre et les espèces d'arbres qui auront été marqués en réserve, avec distinction en baliveaux de l'âge, modernes et anciens, pieds corniers et parois. — Ces procès-verbaux, revêtus de la signature de tous les agents qui auront concouru à l'opération, seront adressés, dans le délai de huit jours, au conservateur. — L'estimation des coupes sera faite par un procès-verbal séparé, qui sera adressé au conservateur dans le même délai.

82. Les conditions générales des adjudications seront établies par un cahier des charges délibéré chaque année par la direction générale des forêts, et approuvé par notre ministre des Finances. — Les clauses particulières seront arrêtées par les conservateurs. — Les clauses et conditions, tant générales que particulières, seront toutes de rigueur, et ne pourront jamais être réputées comminatoires. (*Ord. for.* 11, 86 *et suiv.*, 92 *et suiv.*, 100 *et suiv.* ; *C. for.* 17 *et suiv.*)

83. Quinze jours avant l'époque fixée pour l'adjudication, l'agent forestier, chef de service, fera déposer au secrétariat de l'autorité administrative qui devra présider à la vente, — 1° Les procès-verbaux d'arpentage, de balivage et de martelage des coupes ; — 2° Une expédition du cahier des charges générales et des clauses particulières et locales. — Le fonctionnaire qui devra présider à la vente apposera son visa au bas de ces pièces pour en constater le dépôt. (*C. for.* 17 *et suiv.*)

84. Les affiches indiqueront le lieu, le jour et l'heure où il sera procédé aux ventes ; les fonctionnaires qui devront les présider ; la situation, la nature et la contenance des coupes, et le nombre, la classe et l'essence des arbres marqués en réserve. — Elles seront rédigées par l'agent supérieur de l'arrondissement forestier, approuvées par le conservateur, et apposées, sous l'autorisation du préfet, à la diligence de l'agent forestier, lequel sera tenu de rapporter les certificats d'apposition que les maires délivreront aux gardes ou autres qui les auront placardées. — Les préfets et sous-préfets emploieront au surplus les autres moyens de publication qui seront à leur disposition. — Il sera fait mention, dans les procès-verbaux d'adjudication, des mesures qui auront été prises pour donner aux ventes toute la publicité possible. (*C. for.* 17 *et suiv.*)

85. Il sera fait, dans les affiches et dans les actes de vente des coupes extraordinaires, mention des ordonnances spéciales qui les auront autorisées. (*C. for.* 16 *et suiv.*)

86. Les adjudications des coupes ordinaires et extraordinaires auront lieu par-devant les préfets et sous-préfets, dans les chefs-lieux d'arrondissement. — Toutefois les préfets, sur la proposition des conservateurs, pourront permettre que les coupes dont l'évaluation n'excédera pas 500 francs, soient adjugées au chef-lieu d'une des communes voisines des bois, et sous la présidence du maire. — Les adjudications se feront, dans tous les cas, en présence des agents forestiers et des receveurs chargés du recouvrement

des produits. (*Ord.* 15 *oct.* 1834, 20 *mai* 1837, 10 *juin* 1840 ; *Décr.* 25 *mars* 1852.)

87. **Les adjudications se feront aux enchères et à l'extinction des feux.** — Avant l'ouverture des enchères, le conservateur ou l'agent forestier qui le remplacera pour l'adjudication, fera connaître au fonctionnaire qui présidera la vente le montant de l'estimation des coupes, et les feux ne seront allumés que lorsque les offres seront égales à l'estimation. — Si cependant les offres se rapprochaient de l'estimation, les feux pourraient être allumés sur la proposition de l'agent forestier. (*V. Ord.* 26 *nov.* 1836.)

88. Quant aux bois à couper par éclaircie, le directeur général pourra ordonner qu'ils soient exploités et façonnés pour le compte de l'Etat, et l'entreprise en sera adjugée au rabais. — Les bois façonnés seront vendus par lots dans la forme ordinaire des adjudications aux enchères, et à la charge par ceux qui s'en rendront adjudicataires de payer le prix de l'abattage et de la façon desdits bois. (*Ord. for.* 134 ; *C. for.* 82.)

89. Lorsque, faute d'offres suffisantes, les adjudications n'auront pu avoir lieu, elles seront remises séance tenante, au jour qui sera indiqué par le président, sur la proposition de l'agent forestier. — Le directeur général pourra, au surplus, autoriser le renvoi de l'adjudication à l'année suivante, et même ordonner, s'il y a lieu, et avec l'approbation de notre ministre des Finances, que l'exploitation des coupes pour le compte de l'Etat et la vente des bois soient effectuées de la manière qui est autorisée par l'article précédent pour les exploitations par éclaircie.

90. Les frais à payer comptant par les adjudicataires seront réglés par le préfet, sur la proposition du conservateur, et l'état en sera affiché dans le lieu des séances, avant l'ouverture et pendant toute la durée de la séance d'adjudication.

91. Les procès-verbaux des adjudications seront signés sur-le-champ par tous les fonctionnaires présents et par l'adjudicataire ou son fondé de pouvoirs ; et dans le cas d'absence de ces derniers, ou s'ils ne veulent ou ne peuvent signer, il en sera fait mention au procès-verbal.

SECTION IV. — *Des exploitations.*

92. Le permis d'exploiter sera délivré par l'agent forestier local, chef de service, aussitôt que l'adjudicataire lui aura présenté les pièces justificatives exigées à cet effet par le cahier des charges. (*Ord. for.* 82 ; *C. for.* 30.)

93. Dans le mois qui suivra l'adjudication pour tout délai, et avant que le permis d'exploiter soit délivré, l'adjudicataire pourra exiger qu'il soit procédé, contradictoirement avec lui ou son fondé de pouvoirs, au souchetage et à la reconnaissance des délits qui auraient été commis dans la vente ou à l'ouïe de la cognée. — Cette opération sera exécutée dans l'intérêt de l'Etat et sans frais par un agent forestier accompagné du garde du triage. — Le procès-verbal qui en sera dressé constatera le nombre des souches qui auront été trouvées, leur essence et leur grosseur. Il sera signé par l'adjudicataire ou son fondé de pouvoirs, ainsi que par l'agent et le garde forestier présents. — Les souches seront marquées du marteau de l'agent forestier. (*C. for.* 31, 45.)

94. Le facteur ou garde-vente de l'adjudicataire tiendra un registre sur papier timbré, coté et paraphé par l'agent forestier ; il y inscrira, jour par jour et sans lacune, la mesure et la quantité des bois qu'il aura débités et vendus, ainsi que les noms des personnes auxquelles il les aura livrés. (*C. for.* 31.)

95. Tout adjudicataire de coupes dans lesquelles il y aura des arbres à abattre, sera tenu d'avoir un marteau dont la forme sera déterminée par l'administration, et d'en marquer les arbres et bois de charpente qui sortiront de la vente. — Le dépôt de l'empreinte de ce marteau au greffe du tribunal et chez l'agent forestier local devra être effectué dans le délai de dix jours, à dater de la délivrance du permis d'exploiter, sous les peines portées par l'article 32 du Code forestier. Il sera donné acte de ce dépôt à l'adjudicataire par l'agent forestier. (*C. for.* 40.)

96. Les prorogations de délai de coupe ou de vidange ne pourront être accordées que par la direction générale des forêts. (*Modifié ; Décr.* 31 *mai* 1850.) — Il n'en sera accordé qu'autant que les adjudicataires se soumettront d'avance à payer une indemnité calculée d'après le prix de la feuille et le dommage qui résultera du retard de la coupe ou de la vidange. (*Ord. for.* 7 ; *C. for.* 40.)

SECTION V. — *Des réarpentages et récolements.*

97. Le réarpentage des coupes sera

exécuté par un arpenteur autre que celui qui aura fait le premier mesurage, mais en présence de celui-ci, ou lui dûment appelé. (*C. for.* 47 *et suiv.*)

98. L'opération du récolement sera faite par deux agents au moins, et le garde du triage y sera appelé. — Les agents forestiers en dresseront un procès-verbal qui sera signé tant par eux que par l'adjudicataire ou son fondé de pouvoirs.

99. Les préfets ne délivreront aux adjudicataires les décharges d'exploitation qu'après avoir pris l'avis des conservateurs. (*C. for.* 45 *et suiv.* 51.)

SECTION VI. — *Des adjudications de glandée, panage et paisson, et des ventes de chablis, de bois de délit, et autres menus marchés.*

100. Le conservateur fera reconnaître, chaque année, par les agents forestiers locaux, les cantons des bois et forêts où des adjudications de glandée, panage et paisson pourront avoir lieu sans nuire au repeuplement et à la conservation des forêts. — Il autorisera en conséquence ces adjudications. (*Ord. for.* 104 ; *C. for.* 53 *et suiv.*, 66.)

101. Les gardes constateront le nombre, l'essence et la grosseur des arbres abattus ou rompus par les vents, les orages, ou tous autres accidents. Ils en dresseront des procès-verbaux qu'ils remettront à leur chef immédiat dans les dix jours de la rédaction. — La reconnaissance de ces chablis sera faite sans délai par un agent forestier, qui les marquera de son marteau. (*Ord. for.* 24, 26.)

102 Les conservateurs autoriseront et feront effectuer les adjudications des chablis, ainsi que celles des bois provenant de délits, de recepages, d'élagages ou d'essartements, et qui n'auront pas été vendus sur pied, et généralement tous autres menus marchés. (*Ord. for.* 104 ; *C. for.* 17 *et suiv.*)

103. Les arbres sur pied, quoique endommagés, ébranchés, morts ou dépérissants, ne pourront être abattus et vendus, même comme menus marchés, sans l'autorisation spéciale de notre ministre des Finances.

104. Les adjudications mentionnées dans les articles 100, 102 et 103 ci-dessus seront effectuées avec les mêmes formalités que les adjudications des coupes ordinaires de bois. (*V. Ord.* 23 *juin* 1830 ; 3 *oct.* 1841.)

SECTION VII. — *Des concessions à charge de repeuplement.*

105. Lorsqu'au lieu d'opérer par adjudication à prix d'argent ou par économie des semis ou plantations dans les forêts, l'administration jugera convenable d'en concéder temporairement les vides et clairières, à charge de repeuplement, les agents forestiers procéderont d'abord à la reconnaissance des lieux, et le procès-verbal qu'ils en dresseront constatera le nombre, l'essence et les dimensions des arbres existants sur les terrains à concéder. — Le conservateur transmettra à la direction générale ce procès-verbal, avec ses observations, et un projet de cahier des charges spécial pour chaque concession, par lequel les concessionnaires devront particulièrement être assujettis aux dispositions des articles 34, 41, 42, 44 et 46 du Code forestier.

106. Le directeur général des forêts soumettra à notre ministre des Finances les projets de concession avec toutes les pièces à l'appui.

107. Les concessions de cette nature ne pourront être effectuées que par voie d'adjudication publique, avec les mêmes formalités que les adjudications des coupes de bois. (*Ord. for.* 82, 84, 87.)

108. La réception des travaux, la reconnaissance des lieux et le récolement seront effectués ainsi qu'il est prescrit par les articles 98 et 99 de la présente ordonnance pour le récolement des coupes de bois.

SECTION VIII. — *Des affectations à titre particulier dans les forêts de l'Etat.*

109. Lorsque des délivrances en vertu d'affectations à titre particulier devront être faites par coupes ou par pieds d'arbre, les ayant-droit ne pourront en effectuer l'exploitation qu'après que la désignation et la délivrance leur en auront été faites régulièrement et par écrit par l'agent forestier chef de service. — Les opérations d'arpentage, de balivage et de martelage, ainsi que le réarpentage et le récolement, seront effectués par les agents de l'administration forestière, de la même manière que pour les coupes des bois de l'Etat et avec les mêmes réserves. — Les possesseurs d'affectations se conformeront, pour l'exploitation des bois qui leur seront ainsi délivrés, à tout ce qui est prescrit aux adjudicataires des bois de l'Etat pour l'usance et la vidange des ventes. (*Ord. for.* 67 *et suiv.* ; *C. for.* 58 *et suiv.*)

110. Lorsque les délivrances devront être faites par stères, elles seront im-

posées comme charges aux adjudicataires des coupes, et les possesseurs d'affectations ne pourront enlever les bois auxquels ils auront droit qu'après que le comptage en aura été fait contradictoirement entre eux et l'adjudicataire, en présence de l'agent forestier local.

111. Lorsqu'il y aura lieu d'estimer la valeur des bois à délivrer aux affouagistes, il sera procédé à l'estimation par un agent forestier nommé par le préfet et un expert nommé par l'affouagiste ; en cas de partage, un troisième expert sera nommé par le président du tribunal.

SECTION IX. — *Des droits d'usage dans les bois de l'Etat.*

112 à 116. — *Abrogés par le décret du 12 avril 1854.*

117. En cas de contestation sur l'état et la possibilité des forêts et sur le refus d'admettre les animaux au pâturage et au panage dans certains cantons déclarés non défensables, le pourvoi contre les décisions rendues par les Conseils de préfecture, en exécution des articles 65 et 67 du Code forestier, aura effet suspensif jusqu'à la décision rendue par nous en Conseil d'Etat. (*C. for.* 65, 67, 119.)

118. Les maires des communes et les particuliers jouissant du droit de pâturage ou de panage dans les forêts de l'Etat remettront annuellement à l'agent forestier local, avant le 31 décembre pour le pâturage et avant le 31 juin pour le panage, l'état des bestiaux que chaque usager possède, avec la distinction de ceux qui servent à son propre usage et de ceux dont il fait commerce. (*C. for.* 66 *et suiv.*)

119. Chaque année, les agents forestiers locaux constateront par des procès-verbaux, d'après la nature, l'âge et la situation des bois, l'état des cantons qui pourront être délivrés pour le pâturage, la glandée et le panage dans les forêts soumises à ces droits ; ils indiqueront le nombre des animaux qui pourront y être admis, et les époques où l'exercice de ces droits d'usage pourra commencer et devra finir. — Les propositions des agents forestiers seront soumises à l'approbation du conservateur avant le 1er février pour le pâturage, et avant le 1er août pour le panage et la glandée. (*C. for.* 66 *et suiv.*)

120. Les pâtres des communes usagères seront choisis par le maire et agréés par le conseil municipal. (*C. for.* 72.)

121. Le dépôt du fer servant à la marque des animaux, et de l'empreinte de ce fer, devra être effectué par l'usager, ainsi que le prescrit l'article 74 du Code forestier, avant l'époque fixée pour l'ouverture du pâturage ou du panage, sous les peines portées par cet article. — L'agent forestier local donnera acte de ce dépôt à l'usager. (*C. for.* 73 *et suiv.*)

122. Les bois de chauffage qui se délivrent par stères seront mis en charge sur les coupes adjugées, et fournis aux usagers par les adjudicataires, aux époques fixées par le cahier des charges. — Pour les communes usagères, la délivrance des bois de chauffage sera faite au maire, qui en fera effectuer le partage entre les habitants. — Lorsque les bois de chauffage se délivreront par coupes, l'entrepreneur de l'exploitation sera agréé par l'agent forestier local. (*C. for.* 81 *et suiv.*)

123. Aucune délivrance de bois pour constructions ou réparations ne sera faite aux usagers que sur la présentation de devis dressés par des gens de l'art et constatant les besoins. — Ces devis seront remis, avant le 1er février de chaque année, à l'agent forestier local, qui en donnera reçu ; et le conservateur, après avoir fait effectuer les vérifications qu'il jugera nécessaires, adressera l'état de toutes les demandes de cette nature au directeur général, en même temps que l'état général des coupes ordinaires, pour être revêtus de son approbation. — La délivrance de ces bois sera mise en charge sur les coupes en adjudication, et sera faite à l'usager par l'adjudicataire à l'époque fixée par le cahier des charges. — Dans le cas d'urgence constatée par le maire de la commune, la délivrance pourra être faite en vertu d'un arrêté du préfet rendu sur l'avis du conservateur. L'abattage et le façonnage des arbres auront lieu aux frais de l'usager, et les branchages et rémanents seront vendus comme menus marchés. (*Ord. for.* 141 *et suiv.*, 146 ; *C. for.* 83 *et suiv.*)

TITRE III. — *Des bois et forêts qui font partie du domaine de la Couronne.*

124. Toutes les dispositions de la présente ordonnance concernant les forêts de l'Etat seront applicables aux bois et forêts de la Couronne, sauf les exceptions qui résultent du titre IV du Code forestier. (*C. for.* 86 *et suiv.*)

TITRE IV. — *Des bois et forêts qui sont possédés par les princes à titre d'apanage, et par des particuliers à titre de majorats réversibles à l'État.*

125. Toutes les dispositions des Ire et IIe sections du titre II de la présente ordonnance relativement à la délimitation, au bornage et à l'aménagement des forêts de l'État, à l'exception de l'article 68, sont applicables aux bois et forêts qui sont possédés par les princes à titre d'apanage, ou par des particuliers à titre de majorats réversibles à l'État.

126. Les possesseurs auront droit d'intervenir comme parties intéressées dans tous les débats et actions relativement à la propriété.

127. Les visites que l'article 89 du Code forestier prescrit à l'administration de faire faire dans ces bois et forêts, auront pour objet de vérifier s'ils sont régis et administrés conformément aux dispositions de ce Code, aux titres constitutifs des apanages ou majorats, et aux états ou procès-verbaux qui ont été ou seront dressés en exécution de ces titres. — Ces visites ne seront faites que par des agents forestiers qui seront désignés par le conservateur local ou par le directeur général des forêts. Elles auront lieu au moins une fois par an. — Les agents dresseront des procès-verbaux du résultat de leurs visites, et remettront ces procès-verbaux au conservateur, qui les transmettra sans délai, avec ses observations, au directeur général des forêts. (*C. for.* 89.)

TITRE V. — *Des bois des communes et des établissements publics.*

128. L'administration forestière dressera incessamment un état général des bois appartenant à des communes ou établissements publics, et qui doivent être soumis au régime forestier, aux termes des articles 1er et 90 du Code, comme étant susceptibles d'aménagement ou d'une exploitation régulière. — S'il y a contestation à ce sujet de la part des communes ou établissements propriétaires, la vérification de l'état des bois sera faite par les agents forestiers, contradictoirement avec les maires ou administrateurs. — Le procès-verbal de cette vérification sera envoyé par le conservateur au préfet, qui fera délibérer les conseils municipaux des communes ou les administrateurs des établissements propriétaires, et transmettra le tout, avec son avis, à notre ministre des Finances, sur le rapport duquel il sera statué par nous. (*Ord. for.* 131 *et suiv.*; *C. for.* 8 *et suiv.*)

129. Lorsqu'il y aura lieu d'opérer la délimitation des bois des communes et des établissements publics, il sera procédé de la manière prescrite par la première section du titre II de la présente ordonnance pour la délimitation et le bornage des forêts de l'État, sauf les modifications des articles suivants. (*C. for.* 8 *et suiv.*)

130. Dans les cas prévus par les articles 58 et 59, le préfet, avant de nommer les agents forestiers chargés d'opérer comme experts dans l'intérêt des communes ou établissements propriétaires, prendra l'avis des conservateurs des forêts et celui des maires et administrateurs. (*C. for.* 58 *et suiv.*)

131. Le maire de la commune, ou l'un des administrateurs de l'établissement propriétaire, aura droit d'assister à toutes les opérations, conjointement avec l'agent forestier nommé par le préfet. Ses dires, observations et oppositions seront exactement consignés au procès-verbal. — Le conseil municipal ou les administrateurs seront appelés à délibérer sur les résultats du procès-verbal avant qu'il soit soumis à notre homologation.

132. Lorsqu'il s'élèvera des contestations ou des oppositions, les communes ou établissements propriétaires seront autorisés à intenter action ou à défendre, s'il y a lieu, et les actions seront suivies par les maires ou administrateurs dans la forme ordinaire. (*V. L.* 18 *juill.* 1837, *art.* 9 *et suiv.*, 19 *et* 49.)

133. L'état des frais de délimitation et de bornage, dressé par le conservateur et visé par le préfet, sera remis au receveur de la commune ou de l'établissement propriétaire, qui percevra le montant des sommes mises à la charge des riverains, et, en cas de refus, en poursuivra le paiement par toutes les voies de droit au profit et pour le compte de ceux à qui ces frais seront dus. (*V. Ord.* 23 *mars* 1845.)

134. Toutes les dispositions des IIe, IIIe, IVe, Ve et VIe sections du titre II de la présente ordonnance sont applicables aux bois des communes et des établissements publics, à l'exception des articles 68 et 88, et sauf les modifications qui résultent du titre VI du Code forestier et des dispositions du présent titre.

135. Nos ordonnances d'aménagement ne seront rendues qu'après que les conseils municipaux ou les admi-

nistrateurs des établissements propriétaires auront été consultés sur les propositions d'aménagement, et que les préfets auront donné leur avis. (*V. Ord.* 2 *déc.* 1845.)

136. Les mêmes formalités seront observées lorsqu'il s'agira de faire effectuer des travaux extraordinaires, tels que recépages, repeuplements, clôtures, routes, construction de loges pour les gardes, et autres travaux d'amélioration. — Si les communes ou établissements propriétaires n'élèvent aucune objection contre les travaux projetés, ces travaux pourront être autorisés par le préfet sur la proposition du conservateur. Dans le cas contraire, il sera statué par nous sur le rapport de notre ministre des Finances. (*Ord. for.* 148.)

137. Dans les coupes des bois des communes et des établissements publics, la réserve prescrite par l'article 70 de la présente ordonnance sera de quarante baliveaux au moins et de cinquante au plus par hectare. — Lors de la coupe des quarts en réserve, le nombre des arbres à conserver sera de soixante au moins et de cent au plus par hectare.

138. Les indemnités que les adjudicataires des bois des communes et des établissements publics devront payer, en exécution de l'article 96 de la présente ordonnance, lorsqu'il leur sera accordé des délais de coupe et de vidange, seront versées dans les caisses des receveurs des communes ou établissements propriétaires.

139. Il ne pourra être fait, dans les bois des communes et des établissements publics, aucune adjudication de glandée, panage ou paisson, qu'en vertu d'autorisation spéciale du préfet, qui devra consulter à ce sujet les communes ou établissements propriétaires et prendre l'avis de l'agent forestier local. (*Ord. for.* 100 *et suiv.*, 134 ; *C. for.* 53 *et suiv.*)

140. Hors le cas de dépérissement des quarts en réserve, l'autorisation de les couper ne sera accordée que pour cause de nécessité bien constatée, et à défaut d'autres moyens d'y pourvoir. — Les demandes de cette nature, appuyées de l'avis des préfets, ne nous seront soumises par notre ministre des Finances qu'après avoir été par lui communiquées à notre ministre de l'Intérieur. (*Ord. for.* 15 ; *C. for.* 93.)

141. Les communes qui ne sont pas dans l'usage d'employer la totalité des bois de leurs coupes à leur propre consommation feront connaître à l'agent forestier local la quantité de bois qui leur sera nécessaire, tant pour chauffage que pour constructions et réparations, et il en sera fait délivrance, soit par l'adjudicataire de la coupe, soit au moyen d'une réserve sur cette coupe ; le tout conformément à leur demande et aux clauses du cahier des charges de l'adjudication. (*C. for.* 105.)

142. Les administrateurs des établissements publics donneront chaque année un état des quantités de bois, tant de chauffage que de construction, dont ces établissements auront besoin. Cet état sera visé par le sous-préfet, et transmis par lui à l'agent forestier local. — Les quantités de bois ainsi déterminées seront mises en charge lors de la vente des coupes, et délivrées à l'établissement par l'adjudicataire, aux époques qui seront fixées par le cahier des charges. (*C. for.* 102.)

143. Lorsqu'il y aura lieu à l'expertise prévue par l'article 105 du Code forestier, cette expertise sera faite, dans le procès-verbal même de la délivrance, par le maire de la commune ou son délégué, par l'agent forestier, et par un expert au choix de la partie prenante. — Le procès-verbal sera remis au receveur municipal par l'agent forestier. (*C. for.* 105.)

144. Dans le cas prévu par le paragraphe 2 de l'article 109 du Code, le préfet, sur les propositions de l'agent forestier local et du maire de la commune, déterminera la portion de coupe affouagère qui devra être vendue aux enchères pour acquitter les frais de garde, la contribution foncière et l'indemnité attribuée au Trésor par l'article 106 du Code. — Le produit de cette vente sera versé dans la caisse du receveur municipal pour être employé à l'acquittement de ces charges. (*C. for.* 106.)

145. — *Abrogé par le décret du* 12 *avril* 1854.

146. Toutes les dispositions de la section IX du titre II de la présente ordonnance, sur l'exercice des droits d'usage dans les bois de l'Etat, sont applicables à la jouissance des communes et des établissements publics dans leurs propres bois, sauf les modifications qui résultent du présent titre, et à l'exception des articles 121 et 123. (*Ord. for.* 112 *et suiv.*)

TITRE VI. — *Des bois indivis qui sont soumis au régime forestier.*

147. En exécution des articles 1 et 113 du Code forestier, toutes les dis-

positions de la présente ordonnance relatives aux forêts de l'Etat sont applicables aux bois dans lesquels l'Etat a des droits de propriété indivis, soit avec des communes, ou des établissements publics, soit avec des particuliers. — Ces dispositions sont également applicables aux bois indivis entre le domaine de la Couronne et les particuliers, sauf les modifications qui résultent du titre IV du Code forestier et du titre III de la présente ordonnance. — Quant aux bois indivis entre des communes ou des établissements publics et les particuliers, ils seront régis conformément aux dispositions du titre VI du Code forestier et du titre V de la présente ordonnance. (*C. for.* 1, 86 *et suiv.*)

148. Lorsqu'il y aura lieu d'effectuer des travaux extraordinaires pour l'amélioration des bois indivis, le conservateur communiquera aux copropriétaires les propositions et projets de travaux. (*Ord. for.* 135 *et suiv.*)

149. L'administration des forêts soumettra incessamment à notre ministre des Finances le relevé de tous les bois indivis entre l'Etat et d'autres propriétaires, en indiquant quels sont ceux dont le partage peut être effectué sans inconvénient. — Notre ministre des Finances décidera s'il y a lieu de provoquer le partage, et l'action sera, en conséquence, intentée et suivie conformément au droit commun et dans les formes ordinaires. — Lorsque les parties auront à nommer des experts, ces experts seront nommés : — Dans l'intérêt de l'Etat, par le préfet, sur la proposition du directeur des domaines, qui devra se concerter à ce sujet avec le conservateur pour désigner un agent forestier ; — Dans l'intérêt des communes, par le maire, sauf l'approbation du Conseil municipal ; — Dans l'intérêt des établissements publics, par les administrateurs de ces établissements.

Titre VII. — *Des bois des particuliers.*

150. Les gardes des bois des particuliers ne seront admis à prêter serment qu'après que leurs commissions auront été visées par le sous-préfet de l'arrondissement. — Si le sous-préfet croit devoir refuser son visa, il en rendra compte au préfet, en lui indiquant les motifs de son refus. — Ces commissions seront inscrites dans les sous-préfectures, sur un registre où seront relatés les noms et demeures des propriétaires et des gardes, ainsi que la désignation et la situation des bois. (*C. for.* 117.)

151. Lorsque les propriétaires ou les usagers seront dans le cas de requérir l'intervention d'un agent forestier pour visiter les bois des particuliers, à l'effet d'en constater l'état et la possibilité ou de déclarer s'ils sont défensables, ils en adresseront la demande au conservateur, qui désignera un agent forestier pour procéder à cette visite. L'agent forestier ainsi désigné dressera procès-verbal de ses opérations, en énonçant toutes les circonstances sur lesquelles sa déclaration sera fondée. — Il déposera ce procès-verbal à la sous-préfecture, où les parties pourront en réclamer des expéditions. (*C. for.* 119.)

Titre VIII. — *Des affectations spéciales de bois à des services publics* (1).

Section I. — *Des bois destinés au service de la marine.*

152. Dans les bois dont la régie est confiée à l'administration forestière, aussitôt après la désignation et l'assiette des coupes ordinaires ou extraordinaires, le conservateur en adressera l'état au directeur ou au sous-directeur de la marine. — Dès que le balivage et le martelage des coupes auront été effectués, les agents forestiers chefs de service dans chaque inspection en donneront avis aux ingénieurs, maîtres ou contre-maîtres de la marine, qui procéderont immédiatement à la recherche et au martelage des bois propres au service de la marine royale. — Outre l'expédition des procès-verbaux de martelage que les agents de la marine doivent, aux termes de l'article 126 du Code forestier, faire viser par le maire et déposer à la mairie de la commune où le martelage aura eu lieu, ils en remettront immédiatement une seconde expédition aux agents forestiers chefs de service. — Le résultat des opérations des agents de la marine sera toujours porté sur les affiches des ventes, et tout martelage effectué ou signifié aux agents forestiers après l'apposition des affiches sera considéré comme nul.

153. Quant aux arbres épars qui devront être abattus sur les propriétés des communes ou des établissements publics non soumises au régime fores-

(1) Ce titre est devenu sans objet depuis que le droit de martelage a cessé, (*V.* art. 122 et suiv. C. for.), et depuis la cession de l'Alsace à la Prusse.

tier, les maires et administrateurs en feront la déclaration telle qu'elle est prescrite par les articles 124 et 125 du Code forestier.

154. Les déclarations prescrites par l'article 125 du Code indiqueront l'arrondissement, le canton et la commune de la situation des bois ; les noms et demeures des propriétaires, le nom du bois et sa contenance, la situation et l'étendue du terrain sur lequel se trouveront les arbres, le nombre et les espèces d'arbres qu'on se proposera d'abattre et leur grosseur approximative. — Elles seront faites et déposées à la sous-préfecture, en double minute, dont l'une, visée par le sous-préfet, sera remise au déclarant. — Les sous-préfets qui auront reçu les déclarations les feront enregistrer, les transmettront immédiatement au directeur du dervice forestier de la marine, et en donneront avis à l'agent forestier local.

155. Dès que les déclarations leur seront parvenues, les agents de la marine procéderont à la reconnaissance et au martelage des arbres propres aux constructions navales, et se conformeront exactement aux dispositions de l'article 126 du Code forestier pour les procès-verbaux qu'ils doivent dresser de cette opération.

156. Les arbres qui auront été marqués pour le service de la marine devront être abattus du 1er octobre au 1er avril. — La notification de l'abattage de ces arbres sera faite à la sous-préfecture et transmise aux agents de la marine, de la manière qui est prescrite par l'article 154 ci-dessus pour les déclarations de volonté d'abattre.

157. Dès que la notification de l'abattage leur sera parvenue, les agents de la marine feront la visite des arbres abattus, et en dresseront un procès-verbal dont ils déposeront une copie à la mairie de la commune où les bois sont situés.

158. Les arbres qui auront été marqués pour le service de la marine, dans les bois soumis au régime forestier, comme sur toute propriété privée, seront livrés en grume et en forêt ; mais les adjudicataires ou les propriétaires pourront traiter de gré à gré avec les agents de la marine relativement au mode de livraison des bois, à leur équarrissage, et à leur transport sur les ports flottables ou autres lieux de dépôt.

159. Dans les cas prévus par l'article 131 du Code forestier, le maire, sur la réquisition du propriétaire des arbres sujets à déclaration pour le service de la marine, constatera par un procès-verbal le nombre d'arbres dont ce propriétaire aura réellement besoin pour constructions ou réparations, l'âge et les dimensions de ces arbres. — Ce procès-verbal sera déposé à la sous-préfecture et transmis aux agents de la marine, de la manière qui est prescrite par l'article 154 de la présente ordonnance, pour les déclarations de volonté d'abattre.

160. Les procès-verbaux que les agents de la marine sont autorisés par l'article 134 du Code à dresser pour constater les délits et les contraventions concernant le service de la marine, seront remis par eux, dans le délai prescrit par les articles 15 et 18 du Code d'instruction criminelle, aux agents forestiers chargés de la poursuite devant les tribunaux.

161. Notre ministre de la Marine présentera incessamment à notre approbation l'état des départements, arrondissements et cantons qui ne seront point soumis à l'exercice du droit de martelage pour les constructions navales : cet état, approuvé par nous, sera inséré au *Bulletin des lois*. — Les mêmes formalités seront observées lorsqu'il y aura lieu d'assujettir de nouveau à l'exercice du droit de martelage l'un des départements, arrondissements ou cantons qui en auront été ainsi affranchis. Nos ordonnances à ce sujet seront toujours publiées avant le 1er mars pour l'ordinaire suivant.

SECTION II. — *Des bois destinés au service des ponts et chaussées, pour le fascinage du Rhin.*

162. Chaque année, avant le 1er août le conservateur fournira aux préfets des départements du Haut et du Bas-Rhin un tableau des coupes des bois de l'État, des communes et des établissements publics qui devront avoir lieu dans ces départements sur les rives et à la distance de 5 kilomètres du fleuve. — Ce tableau, divisé en deux parties, dont l'une comprendra les bois de l'État, et l'autre, ceux des communes et des établissements publics, indiquera la situation de chaque coupe et les ressources qu'elle pourra produire pour les travaux d'endigage et de fascinage.

163. Les déclarations prescrites aux propriétaires par l'article 137 du Code forestier seront faites dans les formes et de la manière qui sont déterminées par l'article 154 de la présente ordonnance pour le service de la marine.

— Elles seront transmises immédiatement au préfet par les sous-préfets.

164. Le préfet, sur le rapport des ingénieurs des Ponts et chaussées constatant l'urgence, prendra un arrêté pour désigner, à proximité du lieu où le danger se manifestera, les propriétés où seront coupés les bois nécessaires pour les travaux. — Il adressera cet arrêté à l'agent forestier supérieur de l'arrondissement et à l'ingénieur en chef des Ponts et chaussées.

165. Lorsque la réquisition portera sur des bois régis par l'administration forestière, les agents forestiers locaux procéderont sur-le-champ, et dans les formes ordinaires, à la désignation du canton où la coupe devra être faite et aux opérations de balivage et de martelage. — Lorsque les bois sur lesquels frappera la réquisition appartiendront à des particuliers, l'agent forestier en fera faire par un garde la signification au propriétaire.

166. La déclaration à laquelle est tenu, en vertu de l'article 140 du Code forestier, le propriétaire qui préférera exploiter lui-même les bois requis, sera faite à la sous-préfecture, et dans les formes qui sont prescrites pour les déclarations de volonté d'abattre, par l'article 145 de la présente ordonnance. — Le sous-préfet en donnera avis immédiatement au préfet et à l'ingénieur des Ponts et chaussées chargé de l'exécution des travaux.

167. Dans le cas d'urgence prévu par l'article 138 du Code forestier, le propriétaire qui, pour des besoins personnels, serait obligé de faire couper sans délai des bois soumis à la déclaration, devra faire constater l'urgence de la manière qui est prescrite par l'article 159 de la présente ordonnance. — Le procès-verbal sera transmis au préfet par le sous-préfet.

168. Pour l'exécution des dispositions de l'article 141 du Code forestier, l'abattage des bois requis sera constaté, dans les bois régis par l'administration forestière, par un procès-verbal d'un agent forestier, et dans les autres bois par un procès-verbal dressé par le maire de la commune. — Lorsqu'il y aura lieu de nommer des experts pour la fixation des indemnités, l'expert dans l'intérêt de l'administration des Ponts et chaussées sera nommé par le préfet. — Les ingénieurs des Ponts et chaussées ne délivreront aux entrepreneurs des travaux le certificat à fin de paiement pour solde, qu'autant qu'ils justifieront avoir entièrement payé les sommes mises à leur charge pour le prix des bois requis et livrés.

TITRE IX. — *Police et conservation des bois et forêts qui sont régis par l'administration forestière.*

169. Dans les bois et forêts qui sont régis par l'administration forestière, l'extraction de productions quelconques du sol forestier ne pourra avoir lieu qu'en vertu d'une autorisation formelle délivrée par le directeur général des forêts, s'il s'agit des bois de l'État, et, s'il s'agit de ceux des communes et des établissements publics, par les maires ou administrateurs des communes ou établissements propriétaires, sauf l'approbation du directeur général des forêts, qui, dans tous les cas, réglera les conditions et le mode d'extraction. — Quant au prix, il sera fixé, pour les bois de l'État, par le directeur général des forêts ; et pour les bois des communes et des établissements publics, par le préfet, sur les propositions des maires ou administrateurs.

170. Lorsque les extractions de matériaux auront pour objet des travaux publics, les ingénieurs des Ponts et chaussées, avant de dresser le cahier des charges des travaux, désigneront à l'agent forestier supérieur de l'arrondissement les lieux où ces extractions devront être faites. — Les agents forestiers, de concert avec les ingénieurs ou conducteurs des Ponts et chaussées, procéderont à la reconnaissance des lieux, détermineront les limites du terrain où l'extraction pourra être effectuée, le nombre, l'espèce et les dimensions des arbres dont elle pourra nécessiter l'abattage, et désigneront les chemins à suivre pour le transport des matériaux. En cas de contestation sur ces divers objets, il sera statué par le préfet. (*C. for.* 145.)

171. Les diverses clauses et conditions qui devront, en conséquence des dispositions de l'article précédent, être imposées aux entrepreneurs, tant pour le mode d'extraction que pour le rétablissement des lieux en bon état, seront rédigées par les agents forestiers, et remises par eux au préfet, qui les fera insérer au cahier des charges des travaux. (*C. for.* 144 *et suiv.*)

172. L'évaluation des indemnités dues à raison de l'occupation ou de

la fouille des terrains, et des dégâts causés par l'extraction, sera faite conformément aux articles 55 et 56 de la loi du 16 septembre 1807. — L'agent forestier supérieur de l'arrondissement remplira les fonctions d'expert dans l'intérêt de l'État; et les experts dans l'intérêt des communes ou des établissements publics seront nommés par les maires ou les administrateurs.

173. Les agents forestiers et les ingénieurs et les conducteurs des Ponts et chaussées sont expressément chargés de veiller à ce que les entrepreneurs n'emploient pas les matériaux provenant des extractions à d'autres travaux que ceux pour lesquels elles auront été autorisées. — Les agents forestiers exerceront contre les contrevenants toutes poursuites de droit. (*C. for.* 144 *et suiv.*)

174. Les arbres et portions de bois qu'il serait indispensable d'abattre pour effectuer les extractions, seront vendus, comme menus marchés, sur l'autorisation du conservateur. (*C. for.* 102 *et suiv.*, 170.)

175. Les réclamations qui pourront s'élever relativement à l'exécution des travaux d'extraction et à l'évaluation des indemnités, seront soumises aux Conseils de préfecture, conformément à l'article 4 de la loi du 17 février 1800 (28 pluviôse an VIII.)

176. Quand les arbres de lisière qui ont actuellement plus de trente ans auront été abattus, les arbres qui les remplaceront devront être élagués, conformément à l'article 572 du Code civil, lorsque l'élagage en sera requis par les riverains. — Les plantations ou réserves destinées à remplacer les arbres actuels de lisière seront effectuées en arrière de la ligne de délimitation des forêts, à la distance prescrite par l'article 671 du Code civil. (*C. for.* 150.)

177. Les établissements et constructions mentionnés dans les articles 151, 152, 153, 154 et 155 du Code forestier ne pourront être autorisés que par nos ordonnances spéciales. — Lorsqu'il s'agira des fours à chaux ou à plâtre, des briqueteries et des tuileries dont il est fait mention en l'article 151 de ce Code, il sera d'abord statué par nous sur la demande d'autorisation, sans préjudice des droits des tiers et des oppositions qui pourraient s'élever. Il sera ensuite procédé suivant les formes prescrites par le décret du 15 octobre 1810 et par nos ordonnances des 14 janvier 1815 et 29 juillet 1818.

178. Les demandes à fin d'autorisation pour construction de maisons ou fermes, en exécution des paragraphes 1er et 2 de l'article 153 du Code, seront remises à l'agent forestier supérieur de l'arrondissement, en double minute, dont l'une, revêtue du visa de cet agent, sera rendue au déclarant.

179. Dans le délai de six mois, à dater de la publication de la présente ordonnance, les propriétaires des usines et constructions mentionnées dans les articles 151, 152 et 155 du Code forestier, et non comprises dans les dispositions exceptionnelles de l'article 156 du même Code, seront tenus de remettre aux conservateurs les titres en vertu desquels ces usines ou constructions ont été établies. — Les conservateurs adresseront ces titres avec leurs observations à la direction générale des forêts, qui les soumettra à notre ministre des Finances. — Si les propriétaires ne font pas le dépôt de leurs titres dans le délai ci-dessus fixé, ou si les titres ne justifient pas suffisamment de leurs droits, l'administration forestière poursuivra la démolition de leurs usines et constructions en vertu des lois et règlements antérieurs à la publication du Code forestier, ainsi qu'il est prescrit par le paragraphe 2 de l'article 218 de ce Code.

180. Les possesseurs des scieries dont il est fait mention dans l'article 155 du Code forestier, seront tenus, chaque fois qu'ils voudront faire transporter dans ces scieries, ou dans les bâtiments et enclos qui en dépendent, des arbres, billes ou tronces, d'en remettre à l'agent forestier local une déclaration détaillée, en indiquant de quelles propriétés ces bois proviennent. — Ces déclarations énonceront le nombre et le lieu de dépôt des bois : elles seront faites en double minute, dont une sera visée et remise au déclarant par l'agent forestier, qui en tiendra un registre spécial. — Les arbres, billes ou tronces seront marqués, sans frais, par le garde forestier du canton ou par un des agents forestiers locaux, dans le délai de cinq jours après la déclaration. (*C. for.* 158.)

TITRE X. — *Des poursuites exercées au nom de l'administration forestière.*

181. Les agents et les gardes dresseront, jour par jour, des procès-verbaux des délits et contraventions

qu'ils auront reconnus. — Ils se conformeront, pour la rédaction et la remise de ces procès-verbaux, aux articles 16 et 18 du Code d'instruction criminelle. (*C. for.* 160, 165.)

182. Dans le cas où les officiers de police judiciaire désignés dans l'article 161 du Code forestier refuseraient, après avoir été légalement requis, d'accompagner les gardes dans leurs visites et perquisitions, les gardes rédigeront procès-verbal du refus, et adresseront sur-le-champ ce procès-verbal à l'agent forestier, qui en rendra compte à notre procureur près le tribunal de première instance. — Il en sera de même dans le cas où l'un des fonctionnaires dénommés dans l'article 165 du même Code aurait négligé ou refusé de recevoir l'affirmation des procès-verbaux dans le délai prescrit par la loi.

183. Lorsque les procès-verbaux porteront saisie, l'expédition qui, aux termes de l'article 167 du Code forestier, doit en être déposée au greffe de la justice de paix dans les vingt-quatre heures après l'affirmation, sera signée et remise par l'agent ou le garde qui aura dressé le procès-verbal.

184. Lorsque le juge de paix aura accordé la main-levée provisoire des objets saisis, il en donnera avis à l'agent forestier local. (*C. for.* 168.)

185. Aux audiences tenues dans nos Cours et tribunaux pour les jugements des délits et contraventions poursuivis à la requête de la direction générale des forêts, l'agent chargé de la poursuite aura une place particulière à la suite du parquet de nos procureurs et de leurs substituts. Il y assistera en uniforme, et se tiendra découvert pendant l'audience. (*C. for.* 174.)

186. Les agents forestiers dresseront, pour le ressort de chaque tribunal de police correctionnelle et au commencement de chaque trimestre, un mémoire, en triple expédition, des citations et significations faites par les gardes pendant le trimestre précédent; cet état sera rendu exécutoire, visé et ordonnancé conformément au règlement du 18 juin 1811.

187. A la fin de chaque trimestre, les conservateurs adresseront au directeur général des forêts un état des jugements et arrêts rendus à la requête de l'administration forestière, avec une indication sommaire de la situation des poursuites intentées et sur lesquelles il n'aura pas encore été statué.

TITRE XI. — *De l'exécution des jugements rendus à la requête de l'administration forestière ou du ministère public.*

188. Les extraits des jugements par défaut seront remis par les greffiers de nos Cours et tribunaux aux agents forestiers, dans les trois jours après celui où les jugements auront été prononcés (1). — L'agent forestier supérieur de l'arrondissement les fera signifier immédiatement aux condamnés, et remettra en même temps au receveur des domaines un état indiquant les noms des condamnés, la date de la signification des jugements, et le montant des condamnations en amendes, dommages-intérêts et frais — Quinze jours après la signification du jugement, l'agent forestier remettra les originaux des exploits de signification au receveur des domaines qui procédera alors contre les condamnés, conformément aux dispositions de l'article 211 du Code forestier. — Si, durant ce délai, le condamné interjette appel ou forme opposition, l'agent forestier en donnera avis au receveur. (*C. for.* 209 *et suiv.*)

189. Quant aux jugements contradictoires, lorsqu'il n'aura été fait par les condamnés aucune déclaration d'appel, les greffiers en remettront l'extrait directement au receveur des domaines, dix jours après celui où le jugement aura été prononcé, et les receveurs procéderont contre les condamnés conformément aux dispositions de l'article 211 du Code forestier. — L'extrait des arrêts ou jugements rendus sur appel sera remis directement aux receveurs des domaines par les greffiers de nos cours et tribunaux d'appel, quatre jours après celui où le jugement aura été prononcé, si le condamné ne s'est pas pourvu en cassation. (*C. for.* 211.)

190. A la fin de chaque trimestre, les directeurs des domaines remettront au directeur général de l'Enregistrement et des domaines un état indiquant les recouvrements effectués en exécution de jugements correctionnels en matière forestière, et les condamnations pécuniaires tombées en non-valeur par suite de l'insolvabilité des condamnés. (*C. for.* 210.)

191. Les condamnés qui, en raison de leur insolvabilité, invoqueront l'application de l'article 213 du Code

(1) Ce délai a été porté à dix jours par l'ordonnance du 19 oct. 1841.

forestier, présenteront leur requête, accompagnée des pièces justificatives prescrites par l'article 240 du Code d'instruction criminelle, à nos procureurs, qui ordonneront, s'il y a lieu, que les condamnés soient mis en liberté à l'expiration des délais fixés par l'article 213 du Code forestier, et en donneront avis aux receveurs des domaines.

TITRE XII. — *Dispositions sur le défrichement des bois* (1).

(Décret du 22 novembre 1859).

192. Les déclarations prescrites par l'article 219 du Code forestier indiqueront la dénomination, la situation et l'étendue des bois que les particuliers se proposeront de défricher; elles contiendront, en outre, élection de domicile dans le canton de la situation de ces bois; elles seront faites en double minute et remises à la sous-préfecture, où il en sera tenu registre. — Elles seront visées par le sous-préfet, qui rendra l'une des minutes au déclarant et transmettra l'autre immédiatement à l'agent forestier supérieur de l'arrondissement.

193. Avant de procéder à la reconnaissance de l'état et de la situation des bois, et huit jours au moins à l'avance, l'un des agents désignés en l'article 219 du Code forestier adressera à la partie intéressée, au domicile élu par elle, un avertissement indiquant le jour où il sera procédé à ladite reconnaissance et contenant invitation d'assister à l'opération ou de s'y faire représenter.

194. Le procès-verbal dressé par l'agent forestier contiendra toutes les constatations et renseignements de nature à faire apprécier s'il y a lieu de s'opposer au défrichement par l'un des motifs énumérés dans l'article 220 du Code forestier; en outre, s'il s'agit d'un bois compris dans la partie de la zone frontière où le défrichement ne peut avoir lieu sans autorisation, ce fait sera simplement énoncé au procès-verbal.

(1) Le titre XII de l'ordonnance du 1er août 1827 a été ainsi remplacé par le décret du 22 nov. 1859.

195. Le procès-verbal sera transmis avec les pièces au conservateur, qui, avant de former opposition, en fera notifier copie à la partie intéressée, avec invitation de présenter des observations.

196. Si le conservateur estime que le bois ne doit pas être défriché, il fera signifier au propriétaire une opposition au défrichement, et il en référera immédiatement au préfet, en lui transmettant les pièces avec ses observations. — Dans le cas contraire, le conservateur en référera sans délai au directeur général des forêts, qui en rendra compte à notre ministre des Finances.

197. Dans le délai d'un mois, le préfet, en Conseil de préfecture, donnera son avis motivé sur l'opposition. — Dans les huit jours qui suivront cet avis, le préfet le fera notifier au propriétaire des bois, ainsi qu'au conservateur, et, à défaut de conservateur dans le département, à l'agent forestier supérieur dans la circonscription duquel les bois se trouvent situés. — Dans le même délai, le préfet transmettra son avis, avec les pièces à l'appui, à notre ministre des Finances, qui prononcera, la section des Finances du Conseil d'État préalablement entendue. — La décision ministérielle sera signifiée au propriétaire dans les six mois à dater du jour de la signification de l'opposition.

198. Lorsque des maires et adjoints auront dressé des procès-verbaux pour constater des défrichements effectués en contravention au titre XV du Code forestier, ils seront tenus, indépendamment de la remise qu'ils en doivent faire à nos procureurs, d'en adresser une copie certifiée à l'agent forestier local.

199. Le conservateur rendra compte au directeur général des forêts des condamnations prononcées dans le cas prévu par le paragraphe 1er de l'article 221 du Code forestier, et donnera son avis sur la nécessité de rétablir les lieux en nature de bois. — La décision ministérielle qui ordonnera le reboisement sera signifiée à la partie intéressée par la voie administrative.

Tableau de la division territoriale de la France en 35 conservations forestières, indiquant les chefs-lieux et les départements qui forment chaque conservation (1).

NUMÉROS des conserva-tions.	CHEFS-LIEUX.	DÉPARTEMENTS.
1.......	Paris.............	Oise, Seine-et-Marne, Seine, Seine-et-Oise.
2.......	Rouen............	Eure, Seine-Inférieure.
3.......	Dijon.............	Côte-d'Or.
4.......	Nancy............	Meurthe-et-Moselle.
5.......		
6.......		
7.......	Amiens.....	Aisne, Nord, Pas-de-Calais, Somme.
8.......	Troyes............	Aube, Yonne.
9.......	Epinal............	Vosges.
10.......	Châlons-sur-Marne.	Ardennes, Marne.
11.......		
12	Besançon	Doubs, Haut-Rhin.
13.......	Lons-le-Saulnier...	Jura.
14.......	Grenoble....... ..	Isère, Loire, Rhône.
15.......	Alençon	Calvados, Eure-et-Loir, Orne, Sarthe.
16.......	Bar-le-Duc........	Meuse.
17.......	Mâcon...........	Saône-et-Loire, Ain.
18.......	Toulouse	Ariége, Haute-Garonne, Tarn-et-Garonne, Lot.
19... ...	Tours	Indre-et-Loire, Loir-et-Cher, Loiret.
20.......	Bourges	Cher, Indre, Nièvre.
21.......	Moulins	Allier, Creuse, Puy-de-Dôme.
22.......	Pau	Gers, Basses-Pyrénées, Hautes-Pyrénées.
23..... .	Rennes	Ille-et-Vilaine, Loire-Inférieure, Maine-et-Loire, Morbihan, Finistère.
24.......	Niort............	Charente-Inférieure, Deux-Sèvres, Vendée, Charente, Vienne.
25.......	Carcassonne	Aude, Pyrénées-Orientales, Tarn.
26.......	Aix..............	Basses-Alpes, Bouches-du-Rhône, Vaucluse.
27.......	Nîmes............	Ardèche, Gard, Hérault, Lozère.
28.......	Aurillac..........	Aveyron, Cantal, Corrèze, Haute-Loire, Haute-Vienne.
29.......	Bordeaux.........	Gironde, Lot-et-Garonne, Landes.
30.......	Ajaccio..........	Corse.
31.......	Chaumont	Haute-Marne.
32.......	Vesoul	Haute-Saône.
33.......	Chambéry........	Savoie, Haute-Savoie.
34.......	Nice...	Alpes-Maritimes, Var.
35.......	Gap.....	Hautes-Alpes, Drôme.

(1) Le tableau des conservations forestières joint à l'ordonnance du 1er août 1827 a été ainsi modifié par l'arrêté du 29 avril 1849 et par les décrets des 26 nov. 1850; 28 déc. 1853; 13 août 1860; 3 mai 1854; 25 août 1861 et 2 sept. 1862.

1828

ORDONNANCE

Relative aux conflits.

(1er juin 1828)

Art. 1er. A l'avenir, le conflit d'attribution entre les tribunaux et l'autorité administrative ne sera jamais élevé en matière criminelle.

2. Il ne pourra être élevé de conflit en matière de police correctionnelle que dans les deux cas suivants : 1° lorsque la répression du délit est attribuée, par une disposition législative, à l'autorité administrative ; 2° lorsque le jugement à rendre par le tribunal dépendra d'une question préjudicielle dont la connaissance appartiendrait à l'autorité administrative, en vertu d'une disposition législative. Dans ce dernier cas, le conflit ne pourra être élevé que sur la question préjudicielle.

3. Ne donneront pas lieu au conflit : 1° le défaut d'autorisation, soit de la part du Gouvernement, lorsqu'il s'agit de poursuites dirigées contre ses agents, soit de la part du Conseil de préfecture, lorsqu'il s'agira de contestations judiciaires dans lesquelles les communes ou les établissements publics seront parties ; 2° le défaut d'accomplissement des formalités à remplir devant l'administration préalablement aux poursuites judiciaires.

4. Hors le cas prévu ci-après par le dernier paragraphe de l'article 8 de la présente ordonnance, il ne pourra jamais être élevé de conflit après des jugements rendus en dernier ressort ou acquiescés, ni après des arrêts définitifs. Néanmoins, le conflit pourra être élevé en cause d'appel, s'il ne l'a pas été en première instance, ou s'il l'a été irrégulièrement après les délais prescrits par l'article 8 de la présente ordonnance.

5. A l'avenir, le conflit d'attribution ne pourra être élevé que dans les formes et de la manière déterminées par les articles suivants.

6. Lorsqu'un préfet estimera que la connaissance d'une question portée devant un tribunal de première instance est attribuée par une disposition législative à l'autorité administrative, il pourra, alors même que l'administration ne serait pas en cause, demander le renvoi de l'affaire devant l'autorité compétente. A cet effet, le préfet adressera au procureur du Roi un mémoire dans lequel sera rapportée la disposition législative qui attribue à l'administration la connaissance du litige. — Le procureur du Roi fera connaître, dans tous les cas, au tribunal, la demande formée par le préfet, et requerra le renvoi, si la revendication lui paraît fondée.

7. Après que le tribunal aura statué sur le déclinatoire, le procureur du roi adressera au préfet, dans les cinq jours qui suivront le jugement, copie de ses conclusions ou réquisitions, et du jugement rendu sur la compétence. La date de l'envoi sera consignée sur un registre à ce destiné.

8. Si le déclinatoire est rejeté, dans la quinzaine de cet envoi pour tout délai, le préfet du département, s'il estime qu'il y ait lieu, pourra élever le conflit. Si le déclinatoire est admis, le préfet pourra également élever le conflit dans la quinzaine qui suivra la signification de l'acte d'appel, si la partie interjette appel du jugement — Le conflit pourra être élevé dans ledit délai, alors même que le tribunal aurait, avant l'expiration de ce délai, passé outre au jugement du fond.

9. Dans tous les cas, l'arrêté par lequel le préfet élèvera le conflit et revendiquera la cause, devra viser le jugement intervenu et l'acte d'appel, s'il y a lieu ; la disposition législative qui attribue à l'administration la connaissance du point litigieux y sera textuellement insérée.

10. Lorsque le préfet aura élevé le conflit, il sera tenu de faire déposer son arrêté et les pièces y visées au greffe du tribunal. — Il lui sera donné récépissé de ce dépôt sans délai et sans frais.

11. Si, dans le délai de quinzaine, cet arrêté n'avait pas été déposé au greffe, le conflit ne pourrait plus être élevé devant le tribunal saisi de l'affaire.

12. Si l'arrêté a été déposé au greffe en temps utile, le greffier le remettra immédiatement au procureur du Roi, qui le communiquera au tribunal réuni dans la chambre du conseil, et requerra que, conformément à l'article 27 de la loi du 21 fructidor an III, il soit sursis à toute procédure judiciaire.

13. Après la communication ci-dessus, l'arrêté du préfet et les pièces seront rétablis au greffe, où ils resteront déposés pendant quinze jours. Le procureur du Roi en préviendra de suite les parties ou leurs avoués, lesquels pourront en prendre communication, sans déplacement, et remettre, dans le

même délai de quinzaine, au parquet du procureur du Roi, leurs observations sur la question de compétence, avec tous les documents à l'appui.

14. Le procureur du Roi informera immédiatement notre garde des Sceaux, ministre secrétaire d'Etat au département de la Justice, de l'accomplissement desdites formalités, et lui transmettra, en même temps, l'arrêté du préfet, ses propres observations et celles des parties, s'il y a lieu, avec toutes les pièces jointes. — La date de l'envoi sera consignée sur un registre à ce destiné. — Dans les vingt-quatre heures de la réception de ces pièces, le ministre de la Justice les transmettra au secrétariat général du Conseil d'Etat, et il en donnera avis au magistrat qui les lui aura transmises.

15. Il sera statué sur le conflit au vu des pièces ci-dessus mentionnées, ensemble des observations et mémoires qui auraient pu être produits par les parties ou leurs avocats, dans le délai de quarante jours à dater de l'envoi des pièces au ministère de la Justice. — Néanmoins ce délai pourra être prorogé, sur l'avis du Conseil d'Etat et la demande des parties, par notre garde des Sceaux; il ne pourra, en aucun cas, excéder deux mois.

16. Si les délais ci-dessus fixés expirent sans qu'il ait été statué sur le conflit, l'arrêté qui l'a élevé sera considéré comme non avenu, et l'instance pourra être reprise devant les tribunaux. (*V. Ord.* 12 *mars* 1831.)

17. Au cas où le conflit serait élevé dans les matières correctionnelles comprises dans l'exception prévue par l'article 2 de la présente ordonnance, il sera procédé conformément aux articles 6, 7 et 8.

ORDONNANCE

Qui détermine le nombre de juges dont seront composées, à partir du 1er novembre 1828, les chambres des appels de police correctionnelle des Cours royales, et contient des dispositions pour la prompte expédition des affaires.

(24 septembre 1828) (1)

---

(1) Bull. 8e série, n. 9420. — V. le texte dans notre édition in-8.

ORDONNANCE

Qui prescrit la publication du traité concernant les rapports de voisinage, de justice et de police conclu entre Sa Majesté Très-Chrétienne et les Etats de la Confédération helvétique.

(31 décembre 1828) (2)

ART. 1er. Les jugements définitifs, en matière civile, ayant force de chose jugée, rendus par les tribunaux français, seront exécutoires en Suisse, et réciproquement, après qu'ils auront été légalisés par les envoyés respectifs, ou, à leur défaut, par les autorités compétentes de chaque pays.

. . . .

1829

LOI

Relative à la pêche fluviale.

(15 avril 1829)

TITRE Ier. — *Du droit de pêche.*

ART. 1er. Le droit de pêche sera exercé au profit de l'Etat, — 1° Dans tous les fleuves, rivières, canaux et contre-fossés navigables ou flottables avec bateaux, trains ou radeaux, et dont l'entretien est à la charge de l'Etat ou de ses ayants-cause; — 2° Dans les bras, noues, boires et fossés qui tirent leurs eaux des fleuves et rivières navigables ou flottables dans lesquels on peut en tout temps passer ou pénétrer librement en bateau de pêcheur, et dont l'entretien est également à la charge de l'Etat. — Sont toutefois exceptés les canaux et fossés existants, ou qui seraient creusés dans des propriétés particulières, et entretenus aux frais des propriétaires.

2. Dans toutes les rivières et canaux autres que ceux qui sont désignés dans l'article précédent, les propriétaires riverains auront, chacun de son côté, le droit de pêche jusqu'au milieu du cours de l'eau, sans préjudice des droits contraires établis par possession ou titres.

3. Des ordonnances royales, insérées au *Bulletin des lois*, détermineront,

(2) Bull., 8e série, no 10812.

après une enquête *de commodo et incommodo*, quelles sont les parties des fleuves et rivières et quels sont les canaux désignés dans les deux premiers paragraphes de l'article 1er où le droit de pêche sera exercé au profit de l'Etat. — De semblables ordonnances fixeront les limites entre la pêche fluviale et la pêche maritime dans les fleuves et rivières affluant à la mer. Ces limites seront les mêmes que celles de l'inscription maritime; mais la pêche qui se fera au-dessus du point où les eaux cesseront d'être salées sera soumise aux règles de police et de conservation établies pour la pêche fluviale. — Dans le cas où des cours d'eau seraient rendus ou déclarés navigables ou flottables, les propriétaires qui seront privés du droit de pêche, auront droit à une indemnité préalable, qui sera réglée selon les formes prescrites par les articles 16, 17 et 18 de la loi du 8 mars 1810, compensation faite des avantages qu'ils pourraient retirer de la disposition prescrite par le Gouvernement. (*V. L.* 3 *mai* 1841.)

4. Les contestations entre l'administration et les adjudicataires relatives à l'interprétation et à l'exécution des conditions des baux et adjudications, et toutes celles qui s'élèveraient entre l'administration ou ses ayants-cause, et des tiers intéressés à raison de leurs droits ou de leurs propriétés, seront portées devant les tribunaux.

5. Tout individu qui se livrera à la pêche sur les fleuves et rivières navigables ou flottables, canaux, ruisseaux ou cours d'eau quelconques, sans la permission de celui à qui le droit de pêche appartient, sera condamné à une amende de 20 francs au moins, et de 100 francs au plus, indépendamment des dommages-intérêts. — Il y aura lieu, en outre, à la restitution du prix du poisson qui aura été pêché en délit, et la confiscation des filets et engins de pêche pourra être prononcée. — Néanmoins il est permis à tout individu de pêcher à la ligne flottante tenue à la main dans les fleuves, rivières et canaux désignés dans les deux premiers paragraphes de l'article 1er de la présente loi, le temps du frai excepté.

Titre II. — *De l'administration et de la régie de la pêche.*

6. (*Art.* 3 *C. for.*) « Nul ne peut exercer l'emploi de garde-pêche s'il n'est âgé de vingt-cinq ans accomplis. »

7. (*Art.* 5. *C. for.*) « Les préposés chargés de la surveillance de la pêche ne pourront entrer en fonctions qu'après avoir prêté serment devant le tribunal de première instance de leur résidence, et avoir fait enregistrer leur commission et l'acte de prestation de leur serment au greffe des tribunaux dans le ressort desquels ils devront exercer leurs fonctions. — Dans le cas d'un changement de résidence qui les placerait dans un autre ressort en la même qualité, il n'y aura pas lieu à une nouvelle prestation de serment. »

8. Les gardes-pêche pourront être déclarés responsables des délits commis dans leurs cantonnements, et passibles des amendes et indemnités encourues par les délinquants, lorsqu'ils n'auront pas dûment constaté les délits.

9. L'empreinte des fers dont les gardes-pêche font usage pour la marque des filets, sera déposée au greffe des tribunaux de première instance

Titre III. — *Des adjudications des cantonnements de pêche.*

10. La pêche au profit de l'Etat sera exploitée, soit par voie d'adjudication publique, soit par concession de licences à prix d'argent. — Le mode de concession par licences ne sera employé que lorsque l'adjudication aura été tentée sans succès. — Toutes les fois que l'adjudication d'un cantonnement de pêche n'aura pu avoir lieu, il sera fait mention, dans le procès-verbal de la séance, des mesures qui auront été prises pour donner toute la publicité possible à la mise en adjudication, et des circonstances qui se seront opposées à la location. (*L.* 6 *juin* 1840.)

11. L'adjudication publique devra être annoncée au moins quinze jours à l'avance par des affiches apposées dans le chef-lieu du département, dans les communes riveraines du cantonnement et dans les communes environnantes.

12. (*Art.* 18 *C. for.*) « Toute location faite autrement que par adjudication publique sera considérée comme clandestine et déclarée nulle. Les fonctionnaires et agents qui l'auraient ordonnée ou effectuée seront condamnés solidairement à une amende égale au double du fermage annuel du cantonnement de pêche. » — Sont exceptées les concessions par voie de licence.

13. (*Art.* 19 *C. for.*) « Sera de même annulée toute adjudication qui n'aura

point été précédée des publications et affiches prescrites par l'article 11, ou qui aura été effectuée dans d'autres lieux, à autres jour et heure que ceux qui auront été indiqués par les affiches ou les procès-verbaux de remise en location. — Les fonctionnaires ou agents qui auraient contrevenu à ces dispositions seront condamnés solidairement à une amende égale à la valeur annuelle du cantonnement de pêche; et une amende pareille sera prononcée contre les adjudicataires en cas de complicité. »

14. Toutes les contestations qui pourront s'élever pendant les opérations d'adjudication, soit sur la validité desdites opérations, soit sur la solvabilité de ceux qui auront fait des offres et de leurs cautions, seront décidées immédiatement par le fonctionnaire qui présidera la séance d'adjudication. (*L.* 6 *juin* 1840.)

15. (*Art.* 21 *C. for.*) « Ne pourront prendre part aux adjudications, ni par eux-mêmes, ni par personnes interposées, directement ou indirectement, soit comme parties principales, soit comme associés ou cautions, — 1° Les agents et gardes forestiers et les gardes-pêche dans toute l'étendue du Royaume; les fonctionnaires chargés de présider ou de concourir aux adjudications et les receveurs du produit de la pêche, dans toute l'étendue du territoire où ils exercent leurs fonctions; — En cas de contravention, ils seront punis d'une amende qui ne pourra excéder le quart ni être moindre du douzième du montant de l'adjudication; et ils seront, en outre, passibles de l'emprisonnement et de l'interdiction qui sont prononcés par l'article 175 du Code pénal; — 2° Les parents et alliés en ligne directe, les frères et beaux-frères, oncles et neveux des agents et gardes forestiers et gardes-pêche, dans toute l'étendue du territoire pour lequel ces agents ou gardes sont commissionnés. — En cas de contravention, ils seront punis d'une amende égale à celle qui est prononcée par le paragraphe précédent; — 3° Les conseillers de préfecture, les juges, officiers du ministère public et greffiers des tribunaux de première instance, dans tout l'arrondissement de leur ressort. — En cas de contravention, ils seront passibles de tous dommages et intérêts, s'il y a lieu. — Toute adjudication qui sera faite en contravention aux dispositions du présent artice sera déclarée nulle. »

16. Toute association secrète, toute manœuvre entre les pêcheurs ou autres, tendant à nuire aux adjudications, à les troubler ou à obtenir les cantonnements de pêche à plus bas prix, donnera lieu à l'application des peines portées par l'article 412 du Code pénal, indépendamment de tous dommages-intérêts; et si l'adjudication a été faite au profit de l'association secrète ou des auteurs desdites manœuvres, elle sera déclarée nulle (*L.* 6 *juin* 1840.)

17. (*Art.* 23 *C. for.*) « Aucune déclaration de commande ne sera admise, si elle n'est faite immédiatement après l'adjudication et séance tenante. »

18. (*Art.* 24 *C. for.*) « Faute par l'adjudicataire de fournir les cautions exigées par le cahier des charges dans le délai prescrit, il sera déclaré déchu de l'adjudication par un arrêté du préfet, et il sera procédé dans les formes ci-dessus prescrites à une nouvelle adjudication du cantonnement de pêche, à sa folle enchère. — L'adjudicataire déchu sera tenu par corps de la différence entre son prix et celui de la nouvelle adjudication, sans pouvoir réclamer l'excédant s'il y en a. »

19. « Toute adjudication sera définitive du moment où elle sera prononcée, sans que, dans aucun cas, il puisse y avoir lieu à surenchère. » (*L.* 6 *juin* 1840.)

20. « Les divers modes d'adjudication seront déterminés par une ordonnance royale. — Les adjudications auront toujours lieu avec publicité et concurrence. » (*L.* 6 *juin* 1840.)

21. Les adjudicataires seront tenus d'élire domicile dans le lieu où l'adjudication aura été faite; à défaut de quoi, tous actes postérieurs leur seront valablement signifiés au secrétariat de la sous-préfecture. (*L.* 6 *juin* 1840.)

22. (*Art.* 28 *C. for.*) « Tout procès-verbal d'adjudication emporte exécution parée et contrainte par corps contre les adjudicataires, leurs associés et cautions, tant pour le paiement du prix principal de l'adjudication que pour accessoires et frais. — Les cautions sont en outre contraignables solidairement et par les mêmes voies au paiement des dommages, restitutions et amendes qu'aurait encourus l'adjudicataire. »

TITRE IV. — *Conservation et police de la pêche* (1).

23. Nul ne pourra exercer le droit

(1) *V. L.* 31 mai 1865.

de pêche dans les fleuves et rivières navigables ou flottables, les canaux, ruisseaux ou cours d'eau quelconques, qu'en se conformant aux dispositions suivantes.

24. Il est interdit de placer dans les rivières navigables ou flottables, canaux et ruisseaux, aucun barrage, appareil ou établissement quelconque de pêcherie ayant pour objet d'empêcher entièrement le passage du poisson. — Les délinquants seront condamnés à une amende de 50 francs à 500 francs, et, en outre, aux dommages-intérêts; et les appareils ou établissements de pêche seront saisis et détruits.

25. Quiconque aura jeté dans les eaux des drogues ou appâts qui sont de nature à enivrer le poisson ou à le détruire sera puni d'une amende de 30 francs à 300 francs et d'un emprisonnement d'un mois à trois mois.

26. Des ordonnances royales détermineront, — 1o Les temps, saisons et heures pendant lesquels la pêche sera interdite dans les rivières et cours d'eau quelconques; — 2o Les procédés et modes de pêche qui, étant de nature à nuire au repeuplement des rivières, devront être prohibés; — 3o Les filets, engins et instruments de pêche qui seront défendus comme étant aussi de nature à nuire au repeuplement des rivières; — 4o Les dimensions de ceux dont l'usage sera permis dans les divers départements pour la pêche des différentes espèces de poissons; — 5o Les dimensions au-dessous desquelles les poissons de certaines espèces qui seront désignées ne pourront être pêchés et devront être rejetés en rivière; — 6o Les espèces de poissons avec lesquelles il sera défendu d'appâter les hameçons, nasses, filets ou autres engins.

27. Quiconque se livrera à la pêche pendant les temps, saisons et heures prohibés par les ordonnances, sera puni d'une amende de 30 à 200 francs.

28. Une amende de 30 à 100 francs sera prononcée contre ceux qui feront usage, en quelque temps et en quelque fleuve, rivière, canal ou ruisseau que ce soit, de l'un des procédés ou modes de pêche ou de l'un des instruments ou engins de pêche prohibés par les ordonnances. — Si le délit a eu lieu pendant le temps du frai, l'amende sera de 60 à 200 francs.

29. Les mêmes peines seront prononcées contre ceux qui se serviront, pour une autre pêche, de filets permis seulement pour celle du poisson de petite espèce. — Ceux qui seront trouvés porteurs ou munis, hors de leur domicile, d'engins ou instruments de pêche prohibés, pourront être condamnés à une amende qui n'excédera pas 20 francs, et à la confiscation des engins ou instruments de pêche, à moins que ces engins ou instruments ne soient destinés à la pêche dans des étangs ou réservoirs.

30. Quiconque pêchera, colportera ou débitera des poissons qui n'auront point les dimensions déterminées par les ordonnances, sera puni d'une amende de 20 à 50 francs, et de la confiscation desdits poissons. Sont néanmoins exceptées de cette disposition les ventes de poisson provenant des étangs ou réservoirs. — Sont considérés comme des étangs ou réservoirs les fossés et canaux appartenant à des particuliers, dès que leurs eaux cessent naturellement de communiquer avec les rivières.

31. La même peine sera prononcée contre les pêcheurs qui appâteront leurs hameçons, nasses, filets ou autres engins avec des poissons des espèces prohibées, qui seront désignées par les ordonnances.

32. Les fermiers de la pêche et porteurs de licences, leurs associés, compagnons et gens à gages, ne pourront faire usage d'aucun filet ou engin quelconque, qu'après qu'il aura été plombé ou marqué par les agents de l'administration de la police de la pêche. — La même obligation s'étendra à tous autres pêcheurs compris dans les limites de l'inscription maritime, pour les engins et filets dont ils feront usage dans les cours d'eau désignés par les paragraphes 1 et 2 de l'article 1er de la présente loi. — Les délinquants seront punis d'une amende de 20 francs pour chaque filet ou engin non plombé ou marqué.

33. Les contre-maîtres, les employés du balisage et les mariniers qui fréquentent les fleuves, rivières et canaux navigables ou flottables, ne pourront avoir dans leurs bateaux ou équipages, aucun filet ou engin de pêche, même non prohibé, sous peine d'une amende de 50 francs, et de la confiscation des filets (1). — A cet effet, ils seront tenus de souffrir la visite, sur leurs bateaux et équipages, des agents chargés de la police de la pêche, aux lieux où ils aborderont. — La même

(1) Cette prohibition est générale, et s'applique à tous individus, qui, non fermiers de la pêche ou non porteurs de licence, parcourent avec leurs bateaux les rivières navigables. — Cass. *Ch. réun* 16 déc. 1836.

amende sera prononcée contre ceux qui s'opposeront à cette visite.

34. Les fermiers de la pêche et les porteurs de licences, et tous pêcheurs en général, dans les rivières et canaux désignés par les deux premiers paragraphes de l'article 1er de la présente loi, seront tenus d'amener leurs bateaux, et de faire l'ouverture de leurs loges et hangars, bannetons, huches et autres réservoirs ou boutiques à poisson, sur leurs cantonnements, à toute réquisition des agents et préposés de l'administration de la pêche, à l'effet de constater les contraventions qui pourraient être par eux commises aux dispositions de la présente loi. — Ceux qui s'opposeront à la visite ou refuseront l'ouverture de leurs boutiques à poisson, seront, pour ce seul fait, punis d'une amende de 50 francs.

35. Les fermiers et porteurs de licences ne pourront user, sur les fleuves, rivières et canaux navigables, que du chemin de halage; sur les rivières et cours d'eau flottables, que du marchepied. Ils traiteront de gré à gré avec les propriétaires riverains pour l'usage des terrains dont ils auront besoin pour retirer et assener leurs filets.

TITRE V. — *Des poursuites en réparation de délit* (1).

SECTION I. — *Des poursuites exercées au nom de l'administration.*

36. Le Gouvernement exerce la surveillance et la police de la pêche dans l'intérêt général. — En conséquence, les agents spéciaux par lui institués à cet effet, ainsi que les gardes champêtres, éclusiers des canaux et autres officiers de police judiciaire, sont tenus de constater les délits qui sont spécifiés au titre IV de la présente loi, en quelques lieux qu'ils soient commis; et lesdits agents spéciaux exerceront, conjointement avec les officiers du ministère public, toutes les poursuites et actions en réparation de ces délits. — Les mêmes agents et gardes de l'administration, les gardes champêtres, les éclusiers, les officiers de police judiciaire, pourront constater également le délit spécifié en l'article 5, et ils transmettront leurs procès-verbaux au procureur du Roi (2).

37. Les gardes-pêche nommés par l'administration sont assimilés aux gardes forestiers royaux.

38. Ils recherchent et constatent par procès-verbaux les délits dans l'arrondissement du tribunal près duquel ils sont assermentés.

39. (*Art.* 161 *C. for.*) « Ils sont autorisés à saisir les *filets et autres instruments de pêche prohibés, ainsi que le poisson pêché en délit.* »

40. Les gardes-pêche ne pourront, sous aucun prétexte, s'introduire dans les maisons et enclos y attenants pour la recherche des filets prohibés.

41. Les filets et engins de pêche qui auront été saisis comme prohibés, ne pourront, dans aucun cas, être remis sous caution; ils seront déposés au greffe, et y demeureront jusqu'après le jugement pour être ensuite détruits. — Les filets non prohibés dont la confiscation aurait été prononcée en exécution de l'article 5, seront vendus au profit du Trésor. — En cas de refus, de la part des délinquants, de remettre immédiatement le filet déclaré prohibé après la sommation du garde-pêche, ils seront condamnés à une amende de 50 francs.

42. Quant au poisson saisi pour cause de délit, il sera vendu sans délai dans la commune la plus voisine du lieu de la saisie, à son de trompe et aux enchères publiques, en vertu d'ordonnance du juge de paix ou de ses suppléants, si la vente a lieu dans un chef-lieu de canton, ou, dans le cas contraire, d'après l'autorisation du maire de la commune : ces ordonnances ou autorisations seront délivrées sur la requête des agents ou gardes qui auront opéré la saisie, et sur la présentation du procès-verbal régulièrement dressé et affirmé par eux. — Dans tous les cas, la vente aura lieu en présence du receveur des Domaines, et, à défaut, du maire ou adjoint de la commune, ou du commissaire de police.

43. Les gardes-pêche ont le droit de requérir directement la force publique pour la répression des délits *en matière de pêche,* ainsi que pour la saisie des filets prohibés et du poisson *pêché en délit.*

44. (*Art.* 165 *C. for.*) « Ils écriront eux-mêmes leurs procès-verbaux; ils les signeront, et les affirmeront, au plus tard le lendemain de la clôture

(1) L. 21 juin 1866, art. 2; Décr. 21 nov. 1859.

(2) Les frais faits à l'occasion des délits de pêche poursuivis d'office par le ministère public, sur la plainte des particuliers, doivent être supportés par l'administration forestière. — *Décis. min. fin.* 2 août 1849.

desdits procès-verbaux, par-devant le juge de paix du canton ou l'un de ses suppléants, ou par-devant le maire ou l'adjoint, soit de la commune de leur résidence, soit de celle où le délit a été commis ou constaté; le tout sous peine de nullité. » — Toutefois, si, par suite d'un empêchement quelconque, le procès-verbal est seulement signé par le garde-pêche, mais non écrit en entier de sa main, l'officier public qui en recevra l'affirmation devra lui en donner préalablement lecture, et faire ensuite mention de cette formalité; le tout sous peine de nullité du procès-verbal. »

45. (*Art.* 166 *C. for.*) « Les procès-verbaux dressés par les agents forestiers, les gardes généraux et les gardes à cheval, soit isolément, soit avec le concours des gardes-pêche royaux et des gardes champêtres, ne seront point soumis à l'affirmation. »

46. Dans le cas où le procès-verbal portera saisie, il en sera fait une expédition, qui sera déposée dans les vingt-quatre heures au greffe de la justice de paix, pour qu'il en puisse être donné communication à ceux qui réclameraient les objets saisis. — Le délai ne courra que du moment de l'affirmation pour les procès-verbaux qui sont soumis à cette formalité.

47. (*Art.* 170 *C. for.*) « Les procès-verbaux seront, sous peine de nullité, enregistrés dans les quatre jours qui suivront celui de l'affirmation, ou celui de la clôture du procès-verbal s'il n'est pas sujet à l'affirmation. — L'enregistrement s'en fera en débet. »

48. Toutes les poursuites exercées en réparation de délits pour faits de pêche, seront portées devant les tribunaux correctionnels.

49. (*Art.* 172 *C. for.*) « L'acte de citation doit, à peine de nullité, contenir la copie du procès-verbal et de l'acte d'affirmation. »

50. (*Art.* 173 *C. for.*) « Les gardes de l'administration *chargés de la surveillance de la pêche* pourront, dans les actions et poursuites exercées en son nom, faire toutes citations et significations d'exploits, sans pouvoir procéder aux saisies-exécutions. — Leurs rétributions pour les actes de ce genre seront taxées comme pour les actes faits par les huissiers des juges de paix. »

51. (*Art.* 174 *C. for.*) « Les agents de cette administration ont le droit d'exposer l'affaire devant le tribunal, et sont entendus à l'appui de leurs conclusions. »

52. Les délits en matière de pêche seront prouvés, soit par procès-verbaux, soit par témoins, à défaut de procès-verbaux ou en cas d'insuffisance de ces actes.

53. Les procès-verbaux revêtus de toutes les formalités prescrites par les articles 44 et 47 ci-dessus, et qui sont dressés et signés par deux agents ou gardes-pêche, font preuve, jusqu'à inscription de faux, des faits matériels relatifs aux délits qu'ils constatent, quelles que soient les condamnations auxquelles ces délits peuvent donner lieu. — Il ne sera, en conséquence, admis aucune preuve outre ou contre le contenu de ces procès-verbaux, à moins qu'il n'existe une cause légale de récusation contre l'un des signataires.

54. Les procès-verbaux revêtus de toutes les formalités prescrites, mais qui ne seront dressés et signés que par un seul agent ou *garde-pêche*, feront de même preuve suffisante jusqu'à inscription de faux, mais seulement lorsque le délit n'entraînera pas une condamnation de plus de 50 francs, tant pour amende que pour dommages-intérêts.

55. (*Art.* 178 *C. for.*) « Les procès-verbaux qui, d'après les dispositions qui précèdent, ne font point foi et preuve suffisante jusqu'à inscription de faux, peuvent être corroborés et combattus par toutes les preuves légales, conformément à l'article 154 du Code d'instruction criminelle. »

56. Le prévenu qui voudra s'inscrire en faux contre le procès-verbal, sera tenu d'en faire par écrit et en personne, ou par un fondé de pouvoir spécial par acte notarié, la déclaration au greffe du tribunal avant l'audience indiquée par la citation. — Cette déclaration sera reçue par le greffier du tribunal; elle sera signée par le prévenu ou son fondé de pouvoir; et dans le cas où il ne saurait ou ne pourrait signer, il en sera fait mention expresse. — Au jour indiqué pour l'audience, le tribunal donnera acte de la déclaration, et fixera un délai de huit jours au moins et de quinze jours au plus, pendant lequel le prévenu sera tenu de faire au greffe le dépôt des moyens de faux, et des noms, qualités et demeures des témoins qu'il voudra faire entendre. — A l'expiration de ce délai, et sans qu'il soit besoin d'une citation nouvelle, le tribunal admettra les moyens de faux, s'ils sont de nature à détruire l'effet du procès-verbal, et il sera procédé sur le faux conformément aux lois. — Dans le cas contraire, et faute par le prévenu d'avoir

rempli toutes les formalités ci-dessus prescrites, le tribunal déclarera qu'il n'y a lieu à admettre les moyens de faux, et ordonnera qu'il soit passé outre au jugement.

57. (*Art.* 180 *C. for.*) « Le prévenu contre lequel aura été rendu un jugement par défaut, sera encore admissible à faire sa déclaration d'inscription de faux pendant le délai qui lui est accordé par la loi pour se présenter à l'audience sur l'opposition par lui formée. »

58 (*Art.* 181 *C. for.*) « Lorsqu'un procès-verbal sera rédigé contre plusieurs prévenus, et qu'un ou quelques-uns d'entre eux seulement s'inscriront en faux, le procès-verbal continuera de faire foi à l'égard des autres, à moins que le fait sur lequel portera l'inscription de faux ne soit indivisible et commun aux autres prévenus. »

59. Si, dans une instance en réparation de délit, le prévenu excipe d'un droit de propriété ou de tout autre droit réel, le tribunal saisi de la plainte statuera sur l'incident. — L'exception préjudicielle ne sera admise qu'autant qu'elle sera fondée, soit sur un titre apparent, soit sur des faits de possession équivalents, articulés avec précision, et si le titre produit ou les faits articulés sont de nature, dans le cas où ils seraient reconnus par l'autorité compétente, à ôter au fait qui sert de base aux poursuites tout caractère de délit. — *Dans le cas de renvoi à fins civiles,* le jugement fixera un bref délai, dans lequel la partie qui aura élevé la question préjudicielle devra saisir les juges compétents de la connaissance du litige et justifier de ses diligences; sinon il sera passé outre. Toutefois, en cas de condamnation, il sera sursis à l'exécution du jugement sous le rapport de l'emprisonnement, s'il était prononcé, et le montant des amendes, restitutions et dommages-intérêts, sera versé à la Caisse des dépôts et consignations, pour être remis à qui il sera ordonné par le tribunal qui statuera sur le fond du droit.

60. (*Art.* 183 *C. for.*) « Les agents de l'administration *chargés de la surveillance de la pêche* peuvent, en son nom, interjeter appel des jugements et se pourvoir contre les arrêts et jugements en dernier ressort; mais ils ne peuvent se désister de leurs appels sans son autorisation spéciale. »

61. (*Art.* 184 *C. for.*). « Le droit attribué à l'administration et à ses agents de se pourvoir contre les jugements et arrêts par appel ou par recours en cassation est indépendant de la même faculté qui est accordée par la loi au ministère public, lequel peut toujours en user, même lorsque l'administration ou ses agents auraient acquiescé aux jugements et arrêts. »

62. Les actions en réparation de délits en matière de pêche se prescrivent par un mois à compter du jour où les délits ont été constatés, lorsque les prévenus sont désignés dans les procès-verbaux. Dans le cas contraire, le délai de prescription est de trois mois à compter du même jour.

63. Les dispositions de l'article précédent ne sont pas applicables aux délits et malversations commis par les agents, préposés ou gardes de l'administration dans l'exercice de leurs fonctions; les délais de prescriptions à l'égard de ces préposés et de leurs complices seront les mêmes que ceux qui sont déterminés par le Code d'instruction criminelle.

64. Les dispositions du Code d'instruction criminelle sur les poursuites des délits, sur défauts, oppositions, jugements, appels et recours en cassation, sont et demeurent applicables à la poursuite des délits spécifiés par la présente loi, sauf les modifications qui résultent du présent titre.

SECTION II. — *Des poursuites exercées au nom et dans l'intérêt des fermiers de la pêche et des particuliers.*

65. Les délits qui portent préjudice aux fermiers de la pêche, aux porteurs de licences et aux propriétaires riverains, seront constatés par leurs gardes, lesquels seront assimilés aux gardes-bois des particuliers.

66. (*Art.* 188 *C. for.*) « Les procès-verbaux dressés par ces gardes feront foi jusqu'à preuve contraire. »

67. Les poursuites et actions seront exercées au nom et à la diligence des parties intéressées.

68. Les dispositions contenues aux articles 38, 39, 40, 41, 42, 43, 44, 45, 46, 47, paragraphe 1er, 49, 52, 59, 62 et 64 de la présente loi, sont applicables aux poursuites exercées au nom et dans l'intérêt des particuliers et des fermiers de la pêche, pour les délits commis à leur préjudice.

TITRE VI. — *Des peines et condamnations.*

69. Dans le cas de récidive, la peine sera toujours doublée. — Il y a récidive, lorsque, dans les douze mois précédents, il a été rendu contre le dé-

linquant un premier jugement pour délit en matière de pêche. (*V. L.* 31 *mai* 1865, *art.* 7.)

70. Les peines seront également doublées, lorsque les délits auront été commis la nuit. (*V. L.* 31 *mai* 1865, *art.* 7.)

71. (*Art.* 202 *C. for.*) « Dans tous les cas où il y aura lieu à adjuger des dommages-intérêts, ils ne pourront être inférieurs à l'amende simple prononcée par le jugement. »

72. Dans tous les cas prévus par la présente loi, si le préjudice causé n'excède pas 25 francs, et si les circonstances paraissent atténuantes, les tribunaux sont autorisés à réduire l'emprisonnement même au-dessous de six jours, et l'amende même au-dessous de 16 francs : ils pourront aussi prononcer séparément l'une ou l'autre de ces peines, sans qu'en aucun cas elle puisse être au-dessous des peines de simple police.

73. (*Art.* 204 *C. for.*) « Les restitutions et dommages-intérêts appartiennent aux fermiers, porteurs de licences et propriétaires riverains, si le délit est commis à leur préjudice; mais, lorsque le délit a été commis par eux-mêmes au détriment de l'intérêt général, ces dommages-intérêts appartiennent à l'Etat. — Appartiennent également à l'Etat toutes les amendes et confiscations. »

74. Les maris, pères, mères, tuteurs, fermiers et porteurs de licences, ainsi que tous propriétaires, maîtres et commettants, seront civilement responsables des délits en matière de pêche commis par leurs femmes, enfants mineurs, pupilles, bateliers et compagnons, et tous autres subordonnés, sauf tout recours de droit. — Cette responsabilité sera réglée conformément à l'article 1384 du Code civil.

TITRE VII. — *De l'exécution des jugements* (1).

SECTION I. — *De l'exécution des jugements rendus à la requête de l'administration ou du ministère public.*

75. (*Art.* 209 *C. for.*) « Les jugements rendus à la requête de l'administration chargée de la police de la pêche, ou sur la poursuite du ministère public, seront signifiés par simple extrait qui contiendra le nom des parties et le dispositif du jugement. — Cette signification fera courir les délais de l'opposition et de l'appel des jugements par défaut. »

76. Le recouvrement de toutes les amendes pour délits de pêche est confié aux receveurs de l'Enregistrement des domaines. Ces receveurs sont également chargés du recouvrement des restitutions, frais et dommages-intérêts résultant des jugements rendus en matière de pêche.

77. (*Art.* 211 *C. for.*) « Les jugements portant condamnation à des amendes, restitutions, dommages-intérêts et *frais* (2), sont exécutoires par la voie de la contraindre par corps; et l'exécution pourra en être poursuivie cinq jours après un simple commandement fait aux condamnés. — En conséquence, et sur la demande du receveur de l'Enregistrement et des domaines, le procureur du Roi adressera les réquisitions nécessaires aux agents de la force publique chargés de l'exécution des mandements de justice. »

78. (*Art.* 212 *C. for.*) « Les individus contre lesquels la contrainte par corps aura été prononcée pour raison des amendes et autres condamnations et réparations pécuniaires, subiront l'effet de cette contrainte jusqu'à ce qu'ils aient payé le montant desdites condamnations, ou fourni une caution admise par le receveur des Domaines, ou, en cas de contestation de sa part, déclarée bonne et valable par le tribunal de l'arrondissement. » (*Modifié; L.* 22 *juillet* 1867, *art.* 9 *et* 11.)

79. (*Art.* 213 *C. for.*) « Néanmoins les condamnés qui justifieront de leur insolvabilité, suivant le mode prescrit par l'article 420 du Code d'instruction criminelle, seront mis en liberté après avoir subi quinze jours de détention, lorsque l'amende et les autres condamnations pécuniaires n'excéderont pas 15 francs. — La détention ne cessent qu'au bout d'un mois, lorsque les condamnations s'élèveront ensemble de 15 à 50 francs. — Elle ne durera que deux mois, quelle que soit la quotité desdites condamnations. (*Modifié; L.* 22 *juillet* 1867, *art.* 10.) — En cas de récidive, la durée de la détention sera double de ce qu'elle eût été sans cette circonstance.

80. (*Art.* 214 *C. for.*) « Dans tous les cas, la détention employée comme moyen de contrainte est indépendante de la peine d'emprisonnement prononcée contre les condamnés pour tous les cas où la loi l'inflige. »

(1) *V.* L. 22 juill. 1867, art. 18.

(2) *V.* art. 3, § 2, L. 22 juill. 1867 et L. 19 déc. 1871.

Section II. — *De l'exécution des jugements rendus dans l'intérêt des fermiers de la pêche et des particuliers.*

81. Les jugements contenant des condamnations en faveur des fermiers de la pêche, des porteurs de licences et des particuliers, pour réparation des délits commis à leur préjudice, seront, à leur diligence, signifiés et exécutés suivant les mêmes formes et voies de contrainte que les jugements rendus à la requête de l'administration chargée de la surveillance de la pêche. — Le recouvrement des amendes prononcées par les mêmes jugements sera opéré par les receveurs de l'enregistrement et des domaines.

82. La mise en liberté des condamnés détenus par voie de contrainte par corps à la requête et dans l'intérêt des particuliers ne pourra être accordée, en vertu des articles 78 et 79, qu'autant que la validité des cautions ou la solvabilité des condamnés aura été, en cas de contestation de la part desdits propriétaires, jugée contradictoirement entre eux. (*V. art.* 11 *et* 18, *L.* 22 *juill.* 1867.)

Titre VIII. — *Dispositions générales.*

83. Sont et demeurent abrogés toutes les lois, ordonnances, édits et déclarations, arrêts du Conseil, arrêtés et décrets, et tous règlements intervenus, à quelque époque que ce soit, sur les matières réglées par la présente loi, en tout ce qui concerne la pêche. — Mais les droits acquis antérieurement à la présente loi seront jugés, en cas de contestation, d'après les lois existant avant sa promulgation.

1830

ORDONNANCE

Modifiant les dispositions de l'article 104 de l'ordonnance du 1er août 1827.

(23 juin 1830)

Article unique. Ne seront point applicables aux adjudications mentionnées dans les articles 102 et 103 de notre ordonnance du 1er août 1827, la disposition de l'article 17 du Code forestier qui ordonne l'affiche des ventes des coupes ordinaires au chef-lieu du département; celle de l'article 25 de la même loi relative aux surenchères (*les surenchères ont été abolies par la loi du 4 mai* 1837); la disposition de l'article 83 de l'ordonnance réglementaire qui prescrit le dépôt, au secrétariat de la vente, d'une expédition du cahier des charges, et celle du deuxième paragraphe de l'article 84, qui exige que les affiches soient approuvées par le conservateur des forêts et apposées sous l'autorisation du préfet. — Toutefois les formalités prescrites pour les adjudications des coupes ordinaires de bois seront observées, lorsque l'évaluation des objets mis en vente excédera la somme de 500 francs.

ORDONNANCE

Contenant des dispositions sur l'exercice de la profession d'avocat.

(27 août 1830)

Art. 1er. A compter de la publication de la présente ordonnance, les conseils de discipline seront élus directement par l'assemblée de l'ordre composée de tous les avocats inscrits au tableau. L'élection aura lieu par scrutin de liste et à la majorité relative des membres présents. (*Abrogé par le décret du* 22 *mars* 1842).

2. Les conseils de discipline seront provisoirement composés de cinq membres dans les siéges où le nombre des avocats inscrits sera inférieur à trente, y compris ceux où les fonctions desdits conseils ont été jusqu'à ce jour exercées par les tribunaux; de sept, si le nombre des avocats inscrits est de trente à cinquante; de neuf, si ce nombre est de cinquante à cent; de quinze, s'il est de cent ou au-dessus; de vingt et un à Paris (1).

(1) (*a*) L'ordonnance du 27 août 1830, qui a introduit le principe de l'élection pour la nomination des membres du conseil et du bâtonnier, n'a pas abrogé l'ordonnance du 20 nov. 1822, qui continue de subsister pour tous les cas où l'ordonnance de 1830 est sans application possible. L'ordonnance de 1830 ne peut recevoir d'application au cas où le nombre des avocats n'est pas de six au moins. — Cass. 8 févr. 1854.

(*b*) Les fonctions du conseil de discipline doivent continuer d'être exercées par le tribunal, conformément à l'ordonnance du 20 nov. 1822 lorsque le tableau des avocats ne comprend pas un nombre

3. Le bâtonnier de l'ordre sera élu par la même assemblée et par scrutin séparé, à la majorité absolue, avant l'élection du conseil de discipline. (*V. Décr. 10 mars* 1870.)

4. A compter de la même époque, tout avocat inscrit au tableau pourra plaider devant toutes les Cours royales et tous les tribunaux du Royaume sans avoir besoin d'aucune autorisation, sauf les dispositions de l'article 295 du Code d'instruction criminelle.

ORDONNANCE

Portant que le prix des acquisitions immobilières faites par les communes pourra, s'il n'excède pas 100 francs, être payé sans que les formalités pour la radiation et la purge légale des hypothèques aient été accomplies.

(31 août 1830)

ART. UNIQUE. Le prix des acquisitions immobilières faites avec autorisation légale par les communes pour cause d'utilité publique régulièrement constatée, s'il n'excède pas la somme de 100 francs, pourra être payé sans que les formalités prescrites pour la radiation et la purge légale des hypothèques aient été préalablement accomplies, et sans que, dans aucun cas, cette faculté puisse porter atteinte aux droits, actions et priviléges des tiers créanciers, quand il en existera.

ORDONNANCE

Qui attribue à l'administration des forêts la police de la chasse dans les forêts de l'Etat et supprime les fonctions du grand veneur.

(14 septembre 1830) (1)

LOI

Sur les afficheurs et crieurs publics.

(10 décembre 1830) (2)

ART. 1er. Aucun écrit, soit à la main, soit imprimé, gravé ou lithographié, contenant des nouvelles politiques ou traitant d'objets politiques, ne pourra être affiché ou placardé dans les rues, places ou autres lieux publics. — Sont exceptés de la présente disposition les actes de l'autorité publique.

2. Quiconque voudra exercer, même temporairement, la profession d'afficheur ou crieur, de vendeur ou distributeur, sur la voie publique, d'écrits imprimés, lithographiés, gravés ou à la main, sera tenu d'en faire préalablement la déclaration devant l'autorité municipale et d'indiquer son domicile. — Le crieur ou afficheur devra renouveler cette déclaration chaque fois qu'il changera de domicile.

3. Les journaux, feuilles quotidiennes ou périodiques, les jugements et autres actes d'une autorité constituée, ne pourront être annoncés dans les rues, places et autres lieux publics, autrement que par leur titre. — Aucun autre écrit imprimé, lithographié, gravé ou à la main, ne pourra être crié sur la voie publique qu'après que le crieur ou distributeur aura fait connaître à l'autorité municipale le titre sous lequel il veut l'annoncer, et qu'après avoir remis à cette autorité un exemplaire de cet écrit.

4. La vente ou distribution de faux extraits de journaux, jugements et actes de l'autorité publique, est défendue, et sera punie des peines ci-après.

5. L'infraction aux dispositions des articles 1 et 4 de la présente loi sera punie d'une amende de 25 à 500 francs, et d'un emprisonnement de six jours à un mois, cumulativement ou séparément. — L'auteur ou l'imprimeur des faux extraits défendus par l'article ci-dessus sera puni du double de la peine infligée au crieur, vendeur ou distributeur de faux extraits. — Les peines prononcées par le présent article seront appliquées sans préjudice des autres peines qui pourraient être encourues par suite des crimes et délits résultant de la nature même de l'écrit.

6. La connaissance des délits punis par le précédent article est attribuée aux Cours d'assises. Ces délits seront poursuivis conformément aux dispositions de l'article 4 de la loi du 8 octobre 1830. (*Modifié; Décr. 25 févr.* 1862.)

7. Toute infraction aux articles 2 et 3 de la présente loi sera punie, par la voie ordinaire de police correctionnelle, d'une amende de 25 à 200

de membres supérieur au minimum dont l'ordonnance du 27 août veut que les conseils de discipline soient composés. — Cass. 18 juin 1834.

(1) Bull., 9e série, no 146.

(2) V. L. 29 juill. 1881, art. 15 et suiv., APP. C. PÉN.

francs, et d'un emprisonnement de six jours à un mois, cumulativement ou séparément.

8. Dans les cas prévus par la présente loi, les Cours d'assises et les tribunaux correctionnels pourront appliquer l'article 463 du Code pénal, si les circonstances leur paraissent atténuantes, et si le préjudice causé n'excède pas 25 francs.

9. La loi du 5 nivôse an V, relative aux crieurs publics, et l'article 290 du Code pénal, sont abrogés.

LOI

Qui supprime les juges auditeurs, les conseillers auditeurs, et statue à l'égard des juges suppléants.

(10 décembre 1830)

Art. 1er. Les juges auditeurs sont supprimés et cesseront immédiatement leurs fonctions.

. . . .

ORDONNANCE

Relative aux formalités des pourvois devant la Cour des comptes, en matière de comptabilité communale.

(28 décembre 1830 (1)

1831

ORDONNANCE

Relative aux donations et legs, acquisitions et aliénations de biens concernant les établissements ecclésiastiques et les communautés religieuses de femmes.

(14 janvier 1831)

Art. 1er. L'article 6 de l'ordonnance royale du 2 avril 1817 est rapporté : en conséquence, aucun transfert ni inscription de rentes sur l'Etat, au profit d'un établissement ecclésiastique ou d'une communauté religieuse de femmes, ne sera effectué qu'autant qu'il aura été autorisé par une ordonnance royale, dont l'établissement intéressé présentera, par l'intermédiaire de son agent de change, expédition en due forme au directeur du grand-livre de la dette publique.

2. Aucun notaire ne pourra passer acte de vente, d'acquisition, d'échange, de cession ou transport, de constitution de rente, de transaction, au nom desdits établissements, s'il n'est justifié de l'ordonnance royale portant autorisation de l'acte, et qui devra y être entièrement insérée.

3. Nulle acceptation de legs au profit des mêmes établissements ne sera présentée à notre autorisation sans que les héritiers connus du testateur aient été appelés par acte extrajudiciaire pour prendre connaissance du testament, donner leur consentement à son exécution, ou produire leurs moyens d'opposition. S'il n'y a pas d'héritiers connus, extrait du testament sera affiché de huitaine en huitaine, et à trois reprises consécutives, au chef-lieu de la mairie du domicile du testateur, et inséré dans le journal judiciaire du département, avec invitation aux héritiers d'adresser au préfet, dans le même délai, les réclamations qu'ils auraient à présenter.

4. Ne pourront être présentées à notre autorisation les donations qui seraient faites à des établissements ecclésiastiques ou religieux avec réserve d'usufruit en faveur du donateur.

5. L'état de l'actif et du passif, ainsi que des revenus et charges des établissements légataires ou donataires, vérifié et certifié par le préfet, sera produit à l'appui de leur demande en autorisation d'accepter les dons ou legs qui leur seraient faits.

6. Les dispositions de la présente ordonnance sont applicables aux autorisations à donner par le préfet, en vertu du dernier paragraphe de l'article 1er de l'ordonnance du 2 avril 1817.

LOI

Concernant la répression de la traite des noirs.

(4 mars 1831) (2)

---

(1) Bull., 9e série, no 710. — Les dispositions de cette ordonnance sont reproduites par les articles 530 à 538 du décret du 31 mai 1862.

(2) Bull., 9e série, no 87.

ORDONNANCE

Qui modifie celle du 2 février 1831 sur la publicité des séances du Conseil d'Etat et le mode de décision des affaires contentieuses et des conflits, etc.

(12 mars 1831) (1)

LOI

Sur l'organisation municipale.

(21 mars 1831) (2)

LOI

Sur les pensions de l'armée de terre.

(11 avril 1831) (3)

. . . .

ART. 28. Les pensions militaires et leurs arrérages sont incessibles et insaisissables, excepté dans le cas de débet envers l'Etat, ou dans les circonstances prévues par les articles 203 et 205 du Code Napoléon. — Dans ces deux cas, les pensions militaires sont passibles de retenues qui ne peuvent excéder le cinquième de leur montant pour cause de débet, et le tiers pour aliments.

. . . .

LOI

Sur les pensions de l'armée de mer.

(18 avril 1831) (4)

ART. 30. Les pensions de retraite et leurs arrérages sont incessibles et insaisissables, excepté dans le cas de débet envers l'Etat, ou dans les circonstances prévues par les articles 203 et 205 du Code civil. — Dans ces deux cas, les pensions de retraite sont passibles de retenues qui ne peuvent excéder le cinquième de leur montant pour cause de débet, et le tiers pour aliments.

(1) Bull., 9e série, no 1311. — *V.* le texte dans notre édition in-8o.

(2) Bull., 9e série, no 91. — Abrogée par la loi du 5 mai 1855.

(3) Bull., 9e série, no 104. — *V.* le texte dans notre édition in-8o. — V. LL. 25 juin 1861 ; 22 juin 1878.

(4) Bull., 9e série, no 109. — *V.* le texte dans notre édition in-8. — Décr. 13 juill. 1880.

ORDONNANCE DE POLICE

Concernant les brocanteurs.

(17 juin 1831)

ART. UNIQUE. Personne ne peut exercer la profession de brocanteur dans le ressort de la préfecture de police, sans s'être fait préalablement inscrire sur les registres ouverts, à cet effet, à ladite préfecture.

ORDONNANCE

Sur le mode de paiement des créances à la charge de l'Etat, frappées d'opposition.

(16 novembre 1831) (5)

1832

LOI

Sur le recrutement de l'armée.

(21 mars 1832) (6)

LOI

Sur la contrainte par corps.

(17 avril 1832) (7)

LOI

Portant fixation du budget des recettes de l'exercice 1832.

(21 avril 1832)

. . . .

TITRE II. — *De la contribution personnelle et mobilière.*

ART. 8. A partir du 1er janvier 1832, la contribution personnelle sera réunie

(5) Bull., 9e série, no 3353.

(6) Bull., 9e série, no 149. — Abrogée par la loi du 27 juill. 1872, *Sur le Recrutement de l'armée.*

(7) Bull., 9e série, no 158. — *V.* L. 22 juill. 1867, qui abolit la contrainte par corps en matière commerciale, civile et contre les étrangers.

à la contribution mobilière, et ces deux contributions seront établies par voie de répartition entre les départements, les arrondissements, les communes et les contribuables.

9. Le contingent assigné à chaque département sera réparti entre les arrondissements par le Conseil général, et entre les communes par les Conseils d'arrondissement, d'après le nombre des contribuables passibles de la taxe personnelle et d'après les valeurs locatives d'habitation.

10. La taxe personnelle se compose de la valeur de trois journées de travail. Le Conseil général, sur la proposition du préfet, déterminera le prix moyen de la journée de travail dans chaque commune, sans pouvoir néanmoins le fixer au-dessous de 50 centimes, ni au-dessus de 1 franc 50 centimes.

11. Le directeur des contributions directes formera, chaque année, un tableau présentant, par arrondissement et par commune, le nombre des individus passibles de la taxe personnelle, et le montant de leurs valeurs locatives d'habitation. Ce tableau servira de renseignement au Conseil général et aux Conseils d'arrondissement, pour la répartition de la contribution personnelle et mobilière.

12. La contribution personnelle et mobilière est due par chaque habitant français et par chaque étranger de tout sexe jouissant de ses droits, et non réputé indigent. — Sont considérées comme jouissant de leurs droits les veuves et les femmes séparées de leur mari; les garçons et filles majeurs ou mineurs ayant des moyens suffisants d'existence, soit par leur fortune personnelle, soit par la profession qu'ils exercent, lors même qu'ils habitent avec leurs père, mère, tuteur ou curateur.

13. La taxe personnelle n'est due que dans la commune du domicile réel; la contribution mobilière est due pour toute habitation meublée, située soit dans la commune du domicile réel, soit dans toute autre commune. — Lorsque, par suite de changement de domicile, un contribuable se trouvera imposé dans deux communes, quoique n'ayant qu'une seule habitation, il ne devra la contribution que dans la commune de sa nouvelle résidence.

14. Les officiers de terre et de mer ayant des habitations particulières, soit pour eux, soit pour leur famille, les officiers sans troupe, officiers d'état-major, officiers de gendarmerie et de recrutement, les employés de la guerre et de la marine dans les garnisons et dans les ports, les préposés de l'administration des douanes, sont imposables à la contribution personnelle et mobilière, d'après le même mode et dans la même proportion que les autres contribuables.

15. Les fonctionnaires, les ecclésiastiques et les employés civils et militaires, logés gratuitement dans des bâtiments appartenant à l'État, aux départements, aux arrondissements, aux communes ou aux hospices, sont imposables d'après la valeur locative des parties de ces bâtiments affectées à leur habitation personnelle.

16. Les habitants qui n'occupent que des appartements garnis ne seront assujettis à la contribution mobilière qu'à raison de la valeur locative de leur logement, évalué comme un logement non meublé.

17. Les commissaires répartiteurs, assistés du contrôleur des contributions directes, rédigeront la matrice du rôle de la contribution personnelle et mobilière. Ils porteront sur cette matrice tous les habitants jouissant de leurs droits et non réputés indigents, et détermineront les loyers qui doivent servir de base à la répartition individuelle. — Les parties de bâtiments consacrées à l'habitation personnelle devront seules être comprises dans l'évaluation des loyers. — Il sera formé annuellement un état de mutations survenues pour cause de décès, de changement de résidence, de diminution ou d'augmentation de loyer. — Les répartiteurs pourront faire usage, pour 1832, des éléments d'après lesquels étaient fixées les cotes individuelles antérieurement à 1832.

18. Lors de la formation de la matrice, le travail des répartiteurs sera soumis au Conseil municipal, qui désignera les habitants qu'il croira devoir exempter de toute cotisation, et ceux qu'il jugera convenable de n'assujettir qu'à la taxe personnelle.

19. Les centimes additionnels généraux et particuliers ajoutés au principal du contingent personnel et mobilier de la commune, ne porteront que sur les cotisations mobilières; la taxe personnelle sera imposée en principal seulement.

20. Dans les villes ayant un octroi, le contingent personnel et mobilier pourra être payé en totalité ou en partie par les caisses municipales, sur la demande qui en sera faite aux préfets par les Conseils municipaux. Ces Conseils détermineront la portion

du contingent qui devra être prélevé sur les produits de l'octroi. La portion à percevoir au moyen d'un rôle sera répartie en cote mobilière seulement, au centime le franc des loyers d'habitation, après déduction des faibles loyers que les Conseils municipaux croiront devoir exempter de la cotisation. — Les délibérations prises par les Conseils municipaux ne recevront leur exécution qu'après avoir été approuvées par ordonnance royale.

21. La contribution personnelle et mobilière étant établie pour l'année entière, lorsqu'un contribuable viendra à décéder dans le courant de l'année, ses héritiers seront tenus d'acquitter le montant de sa cote.

22. En cas de déménagement hors du ressort de la perception, comme en cas de vente volontaire ou forcée, la contribution personnelle et mobilière sera exigible pour la totalité de l'année courante. — Les propriétaires, et, à leur place, les principaux locataires, devront, un mois avant l'époque du déménagement de leurs locataires, se faire représenter par ces derniers les quittances de leur contribution personnelle et mobilière. Lorsque les locataires ne représenteront point ces quittances, les propriétaires ou principaux locataires seront tenus, sous leur responsabilité personnelle, de donner dans les trois jours avis du déménagement au percepteur.

23. Dans le cas de déménagement furtif, les propriétaires, et, à leur place, les principaux locataires, deviendront responsables des termes échus de la contribution de leurs locataires, s'ils n'ont pas fait constater dans les trois jours ce déménagement par le maire, le juge de paix ou le commissaire de police. — Dans tous les cas, et nonobstant toute déclaration de leur part, les propriétaires ou principaux locataires demeureront responsables de la contribution des personnes logées par eux en garni, et désignées à l'article 15.

Des portes et fenêtres.

24. A partir du 1er janvier 1832, la contribution des portes et fenêtres sera établie par voie de répartition entre les départements, les arrondissements, les communes et les contribuables, conformément au tarif ci-après, sauf les modifications proportionnelles qu'il sera nécessaire de lui faire subir pour remplir les contingents. (*V. le tableau, p.* 238.)

Dans les villes et communes au-dessus de cinq mille âmes, la taxe correspondante au chiffre de leur population ne s'appliquera qu'aux habitations comprises dans les limites intérieures de l'octroi. Les habitations dépendantes de la banlieue seront portées dans la classe des communes rurales.

25. Le contingent assigné à chaque département sera réparti entre les arrondissements par le Conseil général, et entre les communes par les Conseils d'arrondissement, d'après le nombre des ouvertures imposables.

26. Le directeur des contributions directes formera, chaque année, un tableau présentant, 1° le nombre des ouvertures imposables des différentes classes, 2° le produit des taxes d'après le tarif, 3° le projet de la répartition. — Ce tableau servira de renseignement au Conseil général et aux Conseils d'arrondissement pour fixer le contingent des arrondissements et des communes.

27. Les commissaires répartiteurs, assistés du contrôleur des contributions directes, rédigeront la matrice de la contribution des portes et fenêtres d'après les bases fixées par les lois des 4 frimaire an VII et 4 germinal an XI, sauf les modifications ci-après : — Il ne sera compté qu'une seule porte charretière pour chaque ferme, métairie, ou toute autre exploitation rurale. — Les portes charretières existant dans les maisons à une, deux, trois, quatre et cinq ouvertures, ne seront comptées et taxées que comme portes ordinaires. — Sont imposables les fenêtres dites *mansardes* et autres ouvertures pratiquées dans la toiture des maisons, lorsqu'elles éclairent des appartements habitables. — Les fonctionnaires, les ecclésiastiques et les employés civils et militaires, logés gratuitement dans des bâtiments appartenant à l'Etat, aux départements, aux arrondissements, aux communes ou aux hospices, seront imposés nominativement pour les portes et fenêtres des parties de ces bâtiments servant à leur habitation personnelle.

Des réclamations.

28. Tout contribuable qui se croira surtaxé adressera au préfet ou au sous-préfet, dans les trois premiers mois de l'émission des rôles, sa demande en décharge ou réduction. Il y joindra la quittance des termes échus de sa cotisation, sans pouvoir, sous

POPULATION DES VILLES ET DES COMMUNES.	POUR LES MAISONS à					POUR LES MAISONS à six ouvertures et au-dessus.		
	Une ouverture.	Deux ouvertures.	Trois ouvertures	Quatre ouvertures.	Cinq ouvertures.	Portes cochères, charretières et de magasins.	Portes ordinaires et fenêtres du rez-de-chaussée, de l'entresol, des 1er et 2e étages.	Fenêtres du 3e étage et des étages supérieurs.
	fr. c.	fr. c.	fr. c.	fr. c.	fr. c.	fr. c.	fr. c.	fr. c.
Au-dessous de 5,000 âmes..........	0 30	0 45	0 90	1 60	2 50	1 60	0 60	0 60
De 5,000 à 10,000........	0 40	0 60	1 35	2 20	3 25	3 50	0 75	0 75
De 10,000 à 25,000........	0 50	0 80	1 80	2 80	4 00	7 40	0 90	0 75
De 25,000 à 50,000...........	0 60	1 00	2 70	4 »	5 50	11 20	1 20	0 75
De 50,000 à 100,000............. .	0 80	1 20	3 60	5 20	7 00	15 00	1 50	0 75
Au-dessus de 100,000.............	1 00	1 50	4 50	6 40	8 50	18 80	1 80	0 75

prétexte de réclamation, différer le paiement des termes qui viendront à échoir pendant les trois mois qui suivront la réclamation, dans lesquels elle devra être jugée définitivement. — Le même délai est accordé au contribuable qui réclamera contre son omission au rôle. Le montant des cotisations extraordinaires qui seront établies par suite de ces dernières réclamations, soit en contribution personnelle et mobilière, soit en portes et fenêtres, viendra en déduction du contingent de la commune pour l'année suivante. — Ne sont point assujetties au droit de timbre les réclamations ayant pour objet une cote moindre de 30 francs.

29. La pétition sera renvoyée au contrôleur des contributions directes, qui vérifiera les faits, et donnera son avis après avoir pris celui des répartiteurs. — Si le directeur des contributions directes est d'avis qu'il y a lieu d'admettre la demande, il fera son rapport, et le Conseil de préfecture statuera. — Dans le cas contraire, le directeur exprimera les motifs de son opinion, transmettra le dossier à la sous-préfecture, et invitera le réclamant à en prendre communication, et à faire connaître dans les dix jours s'il veut fournir de nouvelles observations ou recourir à la vérification par voie d'experts. Si l'expertise est demandée, les deux experts seront nommés, l'un par le sous-préfet, l'autre par le réclamant, et il sera procédé à la vérification dans les formes prescrites par l'arrêté du Gouvernement du 24 floréal an VIII. (*V. aussi art.* 6, *Décr.* 12 *juill.* 1865.)

30. Le recours contre les arrêtés du Conseil de préfecture ne sera soumis qu'au droit du timbre. Il pourra être transmis au Gouvernement par l'intermédiaire du préfet, sans frais.

. . . .

Titre III. — *Enregistrement.*

33. Les droits d'enregistrement des donations entre-vifs, et des mutations par décès, soit par succession, soit par testament ou autres actes de libéralité à cause de mort, qui auront lieu à compter de la promulgation de la présente loi, de biens meubles ou immeubles, en ligne collatérale et entre personnes non parentes, seront perçus selon les quotités établies ci-après : — entre frères et sœurs, oncles et tantes, neveux et nièces, — pour les donations entre-vifs par contrat de mariage, — sur les meubles, 2 francs pour 100 francs, — sur les immeubles, 4 francs 50 centimes pour 100 francs ; — pour les donations entre-vifs hors contrat de mariage et les mutations par décès, — sur les meubles, 3 francs pour 100 francs, — sur les immeubles, 6 francs 50 centimes pour 100 francs ; — entre grands-oncles et grand'tantes, petits-neveux et petites-nièces, cousins germains, — pour les donations entre-vifs par contrats de mariage, — sur les meubles, 2 francs 50 centimes pour 100 francs, — sur les immeubles, 5 francs pour 100 francs ; — pour les donations entre-vifs hors contrat de mariage et les mutations par décès, — sur les meubles, 4 francs pour 100 francs, — sur les immeubles, 7 francs pour 100 francs ; — entre parents, au delà du quatrième degré et jusqu'au douzième, — pour les donations entre-vifs par contrat de mariage, — sur les meubles, 3 francs pour 100 francs, — sur les immeubles, 5 francs 50 centimes pour 100 francs ; — pour les donations entre-vifs hors contrat de mariage et les mutations par décès, — sur les meubles, 5 francs pour 100 francs, — sur les immeubles, 8 francs pour 100 francs ; — entre personnes non parentes, — pour les donations entre-vifs par contrat de mariage, — sur les meubles, 4 francs pour 100 francs, — sur les immeubles, 6 francs pour 100 francs ; — pour les donations entre-vifs hors contrat de mariage et les mutations par décès, — sur les meubles, 6 francs pour 100 francs, — sur les immeubles, 9 francs pour 100 francs.

34. — *Remplacé par la loi du* 25 *juin* 1841.

Titre IV. — *Boissons* (1).

35. Dans les villes ayant une population agglomérée de quatre mille âmes et au-dessus, et sur le vœu émis par le Conseil municipal, les exercices seront supprimés, moyennant que les droits de circulation, d'entrée ou de détail sur les vins, cidres, poirés et hydromels, ainsi que celui de licence des débitants, soient convertis en une taxe unique aux entrées. La circulation des boissons sera libre dans l'intérieur des villes où ce mode de remplacement aura été adopté, et le droit de circulation ne sera plus perçu sur les boissons adressées aux consommateurs qui y seront domiciliés. — Le Conseil municipal pourra ne voter que le remplacement des

(1) *V.* L. 9 juin 1875.

droits de licence, d'entrée et de détail : dans ce cas, la perception du droit de circulation continuera à être effectuée avec les formalités ordinaires. (*Modifié ; art.* 18, *L.* 25 *juin* 1841.)

36. Cette taxe unique sera fixée pour chaque ville et par hectolitre, en divisant la somme des produits annuels de tous les droits à remplacer par la somme des quantités annuellement introduites. Ce calcul sera établi sur la moyenne des consommations des trois dernières années.

37. — *Remplacé par l'article* 20 *de la loi du* 25 *juin* 1841.

38. Dans les villes assujetties à la taxe unique ou au droit d'entrée, la faculté d'entrepôt sera accordée aux distillateurs et aux marchands en gros, aux conditions prescrites par les articles 32, 35, 36 et 37 de la loi du 28 avril 1816 ; ils devront, en outre, présenter une caution solvable qui s'engagera solidairement avec eux au paiement des droits sur les boissons qu'ils ne justifieront pas avoir fait sortir du lieu. — L'entrepositaire sera tenu de déclarer le magasin dans lequel il entendra placer les boissons pour lesquelles il réclamera l'entrepôt. Il ne pourra jouir de la même faculté dans d'autres magasins, s'il n'y est autorisé par la Régie (1).

39. Les récoltants de vins, de cidres ou de poirés, domiciliés dans les villes, pourront obtenir l'entrepôt pour les produits de leur récolte, quelle qu'en soit la quantité. La limite posée par l'article 31 de la loi du 28 avril 1816 est abrogée en ce qui les concerne. — Les propriétaires récoltants qui ne voudront pas jouir de l'entrepôt pour les vins, cidres ou poirés fabriqués dans l'intérieur du lieu sujet, seront admis à se libérer par douzième, de mois en mois, du montant des droits sur les vendanges qu'ils auront introduites, ou sur les quantités de vin qui auront été inventoriées chez eux après la récolte.

40. Dans les communes vignobles où les Conseils municipaux voudront remplacer, soit l'inventaire des vins nouveaux, soit le paiement immédiat ou par douzième du droit sur les vendanges, il devra, sur leur demande, être consenti un abonnement général pour l'équivalent des sommes qui seraient dues pour l'année entière sur la consommation des vins fabriqués dans l'intérieur, moyennant que la commune s'engage à verser dans les caisses de la Régie par vingt-quatrième, de quinzaine en quinzaine, la somme convenue pour l'abonnement, sauf à elle à s'imposer pour le recouvrement de cette somme comme elle est autorisée à le faire pour les dépenses communales. — Ces abonnements seront discutés, dans le mois qui précédera la récolte, entre le Conseil municipal et le directeur des contributions indirectes, ou son délégué. Ils auront pour base la quantité sur laquelle les récoltants auront payé le droit d'entrée dans une année de récolte complète, avec réduction, s'il y a lieu, dans la proportion des produits apparents de la récolte de l'année. — Seront observées, relativement au recouvrement des sommes dues et à la fixation des abonnements, en cas de discussion avec la commune, les dispositions des articles 75 et 78 de la loi du 28 avril 1816.

41. Dans les villes qui seront soumises à une taxe unique sur les vins, cidres, poirés et hydromels, le droit général de consommation imposé sur les eaux-de-vie, esprits, liqueurs et fruits à l'eau-de-vie, sera perçu à l'entrée, lorsque le destinataire ne jouira pas de l'entrepôt. — Les débitants qui voudront s'affranchir des exercices pour les eaux-de-vie, esprits ou liqueurs, soit dans les villes où la taxe unique ne sera pas adoptée, soit hors des villes, seront admis, comme les consommateurs, à payer ce même droit à l'arrivée, sur la représentation de ces boissons aux employés, avant que l'acquit-à-caution puisse être déchargé. (*V. art.* 18, *L.* 25 *juin* 1841.)

42. Dans les villes où la conversion des différents droits sera prononcée, les débitants seront tenus d'acquitter la taxe unique sur les boissons qu'ils auront en leur possession au moment de la mise en vigueur de cette nouvelle taxe. — Dans le cas du rétablissement de la perception par exercices, il sera tenu compte aux débitants du droit unique qu'ils auront payé sur les boissons en leur possession.

43. A défaut de bureau de la Régie dans le lieu même de leur résidence les propriétaires, les récoltants et les

(1) Dans les villes où les droits de circulation, d'entrée, de détail et de licence sont convertis en une taxe unique, l'entrepositaire est soumis à payer la taxe au moment où la boisson sort de l'entrepôt pour entrer dans la consommation intérieure. — Il n'est pas fondé à prétendre que la taxe ne doit être acquittée que tous les trois mois sur les boissons manquantes à sa charge. — Cass. *Ch. réun.* 29 janv. 1836.

marchands en gros de boissons, qui auront à en expédier, à quelque destination que ce soit, seront autorisés à se délivrer des laissez-passer jusqu'au premier bureau de passage. A cet effet, la Régie leur remettra des formules imprimées dont ils seront tenus de justifier l'emploi. — Lorsque les expéditeurs de boissons voudront se dispenser de déclarer le nom des destinataires, ils seront admis à ne faire désigner sur les expéditions que le lieu de destination, à charge d'y faire compléter la déclaration au bureau de la Régie, avant que les conducteurs puissent décharger les voitures, ou introduire les boissons chez le destinataire.

44. Les licences, autres que celles des voitures publiques, ne seront plus payées que par trimestre. Le droit sera toujours dû pour le trimestre entier, à quelque époque que commence ou cesse le commerce.

45. Les dispositions des lois actuellement en vigueur, qui sont contraires à la présente loi, sont abrogées.

ORDONNANCE

Qui fixe les conditions d'éligibilité aux chambres des avoués.

(12 août 1832) (1)

ART. 1er. Lorsque le nombre des avoués près les Cours royales et les tribunaux de première instance sera de vingt et au-dessus, les membres des chambres de discipline ne pourront être élus que parmi les avoués les plus anciens en exercice formant la moitié du nombre total. — Lorsque le nombre sera au-dessous de vingt, tout avoué sera éligible à la chambre de discipline.

2. Les ordonnances royales des 21 août 1816, 23 avril 1818, 17 juin 1820 et 20 juin 1821, relatives à la composition des chambres des avoués, sont rapportées.

ORDONNANCE

Relative à la composition des chambres de discipline des huissiers.

(6 octobre 1832) (2)

ART. 1er. Lorsque le nombre des huissiers exerçant dans le ressort d'un tribunal d'arrondissement sera de vingt et au-dessus, les membres des chambres de discipline ne pourront être élus que parmi les huissiers les plus anciens en exercice formant la moitié du nombre total. — Lorsque le nombre sera au-dessous de vingt, tout huissier sera éligible à la chambre de discipline.

2. L'ordonnance du 26 août 1829 relative à la composition de la chambre de discipline des huissiers près le tribunal de première instance de la Seine est rapportée.

ORDONNANCE

Qui règle les conditions d'admission et d'avancement pour les gardes forestiers.

(15 novembre 1832)

ART. 1er. A l'avenir, nul ne sera nommé garde forestier, s'il est âgé de plus de trente-cinq ans, et s'il ne sait lire et écrire.

. . . .

1833

LOI

Relative aux sommes déposées dans les bureaux de poste.

(31 janvier 1833) (3)

ART. 1er. Seront définitivement acquises à l'Etat les sommes versées aux caisses des agents des postes pour être remises à destination, et dont le remboursement n'aura pas été réclamé par les ayants-droit dans un délai de huit années à partir du jour du versement des fonds. — Les délais pour les versements faits antérieurement à la promulgation de la présente loi courront à partir de cette promulgation.

2. Les dispositions ci-dessus seront insérées dans les récépissés délivrés au public par les bureaux de poste.

LOI

Relative aux formes et au contrôle des récépissés et autres titres qui engagent le Trésor public (4).

(24 avril 1833)

(1) V. Arr. 13 frim. an IX.

(2) V. Décr. 14 juin 1813, art. 53 et suiv.

(3) V. L. 15 juill. 1882.

(4) Bull., 9e série, no 226. — V. le texte dans notre édition in-8o.

LOI

Sur l'organisation des Conseils généraux de département et des Conseils d'arrondissement.

(22 juin 1833) (1).

TITRE III. — *Des Conseils d'arrondissement.*

ART. 20. Il y aura, dans chaque arrondissement de sous-préfecture, un Conseil d'arrondissement composé d'autant de membres que l'arrondissement a de cantons, sans que le nombre des conseillers puisse être au-dessous de neuf.

21. Si le nombre des cantons d'un arrondissement est inférieur à neuf, une ordonnance royale répartira entre les cantons les plus peuplés le nombre des conseillers d'arrondissement à élire pour complément.

22, 23. — *Abrogés par l'article 4 du décret du 3 juill.* 1848.

24. Nul ne peut être membre de plusieurs Conseils d'arrondissement, ni d'un Conseil d'arrondissement et d'un Conseil général.

25. Les membres des Conseils d'arrondissement sont élus pour six ans. Ils sont renouvelés par moitié tous les trois ans. A la session qui suivra la première élection, le Conseil général divisera en deux séries les cantons de chaque arrondissement. Il sera procédé à un tirage au sort pour régler l'ordre de renouvellement entre les deux séries. Ce tirage se fera par le préfet en Conseil de préfecture et en séance publique.

26. . . . .

TITRE IV. — *Règles pour la session des Conseils d'arrondissement.*

27. Les Conseils d'arrondissement ne pourront se réunir s'ils n'ont été convoqués par le préfet, en vertu d'une ordonnance du Roi, qui détermine l'époque et la durée de la session. — Au our indiqué pour la réunion d'un Conseil d'arrondissement, le sous-préfet donne lecture de l'ordonnance du Roi, reçoit le serment des conseillers nouvellement élus, et déclare, au nom du Roi, que la session est ouverte. — Les membres nouvellement élus, qui n'ont point assisté à l'ouverture de la session, ne prennent séance qu'après avoir prêté serment entre les mains du président du Conseil d'arrondissement. — Le Conseil, formé, sous la présidence du doyen d'âge, le plus jeune faisant les fonctions de secrétaire, nommera au scrutin et à la majorité absolue des voix, son président et son secrétaire. — Le sous-préfet a entrée dans le Conseil d'arrondissement; il est entendu quand il le demande, et assiste aux délibérations.

28. . . . .

TITRE V. — *Des listes d'électeurs.*

29 à 33. — *Abrogés par l'article 4 du décret du 3 juill.* 1848.

TITRE VI. — *De la tenue des assemblées électorales.*

34. Les assemblées électorales sont convoquées par le préfet au chef-lieu de canton, et, lorsque l'assemblée comprend plus d'un canton, au chef-lieu d'un des cantons réunis. — Toutefois, le préfet pourra désigner, pour la tenue de l'assemblée, le chef-lieu d'une commune plus centrale ou de communications plus faciles. (*V. art.* 3, *L.* 7 *juill.* 1852.)

35. Il n'y aura qu'une seule assemblée lorsque le nombre des citoyens appelés à voter ne sera pas supérieur à trois cents. Au delà de ce nombre, le préfet prendra un arrêté pour diviser l'assemblée en sections; aucune section ne pourra comprendre moins de cent ni plus de trois cents. (*V. art.* 3, *L.* 7 *juill.* 1852.)

36. — *Abrogé par l'article 4 du décret du 3 juill.* 1848.

37. Le président a seul la police de l'assemblée ou de la section où il siége; les assemblées ne peuvent s'occuper d'aucun autre objet que des élections qui leur sont attribuées. Toutes discussions, toutes délibérations leur sont interdites.

38. Nul électeur ne peut se présenter armé dans l'assemblée.

39 à 42. — *Abrogés par l'article 4 du décret du 3 juill.* 1848.

43. La table placée devant le président et les scrutateurs sera disposée de telle sorte, que les électeurs puissent circuler à l'entour pendant le dépouillement du scrutin.

44. Les votants sont successivement inscrits sur une liste qui est ensuite annexée au procès-verbal des opérations, après avoir été certifiée et signée par les membres du bureau.

(1) Les titres I et II de cette loi (Bull., 9e série, no 235) ont été abrogés par la loi du 10 août 1871, art. 92. — *V.* cependant art. 2, L. 16 sept. 1871, relative au Conseil général de la Seine.

45. — *Abrogé par l'article 4 du décret du 3 juill. 1848.*

46. (1) ..... Dans les assemblées divisées en plusieurs sections, le dépouillement du scrutin se fait dans chaque section ; le résultat en est arrêté et signé par les membres du bureau ; il est immédiatement porté par le président de chaque section au bureau de la première section, qui fait, en présence des présidents de toutes les sections, le recensement général des votes.

47. — *Abrogé par l'article 4 du décret du 3 juill. 1848.*

48. Le bureau statue provisoirement sur les difficultés qui s'élèvent au sujet des opérations de l'assemblée.

49. — *Abrogé par l'article 4 du décret du 3 juill. 1848.*

50. Les procès-verbaux des opérations des assemblées, remis par les présidents, sont, par l'intermédiaire du sous-préfet, transmis au préfet, qui, s'il croit que les conditions et les formalités légalement prescrites n'ont pas été observées, doit, dans le délai de quinze jours, à dater de la réception du procès-verbal, déférer le jugement de la nullité au Conseil de préfecture, lequel prononcera dans le mois.

51. Tout membre de l'assemblée électorale a le droit d'arguer les opérations de nullité. Si sa réclamation n'a pas été consignée au procès-verbal, elle est déposée dans le délai de cinq jours, à partir du jour de l'élection, au secrétariat de la sous-préfecture, et jugée, sauf recours, par le Conseil de préfecture dans le délai d'un mois, à compter de sa réception à la préfecture.

52. Si la réclamation est fondée sur l'incapacité légale d'un ou de plusieurs membres élus, la question est portée devant le tribunal de l'arrondissement, qui statue, sauf l'appel. L'acte d'appel devra, sous peine de nullité, être notifié dans les dix jours à la partie, quelle que soit la distance des lieux. La cause sera jugée sommairement et conformément au paragraphe 4 de l'article 33 de la loi du 19 avril 1831.

53. Le recours au Conseil d'Etat sera exercé par la voie contentieuse, jugé publiquement et sans frais.

54. Le recours devant le Conseil d'Etat sera suspensif lorsqu'il sera exercé par le conseiller élu. — L'appel des jugements des tribunaux ne sera pas suspensif lorsqu'il sera interjeté par le préfet.

(1) Le § 1er de cet article a été abrogé par l'article 4 du décret du 3 juill. 1848.

TITRE VII. — *Dispositions transitoires.*

55. L'élection des Conseils généraux et des Conseils d'arrondissement sera faite dans le délai de six mois, à dater de la promulgation de la présente loi.

56. Le tableau des réunions de cantons prescrites par l'article 3 de la présente loi (*abrogé par la loi du 10 août* 1871), dans les départements qui ont plus de trente cantons, sera communiqué aux Conseils généraux et aux Conseils d'arrondissement institués en vertu de la présente loi, dans leur plus prochaine session. — Les observations que pourraient faire ces Conseils sur les réunions de cantons seront imprimées et distribuées aux Chambres.

57. La présente loi n'est pas applicable au département de la Seine : il sera statué à son égard par une loi spéciale. (*V. L.* 20 *avril* 1834.)

LOI

Sur l'expropriation pour cause d'utilité publique.

(7 juillet 1833) (2)

ORDONNANCE

Relative à la conservation des papiers diplomatiques.

(18 août 1833) (3)

ORDONNANCE

Sur l'intervention des consuls relativement aux actes de l'état civil des Français en pays étranger.

(23 octobre 1833) (4)

---

(2) Bull., 9e série, no 241. — Abrogée par la loi du 3 mai 1841, art. 77. — V. Ord. 18 sept. 1833, APP. C. PROC. CIV. *Tarifs civils.*

(3) *V.* le texte dans notre édition in-8o.

(4) Bull., 9e série, no 15963. — *V.* le texte dans notre édition in-8o.

ORDONNANCE

Sur les dépôts faits dans les chancelleries consulaires.

(24 octobre 1833) (1)

ORDONNANCE

Sur les fonctions des consuls dans leurs rapports avec la marine commerciale.

(29 octobre 1833) (2)

1834

LOI

Sur les crieurs publics.

(16 février 1834) (3)

ART. 1er. Nul ne pourra exercer, même temporairement, la profession de crieur, de vendeur ou de distributeur, sur la voie publique, d'écrits, dessins ou emblèmes imprimés, lithographiés, autographiés, moulés, gravés ou à la main, sans autorisation préalable de l'autorité municipale. — Cette autorisation pourra être retirée. — Les dispositions ci-dessus sont applicables aux chanteurs sur la voie publique.

2. Toute contravention à la disposition ci-dessus sera punie d'un emprisonnement de six jours à deux mois pour la première fois, et de deux mois à un an en cas de récidive. Les contrevenants seront traduits devant les tribunaux correctionnels, qui pourront, dans tous les cas, appliquer les dispositions de l'article 463 du Code pénal.

LOI

Sur les associations.

(10 avril 1834)

ART. 1er. Les dispositions de l'article 291 du Code pénal sont applicables aux associations de plus de vingt personnes, alors même que ces associations seraient partagées en sections d'un nombre moindre, et qu'elles ne se réuniraient pas tous les jours ou à des jours marqués.— L'autorisation donnée par le Gouvernement est toujours révocable.

2. Quiconque fait partie d'une association non autorisée sera puni de deux mois à un an d'emprisonnement et de 50 francs à 1,000 francs d'amende. — En cas de récidive, les peines pourront être portées au double. — Le condamné pourra, dans ce dernier cas, être placé sous la surveillance de la haute police pendant un temps qui n'excédera pas le double du maximum de la peine. — L'article 463 du Code pénal pourra être appliqué dans tous les cas.

3. Seront considérés comme complices et punis comme tels ceux qui auront prêté ou loué sciemment leur maison ou appartement pour une ou plusieurs réunions d'une association non autorisée.

LOI

Sur l'organisation du Conseil général et des Conseils d'arrondissement du département de la Seine, et l'organisation municipale de la ville de Paris.

(20 avril 1834) (3)

TITRE Ier. — *Du Conseil général du département de la Seine.*

ART. 1er. Le Conseil général du département de la Seine se compose de quarante-quatre membres. (*Modifié; V. L. 16 sept. 1871, art. 1er.*)

2. Les douze arrondissements de la ville de Paris nomment chacun trois membres du Conseil général du département, et les deux arrondissements de Sceaux et de Saint-Denis chacun quatre. Les membres choisis par les arrondissements de Paris sont pris parmi les éligibles ayant leur domicile réel à Paris. (*Ibid.*)

3. Les élections sont faites, dans chaque arrondissement, par des assemblées électorales convoquées par le préfet de la Seine. — Sont appelés à ces assemblées, — 1o Tous les citoyens portés sur les listes électorales formées en vertu des dispositions de la loi du 19 avril 1831 ; — 2o Les électeurs qui, ayant leur domicile réel à Paris, ne sont pas portés sur ces listes, parce qu'ils ont leur domicile politique dans

(1) Bull., 9e série, no 5052.
(2) Bull., 9e série, no 5060. — *V.* le texte dans notre édition in-8o.
(3) Abrogée par L. 29 juill. 1881, art. 68. — *V.* art. 18 et suiv., APP. C. PÉN.

(3) *V. L.* 16 sept. 1871 ; L. 21 mai 1873 ; L. 19 mars 1875.

un autre département où ils exercent et continueront d'exercer tous leurs droits d'électeurs, conformément aux lois existantes; — 3o Les officiers des armées de terre et de mer, en retraite, jouissant d'une pension de retraite de 1,200 francs au moins, et ayant, depuis cinq ans, leur domicile réel dans le département de la Seine; — 4o Les membres des Cours, ceux des tribunaux de première instance et de commerce siégeant à Paris; — 5o Les membres de l'Institut et autres sociétés savantes instituées par une loi; — 6o Les avocats aux Conseils du Roi et à la Cour de cassation, les notaires et les avoués, après trois ans d'exercice de leurs fonctions dans le département de la Seine; — 7o Les docteurs et licenciés en droit inscrits depuis dix années non interrompues sur le tableau des avocats près les Cours et tribunaux dans le département de la Seine; — 8o Les professeurs au collége de France, au Muséum d'histoire naturelle, à l'Ecole polytechnique, et les docteurs et licenciés d'une ou de plusieurs des facultés de droit, de médecine, des sciences et des lettres, titulaires des chaires d'enseignement supérieur ou secondaire dans les écoles de l'Etat situées dans le département de la Seine; — 9o Les docteurs en médecine, après un exercice de dix années consécutives dans la ville de Paris, dûment constaté par le paiement ou par l'exemption régulière du droit de patente. (*V. LL.* 16 *sept.* 1871; 14 *avril* 1871; 10 *août* 1871, *tit.* II.)

4. Sont appliquées à la confection des listes les dispositions de la loi du 19 avril 1831 qui y sont relatives.

5. Aucun scrutin n'est valable si la moitié plus un des électeurs inscrits n'a voté. — Nul n'est élu s'il ne réunit la majorité absolue des suffrages exprimés. — Lorsqu'il y aura plusieurs membres du Conseil général à élire, on procédera par scrutin de liste. — Après les deux premiers tours de scrutin, si l'élection n'est point faite, le bureau proclame les noms des candidats qui ont obtenu le plus de suffrages en nombre double de celui des membres à élire. Au troisième tour de scrutin, les suffrages ne pourront être valablement donnés qu'aux candidats ainsi proclamés. — Lorsque l'élection n'a pu être faite faute d'un nombre suffisant d'électeurs, ou est déclarée nulle pour quelque cause que ce soit, le préfet du département de la Seine assigne un jour, dans la quinzaine suivante, pour procéder de nouveau à l'élection.

6. Les colléges électoraux et leurs sections sont présidés par le maire, par ses adjoints suivant l'ordre de leur nomination, et par les conseillers municipaux de l'arrondissement ou de la commune où l'élection a lieu, suivant l'ordre de leur inscription au tableau. — Les quatre scrutateurs sont les deux plus âgés et les deux plus jeunes des électeurs présents; le bureau, ainsi constitué, désigne le secrétaire. — L'élection a lieu par un seul collége dans chacun des arrondissements de Sceaux et de Saint-Denis.

7. La tenue des assemblées électorales a lieu conformément aux dispositions contenues dans les articles 41, 43, 46, 47, 48, 49, 50, 51, 52, 53, 56 et 58 de la loi du 19 avril 1831 (*V. Décr.* 3 *juill.* 1848), et les articles 50 et 51 de la loi du 21 mars 1831. (*V. art.* 34, 46 *et* 51, *L.* 5 *mai* 1855.)

TITRE II. — *Des Conseils d'arrondissement du département de la Seine.*

8. Les conseillers d'arrondissement sont élus dans chacun des cantons des arrondissements de Sceaux et de Saint-Denis, par des assemblées électorales composées des électeurs appartenant à chaque canton, et portés sur les listes, conformément aux dispositions des articles 3 et 4 de la présente loi.

9. Il n'y aura point de Conseil d'arrondissement pour la ville de Paris.

10. Toutes les dispositions de la loi du 22 juin 1833 (1), sur l'organisation départementale, qui ne sont pas contraires aux dispositions précédentes, sont applicables au Conseil général du département de la Seine et aux Conseils des arrondissements de Sceaux et de Saint-Denis.

TITRE III. — *De l'organisation municipale de la ville de Paris.*

11. Le Corps municipal de Paris se compose du préfet du département de la Seine, du préfet de police, des maires, des adjoints et des conseillers élus par la ville de Paris.

12. Il y a un maire et deux adjoints pour chacun des douze arrondissements de Paris. — Ils sont choisis par le Roi, pour chaque arrondissement, sur une liste de douze candidats nommés par les électeurs de l'arrondissement. Ils sont nommés pour trois ans, et toujours révocables. (*Modifié; L.* 20 *janv.* 1874.)

(1) Bull., 9e série, no 235. — V. L. 10 août 1871.

13. En exécution de l'article précédent, les électeurs qui auront concouru, à Paris, à la nomination des membres du Conseil général, sont convoqués, tous les trois ans, pour procéder par un scrutin de liste à la désignation de douze citoyens réunissant les conditions d'éligibilité que la loi a déterminées pour les membres du Conseil général. Ces candidats sont indéfiniment rééligibles. — Pour que le scrutin soit valable, la majorité absolue des votes exprimés est nécessaire au premier tour ; la majorité relative suffit au second tour de scrutin.

14. Le Conseil municipal de la ville de Paris se compose de trente-six membres qui, en exécution des articles 2 et 3, sont élus par les douze arrondissements de Paris pour faire partie du Conseil général du département de la Seine. (*V. art.* 10, *L.* 14 *avril* 1871.)

15. Le Roi nomme, chaque année, parmi les membres du Conseil municipal, le président et le vice-président de ce Conseil. (*Modifié; art.* 12, *L.* 14 *avril* 1871.) — Le secrétaire est élu chaque année par les membres du Conseil et parmi eux.

16. Le préfet de la Seine et le préfet de police peuvent assister aux séances du Conseil municipal ; ils y ont voix consultative.

17. Le Conseil municipal ne s'assemble que sur la convocation du préfet de la Seine. Il ne peut délibérer que sur les questions que lui soumet le préfet, et lorsque la majorité de ses membres assiste à la séance.

18. Il y a chaque année une session ordinaire, qui est spécialement consacrée à la présentation et à la discussion du budget. Cette session ne peut durer plus de six semaines. L'époque de la convocation doit être notifiée à chaque membre du Conseil un mois au moins à l'avance.

19. Lorsqu'un membre du Conseil a manqué à une session ordinaire et à trois convocations extraordinaires consécutives sans excuses légitimes ou empêchements admis par le Conseil, il est déclaré démissionnaire par un arrêté du préfet, et il sera procédé à une élection nouvelle.

20. Les membres du Conseil municipal prêtent serment la première fois qu'ils prennent séance, s'ils ne l'ont déjà prêté en qualité de membres du Conseil général.

21. Les dispositions des articles 5, 6, 18, 19, 20, 21 de la loi du 21 mars 1831, relatifs aux incompatibilités, et l'article 11 de la loi du 22 juin 1833, relatif aux cas de vacance, sont applicables aux maires, aux adjoints et aux membres du Conseil municipal de la ville de Paris. — Il en est de même des articles 27, 28, 29 et 30 de la loi du 21 mars 1831, relatifs à l'irrégularité des délibérations des Conseils municipaux et à leur dissolution. (*V. L.* 5 *mai* 1855, *art.* 51.)

22. La présente loi sera mise à exécution avant le 1er janvier 1835.

LOI

Sur l'état des officiers.

(19 mai 1834) (1)

. . . .

ART. 20. Les pensions de réforme accordées après vingt ans de service seront inscrites au livre des pensions du Trésor public. Elles seront, comme les pensions de retraite, incessibles et insaisissables, excepté dans les cas de débet envers l'Etat, ou dans les circonstances prévues par les articles 203, 205 et 214 du Code civil. — Dans ces deux cas, les pensions de réforme sont passibles de retenues qui ne peuvent excéder le cinquième pour cause de débet et le tiers pour aliments.

LOI

Portant fixation du budget des recettes de l'exercice 1835.

(24 mai 1834) (2)

. . . .

TITRE II. — *Des droits d'enregistrement et de timbre.*

ART. 11. Les procès-verbaux d'apposition, de reconnaissance et de levée de scellés, et les inventaires, dressés après faillites dans les cas prévus par les articles 449, 450 et 486 du Code de commerce, ne seront assujettis chacun qu'à un seul droit fixe d'enregistrement de 2 francs, quel que soit le nombre des vacations.

12. Les ventes de meubles et marchandises, qui seront faites conformément à l'article 492 du Code de commerce, ne seront assujetties qu'au

(1) Bull., 9e série, no 272. — V. le texte dans notre édition in-8o.
(2) Bull., 9e série, no 286.

droit proportionnel de 50 centimes par 100 francs.

13. Les procès-verbaux d'affirmations de créances, faits en exécution de l'article 507 du Code de commerce, ne seront assujettis qu'à un seul droit fixe de 3 francs, quel que soit le nombre des déclarations affirmatives.

14. Les concordats ou attermoiements, consentis conformément aux articles 519 et suivants du Code de commerce, ne seront assujettis qu'au droit fixe de 3 francs, quelle que soit la somme que le failli s'oblige de payer.

15. Les quittances de répartition données par les créanciers aux syndics ou aux caissiers de la faillite, en exécution de l'article 561 du Code de commerce ne seront sujettes qu'au droit fixe de 2 francs, quel que soit le nombre d'émargements sur chaque état de répartition.

16. La disposition de l'article 2 de la loi du 16 juin 1824 qui réduit à 1 franc fixe le droit d'enregistrement des échanges dans lesquels l'une des parties reçoit des biens qui lui sont contigus, est et demeure abrogée. Ces échanges jouiront toutefois de la modération de droit introduite pour les échanges en général dans la seconde disposition du même article.

17. Les dispositions des articles 11, 12, 13, 14, 15 et 16 ci-dessus seront exécutées seulement à compter du 1er janvier 1835.

18 à 22. — *V. LL. 5 juin* 1850 *et* 23 *août* 1871.

23. A compter du jour de la publication de la présente loi, les actes de protêts faits par les notaires devront être enregistrés dans le même délai, et seront assujettis aux mêmes droits d'enregistrement que ceux faits par les huissiers. — Aucun notaire ou huissier ne pourra protester un effet négociable ou de commerce non écrit sur papier du timbre prescrit, ou non visé pour timbre, sous peine de supporter personnellement une amende de 20 francs pour chaque contravention; il sera tenu, en outre, d'avancer le droit de timbre et les amendes encourues dans les cas déterminés par les articles 19, 20, 21 et 22 ci-dessus (*V. LL.* 5 *juin* 1850 *et* 23 *août* 1871), sauf son recours sur les contrevenants. — L'article 13 de la loi du 16 juin 1824 est abrogé en ce qu'il peut contenir de contraire au présent article.

. . . .

LOI

Sur les détenteurs d'armes ou de munitions de guerre.

(24 mai 1834) (1)

ORDONNANCE

Portant que le ministre des finances pourra permettre que des coupes ou portions de coupes affouagères, d'une valeur supérieure à 500 francs, soient mises en adjudication dans la commune propriétaire des bois et sous la présidence du maire.

(15 octobre 1834)

Art. unique. Notre ministre secrétaire d'Etat des finances pourra, sur la proposition des préfets et de l'administration des forêts, permettre que des coupes ou portions de coupes affouagères, de la valeur de 500 francs et au-dessus, soient mises en adjudication dans la commune propriétaire, sous la présidence du maire, mais toujours avec l'intervention des agents forestiers et aux clauses et conditions qui seront indiquées.

1835

ORDONNANCE

Relative aux sommes déposées volontairement par les particuliers à la Caisse des dépôts et consignations.

(19 janvier 1835) (2)

LOI

Sur les majorats.

(12 mai 1835)

Art. 1er. Toute institution de majorats est interdite à l'avenir.

2. Les majorats fondés jusqu'à ce jour avec des biens particuliers ne pourront s'étendre au delà de deux degrés, l'institution non comprise.

3. Le fondateur d'un majorat pourra le révoquer en tout ou en partie, ou

(1) Bull., 9e série, no 277. — V. le texte dans notre édition in-8o.

(2) Cette ordonnance a été rapportée par l'arrêté du 26 mai 1849.

en modifier les conditions. — Néanmoins, il ne pourra exercer cette faculté s'il existe un appelé qui ait contracté, antérieurement à la présente loi, un mariage non dissous ou dont il soit resté des enfants. En ce cas, le majorat aura son effet restreint à deux degrés, ainsi qu'il est dit dans l'article précédent.

4. Les dotations ou portions de dotation consistant en biens soumis au droit de retour en faveur de l'Etat, continueront à être possédées et transmises conformément aux actes d'investiture, et sans préjudice des droits d'expectative ouverts par la loi du 5 décembre 1814 (1).

ORDONNANCE

Qui modifie l'article 22 du règlement du 30 mars 1808, en ce qui touche les appels relatifs aux séparations de corps.

(16 mai 1835)

ART. UNIQUE. L'article 22 du règlement d'administration publique du 30 mars 1808 est modifié en ce qui touche les appels relatifs aux séparations de corps : ces appels seront, à l'avenir, jugés par nos Cours royales en audience ordinaire.

LOI

Relative aux baux des biens ruraux des communes, hospices et autres établissements publics.

(25 mai 1835)

ART. UNIQUE. Les communes, hospices et tous autres établissements publics pourront affermer leurs biens ruraux pour dix-huit années et au-dessous, sans autres formalités que celles prescrites pour les baux de neuf années.

LOI

Relative aux Caisses d'épargne.

(5 juin 1835)

Rapports du Trésor public avec les Caisses d'épargne.

ART. 1er. Toute caisse d'épargne devra être autorisée par ordonnance du Roi rendue dans la forme des règlements d'administration publique.

2. Les Caisses d'épargne autorisées par ordonnances royales sont admises à verser leurs fonds en compte courant au Trésor public. (*Modifié; V. L.* 31 *mars* 1837.)

3. Il sera bonifié par le Trésor public, aux Caisses d'épargne, un intérêt de 4 pour 100, jusqu'à ce qu'il en soit autrement décidé par une loi. — La retenue à faire, s'il y a lieu, sur les intérêts, par les administrations desdites caisses, pour frais de loyer et de bureau, ne pourra excéder un demi pour cent.

4. Les statuts ne pourront autoriser les déposants à verser aux Caisses d'épargne plus de 300 francs par semaine. (*V. L.* 22 *juin* 1845 *et L.* 30 *juin* 1851.)

5. Toutes les fois qu'un déposant sera créancier d'une Caisse d'épargne, en capital et intérêts composés, d'une somme de 3,000 francs, il ne lui sera bonifié, sur les sommes qui excéderaient ce maximum, aucun intérêt provenant de l'accumulation des intérêts. — Si, pour verser au delà de 3,000 francs, le même individu déposait dans plusieurs Caisses d'épargne sans avertissement préalable à chacune de ces caisses, il perdrait l'intérêt de tous ses versements.

6. Les sociétés de secours mutuels pour les cas de maladies, d'infirmités ou de vieillesse, formées entre ouvriers ou autres individus, et dûment autorisées, seront admises à déposer tout ou partie de leurs fonds dans la caisse d'éparque. Chacune de ces sociétés pourra déposer jusqu'à la somme de 6,000 francs. (*Modifié par la loi du* 30 *juin* 1851, *art.* 4.) — Les dispositions de l'article 5 sont applicables à ces sociétés dans le cas où, pour verser au delà de 6,000 francs en principal et intérêts, la même société déposerait dans plusieurs Caisses d'épargne, sans avertissement préalable à chacune de ces caisses.

7. Il sera délivré à chaque déposant un livret à son nom, sur lequel seront enregistrés tous les versements et remboursements.

Faculté de transfert d'une caisse à l'autre.

8. Tout déposant pourra faire transférer ses fonds d'une caisse à une autre. Les formalités relatives à ce transfert seront réglées par le ministre des Finances.

Immunités, avantages et garanties accordées aux Caisses d'épargne.

9. Seront exempts des droits de

(1) V. Bull., 5e série, no 488.

mbre les registres et livrets à l'usage des Caisses d'épargne.

10. Les Caisses d'épargne pourront, dans les formes et selon les règles prescrites pour les établissements d'utilité publique, recevoir les dons et legs qui seraient faits en leur faveur.

11. Les formalités prescrites par les articles 561 et 569 du Code de procédure, et par le décret impérial du 18 août 1807, relativement aux saisies-arrêts, seront applicables aux fonds déposés dans les Caisses d'épargne.

12. Il sera, chaque année, distribué aux Chambres un rapport sommaire sur la situation et les opérations des Caisses d'épargne. Ce rapport sera suivi d'un état général des sommes votées ou données par les Conseils généraux, les Conseils municipaux et les citoyens, pour subvenir au service des frais des Caisses d'épargne.

LOI

Sur les Cours d'assises.

(9 septembre 1835) (1)

ORDONNANCE

Portant règlement sur le mode du vote du jury au scrutin secret.

(9 septembre 1835) (2)

ORDONNANCE

Relative aux droits de courtage maritime.

(14 novembre 1835) (3)

ORDONNANCE

Sur le prêt à intérêt dans les possessions françaises du nord de l'Afrique.

(7 décembre 1835) (4)

ART. 1er. Dans les possessions françaises au nord de l'Afrique, la convention sur le prêt à intérêt fait la loi des parties.

2. L'intérêt légal, à défaut de convention, et jusqu'à ce qu'il en soit autrement ordonné, sera de 10 pour 100, tant en matière civile qu'en matière de commerce.

1836

LOI

Sur le mode de vote du jury au scrutin secret.

(13 mai 1836)

ART. 1er. Le jury votera par bulletins écrits et par scrutins distincts et successifs, sur le fait principal d'abord, et, s'il y a lieu, sur chacune des circonstances aggravantes, sur chacun des faits d'excuse légale, sur la question de discernement, et enfin sur la question des circonstances atténuantes, que le chef du jury sera tenu de poser toutes les fois que la culpabilité de l'accusé aura été reconnue.

2. A cet effet, chacun des jurés, appelé par le chef du jury, recevra de lui un bulletin ouvert, marqué du timbre de la Cour d'assises, et portant ces mots : *Sur mon honneur et ma conscience, ma déclaration est....* Il écrira à la suite, ou fera écrire secrètement par un juré de son choix, le mot *oui* ou le mot *non*, sur une table disposée de manière à ce que personne ne puisse voir le vote inscrit au bulletin. Il remettra le bulletin écrit et fermé au chef du jury, qui le déposera dans une urne ou boite destinée à cet usage.

3. (*Ainsi rectifié par la loi du 9 juin 1853.*) Le chef du jury dépouille chaque scrutin en présence des jurés, qui peuvent vérifier les bulletins. Il constate sur-le-champ le résultat du vote en marge ou à la suite de la question résolue. La déclaration du jury, en ce qui concerne les circonstances atténuantes, n'est exprimée que si le résultat du scrutin est affirmatif.

4. S'il arrivait que dans le nombre des bulletins il s'en trouvât sur lesquels aucun vote ne fût exprimé, ils seraient comptés comme portant une réponse favorable à l'accusé. Il en serait de même des bulletins que six

(1) Bull., 9e série, no 357. — V. le texte dans notre édition in-8o.

(2) Bull., 9e série, no 5909. — Remplacée par la loi du 13 mai 1836.

(3) Bull., 9e série, no 6056.

(4) Cette ordonnance a été abrogée par un arrêté du 4 nov. 1848 et remise en vigueur par un décret du 11 nov. 1849. — V. art. 3, L. 27 août 1881.

jurés au moins auraient déclarés illisibles.

5. Immédiatement après le dépouillement de chaque scrutin, les bulletins seront brûlés en présence du jury.

6. La présente loi sera affichée, en gros caractères, dans la chambre des délibérations du jury.

LOI

Sur les chemins vicinaux.

(21 mai 1836)

SECTION I. — *Chemins vicinaux.*

ART. 1er. Les chemins vicinaux légalement reconnus sont à la charge des communes, sauf les dispositions de l'article 7 ci-après.

2. En cas d'insuffisance des ressources ordinaires des communes, il sera pourvu à l'entretien des chemins vicinaux, à l'aide, soit de prestations en nature dont le maximum est fixé à trois journées de travail, soit de centimes spéciaux en addition au principal des quatre contributions directes, et dont le maximum est fixé à cinq. — Le Conseil municipal pourra voter l'une ou l'autre de ces ressources, ou toutes les deux concurremment. — Le concours des plus imposés ne sera pas nécessaire dans les délibérations prises pour l'exécution du présent article.

3. Tout habitant, chef de famille ou d'établissement, à titre de propriétaire, de régisseur, de fermier ou de colon partiaire, porté au rôle des contributions directes, pourra être appelé à fournir, chaque année, une prestation de trois jours : — 1o Pour sa personne et pour chaque individu mâle, valide, âgé de dix-huit ans au moins et de soixante ans au plus, membre ou serviteur de la famille et résidant dans la commune ; — 2o Pour chacune des charrettes ou voitures attelées, et, en outre, pour chacune des bêtes de somme, de trait, de selle, au service de la famille ou de l'établissement dans la commune.

4. La prestation sera appréciée en argent, conformément à la valeur qui aura été attribuée annuellement pour la commune à chaque espèce de journée par le Conseil général, sur les propositions des Conseils d'arrondissement. — La prestation pourra être acquittée en nature ou en argent, au gré du contribuable. Toutes les fois que le contribuable n'aura pas opté dans les délais prescrits, la prestation sera de droit exigible en argent. — La prestation non rachetée en argent pourra être convertie en tâches, d'après les bases et évaluations de travaux préalablement fixées par le Conseil municipal.

5. Si le Conseil municipal, mis en demeure, n'a pas voté, dans la session désignée à cet effet, les prestations et centimes nécessaires, ou si la commune n'en a pas fait emploi dans les délais prescrits, le préfet pourra, d'office, soit imposer la commune dans les limites du maximum, soit faire exécuter les travaux. — Chaque année, le préfet communiquera au Conseil général l'état des impositions établies d'office en vertu du présent article.

6. Lorsqu'un chemin vicinal intéressera plusieurs communes, le préfet, sur l'avis des Conseils municipaux, désignera les communes qui devront concourir à sa construction ou à son entretien, et fixera la proportion dans laquelle chacune d'elles y contribuera.

SECTION II. — *Chemins vicinaux de grande communication.*

7. Les chemins vicinaux peuvent, selon leur importance, être déclarés chemins vicinaux de grande communication par le Conseil général, sur l'avis des Conseils municipaux, des Conseils d'arrondissement, et sur la proposition du préfet. — Sur les mêmes avis et proposition, le Conseil général détermine la direction de chaque chemin vicinal de grande communication, et désigne les communes qui doivent contribuer à sa construction ou à son entretien. — Le préfet fixe la largeur et les limites du chemin, et détermine annuellement la proportion dans laquelle chaque commune doit concourir à l'entretien de la ligne vicinale dont elle dépend ; il statue sur les offres faites par les particuliers, associations de particuliers ou de communes.

8. Les chemins vicinaux de grande communication, et, dans des cas extraordinaires, les autres chemins vicinaux, pourront recevoir des subventions sur les fonds départementaux. — Il sera pourvu à ces subventions au moyen des centimes facultatifs ordinaires du département, et de centimes spéciaux votés annuellement par le Conseil général. — La distribution des subventions sera faite en ayant égard aux ressources, aux sacrifices et aux besoins des communes, par le

préfet, qui en rendra compte, chaque année, au Conseil général. — Les communes acquitteront la portion des dépenses mise à leur charge au moyen de leurs revenus ordinaires, et, en cas d'insuffisance, au moyen de deux journées de prestations sur les trois journées autorisées par l'article 2, et des deux tiers des centimes votés par le Conseil municipal en vertu du même article.

9. Les chemins vicinaux de grande communication sont placés sous l'autorité du préfet. Les dispositions des articles 4 et 5 de la présente loi leur sont applicables. (*V. sur l'alignement*, *L. 4 mai* 1864, *art.* 2.)

Dispositions générales.

10. Les chemins vicinaux reconnus et maintenus comme tels sont imprescriptibles.

11. Le préfet pourra nommer des agents voyers. — Leur traitement sera fixé par le Conseil général. — Ce traitement sera prélevé sur les fonds affectés aux travaux. — Les agents voyers prêteront serment; ils auront le droit de constater les contraventions et délits, et d'en dresser des procès-verbaux.

12. Le maximum des centimes spéciaux qui pourront être votés par les Conseils généraux, en vertu de la présente loi, sera déterminé annuellement par la loi de finances.

13. Les propriétés de l'Etat, productives de revenus, contribueront aux dépenses des chemins vicinaux dans les mêmes proportions que les propriétés privées, et d'après un rôle spécial dressé par le préfet. — Les propriétés de la Couronne contribueront aux mêmes dépenses, conformément à l'article 13 de la loi du 2 mars 1832 (1).

14. Toutes les fois qu'un chemin vicinal, entretenu à l'état de viabilité par une commune, sera habituellement ou temporairement dégradé par des exploitations de mines, de carrières, de forêts, ou de toute entreprise industrielle appartenant à des particuliers, à des établissements publics, à la Couronne ou à l'Etat, il pourra y avoir lieu à imposer aux entrepreneurs ou propriétaires, suivant que l'exploitation ou les transports auront eu lieu pour les uns ou les autres, des subventions spéciales dont la quotité sera proportionnée à la dégradation extraordinaire qui devra être attribuée aux exploitations. — Ces subventions pourront, au choix des subventionnaires, être acquittées en argent ou en prestations en nature, et seront exclusivement affectées à ceux des chemins qui y auront donné lieu. — Elles seront réglées annuellement, sur la demande des communes, par les Conseils de préfecture, après des expertises contradictoires, et recouvrées comme en matière de contributions directes. — Les experts seront nommés suivant le mode déterminé par l'article 17 ci-après. — Ces subventions pourront aussi être déterminées par abonnement: elles seront réglées, dans ce cas, par le préfet en Conseil de préfecture.

15. Les arrêtés du préfet portant reconnaissance et fixation de la largeur d'un chemin vicinal attribuent définitivement au chemin le sol compris dans les limites qu'ils déterminent. — Le droit des propriétaires riverains se résout en une indemnité, qui sera réglée à l'amiable ou par le juge de paix du canton, sur le rapport d'experts nommés conformément à l'article 17.

16. Les travaux d'ouverture et de redressement des chemins vicinaux seront autorisés par arrêté du préfet. — Lorsque, pour l'exécution du présent article, il y aura lieu de recourir à l'expropriation, le jury spécial chargé de régler les indemnités ne sera composé que de quatre jurés. Le tribunal d'arrondissement, en prononçant l'expropriation, désignera, pour présider et diriger le jury, l'un de ses membres ou le juge de paix du canton. Ce magistrat aura voix délibérative en cas de partage. — Le tribunal choisira, sur la liste générale prescrite par l'article 29 de la loi du 7 juillet 1833 (2), quatre personnes pour former le jury spécial, et trois jurés supplémentaires. L'administration et la partie intéressée auront respectivement le droit d'exercer une récusation péremptoire. — Le juge recevra les acquiescements des parties. — Son procès-verbal emportera translation définitive de propriété. — Le recours en cassation, soit contre le jugement qui prononcera l'expropriation, soit contre la déclaration du jury qui réglera l'indemnité, n'aura lieu que dans les cas prévus et selon les formes déterminées par la loi du 7 juillet 1833.

(1) La loi du 2 mars 1832 a été remplacée par le sénatus-consulte du 12 déc. 1852.

(2) La loi du 7 juill. 1833 a été abrogée par la loi du 3 mai 1841.

17. Les extractions de matériaux, les dépôts ou enlèvements de terre, les occupations temporaires de terrains, seront autorisés par arrêté du préfet, lequel désignera les lieux ; cet arrêté sera notifié aux parties intéressées au moins dix jours avant que son exécution puisse être commencée. — Si l'indemnité ne peut être fixée à l'amiable, elle sera réglée par le Conseil de préfecture, sur le rapport d'experts nommés, l'un par le sous-préfet et l'autre par le propriétaire. — En cas de discord, le tiers-expert sera nommé par le Conseil de préfecture.

18. L'action en indemnité des propriétaires pour les terrains qui auront servi à la confection des chemins vicinaux, et pour extraction de matériaux, sera prescrite par le laps de deux ans.

19. En cas de changement de direction ou d'abandon d'un chemin vicinal, en tout ou partie, les propriétaires riverains de la partie de ce chemin qui cessera de servir de voie de communication pourront faire leur soumission de s'en rendre acquéreurs, et d'en payer la valeur, qui sera fixée par des experts nommés dans la forme déterminée par l'article 17.

20. Les plans, procès-verbaux, certificats, significations, jugements, contrats, marchés, adjudications de travaux, quittances et autres actes ayant pour objet exclusif la construction, l'entretien et la réparation des chemins vicinaux, seront enregistrés moyennant le droit fixe de 1 franc (1). — Les actions civiles intentées par les communes ou dirigées contre elles, relativement à leurs chemins, seront jugées comme affaires sommaires et urgentes, conformément à l'article 405 du Code de procédure civile.

21. Dans l'année qui suivra la promulgation de la présente loi, chaque préfet fera, pour en assurer l'exécution, un règlement qui sera communiqué au Conseil général, et transmis, avec ses observations, au ministre de l'Intérieur, pour être approuvé, s'il y a lieu. — Ce règlement fixera, dans chaque département, le maximum de la largeur des chemins vicinaux ; il fixera, en outre, les délais nécessaires à l'exécution de chaque mesure, les époques auxquelles les prestations en nature devront être faites, le mode de leur emploi ou de leur conversion en tâches, et statuera, en même temps, sur tout ce qui est relatif à la confection des rôles, à la comptabilité, aux adjudications et à leur forme, aux alignements, aux autorisations de construire le long des chemins, à l'écoulement des eaux, aux plantations, à l'élagage, aux fossés, à leur curage, et à tous autres détails de surveillance et de conservation.

22. Toutes les dispositions de lois antérieures demeurent abrogées en ce qu'elles auraient de contraire à la présente loi.

(1) Cette disposition est modifiée par l'article 4, L. 28 févr. 1872 ; en conséquence, le droit de 1 franc se trouve porté aujourd'hui à 1 fr. 50 centimes. *Circ. min. Int.* 17 août 1872.

LOI

Portant prohibition des loteries.

(21 mai 1836)

ART. 1er. Les loteries de toute espèce sont prohibées.

2. Sont réputées loteries et interdites comme telles, — Les ventes d'immeubles, de meubles ou de marchandises effectuées par la voie du sort, ou auxquelles auraient été réunis des primes ou autres bénéfices dus au hasard, et généralement toutes opérations offertes au public pour faire naître l'espérance d'un gain qui serait acquis par la voie du sort.

3. La contravention à ces prohibitions sera punie des peines portées à l'article 410 du Code pénal. — S'il s'agit de loteries d'immeubles, la confiscation prononcée par ledit article sera remplacée, à l'égard du propriétaire de l'immeuble mis en loterie, par une amende qui pourra s'élever jusqu'à la valeur estimative de cet immeuble. — En cas de seconde ou ultérieure condamnation, l'emprisonnement et l'amende portés en l'article 410 pourront être élevés au double du maximum. — Il pourra, dans tous les cas, être fait application de l'article 463 du Code pénal.

4. Ces peines seront encourues par les auteurs, entrepreneurs ou agents des loteries françaises ou étrangères, ou des opérations qui leur sont assimilées. — Ceux qui auront colporté ou distribué les billets ; ceux qui, par des avis, annonces, affiches, ou par tout autre moyen de publication, auront fait connaître l'existence de ces loteries ou facilité l'émission des billets, seront punis des peines portées en l'article 411 du Code pénal ; il sera fait application, s'il y a lieu, des deux dernières dispositions de l'article précédent.

5. Sont exceptées des dispositions des articles 1 et 2 ci-dessus, les lote-

ries d'objets mobiliers exclusivement destinés à des actes de bienfaisance ou à l'encouragement des arts, lorsqu'elles auront été autorisées dans les formes qui seront déterminées par des règlements d'administration publique.

LOI

Portant règlement définitif du budget de l'exercice 1833.

(9 juillet 1836)

Titre IV. — *Dispositions particulières.*

. . . .

Art. 13. Toutes saisies-arrêts ou oppositions sur des sommes dues par l'État, toutes significations de cession ou transport desdites sommes, et tous autres ayant pour objet d'en arrêter le paiement, devront être faites entre les mains des payeurs, agents ou préposés sur la caisse desquels les ordonnances ou mandats seront délivrés. — Néanmoins à Paris, et pour tous les paiements à effectuer à la caisse du payeur central au Trésor public, elles devront être exclusivement faites entre les mains du conservateur des oppositions au ministère des Finances. Toutes dispositions contraires sont abrogées. — Seront considérées comme nulles et non avenues toutes oppositions ou significations faites à toutes autres personnes que celles ci-dessus indiquées. — Il n'est pas dérogé aux lois relatives aux oppositions à faire sur les capitaux et intérêts des cautionnements.

14. Lesdites saisies-arrêts, oppositions et significations n'auront d'effet que pendant cinq années, à compter de leur date, si elles n'ont pas été renouvelées dans ledit délai, quels que soient d'ailleurs les actes, traités ou jugements intervenus sur lesdites oppositions et significations. — En conséquence, elles seront rayées d'office des registres dans lesquels elles auraient été inscrites, et ne seront pas comprises dans les certificats prescrits par l'article 14 de la loi du 19 février 1792, et par les articles 7 et 8 du décret du 18 août 1807.

15. Les saisies-arrêts, oppositions et significations de cession ou transport, et toutes autres faites jusqu'à ce jour, ayant pour objet d'arrêter le paiement des sommes dues par l'État, devront être renouvelées dans le délai d'un an, à partir de la publication de la présente loi, et conformément aux dispositions ci-dessus prescrites, faute de quoi elles resteront sans effet et seront rayées des registres dans lesquels elles auront été inscrites.

. . . .

ORDONNANCE

Relative aux ventes des coupes ordinaires ou extraordinaires dans les bois soumis au régime forestier.

(26 novembre 1836)

Art. 1er. A l'avenir, les ventes des coupes ordinaires ou extraordinaires, dans les bois soumis au régime forestier, pourront se faire, soit par adjudications aux enchères et à l'extinction des feux, soit par adjudications au rabais, soit enfin sur soumissions cachetées, suivant que les circonstances l'exigeront.

2. L'article 87 de l'ordonnance réglementaire du 1er août 1827 est rapporté en ce qu'il a de contraire aux dispositions ci-dessus prescrites.

1837

ORDONNANCE

Portant prohibition des pistolets de poche.

(23 février 1837)

Art. unique. Les pistolets de poche sont prohibés (1).

LOI

Relative aux Caisses d'épargne.

(31 mars 1837)

Art. 1er. La Caisse des dépôts et consignations sera chargée, à l'avenir, de recevoir et d'administrer, sous la garantie du Trésor public et sous la surveillance de la commission instituée par l'article 99 de la loi du 28 avril 1816, les fonds que les Caisses d'épargne et de prévoyance ont été admises à placer en compte-courant au Trésor, conformément à l'article 2 de la loi du 5 juin 1835. — La Caisse des dépôts et consignations bonifiera

(1) V. Décr. 26 août 1865.

l'intérêt de ces placements à raison de 4 pour 100 par an, jusqu'à ce qu'il en ait été autrement décidé par une loi.

2. Les comptes des Caisses d'épargne avec le Trésor public seront réglés et arrêtés, en capitaux et en intérêts, dans les trois mois qui suivront la promulgation de la présente loi. La somme dont le Trésor se trouvera débiteur sera portée au crédit de la Caisse des dépôts et consignations. Pour le paiement de cette somme et l'emploi de celles qui seront ultérieurement versées, le ministre des Finances est autorisé à transférer et à inscrire, au nom de la Caisse des dépôts et consignations, des rentes 4 pour 100 au pair, jusqu'à concurrence de la partie disponible des crédits ouverts par les lois des 21 avril 1832, 24 avril et 27 juin 1833, et 3 juin 1834.

3. La Caisse des dépôts et consignations aura la faculté de placer au Trésor public, à l'intérêt de 4 pour 100, par an, soit en compte-courant, soit en bons royaux à échéance fixe, les fonds provenant des Caisses d'épargne et de prévoyance. — La Caisse des dépôts et consignations ne pourra acheter ou vendre des rentes sur l'Etat qu'avec l'autorisation préalable du ministre des Finances. — Les achats et les ventes ne pourront avoir lieu qu'avec concurrence et publicité. — Les achats s'effectueront successivement, jour par jour, jusqu'à l'épuisement de la somme fixée, dans une proportion qui ne pourra excéder celle affectée à l'amortissement par la loi du 10 juin 1833.

4. Si une partie des rentes remises à la Caisse des dépôts et consignations en vertu de l'article 2 de la présente loi venait à être aliénée par cette Caisse, la dotation de l'amortissement appartenant aux rentes 4 pour 100 serait accrue dans la proportion de un pour cent du capital nominal des rentes aliénées.

LOI

Relative à l'autorité des arrêts rendus par la Cour de cassation, après deux pourvois.

(1er avril 1837)

Art. 1er. Lorsqu'après la cassation d'un premier arrêt ou jugement rendu en dernier ressort, le deuxième arrêt ou jugement rendu dans la même affaire, entre les mêmes parties, procédant en la même qualité, sera attaqué par les mêmes moyens que le premier, la Cour de cassation prononcera, toutes les chambres réunies.

2. Si le deuxième arrêt ou jugement est cassé pour les mêmes motifs que le premier, la Cour royale ou le tribunal auquel l'affaire est renvoyée se conformera à la décision de la Cour de cassation sur le point de droit jugé par cette Cour.

3. La Cour royale statuera en audience ordinaire, à moins que la nature de l'affaire n'exige qu'elle soit jugée en audience solennelle.

4. La loi du 30 juillet 1828 est abrogée.

LOI

Contenant des modifications au Code forestier.

(4 mai 1837)

Art. 1er. Les articles 25 et 26 du Code forestier, relatifs aux surenchères en matière d'adjudication de coupes de bois, sont supprimés et remplacés par les dispositions suivantes (1).

2. Les articles 20 et 27 dudit Code sont modifiés ainsi qu'il suit (2).

LOI

Relative aux poids et mesures.

(4 juillet 1837) (3)

Art. 1er. Le décret du 12 février 1812, concernant les poids et mesures, est et demeure abrogé.

2. Néanmoins, l'usage des instruments de pesage et de mesurage confectionnés en exécution des articles 2 et 3 du décret précité sera permis jusqu'au 1er janvier 1840.

3. A partir du 1er janvier 1840, tous poids et mesures autres que les poids et mesures établis par les lois des 18 germinal an III et 19 frimaire an VIII, constitutives du système métrique décimal, seront interdits sous les peines portées par l'article 479 du Code pénal. (*V. L.* 10 *août* 1839.)

(1) *V.* le texte, aux articles 25 et 26 C. for.

(2) *V.* le texte, aux articles 20 et 27 C. for.

(3) *V.* Décr. 26 févr. 1813.

4. Ceux qui auront des poids et mesures autres que les poids et mesures ci-dessus reconnus, dans leurs magasins, boutiques, ateliers ou maisons de commerce, ou dans les halles, foires ou marchés, seront punis comme ceux qui les emploieront, conformément à l'article 479 du Code pénal.

5. A compter de la même époque, toutes dénominations de poids et mesures autres que celles portées dans le tableau annexé à la présente loi, et établies par la loi du 18 germinal an III, sont interdites dans les actes publics ainsi que dans les affiches et les annonces. — Elles sont également interdites dans les actes sous seing privé, les registres de commerce et autres écritures privées produits en justice. — Les officiers publics contrevenants seront passibles d'une amende de 20 francs, qui sera recouvrée sur contrainte, comme en matière d'enregistrement. — L'amende sera de 10 francs pour les autres contrevenants : elle sera perçue pour chaque acte ou écriture sous signature privée; quant aux registres de commerce, ils ne donneront lieu qu'à une seule amende pour chaque contestation dans laquelle ils seront produits.

6. Il est défendu aux juges et arbitres de rendre aucun jugement ou décision en faveur des particuliers sur des actes, registres ou écrits dans lesquels les dénominations interdites par l'article précédent auraient été insérées, avant que les amendes encourues aux termes dudit article aient été payées.

7. Les vérificateurs des poids et mesures constateront les contraventions prévues par les lois et règlements concernant le système métrique des poids et mesures. — Ils pourront procéder à la saisie des instruments de pesage et de mesurage dont l'usage est interdit par lesdites lois et règlements. — Leurs procès-verbaux feront foi en justice jusqu'à preuve contraire. — Les vérificateurs prêteront serment devant le tribunal d'arrondissement.

8. Une ordonnance royale réglera la manière dont s'effectuera la vérification des poids et mesures.

Tableau des mesures légales (Loi du 18 germinal an III).

Mesures de longueur. — *Myriamètre*, dix mille mètres. — *Kilomètre*, mille mètres. — *Hectomètre*, cent mètres. — *Décamètre*, dix mètres, — MÈTRE, *unité fondamentale des poids et mesures* (1) (dix millionième partie du quart du méridien terrestre). — *Décimètre*, dixième du mètre. — *Centimètre*, centième du mètre. — *Millimètre*, millième du mètre.

Mesures agraires. — *Hectare*, cent ares ou dix mille mètres carrés. — ARE, cent mètres carrés, carré de dix mètres de côté. — *Centiare*, centième de l'are, ou mètre carré.

Mesures de capacité pour les liquides et les matières sèches. — *Kilolitre*, mille litres. — *Hectolitre*, cent litres. — *Décalitre*, dix litres. — LITRE, décimètre cube. — *Décilitre*, dixième du litre.

Mesures de solidité. — *Décastère*, dix stères. — STÈRE, mètre cube. — *Décistère*, dixième de stère.

Poids. — Mille kilogrammes, poids du mètre cube d'eau et du tonneau de mer. — Cent kilogrammes, quintal métrique. — *Kilogramme*, mille grammes, poids dans le vide d'un décimètre cube d'eau distillée à la température de quatre degrés centigrades (2). — *Hectogramme*, cent grammes. — *Décagramme*, dix grammes. — GRAMME, poids d'un centimètre cube d'eau à quatre degrés centigrades. — *Décigramme*, dixième du gramme. — *Centigramme*, centième du gramme. — *Milligramme*, millième du gramme.

Monnaie. — FRANC, cinq grammes d'argent au titre de neuf dixièmes de fin. — *Décime*, dixième du franc. — *Centime*, centième du franc.

Conformément à la disposition de la loi du 18 germinal an III concernant les poids et les mesures de capacité, chacune des mesures décimales de ces deux genres a son double et sa moitié.

Vu pour être annexé à la loi du 4 juillet 1837.

LOI

Portant règlement définitif du budget de l'exercice 1834.

(8 juillet 1837)

. . . .

TITRE III. — *Dispositions particulières.*

ART. 11. Les dispositions des arti-

(1) L'étalon prototype en platine, déposé aux Archives, le 4 messidor an VII, donne la longueur légale du mètre quand il est à la température zéro. (*Note jointe au tableau.*)

(2) L'étalon prototype en platine, dé-

cles 14 et 15 de la loi du 9 juillet 1836 sont déclarées applicables aux saisies-arrêts, oppositions et autres actes ayant pour objet d'arrêter le paiement des sommes versées, à quelque titre que ce soit, à la Caisse des dépôts et consignations et à celles de ses préposés. Toutefois, le délai de cinq ans mentionné à l'article 14 ne courra, pour les oppositions et significations faites ailleurs qu'à la Caisse ou à celles de ses préposés, que du jour du dépôt des sommes grevées desdites oppositions et significations. — Les dispositions du décret du 18 août 1807, sur les saisies-arrêts ou oppositions, sont également déclarées applicables à la Caisse des dépôts et consignations.

LOI

Sur l'administration municipale.

(18 juillet 1837)

TITRE Ier. — *Des réunions, divisions et formations de communes.*

ART. 1er. Aucune réunion, division ou formation de commune ne pourra avoir lieu que conformément aux règles ci-après.

2. Toutes les fois qu'il s'agira de réunir plusieurs communes en une seule, ou de distraire une section d'une commune, soit pour la réunir à une autre, soit pour l'ériger en commune séparée, le préfet prescrira préalablement, dans les communes intéressées, une enquête, tant sur le projet en lui-même que sur ses conditions. — Les Conseils municipaux, assistés des plus imposés en nombre égal à celui de leurs membres, les Conseils d'arrondissement et le Conseil général donneront leur avis.

3. Si le projet concerne une section de commune, il sera créé, pour cette section, une commission syndicale. Un arrêté du préfet déterminera le nombre des membres de la commission. — Ils seront élus par les électeurs municipaux domiciliés dans la section; et si le nombre des électeurs n'est pas double de celui des membres à élire, la commission sera composée des plus imposés de la section. — La commission nommera son président. Elle sera chargée de donner son avis sur le projet.

posé aux Archives, le 4 messidor an VII, donne, dans le vide, le poids légal du kilogramme (*Note jointe au tableau.*)

4. Les réunions et distractions de communes qui modifieront la composition d'un département, d'un arrondissement ou d'un canton, ne pourront être prononcées que par une loi. — Toutes autres réunions et distractions de communes pourront être prononcées par ordonnances du Roi, en cas de consentement des Conseils municipaux, délibérant avec les plus imposés, conformément à l'article 2 ci-dessus, et, à défaut de ce consentement, pour les communes qui n'ont pas trois cents habitants, sur l'avis affirmatif du Conseil général du département. — Dans tous les autres cas, il ne pourra être statué que par une loi. (*Abrogé par l'art.* 13 *de la loi du 24 juillet* 1867.)

5. Les habitants de la commune réunie à une autre commune conserveront la jouissance exclusive des biens dont les fruits étaient perçus en nature. — Les édifices et autres immeubles servant à usage public deviendront propriété de la commune à laquelle sera faite la réunion.

6. La section de commune érigée en commune séparée ou réunie à une autre commune emportera la propriété des biens qui lui appartenaient exclusivement. — Les édifices et autres immeubles servant à usage public, et situés sur son territoire, deviendront propriété de la nouvelle commune ou de la commune à laquelle sera faite la réunion.

7. Les autres conditions de la réunion ou de la distraction seront fixées par l'acte qui la prononcera. Lorsqu'elle sera prononcée par une loi, cette fixation pourra être renvoyée à une ordonnance royale ultérieure, sauf réserve, dans tous les cas, de toutes les questions de propriété.

8. Dans tous les cas de réunion ou fractionnement de communes, les Conseils municipaux seront dissous. Il sera procédé immédiatement à des élections nouvelles.

TITRE II. — *Des attributions des maires et des Conseils municipaux.*

CHAP. Ier. — DES ATTRIBUTIONS DES MAIRES.

9. Le maire est chargé, sous l'autorité de l'administration supérieure, — 1o De la publication et de l'exécution des lois et règlements; — 2o Des fonctions spéciales qui lui sont attribuées par les lois; — 3o De l'exécution des mesures de sûreté générale,

10. Le maire est chargé, sous la surveillance de l'administration supérieure, — 1° De la police municipale, de la police rurale et de la voirie municipale, et de pourvoir à l'exécution des actes de l'autorité supérieure qui y sont relatifs; — 2° De la conservation et de l'administration des propriétés de la commune, et de faire en conséquence tous actes conservatoires de ses droits; — 3° De la gestion des revenus, de la surveillance des établissements communaux et de la comptabilité communale; — 4° De la proposition du budget et de l'ordonnancement des dépenses; — 5° De la direction des travaux communaux; — 6° De souscrire les marchés, de passer les baux des biens et les adjudications des travaux communaux, dans les formes établies par les lois et règlements; — 7° De souscrire, dans les mêmes formes, les actes de vente, échange, partage, acceptation de dons ou legs, acquisition, transaction, lorsque ces actes ont été autorisés conformément à la présente loi; — 8° De représenter la commune en justice, soit en demandant, soit en défendant.

11. Le maire prend des arrêtés à l'effet, — 1° D'ordonner les mesures locales sur les objets confiés par les lois à sa vigilance et à son autorité; — 2° De publier de nouveau les lois et règlements de police, et de rappeler les citoyens à leur observation. — Les arrêtés pris par le maire sont immédiatement adressés au sous-préfet. Le préfet peut les annuler ou en suspendre l'exécution. — Ceux de ces arrêtés qui portent règlement permanent ne seront exécutoires qu'un mois après la remise de l'ampliation constatée par les récépissés donnés par le sous-préfet.

12. Le maire nomme à tous les emplois communaux pour lesquels la loi ne prescrit pas un mode spécial de nomination. Il suspend et révoque les titulaires de ces emplois.

13. Le maire nomme les gardes champêtres, sauf l'approbation du Conseil municipal. Ils doivent être agréés et commissionnés par le sous-préfet; ils peuvent être suspendus par le maire, mais le préfet peut seul les révoquer. (*Abrogé par le décret du 25 mars 1852, art. 5, n° 21.*) — Le maire nomme également les pâtres communs, sauf l'approbation du Conseil municipal. Il peut prononcer leur révocation.

14. Le maire est chargé seul de l'administration; mais il peut déléguer une partie de ses fonctions à un ou plusieurs de ses adjoints, et en l'absence de ses adjoints, à ceux des conseillers municipaux qui sont appelés à en faire les fonctions.

15. Dans le cas où le maire refuserait ou négligerait de faire un des actes qui lui sont prescrits par la loi, le préfet, après l'en avoir requis, pourra y procéder d'office par lui-même ou par un délégué spécial.

16. Lorsque le maire procède à une adjudication publique pour le compte de la commune, il est assisté de deux membres du Conseil municipal, désignés d'avance par le Conseil, ou, à défaut, appelés dans l'ordre du tableau. — Le receveur municipal est appelé à toutes les adjudications. — Toutes les difficultés qui peuvent s'élever sur les opérations préparatoires de l'adjudication sont résolues, séance tenante, par le maire et les deux conseillers assistants, à la majorité des voix, sauf le recours de droit.

CHAP. II. — DES ATTRIBUTIONS DES CONSEILS MUNICIPAUX.

17. Les Conseils municipaux règlent par leurs délibérations les objets suivants : — 1° Le mode d'administration des biens communaux; — 2° Les conditions des baux à ferme ou à loyer dont la durée n'excède pas dix-huit ans pour les biens ruraux, et neuf ans pour les autres biens; (*Modifié par la loi du 24 juillet 1867, art. 1er-2°.*) — 3° Le mode de jouissance et la répartition des pâturages et fruits communaux, autres que les bois, ainsi que les conditions à imposer aux parties prenantes; — 4° Les affouages, en se conformant aux lois forestières.

18. Expédition de toute délibération sur un des objets énoncés en l'article précédent est immédiatement adressée par le maire au sous-préfet, qui en délivre ou fait délivrer récépissé. La délibération est exécutoire si, dans les trente jours qui suivent la date du récépissé, le préfet ne l'a pas annulée, soit d'office, pour violation d'une disposition de loi ou d'un règlement d'administration publique, soit sur la réclamation de toute partie intéressée. — Toutefois, le préfet peut suspendre l'exécution de la délibération pendant un autre délai de trente jours. (*V. art. 6, L. 24 juill. 1867.*)

19. Le Conseil municipal délibère sur les objets suivants : — 1° Le budget de la commune, et, en général, toutes les recettes et dépenses, soit ordinaires, soit extraordinaires; —

2° Les tarifs et règlements de perception de tous les revenus communaux ; (*Modifié par l'art.* 1er-4° *et* 5°, *et l'art.* 9 *de la loi du* 24 *juill.* 1867.) — 3° Les acquisitions, aliénations et échanges des propriétés communales, leur affectation aux différents services publics, et, en général, tout ce qui intéresse leur conservation et leur amélioration ; (*Modifié par l'art.* 1er-1°, 3°, 8° *de la même loi.*) — 4° La délimitation ou le partage des biens indivis entre deux ou plusieurs communes ou sections de commune ; — 5° Les conditions des baux à ferme ou à loyer dont la durée excède dix-huit ans pour les biens ruraux, et neuf ans pour les autres biens, ainsi que celles des baux des biens pris à loyer par la commune, quelle qu'en soit la durée ; (*Modifié par l'art.* 1er-2° *de la même loi.*) — 6° Les projets de construction, de grosses réparations et de démolitions, et, en général, tous les travaux à entreprendre ; — 7° L'ouverture des rues et places publiques et les projets d'alignement de voirie municipale : — 8° Le parcours et la vaine pâture ; — 9° L'acceptation des dons et legs faits à la commune et aux établissements communaux ; (*Modifié par l'art.* 1er-9° *de la même loi.*) — 10° Les actions judiciaires et transactions ; — Et tous les autres objets sur lesquels les lois et règlements appellent les Conseils municipaux à délibérer.

20. Les délibérations des Conseils municipaux sur les objets énoncés à l'article précédent sont adressées au sous-préfet. — Elles sont exécutoires sur l'approbation du préfet, sauf les cas où l'approbation par le ministre compétent, ou par ordonnance royale, est prescrite par les lois ou par les règlements d'administration publique.

21. Le Conseil municipal est toujours appelé à donner son avis sur les objets suivants : 1° Les circonscriptions relatives au culte ; — 2° Les circonscriptions relatives à la distribution des secours publics ; — 3° Les projets d'alignement de grande voirie dans l'intérieur des villes, bourgs et villages ; — 4° L'acceptation des dons et legs faits aux établissements de charité et de bienfaisance ; — 5° Les autorisations d'emprunter, d'acquérir, d'échanger, d'aliéner, de plaider ou de transiger, demandées par les mêmes établissements, et par les fabriques des églises et autres administrations préposées à l'entretien des cultes dont les ministres sont salariés par l'Etat ; (*Modifié par l'art.* 12 *de la loi du* 24 *juill.* 1867.) — 6° Les budgets et les comptes des établissements de charité et de bienfaisance ; — 7° Les budgets et les comptes des fabriques et autres administrations préposées à l'entretien des cultes dont les ministres sont salariés par l'Etat, lorsqu'elles reçoivent des secours sur les fonds communaux ; — 8° Enfin tous les objets sur lesquels les Conseils municipaux sont appelés par les lois et règlements à donner leur avis ou seront consultés par le préfet.

22. Le Conseil municipal réclame, s'il y a lieu, contre le contingent assigné à la commune dans l'établissement des impôts de répartition.

23. Le Conseil municipal délibère sur les comptes présentés annuellement par le maire. — Il entend, débat et arrête les comptes de deniers des receveurs, sauf règlement définitif, conformément à l'article 66 de la présente loi.

24. Le Conseil municipal peut exprimer son vœu pour tous les objets d'intérêt local. — Il ne peut faire ni publier aucune protestation, proclamation ou adresse.

25. Dans les séances où les comptes d'administration du maire sont débattus, le Conseil municipal désigne au scrutin celui de ses membres qui exerce la présidence. — Le maire peut assister à la délibération ; il doit se retirer au moment où le Conseil municipal va émettre son vote. Le président adresse directement la délibération au sous-préfet.

26. Lorsque, après deux convocations successives faites par le maire, à huit jours d'intervalle et dûment constatées, les membres du Conseil municipal ne se sont pas réunis en nombre suffisant, la délibération prise après la troisième convocation est valable, quel que soit le nombre des membres présents.

27. Les délibérations des Conseils municipaux se prennent à la majorité des voix. En cas de partage, la voix du président est prépondérante.

28. Les délibérations seront inscrites, par ordre de date, sur un registre coté et paraphé par le sous-préfet. Elles seront signées par tous les membres présents à la séance, ou mention sera faite de la cause qui les aura empêchés de signer.

29. Les séances des Conseils municipaux ne sont pas publiques ; leurs débats ne peuvent être publiés officiellement qu'avec l'approbation de l'autorité supérieure. — Il est voté au scrutin secret toutes les fois que trois des membres présents le réclament.

TITRE III. — *Des dépenses et recettes, et des budgets des communes.*

30. Les dépenses des communes sont obligatoires ou facultatives. — Sont obligatoires les dépenses suivantes : — 1o L'entretien, s'il y a lieu, de l'hôtel de ville ou du local affecté à la mairie ; — 2o Les frais de bureau et d'impression pour le service de la commune ; — 3o L'abonnement au Bulletin des lois ; (*Modifié par le décret du* 12 *févr.* 1852.) — 4o Les frais de recensement de la population ; — 5o Les frais des registres de l'état civil, et la portion des tables décennales à la charge des communes ; — 6o Le traitement du receveur municipal, du préposé en chef de l'octroi, et les frais de perception ; — 7o Le traitement des gardes des bois de la commune et des gardes champêtres ; — 8o Le traitement et les frais de bureau des commissaires de police, tels qu'ils sont déterminés par les lois ; — 9o Les pensions des employés municipaux et des commissaires de police, régulièrement liquidées et approuvées : — 10o Les frais de loyer et de réparation du local de la justice de paix, ainsi que ceux d'achat et d'entretien de son mobilier, dans les communes chefs-lieux de canton ; — 11o Les dépenses de la garde nationale, telles qu'elles sont déterminées par les lois ; — 12o Les dépenses relatives à l'instruction publique, conformément aux lois ; — 13o L'indemnité de logement aux curés et desservants, et autres ministres des cultes salariés par l'Etat, lorsqu'il n'existe pas de bâtiment affecté à leur logement ; — 14o Les secours aux fabriques des églises et autres administrations préposées aux cultes dont les ministres sont salariés par l'Etat, en cas d'insuffisance de leurs revenus, justifiée par leurs comptes et budgets ; — 15o Le contingent assigné à la commune, conformément aux lois, dans la dépense des enfants trouvés et abandonnés ; — 16o Les grosses réparations aux édifices communaux, sauf l'exécution des lois spéciales concernant les bâtiments militaires et les édifices consacrés au culte ; — 17o La clôture des cimetières, leur entretien et leur translation dans les cas déterminés par les lois et règlements d'administration publique ; — 18o Les frais des plans d'alignement ; — 19o Les frais et dépenses des Conseils des prud'hommes, pour les communes où ils siégent ; les menus frais des Chambres consultatives des arts et manufactures, pour les communes où elles existent ; — 20o Les contributions et prélèvements établis par les lois sur les biens et revenus communaux ; — 21o L'acquittement des dettes exigibles ; — Et généralement toutes les autres dépenses mises à la charge des communes par une disposition des lois. — Toutes dépenses autres que les précédentes sont facultatives.

31. Les recettes des communes sont ordinaires ou extraordinaires. — Les recettes ordinaires des communes se composent, — 1o Des revenus de tous les biens dont les habitants n'ont pas la jouissance en nature ; — 2o Des cotisations imposées annuellement sur les ayants-droit aux fruits qui se perçoivent en nature ; — 3o Du produit des centimes ordinaires affectés aux communes par les lois des finances ; — 4o Du produit de la portion accordée aux communes dans l'impôt des patentes ; — 5o Du produit des octrois municipaux ; — 6o Du produit des droits de place perçus dans les halles, foires, marchés, abattoirs, d'après les tarifs dûment autorisés ; — 7o Du produit des permis de stationnement et des locations sur la voie publique, sur les ports et rivières et autres lieux publics ; — 8o Du produit des péages communaux, des droits de pesage, mesurage et jaugeage, des droits de voirie et autres droits légalement établis ; — 9o Du prix des concessions dans les cimetières ; — 10o Du produit des concessions d'eau, de l'enlèvement des boues et immondices de la voie publique, et autres concessions autorisées pour les services communaux ; — 11o Du produit des expéditions des actes administratifs, et des actes de l'état civil ; — 12o De la portion que les lois accordent aux communes dans le produit des amendes prononcées par les tribunaux de simple police, par ceux de police correctionnelle et par les conseils de discipline de la garde nationale ; — Et généralement du produit de toutes les taxes de ville et de police dont la perception est autorisée par la loi.

32. Les recettes extraordinaires se composent, — 1o Des contributions extraordinaires dûment autorisées ; — 2o Du prix des biens aliénés ; — 3o Des dons et legs ; — 4o Du remboursement des capitaux exigibles et des rentes rachetées ; — 5o Du produit des coupes extraordinaires de bois ; — 6o Du produit des emprunts, — Et de toutes autres recettes accidentelles.

33. Le budget de chaque commune, proposé par le maire et voté par le

Conseil municipal, est définitivement réglé par arrêté du préfet. — Toutefois, le budget des villes dont le revenu est de 100,000 francs, ou plus, est réglé par une ordonnance du Roi. (*Modifié par le décret du 25 mars 1851.*) — Le revenu d'une commune est réputé atteindre 100,000 francs lorsque les recettes ordinaires, constatées dans les comptes, se sont élevées à cette somme pendant les trois dernières années. — Il n'est réputé être descendu au-dessous de 100,000 francs que lorsque, pendant les trois dernières années, les recettes ordinaires sont restées inférieures à cette somme.

34. Les crédits qui pourraient être reconnus nécessaires après le règlement du budget sont délibérés conformément aux articles précédents, et autorisés par le préfet, dans les communes dont il est appelé à régler le budget, et par le ministre, dans les autres communes. — Toutefois, dans ces dernières communes, les crédits supplémentaires pour dépenses urgentes pourront être approuvés par le préfet. (*Modifié par le décret du 25 mars* 1852. — *V. aussi L.* 24 *juill.* 1867, *art.* 15.)

35. Dans le cas où, par une cause quelconque, le budget d'une commune n'aurait pas été approuvé avant le commencement de l'exercice, les recettes et dépenses ordinaires continueront, jusqu'à l'approbation de ce budget, à être faites conformément à celui de l'année précédente.

36. Les dépenses proposées au budget d'une commune peuvent être rejetées ou réduites par l'ordonnance du Roi, ou par l'arrêté du préfet, qui règle ce budget. (*Modifié par la loi du* 24 *juill.* 1867, *art.* 2.)

37. Les Conseils municipaux peuvent porter au budget un crédit pour dépenses imprévues. — La somme inscrite pour ce crédit ne pourra être réduite ou rejetée qu'autant que les revenus ordinaires, après avoir satisfait à toutes les dépenses obligatoires, ne permettraient pas d'y faire face, ou qu'elle excéderait le dixième des recettes ordinaires. — Le crédit pour dépenses imprévues sera employé par le maire, avec l'approbation du préfet et du sous-préfet. — Dans les communes autres que les chefs-lieux de département ou d'arrondissement, le maire pourra employer le montant de ce crédit aux dépenses urgentes, sans approbation préalable, à la charge d'en informer immédiatement le sous-préfet, et d'en rendre compte au Conseil municipal dans la première session ordinaire qui suivra la dépense effectuée.

38. Les dépenses proposées au budget ne peuvent être augmentées, et il ne peut y en être introduit de nouvelles par l'arrêté du préfet, ou l'ordonnance du Roi, qu'autant qu'elles sont obligatoires.

39. Si un Conseil municipal n'allouait pas les fonds exigés pour une dépense obligatoire, ou n'allouait qu'une somme insuffisante, l'allocation nécessaire serait inscrite au budget par ordonnance du Roi, pour les communes dont le revenu est de 100,000 francs et au-dessus, et par arrêté du préfet, en Conseil de préfecture, pour celles dont le revenu est inférieur. (*V. Décr.* 25 *mars* 1852.) — Dans tous les cas, le Conseil municipal sera préalablement appelé à en délibérer. — S'il s'agit d'une dépense annuelle et variable, elle sera inscrite pour sa quotité moyenne pendant les trois dernières années. S'il s'agit d'une dépense annuelle et fixe de sa nature, ou d'une dépense extraordinaire, elle sera inscrite pour sa quotité réelle. — Si les ressources de la commune sont insuffisantes pour subvenir aux dépenses obligatoires inscrites d'office en vertu du présent article, il y sera pourvu par le Conseil municipal, ou, en cas de refus de sa part, au moyen d'une contribution extraordinaire établie par une ordonnance du Roi, dans les limites du maximum qui sera fixé annuellement par la loi de finances, et par une loi spéciale si la contribution doit excéder ce maximum.

40. Les délibérations du Conseil municipal concernant une contribution extraordinaire destinée à subvenir aux dépenses obligatoires, ne seront exécutoires qu'en vertu d'un arrêté du préfet, s'il s'agit d'une commune ayant moins de 100,000 francs de revenu, et d'une ordonnance du Roi, s'il s'agit d'une commune ayant un revenu supérieur. — Dans le cas où la contribution extraordinaire aurait pour but de subvenir à d'autres dépenses que les dépenses obligatoires, elle ne pourra être autorisée que par ordonnance du Roi, s'il s'agit d'une commune ayant moins de 100,000 francs de revenu, et par une loi, s'il s'agit d'une commune ayant un revenu supérieur. (*Modifié par la loi du* 24 *juill.* 1867, *art.* 3, 5, 7, 17-3°.)

41. Aucun emprunt ne pourra être autorisé que par ordonnance du Roi, rendue dans les formes des règlements d'administration publique, pour les

communes ayant moins de 100,000 francs de revenu, et par une loi, s'il s'agit d'une commune ayant un revenu supérieur. Néanmoins, en cas d'urgence et dans l'intervalle des sessions, une ordonnance du Roi, rendue dans la forme des règlements d'administration publique, pourra autoriser les communes dont le revenu est de 100,000 francs et au-dessus à contracter un emprunt jusqu'à concurrence du quart de leurs revenus. (*Modifié par les art. 3, 5, 7, 17-3° de la même loi.*)

42. Dans les communes dont les revenus sont inférieurs à 100,000 francs, toutes les fois qu'il s'agira de contributions extraordinaires ou d'emprunts, les plus imposés aux rôles de la commune seront appelés à délibérer avec le Conseil municipal, en nombre égal à celui des membres en exercice. — Ces plus imposés seront convoqués individuellement par le maire, au moins dix jours avant celui de la réunion. — Lorsque les plus imposés appelés seront absents, ils seront remplacés en nombre égal par les plus imposés portés après eux sur le rôle.

43. Les tarifs des droits de voirie sont réglés par ordonnance du Roi, rendue dans la forme des règlements d'administration publique. (*Modifié par le décret du 25 mars 1852, tableau A, n° 53.*)

44. Les taxes particulières dues par les habitants ou propriétaires, en vertu des lois et usages locaux, sont réparties par délibération du Conseil municipal, approuvée par le préfet. — Ces taxes sont perçues suivant les formes établies pour le recouvrement des contributions publiques.

45. Aucune construction nouvelle, ou reconstruction entière ou partielle, ne pourra être autorisée que sur la production des projets et devis. — Ces projets et devis seront soumis à l'approbation préalable du ministre compétent, quand la dépense excédera 30,000 francs, et à celle du préfet, quand elle sera moindre.

TITRE IV. — *Des acquisitions, aliénations, baux, dons et legs.*

46. Les délibérations des Conseils municipaux ayant pour objet des acquisitions, des ventes ou échanges d'immeubles, le partage des biens indivis, sont exécutoires sur arrêté du préfet, en Conseil de préfecture, quand il s'agit d'une valeur n'excédant pas 3,000 francs, pour les communes dont le revenu est au-dessous de 100,000 francs, et 20,000 francs pour les autres communes. — S'il s'agit d'une valeur supérieure, il est statué par ordonnance du Roi. — La vente des biens mobiliers et immobiliers des communes, autres que ceux qui servent à un usage public, pourra, sur la demande de tout créancier porteur de titres exécutoires, être autorisée par une ordonnance du Roi, qui détermine les formes de la vente. (*Modifié par le même décret, tableau A, n° 48.*)

47. Les délibérations des Conseils municipaux ayant pour objet des baux dont la durée devra excéder dix-huit ans, ne sont exécutoires qu'en vertu d'une ordonnance royale. — Quelle que soit la durée du bail, l'acte passé par le maire n'est exécutoire qu'après l'approbation du préfet. (*Modifié par le même décret, tableau A, n. 51.*)

48. Les délibérations ayant pour objet l'acceptation des dons et legs d'objets mobiliers ou de sommes d'argent, faits à la commune et aux établissements communaux, sont exécutoires en vertu d'un arrêté du préfet, lorsque leur valeur n'excède pas 3,000 francs, et en vertu d'une ordonnance du Roi, lorsque leur valeur est supérieure, ou qu'il y a réclamation des prétendants-droit à la succession. — Les délibérations qui porteraient refus de dons et legs, et toutes celles qui concerneraient des dons et legs d'objets immobiliers, ne sont exécutoires qu'en vertu d'une ordonnance du Roi. — Le maire peut toujours, à titre conservatoire, accepter les dons et legs, en vertu de la délibération du Conseil municipal : l'ordonnance du Roi, ou l'arrêté du préfet, qui intervient ensuite, a effet du jour de cette acceptation. (*Modifié par le même décret, tableau A, n° 49, et par la loi du 24 juill. 1867, art. 1er-9°.*)

TITRE V. — *Des actions judiciaires et des transactions.*

49. Nulle commune ou section de commune ne peut introduire une action en justice sans être autorisée par le Conseil de préfecture. — Après tout jugement intervenu, la commune ne peut se pourvoir devant un autre degré de juridiction qu'en vertu d'une nouvelle autorisation du Conseil de préfecture. — Cependant tout contribuable inscrit au rôle de la commune a le droit d'exercer, à ses frais et risques, avec l'autorisation du Conseil de préfecture, les actions qu'il croirait appartenir à la commune ou section,

et que la commune ou section, préalablement appelée à en délibérer, aurait refusé ou négligé d'exercer. — La commune ou section sera mise en cause, et la décision qui interviendra aura effet à son égard.

50. La commune, section de commune ou le contribuable auquel l'autorisation aura été refusée, pourra se pourvoir devant le Roi, en Conseil d'Etat. Le pourvoi sera introduit et jugé en la forme administrative. Il devra, à peine de déchéance, avoir lieu dans le délai de trois mois, à dater de la notification de l'arrêté du Conseil de préfecture.

51. Quiconque voudra intenter une action contre une commune ou section de commune, sera tenu d'adresser préalablement au préfet un mémoire exposant les motifs de sa réclamation. Il lui en sera donné récépissé. — La présentation du mémoire interrompra la prescription et toutes déchéances. — Le préfet transmettra le mémoire au maire, avec l'autorisation de convoquer immédiatement le Conseil municipal pour en délibérer.

52. La délibération du Conseil municipal sera, dans tous les cas, transmise au Conseil de préfecture, qui décidera si la commune doit être autorisée à ester en jugement. — La décision du Conseil de préfecture devra être rendue dans le délai de deux mois, à partir de la date du récépissé énoncé en l'article précédent.

53. Toute décision du Conseil de préfecture portant refus d'autorisation devra être motivée. — En cas de refus de l'autorisation, le maire pourra, en vertu d'une délibération du Conseil municipal, se pourvoir devant le Roi, en son Conseil d'Etat, conformément à l'article 50 ci-dessus. — Il devra être statué sur le pourvoi dans le délai de deux mois, à partir du jour de son enregistrement au secrétariat général du Conseil d'Etat.

54. L'action ne pourra être intentée qu'après la décision du Conseil de préfecture, et, à défaut de décision dans le délai fixé par l'article 52, qu'après l'expiration de ce délai. — En cas de pourvoi contre la décision du Conseil de préfecture, l'instance sera suspendue jusqu'à ce qu'il ait été statué sur le pourvoi, et, à défaut de décision dans le délai fixé par l'article précédent, jusqu'à l'expiration de ce délai. — En aucun cas, la commune ne pourra défendre à l'action qu'autant qu'elle y aura été expressément autorisée.

55. Le maire peut toutefois, sans autorisation préalable, intenter toute action possessoire, ou y défendre, et faire tous autres actes conservatoires ou interruptifs des déchéances.

56. Lorsqu'une section est dans le cas d'intenter ou de soutenir une action judiciaire contre la commune elle-même, il est formé, pour cette section, une commission syndicale de trois ou cinq membres, que le préfet choisit parmi les électeurs municipaux, et, à leur défaut, parmi les citoyens les plus imposés. — Les membres du corps municipal qui seraient intéressés à la jouissance des biens ou droits revendiqués par la section, ne devront point participer aux délibérations du Conseil municipal relatives au litige. — Ils seront remplacés, dans toutes ces délibérations, par un nombre égal d'électeurs municipaux de la commune, que le préfet choisira parmi les habitants ou propriétaires étrangers à la section. — L'action est suivie par celui de ses membres que la commission syndicale désigne à cet effet.

57. Lorsqu'une section est dans le cas d'intenter ou de soutenir une action judiciaire contre une autre section de la même commune, il sera formé, pour chacune des sections intéressées, une commission syndicale, conformément à l'article précédent.

58. La section qui aura obtenu une condamnation contre la commune, ou contre une autre section, ne sera point passible des charges ou contributions imposées pour l'acquittement des frais et dommages-intérêts qui résulteraient du fait du procès. — Il en sera de même à l'égard de toute partie qui aurait plaidé contre une commune ou une section de commune.

59. Toute transaction consentie par un Conseil municipal ne peut être exécutée qu'après l'homologation par ordonnance royale, s'il s'agit d'objets immobiliers ou d'objets mobiliers d'une valeur supérieure à 3,000 francs, et par arrêté du préfet en Conseil de préfecture, dans les autres cas. (*Modifié par le décret du* 25 *mars* 1852, *tableau A*, nº 50. — *V. Décr.* 13 *avril* 1861, *tableau A*, nº 50).

Titre VI. — *Comptabilité des communes.*

60. Les comptes du maire, pour l'exercice clos, sont présentés au Conseil municipal avant la délibération du budget. Ils sont définitivement approuvés par les préfets, pour les communes dont le revenu est inférieur à 100,000 francs, et par le ministre compétent, pour les autres communes.

61. Le maire peut seul délivrer des mandats. S'il refusait d'ordonnancer une dépense régulièrement autorisée et liquide, il serait prononcé par le préfet en Conseil de préfecture. — L'arrêté du préfet tiendrait lieu du mandat du maire.

62. Les recettes et dépenses communales s'effectuent par un comptable chargé seul, et sous sa responsabilité, de poursuivre la rentrée de tous revenus de la commune et de toutes sommes qui lui seraient dues, ainsi que d'acquitter les dépenses ordonnancées par le maire, jusqu'à concurrence des crédits régulièrement accordés. — Tous les rôles de taxe, de sous-répartitions et de prestations locales, devront être remis à ce comptable.

63. Toutes les recettes municipales pour lesquelles les lois et règlements n'ont pas prescrit un mode spécial de recouvrement, s'effectuent sur des états dressés par le maire. Ces états sont exécutoires après qu'ils ont été visés par le sous-préfet. — Les oppositions, lorsque la matière est de la compétence des tribunaux ordinaires, sont jugées comme affaires sommaires, et la commune peut y défendre, sans autorisation du Conseil de préfecture.

64. Toute personne, autre que le receveur municipal, qui, sans autorisation légale, se serait ingérée dans le maniement des deniers de la commune, sera, par ce seul fait, constituée comptable; elle pourra, en outre, être poursuivie en vertu de l'article 258 du Code pénal, comme s'étant immiscée sans titre dans des fonctions publiques.

65. Le percepteur remplit les fonctions de receveur municipal. — Néanmoins, dans les communes dont le revenu excède 30,000 francs, ces fonctions sont confiées, si le Conseil municipal le demande, à un receveur municipal spécial. Il est nommé par le Roi, sur trois candidats que le Conseil municipal présente. — Les dispositions du premier paragraphe ci-dessus ne seront applicables aux communes ayant actuellement un receveur municipal, que sur la demande du Conseil municipal ou en cas de vacance.

66. Les comptes du receveur municipal sont définitivement apurés par le Conseil de préfecture, pour les communes dont le revenu n'excède pas 30,000 francs, sauf recours à la Cour des comptes. — Les comptes des receveurs des communes dont le revenu excède 30,000 francs sont réglés et apurés par ladite Cour. — Les dispositions ci-dessus, concernant la juridiction des Conseils de préfecture et de la Cour des comptes sur les comptes des receveurs municipaux, sont applicables aux comptes des trésoriers des hôpitaux et autres établissements de bienfaisance.

67. La responsabilité des receveurs municipaux et les formes de la comptabilité des communes seront déterminées par des règlements d'administration publique. Les receveurs municipaux seront assujettis, pour l'exécution de ces règlements, à la surveillance des receveurs des finances. — Dans les communes où les fonctions de receveur municipal et de percepteur sont réunies, la gestion du comptable est placée sous la responsabilité du receveur des finances de l'arrondissement. (*V. Décr.* 31 *mai* 1862.)

68. Les comptables qui n'auront pas présenté leurs comptes dans les délais prescrits par les règlements pourront être condamnés, par l'autorité chargée de les juger, à une amende de 10 francs à 100 francs, par chaque mois de retard, pour les receveurs et trésoriers justiciables des Conseils de préfecture, et de 50 francs à 500 francs, également par mois de retard, pour ceux qui sont justiciables de la Cour des comptes. — Ces amendes seront attribuées aux communes ou établissements que concernent les comptes en retard. — Elles seront assimilées aux débets de comptables, et le recouvrement pourra en être suivi par corps, conformément aux articles 8 et 9 de la loi du 17 avril 1832.

69. Les budgets et les comptes des communes restent déposés à la mairie, où toute personne imposée aux rôles de la commune a droit d'en prendre connaissance. — Ils sont rendus publics par la voie de l'impression, dans les communes dont le revenu est de 100,000 francs ou plus, et dans les autres, quand le Conseil municipal a voté la dépense de l'impression.

TITRE VII. — *Des intérêts qui concernent plusieurs communes.*

70. Lorsque plusieurs communes possèdent des biens ou des droits par indivis, une ordonnance du Roi instituera, si l'une d'elles le réclame, une commission syndicale composée de délégués des Conseils municipaux des communes intéressées. — Chacun des Conseils élira dans son sein, au scrutin secret et à la majorité des voix, le nombre de délégués qui aura été déterminé par l'ordonnance du Roi. — La commission syndicale sera renouvelée tous les trois ans, après le renouvel-

ement partiel des Conseils municipaux. — Les délibérations prises par la commission ne sont exécutoires que sur l'approbation du préfet, et demeurent d'ailleurs soumises à toutes les règles établies pour les délibérations des Conseils municipaux.

71. La commission syndicale sera présidée par un syndic qui sera nommé par le préfet et choisi parmi les membres qui la composent. — Les attributions de la commission syndicale et du syndic, en ce qui touche les biens et les droits indivis, seront les mêmes que celles des Conseils municipaux et des maires pour l'administration des propriétés communales.

72. Lorsqu'un même travail intéressera plusieurs communes, les Conseils municipaux seront spécialement appelés à délibérer sur leurs intérêts respectifs et sur la part de la dépense que chacune d'elles devra supporter. Ces délibérations seront soumises à l'approbation du préfet. — En cas de désaccord entre les Conseils municipaux, le préfet prononcera, après avoir entendu les Conseils d'arrondissement et le Conseil général. — Si les Conseils municipaux appartiennent à des départements différents, il sera statué par ordonnance royale. — La part de la dépense définitivement assignée à chaque commune sera portée d'office aux budgets respectifs, conformément à l'article 39 de la présente loi.

73. En cas d'urgence, un arrêté du préfet suffira pour ordonner les travaux, et pourvoir à la dépense à l'aide d'un rôle provisoire. Il sera procédé ultérieurement à sa répartition définitive, dans la forme déterminée par l'article précédent.

TITRE VIII. — *Disposition spéciale.*

74. Il sera statué par une loi spéciale sur l'administration municipale de la ville de Paris.

LOI

Portant fixation du budget des recettes de l'exercice 1838.

(20 juillet 1837) (1)

. . . .

---

(1) Bull., 9e série, no 6961. — V. le texte dans notre édition in-8o.

ORDONNANCE

Qui détermine les cas et les formes dans lesquels les payeurs, agents ou préposés chargés d'effectuer des paiements à la décharge de l'État peuvent se libérer en versant à la Caisse des dépôts et consignations les sommes saisies et arrêtées entre leurs mains.

(16 septembre 1837) (2)

1838

LOI

Sur les tribunaux civils de première instance.

(11 avril 1838)

ART. 1er. Les tribunaux civils de première instance connaîtront, en dernier ressort, des actions personnelles et mobilières jusqu'à la valeur de 1,500 francs de principal, et des actions immobilières jusqu'à 60 francs de revenu, déterminé, soit en rentes, soit par prix de bail. — Ces actions seront instruites et jugées comme matières sommaires.

2. Lorsqu'une demande reconventionnelle ou en compensation aura été formée dans les limites de la compétence des tribunaux civils de première instance en dernier ressort, il sera statué sur le tout sans qu'il y ait lieu à appel. — Si l'une des demandes s'élève au-dessus des limites ci-dessus indiquées, le tribunal ne prononcera, sur toutes les demandes, qu'en premier ressort. — Néanmoins, il sera statué en dernier ressort sur les demandes en dommages-intérêts, lorsqu'elles seront fondées exclusivement sur la demande principale elle-même.

3. Les tribunaux dont les noms suivent, actuellement composés de trois juges et trois suppléants, seront, à l'avenir, composés de quatre juges et trois suppléants : Alais, *Altkirch*, Argentan, Aubusson, Bagnères, Bayeux, Belfort, Bourgoin, Charolles, Espalion, Issoire, Largentière, Lure, Mauriac, Marvejols, Neufchâtel, Oléron, Roanne, Saint-Gaudens, Saint-Girons, Saint-Lô, Saint-Marcellin, *Sarregue-*

---

(2) Bull., 9e série, no 7042. — V. le texte dans notre édition in-8o.

mines, *Saverne*, *Schelestadt*, Uzès, Villefranche (Aveyron), Villefranche (Rhône), *Wissembourg* (1).

4. Les tribunaux de Saint-Etienne (Loire) et de Vienne (Isère), actuellement composés de quatre juges et trois suppléants, seront portés à sept juges et quatre suppléants. — En conséquence, ils seront augmentés d'un vice-président, de deux juges, d'un juge suppléant, d'un substitut du procureur du Roi et d'un commis-greffier (1).

5. Seront, à l'avenir, composés de sept juges, au lieu de neuf, les tribunaux dont les noms suivent : Alençon, Auch, Bourbon-Vendée, Carpentras, Digne, Laval, Le Mans, Montauban, Mont-de-Marsan, Moulins, Niort, Perpignan, Saintes, Quimper, Saint-Omer, Saint-Brieuc, Vannes (1).

6. Le tribunal de Grenoble, actuellement composé de neuf juges, sera porté à douze et formera à l'avenir trois chambres. — En conséquence, il sera augmenté d'un vice-président, de deux juges, de deux juges suppléants, d'un substitut et d'un commis-greffier.

7. Le nombre, la durée des audiences et leur affectation aux différentes natures d'affaires, seront fixés, dans chaque tribunal, par un règlement qui sera soumis à l'approbation du garde des Sceaux.

8. Dans les tribunaux où il sera formé une chambre temporaire, les juges suppléants qui feront partie de cette chambre, comme juges ou substituts, recevront, pendant toute sa durée, le même traitement que les juges.

9. Dans le cas où la peine de la suspension aura été prononcée contre un juge pour plus d'un mois, un des juges suppléants sera appelé à le remplacer, et il recevra le traitement de juge.

10. Tout juge suppléant qui, sans motifs légitimes, refuserait de faire le service auquel il serait appelé, pourra, après procès-verbal constatant sa mise en demeure et son refus, être considéré comme démissionnaire.

11. Dans tous les cas où les tribunaux de première instance statuent en assemblée générale, l'assemblée devra être composée, au moins, de la majorité des juges en titre. — Les juges suppléants n'auront voix délibérative que lorsqu'ils remplaceront un juge. — Dans tous les autres cas ils auront voix consultative.

12. — *Transitoire.*

(1) Le personnel de plusieurs tribunaux a été modifié par décret du 12 déc. 1860.

(2) Bull., 9e série, no 7373. — *V.* le texte dans notre édition in-8o.

LOI

Relative à l'asséchement et à l'exploitation des mines.

(27 avril 1838) (2)

ORDONNANCE

Portant que l'instruction des actions concernant les propriétés de l'Etat sera préparée et suivie par les directeurs des domaines dans les départements, de concert avec les préfets.

(6 mai 1838) (3)

LOI

Sur les attributions des Conseils généraux et des Conseils d'arrondissement.

(10 mai 1838) (4)

. . . .

TITRE II. — *Des attributions des Conseils d'arrondissement.*

ART. 39. La session ordinaire du Conseil d'arrondissement se divise en deux parties : la première précède et la seconde suit la session du Conseil général.

40. Dans la première partie de sa session, le Conseil d'arrondissement délibère sur les réclamations auxquelles donnerait lieu la fixation du contingent de l'arrondissement dans les contributions directes. — Il délibère également sur les demandes en réduction de contributions formées par les communes.

41. Le Conseil d'arrondissement donne son avis, — 1o sur les changements proposés à la circonscription du territoire de l'arrondissement, des cantons et des communes, et à la dé-

(3) Bull., 9e série, no 7400.

(4) Le titre I de cette loi a été abrogé par la loi du 10 août 1871, art. 92. — *V.* cependant art. 2, L. 16 sept. 1871, relative au Conseil général de la Seine.

signation de leurs chefs-lieux ; — 2° sur le classement et la direction des chemins vicinaux de grande communication ; — 3° sur l'établissement et la suppression, ou le changement des foires et des marchés ; (*Abrogé par l'art.* 11, § 2, *L.* 24 *juill.* 1867.) — 4° sur les réclamations élevées au sujet de la part contributive des communes respectives dans les travaux intéressant à la fois plusieurs communes, ou les communes et le département ; — 5° et généralement sur tous les objets sur lesquels il est appelé à donner son avis en vertu des lois et règlements, ou sur lesquels il serait consulté par l'administration.

42. Le Conseil d'arrondissement peut donner son avis, — 1° sur les travaux de routes, de navigation et autres objets d'utilité publique qui intéressent l'arrondissement ; — 2° sur le classement et la direction des routes départementales qui intéressent l'arrondissement ; — 3° sur les acquisitions, aliénations, échanges, constructions et reconstructions des édifices et bâtiments destinés à la sous-préfecture, au tribunal de première instance, à la maison d'arrêt ou à d'autres services publics spéciaux à l'arrondissement, ainsi que sur les changements de destination de ces édifices ; — 4° et généralement sur tous les objets sur lesquels le Conseil général est appelé à délibérer, en tant qu'ils intéressent l'arrondissement.

43. Le préfet communique au Conseil d'arrondissement le compte de l'emploi des fonds de non-valeurs, en ce qui concerne l'arrondissement.

44. Le Conseil d'arrondissement peut adresser directement au préfet par l'intermédiaire de son président, son opinion sur l'état et les besoins des différents services publics, en ce qui touche l'arrondissement.

45. Dans la seconde partie de sa session, le Conseil d'arrondissement répartit entre les communes les contributions directes.

46. Le Conseil d'arrondissement est tenu de se conformer, dans la répartition de l'impôt, aux décisions rendues par le Conseil général sur les réclamations des communes. — Faute par le Conseil d'arrondissement de s'y être conformé, le préfet, en Conseil de préfecture, établit la répartition d'après lesdites décisions. — En ce cas, la somme dont la contribution de la commune déchargée se trouve réduite est répartie, au centime le franc, sur toutes les autres communes de l'arrondissement.

47. Si le Conseil d'arrondissement ne se réunissait pas, ou s'il se séparait sans avoir arrêté la répartition des contributions directes, les mandements des contingents assignés à chaque commune seraient délivrés par le préfet, d'après les bases de la répartition précédente, sauf les modifications à apporter dans le contingent en exécution des lois.

LOI

Concernant les vices rédhibitoires dans les ventes et échanges d'animaux domestiques.

(20 mai 1838)

Art. 1er. Sont réputés vices rédhibitoires et donneront seuls ouverture à l'action résultant de l'article 1641 du Code civil, dans les ventes ou échanges des animaux domestiques ci-dessous dénommés, sans distinction des localités où les ventes et échanges auront eu lieu, les maladies ou défauts ci-après, savoir : — *Pour le cheval, l'âne ou le mulet*, la fluxion périodique des yeux, l'épilepsie ou le mal caduc, la morve, le farcin, les maladies anciennes de poitrine ou vieilles courbatures, l'immobilité, la pousse, le cornage chronique, le tic sans usure des dents, les hernies inguinales intermittentes, la boiterie intermittente pour cause de vieux mal. — *Pour l'espèce bovine*, la phthisie pulmonaire ou pommelière, l'épilepsie ou mal caduc, les suites de la non-délivrance, après le part chez le vendeur ; le renversement du vagin ou de l'utérus, après le part chez le vendeur. — *Pour l'espèce ovine*, la clavelée : cette maladie reconnue chez un seul animal entraînera la rédhibition de tout le troupeau. La rédhibition n'aura lieu que si le troupeau porte la marque du vendeur. — Le sang-de-rate : cette maladie n'entraînera la rédhibition du troupeau qu'autant que, dans le délai de la garantie, sa perte constatée s'élèvera au quinzième au moins des animaux achetés. — Dans ce dernier cas, la rédhibition n'aura lieu également que si le troupeau porte la marque du vendeur (1).

(1) La loi du 20 mai 1838, qui détermine les vices rédhibitoires qui, en matière de vente d'animaux, donnent lieu à la résolution de la vente, est limitative, et quant aux espèces d'animaux (espèces chevaline, ovine et bovine), et quant aux

2. L'action en réduction du prix, autorisée par l'article 1644 du Code civil, ne pourra être exercée dans les ventes et échanges d'animaux énoncés dans l'article 1er ci-dessus.

3. Le délai pour intenter l'action rédhibitoire sera, non compris le jour fixé pour la livraison, — de trente jours pour le cas de fluxion périodique des yeux et d'épilepsie ou mal caduc ; — de neuf jours pour tous les autres cas.

4. Si la livraison de l'animal a été effectuée ou s'il a été conduit, dans les délais ci-dessus, hors du lieu du domicile du vendeur, les délais seront augmentés d'un jour par 5 myriamètres de distance du domicile du vendeur au lieu où l'animal se trouve (1).

5. Dans tous les cas, l'acheteur, à peine d'être non recevable, sera tenu de provoquer, dans les délais de l'article 3, la nomination d'experts chargés de dresser procès-verbal ; la requête sera présentée au juge de paix du lieu où se trouvera l'animal. — Ce juge nommera immédiatement, suivant l'exigence des cas, un ou trois experts, qui devront opérer dans le plus bref délai.

6. La demande sera dispensée du préliminaire de conciliation, et l'affaire instruite et jugée comme matière sommaire.

7. Si, pendant la durée des délais fixés par l'article 3, l'animal vient à périr, le vendeur ne sera pas tenu de la garantie, à moins que l'acheteur ne prouve que la perte de l'animal provient de l'une des maladies spécifiées dans l'article 1er.

8. Le vendeur sera dispensé de la garantie résultant de la morve et du farcin pour le cheval, l'âne et le mulet, et de la clavelée pour l'espèce ovine, s'il prouve que l'animal, depuis la livraison, a été mis en contact avec des animaux atteints de ces maladies.

---

espèces de défauts pour lesquels l'action en résolution peut être admise ; — spécialement, cette action n'est point admissible, sous ce double rapport, pour *ladrerie de porc.* — Cass. 17 avril 1855.

(1) Le délai pour intenter l'action rédhibitoire, fixé par les articles 3 et 4 de la loi du 20 mai 1838, est franc ; de telle sorte que l'action est utilement introduite le lendemain du dernier jour du délai. — Cass. 24 janv. 1849 ; 3 mai 1859 ; 10 nov. 1862.

LOI

Sur les justices de paix.

(25 mai 1838)

ART. 1er. Les juges de paix connaissent de toutes actions purement personnelles ou mobilières, en dernier ressort, jusqu'à la valeur de 100 francs, et, à charge d'appel, jusqu'à la valeur de 200 francs (2).

2. Les juges de paix prononcent, sans appel, jusqu'à la valeur de 100 francs, et, à charge d'appel, jusqu'au taux de la compétence en dernier ressort des tribunaux de première instance (1,500 francs.) (*V. L. 11 avril 1838, art. 1er* :) — Sur les contestations entre les hôteliers, aubergistes ou logeurs, et les voyageurs ou locataires en garni, pour dépense d'hôtellerie et perte ou avarie d'effets déposés dans l'auberge ou dans l'hôtel ; — Entre les voyageurs et les voituriers ou bateliers, pour retards, frais de route et perte ou avarie d'effets accompagnant les voyageurs ; — Entre les voyageurs et les carrossiers ou autres ouvriers, pour fournitures, salaires et réparations faites aux voitures de voyage.

3. Les juges de paix connaissent, sans appel, jusqu'à la valeur de 100 francs, et, à charge d'appel, à quelque valeur que la demande puisse s'élever : — Des actions en paiement de loyers ou fermages, des congés, des demandes en résiliation de baux, fondées sur le seul défaut de paiement des loyers ou fermages ; des expulsions de lieux et des demandes en validité de saisie-gagerie : le tout lorsque les locations verbales ou par écrit n'excèdent pas annuellement 400 francs. (*Ainsi remplacé par la loi du 2 mai 1855.*) — Si le prix principal du bail consiste

(2) (*a*) Le juge de paix est compétent pour connaître en dernier ressort de la demande en paiement d'une somme inférieure à 100 francs, ou, à charge d'appel, de la demande en paiement d'une somme supérieure à ce taux, mais inférieure à 200 francs, alors même qu'elle est le reliquat d'une créance plus forte. — Cass. 29 nov. 1848.

(*b*) Il en est ainsi, du moins, si le défendeur, en soutenant avoir payé la somme réclamée, ne conteste point la réalité de la convention alléguée par le demandeur, — Cass. 28 nov. 1859.

(*c*) Ou si le défendeur ne forme point, de son côté, de demande reconventionnelle. — Cass. 23 août 1858.

en denrées ou prestations en nature, appréciables d'après les mercuriales, l'évaluation sera faite sur celles du jour de l'échéance, lorsqu'il s'agira du paiement des fermages. Dans tous les autres cas, elle aura lieu suivant les mercuriales du mois qui aura précédé la demande. Si le prix principal du bail consiste en prestations non appréciables d'après les mercuriales, ou s'il s'agit de baux à colons partiaires, le juge de paix déterminera la compétence, en prenant pour base du revenu de la propriété le principal de la contribution foncière de l'année courante, multiplié par cinq.

4. Les juges de paix connaissent, sans appel, jusqu'à la valeur de 100 francs, et, à charge d'appel, jusqu'au taux de la compétence en dernier ressort des tribunaux de première instance, — 1° Des indemnités réclamées par le locataire ou fermier pour non-jouissance provenant du fait du propriétaire, lorsque le droit à une indemnité n'est pas contesté ; — 2° Des dégradations et pertes, dans les cas prévus par les articles 1732 et 1735 du Code civil. — Néanmoins, le juge de paix ne connaît des pertes causées par incendie ou inondation que dans les limites posées par l'article 1er de la présente loi.

5. Les juges de paix connaissent également, sans appel, jusqu'à la valeur de 100 francs, et, à charge d'appel, à quelque valeur que la demande puisse s'élever : — 1° Des actions pour dommages faits aux champs, fruits et récoltes, soit par l'homme, soit par les animaux (1), et de celles relatives à l'élagage des arbres ou haies, et au curage, soit des fossés, soit des canaux servant à l'irrigation des propriétés ou au mouvement des usines, lorsque les droits de propriété ou de servitude ne sont pas contestés ; — 2° Des réparations locatives des maisons ou fermes, mises par la loi à la charge du locataire ; — 3° Des contestations relatives aux engagements respectifs des gens de travail au jour, au mois et à l'année, et de ceux qui les emploient ; des maîtres et des domestiques ou gens de services à gages ; des maîtres et de leurs ouvriers ou apprentis, sans néanmoins qu'il soit dérogé aux lois et règlements relatifs à la juridiction des prud'hommes ; — 4° Des contestations relatives au payement des nourrices, sauf ce qui est prescrit par les lois et règlements d'administration publique à l'égard des bureaux de nourrices de la ville de Paris et de toutes les autres villes ; — 5° Des actions civiles pour diffamation verbale et pour injures publiques ou non publiques, verbales ou par écrit, autrement que par la voie de la presse ; des mêmes actions pour rixes ou voies de fait ; le tout lorsque les parties ne se sont pas pourvues par la voie criminelle.

6. Les juges de paix connaissent, en outre, à charge d'appel : — 1° Des entreprises commises dans l'année, sur les cours d'eau servant à l'irrigation des propriétés et au mouvement des usines et moulins, sans préjudice des attributions de l'autorité administrative dans les cas déterminés par les lois et par les règlements ; des dénonciations de nouvel œuvre, complaintes, actions en réintégrande et autres actions possessoires fondées sur des faits également commis dans l'année ; — 2° Des actions en bornage et de celles relatives à la distance prescrite par la loi, les règlements particuliers et l'usage des lieux, pour les plantations d'arbres ou de haies, lorsque la propriété ou les titres qui l'établissent ne sont pas contestés (2) ; — 3° Des actions relatives aux constructions et travaux énoncés dans l'article 674 du Code civil, lorsque la propriété ou la mitoyenneté du mur

(1) Le juge de paix est compétent pour connaître des dommages aux champs, encore que ces dommages puissent être permanents, et non pas seulement temporaires. — Cass. 27 avril 1853.

(2) (*a*) En matière de bornage il n'y a pas *contestation sur la propriété ou les titres*, faisant obstacle à la compétence du juge de paix, lorsqu'il y a lieu seulement à répartir entre les fonds contigus un déficit de contenance existant dans l'ensemble de ces fonds, sans qu'aucune des parties proteste contre l'existence du déficit constaté, ni prétende qu'il doit porter sur une propriété plutôt que sur une autre ; — Cass. 6 août 1860.

(*b*) Ni lorsque, ni les titres ni la propriété n'étant contestés, il y a lieu seulement de reconnaître la ligne séparative, que l'un des voisins a fait disparaître, — soit pour attribuer à chacune des parties la contenance déterminée par ses titres, soit pour répartir entre elles l'excédant de contenance ; — Cass. 27 févr. 1860.

(*c*) Ni lorsque, les parties comparaissant devant le juge de paix sur une action en complainte possessoire transformée en action en bornage, ne sont pas d'accord sur les limites de leurs propriétés contiguës. — Cass. 19 juill. 1852.

ne sont pas contestées ; — 4o Des demandes en pension alimentaire n'excédant pas 150 francs par an, et seulement lorsqu'elles seront formées en vertu des articles 205, 206 et 207 du Code civil.

7. Les juges de paix connaissent de toutes les demandes reconventionnelles ou en compensation qui, par leur nature ou leur valeur, sont dans les limites de leur compétence, alors même que, dans les cas prévus par l'article 1er, ces demandes, réunies à la demande principale, s'élèveraient au-dessus de 200 francs. Ils connaissent, en outre, à quelques sommes qu'elles puissent monter, des demandes reconventionnelles en dommages et intérêts fondées exclusivement sur la demande principale elle-même.

8. Lorsque chacune des demandes principales, reconventionnelles ou en compensation, sera dans les limites de la compétence du juge de paix en dernier ressort, il prononcera sans qu'il y ait lieu à appel. — Si l'une de ces demandes n'est susceptible d'être jugée qu'à charge d'appel, le juge de paix ne prononcera sur toutes qu'en premier ressort. — Si la demande reconventionnelle ou en compensation excède les limites de sa compétence, il pourra, soit retenir le jugement de la demande principale, soit renvoyer, sur le tout, les parties à se pourvoir devant le tribunal de première instance, sans préliminaire de conciliation.

9. Lorsque plusieurs demandes formées par la même partie seront réunies dans une même instance, le juge de paix ne prononcera qu'en premier ressort, si leur valeur totale s'élève au-dessus de 100 francs, lors même que quelqu'une de ces demandes serait inférieure à cette somme. Il sera incompétent sur le tout, si ces demandes excèdent, par leur réunion, les limites de sa juridiction.

10. Dans les cas où la saisie-gagerie ne peut avoir lieu qu'en vertu de permission de justice, cette permission sera accordée par le juge de paix du lieu où la saisie devra être faite, toutes les fois que les causes rentreront dans sa compétence. — S'il y a opposition de la part des tiers, pour des causes et pour des sommes qui, réunies, excéderaient cette compétence, le jugement en sera déféré aux tribunaux de première instance.

11. L'exécution provisoire des jugements sera ordonnée dans tous les cas où il y a titre authentique, promesse reconnue, ou condamnation précédente dont il n'y a point eu appel. — Dans tous les autres cas, le juge pourra ordonner l'exécution provisoire, nonobstant appel, sans caution, lorsqu'il s'agira de pension alimentaire, ou lorsque la somme n'excédera pas 300 francs, et avec caution, au-dessus de cette somme. — La caution sera reçue par le juge de paix.

12. S'il y a péril en la demeure, l'exécution provisoire pourra être ordonnée sur la minute du jugement avec ou sans caution, conformément aux dispositions de l'article précédent.

13. L'appel des jugements des juges de paix ne sera recevable ni avant les trois jours qui suivront celui de la prononciation des jugements, à moins qu'il n'y ait lieu à exécution provisoire, ni après les trente jours qui suivront la signification à l'égard des personnes domiciliées dans le canton. — Les personnes domiciliées hors du canton auront, pour interjeter appel, outre le délai de trente jours, le délai réglé par les articles 73 et 1033 du Code de procédure civile.

14. Ne sera pas recevable l'appel des jugements mal à propos qualifiés en premier ressort, ou qui, étant en dernier ressort, n'auraient point été qualifiés. — Seront sujets à l'appel les jugements qualifiés en dernier ressort, s'ils ont statué, soit sur des questions de compétence, soit sur des matières dont le juge de paix ne pouvait connaître qu'en premier ressort. Néanmoins, si le juge de paix s'est déclaré compétent, l'appel ne pourra être interjeté qu'après le jugement définitif.

15. Les jugements rendus par les juges de paix ne pourront être attaqués par la voie du recours en cassation que pour excès de pouvoir.

16. Tous les huissiers d'un même canton auront le droit de donner toutes les citations et de faire tous les actes devant la justice de paix. Dans les villes où il y a plusieurs justices de paix, les huissiers exploitent concurremment dans le ressort de la juridiction assignée à leur résidence. Tous les huissiers du même canton seront tenus de faire le service des audiences, et d'assister le juge de paix toutes les fois qu'ils en seront requis ; les juges de paix choisiront leurs huissiers audienciers.

17. (*Ainsi modifié, L. 2 mai 1855.*) Dans toutes les causes, excepté celles qui requièrent célérité et celles dans lesquelles le défendeur serait domicilié hors du canton ou des cantons de la même ville, il est interdit aux huissiers de donner aucune citation en justice, sans qu'au préalable le

juge de paix ait appelé les parties devant lui au moyen d'un avertissement sur papier non timbré, rédigé et délivré par le greffier, au nom et sous la surveillance du juge de paix, et expédié par la poste, sous bande simple, scellée du sceau de la justice de paix, avec affranchissement. — A cet effet, il sera tenu par le greffier un registre sur papier non timbré, constatant l'envoi et le résultat des avertissements; ce registre sera coté et paraphé par le juge de paix. Le greffier recevra pour tout droit et par chaque avertissement une rétribution de 25 centimes, y compris l'affranchissement qui sera dans tous les cas de 10 centimes. — S'il y a conciliation, le juge de paix, sur la demande de l'une des parties, peut dresser procès-verbal des conditions de l'arrangement; ce procès-verbal aura force d'obligation privée. — Dans les cas qui requièrent célérité, il ne sera remis de citation non précédée d'avertissement qu'en vertu d'une permission donnée sans frais par le juge de paix, sur l'original de l'exploit. — En cas d'infraction aux dispositions ci-dessus de la part de l'huissier, il supportera sans répétition les frais de l'exploit.

18. Dans les causes portées devant la justice de paix, aucun huissier ne pourra ni assister comme conseil, ni représenter les parties en qualité de procureur fondé, à peine d'une amende de 25 à 50 francs, qui sera prononcée sans appel par le juge de paix. — Ces dispositions ne seront pas applicables aux huissiers qui se trouveront dans l'un des cas prévus par l'article 86 du Code de procédure civile.

19. En cas d'infraction aux dispositions des articles 16, 17 et 18, le juge de paix pourra défendre aux huissiers du canton de citer devant lui, pendant un délai de quinze jours à trois mois, sans appel et sans préjudice de l'action disciplinaire des tribunaux et des dommages-intérêts des parties, s'il y a lieu.

20. Les actions concernant les brevets d'invention seront portées, s'il s'agit de nullité ou de déchéance des brevets, devant les tribunaux civils de première instance; s'il s'agit de contrefaçon, devant les tribunaux correctionnels.

21. Toutes les dispositions des lois antérieures contraires à la présente loi sont abrogées.

LOI

Sur les aliénés.

(30 juin 1838)

Titre Ier. — *Des établissements d'aliénés.*

Art. 1er. Chaque département est tenu d'avoir un établissement public, spécialement destiné à recevoir et soigner les aliénés, ou de traiter, à cet effet, avec un établissement public ou privé, soit de ce département, soit d'un autre département. — Les traités passés avec les établissements publics ou privés devront être approuvés par le ministre de l'Intérieur.

2. Les établissements publics consacrés aux aliénés sont placés sous la direction de l'autorité publique.

3. Les établissements privés consacrés aux aliénés sont placés sous la surveillance de l'autorité publique.

4. Le préfet et les personnes spécialement déléguées à cet effet par lui ou par le ministre de l'Intérieur, le président du tribunal, le procureur du Roi, le juge de paix, le maire de la commune, sont chargés de visiter les établissements publics ou privés consacrés aux aliénés. — Ils recevront les réclamations des personnes qui y seront placées, et prendront, à leur égard, tous renseignements propres à faire connaître leur position. — Les établissements privés seront visités, à des jours indéterminés, une fois au moins chaque trimestre, par le procureur du Roi de l'arrondissement. Les établissements publics le seront de la même manière, une fois au moins par semestre.

5. Nul ne pourra diriger ni former un établissement privé consacré aux aliénés sans l'autorisation du Gouvernement. — Les établissements privés consacrés au traitement d'autres maladies ne pourront recevoir les personnes atteintes d'aliénation mentale, à moins qu'elles ne soient placées dans un local entièrement séparé. — Ces établissements devront être, à cet effet, spécialement autorisés par le Gouvernement, et seront soumis, en ce qui concerne les aliénés, à toutes les obligations prescrites par la présente loi.

6. Des règlements d'administration publique détermineront les conditions auxquelles seront accordées les autorisations énoncées en l'article précédent, les cas où elles pourront être retirées, et les obligations aux-

quelles seront soumis les établissements autorisés.

7. Les règlements intérieurs des établissements publics consacrés, en tout ou en partie, au service des aliénés, seront, dans les dispositions relatives à ce service, soumis à l'approbation du ministre de l'Intérieur.

TITRE II. — *Des placements faits dans les établissements d'aliénés.*

SECTION I. — *Des placements volontaires.*

8. Les chefs ou préposés responsables des établissements publics et les directeurs des établissements privés consacrés aux aliénés ne pourront recevoir une personne atteinte d'aliénation mentale, s'il ne leur est remis : — 1° Une demande d'admission contenant les noms, profession, âge et domicile, tant de la personne qui la formera que de celle dont le placement sera réclamé, et l'indication du degré de parenté ou, à défaut, de la nature des relations qui existent entre elles. — La demande sera écrite et signée par celui qui la formera, et, s'il ne sait pas écrire, elle sera reçue par le maire ou le commissaire de police, qui en donnera acte. — Les chefs, préposés ou directeurs, devront s'assurer, sous leur responsabilité, de l'individualité de la personne qui aura formé la demande, lorsque cette demande n'aura pas été reçue par le maire ou le commissaire de police. — Si la demande d'admission est formée par le tuteur d'un interdit, il devra fournir, à l'appui, un extrait du jugement d'interdiction; — 2° Un certificat de médecin constatant l'état mental de la personne à placer, et indiquant les particularités de sa maladie et la nécessité de faire traiter la personne désignée dans un établissement d'aliénés, et de l'y tenir renfermée. — Ce certificat ne pourra être admis, s'il a été délivré plus de quinze jours avant sa remise au chef ou directeur ; s'il est signé d'un médecin attaché à l'établissement, ou si le médecin signataire est parent ou allié, au second degré inclusivement, des chefs ou propriétaires de l'établissement, ou de la personne qui fera effectuer le placement. — En cas d'urgence, les chefs des établissements publics pourront se dispenser d'exiger le certificat du médecin ; — 3° Le passe-port ou toute autre pièce propre à constater l'individualité de la personne à placer. — Il sera fait mention de toutes les pièces produites dans un bulletin d'entrée, qui sera renvoyé, dans les vingt-quatre heures, avec un certificat du médecin de l'établissement, et la copie de celui ci-dessus mentionné, au préfet de police à Paris, au préfet ou au sous-préfet dans les communes chefs-lieux de département ou d'arrondissement, et aux maires dans les autres communes. Le sous préfet, ou le maire, en fera immédiatement l'envoi au préfet.

9. Si le placement est dans un établissement privé, le préfet, dans les trois jours de la réception du bulletin, chargera un ou plusieurs hommes de l'art de visiter la personne désignée dans ce bulletin, à l'effet de constater son état mental et d'en faire rapport sur-le-champ. Il pourra leur adjoindre telle autre personne qu'il désignera.

10. Dans le même délai, le préfet notifiera administrativement les noms, profession et domicile, tant de la personne placée que de celle qui aura demandé le placement, et les causes du placement, 1° au procureur du Roi de l'arrondissement du domicile de la personne placée ; 2° au procureur du Roi de l'arrondissement de la situation de l'établissement : ces dispositions seront communes aux établissements publics et privés.

11. Quinze jours après le placement d'une personne dans un établissement public ou privé, il sera adressé au préfet, conformément au dernier paragraphe de l'article 8, un nouveau certificat du médecin de l'établissement ; ce certificat confirmera ou rectifiera, s'il y a lieu, les observations contenues dans le premier certificat, en indiquant le retour plus ou moins fréquent des accès ou des actes de démence.

12. Il y aura, dans chaque établissement, un registre coté et paraphé par le maire, sur lequel seront immédiatement inscrits les noms, profession, âge et domiciles des personnes placées dans les établissements, la mention du jugement d'interdiction, si elle a été prononcée, et le nom de leur tuteur ; la date de leur placement, les noms, profession et demeure de la personne, parente ou non parente, qui l'aura demandé. Seront également transcrits sur ce registre : 1° le certificat du médecin, joint à la demande d'admission ; 2° ceux que le médecin de l'établissement devra adresser à l'autorité, conformément aux articles 8 et 11. — Le médecin sera tenu de consigner sur ce registre, au moins tous les mois, les changements survenus

dans l'état mental de chaque malade. Ce registre constatera également les sorties et les décès. — Ce registre sera soumis aux personnes qui, d'après l'article 4, auront le droit de visiter l'établissement, lorsqu'elles se présenteront pour en faire la visite ; après l'avoir terminée, elles apposeront sur le registre leur visa, leur signature et leurs observations, s'il y a lieu.

13. Toute personne placée dans un établissement d'aliénés cessera d'y être retenue aussitôt que les médecins de l'établissement auront déclaré, sur le registre énoncé en l'article précédent, que la guérison est obtenue. — S'il s'agit d'un mineur ou d'un interdit, il sera donné immédiatement avis de la déclaration des médecins aux personnes auxquelles il devra être remis, et au procureur du Roi.

14. Avant même que les médecins aient déclaré la guérison, toute personne placée dans un établissement d'aliénés cessera également d'y être retenue, dès que la sortie sera requise par l'une des personnes ci-après désignées, savoir : — 1° Le curateur nommé en exécution de l'article 38 de la présente loi ; — 2° L'époux ou l'épouse ; — 3° S'il n'y a pas d'époux ou d'épouse, les ascendants ; — 4° S'il n'y a pas d'ascendants, les descendants ; — 5° La personne qui aura signé la demande d'admission, à moins qu'un parent n'ait déclaré s'opposer à ce qu'elle use de cette faculté sans l'assentiment du conseil de famille ; — 6° Toute personne à ce autorisée par le conseil de famille. — S'il résulte d'une opposition notifiée au chef de l'établissement par un ayant-droit qu'il y a dissentiment, soit entre les ascendants, soit entre les descendants, le conseil de famille prononcera. — Néanmoins, si le médecin de l'établissement est d'avis que l'état mental du malade pourrait compromettre l'ordre public ou la sûreté des personnes, il en sera donné préalablement connaissance au maire, qui pourra ordonner immédiatement un sursis provisoire à la sortie, à la charge d'en référer, dans les vingt-quatre heures, au préfet. Ce sursis provisoire cessera de plein droit à l'expiration de la quinzaine, si le préfet n'a pas, dans ce délai, donné d'ordres contraires, conformément à l'article 21 ci-après. L'ordre du maire sera transcrit sur le registre tenu en exécution de l'article 12. — En cas de minorité ou d'interdiction, le tuteur pourra seul requérir la sortie.

15. Dans les vingt-quatre heures de la sortie, les chefs, préposés ou directeurs en donneront avis aux fonctionnaires désignés dans le dernier paragraphe de l'article 8, et leur feront connaître le nom et la résidence des personnes qui auront retiré le malade, son état mental au moment de sa sortie, et, autant que possible, l'indication du lieu où il aura été conduit.

16. Le préfet pourra toujours ordonner la sortie immédiate des personnes placées volontairement dans les établissements d'aliénés.

17. En aucun cas l'interdit ne pourra être remis qu'à son tuteur, et le mineur, qu'à ceux sous l'autorité desquels il est placé par la loi.

SECTION II. — *Des placements ordonnés par l'autorité publique.*

18. A Paris, le préfet de police, et, dans les départements, les préfets ordonneront d'office le placement, dans un établissement d'aliénés, de toute personne interdite, ou non interdite, dont l'état d'aliénation compromettrait l'ordre public ou la sûreté des personnes. — Les ordres des préfets seront motivés et devront énoncer les circonstances qui les auront rendus nécessaires. Ces ordres, ainsi que ceux qui seront donnés conformément aux articles 19, 20, 21 et 23, seront inscrits sur un registre semblable à celui qui est prescrit par l'article 12 ci-dessus, dont toutes les dispositions seront applicables aux individus placés d'office.

19. En cas de danger imminent, attesté par le certificat d'un médecin ou par la notoriété publique, les commissaires de police à Paris, et les maires dans les autres communes, ordonneront à l'égard des personnes atteintes d'aliénation mentale, toutes les mesures provisoires nécessaires, à la charge d'en référer dans les vingt-quatre heures au préfet, qui statuera sans délai.

20. Les chefs, directeurs ou préposés responsables des établissements, seront tenus d'adresser aux préfets, dans le premier mois de chaque semestre, un rapport rédigé par le médecin de l'établissement sur l'état de chaque personne qui y sera retenue, sur la nature de sa maladie et les résultats du traitement. — Le préfet prononcera sur chacune individuellement, ordonnera sa maintenue dans l'établissement ou sa sortie.

21. A l'égard des personnes dont le placement aura été volontaire, et dans le cas où leur état mental pourrait compromettre l'ordre public ou

la sûreté des personnes, le préfet pourra, dans les formes tracées par le deuxième paragraphe de l'article 18, décerner un ordre spécial, à l'effet d'empêcher qu'elles ne sortent de l'établissement sans son autorisation, si ce n'est pour être placées dans un autre établissement. — Les chefs, directeurs ou préposés responsables, seront tenus de se conformer à cet ordre.

22. Les procureurs du Roi seront informés de tous les ordres donnés en vertu des articles 18, 19, 20 et 21. — Ces ordres seront notifiés au maire du domicile des personnes soumises au placement, qui en donnera immédiatement avis aux familles. — Il en sera rendu compte au ministre de l'Intérieur.

Les diverses notifications prescrites par le présent article seront faites dans les formes et délais énoncés en l'article 10.

23. Si, dans l'intervalle qui s'écoulera entre les rapports ordonnés par l'article 20, les médecins déclarent, sur le registre tenu en exécution de l'article 12, que la sortie peut être ordonnée, les chefs, directeurs ou préposés responsables des établissements, seront tenus, sous peine d'être poursuivis conformément à l'article 30 ci-après, d'en référer aussitôt au préfet, qui statuera sans délai.

24. Les hospices et hôpitaux civils seront tenus de recevoir provisoirement les personnes qui leur seront adressées en vertu des articles 18 et 19, jusqu'à ce qu'elles soient dirigées sur l'établissement spécial destiné à les recevoir, aux termes de l'article 1er, ou pendant le trajet qu'elles feront pour s'y rendre. — Dans toutes les communes où il existe des hospices ou hôpitaux, les aliénés ne pourront être déposés ailleurs que dans ces hospices ou hôpitaux. Dans les lieux où il n'en existe pas, les maires devront pourvoir à leur logement, soit dans une hôtellerie, soit dans un local loué à cet effet. — Dans aucun cas, les aliénés ne pourront être ni conduits avec les condamnés ou les prévenus, ni déposés dans une prison. — Ces dispositions sont applicables à tous les aliénés dirigés par l'administration sur un établissement public ou privé.

SECTION III. — *Dépenses du service des aliénés.*

25. Les aliénés dont le placement aura été ordonné par le préfet, et dont les familles n'auront pas demandé l'admission dans un établissement privé, seront conduits dans l'établissement appartenant au département, ou avec lequel il aura traité. — Les aliénés dont l'état mental ne compromettrait point l'ordre public ou la sûreté des personnes y seront également admis, dans les formes, dans les circonstances et aux conditions qui seront réglées par le Conseil général, sur la proposition du préfet, et approuvées par le ministre.

26. La dépense du transport des personnes dirigées par l'administration sur les établissements d'aliénés sera arrêtée par le préfet, sur le mémoire des agents préposés à ce transport. — La dépense de l'entretien, du séjour et du traitement des personnes placées dans les hospices ou établissements publics d'aliénés sera réglée d'après un tarif arrêté par le préfet. — La dépense de l'entretien, du séjour et du traitement des personnes placées par les départements dans les établissements privés sera fixée par les traités passés par le département, conformément à l'article 1er.

27. Les dépenses énoncées en l'article précédent seront à la charge des personnes placées; à défaut, à la charge de ceux auxquels il peut être demandé des aliments, aux termes des articles 205 et suivants du Code civil. — S'il y a contestation sur l'obligation de fournir des aliments, ou sur leur quotité, il sera statué par le tribunal compétent, à la diligence de l'administrateur désigné en exécution des articles 31 et 32. — Le recouvrement des sommes dues sera poursuivi et opéré à la diligence de l'administration de l'Enregistrement et des domaines.

28. A défaut, ou en cas d'insuffisance des ressources énoncées en l'article précédent, il y sera pourvu sur les centimes affectés, par la loi des finances, aux dépenses ordinaires du département auquel l'aliéné appartient, sans préjudice du concours de la commune du domicile de l'aliéné, d'après les bases proposées par le Conseil général sur l'avis du préfet, et approuvées par le Gouvernement. — Les hospices seront tenus à une indemnité proportionnée au nombre des aliénés dont le traitement ou l'entretien était à leur charge, et qui seraient placés dans un établissement spécial d'aliénés. — En cas de contestation, il sera statué par le Conseil de préfecture.

SECTION IV. — *Dispositions communes à toutes les personnes placées dans les établissements d'aliénés.*

29. Toute personne placée ou rete-

nue dans un établissement d'aliénés, son tuteur, si elle est mineure, son curateur, tout parent ou ami, pourront, à quelque époque que ce soit, se pourvoir devant le tribunal du lieu de la situation de l'établissement, qui, après les vérifications nécessaires, ordonnera, s'il y a lieu, la sortie immédiate. — Les personnes qui auront demandé le placement, et le procureur du Roi, d'office, pourront se pourvoir aux mêmes fins. — Dans le cas d'interdiction, cette demande ne pourra être formée que par le tuteur de l'interdit. — La décision sera rendue, sur simple requête, en chambre du conseil et sans délai; elle ne sera point motivée. — La requête, le jugement et les autres actes auxquels la réclamation pourrait donner lieu, seront visés pour timbre et enregistrés en débet. — Aucunes requêtes, aucunes réclamations adressées, soit à l'autorité judiciaire, soit à l'autorité administrative, ne pourront être supprimées ou retenues par les chefs d'établissements, sous les peines portées au titre III ci-après.

30. Les chefs, directeurs ou préposés responsables ne pourront, sous les peines portées par l'article 120 du Code pénal, retenir une personne placée dans un établissement d'aliénés, dès que sa sortie aura été ordonnée par le préfet, aux termes des articles 16, 20 et 23, ou par le tribunal, aux termes de l'article 29, ni lorsque cette personne se trouvera dans les cas énoncés aux articles 13 et 14.

31. Les commissions administratives ou de surveillance des hospices ou établissements publics d'aliénés exerceront, à l'égard des personnes non interdites qui y seront placées, les fonctions d'administrateurs provisoires. Elles désigneront un de leurs membres pour les remplir : l'administrateur, ainsi désigné, procédera au recouvrement des sommes dues à la personne placée dans l'établissement, et à l'acquittement de ses dettes; passera des baux qui ne pourront excéder trois ans, et pourra même, en vertu d'une autorisation spéciale accordée par le président du tribunal civil, faire vendre le mobilier. — Les sommes provenant, soit de la vente, soit des autres recouvrements, seront versées directement dans la caisse de l'établissement, et seront employées, s'il y a lieu, au profit de la personne placée dans l'établissement. — Le cautionnement du receveur sera affecté à la garantie desdits deniers, par privilége aux créances de toute autre nature. — Néanmoins les parents, l'époux ou l'épouse des personnes placées dans des établissements d'aliénés dirigés ou surveillés par des commissions administratives, ces commissions elles-mêmes, ainsi que le procureur du Roi, pourront toujours recourir aux dispositions des articles suivants.

32. Sur la demande des parents, de l'époux ou de l'épouse, sur celle de la commission administrative ou sur la provocation, d'office, du procureur du Roi, le tribunal civil du lieu du domicile pourra, conformément à l'article 497 du Code civil, nommer, en chambre du conseil, un administrateur provisoire aux biens de toute personne non interdite placée dans un établissement d'aliénés. Cette nomination n'aura lieu qu'après délibération du conseil de famille, et sur les conclusions du procureur du Roi. Elle ne sera pas sujette à l'appel.

33. Le tribunal, sur la demande de l'administrateur provisoire, ou à la diligence du procureur du Roi, désignera un mandataire spécial à l'effet de représenter en justice tout individu non interdit et placé ou retenu dans un établissement d'aliénés, qui serait engagé dans une contestation judiciaire au moment du placement, ou contre lequel une action serait intentée postérieurement. — Le tribunal pourra aussi, dans le cas d'urgence, désigner un mandataire spécial à l'effet d'intenter, au nom des mêmes individus, une action mobilière ou immobilière. L'administrateur provisoire pourra, dans les deux cas, être désigné pour mandataire spécial.

34. Les dispositions du Code civil, sur les causes qui dispensent de la tutelle, sur les incapacités, les exclusions ou les destitutions des tuteurs, sont applicables aux administrateurs provisoires nommés par le tribunal. — Sur la demande des parties intéressées, ou sur celle du procureur du Roi, le jugement qui nommera l'administrateur provisoire pourra en même temps constituer sur ses biens une hypothèque générale ou spéciale, jusqu'à concurrence d'une somme déterminée par ledit jugement. — Le procureur du Roi devra, dans le délai de quinzaine, faire inscrire cette hypothèque au bureau de la conservation : elle ne datera que du jour de l'inscription.

35. Dans le cas où un administrateur provisoire aura été nommé par un jugement, les significations à faire à la personne placée dans un établissement d'aliénés seront faites à cet administrateur. — Les significations faites au domicile pourront, suivant les circons-

tances, être annulées par les tribunaux. — Il n'est point dérogé aux dispositions de l'article 173 du Code de commerce.

36. A défaut d'administrateur provisoire, le président, à la requête de la partie la plus diligente, commettra un notaire pour représenter les personnes non interdites placées dans les établissements d'aliénés, dans les inventaires, comptes, partages et liquidations dans lesquels elles seraient intéressées.

37. Les pouvoirs conférés en vertu des articles précédents cesseront de plein droit dès que la personne placée dans un établissement d'aliénés n'y sera plus retenue. — Les pouvoirs conférés par le tribunal en vertu de l'article 32 cesseront de plein droit à l'expiration d'un délai de trois ans : ils pourront être renouvelés. — Cette disposition n'est pas applicable aux administrateurs provisoires qui seront donnés aux personnes entretenues par l'administration dans des établissements privés.

38. Sur la demande de l'intéressé, de l'un de ses parents, de l'époux ou de l'épouse, d'un ami, ou sur la provocation d'office du procureur du Roi, le tribunal pourra nommer en chambre du conseil, par jugement non susceptible d'appel, en outre de l'administrateur provisoire, un curateur à la personne de tout individu non interdit placé dans un établissement d'aliénés, lequel devra veiller, 1° à ce que ses revenus soient employés à adoucir son sort et à accélérer sa guérison, 2° à ce que ledit individu soit rendu au libre exercice de ses droits aussitôt que sa situation le permettra. — Ce curateur ne pourra pas être choisi parmi les héritiers présomptifs de la personne placée dans un établissement d'aliénés.

39. Les actes faits par une personne placée dans un établissement d'aliénés, pendant le temps qu'elle y aura été retenue, sans que son interdiction ait été prononcée ni provoquée, pourront être attaqués pour cause de démence, conformément à l'article 1304 du Code civil. — Les dix ans de l'action en nullité courront, à l'égard de la personne retenue qui aura souscrit les actes, à dater de la signification qui lui en aura été faite, ou de la connaissance qu'elle en aura eue après sa sortie définitive de la maison d'aliénés ; — Et, à l'égard de ses héritiers, à dater de la signification qui leur en aura été faite, ou de la connaissance qu'ils en auront eue, depuis la mort de leur auteur. — Lorsque les dix ans auront commencé de courir contre celui-ci, ils continueront de courir contre les héritiers.

40. Le ministère public sera entendu dans toutes les affaires qui intéresseront les personnes placées dans un établissement d'aliénés, lors même qu'elles ne seraient pas interdites.

TITRE III. — *Dispositions générales.*

41. Les contraventions aux dispositions des articles 5, 8, 11, 12, du second paragraphe de l'article 13, des articles 15, 17, 20, 21, et du dernier paragraphe de l'article 29 de la présente loi, et aux règlements rendus en vertu de l'article 6, qui seront commises par les chefs, directeurs ou préposés responsables des établissements publics ou privés d'aliénés, et par les médecins employés dans ces établissements, seront punies d'un emprisonnement de cinq jours à un an, et d'une amende de 50 francs à 3,000 francs, ou de l'une ou l'autre de ces peines. — Il pourra être fait application de l'article 463 du Code pénal.

ORDONNANCE

Relative à la vente des chablis provenant des bois communaux.

(15 septembre 1838)

ART. UNIQUE. Notre ordonnance du 20 mai 1837 est rendue applicable aux bois communaux, mais seulement en ce qui concerne la vente des chablis.

ORDONNANCE

Qui supprime le service de la surveillance des fournitures de bois de marine.

(14 décembre 1838)

ART. 1er. Le service de la surveillance des fournitures de bois de marine, institué par notre ordonnance du 7 septembre 1832, sera supprimé à dater du 1er janvier 1839.

2 et 3. — *Transitoires.*

1839

INSTRUCTION GÉNÉRALE

Sur le service des postes approuvée par le ministre des Finances.

(29 mars 1839) (1)

(1) *V.* le texte dans notre édition in-8.

ORDONNANCE

Qui autorise tous les notaires du Royaume, indistinctement, à délivrer des certificats de vie.

(6 juin 1839)

ART. 1er. L'article 1er du décret impérial du 21 août 1806 est abrogé. Tous les notaires du Royaume, indistinctement, sont autorisés à délivrer les certificats de vie nécessaires pour le paiement des rentes viagères et pensions sur l'Etat.

2. Les autres dispositions des décrets et ordonnances précités sont confirmées en tout ce qui n'est pas contraire à la présente ordonnance. (*V. Décr.* 21 *août* 1806 ; 23 *sept.* 1806 ; *Ord.* 30 *juin* 1814 ; 20 *juin* 1817.)

AVIS DU CONSEIL D'ÉTAT

Relatif aux modifications des plans d'alignement dans les villes.

(7 août 1839)

Le Conseil d'Etat, considérant que le droit d'arrêter et de modifier les alignements des rues des villes, suivant les besoins nécessairement variables de la circulation, est un droit inhérent à l'exercice de l'autorité administrative ; — Considérant que ces principes ont été sanctionnés par la jurisprudence constante de l'administration et des tribunaux ; — Considérant que, dans ces circonstances, l'administration ne peut renoncer à l'exercice du droit qui lui appartient légalement de procéder par voie d'alignement lorsque les nécessités de la circulation exigent la modification du plan d'une ville ; — Qu'à la vérité, dans l'application, ces modifications ne doivent être faites qu'avec une grande réserve et seulement dans le cas où l'intérêt de la voie publique serait bien constaté, mais que les formes qui sont exigées pour la modification du plan d'une ville comme pour l'adoption du plan primitif, sont une garantie suffisante pour les intérêts privés ; — Est d'avis : — Que le plan des alignements d'une ville, approuvé conformément aux dispositions de l'article 52 de la loi du 16 septembre 1807, peut toujours être modifié, lorsque l'intérêt public l'exige, et après l'accomplissement des formalités prescrites par ledit article ; — Que l'effet de la modification du plan est de soumettre, comme le plan primitif, les propriétés comprises dans l'alignement aux servitudes des voiries.

AVIS DU CONSEIL D'ÉTAT

Relatif au droit de l'administration en matière de réparations confortatives.

(21 août 1839)

Le Conseil d'Etat, considérant que l'approbation d'un plan d'alignement attribue à la voie publique la jouissance immédiate des terrains libres qui doivent en faire partie, et le droit de jouir des terrains couverts de constructions, à l'époque de leur démolition volontaire ou forcée pour cause de vétusté ; — Que la défense de réparer lesdites constructions est la conséquence de cette attribution ; — Que cette défense a pour objet d'empêcher que l'on ne prolonge indéfiniment la durée des constructions faisant saillie sur le sol attribué à la nouvelle voie publique et qui gênent la circulation ; — Considérant, dès lors, que la défense de réparer les maisons qui sont en retraite sur l'alignement ne serait qu'un moyen indirect de contraindre les propriétaires sous peine de la ruine de leurs maisons, à acquérir le terrain qui se trouve entre elles et la limite de l'alignement, si ce terrain appartient à l'ancienne voie publique, ou à se clore sur la même limite, si ce terrain leur appartient ; — Que l'article 53 de la loi du 16 septembre 1807 autorise, en pareille circonstance, l'administration à déposséder le propriétaire de l'ensemble de sa propriété, sans qu'il puisse lui être tenu compte de la plus-value résultant de l'amélioration de la voie publique ; — Est d'avis, que l'administration n'a pas le droit de prohiber les réparations confortatives des constructions qui se trouvent en retraite sur l'alignement.

ORDONNANCE

Portant règlement sur les établissements publics et privés consacrés aux aliénés.

(18 décembre 1839) (1)

---

(1) Bull., 9e série, no 8518. — *V.* le texte dans notre édition in-8o.

1840

LOI

Sur les tribunaux de commerce.

(3 mars 1840) (1)

Art. 1er. L'article 639 du Code de commerce est rectifié ainsi qu'il suit. — Ces dispositions ne s'appliquent pas aux demandes introduites avant la promulgation de la présente loi.

2. L'article 646 du Code de commerce sera rectifié ainsi qu'il suit. .

3. L'article 623 du Code de commerce est rectifié ainsi qu'il suit. . .

4. A l'article 627 du même Code sera ajoutée la disposition qui suit. .

5. L'article 617 du Code de commerce est rectifié ainsi qu'il suit. . .

6. Il sera ajouté à l'article 622 du Code de commerce la disposition suivante. . . . .

ORDONNANCE

Portant institution de prix dans les Facultés de droit.

(17 mars 1840) (2)

LOI

Qui modifie celle du 15 avril 1829 sur la pêche fluviale.

(6 juin 1840)

Art. 1er. Les articles 10, 14, 16 et 21 de la loi du 15 avril 1829, relatifs à l'adjudication des cantonnements de pêche, sont modifiés ainsi qu'il suit (3).

2. Les articles 19 et 20 de ladite loi sont supprimés et remplacés par les dispositions suivantes (4).

ORDONNANCE

Relative aux adjudications des coupes extraordinaires des bois communaux.

(10 juin 1840)

Art. unique. Notre ordonnance du 15 octobre 1834 est rendue applicable aux coupes extraordinaires communales dont les produits auront été préalablement exploités et façonnés sous la direction d'un entrepreneur responsable.

ORDONNANCE

Relative à la remise des frais de licence et de doctorat dans les Facultés des lettres et des sciences.

(10 juin 1840) (5)

LOI

Sur le sel.

(17 juin 1840) (6)

LOI

Portant prorogation du privilége de la Banque de France.

(30 juin 1840) (7)

ORDONNANCE

Concernant les examens dans les Facultés de droit.

(6 juillet 1840) (8)

ORDONNANCE

Relative aux délibérations des Conseils municipaux ayant pour but d'autoriser les maires à donner main-levée des hypothèques inscrites au profit des communes.

(15 juillet 1840)

Art. unique. Seront exécutoires,

(1) V. le texte de cette loi, aux articles 617, 622, 623, 627, 639 et 646 du Code de commerce.

(2) Bull., 9e série, no 8571 ; V. aussi Règlement du Conseil royal de l'instruction publique, du 17 mars 1840, *relatif aux distributions de prix dans les Facultés de droit* (*Moniteur du 18 mars* 1840). — V. Décr. 27 janv. 1869.

(3) V. le texte, aux articles 10, 14, 16 et 21 de la loi du 15 avril 1829.

(4) V. le texte, aux articles 19 et 20 de la loi du 15 avril 1829.

(5) Bull., 9e série, no 8698.

(6) Bull., 9e série, no 8664. — V. le texte dans notre édition in-8o.

(7) Bull., 9e série, no 8701. — V. le texte dans notre édition in-8o.

(8) Bull., 9e série, no 9458.

sur arrêté du préfet en Conseil de préfecture, toutes délibérations des Conseils municipaux ayant pour objet d'autoriser les maires à donner mainlevée des hypothèques inscrites au profit des communes.

ORDONNANCE

Qui augmente le nombre des membres du tribunal de commerce de Paris.

(17 juillet 1840)

ART. UNIQUE. A l'avenir, le tribunal de commerce de Paris sera composé d'un président, de dix juges, et de seize suppléants. (*V. Décr.* 31 *mai* 1862.)

ORDONNANCE

Qui attribue à la deuxième chambre du tribunal de première instance de la Seine la connaissance des contraventions en matière de timbre et d'enregistrement, et du contentieux judiciaire des domaines.

(20 août 1840) (1)

ORDONNANCE

Relative à la vente des coupes ordinaires et extraordinaires des bois communaux.

(24 août 1840)

ART. 1er. Lorsque, faute d'offres suffisantes, l'adjudication de coupes communales ordinaires ou extraordinaires, d'une valeur supérieure à 500 francs, aura été tentée sans succès au chef-lieu d'arrondissement, le préfet, sur la proposition du conservateur, pourra autoriser l'exploitation de ces coupes par économie, et la vente, en bloc ou par lots, des produits façonnés au chef-lieu d'une des communes voisines de la situation des bois.

2. En cas de dissentiment entre le préfet et le conservateur, il en sera référé au ministre des Finances, qui statuera après avoir pris l'avis de l'administration des Forêts.

---

(1) Bull., 9e série, no 8798.

ORDONNANCE

Concernant les adjudications du droit de pêche à exercer au profit de l'Etat.

(28 octobre 1840)

ART. 1er. A l'avenir les adjudications du droit de pêche à exercer, au profit de l'Etat, dans les fleuves, rivières et cours d'eau navigables et flottables, pourront se faire par adjudications au rabais ou par adjudications aux enchères et à l'extinction des feux.

2. Lorsque l'adjudication publique aura été tentée sans succès, l'exercice du droit de pêche pourra être concédé par licence à prix d'argent, sur l'autorité du directeur général des forêts.

1841

LOI

Relative au travail des enfants employés dans les manufactures, usines ou ateliers.

(22 mars 1841) (2)

LOI

Sur l'organisation du tribunal de première instance de la Seine.

(23 avril 1841) (3)

LOI

Sur l'expropriation pour cause d'utilité publique.

(3 mai 1841)

TITRE Ier. — *Dispositions préliminaires.*

ART. 1er. L'expropriation pour cause

(2) Bull., 9e série, no 9203. — *V.* le texte dans notre édition in-8o. — Modifiée par la loi du 19 mai 1874.

(3) Bull., 9e série, no 9250. — Le tribunal de première instance de la Seine se compose aujourd'hui de : Un président ; — Onze vice-présidents ; — Soixante-deux juges ; — Quinze juges suppléants ; — Un procureur de la République ; — Vingt-six substituts ; — Un greffier et

d'utilité publique s'opère par autorité de justice.

2. Les tribunaux ne peuvent prononcer l'expropriation qu'autant que l'utilité en a été constatée et déclarée dans les formes prescrites par la présente loi. — Ces formes consistent, — 1° Dans la loi ou l'ordonnance royale qui autorise l'exécution des travaux pour lesquels l'expropriation est requise ; — 2° Dans l'acte du préfet qui désigne les localités ou territoires sur lesquels les travaux doivent avoir lieu, lorsque cette désignation ne résulte pas de la loi ou de l'ordonnance royale ; — 3° Dans l'arrêté ultérieur par lequel le préfet détermine les propriétés particulières, auxquelles l'expropriation est applicable. — Cette application ne peut être faite à aucune propriété particulière qu'après que les parties intéressées ont été mises en état d'y fournir leurs contredits, selon les règles exprimées au titre II.

3. Tous grands travaux publics, routes royales, canaux, chemins de fer, canalisation des rivières, bassins et docks, entrepris par l'Etat, les départements, les communes, ou par compagnies particulières, avec ou sans péages, avec ou sans subside du Trésor, avec ou sans aliénation du domaine public, ne pourront être exécutés qu'en vertu d'une loi, qui ne sera rendue qu'après une enquête administrative. — Une ordonnance royale suffira pour autoriser l'exécution des routes départementales, celle des canaux et chemins de fer d'embranchement de moins de 20,000 mètres de longueur, des ponts et de tous autres travaux de moindre importance. — Cette ordonnance devra également être précédée d'une enquête. — Ces enquêtes auront lieu dans les formes déterminées par un règlement d'administration publique.

TITRE II. — *Des mesures d'administration relatives à l'expropriation.*

4. Les ingénieurs ou autres gens de l'art chargés de l'exécution des travaux lèvent, pour la partie qui s'étend sur chaque commune, le plan parcellaire des terrains ou des édifices dont la cession leur paraît nécessaire.

5. Le plan desdites propriétés particulières, indicatif des noms de chaque propriétaire, tels qu'ils sont inscrits sur la matrice des rôles, reste déposé, pendant huit jours, à la mairie de la commune où les propriétés sont situées, afin que chacun puisse en prendre connaissance.

6. Le délai fixé à l'article précédent ne court qu'à dater de l'avertissement, qui est donné collectivement aux parties intéressées, de prendre communication du plan déposé à la mairie. — Cet avertissement est publié à son de trompe ou de caisse dans la commune, et affiché tant à la principale porte de l'église du lieu qu'à celle de la maison commune. — Il est en outre inséré dans l'un des journaux publiés dans l'arrondissement, ou, s'il n'en existe aucun, dans l'un des journaux du département.

7. Le maire certifie ces publications et affiches ; il mentionne sur un procès-verbal qu'il ouvre à cet effet, et que les parties qui comparaissent sont requises de signer, les déclarations et réclamations qui lui ont été faites verbalement, et y annexe celles qui lui sont transmises par écrit.

8. A l'expiration du délai de huitaine prescrit par l'article 5, une commission se réunit au chef-lieu de la sous-préfecture. — Cette commission, présidée par le sous-préfet de l'arrondissement, sera composée de quatre membres du Conseil général du département ou du Conseil de l'arrondissement désignés par le préfet, du maire de la commune où les propriétés sont situées, et de l'un des ingénieurs chargés de l'exécution des travaux. — La commission ne peut délibérer valablement qu'autant que cinq de ses membres au moins sont présents. — Dans le cas où le nombre des membres présents serait de six, et où il y aurait partage d'opinions, la voix du président sera prépondérante. — Les propriétaires qu'il s'agit d'exproprier ne peuvent être appelés à faire partie de la commission.

9. La commission reçoit, pendant huit jours, les observations des propriétaires. — Elle les appelle toutes les fois qu'elle le juge convenable. Elle donne son avis. — Ses opérations doivent être terminées dans le délai de dix jours ; après quoi le procès-verbal est adressé immédiatement par le sous-préfet au préfet. — Dans le cas où lesdites opérations n'auraient pas été mises à fin dans le délai ci-dessus, le sous-préfet devra, dans les trois jours, transmettre au préfet son procès-verbal et les documents recueillis.

10. Si la commission propose quelque changement au tracé indiqué par

trente-huit commis-greffiers. — Il se divise en onze chambres. (L. 21 juill. 1875, art. 2.)

les ingénieurs, le sous-préfet devra, dans la forme indiquée par l'article 6, en donner immédiatement avis aux propriétaires que ces changements pourront intéresser. Pendant huitaine, à dater de cet avertissement, le procès-verbal et les pièces resteront déposés à la sous-préfecture ; les parties intéressées pourront en prendre communication sans déplacement et sans frais, et fournir leurs observations écrites. — Dans les trois jours suivants, le sous-préfet transmettra toutes les pièces à la préfecture.

11. Sur le vu du procès-verbal et des documents y annexés, le préfet détermine, par un arrêté motivé, les propriétés qui doivent être cédées, et indique l'époque à laquelle il sera nécessaire d'en prendre possession. Toutefois, dans le cas où il résulterait de l'avis de la commission qu'il y aurait lieu de modifier le tracé des travaux ordonnés, le préfet surseoira jusqu'à ce qu'il ait été prononcé par l'administration supérieure. — L'administration supérieure pourra, suivant les circonstances, ou statuer définitivement, ou ordonner qu'il soit procédé de nouveau à tout ou partie des formalités prescrites par les articles précédents.

12. Les dispositions des articles 8, 9 et 10 ne sont point applicables au cas où l'expropriation serait demandée par une commune, et dans un intérêt purement communal, non plus qu'aux travaux d'ouverture ou de redressement des chemins vicinaux. — Dans ce cas, le procès-verbal prescrit par l'article 7 est transmis avec l'avis du Conseil municipal, par le maire, au sous-préfet, qui l'adressera au préfet avec ses observations. — Le préfet, en Conseil de préfecture, sur le vu de ce procès-verbal, et sauf l'approbation de l'administration supérieure, prononcera comme il est dit en l'article précédent (1).

Titre III. — *De l'expropriation et de ses suites, quant aux privilèges, hypothèques et autres droits réels.*

13. Si des biens de mineurs, d'interdits, d'absents, ou autres incapables, sont compris dans les plans déposés en vertu de l'article 5, ou dans les modifications admises par l'administration supérieure, aux termes de l'article 11 de la présente loi, les tuteurs, ceux qui ont été envoyés en possession provisoire, et tous représentants des incapables, peuvent, après autorisation du tribunal donnée sur simple requête, en la chambre du conseil, le ministère public entendu, consentir amiablement à l'aliénation desdits biens. — Le tribunal ordonne les mesures de conservation ou de remploi qu'il juge nécessaires. — Ces dispositions sont applicables aux immeubles dotaux et aux majorats. — Les préfets pourront, dans le même cas, aliéner les biens des départements, s'ils y sont autorisés par délibération du Conseil général ; les maires ou administrateurs pourront aliéner les biens des communes ou établissements publics, s'ils y sont autorisés par délibération du Conseil municipal ou du conseil d'administration, approuvée par le préfet en Conseil de préfecture. — Le ministre des Finances peut consentir à l'aliénation de biens de l'Etat, ou de ceux qui font partie de la dotation de la Couronne, sur la proposition de l'intendant de la liste civile. — A défaut de conventions amiables, soit avec les propriétaires des terrains ou bâtiments dont la cession est reconnue nécessaire, soit avec ceux qui les représentent, le préfet transmet au procureur du Roi dans le ressort duquel les biens sont situés la loi ou l'ordonnance qui autorise l'exécution des travaux, et l'arrêté mentionné en l'article 11 (2).

14. Dans les trois jours, et sur la production des pièces constatant que les formalités prescrites par l'article 2 du titre Ier, et par le titre II de la présente loi, ont été remplies, le procureur du Roi requiert et le tribunal prononce l'expropriation pour cause d'utilité publique des terrains ou bâtiments indiqués dans l'arrêté du préfet. — Si, dans l'année de l'arrêté du préfet, l'administration n'a pas poursuivi l'expropriation, tout propriétaire dont les terrains sont compris audit arrêté, peut présenter requête au tribunal. Cette requête sera communiquée par le procureur du Roi au préfet, qui devra, dans le plus bref délai, envoyer les pièces, et le tribunal statuera dans

(1) *V. Av. C. d'Et.* 12 déc. 1868 ; *Circ. min. Intér.* 12 janv. 1869.

(2) Pour l'exécution des articles 13 et 25 de la loi du 3 mai 1841, la requête peut être présentée par les parties, *sans ministère d'avoué*, dans les cas prévus par ces articles. L'intervention de ces officiers ministériels n'est nécessaire qu'autant que les parties sont illettrées, et pour le cas où elles n'ont pas fait signer la requête par un fondé de pouvoir en vertu d'une procuration notariée. — *Circ. min. Trav. publ.* 22 juill. 1843.

les trois jours. — Le même jugement commet un des membres du tribunal pour remplir les fonctions attribuées par le titre IV, chapitre II, au magistrat directeur du jury chargé de fixer l'indemnité, et désigne un autre membre pour le remplacer au besoin. — En cas d'absence ou d'empêchement de ces deux magistrats, il sera pourvu à leur remplacement par une ordonnance sur requête du président du tribunal civil. — Dans le cas où les propriétaires à exproprier consentiraient à la cession, mais où il n'y aurait point accord sur le prix, le tribunal donnera acte du consentement, et désignera le magistrat directeur du jury, sans qu'il soit besoin de rendre le jugement d'expropriation, ni de s'assurer que les formalités prescrites par le titre II ont été remplies.

15. Le jugement est publié et affiché, par extrait, dans la commune de la situation des biens, de la manière indiquée en l'article 6. Il est en outre inséré dans l'un des journaux publiés dans l'arrondissement, ou, s'il n'en existe aucun, dans l'un de ceux du département. — Cet extrait, contenant les noms des propriétaires, les motifs et le dispositif du jugement, leur est notifié au domicile qu'ils auront élu dans l'arrondissement de la situation des biens, par une déclaration faite à la mairie de la commune où les biens sont situés; et, dans le cas où cette élection de domicile n'aurait pas eu lieu, la notification de l'extrait sera faite en double copie au maire et au fermier, locataire, gardien ou régisseur de la propriété. — Toutes les autres notifications prescrites par la présente loi seront faites dans la forme ci-dessus indiquée.

16. Le jugement sera, immédiatement après l'accomplissement des formalités prescrites par l'article 15 de la présente loi, transcrit au bureau de la conservation des hypothèques de l'arrondissement, conformément à l'article 2181 du Code civil.

17. Dans la quinzaine de la transcription, les priviléges et les hypothèques conventionnelles, judiciaires ou légales, seront inscrits. — A défaut d'inscription dans ce délai, l'immeuble exproprié sera affranchi de tous priviléges et hypothèques, de quelque nature qu'ils soient, sans préjudice des droits des femmes, mineurs ou interdits, sur le montant de l'indemnité, tant qu'elle n'a pas été payée ou que l'ordre n'a pas été réglé définitivement entre les créanciers. — Les créanciers inscrits n'auront, dans aucun cas, la faculté de surenchérir, mais ils pourront exiger que l'indemnité soit fixée conformément au titre IV.

18. Les actions en résolution, en revendication et toutes autres actions réelles, ne pourront arrêter l'expropriation, ni en empêcher l'effet. Le droit des réclamants sera transporté sur le prix, et l'immeuble en demeurera affranchi.

19. Les règles posées dans le premier paragraphe de l'article 15 et dans les articles 16, 17 et 18, sont applicables dans le cas de conventions amiables passées entre l'administration et les propriétaires. — Cependant l'administration peut, sauf les droits des tiers, et sans accomplir les formalités ci-dessus tracées, payer le prix des acquisitions dont la valeur ne s'élèverait pas au-dessus de 500 francs. — Le défaut d'accomplissement des formalités de la purge des hypothèques n'empêche pas l'expropriation d'avoir son cours; sauf, pour les parties intéressées, à faire valoir leurs droits ultérieurement, dans les formes déterminées par le titre IV de la présente loi.

20. Le jugement ne pourra être attaqué que par la voie du recours en cassation, et seulement pour incompétence, excès de pouvoir ou vices de forme du jugement. — Le pourvoi aura lieu, au plus tard, dans les trois jours, à dater de la notification du jugement, par déclaration au greffe du tribunal. Il sera notifié dans la huitaine, soit à la partie, au domicile indiqué par l'article 15, soit au préfet ou au maire, suivant la nature des travaux; le tout à peine de déchéance. — Dans la quinzaine de la notification du pourvoi, les pièces seront adressées à la chambre civile de la Cour de cassation, qui statuera dans le mois suivant. — L'arrêt, s'il est rendu par défaut, à l'expiration de ce délai, ne sera pas susceptible d'opposition.

TITRE IV. — *Du réglement des indemnités.*

CHAP. Ier. — MESURES PRÉPARATOIRES.

21. Dans la huitaine qui suit la notification prescrite par l'article 15, le propriétaire est tenu d'appeler et de faire connaître à l'administration les fermiers, locataires, ceux qui ont des droits d'usufruit, d'habitation ou d'usage tels qu'ils sont réglés par le Code civil, et ceux qui peuvent réclamer des servitudes résultant des titres mêmes du propriétaire ou d'autres actes dans lesquels il serait intervenu; sinon il restera seul chargé envers eux

des indemnités que ces derniers pourront réclamer. — Les autres intéressés seront en demeure de faire valoir leurs droits par l'avertissement énoncé en l'article 6, et tenus de se faire connaître à l'administration dans le même délai de huitaine, à défaut de quoi ils seront déchus de tous droits à l'indemnité.

22. Les dispositions de la présente loi relatives aux propriétaires et à leurs créanciers sont applicables à l'usufruitier et à ses créanciers.

23. L'administration notifie aux propriétaires et à tous autres intéressés qui auront été désignés ou qui seront intervenus dans le délai fixé par l'article 21, les sommes qu'elle offre pour indemnités. — Ces offres sont, en outre, affichées et publiées conformément à l'article 6 de la présente loi.

24. Dans la quinzaine suivante, les propriétaires et autres intéressés sont tenus de déclarer leur acceptation, ou, s'ils n'acceptent pas les offres qui leur sont faites, d'indiquer le montant de leurs prétentions.

25. Les femmes mariées sous le régime dotal, assistées de leurs maris, les tuteurs, ceux qui ont été envoyés en possession provisoire des biens d'un absent, et autres personnes qui représentent les incapables, peuvent valablement accepter les offres énoncées en l'article 23, s'ils y sont autorisés dans les formes prescrites par l'article 13 (1).

26. Le ministre des Finances, les préfets, maires ou administrateurs, peuvent accepter les offres d'indemnité pour expropriation des biens appartenant à l'État, à la Couronne, aux départements, communes ou établissements publics, dans les formes et avec les autorisations prescrites par l'article 13.

27. Le délai de quinzaine, fixé par l'article 24, sera d'un mois dans les cas prévus par les articles 25 et 26.

28. Si les offres de l'administration ne sont pas acceptées dans les délais prescrits par les articles 24 et 27, l'administration citera devant le jury, qui sera convoqué à cet effet, les propriétaires et tous autres intéressés qui auront été désignés, ou qui seront intervenus, pour qu'il soit procédé au règlement des indemnités de la manière indiquée au chapitre suivant. La citation contiendra l'énonciation des offres qui auront été refusées.

CHAP. II. — Du jury spécial chargé de régler les indemnités.

29. Dans sa session annuelle, le Conseil général du département désigne, pour chaque arrondissement de sous-préfecture, tant sur la liste des électeurs que sur la seconde partie de la liste du jury, trente-six personnes au moins, et soixante-douze au plus (2), qui ont leur domicile réel dans l'arrondissement, parmi lesquelles sont choisis, jusqu'à la session suivante ordinaire du Conseil général, les membres du jury spécial appelé, le cas échéant, à régler les indemnités dues par suite d'expropriation pour cause d'utilité publique. — Le nombre des jurés désignés pour le département de la Seine sera de six cents. (*V. L.* 3 *juill.* 1880.)

30. Toutes les fois qu'il y a lieu de recourir à un jury spécial, la première chambre de la Cour royale, dans les départements qui sont le siége d'une Cour royale, et, dans les autres départements, la première chambre du tribunal du chef-lieu judiciaire, choisit en la chambre du conseil, sur la liste dressée en vertu de l'article précédent pour l'arrondissement dans lequel ont lieu les expropriations, seize personnes qui formeront le jury spécial chargé de fixer définitivement le montant de l'indemnité, et, en outre, quatre jurés supplémentaires; pendant les vacances, ce choix est déféré à la chambre de la Cour ou du tribunal chargée du service des vacations. En cas d'abstention ou de récusation des membres du tribunal, le choix du jury est déféré à la Cour royale. — Ne peuvent être choisis, — 1° Les propriétaires, fermiers, locataires, des terrains et bâtiments désignés en l'arrêté du préfet pris en vertu de l'article 11, et qui restent à acquérir; — 2° Les créanciers ayant inscription sur lesdits immeubles; — 3° Tous autres intéressés désignés ou intervenant en vertu des articles 21 et 22. — Les septuagénaires seront dispensés, s'ils le requièrent, des fonctions de juré.

31. La liste des seize jurés et des quatre jurés supplémentaires est transmise par le préfet au sous-préfet, qui, après s'être concerté avec le magistrat directeur du jury, convoque les jurés et les parties, en leur indiquant, au moins huit jours à l'avance, le lieu et le jour de la réunion. La notification aux parties leur fait connaître les noms des jurés.

32. Tout juré qui, sans motifs légitimes, manque à l'une des séances ou

(1) *V.* note sous l'article 13.

(2) *V. L.* 22 juin 1854, pour l'arrondissement de Lyon.

refuse de prendre part à la délibération, encourt une amende de 100 francs au moins et de 300 francs au plus. — L'amende est prononcée par le magistrat directeur du jury. — Il statue en dernier ressort sur l'opposition qui serait formée par le juré condamné. — Il prononce également sur les causes d'empêchement que les jurés proposent, ainsi que sur les exclusions ou incompatibilités dont les causes ne seraient survenues ou n'auraient été connues que postérieurement à la désignation faite en vertu de l'article 30.

33. Ceux des jurés qui se trouvent rayés de la liste par suite des empêchements, exclusions ou incompatibilités prévus à l'article précédent, sont immédiatement remplacés par les jurés supplémentaires, que le magistrat directeur du jury appelle dans l'ordre de leur inscription. — En cas d'insuffisance, le magistrat directeur du jury choisit, sur la liste dressée en vertu de l'article 29, les personnes nécessaires pour compléter le nombre des seize jurés.

34. Le magistrat directeur du jury est assisté, auprès du jury spécial, du greffier ou commis-greffier du tribunal, qui appelle successivement les causes sur lesquelles le jury doit statuer, et tient procès-verbal des opérations. — Lors de l'appel, l'administration a le droit d'exercer deux récusations péremptoires; la partie adverse a le même droit. — Dans le cas où plusieurs intéressés figurent dans la même affaire, ils s'entendent pour l'exercice du droit de récusation, sinon le sort désigne ceux qui doivent en user. — Si le droit de récusation n'est point exercé, ou s'il ne l'est que partiellement, le magistrat directeur du jury procède à la réduction des jurés au nombre de douze, en retranchant les derniers noms inscrits sur la liste.

35. Le jury spécial n'est constitué que lorsque les douze jurés sont présents. — Les jurés ne peuvent délibérer valablement qu'au nombre de neuf au moins.

36. Lorsque le jury est constitué, chaque juré prête serment de remplir ses fonctions avec impartialité.

37. Le magistrat directeur met sous les yeux du jury, — 1° Le tableau des offres et demandes notifiées en exécution des articles 23 et 24; — 2° Les plans parcellaires et les titres ou autres documents produits par les parties à l'appui de leurs offres et demandes. — Les parties ou leurs fondés de pouvoir peuvent présenter sommairement leurs observations. — Le jury pourra entendre toutes les personnes qu'il croira pouvoir l'éclairer. — Il pourra également se transporter sur les lieux, ou déléguer à cet effet un ou plusieurs de ses membres. — La discussion est publique; elle peut être continuée à une autre séance.

38. La clôture de l'instruction est prononcée par le magistrat directeur du jury. — Les jurés se retirent immédiatement dans leur chambre pour délibérer, sans désemparer, sous la présidence de l'un d'eux, qu'ils désignent à l'instant même. — La décision du jury fixe le montant de l'indemnité; elle est prise à la majorité des voix. — En cas de partage, la voix du président du jury est prépondérante.

39. Le jury prononce des indemnités distinctes en faveur des parties qui les réclament à des titres différents, comme propriétaires, fermiers, locataires, usagers et autres intéressés dont il est parlé à l'article 21. — Dans le cas d'usufruit, une seule indemnité est fixée par le jury, eu égard à la valeur totale de l'immeuble; le nu-propriétaire et l'usufruitier exercent leurs droits sur le montant de l'indemnité au lieu de les exercer sur la chose. — L'usufruitier sera tenu de donner caution; les père et mère ayant l'usufruit légal des biens de leurs enfants en seront seuls dispensés. — Lorsqu'il y a litige sur le fond du droit ou sur la qualité des réclamants, et toutes les fois qu'il s'élève des difficultés étrangères à la fixation du montant de l'indemnité, le jury règle l'indemnité indépendamment de ces litiges et difficultés, sur lesquels les parties sont renvoyées à se pourvoir devant qui de droit. — L'indemnité allouée par le jury ne peut, en aucun cas, être inférieure aux offres de l'administration, ni supérieure à la demande de la partie intéressée.

40. Si l'indemnité réglée par le jury ne dépasse pas l'offre de l'administration, les parties qui l'auront refusée seront condamnées aux dépens. — Si l'indemnité est égale à la demande des parties, l'administration sera condamnée aux dépens. — Si l'indemnité est à la fois supérieure à l'offre de l'administration, et inférieure à la demande des parties, les dépens seront compensés de manière à être supportés par les parties et l'administration, dans les proportions de leur offre ou de leur demande avant la décision du jury. — Tout indemnitaire qui ne se trouvera pas dans le cas des articles 25 et 26 sera condamné aux dépens, quelle que

soit l'estimation ultérieure du jury, s'il a omis de se conformer aux dispositions de l'article 24.

41. La décision du jury, signée des membres qui y ont concouru, est remise par le président au magistrat directeur, qui la déclare exécutoire, statue sur les dépens, et envoie l'administration en possession de la propriété, à la charge par elle de se conformer aux dispositions des articles 53, 54 et suivants. — Ce magistrat taxe les dépens, dont le tarif est déterminé par un règlement d'administration publique. — La taxe ne comprendra que les actes faits postérieurement à l'offre de l'administration; les frais des actes antérieurs demeurent, dans tous les cas, à la charge de l'administration.

42. La décision du jury et l'ordonnance du magistrat directeur ne peuvent être attaquées que par la voie du recours en cassation, et seulement pour violation du premier paragraphe de l'article 30, de l'article 31, des deuxième et quatrième paragraphes de l'article 34, et des articles 35, 36, 37, 38, 39 et 40. — Le délai sera de quinze jours pour ce recours, qui sera d'ailleurs formé, notifié et jugé comme il est dit en l'article 20; il courra à partir du jour de la décision.

43. Lorsqu'une décision du jury aura été cassée, l'affaire sera renvoyée devant un nouveau jury, choisi dans le même arrondissement. — Néanmoins la Cour de cassation pourra, suivant les circonstances, renvoyer l'appréciation de l'indemnité à un jury choisi dans un des arrondissements voisins, quand même il appartiendrait à un autre département. — Il sera procédé, à cet effet, conformément à l'article 30.

44. Le jury ne connait que des affaires dont il a été saisi au moment de sa convocation, et statue successivement et sans interruption sur chacune de ces affaires. Il ne peut se séparer qu'après avoir réglé toutes les indemnités dont la fixation lui a été ainsi déférée.

45. Les opérations commencées par un jury, et qui ne sont pas encore terminées au moment du renouvellement annuel de la liste générale mentionnée en l'article 29, sont continuées, jusqu'à conclusion définitive, par le même jury.

46. Après la clôture des opérations du jury, les minutes de ses décisions et les autres pièces qui se rattachent auxdites opérations sont déposées au greffe du tribunal civil de l'arrondissement.

47. Les noms des jurés qui auront fait le service d'une session ne pourront être portés sur le tableau dressé par le Conseil général pour l'année suivante.

CHAP. III. — Des règles à suivre pour la fixation des indemnités.

48. Le jury est juge de la sincérité des titres et de l'effet des actes qui seraient de nature à modifier l'évaluation de l'indemnité.

49. Dans le cas où l'administration contesterait au détenteur exproprié le droit à une indemnité, le jury, sans s'arrêter à la contestation, dont il renvoie le jugement devant qui de droit, fixe l'indemnité comme si elle était due, et le magistrat directeur du jury en ordonne la consignation, pour, ladite indemnité, rester déposée jusqu'à ce que les parties se soient entendues ou que le litige soit vidé.

50. Les bâtiments dont il est nécessaire d'acquérir une portion pour cause d'utilité publique seront achetés en entier, si les propriétaires le requièrent par une déclaration formelle adressée au magistrat directeur du jury, dans les délais énoncés aux articles 24 et 27. — Il en sera de même de toute parcelle de terrain qui, par suite du morcellement, se trouvera réduite au quart de la contenance totale, si toutefois le propriétaire ne possède aucun terrain immédiatement contigu, et si la parcelle ainsi réduite est inférieure à dix ares.

51. Si l'exécution des travaux doit procurer une augmentation de valeur immédiate et spéciale au restant de la propriété, cette augmentation sera prise en considération dans l'évaluation du montant de l'indemnité.

52. Les constructions, plantations et améliorations ne donneront lieu à aucune indemnité, lorsque, à raison de l'époque où elles auront été faites ou de toutes autres circonstances dont l'appréciation lui est abandonnée, le jury acquiert la conviction qu'elles ont été faites dans la vue d'obtenir une indemnité plus élevée.

Titre V. — *Du paiement des indemnités.*

53. Les indemnités réglées par le jury seront, préalablement à la prise de possession, acquittées entre les mains des ayants-droit. — S'ils se refusent à les recevoir, la prise de possession aura lieu après offres réelles et consignation. — S'il s'agit de tra-

vaux exécutés par l'Etat ou les départements, les offres réelles pourront s'effectuer au moyen d'un mandat égal au montant de l'indemnité réglée par le jury : ce mandat, délivré par l'ordonnateur compétent, visé par le payeur, sera payable sur la caisse publique qui s'y trouvera désignée. Si les ayants-droit refusent de recevoir le mandat, la prise de possession aura lieu après la consignation en espèces.

54. Il ne sera pas fait d'offres réelles toutes les fois qu'il existera des inscriptions sur l'immeuble exproprié ou d'autres obstacles au versement des deniers entre les mains des ayants-droit ; dans ce cas, il suffira que les sommes dues par l'administration soient consignées, pour être ultérieurement distribuées ou remises, selon les règles du droit commun.

55. Si, dans les six mois du jugement d'expropriation, l'administration ne poursuit pas la fixation de l'indemnité, les parties pourront exiger qu'il soit procédé à ladite fixation. — Quand l'indemnité aura été réglée, si elle n'est ni acquittée ni consignée dans les six mois de la décision du jury, les intérêts courront de plein droit à l'expiration de ce délai.

TITRE VI. — *Dispositions diverses.*

56. Les contrats de vente, quittances et autres actes relatifs à l'acquisition des terrains, peuvent être passés dans la forme des actes administratifs ; la minute restera déposée au secrétariat de la préfecture : expédition en sera transmise à l'administration des Domaines.

57. Les significations et notifications mentionnées en la présente loi sont faites à la diligence du préfet du département de la situation des biens. — Elles peuvent être faites tant par huissier que par tout agent de l'administration dont les procès-verbaux font foi en justice.

58. Les plans, procès-verbaux, certificats, significations, jugements, contrats, quittances et autres actes faits en vertu de la présente loi, seront visés pour timbre et enregistrés gratis, lorsqu'il y aura lieu à la formalité de l'enregistrement. — Il ne sera perçu aucuns droits pour la transcription des actes au bureau des hypothèques. — Les droits perçus sur les acquisitions amiables faites antérieurement aux arrêtés du préfet seront restitués, lorsque, dans le délai de deux ans, à partir de la perception, il sera justifié que les immeubles acquis sont compris dans ces arrêtés. La restitution des droits ne pourra s'appliquer qu'à la portion des immeubles qui aura été reconnue nécessaire à l'exécution des travaux.

59. Lorsqu'un propriétaire aura accepté les offres de l'administration, le montant de l'indemnité devra, s'il l'exige et s'il n'y a pas eu contestation de la part des tiers dans les délais prescrits par les articles 24 et 27, être versé à la Caisse des dépôts et consignations, pour être remis ou distribué à qui de droit, selon les règles du droit commun.

60. Si les terrains acquis pour des travaux d'utilité publique ne reçoivent pas cette destination, les anciens propriétaires ou leurs ayants-droit peuvent en demander la remise. — Le prix des terrains rétrocédés est fixé à l'amiable, et, s'il n'y a pas accord, par le jury, dans les formes ci-dessus prescrites. La fixation par le jury ne peut, en aucun cas, excéder la somme moyennant laquelle les terrains ont été acquis.

61. Un avis, publié de la manière indiquée en l'article 6, fait connaître les terrains que l'administration est dans le cas de revendre. Dans les trois mois de cette publication les anciens propriétaires qui veulent réacquérir la propriété desdits terrains sont tenus de le déclarer ; et, dans le mois de la fixation du prix, soit amiable, soit judiciaire, ils doivent passer le contrat de rachat et payer le prix : le tout à peine de déchéance du privilége que leur accorde l'article précédent.

62. Les dispositions des articles 60 et 61 ne sont pas applicables aux terrains qui auront été acquis sur la réquisition du propriétaire, en vertu de l'article 50, et qui resteraient disponibles après l'exécution des travaux.

63. Les concessionnaires des travaux publics exerceront tous les droits conférés à l'administration, et seront soumis à toutes les obligations qui lui sont imposées par la présente loi.

64. — *Aujourd'hui sans application.*

TITRE VII. — *Dispositions exceptionnelles.*

CHAP. Ier.

65. Lorsqu'il y aura urgence de prendre possession des terrains non bâtis qui seront soumis à l'expropriation, l'urgence sera spécialement déclarée par une ordonnance royale.

66. En ce cas, après le jugement d'expropriation, l'ordonnance qui dé-

clare l'urgence et le jugement seront notifiés, conformément à l'article 15, aux propriétaires et aux détenteurs, avec assignation devant le tribunal civil. L'assignation sera donnée à trois jours au moins ; elle énoncera la somme offerte par l'administration.

67. Au jour fixé, le propriétaire et les détenteurs seront tenus de déclarer la somme dont ils demandent la consignation avant l'envoi en possession. — Faute par eux de comparaître, il sera procédé en leur absence.

68. Le tribunal fixe le montant de la somme à consigner. — Le tribunal peut se transporter sur les lieux, ou commettre un juge pour visiter les terrains, recueillir tous les renseignements propres à en déterminer la valeur, et en dresser, s'il y a lieu, un procès-verbal descriptif. Cette opération devra être terminée dans les cinq jours à dater du jugement qui l'aura ordonnée. — Dans les trois jours de la remise de ce procès-verbal au greffe, le tribunal déterminera la somme à consigner.

69. La consignation doit comprendre, outre le principal, la somme nécessaire pour assurer, pendant deux ans, le paiement des intérêts à 5 pour 100.

70. Sur le vu du procès-verbal de consignation, et sur une nouvelle assignation à deux jours de délai au moins, le président ordonne la prise de possession.

71. Le jugement du tribunal et l'ordonnance du président sont exécutoires sur minute et ne peuvent être attaqués par opposition ni par appel.

72. Le président taxera les dépens, qui seront supportés par l'administration.

73. Après la prise de possession, il sera, à la poursuite de la partie la plus diligente, procédé à la fixation définitive de l'indemnité, en exécution du titre IV de la présente loi.

74. Si cette fixation est supérieure à la somme qui a été déterminée par le tribunal, le supplément doit être consigné dans la quinzaine de la notification de la décision du jury, et à défaut le propriétaire peut s'opposer à la continuation des travaux.

CHAP. II.

75. Les formalités prescrites par les titres I et II de la présente loi ne sont applicables ni aux travaux militaires ni aux travaux de la marine royale. — Pour ces travaux, une ordonnance royale détermine les terrains qui sont soumis à l'expropriation.

76. L'expropriation ou l'occupation temporaire, en cas d'urgence, des propriétés privées qui seront jugées nécessaires pour des travaux de fortification, continueront d'avoir lieu conformément aux dispositions prescrites par la loi du 30 mars 1831. — Toutefois, lorsque les propriétaires ou autres intéressés n'auront pas accepté les offres de l'administration, le règlement définitif des indemnités aura lieu conformément aux dispositions du titre IV ci-dessus. — Seront également applicables aux expropriations poursuivies en vertu de la loi du 30 mars 1831, les articles 16, 17, 18, 19 et 20, ainsi que le titre VI de la présente loi.

TITRE VIII. — *Dispositions finales.*

77. Les lois des 8 mars 1810 et 7 juillet 1833 sont abrogées.

LOI

Sur les ventes judiciaires de biens immeubles.

(2 juin 1841)

ART. 1er. Les titres XII et XIII du livre V de la première partie du Code de procédure civile, et le décret du 2 février 1811, relatifs à la saisie immobilière et à ses incidents, seront remplacés par les dispositions suivantes (1):

2. Les articles 832, 833, 836, 837 et 838 du titre IV du livre Ier de la deuxième partie du Code de procédure civile, relatifs à la surenchère sur aliénation volontaire, seront remplacés par les dispositions suivantes (2) :

3. Les articles composant le titre VI *de la Vente des biens immeubles*, du livre II de la deuxième partie du Code de procédure civile, seront remplacés par les dispositions suivantes (2) :

4. Les articles 969, 970, 971, 972, 973, 975 et 976 du titre VII *des Partages et Licitations*, livre II, deuxième partie du Code de procédure civile, seront remplacés par les dispositions suivantes : (2)

5. Les articles 987 et 988 du titre VIII, *du Bénéfice d'inventaire*, livre II, deuxième partie du Code de procédure civile, seront remplacés par les dispositions suivantes : (2)

6. Le titre IX, livre II, deuxième partie du Code de procédure, sera ainsi rectifié : (2)

(1) *V.* ces dispositions, au Code de procédure, art. 673 et suiv., 718 et suiv.

(2) *V.* le texte, au Code de procédure civile.

7. Lorsqu'il y aura lieu, dans l'un des cas prévus par les dispositions relatives aux différentes ventes judiciaires de biens immeubles, d'augmenter un délai à raison des distances, l'augmentation sera d'un jour par cinq myriamètres de distance.

8. Les articles 708 et 709, substitués aux articles 710 et 711 du Code de procédure civile par la présente loi, seront mentionnés en remplacement de ces derniers dans le troisième paragraphe de l'article 573 du Code de commerce, au titre des *Faillites et Banqueroutes*. — L'article 696 ci-dessus sera substitué à l'article 683 du Code de procédure civile dans les différentes lois qui font mention de cette dernière disposition. — Il en sera de même de toutes dispositions auxquelles renvoie la législation, et qui se trouvent remplacées par les nouveaux articles de la présente loi.

9. Les ventes judiciaires qui seront commencées antérieurement à la promulgation de la présente loi continueront, à être régies par les anciennes dispositions du Code de procédure civile et du décret du 2 février 1811. — Les ventes seront censées commencées, savoir : pour la saisie immobilière, si le procès-verbal a été transcrit, et pour les autres ventes, si les placards ont été affichés.

10. L'emploi des bougies, dans les adjudications publiques, pourra être remplacé par un autre moyen, en vertu d'une ordonnance royale rendue suivant la forme des règlements d'administration publique. — Dans les six mois de la promulgation de la présente loi, il sera pourvu de la même manière, — 1° au tarif des frais et dépens relatifs aux ventes judiciaires des biens immeubles ; — 2° au mode de conservation des affiches.

LOI

Sur la responsabilité des propriétaires de navires.

(14 juin 1841)

Art. unique. Les articles 216, 234 et 298 du Code de commerce sont modifiés ainsi qu'il suit : (1)

---

(1) *V.* le texte, aux articles 216, 234, 298, du Code de commerce.

LOI

Concernant les lacunes des routes départementales.

(25 juin 1841) (2)

LOI

Portant fixation du budget des recettes de l'exercice 1842.

(25 juin 1841)

. . . .

Art. 5. Pour indemniser l'Etat des frais d'administration des bois des communes et des établissements publics, il sera payé, au profit du Trésor, sur les produits tant principaux qu'accessoires de ces bois, 5 centimes par franc, en sus du prix principal de leur adjudication ou cession. (*V. L.* 19 *juill.* 1845, *art.* 6, *et L.* 14 *juill.* 1856, *art.* 14.) — Quant aux produits délivrés en nature, il sera perçu par le Trésor le vingtième de leur valeur, laquelle sera fixée définitivement par le préfet, sur les propositions des agents forestiers et les observations des Conseils municipaux et des administrateurs.

6. A compter de la promulgation de la présente loi, tout traité ou convention ayant pour objet la transmission, à titre onéreux ou gratuit, en vertu de l'article 91 de la loi du 28 avril 1816, d'un office, de la clientèle, des minutes, répertoires, recouvrements et autres objets en dépendant, devra être constaté par écrit et enregistré, avant d'être produit à l'appui de la demande de nomination du successeur désigné. — Les droits d'enregistrement seront perçus selon les bases et quotités ci-après déterminées.

7. Pour les transmissions à titre onéreux, le droit d'enregistrement sera de 2 pour 100 du prix exprimé dans l'acte de cession et du capital des charges qui pourront ajouter au prix.

8. Si la transmission de l'office et des objets en dépendant s'opère par suite de disposition gratuite entre-vifs ou à cause de mort, les droits établis pour les donations de biens meubles par les lois existantes seront perçus sur l'acte ou écrit constatant la libéralité, d'après une évaluation en capital. — Dans aucun cas, le droit ne pourra être au-dessous de 2 pour 100.

(2) Bull., 9e série, n° 9403. — *V.* le texte dans notre édition in-8°.

9. La perception aura lieu conformément à l'article 7, lorsque l'office transmis par décès passera à l'un des héritiers; lorsqu'il passera à l'héritier unique du titulaire, le droit de 2 pour 100 sera perçu d'après une déclaration estimative de la valeur de l'office et des objets en dépendant. — Cette déclaration sera faite au bureau de l'enregistrement de la résidence du titulaire décédé. La quittance du receveur devra être jointe à l'appui de la demande de nomination du successeur. — Le droit acquitté sur cette déclaration ou sur le traité fait entre les cohéritiers sera imputé, jusqu'à due concurrence, sur celui que les héritiers auront à payer, lors de la déclaration de succession, sur la valeur estimative de l'office, d'après les quotités fixées, pour les biens meubles, par les lois en vigueur.

10. Le droit d'enregistrement de transmission des offices, déterminé par les articles 7, 8 et 9 ci-dessus, ne pourra, dans aucun cas, être inférieur au dixième du cautionnement attaché à la fonction ou à l'emploi.

11. Lorsque l'évaluation donnée à un office pour la perception du droit d'enregistrement d'une transmission à titre gratuit, entre-vifs, ou par décès, sera reconnue insuffisante, ou que la simulation du prix exprimé dans l'acte de cession à titre onéreux sera établie d'après des actes émanés des parties ou de l'autorité administrative ou judiciaire, il sera perçu, à titre d'amende, un droit en sus de celui qui sera dû sur la différence de prix ou d'évaluation. — Les parties, leurs héritiers ou ayants-cause sont solidaires pour le paiement de cette amende.

12. En cas de création nouvelle de charges ou offices, ou en cas de nomination de nouveaux titulaires sans présentation, par suite de destitution ou par tout autre motif, les ordonnances qui y pourvoiront seront assujetties à un droit d'enregistrement de 20 pour 100 sur le montant du cautionnement attaché à la fonction ou à l'emploi. — Toutefois, si les nouveaux titulaires sont soumis, comme condition de leur nomination, à payer une somme déterminée pour la valeur de l'office, le droit d'enregistrement de 2 pour 100 sera exigible sur cette somme, sauf l'application du minimum de perception établi à l'article 10 ci-dessus. Ce droit devra être acquitté avant la prestation de serment du nouveau titulaire, sous peine du double droit.

13. En cas de suppression d'un titre d'office, lorsqu'à défaut de traité l'ordonnance qui prononcera l'extinction fixera une indemnité à payer au titulaire de l'office supprimé ou à ses héritiers, l'expédition de cette ordonnance devra être enregistrée dans le mois de sa délivrance, sous peine du double droit. — Le droit de 2 pour 100 sera perçu sur le montant de l'indemnité.

14. Les droits perçus en vertu des articles qui précèdent seront sujets à restitution toutes les fois que la transmission n'aura pas été suivie d'effet. — S'il y a lieu seulement à réduction du prix, tout ce qui aura été perçu sur l'excédant sera également restitué. — La demande en restitution devra être faite conformément à l'article 61 de la loi du 22 frimaire an VII, dans le délai de deux ans à compter du jour de l'enregistrement du traité ou de la déclaration.

15. (1) L'exemption du droit de circulation sur les boissons ne sera accordée que dans les cas ci-après : — 1° Pour les vins, cidres et poirés qu'un récoltant fera transporter de son pressoir ou d'un pressoir public à ses caves et celliers, ou de l'une à l'autre de ses caves, dans l'etendue d'un même arrondissement ou des cantons limitrophes de l'arrondissement où la récolte aura été faite, qu'ils soient ou non dans le même département ; — 2° Pour les boissons de même espèce qu'un colon partiaire, fermier ou preneur à bail emphytéotique à rente, remettra au propriétaire ou recevra de lui, dans les mêmes limites, en vertu de baux authentiques ou d'usages notoires. — Dans les cas prévus par le présent article, les propriétaires, colons ou fermiers ne seront tenus de se munir que d'un passavant. — Les articles 3 de la loi du 28 avril 1816 et 3 de la loi du 17 juillet 1819 sont abrogés.

16. Seront affranchies du droit de circulation les boissons de leur récolte que les propriétaires feront transporter de chez eux hors des limites posées par l'article précédent, pourvu qu'ils se munissent d'un acquit-à-caution, et qu'ils se soumettent, au lieu de destination, à toutes les obligations imposées aux marchands en gros, le paiement de la licence excepté.

17. Toute personne qui récolte, fabrique ou prépare, dans l'intérieur d'une ville sujette aux droits d'entrée, des vins, cidres, poirés, hydromels, alcools ou liqueurs, sera tenue, sous les peines portées par l'article 46 de la loi du 28 avril 1816, d'en faire la dé-

(1) Modifié par l'article 20 du décret du 17 mars 1853.

claration au bureau de la Régie, et d'acquitter immédiatement le droit, si elle ne réclame la faculté de l'entrepôt. — Cette déclaration devra précéder de douze heures au moins la première fabrication de l'année. — Les employés sont autorisés à faire toutes les vérifications nécessaires pour reconnaître à domicile les quantités préparées ou fabriquées et pour les soumettre au droit, sans préjudice des obligations spéciales imposées aux fabricants de liqueurs par la loi du 24 juin 1824. — Les dispositions du présent article ne sont point applicables aux personnes qui auront acquitté le droit à l'entrée, sur leurs vendanges, fruits à cidre ou à poiré servant à la fabrication.

18. A partir de 1842, la taxe unique à l'entrée des villes dont les Conseils municipaux sont autorisés à voter l'établissement par l'article 35 de la loi du 21 avril 1832, ne remplacera plus que les droits d'entrée et de détail sur les vins, cidres, poirés et hydromels. — La perception du droit de licence des débitants, et celle du droit de circulation, ainsi que les formalités à la circulation des boissons de toute espèce, seront maintenues dans lesdites villes comme dans les autres parties du Royaume. — Le droit général de consommation sur les eaux-de-vie, esprits, liqueurs et fruits à l'eau-de-vie introduits dans lesdites villes ou fabriqués dans l'intérieur, continuera d'être perçu en même temps que le droit d'entrée, sans préjudice de la faculté d'entrepôt.

19. Toute délibération du Conseil municipal qui aura pour objet d'établir une taxe unique ne pourra être mise à exécution qu'au 1er janvier, et pourvu qu'elle ait été notifiée à la Régie un mois au moins avant cette époque.

20. Le nombre des marchands en gros et des débitants de boissons que es Conseils municipaux sont tenus de s'adjoindre, en vertu de l'article 37 de la loi du 21 avril 1832, pour délibérer sur l'établissement ou le maintien d'une taxe unique, devra être égal à la moitié des membres présents du Conseil, sans toutefois qu'au moyen de cette adjonction plus du tiers des votants puisse être formé de marchands ou débitants.

21. Le montant des abonnements individuels des débitants de boissons sera payable par mois et d'avance.

22. La conversion des esprits et eaux-de-vie en liqueurs, chez les liquoristes marchands en gros, sera désormais opérée d'après la base de 30 litres d'alcool pour un hectolitre de liqueur ; laquelle remplacera celle qui avait été fixée par l'article 7 de la loi du 24 juin 1824, relative à la fabrication des liqueurs.

23. La base de 30 litres d'alcool pour un hectolitre de liqueurs pourra être élevée à 35 litres par ordonnance royale.

24. La disposition de l'article 85 de la loi du 28 avril 1816, qui accorde aux propriétaires, vendant en détail les boissons de leur cru, une remise exceptionnelle de 25 pour 100 sur les droits de détail qu'ils ont à payer, est abrogée.

25. Les dispositions des articles 222, 223, 224 et 225 de la loi du 28 avril 1816 sont applicables à la fabrication illicite, au colportage et à la vente des poudres à feu sans permission.

. . . .

28. Dans les villes où, conformément aux usages locaux, le pavage de tout ou partie des rues est à la charge des propriétaires riverains, l'obligation qui en résulte pour les frais de premier établissement ou d'entretien pourra, en vertu d'une délibération du Conseil municipal et sur un tarif approuvé par ordonnance royale, être convertie en une taxe payable en numéraire et recouvrable comme les cotisations municipales.

. . . .

LOI

Sur les ventes aux enchères de marchandises neuves.

(25 juin 1841)

Art. 1er. Sont interdites les ventes en détail des marchandises neuves, à cri public, soit aux enchères, soit au rabais, soit à prix fixe proclamé avec ou sans l'assistance des officiers ministériels.

2. Ne sont pas comprises dans cette défense les ventes prescrites par la loi, ou faites par autorité de justice, non plus que les ventes après décès, faillite ou cessation de commerce, ou dans tous les autres cas de nécessité dont l'appréciation sera soumise au tribunal de commerce. — Sont également exceptées les ventes à cri public de comestibles et objets de peu de valeur, connus dans le commerce sous le nom de menue mercerie.

3. Les ventes publiques et en détail de marchandises neuves qui auront lieu après décès ou par autorité de justice seront faites selon les formes

prescrites et par les officiers ministériels préposés pour la vente forcée du mobilier, conformément aux articles 625 et 945 du Code de procédure civile.

4. Les ventes de marchandises après faillite seront faites, conformément à l'article 486 du Code de commerce, par un officier public de la classe que le juge-commissaire aura déterminée. — Quant au mobilier du failli, il ne pourra être vendu aux enchères que par le ministère des commissaires-priseurs, notaires, huissiers ou greffiers de justice de paix, conformément aux lois et règlements qui déterminent les attributions de ces différents officiers.

5. Les ventes publiques et par enchères après cessation de commerce, ou dans les autres cas de nécessité prévus par l'article 2 de la présente loi, ne pourront avoir lieu qu'autant qu'elles auront été préalablement autorisées par le tribunal de commerce, sur la requête du commerçant propriétaire, à laquelle sera joint un état détaillé des marchandises. — Le tribunal constatera, par son jugement, le fait qui donne lieu à la vente ; il indiquera le lieu de son arrondissement où se fera la vente ; il pourra même ordonner que les adjudications n'auront lieu que par lots dont il fixera l'importance. — Il décidera, d'après les lois et règlements d'attribution, qui, des courtiers ou des commissaires-priseurs et autres officiers publics, sera chargé de la réception des enchères. — L'autorisation ne pourra être accordée, pour cause de nécessité, qu'au marchand sédentaire, ayant depuis un an au moins son domicile réel dans l'arrondissement où la vente doit être opérée. — Des affiches apposées à la porte du lieu où se fera la vente énonceront le jugement qui l'aura autorisée.

6. Les ventes publiques aux enchères de marchandises en gros continueront à être faites par le ministère des courtiers, dans les cas, aux conditions et selon les formes indiqués par les décrets des 22 novembre 1811, 17 avril 1812, la loi du 15 mai 1818, et les ordonnances des 1er juillet 1818 et 9 avril 1819.

7. Toute contravention aux dispositions ci-dessus sera punie de la confiscation des marchandises mises en vente, et, en outre, d'une amende de 50 à 3,000 francs, qui sera prononcée solidairement, tant contre le vendeur que contre l'officier public qui l'aura assisté, sans préjudice des dommages-intérêts, s'il y a lieu. — Ces condamnations seront prononcées par les tribunaux correctionnels.

8. Seront passibles des mêmes peines les vendeurs ou officiers publics qui comprendraient sciemment dans les ventes faites par autorité de justice, sur saisie, après décès, faillite, cessation de commerce, ou dans les autres cas de nécessité prévus par l'article 2 de la présente loi, des marchandises neuves ne faisant pas partie du fonds ou mobilier mis en vente.

9. Dans tous les cas ci-dessus où les ventes publiques seront faites par le ministère des courtiers, ils se conformeront aux lois qui les régissent, tant pour les formes de la vente que pour le droit de courtage.

10. Dans les lieux où il n'y aura point de courtiers de commerce, les commissaires-priseurs, les notaires, huissiers et greffiers de justice de paix feront les ventes ci-dessus, selon les droits qui leur sont respectivement attribués par les lois et règlements. — Ils seront, pour lesdites ventes, soumis aux formes, conditions et tarifs imposés aux courtiers.

1842

ORDONNANCE

Qui modifie celle du 15 novembre 1830, en ce qui concerne la pêche des ablettes.

(28 février 1842) (1)

LOI

Relative à la police de la grande voirie.

(23 mars 1842)

Art. 1er. A dater de la promulgation de la présente loi, les amendes fixes établies par les règlements de grande voirie antérieurs à la loi des 19-22 juillet 1791 pourront être modérées, eu égard au degré d'importance ou aux circonstances atténuantes des délits, jusqu'au vingtième desdites amendes, sans toutefois que ce minimum puisse descendre au-dessous de 16 francs. — A dater de la même époque, les amendes dont le taux, d'a-

(1) Bull. 9e série, no 9874. — Abrogée par le décret du 25 janv. 1868, art. 16.

près ces règlements, était laissé à l'arbitraire du juge, pourront varier entre un minimum de 16 francs et un maximum de 300 francs.

2. Les piqueurs des Ponts-et-chaussées et les cantonniers chefs, commissionnés et assermentés à cet effet, constateront tous les délits de grande voirie, concurremment avec les fonctionnaires et agents dénommés dans les lois et décrets antérieurs sur la matière.

LOI

Relative à la saisie des rentes constituées sur particuliers.

(24 mai 1842)

Art. unique. Le titre X du livre V, de la première partie du Code de procédure civile, relatif à la saisie des rentes constituées sur particuliers, est remplacé par les dispositions suivantes : (1)

LOI

Relative aux portions de routes royales délaissées par suite de changement de tracé, ou d'ouverture d'une nouvelle route.

(24 mai 1842) (2)

LOI

Portant fixation du budget des recettes de l'exercice 1843.

(11 juin 1842)

. . . .

Art. 6. A partir de la promulgation de la présente loi, les lettres de voiture et les connaissements ne pourront être rédigés que sur du papier timbré fourni par l'administration ou sur du papier timbré à l'extraordinaire et frappé d'un timbre noir et d'un timbre sec (3). Les particuliers qui, dans les départements autres que celui de la Seine, voudront faire timbrer à l'extraordinaire des papiers destinés aux lettres de voiture ou aux connaissements, seront admis à les remettre, en payant préalablement les droits, aux receveurs du timbre à l'extraordinaire, établi au chef-lieu de chaque département. Ces papiers seront transmis par le directeur à l'administration qui les fera timbrer et les renverra immédiatement. — Les frais de transport seront à la charge de l'administration. (*V. L.* 30 *mars* 1872.)

7. Pour toute lettre de voiture ou connaissement, non timbré ou non frappé du timbre noir et du timbre sec, la contravention sera punie d'une amende de 30 francs, payable solidairement par l'expéditeur et par le voiturier, s'il s'agit d'une lettre de voiture, et par le chargeur et le capitaine, s'il s'agit de connaissement. (*V. L.* 30 *mars* 1872.)

1843

ORDONNANCE

Relative à l'organisation des chambres de notaires et à la discipline du notariat.

(4 janvier 1843)

Vu la loi du 25 ventôse an XI, contenant organisation du notariat, et l'arrêté du 2 nivôse an XII, relatif à l'établissement et à l'organisation des chambres de notaires, etc.

Chambre de discipline des notaires, et ses attributions.

Art. 1er. Il y a près de chaque tribunal civil de première instance, et dans la ville où il siége, une chambre des notaires chargée du maintien de la discipline parmi les notaires de l'arrondissement.

2. Les attributions de la chambre sont : — 1° De prononcer ou de provoquer, suivant les cas, l'application de toutes les dispositions de discipline ; — 2° De prévenir ou concilier tous

(1) *V.* le texte, aux articles 636 et suivants du Code de procédure civile.

(2) Bull., 9e série, no 9999. — *V.* le texte dans notre édition in-8°.

(3) Des feuilles d'expédition remises par une compagnie de chemin de fer aux conducteurs de trains constituent, non des lettres de voiture dans le sens de l'article 101 du Code de commerce, mais de simples pièces de comptabilité intérieure, non assujetties au timbre, alors que, d'une part, elles ne sont pas dressées sur la demande des expéditeurs, et que, d'autre part, elles ne sont pas remises aux destinataires. — Cass. *Ch. réun.* 28 mars 1860.

différends entre notaires, et notamment ceux qui pourraient s'élever, soit sur des communications, remises, dépôts ou rétentions de pièces, fonds et autres objets quelconques, soit sur des questions relatives à la réception et garde des minutes, à la préférence ou concurrence dans les inventaires, partages, ventes ou adjudications et autres actes; et, en cas de non-conciliation, d'émettre son opinion par simple avis; — 3° De prévenir ou concilier également toutes plaintes et réclamations de la part de tiers contre des notaires, à raison de leurs fonctions; donner simplement son avis sur les dommages-intérêts qui pourraient être dus, et réprimer, par voie de censure et autres dispositions de discipline, toutes infractions qui en seraient l'objet, sans préjudice de l'action devant les tribunaux, s'il y a lieu; — 4° De donner son avis sur les difficultés concernant le règlement des honoraires et vacations des notaires, ainsi que sur tous différends soumis à cet égard au tribunal civil; — 5° De délivrer ou refuser tous certificats de bonnes mœurs et capacité à elle demandés par les aspirants aux fonctions de notaire, prendre à ce sujet toutes délibérations, donner tous avis motivés, les adresser ou communiquer à qui de droit; — 6° De recevoir en dépôt les états des minutes dépendant des études de notaires supprimées; — 7° De représenter tous les notaires de l'arrondissement collectivement, sous le rapport de leurs droits et intérêts communs.

3. Toute décision ou délibération sera inscrite sur un registre coté et paraphé par le président de la chambre. — Ce registre sera communiqué au ministère public à sa première réquisition.

Organisation de la Chambre.

4. Les notaires de chaque arrondissement choisissent parmi eux les membres de leur chambre. — La chambre des notaires de Paris est composée de dix-neuf membres; les chambres établies dans les arrondissements où le nombre des notaires est au-dessus de cinquante, sont composées de neuf membres; celles de tous les autres arrondissements, de sept.

5. Les chambres ne peuvent délibérer valablement qu'autant que les membres présents et votants sont au moins au nombre de douze pour Paris, de sept pour les chambres composées de neuf membres, et de cinq pour les autres chambres.

6. Les membres de la chambre choisissent entre eux un président, un syndic, un rapporteur, un secrétaire et un trésorier. — Le président a voix prépondérante en cas de partage d'opinions : il convoque la chambre extraordinairement quand il le juge à propos ou sur la réquisition motivée de deux autres membres; il a la police de la chambre. — Le syndic est partie poursuivante contre les notaires inculpés; il est entendu préalablement à toutes délibérations de la chambre, qui est tenue de statuer sur ses réquisitions; il a, comme le président, le droit de la convoquer; il poursuit l'exécution de ses délibérations dans la forme ci-après déterminée; enfin il agit pour la chambre dans tous les cas et conformément à ce qu'elle a délibéré. — Le rapporteur recueille les renseignements sur les faits imputés aux notaires et en fait rapport à la chambre. — Le secrétaire rédige les délibérations de la chambre, est gardien des archives et délivre toutes les expéditions. — Le trésorier fait les recettes et dépenses autorisées par la chambre. A la fin de chaque trimestre, la chambre assemblée arrête son compte et lui en donne décharge.

7. Le nombre des syndics peut être porté à trois pour Paris, et à deux pour les chambres dont le ressort comprend plus de cinquante notaires.

8. Le président ou le syndic et le secrétaire des chambres établies dans un chef-lieu de Cour royale sont nécessairement choisis parmi les notaires résidant au chef-lieu. — Quant aux autres chambres, le président ou le syndic, ou le secrétaire, est nécessairement choisi parmi les notaires de la ville où siége le tribunal de première instance. — Lorsque le secrétaire ne réside pas dans la ville où siége le tribunal, le président ou le syndic a la garde des archives, tient le registre prescrit par l'article 33 ci-après et délivre les expéditions des délibérations de la chambre.

9. Une ordonnance royale peut, suivant les localités, réduire ou augmenter le nombre des membres qui doivent composer les chambres, conformément aux dispositions de l'article 4. Dans ce cas, elle détermine le nombre des membres dont la présence est nécessaire à la validité des délibérations. — L'ordonnance qui réduira le nombre des membres de la chambre déclarera, s'il y a lieu, que les membres sortants pourront être réélus.

10. Indépendamment des attributions particulières données aux membres

désignés en l'article 6, chacun d'eux a voix délibérative, ainsi que les autres membres, dans toutes les assemblées de la chambre; et néanmoins, lorsqu'il s'agit d'affaires où le syndic est partie poursuivante, il ne prend pas part à la délibération.

11. Les fonctions spéciales attribuées par l'article 6 à chacun des officiers de la chambre peuvent être cumulées lorsque le nombre des membres qui la composent est au-dessous de sept, dans le cas déterminé par l'article 9 de la présente ordonnance; et néanmoins les fonctions de président, de syndic et de rapporteur sont toujours exercées par trois personnes différentes. — Quel que soit le nombre des membres composant la chambre, les mêmes fonctions peuvent aussi être cumulées momentanément, en cas d'absence ou empêchement de quelqu'un des membres désignés en l'article 6, lesquels, pour ce cas, se suppléent entre eux, ou peuvent même être suppléés par un autre membre de la chambre. — Les suppléants sont nommés par le président, ou, s'il est absent, par la majorité des membres présents en nombre suffisant pour délibérer.

De la discipline.

12. Il est interdit aux notaires, soit par eux-mêmes, soit par personnes interposées, soit directement, soit indirectement : — 1° De se livrer à aucune spéculation de bourse ou opération de commerce, banque, escompte et courtage; — 2° De s'immiscer dans l'administration d'aucune société, entreprise ou compagnie de finances, de commerce ou d'industrie; — 3° De faire des spéculations relatives à l'acquisition et à la revente des immeubles, à la cession de créances, droits successifs, actions industrielles et autres droits incorporels; — 4° De s'intéresser dans aucune affaire pour laquelle ils prêtent leur ministère; — 5° De placer en leur nom personnel des fonds qu'ils auraient reçus, même à la condition d'en servir l'intérêt. — 6° De se constituer garants ou cautions, à quelque titre que ce soit, des prêts qui auraient été faits par leur intermédiaire ou qu'ils auraient été chargés de constater par acte public ou privé; — 7° De se servir de prête-noms en aucune circonstance, même pour des actes autres que ceux désignés ci-dessus.

13. Les contraventions aux prohibitions portées en l'article précédent seront, ainsi que les autres infractions à la discipline, poursuivies, lors même qu'il n'existerait aucune partie plaignante, et punies, suivant la gravité des cas, en conformité des dispositions de la loi du 25 ventôse an XI et de la présente ordonnance.

14. La chambre pourra prononcer contre les notaires, suivant la gravité des cas, soit le rappel à l'ordre, soit la censure simple par la décision même, soit la censure avec réprimande, par le président, aux notaires en personne, dans la chambre assemblée, soit la privation de voix délibérative dans l'assemblée générale, soit l'interdiction de l'entrée de la chambre pendant un espace de temps qui ne pourra excéder trois ans, pour la troisième fois, et qui pourra s'étendre à six ans en cas de récidive.

15. Si l'inculpation paraît assez grave pour mériter la suspension ou la destitution du notaire inculpé, la chambre s'adjoindra, par la voie du sort, d'autres notaires de l'arrondissement, savoir : celle de Paris, dix notaires, et les autres chambres un nombre inférieur de deux à celui de leurs membres. — La chambre ainsi composée émettra, par forme de simple avis, et à la majorité absolue des voix, son opinion sur la suspension et sa durée, ou sur la destitution. — Les voix seront recueillies, en ce cas, au scrutin secret, par *oui* ou par *non*; mais l'avis ne pourra être formé qu'autant que les deux tiers, au moins, de tous les membres appelés à l'assemblée seront présents.

16. Quand la chambre, ainsi composée, sera d'avis de provoquer la suspension ou la destitution, une expédition du procès-verbal de sa délibération sera déposée au greffe du tribunal, et une expédition en sera remise au procureur du Roi.

17. Le syndic déférera à la chambre les faits relatifs à la discipline, et il sera tenu de les lui dénoncer, soit d'office, soit sur l'invitation du procureur du Roi, soit sur la provocation des parties intéressées ou d'un des membres de la chambre. — Le notaire inculpé sera cité à comparaître devant la chambre dans un délai qui ne pourra être au-dessous de cinq jours, à la diligence du syndic, par une simple lettre indicative des faits, signée de lui, et envoyée par le secrétaire qui en tiendra note. — Si le notaire ne comparaît point sur la lettre du syndic, il sera cité une seconde fois, dans le même délai, à la même diligence, par ministère d'huissier.

18. Quant aux différends entre notaires et aux difficultés sur lesquelles la chambre est chargée d'é-

mettre son avis, les notaires pourront se présenter contradictoirement et sans citation préalable devant la chambre; ils pourront également y être cités soit par simples lettres énonçant les faits, signées des notaires qui s'adressent à la chambre et envoyées par le secrétaire, auquel ils en remettent des doubles, soit par des actes d'huissier, dont ils déposeront les originaux au secrétariat. Les lettres et citations seront préalablement visées par le président de la chambre. Le délai pour comparaître sera celui fixé par l'article 17 de la présente ordonnance.

19. Lorsqu'un notaire sera parent ou allié, en ligne directe à quelque degré que ce soit, et en ligne collatérale jusqu'au degré d'oncle ou de neveu inclusivement, de la partie plaignante ou du notaire inculpé ou intéressé, il ne pourra prendre part à la délibération.

20. La chambre prendra ses délibérations sur les plaintes et réclamations des tiers après avoir entendu ou dûment appelé, dans la forme ci-dessus prescrite, les notaires inculpés ou intéressés, ensemble les tiers qui voudront être entendus, et qui, dans tous les cas, pourront se faire représenter ou assister par un notaire. — Les délibérations de la chambre seront motivées et signées par le président et le secrétaire, à la séance même où elles seront prises. — Chaque délibération contiendra les noms des membres présents. — Ces délibérations, n'étant que de simples actes d'administration, d'ordre ou de discipline, ou de simples avis, ne sont dans aucun cas sujettes à l'enregistrement, non plus que les pièces y relatives. — Les délibérations de la chambre sont notifiées, quand il y a lieu, dans la même forme que les citations, et il en est fait mention par le secrétaire en marge desdites délibérations.

21. Les assemblées de la chambre se tiendront en un local à ce destiné, dans la ville où elle sera établie.

22. Il y aura, chaque année, deux assemblées générales des notaires de l'arrondissement. — D'autres assemblées générales pourront avoir lieu toutes les fois que la chambre le jugera convenable. — Les assemblées générales ou extraordinaires seront convoquées conformément aux dispositions de l'article 6. — Tous les notaires du ressort de la chambre seront invités à s'y rendre, soit pour les nominations dont parle l'article 25 ci-après, soit pour se concerter sur ce qui intéressera l'exercice de leurs fonctions.

23. Les règlements qui seront faits, soit par l'assemblée générale, soit par la chambre, seront remis au procureur du Roi, adressés par lui au procureur général et soumis à l'approbation de notre garde des Sceaux, ministre de la Justice.

24. La présence du tiers des notaires de l'arrondissement, non compris les membres de la chambre, sera nécessaire pour la validité des délibérations de l'assemblée générale et pour les élections auxquelles elle procédera.

Nomination des membres de la chambre et durée de leurs fonctions.

25. Les membres de la chambre seront nommés par l'assemblée générale des notaires, convoquée à cet effet. — La moitié au moins desdits membres sera choisie dans les plus anciens en exercice, formant les deux tiers de tous les notaires du ressort. — Deux au moins des membres appelés à faire partie des chambres établies dans un chef-lieu de Cour royale seront nécessairement choisis parmi les notaires résidant au chef-lieu. Quant aux autres chambres, un de leurs membres sera nécessairement choisi parmi les notaires de la ville où siége le tribunal de première instance. — La nomination aura lieu à la majorité absolue des voix, au scrutin secret, et par bulletin de liste contenant un nombre de noms qui ne pourra excéder celui des membres à nommer. — Le notaire élu membre de la chambre ne pourra refuser les fonctions qui lui auront été déférées qu'autant que son refus aura été agréé par l'assemblée générale.

26. La chambre sera renouvelée par tiers chaque année, pour les nombres qui comportent cette division, et par portions approchant le plus du tiers pour les autres nombres, en faisant alterner chaque année les portions inférieures et supérieures au tiers, mais en commençant par les inférieures, et de manière que, dans tous les cas, aucun membre ne puisse rester en fonctions plus de trois ans consécutifs, sauf ce qui est dit en l'article précédent (1).

27. Les membres désignés pour composer la chambre nommeront entre

(1) Cet article doit être exécuté toutes les fois qu'il se trouve plus d'un notaire en exercice au chef-lieu d'arrondissement. — *Circ. g. des Sc.* 11 mai 1855.

eux, en suivant le mode de l'article 25, le président et les autres officiers dont parle l'article 6. — Le président sera toujours pris parmi les plus anciens désignés dans l'article 25, sauf l'application de l'article 8. — Ces nominations se renouvelleront chaque année : les mêmes pourront être réélus ; à égalité de voix, le plus ancien d'âge sera préféré. — Les membres élus officiers ne pourront refuser.

28. La nomination des membres de la chambre aura lieu dans la première quinzaine du mois de mai de chaque année. — L'élection des officiers sera faite, au plus tard, le 15 mai, et la chambre sera constituée aussitôt après cette élection.

Des notaires honoraires.

29. Le titre de notaire honoraire pourra être conféré par nous, sur la proposition de la chambre et le rapport de notre garde des Sceaux, ministre de la Justice, aux notaires qui auront exercé leurs fonctions pendant vingt années consécutives.

30. Les notaires honoraires auront le droit d'assister aux assemblées générales. — Ils auront voix consultative.

Des aspirants au notariat.

31. Tout clerc qui aspirera aux fonctions de notaire se pourvoira d'un certificat du notaire chez lequel il travaillera. Ce certificat constatera le grade qu'il occupe dans l'étude du notaire.

32. L'inscription au stage prescrit par les articles 36 et suivants de la loi du 25 ventôse an XI aura lieu sur la production faite par l'aspirant de son acte de naissance et du certificat mentionné en l'article précédent.

33. Il sera tenu à cet effet, par le secrétaire, un registre qui sera coté et paraphé par le président. — Les inscriptions audit registre seront signées tant par le secrétaire de la chambre que par l'aspirant. — Elles devront être faites dans les trois mois de la date du certificat délivré comme il est dit en l'article 31. — Ce certificat et l'acte de naissance de l'aspirant resteront déposés x archives de la chambre.

34. Aucun aspirant au notariat ne sera admis à l'inscription s'il n'est âgé de dix-sept ans accomplis.

35. Les inscriptions pour les grades inférieurs à celui de quatrième clerc ne seront admises que sur l'autorisation de la chambre, qui pourra la refuser lorsque le nombre de clercs demandé sera évidemment hors de proportion avec l'importance de l'étude. — Le même grade ne pourra être conféré concurremment à deux ou plusieurs clercs dans la même étude.

36. Toutes les fois qu'un aspirant passera d'un grade à un autre, ou changera d'étude, il sera tenu d'en faire, dans les trois mois, la déclaration, qui sera reçue dans la forme prescrite par l'article 33 ci-dessus. Cette déclaration sera toujours accompagnée d'un certificat constatant son grade.

37. Les chambres exerceront une surveillance générale sur la conduite de tous les aspirants de leur ressort, et pourront, suivant les circonstances prononcer contre eux soit le rappel à l'ordre, soit la censure, soit enfin la suppression du stage pendant un temps déterminé, qui ne pourra excéder une année. — Il sera procédé contre les clercs dans les mêmes formes que celles prescrites par la présente ordonnance à l'égard des notaires. — Néanmoins les dispositions des articles 15 et 16 ne seront pas applicables. — Dans tous les cas, le notaire dans l'étude duquel travaillera le clerc inculpé sera préalablement entendu ou appelé.

38. Dans le mois de la publication de la présente ordonnance, le registre d'inscription prescrit par l'article 33 sera ouvert au secrétariat des chambres où ce mode de constater le stage ne serait pas déjà établi. — Tous les aspirants travaillant dans les études du ressort desdites chambres seront tenus de se faire inscrire au plus tard avant le 1er avril prochain, et la première inscription de chacun d'eux, faite dans ledit délai, constatera tout le temps de stage qui leur sera déjà acquis en vertu des certificats qu'ils représenteront, lesquels, pour cette première inscription, devront être visés par le syndic de la chambre.

De la bourse commune.

39. Il y aura une bourse commune pour les dépenses de la chambre. — Il n'y sera versé que les sommes nécessaires pour subvenir aux dépenses votées par l'assemblée générale. — La délibération par aquelle l'assemblée générale l'aura établie sera soumise à l'approbation de notre garde des Sceaux, ministre de la Justice, ainsi qu'il est dit en l'article 23 ci-dessus. — La répartitition des sommes votées entre les notaires de l'ar-

rondissement sera proposée par l'assemblée générale ; le rôle en sera rendu exécutoire par le premier président, sur l'avis du procureur général.

Dispositions générales.

40. L'arrêté du 2 nivôse an XII est abrogé. Néanmoins les chambres actuellement en exercice sont maintenues. — Elles seront organisées conformément à la présente ordonnance...

LOI

Sur la forme des actes notariés.

(21 juin 1843)

ART. 1er. Les actes notariés passés depuis la promulgation de la loi du 25 ventôse an XI ne peuvent être annulés par le motif que le notaire en second ou les deux témoins instrumentaires n'auraient pas été présents à la réception desdits actes.

2. A l'avenir, les actes notariés contenant donation entre-vifs, donation entre époux pendant le mariage, révocation de donation ou de testament, reconnaissance d'enfants naturels, et les procurations pour consentir ces divers actes, seront, à peine de nullité, reçus conjointement par deux notaires, ou par un notaire en présence de deux témoins. — La présence du notaire en second ou des deux témoins n'est requise qu'au moment de la lecture des actes par le notaire et de la signature par les parties ; elle sera mentionnée, à peine de nullité.

3. Les autres actes continueront à être régis par l'article 9 de la loi du 25 ventôse an XI, tel qu'il est expliqué dans l'article 1er de la présente loi.

4. Il n'est rien innové aux dispositions du Code civil sur la forme des testaments.

ORDONNANCE

Relative aux cimetières.

(6 décembre 1843) (1)

---

(1) V. Décr. 23 prairial an XII. — V. le texte dans notre édition in-8°.

1844

LOI

Sur les patentes.

(25 avril 1844) (2)

ART. 1er. Tout individu, Français ou étranger, qui exerce en France un commerce, une industrie, une profession non compris dans les exceptions déterminées par la présente loi, est assujetti à la contribution des patentes.

2. La contribution des patentes se compose d'un droit fixe et d'un droit proportionnel.

3. Le droit fixe est réglé conformément aux tableaux A, B, C, annexés à la présente loi. — Il est établi : — Eu égard à la population et d'après un tarif général, pour les industries et professions énumérées dans le tableau A ; — Eu égard à la population et d'après un tarif exceptionnel, pour les industries et professions portées dans le tableau B ; — Sans égard à la population pour celles qui font l'objet du tableau C.

4. Les commerces, industries et professions non dénommés dans ces tableaux n'en sont pas moins assujettis à la patente. Le droit fixe auquel ils doivent être soumis est réglé, d'après l'analogie des opérations ou des objets de commerce, par un arrêté spécial du préfet rendu sur la proposition du directeur des contributions directes, et après avoir pris l'avis du maire. — Tous les cinq ans, des tableaux additionnels contenant la nomenclature des commerces, industries et professions classés par voie d'assimilation, depuis trois années au moins, seront soumis à la sanction législative.

5. Pour les professions dont le droit fixe varie en raison de la population du lieu où elles sont exercées, les tarifs seront appliqués d'après la population qui aura été déterminée par la dernière ordonnance de dénombrement. — Néanmoins, lorsque ce dénombrement fera passer une commune dans une catégorie supérieure à celle dont elle faisait précédemment partie, l'augmentation du droit fixe ne sera appliquée que pour moitié pendant les cinq premières années.

(2) Bull., 9e série, no 11262. — V. LL. 18 mai 1850 ; 26 juill. 1860 ; 13 mai 1863 ; 18 juill. 1866 ; 2 août 1868 ; 8 mai 1869 ; 27 juill. 1870 ; 29 mars 1872 ; 24 juill. 1873 ; 5 août 1874 ; 3 août 1875 ; 30 juill. 1879, — L. 15 juill. 1880.

6. Dans les communes dont la population totale est de cinq mille âmes et au-dessus, les patentables exerçant dans la banlieue des professions imposées eu égard à la population paieront le droit fixe d'après le tarif applicable à la population non agglomérée. — Les patentables exerçant lesdites professions dans la partie agglomérée paieront le droit fixe d'après le tarif applicable à la population totale.

7. Le patentable qui exerce plusieurs commerces, industries ou professions, même dans plusieurs communes différentes, ne peut être soumis qu'à un seul droit fixe. — Ce droit est toujours le plus élevé de ceux qu'il aurait à payer s'il était assujetti à autant de droits fixes qu'il exerce de professions.

8. Le droit proportionnel est fixé au vingtième de la valeur locative pour toutes les professions imposables, sauf les exceptions énumérées au tableau D annexé à la présente loi.

9. Le droit proportionnel est établi sur la valeur locative, tant de la maison d'habitation que des magasins, boutiques, usines, ateliers, hangars, remises, chantiers et autres locaux servant à l'exercice des professions imposables. — Il est dû, lors même que le logement et les locaux occupés sont concédés à titre gratuit. — La valeur locative est déterminée, soit au moyen de baux authentiques, soit par comparaison avec d'autres locaux dont le loyer aura été régulièrement constaté, ou sera notoirement connu, et, à défaut de ces bases, par voie d'appréciation. — Le droit proportionnel pour les usines et les établissements industriels est calculé sur la valeur locative de ces établissements, pris dans leur ensemble et munis de tous leurs moyens matériels de production.

10. Le droit proportionnel est payé dans toutes les communes où sont situés les magasins, boutiques, usines, ateliers, hangars, remises, chantiers et autres locaux servant à l'exercice des professions imposables. — Si, indépendamment de la maison où il fait sa résidence habituelle et principale, et qui, dans tous les cas, sauf l'exception ci-après, doit être soumise au droit proportionnel, le patentable possède, soit dans la même commune, soit dans des communes différentes, une ou plusieurs maisons d'habitation, il ne paie le droit proportionnel que pour celles de ces maisons qui servent à l'exercice de sa profession. — Si l'industrie pour laquelle il est assujetti à la patente ne constitue pas sa profession principale, et s'il ne l'exerce pas par lui-même, il ne paie le droit proportionnel que sur la maison d'habitation de l'agent préposé à l'exploitation.

11. Le patentable qui exerce dans un même local, ou dans des locaux non distincts, plusieurs industries ou professions passibles d'un droit proportionnel différent, paie ce droit d'après le taux applicable à la profession pour laquelle il est assujetti au droit fixe. — Dans le cas où les locaux sont distincts, il ne paie pour chaque local que le droit proportionnel attribué à l'industrie ou à la profession qui y est spécialement exercée. — Dans ce dernier cas, le droit proportionnel n'en demeure pas moins établi sur la maison d'habitation, d'après le taux applicable à la profession pour laquelle le patentable est imposé au droit fixe.

12. Dans les communes dont la population est inférieure à vingt mille âmes, mais, qui, en vertu d'un nouveau dénombrement, passent dans la catégorie des communes de vingt mille âmes et au-dessus, les patentables des septième et huitième classes ne seront soumis au droit proportionnel que dans le cas où une seconde ordonnance de dénombrement aura maintenu lesdites communes dans la même catégorie.

13. Ne sont pas assujettis à la patente, — 1° Les fonctionnaires et employés salariés, soit par l'Etat, soit par les administrations départementales ou communales, en ce qui concerne seulement l'exercice de leurs fonctions ; — 2° Les notaires, les avoués, les avocats au Conseil, les greffiers, les commissaires-priseurs, les huissiers ; — 3° Les avocats ; — Les docteurs en médecine ou en chirurgie, les officiers de santé, les sages-femmes et les vétérinaires ; (*Modifié ; L. 18 mai 1850, Tabl. g.*) ; — Les peintres, sculpteurs, graveurs et dessinateurs considérés comme artistes, et ne vendant que le produit de leur art ; — Les architectes considérés comme artistes, ne se livrant pas, même accidentellement, à des entreprises de construction ; — Les professeurs de belles-lettres, sciences et arts d'agrément ; les chefs d'institution, les maîtres de pension, les instituteurs primaires ; les éditeurs de feuilles périodiques ; — Les artistes dramatiques ; — 4° Les laboureurs et cultivateurs, seulement pour la vente et la manipulation des récoltes et fruits provenant des terrains qui leur appartiennent ou par eux exploités, et pour le bétail qu'ils y élèvent, qu'ils y entretiennent ou qu'ils y engraissent ; (*V. L. 27 juill. 1870, art. 3.*) — Les concessionnaires de mines pour le seul

fait de l'extraction et de la vente des matières par eux extraites ; — Les propriétaires ou fermiers des marais salants ; — Les propriétaires ou locataires louant accidentellement une partie de leur habitation personnelle ; — Les pêcheurs, même lorsque la barque qu'ils montent leur appartient ; — 5° Les associés en commandite, les Caisses d'épargne et de prévoyance administrées gratuitement, les assurances mutuelles régulièrement autorisées ; — 6° Les capitaines de navire de commerce ne naviguant pas pour leur compte ; — Les cantiniers attachés à l'armée ; — Les écrivains publics ; — Les commis et toutes les personnes travaillant à gages, à façon et à la journée, dans les maisons, ateliers et boutiques des personnes de leur profession, ainsi que les ouvriers travaillant chez eux ou chez les particuliers, sans compagnons, apprentis, enseigne ni boutique. (*V. LL.* 2 *juill.* 1862, *art.* 3 ; 2 *août* 1868, *art.* 2.) Ne sont point considérés comme compagnons ou apprentis, la femme travaillant avec son mari, ni les enfants non mariés travaillant avec leurs père et mère, ni le simple manœuvre dont le concours est indispensable à l'exercice de la profession ; — Les personnes qui vendent en ambulance dans les rues, dans les lieux de passage et dans les marchés, soit des fleurs, de l'amadou, des balais, des statues et figures en plâtre, soit des fruits, des légumes, des poissons, du beurre, des œufs, du fromage et autres menus comestibles : — Les savetiers, les chiffonniers au crochet, les porteurs d'eau à la bretelle ou avec voiture à bras, les rémouleurs ambulants, les gardes-malades.

14. Tous ceux qui vendent en ambulance des objets non compris dans les exemptions déterminées par l'article précédent, et tous marchands sous échoppe ou en étalage, sont passibles de la moitié des droits que paient les marchands qui vendent les mêmes objets en boutique. Toutefois cette disposition n'est pas applicable aux bouchers, épiciers et autres marchands ayant un étal permanent ou occupant des places fixes dans les halles et marchés.

15. Les mari et femme séparés de biens ne doivent qu'une patente, à moins qu'ils n'aient des établissements distincts, auquel cas chacun d'eux doit avoir sa patente et payer séparément les droits fixes et proportionnels.

16. Les patentes sont personnelles, et ne peuvent servir qu'à ceux à qui elles sont délivrées. En conséquence, les associés en nom collectif sont tous assujettis à la patente. — Toutefois l'associé principal paie seul le droit fixe entier : les autres associés ne sont imposés qu'à la moitié de ce droit, même quand ils ne résident pas tous dans la même commune que l'associé principal. (*V. L.* 26 *juill.* 1860, *art.* 19.) Le droit proportionnel est établi sur la maison d'habitation de l'associé principal, et sur tous les locaux qui servent à la société pour l'exercice de son industrie. — La maison d'habitation de chacun des autres associés est affranchie du droit proportionnel, à moins qu'elle ne serve à l'exercice de l'industrie sociale.

17. Les sociétés ou compagnies anonymes ayant pour but une entreprise industrielle ou commerciale, sont imposées à un seul droit fixe sous la désignation de l'objet de l'entreprise, sans préjudice du droit proportionnel. — La patente assignée à ces sociétés ou compagnies ne dispense aucun des sociétaires ou actionnaires du paiement des droits de patente auxquels ils pourraient être personnellement assujettis pour l'exercice d'une industrie particulière.

18. Tout individu transportant des marchandises de commune en commune, lors même qu'il vend pour le compte de marchands ou fabricants, est tenu d'avoir une patente personnelle, qui est, selon les cas, celle de colporteur avec balle, avec bêtes de somme ou avec voiture.

19. Les commis-voyageurs des nations étrangères seront traités, relativement à la patente, sur le même pied que les commis-voyageurs français chez ces mêmes nations.

20. Les contrôleurs des contributions directes procéderont annuellement au recensement des imposables et à la formation des matrices de patentes. — Le maire sera prévenu de l'époque de l'opération du recensement, et pourra assister le contrôleur dans cettte opération, ou se faire représenter, à cet effet, par un délégué. — En cas de dissentiment entre les contrôleurs et les maires ou leurs délégués, les observations contradictoires de ces derniers seront consignées dans une colonne spéciale. — La matrice, dressée par le contrôleur, sera déposée, pendant dix jours, au secrétariat de la mairie, afin que les intéressés puissent en prendre connaissance, et remettre au maire leurs observations. A l'expiration d'un second délai de dix jours, le maire, après avoir consigné ses observations sur la matrice, l'adressera au sous-préfet. — Le sous-préfet portera égale-

ment ses observations sur la matrice, et la transmettra au directeur des contributions directes, qui établira les taxes conformément à la loi, pour tous les articles non contestés. A l'égard des articles sur lesquels le maire ou le sous-préfet ne sera pas d'accord avec le contrôleur, le directeur soumettra les contestations au préfet avec son avis motivé. Si le préfet ne croit pas devoir adopter les propositions du directeur, il en sera référé au ministre des Finances. — Le préfet arrête les rôles et les rend exécutoires. — A Paris, l'examen de la matrice des patentes aura lieu, pour chaque arrondissement municipal, par le maire assisté soit de l'un des membres de la commission des contributions, soit de l'un des agents attachés à cette commission, délégué à cet effet par le préfet. (*V. art.* 21, *L.* 18 *mai* 1850.)

21. Les patentés qui réclameront contre la fixation de leurs taxes seront admis à prouver la justice de leurs réclamations, par la représentation d'actes de société légalement publiés, de journaux et livres de commerce régulièrement tenus, et par tous autres documents.

22. Les réclamations en décharge ou réduction, et les demandes en remise ou modération, seront communiquées aux maires ; elles seront d'ailleurs présentées, instruites et jugées dans les formes et délais prescrits pour les autres contributions directes.

23. La contribution des patentes est due pour l'année entière, par tous les individus exerçant au mois de janvier une profession imposable. — En cas de cession d'établissement, la patente sera, sur la demande du cédant, transférée à son successeur ; la mutation de cote sera réglée par un arrêté du préfet. — En cas de fermeture de magasins, boutiques et ateliers, par suite de décès ou de faillite déclarée, les droits ne seront dus que pour le passé et le mois courant. Sur la réclamation des parties intéressées, il sera accordé décharge du surplus de la taxe. — Ceux qui entreprennent, après le mois de janvier, une profession sujette à patente, ne doivent la contribution qu'à partir du 1er du mois dans lequel ils ont commencé d'exercer, à moins que, par sa nature, la profession ne puisse pas être exercée pendant toute l'année. Dans ce cas, la contribution sera due pour l'année entière, quelle que soit l'époque à laquelle la profession aura été entreprise. — Les patentés qui, dans le cours de l'année, entreprennent une profession d'une classe supérieure à celle qu'ils exerçaient d'abord, ou qui transportent leur établissement dans une commune d'une plus forte population, sont tenus de payer au prorata un supplément de droit fixe. — Il est également dû un supplément de droit proportionnel par les patentables qui prennent des maisons ou locaux d'une valeur locative supérieure à celle des maisons ou locaux pour lesquels ils ont été primitivement imposés, et par ceux qui entreprennent une profession passible d'un droit proportionnel plus élevé. — Les suppléments seront dus à compter du 1er du mois dans lequel les changements prévus par les deux derniers paragraphes auront été opérés.

24. La contribution des patentes est payable par douzième, et le recouvrement en est poursuivi comme celui des contributions directes : néanmoins les marchands forains, les colporteurs, les directeurs de troupes ambulantes, les entrepreneurs d'amusements et jeux publics non sédentaires, et tous autres patentables dont la profession n'est pas exercée à demeure fixe, sont tenus d'acquitter le montant total de leur cote, au moment où la patente leur est délivrée. — Dans le cas où le rôle n'est émis que postérieurement au 1er mars, les douzièmes échus ne sont pas immédiatement exigibles : le recouvrement en est fait par portions égales, en même temps que celui des douzièmes non échus.

25. En cas de déménagement hors du ressort de la perception, comme en cas de vente volontaire ou forcée, la contribution des patentes sera immédiatement exigible en totalité. — Les propriétaires, et, à leur place, les principaux locataires, qui n'auront pas, un mois avant le terme fixé par le bail ou par les conventions verbales, donné avis au percepteur du déménagement de leurs locataires, seront responsables des sommes dues par ceux-ci pour la contribution des patentes. — Dans le cas de déménagements furtifs, les propriétaires, et, à leur place, les principaux locataires deviendront responsables de la contribution de leurs locataires s'ils n'ont pas, dans les trois jours, donné avis du déménagement au percepteur. — La part de la contribution laissée à la charge des propriétaires ou principaux locataires par les paragraphes précédents, comprendra seulement le dernier douzième échu et le douzième courant, dus par le patentable.

26. (*Abrogé par l'art.* 12, *L.* 4 *juin* 1858.) — Les formules de patentes

sont visées par le maire et revêtues du sceau de la commune.

27. Tout patentable est tenu d'exhiber sa patente lorsqu'il en est requis par les maires, adjoints, juges de paix, et tous autres officiers ou agents de police judiciaire.

28. Les marchandises mises en vente par les individus non munis de patentes, et vendant hors de leur domicile, seront saisies ou séquestrées aux frais du vendeur, à moins qu'il ne donne caution suffisante jusqu'à la représentation de la patente ou la production de la preuve que la patente a été délivrée. Si l'individu non muni de patente exerce au lieu de son domicile, il sera dressé un procès-verbal qui sera transmis immédiatement aux agents des contributions directes.

29. — *Abrogé par la loi du* 18 *mai* 1850, *art.* 22.

30. Les agents des contributions directes peuvent, sur la demande qui leur en est faite, délivrer des patentes avant l'émission du rôle, après toutefois que les requérants ont acquitté entre les mains du percepteur les douzièmes échus, s'il s'agit d'individus domiciliés dans le ressort de la perception, ou la totalité des droits, s'il s'agit des patentables désignés en l'article 24 ci-dessus, ou d'individus étrangers au ressort de la perception.

31. Le patenté qui aura égaré sa patente ou qui sera dans le cas d'en justifier hors de son domicile pourra se faire délivrer un certificat par le directeur ou par le contrôleur des contributions directes. Ce certificat fera mention des motifs qui obligent le patenté à le réclamer, et devra être sur papier timbré.

32. Il est ajouté au principal de la contribution des patentes 5 centimes par franc, dont le produit est destiné à couvrir les décharges, réductions, remises et modérations, ainsi que les frais d'impression et d'expédition des formules des patentes. — En cas d'insuffisance des 5 centimes, le montant du déficit est prélevé sur le principal des rôles. — Il est en outre prélevé sur le principal 8 centimes dont le produit est versé dans la caisse municipale.

33. Les contributions spéciales destinées à subvenir aux dépenses des Bourses et Chambres de commerce, et dont la perception est autorisée par l'article 11 de la loi du 23 juillet 1820, seront réparties sur les patentables des trois premières classes du tableau A annexé à la présente loi, et sur ceux désignés dans les tableaux B et C, comme passibles d'un droit fixe égal ou supérieur à celui desdites classes. — Les associés des établissements compris dans les classes et tableaux sus-désignés contribueront aux frais des Bourses et Chambres de commerce.

TABLEAU A.

Tarif général des professions imposées eu égard à la population.

CLASSES.	de 100,000 âmes et au-dessus.	de 50,000 à 100,000	de 30,000 à 50,000	de 20,000 à 30,000	de 10,000 à 20,000	de 5,000 à 10,000	de 2,000 à 5,000	de 2,000 âmes et au-dessous.
	fr.	fr.	fr.	fr.	fr.	fr.	fr.	fr.
1re	300	240	180	120	80	60	45	35
2e	150	120	90	60	45	40	30	25
3e	100	80	60	40	30	25	22	18
4e	75	60	45	30	25	20	18	12
5e	50	40	30	20	15	12	9	7
6e	40	32	24	16	10	8	6	4
7e	20	16	12	*8	*6	*5	*4	*3
8e	12	10	8	6	*5	*4	*3	*2

Le signe * veut dire : exemption de droit proportionnel.

34. La contribution des patentes sera établie conformément à la présente loi, à partir du 1er janvier 1845.

35. Toutes les dispositions contraires à la présente loi seront et demeureront abrogées; à partir de la même époque, sans préjudice des lois et des règlements de police qui sont ou pourront être faits.

Sont réputés — Marchands en gros, ceux qui vendent habituellement aux marchands en demi-gros et aux marchands en détail; — Marchands en demi-gros, ceux qui vendent habituellement aux détaillants, et aux consommateurs; — Marchands en détail, ceux qui ne vendent habituellement qu'aux consommateurs.

LOI

Sur la police de la chasse.

(3 mai 1844)

SECTION I. — *De l'exercice du droit de chasse.*

ART. 1er. Nul ne pourra chasser, sauf les exceptions ci-après, si la chasse n'est pas ouverte, et s'il ne lui a pas été délivré un permis de chasse par l'autorité compétente. — Nul n'aura la faculté de chasser sur la propriété d'autrui sans le consentement du propriétaire ou de ses ayants-droit.

2. Le propriétaire ou possesseur peut chasser ou faire chasser en tout temps, sans permis de chasse, dans ses possessions attenantes à une habitation et entourées d'une clôture continue faisant obstacle à toute communication avec les héritages voisins.

3. Les préfets détermineront, par des arrêtés publiés au moins dix jours à l'avance, les époques des ouvertures et celles des clôtures des chasses, soit à tir, soit à courre, à cor et à cris, dans chaque département. (*Ainsi modifié; L. 22 janv.* 1874.)

4. Dans chaque département il est interdit de mettre en vente, de vendre, d'acheter, de transporter et de colporter du gibier pendant le temps où la chasse n'y est pas permise. — En cas d'infraction à cette disposition, le gibier sera saisi, et immédiatement livré à l'établissement de bienfaisance le plus voisin, en vertu soit d'une ordonnance du juge de paix, si la saisie a eu lieu au chef-lieu du canton, soit d'une autorisation du maire, si le juge de paix est absent, ou si la saisie a été faite dans une commune autre que celle du chef-lieu. Cette ordonnance ou cette autorisation sera délivrée sur la requête des agents ou gardes qui auront opéré la saisie, et sur la présentation du procès-verbal régulièrement dressé. — La recherche du gibier ne pourra être faite à domicile que chez les aubergistes, chez les marchands de comestibles et dans les les lieux ouverts au public. — Il est interdit de prendre ou de détruire sur le terrain d'autrui, des œufs et des couvées de faisans, de perdrix et de cailles.

5. Les permis de chasse seront délivrés, sur l'avis du maire et du sous-préfet, par le préfet du département dans lequel celui qui en fera la demande aura sa résidence ou son domicile. — La délivrance des permis de chasse donnera lieu au paiement d'un droit de quinze francs (15 fr.) au profit de l'Etat, et de dix francs (10 fr.) au profit de la commune dont le maire aura donné l'avis énoncé au paragraphe précédent. Les permis de chasse seront personnels; ils seront valables pour tout le Royaume, et pour un an seulement.

6. Le préfet pourra refuser le permis de chasse, — 1° A tout individu majeur qui ne sera point personnellement inscrit, ou dont le père ou la mère ne serait pas inscrit au rôle des contributions; — 2° A tout individu qui, par une condamnation judiciaire, a été privé de l'un ou de plusieurs des droits énumérés dans l'article 42 du Code pénal, autres que le droit du port d'armes; — 3° A tout condamné à un emprisonnement de plus de six mois pour rébellion ou violence envers les agents de l'autorité publique; — 4° A tout condamné pour délit d'association illicite, de fabrication, débit, distribution de poudre, armes ou autres munitions de guerre; de menaces écrites ou de menaces verbales avec ordre ou sous condition; d'entraves à la circulation des grains; de dévastation d'arbres ou de récoltes sur pied, de plants venus naturellement ou faits de main d'homme; — 5° A ceux qui auront été condamnés pour vagabondage, mendicité, vol, escroquerie ou abus de confiance. — La faculté de refuser le permis de chasse aux condamnés dont il est question dans les paragraphes 3, 4 et 5 cessera cinq ans après l'expiration de la peine.

7. Le permis de chasse ne sera pas délivré, — 1° Aux mineurs qui n'au-

ront pas seize ans accomplis ; — 2° Aux mineurs de seize à vingt et un ans, à moins que le permis ne soit demandé pour eux par leur père, mère, tuteur ou curateur, porté au rôle des contributions ; — 3° Aux interdits ; — 4° Aux gardes champêtres ou forestiers des communes et établissements publics, ainsi qu'aux gardes forestiers de l'Etat et aux gardes-pêche.

8. Le permis de chasse ne sera pas accordé, — 1° A ceux qui, par suite de condamnations, sont privés du droit de port d'armes ; — 2° A ceux qui n'auront pas exécuté les condamnations prononcées contre eux pour l'un des délits prévus par la présente loi ; — 3° A tout condamné placé sous la surveillance de la haute police.

9. Dans le temps où la chasse est ouverte, le permis donne à celui qui l'a obtenu le droit de chasser de jour, soit à tir, soit à courre, à cor et à cris, suivant les distinctions établies par les arrêtés préfectoraux, sur ses propres terres et sur les terres d'autrui, avec le consentement de celui à qui le droit de chasse appartient. — Tous les autres moyens de chasse, à l'exception des furets et des bourses destinés à prendre les lapins, sont formellement prohibés. Néanmoins les préfets des départements, sur l'avis des Conseils généraux, prendront des arrêtés pour déterminer : — 1° L'époque de la chasse des oiseaux de passage, autres que la caille, la nomenclature des oiseaux et les modes et procédés de chasse pour les diverses espèces ; — 2° Le temps pendant lequel il sera permis de chasser le gibier d'eau dans les marais, sur les étangs, fleuves et rivières ; — 3° Les espèces d'animaux malfaisants ou nuisibles que le propriétaire, possesseur ou fermier pourra en tout temps détruire sur ses terres, et les conditions de l'exercice de ce droit, sans préjudice du droit appartenant au propriétaire ou au fermier de repousser ou de détruire, même avec des armes à feu, les bêtes fauves qui porteraient dommage à ses propriétés. — Ils pourront prendre également des arrêtés : — 1° Pour prévenir la destruction des oiseaux ou pour favoriser leur repeuplement ; — 2° Pour autoriser l'emploi des chiens lévriers pour la destruction des animaux malfaisants et nuisibles ; — 3° Pour interdire la chasse pendant les temps de neige. (*Ainsi modifié; L. 22 janv. 1874.*)

10. Des ordonnances royales détermineront la gratification qui sera accordée aux gardes et gendarmes rédacteurs des procès-verbaux ayant pour objet de constater les délits.

SECTION II. — *Des peines.*

11. Seront punis d'une amende de 16 à 100 francs, — 1° Ceux qui auront chassé sans permis de chasse ; — 2° Ceux qui auront chassé sur le terrain d'autrui sans le consentement du propriétaire. — L'amende pourra être portée au double, si le délit a été commis sur des terres non dépouillées de leurs fruits, ou s'il a été commis sur un terrain entouré d'une clôture continue faisant obstacle à toute communication avec les héritages voisins, mais non attenant à une habitation. — Pourra ne pas être considéré comme délit de chasse le fait du passage des chiens courants sur l'héritage d'autrui, lorsque ces chiens seront à la suite d'un gibier lancé sur la propriété de leurs maîtres, sauf l'action civile, s'il y a lieu, en cas de dommage ; — 3° Ceux qui auront contrevenu aux arrêtés des préfets concernant les oiseaux de passage, le gibier d'eau, la chasse en temps de neige, l'emploi des chiens lévriers, ou aux arrêtés concernant la destruction des oiseaux et celle des animaux nuisibles ou malfaisants ; — 4° Ceux qui auront pris ou détruit, sur le terrain d'autrui, des œufs ou couvées de faisans, de perdrix ou de cailles ; — 5° Les fermiers de la chasse, soit dans les bois soumis au régime forestier, soit sur les propriétés dont la chasse est louée au profit des communes ou établissements publics, qui auront contrevenu aux clauses et conditions de leurs cahiers de charges relatives à la chasse.

12. Seront punis d'une amende de 50 à 200 francs, et pourront, en outre, l'être d'un emprisonnement de six jours à deux mois, — 1° Ceux qui auront chassé en temps prohibé ; — 2° Ceux qui auront chassé pendant la nuit ou à l'aide d'engins et instruments prohibés, ou par d'autres moyens que ceux qui sont autorisés par l'article 9 ; — 3° Ceux qui seront détenteurs ou ceux qui seront trouvés munis ou porteurs, hors de leur domicile, de filets, engins ou autres instruments de chasse prohibés ; — 4° Ceux qui, en temps où la chasse est prohibée, auront mis en vente, vendu, acheté, transporté ou colporté du gibier ; — 5° Ceux qui auront employé des drogues ou appâts qui sont de nature à enivrer le gibier ou à le détruire ; — 6° Ceux qui auront chassé avec appeaux, appelants ou

chanterelles. — Les peines déterminées par le présent article pourront être portées au double contre ceux qui auront chassé pendant la nuit sur le terrain d'autrui et par l'un des moyens spécifiés au paragraphe 2, si les chasseurs étaient munis d'une arme apparente ou cachée. — Les peines déterminées par l'article 11 et par le présent article seront toujours portées au maximum, lorsque les délits auront été commis par les gardes champêtres ou forestiers des communes, ainsi que par les gardes forestiers de l'Etat et des établissements publics (1).

13. Celuiqui aura chassé sur le terrain d'autrui sans son consentement, si ce terrain est attenant à une maison habitée ou servant à l'habitation, et s'il est entouré d'une clôture continue faisant obstacle à toute communication avec les héritages voisins, sera puni d'une amende de 50 à 300 francs, et pourra l'être d'un emprisonnement de six jours à trois mois. — Si le délit a été commis pendant la nuit, le délinquant sera puni d'une amende de 100 francs à 1,000 francs, et pourra l'être d'un emprisonnement de trois mois à deux ans, sans préjudice, dans l'un et l'autre cas, s'il y a lieu, de plus fortes peines prononcées par le Code pénal.

14. Les peines déterminées par les trois articles qui précèdent pourront être portées au double si le délinquant était en état de récidive, et s'il était déguisé ou masqué, s'il a pris un faux nom, s'il a usé de violence envers les personnes, ou s'il a fait des menaces, sans préjudice, s'il y a lieu, de plus fortes peines prononcées par la loi. — Lorsqu'il y aura récidive, dans les cas prévus en l'article 11, la peine de l'emprisonnement de six jours à trois mois pourra être appliquée si le délinquant n'a pas satisfait aux condamnations précédentes.

15. Il y a récidive lorsque, dans les douze mois qui ont précédé l'infraction, le délinquant a été condamné en vertu de la présente loi.

16. Tout jugement de condamnation prononcera la confiscation des filets, engins et autres instruments de chasse. Il ordonnera, en outre, la destruction des instruments de chasse prohibés. — Il prononcera également la confiscation des armes, excepté dans le cas où le délit aura été commis par un individu muni d'un permis de chasse, dans le temps où la chasse est autorisée. — Si les armes, filets, engins ou autres instruments de chasse n'ont pas été saisis, le délinquant sera condamné à les représenter ou à en payer la valeur, suivant la fixation qui en sera faite par le jugement, sans qu'elle puisse être au-dessous de 50 francs. — Les armes, engins ou autres instruments de chasse, abandonnés par les délinquants restés inconnus, seront saisis et déposés au greffe du tribunal compétent. La confiscation et, s'il y a lieu, la destruction, en seront ordonnées sur le vu du procès-verbal. — Dans tous les cas, la quotité des dommages-intérêts est laissée à l'appréciation des tribunaux.

17. En cas de conviction de plusieurs délits prévus par la présente loi, par le Code pénal ordinaire ou par les lois spéciales, la peine la plus forte sera seule prononcée. — Les peines encourues pour des faits postérieurs à la déclaration du procès-verbal de contravention pourront être cumulées, s'il y a lieu, sans préjudice des peines de la récidive.

18. En cas de condamnation pour délits prévus par la présente loi, les tribunaux pourront priver le délinquant du droit d'obtenir un permis de chasse pour un temps qui n'excédera pas cinq ans.

19. La gratification mentionnée en l'article 10 sera prélevée sur le produit des amendes. — Le surplus desdites amendes sera attribué aux communes sur le territoire desquelles les infractions auront été commises.

20. L'article 463 du Code pénal ne sera pas applicable aux délits prévus par la présente loi.

SECTION III. — *De la poursuite et du jugement.*

21. Les délits prévus par la présente loi seront prouvés, soit par procès-verbaux ou rapports, soit par témoins, à défaut de rapports et procès-verbaux, ou à leur appui.

22. Les procès-verbaux des maires

(1) A la différence de la loi sur la pêche, qui ne punit que les individus trouvés munis ou porteurs, *hors de leur domicile*, de filets et engins prohibés, la loi sur la chasse atteint encore ceux qui en sont possesseurs ou détenteurs *dans leur domicile*.—Les visites domiciliaires, pour constater la détention des instruments de chasse prohibés, ne doivent avoir lieu, comme pour les délits ordinaires, que sur la réquisition du ministère public, et en vertu d'une ordonnance du juge d'instruction. — *Circ. g. des Sc.* 9 mai 1844.

et adjoints, commissaires de police, officiers, maréchal-des-logis ou brigadier de gendarmerie, gendarmes, gardes forestiers, gardes-pêche, gardes champêtres ou gardes assermentés des particuliers, feront foi jusqu'à preuve contraire.

23. Les procès-verbaux des employés des contributions indirectes et des octrois feront également foi jusqu'à preuve contraire, lorsque, dans la limite de leurs attributions respectives, ces agents rechercheront et constateront les délits prévus par le paragraphe 1er de l'article 4.

24. Dans les vingt-quatre heures du délit, les procès-verbaux des gardes seront, à peine de nullité, affirmés par les rédacteurs devant le juge de paix ou l'un de ses suppléants, ou devant le maire ou l'adjoint, soit de la commune de leur résidence, soit de celle où le délit aura été commis.

25. Les délinquants ne pourront être saisis ni désarmés; néanmoins s'ils sont déguisés ou masqués, s'ils refusent de faire connaître leurs noms, ou s'ils n'ont pas de domicile connu, ils seront conduits immédiatement devant le maire ou le juge de paix, lequel s'assurera de leur individualité.

26. Tous les délits prévus par la présente loi seront poursuivis d'office par le ministère public, sans préjudice du droit conféré aux parties lésées par l'article 182 du Code d'instruction criminelle. — Néanmoins, dans le cas de chasse sur le terrain d'autrui sans le consentement du propriétaire, la poursuite d'office ne pourra être exercée par le ministère public, sans une plainte de la partie intéressée, qu'autant que le délit aura été commis dans un terrain clos, suivant les termes de l'article 2, et attenant à une habitation, ou sur des terres non encore dépouillées de leurs fruits.

27. Ceux qui auront commis conjointement les délits de chasse seront condamnés solidairement aux amendes, dommages-intérêts et frais.

28. Le père, la mère, le tuteur, les maîtres et commettants sont civilement responsables des délits de chasse commis par leurs enfants mineurs non mariés, pupilles demeurant avec eux, domestiques ou préposés, sauf tout recours de droit. — Cette responsabilité sera réglée conformément à l'article 1384 du Code civil, et ne s'appliquera qu'aux dommages-intérêts et frais, sans pouvoir toutefois donner lieu à la contrainte par corps.

29. Toute action relative aux délits prévus par la présente loi sera prescrite par le laps de trois mois à compter du jour du délit (1).

SECTION IV. — *Dispositions générales.*

30. Les dispositions de la présente loi relatives à l'exercice du droit de chasse ne sont pas applicables aux propriétés de la Couronne. Ceux qui commettraient des délits de chasse dans ces propriétés seront poursuivis et punis conformément aux sections 2 et 3.

31. Le décret du 4 mai 1812 et la loi du 30 avril 1790 sont abrogés. — Sont et demeurent également abrogés les lois, arrêtés, décrets et ordonnances intervenus sur les matières réglées par la présente loi, en tout ce qui est contraire à ses dispositions.

ORDONNANCE

Concernant les loteries d'objets mobiliers, exclusivement destinées à des actes de bienfaisance ou à l'encouragement des arts.

(29 mai 1844)

ART. 1er. Les autorisations pour l'établissement des loteries désignées en l'article 5 de la loi du 21 mai 1836, seront délivrées, savoir : par le préfet de police pour Paris et le département de la Seine, et, dans les autres départements, par les préfets, sur la proposition des maires. — Ces autorisations ne seront accordées que pour un seul tirage; elles énonceront les conditions auxquelles elles auront été accordées, dans l'intérêt du bon ordre et dans celui des bénéficiaires.

2. Lesdits tirages se feront sous l'inspection de l'autorité municipale, aux jours et heures qu'elle aura déterminés. — L'autorité municipale pourra, lorsqu'elle le jugera convenable, faire intervenir dans cette opération la présence de ses délégués, ou de commissaires agréés par elle.

3. Le produit net des loteries dont il s'agit sera entièrement et exclusivement appliqué à la destination pour laquelle elles auront été établies et autorisées, et il devra en être valablement justifié.

---

(1) En matière de chasse, le jour du délit ne doit pas être compris dans le délai de l'action publique. — Cass. 10 janv. 1845.

LOI

Sur les brevets d'invention.

(5 juillet 1844) (1)

TITRE Ier. — *Dispositions générales.*

ART. 1er. Toute nouvelle découverte ou invention dans tous les genres d'industrie confère à son auteur, sous les conditions et pour le temps ci-après déterminés, le droit exclusif d'exploiter à son profit ladite découverte ou invention. — Ce droit est constaté par des titres délivrés par le Gouvernement, sous le nom de *brevets d'invention*.

2. Seront considérées comme inventions ou découvertes nouvelles, — L'invention de nouveaux produits industriels ; — L'invention de nouveaux moyens ou l'application nouvelle de moyens connus, pour l'obtention d'un résultat ou d'un produit industriel.

3. Ne sont pas susceptibles d'être brevetés : — 1° Les compositions pharmaceutiques ou remèdes de toute espèce, lesdits objets demeurant soumis aux lois et règlements spéciaux sur la matière, et notamment au décret du 18 août 1810, relatif aux remèdes secrets ; — 2° Les plans et combinaisons de crédit ou de finances.

4. La durée des brevets sera de cinq, dix ou quinze années. — Chaque brevet donnera lieu au paiement d'une taxe, qui est fixée ainsi qu'il suit, savoir : — 500 francs pour un brevet de cinq ans ; — 1,000 francs pour un brevet de dix ans ; — 1,500 francs pour un brevet de quinze ans. — Cette taxe sera payée par annuités de 100 francs, sous peine de déchéance, si le breveté laisse écouler un terme sans l'acquitter.

TITRE II. — *Des formalités relatives à la délivrance des brevets.*

SECTION I. — *Des demandes de brevets.*

5. Quiconque voudra prendre un brevet d'invention devra déposer, sous cachet, au secrétariat de la préfecture, dans le département où il est domicilié, ou dans tout autre département, en y élisant domicile, — 1° Sa demande au ministre de l'Agriculture et du commerce ; — 2° Une description de la découverte, invention ou application faisant l'objet du brevet demandé ; — 3° Les dessins ou échantillons qui seraient nécessaires pour l'intelligence de la description, — Et 4° un bordereau des pièces déposées.

6. La demande sera limitée à un seul objet principal, avec les objets de détail qui le constituent, et les applications qui auront été indiquées. — Elle mentionnera la durée que les demandeurs entendent assigner à leur brevet dans les limites fixées par l'article 4, et ne contiendra ni restrictions, ni conditions, ni réserves. — Elle indiquera un titre renfermant la désignation sommaire et précise de l'objet de l'invention. — La description ne pourra être écrite en langue étrangère. — Elle devra être sans altération ni surcharges. Les mots rayés comme nuls seront comptés et constatés, les pages et les renvois paraphés. Elle ne devra contenir aucune dénomination de poids ou de mesures autres que celles qui sont portées au tableau annexé à la loi du 4 juillet 1837. Les dessins seront tracés à l'encre et d'après une échelle métrique. — Un duplicata de la description et des dessins sera joint à la demande. — Toutes les pièces seront signées par le demandeur ou par un mandataire, dont le pouvoir restera annexé à la demande.

7. Aucun dépôt ne sera reçu que sur la production d'un récépissé constatant le versement d'une somme de 100 francs à valoir sur le montant de la taxe du brevet. — Un procès-verbal, dressé sans frais par le secrétaire général de la préfecture, sur un registre à ce destiné, et signé par le demandeur, constatera chaque dépôt, en énonçant le jour et l'heure de la remise des pièces. — Une expédition dudit procès-verbal sera remise au déposant, moyennant le remboursement des frais de timbre.

8. La durée du brevet courra du jour du dépôt prescrit par l'article 5.

SECTION II. — *De la délivrance des brevets.*

9. Aussitôt après l'enregistrement des demandes, et dans les cinq jours de la date du dépôt, les préfets transmettront les pièces, sous le cachet de l'inventeur, au ministre de l'Agriculture et du commerce, en y joignant une copie certifiée du procès-verbal de dépôt, le récépissé constatant le versement de la taxe, et, s'il y a lieu, le pouvoir mentionné dans l'article 6.

10. A l'arrivée des pièces au ministère de l'Agriculture et du commerce, il sera procédé à l'ouverture, à l'en-

(1) V. L. 23 mai 1868 ; Décr. 10 sept. 1870.

registrement des demandes et à l'expédition des brevets, dans l'ordre de la réception desdites demandes.

11. Les brevets dont la demande aura été régulièrement formée seront délivrés, sans examen préalable, aux risques et périls des demandeurs, et sans garantie, soit de la réalité, de la nouveauté ou du mérite de l'invention, soit de la fidélité ou de l'exactitude de la description. — Un arrêté du ministre constatant la régularité de la demande, sera délivré au demandeur, et constituera le brevet d'invention. — A cet arrêté sera joint le duplicata certifié de la description et des dessins, mentionné dans l'article 6, après que la conformité avec l'expédition originale en aura été reconnue et établie au besoin. — La première expédition des brevets sera délivrée sans frais. — Toute expédition ultérieure, demandée par le breveté ou ses ayants-cause, donnera lieu au paiement d'une taxe de 25 francs. — Les frais de dessin, s'il y a lieu, demeureront à la charge de l'impétrant.

12. Toute demande dans laquelle n'auraient pas été observées les formalités prescrites par les nos 2 et 3 de l'article 5, et par l'article 6, sera rejetée. La moitié de la somme versée restera acquise au Trésor, mais il sera tenu compte de la totalité de cette somme au demandeur, s'il reproduit sa demande dans un délai de trois mois, à compter de la date de la notification du rejet de sa requête.

13. Lorsque, par application de l'article 3, il n'y aura pas lieu à délivrer un brevet, la taxe sera restituée.

14. Une ordonnance royale, insérée au *Bulletin des lois*, proclamera, tous les trois mois, les brevets délivrés.

15. La durée des brevets ne pourra être prolongée que par une loi.

SECTION III. — *Des certificats d'addition.*

16. Le breveté ou les ayants-droit au brevet auront, pendant toute la durée du brevet, le droit d'apporter à l'invention des changements, perfectionnements ou additions, en remplissant, pour le dépôt de la demande, les formalités déterminées par les articles 5, 6 et 7. — Ces changements, perfectionnements ou additions, seront constatés par des certificats délivrés dans la même forme que le brevet principal, et qui produiront, à partir des dates respectives des demandes et à leur expédition, les mêmes effets que ledit brevet principal, avec lequel ils prendront fin. — Chaque demande de certificat d'addition donnera lieu au paiement d'une taxe de 20 francs. — Les certificats d'addition, pris par un des ayants-droit, profiteront à tous les autres.

17. Tout breveté qui, pour un changement, perfectionnement ou addition, voudra prendre un brevet principal de cinq, dix ou quinze années, au lieu d'un certificat d'addition expirant avec le brevet primitif, devra remplir les formalités prescrites par les articles 5, 6 et 7, et acquitter la taxe mentionnée dans l'article 4.

18. Nul autre que le breveté ou ses ayants-droit agissant comme il est dit ci-dessus, ne pourra, pendant une année, prendre valablement un brevet pour un changement, perfectionnement ou addition à l'invention qui fait l'objet du brevet primitif. — Néanmoins toute personne qui voudra prendre un brevet pour changement, addition ou perfectionnement à une découverte déjà brevetée, pourra, dans le cours de ladite année, former une demande qui sera transmise, et restera déposée sous cachet, au ministère de l'Agriculture et du commerce. — L'année expirée, le cachet sera brisé et le brevet délivré. — Toutefois, le breveté principal aura la préférence pour les changements, perfectionnements et additions pour lesquels il aurait lui-même, pendant l'année, demandé un certificat d'addition ou un brevet.

19. Quiconque aura pris un brevet pour une découverte, invention ou application se rattachant à l'objet d'un autre brevet, n'aura aucun droit d'exploiter l'invention déjà brevetée, et réciproquement le titulaire du brevet primitif ne pourra exploiter l'invention, objet du nouveau brevet.

SECTION IV. — *De la transmission et de la cession des brevets.*

20. Tout breveté pourra céder la totalité ou partie de la propriété de son brevet. — La cession totale ou partielle d'un brevet, soit à titre gratuit, soit à titre onéreux, ne pourra être faite que par acte notarié, et après le paiement de la totalité de la taxe déterminée par l'article 4. — Aucune cession ne sera valable, à l'égard des tiers, qu'après avoir été enregistrée au secrétariat de la préfecture du département dans lequel l'acte aura été passé. — L'enregistrement des cessions et de tous autres actes emportant mutation sera fait sur la production et le dépôt

d'un extrait authentique de l'acte de cession ou de mutation. — Une expédition de chaque procès-verbal d'enregistrement, accompagnée de l'extrait de l'acte ci-dessus mentionné, sera transmise, par les préfets, au ministre de l'Agriculture et du commerce, dans les cinq jours de la date du procès-verbal.

21. Il sera tenu, au ministère de l'Agriculture et du commerce un registre sur lequel seront inscrites les mutations intervenues sur chaque brevet, et, tous les trois mois, une ordonnance royale proclamera, dans la forme déterminée par l'article 14, les mutations enregistrées pendant le trimestre expiré.

22. Les cessionnaires d'un brevet, et ceux qui auront acquis d'un breveté ou de ses ayants-droit la faculté d'exploiter la découverte ou l'invention, profiteront, de plein droit, des certificats d'addition qui seront ultérieurement délivrés au breveté ou à ses ayants-droit. Réciproquement, le breveté ou ses ayants-droit profiteront des certificats d'addition qui seront ultérieurement délivrés aux cessionnaires. — Tous ceux qui auront droit de profiter des certificats d'addition pourront en lever une expédition au ministère de l'agriculture et du commerce, moyennant un droit de 20 francs.

SECTION V. — *De la communication et de la publication des descriptions et dessins de brevets.*

23. Les descriptions, dessins, échantillons et modèles des brevets délivrés, resteront, jusqu'à l'expiration des brevets, déposés au ministère de l'Agriculture et du commerce, où ils seront communiqués sans frais, à toute réquisition. — Toute personne pourra obtenir, à ses frais, copie desdites descriptions et dessins, suivant les formes qui seront déterminées dans le règlement rendu en exécution de l'article 50.

24. Après le paiement de la deuxième annuité, les descriptions et dessins seront publiés, soit textuellement, soit par extrait. — Il sera en outre publié, au commencement de chaque année, un catalogue contenant les titres des brevets délivrés dans le courant de l'année précédente.

25. Le recueil des descriptions et dessins et le catalogue publiés en exécution de l'article précédent seront déposés au ministère de l'Agriculture et du commerce, et au secrétariat de la préfecture de chaque département, où ils pourront être consultés sans frais.

26. A l'expiration des brevets, les originaux des descriptions et dessins seront déposés au Conservatoire royal des arts et métiers.

TITRE III. — *Des droits des étrangers.*

27. Les étrangers pourront obtenir en France des brevets d'invention.

28. Les formalités et conditions déterminées par la présente loi seront applicables aux brevets demandés ou délivrés en exécution de l'article précédent.

29. L'auteur d'une invention ou découverte déjà brevetée à l'étranger pourra obtenir un brevet en France; mais la durée de ce brevet ne pourra excéder celle des brevets antérieurement pris à l'étranger.

TITRE IV. — *Des nullités et déchéances, et des actions y relatives.*

SECTION I. — *Des nullités et déchéances.*

30. Seront nuls, et de nul effet, les brevets délivrés dans les cas suivants, savoir: — 1° Si la découverte, invention ou application n'est pas nouvelle; — 2° Si la découverte, invention ou application n'est pas, aux termes de l'article 3, susceptible d'être brevetée; — 3° Si les brevets portent sur des principes, méthodes, systèmes, découvertes et conceptions théoriques ou purement scientifiques, dont on n'a pas indiqué les applications industrielles; — 4° Si la découverte, invention ou application est reconnue contraire à l'ordre ou à la sûreté publique, aux bonnes mœurs ou aux lois du Royaume, sans préjudice, dans ce cas et dans celui du paragraphe précédent, des peines qui pourraient être encourues pour la fabrication ou le débit d'objets prohibés; — 5° Si le titre sous lequel le brevet a été demandé indique frauduleusement un objet autre que le véritable objet de l'invention; — 6° Si la description jointe au brevet n'est pas suffisante pour l'exécution de l'invention, ou si elle n'indique pas, d'une manière complète et loyale, les véritables moyens de l'inventeur; — 7° Si le brevet a été obtenu contrairement aux dispositions de l'article 18. — Seront également nuls, et de nul effet, les certificats comprenant des changements, perfectionnements ou additions qui ne se rattacheraient pas au brevet principal,

31. Ne sera pas réputée nouvelle

toute découverte, invention ou application qui, en France ou à l'étranger, et antérieurement à la date du dépôt de la demande, aura reçu une publicité suffisante pour pouvoir être exécutée.

32. — *Remplacé par la loi du* 31 *mai* 1856.

33. Quiconque dans les enseignes, annonces, prospectus, affiches, marques ou estampilles, prendra la qualité de breveté sans posséder un brevet délivré conformément aux lois, ou après l'expiration d'un brevet antérieur; ou qui, étant breveté, mentionnera sa qualité de breveté ou son brevet sans y ajouter ces mots, *sans garantie du Gouvernement*, sera puni d'une amende de 50 francs à 1,000 francs. — En cas de récidive, l'amende pourra être portée au double.

SECTION II. — *Des actions en nullité ou en déchéance.*

34. L'action en nullité et l'action en déchéance pourront être exercées par toute personne y ayant intérêt. — Ces actions, ainsi que toutes contestations relatives à la propriété des brevets, seront portées devant les tribunaux civils de première instance.

35. Si la demande est dirigée en même temps contre le titulaire du brevet, et contre un ou plusieurs cessionnaires partiels, elle sera portée devant le tribunal du domicile du titulaire du brevet.

36. L'affaire sera instruite et jugée dans la forme prescrite pour les matières sommaires, par les articles 405 et suivants du Code de procédure civile. Elle sera communiquée au procureur du Roi.

37. Dans une instance tendant à faire prononcer la nullité ou la déchéance d'un brevet, le ministère public pourra se rendre partie intervenante et prendre des réquisitions pour faire prononcer la nullité ou la déchéance absolue du brevet. — Il pourra même se pourvoir directement par action principale pour faire prononcer la nullité, dans les cas prévus aux nos 2, 4 et 5 de l'article 30 (1).

38. Dans les cas prévus par l'article 37, tous les ayants-droit au brevet et dont les titres auront été enregistrés au ministère de l'Agriculture et du commerce, conformément à l'article 21, devront être mis en cause.

39. Lorsque la nullité ou la déchéance absolue d'un brevet aura été prononcée par jugement ou arrêt ayant acquis force de chose jugée, il en sera donné avis au ministre de l'Agriculture et du commerce, et la nullité ou la déchéance sera publiée dans la forme déterminée par l'article 14 pour la proclamation des brevets.

TITRE V. — *De la contrefaçon, des poursuites et des peines.*

40. Toute atteinte portée aux droits du breveté, soit par la fabrication de produits, soit par l'emploi des moyens faisant l'objet de son brevet, constitue le délit de contrefaçon. — Ce délit sera puni d'une amende de 100 à 2,000 francs.

41. Ceux qui auront sciemment recélé, vendu ou exposé en vente, ou introduit sur le territoire français un ou plusieurs objets contrefaits, seront punis des mêmes peines que les contrefacteurs.

42. Les peines établies par la présente loi ne pourront être cumulées. — La peine la plus forte sera seule prononcée pour tous les faits antérieurs au premier acte de poursuite.

43. Dans le cas de récidive, il sera prononcé, outre l'amende portée aux articles 40 et 41, un emprisonnement d'un mois à six mois. — Il y a récidive lorsqu'il a été rendu contre le prévenu, dans les cinq années antérieures, une première condamnation pour un des délits prévus par la présente loi. — Un emprisonnement d'un mois à six mois pourra aussi être prononcé, si le contrefacteur est un ouvrier ou un employé ayant travaillé dans les ateliers ou dans l'établissement du breveté, ou si le contrefacteur, s'étant associé avec un ouvrier ou un employé du breveté, a eu connaissance par ce dernier des procédés décrits au brevet. — Dans ce dernier cas, l'ouvrier ou l'employé pourra être poursuivi comme complice.

44. L'article 463 du Code pénal pourra être appliqué aux délits prévus par les dispositions qui précèdent.

45. L'action correctionnelle, pour l'application des peines ci-dessus, ne pourra être exercée par le ministère public que sur la plainte de la partie lésée.

46. Le tribunal correctionnel, saisi d'une action pour délit de contrefaçon,

(1) L'article 37 de la loi du 5 juill. 1844 investit le ministère public du droit de demander la nullité ou la déchéance absolue des brevets ; mais il ne doit faire usage de ce droit que dans les cas où les intérêts de la société sont sérieusement engagés. — *Circ. g. des Sc.* 8 avril 1847.

statuera sur les exceptions qui seraient tirées par le prévenu, soit de la nullité ou de la déchéance du brevet, soit des questions relatives à la propriété dudit brevet.

47. Les propriétaires de brevet pourront, en vertu d'une ordonnance du président du tribunal de première instance, faire procéder, par tous huissiers, à la désignation et description détaillées, avec ou sans saisie, des objets prétendus contrefaits. — L'ordonnance sera rendue sur simple requête, et sur la représentation du brevet; elle contiendra, s'il y a lieu, la nomination d'un expert pour aider l'huissier dans sa description. — Lorsqu'il y aura lieu à la saisie, ladite ordonnance pourra imposer au requérant un cautionnement qu'il sera tenu de consigner avant d'y faire procéder. — Le cautionnement sera toujours imposé à l'étranger breveté qui requerra la saisie. — Il sera laissé copie au détenteur des objets décrits ou saisis, tant de l'ordonnance que de l'acte constatant le dépôt du cautionnement, le cas échéant; le tout à peine de nullité et de dommages-intérêts contre l'huissier.

48. A défaut par le requérant de s'être pourvu, soit par la voie civile, soit par la voie correctionnelle, dans le délai de huitaine, outre un jour par 3 myriamètres de distance, entre le lieu où se trouvent les objets saisis ou décrits, et le domicile du contrefacteur, recéleur, introducteur ou débitant, la saisie ou description sera nulle de plein droit, sans préjudice des dommages-intérêts qui pourront être réclamés, s'il y a lieu, dans la forme prescrite par l'article 36.

49. La confiscation des objets reconnus contrefaits, et, le cas échéant, celle des instruments ou ustensiles destinés spécialement à leur fabrication, seront, même en cas d'acquittement, prononcées contre le contrefacteur, le recéleur, l'introducteur ou le débitant. — Les objets confisqués seront remis au propriétaire du brevet, sans préjudice de plus amples dommages-intérêts et de l'affiche du jugement, s'il y a lieu.

TITRE VI. — *Dispositions particulières et transitoires.*

50. Des ordonnances royales, portant règlement d'administration publique, arrêteront les dispositions nécessaires pour l'exécution de la présente loi, qui n'aura effet que trois mois après sa promulgation.

51. Des ordonnances rendues dans la même forme pourront régler l'application de la présente loi dans les colonies, avec les modifications qui seront jugées nécessaires.

52. Seront abrogés, à compter du jour où la présente loi sera devenue exécutoire, les lois des 7 janvier et 25 mai 1791, celle du 20 septembre 1792, l'arrêté du 17 vendémiaire an VII, l'arrêté du 5 vendémiaire an IX, les décrets des 25 novembre 1806 et 25 janvier 1807, et toutes dispositions antérieures à la présente loi, relatives aux brevets d'invention, d'importation et de perfectionnement.

53. Les brevets d'invention, d'importation et de perfectionnement actuellement en exercice, délivrés conformément aux lois antérieures à la présente, ou prorogés par ordonnance royale, conserveront leur effet pendant tout le temps qui aura été assigné à leur durée

54. Les procédures commencées avant la promulgation de la présente loi seront mises à fin conformément aux lois antérieures. — Toute action, soit en contrefaçon, soit en nullité ou déchéance de brevet, non encore intentée, sera suivie conformément aux dispositions de la présente loi, alors même qu'il s'agirait de brevets pris antérieurement.

ORDONNANCE

Qui rapporte celle du 2 février 1844, relative à la vente des coupes ordinaires et extraordinaires des bois appartenant aux communes ou aux établissements publics.

(14 juillet 1844)

ART. UNIQUE. Notre ordonnance du 2 février dernier est rapportée. — Nos précédentes ordonnances des 15 octobre 1834, 10 juin et 24 août 1840, relatives à la vente sur les lieux des coupes de bois des communes et des établissements publics, continueront à recevoir leur exécution.

LOI

Relative au droit de propriété des veuves et des enfants des auteurs d'ouvrages dramatiques.

(3 août 1844) (1)

ART. UNIQUE. Les veuves et les en-

(1) V. LL. 8 avril 1854 et 14 juill. 1866.

fants des auteurs d'ouvrages dramatiques auront, à l'avenir, le droit d'en autoriser la représentation, et d'en conférer la jouissance, pendant vingt ans, conformément aux dispositions des articles 39 et 40 du décret impérial du 5 février 1810.

ORDONNANCE

Portant que les membres de la chambre des mises en accusation des Cours royales feront, en outre, le service des autres chambres.

(5 août 1844) (1)

1845

ORDONNANCE

Concernant les frais de la délimitation et du bornage des bois des communes et des établissements publics.

(23 mars 1845)

ART. 1er. Les communes et établissements publics qui auront requis des délimitations ou des bornages partiels ou généraux, payeront directement et intégralement aux ayants-droits, autres que les agents forestiers, les frais de ces opérations, et recouvreront ensuite sur les propriétaires riverains le montant des frais tombant à la charge de chacun d'eux.

. . . .

OI

Sur les irrigations.

(29 avril 1845) (2)

ART. 1er. Tout propriétaire qui voudra se servir, pour l'irrigation de ses propriétés, des eaux naturelles ou artificielles dont il a le droit de disposer, pourra obtenir le passage de ces eaux sur les fonds intermédiaires, à la charge d'une juste et préalable indemnité. — Sont exceptés de cette servitude, les maisons, cours, jardins, parcs et enclos attenants aux habitations (3).

2. Les propriétaires des fonds inférieurs devront recevoir les eaux qui s'écouleront des terrains ainsi arrosés, sauf l'indemnité qui pourra leur être due. — Seront également exceptés de cette servitude, les maisons, cours, jardins, parcs et enclos attenants aux habitations.

3. La même faculté de passage sur les fonds intermédiaires pourra être accordée au propriétaire d'un terrain submergé en tout ou en partie, à l'effet de procurer aux eaux nuisibles leur écoulement.

4. Les contestations auxquelles pourront donner lieu l'établissement de la servitude, la fixation du parcours de la conduite d'eau, de ses dimensions et de sa forme, et les indemnités dues, soit au propriétaire du fonds traversé, soit à celui du fonds qui recevra l'écoulement des eaux, seront portées devant les tribunaux, qui, en prononçant, devront concilier l'intérêt de l'opération avec le respect dû à la propriété. — Il sera procédé devant les tribunaux comme en matière sommaire, et, s'il y a lieu à expertise, il pourra n'être nommé qu'un seul expert (4).

5. Il n'est aucunement dérogé par

(1) Bull., 9e série, no 11404. — V. le texte dans notre édition in-8o. — Décr. 12 juin 1880.

(2) V. L. 21 juin 1865, *Sur les associations syndicales.*

(3) (*a*) Le droit ou servitude d'aqueduc établi par cet article n'a été établi que pour l'irrigation des propriétés, et n'a pas lieu dans l'intérêt des usines. — Cass. 29 juin 1859.

(*b*) Mais il y a lieu à l'établissement de la servitude dont il s'agit par cela seul que les eaux dont elle est destinée à faciliter l'écoulement doivent être employées à l'irrigation de jardins et de vergers, quand même elles serviraient aussi à alimenter des usines. — *Même arrêt.*

(*c*) Le passage peut être réclamé pour les eaux pluviales dérivées de la voie publique au moyen de travaux destinés à les recueillir et à les diriger. — Cass. 9 févr. 1857.

(4) La quantité d'eau qu'un riverain peut être autorisé à faire passer sur les propriétés intermédiaires, doit être réglée non pas nécessairement d'après l'étendue de la propriété riveraine, mais d'après les besoins du propriétaire, les avantages généraux de l'agriculture et l'état des propriétés intermédiaires, sauf à régler l'indemnité selon le dommage causé par l'établissement de la servitude de passage sur ces propriétés. — Cass. 8 nov. 1854.

les présentes dispositions aux lois qui règlent la police des eaux.

LOI

Concernant la répartition des frais de construction des trottoirs.

(7 juin 1845)

Art. 1er. Dans les rues et places dont les plans d'alignement ont été arrêtés par ordonnances royales, et où, sur la demande des Conseils municipaux, l'établissement de trottoirs sera reconnu d'utilité publique, la dépense de construction des trottoirs sera répartie entre les communes et les propriétaires riverains, dans les proportions et après l'accomplissement des formalités déterminées par les articles suivants.

2. La délibération du Conseil municipal qui provoquera la déclaration d'utilité publique désignera en même temps les rues et places où les trottoirs seront établis, arrêtera le devis des travaux, selon les matériaux entre lesquels les propriétaires auront été autorisés à faire un choix, et répartira la dépense entre la commune et les propriétaires. La portion à la charge de la commune ne pourra être inférieure à la moitié de la dépense totale. — Il sera procédé à une enquête *de commodo et incommodo*. — Une ordonnance du Roi statuera définitivement, tant sur l'utilité publique que sur les autres objets compris dans la délibération du Conseil municipal.

3. La portion de la dépense à la charge des propriétaires sera recouvrée dans la forme déterminée par l'article 28 de la loi de finances du 25 juin 1841.

4. Il n'est pas dérogé aux usages en vertu desquels les frais de construction des trottoirs seraient à la charge des propriétaires riverains, soit en totalité, soit dans une proportion supérieure à la moitié de la dépense totale.

LOI

Relative aux douanes.

(9 juin 1845) (1)

. . . .

(1) Bull., 9e série, no 12024.

SECTION III. — *Dispositions réglementaires.*

. . . .

(*Francisation des navires.*)

Art. 11. L'article 2 de la loi du 21 septembre 1793 est abrogé dans la disposition qui porte qu'aucun bâtiment ne sera réputé français, s'il n'appartient entièrement à des Français. — Toutefois, la moitié au moins de la propriété devra appartenir à des Français. — Les articles 12 et 13 de la loi du 27 vendémiaire an II sont modifiés conformément aux dispositions des paragraphes précédents.

LOI

Portant suppression des droits et vacations accordés aux juges de paix, et fixation du traitement de ces magistrats et de leurs greffiers.

(21 juin 1845)

Art. 1er. Les droits et vacations accordés aux juges de paix sont supprimés. Il ne leur sera alloué d'indemnité de transport que quand ils se rendront à plus de 5 kilomètres du chef-lieu de canton.

2. Dans les villes où siègent les tribunaux de première instance, le traitement des juges de paix sera le même que celui des juges de ces tribunaux. — A Paris, les juges de paix recevront, en outre, une somme de 1,500 francs par an, à titre d'indemnité pour un secrétaire. — Dans les cantons composant les arrondissements de Saint-Denis et de Sceaux, le traitement des juges de paix sera de 3,000 francs. — Dans les villes de 20,000 âmes et au-dessus, et à Mézières, chef-lieu de département, le traitement des juges de paix sera de 1,800 francs. — Dans les chefs-lieux d'arrondissement où ne siége pas de tribunal de première instance, et dans les villes ou communes de 3,000 âmes et au-dessus de population agglomérée, le traitement des juges de paix sera de 1,500 francs. Il sera de 1,200 francs dans les autres communes du Royaume (2).

3. Le traitement actuel des greffiers des juges de paix est porté à 500 francs dans les cantons où il est inférieur à

(2) Ces traitements ont été augmentés par les décrets des 23 août 1858 et 22 sept. 1862; 12 nov. 1868; L. 28 mars 1872.

cette somme; il est maintenu dans les autres cantons (1). (*V. L.* 16 *nov.* 1875, *art.* 1.)

4. La présente loi sera exécutée à partir du 1er janvier 1846. — Avant cette époque, une ordonnance royale, portant règlement d'administration publique, déterminera le montant de l'indemnité de transport établie par l'article 1er. (*V. Ord.* 6 *déc.* 1845, *App. C. proc.*)

LOI

Relative aux Caisses d'épargne.

(22 juin 1845)

ART. 1er. Les déposants aux Caisses d'épargne pourront verser de 1 franc à 300 francs par semaine. Toutefois aucun versement ne pourra être reçu sur un compte dont le crédit aura atteint 1,500 francs. Ce crédit pourra néanmoins être porté à 2,000 francs par la capitalisation des intérêts. (*Modifié; L.* 30 *juin* 1851, *art.* 1er.)

2, 3, 4. — *Remplacés par les art.* 2, 3, 4, *L.* 30 *juin* 1851.

5. Nul ne pourra avoir plus d'un livret dans la même Caisse ou dans des Caisses différentes, sous peine de perdre l'intérêt de la totalité des sommes déposées.

6 Tout déposant dont le crédit sera de somme suffisante pour acheter une rente de 10 francs au moins pourra obtenir, sur sa demande, par l'intermédiaire de l'administration de la caisse d'épargne, et sans frais, la conversion de sa créance en une inscription au grand-livre de la dette publique.

7, 8, 9. — *Remplacés par la L.* 30 *juin* 1851.

LOI

Sur la police des chemins de fer.

(15 juillet 1845) (2)

LOI

Sur la vente des substances vénéneuses.

(19 juillet 1845)

ART. 1er. Les contraventions aux ordonnances royales portant règlement d'administration publique, sur la vente, l'achat et l'emploi des substances vénéneuses, seront punies d'une amende de 100 francs à 3,000 francs, et d'un emprisonnement de six jours à deux mois, sauf application, s'il y a lieu, de l'article 463 du Code pénal. — Dans tous les cas, les tribunaux pourront prononcer la confiscation des substances saisies en contravention.

2. Les articles 34 et 35 de la loi du 21 germinal an XI seront abrogés à partir de la promulgation de l'ordonnance qui aura statué sur la vente des substances vénéneuses (*V. Ord.* 29 *oct.* 1846.)

LOI

Qui détermine les formalités auxquelles seront soumises les extractions de matériaux ayant pour objet les travaux des chemins vicinaux lorsque ces extractions devront avoir lieu dans des bois régis par l'administration des forêts.

(8 août 1845 (3)**)**

ORDONNANCE

Relative aux opérations d'aménagement des bois appartenant à des communes ou à des établissements publics.

(2 décembre 1845)

ART. UNIQUE. Les agents des travaux d'art pourront être chargés des opérations d'aménagement des bois appartenant à des communes ou à des établissements publics. — Les dispositions de l'article 3, paragraphe 1er, de notre ordonnance du 23 mars dernier, seront applicables aux frais relatifs à ces opérations.

1846

ORDONNANCE

Relative aux assemblées générales des chambres des Cours royales.

(18 janvier 1846)

ART. UNIQUE. En cas de réunion des

(1) *V.* note précédente.

(2) Bull., 9e série, no 12095. — *V.* le texte dans notre édition in-8o, et L. 27 déc. 1880.

(3) Bull., 9e série, no 12239. — *V.* le texte dans notre édition in-8o

chambres d'une Cour royale, l'assemblée générale ne sera régulièrement constituée qu'autant que le nombre des membres présents ne sera pas inférieur au nombre nécessaire pour la composition de chaque chambre. — Il suffira que la chambre des appels de police correctionnelle soit composée de cinq membres.

ORDONNANCE

Qui prescrit la publication de la convention conclue, le 16 avril 1846, entre la France et le Grand-Duché de Bade, pour l'exécution des jugements rendus par les tribunaux des deux pays.

(3 juin 1846) (1)

ORDONNANCE

Portant règlement sur la vente des substances vénéneuses.

(29 octobre 1846) (2)

ORDONNANCE

Portant règlement sur la police, la sûreté et l'exploitation des chemins de fer.

(15 novembre 1846 (3)

1847

LOI

Sur les irrigations.

(11 juillet 1847) (4)

ART. 1er. Tout propriétaire qui voudra se servir, pour l'irrigation de ses propriétés, des eaux naturelles ou artificielles dont il a le droit de disposer, pourra obtenir la faculté d'appuyer sur la propriété du riverain opposé les ouvrages d'art nécessaires à sa prise d'eau, à la charge d'une juste et préalable indemnité. — Sont exceptés de cette servitude les bâtiments, cours et jardins attenants aux habitations (5).

2. Le riverain sur le fonds duquel l'appui sera réclamé pourra toujours demander l'usage commun du barrage, en contribuant pour moitié aux frais d'établissement et d'entretien ; aucune indemnité ne sera respectivement due dans ce cas, et celle qui aurait été payée devra être rendue. — Lorsque cet usage commun ne sera réclamé qu'après le commencement ou la confection des travaux, celui qui le demandera devra supporter seul l'excédant de dépense auquel donneront lieu les changements à faire au barrage pour le rendre propre à l'irrigation des deux rives.

3. Les contestations auxquelles pourra donner lieu l'application des deux articles ci-dessus seront portées devant les tribunaux. — Il sera procédé comme en matière sommaire, et s'il y a lieu à expertise, le tribunal pourra ne nommer qu'un seul expert.

4. Il n'est aucunement dérogé, par les présentes dispositions, aux lois qui règlent la police des eaux.

1848

DÉCRET

Qui modifie provisoirement les articles 178 et 179 du Code de commerce.

(24 mars 1848) (6)

Le Gouvernement provisoire, — Considérant les abus du compte de retour qui pèsent sur le commerce, et qui, dans les circonstances actuelles surtout, aggraveraient ses charges, — Décrète : — Provisoirement les articles 178 et 179 du Code de commerce

(1) Bull., 9e série, no 12762. — *V.* le texte dans notre édition in-8o.

(2) Bull., 9e série, no 13098. — *V.* le texte dans notre édition in-8o.

(3) Bull., 9e série, no 13127. — *V.* le texte dans notre édition in-8o.

(4) *V.* L. 21 juin 1865, *Sur les associations syndicales.*

(5) La servitude d'appui peut être réclamée quelle que soit la nature des fonds à irriguer, et quel que soit le mode d'irrigation que l'on veut employer, aussi bien lorsqu'il s'agit d'un arrosage à bras que d'une irrigation par saignées ou rigoles. — Cass. 20 déc. 1853.

(6) *V.* note sous l'article 178, C. com.

sont modifiés de la manière suivante :

ART 178. « La retraite comprend, avec le bordereau détaillé et signé du tireur seulement, et transcrit au « dos du titre : — 1° le principal du « titre protesté ; — 2° les frais de « protêt et de dénonciation, s'il y a « lieu ; — 3° les intérêts de retard ; « — 4° la perte de change ; — 5° le « timbre de la retraite, qui sera sou- « mis au droit fixe de 35 centimes. » (*Modifié par l'article* 1er, *L.* 5 *juin* 1850.)

179. « Le rechange se règle, pour la « France continentale, uniformément « comme suit : — Un quart pour cent « sur les chefs-lieux de département ; « — demi pour cent sur les chefs- « lieux d'arrondissement ; — trois « quarts pour cent sur toute autre « place. — En aucun cas il n'y aura « lieu à rechange dans le même dépar- « tement. — Les changes étrangers et « ceux relatifs aux possessions fran- « çaises en dehors du continent seront « régis par les usages du commerce. »

L'exécution des articles 180, 181, 186 du Code de commerce et de toute autre disposition de lois est suspendue.

DÉCRT

Relatif à la naturalisation des étrangers.

(28 mars 1848) (1)

DÉCRET

Qui abolit la peine de l'exposition publique.

(12 avril 1848)

Le Gouvernement provisoire, — Considérant que la peine de l'exposition publique dégrade la dignité humaine, flétrit à jamais le condamné, lui ôte, par le sentiment de son infamie, la possibilité de la réhabilitation ; — Considérant que cette peine est empreinte d'une odieuse inégalité, en ce qu'elle touche à peine le criminel endurci, tandis qu'elle frappe d'une atteinte irréparable le condamné repentant ; — Considérant enfin que le spectacle des expositions publiques éteint le sentiment de la pitié et familiarise avec la vue du crime, — Décrète : — La peine de l'exposition publique est abolie.

DÉCRET

Relatif aux conseils de prud'hommes.

(27 mai 1848) (2)

DÉCRET

Relatif aux conseils de prud'hommes.

(6 juin 1848) (3)

LOI

Sur les attroupements.

(7 juin 1848)

ART. 1er. Tout attroupement armé formé sur la voie publique est interdit. Est également interdit, sur la voie publique, tout attroupement non armé qui pourrait troubler la tranquillité publique.

2. L'attroupement est armé : 1° quand plusieurs des individus qui le composent sont porteurs d'armes apparentes ou cachées ; 2° lorsqu'un seul de ces individus, porteur d'armes apparentes, n'est pas immédiatement expulsé de l'attroupement par ceux-là mêmes qui en font partie.

3. Lorsqu'un attroupement armé ou non armé se sera formé sur la voie publique, le maire ou l'un de ses adjoints, à leur défaut le commissaire de police ou tout autre agent ou dépositaire de la force publique et du pouvoir exécutif, portant l'écharpe tricolore, se rendra sur le lieu de l'attroupement. — Un roulement de tambour annoncera l'arrivée du magistrat. — Si l'attroupement est armé, le magistrat lui fera sommation de se dissoudre et de se retirer. — Cette première sommation restant sans effet, une seconde sommation, précédée d'un roulement de tambour, sera faite par le magistrat. — En cas de résistance, l'attroupement sera dissipé par la force. — Si l'attroupement est sans armes, le magistrat, après le premier roule-

(1) Bull., 10e série, n° 178. — Abrogé par la loi du 3 déc. 1849.

(2) Bull., 10e série, n° 436. — *V.* le texte dans notre édition in-8°. — *V. L.* 1er juin 1853.

(3) Bull., 10e série, n° 412. — *V.* le texte dans notre édition in-8°.

ment, exhortera les citoyens à se disperser. S'ils ne se retirent pas, trois sommations seront successivement faites. — En cas de résistance, l'attroupement sera dissipé par la force.

4. Quiconque aura fait partie d'un rassemblement armé sera puni comme il suit : — Si l'attroupement s'est dissipé après la première sommation et sans avoir fait usage de ses armes, la peine sera d'un mois à un an d'emprisonnement. — Si l'attroupement est formé pendant la nuit, la peine sera d'un an à trois ans d'emprisonnement. — Néanmoins, il ne sera prononcé aucune peine pour fait d'attroupement contre ceux qui, en ayant fait partie, sans être personnellement armés, se seront retirés sur la première sommation de l'autorité. — Si l'attroupement ne s'est dissipé qu'après la deuxième sommation, mais avant l'emploi de la force, et sans qu'il ait fait usage de ses armes, la peine sera de un à trois ans, et de deux à cinq ans, si l'attroupement s'est formé pendant la nuit. — Si l'attroupement ne s'est dissipé que devant la force ou après avoir fait usage de ses armes, la peine sera de cinq à dix ans de détention pour le premier cas, et de cinq à dix ans de réclusion pour le second cas. Si l'attroupement est formé pendant la nuit, la peine sera la réclusion. — L'aggravation de peine résultant des circonstances prévues par la disposition du paragraphe 5 qui précède ne sera applicable aux individus non armés faisant partie d'un attroupement réputé armé dans le cas d'armes cachées, que lorsqu'ils auront eu connaissance de la présence dans l'attroupement de plusieurs personnes portant des armes cachées, sauf l'application des peines portées par les autres paragraphes du présent article. — Dans tous les cas prévus par les troisième, quatrième et cinquième paragraphes du présent article, les coupables condamnés à des peines de police correctionnelle pourront être interdits, pendant un an au moins et cinq ans au plus, de tout ou partie des droits mentionnés en l'article 42 du Code pénal.

5. Quiconque faisant partie d'un attroupement non armé ne l'aura pas abandonné après le roulement de tambour précédant la deuxième sommation, sera puni d'un emprisonnement de quinze jours à six mois. — Si l'attroupement n'a pu être dissipé que par la force, la peine sera de six mois à deux ans.

6. Toute provocation directe à un attroupement armé ou non armé, par des discours proférés publiquement et par des écrits ou des imprimés, affichés ou distribués, sera punie comme le crime et le délit, selon les distinctions ci-dessus établies. — Les imprimeurs, graveurs, lithographes, afficheurs et distributeurs seront punis comme complices lorsqu'ils auront agi sciemment. — Si la provocation faite par les moyens ci-dessus n'a pas été suivie d'effet, elle sera punie, s'il s'agit d'une provocation à un attroupement nocturne et armé, d'un emprisonnement de six mois à un an ; s'il s'agit d'un attroupement non armé, l'emprisonnement sera de un mois à trois mois.

7. Les poursuites dirigées pour crime ou délit d'attroupement ne font aucun obstacle à la poursuite pour crimes et délits particuliers qui auraient été commis au milieu des attroupements.

8. L'article 463 du Code pénal est applicable aux crimes et délits prévus et punis par la présente loi.

9. La mise en liberté provisoire pourra toujours être accordée avec ou sans caution.

10. — *Abrogé par l'article 4, Décr. 25 févr.* 1852.

DÉCRET

Relatif au renouvellement des Conseils municipaux et des Conseils d'arrondissement et de département.

(3 juillet 1848 (1)

DÉCRET

Sur les clubs.

(28 juillet 1848) (2)

. . . .

ART. 13. Les sociétés secrètes sont interdites. Ceux qui seront convaincus d'avoir fait partie d'une société secrète seront punis d'une amende de 100 à 500 francs, d'un emprisonnement de six mois à deux ans, et de la privation des droits civiques d'un an

(1) Bull., 10e série, no 536. — V. LL. 7 juill. 1852 ; 5 mai 1855 et 10 août 1871.

(2) Bull., 10e série, no 601. — Abrogé par le décret du 25 mars 1852, qui cependant a laissé subsister l'article 13. — V. aussi L. 30 juin 1881, art. 12.

à cinq ans. — Ces condamnations pourront être portées au double contre les chefs ou fondateurs desdites sociétés. — Ces peines seront prononcées sans préjudice de celles qui pourraient être encourues pour crimes ou délits prévus par les lois.

. . . .

DÉCRET

Relatif aux prêts sur dépôts de marchandises.

(23 août 1848) (1)

DÉCRET

Relatif aux heures de travail dans les manufactures et usines.

(9 septembre 1848) (2)

CONSTITUTION DE LA RÉPUBLIQUE FRANÇAISE

(4 novembre 1848) (3)

. . . .

ART. 5. La peine de mort est abolie en matière politique.

. . . .

81. La justice est rendue gratuitement au nom du peuple français. — Les débats sont publics, à moins que la publicité ne soit dangereuse pour l'ordre ou les mœurs ; et, dans ce cas, le tribunal le déclare par un jugement.

1849

LOI

Relative à l'application de l'impôt des mutations aux biens de mainmorte.

(20 février 1849)

ART. 1er. Il sera établi, à partir du 1er janvier 1849, sur les biens immeubles passibles de la contribution foncière, appartenant aux départements, communes, hospices, séminaires, fabriques, congrégations religieuses, consistoires, établissements de charité, bureaux de bienfaisance, sociétés anonymes, et tous établissements publics légalement autorisés, une taxe annuelle représentative des droits de transmission entre-vifs et par décès. Cette taxe sera calculée à raison de 62 centimes et demi pour franc du principal de la contribution foncière. (*V. L. 30 mars 1872.*)

2. Les formes prescrites pour l'assiette et le recouvrement de la contribution foncière seront suivies pour l'établissement et la perception de la nouvelle taxe.

3. La taxe annuelle établie par la présente loi sera à la charge du propriétaire seul, pendant la durée des baux actuels, nonobstant toutes stipulations contraires.

LOI

Qui modifie l'article 9 du Code civil.

(22 mars 1849) (4)

ARRÊTÉ

Relatif à l'organisation des conservations forestières.

(29 avril 1849) (5)

LOI

Sur les majorats et les substitutions.

(7 mai 1849)

ART. 1er. Les majorats de biens particuliers qui auront été transmis à deux degrés successifs, à partir du premier titulaire, sont abolis. Les biens composant ces majorats demeurent libres entre les mains de ceux qui en sont investis.

2. Pour l'avenir, la transmission, limitée à deux degrés, à partir du pre-

(1) Bull., 10e série, no 644. — *V.* le texte dans notre édition in-8o.

(2) Bull., 10e série, no 676. *V.* le texte dans notre édition in-8o.

(3) Bull., 10e série, no 825.

(4) Rapportée sous l'article 9 du Code civil.

(5) Bull., 10e série, no 2648. — *V.* le tableau qui suit l'ordonnance du 1er août 1827

mier titulaire, n'aura lieu qu'en faveur des appelés déjà nés ou conçus lors de la promulgation de la présente loi. S'il n'existe point d'appelés à cette époque, ou si ceux qui existaient décèdent avant l'ouverture de leur droit, les biens des majorats deviendront immédiatement libres entre les mains du possesseur.

3. Pendant une année, à partir de la promulgation de la présente loi, lorsqu'une saisie sera pratiquée sur les biens devenus libres en vertu de l'article précédent, les juges pourront toujours, quelle que soit la nature du titre, appliquer l'article 1244 du Code civil, et surseoir aux poursuites ultérieures pendant le délai qu'ils détermineront.

4. Il n'est rien innové quant au droit spécial de révocation conféré au fondateur par l'article 3 de la loi du 12 mai 1835.

5. Dans les cas prévus par les articles 1, 2 et 4 de la présente loi, le ministre de la Justice statuera sur les demandes en radiation, soit de la transcription hypothécaire, soit de l'annotation spéciale d'immobilisation des rentes sur l'Etat ou des actions de la Banque de France. Sur son refus, les parties intéressées pourront se pourvoir devant les tribunaux ordinaires, qui statueront définitivement.

6. Sont abrogées, relativement aux majorats de biens particuliers, les dispositions du décret du 1er mars 1808, article 6, et du décret du 4 juin 1809, relatives à la retenue et à la capitalisation du dixième du revenu des rentes sur l'Etat ou des actions de la Banque.

7. La mutation par décès d'un majorat de biens particuliers donnera ouverture au droit de transmission de propriété en ligne directe. — La taxe du cinquième d'une année de revenu, établie par le décret du 4 mai 1809, est abolie pour l'avenir. Il ne sera perçu qu'un droit de transmission d'usufruit mobilier sur la pension de la veuve.

8. La loi du 17 mai 1826, sur les substitutions, est abrogée.

9. Les substitutions déjà établies sont maintenues au profit de tous les appelés nés ou conçus lors de la promulgation de la présente loi. — Lorsqu'une substitution sera recueillie par un ou plusieurs des appelés dont il vient d'être parlé, elle profitera à tous les autres appelés du même degré, ou à leurs représentants, quelle que soit l'époque où leur existence aura commencé.

ARRÊTÉ

Qui promulgue le règlement d'administration publique sur le concours pour la nomination des auditeurs au Conseil d'Etat.

(9 mai 1849) (1)

ARRÊTÉ

Relatif aux dépôts volontairement effectués par les particuliers à la Caisse des dépôts et consignations.

(26 mai 1849)

ART. UNIQUE. L'ordonnance du 19 janvier 1835 est rapportée. Les dépôts volontairement effectués par les particuliers à la Caisse des dépôts et consignations seront régis par les dispositions des articles 5 et 6 de l'ordonnance du 3 juillet 1816.

LOI

Sur les clubs.

(19 juin 1849) (2)

ART. 1er. Le Gouvernement est autorisé, pendant l'année qui suivra la promulgation de la présente loi, à interdire les clubs et autres réunions publiques qui seraient de nature à compromettre la sécurité publique.

. . . .

LOI

Sur l'état de siége.

(9 août 1849) (3)

CHAP. Ier. — DES CAS OU L'ÉTAT DE SIÉGE PEUT ÊTRE DÉCLARÉ.

ART. 1er. L'état de siége ne peut être déclaré qu'en cas de péril imminent pour la sécurité intérieure ou extérieure. (*V. L. 3 avril* 1878.)

(1) Bull., 10e série, no 1318. — Ce règlement remis en vigueur par la loi du 24 mai 1872, portant réorganisation du Conseil d'Etat, n'était applicable qu'aux auditeurs de première classe, pour lesquels le concours est supprimé. — *V.* art. 2, L. 13 juill. 1879.

(2) *V.* L. 6 juin 1850 ; 21 juin 1851 ; Décr. 25 mars 1852 ; L. 6 juin 1868.

(3) Modifiée par L. 3 avril 1878.

CHAP. II. — DES FORMES DE LA DÉCLARATION DE L'ÉTAT DE SIÉGE.

2. L'Assemblée nationale peut seule déclarer l'état de siége, sauf les exceptions ci-après. — La déclaration de l'état de siége désigne les communes, les arrondissements ou départements auxquels il s'applique et pourra être étendu. (*V. L.* 3 *avril* 1878.)

3. Dans le cas de prorogation de l'Assemblée nationale, le Président de la République peut déclarer l'état de siége, de l'avis du Conseil des ministres. — Le Président, lorsqu'il a déclaré l'état de siége, doit immédiatement en informer la commission instituée en vertu de l'article 32 de la Constitution, et, selon la gravité des circonstances, convoquer l'Assemblée nationale. — La prorogation de l'Assemblée cesse de plein droit lorsque Paris est déclaré en état de siége. — L'Assemblée nationale, dès qu'elle est réunie, maintient ou lève l'état de siége. (*V. L.* 3 *avril* 1878.)

4. Dans les colonies françaises, la déclaration de l'état de siége est faite par le gouverneur de la colonie. — Il doit en rendre compte immédiatement au Gouvernement.

5. Dans les places de guerre et postes militaires, soit de la frontière, soit de l'intérieur, la déclaration de l'état de siége peut être faite par le commandant militaire, dans les cas prévus par la loi du 10 juillet 1791 et par le décret du 24 décembre 1811. — Le commandant en rend compte immédiatement au Gouvernement.

6. Dans le cas des deux articles précédents, si le Président de la République ne croit pas devoir lever l'état de siége, il en propose sans délai le maintien à l'Assemblée nationale.

CHAP. III. — DES EFFETS DE L'ÉTAT DE SIÉGE.

7. Aussitôt l'état de siége déclaré, les pouvoirs dont l'autorité civile était revêtue pour le maintien de l'ordre et de la police passent tout entiers à l'autorité militaire. — L'autorité civile continue néanmoins à exercer ceux de ces pouvoirs dont l'autorité militaire ne l'a pas dessaisie.

8. Les tribunaux militaires peuvent être saisis de la connaissance des crimes et délits contre la sûreté de la République, contre la Constitution, contre l'ordre et la paix publique, quelle que soit la qualité des auteurs principaux et des complices.

9. L'autorité militaire a le droit, — 1° de faire des perquisitions, de jour et de nuit, dans le domicile des citoyens; — 2° d'éloigner les repris de justice et les individus qui n'ont pas leur domicile dans les lieux soumis à l'état de siége; — 3° d'ordonner la remise des armes et munitions, et de procéder à leur recherche et à leur enlèvement; — 4° d'interdire les publications et les réunions qu'elle juge de nature à exciter ou à entretenir le désordre.

10. Dans les lieux énoncés en l'article 5, les effets de l'état de siége continuent, en outre, en cas de guerre étrangère, à être déterminés par les dispositions de la loi du 10 juillet 1791 et du décret du 24 décembre 1811.

11. Les citoyens continuent, nonobstant l'état de siége, à exercer tous ceux des droits garantis par la Constitution dont la jouissance n'est pas suspendue en vertu des articles précédents.

CHAP. IV. — DE LA LEVÉE DE L'ÉTAT DE SIÉGE.

12. L'Assemblée nationale a seule le droit de lever l'état de siége, lorsqu'il a été déclaré ou maintenu par elle. — Néanmoins, en cas de prorogation, ce droit appartiendra au Président de la République. — L'état de siége déclaré conformément aux articles 3, 4 et 5, peut être levé par le Président de la République, tant qu'il n'a pas été maintenu par l'Assemblée nationale. — L'état de siége, déclaré conformément à l'article 4, pourra être levé par les gouverneurs des colonies, aussitôt qu'ils croiront la tranquillité suffisamment rétablie. (*V. L.* 3 *avril* 1878.)

13. Après la levée de l'état de siége, les tribunaux militaires continuent de connaître des crimes et délits dont la poursuite leur avait été déférée.

LOI

Qui prononce des peines contre les individus qui feraient usage de timbres-poste ayant déjà servi à l'affranchissement de lettres.

(16 octobre 1849)

ART. UNIQUE. Quiconque aura sciemment fait usage d'un timbre-poste ayant déjà servi à l'affranchissement d'une lettre sera puni d'une amende de 50 francs à 1,000 francs. — En cas de récidive, la peine sera d'un emprisonnement de cinq jours à un mois, et l'amende sera doublée. — Sera punie des mêmes peines, suivant les distinctions sus-établies, la vente ou tentative de vente d'un timbre-poste ayant déjà servi. — L'article 463 du Code pénal sera applicable dans les divers cas prévus par le présent article de loi.

RÈGLEMENT

D'administration publique déterminant les formes de procéder du tribunal des conflits.

(26 octobre 1849) (1)

DÉCRET

Qui supprime l'arrêté du 4 novembre 1848.

(11 novembre 1849)

ART. UNIQUE. L'arrêté du chef du Pouvoir exécutif du 4 nov. 1848 est rapporté ; l'ordonnance du 7 déc. 1835 continuera à recevoir son exécution en Algérie.

LOI

Qui modifie les articles 414, 415 et 416 du Code pénal.

(27 novembre 1849) (2)

LOI

Sur la naturalisation et le séjour des étrangers en France.

(3 décembre 1849) (3)

ART. 1er. — Le Président de la République statuera sur les demandes en naturalisation. — La naturalisation ne pourra être accordée qu'après enquête faite par le Gouvernement relativement à la moralité de l'étranger, et sur l'avis favorable du Conseil d'Etat. — L'étranger devra en outre réunir les deux conditions suivantes : — 1° d'avoir, après l'âge de vingt et un ans accomplis, obtenu l'autorisation d'établir son domicile en France, conformément à l'article 13 du Code civil ; — 2° d'avoir résidé pendant dix ans en France depuis cette autorisation. — L'étranger naturalisé ne jouira du droit d'éligibilité à l'Assemblée nationale qu'en vertu d'une loi. (*Modifié par la loi du 29 juin 1867, art. 1er.*)

2. Néanmoins, le délai de dix ans pourra être réduit à une année en faveur des étrangers qui auront rendu à la France des services importants, ou qui auront apporté en France, soit une industrie, soit des inventions utiles, soit des talents distingués, ou qui auront formé de grands établissements. (*V. L.* 29 *juin* 1867.)

3. Tant que la naturalisation n'aura pas été prononcée, l'autorisation accordée à l'étranger d'établir son domicile en France pourra toujours être révoquée ou modifiée par décision du Gouvernement, qui devra prendre l'avis du Conseil d'Etat.

4. Les dispositions de la loi du 14 octobre 1814 concernant les habitants des départements réunis à la France ne pourront plus être appliquées à l'avenir.

5. — *Abrogé par l'art.* 3, *L.* 29 *juin* 1867.

6. L'étranger qui aura fait, avant la promulgation de la présente loi, la déclaration prescrite par l'article 3 de la Constitution de l'an VIII, pourra, après une résidence de dix années, obtenir la naturalisation suivant la forme indiquée par l'article 1er.

7. Le ministre de l'Intérieur pourra, par mesure de police, enjoindre à tout étranger voyageant ou résidant en France, de sortir immédiatement du territoire français, et le faire conduire à la frontière. — Il aura le même droit à l'égard de l'étranger qui aura obtenu l'autorisation d'établir son domicile en France ; mais après un délai de deux mois, la mesure cessera d'avoir effet, si l'autorisation n'a pas été révoquée suivant la forme indiquée dans l'article 3. — Dans les départements frontières, le préfet aura le même droit à l'égard de l'étranger non résidant, à la charge d'en référer immédiatement au ministre de l'Intérieur.

8. Tout étranger qui se serait soustrait à l'exécution des mesures énoncées dans l'article précédent ou dans l'article 272 du Code pénal, ou qui, après être sorti de France par suite de ces mesures, y serait rentré sans la permission du Gouvernement, sera traduit devant les tribunaux et condamné à un emprisonnement d'un mois à six mois. — Après l'expiration de sa peine il sera conduit à la frontière.

9. Les peines prononcées par la

(1) Bull., 10e série, n° 1684. — V. le texte dans notre édition in-8°. — V. L. 4 févr. 1850 ; art. 21, L. 24 mai 1872.

(2) Bull., 10e série, n° 1805. — Abrogée par la loi du 25 mai 1864.

(3) V. L. 29 juin 1867 ; Décr. 26 oct. 1870 Décr. 19 nov. 1870.

présente loi pourront être réduites conformément aux dispositions de l'article 463 du Code pénal.

1850

LOI

Qui modifie l'article 472 du Code d'instruction criminelle.

(2 janvier 1850)

L'Assemblée nationale législative a adopté d'urgence la loi dont la teneur suit :

L'article 472 du Code d'instruction criminelle est modifié ainsi qu'il suit : (*V. le texte, à l'art. 472, C. instr. cr.*)

LOI

Sur l'organisation du tribunal des conflits.

(4 février 1850) (1)

ART. 1er. Le tribunal des conflits est présidé par le ministre de la Justice. — Ses décisions ne peuvent être rendues qu'au nombre de neuf juges, pris également, à l'exception du ministre, dans les deux corps qui concourent à sa formation.

2. En cas d'empêchement du ministre, il est remplacé dans la présidence du tribunal des conflits par le ministre chargé du département de l'Instruction publique.

3. Si un autre membre du tribunal est empêché, il est remplacé, selon le corps auquel il appartient, soit par un conseiller d'Etat, soit par un membre de la Cour de cassation. — A cet effet, chacun des deux corps élit dans son sein deux suppléants. — Ces suppléants seront appelés à faire le service dans l'ordre de leur nomination. — La durée de leurs fonctions sera la même que celle des membres titulaires, et ils seront nommés en même temps. — Il sera procédé à cette nomination par le Conseil d'Etat et par la Cour de cassation dans les huit jours qui suivront la promulgation de la présente loi.

4. Les décisions du tribunal des conflits ne pourront être rendues qu'après un rapport écrit fait par l'un des membres du tribunal et sur les conclusions du ministère public.

5. Les fonctions de rapporteur seront alternativement confiées à un conseiller d'Etat et à un membre de la Cour de cassation, sans que cet ordre puisse être interverti.

6. Les fonctions du ministère public seront remplies par deux commissaires du Gouvernement, choisis tous les ans par le Président de la République, l'un parmi les maîtres des requêtes au Conseil d'Etat, l'autre dans le parquet de la Cour de cassation. — Il sera adjoint à chacun de ces commissaires un suppléant choisi de la même manière et pris dans les mêmes rangs, pour le remplacer en cas d'empêchement. — Ces nominations devront être faites, chaque année, avant l'époque fixée pour la reprise des travaux du tribunal.

7. Dans aucune affaire, les fonctions du rapporteur et celles du ministère public ne pourront être remplies par deux membres pris dans le même corps.

8. Le délai fixé par l'article 7 de l'ordonnance du 12 mars 1831 est porté à trois mois pour le jugement des conflits actuellement pendants et de ceux qui pourront être élevés dans les trois mois qui suivront l'installation du tribunal des conflits.

9. Le règlement du 26 octobre 1849 est modifié en tout ce qui ne serait pas conforme aux dispositions de la présente loi.

LOI

Relative aux commissaires et sous-commissaires préposés à la surveillance des chemins de fer.

(27 février 1850) (2)

LOI

Sur l'enseignement.

(15 mars 1850) (3)

TITRE Ier. — *Des autorités préposées à l'enseignement.*

CHAP. Ier. — DU CONSEIL SUPÉRIEUR DE L'INSTRUCTION PUBLIQUE.

ART. 1er, 2, 3, 4. — *Remplacés par*

(1) V. le titre IV de la loi du 24 mai 1872, portant rétablissement du tribunal des conflits.

(2) Bull., 10e série, no 1916. — V. le texte dans notre édition in-8o.

(3) V. Décr. 9 mars 1852 ; L. 21 juin

les articles 1er *et* 5, *Décr.* 9 *mars* 1852.

5. Le Conseil supérieur peut être appelé à donner son avis sur les projets de lois, de règlements et de décrets relatifs à l'enseignement, et, en général, sur toutes les questions qui lui seront soumises par le ministre. — Il est nécessairement appelé à donner son avis : — Sur les règlements relatifs aux examens, aux concours et aux programmes d'études dans les écoles publiques, à la surveillance des écoles libres, et, en général, sur tous les arrêtés portant règlement pour les établissements d'instruction publique ; — Sur la création des facultés, lycées et colléges ; — Sur les secours et encouragements à accorder aux établissements libres d'instruction secondaire ; — Sur les livres qui peuvent être introduits dans les écoles publiques, et sur ceux qui doivent être défendus dans les écoles libres, comme contraires à la morale, à la Constitution et aux lois. — Il prononce en dernier ressort sur les jugements rendus par les Conseils académiques dans les cas déterminés par l'article 14. — Le Conseil présente, chaque année, au ministre un rapport sur l'état général de l'enseignement, sur les abus qui pourraient s'introduire dans les établissements d'instruction, et sur les moyens d'y remédier.

6. La section permanente est chargée de l'examen préparatoire des questions qui se rapportent à la police, à la comptabilité et à l'administration des écoles publiques. — Elle donne son avis, toutes les fois qu'il lui est demandé par le ministre, sur les questions relatives aux droits et à l'avancement des membres du corps enseignant. — Elle présente annuellement au Conseil un rapport sur l'état de l'enseignement dans les écoles publiques.

CHAP. II. — DES CONSEILS ACADÉMIQUES.

7. Il sera établi une académie dans chaque département. (*Modifié par la loi du* 14 *juin* 1854.)

8. Chaque académie est administrée par un recteur, assisté, si le ministre le juge nécessaire, d'un ou de plusieurs inspecteurs, et par un Conseil académique.

9. Les recteurs ne sont pas choisis exclusivement parmi les membres de l'enseignement public. — Ils doivent avoir le grade de licencié, ou dix années d'exercice comme inspecteurs d'académie, proviseurs, censeurs, chefs ou professeurs des classes supérieures dans un établissement public ou libre.

10. Le Conseil académique est composé ainsi qu'il suit : — Le recteur, président ; — Un inspecteur d'académie, un fonctionnaire de l'enseignement, ou un inspecteur des écoles primaires, désigné par le ministre ; — Le préfet ou son délégué ; — L'évêque ou son délégué ; — Un ecclésiastique désigné par l'évêque ; — Un ministre de l'une des deux Eglises protestantes, désigné par le ministre de l'Instruction publique, dans les départements où il existe une église légalement établie ; — Un délégué du consistoire israélite dans chacun des départements où il existe un consistoire légalement établi ; — Le procureur général près la Cour d'appel, dans les villes où siége une Cour d'appel, et, dans les autres, le procureur de la République près le tribunal de première instance ; — Un membre de la Cour d'appel, élu par elle, ou, à défaut de Cour d'appel, un membre du tribunal de première instance, élu par le tribunal ; — Quatre membres élus par le Conseil général, dont deux au moins pris dans son sein. — Les doyens des facultés seront, en outre, appelés dans le Conseil académique, avec voix délibérative, pour les affaires intéressant leurs facultés respectives. — La présence de la moitié plus un des membres est nécessaire pour la validité des délibérations du Conseil académique.

11. Pour le département de la Seine, le Conseil académique est composé comme il suit : — Le recteur, président ; — Le préfet ; — L'archevêque de Paris ou son délégué ; — Trois ecclésiastiques désignés par l'archevêque ; — Un ministre de l'Eglise réformée, élu par le consistoire ; — Un ministre de l'Eglise de la confession d'Augsbourg, élu par le consistoire ; — Un membre du consistoire israélite, élu par le consistoire ; — Trois inspecteurs d'académie, désignés par le ministre ; — Un inspecteur des écoles primaires, désigné par le ministre ; — Le procureur général près la Cour d'appel, ou un membre du parquet désigné par lui ; — Un membre de la Cour d'appel, élu par la Cour ; — Un membre du tribunal de première instance, élu par le tribunal ; — Quatre membres du Conseil municipal de Paris, et deux membres du Conseil général de la Seine, pris parmi ceux des

1865 ; L. 10 avril 1867 ; L. 19 mars 1873.

arrondissements de Sceaux et de Saint-Denis, tous élus par le Conseil général : — Le secrétaire général de la préfecture du département de la Seine. — Les doyens des facultés seront, en outre, appelés dans le Conseil académique, avec voix délibérative, pour les affaires intéressant leurs facultés respectives.

12. Les membres des Conseils académiques dont la nomination est faite par élection sont élus pour trois ans, et indéfiniment rééligibles.

13. Les départements fourniront un local pour le service de l'administration académique.

14. Le Conseil académique donne son avis : — Sur l'état des différentes écoles établies dans le département; — Sur les réformes à introduire dans l'enseignement, la discipline et l'administration des écoles publiques; — Sur les budgets et les comptes administratifs des lycées, colléges et écoles normales primaires; — Sur les secours et encouragements à accorder aux écoles primaires. — Il instruit les affaires disciplinaires relatives aux membres de l'enseignement public secondaire ou supérieur qui lui sont renvoyées par le ministre ou le recteur. — Il prononce, sauf recours au Conseil supérieur, sur les affaires contentieuses relatives à l'obtention des grades, aux concours devant les facultés, à l'ouverture des écoles libres, aux droits des maîtres particuliers, et à l'exercice du droit d'enseigner; sur les poursuites dirigées contre les membres de l'instruction secondaire publique et tendant à la révocation, avec interdiction d'exercer la profession d'instituteur libre, de chef ou professeur d'établissement libre, et, dans les cas déterminés par la présente loi, sur les affaires disciplinaires relatives aux instituteurs primaires, publics ou libres. (*Remis en vigueur par l'article 5 de la loi du* 19 *mars* 1873.)

15. Le Conseil académique est nécessairement consulté sur les règlements relatifs au régime intérieur des lycées, colléges et écoles normales primaires, et sur les règlements relatifs aux écoles publiques primaires.— Il fixe le taux de la rétribution scolaire, sur l'avis des Conseils municipaux et des délégués cantonaux. — Il détermine les cas où les communes peuvent, à raison des circonstances, et provisoirement, établir ou conserver des écoles primaires dans lesquelles seront admis des enfants de l'un et l'autre sexe, ou des enfants appartenant aux différents cultes reconnus. — Il donne son avis au recteur, sur les récompenses à accorder aux instituteurs primaires. — Le recteur fait les propositions au ministre, et distribue les récompenses accordées.

16. Le Conseil académique présente, chaque année, au ministre et au Conseil général un exposé de la situation de l'enseignement dans le département. — Les rapports du Conseil académique sont envoyés par le recteur au ministre, qui les communique au Conseil supérieur.

CHAP. III. — DES ÉCOLES ET DE L'INSPECTION.

SECTION I. — *Des écoles.*

17. La loi reconnaît deux espèces d'écoles primaires ou secondaires : — 1° Les écoles fondées ou entretenues par les communes, les départements, ou l'État, et qui prennent le nom d'*écoles publiques*; — 2° Les écoles fondées et entretenues par des particuliers ou des associations, et qui prennent le nom d'*écoles libres*. (*V. L.* 10 *avril* 1867, *art.* 17 *et suiv.*)

SECTION II. — *De l'inspection.*

18. L'inspection des établissements d'instruction publique ou libre est exercée, — 1° par les inspecteurs généraux et supérieurs; — 2° par les recteurs et les inspecteurs d'académie; — 3° par les inspecteurs de l'enseignement primaire; — 4° par les délégués cantonaux, le maire et le curé, le pasteur ou le délégué du consistoire israélite, en ce qui concerne l'enseignement primaire. — Les ministres des différents cultes n'inspecteront que les écoles spéciales à leur culte, ou les écoles mixtes pour leurs coreligionnaires seulement. — Le recteur pourra, en cas d'empêchement, déléguer temporairement l'inspection à un membre du Conseil académique. (*V. Décr.* 9 *mars* 1852, *art.* 6, *et L.* 10 *avril* 1867, *art.* 17. — *V. art.* 3, *L.* 28 *mars* 1882).

19. Les inspecteurs d'académie sont choisis par le ministre parmi les anciens inspecteurs, les professeurs des facultés, les proviseurs et censeurs des lycées, les principaux des colléges, les chefs d'établissements secondaires libres, les professeurs des classes supérieures dans ces diverses catégories d'établissements, les agrégés des facultés et lycées, et les inspecteurs des écoles primaires, sous la condition commune à tous du grade de licencié, ou de dix ans d'exercice. — Les inspecteurs généraux et supérieurs sont

choisis par le ministre, soit dans les catégories ci-dessus indiquées, soit parmi les anciens inspecteurs généraux, ou inspecteurs supérieurs de l'instruction primaire, les recteurs ou inspecteurs d'académie, ou parmi les membres de l'Institut. — Le ministre ne fait aucune nomination d'inspecteur général sans avoir pris l'avis du Conseil supérieur.

20. L'inspection de l'enseignement primaire est spécialement confiée à deux inspecteurs supérieurs. — Il y a en outre, dans chaque arrondissement, un inspecteur de l'enseignement primaire choisi par le ministre, après avis du Conseil académique. — Néanmoins, sur l'avis du Conseil académique, deux arrondissements pourront être réunis pour l'inspection. — Un règlement déterminera le classement, les frais de tournée, l'avancement et les attributions des inspecteurs de l'enseignement primaire.

21. L'inspection des écoles publiques s'exerce conformément aux règlements délibérés par le Conseil supérieur. — Celle des écoles libres porte sur la moralité, l'hygiène et la salubrité. — Elle ne peut porter sur l'enseignement que pour vérifier s'il n'est pas contraire à la morale, à la Constitution et aux lois.

22. Tout chef d'établissement primaire ou secondaire, qui refusera de se soumettre à la surveillance de l'Etat, telle qu'elle est prescrite par l'article précédent, sera traduit devant le tribunal correctionnel de l'arrondissement, et condamné à une amende de 100 francs à 1,000 francs. — En cas de récidive, l'amende sera de 500 francs à 3,000 francs. — Si le refus de se soumettre à la surveillance de l'Etat a donné lieu à deux condamnations dans l'année, la fermeture de l'établissement pourra être ordonnée par le jugement qui prononcera la seconde condamnation. — Le procès-verbal des inspecteurs constatant le refus du chef d'établissement fera foi jusqu'à inscription de faux.

TITRE II. — *De l'enseignement primaire.*

CHAP. Ier. — DISPOSITIONS GÉNÉRALES.

23. L'enseignement primaire comprend, — L'instruction morale et religieuse, — La lecture, — L'écriture, — Les éléments de la langue française, — Le calcul et le système légal des poids et mesures. — Il peut comprendre, en outre, — L'arithmétique appliquée aux opérations pratiques; — Les éléments de l'histoire et de la géographie; — Des notions des sciences physiques et de l'histoire naturelle, applicables aux usages de la vie; — Des instructions élémentaires sur l'agriculture, l'industrie et l'hygiène; — L'arpentage, le nivellement, le dessin linéaire; — Le chant et la gymnastique. (*Abrogé par L.* 28 *mars* 1882, *art.* 1er.)

24. L'enseignement primaire est donné gratuitement à tous les enfants dont les familles sont hors d'état de le payer.

CHAP. II. — DES INSTITUTEURS.

SECTION I. — *Des conditions d'exercice de la profession d'instituteur primaire public ou libre.*

25. Tout Français âgé de vingt et un ans accomplis peut exercer dans toute la France la profession d'instituteur primaire, public ou libre, s'il est muni d'un brevet de capacité. — Le brevet de capacité peut être suppléé par le certificat de stage dont il est parlé à l'article 47, par le diplôme de bachelier, par un certificat constatant qu'on a été admis dans une des écoles spéciales de l'Etat, ou par le titre de ministre, non interdit ni révoqué, de l'un des cultes reconnus par l'Etat. (*V. L.* 16 *juin* 1881, *art.* 1er.)

26. Sont incapables de tenir une école publique ou libre, ou d'y être employés, les individus qui ont subi une condamnation pour crime ou pour un délit contraire à la probité ou aux mœurs, les individus privés par jugement de tout ou partie des droits mentionnés en l'article 42 du Code pénal, et ceux qui ont été interdits en vertu des articles 30 et 33 de la présente loi.

SECTION II. — *Des conditions spéciales aux instituteurs libres.*

27. Tout instituteur qui veut ouvrir une école libre doit préalablement déclarer son intention au maire de la commune où il veut s'établir, lui désigner le local, et lui donner l'indication des lieux où il a résidé et des professions qu'il a exercées pendant les dix années précédentes. — Cette déclaration doit être, en outre, adressée par le postulant au recteur de l'académie, au procureur de la République, et au sous-préfet. — Elle demeurera affichée, par les soins du maire, à la porte de la mairie pendant un mois.

28. Le recteur, soit d'office, soit sur la plainte du procureur de la Républi-

que ou du sous-préfet, peut former opposition à l'ouverture de l'école, dans l'intérêt des mœurs publiques, dans le mois qui suit la déclaration à lui faite. — Cette opposition est jugée dans un bref délai, contradictoirement et sans recours, par le Conseil académique. — Si le maire refuse d'approuver le local, il est statué à cet égard par le Conseil. — A défaut d'opposition, l'école peut être ouverte à l'expiration du mois, sans autre formalité. (*V. L.* 14 *juin* 1854, *art.* 7, 8, *et L.* 10 *avril* 1867, *art.* 19.)

29. Quiconque aura ouvert ou dirigé une école en contravention aux articles 25, 26 et 27, ou avant l'expiration du délai fixé par le dernier paragraphe de l'article 28, sera poursuivi devant le tribunal correctionnel du lieu du délit, et condamné à une amende de 50 francs à 500 francs. — L'école sera fermée. — En cas de récidive, le délinquant sera condamné à un emprisonnement de six jours à un mois, et à une amende de 100 francs à 1,000 francs. — La même peine de six jours à un mois d'emprisonnement et de 100 francs à 1,000 francs d'amende sera prononcée contre celui qui, dans le cas d'opposition formée à l'ouverture de son école, l'aura néanmoins ouverte avant qu'il ait été statué sur cette opposition, ou bien au mépris de la décision du Conseil académique qui aurait accueilli l'opposition. — Ne seront pas considérées comme tenant école, les personnes qui, dans un but purement charitable, et sans exercer la profession d'instituteur, enseigneront à lire et à écrire aux enfants, avec l'autorisation du délégué cantonal. — Néanmoins, cette autorisation pourra être retirée par le Conseil académique. (*V. L.* 10 *avril* 1867, *art.* 20.)

30. Tout instituteur libre, sur la plainte du recteur ou du procureur de la République, pourra être traduit, pour cause de faute grave dans l'exercice de ses fonctions, d'inconduite ou d'immoralité, devant le Conseil académique du département, et être censuré, suspendu pour un temps qui ne pourra excéder six mois, ou interdit de l'exercice de sa profession dans la commune où il exerce. — Le Conseil académique peut même le frapper d'une interdiction absolue. Il y aura lieu à appel devant le Conseil supérieur de l'instruction publique. — Cet appel devra être interjeté dans le délai de dix jours, à compter de la notification de la décision et ne sera pas suspensif.

SECTION III. — *Des instituteurs communaux.*

31. Les instituteurs communaux sont nommés par le Conseil municipal de chaque commune, et choisis soit sur une liste d'admissibilité et d'avancement dressée par le Conseil académique du département, soit sur la présentation qui est faite par les supérieurs pour les membres des associations religieuses vouées à l'enseignement et autorisées par la loi ou reconnues comme établissements d'utilité publique. — Les consistoires jouissent du droit de présentation pour les instituteurs appartenant aux cultes non catholiques. (*V. art.* 3, *L.* 28 *mars* 1882.) — Si le Conseil municipal avait fait un choix non conforme à la loi, ou n'en avait fait aucun, il sera pourvu à la nomination par le Conseil académique, un mois après la mise en demeure adressée au maire par le recteur. — L'institution est donnée par le ministre de l'Instruction publique.

32. Il est interdit aux instituteurs communaux d'exercer aucune fonction administrative sans l'autorisation du Conseil académique. — Toute profession commerciale ou industrielle leur est absolument interdite.

33. Le recteur peut, suivant les cas, réprimander, suspendre, avec ou sans privation totale ou partielle de traitement, pour un temps qui n'excédera pas six mois, ou révoquer l'instituteur communal. — L'instituteur révoqué est incapable d'exercer la profession d'instituteur, soit public, soit libre, dans la même commune. — Le Conseil académique peut, après l'avoir entendu ou dûment appelé, frapper l'instituteur communal d'une interdiction absolue, sauf appel devant le Conseil supérieur de l'instruction publique dans le délai de dix jours, à partir de la notification de la décision. Cet appel n'est pas suspensif. — En cas d'urgence, le maire peut suspendre provisoirement l'instituteur communal, à charge de rendre compte, dans les deux jours, au recteur.

34. Le Conseil académique détermine les écoles publiques auxquelles, d'après le nombre des élèves, il doit être attaché un instituteur adjoint. — Les instituteurs adjoints peuvent n'être âgés que de dix-huit ans et ne sont pas assujettis aux conditions de l'article 25. — Ils sont nommés et révocables par l'instituteur, avec l'agrément du recteur de l'académie. Les instituteurs adjoints appartenant aux associations religieuses dont il est

parlé dans l'article 31 sont nommés et peuvent être révoqués par les supérieurs de ces associations. — Le Conseil municipal fixe le traitement des instituteurs adjoints. Ce traitement est à la charge exclusive de la commune.

35. Tout département est tenu de pourvoir au recrutement des instituteurs communaux, en entretenant des élèves-maîtres, soit dans les établissements d'instruction primaire désignés par le Conseil académique, soit aussi dans l'école normale établie à cet effet par le département. — Les écoles normales peuvent être supprimées par le Conseil général du département; elles peuvent l'être également par le ministre en Conseil supérieur, sur le rapport du Conseil académique, sauf, dans les deux cas, le droit acquis aux boursiers en jouissance de leur bourse. — Le programme de l'enseignement, les conditions d'entrée et de sortie, celles qui sont relatives à la nomination du personnel, et tout ce qui concerne les écoles normales, sera déterminé par un règlement délibéré en Conseil supérieur.

CHAP. III. — Des écoles communales.

36. Toute commune doit entretenir une ou plusieurs écoles primaires. — Le Conseil académique du département peut autoriser une commune à se réunir à une ou plusieurs communes voisines pour l'entretien d'une école. — Toute commune a la faculté d'entretenir une ou plusieurs écoles entièrement gratuites, à la condition d'y subvenir sur ses propres ressources. — Le Conseil académique peut dispenser une commune d'entretenir une école publique, à condition qu'elle pourvoira à l'enseignement primaire gratuit, dans une école libre, de tous les enfants dont les familles sont hors d'état d'y subvenir. Cette dispense peut toujours être retirée. — Dans les communes où les différents cultes reconnus sont professés publiquement, des écoles séparées seront établies pour les enfants appartenant à chacun de ces cultes, sauf ce qui est dit à l'article 15. — La commune peut, avec l'autorisation du Conseil académique, exiger que l'instituteur communal donne, en tout ou en partie, à son enseignement les développements dont il est parlé à l'article 23.

37. Toute commune doit fournir à l'instituteur un local convenable, tant pour son habitation que pour la tenue de l'école, le mobilier de la classe, et un traitement.

38. A dater du 1er janvier 1851, le traitement des instituteurs communaux se composera, — 1° D'un traitement fixe, qui ne peut être inférieur à 200 francs; — 2° Du produit de la rétribution scolaire; — 3° D'un supplément accordé à tous ceux dont le traitement, joint au produit de la rétribution scolaire, n'atteint pas 600 francs. — Ce supplément sera calculé d'après le total de la rétribution scolaire pendant l'année précédente. (*V. Décr.* 19 *avril* 1862, *et L.* 10 *avril* 1867, *art.* 5 *et suiv.*)

39. Une caisse de retraite sera substituée, par un règlement d'administration publique, aux caisses d'épargne des instituteurs.

40. A défaut de fondations, dons ou legs, le Conseil municipal délibère sur les moyens de pourvoir aux dépenses de l'enseignement primaire dans la commune. — En cas d'insuffisance des revenus ordinaires, il est pourvu à ces dépenses au moyen d'une imposition spéciale votée par le Conseil municipal, ou, à défaut du vote de ce Conseil, établie par un décret du Pouvoir exécutif. Cette imposition, qui devra être autorisée chaque année par la loi de finances, ne pourra excéder 3 centimes additionnels au principal des quatre contributions directes. — Lorsque des communes, soit par elles-mêmes, soit en se réunissant à d'autres communes, n'auront pu subvenir de la manière qui vient d'être indiquée aux dépenses de l'école communale, il y sera pourvu sur les ressources ordinaires du département, ou, en cas d'insuffisance, au moyen d'une imposition spéciale votée par le Conseil général, ou, à défaut du vote de ce Conseil, établie par un décret. Cette imposition, autorisée chaque année par la loi de finances, ne devra pas excéder 2 centimes additionnels au principal des quatre contributions directes. — Si les ressources communales et départementales ne suffisent pas, le ministre de l'instruction publique accordera une subvention sur le crédit qui sera porté annuellement pour l'enseignement primaire au budget de l'État. — Chaque année, un rapport annexé au projet de budget fera connaître l'emploi des fonds alloués pour l'année précédente. (*V. L.* 10 *avril* 1867, *art.* 10.)

41. La rétribution scolaire est perçue dans la même forme que les contributions publiques directes; elle est exempte des droits de timbre, et donne droit aux mêmes remises que les autres recouvrements. — Néanmoins, sur

l'avis conforme du Conseil général, l'instituteur communal pourra être autorisé par le Conseil académique à percevoir lui-même la rétribution scolaire.

CHAP. IV. — Des délégués cantonaux, et des autres autorités préposées à l'enseignement primaire.

42. Le Conseil académique du département désigne un ou plusieurs délégués résidant dans chaque canton, pour surveiller les écoles publiques et libres du canton, et détermine les écoles particulièrement soumises à la surveillance de chacun. — Les délégués sont nommés pour trois ans ; ils sont rééligibles et révocables. Chaque délégué correspond, tant avec le Conseil académique, auquel il doit adresser ses rapports, qu'avec les autorités locales, pour tout ce qui regarde l'Etat et les besoins de l'enseignement primaire dans sa circonscription. — Il peut, lorsqu'il n'est pas membre du Conseil académique, assister à ses séances, avec voix consultative pour les affaires intéressant les écoles de sa circonscription. — Les délégués se réunissent au moins une fois tous les trois mois au chef-lieu de canton, sous la présidence de celui d'entre eux qu'ils désignent, pour convenir des avis à transmettre au Conseil académique.

43. A Paris, les délégués nommés pour chaque arrondissement par le Conseil académique se réunissent au moins une fois tous les mois, avec le maire, un adjoint, le juge de paix, un curé de l'arrondissement et un ecclésiastique, ces deux derniers désignés par l'archevêque, pour s'entendre au sujet de la surveillance locale, et pour convenir des avis à transmettre au Conseil académique. Les ministres des cultes non catholiques reconnus, s'il y a dans l'arrondissement des écoles suivies par des enfants appartenant à ces cultes, assistent à ces réunions avec voix délibérative. — La réunion est présidée par le maire.

44. Les autorités locales préposées à la surveillance et à la direction morale de l'enseignement primaire sont, pour chaque école, le maire, le curé, le pasteur ou le délégué du culte israélite, et dans les communes de deux mille âmes et au-dessus, un ou plusieurs habitants de la commune, délégués par le Conseil académique. — Les ministres des différents cultes sont spécialement chargés de surveiller l'enseignement religieux de l'école. — L'entrée de l'école leur est toujours ouverte. — Dans les communes où il existe des écoles mixtes, un ministre de chaque culte aura toujours l'entrée de l'école pour veiller à l'éducation religieuse des enfants de son culte. — Lorsqu'il y a pour chaque culte des écoles séparées, les enfants d'un culte ne doivent être admis dans l'école d'un autre culte que sur la volonté formellement exprimée par les parents. (*V. art.* 3, *L.* 28 *mars* 1882.)

45. Le maire dresse chaque année, de concert avec les ministres des différents cultes, la liste des enfants qui doivent être admis gratuitement dans les écoles publiques. Cette liste est approuvée par le Conseil municipal, et définitivement arrêtée par le préfet.

46. Chaque année le Conseil académique nomme une commission d'examen chargée de juger publiquement et à des époques déterminées par le recteur, l'aptitude des aspirants au brevet de capacité, quel que soit le lieu de leur domicile. — Cette commission se compose de sept membres, et choisit son président. — Un inspecteur d'arrondissement pour l'instruction primaire, un ministre du culte professé par le candidat, et deux membres de l'enseignement public ou libre, en font nécessairement partie. — L'examen ne portera que sur les matières comprises dans la première partie de l'article 23. — Les candidats qui voudront être examinés sur tout ou partie des autres matières spécifiées dans le même article, en feront la demande à la commission. — Les brevets délivrés feront mention des matières spéciales sur lesquelles les candidats auront répondu d'une manière satisfaisante.

47. Le Conseil académique délivre, s'il y a lieu, des certificats de stage aux personnes qui justifient avoir enseigné pendant trois ans au moins les matières comprises dans la première partie de l'article 23, dans les écoles publiques ou libres autorisées à recevoir des stagiaires. — Les élèves-maîtres sont, pendant la durée de leur stage, spécialement surveillés par les inspecteurs de l'enseignement primaire.

CHAP. V. — Des écoles de filles.

48. L'enseignement primaire dans les écoles de filles comprend, outre les matières de l'enseignement primaire énoncées dans l'article 23, les travaux à l'aiguille.

49. Les lettres d'obédience tiendront lieu de brevet de capacité aux insti-

tutrices appartenant à des congrégations religieuses vouées à l'enseignement et reconnues par l'État. — L'examen des institutrices n'aura pas lieu publiquement.

50. Tout ce qui se rapporte à l'examen des institutrices, à la surveillance et à l'inspection des écoles de filles, sera l'objet d'un règlement délibéré en Conseil supérieur. Les autres dispositions de la présente loi, relatives aux écoles et aux instituteurs, sont applicables aux écoles de filles et aux institutrices, à l'exception des articles 38, 39, 40 et 41.

51. Toute commune de huit cents âmes de population et au-dessus est tenue, si ses propres ressources lui en fournissent les moyens, d'avoir au moins une école de filles, sauf ce qui est dit à l'article 15. — Le Conseil académique peut, en outre, obliger les communes d'une population inférieure à entretenir, si leurs ressources ordinaires le leur permettent, une école de filles ; et, en cas de réunion de plusieurs communes pour l'enseignement primaire, il pourra, selon les circonstances, décider que l'école de garçons et l'école de filles seront dans deux communes différentes. Il prend l'avis du Conseil municipal. (*V. L.* 10 *avril* 1867, *art.* 1er.)

52. Aucune école primaire, publique ou libre, ne peut, sans l'autorisation du Conseil académique, recevoir d'enfants des deux sexes, s'il existe dans la commune une école publique ou libre de filles.

CHAP. VI. — INSTITUTIONS COMPLÉMENTAIRES.

SECTION I. — *Des pensionnats primaires.*

53. Tout Français âgé de vingt-cinq ans, ayant au moins cinq années d'exercice comme instituteur, ou comme maître dans un pensionnat primaire, et remplissant les conditions énumérées en l'article 25, peut ouvrir un pensionnat primaire, après avoir déclaré son intention au recteur de l'académie et au maire de la commune. Toutefois, les instituteurs communaux ne pourront ouvrir de pensionnat qu'avec l'autorisation du Conseil académique sur l'avis du Conseil municipal. — Le programme de l'enseignement et le plan du local doivent être adressés au maire et au recteur. — Le Conseil académique prescrira, dans l'intérêt de la moralité et de la santé des élèves, toutes les mesures qui seront indiquées dans un règlement délibéré par le Conseil supérieur. — Les pensionnats primaires sont soumis aux prescriptions des articles 26, 27, 28, 29 et 30 de la présente loi, et à la surveillance des autorités qu'elle institue. — Ces dispositions sont applicables aux pensionnats de filles en tout ce qui n'est pas contraire aux conditions prescrites par le chapitre V de la présente loi.

SECTION II. — *Des écoles d'adultes et d'apprentis.*

54. Il peut être créé des écoles primaires communales pour les adultes au-dessus de dix-huit ans, pour les apprentis au-dessus de douze ans. — Le Conseil académique désigne les instituteurs chargés de diriger les écoles communales d'adultes et d'apprentis. — Il ne peut être reçu dans ces écoles d'élèves des deux sexes.

55. Les articles 27, 28, 29 et 30 sont applicables aux instituteurs libres qui veulent ouvrir des écoles d'adultes ou d'apprentis.

56. Il sera ouvert, chaque année, au budget du ministre de l'Instruction publique, un crédit pour encourager les auteurs de livres ou de méthodes utiles à l'instruction primaire, et à la fondation d'institutions, telles que, — Les écoles du dimanche, — Les écoles dans les ateliers et les manufactures, — Les classes dans les hôpitaux, — Les cours publics ouverts conformément à l'article 77, — Les bibliothèques de livres utiles, — Et autres institutions dont les statuts auront été soumis à l'examen de l'autorité compétente. (*V. L.* 11 *déc.* 1880, *art.* 2.)

SECTION III. — *Des salles d'asile.*

57. Les salles d'asile sont publiques ou libres. — Un décret du Président de la République, rendu sur l'avis du Conseil supérieur, déterminera tout ce qui se rapporte à la surveillance et à l'inspection de ces établissements, ainsi qu'aux conditions d'âge, d'aptitude, de moralité, des personnes qui seront chargées de la direction et du service dans les salles d'asile publiques. — Les infractions à ce décret seront punies des peines établies par les articles 29, 30 et 33 de la présente loi. — Ce décret déterminera également le programme de l'enseignement et des exercices dans les salles d'asile publiques, et tout ce qui se rapporte au traitement des personnes qui y seront chargées de la direction du service. (*V. L.* 10 *avril* 1867, *art.* 21).

58. Les personnes chargées de la direction des salles d'asile publiques se-

ront nommées par le Conseil municipal, sauf l'appprobation du Conseil académique.

59. Les salles d'asile libres peuvent recevoir des secours sur les budgets des communes, des départements et de l'Etat.

TITRE III. — *De l'instruction secondaire.*

CHAP. Ier. — DES ÉTABLISSEMENTS PARTICULIERS D'INSTRUCTION SECONDAIRE.

60. Tout Français âgé de vingt-cinq ans au moins, et n'ayant encouru aucune des incapacités comprises dans l'article 26 de la présente loi, peut former un établissement d'instruction secondaire, sous la condition de faire au recteur de l'académie où il se propose de s'établir les déclarations prescrites par l'article 27, et, en outre, de déposer entre ses mains les pièces suivantes, dont il lui sera donné récépissé : — 1o Un certificat de stage constatant qu'il a rempli, pendant cinq ans au moins, les fonctions de professeur ou de surveillant dans un établissement d'instruction secondaire public ou libre; — 2o Soit le diplôme de bachelier, soit un brevet de capacité délivré par un jury d'examen dans la forme déterminée par l'article 62; — 3o Le plan du local, et l'indication de l'objet de l'enseignement (1). — Le recteur à qui le dépôt des pièces aura été fait en donnera avis au préfet du département et au procureur de la République de l'arrondissement dans lequel l'établissement devra être fondé. — Le ministre, sur la proposition des Conseils académiques, et l'avis conforme du Conseil supérieur, peut accorder des dispenses de stage. (*V. L.* 21 *juin* 1865, *art.* 6.)

61. Les certificats de stage sont délivrés par le Conseil académique, sur l'attestation des chefs des établissements où le stage aura été accompli. — Toute attestation fausse sera punit des peines portées en l'article 160 du Code pénal.

62. Tous les ans, le ministre nomme, sur la présentation du Conseil académique, un jury chargé d'examiner les aspirants au brevet de capacité. Ce jury est composé de sept membres, y compris le recteur, qui le préside. — Un ministre du culte professé par le candidat et pris dans le Conseil académique, s'il n'y en a déjà un dans le jury, sera appelé avec voix délibérative. — Le ministre, sur l'avis du Conseil supérieur de l'instruction publique, instituera des jurys spéciaux pour l'enseignement professionnel. — Les programmes d'examen seront arrêtés par le Conseil supérieur. — Nul ne pourra être admis à subir l'examen de capacité avant l'âge de vingt-cinq ans.

63. Aucun certificat d'études ne sera exigé des aspirants au diplôme de bachelier ou au brevet de capacité. — Le candidat peut choisir la faculté ou le jury académique devant lequel il subira son examen. — Un candidat refusé ne peut se présenter avant trois mois à un nouvel examen, sous peine de nullité du diplôme ou brevet indûment obtenu.

64. Pendant le mois qui suit le dépôt des pièces requises par l'article 60, le recteur, le préfet et le procureur de la République peuvent se pourvoir devant le Conseil académique, et s'opposer à l'ouverture de l'établissement, dans l'intérêt des mœurs publiques ou de la santé des élèves. — Après ce délai, s'il n'est intervenu aucune opposition, l'établissement peut être immédiatement ouvert. — En cas d'opposition, le Conseil académique prononce, la partie entendue ou dûment appelée, sauf appel devant le conseil supérieur de l'instruction publique.

65. Est incapable de tenir un établissement public ou libre d'instruction secondaire, ou d'y être employé, quiconque est atteint de l'une des incapacités déterminées par l'article 26 de la présente loi, ou qui, ayant appartenu à l'enseignement public, a été révoqué avec interdiction, conformément à l'article 14.

66. Quiconque, sans avoir satisfait aux conditions prescrites par la présente loi, aura ouvert un établissement d'instruction secondaire, sera poursuivi devant le tribunal correctionnel du lieu du délit, et condamné à une amende de 100 francs à 1,000 francs. L'établissement sera fermé. — En cas de récidive, ou si l'établissement a été

(1) (*a*) Un établissement d'instruction déclaré au recteur de l'académie comme établissement d'instruction secondaire doit être réputé tel, alors même que le chef qui le dirige se borne à loger, nourrir et conduire au collège les élèves qui lui sont confiés. — Cass. *Ch. réun.* 22 déc. 1859.

(*b*) En conséquence, l'ouverture d'un semblable établissement avant l'expiration du délai d'un mois à partir de la déclaration, délai fixé par l'article 64 de la loi du 15 mars 1850, constitue l'infraction prévue et punie par l'article 66 de la même loi. — *Même arrêt.*

ouvert avant qu'il ait été statué sur l'opposition, ou contrairement à la décision du Conseil académique qui l'aurait accueillie, le délinquant sera condamné à un emprisonnement de quinze jours à un mois, et à une amende de 1,000 à 3,000 francs. — Les ministres des différents cultes reconnus peuvent donner l'instruction secondaire à quatre jeunes gens, au plus, destinés aux écoles ecclésiastiques, sans être soumis aux prescriptions de la présente loi, à la condition d'en faire la déclaration au recteur. — Le Conseil académique veille à ce que ce nombre ne soit pas dépassé (1).

67. En cas de désordre grave dans le régime intérieur d'un établissement libre d'instruction secondaire, le chef de cet établissement peut être appelé devant le Conseil académique, et soumis à la réprimande avec ou sans publicité. — La réprimande ne donne lieu à aucun recours.

68. Tout chef d'établissement libre d'instruction secondaire, toute personne attachée à l'enseignement ou à la surveillance d'une maison d'éducation, peut, sur la plainte du ministère public ou du recteur, être traduit, pour cause d'inconduite ou d'immoralité, devant le Conseil académique, et être interdit de sa profession, à temps ou à toujours, sans préjudice des peines encourues pour crimes ou délits prévus par le Code pénal. — Appel de la décision rendue peut toujours avoir lieu, dans les quinze jours de la notification devant le Conseil supérieur. — L'appel ne sera pas suspensif. (*Remis en vigueur par l'art.* 5, *L.* 19 *mars* 1873.)

69. Les établissements libres peuvent obtenir des communes, des départements ou de l'État, un local et une subvention, sans que cette subvention puisse excéder le dixième des dépenses annuelles de l'établissement. — Les Conseils académiques sont appelés à donner leur avis préalable sur l'opportunité de ces subventions. — Sur la demande des communes, les bâtiments compris dans l'attribution générale faite à l'Université par le décret du 10 décembre 1808 pourront être affectés à ces établissements par décret du Pouvoir exécutif. (*V. L.* 21 *juin* 1865, *art.* 7.)

70. Les écoles secondaires ecclésiastiques actuellement existantes sont maintenues, sous la seule condition de rester soumises à la surveillance de l'État. — Il ne pourra en être établi de nouvelles sans l'autorisation du Gouvernement.

CHAP. II. — DES ÉTABLISSEMENTS PUBLICS D'INSTRUCTION SECONDAIRE.

71. Les établissements publics d'instruction secondaire sont les lycées et les collèges communaux. — Il peut y être annexé des pensionnats.

72. Les lycées sont fondés et entretenus par l'État, avec le concours des départements et des villes. — Les collèges communaux sont fondés et entretenus par les communes. — Ils peuvent être subventionnés par l'État.

73. Toute ville dont le collège communal sera, sur la demande du Conseil municipal, érigé en lycée, devra faire les dépenses de construction et d'appropriation requises à cet effet, fournir le mobilier et les collections nécessaires à l'enseignement, assurer l'entretien et la réparation des bâtiments. — Les villes qui voudront établir un pensionnat près du lycée devront fournir le local et le mobilier nécessaires, et fonder pour dix ans, avec ou sans le concours du département, un nombre de bourses fixé de gré à gré avec le ministre. A l'expiration des dix ans, les villes et départements seront libres de supprimer les bourses, sauf le droit acquis aux boursiers en jouissance de leur bourse. — Dans le cas où l'État voudrait conserver le pensionnat, le local et le mobilier resteront à sa disposition, et ne feront retour à la commune que lors de la suppression de cet établissement.

74. Pour établir un collège communal, toute ville doit satisfaire aux conditions suivantes : fournir un local approprié à cet usage, et en assurer l'entretien ; placer et entretenir dans ce local le mobilier nécessaire à la tenue des cours, et à celle du pensionnat, si l'établissement doit recevoir des élèves internes ; garantir pour cinq ans au moins le traitement fixe du principal et des professeurs, lequel sera considéré comme dépense obligatoire pour la commune, en cas d'insuffisance des revenus propres du collège, de

(1) Doit être considérée comme comprise parmi les établissements dont l'ouverture est subordonnée à la justification des conditions et à l'accomplissement des formalités prescrites par la loi du 15 mars 1850, la maison dans laquelle de jeunes garçons sont logés, nourris, soumis en commun à des règles de discipline et aux exercices religieux, et visités habituellement par les supérieurs de l'établissement secondaire dont ils suivent les cours au dehors. — Cass. *Ch. réun.* 10 janv. 1861.

rétribution collégiale payée par les externes, et des produits du pensionnat. — Dans le délai de deux ans, les villes qui ont fondé des colléges communaux en dehors de ces conditions devront y avoir satisfait.

75. L'objet et l'étendue de l'enseignement dans chaque collége communal seront déterminés, eu égard aux besoins de la localité, par le ministre de l'instruction publique, en Conseil supérieur, sur la proposition du Conseil municipal et l'avis du Conseil académique.

76. Le ministre prononce disciplinairement contre les membres de l'instruction secondaire publique, suivant la gravité des cas : — 1° La réprimande devant le Conseil académique ; 2° La censure devant le Conseil supérieur ; — 3° La mutation pour un emploi inférieur ; — 4° La suspension des fonctions, pour une année au plus, avec ou sans privation totale ou partielle du traitement ; — 5° Le retrait d'emploi, après avoir pris l'avis du Conseil supérieur ou de la section permanente. — Le ministre peut prononcer les mêmes peines, à l'exception de la mutation pour un emploi inférieur, contre les professeurs de l'enseignement supérieur. — Le retrait d'emploi ne peut être prononcé contre eux que sur l'avis conforme du Conseil supérieur. — La révocation aura lieu dans les formes prévues par l'article 14. (*Remis en vigueur par l'art.* 5, *L.* 19 *mars* 1873.)

TITRE IV. — *Dispositions générales.*

77. Les dispositions de la présente loi concernant les écoles primaires ou secondaires sont applicables aux cours publics sur les matières de l'enseignement primaire ou secondaire. — Les Conseils académiques peuvent, selon les degrés de l'enseignement, dispenser ces cours de l'application des dispositions qui précèdent, et spécialement de l'application du dernier paragraphe de l'article 54.

78. Les étrangers peuvent être autorisés à ouvrir ou diriger des établissements d'instruction primaire ou secondaire, aux conditions déterminées par un règlement délibéré en Conseil supérieur.

79. Les instituteurs adjoints des écoles publiques, les jeunes gens qui se préparent à l'enseignement primaire public dans les écoles désignées à cet effet, les membres ou novices des associations religieuses vouées à l'enseignement et autorisées par la loi ou reconnues comme établissements d'utilité publique, les élèves de l'École normale supérieure, les maîtres d'étude, régents et professeurs des colléges et lycées, sont dispensés du service militaire, s'ils ont, avant l'époque fixée pour le tirage contracté, devant le recteur, l'engagement de se vouer, pendant dix ans, à l'enseignement public, et s'ils réalisent cet engagement. (*V. art.* 20, *L.* 27 *juillet* 1872.)

80. L'article 463 du Code pénal pourra être appliqué aux délits prévus par la présente loi.

81. Un règlement d'administration publique déterminera les dispositions de la présente loi qui seront applicables à l'Algérie.

82. Sont abrogées toutes les dispositions des lois, décrets ou ordonnances contraires à la présente loi.

Dispositions transitoires.

83. Les chefs ou directeurs d'établissements d'instruction secondaire ou primaire libres, maintenant en exercice, continueront d'exercer leur profession sans être soumis aux prescriptions des articles 53 et 60. — Ceux qui en ont interrompu l'exercice pourront le reprendre sans être soumis à la condition du stage. — Le temps passé par les professeurs et les surveillants dans ces établissements leur sera compté pour l'accomplissement du stage prescrit par ledit article.

84. La présente loi ne sera exécutoire qu'à dater du 1er septembre 1850. — Les autorités actuelles continueront d'exercer leurs fonctions jusqu'à cette époque. — Néanmoins, le Conseil supérieur pourra être constitué, et il pourra être convoqué par le ministre avant le 1er septembre 1850 ; et, dans ce cas, les articles 1, 2, 3, 4, l'article 5, à l'exception de l'avant-dernier paragraphe, les articles 6 et 76 de la présente loi, deviendront immédiatement applicables. — La loi du 11 janvier 1850 est prorogée jusqu'au 1er septembre 1850. — Dans le cas où le Conseil supérieur aurait été constitué avant cette époque, l'appel des instituteurs révoqués sera jugé par le ministre de l'Instruction publique, en session permanente du Conseil supérieur.

85. Jusqu'à la promulgation de la loi sur l'enseignement supérieur, le Conseil supérieur de l'instruction publique et sa section permanente selon leur compétence respective, exerce-

ront, à l'égard de cet enseignement, les attributions qui appartenaient au Conseil de l'Université, et les nouveaux Conseils académiques, les attributions qui appartenaient aux anciens.

LOI

Relative à l'assainissement des logements insalubres.

(13 avril 1850)

Art. 1er. Dans toute commune où le Conseil municipal l'aura déclaré nécessaire par une délibération spéciale, il nommera une commission chargée de rechercher et indiquer les mesures indispensables d'assainissement des logements et dépendances insalubres mis en location ou occupés par d'autres que le propriétaire, l'usufruitier ou l'usager. — Sont réputés insalubres les logements qui se trouvent dans des conditions de nature à porter atteinte à la vie ou à la santé de leurs habitants.

2. La commission se composera de neuf membres au plus, et de cinq au moins. — En feront nécessairement partie un médecin, et un architecte ou tout autre homme de l'art, ainsi qu'un membre du bureau de bienfaisance et du Conseil des prud'hommes, si ces institutions existent dans la commune. — La présidence appartient au maire ou à l'adjoint. — Le médecin et l'architecte pourront être choisis hors de la commune. — La commission se renouvelle tous les deux ans par tiers ; les membres sortants sont indéfiniment rééligibles. Dans les communes dont la population dépasse cinquante mille âmes, le Conseil municipal pourra, soit nommer plusieurs commissions, soit porter jusqu'à vingt le nombre des membres de la commission existante. A Paris le nombre des membres de la commission pourra être porté jusqu'à trente. (*Ainsi modifié par la loi du 25 mai 1864.*)

3. La commission visitera les lieux signalés comme insalubres. Elle déterminera l'état d'insalubrité, et en indiquera les causes, ainsi que les moyens d'y remédier. Elle désignera les logements qui ne seraient pas susceptibles d'assainissement.

4. Les rapports de la commission seront déposés au secrétariat de la mairie, et les parties intéressées mises en demeure d'en prendre communication et de produire leurs observations dans le délai d'un mois.

5. A l'expiration de ce délai, les rapports et observations seront soumis au Conseil municipal qui déterminera, — 1° Les travaux d'assainissement et les lieux où ils devront être entièrement ou partiellement exécutés, ainsi que les délais de leur achèvement ; — 2° Les habitations qui ne sont pas susceptibles d'assainissement.

6. Un recours est ouvert aux intéressés contre ces décisions devant le Conseil de préfecture, dans le délai d'un mois à dater de la notification de l'arrêté municipal. Ce recours sera suspensif.

7. En vertu de la décision du Conseil municipal ou de celle du Conseil de préfecture, en cas de recours, s'il a été reconnu que les causes d'insalubrité sont dépendantes du fait du propriétaire ou de l'usufruitier, l'autorité municipale lui enjoindra, par mesure d'ordre et de police, d'exécuter les travaux jugés nécessaires.

8. Les ouvertures pratiquées pour l'exécution des travaux d'assainissement seront exemptées, pendant trois ans, de la contribution des portes et fenêtres.

9. En cas d'inexécution, dans les délais déterminés, des travaux jugés nécessaires, et si le logement continue d'être occupé par un tiers, le propriétaire ou l'usufruitier sera passible d'une amende de 16 francs à 100 francs. Si les travaux n'ont pas été exécutés dans l'année qui aura suivi la condamnation, et si le logement insalubre a continué d'être occupé par un tiers, le propriétaire ou l'usufruitier sera passible d'une amende égale à la valeur des travaux, et pouvant être élevée au double.

10. S'il est reconnu que le logement n'est pas susceptible d'assainissement, et que les causes d'insalubrité sont dépendantes de l'habitation elle-même, l'autorité municipale pourra, dans le délai qu'elle fixera, en interdire provisoirement la location à titre d'habitation. — L'interdiction absolue ne pourra être prononcée que par le Conseil de préfecture, et, dans ce cas, il y aura recours de sa décision devant le Conseil d'État. — Le propriétaire ou l'usufruitier qui aura contrevenu à l'interdiction prononcée sera condamné à une amende de 16 à 100 francs, et, en cas de récidive dans l'année, à une amende égale au double de la valeur locative du logement interdit.

11. Lorsque, par suite de l'exécution de la présente loi, il y aura lieu à résiliation des baux, cette résiliation n'emportera en faveur du locataire aucuns dommages-intérêts.

12. L'article 463 du Code pénal sera applicable à toutes les contraventions ci-dessus indiquées.

13. Lorsque l'insalubrité est le résultat de causes extérieures et permanentes, ou lorsque ces causes ne peuvent être détruites que par des travaux d'ensemble, la commune pourra acquérir, suivant les formes et après l'accomplissement des formalités prescrites par la loi du 3 mai 1841, la totalité des propriétés comprises dans le périmètre des travaux. — Les portions de ces propriétés qui, après l'assainissement opéré, resteraient en dehors des alignements arrêtés pour les nouvelles constructions, pourront être revendues aux enchères publiques, sans que, dans ce cas, les anciens propriétaires ou leurs ayants-droit puissent demander l'application des articles 60 et 61 de la loi du 3 mai 1841.

14. Les amendes prononcées en vertu de la présente loi seront attribuées en entier au bureau ou établissement de bienfaisance de la localité où sont situées les habitations à raison desquelles ces amendes auront été encourues.

DÉCRET

Relatif au traitement des instituteurs communaux.

(20 avril 1850) (1)

DÉCRET

Relatif à la vente des remèdes nouveaux dont la recette n'a pas encore été insérée au Codex pharmaceutique.

(3 mai 1850)

ART. UNIQUE. Les remèdes qui auront été reconnus nouveaux et utiles par l'Académie nationale de médecine, et dont les formules, approuvées par le ministre de l'Agriculture et du commerce, conformément à l'avis de cette compagnie savante, auront été publiées dans son bulletin, avec l'assentiment des inventeurs ou possesseurs, cesseront d'être considérés comme remèdes secrets. — Ils pourront être, en conséquence, vendus librement par les pharmaciens, en attendant que la recette en soit insérée dans une nouvelle édition du *Codex.*

LOI

Portant fixation du budget des recettes de l'exercice 1850.

(18 mai 1850 (2)

. . . .

TITRE II.

ART. 2. A compter de la publication de la présente loi, le prix des adjudications des domaines nationaux qui seront mis en vente sera payable avec intérêts, à partir de l'entrée en possession de l'acquéreur, de la manière et dans les délais qui seront fixés par un cahier des charges approuvé par le ministre des finances. — L'acquéreur, en cas de retard dans les paiements, sera soumis à l'application de l'article 8 de la loi du 15 floréal an X. — Les lois des 15 et 16 floréal an X continueront d'être exécutées en tout ce qui n'est pas contraire au présent article.

3. Le décret du 9 mars 1848 est abrogé.

4. A l'avenir, l'affectation d'un immeuble national à un service public ne pourra être faite que par une loi. (*Abrogé par la loi du 24 mars 1852.*)

TITRE III. — *Sur l'enregistrement.*

5. Conformément à l'article 3 de la loi du 16 juin 1824, les donations portant partage faites par actes entre-vifs par les père et mère ou autres ascendants, ne donneront ouverture qu'aux droits établis pour les successions en ligne directe; mais les règles de perception concernant les soultes de partage leur seront applicables, ainsi qu'aux partages testamentaires également autorisés par les articles 1075 et 1076 du Code civil.

6. Les actes renfermant soit la déclaration pour le donataire ou ses représentants, soit la reconnaissance judiciaire d'un don manuel, seront sujets aux droits de donation.

7. Les mutations par décès et les tranmissions entre-vifs à titre gratuit d'inscriptions sur le grand-livre de la

(1) Bull., 10e série, no 2115. — *V.* le texte de ce décret dans notre édition in-8o. — *V.* L. 19 juill. 1875, *Relative au traitement des instituteurs et institutrices primaires.*

(2) Bull., 10e série, no 2128. — Insérée par erreur à la date du 15 mai dans le *Bulletin*.

dette publique seront soumises aux droits établis pour les successions et les donations. — Il en sera de même des mutations par décès de fonds publics et d'actions des compagnies ou sociétés d'industrie et de finances étrangères, dépendant d'une succession régie par la loi française, et des transmissions entre-vifs à titre gratuit de ces mêmes valeurs au profit d'un Français. — Le capital servant à la liquidation du droit d'enregistrement sera déterminé par le cours moyen de la Bourse au jour de la transmission. — S'il s'agit de valeurs non cotées à la Bourse, le capital sera déterminé par la déclaration estimative des parties, conformément à l'article 14 de la loi du 22 frimaire an VII, sauf l'application de l'article 39 de la même loi, si l'estimation est reconnue insuffisante. (*V. art.* 3, 4, *L.* 23 *août* 1871.)

8. Le moindre droit fixe d'enregistrement pour les actes civils et administratifs est porté à 2 francs, à l'exception du droit sur les certificats de vie et de résidence, qui est maintenu au taux actuel. (*V. L.* 6 *juin* 1857.)

9. Les actes et mutations qui auront acquis date certaine avant la promulgation de la présente loi seront régis par les lois antérieures.

TITRE IV.

10. Les transmissions de biens meubles à titre gratuit entre-vifs, et celles qui s'effectuent par décès, seront assujetties aux diverses quotités de droit établies pour les transmissions d'immeubles de la même espèce.

11. Les prescriptions de trois et de cinq années, établies par les paragraphes 2 et 3 de l'article 61 de la loi du 22 frimaire an VII pour les droits concernant les omissions de biens dans les déclarations après décès et les successions non déclarées sont étendues à cinq années pour la première prescription, et à dix années pour la seconde.

12. Les héritiers, donataires ou légataires n'ayant pas encore acquis lesdites prescriptions de trois et cinq années et qui dans les trois mois de la promulgation de la présente loi passeront la déclaration de biens n'ayant motivé aucune poursuite de l'administration de l'enregistrement, seront affranchis des droits en sus par eux encourus en payant les droits simples de mutations par décès.

. . . .

TITRE VI. — *Sur les patentes.* (1)

16. Les tarifs et tableaux annexés à la loi du 25 avril 1844 sur les patentes sont modifiés et complétés conformément aux tableaux D, E, F, G, annexés à la présente loi (2).

17. Les patentables exerçant plusieurs des industries tarifées au tableau C annexé à la loi du 25 avril 1844, et au tableau F annexé à la présente loi, en raison du nombre d'ouvriers, de machines ou instruments, seront imposés d'après tous ces moyens de production, sans toutefois que le droit fixe puisse dépasser le maximum établi pour celle des industries exercées qui est passible du droit fixe le plus élevé. (*V. L.* 29 *mars* 1872.)

18. Ne sont point considérées comme donnant lieu à l'exemption de patente prévue à l'article 13, paragraphe 4, de la loi du 25 avril 1844, les transformations des récoltes et fruits, pratiquées au moyen d'agents chimiques, de machines ou ustensiles, autres que ceux servant aux travaux habituels de l'agriculture. (*V. L.* 27 *juillet* 1870, *art.* 3.)

19. Les patentables compris aux tableaux A et B annexés à la loi du 25 avril 1844, et aux tableaux D et E annexés à la présente loi, ayant plusieurs établissements, boutiques ou magasins de même espèce ou d'espèces différentes, paieront un droit fixe entier pour l'établissement donnant lieu au droit le plus élevé, soit en raison de la population, soit en raison de la nature du commerce, de l'industrie ou de la profession, et, en outre, pour chacun des autres établissements, boutiques ou magasins, un demi-droit fixe calculé en raison de la population et de la profession exercée dans l'établissement. La somme des demi-droits fixes additionnels ne pourra, dans aucun cas, excéder le double du droit fixe principal

20. Les patentables des quatre dernières classes du tableau A annexé à la loi du 25 avril 1844 (3), et du tableau D annexé à la présente loi, qui exercent pour leur compte des professions consistant en un travail de fabrication, confection ou main-d'œuvre, ne seront imposés qu'à la moitié des

(1) *V. LL.* 13 mai 1863 ; 29 mars 1872.

(2) *V. infrà*, tableau G additionnel au tableau D de la loi du 25 avril 1844.

(3) *V. infrà*, tableau G additionnel au tableau D de la loi du 25 avril 1844.

droits, lorsqu'ils travailleront sans compagnon ni apprenti.

21. Est ajouté à l'article 20 de la loi du 25 avril 1844 le paragraphe additionnel suivant. — Les matrices, revêtues des observations du maire de chaque arrondissement, seront centralisées à la commission des contributions, qui, après y avoir aussi consigné ses observations, les transmettra au directeur des contributions, comme il est dit au cinquième paragraphe.

22. L'article 37 de la loi du 1er brumaire an VII sur les patentes (1), et l'article 29 de la loi du 25 avril 1844, sont abrogés.

23. Le droit fixe de patente exigible des associés en nom collectif, en vertu de l'article 16 de la loi du 25 avril 1844 (*V. tabl. G addit. au tabl. D de la loi du 25 avril* 1844), ne sera que du vingtième du droit fixe payé par l'associé principal pour les associés habituellement employés comme simples ouvriers dans les travaux de l'association. (*V. art.* 19, *L.* 26 *juill.* 1860.)

24. Les dispositions du dernier paragraphe de l'article 17 de la loi du 25 avril 1844 concernant la patente due par les sociétaires ou actionnaires des sociétés ou compagnies anonymes, lorsqu'ils exercent une industrie particulière, sont déclarées applicables aux gérants et associés solidaires des sociétés en commandite.

. . . .

TABLEAU G ADDITIONNEL AU TABLEAU D DE LA LOI DU 25 AVRIL 1844.

Professions assujetties seulement au droit proportionnel.

(Le droit proportionnel au 15e.)

Architectes. — Avocats inscrits au tableau des Cours et tribunaux. — Avocats au Conseil d'Etat et à la Cour de cassation. — Avoués. — Chirurgiens-dentistes. — Commissaires-priseurs. — Docteurs en chirurgie. — Docteurs en médecine. — Greffiers. — Huissiers. — Mandataires agréés par les tribunaux de commerce. — Notaires. — Officiers de santé. — Référendaires au sceau. — Vétérinaires. — Chefs d'institution, maîtres de pension. (Les locaux affectés au logement et à l'instruction des élèves ne seront pas compris dans l'estimation de la valeur locative.)

Vu pour être annexé à la loi portant fixation du budget des dépenses de l'exercice 1850.

(1) L'article 37 de la loi du 1er brumaire an VII obligeait, à peine d'une amende de 500 francs, toute personne qui formait une demande, ou fournissait une défense en justice, ou faisait une signification par acte extrajudiciaire, pour tout ce qui était relatif à son commerce, sa profession ou son industrie, à mentionner en tête des actes, sa patente, avec désignation de la classe, de la date du numéro, etc.

DÉCRET

Portant que les prorogations de délais de coupe ou de vidange seront accordées, à l'avenir, par les conservateurs des forêts, quelle que soit la durée des délais réclamés

(31 mai 1850)

ART. UNIQUE. Les prorogations de délais de coupe ou de vidange seront accordées, à l'avenir, par les conservateurs des forêts, quelle que soit la durée des délais réclamés. — L'ordonnance du 4 décembre 1844 est, en conséquence, modifiée en ce qu'elle a de contraire aux dispositions qui précèdent.

LOI

Relative au timbre des effets de commerce, des bordereaux de commerce, des actions dans les sociétés, des obligations négociables des départements, communes, établissements publics et compagnies, et des polices d'assurances.

(5 juin 1850) (2)

TITRE 1er.

CHAP. Ier. — DES EFFETS DE COMMERCE.

ART. 1er. Le droit de timbre proportionnel sur les lettres de change, billets à ordre ou au porteur, mandats, retraites et tous autres effets négociables ou de commerce, est fixé ainsi qu'il suit : — A 5 centimes pour les effets de 100 francs et au-dessous ; — A 10 centimes pour ceux au-dessus de 100 francs jusqu'à 200 francs ; — A 15 centimes pour ceux au-dessus de 200 francs jusqu'à 300 francs ; — A 20 centimes pour ceux au-dessus de

(2) *V.* pour les warrants et récépissés; L. 28 mai 1858.

300 francs jusqu'à 400 francs; — A 25 centimes pour ceux au-dessus de 400 francs jusqu'à 500 francs; — A 50 centimes pour ceux au-dessus de 500 francs jusqu'à 1,000 francs; — A 1 franc pour ceux au-dessus de 1,000 francs jusqu'à 2,000 francs. — A 1 franc 50 centimes pour ceux au-dessus de 2,000 francs jusqu'à 3,000 francs; — A 2 francs pour ceux au-dessus de 3,000 francs jusqu'à 4,000 francs; — Et ainsi de suite, en suivant la même progression et sans fractions. (*Modifié par l'art.* 2, *L.* 23 *août* 1871; *et l'art.* 3, *L.* 19 *févr.* 1874.)

2. Celui qui reçoit du souscripteur un effet non timbré conformément à l'article 1er est tenu de le faire viser pour timbre dans les quinze jours de sa date, ou avant l'échéance, si cet effet a moins de quinze jours de date, et dans tous les cas avant toute négociation. — Ce visa pour timbre sera soumis à un droit de 15 centimes par 100 francs ou fraction de 100 francs, qui s'ajoutera au montant de l'effet, nonobstant toute stipulation contraire. (*V. L.* 23 *août* 1871, *art.* 2-1°; *L.* 19 *févr.* 1874, *art.* 3.)

3. Les effets venant soit de l'étranger, soit des îles ou des colonies dans lesquelles le timbre n'aura pas encore été établi, et payables en France, seront, avant qu'ils puissent y être négociés, acceptés ou acquittés, soumis au timbre ou au visa pour timbre, et le droit sera payé d'après la quotité fixée par l'article 1er. (*V. art.* 19, *L.* 11 *juin* 1859; *art.* 3, *L.* 20 *déc.* 1872; *art.* 4, *L.* 19 *févr.* 1874.)

4. En cas de contravention aux articles précédents, le souscripteur, l'accepteur, le bénéficiaire ou premier endosseur de l'effet non timbré ou non visé pour timbre, seront passibles chacun d'une amende de 6 pour 100. — A l'égard des effets compris en l'article 3, outre l'application, s'il y a lieu, du paragraphe précédent, le premier des endosseurs résidant en France, et, à défaut d'endossement en France, le porteur, sera passible de l'amende de 6 pour 100. — Si la contravention ne consiste que dans l'emploi d'un timbre inférieur à celui qui devait être employé, l'amende ne portera que sur la somme pour laquelle le droit de timbre n'aura pas été payé.

5. Le porteur d'une lettre de change non timbrée, ou non visée pour timbre, conformément aux articles 1, 2 et 3, n'aura d'action, en cas de non-acceptation, que contre le tireur; en cas d'acceptation, il aura seulement action contre l'accepteur et contre le tireur, si ce dernier ne justifie pas qu'il y avait provision à l'échéance. — Le porteur de tout autre effet sujet au timbre et non timbré, ou non visé pour timbre, conformément aux mêmes articles, n'aura d'action que contre le souscripteur. — Toutes stipulations contraires seront nulles.

6. Les contrevenants seront soumis solidairement au paiement du droit de timbre et des amendes prononcées par l'article 4. Le porteur fera l'avance de ce droit et de ces amendes, sauf son recours contre ceux qui en seront passibles. Ce recours s'exercera devant la juridiction compétente pour connaître de l'action en remboursement de l'effet.

7. Il est interdit à toutes personnes, à toutes sociétés, à tous établissements publics, d'encaisser ou de faire encaisser pour leur compte ou pour le compte d'autrui, même sans leur acquit, des effets de commerce non timbrés, ou non visés pour timbre, sous peine d'une amende de 6 pour 100 du montant des effets encaissés.

8. Toute mention ou convention de retour sans frais, soit sur le titre, soit en dehors du titre, sera nulle, si elle est relative à des effets non timbrés ou non visés pour timbre.

9. Les dispositions de la présente loi sont applicables aux lettres de change, billets à ordre, ou autres effets souscrits en France et payables hors de France.

10. L'exemption du timbre accordée, par l'article 6 de la loi du 1er mai 1822, aux duplicata de lettres de change, est maintenue. Toutefois, si la première, timbrée ou visée pour timbre, n'est pas jointe à celle mise en circulation et destinée à recevoir les endossements, le timbre ou visa pour timbre devra toujours être apposé sur cette dernière, sous les peines prescrites par la présente loi. (*V. art.* 19, *L.* 2 *juill.* 1862.)

11. Les dispositions des articles précédents ne seront applicables qu'aux effets souscrits à partir du 1er octobre 1850.

Dispositions transitoires.

12. Jusqu'au 1er octobre 1850, et vingt-quatre heures au moins avant l'échéance, le porteur de tout effet de commerce assujetti au timbre aura la faculté de le faire timbrer à l'extraordinaire et viser pour timbre, sans amende. — Il ne sera dû que le droit fixé par la loi ancienne. L'avance de ce droit sera faite par le porteur sauf

son recours contre les divers obligés. — Toute contravention sera passible d'une amende de 6 pour 100 contre le porteur, outre les amendes prononcées par les lois anciennes contre le souscripteur, l'accepteur et le premier endosseur. — Les effets assujettis au timbre et échus antérieurement à la promulgation de la présente loi seront admis, jusqu'au 1er août inclusivement, au visa pour timbre sans amende, et au droit fixé par la loi ancienne.

CHAP. II. — DES BORDEREAUX DE COMMERCE.

13. A compter du 1er juillet 1850, les bordereaux et arrêtés des agents de change ou courtiers ne pourront être rédigés, sous peine d'une amende de 500 francs contre l'agent de change ou le courtier contrevenant, que sur du papier au timbre de dimension ou timbré à l'extraordinaire, conformément à l'article 6 de la loi du 11 juin 1842. (*V. art.* 19, *L.* 2 *juill* 1862.)

TITRE II.

CHAP. Ier. — ACTIONS DANS LES SOCIÉTÉS.

14. Chaque titre ou certificat d'action, dans une société, compagnie ou entreprise quelconque, financière, commerciale, industrielle ou civile, que l'action soit d'une somme fixe ou d'une quotité, qu'elle soit libérée ou non libérée, émis à partir du 1er janvier 1841, sera assujetti au timbre proportionnel de 50 centimes pour 100 francs du capital nominal pour les sociétés, compagnies ou entreprises dont la durée n'excédera pas dix ans, et de 1 pour 100 pour celles dont la durée dépassera dix années. — A défaut de capital nominal, le droit se calculera sur le capital réel, dont la valeur sera déterminée d'après les règles établies par les lois sur l'enregistrement. — L'avance en sera faite par la compagnie, quels que soient les statuts. — La perception de ce droit proportionnel suivra les sommes et valeurs de 20 francs en 20 francs inclusivement et sans fractions. (*V. L.* 13 *mai* 1863, *art.* 6 *à* 9.)

15. — *Abrogé par l'art.* 11, *L.* 23 *juin* 1857.

16. Les titres ou certificats d'actions seront tirés d'un registre à souche; le timbre sera apposé sur la souche et le talon. — Le dépositaire du registre sera tenu de le communiquer aux préposés de l'enregistrement, selon le mode prescrit par l'article 54 de la loi du 22 frimaire an VII, et sous les peines y énoncées. — (*V. L.* 2 *juill.* 1862, *art.* 19.)

17. Le titre ou certificat d'action, délivré par suite de transfert ou de renouvellement, sera timbré à l'extraordinaire ou visé pour timbre gratis, si le titre ou certificat primitif a été timbré.

18. Toute société, compagnie ou entreprise qui sera convaincue d'avoir émis une action en contravention à l'article 14 et au premier paragraphe de l'article 16, sera passible d'une amende de 12 pour 100 du montant de cette action.

19. L'agent de change ou le courtier qui aura concouru à la cession ou au transfert d'un titre ou certificat d'action non timbré sera passible d'une amende de 10 pour 100 du montant de l'action.

20. Il est accordé un délai de six mois pour faire timbrer à l'extraordinaire ou viser pour timbre sans amende et au droit proportionnel de 5 centimes pour 100 francs, conformément à l'article 1er, les titres ou certificats d'actions qui auront été, en contravention aux lois existantes, délivrés antérieurement au 1er janvier 1851. — Le droit sera perçu sur la représentation du registre à souche, ou tout autre constatant la délivrance du certificat, et l'avance en sera faite par la compagnie, la société ou l'entreprise. — Le délai de six mois expiré, la société, la compagnie ou l'entreprise sera, en cas de contravention, passible de l'amende déterminée par l'article 18. — L'avis officiel de l'acquittement du droit, inséré dans le *Moniteur*, équivaudra à l'apposition du timbre pour les titres ou certificats énoncés au premier paragraphe de cet article.

21. L'article 17 ne sera pas applicable aux renouvellements des titres énoncés en l'article 20. Ces renouvellements resteront assujettis au timbre déterminé par cet article, et les cessions de titres ainsi renouvelés au droit d'enregistrement fixé par les lois anciennes, s'il résulte du titre nouveau que le titre primitif avait été émis antérieurement au 1er janvier 1851.

22. Les sociétés, compagnies ou entreprises pourront s'affranchir des obligations imposées par les articles 14 et 20, en contractant avec l'État un abonnement pour toute la durée de la société. — Le droit sera annuel, et de 5 centimes par 100 francs du capital nominal de chaque action émise; à défaut de capital nominal, il sera de 5 centimes par 100 francs du capital

réel, dont la valeur devra être déterminée conformément au deuxième paragraphe de l'article 14. — Le paiement du droit sera fait, à la fin de chaque trimestre, au bureau d'enregistrement du lieu où se trouvera le siége de la société, de la compagnie ou de l'entreprise. — Même en cas d'abonnement, les articles 16 et 18 resteront applicables. Un règlement d'administration publique déterminera les formalités à suivre pour l'application du timbre sur les actions.

23. Chaque contravention aux dispositions de ce règlement sera passible d'une amende de 50 francs.

24. Seront dispensées du droit les sociétés, compagnies ou entreprises abonnées qui, depuis leur abonnement, se seront mises ou auront été mises en liquidation. — Celles qui, postérieurement à leur abonnement, n'auront, dans les deux dernières années, payé ni dividendes ni intérêts, seront aussi dispensées du droit, tant qu'il n'y aura pas de répartition de dividendes ou de paiement d'intérêts. — Jouiront de la même dispense, les sociétés et compagnies qui, dans les deux dernières années antérieures à la promulgation de la présente loi, n'auront payé ni dividendes ni intérêts, à la charge, toutefois, par elles de s'abonner dans les six mois qui suivront cette promulgation, et de payer le droit annuel à partir de la première répartition de dividendes ou du premier paiement d'intérêts.

25. Les dispositions des articles précédents ne s'appliquent pas aux actions dont la cession n'est parfaite, à l'égard des tiers, qu'au moyen des conditions déterminées par l'article 1690 du Code civil, ni à celles qui en ont été formellement dispensées par une disposition de loi.

26. Dans le cas de renouvellement d'une société ou compagnie constituée pour une durée n'excédant pas dix années, les certificats d'actions seront de nouveau soumis à la formalité du timbre, à moins que la société ou compagnie n'ait contracté un abonnement qui, dans ce cas, se trouvera prorogé pour la nouvelle durée de la société.

CHAP. II. — OBLIGATIONS NÉGOCIABLES DES DÉPARTEMENTS, COMMUNES, ÉTABLISSEMENTS ET COMPAGNIES.

27. Les titres d'obligations souscrits à compter du 1er janvier 1851 par les départements, communes, établissements publics et compagnies, sous quelque dénomination que ce soit, dont la cession, pour être parfaite à l'égard des tiers, n'est pas soumise aux dispositions de l'article 1690 du Code civil, seront assujettis au timbre proportionnel de 1 pour 100 du montant du titre. — L'avance en sera faite par les départements, communes, établissements publics et compagnies. — La perception du droit suivra les sommes et valeurs de 20 francs en 20 francs inclusivement, et sans fractions. (*V. L.* 30 *mars* 1872.)

28. Les titres seront tirés d'un registre à souche. — Le dépositaire du registre sera tenu de le communiquer aux préposés de l'enregistrement, selon le mode prescrit par l'article 54 de la loi du 22 frimaire an VII, et sous les peines y énoncées. (*V. L.* 9 *mai* 1860.)

29. Toute contravention à l'article 27 et au premier paragraphe de l'article 28 sera passible contre les départements, communes, établissements publics et sociétés, d'une amende de 10 pour 100 du montant du titre.

30. Les départements, communes, établissements publics et compagnies auront un délai de six mois, à partir de la promulgation de la présente loi pour faire timbrer à l'extraordinaire sans amende, ou viser pour timbre, au droit fixé par les lois existantes, les titres compris dans l'article 27, et souscrits antérieurement au 1er janvier 1851. — Ce délai expiré, les départements, communes, établissements publics et compagnies seront passibles de l'amende déterminée par l'article 29.

31. Les départements, communes, établissements publics et compagnies pourront s'affranchir des obligations imposées par les articles 27 et 30, en contractant avec l'Etat un abonnement pour toute la durée des titres. Le droit sera annuel, et de 5 centimes par 100 francs du montant de chaque titre. — Le paiement du droit sera fait à la fin de chaque trimestre au bureau d'enregistrement du lieu où les départements, communes, établissements publics et compagnies auront le siége de leur administration.—En cas d'abonnement, le dernier paragraphe de l'article 22 et l'article 28 seront applicables.

32. Les articles 19, 23 et 25, sont applicables aux titres compris en l'article 27.

TITRE III. — *Des polices d'assurances.*

SECTION I. — *Des polices d'assurance, autres que les assurances maritimes.*

33. A compter du 1er octobre 185

tout contrat d'assurance, ainsi que toute convention postérieure contenant prolongation de l'assurance, augmentation dans la prime ou le capital assuré, sera rédigé sur papier d'un timbre de dimension, sous peine de 50 francs d'amende, contre l'assureur, sans aucun recours contre l'assuré. — Si l'assuré en fait l'avance, il aura un recours contre l'assureur. — Lorsque la police contiendra une clause de tacite reconduction, elle sera en outre soumise au visa pour timbre dans le délai de cinq jours de sa date, sous la même peine de 50 francs d'amende contre l'assureur. Le droit de visa sera le même que celui du timbre employé pour l'acte. (*V. L. 9 mai* 1860.)

34. Les sociétés d'assurances mutuelles, les compagnies d'assurances à primes ou autres, sous quelque dénomination que ce soit, et tous assureurs à primes ou autres, seront tenus de faire, au bureau d'enregistrement du lieu où ils auront le siége de leur principal établissement, une déclaration constatant la nature des opérations, et les noms du directeur de la société ou du chef de l'établissement. — Cette déclaration sera faite avant le 1er octobre 1850 par les sociétés, compagnies et assureurs actuellement établis, et par les autres, avant de commencer leurs opérations. — Toute infraction aux dispositions de cet article sera passible d'une amende de 1,000 francs.

35. Les sociétés, compagnies et assureurs seront tenus d'avoir, au siége de l'établissement, un répertoire sommaire en un ou plusieurs volumes, non sujet au timbre, mais coté, paraphé et visé, soit par un des juges du tribunal de commerce, soit par le juge de paix, sur lequel ils porteront, par ordre de numéros, et dans les six mois de leur date, toutes les assurances faites soit directement, soit par leurs agents, ainsi que les conventions qui prolongeront l'assurance, augmenteront la prime ou le capital assuré. — A l'égard des sociétés, compagnies et assureurs actuellement établis, le répertoire ne sera obligatoire que pour les opérations qui seront faites à compter du 1er octobre 1850. Ce répertoire sera soumis au visa des préposés de l'enregistrement, selon le mode indiqué par la loi du 22 frimaire an VII. Les préposés de l'enregistrement pourront exiger au siége de l'établissement, la représentation, 1° des polices en cours d'exécution, ou renouvelées par tacite reconduction depuis au moins six mois ; 2° de celles expirées depuis moins de deux mois. (*V. L. 2 juill.* 1862.)

36. Chaque contravention aux dispositions de l'article précédent sera passible d'une amende de 10 francs.

37. Les sociétés, compagnies d'assurances et tous autres assureurs contre l'incendie et contre la grêle, pourront s'affranchir des obligations imposées par l'article 33 en contractant avec l'Etat un abonnement annuel, à raison de 2 centimes par 1,000 francs du total des sommes assurées, d'après les polices ou contrats en cours d'exécution. — Les caisses départementales administrées gratuitement, ayant pour but d'indemniser ou de secourir les incendiés au moyen de collectes, pourront aussi s'affranchir des mêmes obligations, en contractant avec l'Etat un abonnement annuel de 1 pour 100 du total des collectes de l'année. — Les compagnies et tous assureurs sur la vie pourront également s'affranchir de l'obligation imposée par l'article 33, en contractant avec l'Etat un abonnement annuel de 2 francs par 1,000 du total des versements faits chaque année aux compagnies ou aux assureurs. — L'abonnement de l'année courante se calculera sur le chiffre total des opérations de l'année précédente. — Le paiement du droit sera fait par moitié et par semestre, au bureau de l'enregistrement du lieu où se trouvera le siége de l'établissement. (*V. L. 9 mai* 1860 ; *L. 2 juill.* 1862.)

38. Les sociétés, compagnies ou assureurs qui, après avoir contracté un abonnement, voudront y renoncer, seront tenus de payer un droit de 35 centimes par chaque police en cours d'exécution, quels que soient la dimension du papier et le nombre des doubles.

39. Le pouvoir exécutif déterminera la forme du timbre qui, en cas d'abonnement, sera apposé, sans frais, sur le papier destiné aux polices d'assurances et aux feuilles de collectes. (*V. LL. 9 mai* 1860 *et 2 juill.* 1862.)

Dispositions transitoires.

40. Les sociétés, compagnies d'assurances et tous autres assureurs seront tenus, dans le délai de six mois à partir de la promulgation de la présente loi, de faire timbrer à l'extraordinaire, ou viser pour timbre, les actes d'assurances en cours d'exécution et antérieurs au 1er octobre 1850. Il sera perçu, par police, quels que soient le nombre des doubles et la dimension du papier, un droit fixe de 35 centimes

sans aucune amende. L'avance de ce droit sera faite par la société, la compagnie ou l'assureur, sauf recours, pour moitié, contre l'assuré. — Passé le délai de six mois, la société, la compagnie ou l'assureur sera passible d'une amende de 10 francs par chaque police d'assurance non timbrée.

41. Les sociétés, compagnies ou assureurs qui, pour l'année 1850, et dans les trois mois de la promulgation de la présente loi, contracteront avec l'Etat l'abonnement annuel autorisé par l'article 37, seront affranchis du droit fixé par l'article précédent, et leurs polices seront timbrées sans frais, quel qu'en soit le format.

SECTION II. — *Des polices d'assurances maritimes.*

42. A compter du 1er octobre 1850, tout contrat d'assurance maritime, ainsi que toute convention postérieure contenant prolongation de l'assurance, augmentation dans la prime ou dans le capital assuré, ou bien (en cas de police flottante) portant désignation d'une somme en risque ou d'une prime à payer, sera rédigé sur papier d'un timbre de dimension, sous peine de 50 francs d'amende contre chacun des assureurs et assurés. — Les conventions postérieures énoncées dans le paragraphe précédent pourront être inscrites à la suite de la police, à la charge pour chacune d'un visa pour timbre au même droit que celui de la police. — Le visa devra être apposé dans les deux jours de la date des nouvelles conventions.

43. Les compagnies d'assurances maritimes seront tenues de faire, au bureau d'enregistrement du siége de leur établissement et à celui du siége de chaque agence, une déclaration constatant la nature des opérations et les noms du directeur et de l'agent de la compagnie. — Cette déclaration sera faite, pour les compagnies actuellement existantes, avant le 1er octobre 1850, et pour les autres avant de commencer leurs opérations. — Toute contravention aux dispositions de cet article sera passible d'une amende de 1,000 francs.

44. Les compagnies d'assurances maritimes seront tenues d'avoir, dans chaque agence, un répertoire non sujet au timbre, mais coté, paraphé et visé, soit par un des juges du tribunal de commerce, soit par le juge de paix, sur lequel seront, dans les trois jours de leur date, portées par ordre de numéros les assurances qui auront été faites dans ladite agence sans intermédiaire de courtier ou de notaire, ainsi que les conventions qui prolongeront l'assurance, augmenteront la prime ou le capital assuré, ou bien (en cas de police flottante) qui porteront la désignation d'une somme en risque ou d'une prime à payer. — A l'égard des compagnies actuellement existantes, le répertoire ne sera obligatoire que pour les opérations qui seront faites à compter du 1er octobre 1850. Ce répertoire sera soumis au visa des préposés de l'enregistrement, selon le mode indiqué par la loi du 22 frimaire an VII, et, toutes les fois qu'ils le requerront, la représentation des polices pourra être exigée au moment du visa.

45. Quiconque voudra faire des assurances maritimes autrement que par l'entremise des notaires ou courtiers sera tenu de se conformer à l'article 43 et au premier paragraphe de l'article 44. — Le répertoire des assureurs particuliers ne donnera lieu qu'au visa prescrit par l'article 51 de la loi du 22 frimaire an VII. — La représentation des polices pourra être exigé lors du visa.

46. Chaque contravention à l'article 44 et au deuxième paragraphe de l'article 45 sera passible d'une amende de 10 francs.

47. Le livre que les courtiers doivent tenir, conformément à l'article 84 du Code de commerce, sera assujetti au timbre de dimension. — Les notaires seront tenus, comme les courtiers, d'avoir un registre spécial et timbré sur lequel ils transcriront les polices des assurances faites par leur ministère. — Le livre des courtiers et le registre des notaires seront soumis au visa des préposés de l'enregistrement toutes les fois que ceux-ci le requerront. — Toute contravention aux dispositions de cet article emportera une amende de 50 francs.

48. Tout courtier ou notaire qui sera convaincu d'avoir rédigé une police d'assurance ou d'en avoir délivré une expédition ou un extrait sur un papier non timbré conformément à l'article 42, encourra une amende de 500 francs, et, en cas de récidive, une amende de 1,000 francs, outre les peines disciplinaires prononcées par les lois spéciales.

TITRE IV. — *Dispositions générales.*

49. Lorsqu'un effet, certificat d'action, titre, livre, bordereau, police d'assurance, ou tout autre acte sujet

au timbre et non enregistré, sera mentionné dans un acte public, judiciaire ou extrajudiciaire, et ne devra pas être représenté au receveur lors de l'enregistrement de cet acte, l'officier public ou officier ministériel sera tenu de déclarer expressément dans l'acte si le titre est revêtu du timbre prescrit, et d'énoncer le montant du droit du timbre payé. — En cas d'omission, les notaires, avoués, greffiers, huissiers et autres officiers publics seront passibles d'une amende de 10 francs par chaque contravention

LOI

Portant prorogation de la loi du 19 *juin* 1849, *sur les clubs et autres réunions publiques.*

(6 juin 1850)

Art. 1er. La loi du 19 juin 1849, sur les clubs et autres réunions publiques, est prorogée jusqu'au 22 juin 1851.

2. Les dispositions de cette loi sont applicables aux réunions électorales qui seraient de nature à compromettre la sécurité publique.

. . . .

LOI

Sur la déportation.

(8 juin 1850) (1)

Art. 1er. Dans tous les cas où la peine de mort est abolie par l'article 5 de la Constitution, cette peine est remplacée par celle de la déportation dans une enceinte fortifiée, désignée par la loi, hors du territoire continental de la République. (*Les §§ 2 et 3 de cet article sont abrogés par l'art.* 1er, *L.* 23 *mars* 1872. — *V. Décr.* 31 *mai* 1872.)

2. En cas de déclaration de circonstances atténuantes, si la peine prononcée par la loi est celle de la déportation dans une enceinte fortifiée, les juges appliqueront celle de la déportation simple ou celle de la détention; mais, dans les cas prévus par les articles 86, 96 et 97 du Code pénal, la peine de la déportation simple sera seule appliquée.

3. En aucun cas, la condamnation à la déportation n'emporte la mort civile : elle entraîne la dégradation civique. — De plus, tant qu'une loi nouvelle n'aura pas statué sur les effets civils des peines perpétuelles, les déportés seront en état d'interdiction légale, conformément aux articles 29 et 31 du Code pénal. — Néanmoins, hors le cas de déportation dans une enceinte fortifiée, les condamnés auront l'exercice des droits civils dans le lieu de déportation. — Il pourra leur être remis, avec l'autorisation du Gouvernement, tout ou partie de leurs biens. — Sauf l'effet de cette remise, les actes par eux faits dans le lieu de déportation ne pourront engager ni affecter les biens qu'ils possédaient au jour de leur condamnation, ni ceux qui leur seront échus par succession ou donation.

4 et 5. — *Abrogés par l'art.* 1er, *L.* 23 *mars* 1872.

6. Le Gouvernement déterminera les moyens de travail qui seront donnés aux condamnés, s'ils le demandent. — Il pourvoira à l'entretien des déportés qui ne subviendraient pas à cette dépense par leurs propres ressources.

7. Dans le cas où les lieux établis pour la déportation viendraient à être changés par la loi, les déportés seraient transférés des anciens lieux de déportation dans les nouveaux.

8. La présente loi n'est applicable qu'aux crimes commis postérieurement à sa promulgation.

LOI

Qui crée, sous la garantie de l'État, une Caisse de retraites ou rentes viagères pour la vieillesse.

(18 juin 1850) (2)

Art. 1er. Il est créé, sous la garantie de l'État, une caisse de retraites ou rentes viagères pour la vieillesse.

2. Le capital de ces retraites est formé par les versements volontaires des déposants effectués à la Caisse des dépôts et consignations. — Les versements ne seront admis à la liquidation que lorsqu'ils s'élèveront à 5 francs ou à des multiples de 5 francs. — Les versements inférieurs à 5 francs seront recueillis dans les caisses intermédiaires qui seront ultérieurement déterminées, comme il sera dit

(1) V. Décr. 31 mai 1872 L. 25 mars 1873

(2) V. Décr. 18 août 1853; 10 sept. 1859; LL. 12 juin 1861; 4 mai 1864.

ci-après, article 10. (*V. L.* 12 *juin* 1861, *art.* 1er.)

3. Le montant de la rente viagère à servir sera fixé conformément à des tarifs, tenant compte pour chaque versement, — 1o De l'intérêt composé du capital à raison de 5 pour 100 par an; (*V. art.* 2, *L.* 12 *juin* 1861.) — 2o Des chances de mortalité en raison de l'âge des déposants et de l'âge auquel commence la retraite, calculées d'après les tables dites de *Déparcieux;* — 3o Du remboursement, au décès, du capital versé, si le déposant en a fait la demande au moment du versement. (*V. art.* 7, *L.* 12 *juin* 1861.)

4. Les versements peuvent être faits au profit de toute personne âgée de plus de trois ans. (*V. art.* 3, *L.* 12 *juin* 1861.) — Les versements opérés par les mineurs âgés de moins de dix-huit ans devront être autorisés par leur père, mère ou tuteur. (*V. art.* 11, *L.* 12 *juin* 1861.) — Le versement opéré antérieurement au mariage reste propre à celui qui l'a fait. — Le versement fait pendant le mariage par l'un des deux conjoints profite séparément à chacun d'eux par moitié. (*V. art.* 7, *Décr.* 18 *août* 1853.) — En cas de séparation de corps ou de biens, le versement postérieur profite séparément à l'époux qui l'a opéré. — En cas d'absence ou d'éloignement d'un des deux conjoints depuis plus d'une année, le juge de paix pourra, suivant les circonstances, accorder l'autorisation de faire des versements au profit exclusif du déposant. — Sa décision pourra être frappée d'appel devant la la chambre du conseil.

5. Il ne pourra être inscrit sur la même tête une rente viagère supérieure à 600 francs. (*V. L.* 4 *mai* 1864.) — Le versement ne sera définitif à l'égard des tiers qu'après l'expiration d'une année. (*Abrogé; art.* 16, *L.* 28 *mai* 1853.) — Ces rentes sont incessibles et insaisissables jusqu'à concurrence seulement de 360 francs. — Les arrérages seront payés par trimestre.

6. L'entrée en jouissance de la pension sera fixée, au choix des déposants, de cinquante à soixante ans. (*V. art.* 6, *L.* 12 *juin* 1861.) — Dans le cas cependant de blessures graves ou d'infirmités prématurées, régulièrement constatées, entraînant incapacité absolue de travail, la pension pourra être liquidée même avant cinquante ans, et en proportion des versements faits avant cette époque. (*V. Décr.* 20 *sept.* 1859.)

7. Au décès du déposant, avant ou après l'ouverture de sa pension, le capital par lui déposé sera remboursé sans intérêts, à ses héritiers ou légataires, s'il en a fait la demande au moment du dépôt, conformément au paragraphe 3 de l'article 3. — En cas de déshérence, le capital fait retour à la caisse des retraites.

8. Toute somme versée irrégulièrement par suite de fausse déclaration sur les noms, qualités et âge des déposants, par défaut d'autorisation, ou qui dépasserait le capital nécessaire pour constituer au déposant une pension de 600 francs, sera remboursée sans intérêts par l'Etat.

9. Il sera remis à chaque déposant un livret sur lequel seront inscrits les versements par lui effectués et les rentes viagères correspondantes.

10. Un règlement d'administration publique déterminera la forme des livrets, le mode d'après lequel les versements seront faits, soit directement par les déposants, soit pour leur compte par les Caisses d'épargne, les sociétés de secours mutuels et autres intermédiaires.

11. Les certificats, actes de notoriété et autres pièces exclusivement relatives à l'exécution de la présente loi, seront délivrés gratuitement et dispensés des droits de timbre et d'enregistrement.

12. La Caisse des retraites sera gérée par l'administration de la Caisse des dépôts et consignations. — Toutes les sommes versées par les déposants pour la constitution d'une rente viagère, ainsi que les intérêts qu'elles produiront, seront, successivement et par jour, employées en achat de rentes sur l'Etat, qui seront inscrites au nom de la Caisse des retraites. Ces achats ne pourront avoir lieu qu'en rentes dont le cours sera au-dessous du pair, avec préférence pour celles donnant l'intérêt le plus élevé. Tous les six mois, la Caisse des dépôts et consignations fera inscrire sur le grand-livre de la dette publique les rentes viagères liquidées, pendant le semestre, au nom des déposants. Elle fera transférer aux mêmes époques, au nom de la Caisse d'amortissement, par un prélèvement sur le compte de la Caisse des retraites, la quotité de rentes sur l'État nécessaire pour produire au cours moyen des achats opérés pendant le semestre, un capital équivalent aux rentes viagères à inscrire.

13. — *Remplacé par l'article* 15, *L.* 12 *juin* 1861.

14. Il sera rendu un compte ancien à l'Assemblée nationale de la situation

de la Caisse des retraites. (*V. art.* 15, *L.* 12 *juin* 1861.) — A partir du 1er janvier 1853, la présente loi pourra être revisée quant au taux de l'intérêt et aux bases du tarif pour les nouveaux versements, mais sans rétroactivité à l'égard des versements déjà effectués. — A partir de la même époque, et jusqu'à la décision de l'Assemblée, tous versements de la part de nouveaux déposants pourront être refusés.

LOI

Relative aux mauvais traitements exercés envers les animaux domestiques.

(2 juillet 1850)

Art. unique. Seront punis d'une amende de 5 à 15 francs, et pourront l'être d'un à cinq jours de prison, ceux qui auront exercé publiquement et abusivement de mauvais traitements envers les animaux domestiques. — La peine de la prison sera toujours appliquée en cas de récidive. — L'article 483 du Code pénal sera toujours applicable.

DÉCRET

Relatif à la vente des substances vénéneuses.

(8 juillet 1850) (1)

LOI

Relative à la publicité des contrats de mariage.

(10 juillet 1850)

Art. 1er. Il sera ajouté aux articles 75, 76, 1391, 1394 du Code civil, les dispositions suivantes (2) :...

2. La présente loi n'aura d'effet qu'à partir du 1er janvier 1851.

---

(1) Bull., 10e série, no 2293. — *V.* le texte dans notre édition in-8o.

(2) *V.* le texte de ces dispositions aux articles 75, 76, 1391 et 1394 du Code civil.

LOI

Sur les sociétés de secours mutuels.

(15 juillet 1850) (3)

DÉCRET

Pour l'exécution de la loi du 5 juin 1850, sur le timbre des effets de commerce, etc.

(27 juillet 1850) (4)

DÉCRET

Portant règlement d'administration publique pour l'exécution de la loi du 15 mars 1850, sur l'enseignement.

(29 juillet 1850) (5)

LOI

Sur l'éducation et le patronage des jeunes détenus.

(5 août 1850) (6)

LOI

Portant fixation du budget des recettes de l'exercice 1851.

(7 août 1850)

. . . .

Art. 9. — *Abrogé par la loi du 5 mai 1855, art. 15.*

. . . .

17. L'autorisation d'établir son domicile en France, accordée conformément à l'article 13 du Code civil, donnera lieu à la perception, au profit de l'État, des mêmes droits qui sont fixés pour la naturalisation. Le Gou-

(3) Bull., 10e série, n. 2291. — *V.* le texte de cette loi dans notre édition in-8o. — *V.* Décr. 26 mars 1852.

(4) Bull., 10e série, no 2322.

(5) Bull., 10e série, no 2380. — *V.* le texte dans notre édition in-8o.

(6) Bull., 10e série, no 2342. — *V.* le texte dans notre édition in-8o.

vernement pourra faire remise totale ou partielle de ces droits.

. . . .

LOI

Sur le timbre et l'enregistrement des actes concernant les conseils de prud'hommes.

(7 août 1850)

ART. 1er. Dans les contestations entre patrons et ouvriers devant les conseils de prud'hommes, les actes de procédure ainsi que les jugements et les actes nécessaires à leur exécution seront rédigés sur papier visé pour timbre, conformément à l'article 70 de la loi du 22 frimaire an VII. L'enregistrement aura lieu en *débet*.

2. Les dispositions de l'article 1er sont applicables aux causes du ressort du conseil des prud'hommes portées en appel ou devant la Cour de cassation.

3. Le visa pour timbre sera donné sur l'original au moment de son enregistrement.

4. La partie qui succombera sera condamnée aux dépens envers le Trésor ; le recouvrement aura lieu suivant les règles ordinaires contre les parties condamnées.

DÉCRET

Sur l'élection du président du Conseil de discipline de l'ordre des avocats au Conseil d'Etat et à la Cour de Cassation.

(28 octobre 1850)

ART. UNIQUE. L'article 8 de l'ordonnance du 10 septembre 1817 est modifié ainsi qu'il suit : « Le président « du Conseil de discipline de l'ordre « des avocats au Conseil d'État et à la « Cour de cassation sera désormais « élu directement, et à la majorité « absolue des suffrages, par l'assemblée « générale de l'ordre. » (*V. Ord.* 10 *sept.* 1817.)

LOI

Sur la correspondance télégraphique privée.

(29 novembre 1850) (1)

(1) Bull., 10e série, no 2567. — *V.* le texte dans notre édition in-8o.

DÉCRET

Sur les conditions auxquelles les étrangers peuvent être admis à enseigner en France.

(5 décembre 1850) (2)

LOI

Relative au désaveu de paternité en cas de séparation de corps.

(6 décembre 1850) (3)

LOI

Ayant pour objet de faciliter le mariage des indigents, la légitimation de leurs enfants naturels et le retrait de ces enfants déposés dans les hospices.

(10 décembre 1850)

ART. 1er. Les pièces nécessaires a mariage des indigents, à la légitimation de leurs enfants naturels et au retrait de ces enfants déposés dans les hospices, seront réclamées et réunies par les soins de l'officier de l'état civil de la commune dans laquelle les parties auront déclaré vouloir se marier. — Les expéditions de ces pièces pourront, sur la demande du maire, être réclamées et transmises par les procureurs de la République.

2. Les procureurs de la République pourront, dans les mêmes cas, agir d'office et procéder à tous actes d'instruction préalables à la célébration du mariage.

3. Tous jugements de rectification ou d'inscription des actes de l'état civil, toutes homologations d'actes de notoriété, et généralement tous actes judiciaires ou procédures nécessaires au mariage des indigents seront poursuivis et exécutés d'office par le ministère public.

4. Les extraits des registres de l'état civil, les actes de notoriété, de consentement, de publications ; les délibérations de conseil de famille, les certificats de libération du service militaire, les dispenses pour cause de parenté, d'alliance ou d'âge, les actes

(2) Bull., 10e série, no 2606. — *V.* le texte dans notre édition in-8o.

(3) Bull., 10e série, no 2583. — Cette loi ajoute un paragraphe à l'article 313 du Code civil. — *V.* cet article.

de reconnaissance des enfants naturels, les actes de procédure, les jugements et arrêts dont la production sera nécessaire dans les cas prévus par l'article 1er, seront visés pour timbre et enregistrés gratis, lorsqu'il y aura lieu à enregistrement. Il ne sera perçu aucun droit de greffe ni aucun droit de sceau au profit du Trésor sur les minutes et originaux, ainsi que sur les copies ou expéditions qui en seraient passibles. — L'obligation du visa pour timbre n'est pas applicable aux publications civiles ni au certificat constatant la célébration civile du mariage.

5. La taxe des expéditions des actes de l'état civil requises pour le mariage des indigents, est réduite, quels que soient les détenteurs de ces pièces, à 30 centimes lorsqu'il n'y aura pas lieu à légalisation, à 50 centimes lorsque cette dernière formalité devra être accomplie. — Le droit de recherche alloué aux greffiers par l'article 14 de la loi du 21 ventôse an VII, les droits de légalisation perçus au ministère des affaires étrangères ou dans les chancelleries de France à l'étranger, sont supprimés en ce qui concerne l'application de la présente loi.

6. Seront admises au bénéfice de la loi les personnes qui justifieront d'un certificat d'indigence, à elles délivré par le commissaire de police, ou par le maire dans les communes où il n'existe pas de commissaire de police, sur le vu d'un extrait du rôle des contributions constatant que les parties intéressées paient moins de 10 francs, ou d'un certificat du percepteur de leur commune portant qu'elles ne sont pas imposées. — Le certificat d'indigence sera visé et approuvé par le juge de paix du canton. Il sera fait mention dans le visa de l'extrait des rôles ou du certificat négatif du percepteur.

7. Les actes, extraits, copies ou expéditions ainsi délivrés, mentionneront expressément qu'ils sont destinés à servir à la célébration d'un mariage entre indigents, à la légitimation ou au retrait de leurs enfants naturels déposés dans les hospices. — Ils ne pourront servir à autres fins sous peine de 25 francs d'amende, outre le paiement des droits, contre ceux qui en auront fait usage, ou qui les auront indûment délivrés ou reçus. — Le recouvrement des droits et des amendes de contravention sera poursuivi par voie de contrainte, comme en matière d'enregistrement.

8. Le certificat prescrit par l'article 6 sera délivré en plusieurs originaux lorsqu'il devra être produit à divers bureaux d'enregistrement. Il sera remis au bureau de l'enregistrement, où les actes, extraits, copies ou expéditions devront être visés pour timbre et enregistrés gratis. Le receveur en fera mention dans le visa pour timbre et dans la relation de l'enregistrement. — Néanmoins, les réquisitions des procureurs de la République tiendront lieu des originaux ci-dessus prescrits, pourvu qu'elles mentionnent le dépôt du certificat d'indigence à leur parquet. — L'extrait du rôle ou le certificat négatif du percepteur sera annexé aux pièces déposées pour la célébration du mariage.

9. La présente loi est applicable au mariage entre Français et étrangers. — Elle sera exécutoire aux colonies.

10. L'article 8 de la loi du 3 juillet 1846, l'ordonnance du 30 décembre 1846, et toutes dispositions contraires à la présente loi, sont abrogés.

LOI

Relative au délit d'usure

(19 décembre 1850)

Les articles 3 et 4 de la loi du 3 septembre 1807 sont modifiés ainsi qu'il suit :

Art. 1er. Lorsque dans une instance civile ou commerciale, il sera prouvé que le prêt conventionnel a été fait à un taux supérieur à celui fixé par la loi, les perceptions excessives seront imputées de plein droit aux époques où elles auront eu lieu, sur les intérêts légaux alors échus, et subsidiairement sur le capital de la créance. — Si la créance est éteinte en capital et intérêts, le prêteur sera condamné à la restitution des sommes indûment perçues, avec intérêts du jour où elles lui auront été payées. — Tout jugement civil ou commercial constatant un fait de cette nature sera transmis par le greffier au ministère public dans le délai d'un mois, sous peine d'une amende qui ne pourra être moindre de 16 francs, ni excéder 100 francs.

2. Le délit d'habitude d'usure sera puni d'une amende qui pourra s'élever à la moitié des capitaux prêtés à usure, et d'un emprisonnement de six jours à six mois.

3. En cas de nouveau délit d'usure, le coupable sera condamné au maximum

des peines prononcées par l'article précédent, et elles pourront être élevées jusqu'au double, sans préjudice des cas généraux de récidive prévus par les articles 57 et 58 du Code pénal. — Après une première condamnation pour habitude d'usure, le nouveau délit résultera d'un fait postérieur, même unique, s'il s'est accompli dans les cinq ans, à partir du jugement ou de l'arrêt de condamnation.

4. S'il y a eu escroquerie de la part du prêteur, il sera passible des peines prononcées par l'article 405 du Code pénal, sauf l'amende, qui demeurera réglée par l'article 2 de la présente loi.

5. Dans tous les cas, et suivant la gravité des circonstances, les tribunaux pourront ordonner, aux frais du délinquant, l'affiche du jugement et son insertion par extrait dans un ou plusieurs journaux du département.

6. Ils pourront également appliquer, dans tous les cas, l'article 463 du Code pénal.

7. L'amende prévue par le dernier paragraphe de l'article 1er sera prononcée, à la requête du ministère public, par le tribunal civil.

1851

LOI

Sur l'assistance judiciaire.

(22 janvier 1851)

ART. 1er. L'assistance judiciaire est accordée aux indigents dans les cas prévus par la présente loi (1).

TITRE Ier. — *De l'assistance judiciaire en matière civile.*

CHAP. Ier. — DES FORMES DANS LESQUELLES L'ASSISTANCE JUDICIAIRE EST ACCORDÉE.

2. L'admission à l'assistance judiciaire devant les tribunaux civils, les tribunaux de commerce et les juges de paix, est prononcée par un bureau spécial établi au chef-lieu judiciaire de chaque arrondissement, et composé, — 1° Du directeur de l'enregistrement et des domaines, ou d'un agent de cette administration délégué par lui; — 2° D'un délégué du préfet; — 3° De trois membres pris parmi les anciens magistrats, les avocats ou anciens avocats, les avoués ou anciens avoués, les notaires ou anciens notaires. Ces trois membres seront nommés par le tribunal civil. — Néanmoins, dans les arrondissements où il y aura au moins quinze avocats inscrits au tableau, un des trois membres mentionnés dans le paragraphe précédent sera nommé par le conseil de discipline de l'ordre des avocats, et un autre par la chambre des avoués près le tribunal civil; le troisième sera choisi par le tribunal, conformément au paragraphe précédent.

3. Le bureau d'assistance établi près d'une Cour d'appel se compose de sept membres, savoir : — De deux délégués, nommés comme il est dit dans les numéros 1 et 2 de l'article précédent; — Et de cinq autres membres choisis de la manière suivante : — Deux par la Cour, en assemblée générale, parmi les citoyens des qualités énoncées dans le quatrième paragraphe de l'article précédent, — Deux par le conseil de discipline de l'ordre des avocats, — Et un par la chambre de discipline des avoués à la Cour.

4. Lorsque le nombre des affaires l'exige, le bureau peut, en vertu d'une décision du ministre de la Justice, prise sur l'avis du tribunal ou de la Cour, être divisé en plusieurs sections. — Dans ce cas, les règles prescrites par les deux articles précédents, relativement au nombre des membres du bureau et à leur nomination, s'appliquent à chaque section.

5. Près de la Cour de cassation et près du Conseil d'État, le bureau est composé de sept membres, parmi lesquels deux délégués du ministre des finances. — Trois autres membres sont choisis, savoir : Pour le bureau établi près de la Cour de cassation, par cette Cour, en assemblée générale, parmi les anciens membres de la Cour, les avocats et les anciens avocats au Conseil d'Etat et à la Cour de cassation, les professeurs et les anciens professeurs en droit; — Et, pour le bureau établi près du Conseil d'État, par ce Conseil, en assemblée générale, parmi les anciens conseillers d'État, les anciens maîtres des requêtes, les anciens préfets, les avocats et les anciens avo-

(1) Cette loi ne peut être invoquée par la partie civile devant les tribunaux de répression. — *Décis. g. des Sc.* 18 juill. 1856. — Elle n'est pas applicable aux étrangers, à moins qu'ils ne soient autorisés par décret à fixer leur domicile en France. — *Circ. g. des Sc.* 4 nov. 1857.

cats au Conseil d'État et à la Cour de cassation. — Près de l'une et de l'autre de ces juridictions, les deux derniers membres sont nommés par le conseil de discipline de l'ordre des avocats au Conseil d'État et à la Cour de cassation.

6. Chaque bureau d'assistance ou chaque section nomme son président. — Les fonctions de secrétaire sont remplies par le greffier de la Cour ou du tribunal près duquel le bureau est établi, ou par un de ses commis assermentés; et, pour le bureau établi près du Conseil d'État, par le secrétaire général de ce Conseil, ou par un secrétaire de comité ou de section délégué par lui. — Le bureau ne peut délibérer qu'autant que la moitié plus un de ses membres sont présents, non compris le secrétaire, qui n'a pas voix délibérative. — Les décisions sont prises à la majorité; en cas de partage, la voix du président est prépondérante.

7. Les membres du bureau, autres que les délégués de l'administration, sont soumis au renouvellement, au commencement de chaque année judiciaire et dans le mois qui suit la rentrée; les membres sortants peuvent être réélus.

8. Toute personne qui réclame l'assistance judiciaire adresse sa demande sur papier libre au procureur de la République du tribunal de son domicile. Ce magistrat en fait la remise au bureau établi près de ce tribunal. Si le tribunal n'est pas compétent pour statuer sur le litige, le bureau se borne à recueillir des renseignements, tant sur l'indigence que sur le fond de l'affaire. Il peut entendre les parties. Si elles ne sont pas accordées, il transmet, par l'intermédiaire du procureur de la République, la demande, le résultat de ses informations et les pièces, au bureau établi près de la juridiction compétente.

9. Si la juridiction devant laquelle l'assistance judiciaire a été admise se déclare incompétente, et que, par suite de cette décision, l'affaire soit portée devant une autre juridiction de même nature et de même ordre, le bénéfice de l'assistance subsiste devant cette dernière juridiction. — Celui qui a été admis à l'assistance judiciaire devant une première juridiction continue à en jouir sur l'appel interjeté contre lui dans le cas même où il se rendrait incidemment appelant. Il continue pareillement à en jouir sur le pourvoi en cassation formé contre lui. Lorsque c'est l'assisté qui émet un appel principal ou qui forme un pourvoi en cassation, il ne peut, sur cet appel ou sur ce pourvoi, jouir de l'assistance qu'autant qu'il y est admis par une décision nouvelle. Pour y parvenir, il doit adresser sa demande, savoir : S'il s'agit d'un appel à porter devant le tribunal civil, au procureur de la République près ce tribunal; — S'il s'agit d'un appel à porter devant la Cour d'appel, au procureur général près cette cour; — S'il s'agit d'un pourvoi en cassation, au procureur général près la Cour de cassation. — Le magistrat auquel la demande est adressée en fait la remise au bureau compétent (1).

10. Quiconque demande à être admis à l'assistance judiciaire doit fournir; — 1° Un extrait du rôle de ses contributions, ou un certificat du percepteur de son domicile, constatant qu'il n'est pas imposé; — 2° Une déclaration attestant qu'il est, à raison de son indigence, dans l'impossibilité d'exercer ses droits en justice, et contenant l'énumération détaillée de ses moyens d'existence, quels qu'ils soient. — Le réclamant affirme la sincérité de sa déclaration devant le maire de la commune de son domicile; le maire lui en donne acte au bas de la déclaration.

11. Le bureau prend toutes les informations nécessaires pour s'éclairer sur l'indigence du demandeur, si l'instruction déjà faite par le bureau du domicile du demandeur, dans le cas prévu par l'article 8, ne lui fournit pas, à cet égard, des documents suffisants. — Il donne avis à la partie adverse qu'elle peut se présenter devant lui, soit pour contester l'indigence, soit pour fournir des explications sur le fond. — Si elle comparait, le bureau emploie ses bons offices pour opérer un arrangement amiable (2).

12. Les décisions du bureau ne contiennent que l'exposé sommaire des faits et des moyens, et la déclaration que l assistance est accordée ou qu'elle

(1) Les demandes en assistance judiciaire devant la Cour de cassation doivent arriver au parquet de cette Cour quinze jours au moins avant l'expiration du délai pour se pourvoir en cassation. — *Circ. proc. gén. à la Cour de cass.* 30 déc. 1853.

(2) (*a*) Pour faciliter la mission des bureaux d'assistance judiciaire, les procureurs impériaux sont autorisés à prêter leur couvert et leur contre-seing. — *Circ. g. des Sc.* 6 mai 1852.

(*b*) Ils font parvenir à destination les décisions du bureau, mais ce n'est point à eux à les notifier aux parties. — *Décis. min.* 9 août 1851.

est refusée, sans expression de motifs dans l'un ni dans l'autre cas. — Les décisions du bureau ne sont susceptibles d'aucun recours. — Néanmoins le procureur général, après avoir pris communication de la décision d'un bureau établi près d'un tribunal civil et des pièces à l'appui, peut, sans retard de l'instruction ni du jugement, déférer cette décision au bureau établi près la Cour d'appel, pour être réformée s'il y a lieu. — Le procureur général près la Cour de cassation, et le procureur général près la Cour d'appel, peuvent aussi se faire envoyer les décisions des bureaux d'assistance, qui ont été rendues dans une affaire sur laquelle le bureau d'assistance, établi près de l'une ou de l'autre de ces Cours, est appelé à statuer, si ce dernier bureau en fait la demande. — Hors les cas prévus par les deux paragraphes précédents, les décisions du bureau ne peuvent être communiquées qu'au procureur de la République, à la personne qui a demandé l'assistance, et à ses conseils; le tout sans déplacement. — Elles ne peuvent être produites ni discutées en justice, si ce n'est devant la police correctionnelle, dans le cas prévu par l'article 26 de la présente loi (1).

CHAP. II. — Des effets de l'assistance judiciaire.

13. Dans les trois jours de l'admission à l'assistance judiciaire, le président du bureau envoie, par l'intermédiaire du procureur de la République, au président de la Cour ou du tribunal, ou au juge de paix, un extrait de la décision, portant seulement que l'assistance est accordée; il y joint les pièces de l'affaire. — Si la cause est portée devant une Cour ou un tribunal civil, le président invite le bâtonnier de l'ordre des avocats, le président de la chambre des avoués et le syndic des huissiers, à désigner l'avocat, l'avoué et l'huissier qui prêteront leur ministère à l'assisté. — S'il n'existe pas de bâtonnier, ou s'il n'y a pas de chambre de discipline des avoués, la désignation est faite par le président du tribunal. — Si la cause est portée devant un tribunal de commerce ou devant un juge de paix, le président du tribunal ou le juge de paix se borne à inviter le syndic des huissiers à désigner un huissier. — Dans le même délai de trois jours, le secrétaire du bureau envoie un extrait de la décision au receveur de l'enregistrement.

14. L'assisté est dispensé provisoirement du payement des sommes dues au Trésor pour droits de timbre, d'enregistrement et de greffe, ainsi que de toute consignation d'amende. — Il est aussi dispensé provisoirement du paiement des sommes dues aux greffiers, aux officiers ministériels et aux avocats, pour droits, émoluments et honoraires. — Les actes de la procédure faite à la requête de l assisté sont visés pour timbre et enregistrés en débet. — Le visa pour timbre est donné sur l'original au moment de son enregistrement. Les actes et titres produits par l'assisté, pour justifier de ses droits et qualités, sont pareillement visés pour timbre et enregistrés en débet. — Si ces actes et titres sont du nombre de ceux dont les lois ordonnent l'enregistrement dans un délai déterminé, les droits d'enregistrement deviennent exigibles immédiatement après le jugement définitit; il en est de même des sommes dues pour contravention aux lois sur le timbre. — Si ces actes et titres ne sont pas du nombre de ceux dont les lois ordonnent l'enregistrement dans un délai déterminé, les droits d'enregistrement de ces actes et titres sont assimilés à ceux des actes de la procédure. — Le visa pour timbre et l'enregistrement en débet doivent mentionner la date de la décision qui admet au bénéfice de l'assistance; ils n'ont d'effet, quant aux actes et titres produits par l'assisté, que pour le procès dans lequel la production a eu lieu. — Les frais de transport des juges, des officiers ministériels et des experts, les honoraires de ces derniers et les taxes des témoins dont l'audition a été autorisée par le tribunal ou le juge-commissaire, sont avancés par le Trésor, conformément à l'article 118 du décret du 18 juin 1811. Le paragraphe 5 du présent article s'applique au recouvrement de ces avances (2).

15. Le ministère public est entendu dans toutes les affaires dans lesquelles l'une des parties a été admise au bénéfice de l'assistance.

16. Les notaires, greffiers et tous autres dépositaires publics ne sont tenus à la délivrance gratuite des actes

(1) Le bureau d'assistance judiciaire ne peut prendre des décisions par voie de règlement. — *Circ. g. des Sc.* 4 nov. 1851.

(2) Les pouvoirs que les personnes admises à l'assistance sont tenues de donner lorsqu'elles ne peuvent se présenter devant le tribunal de commerce, doivent être enregistrés en débet. — *Circ. g. des Sc.* 10 févr. 1852.

et expéditions réclamés par l'assisté que sur une ordonnance du juge de paix ou du président.

17. En cas de condamnation aux dépens prononcée contre l'adversaire de l'assisté, la taxe comprend tous les droits, frais de toute nature, honoraires et émoluments auxquels l'assisté aurait été tenu s'il n'y avait pas eu assistance judiciaire.

18. Dans le cas prévu par l'article précédent, la condamnation est prononcée et l'exécutoire est délivrée au nom de l'administration de l'enregistrement et des domaines, qui en poursuit le recouvrement comme en matière d'enregistrement. — Il est délivré un exécutoire séparé au nom de l'administration de l'enregistrement et des domaines pour les droits qui, n'étant pas compris dans l'exécutoire délivré contre la partie adverse, restent dus par l'assisté au Trésor, conformément au cinquième paragraphe de l'article 14. — L'administration de l'enregistrement et des domaines fait immédiatement aux divers ayants-droit la distribution des sommes recouvrées. — La créance du Trésor, pour les avances qu'il a faites, ainsi que pour tous droits de greffe, d'enregistrement et de timbre, a la préférence sur celle des autres ayants-droit (1).

19. En cas de condamnation aux dépens prononcée contre l'assisté, il est procédé, conformément aux règles tracées par l'article précédent, au recouvrement des sommes dues au Trésor, en vertu des paragraphes 5 et 8 de l'article 14.

20. Les greffiers sont tenus de transmettre dans le mois, au receveur de l'enregistrement, l'extrait du jugement de condamnation ou l'exécutoire, sous peine de 10 francs d'amende pour chaque extrait de jugement ou chaque exécutoire non transmis dans ledit délai (2).

CHAP. III. — DU RETRAIT DE L'ASSISTANCE JUDICIAIRE.

21. Devant toutes les juridictions le bénéfice de l'assistance peut être retiré en tout état de cause, soit avant, soit même après le jugement, — 1° S'il survient à l'assisté des ressources reconnues suffisantes ; — 2° S'il a surpris la décision du bureau par une déclaration frauduleuse.

22. Le retrait de l'assistance peut être demandé, soit par le ministère public, soit par la partie adverse. — Il peut aussi être prononcé d'office par le bureau. — Dans tous les cas, il est motivé.

23. L'assistance judiciaire ne peut être retirée qu'après que l'assisté a été entendu ou mis en demeure de s'expliquer.

24. Le retrait de l'assistance judiciaire a pour effet de rendre immédiatement exigibles les droits, honoraires, émoluments et avances de toute nature, dont l'assisté avait été dispensé. — Dans tous les cas où l'assistance judiciaire est retirée, le secrétaire du bureau est tenu d'en informer immédiatement le receveur de l'enregistrement, qui procédera au recouvrement et à la répartition, suivant les règles tracées en l'article 18 ci-dessus.

25. L'action tendant au recouvrement de l'exécutoire délivré à la régie de l'Enregistrement et des domaines, soit contre l'assisté, soit contre la partie adverse, se prescrit par dix ans. — La prescription de l'action de l'adversaire de l'assisté contre celui-ci pour les dépens auxquels il a été condamné envers lui reste soumise au droit commun.

26. Si le retrait de l'assistance a pour cause une déclaration frauduleuse de l'assisté, relativement à son indigence, celui-ci peut, sur l'avis du bureau, être traduit devant le tribunal de police correctionnelle et condamné, indépendamment du paiement des droits et frais de toute nature, dont il avait été dispensé, à une amende égale au montant total de ces droits et frais, sans que cette amende puisse être au-dessous de 100 francs, et à un emprisonnement de huit jours au moins et de six mois au plus. — L'article 463 du Code pénal est applicable.

27. Les dispositions de la loi du 7 août 1850 sont applicables, — 1° A toutes les causes qui sont de la compétence des conseils de prud'hommes, et dont les juges de paix sont saisis dans les lieux où ces conseils ne sont pas établis ; — 2° A toutes les contestations énoncées dans les numéros 3 et 4 de l'article 5 de la loi du 25 mai 1838.

(1) Lorsque l'assisté a obtenu une décision judiciaire ayant acquis l'autorité de la chose jugée, toute assistance doit cesser. — *Lett. g. des Sc.* 3 nov. 1859.

(2) Si le jugement est rendu en matière sommaire, c'est l'extrait de ce jugement contenant la liquidation des dépens qui doit être adressé au receveur de l'enregistrement ; si le jugement est rendu en matière ordinaire, le greffier doit lui envoyer l'exécutoire de dépens. — *Circ. g. des Sc.* 15 déc. 1857.

TITRE II. — *De l'assistance judiciaire en matière criminelle et correctionnelle.*

28. Il sera pourvu à la défense des accusés devant les Cours d'assises, conformément aux dispositions de l'article 294 du Code d'instruction criminelle.

29. Les présidents des tribunaux correctionnels désigneront un défenseur d'office aux prévenus poursuivis à la requête du ministère public, ou détenus préventivement, lorsqu'ils en feront la demande, et que leur indigence sera constatée, soit par les pièces désignées dans l'article 10, soit par tous autres documents

30. Les présidents des Cours d'assises et les présidents des tribunaux correctionnels pourront, même avant le jour fixé pour l'audience, ordonner l'assignation des témoins qui leur seront indiqués par l'accusé ou le prévenu indigent, dans le cas où la déclaration de ces témoins serait jugée utile pour la découverte de la vérité. — Pourront être également ordonnées d'office toutes productions et vérifications de pièces. — Les mesures ainsi prescrites seront exécutées à la requête du ministère public.

31. La présente loi pourra, par des règlements d'administration publique, être appliquée aux colonies et à l'Algérie.

LOI

Concernant les individus nés en France d'étrangers qui, eux-mêmes, y sont nés, et les enfants des étrangers naturalisés.

(7 février 1851) (1)

ART. 1er. Est Français tout individu né en France d'un étranger qui lui-même y est né, à moins que, dans l'année qui suivra l'époque de sa majorité, telle qu'elle est fixée par la loi française, il ne réclame la qualité d'étranger par une déclaration faite, soit devant l'autorité municipale du lieu de sa résidence, soit devant les agents diplomatiques ou consulaires accrédités en France par le Gouvernement étranger.

2. L'article 9 du Code civil est applicable aux enfants de l'étranger naturalisé, quoique nés en pays étranger, s'ils étaient mineurs lors de la naturalisation. — A l'égard des enfants nés en France ou à l'étranger, qui étaient majeurs à cette même époque, l'article 9 du Code civil leur est applicable dans l'année qui suivra celle de ladite naturalisation. (*V. L.* 14 *fév.* 1882.)

(1) Modifiée par la loi du 16 décembre 1874.

LOI

Relative aux contrats d'apprentissage.

(22 février 1851)

TITRE Ier. — *Du contrat d'apprentissage.*

SECTION I. — *De la nature et de la forme du contrat.*

ART. 1er. Le contrat d'apprentissage est celui par lequel un fabricant, un chef d'atelier ou un ouvrier s'oblige à enseigner la pratique de sa profession à une autre personne, qui s'oblige, en retour, à travailler pour lui ; le tout à des conditions et pendant un temps convenus.

2. Le contrat d'apprentissage est fait par acte public ou par acte sous seing privé. — Il peut aussi être fait verbalement ; mais la preuve testimoniale n'en est reçue que conformément au titre du Code civil *des Contrats ou des Obligations conventionnelles en général.* — Les notaires, les secrétaires des conseils de prud'hommes et les greffiers de justice de paix peuvent recevoir l'acte d'apprentissage. — Cet acte est soumis pour l'enregistrement au droit fixe d'un franc, lors même qu'il contiendrait des obligations de sommes ou valeurs mobilières, ou des quittances. — Les honoraires dus aux officiers publics sont fixés à 2 francs.

3. L'acte d'apprentissage contiendra, — 1° Les nom, prénoms, âge, profession et domicile du maître ; — 2° Les nom, prénoms, âge et domicile de l'apprenti ; — 3° Les noms, prénoms, professions et domicile de ses père et mère, de son tuteur, ou de la personne autorisée par les parents, et, à leur défaut, par le juge de paix ; — 4° La date et la durée du contrat ; — 5° Les conditions de logement, de nourriture, de prix, et toutes autres arrêtées entre les parties. — Il devra être signé par le maître et par les représentants de l'apprenti.

SECTION II. — *Des conditions du contrat.*

4. Nul ne peut recevoir des appren-

tis mineurs, s'il n'est âgé de vingt et un ans au moins.

5. Aucun maître, s'il est célibataire ou en état de veuvage, ne peut loger, comme apprenties, des jeunes filles mineures.

6. Sont incapables de recevoir des apprentis : — Les individus qui ont subi une condamnation pour crime ; — Ceux qui ont été condamnés pour attentat aux mœurs ; — Ceux qui ont été condamnés à plus de trois mois d'emprisonnement pour les délits prévus par les articles 388, 401, 405, 406, 407, 408, 423 du Code pénal.

7. L'incapacité résultant de l'article 6 pourra être levée par le préfet, sur l'avis du maire, quand le condamné, après l'expiration de sa peine, aura résidé pendant trois ans dans la même commune. — A Paris, les incapacités seront levées par le préfet de police.

SECTION III. — *Devoirs des maîtres et des apprentis.*

8. Le maître doit se conduire envers l'apprenti en bon père de famille, surveiller sa conduite et ses mœurs, soit dans la maison, soit au dehors, et avertir ses parents ou leurs représentants des fautes graves qu'il pourrait commettre ou des penchants vicieux qu'il pourrait manifester. — Il doit aussi les prévenir, sans retard, en cas de maladie, d'absence, ou de tout fait de nature à motiver leur intervention. — Il n'emploiera l'apprenti, sauf conventions contraires, qu'aux travaux et services qui se rattachent à l'exercice de sa profession. Il ne l'emploiera jamais à ceux qui seraient insalubres ou au-dessus de ses forces.

9. La durée du travail effectif des apprentis âgés de moins de quatorze ans ne pourra dépasser dix heures par jours. — Pour les apprentis âgés de quatorze à seize ans, elle ne pourra dépasser douze heures. — Aucun travail de nuit ne peut être imposé aux apprentis âgés de moins de seize ans. — Est considéré comme travail de nuit tout travail fait entre neuf heures du soir et cinq heures du matin. — Les dimanches et jours de fêtes reconnues ou légales, les apprentis, dans aucun cas, ne peuvent être tenus, vis-à-vis de leur maître, à aucun travail de leur profession. — Dans le cas où l'apprenti serait obligé, par suite des conventions ou conformément à l'usage, de ranger l'atelier aux jours ci-dessus marqués, ce travail ne pourra se prolonger au delà de dix heures du matin. — Il ne pourra être dérogé aux dispositions contenues dans les trois premiers paragraphes du présent article que par un arrêté rendu par le préfet, sur l'avis du maire.

10. Si l'apprenti âgé de moins de seize ans ne sait pas lire, écrire et compter, ou s'il n'a pas encore terminé sa première éducation religieuse, le maître est tenu de lui laisser prendre, sur la journée de travail, le temps et la liberté nécessaires pour son instruction. — Néanmoins, ce temps ne pourra pas excéder deux heures par jour.

11. L'apprenti doit à son maître fidélité, obéissance et respect ; il doit l'aider, par son travail, dans la mesure de son aptitude et de ses forces. — Il est tenu de remplacer, à la fin de l'apprentissage, le temps qu'il n'a pu employer par suite de maladie ou d'absence ayant duré plus de quinze jours.

12. Le maître doit enseigner à l'apprenti, progressivement et complétement, l'art, le métier ou la profession spéciale qui fait l'objet du contrat. — Il lui délivrera, à la fin de l'apprentissage, un congé d'acquit, ou certificat constatant l'exécution du contrat.

13. Tout fabricant, chef d'atelier ou ouvrier, convaincu d'avoir détourné un apprenti de chez son maître, pour l'employer en qualité d'apprenti ou d'ouvrier, pourra être passible de tout ou partie de l'indemnité à prononcer au profit du maître abandonné.

SECTION IV. — *De la résolution du contrat.*

14. Les deux premiers mois de l'apprentissage sont considérés comme un temps d'essai pendant lequel le contrat peut être annulé par la seule volonté de l'une des parties. Dans ce cas, aucune indemnité ne sera allouée à l'une ou à l'autre partie, à moins de conventions expresses.

15. Le contrat d'apprentissage sera résolu de plein droit, — 1° Par la mort du maître ou de l'apprenti ; — 2° Si l'apprenti ou le maître est appelé au service militaire ; — 3° Si le maître ou l'apprenti vient à être frappé d'une des condamnations prévues en l'article 6 de la présente loi ; — 4° Pour les filles mineures, dans le cas de décès de l'épouse du maître, ou de toute autre femme de la famille qui dirigeait la maison à l'époque du contrat.

16. Le contrat peut être résolu sur la demande des parties ou de l'une d'elles, — 1° Dans le cas où l'une des parties manquerait aux stipulations du

contrat ; — 2° Pour cause d'infraction grave ou habituelle aux prescriptions de la présente loi ; — 3° Dans le cas d'inconduite habituelle de la part de l'apprenti ; — 4° Si le maître transporte sa résidence dans une autre commune que celle qu'il habitait lors de la convention. — Néanmoins, la demande en résolution de contrat fondée sur ce motif ne sera recevable que pendant trois mois, à compter du jour où le maître aura changé de résidence ; — 5° Si le maître ou l'apprenti encourait une condamnation emportant un emprisonnement de plus d'un mois ; — 6° Dans le cas où l'apprenti viendrait à contracter mariage.

17. Si le temps convenu pour la durée de l'apprentissage dépasse le maximum de la durée consacrée par les usages locaux, ce temps peut être réduit ou le contrat résolu.

TITRE II. — *De la compétence.*

18. Toute demande à fin d'exécution ou de résolution de contrat sera jugée par le conseil des prud'hommes dont le maître est justiciable, et, à défaut, par le juge de paix du canton. — Les réclamations qui pourraient être dirigées contre les tiers, en vertu de l'article 13 de la présente loi, seront portées devant le conseil des prud'hommes ou devant le juge de paix du lieu de leur domicile.

19. Dans les divers cas de résolution prévus en la section IV du titre Ier, les indemnités ou les restitutions qui pourraient être dues à l'une ou à l'autre des parties seront, à défaut de stipulations expresses, réglées par le conseil des prud'hommes, ou par le juge de paix dans les cantons qui ne ressortissent point à la juridiction d'un conseil de prud'hommes.

20. Toute contravention aux articles 4, 5, 6, 9 et 10 de la présente loi sera poursuivie devant le tribunal de police et punie d'une amende de 5 à 15 francs. — Pour les contraventions aux articles 4, 5, 9 et 10, le tribunal de police pourra, dans le cas de récidive, prononcer, outre l'amende, un emprisonnement d'un à cinq jours. — En cas de récidive, la contravention à l'article 6 sera poursuivie devant les tribunaux correctionnels, et punie d'un emprisonnement de quinze jours à trois mois, sans préjudice d'une amende, qui pourra s'élever de 50 francs à 300 francs.

21. Les dispositions de l'article 463 du Code pénal sont applicables aux faits prévus par la présente loi.

22. Sont abrogés les articles 9, 10 et 11 de la loi du 22 germinal an XI.

LOI

Tendant à la répression plus efficace de certaines fraudes dans la vente des marchandises.

(27 mars 1851)

ART. 1er. Seront punis des peines portées par l'article 423 du Code pénal : — 1° Ceux qui falsifieront des substances ou denrées alimentaires ou médicamenteuses destinées à être vendues ; — 2° Ceux qui vendront ou mettront en vente des substances ou denrées alimentaires ou médicamenteuses qu'ils sauront être falsifiées ou corrompues ; — 3° Ceux qui auront trompé ou tenté de tromper, sur la quantité des choses livrées, les personnes auxquelles ils vendent ou achètent, soit par l'usage de faux poids ou de fausses mesures, ou d'instruments inexacts servant au pesage ou mesurage, soit par des manœuvres ou procédés tendant à fausser l'opération du pesage ou mesurage, ou à augmenter frauduleusement le poids ou le volume de la marchandise, même avant cette opération ; soit, enfin, par des indications frauduleuses tendant à faire croire à un pesage ou mesurage antérieur et exact.

2. Si, dans les cas prévus par l'article 423 du Code pénal ou par l'article 1er de la présente loi, il s'agit d'une marchandise contenant des mixtions nuisibles à la santé, l'amende sera de 50 à 500 francs, à moins que le quart des restitutions et dommages-intérêts n'excède cette dernière somme ; l'emprisonnement sera de trois mois à deux ans. — Le présent article sera applicable même au cas où la falsification nuisible serait connue de l'acheteur ou consommateur.

3. Sont punis d'une amende de 16 francs à 25 francs, et d'un emprisonnement de six à dix jours, ou de l'une de ces deux peines seulement, suivant les circonstances, ceux qui, sans motifs légitimes, auront dans leurs magasins, boutiques, ateliers ou maisons de commerce, ou dans les halles, foires ou marchés, soit des poids ou mesures faux, ou autres appareils inexacts servant au pesage ou au mesurage, soit des substances alimentaires ou médicamenteuses qu'ils sauront être falsifiées ou corrompues. — Si la substance falsifiée est nuisible à

la santé, l'amende pourra être portée à 50 francs, et l'emprisonnement à quinze jours.

4. Lorsque le prévenu, convaincu de contravention à la présente loi ou à l'article 423 du Code pénal, aura, dans les cinq années qui ont précédé le délit, été condamné pour infraction à la présente loi ou à l'article 423, la peine pourra être élevée jusqu'au double du maximum; l'amende prononcée par l'article 423 et par les articles 1 et 2 de la présente loi pourra même être portée jusqu'à 1,000 francs, si la moitié des restitutions et dommages-intérêts n'excède pas cette somme; le tout, sans préjudice de l'application, s'il y a lieu, des articles 57 et 58 du Code pénal.

5. Les objets dont la vente, usage ou possession constitue le délit, seront confisqués, conformément à l'article 423 et aux articles 477 et 481 du Code pénal. — S'ils sont propres à un usage alimentaire ou médical, le tribunal pourra les mettre à la disposition de l'administration pour être attribués aux établissements de bienfaisance. — S'ils sont impropres à cet usage ou nuisibles, les objets seront détruits ou répandus aux frais du condamné. Le tribunal pourra ordonner que la destruction ou effusion aura lieu devant l'établissement ou le domicile du condamné.

6. Le tribunal pourra ordonner l'affiche du jugement dans les lieux qu'il désignera, et son insertion intégrale ou par extrait dans tous les journaux qu'il désignera, le tout aux frais du condamné.

7. L'article 463 du Code pénal sera applicable aux délits prévus par la présente loi.

8. Les deux tiers du produit des amendes sont attribués aux communes dans lesquelles les délits auront été constatés.

9. Sont abrogés les articles 475, nº 14, et 479, nº 5 du Code pénal.

DÉCRET

Relatif aux dépôts volontaires effectués par les particuliers à la Caisse des dépôts et consignations.

(1er mai 1851)

Art. 1er. La Caisse des dépôts et consignations bonifiera l'intérêt à 3 pour 100 sur les sommes déposées volontairement par les particuliers, à partir du trente et unième jour qui suivra le versement. (*V. Décr.* 11 *janv* 1854.)

2. Les dispositions de l'ordonnance et du décret précités (*V. Ord.* 3 *juill.* 1816, *et Arr.* 26 *mai* 1849) sont maintenues en tout ce qui n'est pas contraire au présent décret.

LOI

Qui modifie l'arrêté du 9 frimaire an XII, en ce qui concerne les avances aux ouvriers

(14 mai 1851) (1)

DÉCRET

Qui apporte des exceptions à l'article 1er de la loi du 9 septembre 1848 sur la durée du travail dans les manufactures et usines.

(17 mai 1851) (2)

LOI

Sur la police du roulage et des messageries publiques.

(30 mai 1851) (3)

LOI

Sur les ventes publiques, volontaires, de fruits et de récoltes pendants par racines, et des coupes de bois taillis.

(5 juin 1851)

Art. 1er. Les ventes publiques, volontaires, soit à terme, soit au comptant, de fruits et de récoltes pendants par racines, et des coupes de bois taillis, seront faites en concurrence et au choix des parties, par les notaires, commissaires-priseurs, huissiers et greffiers de justice de paix, même dans le lieu de la résidence des commissaires-priseurs.

2. Pour l'exécution de la présente loi, et dans les trois mois de sa promulgation, il sera fait un tarif spécial,

(1) Bull., 10e série, nº 2939. — V. le texte dans notre édition in-8º.

(2) Bull., 10e série, nº 2960. — V. le texte dans notre édition in-8º.

(3) Bull., 10e série, nº 2971. — V. le texte dans notre édition in-8º.

dans la forme des règlements d'administration publique.

3. Toutes les dispositions contraires à la présente loi sont et demeurent abrogées.

DÉCRET

Portant règlement d'administration publique sur les sociétés de secours mutuels.

(14 juin 1851) (1)

LOI

Sur les clubs et autres réunions publiques.

(21 juin 1851)

ART. 1er. Les lois des 19 juin 1849 et 6 juin 1850, sur les clubs et autres éunions publiques, sont prorogées usqu'au 22 juin 1852.

. . . .

LOI

Sur les monts-de-piété.

24 juin 1851) (2)

LOI

Sur les Caisses d'épargne.

(30 juin 1851)

ART. 1er. A partir de la promulgation de la présente loi, aucun versement ne sera reçu par les Caisses d'épargne, sur un compte dont le crédit aura atteint 1,000 francs, soit par le capital, soit par l'accumulation des intérêts.

2. Lorsque, par suite du règlement annuel des intérêts, un compte excédera le maximum fixé par l'article précédent, si le déposant, pendant un délai de trois mois, n'a pas réduit son crédit au-dessous de cette limite, l'administration de la Caisse d'épargne achètera pour son compte dix francs, en rente 5 pour 100 de la dette inscrite, lorsque le prix sera au-dessous du pair, et en 3 pour 100 si le cours de la rente 5 pour 100 dépasse cette limite. Cet achat aura lieu sans frais pour le déposant.

3. Les remplaçants dans l'armée de terre et de mer, continueront à être admis à déposer, en un seul versement, le prix stipulé dans l'acte de remplacement, à quelque somme qu'il s'élève. — Les marins portés sur les contrôles de l'inscription maritime continueront pareillement à être admis à déposer, en un seul versement, le montant de leurs solde, décomptes et salaires, au moment soit de leur embarquement, soit de leur débarquement, à quelque somme qu'il s'élève. — Les dispositions de l'article 2 seront appliquées à ces divers dépôts pour les ramener au maximum fixé par l'article 1er. Toutefois, les remplaçants n'y seront soumis qu'à l'expiration de leur engagement. (*V. art.* 4, *L.* 7 *mai* 1853.)

4. Les sociétés de secours mutuels autres que celles déclarées établissements d'utilité publique, continueront à être admises à faire des versements; mais le crédit de leur compte ne pourra pas excéder 8,000 francs en capitaux et intérêts. — Lorsque ce maximum aura été atteint, les dispositions de l'article 2 leur seront appliquées, et les achats effectués par l'administration de la Caisse d'épargne, s'il y a lieu, seront de 100 francs de rente.

5. Tout déposant dont le crédit sera de somme suffisante pour acheter 10 francs de rentes au moins, pourra faire opérer cet achat sans frais par les soins de l'administration de la Caisse d'épargne.

6. Dans le cas où le déposant ne retirerait pas les titres de rentes achetés pour son compte, l'administration de la caisse d'épargne en restera dépositaire, et recevra les semestres d'intérêts au crédit du titulaire.

7. A partir du 1er janvier 1852, l'intérêt bonifié par la Caisse des dépôts et consignations sera fixé à 4 et demi pour 100. (*V. L.* 7 *mai* 1853, *art.* 1er.) — La retenue à faire sur cet intérêt par les Caisses d'épargne, pour leurs frais de loyer et d'administration, est obligatoire pour un quart pour 100, et facultative pour un autre quart pour 100. En aucun cas, cette retenue ne pourra s'élever au-dessus de demi pour 100. — Toutefois, pour la Caisse d'épargne de Paris, la retenue facultative sera de trois quarts pour 100, sans que la retenue totale puisse jamais

(1) Bull., 10e série, no 3033. — *V.* le texte de ce décret dans notre édition in-8o. — *V.* L. 15 juill. 1850, et Décr. 26 mars 1852.

(2) Bull., 10e série, no 3089. — *V.* le texte dans notre édition in-8o.

excéder 1 pour 100. (*Modifié; L. 7 mai* 1853, *art.* 1er.)

8. Un règlement d'administration publique, présenté par les ministres des Finances et du Commerce, déterminera le mode de surveillance de la gestion et de la comptabilité des Caisses d'épargne.

9. Trois mois après la promulgation de la présente loi, les sommes antérieurement déposées, et qui excéderaient 1,000 francs par livret, cesseront de produire intérêt jusqu'à ce qu'elles aient été ramenées au-dessous de ce maximum. — Les ayants-droit aux remboursements résultant du paragraphe précédent pourront, pour les sommes qui leur seront dues, faire usage de la faculté accordée par l'article 5. (*Modifié par la loi du 7 mai* 1853, *art.* 2.)

10. Les dispositions de la loi du 22 juin 1845, contraires à la présente loi, sont abrogées.

LOI

Sur les hospices et hôpitaux.

(7 août 1851) (1)

TITRE Ier. — *Admission dans les hospices et hôpitaux.*

ART. 1er. Lorsqu'un individu privé de ressources tombe malade dans une commune, aucune condition de domicile ne peut être exigée pour son admission dans l'hôpital existant dans la commune.

2. Un règlement particulier, rendu conformément au dernier paragraphe de l'article 8 de la présente loi, déterminera les conditions de domicile et d'âge nécessaires pour être admis dans chaque hospice destiné aux vieillards et infirmes.

3. Les malades et incurables indigents des communes privées d'établissements hospitaliers pourront être admis aux hospices et hôpitaux du département désignés par le Conseil général, sur la proposition du préfet, suivant un prix de journée fixé par le préfet, d'accord avec la commission des hospices et hôpitaux.

4. Les communes qui voudraient profiter du bénéfice de l'article 3 supporteront la dépense nécessaire pour le traitement de leurs malades incurables. — Toutefois, le département, dans les cas et les proportions déterminés par le Conseil général, pourra venir en aide aux communes dont les ressources sont insuffisantes. — Dans le cas où les revenus d'un hospice ou hôpital le permettraient, les commissions administratives sont autorisées à admettre dans les lits vacants les malades ou incurables des communes, sans exiger d'elles le prix des journées fixé par l'article 3.

5. L'administration des hospices et hôpitaux peut toujours exercer son recours, s'il y a lieu, contre les membres de la famille du malade, du vieillard ou de l'incurable, désignés par les articles 205 et 206 du Code civil. — Les communes auxquelles s'appliquent les articles 3 et 4 de la présente loi jouissent des mêmes droits.

TITRE II. — *Administration.*

6. Un règlement d'administration publique, rendu dans le délai de six mois à partir de la promulgation de la présente loi, déterminera la composition des commissions administratives des hospices et hôpitaux.

7. La commission administrative est chargée de diriger et de surveiller le service intérieur et extérieur des établissements hospitaliers.

8. La commission des hospices et hôpitaux règle par ses délibérations les objets suivants : — Le mode d'administration des biens et revenus des établissements hospitaliers ; — Les conditions des baux et fermes de ces biens, lorsque leur durée n'excède pas dix-huit ans pour les biens ruraux et neuf pour les autres ; (*V. Décr.* 12 *août* 1807.) — Le mode et les conditions des marchés pour fournitures et entretien dont la durée n'excède pas une année, les travaux de toute nature dont la dépense ne dépasse pas 3,000 francs. — Toute délibération sur l'un de ces objets est exécutoire, si, trente jours après la notification officielle, le préfet ne l'a pas annulée, soit d'office pour violation de la loi ou d'un règlement d'administration publique, soit sur la réclamation de toute partie intéressée. — La commission arrête également, mais avec l'approbation du préfet, les règlements du service tant intérieur qu'extérieur et de santé, et les contrats à passer pour le service avec les congrégations hospitalières.

9. La commission délibère sur les objets suivants : — Les budgets, comptes, et, en général, toutes les recettes et dépenses des établissements hospitaliers : — Les acquisitions, échanges, aliénations des propriétés de ces éta-

(1) *V.* L. 21 mai 1873.

blissements, leur affectation au service, et, en général, tout ce qui intéresse leur conservation et leur amélioration; — Les projets de travaux pour constructions, grosses réparations et démolitions dont la valeur excède 3,000 francs; — Les conditions ou cahiers des charges des adjudications de travaux et marchés pour fournitures ou entretien dont la durée excède une année; — Les actions judiciaires et transactions; — Les placements de fonds et emprunts; — Les acceptations des dons et legs.

10. Les délibérations comprises dans l'article précédent sont soumises à l'avis du Conseil municipal, et suivent, quant aux autorisations, les mêmes règles que les délibérations de ce Conseil. — Néanmoins l'aliénation des biens immeubles formant la dotation des hospices et hôpitaux ne peut avoir lieu que sur l'avis conforme du Conseil municipal.

11. Le président de la commission des hospices et hôpitaux peut toujours, à titre conservatoire, accepter, en vertu de la délibération de la commission, les dons et legs faits aux établissements charitables. — Le décret du Pouvoir exécutif ou l'arrêté du préfet qui interviendra aura effet du jour de cette acceptation.

12. La comptabilité est soumise aux règles de la comptabilité des communes.

13. Les recettes des établissements hospitaliers pour lesquels les lois et règlements n'ont pas prescrit un mode spécial de recouvrement s'effectuent sur des états dressés par le maire, sur la proposition de la commission administrative. Ces états sont exécutoires après qu'ils ont été visés par le sous-préfet. Les oppositions, lorsque la matière est de la compétence des tribunaux ordinaires, sont jugées comme affaires sommaires, et la commission administrative peut y défendre, sans autorisation du Conseil de préfecture.

14. La commission nomme son secrétaire, l'économe, les médecins et chirurgiens, mais elle ne peut les révoquer qu'avec l'approbation du préfet. — Les receveurs sont nommés par le ministre de l'Intérieur, sur la proposition des commissions des hospices et hôpitaux, et de l'avis des préfets. — Lorsque le revenu des établissements hospitaliers n'excède pas 30,000 francs, les fonctions de receveur sont toujours exercées par le receveur de la commune. — Cette disposition n'est pas applicable aux titulaires actuels. — Dans tous les cas, la commission des hospices et hôpitaux exerce, à l'égard du receveur de ces établissements, les droits attribués au Conseil municipal à l'égard du receveur des communes.

15. La commission, d'accord avec le Conseil municipal, et sous l'approbation du préfet, pourra traiter de gré à gré, ou par voie d'abonnement, de la fourniture des aliments et objets de consommation nécessaires aux établissements hospitaliers.

16. Lorsque la commune ne possédera pas d'hospices ou d'hôpitaux, ou qu'ils seront insuffisants, le Conseil municipal pourra traiter avec un établissement privé pour l'entretien des malades et des vieillards, après avoir consulté la commission des hospices et hôpitaux qui sera chargée de veiller à l'exécution du contrat passé avec l'établissement privé. — Les traités devront être soumis à l'approbation du préfet.

17. La commission des hospices et hôpitaux pourra, avec les mêmes approbations et en se conformant aux prescriptions de l'article 5, convertir une partie des revenus attribués aux hospices, mais seulement jusqu'à concurrence d'un cinquième, en secours à domicile annuels en faveur des vieillards ou infirmes placés dans leurs familles. (*V.L.* 21 *mai* 1873.)

18. Les précédentes dispositions ne porteront aucune atteinte aux droits des communes rurales sur les lits des hospices et hôpitaux d'une autre commune, ni aux droits quelconques résultant de fondations faites par les départements, les communes ou les particuliers, qui doivent toujours être respectées.

19. Toutes les dispositions contraires à la présente loi sont et demeurent abrogées.

20. Il n'est pas dérogé, par la présente, à la loi du 10 janvier 1849, sur l'organisation de l'assistance publique dans la ville de Paris.

DÉCRET

Concernant les individus placés sous la surveillance de la haute police et les individus reconnus coupables d'avoir fait partie d'une société secrète.

(8 décembre 1851) (1)

---

(1) Bull., 10e série, no 3403. — Abrogé par le décret du 24 oct. 1870; V. L. 23 janv. 1874.

DÉCRET

Sur les lignes télégraphiques.

(27 décembre 1851) (1)

DÉCRET

Sur les cafés, cabarets et débits de boissons.

(29 décembre 1851) (2)

ART. 1er. — Aucun café, cabaret ou autre débit de boissons à consommer sur place, ne pourra être ouvert, à l'avenir, sans la permission préalable de l'autorité administrative.

2. La fermeture des établissements désignés en l'article 1er, qui existent actuellement, ou qui seront autorisés à l'avenir, pourra être ordonnée, par arrêté du préfet, soit après une condamnation pour contravention aux lois et règlements qui concernent ces professions, soit par mesure de sûreté publique.

3. Tout individu qui ouvrira un café, cabaret ou débit de boissons à consommer sur place, sans autorisation préalable ou contrairement à un arrêté de fermeture pris en vertu de l'article précédent, sera poursuivi devant les tribunaux correctionnels, et puni d'une amende de 25 à 500 francs et d'un emprisonnement de six jours à six mois. — L'établissement sera fermé immédiatement (3).

1852

DÉCRET

Sur les congrégations et communautés religieuses de femmes.

(31 janvier 1852) (4)

DÉCRET ORGANIQUE

Pour l'élection des députés au Corps législatif.

(2 février 1852) (5)

DÉCRET RÉGLEMENTAIRE

Pour l'élection au Corps législatif.

(2 février 1852)

TITRE Ier. — *Révision annuelle des listes électorales.*

ART. 1er. La révision annuelle des listes électorales s'opère conformément aux règles qui suivent : — Du 1er au 10 janvier de chaque année, le maire de chaque commune ajoute à la liste les citoyens qu'il reconnaît avoir acquis les qualités exigées par la loi, ceux qui acquerront les conditions d'âge et d'habitation avant le 1er avril et ceux qui auraient été précédemment omis. — Il en retranche : — 1° Les individus décédés ; — 2° Ceux dont la radiation a été ordonnée par l'autorité compétente ; — 3° Ceux qui ont perdu les qualités requises par la loi ; — 4° Ceux qu'il reconnaît avoir été indûment inscrits, quoique leur inscription n'ait point été attaquée. — Il tient un registre de toutes ces décisions, et y mentionne les motifs et pièces à l'appui.

2. Le tableau contenant les additions et retranchements faits par le maire à la liste électorale est déposé au plus tard le 15 janvier au secrétariat de la commune. — Ce tableau sera communiqué à tout requérant, qui pourra le recopier et le reproduire par la voie de l'impression. Le jour même de ce dépôt, avis en sera donné par affiches aux lieux accoutumés.

3. Une copie du tableau et du procès-verbal constatant l'accomplisse-

(1) Bull., 10e série, n° 3478. — *V.* le texte dans notre édition in-8°.

(2) Le décret ci-dessus est abrogé par L. 17 juill. 1880.

(3) Les débitants forains qui venaient s'établir en plein air ou sous tentes, dans les foires, marchés ou fêtes locales, pour y vendre des boissons, tombaient sous l'application du décret du 29 déc. 1851, en ce sens qu'ils ne pouvaient se livrer à ce genre de commerce, même accidentellement, sans avoir obtenu l'autorisation préalable du préfet dont la licence délivrée par l'administration des contributions indirectes ne pouvait tenir lieu. — *Circ. min. pol.* 4 sept. 1852.

(4) Bull., 10e série, n° 3600. — *V.* le texte dans notre édition in-8°. V. L. 24 mai 1825.

(5) Bull., 10e série, n° 3636. — *V.* pour les élections à l'Assemblée nationale, L. 10 avril 1871 ; L. 2 mai 1871 ; L. 25 avril 1872 ; L. 18 févr. 1873. — A la chambre des députés, L. org. 30 nov. 1875, L. CONSTIT. — *V.* le texte du décret ci-dessus dans notre édition in 8°.

ment des formalités prescrites par l'article précédent sera en même temps transmise au sous-préfet de l'arrondissement, qui l'adressera, dans les deux jours, avec ses observations, au préfet du département.

4. Si le préfet estime que les formalités et les délais prescrits par la loi n'ont pas été observés, il devra, dans les deux jours de la réception du tableau, déférer les opérations du maire au Conseil de préfecture du département, qui statuera dans les trois jours et fixera, s'il y a lieu, le délai dans lequel les opérations annulées devront être faites.

5. Les demandes en inscription ou en radiation devront être formées dans les dix jours à compter de la publication des listes (*dans les vingt jours; Décr. 13 janv. 1866*).

6. Le juge de paix donnera avis des infirmations par lui prononcées au préfet et au maire dans les trois jours de la décision.

7. Le 31 mars de chaque année, le maire opère toutes les rectifications régulièrement ordonnées, transmet au préfet le tableau de ces rectifications et arrête définitivement la liste électorale de la commune. — La minute de la liste électorale reste déposée au secrétariat de la commune ; le tableau rectificatif transmis au préfet reste déposé avec la copie de la liste électorale au secrétariat général du département. — Communication en doit toujours être donnée aux citoyens qui la demandent.

8. La liste électorale reste jusqu'au 31 mars de l'année suivante telle qu'elle a été arrêtée, sauf, néanmoins, les changements qui y auraient été ordonnés par décision du juge de paix, et sauf aussi la radiation des noms des électeurs décédés ou privés des droits civils et politiques par jugement ayant force de chose jugée.

TITRE II. — *Des colléges électoraux.*

9. Les colléges électoraux devront être réunis, autant que possible, un dimanche ou un jour férié.

10. Les colléges électoraux ne peuvent s'occuper que de l'élection pour laquelle ils sont réunis. — Toutes discussions, toutes délibérations leur sont interdites.

11. Le président du collége ou de la section a seul la police de l'assemblée. — Nulle force armée ne peut, sans son autorisation, être placée dans la salle des séances, ni aux abords du lieu où se tient l'assemblée. — Les autorités civiles et les commandants militaires sont tenus de déférer à ses réquisitions.

12. Le bureau de chaque collége ou section est composé d'un président, de quatre assesseurs et d'un secrétaire choisi par eux parmi les électeurs. — Dans les délibérations du bureau, le secrétaire n'a que voix consultative.

13. Les colléges et sections sont présidés par les maire, adjoints et conseillers municipaux de la commune ; à leur défaut, les présidents sont désignés par le maire, parmi les électeurs sachant lire et écrire. — A Paris, les sections sont présidées, dans chaque arrondissement, par le maire, les adjoints ou les électeurs désignés par eux.

14. Les assesseurs sont pris, suivant l'ordre du tableau, parmi les conseillers municipaux sachant lire et écrire ; à leur défaut, les assesseurs sont les deux plus âgés et les deux plus jeunes électeurs présents sachant lire et écrire. — A Paris, les fonctions d'assesseurs sont remplies dans chaque section par les deux plus âgés et les deux plus jeunes électeurs sachant lire et écrire.

15 Trois membres du bureau au moins doivent être présents pendant tout le cours des opérations du collége.

16. Le bureau prononce provisoirement sur les difficultés qui s'élèvent touchant les opérations du collége ou de la section. — Ses décisions sont motivées. — Toutes les réclamations et décisions sont inscrites au procès-verbal ; les pièces ou bulletins qui s'y rapportent y sont annexés, après avoir été paraphés par le bureau.

17. Pendant toute la durée des opérations électorales, une copie officielle de la liste des électeurs, contenant les noms, domicile et qualification de chacun des inscrits, reste déposée sur la table autour de laquelle siége le bureau.

18. Tout électeur inscrit sur cette liste a le droit de prendre part au vote. — Néanmoins, ce droit est suspendu pour les détenus, pour les accusés contumaces, et pour les personnes non interdites, mais retenues, en vertu de la loi du 30 juin 1838, dans un établissement public d'aliénés.

19. Nul ne peut être admis à voter s'il n'est inscrit sur la liste. — Toutefois, seront admis au vote, quoique non inscrits, les citoyens porteurs d'une décision du juge de paix ordonnant leur inscription, ou d'un arrêt de a

Cour de cassation annulant un jugement qui aurait prononcé leur radiation.

20. Nul électeur ne peut entrer dans le collége électoral s'il est porteur d'armes quelconques.

21. Les électeurs sont appelés successivement par ordre alphabétique. — Ils apportent leur bulletin préparé en dehors de l'assemblée. — Le papier du bulletin doit être blanc et sans signes extérieurs.

22. A l'appel de son nom, l'électeur remet au président son bulletin fermé. — Le président le dépose dans la boîte du scrutin, laquelle doit, avant le commencement du vote, avoir été fermée à deux serrures, dont les clefs restent, l'une entre les mains du président, l'autre entre celles du scrutateur le plus âgé.

23. Le vote de chaque électeur est constaté par la signature ou le paraphe de l'un des membres du bureau, apposé sur la liste, en marge du nom du votant.

24. L'appel étant terminé, il est procédé au réappel de tous ceux qui n'ont pas voté.

25. Le scrutin reste ouvert pendant deux jours : le premier jour, depuis huit heures du matin jusqu'à six heures du soir, et le second jour depuis huit heures du matin jusqu'à quatre heures du soir. (*V. Décr.* 1er *mai* 1869.)

26. Les boîtes du scrutin sont scellées et déposées pendant la nuit au secrétariat ou dans la salle de la mairie. — Les scellés sont également apposés sur les ouvertures de la salle où les boîtes ont été déposées.

27. Après la clôture du scrutin, il est procédé au dépouillement de la manière suivante : — La boîte du scrutin est ouverte et le nombre des bulletins vérifié. — Si ce nombre est plus grand ou moindre que celui des votants, il en est fait mention au procès-verbal. — Le bureau désigne parmi les électeurs présents un certain nombre de scrutateurs sachant lire et écrire, lesquels se divisent par tables de quatre au moins. — Le président répartit entre les diverses tables les bulletins à vérifier. — A chaque table, l'un des scrutateurs lit chaque bulletin à haute voix et le passe à un autre scrutateur ; les noms portés sur les bulletins sont relevés sur des listes préparées à cet effet.

28. Le président et les membres du bureau surveillent l'opération du dépouillement. — Néanmoins, dans les colléges ou sections où il se sera présenté moins de 300 votants, le bureau pourra procéder lui-même, et sans l'intervention de scrutateurs supplémentaires, au dépouillement du scrutin.

29. Les tables sur lesquelles s'opère le dépouillement du scrutin sont disposées de telle sorte que les électeurs puissent circuler alentour.

30. Les bulletins blancs, ceux ne contenant pas une désignation suffisante, ou dans lesquels les votants se font connaître, n'entrent point en compte dans le résultat du dépouillement, mais ils sont annexés au procès-verbal.

31. Immédiatement après le dépouillement, le résultat du scrutin est rendu public, et les bulletins autres que ceux qui, conformément aux articles 16 et 30, doivent être annexés au procès-verbal, sont brûlés en présence des électeurs.

32. Pour les colléges divisés en plusieurs sections, le dépouillement du scrutin se fait dans chaque section Le résultat est immédiatement arrêté et signé par le bureau ; il est ensuite porté par le président au bureau de la première section, qui, en présence des présidents des autres sections, opère le recensement général des votes et en proclame le résultat.

33. Les procès-verbaux des opérations électorales de chaque commune sont rédigés en double. — L'un de ces doubles reste déposé au secrétariat de la mairie ; l'autre double est transmis au sous-préfet de l'arrondissement qui le fait parvenir au préfet du département.

34. Le recensement général des votes, pour chaque circonscription électorale, se fait au chef-lieu du département, en séance publique. — Il est opéré par une commission composée de trois membres du Conseil général. — A Paris, le recensement est fait par une commission de cinq membres du Conseil général, désignés par le préfet de la Seine. — Cette opération est constatée par un procès-verbal.

35. Le recensement général des votes étant terminé, le président de la commission en fait connaître le résultat. — Il proclame député au Corps législatif celui des candidats qui a satisfait aux deux conditions exigées par l'article 6 du décret organique.

36. Si aucun des candidats n'a obtenu la majorité absolue des suffrages, et le vote en sa faveur du quart au moins des électeurs inscrits, l'élection est continuée au deuxième dimanche qui suit le jour de la proclamation du résultat du scrutin.

37. Aussitôt après la proclamation du résultat des opérations électorales, les procès-verbaux et les pièces y annexées sont transmis, par les soins des préfets et l'intermédiaire du ministre de l'Intérieur au Corps législatif.

DÉCRET

Portant que les délits dont la connaissance est actuellement attribuée aux Cours d'assises, et qui ne sont pas compris dans les décrets des 31 décembre 1851 et 17 février 1852, seront jugés par les tribunaux correctionnels.

(25 février 1852)

Art. 1er. Tous les délits dont la connaissance est actuellement attribuée aux Cours d'assises, et qui ne sont pas compris dans les décrets des 31 décembre 1851 et 17 février 1852, seront jugés par les tribunaux correctionnels, sauf les cas pour lesquels il existe des dispositions spéciales à raison des fonctions ou de la qualité des inculpés.

2. Ces juridictions connaîtront de ceux de ces délits qui ont été commis antérieurement au présent décret et sur lesquels il n'aurait pas été statué autrement.

3. Les poursuites seront dirigées selon les formes et les règles prescrites par le Code d'instruction criminelle.

4. Sont et demeurent abrogées toutes dispositions relatives à la compétence, contraires au présent décret, et notamment celles qui résultent de la loi du 8 octobre 1830, en matière de délits politiques ou réputés tels; de l'article 6 de la loi du 10 décembre 1830, relative aux afficheurs et crieurs publics; de l'article 10 du décret du 7 juin 1848, sur les délits d'attroupements; de l'article 16, paragraphe 2, de la loi du 28 juillet 1848, sur les clubs et les sociétés secrètes; de l'article 117 de la loi électorale du 15 mars 1849.

DÉCRET

Relatif au travail dans les prisons.

(25 février 1852) (1)

(1) Bull., 10e série, no 3183. — *V.* le texte dans notre édition in-8o.

DÉCRET

Sur les sociétés de crédit foncier.

(28 février 1852) (2)

DÉCRET

Portant qu'à l'avenir les fonctions de juge d'instruction pourront être conférées aux juges suppléants près les tribunaux de première instance.

(1er mars 1852) (3)

DÉCRET

Sur la mise à la retraite des magistrats.

(1er mars 1852)

Titre Ier. — *De la mise à la retraite des magistrats.*

Art. 1er. Sont mis de plein droit à la retraite les membres de la Cour de cassation, à l'âge de soixante et quinze ans accomplis; les magistrats des Cours d'appel et des tribunaux de première instance, à l'âge de soixante et dix ans accomplis.

2. Les magistrats mis à la retraite, à raison de leur âge, feront valoir leurs droits à une pension conformément aux lois et ordonnances existantes, sans être tenus de justifier d'infirmités contractées dans l'exercice de leurs fonctions. (*V. L.* 9 *juin* 1853, *art.* 11.)

3. Les magistrats qui auront atteint l'âge fixé par l'article 1er ne cesseront leurs fonctions que lorsqu'ils auront été remplacés (4).

(2) Bull., 10e série, no 3930. — *V.* le texte dans notre édition in-8o.

(3) Bull., 10e série, no 3110. — *V.* art. 56, C. instr. crim. modifié, et Décr. 2 juill. 1851.

(4) Décidé que le magistrat qui a atteint la limite d'âge cesse de plein droit ses fonctions quand le décret qui prononce sa mise à la retraite a été régulièrement porté à sa connaissance; qu'il ne peut plus participer à un jugement, bien qu'il n'ait pas encore été remplacé. — Cass. 2 mai 1861.

Jugé, au contraire, que le magistrat qui a atteint la limite d'âge peut exercer ses fonctions jusqu'au jour de la presta-

TITRE II. — *De la discipline.*

4. Lorsqu'un magistrat inamovible de Cour d'appel ou de première instance aura été frappé, par mesure disciplinaire, de la suspension provisoire, la décision contre lui rendue sera transmise au garde des Sceaux, ministre de la Justice, qui dénoncera, s'il y a lieu, le magistrat à la Cour de cassation. — Cette Cour pourra, selon la gravité des faits, et après avoir entendu le magistrat inculpé en la chambre du Conseil, le déclarer déchu de ses fonctions.

5. Elle pourra aussi prononcer la peine de la déchéance contre le magistrat traduit directement devant elle, dans le cas prévu par l'article 82 du sénatus-consulte du 16 thermidor an X. (*V. L.* 20 *avril* 1810, *art.* 49 *et suiv.*)

DÉCRET

Sur les tribunaux de commerce.

(2 mars 1852) (1)

DÉCRET

Relatif aux Conseils de prud'hommes de Lyon et de Saint-Etienne.

(2 mars 1852) (2)

DÉCRET

Relatif à l'engagement des marins du commerce, et à l'application des dispositions non abrogées des anciennes ordonnances de la marine.

(4 mars 1852) (3)

ART. 1er. Sont considérées comme dispositions d'ordre public auxquelles il est interdit de déroger par des conventions particulières, les prescriptions des actes ci-dessous indiquées, savoir : — Articles 262, 263, 265 et 270 du Code de commerce ; — Ordonnance du 1er novembre 1745 ; — Article 37 de celle du 14 juillet 1816 ; — Articles 1, 5 et 8 de l'arrêté du 5 germinal an XII, et 252, paragraphe 5, du Code de commerce ; — Paragraphes 2 et 3 de l'article 3 de l'ordonnance du 9 octobre 1837. — Toutefois, le bénéfice des articles 262 et 263 du Code de commerce n'est point acquis à tout marin délaissé, à compter du jour où il embarque avec salaire sur un autre navire. — Les dispositions de l'ordonnance du 1er novembre 1745 seront appliquées à tout marin faisant partie de l'équipage d'un navire du commerce.

2. Les ordonnances, règlements et arrêts du Conseil, concernant la marine, antérieurs à 1789, et auxquels il n'a point été dérogé, seront appliqués sans qu'il soit nécessaire d'administrer la preuve de leur enregistrement. La production par le ministre de la Marine, le cas échéant, d'une copie authentique de l'un de ces actes, suffira pour en assurer la validité.

DÉCRET

Relatif au serment des ministres, des membres des grands corps de l'Etat, des officiers de terre et de mer, des magistrats et des fonctionnaires.

(8 mars 1852) (4)

ART 1er. Le refus ou le défaut de serment sera considéré comme démission.

2. Le serment ne pourra être prêté que dans les termes prescrits par l'article 14 de la Constitution. Toute addition, modification, restriction ou réserve sera considérée comme refus de serment, et produira le même effet. (*V. Décr.* 5 *sept.* 1870.)

3. Des décrets spéciaux détermineront le mode de la prestation de serment des ministres, des membres des grands corps de l'Etat, des officiers de terre et de mer, des magistrats et des fonctionnaires, ainsi que les délais dans lesquels le serment devra être prêté.

---

tion de serment de son successeur. — Cass. *Ch. crim.* 9 mars 1871.

(1) Bull., 10e série, no 3711. — Abrogé par la loi du 21 déc. 1871, art. 1er.

(2) Bull., 10e série, no 3790.

(3) Bull., 10e série, no 3801. — *V.* le texte dans notre édition in 8o.

(4) Bull., 10e série, no 3718. — *V.* Décr. 5 sept. 1870, qui abolit le serment politique.

DÉCRET

Sur l'instruction publique.

(9 mars 1852)

CHAP. Ier. — DE L'AUTORITÉ SUPÉRIEURE DE L'ENSEIGNEMENT PUBLIC.

ART. 1er. Le Président de la République, sur la proposition du ministre de l'Instruction publique, nomme et révoque les membres du Conseil supérieur, les inspecteurs généraux, les recteurs, les professeurs des Facultés, du Collége de France, du Muséum d'histoire naturelle, de l'École des langues orientales vivantes; les membres du Bureau des longitudes et de l'Observatoire de Paris et de Marseille, les administrateurs et conservateurs des bibliothèques publiques. (*Modifié; art.* 5, *L.* 19 *mars* 1873.)

2. Quand il s'agit de pourvoir à la nomination d'un professeur titulaire dans une Faculté, le ministre propose au Président de la République un candidat choisi soit parmi les docteurs âgés de trente ans au moins, soit sur une double liste de présentation, qui est nécessairement demandée à la Faculté où la vacance se produit et au Conseil académique. — Le même mode de nomination est suivi dans les Facultés des lettres, des sciences, de droit, de médecine, et dans les écoles supérieures de pharmacie. — En cas de vacance d'une chaire au Collége de France, au Muséum d'histoire naturelle, à l'École des langues orientales vivantes, ou d'une place au Bureau des longitudes, à l'Observatoire de Paris et de Marseille, les professeurs ou membres de ces établissements présentent deux candidats; la classe correspondante de l'Institut en présente également deux. Le ministre peut en outre proposer au choix du Président de la République un candidat désigné par ses travaux.

3. Le ministre, par délégation du Président de la République, nomme et révoque les professeurs de l'École nationale des chartes, les inspecteurs d'académie, les membres des Conseils académiques qui procédaient précédemment de l'élection, les fonctionnaires et professeurs des écoles préparatoires de médecine et de pharmacie, les fonctionnaires et professeurs de l'enseignement secondaire public, les inspecteurs primaires, les employés des bibliothèques publiques, et généralement toutes les personnes attachées à des établissements d'instruction publique appartenant à l'État (1). Il prononce directement et sans recours, contre les membres de l'enseignement secondaire public, — La réprimande devant le Conseil académique; — La censure devant le Conseil supérieur; — La mutation; — La suspension des fonctions, avec ou sans privation totale et partielle de traitement; — La révocation. — Il peut prononcer les mêmes peines contre les membres de l'enseignement supérieur, à l'exception de la révocation, qui est prononcée, sur sa proposition, par un décret du Président de la République. (*Modifié; art.* 5, *L.* 19 *mars* 1873.)

4. Les recteurs, par délégation du ministre, nomment les instituteurs communaux, les Conseils municipaux entendus, d'après le mode prescrit par les deux premiers paragraphes de l'article 31 de la loi du 15 mars 1850.

CHAP. II. — DU CONSEIL SUPÉRIEUR DE L'INSTRUCTION PUBLIQUE.

5. Le Conseil supérieur se compose, — De trois membres du Sénat; — De trois membres du Conseil d'État; — De cinq archevêques ou évêques; — De trois membres des cultes non catholiques; — De trois membres de la Cour de cassation; — De cinq membres de l'Institut; — De huit inspecteurs généraux; — De deux membres de l'enseignement libre. — Les membres du Conseil supérieur sont nommés pour un an. — Le ministre préside le Conseil et détermine l'ouverture des sessions, qui auront lieu au moins deux fois par an.

CHAP. III. — DES INSPECTEURS GÉNÉRAUX DE L'INSTRUCTION PUBLIQUE.

6. Huit inspecteurs généraux de l'enseignement supérieur, — Trois pour les lettres, — Trois pour les sciences, — Un pour le droit, — Un pour la médecine, — Sont chargés, sous l'autorité du ministre, de l'inspection des Facultés, des écoles supérieures de pharmacie, des écoles préparatoires de médecine et de pharmacie, et des établissements scientifiques et littéraires, ressortissant au ministère de l'Instruction publique. — Ils peuvent être chargés de missions extraordinaires dans les lycées nationaux et dans les établissements d'instruction secondaire libres. — Six inspecteurs généraux de l'enseignement secondaire, — Trois pour les lettres, — Trois pour les sciences, — Sont char-

(1) V. Décr. 11 juill. 1863 (*Bull.* 11e *sér.*, no 11538).

gés, sous l'autorité du ministre, de l'inspection des lycées nationaux, des colléges communaux les plus importants et des établissements d'instruction secondaire libres. — Deux inspecteurs généraux de l'enseignement primaire sont chargés des mêmes attributions en ce qui concerne l'instruction de ce degré. — Le ministre peut appeler au Conseil supérieur, pour les questions spéciales, avec voix consultative, des inspecteurs généraux qui n'auraient pas été désignés pour en faire partie.

CHAP. IV. — DISPOSITIONS PARTICULIÈRES.

7. Un nouveau plan d'études sera discuté par le Conseil supérieur dans sa prochaine session (1).

8. En cas d'urgence, les recteurs peuvent, par mesure administrative, suspendre un professeur de l'enseignement public secondaire ou supérieur, à la charge d'en rendre compte immédiatement au ministre, qui maintient ou lève la suspension.

9. Les professeurs, les gens de lettres, les savants et les artistes dépendants du ministère de l'instruction publique ne peuvent cumuler que deux fonctions rétribuées sur les fonds du Trésor public. — Le montant des traitements cumulés tant fixes qu'éventuels pourra s'élever à 20,000 francs.

10. A l'avenir, la liquidation des pensions de retraite des fonctionnaires de l'instruction publique n'aura lieu qu'après avis de la section des finances du Conseil d'Etat.

DÉCRET

Organique de la Légion d'Honneur.

(16 mars 1852) (2)

DÉCRET

Portant que les juges suppléants, non officiers ministériels, peuvent être chargés de la confection des ordres et des distributions par contribution.

(19 mars 1852)

ART. UNIQUE. Les juges suppléants, non officiers ministériels, peuvent être chargés de la confection des ordres et des distributions par contribution. — Ils font, dans ce cas, le rapport des contestations relatives aux affaires pour lesquelles ils ont été commis et prennent part au jugement avec voix délibérative.

DÉCRET

Concernant le rôle d'équipage et les indications des bâtiments et embarcations exerçant une navigation maritime.

(19 mars 1852) (3)

DÉCRET

Relatif aux élections du barreau.

(22 mars 1852)

ART. 1er. Les conseils de discipline des avocats exerçant près les Cours et tribunaux continueront d'être élus directement par l'assemblée générale des avocats inscrits au tableau. L'élection se fera par scrutin de liste, mais à la majorité absolue des suffrages des membres présents.

2. — *Abrogé.* (*V. art.* 1er, *Décr.* 10 *mars* 1870.)

3. A l'avenir, l'avocat auquel sera appliquée l'une des peines disciplinaires énoncées dans l'article 18 de l'ordonnance du 20 novembre 1822, pourra, suivant les circonstances et par la même décision, être privé du droit de faire partie du conseil de discipline pendant un espace de temps qui n'excédera pas dix ans.

4. Ne pourront être élus membres du conseil de discipline : à Paris, les avocats qui n'auront point été inscrits au tableau pendant dix ans ; et dans les autres villes, chefs-lieux de Cour d'appel, ceux qui n'auront point été inscrits au tableau pendant cinq ans.

5. Les secrétaires de la conférence des avocats, à Paris, seront désignés, par le conseil de l'ordre, sur la présentation du bâtonnier. Les avocats stagiaires frappés de peines disciplinaires sont exclus du concours.

6. Sont maintenues les dispositions des ordonnances du 20 novembre 1822 et du 27 août 1830, qui ne sont pas contraires au présent décret.

(1) V. Décr. 10 avril 1852.

(2) Bull., 10e série, no 3797. — V. le texte dans notre édition in-8o. — V. L. 25 juill. 1873.

(3) Bull., 10e série, no 3951. — V. le texte dans notre édition in-8o.

DÉCRET

Sur l'administration du mont-de-piété de Paris.

(24 mars 1852) (1)

DÉCRET

Qui abroge celui du 28 juillet 1848, sur les clubs, à l'exception de l'article 13, et déclare applicables aux réunions publiques les articles 291 et 294 du Code pénal, et les articles 1, 2 et 3 de la loi du 10 avril 1834.

(25 mars 1852) (2)

ART. 1er. Le décret du 28 juillet 1848, sur les clubs, est abrogé, à l'exception toutefois de l'article 13 de ce décret, qui interdit les sociétés secrètes.

2. Les articles 291, 292 et 294 du Code pénal, et les articles 1, 2 et 3 de la loi du 10 avril 1834, seront applicables aux réunions publiques, de quelque nature qu'elles soient.

DÉCRET

Sur la décentralisation administrative.

(25 mars 1852) (3)

ART. 1er. Les préfets continueront de soumettre à la décision du ministre de l'Intérieur les affaires départementales et communales qui affectent directement l'intérêt général de l'Etat, telles que l'approbation des budgets départementaux, les impositions extraordinaires et les délimitations territoriales ; mais ils statueront désormais sur toutes les autres affaires départementales et communales, qui, jusqu'à ce jour, exigeaient la décision du chef de l'Etat ou du ministre de l'Intérieur, et dont la nomenclature est fixée par le tableau A ci-annexé.

2. Ils statueront également, sans l'autorisation du ministre de l'Intérieur, sur les divers objets concernant les subsistances, les encouragements à l'agriculture, l'enseignement agricole et vétérinaire, les affaires commerciales et la police sanitaire et industrielle dont la nomenclature est fixée par le tableau B ci-annexé.

3. Les préfets statueront, en Conseil de préfecture, sans l'autorisation du ministre des Finances, mais sur l'avis ou la proposition des chefs de service, en matière de contributions indirectes, en matières domaniales et forestières, sur les objets déterminés par le tableau C ci-annexé.

4. Les préfets statueront également, sans l'autorisation du ministre des travaux publics, mais sur l'avis ou la proposition des ingénieurs en chef, et conformément aux règlements ou instructions ministérielles, sur tous les objets mentionnés dans le tableau D ci-annexé.

5. Ils nommeront directement, sans l'intervention du Gouvernement et sur la présentation des divers chefs de service, aux fonctions et emplois suivants : — 1o Les directeurs des maisons d'arrêt et des prisons départementales ; — 2o Les gardiens desdites maisons et prisons ; — 3o Les membres des commissions de surveillance de ces établissements ; — 4o Les médecins et comptables des asiles publics d'aliénés ; — 5o Les médecins des eaux thermales dans les établissements privés ou communaux ; — 6o Les directeurs et agents des dépôts de mendicité ; — 7o Les architectes départementaux ; — 8o Les archivistes départementaux ; — 9o Les administrateurs, directeurs et receveurs des établissements de bienfaisance ; — 10o Les vérificateurs des poids et mesures ; (*Abrogé ; art. 13, Décr. 26 févr. 1873.*) — 11o Les directeurs et professeurs des écoles de dessin et les conservateurs des musées des villes ; — 12o Les percepteurs surnuméraires ; — 13o Les receveurs municipaux des villes dont le revenu ne dépasse pas 300,000 francs ; — 14o Les débitants de poudres à feu ; — 15o Les titulaires des débits de tabac simples, dont le produit ne dépasse pas 1,000 francs ; — 16o Les préposés en chef des octrois des villes ; — 17o Les lieutenants de louveterie ; — 18o Les directeurs des bureaux de poste aux lettres dont le produit n'excède pas 1,000 francs ; — 19o Les distributeurs et facteurs des postes ; — 20o Les gardes forestiers des départements, des communes et des établissements publics ; — 21o Les gardes

(1) Bull., 10e série, no 3907. — V. le texte dans notre édition in-8o.

(2) Abrogé par L. 30 juin 1881, art. 12.

(3) Ce décret a été modifié par celui du 13 avril 1861. Les tableaux A, B, C, D, placés à la suite du décret du 25 mars 1852, ont été modifiés par le même décret du 13 avril 1861.

champêtres ; — 22° Les commissaires de police des villes de 6,000 âmes et au-dessous ; — 23° Les membres des jurys médicaux ; — 24° Les piqueurs des Ponts-et-chaussées et cantonniers du service des routes ; — 25° Les gardes de navigation, cantonniers, éclusiers, barragistes et pontonniers ; — 26° Les gardiens de phares, les canotiers du service des ports maritimes de commerce, baliseurs et surveillants de quais.

6. Les préfets rendront compte de leurs actes aux ministres compétents dans les formes et pour les objets déterminés par les instructions que ces ministres leur adresseront. — Ceux de ces actes qui seraient contraires aux lois et règlements, ou qui donneraient lieu aux réclamations des parties intéressées, pourront être annulés ou réformés par les ministres compétents.

7. Les dispositions des articles 1, 2, 3, 4 et 5 ne sont pas applicables au département de la Seine.

DÉCRET

Sur les sociétés de secours mutuels.

(26 mars 1852) (1)

ART. 8. Une société de secours approuvée peut prendre des immeubles à bail, posséder des objets mobiliers et faire tous les actes relatifs à ces droits. — Elle peut recevoir, avec l'autorisation du préfet, les dons et legs mobiliers dont la valeur n'excède pas 5,000 francs.

DÉCRET

Relatif aux rues de Paris

(26 mars 1852) (2)

DÉCRET

Sur la contrefaçon d'ouvrages étrangers.

(28 mars 1852)

ART. 1er. La contrefaçon, sur le territoire français, d'ouvrages publiés à l'étranger et mentionnés en l'article 425 du Code pénal, constitue un délit.

2. Il en est de même du débit, de l'exportation et de l'expédition des ouvrages contrefaits. L'exportation et l'expédition de ces ouvrages sont un délit de la même espèce que l'introduction, sur le territoire français, d'ouvrages qui, après avoir été imprimés en France, ont été contrefaits chez l'étranger.

3. Les délits prévus par les articles précédents seront réprimés conformément aux articles 427 et 429 du Code pénal. — L'article 463 du même Code pourra être appliqué.

4. Néanmoins, la poursuite ne sera admise que sous l'accomplissement des conditions exigées relativement aux ouvrages publiés en France, notamment par l'article 6 de la loi du 19 juillet 1793.

DÉCRET

Sur les commissariats de police.

(28 mars 1852) (3)

DÉCRET

Qui approuve le plan d'études adopté par le Conseil supérieur de l'instruction publique.

(10 avril 1852) (4)

DÉCRET

Qui détermine le mode de surveillance de la gestion et de la comptabilité des Caisses d'épargne.

(15 avril 1852) (5)

DÉCRET

Qui fixe les préséances entre les grands corps de l'État.

(19 avril 1852)

ART. UNIQUE. Les préséances entre

(1) Bull., 10e série, n° 3913. — V. le texte dans notre édition in-8°. — V. L. 15 juill. 1850.

(2) Bull., 10e série, n° 3914. — V. le texte de ce décret dans notre édition in-8°. — V. Décr. 27 déc. 1858 ; 27 juill. 1859.

(3) Bull., 10e série, n° 3945. — V. le texte dans notre édition in-8°.

(4) Bull., 10e série, n° 4056. — V. texte dans notre édition in-8°.

(5) Bull., 10e série, n° 4064. — V. le texte dans notre édition in-8°.

les grands corps de l'Etat sont fixées ainsi qu'il suit : — le Sénat, — le Corps législatif, — le Conseil d'État.

LOI

Sur la réhabilitation des condamnés.

(3 juillet 1852)

ART. UNIQUE. Le décret du 18 avril 1848 est abrogé. Le chapitre IV du titre VII du livre II du Code d'instruction criminelle est pareillement abrogé ; il est remplacé par les articles suivants : (1)...

LOI

Sur le renouvellement des Conseils généraux, des Conseils d'arrondissement et des Conseils municipaux, et sur la nomination des maires et adjoints.

(7 juillet 1852) (2)

ART. 1, 2. — *Transitoires*

3. L'élection des membres des Conseils généraux, des Conseils d'arrondissement et des Conseils municipaux aura lieu par commune, sur les listes dressées pour l'élection des députés au Corps législatif, conformément aux dispositions des décrets du 2 février 1852. — Le préfet pourra, par un arrêté, diviser en sections électorales les communes, quelle que soit leur population. — Pour l'élection des membres des Conseils municipaux, il aura la faculté de fixer, par le même arrêté, le nombre des conseillers qui devront être nommés par chacune des sections. — Dans les communes qui comptent 2,500 âmes et plus, le scrutin durera deux jours ; il sera ouvert le samedi et clos le dimanche. — Dans les communes d'une population moindre, le scrutin ne durera qu'un jour ; il sera ouvert et clos le dimanche. — Le recensement des votes pour l'élection des membres des Conseils généraux et des Conseils d'arrondissement sera fait au chef-lieu de canton.

4. Nul n'est élu membre desdits Conseils au premier tour de scrutin, s'il n'a réuni : 1° la majorité absolue des suffrages exprimés ; 2° un nombre de suffrages égal au quart de celui des électeurs inscrits. — Au second tour de scrutin, l'élection a lieu à la majorité relative, quel que soit le nombre des votants. Si plusieurs candidats obtiennent le même nombre de suffrages, l'élection est acquise au plus âgé.

5. Les président, vice-président et secrétaires sont nommés pour chaque session, et choisis, parmi les membres du Conseil, par le Président de la République pour les Conseils généraux, et par le préfet pour les Conseils d'arrondissement (3). Les séances des Conseils généraux ne sont pas publiques.

6. La dissolution des Conseils généraux et des Conseils d'arrondissement peut être prononcée par le Président de la République. En ce cas, il sera procédé à une nouvelle élection avant la session annuelle, et, au plus tard, dans le délai de trois mois à dater du jour de la dissolution.

7. Les maires et adjoints sont nommés par le Président de la République dans les chefs-lieux de département et d'arrondissement, et dans les communes de trois mille habitants et au-dessus. — Ils sont nommés par le préfet dans les autres communes (4). — Ils peuvent être suspendus par un arrêté du préfet. — Ils ne peuvent être révoqués que par un décret du Président de la République.

8. Les adjoints peuvent être pris, comme les maires, en dehors du Conseil municipal. — Le maire préside le Conseil municipal ; il a voix prépondérante en cas de partage. Les mêmes droits appartiennent à l'adjoint qui le remplace. Dans tout autre cas, les adjoints pris en dehors du Conseil ont seulement droit d'y siéger avec voix consultative.

9. Les Conseils municipaux peuvent être suspendus par le préfet ; leur dissolution ne peut être prononcée que par le Président de la République. — En cas de dissolution, l'élection du nouveau Conseil municipal a lieu dans le délai d'une année.

10. En cas de dissolution ou de suspension du Conseil municipal, le préfet peut désigner, soit une commission qui remplira les fonctions du Conseil municipal, soit des citoyens pour assister le maire dans les actes adminis-

(1) V. le texte aux articles 619 et suiv., C. instr. crim. — V. aussi L. 19 mars 1864.

(2) Les dispositions de cette loi, relatives à l'organisation des corps municipaux, ont été abrogées par l'article 2 de la loi du 5 mai 1855.

(3) Modifié par l'article 25 de la loi du 10 août 1871.

(4) V. art. 1er, L. 20 janv. 1874.

tratifs, spéciaux et déterminés, pour lesquels la loi et les règlements exigent le concours d'un ou de plusieurs conseillers municipaux.

11. Les membres des Conseils généraux, des Conseils d'arrondissement et des Conseils municipaux, ainsi que les maires et les adjoints actuellement en exercice, conserveront leurs fonctions jusqu'à l'installation de leurs successeurs élus ou nommés en exécution de la présente loi.

12. Il n'est pas dérogé aux dispositions des lois et décrets qui régissent spécialement le département de la Seine et la ville de Lyon.

LOI

Portant fixation du budget général des dépenses et des recettes de l'exercice 1852.

(8 juillet 1852) (1)

LOI

Relative aux interdictions de séjour dans le département de la Seine et dans les communes de l'agglomération lyonnaise.

(9 juillet 1852)

Art. 1er. Le séjour du département de la Seine, et celui des communes formant l'agglomération lyonnaise, désignées dans l'article 3 de la loi du 19 juin 1851, peuvent être interdits administrativement pendant un délai déterminé qui ne pourra excéder deux ans, à ceux qui, n'étant pas domiciliés dans ce département ou ces communes, — 1° Ont subi depuis moins de dix ans une condamnation à l'emprisonnement pour rébellion, mendicité ou vagabondage, ou une condamnation à un mois de la même peine pour coalition ; — 2° Ou n'ont pas, dans les lieux sus-indiqués, des moyens d'existence. — L'interdiction de séjour pourra être renouvelée.

2. L'arrêté d'interdiction est pris par le préfet de police ou par le préfet du Rhône, et approuvé par le ministre de la police générale. — Il est notifié à l'individu qu'il concerne, avec sommation d'y obtempérer dans un délai déterminé.

(1) Bull., 10e série, n. 4257. — V. le texte dans notre édition in-8°.

3. Toute contravention à un arrêté d'interdiction sera punie d'un emprisonnement de huit jours à un mois. — Le tribunal pourra, en outre, placer les condamnés sous la surveillance de la haute police, pendant un an au moins et cinq ans au plus. — En cas de récidive, la peine sera de deux mois à deux ans d'emprisonnement, et le condamné sera placé sous la surveillance de la haute police, pendant un an au moins et cinq ans au plus.

SÉNATUS-CONSULTE

Sur l'organisation de la Haute Cour de justice.

(10 juillet 1852) (2)

DÉCRET

Portant règlement sur la police du roulage et des messageries publiques.

(10 août 1852) (3)

DÉCRET

Portant règlement sur l'affichage.

(25 août 1852) (4)

DÉCRET

Qui réduit à 10 centimes par sac le prélèvement fait par le débiteur sous le nom de passe des sacs, *dans les paiements en pièces d'argent.*

(17 novembre 1852) (5)

---

(2) Bull., 10e série, n° 4222. — La Haute-Cour a été abolie par le décret du 4 nov. 1870. — V. L. 24 févr. 1875, art. 9; L. 16 juill. 1875, art. 12, L. CONSTIT.

(3) Bull., 10e série, n° 4395. — V. le texte dans notre édition in-8°.

(4) Bull., 10e série, n° 4379. — V. le texte dans notre édition in-8°. — V. L. 29 juill. 1881, art. 15 et suiv., APP. C. PÉN.

(5) Bull., 10e série, n° 4556.

DÉCRET

Sur la discipline des membres de la Légion d'Honneur et des décorés de la médaille militaire.

(24 novembre 1852) (1)

. . . .

Art. 6. Les dispositions de l'article 6 du Décret du 16 mars dernier sur l'ordre de la Légion d'Honneur, ainsi que le présent décret, sont applicables aux décorés de la médaille militaire. — En cas de condamnation emportant la dégradation d'un décoré de la médaille militaire, le président de la Cour ou du Conseil de guerre prononce, immédiatement après la lecture du jugement, la formule suivante : « Vous avez manqué à l'honneur : je déclare que vous cessez d'être décoré de la médaille militaire. » (*Modifié, pour les militaires, par l'article* 190, *C. just. mil.* 9 *juin* 1857.)

DÉCRET

Relatif à la représentation des ouvrages dramatiques.

(10 décembre 1852)

Art. 1er. Les ouvrages dramatiques continueront d'être soumis, avant leur représentation, à l'autorisation de notre ministre de l'Intérieur, à Paris, et des préfets dans les départements.

2. Cette autorisation pourra toujours être retirée pour des motifs d'ordre public.

1853

LOI

Relative aux Caisses d'épargne.

(7 mai 1853) (2)

(1) Bull., 10e série, no 4564. — *V.* le texte dans notre édition in-8o. — *V.* Décr. 16 mars 1852; 14 avril et 9 mai 1874.

(2) Bull., 11e série, no 355. — *V.* le texte dans notre édition in-8o.

LOI

Sur la correspondance télégraphique privée.

(28 mai 1853) (3)

LOI

Sur les Conseils de prud'hommes

(1er juin 1853)

Art. 1er. Les Conseils de prud'hommes sont établis par décrets rendus dans la forme des règlements d'administration publique, après avis des Chambres de commerce ou des Chambres consultatives des arts et manufactures. — Les décrets d'institution déterminent le nombre des membres de chaque Conseil. — Ce nombre est de six au moins, non compris le président et le vice-président.

2. Les membres des Conseils de prud'hommes sont élus par les patrons, chefs d'atelier, contre-maîtres et ouvriers appartenant aux industries dénommées dans les décrets d'institution, suivant les conditions déterminées par les articles ci-après.

3. Les présidents et les vice-présidents des Conseils de prud'hommes sont nommés par l'Empereur. Ils peuvent être pris en dehors des éligibles. Leurs fonctions durent trois années. Ils peuvent être nommés de nouveau. — Les secrétaires des mêmes Conseils sont nommés et révoqués par le préfet sur la proposition du président.

4. Sont électeurs, — 1o Les patrons âgés de vingt-cinq ans accomplis et patentés depuis cinq années au moins et depuis trois ans dans la circonscription du Conseil; — 2o Les chefs d'atelier, contre-maîtres et ouvriers, âgés de vingt-cinq ans accomplis, exerçant leur industrie depuis cinq ans au moins et domiciliés depuis trois ans dans la circonscription du Conseil.

5. Sont éligibles les électeurs âgés de trente ans accomplis et sachant lire et écrire.

6. Ne peuvent être éligibles ni électeurs, les étrangers ni aucun des individus désignés dans l'article 15 de la loi du 2 février 1852.

7. Dans chaque commune de la circonscription, le maire assisté de

(3) Bull., 11e série, no 419. — *V.* le texte dans notre édition in-8o.

deux assesseurs qu'il choisit, l'un parmi les électeurs patrons, l'autre parmi les électeurs ouvriers, inscrit les électeurs sur un tableau qu'il adresse au préfet. — La liste électorale est dressée et arrêtée par le préfet.

8. En cas de réclamation, le recours est ouvert devant le Conseil de préfecture ou devant les tribunaux civils, suivant les distinctions établies par la loi sur les élections municipales.

9. Les patrons, réunis en assemblée particulière, nomment directement les prud'hommes patrons. — Les contremaîtres, chefs d'atelier et les ouvriers, également réunis en assemblée particulière, nomment les prud'hommes ouvriers en nombre égal à celui des patrons. — Au premier tour de scrutin, la majorité absolue des suffrages est nécessaire, la majorité relative suffit au second tour.

10. Les Conseils de prud'hommes sont renouvelés par moitié tous les trois ans. Le sort désigne ceux des prud'hommes qui sont remplacés la première fois. — Les prud'hommes sont rééligibles. — Lorsque, par un motif quelconque, il y a lieu de procéder au remplacement d'un ou plusieurs membres d'un Conseil de prud'hommes, le préfet convoque les électeurs. — Tout membre élu en remplacement d'un autre ne demeure en fonction que pendant la durée du mandat confié à son prédécesseur.

11 Le bureau général est composé, indépendamment du président ou du vice-président, d'un nombre égal de prud'hommes patrons et de prud'hommes ouvriers. Ce nombre est au moins de deux prud'hommes patrons et de deux prud'hommes ouvriers, quel que soit celui des membres dont se compose le Conseil.

12. Les jugements des Conseils de prud'hommes sont signés par le président et par le secrétaire.

13. Les jugements des Conseils de prud'hommes sont définitifs et sans appel, lorsque le chiffre de la demande n'excède pas 200 francs en capital. — Au-dessus de 200 francs, les jugements sont sujets à l'appel devant le tribunal de commerce

14. Lorsque le chiffre de la demande excède 200 francs, le jugement de condamnation peut ordonner l'exécution immédiate et à titre de provision jusqu'à concurrence de cette somme, sans qu'il soit besoin de fournir caution. — Pour le surplus, l'exécution provisoire ne peut être ordonnée qu'à la charge de fournir caution.

15. Les jugements par défaut qui n'ont pas été exécutés dans le délai de six mois sont réputés non avenus.

16. Les Conseils de prud'hommes peuvent être dissous par un décret de l'Empereur, sur la proposition du ministre compétent.

17. L'autorité administrative peut toujours, lorsqu'elle le juge convenable, réunir les Conseils de prud'hommes, qui doivent donner leur avis sur les questions qui leur sont posées.

18. Après la promulgation de la présente loi, il sera procédé au renouvellement intégral des Conseils de prud'hommes existants.

19. Sont maintenues les dispositions des lois, décrets et ordonnances qui ne sont pas contraires à la présente loi.

LOI

Sur la composition du jury.

(4 juin 1853) (1)

LOI

Sur la déclaration du jury.

(9 juin 1853)

Art. 1er. Le décret des 18-20 octobre 1848 est abrogé; les articles 347 et 352 du Code d'instruction criminelle sont modifiés ainsi qu'il suit : (2).....

2. L'article 341 du Code d'instruction criminelle et l'article 3 de la loi du 13 mai 1836 sont modifiés ainsi qu'il suit : (3).....

LOI

Sur les pensions civiles.

(9 juin 1853) (4)

---

(1) Bull., 11e série, no 417. — Abrogée par l'article 21 de la loi du 21 nov. 1872.

(2) V. le texte, aux articles 347, 352 du Code d'instruction criminelle.

(3) V. l'article 341 du Code d'instruction criminelle, et l'article 3 de la loi du 13 mai 1836.

(4) Bull., 11e série, no 488. — V. le texte dans notre édition in-8o.

LOI

Relative aux sociétés de crédit foncier.

(10 juin 1853) (1)

LOI

Sur les pourvois en matière criminelle.

(10 juin 1853)

ART. UNIQUE. Les articles 299 et 301 du Code d'instruction criminelle sont modifiés ainsi qu'il suit : (2).....

LOI

Qui modifie les articles 86 et 87 du Code pénal.

(10 juin 1853)

ART. UNIQUE. Les articles 86 et 87 du Code pénal sont modifiés ainsi qu'il suit : (3).....

DÉCRET

Relatif aux décorations étrangères.

(13 juin 1853) (4)

DÉCRET

Concernant les pensions à accorder aux prêtres âgés ou infirmes.

(28 juin 1853) (5)

DÉCRET

Portant règlement sur la caisse de retraites ou rentes viagères pour la vieillesse.

(18 août 1853) (6)

DÉCRET

Portant règlement d'administration publique pour l'exécution de la loi du 9 juin 1853, sur les pensions civiles.

(9 novembre 1853) (7)

DÉCRET

Relatif au Crédit foncier de France.

(21 décembre 1853) (8)

DÉCRET

Concernant les écoles primaires.

(31 décembre 1853) (9)

1854

DÉCRET

Sur les dépôts volontaires faits à la Caisse des dépôts et consignations.

(11 janvier 1854)

ART. 1er. L'intérêt et les conditions des dépôts volontaires des particuliers, que la Caisse des dépôts et consignations est autorisée à recevoir à Paris, conformément aux articles 1er et 2 de l'ordonnance royale du 3 juillet 1816, sont fixés par des arrêtés du directeur général, pris sur l'avis de la commission de surveillance et revêtus de l'approbation de notre ministre des finances.

2. Toutes dispositions contraires sont abrogées.

DÉCRET

Portant règlement sur l'organisation et le service de la gendarmerie.

(1er mars 1854) (10)

TITRE V.

CHAPITRE Ier.

SECTION I. — *Ordre intérieur.*

ART. 537. Les officiers de tous gra-

(1) Bull., 11e série, no 516. — V. le texte dans notre édition in-8o.

(2) V. le texte, aux articles 299, 301 du Code d'instruction criminelle.

(3) V. le texte, aux articles 86 et 87 du Code pénal.

(4) Bull., 11e série, no 599. — V. le texte dans notre édition in-8o.

(5) Bull., 11e série, no 6033.

(6) Bull., 11e série, no 755. — V. le texte dans notre édition in-8o.

(7) Bull., 11e série, no 869. — V. le texte dans notre édition in-8o.

(8) Bull., 11e série, no 1115. — V. le texte dans notre édition in-8o.

(9) Bull., 11e série, no 1037. — V. le texte dans notre édition in-8o.

(10) Bull., 11e série, no 1259. — V. le texte dans notre édition in-8o.

des de la gendarmerie ne peuvent se marier sans en avoir obtenu préalablement l'autorisation du ministre de la Guerre

. . . .

539. Les sous-officiers, brigadiers et gendarmes ne peuvent également se marier sans en avoir obtenu la permission du Conseil d'administration de la compagnie à laquelle ils appartiennent, approuvée par le chef de la légion.

. . . .

LOI

Sur le droit de propriété garanti aux veuves et aux enfants des auteurs, des compositeurs et des artistes.

(8 avril 1854)

ART. UNIQUE. Les veuves des auteurs, des compositeurs et des artistes jouiront, pendant toute leur vie, des droits garantis par les lois des 13 janvier 1791 et 19 juillet 1793, le décret du 5 février 1810, la loi du 3 août 1844, et les autres lois ou décrets sur la matière. — La durée de la jouissance accordée aux enfants par ces mêmes lois et décrets est portée à trente ans, à partir, soit du décès de l'auteur, compositeur ou artiste, soit de l'extinction des droits de la veuve.

DÉCRET

Relatif aux droits d'usage dans les forêts de l'Etat et dans les bois des communes et établissements publics.

(12 avril 1854) (1)

LOI

Qui modifie l'article 3 de la loi du 25 mai 1838, sur les justices de paix.

(20 mai 1854) (2)

LOI

Relative aux traitements des magistrats de l'ordre judiciaire et des présidents et conseillers maîtres de la Cour des comptes.

(23 mai 1854) (3)

LOI

Sur l'exécution de la peine des travaux forcés.

(30 mai 1854) (4)

ART. 1er. La peine des travaux forcés sera subie, à l'avenir, dans des établissements créés par décrets de l'Empereur, sur le territoire d'une ou de plusieurs possessions françaises autres que l'Algérie. — Néanmoins, en cas d'empêchement à la translation des condamnés, et jusqu'à ce que cet empêchement ait cessé, la peine sera subie provisoirement en France.

2. Les condamnés seront employés aux travaux les plus pénibles de la colonisation et à tous autres travaux d'utilité publique.

3. Ils pourront être enchaînés deux à deux ou assujettis à traîner le boulet à titre de punition disciplinaire ou par mesure de sûreté.

4. Les femmes condamnées aux travaux forcés pourront être conduites dans un des établissements créés aux colonies ; elles seront séparées des hommes et employées à des travaux en rapport avec leur âge et avec leur sexe.

5. Les peines des travaux forcés à perpétuité et des travaux forcés à temps ne seront prononcées contre aucun individu âgé de soixante ans accomplis au moment du jugement : elles seront remplacées par celle de la réclusion, soit à perpétuité, soit à temps, selon la durée de la peine qu'elle remplacera. — L'article 72 du Code pénal est abrogé.

6. Tout individu condamné à moins de huit années de travaux forcés sera tenu, à l'expiration de sa peine, de résider dans la colonie pendant un temps égal à la durée de sa condamnation. Si la peine est de huit années, il sera tenu d'y résider pendant toute sa vie. — Toutefois, le libéré pourra quitter momentanément la colonie en vertu d'une autorisation expresse du

(1) Bull., 11e série, no 1351. — V. le texte dans notre édition in-8o.

(2) Bull., 11e série, no 1445. — Cette loi a été remplacée par la loi du 2 mai 1855.

(3) V. le texte dans notre édition in-8o.

(4) V. Décr. 24 mars 1866 ; Décr. 18 juin 1880.

gouverneur. Il ne pourra, en aucun cas, être autorisé à se rendre en France. — En cas de grâce, le libéré ne pourra être dispensé de l'obligation de la résidence que par une disposition spéciale des lettres de grâce.

7. Tout condamné qui, à dater de son embarquement, se sera rendu coupable d'évasion, sera puni de deux ans à cinq ans de travaux forcés. — Cette peine ne se confondra pas avec celle antérieurement prononcée. — La peine pour les condamnés à perpétuité sera l'application à la double chaîne pendant deux ans au moins et cinq ans au plus.

8. Tout libéré coupable d'avoir, contrairement à l'article 6 de la présente loi, quitté la colonie sans autorisation, ou d'avoir dépassé le délai fixé par l'autorisation, sera puni de la peine d'un an à trois ans de travaux forcés.

9. La reconnaissance de l'identité de l'individu évadé, ou en état d'infraction aux dispositions de l'article 6, sera faite soit par le tribunal désigné dans l'article suivant, soit par la Cour qui aura prononcé la condamnation.

10. Les infractions prévues par les articles 7 et 8, et tous crimes ou délits commis par les condamnés, seront jugés par un tribunal maritime spécial établi dans la colonie. — Jusqu'à l'établissement de ce tribunal, le jugement appartiendra au premier Conseil de guerre de la colonie, auquel seront adjoints deux officiers du commissariat de la marine. — Les lois concernant les crimes et délits commis par les forçats, et les peines qui leur sont applicables, continueront à être exécutées.

11. Les condamnés des deux sexes qui se seront rendus dignes d'indulgence par leur bonne conduite, leur travail et leur repentir, pourront obtenir : — 1o L'autorisation de travailler aux conditions déterminées par l'Administration, soit pour les habitants de la colonie, soit pour les administrations locales ; — 2o Une concession de terrain et la faculté de le cultiver pour leur propre compte. — Cette concession ne pourra devenir définitive qu'après la libération du condamné.

12. Le Gouvernement pourra accorder aux condamnés aux travaux forcés à temps l'exercice, dans la colonie, des droits civils, ou de quelques-uns de ces droits, dont ils sont privés par leur état d'interdiction légale. — Il pourra autoriser ces condamnés à jouir ou disposer de tout ou partie de leurs biens. — Les actes faits par les condamnés dans la colonie, jusqu'à leur libération, ne pourront engager les biens qu'ils possédaient au jour de leur condamnation, ou ceux qui leur seront échus par succession, donation ou testament, à l'exception des biens dont la remise aura été autorisée. — Le Gouvernement pourra accorder aux libérés l'exercice, dans la colonie, des droits dont ils sont privés par les troisième et quatrième paragraphes de l'article 34 du Code pénal.

13. Des concessions provisoires ou définitives de terrains pourront être faites aux individus qui ont subi leur peine et qui restent dans la colonie.

14. Un règlement d'administration publique déterminera tout ce qui concerne l'exécution de la présente loi, et notamment : 1o le régime disciplinaire des établissements de travaux forcés ; 2o les conditions sous lesquelles des concessions de terrains, provisoires ou définitives, pourront être faites aux condamnés ou libérés, eu égard à la durée de la peine prononcée contre eux, à leur bonne conduite, à leur travail et à leur repentir ; 3o l'étendue du droit des tiers, de l'époux survivant et des héritiers du concessionnaire sur les terrains concédés.

15. Les dispositions de la présente loi, à l'exception de celles prescrites par les articles 6 et 8, sont applicables aux condamnations antérieurement prononcées et aux crimes antérieurement commis.

LOI

Portant abolition de la mort civile.

(31 mai 1854) (1)

LOI

Sur le libre écoulement des eaux provenant du drainage.

(10 juin 1854) (2)

Art. 1er. Tout propriétaire qui veut assainir son fonds par le drainage, ou un autre mode d'asséchement, peut, moyennant une juste et préalable indemnité, en conduire les eaux souterrainement ou à ciel ouvert, à travers les propriétés qui séparent ce fonds d'un cours d'eau ou de toute autre voie d'écoulement. — Sont exceptés de cette servitude, les maisons, cours,

(1) V. le texte sous la section II, ch. II, tit. Ier, liv. Ier, C. civ.

(2) V. art. 8, L. 28 juill. 1860, et L. 21 juin 1865.

jardins, parcs et enclos attenants aux habitations.

2. Les propriétaires de fonds voisins ou traversés ont la faculté de se servir des travaux faits en vertu de l'article précédent, pour l'écoulement des eaux de leurs fonds. — Ils supportent dans ce cas, 1° une part proportionnelle dans la valeur des travaux dont ils profitent; 2° les dépenses résultant des modifications que l'exercice de cette faculté peut rendre nécessaires; et 3° pour l'avenir, une part contributive dans l'entretien des travaux devenus communs.

3. Les associations de propriétaires qui veulent, au moyen de travaux d'ensemble, assainir leurs héritages par le drainage ou tout autre mode d'asséchement, jouissent des droits et supportent les obligations qui résultent des articles précédents. Ces associations peuvent, sur leur demande, être constituées, par arrêtés préfectoraux, en syndicats auxquels sont applicables les articles 3 et 4 de la loi du 14 floréal an XI.

4. Les travaux que voudraient exécuter les associations syndicales, les communes ou les départements, pour faciliter le drainage ou tout autre mode d'asséchement, peuvent être déclarés d'utilité publique par décret rendu en Conseil d'État. — Le règlement des indemnités dues pour expropriation est fait conformément aux paragraphes 2 et suivants de l'article 16 de la loi du 21 mai 1836.

5. Les contestations auxquelles peuvent donner lieu l'établissement et l'exercice de la servitude, la fixation du parcours des eaux, l'exécution des travaux de drainage ou d'asséchement, les indemnités et les frais d'entretien, sont portées en premier ressort devant le juge de paix du canton, qui, en prononçant, doit concilier les intérêts de l'opération avec le respect dû à la propriété. — S'il y a lieu à expertise, il pourra n'être nommé qu'un seul expert. (*V. art.* 19, *L.* 21 *juin* 1865.)

6. La destruction totale ou partielle des conduits d'eau ou fossés évacuateurs est punie des peines portées à l'article 456 du Code pénal. — Tout obstacle apporté volontairement au libre écoulement des eaux est puni des peines portées par l'article 457 du même Code. L'article 463 du Code pénal peut être appliqué.

7. Il n'est aucunement dérogé aux lois qui règlent la police des eaux.

LOI

Qui modifie l'article 377 du Code commerce.

(14 juin 1854)

ART. UNIQUE. L'article 377 du Code de commerce est modifié ainsi qu'il suit :

Sont réputés voyages de long cours ceux qui se font au delà des limites ci-après déterminées : — au sud, le 30e degré de latitude nord; — au nord, le 72e degré de latitude nord; — à l'ouest, le 15e degré de longitude du méridien de Paris; — à l'est, le 44e degré de longitude du méridien de Paris.

LOI

Sur l'instruction publique.

(14 juin 1854) (1)

LOI

Sur les livrets d'ouvriers.

(22 juin 1854) (2)

LOI

Qui modifie, pour l'arrondissement de Lyon, l'article 29 de la loi du 3 mai 1841, sur l'expropriation pour cause d'utilité publique.

(22 juin 1854)

ART. UNIQUE. Le nombre des personnes désignées conformément à l'article 29 de la loi du 3 mai 1841, et parmi lesquelles sont choisis les membres du jury spécial chargés de régler les indemnités dues par suite d'expropriation pour cause d'utilité publique, est porté à deux cents pour l'arrondissement de Lyon (Rhône).

DÉCRET

Sur le régime des établissements d'enseignement supérieur.

(22 août 1854)

TITRE Ier. — *Dispositions générales*

ART. 1er. Les recettes des établisse-

(1) Bull., 11e série, no 1588. — *V.* le texte dans notre édition in-8o. — *V.* Décr. 18 juill. 1854, portant organisation de l'administration centrale de l'instruction publique. (Bull., 11e série, no 1865.)

(2) Bull., 11e série, no 1617. — *V.* le texte dans notre édition in-8o. — *V* Décr. 30 avril 1855.

ments d'enseignement supérieur chargés de la collation des grades se composent: — 1° Du produit des droits d'immatriculation, d'inscription, d'examen, de certificat de capacité ou d'aptitude, de diplôme et de visa spéciaux; — 2° De la subvention allouée chaque année par le Budget général de l'État à l'enseignement supérieur. — Elles sont versées, au compte du service spécial des établissements d'enseignement supérieur, dans les caisses du Trésor public, qui continue d'effectuer le paiement des dépenses sur ordonnances du ministre de l'Instruction publique et des cultes.

2. Les rétributions perçues dans les établissements d'enseignement supérieur chargés de la collation des grades sont obligatoires ou facultatives. — Les rétributions obligatoires sont: — 1° Les droits d'immatriculation dans les Facultés des sciences pour les aspirants au certificat de capacité des sciences appliquées; — 2° Les droits d'inscription aux cours des Facultés et des Ecoles supérieures de pharmacie; — 3° Les droits d'examen; — 4° Les droits de certificat de capacité; — 5° Les droits de certificat d'aptitude; 6° Les droits de diplôme; — 7° Les droits de visa spéciaux. — Les rétributions facultatives sont: — Les droits perçus pour les conférences, manipulations et exercices pratiques en dehors des cours, dans les établissements où ces moyens accessoires d'instruction sont organisés. — Les frais matériels des manipulations sont à la charge des étudiants.

3. Les droits d'immatriculation sont payés en même temps que la première inscription. — Les droits d'inscription sont payés d'avance, au commencement de chaque trimestre; ils sont acquis au compte du service spécial des établissements d'enseignement supérieur, même quand l'étudiant a encouru la perte d'une ou plusieurs inscriptions par mesure disciplinaire. — Les droits d'examen sont versés par les étudiants au moment où ils s'inscrivent pour subir l'examen. — Ces droits sont acquis au compte du service spécial des établissements d'enseignement supérieur, quel que soit le résultat de l'examen. L'étudiant qui, sans cause légitime dûment constatée, ne répond pas à l'appel de son nom le jour qui lui a été fixé, perd le montant des droits d'examen qu'il a versés. — Les droits de certificat de capacité et de visa, de certificat d'aptitude et de diplôme, sont perçus en même temps que les droits d'examen auxquels ils correspondent; ils sont remboursés aux étudiants qui n'auraient pas été jugés dignes du certificat de capacité ou du certificat d'aptitude. — Les rétributions facultatives sont perçues par trimestre et d'avance, savoir: trois dixièmes pour chacun des trois premiers trimestres, un dixième pour le quatrième.

4. Lorsqu'il y a lieu de délivrer un duplicata, le requérant ne peut l'obtenir qu'en payant la moitié du droit porté au présent décret pour le diplôme, le certificat de capacité ou d'aptitude dont il réclame une nouvelle expédition.

5. Les gradués des Universités étrangères ne peuvent jouir du bénéfice de la décision qui déclarerait leurs grades équivalents aux grades français correspondants, sans avoir acquitté intégralement, au compte du service spécial des établissements d'enseignement supérieur, les frais d'inscription, d'examen, de certificat d'aptitude et de diplôme qu'auraient payés les nationaux.

6. Des remises ou des modérations de droits peuvent être accordées aux étudiants des facultés qui se distingueraient par leurs succès ou qui, par leur position de famille, auraient des titres à cette faveur. Les remises sont prononcées par le ministre de l'instruction publique et des cultes, après avis des Facultés. — De semblables remises pourront être accordées aux gradués des Universités étrangères.

7. Les élèves des Facultés de droit peuvent remplacer l'un des cours qu'ils sont tenus de suivre près d'une Faculté des lettres par un cours de la Faculté de théologie ou par un cours de la Faculté des sciences. — Ils seront, en ce cas, admis à s'inscrire sans frais, soit à la Faculté des sciences, soit à la Faculté de théologie, sur la représentation de la quittance constatant leur inscription à la Faculté des lettres, en exécution de l'article 13 du décret du 10 avril 1852.

TITRE II. — *Dispositions spéciales aux Facultés des lettres, aux Facultés des sciences et aux Ecoles préparatoires à l'enseignement supérieur des sciences et des lettres.*

SECTION I. — *Des Facultés des lettres.*

8. Les droits à percevoir dans les Facultés des lettres sont fixés ainsi qu'il suit: (1)

(1) *V.* Ord, 10 juin 1840, relative à

Rétributions obligatoires.

Baccalauréat. — Examen, 40 francs. — Certificat d'aptitude, 20 francs. — Diplôme, 40 francs. — Total, 100 francs.

Licence. — Inscriptions (quatre à 10 francs), 40 francs (1). — Examen, 40 francs. — Certificat d'aptitude, 20 francs. — Diplôme, 40 francs. — Total, 140 francs.

Doctorat. — Examen, 80 francs. — Certificat d'aptitude, 20 francs. — Diplôme, 40 francs. — Total, 140 francs.

Inscriptions à un ou deux cours des Facultés des lettres, obligatoires pour les étudiants des Facultés de droit (douze à 10 francs), 120 francs.

Rétributions facultatives.

Conférences pour les aspirants à la licence ès lettres ; rétribution annuelle, 150 francs. (*Aujourd'hui*, 60 *francs; Décr.* 18 *mars* 1859.)

SECTION II. — *Des Facultés des sciences.*

9. Les droits à percevoir dans les Facultés des sciences sont fixés ainsi qu'il suit : (2)

Rétributions obligatoires.

Capacité pour les sciences appliquées. — Droit d'immatriculation, 100 francs. — Inscriptions (huit à 10 francs), 80 francs. — Examens (deux à 60 francs), 120 francs. — Certificat de capacité, 75 francs. — Visa du certificat, 25 francs. — Total, 400 rancs.

Baccalauréat. — Examen, 40 francs. — Certificat d'aptitude, 20 francs. — Diplôme, 40 francs. — Total, 100 francs.

Licence. — Inscriptions (quatre à 10 francs), 40 francs (3). — Examen, 40 francs — Certificat d'aptitude, 20 francs. — Diplôme, 40 francs. — Total, 140 francs.

Doctorat. — Examen, 80 francs. — Certificat d'aptitude, 20 francs. — Diplôme, 40 francs. — Total, 140 francs.

Rétributions facultatives.

Conférences, manipulations et exercices pratiques pour les étudiants des Facultés des sciences; rétribution annuelle, 150 francs. (*Aujourd'hui*, 60 *francs; Décr.* 18 *mars* 1859.)

SECTION III. — *Des Écoles préparatoires à l'enseignement supérieur des sciences et des lettres.*

10. Les Écoles préparatoires à l'enseignement supérieur des sciences et des lettres peuvent délivrer, comme les Facultés des sciences, mais sous la présidence d'un professeur desdites Facultés, des certificats de capacité pour les sciences appliquées, aux jeunes gens qui auront pris dix inscriptions trimestrielles aux cours desdites écoles. — Un arrêté délibéré en Conseil *impérial* de l'instruction publique déterminera la composition des jurys d'examen, l'époque de leur réunion, la répartition des droits de présence entre les professeurs, et généralement tous les moyens d'exécution des dispositions portées au paragraphe précédent.

11. Indépendamment, 1° des droits d'inscription perçus pour le compte des caisses municipales et qui sont déterminés par le budget de chaque école ; 2° des droits d'examen partagés entre les examinateurs et dont le taux est de 60 francs par examen, les droits à payer au compte du service spécial des établissements d'enseignement supérieur par les aspirants aux certificats de capacité pour les sciences appliquées sont fixés ainsi qu'il suit :

Rétributions obligatoires.

Complément de 5 francs par inscription (10 inscriptions), 50 francs. — Certificat de capacité, 75 francs. — Visa du certificat, 25 francs. — Total, 150 francs.

TITRE III. — *Dispositions spéciales aux Facultés de médecine, aux Écoles supérieures de pharmacie et aux Écoles préparatoires de médecine et de pharmacie.*

12. Les étudiants des Facultés de médecine ne sont admis à prendre la cinquième, la neuvième et la treizième inscription qu'après avoir subi avec succès un examen de fin d'année. Ils ne sont admis aux examens de fin d'études qu'après l'expiration du dernier trimestre de la quatrième année

la remise des frais de licence et de doctorat dans les Facultés des lettres et des sciences.

(1) Un supplément de droit de 10 francs, destiné à créer un fonds commun pour les bibliothèques, est perçu chaque année, depuis le 1er janvier 1874, sur chaque première inscription prise dans toutes les Facultés de l'État. — Art. 9, L. 20 déc. 1873.

(2) V. Ord. 10 juin 1840, relative à la remise des frais de licence et de doctorat dans les Facultés des lettres et des sciences.

(3) V. note sous l'article 8.

d'études. — Les douze premières inscriptions dans la Faculté de médecine peuvent être compensées par quatorze inscriptions prises dans une Ecole préparatoire de médecine et de pharmacie, moyennant un supplément de 5 francs par inscription. Les élèves des Ecoles préparatoires ne peuvent convertir plus de quatorze inscriptions de ces Ecoles en inscriptions de Facultés.

13. Les droits à percevoir dans les Facultés de médecine sont fixés ainsi qu'il suit :

Rétributions obligatoires.

Doctorat en médecine. — Inscriptions (seize à 30 francs), 480 fr. (1). — Trois examens de fin d'année (30 fr. par examen), 90 fr. — Cinq examens de fin d'études (50 fr. par examen), 250 fr. — Cinq certificats d'aptitude (40 fr. par certificat), 200 fr. — Thèse, 100 fr. — Certificat d'aptitude, 40 fr. — Diplôme, 100 fr. — Total, 1,260 fr.

Certificat de sage-femme. — Deux examens (40 fr. par examen), 80 fr. — Certificat d'aptitude, 40 fr. — Visa du certificat, 10 fr. — Total, 130 fr.

Rétributions facultatives.

Conférences, exercices pratiques et manipulations pour les aspirants au doctorat en médecine ; rétribution annuelle, 150 fr.

14. Les Ecoles supérieures de pharmacie confèrent le titre de pharmacien de première classe et le certificat d'aptitude à la profession d'herboriste de première classe. — Elles délivrent, en outre, mais seulement pour les départements compris dans leur ressort, les certificats d'aptitude pour les professions de pharmacien et d'herboriste de deuxième classe. — Les pharmaciens et les herboristes de première classe peuvent exercer leur profession dans toute l'étendue du territoire français.

15. Les aspirants au titre de pharmacien de première classe doivent justifier de trois années d'études dans une Ecole supérieure de pharmacie et de trois années de stage dans une officine. — Il ne sera exigé qu'une seule année d'études dans une Ecole supérieure de pharmacie, des candidats qui auraient pris dix inscriptions aux cours d'une Ecole préparatoire de médecine et de pharmacie. La compensation aura lieu moyennant un supplément de 5 francs par inscription d'école préparatoire. — Les aspirants au titre de pharmacien de première classe ne peuvent prendre la première inscription, soit dans les Ecoles supérieures, soit dans les Ecoles préparatoires de médecine et de pharmacie, que s'ils sont pourvus du grade de bachelier ès sciences.

16. Les droits à percevoir dans les Ecoles supérieures de pharmacie sont fixés ainsi qu'il suit :

Rétributions obligatoires.

Titre de pharmacien de première classe. — Inscriptions (douze à 30 fr.), 360 fr. — Travaux pratiques pendant les trois années (100 fr. par année), 300 fr. — Cinq examens semestriels (30 fr. par examen), 150 fr. — Les deux premiers examens de fin d'études (80 fr. par examen), 160 fr. — Le troisième examen de fin d'études, 200 fr. — Trois certificats d'aptitude (40 fr. par certificat), 120 fr. — Diplôme, 100 fr. — Total, 1,390 fr.

Certificat d'herboriste de première classe. — Examen, 50 fr. — Certificat d'aptitude, 40 fr. — Visa du certificat d'aptitude, 10 fr. — Total, 100 fr.

Rétributions facultatives.

Conférences, exercices pratiques et manipulations pour les aspirants au titre de pharmacien de première classe ; rétribution annuelle, 150 fr.

17. Les jurys médicaux cesseront leurs fonctions au 1er janvier prochain, en ce qui concerne la délivrance des certificats d'aptitude pour les professions d'officier de santé, sage-femme, pharmacien et herboriste de deuxième classe. — A partir de cette époque, les certificats d'aptitude pour la profession d'officier de santé et pour celle de sage femme seront délivrés, soit par les Facultés de médecine de Paris, Montpellier et *Strasbourg*, soit par les écoles préparatoires de médecine et de pharmacie, sous la présidence d'un professeur de l'une des Facultés de médecine. — A partir de la même époque, les certificats d'aptitude pour les professions de pharmacien et d'herboriste de deuxième classe seront délivrés, soit par les Ecoles supérieures de pharmacie, soit par les Ecoles préparatoires de médecine et de pharmacie, sous la présidence d'un professeur de l'une des Ecoles supérieures de pharmacie.

18. Un arrêté du ministre de l'Instruction publique délibéré en Conseil *impérial* de l'instruction publique déterminera la circonscription des Facultés de médecine, Ecoles supérieures de pharmacie et Ecoles préparatoires

(1) V. note sous l'article 8.

de médecine et de pharmacie, chargées de la délivrance des certificats d'aptitude pour les professions mentionnées en l'article précédent, la composition des jurys d'examen, l'époque de leur réunion, la répartition des droits de présence entre les professeurs, et généralement tous les moyens d'exécution dudit article.

19. En exécution des articles 29 et 34 de la loi du 19 ventôse an XI et de l'article 24 de la loi du 21 germinal an XI, les officiers de santé, les pharmaciens de deuxième classe, les sages-femmes et les herboristes de deuxième classe, pourvus des diplômes ou certificats d'aptitude délivrés, soit par des anciens jurys médicaux, soit d'après les règles déterminées par les articles 17 et 18 ci-dessus, ne peuvent, comme par le passé, exercer leur profession que dans le département pour lequel ils ont été reçus. S'ils veulent exercer dans un autre département, ils doivent subir de nouveaux examens et obtenir un nouveau certificat d'aptitude.

20. Les aspirants au titre d'officiers de santé doivent justifier de douze inscriptions dans une Faculté de médecine ou de quatorze inscriptions dans une Ecole préparatoire de médecine et de pharmacie. La compensation entre les inscriptions dans les Facultés et celles prises dans les Ecoles préparatoires aura lieu moyennant un droit de 5 francs par inscription. — Cette condition de scolarité ne sera pas imposée aux aspirants qui auront subi avec succès, à l'époque de la promulgation du présent décret, le premier des examens exigés des officiers de santé. — Les aspirants au titre de pharmacien de deuxième classe doivent justifier, — 1° De six années de stage en pharmacie; — 2° De quatre inscriptions dans une Ecole supérieure de pharmacie ou de six inscriptions dans une Ecole préparatoire de médecine et de pharmacie. — Deux années de stage pourront être compensées par quatre inscriptions dans une Ecole supérieure de pharmacie ou, moyennant un supplément de 5 francs par inscription, par six inscriptions dans une Ecole préparatoire de médecine et de pharmacie, sans que le stage puisse, dans aucun cas, être réduit à moins de quatre années.

21. L'excédant des frais d'examen, prélèvement fait des droits de présence des examinateurs, qui était antérieurement perçu au compte des caisses départementales, le sera à l'avenir, soit au compte du service spécial des établissements d'enseignement supérieur, pour les examens passés devant les Facultés de médecine et les Ecoles supérieures de pharmacie, soit au profit des caisses municipales, pour les examens passés devant les Ecoles préparatoires de médecine et de pharmacie. — Indépendamment de ces frais, qui restent fixés au même taux que précédemment, il sera perçu, pour le compte du service spécial des établissements d'enseignement supérieur, les droits ci-après :

Rétributions obligatoires.

Officiers de santé — Inscriptions de la Faculté de médecine (douze à 30 fr.), 360 fr. — Trois certificats d'aptitude (40 fr. par certificat), 120 fr. — Diplôme, 100 fr. — Total, 580 fr.

Pharmaciens de 2e classe. — Inscriptions de l'Ecole supérieure de pharmacie (quatre à 30 fr.), 120 fr. — — Epreuves pratiques, 120 fr. — Trois certificats d'aptitude, (40 fr. par certificat), 120 fr. — Diplôme, 100 fr. — Total, 460 fr.

Herboristes de 2e classe. — Certificat d'aptitude 40 fr. — Visa du certificat, 10 fr. — Total, 50 fr.

Sages-Femmes. — Certificat d'aptitude, 20 fr. — Visa du certificat, 5 fr. — Total, 25 fr.

TITRE IV. — *Dispositions spéciales aux Facultés de droit.*

22. Les droits à percevoir dans les Facultés de droit sont fixés ainsi qu'il suit

Rétributions obligatoires.

Capacité, — Inscriptions (quatre à 30 fr.), 120 fr. (1). — Examen, 60 fr. — Certificat d'aptitude 40 fr. — Visa du certificat d'aptitude, 25 fr. — Total, 245 fr.

Baccalauréat. — Inscriptions (huit à 30 fr.), 240 fr. — Deux examens (60 fr. par examen), 120 fr. — Deux certificats d'aptitude, (40 fr. par certificat), 80 fr. — Diplôme, 100 fr. — — Total, 540 fr.

Licence. — Inscriptions (quatre à 30 fr.) 120 fr. — Deux examens (60 fr. par examen), 120 fr. — Deux certificats d'aptitude (40 fr. par certificat), 80 fr. — Thèse, 100 fr. — Certificat d'aptitude, 40 fr. — Diplôme, 100 fr. — Total, 560 fr.

Doctorat. — Inscriptions (quatre à 30 fr.), 120 fr. — Deux examens

(1) V. note sous l'article 8.

(60 fr. par examen), 120 fr. — Deux certificats d'aptitude (40 fr. par certificat), 80 fr. — Thèse, 100 fr. — Certificat d'aptitude, 40 fr. — Diplôme. 100 fr. — Total, 560 fr. (1).

Rétributions facultatives.

Conférences pour les aspirants au baccalauréat, à la licence et au doctorat en droit ; rétribution annuelle, 150 fr. (*Aujourd'hui* 60 *fr. V. Décr.* 18 *mars* 1859.)

Titre V. — *Dispositions spéciales aux Facultés de théologie.*

23. Les droits à percevoir dans les Facultés de théologie sont fixés de la manière suivante :

Rétributions obligatoires.

Baccalauréat. — Inscriptions (quatre à 5 fr.), 20 fr. (2). — Examen, 10 fr. — Certificat d'aptitude, 5 fr. — Diplôme, 10 fr. — Total, 45 fr.

Licence. — Inscriptions (quatre à 5 fr.), 20 fr. — Examen, 10 fr. — Certificat d'aptitude, 5 fr. — Diplôme, 10 fr. — Total, 45 fr.

Doctorat. — Inscriptions (quatre à 5 fr.), 20 fr. — Examen, 10 fr. — Certificat d'aptitude, 10 fr. — Diplôme, 40 fr. — Total, 80 fr.

DÉCRET

Relatif aux attributions des agents vice-consuls de France.

(22 septembre 1854) (3)

DÉCRET

Relatif au mode de roulement des magistrats dans les tribunaux de première instance composés de deux chambres.

(28 octobre 1854)

Art. 1er. Les articles 7, 9 et 10 de l'ordonnance du 11 octobre 1820, sur le mode du roulement des magistrats dans les cours et tribunaux, sont applicables aux tribunaux de première instance composés de deux chambres.

. . . .

(1) Les élèves de troisième année qui ont obtenu un premier ou un second prix, sont dispensés des frais d'inscription, d'examen et de diplôme pour l'admission au doctorat. — Art. 4, Ord. 17 mars 1840.

(2) V. note sous l'article 8.

(3) Bull., 11e série, no 1912. — V. le texte dans notre édition in-8o. — V. Décr. 19 janv. 1881 ; 22 févr. 1881.

1855

DÉCRET

Sur l'administration des successions vacantes dans les colonies de la Martinique, de la Guadeloupe et de la Réunion.

(27 janvier 1855) (4)

LOI

Qui modifie l'article 253 du Code d'instruction criminelle.

(21 mars 1855)

Art. unique. L'article 253 du Code d'instruction criminelle est remplacé par l'article suivant (5) :

LOI

Sur la transcription en matière hypothécaire.

(23 mars 1855)

Art. 1er. — Sont transcrits au bureau des hypothèques de la situation des biens, — 1o Tout acte entre-vifs, translatif de propriété immobilière ou de droits réels susceptibles d'hypothèque ; — 2o Tout acte portant renonciation à ces mêmes droits ; — 3o Tout jugement qui déclare l'existence d'une convention verbale de la nature ci-dessus exprimée ; — 4o Tout jugement d'adjudication, autre que celui rendu sur licitation au profit d'un cohéritier ou d'un copartageant.

2. Sont également transcrits, — 1o Tout acte constitutif d'antichrèse, de servitude, d'usage et d'habitation ; — 2o Tout acte portant renonciation à ces mêmes droits ; — 3o Tout jugement qui en déclare l'existence en vertu d'une convention verbale ; — 4o Les baux d'une durée de plus de dix-huit années ; — 5o Tout acte ou jugement constatant, même pour bail de moindre durée, quittance ou cession d'une somme équivalente à trois années de loyers ou fermages non échus.

(4) Bull., 11e série, no 2544.

(5) V. le texte à l'article 253 du Code d'instruction criminelle.

3. Jusqu'à la transcription, les droits résultant des actes et jugements énoncés aux articles précédents ne peuvent être opposés aux tiers qui ont des droits sur l'immeuble et qui les ont conservés en se conformant aux lois. — Les baux qui n'ont point été transcrits ne peuvent jamais leur être opposés pour une durée de plus de dix-huit ans.

4. Tout jugement prononçant la résolution, nullité ou rescision d'un acte transcrit, doit, dans le mois à dater du jour où il a acquis l'autorité de la chose jugée, être mentionné en marge de la transcription faite sur le registre. — L'avoué qui a obtenu ce jugement est tenu, sous peine de 100 francs d'amende, de faire opérer cette mention, en remettant un bordereau rédigé et signé par lui au conservateur, qui lui en donne récépissé.

5. Le conservateur, lorsqu'il en est requis, délivre, sous sa responsabilité, l'état spécial ou général des transcriptions et mentions prescrites par les articles précédents.

6. A partir de la transcription, les créanciers privilégiés ou ayant hypothèque, aux termes des articles 2123, 2127 et 2128 du Code Napoléon, ne peuvent prendre utilement inscription sur le précédent propriétaire. — Néanmoins, le vendeur ou le copartageant peuvent utilement inscrire les priviléges à eux conférés par les articles 2108 et 2109 du Code Napoléon, dans les quarante-cinq jours de l'acte de vente ou de partage, nonobstant toute transcription d'actes faits dans ce délai. — Les articles 834 et 835 du Code de procédure civile sont abrogés.

7. L'action résolutoire établie par l'article 1654 du Code Napoléon ne peut être exercée après l'extinction du privilége du vendeur, au préjudice des tiers qui ont acquis des droits sur l'immeuble du chef de l'acquéreur, et qui se sont conformés aux lois pour les conserver.

8. Si la veuve, le mineur devenu majeur, l'interdit relevé de l'interdiction, leurs héritiers ou ayants-cause, n'ont pas pris inscription dans l'année qui suit la dissolution du mariage ou la cessation de la tutelle, leur hypothèque ne date, à l'égard des tiers, que du jour des inscriptions prises ultérieurement.

9. Dans le cas où les femmes peuvent céder leur hypothèque légale ou y renoncer, cette cession ou cette renonciation doit être faite par acte authentique, et les cessionnaires n'en sont saisis à l'égard des tiers que par l'inscription de cette hypothèque prise à leur profit, ou par la mention de la subrogation en marge de l'inscription préexistante. — Les dates des inscriptions ou mentions déterminent l'ordre dans lequel ceux qui ont obtenu des cessions ou renonciations exercent les droits hypothécaires de la femme.

10. La présente loi est exécutoire à partir du 1er janvier 1856.

11. Les articles 1, 2, 3, 4 et 9 ci-dessus ne sont pas applicables aux actes ayant acquis date certaine et aux jugements rendus avant le 1er janvier 1856. — Leur effet est réglé par la législation sous l'empire de laquelle ils sont intervenus. — Les jugements prononçant la résolution, nullité ou rescision d'un acte non transcrit, mais ayant date certaine avant la même époque, doivent être transcrits conformément à l'article 4 de la présente loi. — Le vendeur dont le privilége serait éteint au moment où la présente loi deviendra exécutoire pourra conserver vis-à-vis des tiers l'action résolutoire qui lui appartient, aux termes de l'article 1654 du Code Napoléon, en faisant inscrire son action au bureau des hypothèques, dans le délai de six mois à partir de la même époque. — L'inscription exigée par l'article 8 doit être prise dans l'année à compter du jour où la loi est exécutoire; à défaut d'inscription dans ce délai, l'hypothèque légale ne prend rang que du jour où elle est ultérieurement inscrite. — Il n'est point dérogé aux dispositions du Code Napoléon relatives à la transcription des actes portant donation ou contenant des dispositions à charge de rendre; elles continueront à recevoir leur exécution.

12. Jusqu'à ce qu'une loi spéciale détermine les droits à percevoir, la transcription des actes ou jugements qui n'étaient pas soumis à cette formalité avant la présente loi est faite moyennant le droit fixe d'un franc.

LOI

Qui modifie le paragraphe 5 de l'article 781 du Code de procédure civile et l'article 15 du décret du 14 mars 1808.

(26 mars 1855) (1)

ART. 1er. Le paragraphe no 5 de

(1) V. L. 22 juill. 1867, qui supprime la contrainte par corps en matière commerciale, civile et contre les étrangers.

l'article 781 du Code de procédure civile est remplacé par la disposition suivante. (*V. cette disposition à l'art. 781 C. pr. civ.*)

2. L'article 15 du décret du 14 mars 1808 est abrogé. Il est remplacé par la disposition suivante :

Dans le cas prévu par le paragraphe 5 de l'article 781 du Code de procédure civile, il ne peut être procédé à l'arrestation qu'en vertu d'une ordonnance du président du tribunal civil, qui désigne un commissaire de police chargé de se transporter dans la maison avec le garde du commerce.

LOI

Qui modifie l'article 94 du Code d'instruction criminelle.

(4 avril 1855)

Art. unique. L'article 94 du Code d'instruction criminelle est remplacé par l'article suivant : (1)

DÉCRET

Concernant l'Institut impérial de France.

(14 mars 1855) (2)

LOI

Relative à la création d'une dotation de l'armée, au rengagement, au remplacement et aux pensions militaires.

(26 avril 1855) (3)

DÉCRET

Portant règlement sur les livrets d'ouvriers.

(30 avril 1855) (4)

LOI

Qui modifie celles des 25 mai 1838 et 20 mai 1854, sur les justices de paix.

(2 mai 1855)

Art. 1er. L'article 3 de la loi du 25 mai 1838, modifié par la loi du 20 mai 1854, est remplacé par la disposition suivante : (*V. le texte, à l'art. 3, L. 2 mai 1838.*)

2. L'article 17 de la loi du 25 mai 1838 est modifié ainsi qu'il suit : (*V. le texte, à l'art. 17, L. 2 mai 1838.*)

LOI

Relative à l'établissement d'une taxe municipale sur les chiens.

(2 mai 1855) (5)

Art. 1er. A partir du 1er janvier 1856, il sera établi dans toutes les communes et à leur profit une taxe sur les chiens.

2. Cette taxe ne pourra excéder 10 francs, ni être inférieure à 1 franc.

3. Des décrets, rendus en Conseil d'Etat, régleront, sur la proposition des Conseils municipaux, et après avis des Conseils généraux, les tarifs à appliquer dans chaque commune. — A défaut de présentation de tarifs par la commune, ou d'avis émis par le Conseil général, il est statué d'office, sur la proposition du préfet.

4. Les tarifs établis en exécution de l'article 2 pourront être revisés à la fin de chaque période de trois ans.

5. Un règlement d'administration publique détermine les formes à suivre pour l'assiette de l'impôt, et les cas où l'infraction à ces dispositions donnera lieu à un accroissement de taxe. Cet accroissement ne pourra s'élever à plus du quadruple de la taxe fixée par les tarifs.

6. Le recouvrement des taxes autorisées par la présente loi aura lieu comme en matière de contributions directes.

LOI

Sur l'organisation municipale.

(5 mai 1855) (6)

Section I. — ***Composition et mode de nomination du Conseil municipal.***

Art. 1er. Le Corps municipal de chaque commune se compose du maire, d'un ou de plusieurs adjoints, et des

(1) V. le texte à l'article 94 du Code d'instruction criminelle.

(2) Bull., 11e série, no 2668.

(3) Bull., 11e série, no 2577.

(4) Bull., 11e série, no 2707. — V. le texte dans notre édition in-8o.

(5) V. Décr. 9 janv. 1856. (Bull., 11e série, no 3263.)

(6) V. Circ. min. Int. 16 sept. 1865, relative à la publicité des délibérations des Conseils municipaux. (*Monit.* 20 sept. 1865.)

conseillers municipaux. — Les fonctions des maires, des adjoints et des autres membres du Corps municipal sont gratuites.

2. Le maire et les adjoints sont nommés par l'Empereur, dans les chefs-lieux de département, d'arrondissement et de canton, et dans les communes de trois mille habitants et au-dessus. — Dans les autres communes, ils sont nommés par le préfet, au nom de l'Empereur. — Ils doivent être âgés de vingt-cinq ans accomplis, et inscrits, dans la commune, au rôle de l'une des quatre contributions directes. — Les adjoints peuvent être pris, comme le maire, en dehors du Conseil municipal. — Le maire et les adjoints sont nommés pour cinq ans. — Ils remplissent leurs fonctions, même après l'expiration de ce terme, jusqu'à l'installation de leurs successeurs. — Ils peuvent être suspendus par arrêté du préfet. — Cet arrêté cessera d'avoir effet s'il n'est confirmé, dans le délai de deux mois, par le ministre de l'Intérieur. — Les maires et les adjoints ne peuvent être révoqués que par décret de l'Empereur. (*V. L. 20 janvier* 1874.)

3. Il y a un adjoint dans les communes de deux mille cinq cents habitants et au-dessous; deux dans celles de deux mille cinq cent un à dix mille habitants. Dans les communes d'une population supérieure, il pourra être nommé un adjoint de plus par chaque excédant de 20,000 habitants. — Lorsque la mer ou quelque autre obstacle rend difficiles, dangereuses ou momentanément impossibles les communications entre le chef-lieu et une fraction de commune, un adjoint spécial, pris parmi les habitants de cette fraction, est nommé en sus du nombre ordinaire : cet adjoint spécial remplit les fonctions d'officier de l'état civil, et peut être chargé de l'exécution des lois et règlements de police dans cette partie de la commune.

4. En cas d'absence ou d'empêchement, le maire est remplacé par un de ses adjoints, dans l'ordre des nominations. — En cas d'absence ou d'empêchement du maire et des adjoints, le maire est remplacé par un conseiller municipal désigné par le préfet, ou, à défaut de cette désignation, par le conseiller municipal le premier dans l'ordre du tableau. — Ce tableau est dressé d'après le nombre des suffrages obtenus, et en suivant l'ordre des scrutins.

5. Ne peuvent être ni maires ni adjoints : — 1° Les préfets, sous-préfets, secrétaires généraux et conseillers de préfecture; — 2° Les membres des Cours, des tribunaux de première instance et des justices de paix; — 3° Les ministres des cultes; — 4° Les militaires et employés des armées de terre et de mer en activité de service ou en disponibilité; — 5° Les ingénieurs des Ponts-et-chaussées et des mines en activité de service, les conducteurs des Ponts-et-chaussées et les agents voyers : — 6° Les agents et employés des administrations financières et des forêts, ainsi que les gardes des établissements publics et des particuliers; — 7° Les commissaires et agents de police; — 8° Les fonctionnaires et employés des colléges communaux et les instituteurs primaires communaux ou libres; — 9° Les comptables et les fermiers des revenus communaux et les agents salariés par la commune. — Néanmoins, les juges suppléants aux tribunaux de première instance et les suppléants de juges de paix peuvent être maires ou adjoints. — Les agents salariés du maire ne peuvent être ses adjoints. — Il y a incompatibilité entre les fonctions de maire et d'adjoint et le service de la garde nationale.

6. Chaque commune a un Conseil municipal composé de dix membres, dans les communes de cinq cents habitants et au-dessous :

De 12, dans celles de.................	501 à 1,500;
De 16, dans celles de...	1,501 à 2,500
De 21, dans celles de.................	2,501 à 3,500;
De 23, dans celles de............	3,501 à 10,000;
De 27, dans celles de.................	10,001 à 30,000:
De 30, dans celles de.................	35,001 à 40,000;
De 32, dans celles de.................	40,001 à 50,000;
De 34, dans celles de....	50,001 à 60,000;
De 36, dans celles de.................	60,001 et au-dessus.

7. Les membres du Conseil municipal sont élus par les électeurs inscrits sur la liste communale dressée en vertu de l'article 13 du décret du 2 février 1852. — Le préfet peut, par un arrêté pris en Conseil de préfecture, diviser les communes en sections électorales. — Il peut, par le même arrêté, répartir entre les sections le nombre des conseillers à élire, en tenant compte du nombre des électeurs inscrits. (*V. L. 24 juill.* 1867, *art.* 19.)

8. Les conseillers municipaux doivent être âgés de vingt-cinq ans accomplis. — Ils sont élus pour cinq ans. (*V. L.* 24 *juill.* 1867, *art.* 18.) En cas de vacance dans l'intervalle des élections quinquennales, il est procédé au remplacement quand le Conseil municipal se trouve réduit aux trois quarts de ses membres.

9. Ne peuvent être conseillers municipaux : — 1° Les comptables de deniers communaux et les agents salariés de la commune ; — 2° Les entrepreneurs de services communaux ; — 3° Les domestiques attachés à la personne ; — 4° Les individus dispensés de subvenir aux charges communales, et ceux qui sont secourus par les bureaux de bienfaisance.

10. Les fonctions de conseiller municipal sont incompatibles avec celles : — 1° De préfets, sous-préfets, secrétaires généraux, conseillers de préfecture ; — 2° De commissaires et d'agents de police ; — 3° De militaires ou employés des armées de terre et de mer en activité de service ; — 4° De ministres des divers cultes en exercice dans la commune. — Nul ne peut être membre de plusieurs Conseils municipaux. (*V. L.* 24 *juill.* 1867, *art.* 21.)

11. Dans les communes de cinq cents âmes et au-dessus, les parents au degré de père, de fils, de frère, et les alliés au même degré, ne peuvent être en même temps membres du Conseil municipal.

12. Tout conseiller municipal qui, par une cause survenue postérieurement à sa nomination, se trouve dans un des cas prévus par les articles 9, 10 et 11, est déclaré démissionnaire par le préfet, sauf recours au Conseil de préfecture.

13. Les Conseils municipaux peuvent être suspendus par le préfet ; la dissolution ne peut être prononcée que par l'Empereur. — La suspension prononcée par le préfet sera de deux mois, et pourra être prolongée par le ministre de l'Intérieur jusqu'à une année ; à l'expiration de ce délai, si la dissolution n'a pas été prononcée par un décret, le Conseil municipal reprend ses fonctions. — En cas de suspension, le préfet nomme immédiatement une commission pour remplir les fonctions du Conseil municipal dont la suspension a été prononcée. — En cas de dissolution, la commission est nommée soit par l'Empereur, soit par le préfet, suivant la distinction établie au paragraphe 1er de l'article 2 de la présente loi. — Le nombre des membres de cette commission ne peut être inférieur à la moitié de celui des conseillers municipaux. — La commission nommée en cas de dissolution peut être maintenue en fonctions jusqu'au renouvellement quinquennal. (*V. L.* 24 *juill.* 1867, *art.* 22.)

14. Dans la ville de Paris, dans les autres communes du département de la Seine, et dans la ville de Lyon, le Conseil municipal est nommé par l'Empereur, tous les cinq ans, et présidé par un de ses membres, également désigné par l'Empereur. — Les Conseils de Paris et de Lyon sont composés de trente-six membres. — Il n'est pas autrement dérogé aux lois spéciales qui régissent l'organisation municipale dans ces deux villes.

SECTION II. — *Assemblée des Conseils municipaux.*

15. Les Conseils municipaux s'assemblent, en session ordinaire, quatre fois l'année : au commencement de février, mai, août et novembre. Chaque session peut durer dix jours. — Le préfet ou le sous-préfet prescrit la convocation extraordinaire du Conseil municipal, ou l'autorise, sur la demande du maire, toutes les fois que les intérêts de la commune l'exigent. — La convocation peut également avoir lieu, pour un objet spécial et déterminé, sur la demande du tiers des membres du Conseil municipal, adressée directement au préfet, qui ne peut la refuser que par un arrêté motivé. Cet arrêté est notifié aux réclamants, qui peuvent se pourvoir devant le ministre de l'intérieur.

16. La convocation se fait par écrit et à domicile. — Quand le Conseil municipal se réunit en session ordinaire, la convocation se fait trois jours au moins avant celui de la réunion. — Quand le Conseil municipal est convoqué extraordinairement, la convocation se fait cinq jours au moins avant celui de la réunion. Elle contient l'indication des objets spéciaux et déterminés pour lesquels le Conseil doit s'assembler. — Dans les sessions ordinaires, le Conseil peut s'occuper de toutes les matières qui rentrent dans ses attributions. — En cas de réunion extraordinaire, le Conseil ne peut s'occuper que des objets pour lesquels il a été spécialement convoqué. — En cas d'urgence, le sous-préfet peut abréger les délais de convocation.

17. Le Conseil municipal ne peut délibérer que lorsque la majorité des membres en exercice assiste à la séance. — Lorsque, après deux convocations successives, à huit jours d'in-

tervalle, et dûment constatées, les membres du Conseil municipal ne se sont pas réunis en nombre suffisant, la délibération prise après la troisième convocation est valable, quel que soit le nombre des membres présents.

18. Les conseillers siégent dans l'ordre du tableau. — Les résolutions sont prises à la majorité absolue des suffrages. — Il est voté au scrutin secret toutes les fois que trois des membres présents le réclament.

19. Le maire préside le Conseil municipal et a voix prépondérante en cas de partage. — Les mêmes droits appartiennent à l'adjoint qui le remplace. — Dans tout autre cas, les adjoints pris en dehors du Conseil ont seulement droit d'y siéger avec voix consultative. — Les fonctions de secrétaire sont remplies par un des membres du Conseil, nommé au scrutin secret et à la majorité des membres présents. Le secrétaire est nommé pour chaque session.

20. Tout membre du Conseil municipal qui, sans motifs légitimes, a manqué à trois convocations consécutives, peut être déclaré démissionnaire par le préfet, sauf recours, dans les dix jours de la notification, devant le Conseil de préfecture.

21. Les membres du Conseil municipal ne peuvent prendre part aux délibérations relatives aux affaires dans lesquelles ils ont un intérêt, soit en leur nom personnel, soit comme mandataires.

22. Les séances des Conseils municipaux ne sont pas publiques. — Les délibérations sont inscrites, par ordre de date, sur un registre coté et paraphé par le sous-préfet. — Elles sont signées par tous les membres présents à la séance, ou mention est faite de la cause qui les a empêchés de signer. — Copie en est adressée au préfet ou au sous-préfet, dans la huitaine. — Tout habitant ou contribuable de la commune a droit de demander communication, sans déplacement, et de prendre copie des délibérations du Conseil municipal de sa commune.

23. Toute délibération d'un Conseil municipal portant sur un objet étranger à ses attributions est nulle de plein droit. — Le préfet, en Conseil de préfecture, en déclare la nullité. En cas de réclamation du Conseil municipal, il est statué par un décret de l'Empereur, le Conseil d'Etat entendu.

24. Sont également nulles, de plein droit, toutes les délibérations prises par un Conseil municipal hors de sa réunion légale. — Le préfet, en Conseil de préfecture, déclare l'illégalité de la réunion et la nullité des délibérations.

25. Tout Conseil municipal qui se mettrait en correspondance avec un ou plusieurs autres Conseils, ou qui publierait des proclamations ou adresses, sera immédiatement suspendu par le préfet.

26. Tout éditeur, imprimeur, journaliste ou autre, qui rendra publics les actes interdits au Conseil municipal par les articles 24 et 25 de la présente loi, sera passible des peines portées en l'article 123 du Code pénal.

SECTION III. — *Assemblée des électeurs municipaux, et voie de recours contre les opérations électorales.*

27. L'assemblée des électeurs est convoquée par le préfet aux jours déterminés par l'article 33 de la présente loi.

28. Lorsqu'il y aura lieu de remplacer des conseillers municipaux élus par des sections, conformément à l'article 7 de la présente loi, ces remplacements seront faits par les sections auxquelles appartenaient ces conseillers.

29. Les sections sont présidées, savoir: la première par le maire, et les autres, successivement, par les adjoints, dans l'ordre de leur nomination, et par les conseillers municipaux, dans l'ordre du tableau.

30. Le président a seul la police de l'assemblée. — Ces assemblées ne peuvent s'occuper d'autres objets que des élections qui leur sont attribuées. Toute discussion, toute délibération, leur sont interdites.

31. Les deux plus âgés et les deux plus jeunes des électeurs présents à l'ouverture de la séance, sachant lire et écrire, remplissent les fonctions de scrutateurs. — Le secrétaire est désigné par le président et les scrutateurs. Dans les délibérations du bureau, il n'a que voix consultative. — Trois membres du bureau, au moins, doivent être présents pendant tout le cours des opérations.

32. Les assemblées des électeurs communaux procèdent aux élections qui leur sont attribuées au scrutin de liste.

33. Dans les communes de deux mille cinq cents habitants et au-dessus, le scrutin dure deux jours; il est ouvert le samedi et clos le dimanche. Dans les communes d'une population moindre, le scrutin ne dure qu'un jour; il est ouvert et clos le dimanche.

34. Le bureau juge provisoirement les difficultés qui s'élèvent sur les opérations de l'assemblée. — Ses décisions sont motivées. — Toutes les réclamations et décisions sont insérées au procès-verbal; les pièces et les bulletins qui s'y rapportent y sont annexés, après avoir été paraphés par le bureau.

35. Pendant toute la durée des opérations, une copie de la liste des électeurs, certifiée par le maire, contenant les noms, domicile, qualification de chacun des inscrits, reste déposée sur la table autour de laquelle siége le bureau.

36. Nul ne peut être admis à voter, s'il n'est inscrit sur cette liste. — Toutefois, seront admis à voter, quoique non inscrits, les électeurs porteurs d'une décision du juge de paix ordonnant leur inscription, ou d'un arrêt de la Cour de cassation annulant un jugement qui aurait prononcé leur radiation.

37. Nul électeur ne peut entrer dans l'assemblée, s'il est porteur d'armes quelconques.

38. Les électeurs sont appelés successivement à voter par ordre alphabétique. — Ils apportent leurs bulletins préparés en dehors de l'assemblée. — Le papier du bulletin doit être blanc et sans signe extérieur. — A l'appel de son nom, l'électeur remet au président son bulletin fermé. — Le président le dépose dans la boîte du scrutin, laquelle doit, avant le commencement du vote, avoir été fermée à deux serrures, dont les clefs restent, l'une entre les mains du président, l'autre entre les mains du scrutateur le plus âgé. — Le vote de chaque électeur est constaté sur la liste, en marge de son nom, par la signature ou le paraphe de l'un des membres du bureau. — L'appel étant terminé, il est procédé au réappel, par ordre alphabétique, des électeurs qui n'ont pas voté.

39. Le président doit constater, au commencement de l'opération, l'heure à laquelle le scrutin est ouvert. — Le scrutin ne peut être fermé qu'après être resté ouvert pendant trois heures au moins. — Le président constate l'heure à laquelle il déclare le scrutin clos, et, après cette déclaration, aucun vote ne peut être reçu.

40. Après la clôture du scrutin, il est procédé au dépouillement de la manière suivante : — La boîte du scrutin est ouverte et le nombre des bulletins vérifié. — Si ce nombre est plus grand ou moindre que celui des votants, il en est fait mention au procès-verbal. — Le bureau désigne, parmi les électeurs présents, un certain nombre de scrutateurs. — Le président et les membres du bureau surveillent l'opération du dépouillement. Ils peuvent y procéder eux-mêmes, s'il y a moins de trois cents votants.

41. Si le dépouillement du scrutin ne peut avoir lieu le jour même, les boîtes contenant les bulletins sont scellées et déposées pendant la nuit au secrétariat ou dans une des salles de la mairie. — Les scellés sont également apposés sur les ouvertures du lieu où les boîtes ont été déposées. — Le maire prend les autres mesures nécessaires pour la garde des boîtes du scrutin.

42. Les bulletins sont valables, bien qu'ils portent plus ou moins de noms qu'il n'y a de conseillers à élire. — Les derniers noms inscrits au delà de ce nombre ne sont pas comptés. — Les bulletins blancs ou illisibles, ceux qui ne contiennent pas une désignation suffisante, ou qui contiennent une désignation ou qualification inconstitutionnelle, ou dans lesquels les votants se font connaître, n'entrent pas en compte dans le résultat du dépouillement, mais ils sont annexés au procès-verbal.

43. Immédiatement après le dépouillement, le président proclame le résultat du scrutin. — Le procès-verbal des opérations électorales est dressé par le secrétaire; il est signé par lui et par les autres membres du bureau. Une copie, également signée du secrétaire et des membres du bureau, en est aussitôt envoyée au préfet par l'intermédiaire du sous-préfet. — Les bulletins, autres que ceux qui doivent être annexés au procès-verbal, sont brûlés en présence des électeurs.

44. Nul n'est élu au premier tour de scrutin, s'il n'a réuni : 1° la majorité absolue des suffrages exprimés ; 2° un nombre de suffrages égal au quart de celui des électeurs inscrits. Au deuxième tour de scrutin, l'élection a lieu à la majorité relative, quel que soit le nombre des votants. Les deux tours de scrutin peuvent avoir lieu le même jour. — Dans le cas où le deuxième tour de scrutin ne peut avoir lieu le même jour, l'assemblée est de droit convoquée pour le dimanche suivant. — Si plusieurs candidats obtiennent le même nombre de suffrages, l'élection est acquise au plus âgé.

45. Tout électeur a le droit d'arguer de nullité les opérations de l'assemblée dont il fait partie. — Les réclamations

doivent être consignées au procès-verbal, sinon elles doivent être, à peine de nullité, déposées au secrériat de la mairie, dans le délai de cinq jours, à dater du jour de l'élection. Elles sont immédiatement adressées au préfet, par l'intermédiaire du sous-préfet : elles peuvent aussi être directement déposées à la préfecture, ou à la sous-préfecture, dans le même délai de cinq jours. — Il est statué par le Conseil de préfecture, sauf recours au Conseil d'Etat. — Si le Conseil de préfecture n'a pas prononcé dans le délai d'un mois, à compter de la réception des pièces à la préfecture, la réclamation est considérée comme rejetée. Les réclamants peuvent se pourvoir au Conseil d'Etat dans le délai de trois mois. — En cas de recours au Conseil d'Etat, le pourvoi est jugé sans frais.

46. Le préfet, s'il estime que les conditions et les formes légalement prescrites n'ont pas été remplies, peut également dans le délai de quinze jours, à dater de la réception du procès-verbal, déférer les opérations électorales au Conseil de préfecture. — Le recours au Conseil d'Etat, contre la décision du Conseil de préfecture, est ouvert, soit au préfet, soit aux parties intéressées dans les délais et les formes réglés par l'article précédent.

47. Dans tous les cas où une réclamation, formée en vertu de la présente loi, implique la solution préjudicielle d'une question d'état, le Conseil de préfecture renvoie les parties à se pourvoir devant les juges compétents, et fixe un bref délai dans lequel la partie qui aura élevé la question préjudicielle doit justifier de ses diligences.

48. Dans le cas où l'annulation de tout ou partie des élections est devenue définiiive, l'assemblée des électeurs est convoquée dans un délai qui ne peut excéder trois mois.

49. Dans les six mois qui suivront la promulgation de la présente loi, il sera procédé au renouvellement intégral des Conseils municipaux, ainsi qu'à la nomination des maires et adjoints. — Les membres des Conseils municipaux, les maires et adjoints actuellement en exercice, continueront leurs fonctions jusqu'à l'installation de leurs successeurs.

SECTION IV. — *Dispositions particulières*

50. — *Abrogé par l'article* 23 *de la loi du* 24 *juillet* 1867.

51. Sont abrogées la loi du 21 mars 1831, et les dispositions du décret du 3 juillet 1848 et de la loi du 7 juillet 1852 relatives à l'organisation des Corps municipaux.

LOI

Portant fixation du Budget général des dépenses et des recettes de l'exercice 1856.

(5 mai 1855)

. . . .

TITRE III. — *Moyens de service et dispositions diverses.*

. . . .

ART. 15. L'article 9 de la loi du 7 août 1850 est abrogé. Les droits dont la réduction a été prononcée par cet article sont rétablis, à partir du 1er mai 1855, aux quotités fixées par la loi du 22 frimaire an VII.

16. Les frais de régie dus à l'administration de l'enregistrement et des domaines, sur le montant des sommes et des produits qu'elle recouvre pour le compte des tiers ou qui doivent leur être remis, seront prélevés et perçus au taux uniforme de 5 francs par 100 francs, et à titre de frais d'administration et de perception.

17. Sont définitivement acquises à l'Etat, dans un délai de huit années, les valeurs cotées et toutes autres valeurs quelconques déposées ou trouvées dans les boîtes ou aux guichets des bureaux de poste, renfermées ou non dans les lettres que l'administration des postes n'aura pu remettre à destination, et dont la remise n'aura pas été réclamée par les ayants-droit. — Ce délai courra à partir du jour où les valeurs cotées auront été déposées, et de celui où les autres valeurs sus-mentionnées auront été trouvées dans le service des postes. — Pour les valeurs ci-dessus désignées, qui existent actuellement en dépôt à la direction générale des postes, le délai de huit années courra à partir de la promulgation de la présente loi. (*V. L.* 15 *juill.* 1882.)

18. Le port des lettres et paquets compris, par le paragraphe 11 de l'article 2 du décret du 18 juin 1811, dans les frais de justice criminelle, sera perçu, après chaque jugement définitif, suivant le tarif ci-après :

Affaire de simple police. — Portée directement à l'audience, 20 c. ; jugée en appel, 1 fr. ; portée à l'audience après instruction, 1 fr. 20 c. ; jugée sur appel, 2 fr. 60 c. ; jugée en cassation, 6 fr. 40.

Affaire correctionnelle. — Portée directement à l'audience, 2 fr. ; jugée en appel, 4 fr. 40 c. ; portée à l'audience après instruction, 3 fr. ; jugée sur appel, 5 fr. 20 c. ; jugée en cassation, 9 fr. 60.

Affaire criminelle. — Devant la haute Cour et devant la Cour d'assises, 25 fr. ; en cassation, 16 fr.

Ces frais seront recouvrés, par les receveurs de l'enregistrement, pour le compte de l'administration des postes.

. . . .

LOI

Qui déclare applicables aux boissons les dispositions de la loi du 27 mars 1851.

(5 mai 1855)

Art. 1er. Les dispositions de la loi du 27 mars 1851 sont applicables aux boissons.

2. L'article 318 et le no 6 de l'article 475 du Code pénal sont et demeurent abrogés.

LOI

Qui autorise l'établissement de divers impôts.

(14 juillet 1855)

. . . .

Elévation de l'impôt sur le prix des places des voyageurs transportés par les chemins de fer, et perception du dixième sur le prix des marchandises transportées à grande vitesse.

Art. 3. A dater du 1er août 1855, le dixième dû au Trésor public sur le prix des places des voyageurs transportés par les chemins de fer sera calculé sur le prix total des places. — Il sera, en outre, perçu au profit du Trésor public un dixième du prix payé aux compagnies de chemins de fer pour le transport à grande vitesse des marchandises et objets de toute nature. — Les tarifs des compagnies seront accrus du montant des taxes nouvelles résultant du présent article. (*V. Décr.* 21 *mai* 1881.)

4. A partir de la même époque, la loi du 2 juillet 1838 sera et demeurera abrogée.

. . . .

DÉCRET

Portant règlement d'administration publique pour l'exécution de la loi du 2 mai 1855, qui établit une taxe municipale sur les chiens.

(4 août 1855) (1)

DÉCRET

Qui fixe le salaire des conservateurs des hypothèques pour la transcription des actes de mutation.

(24 novembre 1855)

Art. 1er. A partir du 1er janvier 1856, le salaire alloué aux conservateurs des hypothèques par le no 7 du tableau annexé au décret du 21 septembre 1810, pour la transcription des actes de mutation, est réduit à 50 centimes par rôle de vingt-cinq lignes à la page et de dix-huit syllabes à la ligne. (*V. Décr.* 9 *juin* 1866. — *T.*)

2. A compter de la même époque, l'article 1er (unique) de l'ordonnance du 1er mai 1816 cessera de recevoir son exécution.

DÉCRET

Relatif à la transportation.

(5 décembre 1855)

Art. 1er. Les dispositions du décret du 23 décembre 1853 qui ont suspendu la transportation à la Guyane sont et demeurent abrogées.

2. La section disciplinaire de l'établissement de Lambessa, en Algérie, est maintenue, et continuera de recevoir les individus qui ne pourront être transportés à la Guyane.

1856

DÉCRET

Portant promulgation de la Déclaration du 16 avril 1856, qui règle divers points du droit maritime.

(28 avril 1856) (2)

---

(1) Bull., 11e série, no 2955. — *V.* le texte dans notre édition in-8o.

(2) Bull., 11e série, no 3468. — *V.* le texte dans notre édition in-8o.

LOI

Qui modifie l'article 32 de la loi du 5 juillet 1844, sur les brevets d'invention.

(31 mai 1856)

ART. UNIQUE. L'article 32 de la loi du 5 juillet 1844, sur les brevets d'invention, est modifié comme il suit : — Sera déchu de tous ses droits, — 1° Le breveté qui n'aura pas acquitté son annuité avant le commencement de chacune des années de la durée de son brevet ; — 2° Le breveté qui n'aura pas mis en exploitation sa découverte ou invention en France dans le délai de deux ans, à dater du jour de la signature du brevet, ou qui aura cessé de l'exploiter pendant deux années consécutives, à moins que, dans l'un ou l'autre cas, il ne justifie des causes de son inaction ; — 3° Le breveté qui aura introduit en France des objets fabriqués en pays étranger et semblables à ceux qui sont garantis par son brevet. — Néanmoins le ministre de l'Agriculture, du commerce et des travaux publics, pourra autoriser l'introduction, — 1° Des modèles de machines ; — 2° Des objets fabriqués à l'étranger, destinés à des expositions publiques ou à des essais faits avec l'assentiment du Gouvernement.

LOI

Sur les appels des jugements des tribunaux correctionnels.

(13 juin 1856)

ART. 1er. Les articles 189, 201, 202, 204, 205, 207, 208, 209, 210, 211, 212, 213, 214, 215 et 216 du Code d'instruction criminelle sont modifiés ainsi qu'il suit (1) :

2. Sont abrogés : l'article 200 du Code d'instruction criminelle, le second alinéa de l'article 40 de la loi du 20 avril 1810, l'article 10 du décret du 18 août 1810, sur l'organisation des tribunaux de première instance, et toutes les dispositions contraires à la présente loi

---

(1) V. le texte au Code d'instruction criminelle

LOI

Relative au transport des imprimés, des échantillons et des papiers d'affaires ou de commerce, circulant en France par la poste.

(25 juin 1856) (2)

LOI

Portant fixation du Budget général des dépenses et des recettes de l'exercice 1857.

(14 juillet 1856)

. . . .

ART. 14. Le remboursement à l'Etat des frais d'administration des bois des communes et des établissements publics continuera à s'effectuer conformément à l'article 5 de la loi du 25 juin 1841 et à l'article 6 de la loi du 19 juillet 1845, sans toutefois que la somme remboursée pour chaque commune ou chaque établissement public puisse dépasser 1 franc par hectare des bois qui lui appartiennent.

. . . .

LOI

Sur la conservation et l'aménagement des sources d'eaux minérales.

(14 juillet 1856) (3)

LOI

Sur le drainage.

(17 juillet 1856) (4)

TITRE Ier. — *Encouragements donnés par l'Etat.*

ART. 1er. Une somme de cent millions (100,000,000 fr.) est affectée à des prêts destinés à faciliter les opérations de drainage (4). — Un article de la loi de finances fixe, chaque année, le crédit dont le ministre de l'Agriculture, du commerce et des travaux pu-

(2) Bull., 11e série, n° 3720. — Plusieurs dispositions de cette loi ont été modifiées par la loi du 6 avril 1878.

(3) Bull., 11e série, n° 3827. — V. le texte dans notre édition in-8°.

(4) Le Crédit foncier a été substitué à l'Etat pour ces prêts. — V. L. 28 mai 1858 et Décr. 23 sept. 1858.

blics peut disposer pour cet emploi.

2. Les prêts effectués en vertu de la présente loi sont remboursables en vingt-cinq ans, par annuités comprenant l'armortissement du capital et l'intérêt calculé à 4 pour 100. — L'emprunteur a toujours le droit de se libérer par anticipation, soit en totalité, soit en partie. — Le recouvrement des annuités a lieu de la même manière que celui des contributions directes.

TITRE II.— *Du privilége sur les terrains drainés et sur leurs récoltes ou revenus.*

3. Il est accordé au Trésor public, pour le recouvrement de l'annuité échue et de l'annuité courante sur les récoltes ou revenus des terrains drainés, un privilége qui prend rang immédiatement après celui des contributions publiques. Néanmoins, les sommes dues pour les semences ou pour les frais de la récolte de l'année sont payées sur le prix de la récolte avant la créance du Trésor public. — Le Trésor public a également, pour le recouvrement de ses prêts, un privilége qui prend rang avant tout autre sur les terrains drainés.

4. Le privilége sur les terrains drainés, tel qu'il est établi par l'article précédent, est accordé, 1° aux syndicats, pour le recouvrement de la taxe d'entretien et des prêts ou avances faits par eux; 2° aux prêteurs, pour le remboursement des prêts faits à des syndicats; 3° aux entrepreneurs, pour le paiement du montant des travaux de drainage par eux exécutés; 4° à ceux qui ont prêté des deniers pour payer ou rembourser les entrepreneurs, en se conformant aux dispositions du paragraphe 5 de l'article 2103 du Code Napoléon. Les syndicats, ont, en outre, pour la taxe d'entretien de l'année échue et de l'année courante, le privilége sur les récoltes ou revenus, tel qu'il est établi par l'article 3. — Le privilége n'affecte chacun des immeubles compris dans le périmètre d'un syndicat que pour la part de cet immeuble dans la dette commune.

5. Toute personne ayant une créance privilégiée ou hypothécaire antérieure au privilége acquis en vertu de la présente loi a le droit, à l'époque de l'aliénation de l'immeuble, de faire réduire ce privilége à la plus-value existant à cette époque et résultant des travaux de drainage.

TITRE III. — *Du mode de conservation du privilége.*

6. Le Trésor public, les syndicats, les prêteurs et les entrepreneurs n'acquièrent le privilége que sous la condition d'avoir préalablement fait dresser un procès-verbal, à l'effet de constater l'état de chacun des terrains à drainer relativement aux travaux de drainage projetés, d'en déterminer le périmètre et d'en estimer la valeur actuelle d'après les produits — Lorsqu'il s'agit d'un prêt demandé au Trésor public, le procès-verbal est dressé par un ingénieur ou un homme de l'art commis par le préfet, assisté d'un expert désigné par le juge de paix; s'il y a désaccord entre l'ingénieur et l'expert, celui-ci fait consigner ses observations dans le procès-verbal. — Dans les autres cas, le procès-verbal est dressé par un expert désigné par le juge de paix du canton où sont situés les biens. — Les entrepreneurs qui ont exécuté des travaux pour des propriétaires non constitués en syndicat doivent, de plus, faire vérifier la valeur de leurs travaux, dans les deux mois de leur exécution, par un expert désigné par le juge de paix. Le montant du privilége ne peut pas excéder la valeur constatée par ce second procès-verbal. (*V. art.* 10, *Décr.* 23 *sept.* 1858.)

7. Le privilége accordé par la présente loi sur les terrains drainés se conserve par une inscription prise : pour le Trésor public et pour les prêteurs, dans les deux mois de l'acte de prêt; pour les syndicats, dans les deux mois de l'arrêté qui les constitue; pour les entrepreneurs, dans les deux mois du procès-verbal prescrit par le premier paragraphe de l'article 6. — L'inscription contient, dans tous les cas, un extrait sommaire de ce procès-verbal. — Lorsqu'il y a lieu à vérification des travaux, en exécution du quatrième paragraphe de l'article 6, il est fait mention, en marge de l'inscription, du procès-verbal de cette vérification, dans les deux mois de sa date.

8. L'acte de prêt consenti au profit d'un syndicat répartit provisoirement la dette entre les immeubles compris dans le périmètre du syndicat, proportionnellement à la part que chacun de ces immeubles doit supporter dans la dépense, et l'inscription est prise d'après cette répartition provisoire. — Pour les avances d'un syndicat, l'inscription est également prise d'après une répartition provisoire faite comme il est dit au paragraphe précédent, par les soins du syndicat. — Si la répartition provisoire est rectifiée ultérieurement par l'effet des recours ouverts aux propriétaires en vertu de l'arti-

cle 4 de la loi du 14 floréal an XI, il est fait mention de cette rectification en marge des inscriptions, à la diligence du syndicat, dans les deux mois de la date où la répartition nouvelle est devenue définitive; le privilége s exerce conformémen à cette dernière répartition.

Titre IV. — *Dispositions générales.*

9. Si une opération de drainage aggrave les dépenses d'un cours d'eau réglées par la loi du 14 floréal an XI, les terrains drainés sont compris dans les propriétés intéressées et imposées conformément à cette loi.

10. Un règlement d'administration publique (*V. Décr.* 23 *sept.* 1858) détermine les conditions et les formes des prêts faits par le Trésor public, les mesures propres à assurer l'emploi des fonds provenant de ces prêts à l'exécution des travaux de drainage, les formes de la surveillance de l'administration sur l'exécution et l'entretien des travaux de drainage effectués avec les prêts faits par le Trésor public, et, en général, toutes les mesures nécessaires à l'exécution de la présente loi

LOI

Qui dispense de l'affirmation les procès-verbaux dressés par les brigadiers de gendarmerie et les gendarmes.

(17 juillet 1856)

Art. unique. A l'avenir, les procès-verbaux dressés par les brigadiers de gendarmerie et les gendarmes ne seront, dans aucun cas, assujettis à la formalité de l'affirmation.

LOI

Relative à l'arbitrage forcé.

(17 juillet 1856)

Art. 1er. Les articles 51 à 63 du Code de commerce sont abrogés.

2. L'article 631 du même Code est modifié ainsi qu'il suit : (1)...

Disposition transitoire.

3. Les procédures commencées avant la promulgation de la présentel oi continueront à être instru tes et jugées suivant la loi ancienne. — Les procédures seront censées commencées lorsque les arbitres auront été nommés par le tribunal de commerce ou choisis par les parties.

LOI

Relative aux concordats par abandon.

(17 juillet 1856)

Art. unique. L'article 541 du Code de commerce est modifié ainsi qu'il suit : (1)...

LOI

Sur les sociétés en commandite par actions.

(17 juillet 1856) (2)

LOI

Qui modifie plusieurs dispositions du Code d'instruction criminelle.

(17 juillet 1856)

Art. unique. Les articles 55, 56, 61, 104, 114, 127, 128. 129, 130, 132, 133, 134, 135, 218, 219, 229, 230, 231, 232, 233 et 239 du Code d'instruction criminelle sont abrogés; ils sont remplacés par les articles suivants : (3)...

1857

LOI

Qui autorise les Sociétés anonymes et autres associations commerciales, industrielles ou financières, légalement constituées en Belgique, à exercer leurs droits en France.

(30 mai 1857)

Art. 1er. Les sociétés anonymes et les autres associations commerciales, industrielles ou financières qui sont soumises à l'autorisation du Gouvernement belge, et qui l'ont obtenue, peuvent exercer tous leurs droits et ester en justice en France, en se conformant aux lois de l'Empire.

(1) *V.* le texte au Code de commerce.

(2) Bull., 11e série, no 3836. — Abrogée par l'article 20 de la loi du 24 juill. 1867.

(3) *V.* le texte au Code d'instruction criminelle

4. Un décret impérial, rendu en Conseil d'Etat, peut appliquer à tous autres pays le bénéfice de l'article 1er (1).

LOI

Qui soumet à un droit fixe d'enregistrement les adjudications et marchés de toute nature relatifs au travail dans les prisons.

(6 juin 1857)

ART. UNIQUE. Sont soumis au droit fixe de 2 francs établi par l'article 8 de la loi du 18 mai 1850 (15 *mai*) les adjudications et marchés de toute nature ayant pour objet le travail dans les prisons.

LOI

Portant prorogation du privilège de la Banque de France.

(9 juin 1857) (2)

. . . .

ART. 8. La Banque de France pourra, si les circonstances l'exigent, élever au-dessus de 6 pour 100 le taux de ses escomptes et l'intérêt de ses avances. — Les bénéfices qui seront résultés, pour la Banque, de l'exercice de cette faculté, seront déduits des sommes annuellement partageables entre les actionnaires et ajoutés au fonds social.

9. La Banque de France aura la faculté d'abaisser à 50 francs la moindre coupure de ses billets.

10. Dix ans après la promulgation de la présente loi, le Gouvernement pourra exiger de la Banque de France qu'elle établisse une succursale dans les départements où il n'en existerait pas

11. Les intérêts qui seront dus par le Trésor, à raison de son compte-courant, seront réglés sur le taux fixé par la Banque pour l'escompte du papier de commerce, mais sans qu'ils puissent excéder 3 pour 100.

12. Un règlement d'administration publique déterminera, à l'égard des actionnaires incapables et des actionnaires en retard de versement, les mesures nécessaires à l'exécution de la présente loi. (*V. Décr.* 17 *juill.* 1857.)

CODE

De justice militaire pour l'armée de terre.

(9 juin 1857) (3)

LIVRE PREMIER.

DE L'ORGANISATION DES TRIBUNAUX MILITAIRES.

Dispositions préliminaires.

ART. 1er. La justice militaire est rendue, — 1o Par des Conseils de guerre; — 2o Par des Conseils de révision. — Des Prévôtés sont établies aux armées dans les cas prévus par le présent Code.

TITRE Ier. — *Des Conseils de guerre et des Conseils de révision permanents dans les circonscriptions territoriales.*

CHAP. Ier. — DES CONSEILS DE GUERRE PERMANENTS DANS LES CIRCONSCRIPTIONS TERRITORIALES.

2. Il y a un Conseil de guerre permanent au chef-lieu de chacune des circonscriptions militaires territoriales formées, à l'intérieur, sous le titre de *Région de corps d'armée* ou de *Commandement supérieur*, et en Algérie, sous le titre de *Division militaire*. — Si les besoins du service l'exigent, d'autres Conseils de guerre permanents peuvent être établis dans la circonscription par un décret du chef de l'Etat, qui fixe le

(1) Le bénéfice de l'article 1er a été appliqué aux sociétés anonymes et autres associations commerciales, industrielles ou financières, légalement constituées dans les pays suivants, savoir :
Turquie et Egypte, Décr. 7 mai 1859 ; — *Sardaigne*, Décr. 8 sept. 1860 ; — *Luxembourg* (Grand-Duché de), Décr. 27 févr. 1861 ; — *Portugal*, Décr. 27 févr. 1861 ; — *Espagne*, Décr. 5 août 1861 ; — *Grèce*, Décr. 9 nov. 1861 ; — *Etats-Romains*, Décr. 5 févr. 1862 ; — *Pays-Bas*, Décr. 22 juill. 1863 ; — *Russie*, Décr. 25 févr. 1865 ; — *Prusse*, Décr. 19 déc. 1866 ; — *V.* aussi pour la *Grande-Bretagne*, Décr. 17 mai 1862 ; *Saxe*, 23 mai 1868 ; — *Empire d'Autriche*, Décr. 20 juin 1868 ; *Suède et Norwége*, 14 juin 1872.

(2) *V.* L. 12 août 1870 ; 29 déc. 1871.

(3) (*a*) *V.* LL. 16 mai 1872 ; 26 juill. 1873 ; 18 mai 1875.

(*b*) Dans les divers articles du *Code de justice militaire*, autres que ceux modifiés par la loi du 18 mai 1875, le mot *division* doit être remplacé par le mot *circonscription*, dans tous les cas où il signifie division militaire territoriale. (Art. 2, L. 18 mai 1875.)

siége de chacun de ces Conseils et en détermine le ressort. (*L.* 18 *mai* 1875, *art.* 1er.)

3. Le Conseil de guerre permanent est composé d'un colonel ou lieutenant-colonel, président, et de six juges, savoir : — Un chef de bataillon, ou chef d'escadron, ou major, — Deux capitaines, — Un lieutenant, — Un sous-lieutenant, — Un sous-officier.

4. Il y a près chaque Conseil de guerre un commissaire impérial, un rapporteur et un greffier. — Il peut être nommé un ou plusieurs substituts du commissaire impérial et du rapporteur, et un ou plusieurs commis-greffiers.

5. Les commissaires impériaux et leurs substituts remplissent, près les Conseils de guerre, les fonctions du ministère public. — Les rapporteurs et leurs substituts sont chargés de l'instruction. — Les greffiers et commis-greffiers font les écritures.

6. Les présidents et les juges sont pris parmi les officiers et sous-officiers en activité dans la division ; ils peuvent être remplacés tous les six mois, et même dans un délai moindre s'ils cessent d'être employés dans la division.

7. Les commissaires du Gouvernement et les rapporteurs sont pris parmi les officiers supérieurs, les capitaines, les sous-intendants militaires ou adjoints, soit en activité, soit en retraite. — Les substituts sont pris parmi les officiers en activité dans la circonscription. Exceptionnellement et lorsque les besoins du service l'exigent, il peut être dérogé à cette règle en vertu d'une décision du ministre de la guerre. (*L.* 18 *mai* 1875, *art.* 1er.)

8. Le président et les juges des Conseils de guerre sont nommés par le général commandant la division. — La nomination est faite par le ministre de la Guerre, s'il s'agit du jugement d'un colonel, d'un officier général ou d'un maréchal de France.

9. Les commssaires impériaux et les rapporteurs sont nommés par le ministre de la Guerre. — Lorsqu'ils sont choisis parmi les officiers en activité, ils sont nommés sur une liste de présentation dressée par le général commandant la division où siége le Conseil de guerre. — Les substituts sont nommés par le général commandant la division. — Un règlement d'administration publique détermine les conditions et les formes de la nomination des greffiers et commis-greffiers.

10. La composition des Conseils de guerre déterminée par l'article 3 du présent Code est maintenue ou modifiée suivant le grade de l'accusé, conformément au tableau ci-après (p. 391).

En cas d'insuffisance, dans la division, d'officiers ayant le grade exigé pour la composition du Conseil de guerre, le général commandant la division appelle à siéger aux Conseils de guerre des officiers d'un grade égal à celui de l'accusé ou d'un grade immédiatement inférieur. (*V. L.* 26 *juill.* 1873.)

11. Pour juger un général de division ou un maréchal de France, les maréchaux de France sont appelés suivant l'ordre de l'ancienneté à siéger dans le conseil de guerre, à moins d'empêchement admis par le ministre de la Guerre. — Le président du Conseil est choisi parmi ceux qui ont été désignés en vertu du paragraphe précédent. (*V. L.* 16 *mai* 1872.)

12. En ce qui concerne spécialement la composition du Conseil de guerre appelé à juger un maréchal de France, à défaut d'un nombre suffisant de maréchaux, des amiraux sont désignés. Les fonctions de commissaire impérial peuvent être remplies par un général de division, et celles de rapporteur sont exercées par un officier général. (*V. L.* 16 *mai* 1872.)

13. Pour juger un membre du corps de l'intendance militaire, un médecin, un pharmacien, un officier d'administration, un vétérinaire ou tout autre individu assimilé aux militaires, le Conseil de guerre est composé suivant le grade auquel le rang de l'accusé correspond. (*L.* 18 *mai* 1875, *art.* 1er, — *V. Décr.* 18 *juill.* 1857.)

14. S'il y a plusieurs accusés de différents grades ou rangs, la composition du Conseil de guerre est déterminée par le grade ou le rang le plus élevé.

15. Lorsqu'à raison du grade ou du rang de l'accusé, un ou plusieurs membres du Conseil de guerre sont remplacés, les autres membres, les rapporteurs et les greffiers continuent de droit leurs fonctions, sauf le cas prévu par l'article 12 ci-dessus.

16. Les fonctions de commissaire impérial sont remplies par un officier d'un grade ou d'un rang au moins égal à celui de l'accusé, sauf le cas prévu par l'article 12. — Lorsqu'un commissaire impérial est spécialement nommé pour le jugement d'une affaire, il est assisté du commissaire ordinaire près le Conseil de guerre, ou de l'un de ses substituts.

17. Les Conseils de guerre appelés

GRADE DE L'ACCUSÉ.	GRADE DU PRÉSIDENT.	GRADES DES JUGES.
Sous-officier, caporal ou brigadier, soldat.	Colonel ou lieutenant-colonel..........	1 chef de bataillon, ou chef d'escadron, ou major. 2 capitaines. 1 lieutenant. 1 sous-lieutenant. 1 sous-officier.
Sous-lieutenant..........................	Colonel ou lieutenant-colonel..........	1 chef de bataillon, ou chef d'escadron, ou major. 2 capitaines. 1 lieutenant. 2 sous-lieutenants.
Lieutenant..........................	Colonel ou lieutenant-colonel..........	1 chef de bataillon, ou chef d'escadron, ou major. 3 capitaines. 2 lieutenants.
Capitaine.............	Colonel............................	1 lieutenant-colonel. 3 chefs de bataillon, ou chefs d'escadron, ou majors. 2 capitaines.
Chef de bataillon, chef d'escadron, major.	Général de brigade..................	2 colonels. 2 lieutenants-colonels. 2 chefs de bataillon, ou chefs d'escadron, ou majors.
Lieutenant-colonel..................	Général de brigade..................	4 colonels. 2 lieutenants-colonels.
Colonel.....	Général de division.............. ...	4 généraux de brigade. 2 colonels.
Général de brigade............... ...	Maréchal de France.............. ...	4 généraux de division. 2 généraux de brigade.
Général de division..................	Maréchal de France..................	2 maréchaux de France. 4 généraux de division.
Maréchal de France......	Maréchal de France..................	3 maréchaux de France ou amiraux. 3 généraux de division.

à juger des prisonniers de guerre sont composés, comme pour le jugement des militaires français, d'après les assimilations de grade.

18. Lorsque, dans les cas prévus par les lois, il y a lieu de traduire devant un Conseil de guerre, soit comme auteur principal, soit comme complice, un individu qui n'est ni militaire ni assimilé aux militaires, le conseil reste composé, suivant les cas, comme il est dit aux articles 3 et 33 pour les sous-officiers, caporaux et soldats, à moins que le grade ou le rang d'un coaccusé militaire n'exige une autre composition. (*L.* 18 *mai* 1875, *art.* 1er.)

19. Le général commandant chaque division territoriale dresse, sur la présentation des chefs de corps, un tableau par grade et par ancienneté des officiers et sous-officiers de la division qui peuvent être appelés à siéger comme juges dans le Conseil de guerre. — Ce tableau est rectifié au fur et à mesure des mutations. — Une expédition en est déposée au greffe du Conseil de guerre. — Les officiers et sous-officiers sont appelés successivement, et dans l'ordre de leur inscription, à siéger dans le Conseil de guerre, à moins d'empêchement admis par une décision du général commandant la division.

20. En cas d'empêchement accidentel du président ou a un juge, le général commandant la division le remplace provisoirement, selon les cas, par un officier du même grade, ou par un sous-officier, dans l'ordre du tableau dressé en exécution de l'article précédent. — Dans le cas d'empêchement du commissaire impérial, de rapporteur et de leurs substituts, du greffier et du commis-greffier, il est provisoirement pourvu au remplacement par le général commandant la division.

21. S'il ne se trouve pas dans la division des officiers généraux ou supérieurs en nombre suffisant pour compléter le Conseil de guerre, le ministre de la Guerre y pourvoit en appelant, par rang d'ancienneté, des officiers généraux ou supérieurs employés dans les divisions territoriales les plus voisines.

22. Nul ne peut faire partie d'un Conseil de guerre, à un titre quelconque, s'il n'est Français ou naturalisé Français et âgé de vingt-cinq ans accomplis.

23. Les parents et alliés, jusqu'au degré d'oncle et de neveu inclusivement, ne peuvent être membres du même Conseil de guerre, ni remplir près ce conseil les fonctions de commissaire impérial, de rapporteur ou de greffier.

24. Nul ne peut siéger comme président ou juge, ni remplir les fonctions de rapporteur dans une affaire soumise au Conseil de guerre, — 1o S'il est parent ou allié de l'accusé jusqu'au degré de cousin issu de germain inclusivement ; — 2o S'il a porté la plainte, donné l'ordre d'informer ou déposé comme témoin ; — 3o Si, dans les cinq ans qui ont précédé la mise en jugement, il a été engagé comme plaignant, partie civile ou prévenu, dans un procès criminel contre l'accusé ; — 4o S'il a précédemment connu de l'affaire comme administrateur ou comme membre d'un tribunal militaire.

25. Avant d'entrer en fonctions, les commissaires impériaux et les rapporteurs pris en dehors de l'activité prêtent, entre les mains du général commandant la division, le serment suivant :

« *Je jure obéissance à la Constitution et fidélité à l'Empereur.* »

CHAP. II. — Des Conseils de révision permanents dans les circonscriptions territoriales.

26. Il est établi, pour les divisions territoriales, des Conseils de révision permanents, dont le nombre, le siége et le ressort sont déterminés par décret de l'Empereur, inséré au *Bulletin des Lois.*

27. Les Conseils de révision sont composés d'un président, général de brigade, et de quatre juges, savoir : Deux colonels ou lieutenants-colonels ; — Deux chefs de bataillon, ou chefs d'escadron, ou majors. — Il y a près chaque Conseil de révision un commissaire impérial et un greffier. — Les fonctions de commissaire impérial sont remplies par un officier supérieur ou un sous-intendant militaire. — Il peut être nommé un substitut du commissaire impérial et un commis-greffier, si les besoins du service l'exigent.

28. Le président et les juges du Conseil de révision sont pris parmi les officiers en activité dans la division où siége le Conseil, et nommés par le général commandant la division. Ils peuvent être remplacés tous les six mois, et même dans un délai moindre, s'ils cessent d'être employés dans la division. — Un tableau est dressé pour les juges, conformément

à l'article 19 du présent Code. — Les articles 20 et 21 sont également applicables aux Conseils de révision.

29. Les commissaires impériaux sont pris parmi les officiers supérieurs ou parmi les sous-intendants militaires, en activité de service ou en retraite; ils sont nommés par le ministre de la Guerre. — Les substituts sont pris parmi les officiers ou parmi les membres de l'intendance militaire en activité de service ; ils sont nommés par le général commandant la division. — Les conditions et les formes de la nomination des greffiers et commis-greffiers sont déterminées par le règlement d'administration publique prévu par l'article 9 du présent Code.

30. Lorsque le Conseil de guerre dont le jugement est attaqué a été présidé par un général de division ou par un maréchal de France, le Conseil de révision est également présidé par un général de division ou par un maréchal de France. Le général de brigade siége alors comme juge, et le chef de bataillon, ou le chef d'escadron, ou le major le moins ancien de grade, ou, à égalité d'ancienneté, le moins âgé, ne prend point part au jugement de l'affaire. (*V. L.* 16 *mai* 1872.)

31. Nul ne peut faire partie d'un Conseil de révision, s'il n'est Français ou naturalisé Français et âgé de trente ans accomplis. — Les articles 23 et 24 du présent Code sont applicables aux membres des Conseils de révision.

32. Avant leur entrée en fonctions, les commissaires impériaux pris en dehors de l'activité prêtent, entre les mains du général commandant la division, le serment prescrit par l'article 25 du présent Code.

TITRE II. — *Des Conseils de guerre et des Conseils de révision aux armées, dans les communes, dans les départements et dans les places de guerre en état de siége.*

CHAP. Ier. — DES CONSEILS DE GUERRE AUX ARMÉES.

33. Lorsqu'un corps d'armée est appelé ou que plusieurs corps d'armée réunis en armée sont appelés à opérer, soit sur le territoire, soit au dehors, un ou deux Conseils de guerre sont établis, sur l'ordre du ministre de la guerre, dans chaque division active, ainsi qu'au quartier général de l'armée et, s'il y a lieu, au quartier général de chaque corps d'armée. — Si une division active ou un détachement de troupes de la force d'un bataillon au moins sont appelés à opérer isolément, un ou deux Conseils de guerre peuvent également être formés dans la division ou dans le détachement. — Ces Conseils de guerre sont composés de cinq juges seulement, conformément au tableau ci-après, (p. 394) suivant le grade de l'accusé, jusqu'à celui de lieutenant-colonel inclusivement :

Il y a près chaque Conseil un commissaire du Gouvernement rapporteur, remplissant à la fois les fonctions de magistrat instructeur et celles du ministère public, et un greffier. — Il peut être nommé un ou plusieurs substituts du commissaire du Gouvernement rapporteur et un ou plusieurs commis-greffiers. — Les articles 11, 12, 13, 14, 16, 17 et 18 du présent Code sont applicables aux Conseils de guerre ainsi composés. — Il n'est rien changé à la composition des Conseils déterminés par l'article 10 du présent Code, pour les autres grades, à partir de celui de colonel. (*L.* 18 *mai* 1875, *art.* 1er.)

34. Les membres des Conseils de guerre, ainsi que les commissaires du Gouvernement rapporteurs, les substituts, les greffiers et commis-greffiers, sont pris parmi les officiers et les sous-officiers employés dans l'armée, le corps d'armée, la division ou le détachement près lesquels ces Conseils sont établis. (*V. L.* 18 *mai* 1875, *art.* 1er.)

35. Les membres des Conseils de guerre sont nommés et remplacés, savoir : — Dans la division, par le général commandant la division ; — Au quartier général de l'armée, par le général en chef ; — Au quartier général du corps d'armée, par le général commandant le corps d'armée ; — Dans le détachement de troupes, par le commandant de ce détachement. — S'il ne se trouve pas, soit dans la division, soit dans l'armée, soit dans le corps d'armée, soit dans le détachement où se forment les Conseils de guerre, un nombre suffisant d'officiers du grade requis pour leur composition, il y est suppléé en descendant dans la hiérarchie, même jusqu'au grade inférieur à celui de l'accusé, si cela est nécessaire, mais sans que plus de deux juges puissent être pris dans cette catégorie. — Si, nonobstant la disposition du paragraphe précédent, il y a dans les divisions, corps d'armée et détachements insuffisance de militaires du grade requis pour composer les Conseils de guerre qui y sont attachés, il y est pourvu par le général en chef au moyen d'officiers pris dans

GRADE DE L'ACCUSÉ.	GRADE DU PRÉSIDENT.	GRADES DES JUGES.
Sous-officier, caporal ou brigadier, soldat.	Colonel ou lieutenant-colonel..........	1 chef de bataillon, chef d'escadron, ou major. 1 capitaine. 1 lieutenant ou sous-lieutenant. 1 sous-officier.
Sous-lieutenant..........................	Colonel ou lieutenant-colonel..........	1 chef de bataillon, chef d'escadron, ou major. 1 capitaine, 1 lieutenant. 1 sous-lieutenant.
Lieutenant..........................	Colonel ou lieutenant-colonel..........	1 chef de bataillon, chef d'escadron, ou major. 1 capitaine. 2 lieutenants.
Capitaine..........................	Colonel..........................	1 lieutenant-colonel. 1 chef de bataillon, chef d'escadron, ou major. 2 capitaines.
Chef de bataillon, chef d'escadron, major.	Général de brigade..................	1 colonel. 1 lieutenant-colonel. 2 chefs de bataillon, chefs d'escadron, ou majors.
Lieutenant-colonel	Général de brigade..................	2 colonels. 2 lieutenants-colonels.

l'armée. — En cas d'impossibilité absolue pour le général en chef de composer le Conseil de guerre du quartier général, il y est pourvu par le ministre de la Guerre, qui compose ce Conseil conformément aux dispositions de l'article 21 du présent Code, ou renvoie l'officier inculpé devant l'un des Conseils de guerre permanents des circonscriptions territoriales voisines. (*V. L.* 18 *mai* 1875, *art.* 1er.)

36. Si un maréchal de France ou un général de division ayant commandé une armée ou un corps d'armée est mis en jugement à raison d'un fait commis pendant la durée de son commandement, aucun des généraux ayant été sous ses ordres dans l'armée ou le corps d'armée ne peut faire partie du Conseil de guerre.

37. Les articles 15, 22, 23 et 24 du présent Code sont applicables aux Conseils de guerre siégeant aux armées. (*V. L.* 18 *mai* 1875, *art.* 1er.)

CHAP. II. — DES CONSEILS DE RÉVISION AUX ARMÉES.

38. Il est établi un Conseil de révision au quartier général de l'armée. — Le général en chef de l'armée ou le général commandant un corps d'armée peut, en outre, selon les besoins du service, établir un Conseil de révision pour une ou plusieurs divisions, pour un ou plusieurs détachements.

39. Les membres des Conseils de révision sont pris parmi les officiers employés dans les armées, corps d'armée, divisions ou détachements près lesquels ces Conseils sont établis. — Ils sont nommés et remplacés par les commandants de ces armées, corps d'armée, divisions ou détachements.

40. Les articles 23, 24, 27, 29, 30 et 31 du présent Code sont applicables aux Conseils de révision siégeant aux armées.

41. S'il ne se trouve pas, soit au quartier général, soit dans l'armée, soit dans le corps d'armée, soit dans la division, soit dans le détachement où se forme le Conseil de révision, un nombre suffisant d'officiers du grade requis, le Conseil est composé de trois juges, lesquels peuvent être pris, savoir : — Le président, parmi les colonels ou les lieutenants-colonels ; — Les deux juges, parmi les chefs de bataillon, les chefs d'escadron ou les majors. — Les fonctions de commissaire impérial peuvent être remplies par un capitaine ou un adjoint de l'intendance militaire. — Dans tous les cas, le président du Conseil de révision doit être d'un grade au moins égal à celui de l'accusé.

CHAP. III. — DISPOSITIONS COMMUNES AUX DEUX CHAPITRES PRÉCÉDENTS.

42. Lorsque des armées, corps d'armée, divisions actives ou détachements de troupes sont appelés à opérer, soit sur le territoire, soit au dehors, les Conseils de guerre et de révision permanents qui se trouvent déjà organisés dans les circonscriptions territoriales connaissent de toutes les affaires de la compétence des Conseils de guerre et de révision aux armées, tant que des Conseils d'armée n'ont pas été créés conformément aux chapitres Ier et II du présent titre. (*L.* 18 *mai* 1875, *art.* 1er.)

CHAP. IV. — DES CONSEILS DE GUERRE DANS LES COMMUNES ET LES DÉPARTEMENTS EN ÉTAT DE SIÉGE ET DANS LES PLACES DE GUERRE ASSIÉGÉES OU INVESTIES.

43. Lorsqu'une ou plusieurs communes, un ou plusieurs départements ont été déclarés en état de siége, les Conseils de guerre permanents des divisions territoriales dont font partie ces communes ou ces départements, indépendamment de leurs attributions ordinaires, statuent sur les crimes et délits dont la connaissance leur est déférée par le présent Code et par les lois sur l'état de siége. — Le siége de ces Conseils peut être transféré, par décret impérial, dans l'une de ces communes ou dans l'un de ces départements.

44. Il est établi deux Conseils de guerre dans toute place de guerre assiégée ou investie. — La formation de ces Conseils est mise à l'ordre du jour de la place. — Leurs fonctions cessent dès que l'état de siége est levé, sauf en ce qui concerne le jugement des crimes et délits dont la poursuite leur a été déférée. (*L.* 18 *mai* 1875, *art.* 1er.)

45. Les membres des Conseils de guerre établis dans les places de guerre en vertu de l'article précédent sont nommés et remplacés par le gouverneur ou le commandant supérieur de la place, qui, à défaut de militaires en activité, peut les prendre parmi les officiers et les sous-officiers en non-activité, en congé ou en retraite. Dans ce cas, ils prêtent, entre les mains du commandant supérieur, le serment prescrit par l'article 25 du présent Code. S'il ne se trouve pas dans la place un nombre suffisant d'officiers des grades exigés pour la formation des Conseils, il y est suppléé par des officiers et sous-officiers des grades inférieurs les plus rapprochés. (*L.* 18 *mai* 1875, *art.* 1er.)

46. Les Conseils de guerre établis dans les places de guerre en vertu de l'article 44 sont composés comme les Conseils de guerre aux armées. — Les articles 11, 12, 13, 14, 15, 16, 17, 18, 22, 23, 24, 33 et 34 du présent Code leur sont applicables. (*L.* 18 *mai* 1875, *art.* 1er.)

CHAP. V. — DES CONSEILS DE RÉVISION DANS LES COMMUNES ET LES DÉPARTEMENTS EN ÉTAT DE SIÉGE ET DANS LES PLACES DE GUERRE ASSIÉGÉES OU INVESTIES.

47. Lorsqu'une ou plusieurs communes, un ou plusieurs départements ont été déclarés en état de siége, chaque Conseil de révision permanent connaît des recours formés contre tous les jugements des Conseils de guerre placés dans sa circonscription — Le siége du Conseil de révision peut être transféré, par décret impérial, dans l'une de ces communes ou dans l'un de ces départements.

48. Il est établi un Conseil de révision dans toute place de guerre assiégée ou investie. — Les membres de ce Conseil sont nommés et remplacés par le gouverneur ou le commandant supérieur de la place. Ils sont pris dans les catégories indiquées dans l'article 45 du présent Code. — En cas d'insuffisance, le Conseil est réduit à trois juges, conformément à l'article 41. (*L.* 18 *mai* 1875, *art.* 1er.)

49. Les articles 27, 30, 31 et 32 du présent Code sont applicables aux Conseils de révision siégeant dans les places de guerre assiégées ou investies. (*L.* 18 *mai* 1875, *art.* 1er.)

CHAP. VI. — DISPOSITIONS COMMUNES AUX DEUX CHAPITRES PRÉCÉDENTS.

50. S'il existe déjà, dans la place de guerre assiégée ou investie, des Conseils de guerre ou de révision, l'organisation en est modifiée et complétée, s'il y a lieu, conformément aux dispositions des deux chapitres précédents. (*L.* 18 *mai* 1875, *art.* 1er.)

TITRE III. — *Des Prévôtés.*

51. Lorsqu'une armée est sur le territoire étranger, les grands prévôts et les prévôts, indépendamment des attributions de police qui leur sont déférées par les règlements militaires, exercent une juridiction dont les limites et les règles sont déterminées par le présent Code.

52. Le grand prévôt exerce sa juridiction, soit par lui-même, soit par les prévôts, sur tout le territoire occupé par l'armée, et sur les flancs et les derrières de l'armée. — Chaque prévôt exerce sa juridiction dans la division ou le détachement auquel il appartient, ainsi que sur les flancs et les derrières de cette division ou de ce détachement. — Le grand prévôt, ainsi que les prévôts, jugent seuls, assistés d'un greffier, qu'ils choisissent parmi les sous-officiers et brigadiers de gendarmerie.

LIVRE II.

DE LA COMPÉTENCE DES TRIBUNAUX MILITAIRES.

Dispositions générales.

53. Les tribunaux militaires ne statuent que sur l'action publique, sauf les cas prévus par l'article 75 du présent Code. — Ils peuvent néanmoins ordonner, au profit des propriétaires, la restitution des objets saisis ou des pièces de conviction, lorsqu'il n'y a pas lieu d'en prononcer la confiscation.

54. L'action civile ne peut être poursuivie que devant les tribunaux civils; l'exercice en est suspendu tant qu'il n'a pas été prononcé définivement sur l'action publique intentée avant ou pendant la poursuite de l'action civile.

TITRE Ier. — *Compétence des Conseils de guerre.*

CHAP. Ier. — COMPÉTENCE DES CONSEILS DE GUERRE PERMANENTS DANS LES CIRCONSCRIPTIONS TERRITORIALES EN ÉTAT DE PAIX.

55. Tout individu appartenant à l'armée en vertu, soit de la loi de recrutement, soit d'un brevet ou d'une commission, est justiciable des Conseils de guerre permanents dans les divisions territoriales en état de paix, selon les distinctions établies dans les articles suivants

56. Sont justiciables des Conseils de guerre des divisions territoriales en état de paix, pour tous crimes et délits, sauf les exceptions portées au titre IV du présent livre: — 1o Les officiers de tous grades, les sous-officiers, caporaux et brigadiers, les soldats, les

musiciens et les enfants de troupe ; — Les membres du corps de l'intendance militaire ; — Les médecins, les pharmaciens, les vétérinaires militaires et les officiers d'administration ; — Les individus assimilés aux militaires par les ordonnances ou décrets d'organisation, — Pendant qu'ils sont en activité de service ou portés présents sur les contrôles de l'armée ou détachés pour un service spécial ; — 2° Les militaires, les jeunes soldats, les remplaçants, les engagés volontaires et les individus assimilés aux militaires, placés dans les hôpitaux civils et militaires, ou voyageant sous la conduite de la force publique, ou détenus dans les établissements, prisons et pénitenciers militaires ; — 3° Les officiers de tous grades et les sous-officiers, caporaux et soldats inscrits sur les contrôles de l'Hôtel impérial des Invalides ; — 4° Les jeunes soldats laissés dans leurs foyers, et les militaires envoyés en congés illimités, lorsqu'ils sont réunis pour les revues ou exercices prévus par l'article 30 de la loi du 21 mars 1832. — Les prisonniers de guerre sont aussi justiciables des Conseils de guerre (1).

57. Sont également justiciables des Conseils de guerre des divisions territoriales en état de paix, mais seulement pour les crimes et les délits prévus par le titre II du livre IV, les militaires de tous grades, les membres de l'intendance militaire et tous individus assimilés aux militaires : — 1° Lorsque, sans être employés, ils reçoivent un traitement et restent à la disposition du Gouvernement ; — 2° Lorsqu'ils sont en congé ou en permission (2.)

58. Les jeunes soldats, les engagés volontaires et les remplaçants ne sont, depuis l'instant où ils ont reçu leur ordre de route jusqu'à celui de leur réunion en détachement ou de leur arrivée au corps, justiciables des mêmes Conseils de guerre que pour les faits d'insoumission, sauf les cas prévus par les numéros 2 et 4 de l'article 56 ci-dessus.

59. Les officiers de la gendarmerie, les sous-officiers et les gendarmes, ne sont pas justiciables des Conseils de guerre pour les crimes et délits commis dans l'exercice de leurs fonctions relatives à la police judiciaire et à la constatation des contraventions en matière administrative (3).

60. Lorsqu'un justiciable des Conseils de guerre est poursuivi en même temps pour un crime ou un délit de la compétence des Conseils de guerre, et pour un autre crime ou délit de la compétence des tribunaux ordinaires, il est traduit d'abord devant le tribunal auquel appartient la connaissance du fait emportant la peine la plus grave, et renvoyé ensuite, s'il y a lieu, pour l'autre fait, devant le tribunal compétent. — En cas de double condamnation, la peine la plus forte est seule subie. — Si les deux crimes ou délits emportent la même peine, le prévenu est d'abord jugé pour le fait de la compétence des tribunaux militaires.

61. Le prévenu est traduit, soit devant le Conseil de guerre dans le ressort duquel le crime ou délit a été commis, soit devant celui dans le ressort duquel il a été arrêté, soit devant celui de la garnison de son corps ou de son détachement.

(1) (*a*) Jusqu'ici la législation militaire (*Av. C. d'Et.* 30 therm. an XII) ne rendait justiciables des Conseils de guerre, pour crimes et délits *de toute nature*, que les militaires sous les drapeaux ou réellement présents à leurs corps. L'article 56 du nouveau Code fait résulter la compétence générale des Conseils de guerre, non-seulement de la présence au corps, mais aussi de la position légale d'activité et de la présence sur les contrôles de l'armée. C'est sous la réserve de ce principe que doit être entendue l'exception inscrite dans l'article 57, en vertu de laquelle les militaires *en congé ou en permission* ne sont justiciables des Conseils de guerre que pour les crimes et les délits *prévus par le Code de justice militaire.* (Art. 204 à 266. — Cass. 3 juill. 1858.) Ces deux articles défèrent *dans tous les cas*, à la juridiction militaire les militaires inculpés de crimes ou délits prévus par le Code spécial de l'armée. (*Av. C. d'Et.* 30 therm. an XII ; Cass. 17 juin 1854 et 30 juill. 1857.) — *Circ. g. des Sc.* 10 août 1858.

(*b*) C'est aux tribunaux ordinaires, et non aux Conseils de guerre, qu'appartient la connaissance des crimes et délits de droit commun qui ont été commis par des militaires en congé renouvelable. — Cass. 6 févr. 1858.

(2) V. note 1, (*a*), sous l'article 56.

(3) Les gendarmes sont aujourd'hui soumis d'une manière générale *à la juridiction de l'armée*, et ne restent justiciables des *tribunaux ordinaires* que pour les *crimes et délits* par eux commis dans l'*exercice de leurs fonctions relatives à la police judiciaire et à la constatation des contraventions en matière administrative.* — *Circ. g. des Sc.* 10 août 1858.

CHAP. II. — Compétence des Conseils de guerre aux armées et dans les circonscriptions territoriales en état de guerre.

62. Sont justiciables des Conseils de guerre aux armées, pour tous crimes ou délits : — 1° Les justiciables des Conseils de guerre dans les divisions territoriales en état de paix ; — 2° Les individus employés, à quelque titre que ce soit, dans les états-majors et dans les administrations et services qui dépendent de l'armée ; — 3° Les vivandiers et vivandières, cantiniers et cantinières, les blanchisseuses, les marchands, les domestiques et autres individus à la suite de l'armée en vertu de permissions.

63. Sont justiciables des Conseils de guerre, si l'armée est sur le territoire ennemi, tous individus prévenus, soit comme auteurs, soit comme complices, d'un des crimes ou délits prévus par le titre II du livre IV du présent Code.

64. Sont également justiciables des Conseils de guerre, lorsque l'armée se trouve sur le territoire français, en présence de l'ennemi, pour les crimes et délits commis dans l'arrondissement de cette armée : — 1° Les étrangers prévenus des crimes et délits prévus par l'article précédent ; — 2° Tous individus prévenus, comme auteurs ou complices, des crimes prévus par les articles 204, 205, 206, 207, 208, 249, 250, 251, 252, 253 et 254 du présent Code.

65. Sont traduits devant le Conseil de guerre de la division ou du détachement dont ils font partie, les militaires, jusqu'au grade de capitaine inclusivement, et les assimilés de rangs correspondants.

66. Sont traduits devant le Conseil de guerre du quartier général de leur corps d'armée : — 1° Les militaires attachés au quartier général, jusqu'au grade de colonel inclusivement, et les assimilés de rangs correspondants attachés à ce quartier général ; — 2° Les chefs de bataillon, les chefs d'escadron et les majors, les lieutenants-colonels et les colonels et les assimilés de rangs correspondants attachés aux divisions composant le corps d'armée.

67. Sont traduits devant le Conseil de guerre du quartier général de l'armée : — 1° Les militaires et les assimilés désignés dans l'article précédent, lorsqu'il n'a pas été établi de Conseil de guerre au quartier général de leur corps d'armée ; — 2° Les militaires et les individus attachés au quartier général de l'armée ; — 3° Les militaires et les individus assimilés aux militaires, qui ne font partie d'aucune des divisions ou d'aucun des corps d'armée ; — 4° Les officiers généraux et les individus de rangs correspondants employés dans l'armée. Toutefois, le général en chef peut, s'il le juge nécessaire, les mettre à la disposition du ministre de la Guerre, et, dans ce cas, ils sont traduits devant le Conseil de guerre d'une des divisions territoriales les plus rapprochées.

68. Tout individu justiciable des Conseils de guerre aux armées, qui n'est ni militaire, ni assimilé aux militaires, est traduit devant l'un des Conseils de guerre de l'armée les plus voisins du lieu dans lequel le crime ou délit a été commis, ou du lieu dans lequel le prévenu a été arrêté.

69. Les règles de compétence établies pour les Conseils de guerre aux armées sont observées dans les divisions territoriales déclarées en état de guerre par un décret de l'Empereur.

CHAP. III. — Compétence des Conseils de guerre dans les communes et les départements en état de siége et dans les places assiégées ou investies.

70. Les Conseils de guerre dans le ressort desquels se trouvent les communes et les départements déclarés en état de siége et les places de guerre assiégées ou investies, connaissent de tous les crimes et délits commis par les justiciables des Conseils de guerre aux armées, conformément aux articles 63 et 64 ci-dessus, sans préjudice de l'application de la loi du 9 août 1849 sur l'état de siége. (*L. 18 mai 1875, art. 1er.*)

CHAP. IV. — Dispositions communes aux trois chapitres précédents.

71. Les jugements rendus par les Conseils de guerre peuvent être attaqués par recours devant les Conseils de révision. — La faculté, pour les condamnés, de former un recours en révision contre les jugements des Conseils de guerre établis conformément au troisième paragraphe de l'article 33, peut être temporairement suspendue aux armées par un décret du Chef de l'Etat, rendu en Conseil des ministres. — Le commandant supérieur d'une place assiégée ou investie a toujours le droit d'ordonner cette suspension. — Dans tous les cas lorsque cette mesure est prise, elle est

portée à la connaissance des troupes par la voie de l'ordre, et, au besoin, à la connaissance de la population par voie d'affiches. Elle n'a d'effet qu'à l'égard des condamnés jugés pour des crimes ou délits commis après cette publication, et les condamnations, soit à la peine de mort, soit à toute autre peine infamante, ne sont exécutées que sur un ordre signé de l'officier qui a ordonné la mise en jugement. (*L. 18 mai* 1875, *art.* 1er.)

TITRE II. — *Compétence des Conseils de révision.*

72. Les Conseils de révision prononcent sur les recours formés contre les jugements des Conseils de guerre établis dans leurs ressorts.

73. Les Conseils de révision ne connaissent pas du fond des affaires.

74. Les Conseils de révision ne peuvent annuler les jugements que dans les cas suivants : — 1o Lorsque le Conseil de guerre n'a pas été composé conformément aux dispositions du présent Code ; — 2o Lorsque les règles de la compétence ont été violées ; — 3o Lorsque la peine prononcée par la loi n'a pas été appliquée aux faits déclarés constants par le Conseil de guerre, ou lorsqu'une peine a été prononcée en dehors des cas prévus par la loi ; — 4o Lorsqu'il y a eu violation ou omission des formes prescrites à peine de nullité ; — 5o Lorsque le Conseil de guerre a omis de statuer sur une demande de l'accusé ou une réquisition du commissaire impérial tendant à user d'une faculté ou d'un droit accordé par la loi.

TITRE III. — *Compétence des Prévôtés.*

75. Les Prévôtés ont juridiction : — 1o Sur les vivandiers, vivandières, cantiniers, cantinières, blanchisseuses, marchands, domestiques et toutes personnes à la suite de l'armée en vertu de permission ; — 2o Sur les vagabonds et gens sans aveu ; — 3o Sur les prisonniers de guerre qui ne sont pas officiers. — Elles connaissent, à l'égard des individus ci-dessus désignés, dans l'étendue de leur ressort, — 1o Des infractions prévues par l'article 271 du présent Code ; — 2o De toute infraction dont la peine ne peut excéder six mois d'emprisonnement et 200 francs d'amende, ou l'une de ces peines ; — 3o Des demandes en dommages-intérêts qui n'excèdent pas 150 francs, lorsqu'elles se rattachent à une infraction de leur compétence. — Les décisions des Prévôtés ne son susceptibles d'aucun recours.

TITRE IV. — *Compétence en cas de complicité.*

76. Lorsque la poursuite d'un crime, d'un délit ou d'une contravention, comprend des individus non justiciables des tribunaux militaires et des militaires ou autres individus justiciables de ces tribunaux, tous les prévenus indistinctement sont traduits devant les tribunaux ordinaires, sauf les cas exceptés par l'article suivant ou par toute autre disposition expresse de la loi (1).

77. Tous les prévenus, indistinctement, sont traduits devant les tribunaux militaires : — 1o Lorsqu'ils sont tous militaires ou assimilés aux militaires, alors même qu'un ou plusieurs d'entre eux ne seraient pas justiciables de ces tribunaux, en raison de leur position au moment du crime ou du délit ; — 2o S'il s'agit de crimes ou de

(1) (*a*) Il y a lieu d'observer, sur les articles 76 et suivants, que *l'achat, le recel, la réception en gage des armes, munitions, effets d'habillement de grand et petit équipement ou de tout autre objet militaire* constituent à l'égard des individus non militaires, aux termes de l'article 247, non point des faits de *complicité* qui devraient entraîner devant les tribunaux correctionnels les militaires *possesseurs* qui ont vendu, détourné, ou mis en gage ces mêmes objets, mais des *faits principaux* distincts, des *délits spéciaux*, qui devront donner lieu *à la division de la poursuite et au renvoi des prévenus militaires devant l'autorité militaire, et des autres inculpés devant les tribunaux ordinaires.* — *Circ. g. des Sc.* 10 août 1858.

(*b*) Le fait de *recel*, si les objets avaient été volés à un militaire par un autre militaire (art. 248), et si le *recéleur* en connaissait l'origine criminelle, rentrerait dans le cas de l'article 62 du Code pénal de 1810, déclaré applicable aux militaires par l'article 208 du Code de l'armée de terre, et l'on procéderait *indivisément* contre le prévenu et son complice. — *Même circul.*

(*c*) Il convient de rattacher au titre *de la Compétence* l'article 273, qui rend *tous les militaires sans exception justiciables des tribunaux ordinaires* pour les infractions aux lois *sur la chasse, la pêche, les douanes, les contributions indirectes, les octrois, les forêts* et *la grande voirie.* — *Même circul.* — V. aussi art. 271.

délits commis par des justiciables des Conseils de guerre et par des étrangers; — 3° S'il s'agit de crimes ou de délits commis aux armées en pays étranger; — 4° S'il s'agit de crimes ou de délits commis à l'armée sur le territoire français, en présence de l'ennemi.

78. Lorsqu'un crime ou un délit a été commis de complicité par des individus justiciables des tribunaux de l'armée de terre, et par des individus justiciables des tribunaux de la marine, la connaissance en est attribuée aux juridictions maritimes, si le fait a été commis sur les vaisseaux et autres navires de l'Etat, ou dans l'enceinte des ports militaires, arsenaux ou autres établissements maritimes.

79. Si le crime ou le délit a été commis en tous autres lieux que ceux qui sont indiqués dans l'article précédent, les tribunaux de l armée de terre sont seuls compétents. Il en est de même, si les vaisseaux, ports, arsenaux ou autres établissements maritimes où le fait a été commis se trouvent dans une circonscription en état de siége.

TITRE V. — *Des pourvois devant la Cour de cassation.*

80. Ne peuvent, en aucun cas, se pourvoir en cassation contre les jugements des Conseils de guerre et des Conseils de révision : — 1° Les militaires, les assimilés aux militaires et tous les autres individus désignés dans les articles 55, 56 et 57 ci-dessus ; — 2° Les individus soumis, à raison de leur position, aux lois et règlements militaires ; — 3° Les justiciables des Conseils de guerre dans les cas prévus par les articles 62, 63 et 64 ci-dessus ; — 4° Tous individus enfermés dans une place de guerre en état de siége.

81. Les accusés ou condamnés qui ne sont pas compris dans les désignations de l'article précédent peuvent attaquer les jugements des Conseils de guerre et des Conseils de révision devant la Cour de cassation, mais pour cause d'incompétence seulement. — Le pourvoi en cassation ne peut être formé avant qu'il ait été statué sur le recours en révision, ou avant l'expiration du délai fixé pour l'exercice de ce recours. — Les pourvois en cassation contre les jugements des Conseils de guerre sont absolument interdits en temps de guerre, pour tous les condamnés sans exception, lorsque le recours en révision a été suspendu comme il est dit au deuxième paragraphe de l'article 71. (*L.* 18 *mai* 1875, *art.* 1er.)

82. Les dispositions des articles 441, 442, 443, 444, 445, 446, 447 et 542, paragraphe 1er, du Code d'instruction criminelle, sont applicables aux jugements des tribunaux militaires. — Il n'est pas dérogé aux dispositions de l'article 527 du même Code.

LIVRE III.

DE LA PROCÉDURE DEVANT LES TRIBUNAUX MILITAIRES.

TITRE Ier. — *Procédure devant les Conseils de guerre.*

CHAP. Ier. — PROCÉDURE DEVANT LES CONSEILS DE GUERRE DANS LES CIRCONSCRIPTIONS TERRITORIALES EN ETAT DE PAIX.

SECTION I. — *De la police judiciaire et de l'instruction.*

83. La police judiciaire militaire recherche les crimes ou les délits, en rassemble les preuves, et en livre les auteurs à l'autorité chargée d'en poursuivre la répression devant les tribunaux militaires.

84. La police judiciaire militaire est exercée, sous l'autorité du général commandant la *division* : — 1° Par les adjudants de place ; — 2° Par les officiers, sous-officiers et commandants de brigade de gendarmerie ; — 3° Par les chefs de poste ; — 4° Par les gardes de l'artillerie et du génie ; — 5° Par les rapporteurs près les Conseils de guerre, en cas de flagrant délit.

85. Les commandants et majors de place, les chefs de corps, de dépôt et de détachement, les chefs de service de l'artillerie et du génie, les membres de l'intendance militaire, peuvent faire personnellement ou requérir les officiers de police judiciaire, chacun en ce qui le concerne, de faire tous les actes nécessaires à l'effet de constater les crimes et les délits, et d'en livrer les auteurs aux tribunaux chargés de les punir. — Les chefs de corps peuvent déléguer les pouvoirs qui leur sont donnés par le précédent paragraphe à l'un des officiers sous leurs ordres (*L.* 18 *mai* 1875, *art.* 1er.)

86. Les officiers de police judiciaire reçoivent, en cette qualité, les dénonciations et les plaintes qui leur sont adressées. — Ils rédigent les procès-verbaux nécessaires pour constater le corps du délit et l'état des lieux. — Ils reçoivent les déclarations des personnes présentes ou qui auraient des renseignements à donner. — Ils se saisissent des armes, effets, papiers et pièces tant à charge qu'à décharge, et,

en général, de tout ce qui peut servir à la manifestation de la vérité, en se conformant aux articles 31, 33, 36, 37, 38, 39 et 65 du Code d'instruction criminelle.

87. Dans les cas de flagrant délit, tout officier de police judiciaire, militaire et ordinaire, peut faire saisir les militaires ou les individus justiciables des tribunaux militaires, inculpés d'un crime ou d'un délit. Il les fait conduire immédiatement devant l'autorité militaire et dresse procès-verbal de l'arrestation, en y consignant leurs noms, qualités et signalement.

88. Hors le cas de flagrant délit, tout militaire ou tout individu justiciable des Conseils de guerre, en activité de service, inculpé d'un crime ou d'un délit, ne peut être arrêté qu'en vertu de l'ordre de ses supérieurs.

89. Lorsque l'autorité militaire est appelée, hors le cas de flagrant délit, à constater, dans un établissement civil, un crime ou un délit de la compétence des tribunaux militaires, ou à y faire arrêter un de ses justiciables, elle adresse à l'autorité civile ou judiciaire compétente ses réquisitions tendant, soit à obtenir l'entrée de cet établissement, soit à assurer l'arrestation de l'inculpé. — L'autorité judiciaire ordinaire est tenue de déférer à ces réquisitions, et, dans le cas de conflit, de s'assurer de la personne de l'inculpé. — Lorsqu'il s'agit d'un établissement maritime, la réquisition est adressée à l'autorité maritime.

90. Les mêmes réquisitions sont adressées par l'autorité civile à l'autorité militaire, lorsqu'il y a lieu, soit de constater un crime ou un délit de la compétence des tribunaux ordinaires dans un établissement militaire, soit d'y arrêter un individu justiciable de ces tribunaux. — L'autorité militaire est tenue de déférer à ces réquisitions, et, dans le cas de conflit, de s'assurer de la personne de l'inculpé.

91. Les officiers de police judiciaire militaire ne peuvent s'introduire dans une maison particulière, si ce n'est avec l'assistance, soit du juge de paix, soit de son suppléant, soit du maire, soit de son adjoint, soit du commissaire de police.

92. Chaque feuillet du procès-verbal dressé par un officier de police judiciaire militaire est signé par lui et par les personnes qui y ont assisté. En cas de refus ou d'impossibilité de signer de la part de celles-ci, il en est fait mention.

93. A défaut d'officier de police judiciaire militaire présent sur les lieux, les officiers de police judiciaire ordinaire recherchent et constatent les crimes et les délits soumis à la juridiction des Conseils de guerre.

94. Dans le cas d'insoumission, la plainte est dressée par le commandant du dépôt de recrutement du département auquel appartient l'insoumis. — La plainte énonce l'époque à laquelle l'insoumis aurait dû rejoindre. — Sont annexes à la plainte : — 1° La copie de la notification faite à domicile de la lettre de mise en activité ; — 2° La copie des pièces énonçant que l'insoumis n'est pas arrivé à la destination qui lui avait été assignée ; — 3° L'exposé des circonstances qui ont accompagné l'insoumission. — S'il s'agit d'un engagé volontaire ou d'un remplaçant qui n'a pas rejoint le corps, une expédition de l'acte de l'engagement ou du remplacement est annexée à la plainte.

95. Dans le cas de désertion, la plainte est dressée par le chef du corps ou du détachement auquel le déserteur appartient. — Sont annexés à cet acte : — 1° Un extrait du registre matricule du corps ; — 2° Un état indicatif des armes et des objets qui auraient été emportés par l'inculpé ; — 3° L'exposé des circonstances qui ont accompagné la désertion.

96. Il n'est pas dérogé par les articles précédents aux lois, décrets et règlements relatifs aux devoirs imposés à la gendarmerie, aux chefs de poste et autres militaires dans l'exercice de leurs fonctions ou pendant le service.

97. Les actes et procès-verbaux dressés par les officiers de police judiciaire militaire sont transmis sans délai, avec les pièces et documents, au général commandant la division. — Les actes et procès-verbaux émanés des officiers de police ordinaire sont transmis directement au procureur impérial, qui les adresse, sans délai, au général commandant la division.

98. S'il s'agit d'un individu justiciable des tribunaux ordinaires, le général commandant envoie les pièces au procureur impérial près le tribunal du chef-lieu de la division militaire ; et, si l'inculpé est arrêté, il le met à la disposition de ce magistrat et en informe le ministre de la Guerre.

99. La poursuite des crimes et délits ne peut avoir lieu, à peine de nullité, que sur un ordre d'informer donné par le général commandant la division, soit d'office, soit d'après les

rapports, actes ou procès-verbaux dressés conformément aux articles précédents. — L'ordre d'informer est donné par le ministre de la Guerre, si l'inculpé est colonel, officier général ou maréchal de France.

100. L'ordre d'informer pour chaque affaire est adressé au commissaire impérial près le Conseil de guerre qui doit en connaître, avec les rapports, procès-verbaux, pièces, objets saisis et autres documents à l'appui. — Le commissaire impérial transmet immédiatement toutes les pièces au rapporteur.

101. Le rapporteur procède à l'interrogatoire du prévenu. — Il l'interroge sur ses nom, prénoms, âge, lieu de naissance, profession, domicile, et sur les circonstances du délit; il lui fait représenter toutes les pièces pouvant servir à conviction, et il l'interpelle pour qu'il ait à déclarer s'il les reconnaît. — S'il y a plusieurs prévenus du même délit, chacun d'eux est interrogé séparément, sauf à les confronter, s'il y a lieu. — L'interrogatoire fini, il en est donné lecture au prévenu, afin qu'il déclare si les réponses ont été fidèlement transcrites, si elles contiennent la vérité et s'il y persiste. L'interrogatoire est signé par le prévenu et clos par la signature du rapporteur et celle du greffier. — Si le prévenu refuse de signer, mention est faite de son refus. — Il est pareillement donné lecture au prévenu des procès-verbaux de l'information.

102. Le rapporteur cite les témoins par le ministère des agents de la force publique et les entend; il décerne les commissions rogatoires et fait les autres actes d'instruction que l'affaire peut exiger, en se conformant aux articles 73, 74, 75, 76, 78, 79, 82, 83 et 85 du Code d'instruction criminelle. — Si les témoins résident hors du lieu où se fait l'information, le rapporteur peut requérir, par commission rogatoire, soit le rapporteur près le Conseil de guerre, soit le juge d'instruction, soit le juge de paix du lieu dans lequel ces témoins sont résidants, à l'effet de recevoir leur déposition. — Le rapporteur saisi de l'affaire peut également adresser des commissions rogatoires aux fonctionnaires ci-dessus mentionnés, lorsqu'il faut procéder hors du lieu où se fait l'information, soit aux recherches prévues par l'article 86 du présent Code, soit à tout autre acte d'instruction.

103. Toute personne citée pour être entendue en témoignage est tenue de comparaître et de satisfaire à la citation. Si elle ne comparaît pas, le rapporteur peut, sur les conclusions du commissaire impérial, sans autre formalité ni délai, prononcer une amende qui n'excède pas 100 francs, et peut ordonner que la personne citée sera contrainte par corps à venir donner son témoignage. — Le témoin ainsi condamné à l'amende sur le premier défaut, et qui, sur la seconde citation, produira devant le rapporteur des excuses légitimes, pourra, sur les conclusions du commissaire impérial, être déchargé de l'amende.

104. Si les déclarations ont été recueillies par un magistrat ou un officier de police judiciaire avant l'ordre d'informer, le rapporteur peut se dispenser d'entendre ou de faire entendre les témoins qui auront déjà déposé.

105. Si le prévenu n'est pas arrêté, le rapporteur peut décerner contre lui, soit un mandat de comparution, soit un mandat d'amener. — Le mandat est adressé par le commissaire impérial au commandant militaire du lieu, qui le fait exécuter. — Après l'interrogatoire du prévenu, le mandat de comparution ou d'amener peut être converti en mandat de dépôt. — Le mandat de dépôt est exécuté sur l'exhibition qui en est faite au concierge de la prison. — Le commissaire impérial rend compte au général commandant la division des mandats de comparution, d'amener ou de dépôt qui ont été décernés par le rapporteur.

106. S'il résulte de l'instruction que le prévenu a des complices justiciables des Conseils de guerre, le rapporteur en réfère, par l'intermédiaire du commissaire impérial, au général commandant la division, et il est procédé à l'égard des prévenus de complicité conformément à l'article 99. — Si les complices, ou l'un d'eux, ne sont pas justiciables des Conseils de guerre, le commissaire impérial en donne avis sur-le-champ au général commandant la division, qui renvoie l'affaire à l'autorité compétente.

107. Pendant le cours de l'instruction, le commissaire impérial peut prendre connaissance des pièces de la procédure, et faire toutes les réquisitions qu'il juge convenables.

SECTION II. — *De la mise en jugement et de la convocation du Conseil de guerre.*

108. L'instruction terminée, le rapporteur transmet les pièces, avec son rapport et son avis, au commissaire

impérial, lequel les adresse immédiatement, avec ses conclusions, au général commandant la division, qui prononce sur la mise en jugement. — Lorsque c'est le ministre de la Guerre qui a donné l'ordre d'informer, les pièces lui sont adressées par le général commandant la division, et il statue directement sur la mise en jugement.

109. L'ordre de mise en jugement, ou, suivant le cas, l'ordonnance de non-lieu, est adressé au commissaire du Gouvernement avec toutes les pièces de la procédure. S'il y a mise en jugement, le commissaire du Gouvernement, trois jours au moins avant la réunion du Conseil de guerre, notifie cet ordre à l'accusé, en lui faisant connaître le crime ou le délit pour lequel il est mis en jugement, le texte de la loi applicable et les noms des témoins qu'il se propose de faire citer. — Il l'avertit, en outre, à peine de nullité, que s'il ne fait pas choix d'un défenseur, il lui en sera nommé un d'office par le président. (*L.* 18 *mai* 1875, *art.* 1er.)

110. Le défenseur doit être pris, soit parmi les militaires, soit parmi les avocats et les avoués, à moins que l'accusé n'obtienne du président la permission de prendre pour défenseur un de ses parents ou amis.

111. Le général commandant la division, en adressant l'ordre de mise en jugement, ordonne de convoquer le Conseil de guerre, et fixe le jour et l'heure de sa réunion ; il en donne avis au président et au commissaire impérial, qui fait les convocations nécessaires.

112. Le défenseur de l'accusé peut communiquer avec lui aussitôt l'accomplissement des formalités prescrites par l'article 109 ; il peut aussi prendre communication sans déplacement ou obtenir copie, à ses frais, de tout ou partie des pièces de la procédure, sans néanmoins que la réunion du Conseil puisse être retardée.

SECTION III. — *De l'examen et du jugement.*

113. Le Conseil de guerre se réunit au jour et à l'heure fixés par l'ordre de convocation. — Des exemplaires du présent Code, du Code d'instruction criminelle et du Code pénal ordinaire sont déposés sur le bureau. — Les séances sont publiques, à peine de nullité ; néanmoins, si cette publicité paraît dangereuse pour l'ordre ou pour les mœurs, le Conseil ordonne que les débats aient lieu à huis clos Dans tous les cas, le jugement est prononcé publiquement. — Le Conseil peut interdire le compte rendu de l'affaire ; cette interdiction ne peut s'appliquer au jugement.

114. Le président a la police de l'audience.

115. Les assistants sont sans armes ; ils se tiennent découverts, dans le respect et le silence. Lorsque les assistants donnent des signes d'approbation ou d'improbation, le président les fait expulser. S'ils résistent à ses ordres, le président ordonne leur arrestation et leur détention pendant un temps qui ne peut excéder quinze jours. Les individus justiciables des Conseils de guerre sont conduits dans la prison militaire, et les autres individus à la maison d'arrêt civile. Il est fait mention, dans le procès-verbal, de l'ordre du président ; et, sur l'exhibition qui est faite de cet ordre au gardien de la prison, les perturbateurs y sont reçus. — Si le trouble ou le tumulte a pour but de mettre obstacle au cours de la justice, les perturbateurs, quels qu'ils soient, sont, audience tenante, déclarés coupables de rébellion par le Conseil de guerre, et punis d'un emprisonnement qui ne peut excéder deux ans. — Lorsque les assistants ou les témoins se rendent coupables, envers le Conseil de guerre ou l'un de ses membres, de voies de fait ou d'outrages ou menaces par propos ou gestes, ils sont condamnés séance tenante : — 1o S'ils sont militaires ou assimilés aux militaires, quels que soient leurs grades ou rangs, aux peines prononcées par le présent Code contre les crimes ou délits, lorsqu'ils ont été commis envers des supérieurs pendant le service ; — 2o S'ils ne sont ni militaires, ni assimilés aux militaires, aux peines portées par le Code pénal ordinaire.

116. Lorsque des crimes ou des délits autres que ceux prévus par l'article précédent sont commis dans le lieu des séances, il est procédé de la manière suivante : — 1o Si l'auteur du crime ou du délit est justiciable des tribunaux militaires, il est jugé immédiatement ; — 2o Si l'auteur du crime ou délit n'est point justiciable des tribunaux militaires, le président, après avoir fait dresser procès-verbal des faits et des dépositions des témoins, renvoie les pièces et l'inculpé devant l'autorité compétente.

117. Le président fait amener l'accusé, lequel comparait sous garde suffisante, libre et sans fers, assisté de son défenseur ; il lui demande ses nom et prénoms, son âge, sa profession, sa

demeure et le lieu de sa naissance; si l'accusé refuse de répondre, il est passé outre.

118. Si l'accusé refuse de comparaître, sommation d'obéir à la justice lui est faite au nom de la loi par un agent de la force publique commis à cet effet par le président. Cet agent dresse procès-verbal de la sommation et de la réponse de l'accusé. Si l'accusé n'obtempère pas à la sommation, le président peut ordonner qu'il soit amené par la force devant le Conseil, il peut également après lecture faite à l'audience du procès-verbal constatant sa résistance, ordonner que, nonobstant son absence, il soit passé outre aux débats. — Après chaque audience, il est, par le greffier du Conseil de guerre, donné lecture, à l'accusé qui n'a pas comparu, du procès-verbal des débats, et il lui est signifié copie des réquisitions du commissaire impérial, ainsi que des jugements rendus, qui sont tous réputés contradictoires.

119. Le président peut faire retirer de l'audience et reconduire en prison tout accusé qui, par des clameurs ou par tout autre moyen propre à causer du tumulte, met obstacle au libre cours de la justice, et il est procédé aux débats et au jugement comme si l'accusé était présent. L'accusé peut être condamné, séance tenante, pour ce seul fait, à un emprisonnement qui ne peut excéder deux ans. — Si l'accusé militaire ou assimilé aux militaires se rend coupable de voies de fait, ou d'outrages ou menaces par propos ou gestes, envers le Conseil ou l'un de ses membres, il est condamné, séance tenante, aux peines prononcées par le présent Code contre ces crimes ou délits, lorsqu'ils ont été commis envers des supérieurs pendant le service. — Dans le cas prévu par le paragraphe précédent, si l'accusé n'est ni militaire, ni assimilé aux militaires, il est condamné aux peines portées par le Code pénal ordinaire.

120. Dans les cas prévus par les articles 115, 116 et 119 du présent Code, le jugement rendu, le greffier en donne lecture à l'accusé et l'avertit du droit qu'il a de former un recours en révision dans les vingt-quatre heures. Il dresse procès-verbal, le tout à peine de nullité.

121. Le président fait lire par le greffier l'ordre de convocation, le rapport prescrit par l'article 108 du présent Code, et les pièces dont il lui paraît nécessaire de donner connaissance au Conseil. Il fait connaître à l'accusé le crime ou le délit pour lequel il est poursuivi; il l'avertit que la loi lui donne le droit de dire tout ce qui est utile à sa défense; il avertit aussi le défenseur de l'accusé qu'il ne peut rien dire contre sa conscience, ou contre le respect qui est dû aux lois, et qu'il doit s'exprimer avec décence et modération.

122. Aucune exception tirée de la composition du Conseil, aucune récusation, ne peuvent être proposées contre les membres du Conseil de guerre, sans préjudice du droit pour l'accusé de former un recours en révision, dans les cas prévus par l'article 74, n° 1, du présent Code.

123. Si l'accusé a des moyens d'incompétence à faire valoir, il ne peut les proposer devant le Conseil de guerre qu'avant l'audition des témoins. — Cette exception est jugée sur-le-champ. — Si l'exception est rejetée, le Conseil passe au jugement de l'affaire, sauf à l'accusé à se pourvoir contre le jugement sur la compétence en même temps que contre la décision rendue sur le fond. — Il en est de même pour le jugement de toute autre exception ou de tout incident soulevé dans le cours des débats.

124. Les jugements sur les exceptions, les moyens d'incompétence et les incidents sont rendus à la majorité des voix.

125. Le président est investi d'un pouvoir discrétionnaire pour la direction des débats et la découverte de la vérité. — Il peut, dans le cours des débats, appeler, même par mandat de comparution et d'amener, toute personne dont l'audition lui paraît nécessaire; il peut aussi faire apporter toute pièce qui lui paraîtrait utile à la manifestation de la vérité. — Les personnes ainsi appelées ne prêtent pas serment, et leurs déclarations ne sont considérées que comme renseignements.

126. Dans le cas où l'un des témoins ne se présente pas, le Conseil de guerre peut passer outre aux débats, et lecture est donnée de la déposition du témoin absent.

127. Si, d'après les débats, la déposition d'un témoin paraît fausse, le président peut, sur la réquisition, soit du commissaire impérial, soit de l'accusé, et même d'office, faire sur-le-champ mettre le témoin en état d'arrestation. Si le témoin est justiciable des Conseils de guerre, le président, ou l'un des juges nommés par lui, procède à l'instruction. Quand elle est terminée, elle est envoyée au général commandant la division. — Si le témoin n'est pas justiciable des Conseils de guerre, le président, après avoir dressé procès-verbal et avoir fait arrêter l'inculpé, s'il y a lieu, le renvoie, avec le procès-verbal, devant le procureur impérial du lieu où siége le Conseil de guerre.

128. Les dispositions des articles 315, 316, 317, 318, 319, 320, 321, 322, 323, 324, 325, 326, 327, 328, 329, 332, 333, 334, 354, 355 du Code d'instruction criminelle sont observées devant les Conseils de guerre.

129. L'examen et les débats sont continués sans interruption, et le président ne peut les suspendre que pendant les intervalles nécessaires pour le repos des juges, des témoins et des accusés. — Les débats peuvent être encore suspendus si un témoin dont la déposition est essentielle ne s'est pas présenté, ou si, la déclaration d'un témoin ayant paru fausse, son arrestation a été ordonnée, ou lorsqu'un fait important reste à éclaircir. — Le conseil prononce sur la suspension des débats à la majorité des voix, et, dans le cas où la suspension dure plus de quarante-huit heures, les débats sont recommencés en entier.

130. Le président procède à l'interrogatoire de l'accusé et reçoit les dépositions des témoins. — Le commissaire impérial est entendu dans ses réquisitions et développe les moyens qui appuient l'accusation. — L'accusé et son défenseur sont entendus dans leur défense. — Le commissaire impérial réplique, s'il le juge convenable; mais l'accusé et son défenseur ont toujours la parole les derniers. — Le président demande à l'accusé s'il n'a rien à ajouter à sa défense, et déclare ensuite que les débats sont terminés.

131. Le président fait retirer l'accusé. — Les juges se rendent dans la chambre du Conseil, ou, si les localités ne le permettent pas, le président fait retirer l'auditoire. — Les juges ne peuvent plus communiquer avec personne, ni se séparer avant que le jugement ait été rendu. Ils délibèrent hors de la présence du commissaire impérial et du greffier. — Ils ont sous les yeux les pièces de la procédure. — Le président recueille les voix, en commençant par le grade inférieur; il émet son opinion le dernier.

132. Les questions sont posées par le président dans l'ordre suivant pour chacun des accusés : — 1° L'accusé est-il coupable du fait qui lui est imputé? — 2° Ce fait a-t-il été commis avec telle ou telle circonstance aggravante? — 3° Ce fait a-t-il été commis dans telle ou telle circonstance qui le rend excusable d'après la loi? — Si l'accusé est âgé de moins de seize ans, le président pose cette question : L'accusé a-t-il agi avec discernement?

133. Les questions indiquées par l'article précédent ne peuvent être résolues contre l'accusé qu'à la majorité de cinq voix contre deux.

134. Si l'accusé est déclaré coupable, le Conseil de guerre délibère sur l'application de la peine. — Dans le cas où la loi autorise l'admission de circonstances atténuantes, si le Conseil de guerre reconnaît qu'il en existe en faveur de l'accusé, il le déclare à la majorité absolue des voix. — La peine est prononcée à la majorité de cinq voix contre deux. — Si aucune peine ne réunit cette majorité, l'avis le plus favorable sur l'application de la peine est adopté.

135. En cas de conviction de plusieurs crimes ou délits, la peine la plus forte est seule prononcée.

136. Le jugement est prononcé en séance publique. — Le président donne lecture des motifs et du dispositif. — Si l'accusé n'est pas reconnu coupable, le Conseil prononce son acquittement, et le président ordonne qu'il soit mis en liberté, s'il n'est retenu pour autre cause. — Si le Conseil de guerre déclare que le fait commis par l'accusé ne donne lieu à l'application d'aucune peine, il prononce son absolution, et le président ordonne qu'il sera mis en liberté à l'expiration du délai fixé pour le recours en révision.

137. Tout individu acquitté ou absous ne peut être repris ni accusé à raison du même fait.

138. Si le condamné est membre de l'ordre impérial de la Légion-d'Honneur ou décoré de la Médaille militaire, le jugement déclare, dans les cas prévus par les lois, qu'il cesse de faire partie de la Légion-d'Honneur ou d'être décoré de la Médaille militaire.

139. Le jugement qui prononce une peine contre l'accusé le condamne aux frais envers l'Etat. Il ordonne, en outre, dans les cas prévus par la loi, la confiscation des objets saisis et la restitution, soit au profit de l'Etat, soit au profit des propriétaires, de tous objets saisis ou produits au procès comme pièces de conviction.

140. Le jugement fait mention de l'accomplissement de toutes les formalités prescrites par la présente section. — Il ne reproduit ni les réponses

de l'accusé, ni les dépositions des témoins. — Il contient les décisions rendues sur les moyens d'incompétence, les exceptions et les incidents. — Il énonce, à peine de nullité, — 1° Les noms et grades des juges; — 2° Les nom, prénoms, âge, profession et domicile de l'accusé; — 3° Le crime ou le délit pour lequel l'accusé a été traduit devant le Conseil de guerre; — 4° La prestation de serment des témoins; — 5° Les réquisitions du commissaire impérial; — 6° Les questions posées, les décisions et le nombre des voix; — 7° Le texte de la loi appliquée; — 8° La publicité des séances ou la décision qui a ordonné le huis clos; — 9° La publicité de la lecture du jugement faite par le président. — Le jugement, écrit par le greffier, est signé sans désemparer par le président, les juges et le greffier.

141. Le commissaire impérial fait donner lecture du jugement à l'accusé par le greffier, en sa présence et devant la garde rassemblée sous les armes. — Aussitôt après cette lecture, il avertit le condamné que la loi lui accorde vingt-quatre heures pour exercer son recours devant le Conseil de révision. — Le greffier dresse du tout un procès-verbal signé par lui et par le commissaire impérial.

142. Lorsqu'il résulte, soit des pièces produites, soit des dépositions des témoins entendus dans les débats, que l'accusé peut être poursuivi pour d'autres crimes ou délits que ceux qui ont fait l'objet de l'accusation, le Conseil de guerre, après le prononcé du jugement, renvoie, sur les réquisitions du commissaire impérial, ou même d'office, le condamné au général qui a donné l'ordre de mise en jugement, pour être procédé, s'il y a lieu, à l'instruction. S'il y a eu condamnation, il est sursis à l'exécution du jugement. — S'il y a eu acquittement ou absolution, le Conseil de guerre ordonne que l'accusé demeure en état d'arrestation jusqu'à ce qu'il ait été statué sur les faits nouvellement découverts.

143. Le délai de vingt-quatre heures accordé au condamné pour se pourvoir en révision court à partir de l'expiration du jour où le jugement lui a été lu. — La déclaration du recours est reçue par le greffier ou par le directeur de l'établissement où est détenu le condamné. La déclaration peut être faite par le défenseur du condamné.

144. Dans le cas d'acquittement ou d'absolution de l'accusé, l'annulation du jugement ne pourra être poursuivie par le commissaire impérial que conformément aux articles 409 et 410 du Code d'instruction criminelle. — Le recours du commissaire impérial est formé, au greffe, dans le délai prescrit par l'article précédent.

145. S'il n'y a pas de recours en révision, et si, aux termes de l'article 80 du présent Code, le pourvoi en cassation est interdit, le jugement est exécutoire dans les vingt-quatre heures après l'expiration du délai fixé pour le recours. — S'il y a recours en révision, il est sursis à l'exécution du jugement.

146. Si le recours en révision est rejeté, et si, aux termes de l'article 80 du présent Code, le pourvoi en cassation est interdit, le jugement de condamnation est exécuté dans les vingt-quatre heures après la réception du jugement qui a rejeté le recours.

147. Lorsque la voie du pourvoi en cassation est ouverte, aux termes de l'article 81 du présent Code, le condamné doit former son pourvoi dans les trois jours qui suivent la notification de la décision du Conseil de révision, et, s'il n'y a pas eu recours devant ce Conseil, dans les trois jours qui suivent l'expiration du délai accordé pour l'exercer. — Le pourvoi en cassation est reçu par le greffier ou par le directeur de l'établissement où est détenu le condamné.

148. Dans le cas où le pourvoi en cassation est autorisé par l'article 81 du présent Code, s'il n'y a pas eu pourvoi, le jugement de condamnation est exécuté dans les vingt-quatre heures après l'expiration du délai fixé pour le pourvoi, et, s'il y a eu pourvoi, dans les vingt-quatre heures après la réception de l'arrêt qui l'a rejeté.

149. Le commissaire impérial rend compte au général commandant la division, suivant les cas, soit du jugement de rejet du Conseil de révision, soit de l'arrêt de rejet de la Cour de cassation, soit du jugement du Conseil de guerre s'il n'y a eu, dans les délais, ni recours en révision, ni pourvoi en cassation. Il requiert l'exécution du jugement.

150. Le général commandant la division peut suspendre l'exécution du jugement, à la charge d'en informer sur-le-champ le ministre de la Guerre.

151. Les jugements des Conseils de guerre sont exécutés sur les ordres du général commandant la division et à la diligence du commissaire impérial, en présence du greffier, qui dresse procès-verbal. — La minute de ce procès-verbal est annexée à la minute du jugement, en marge de laquelle il est fait mention de l'exécution. — Dans

les trois jours de l'exécution, le commissaire impérial est tenu d'adresser une expédition du jugement au chef du corps dont faisait partie le condamné. — Si le condamné est membre de la Légion-d'Honneur, décoré de la Médaille militaire ou d'un ordre étranger, il est également adressé une expédition au grand chancelier. — Toute expédition du jugement de condamnation fait mention de l'exécution.

CHAP. II. — PROCÉDURE DEVANT LES CONSEILS DE GUERRE AUX ARMÉES, DANS LES CIRCONSCRIPTIONS TERRITORIALES EN ÉTAT DE GUERRE, DANS LES COMMUNES ET LES DÉPARTEMENTS EN ÉTAT DE SIÉGE ET DANS LES PLACES DE GUERRE ASSIÉGÉES OU INVESTIES.

152. La procédure établie pour les Conseils de guerre dans les *divisions* territoriales en état de paix est suivie dans les Conseils de guerre aux armées, dans les *divisions* territoriales en état de guerre, dans les communes et les départements en état de siége et les places de guerre assiégées ou investies, sauf les modifications portées dans les articles suivants. (*V. L.* 18 *mai* 1875, *art.* 2.)

153. Lorsqu'un officier de police judiciaire militaire, dans les cas prévus par les articles 89 et 91 du présent Code, doit pénétrer dans un établissement civil ou dans une habitation particulière, et qu'il ne se trouve sur les lieux aucune autorité civile chargée de l'assister, il peut passer outre, et mention en est faite dans le procès-verbal.

154. L'ordre d'informer est donné : — Par le général en chef, à l'égard des inculpés justiciables du Conseil de guerre du quartier général de l'armée ; — Par le général commandant le corps d'armée, à l'égard des inculpés justiciables du Conseil de guerre du corps d'armée ; — Par le général commandant la division à l'égard des inculpés justiciables du Conseil de guerre de la division ; — Par le commandant du détachement de troupes, à l'égard des inculpés justiciables du Conseil de guerre formé dans le détachement ; — Par le gouverneur ou commandant supérieur, dans les places de guerre en état de siége. (*V. L.* 18 *mai* 1875, *art.* 2.)

155. L'ordre de mise en jugement et de convocation du Conseil de guerre est donné par l'officier qui a ordonné l'information.

156. Aux armées, dans les circonscriptions territoriales en état de guerre et dans les places de guerre assiégées ou investies, l'accusé peut être traduit directement, et sans instruction préalable, devant le Conseil de guerre. — La procédure est réglée comme il suit, à partir de l'ordre de mise en jugement, qu'il y ait eu ou non instruction préalable : 1° La citation est faite à l'accusé vingt-quatre heures au moins avant la réunion du Conseil ; elle contient notification de l'ordre de convocation ; elle indique, conformément à l'article 109, le crime ou le délit pour lequel il est mis en jugement, le texte de la loi applicable, et les noms des témoins que le commissaire rapporteur se propose de faire entendre. — Le commissaire rapporteur désigne un défenseur d'office avant la citation. L'accusé peut en présenter un de son choix jusqu'à l'ouverture des débats ; la citation doit notifier à l'accusé le nom du défenseur désigné et l'avertir qu'il peut en choisir un autre. — 2° Le défenseur peut prendre connaissance de l'affaire et de tous les documents et renseignements recueillis ; à partir du moment où la citation a été donnée, il peut communiquer avec l'accusé. — 3° Le Conseil de guerre se réunit au jour indiqué et procède au jugement de l'accusé dans les formes prescrites par les articles 113 et suivants du présent Code. L'accusé a le droit, sans formalités ni citations préalables, de faire entendre à sa décharge tout témoin présent à l'audience et qu'il aura désigné au commissaire du Gouvernement rapporteur avant l'ouverture des débats. — 4° Les questions indiquées à l'article 132 sont résolues et la peine est prononcée à la majorité de cinq voix contre deux ou de trois voix contre deux, selon que le Conseil de guerre est composé de sept juges ou seulement de cinq. — 5° Le condamné pourra se pourvoir en révision dans le délai et suivant les formes prévues aux articles 143, 159 et suivants du présent Code, à moins que le droit de former ce recours n'ait été suspendu par application de l'article 71. (*L.* 18 *mai* 1875, *art.* 1er.)

157. Le général en chef a, dans l'étendue de son commandement, toutes les attributions dévolues au ministre de la Guerre, dans les *divisions* territoriales, par les articles 99, 106, 108 et 150 du présent Code, sauf les cas prévus par les articles 209 et 210. — Les mêmes pouvoirs sont accordés au gouverneur et au commandant supérieur dans les places de guerre assiégées ou investies. (*V. L.* 18 *mai* 1875, *art.* 2.)

158. Les Conseils de guerre aux rmées, dans les *divisions* territoriales en état de guerre, dans les communes et les départements en état de siége et les places de guerre assiégées ou investies, statuent, séance tenante, sur tous les crimes et délits commis à l'audience, alors même que le coupable ne serait pas leur justiciable. (*V. L. 18 mai* 1875, *art.* 2.)

Titre II. — *Procédure devant les Conseils de révision.*

159. Après la déclaration du recours, le commissaire impérial près le Conseil de guerre adresse sans retard au commissaire impérial près le Conseil de révision une expédition du jugement et de l'acte de recours. Il y joint les pièces de la procédure et la requête de l'accusé, si elle a été déposée.

160. Le commissaire impérial près le Conseil de révision envoie sur-le-champ les pièces de la procédure au greffe du Conseil où elles restent déposées pendant vingt-quatre heures. — Le défenseur de l'accusé peut en prendre communication sans déplacement et produire avant le jugement les requêtes, mémoires et pièces qu'il juge utiles. — Le greffier tient un registre sur lequel il mentionne à leur date les productions faites par le commissaire impérial et par le condamné.

161. A l'expiration du délai de vingt-quatre heures, les pièces de l'affaire sont renvoyées par le président à l'un des juges pour en faire le rapport.

162. Le Conseil de révision prononce dans les trois jours, à dater du dépôt des pièces.

163. Dans le cas d'une des incapacités prévues par l'article 31 du présent Code, l'exception doit être proposée avant l'ouverture des débats, et elle est jugée par le Conseil de révision, dont la décision est sans recours.

164. Le rapporteur expose les moyens de recours ; il présente ses observations, sans toutefois faire connaître son opinion. Après le rapport, le défenseur du condamné est entendu ; il ne peut plaider sur le fond de l'affaire. — Le commissaire impérial discute les moyens presentés dans la requête ou à l'audience, ainsi que ceux qu'il croit devoir proposer d'office, et il donne ses conclusions, sur lesquelles le défenseur est admis à présenter des observations.

165. Les juges se retirent dans la chambre du Conseil ; si les localités ne le permettent pas, ils font retirer l'auditoire ; ils délibèrent hors de la présence du commissaire impérial et du greffier. — Ils statuent sans désemparer et à la majorité des voix, sur chacun des moyens proposés. — Le président recueille les voix, en commençant par le grade inférieur. Toutefois, le rapporteur opine toujours le premier. — Le jugement est motivé. En cas d'annulation, le texte de la loi violée ou faussement appliquée est transcrit dans le jugement. — Le jugement est prononcé par le président, en audience publique. — La minute est signée par le président et par le greffier.

166. Si le recours est rejeté, le commissaire impérial transmet le jugement du Conseil de révision et les pièces au commissaire impérial près le Conseil de guerre qui a rendu le jugement, et il en donne avis au général commandant la division.

167. Si le Conseil de révision annule le jugement pour incompétence, il prononce le renvoi devant la juridiction compétente, et, s'il l'annule pour tout autre motif, il renvoie l'affaire devant le Conseil de guerre de la division qui n'en a pas connu, ou, à défaut d'un second Conseil de guerre dans la division, devant celui d'une des divisions voisines.

168. Le commissaire impérial près le Conseil de révision envoie au commissaire impérial près le Conseil de guerre dont le jugement est annulé une expédition du jugement d'annulation. — Ce jugement est, à la diligence du commissaire impérial, transcrit sur les registres du Conseil de guerre. Il en est fait mention en marge du jugement annulé.

169. Le commissaire impérial près le Conseil de révision transmet sans délai les pièces du procès, avec une expédition du jugement d'annulation, au commissaire impérial près le Conseil de guerre devant lequel l'affaire est renvoyée. — Si le jugement a été annulé pour cause d'incompétence de la juridiction militaire, les pièces sont transmises au procureur impérial près le tribunal du lieu où siége le Conseil de révision. Il est procédé, pour le surplus, comme à l'article 98 du présent Code.

170. Si l'annulation a été prononcée pour inobservation des formes, la procédure est recommencée, à partir du premier acte nul. Il est procédé à de nouveaux débats. — Néanmoins, si l'annulation n'est prononcée que pour fausse application de la peine aux faits dont l'accusé a été déclaré cou-

pable, la déclaration de la culpabilité est maintenue, et l'affaire n'est renvoyée devant le nouveau Conseil de guerre que pour l'application de la peine.

171. Si le deuxième jugement est annulé, l'affaire doit être renvoyée devant un Conseil de guerre qui n'en ait point connu.

172. Les dispositions des articles 110, 113, 114 et 115 du présent Code, relatifs aux Conseils de guerre, sont applicables aux Conseils de révision. — Dans les cas prévus par l'article 116, il est procédé comme au dernier paragraphe de cet article. — Dans tous les cas, les décisions sont prises à la majorité indiquée par l'article 165.

TITRE III. — *Procédure devant les Prévôtés.*

173. Les Prévôtés sont saisies par le renvoi que leur fait l'autorité militaire ou par la plainte de la partie lésée. — Dans le cas de flagrant délit, ou même en cas d'urgence, elles peuvent procéder d'office.

174. Les prévenus sont amenés devant la Prévôté, qui juge publiquement. — La partie plaignante expose sa demande. — Les témoins prêtent serment. — Les prévenus présentent leur défense. — Le jugement est motivé ; il est signé par le prévôt et par le greffier ; il est exécutoire sur minute.

TITRE IV. — *De la contumace et des jugements par défaut.*

175. Lorsqu'après l'ordre de mise en jugement, l'accusé d'un fait qualifié crime n'a pu être saisi, ou, lorsqu'après avoir été saisi, il s'est évadé, le président du Conseil de guerre rend une ordonnance indiquant le crime pour lequel l'accusé est poursuivi et portant qu'il sera tenu de se présenter dans un délai de dix jours. — Cette ordonnance est mise à l'ordre du jour.

176. Après l'expiration du délai de dix jours, à partir de la mise à l'ordre du jour de l'ordonnance du président, il est procédé, sur l'ordre du général commandant la division, au jugement par contumace. — Nul défenseur ne peut se présenter pour l'accusé contumax. — Les rapports et procès-verbaux, la déposition des témoins et les autres pièces de l'instruction sont lus en entier à l'audience. — Le jugement est rendu dans la forme ordinaire, mis à l'ordre du jour, et affiché à la porte du lieu où siége le Conseil de guerre et à la mairie du domicile du condamné. — Le greffier et le maire dressent procès-verbal, chacun en ce qui le concerne. — Ces formalités tiennent lieu de l'exécution du jugement par effigie.

177. Le recours en révision contre les jugements par contumace n'est ouvert qu'au commissaire impérial.

178. Les articles 471, 474, 475, 476 477 et 478 du Code d'instruction criminelle sont applicables aux jugements par contumace rendus par les conseils de guerre.

179. Lorsqu'il s'agit d'un fait qualifié délit par la loi, si l'accusé n'est pas présent, il est jugé par défaut. — Le jugement, rendu dans la forme ordinaire, est mis à l'ordre du jour de la place, affiché à la porte du lieu où siége le Conseil de guerre, et signifié à l'accusé ou à son domicile. — Dans les cinq jours, à partir de la signification, outre un jour par 5 myriamètres, l'accusé peut former opposition. — Ce délai expiré sans qu'il ait été formé d'opposition, le jugement est réputé contradictoire.

TITRE V. — *Dispositions générales.*

180. La reconnaissance de l'identité d'un individu condamné par un Conseil de guerre, évadé et repris, est faite par le Conseil de guerre de la division où se trouve le corps dont fait partie le condamné. — Si le condamné n'appartient à aucun corps, la reconnaissance est faite par le Conseil de guerre qui a prononcé la condamnation, et, si le Conseil a cessé ses fonctions, par le Conseil de guerre de la division sur le territoire de laquelle le condamné a été repris. — Le Conseil statue sur la reconnaissance en audience publique, en présence de l'individu repris, après avoir entendu les témoins appelés tant par le commissaire impérial que par l'individu repris ; le tout à peine de nullité. — Le commissaire impérial et l'individu repris ont la faculté de se pourvoir en révision contre le jugement qui statue sur la reconnaissance de l'identité. — Les dispositions des paragraphes 1 et 2 ci-dessus sont applicables au jugement des condamnés par contumace qui se représentent ou qui sont arrêtés.

181. Lorsqu'après l'annulation d'un jugement, un second jugement rendu contre le même accusé est annulé pour les mêmes motifs que le premier, l'affaire est renvoyée devant un Conseil de guerre d'une des divisions voisines. Ce Conseil doit se conformer à la dé-

cision du Conseil de révision sur le point de droit. — Toutefois, s'il s'agit de l'application de la peine, il doit adopter l'interprétation la plus favorable à l'accusé. — Le troisième jugement ne peut plus être attaqué par les mêmes moyens, si ce n'est par la voie de cassation dans l'intérêt de la loi, aux termes des articles 441 et 442 du Code d'instruction criminelle.

182. Lorsque les Conseils de guerre ou de révision aux armées, dans les divisions territoriales en état de guerre, dans les communes et les départements en état de siége et les places de guerre assiégées ou investies, cessent leurs fonctions, les affaires dont l'information est commencée sont portées devant les Conseils de guerre des divisions territoriales désignées par le ministre de la Guerre. (*V. L.* 18 *mai* 1875, *art.* 2.)

183. Toutes assignations, citations et notifications aux témoins, inculpés ou accusés, sont faites sans frais par la gendarmerie ou par tous autres agents de la force publique.

184. Les dispositions du chapitre V du titre VII du livre II du Code d'instruction criminelle, relatives à la prescription, sont applicables à l'action publique résultant d'un crime ou délit de la compétence des juridictions militaires, ainsi qu'aux peines résultant des jugements rendus par ces tribunaux. — Toutefois, la prescription contre l'action publique résultant de l'insoumission ou de la désertion, ne commence à courir que du jour où l'insoumis ou le déserteur a atteint l'âge de quarante-sept ans. — A quelque époque que l'insoumis ou le déserteur soit arrêté, il est mis à la disposition du ministre de la Guerre pour compléter, s'il y a lieu, le temps de service qu'il doit encore à l'Etat.

LIVRE IV.

DES CRIMES, DES DÉLITS ET DES PEINES.

TITRE Ier. — *Des peines et de leurs effets.*

185. Les peines qui peuvent être appliquées par les tribunaux militaires en matière de crime sont : — La mort, — Les travaux forcés à perpétuité, — La déportation, — Les travaux forcés à temps, — La détention, — La réclusion, — Le bannissement, — La dégradation militaire.

186. Les peines en matière de délit sont : — La destitution, — Les travaux publics, — L'emprisonnement, — L'amende.

187. Tout individu condamné à la peine de mort par un Conseil de guerre est fusillé. (*V. Décr.* 25 *oct.* 1874.)

188. Lorsque la condamnation à la peine de mort est prononcée contre un militaire en vertu des lois pénales ordinaires, elle entraîne de plein droit la dégradation militaire (1).

189. Les peines des travaux forcés, de la déportation, de la détention, de la réclusion et du bannissement, sont appliquées conformément aux dispositions du Code pénal ordinaire. — Elles ont les effets déterminés par ce Code, et emportent, en outre, la dégradation militaire.

190. Tout militaire qui doit subir la dégradation militaire, soit comme peine principale, soit comme accessoire d'une peine autre que la mort, est conduit devant la troupe sous les armes. Après la lecture du jugement, le commandant prononce ces mots à haute voix : « N*** N** (nom et prénoms du condamné), vous êtes indigne de porter les armes ; de par l'Empereur, nous vous dégradons. » — Aussitôt après, tous les insignes militaires et les décorations dont le condamné est revêtu sont enlevés ; et, s'il est officier, son épée est brisée et jetée à terre devant lui. — La dégradation militaire entraîne, — 1° La privation du grade et du droit d'en porter les insignes et l'uniforme ; — 2° L'incapacité absolue de servir dans l'armée à quelque titre que ce soit, et les autres incapacités prononcées par les articles 28 et 34 du Code pénal ordinaire ; —

(1) Quel que soit le tribunal qui prononce une peine infamante contre un militaire, la dégradation est encourue *ipso jure* (art. 188, 189 et 196, § 2). Mais cette dégradation ne peut recevoir qu'une *exécution militaire* à laquelle l'autorité judiciaire doit rester étrangère (art. 190). Il suffira que l'arrêt de la Cour d'assises déclare (art. 138) : « *que le condamné décoré cesse de faire partie de la Légion-d'Honneur ou d'être décoré de la Médaille militaire.* » — Les magistrats du parquet doivent veiller à ce que les militaires condamnés par les Cours d'assises à l'une des peines entraînant la dégradation soient livrés à l'autorité militaire aussitôt que le jugement est devenu définitif, sauf à cette autorité, après avoir procédé à la dégradation du condamné, à le remettre ensuite, s'il y a lieu, entre les mains de l'autorité civile pour l'exécution de la peine principale. — *Circ. g. des Sc.* 10 août 1858.

3° La privation du droit de porter aucune décoration, et la déchéance de tout droit à pension et à récompense pour les services antérieurs.

191. La dégradation militaire, prononcée comme peine principale, est toujours accompagnée d'un emprisonnement dont la durée, fixée par le jugement, n'excède pas cinq années.

192. La destitution entraîne la privation du grade ou du rang, et du droit d'en porter les insignes distinctifs et l'uniforme. — L'officier destitué ne peut obtenir ni pension, ni récompense, à raison de ses services antérieurs.

193. Le condamné à la peine des travaux publics est conduit à la parade revêtu de l'habillement déterminé par les règlements. — Il y entend devant les troupes la lecture de son jugement. — Il est employé aux travaux d'utilité publique. Il ne peut, en aucun cas, être placé dans les mêmes ateliers que les condamnés aux travaux forcés. — La durée de la peine est de deux ans au moins et de dix ans au plus.

194. La durée de l'emprisonnement est de six jours au moins et de cinq ans au plus.

195. Lorsque les lois pénales prononcent la peine de l'amende, les tribunaux militaires peuvent remplacer cette peine par un emprisonnement de six jours à six mois.

196. Dans les cas prévus par les articles 76, 77, 78 et 79 du présent Code, le tribunal compétent applique aux militaires et aux individus assimilés aux militaires les peines prononcées par les lois militaires, aux individus appartenant à l'armée de mer les peines prononcées par les lois maritimes, et à tous autres individus les peines prononcées par les lois ordinaires, à moins qu'il n'en soit autrement ordonné par une disposition expresse de la loi. — Les peines prononcées contre les militaires sont exécutées conformément aux dispositions du présent Code et à la diligence de l'autorité militaire (1).

197. Dans les mêmes cas, si les individus non militaires et non assimilés aux militaires sont déclarés coupables d'un crime ou d'un délit non prévu par les lois pénales ordinaires, ils sont condamnés aux peines portées par le présent Code contre ce crime ou ce délit. — Toutefois, les peines militaires sont remplacées à leur égard ainsi qu'il suit : — 1° La dégradation militaire prononcée comme peine principale, par la dégradation civique ; — 2° La destitution et les travaux publics, par un emprisonnement d'un an à cinq ans.

198. Lorsque des individus non militaires ou non assimilés aux militaires sont traduits devant un Conseil de guerre, ce Conseil peut leur faire application de l'article 463 du Code pénal ordinaire. (*V. art.* 256, *L.* 4 *juin* 1858) (2).

199. Les dispositions des articles 66, 67 et 69 du Code pénal ordinaire, concernant les individus âgés de moins de seize ans, sont observées par les tribunaux militaires. — S'il est décidé que l'accusé a agi avec discernement, les peines de la dégradation militaire, de la destitution et des travaux publics, sont remplacées par un emprisonnement d'un an à cinq ans dans une maison de correction.

(1) (*a*) En ce qui touche l'*exécution des peines*, la disposition du deuxième paragraphe de l'article 196 est aussi générale qu'absolue. Ainsi, tout militaire ou assimilé aux militaires condamné à mort par un tribunal ordinaire doit être mis à la disposition de l'autorité militaire pour être exécuté militairement (art. 187; *Circ. min. de la G.* 28 juill. 1857). — *Circ. G. des Sc.* 10 août 1858.

(*b*) Ainsi encore, les *militaires incorporés*, en route, en congé, ou en permission, lorsqu'ils ont été condamnés à une peine quelconque d'emprisonnement par les tribunaux ordinaires, doivent être remis également à l'autorité militaire, pour subir leur peine dans les prisons spéciales affectées aux hommes de l'armée. — *Même circul.*

(*c*) Quant aux jeunes soldats *non encore incorporés*, ils seront, comme par le passé, écroués dans les prisons ordinaires, à raison des délits justiciables des juridictions de l'ordre civil. (*Circ.* 4 sept. 1843, 28 nov. 1845 et 10 août 1852.) — *Circ. g. des Sc.* 10 août 1858.

(2) L'article 198 a eu pour but d'accorder le bénéfice de l'article 463 du Code pénal aux *individus non militaires*, prévenus de crimes et délits punis par le Code de l'armée. Mais le texte de cet article mentionnant seulement les *Conseils de guerre*, semblait par là même refuser aux tribunaux ordinaires la faculté de modérer les peines de ce Code. Cette rédaction a été modifiée par le Code maritime de manière à rétablir, à l'égard des individus non militaires, l'uniforme application de la loi devant toutes les juridictions. L'article 256 du Code de justice maritime est devenu en quelque sorte le commentaire légal de l'article 198 du Code de justice militaire. — *Circ. g. des Sc.* 10 août 1858.

200. Les peines prononcées par les tribunaux militaires commencent à courir, savoir : — Celle des travaux forcés, de la déportation, de la détention, de la réclusion et du bannissement, à partir du jour de la dégradation militaire ; — Celle des travaux publics, à partir du jour de la lecture du jugement devant les troupes. — Les autres peines comptent du jour où la condamnation est devenue irrévocable. Toutefois, si le condamné à l'emprisonnement n'est pas détenu, la peine court du jour où il est écroué.

201. Toute condamnation prononcée contre un officier, par quelque tribunal que ce soit, pour l'un des délits prévus par les articles 401, 402, 403, 405, 406, 407 et 408 du Code pénal ordinaire, entraîne la perte du grade.

202. Les articles 2, 3, 59, 60, 61, 62, 63, 64 et 65 du Code pénal ordinaire, relatifs à la tentative de crime ou de délit, à la complicité et aux cas d'excuses, sont applicables devant les tribunaux militaires, sauf les dérogations prévues par le présent Code (1).

203. Les fonctionnaires, agents, employés militaires et autres assimilés aux militaires sont, pour l'application des peines, considérés comme officiers, sous-officiers ou soldats, suivant le grade auquel leur rang correspond.

TITRE II. — *Des crimes, des délits et de leur punition.*

CHAP. Ier. — TRAHISON, ESPIONNAGE ET EMBAUCHAGE.

204. Est puni de mort, avec dégradation militaire, tout militaire français, ou au service de la France, qui porte les armes contre la France. — Est puni de mort, tout prisonnier de guerre qui, ayant faussé sa parole, est repris les armes à la main.

205. Est puni de mort, avec dégradation militaire, tout militaire, — 1° Qui livre à l'ennemi, ou dans l'intérêt de l'ennemi, soit la troupe qu'il commande, soit la place qui lui est confiée, soit les approvisionnements de l'armée, soit les plans des places de guerre ou des arsenaux maritimes, des ports ou rades, soit le mot d'ordre, ou le secret d'une opération, d'une expédition ou d'une négociation ; — 2° Qui entretient des intelligences avec l'ennemi, dans le but de favoriser ses entreprises ; — 3° Qui participe à des complots dans le but de forcer le commandant d'une place assiégée à se rendre ou à capituler ; — 4° Qui provoque à la fuite ou empêche le ralliement en présence de l'ennemi.

206. Est considéré comme espion, et puni de mort, avec dégradation militaire : — 1° Tout militaire qui s'introduit dans une place de guerre, dans un poste ou établissement militaire, dans les travaux, camps, bivouacs ou cantonnements d'une armée, pour s'y procurer des documents ou renseignements dans l'intérêt de l'ennemi ; — 2° Tout militaire qui procure à l'ennemi des documents ou renseignements susceptibles de nuire aux opérations de l'armée ou de compromettre la sûreté des places, postes ou autres établissements militaires ; — 3° Tout militaire qui, sciemment, recèle ou fait recéler les espions ou les ennemis envoyés à la découverte.

207. Est puni de mort, tout ennemi qui s'introduit déguisé dans un des lieux désignés en l'article précédent.

208. Est considéré comme embaucheur et puni de mort, tout individu convaincu d'avoir provoqué des militaires à passer à l'ennemi ou aux rebelles armés, de leur en avoir sciemment facilité les moyens, ou d'avoir fait des enrôlements pour une puissance en guerre avec la France. — Si le coupable est militaire, il est en outre puni de la dégradation militaire.

CHAP. II. — CRIMES OU DÉLITS CONTRE LE DEVOIR MILITAIRE.

209. Est puni de mort, avec dégradation militaire, tout gouverneur ou commandant qui, mis en jugement après avis d'un Conseil d'enquête, est reconnu coupable d'avoir capitulé avec l'ennemi et rendu la place qui lui était confiée, sans avoir épuisé tous les moyens de défense dont il disposait, et sans avoir fait tout ce que prescrivaient le devoir et l'honneur.

210. Tout général, tout commandant d'une troupe armée, qui capitule en rase campagne, est puni, — 1° De la peine de mort, avec dégradation militaire, si la capitulation a eu pour résultat de faire poser les armes à sa troupe, ou si, avant de traiter verbalement ou par écrit, il n'a pas fait tout ce que lui prescrivaient le devoir et l'honneur ; — 2° De la destitution, dans tous les autres cas.

211. Tout militaire qui, étant en faction ou en vedette, abandonne son poste sans avoir rempli sa consigne, est puni, — 1° De la peine de mort,

(1) Dans le silence du Code militaire sur la récidive, les règles à suivre restent écrites dans le dernier paragraphe de l'article 56 du Code pénal ordinaire. — *Circ.* 10 août 1858.

s'il était en présence de l'ennemi ou de rebelles armés; — 2° De deux à cinq ans de travaux publics, si, hors le cas prévu par le paragraphe précédent, il était sur un territoire en état de guerre ou de siége; — 3° D'un emprisonnement de deux mois à un an dans tous les autres cas.

212. Tout militaire qui, étant en faction ou en vedette, est trouvé endormi, est puni, — 1° De deux ans à cinq ans de travaux publics, s'il était en présence de l'ennemi ou de rebelles armés; — 2° De six mois à un an d'emprisonnement, si, hors le cas prévu par le paragraphe précédent, il était sur un territoire en état de guerre ou en état de siége; — 3° De deux mois à six mois d'emprisonnement, dans tous les autres cas.

213. Tout militaire qui abandonne son poste, est puni, — 1° De la peine de mort, si l'abandon a eu lieu en présence de l'ennemi ou de rebelles armés; — 2° De deux à cinq ans d'emprisonnement, si, hors le cas prévu par le paragraphe précédent, l'abandon a eu lieu sur un territoire en état de guerre ou en état de siége; — 3° De deux mois à six mois d'emprisonnement, dans tous les autres cas. — Si le coupable est chef de poste, le maximum de la peine lui est toujours infligé.

214. En temps de guerre, aux armées, ainsi que dans les communes et les départements en état de siége et les places de guerre assiégées ou investies, tout militaire qui ne se rend pas à son poste en cas d'alerte ou lorsque la générale est battue, est puni de six mois à deux ans d'emprisonnement; s'il est officier, la peine est celle de la destitution. (*V. L.* 18 *mai* 1875, *art.* 2.)

215. Tout militaire qui, hors le cas d'excuse légitime, ne se rend pas au Conseil de guerre où il est appelé à siéger, est puni d'un emprisonnement de deux mois à six mois. — En cas de refus, si le coupable est officier, il peut être puni de la destitution.

216. Les dispositions des articles 237, 238, 239, 240, 241, 242, 243, 247 et 248 du Code pénal ordinaire sont applicables aux militaires qui la ssent évader des prisonniers de guerre ou d'autres individus arrêtés, détenus ou confiés à leur garde, ou qui favorisent ou procurent l'évasion de ces individus, ou les recèlent et les font recéler.

CHAP. III. — RÉVOLTE, INSUBORDINATION ET RÉBELLION.

217. Sont considérés comme en état en révolte, et punis de mort: — 1° Les militaires sous les armes qui, réunis au nombre de quatre au moins et agissant de concert, refusent à la première sommation d'obéir aux ordres de leurs chefs; — 2° Les militaires qui, au nombre de quatre au moins, prennent les armes sans autorisation et agissent contre les ordres de leurs chefs; — 3° Les militaires qui, réunis au nombre de huit au moins, se livrent à des violences en faisant usage de leurs armes, et refusent, à la voix de leurs supérieurs, de se disperser ou de rentrer dans l'ordre. — Néanmoins, dans tous les cas prévus par le présent article, la peine de mort n'est infligée qu'aux instigateurs ou chefs de la révolte, et au militaire le plus élevé en grade. Les autres coupables sont punis de cinq à dix ans de travaux publics, ou, s'ils sont officiers, de la destitution, avec emprisonnement de deux à cinq ans. — Dans le cas prévu par le numéro 3 du présent article, si les coupables se livrent à des violences, sans faire usage de leurs armes, ils sont punis de cinq à dix ans de travaux publics, ou, s'ils sont officiers, de la destitution avec emprisonnement de deux à cinq ans.

218. Est puni de mort, avec dégradation militaire, tout militaire qui refuse d'obéir lorsqu'il est commandé pour marcher contre l'ennemi, ou pour tout autre service ordonné par son chef en présence de l'ennemi ou de rebelles armés. — Si, hors le cas prévu par le paragraphe précédent, la désobéissance a eu lieu sur un territoire en état de guerre ou de siége, la peine est de cinq ans à dix ans de travaux publics, ou, si le coupable est officier, de la destitution, avec emprisonnement de deux ans à cinq ans. — Dans tous les autres cas, la peine est celle de l'emprisonnement d'un an à deux ans, ou, si le coupable est officier, celle de la destitution.

219. Tout militaire qui viole ou force une consigne est puni, — 1° De la peine de la détention, si la consigne a été violée ou forcée en présence de l'ennemi ou de rebelles armés; — 2° De deux ans à dix ans de travaux publics, ou, si le coupable est officier, de la destitution, avec emprisonnement de un an à cinq ans, quand, hors le cas prévu par le paragraphe précédent, le fait a eu lieu sur un territoire en état de guerre ou de siége; — 3° D'un emprisonnement de deux mois à trois ans, dans tous les autres cas.

220. Est puni de mort, tout militaire coupable de violence à main armée envers une sentinelle ou vedette. — Si les

violences n'ont pas eu lieu à main armée et ont été commises par un militaire assisté d'une ou plusieurs personnes, la peine est de cinq ans à dix ans de travaux publics. Si, parmi les coupables, il se trouve un officier, il est puni de la destitution, avec emprisonnement de deux ans à cinq ans. — La peine est réduite à un emprisonnement d'un an à cinq ans, si les violences ont été commises par un militaire seul et sans armes. — Est puni de six jours à un an d'emprisonnement, tout militaire qui insulte une sentinelle par paroles, gestes ou menaces.

221. Est punie de mort, avec dégradation militaire, toute voie de fait commise avec préméditation ou guet-apens par un militaire envers son supérieur.

222. Est punie de mort toute voie de fait commise sous les armes par un militaire envers son supérieur.

223. Les voies de fait exercées, pendant le service ou à l'occasion du service, par un militaire envers son supérieur, sont punies de mort. — Si les voies de fait n'ont pas eu lieu pendant le service ou à l'occasion du service, le coupable est puni de la destitution, avec emprisonnement de deux à cinq ans s'il est officier, et de cinq ans à dix ans de travaux publics, s'il est sous-officier, caporal, brigadier ou soldat.

224. Tout militaire qui, pendant le le service ou à l'occasion du service, outrage son supérieur par paroles, gestes ou menaces, est puni de la destitution, avec emprisonnement d'un an à cinq, si ce militaire est officier, et de cinq ans à dix de travaux publics, s'il est sous-officier, caporal, brigadier ou soldat. — Si les outrages n'ont pas eu lieu pendant le service ou à l'occasion du service, la peine est de un an à cinq ans d emprisonnement.

225. Tout militaire coupable de rébellion envers la force armée et les agents de l'autorité est puni de deux mois à six mois d'emprisonnement, et de six mois à deux ans de la même peine, si la rébellion a eu lieu avec armes. — Si la rébellion a été commise par plus de deux militaires, sans armes, les coupables sont punis de deux ans à cinq ans d'emprisonnement et de la réclusion si la rébellion a eu lieu avec armes. — Toute rébellion commise par des militaires armés au nombre de huit au moins est punie conformément aux paragraphes 3 et 5 de l'article 217 du présent Code. — Le maximum de la peine est toujours infligé aux instigateurs ou chefs de rébellion et au militaire le plus élevé en grade.

CHAP. IV. — Abus d'autorité.

226. Est puni de mort, tout chef militaire qui, sans provocation, ordre ou autorisation, dirige ou fait diriger une attaque à main armée contre des troupes ou des sujets quelconques d'une Puissance alliée ou neutre. — Est puni de la destitution, tout chef militaire qui, sans provocation, ordre ou autorisation, commet un acte d'hostilité quelconque sur un territoire allié ou neutre.

227. Est puni de mort, tout chef militaire qui prolonge les hostilités après avoir reçu l'avis officiel de la paix, d'une trêve ou d'un armistice.

228. Est puni de mort, tout militaire qui prend un commandement sans ordre ou motif légitime, ou qui le retient contre l'ordre de ses chefs.

229. Est puni d'un emprisonnement de deux mois à cinq ans, tout militaire qui frappe son inférieur hors les cas de la légitime défense de soi-même ou d'autrui, ou du ralliement des fuyards, ou de la nécessité d'arrêter le pillage ou la dévastation.

CHAP. V. — Insoumission et désertion.

Section I. — *Insoumission.*

230. Sont considérés comme insoumis, et punis d'un emprisonnement d'un mois à un an, les engagés volontaires et les hommes appelés par la loi qui, n'ayant pas déjà servi, ne sont pas rendus à leur destination, hors le cas de force majeure, dans le mois qui suit le jour fixé par leur ordre de route. — Sont également considérés comme insoumis, et punis de la même peine, les hommes de la disponibilié et de la réserve de l'armée active, de l'armée territoriale et de la réserve de cette armée, à quelque catégorie qu'ils appartiennent, qui, ayant déjà servi et étant appelés à l'activité par ordre individuel, ne sont pas rendus à leur destination, hors le cas de force majeure, dans les quinze jours qui suivent celui fixé par leur ordre de route. — Les délais ci-dessus déterminés sont portés : 1° à deux mois, pour les hommes demeurant en Algérie et en Europe ; 2° à six mois, pour ceux demeurant dans tout autre pays. — En temps de guerre ou en cas de mobilisation par voie d'affiches et de publications sur la voie publique, les délais ci-dessus sont réduits à deux jours

pour les hommes dont il est parlé aux premier et deuxième paragraphes du présent article, et diminués de moitié pour ceux que le troisième paragraphe concerne. — En temps de guerre, la peine est de deux à cinq ans d'emprisonnement, sans préjudice des dispositions spéciales édictées par l'article 61 de la loi du 27 juillet 1872. — Conformément au dernier paragraphe de l'article 68 de cette même loi, les peines prononcées par le présent article pourront être modifiées par l'application de l'article 463 du Code pénal. (*L.* 18 *mai* 1875, *art.* 1er.)

SECTION II. — *Désertion à l'intérieur.*

231. Est considéré comme déserteur à l'intérieur : — 1o Six jours après celui de l'absence constatée, tout sous-officier, caporal, brigadier ou soldat qui s'absente de son corps ou détachement sans autorisation. Néanmoins, si le soldat n'a pas trois mois de service, il ne peut être considéré comme déserteur qu'après un mois d'absence ; — 2o Tout sous-officier, caporal, brigadier ou soldat voyageant isolément d'un corps à un autre, et dont le congé ou la permission est expiré, et qui, dans les quinze jours qui suivent celui qui a été fixé pour son retour ou son arrivée au corps, ne s'y est pas présenté. (*L.* 18 *mai* 1875, *art.* 1er.)

232. Tout sous-officier, caporal, brigadier ou soldat, coupable de désertion à l'intérieur en temps de paix, est puni de deux ans à cinq ans d'emprisonnement, et de deux ans à cinq ans de travaux publics si la désertion a eu lieu en temps de guerre, ou d'un territoire en état de guerre ou de siége. — La peine ne peut être moindre de trois ans d'emprisonnement ou de travaux publics, suivant les cas, dans les circonstances suivantes : — 1o Si le coupable a emporté une de ses armes, un objet d'équipement ou d'habillement, ou s'il a emmené son cheval ; — 2o S'il a déserté étant de service, sauf les cas prévus par les articles 211 et 213 du présent Code ; — 3o S'il a déserté antérieurement.

233. Est puni de six mois à un an d'emprisonnement, tout officier absent de son corps ou de son poste sans autorisation, depuis plus de six jours, ou qui ne s'y présente pas quinze jours après l'expiration de son congé ou de sa permission, sans préjudice de l'application, s'il y a lieu, des dispositions de l'article 1er de la loi du 19 mai 1834, sur l'état des officiers. — Tout officier qui abandonne son corps ou son poste sur un territoire en état de guerre ou de siége est déclaré déserteur après les délais déterminés par le paragraphe précédent, et puni de la destitution avec emprisonnement de deux à cinq ans.

234. En cas de guerre, tous les délais fixés par les articles 231 et 233 précédents sont réduits des deux tiers. (*L.* 18 *mai* 1875, *art.* 1er.)

SECTION III. — *Désertion à l'étranger.*

235. Est déclaré déserteur à l'étranger, en temps de paix, trois jours, et, en temps de guerre, un jour après celui de l'absence constatée, tout militaire qui franchit sans autorisation les limites du territoire français, ou qui, hors de France, abandonne le corps auquel il appartient. (*L.* 18 *mai* 1875, *art.* 1er.)

236. Tout sous-officier, caporal, brigadier ou soldat, coupable de désertion à l'étranger, est puni de deux ans à cinq ans de travaux publics, si la désertion a eu lieu en temps de paix. — Il est puni de cinq ans à dix ans de la même peine, si la désertion a eu lieu en temps de guerre, ou d'un territoire en état de guerre ou de siége. — La peine ne peut être moindre de trois ans de travaux publics dans le cas prévu par le paragraphe 1er, et de sept dans le cas du paragraphe 2, dans les circonstances suivantes : — 1o Si le coupable a emporté une de ses armes, un objet d'habillement ou d'équipement, ou s'il a emmené son cheval ; — 2o S'il a déserté étant de service, sauf les cas prévus par les articles 211 et 213 ; — 3o S'il a déserté antérieurement.

237. Tout officier coupable de désertion à l'étranger est puni de la destitution, avec emprisonnement d'un an à cinq ans, si la désertion a eu lieu en temps de paix, et de la détention, si la désertion a eu lieu en temps de guerre, ou d'un territoire en état de guerre ou de siége.

SECTION IV. — *Désertion à l'ennemi ou en présence de l'ennemi.*

238. Est puni de mort, avec dégradation militaire, tout militaire coupable de désertion à l'ennemi.

239. Est puni de la détention, tout déserteur en présence de l'ennemi.

SECTION V. — *Dispositions communes aux sections précédentes.*

240. Est réputée désertion avec complot, toute désertion effectuée de concert par plus de deux militaires.

241. Est puni de mort : — 1o Le coupable de désertion avec complot en

présence de l'ennemi; — 2° Le chef du complot de désertion à l'étranger. — Le chef du complot de désertion à l'intérieur est puni de cinq ans à dix ans de travaux publics, s'il est sous-officier, caporal, brigadier ou soldat, et de la détention s'il est officier. — Dans tous les autres cas, le coupable de désertion avec complot est puni du maximum de la peine portée par les dispositions des sections précédentes, suivant la nature et les circonstances du crime ou du délit.

242. Tout militaire qui provoque ou favorise la désertion est puni de la peine encourue par le déserteur selon les distinctions établies au présent chapitre. — Tout individu non militaire ou non assimilé aux militaires qui, sans être embaucheur pour l'ennemi ou pour les rebelles, provoque ou favorise la désertion, est puni par le tribunal compétent d'un emprisonnement de deux mois à cinq ans.

243. Si un militaire reconnu coupable de désertion est condamné par le même jugement pour un fait entraînant une peine plus grave, cette peine ne peut être réduite par l'admission de circonstances atténuantes.

CHAP. VI. — Vente, détournement, mise en gage et recel des effets militaires.

244. Est puni d'un an à cinq ans d'emprisonnement, tout militaire qui vend son cheval, ses effets d'armement, d'équipement ou d'habillement, des munitions, ou tout autre objet à lui confié pour le service. — Est puni de la même peine, tout militaire qui sciemment achète ou recèle lesdits effets. — La peine est de six mois à un an d'emprisonnement, s'il s'agit d'effets de petit équipement.

245. Est puni de six mois à deux ans d'emprisonnement, tout militaire, — 1° Qui dissipe ou détourne les armes, munitions, effets et autres objets à lui remis pour le service; — 2° Qui, acquitté du fait de désertion, ne représente pas le cheval qu'il aurait emmené, ou les armes ou effets qu'il aurait emportés (1).

246 Est puni de six mois à un an d'emprisonnement, tout militaire qui met en gage tout ou partie de ses effets d'armement, de grand équipement, d'habillement, ou tout autre objet à lui confié pour le service. — La peine est de deux mois à six mois d'emprisonnement, s'il s'agit d'effets de petit équipement.

247. Tout individu qui achète, recèle ou reçoit en gage des armes, munitions, effets d'habillement, de grand ou petit équipement, ou tout autre objet militaire, dans des cas autres que ceux où les règlements autorisent leur mise en vente, est puni par le tribunal compétent de la même peine que l'auteur du délit.

CHAP. VII. — Vol.

248. Le vol des armes et des munitions appartenant à l'Etat, celui de l'argent de l'ordinaire, de la solde, des deniers ou effets quelconques appartenant à des militaires ou à l'Etat, commis par des militaires qui en sont comptables, est puni des travaux forcés à temps. — Si le coupable n'en est pas comptable, la peine est celle de la réclusion. — S'il existe des circonstances atténuantes, la peine est celle de la réclusion ou d'un emprisonnement de trois ans à cinq ans, dans le cas du premier paragraphe, et celle d'un emprisonnement d'un an à cinq ans, dans le cas du deuxième paragraphe. — En cas de condamnation à l'emprisonnement, l'officier coupable est, en outre, puni de la destitution. — Est puni de la peine de la réclusion et, en cas de circonstances atténuantes, d'un emprisonnement d'un an à cinq ans, tout militaire qui commet un vol au préjudice de l'habitant chez lequel il est logé. — Les dispositions du Code pénal ordinaire sont applicables aux vols prévus par les paragraphes précédents, toutes les fois qu'en raison des circonstances, les peines qui y sont portées sont plus fortes que les peines prescrites par le présent Code.

249. Est puni de la réclusion, tout militaire qui dépouille un blessé. — Le coupable est puni de mort si, pour dépouiller le blessé, il lui a fait de nouvelles blessures.

CHAP. VIII. — Pillage, destruction, dévastation d'édifices.

250. Est puni de mort avec dégradation militaire, tout pillage ou dégât de denrées, marchandises ou effets, commis par des militaires en bande, soit avec armes ou à force ouverte, soit avec bris de portes et clôtures extérieures, soit avec violence envers les personnes. — Le pillage en bande

(1) Cet article, qui punit le détournement par un militaire des effets à lui remis pour son service, comprend même les effets de petit équipement. — Cass. 15 juill. 1858.

est puni de la réclusion dans tous les autres cas. — Néanmoins si, dans les cas prévus par le premier paragraphe, il existe parmi les coupables un ou plusieurs instigateurs, un ou plusieurs militaires pourvus de grades, la peine de mort n'est infligée qu'aux instigateurs et aux militaires les plus élevés en grade. Les autres coupables sont punis de la peine des travaux forcés à temps. — S'il existe des circonstances atténuantes, la peine de mort est réduite à celle des travaux forcés à temps, la peine des travaux forcés à temps à celle de la réclusion, et la peine de la réclusion à celle d'un emprisonnement d'un an à cinq ans. — En cas de condamnation à l'emprisonnement, l'officier coupable est, en outre, puni de la destitution.

251. Est puni de mort, avec dégradation militaire, tout militaire qui, volontairement, incendie, par un moyen quelconque, ou détruit par l'explosion d'une mine, des édifices, bâtiments, ouvrages militaires, magasins, chantiers, vaisseaux, navires ou bateaux à l'usage de l'armée. — S'il existe des circonstances atténuantes, la peine est celle des travaux forcés à temps.

252. Est puni des travaux forcés à temps, tout militaire qui, volontairement, détruit ou dévaste, par d'autres moyens que l'incendie ou l'explosion d'une mine, des édifices, bâtiments, ouvrages militaires, magasins, chantiers, vaisseaux, navires ou bateaux à l'usage de l'armée. — S'il existe des circonstances atténuantes, la peine est celle de la réclusion, ou même de deux à cinq ans d'emprisonnement, et, en outre, de la destitution, si le coupable est officier.

253. Est puni de mort, avec dégradation militaire, tout militaire qui, dans un but coupable, détruit, ou fait détruire, en présence de l'ennemi, des moyens de défense, tout ou partie d'un matériel de guerre, des approvisionnements en armes, vivres, munitions, effets de campement, d'équipement ou d'habillement. — La peine est celle de la détention, si le crime n'a pas eu lieu en présence de l'ennemi.

254. Est puni de deux ans à cinq ans de travaux publics, tout militaire qui, volontairement, détruit ou brise des armes, des effets de campement, de casernement, d'équipement ou d'habillement appartenant à l'Etat, soit que ces objets lui eussent été confiés pour le service, soit qu'ils fussent à l'usage d'autres militaires, ou qui estropie ou tue un cheval, ou une bête de trait ou de somme employée au service de l'armée. — Si le coupable est officier, la peine est celle de la destitution ou d'un emprisonnement de deux à cinq ans. — S'il existe des circonstances atténuantes, la peine est réduite à un emprisonnement de deux mois à cinq ans.

255. Est puni de la réclusion, tout militaire qui, volontairement, détruit, brûle ou lacère des registres, minutes ou actes originaux de l'autorité militaire. — S'il existe des circonstances atténuantes, la peine est celle d'un emprisonnement de deux ans à cinq ans, et, en outre, de la destitution, si le coupable est officier.

256. Tout militaire coupable de meurtre sur l'habitant chez lequel il reçoit le logement, sur sa femme ou sur ses enfants, est puni de mort.

CHAP. IX. — Faux en matière d'administration militaire.

257. Est puni des travaux forcés à temps, tout militaire, tout administrateur ou comptable militaire qui porte sciemment sur les rôles, les états de situation ou de revue, un nombre d'hommes, de chevaux ou de journées de présence au delà de l'effectif réel, qui exagère le montant des consommations, ou commet tout autre faux dans ses comptes. — S'il existe des circonstances atténuantes, la peine est la réclusion ou un emprisonnement de deux à cinq ans. — En cas de condamnation, l'officier coupable est, en outre, puni de la destitution.

258. Est puni d'un an à cinq ans d'emprisonnement, tout militaire, tout administrateur ou comptable militaire qui fait sciemment usage, dans son service, de faux poids ou de fausses mesures.

259. Est puni de la réclusion, tout militaire, tout administrateur ou comptable militaire qui contrefait ou tente de contrefaire les sceaux, timbres ou marques militaires destinés à être apposés, soit sur les actes ou pièces authentiques relatifs au service militaire, soit sur des effets ou objets quelconques appartenant à l'armée, ou qui en fait sciemment usage.

260. Est puni de la dégradation militaire, tout militaire, tout administrateur ou comptable militaire qui, s'étant procuré les vrais sceaux, timbres ou marques ayant l'une des destinations indiquées à l'article précédent, en fait ou tente d'en faire une application frauduleuse ou un usage préjudiciable aux droits ou aux intérêts de l'Etat ou des militaires.

CHAP. X. — CORRUPTION, PRÉVARICATION ET INFIDÉLITÉ DANS LE SERVICE ET DANS L'ADMINISTRATION MILITAIRE.

261. Est puni de la dégradation militaire, tout militaire, tout administrateur ou comptable militaire coupable de l'un des crimes de corruption ou de contrainte prévus par les articles 177 et 179 du Code pénal ordinaire. — Dans le cas où la corruption ou la contrainte aurait pour objet un fait criminel emportant une peine plus forte que la dégradation militaire, cette peine plus forte est appliquée au coupable. — S'il existe des circonstances atténuantes, le coupable est puni de trois mois à deux ans d'emprisonnement. — Toutefois, si la tentative de contrainte ou de corruption n'a eu aucun effet, la peine est de trois à six mois d'emprisonnement.

262. Est puni d'un an à quatre ans d'emprisonnement, tout médecin militaire qui, dans l'exercice de ses fonctions, et pour favoriser quelqu'un, certifie faussement ou dissimule l'existence de maladies ou infirmités. Il peut, en outre, être puni de la destitution. — S'il a été mû par des dons ou promesses, il est puni de la dégradation militaire. — Les corrupteurs sont, en ce cas, punis de la même peine.

263. Est puni des travaux forcés à temps, tout militaire, tout administrateur ou comptable militaire qui s'est rendu coupable des crimes ou délits prévus par les articles 169, 170, 174 et 175 du Code pénal ordinaire, relatifs à des soustractions commises par des dépositaires publics. — S'il existe des circonstances atténuantes, la peine est celle de la réclusion ou de deux ans à cinq ans d'emprisonnement, et, dans ce dernier cas, de la destitution, si le coupable est officier (*V. art.* 356, *L.* 4 *juin* 1858) (1).

264. Tout militaire, tout administrateur ou comptable militaire, qui, hors les cas prévus par l'article précédent, trafique, à son profit, des fonds ou des deniers appartenant à l'Etat ou à des militaires, est puni d'un emprisonnement de un an à cinq ans.

265. Est puni de la réclusion tout militaire, tout administrateur ou comptable militaire qui falsifie ou fait falsifier des substances, matières, denrées ou liquides confiés à sa garde ou placés sous sa surveillance, ou qui, sciemment, distribue ou fait distribuer lesdites substances, matières, denrées ou liquides falsifiés. — La peine de la réclusion est également prononcée contre tout militaire, tout administrateur ou comptable militaire qui, dans un but coupable, distribue ou fait distribuer des viandes provenant d'animaux atteints de maladies contagieuses, ou des matières, substances, denrées ou liquides corrompus ou gâtés. — S'il existe des circonstances atténuantes, la peine de la réclusion est réduite à celle de l'emprisonnement d'un an à cinq ans, avec destitution, si le coupable est officier.

CHAP. XI. — USURPATION D'UNIFORMES, COSTUMES, INSIGNES, DÉCORATIONS ET MÉDAILLES.

266. Est puni d'un emprisonnement de deux mois à deux ans, tout militaire qui porte publiquement des décorations, médailles, insignes, uniformes ou costumes français, sans en avoir le droit. — La même peine est prononcée contre tout militaire qui porte des décorations, médailles ou insignes étrangers, sans y avoir été préalablement autorisé.

TITRE III. — *Dispositions générales.*

267. Les tribunaux militaires appliquent les peines portées par les lois pénales ordinaires à tous les crimes ou délits non prévus par le présent Code, et, dans ce cas, s'il existe des circonstances atténuantes, il est fait application aux militaires de l'article 463 du Code pénal.

268. Dans les cas prévus par les articles 251, 252, 253, 254 et 255 du présent Code, les complices, même non militaires, sont punis de la même peine que les auteurs du crime ou du délit, sauf l'application, s'il y a lieu, de l'article 197 du présent Code.

269. Aux armées, dans les divisions territoriales en état de guerre, dans les communes, les départements et les places de guerre en état de siége, tout justiciable des tribunaux militaires, coupable ou complice d'un des crimes prévus par le chapitre Ier du titre II du présent livre, est puni de la peine qui y est portée.

(1) C'est dans le sens de l'article 356 du Code maritime que devra être interprété l'article 263. Il faut considérer comme retranchée de ce dernier article la phrase : « *relatif à des soustractions commises par les dépositaires publics*, » qui n'a point été reproduite par le Code maritime. — *Circ. g. des Sc.* 10 août 1858.

270. Les peines prononcées par les articles 41, 43 et 44 de la loi du 21 mars 1832, sur le recrutement de l'armée, sont applicables aux tentatives des délits prévus par ces articles, quelle que soit la juridiction appelée à en connaître. — Dans le cas prévu par l'article 45 de la même loi, ceux qui ont fait les dons et promesses sont punis des peines portées par ledit article contre les médecins, chirurgiens ou officiers de santé.

271. Sont laissées à la répression de l'autorité militaire, et punies d'un emprisonnement dont la durée ne peut excéder deux mois : — 1° Les contraventions de police commises par les militaires ; — 2° Les infractions aux règlements relatifs à la discipline. — Toutefois, l'autorité militaire peut toujours, suivant la gravité des faits, déférer le jugement des contraventions de police au Conseil de guerre, qui applique la peine déterminée par le présent article (1).

272. Si, dans le cas prévu par l'article précédent, il y a une partie plaignante, l'action en dommages-intérêts est portée devant la juridiction civile.

273. Ne sont pas soumises à la juridiction des Conseils de guerre les infractions commises par des militaires aux lois sur la chasse, la pêche, les douanes, les contributions indirectes, les octrois, les forêts et la grande voirie.

274. Le régime et la police des compagnies de discipline, des établissements pénitentiaires, des ateliers de travaux publics, des lieux de détention militaire, sont réglés par des décrets impériaux.

275. Sont abrogées, en ce qui concerne l'armée de terre, toutes les dispositions législatives et réglementaires relatives à l'organisation, à la compétence et à la procédure des tribunaux militaires, ainsi qu'à la pénalité en matière de crimes et de délits militaires.

Dispositions transitoires.

276. Lorsque les peines déterminées par le présent Code sont moins rigoureuses que celles portées par les lois antérieures, elles sont appliquées aux crimes et délits encore non jugés au moment de sa promulgation.

277. Jusqu'à la promulgation d'un nouveau Code de justice maritime, les Conseils de guerre maritimes permanents appliqueront les peines prononcées par le livre IV du présent Code, dans les cas qui y sont prévus.

(1) Cet article n'est toutefois applicable qu'aux militaires en activité de service ou à ceux qui se trouvent dans une des catégories mentionnées dans l'article 56. Les militaires désignés dans l'article 57 restent en cette matière soumis à la juridiction du droit commun. — *Circ. g. des Sc.* 10 août 1858.

LOI

Concernant les avances sur dépôts d'obligations foncières faites par la Société du Crédit foncier de France.

(19 juin 1857) (2)

LOI

Portant fixation du Budget général des dépenses et des recettes de l'exercice 1858.

(23 juin 1857) (3)

TITRE Ier. — *Budget général.*

. . . .

§ 2. — Impôts autorisés.

. . . .

ART. 6. Indépendamment des droits établis par le titre II de la loi du 5 juin 1850, toute cession de titres ou promesses d'actions et d'obligations dans une société, compagnie ou entreprise quelconque, financière, industrielle, commerciale ou civile, quelle que soit la date de sa création, est assujettie, à partir du 1er juill. 1857, à un droit de transmission de 20 centimes par 100 francs de la valeur négociée. — Ce droit, pour les titres au porteur, et pour ceux dont la transmission peut s'opérer sans un transfert sur les registres de la société, est converti en une taxe annuelle et obligatoire de 12 centimes par 100 francs du capital desdites actions et obligations, évalué par leur cours moyen pendant l'année précédente, et, à défaut de cours dans cette année, conformément aux règles établies par les lois sur l'enregistrement. (*V. art.* 1er, *L.* 30 *mars* 1872.)

7. Le droit pour les titres nominatifs, dont la transmission ne peut s'opérer que par un transfert sur les registres de la société, est perçu, au moment du transfert, pour le compte du

(2) Bull., 11e série, n° 4683 — *V.* le texte dans notre édition in-8°.

(3) *V.* LL. 30 mars 1872, 29 juin 1872.

Trésor, par les sociétés, compagnies et entreprises, qui en sont constituées débitrices par le fait du transfert. — Le droit sur les titres mentionnés au paragraphe 2 de l'article précédent est payable par trimestre, et avancé par les sociétés, compagnies et entreprises, sauf recours contre les porteurs desdits titres. — A la fin de chaque trimestre, lesdites sociétés sont tenues de remettre au receveur de l'enregistrement du siége social le relevé des transferts et des conversions, ainsi que l'état des actions et obligations soumises à la taxe annuelle.

8. Dans les sociétés qui admettent le titre au porteur, tout propriétaire d'actions et d'obligations a toujours la faculté de convertir ses titres au porteur en titres nominatifs, et réciproquement. — Dans l'un et l'autre cas, la conversion donne lieu à la perception du droit de transmission.— Néanmoins, pendant un délai de trois mois, à partir de la mise à exécution de la présente loi, la conversion des actions et obligations au porteur, en actions et obligations nominatives, sera affranchie de tout droit.

9. Les actions et obligations émises par les sociétés, compagnies ou entreprises étrangères, sont soumises, en France, à des droits équivalents à ceux qui sont établis par la présente loi et par celle du 5 juin 1850, sur les valeurs françaises; elles ne pourront être cotées et négociées en France qu'en se soumettant à l'acquittement de ces droits. — Un règlement d'administration publique fixera le mode d'établissement et de perception de ces droits, dont l'assiette pourra reposer sur une quotité déterminée du capital social. — Le même règlement déterminera toutes les mesures nécessaires pour l'exécution de la présente loi. (*V. Décr.* 17 *juill.* 1857; 11 *déc.* 1864.)

10. Toute contravention aux précédentes dispositions, et à celles des règlements qui seront faits pour leur exécution, est punie d'une amende de 100 francs à 5,000 francs, sans préjudice des peines portées par l'article 39 de la loi du 22 frimaire an VII pour omission ou insuffisance de déclaration.

11. L'article 15 de la loi du 5 juin 1850 est abrogé.

12. Est abrogé l'article 1er de la loi du 6 prairial an VII, qui assujettit au timbre spécial les avis imprimés qui se crient et se distribuent dans les rues et lieux publics, ou que l'on fait circuler de toute autre manière.

13. L'article 5 de la loi du 14 juillet 1855 continuera à recevoir son exécution pour l'exercice 1858, sauf en ce qui concerne le second décime établi sur les droits d'enregistrement. (*V. LL.* 2 *août* 1868, *art.* 5; 8 *mai* 1869, *art.* 4; 27 *juill.* 1870, *art.* 5.)

. . . .

LOI

Sur les marques de fabrique et de commerce.

(23 juin 1857) (1)

TITRE Ier. — *Du droit de propriété des marques.*

ART. 1er. La marque de fabrique ou de commerce est facultative. — Toutefois, des décrets rendus en la forme des règlements d'administration publique, peuvent, exceptionnellement, la déclarer obligatoire pour les produits qu'ils déterminent. — Sont considérés comme marques de fabrique et de commerce les noms sous une forme distinctive, les dénominations, emblèmes, empreintes, timbres, cachets, vignettes, reliefs, lettres, chiffres, enveloppes et tous autres signes servant à distinguer les produits d'une fabrique ou les objets d'un commerce.

2. Nul ne peut revendiquer la propriété exclusive d'une marque, s'il n'a déposé deux exemplaires du modèle de cette marque au greffe du tribunal de commerce de son domicile.

3. Le dépôt n'a d'effet que pour quinze années. — La propriété de la marque peut toujours être conservée pour un nouveau terme de quinze années au moyen d'un nouveau dépôt.

4. Il est perçu un droit fixe de 1 franc pour la rédaction du procès-verbal de dépôt de chaque marque et pour le coût de l'expédition, non compris les frais de timbre et d'enregistrement.

TITRE II. — *Dispositions relatives aux étrangers.*

5. Les étrangers qui possèdent en France des établissements d'industrie ou de commerce jouissent, pour les produits de leurs établissements, du bénéfice de la présente loi, en remplissant les formalités qu'elle prescrit.

6. Les étrangers et les Français

(1) V. L. 26 nov. 1873.

dont les établissements sont situés hors de France jouissent également du bénéfice de la présente loi, pour les produits de ces établissements, si, dans les pays où ils sont situés, des conventions diplomatiques ont établi la réciprocité pour les marques françaises. — Dans ce cas, le dépôt des marques étrangères a lieu au greffe du tribunal de commerce du département de la Seine.

Titre III. — *Pénalités.*

7. Sont punis d'une amende de 50 francs à 3,000 francs et d'un emprisonnement de trois mois à trois ans, ou de l'une de ces peines seulement : — 1° Ceux qui ont contrefait une marque ou fait usage d'une marque contrefaite ; — 2° Ceux qui ont frauduleusement apposé sur leurs produits ou les objets de leur commerce une marque appartenant à autrui ; — — 3° Ceux qui ont sciemment vendu ou mis en vente un ou plusieurs produits revêtus d'une marque contrefaite ou frauduleusement apposée.

8. Sont punis d'une amende de 50 francs à 2,000 francs et d'un emprisonnement d'un mois à un an, ou de l'une de ces peines seulement : — 1° Ceux qui, sans contrefaire une marque, en ont fait une imitation frauduleuse de nature à tromper l'acheteur, ou ont fait usage d'une marque frauduleusement imitée ; — 2° Ceux qui ont fait usage d'une marque portant des indications propres à tromper l'acheteur sur la nature du produit ; 3° Ceux qui ont sciemment vendu ou mis en vente un ou plusieurs produits revêtus d'une marque frauduleusement imitée ou portant des indications propres à tromper l'acheteur sur la nature du produit.

9. Sont punis d'une amende de 50 francs à 1,000 francs et d'un emprisonnement de quinze jours à six mois, ou de l'une de ces peines seulement : — 1° Ceux qui n'ont pas apposé sur leurs produits une marque déclarée obligatoire ; — 2° Ceux qui ont vendu ou mis en vente un ou plusieurs produits ne portant pas la marque déclarée obligatoire pour cette espèce de produits ; — 3° Ceux qui ont contrevenu aux dispositions des décrets rendus en exécution de l'article 1er de la présente loi.

10. Les peines établies par la présente loi ne peuvent être cumulées. — La peine la plus forte est seule prononcée pour tous les faits antérieurs au premier acte de poursuite.

11. Les peines portées aux article 7, 8 et 9 peuvent être élevées au double en cas de récidive. — Il y a récidive lorsqu'il a été prononcé contre le prévenu, dans les cinq années antérieures, une condamnation pour un des délits prévus par la présente loi.

12. L'article 463 du Code pénal peut être appliqué aux délits prévus par la présente loi.

13. Les délinquants peuvent, en outre, être privés du droit de participer aux élections des tribunaux et des Chambres de commerce, des Chambres consultatives des arts et manufactures, et des Conseils de prud'hommes pendant un temps qui n'excédera pas dix ans. — Le tribunal peut ordonner l'affiche du jugement dans les lieux qu'il détermine, et son insertion intégrale ou par extrait dans les journaux qu'il désigne, le tout aux frais du condamné.

14. La confiscation des produits dont la marque serait reconnue contraire aux dispositions des articles 7 et 8 peut, même en cas d'acquittement, être prononcée par le tribunal, ainsi que celle des instruments et ustensiles ayant spécialement servi à commettre le délit. — Le tribunal peut ordonner que les produits confisqués soient remis au propriétaire de la marque contrefaite ou frauduleusement apposée ou imitée, indépendamment de plus amples dommages-intérêts, s'il y a lieu. — Il prescrit, dans tous les cas, la destruction des marques reconnues contraires aux dispositions des articles 7 et 8.

15. Dans le cas prévu par les deux premiers paragraphes de l'article 9, le tribunal prescrit toujours que les marques déclarées obligatoires soient apposées sur les produits qui y sont assujettis. — Le tribunal peut prononcer la confiscation des produits, si le prévenu a encouru, dans les cinq années antérieures, une condamnation pour un des délits prévus par les deux premiers paragraphes de l'article 9.

Titre IV. — *Juridictions.*

16. Les actions civiles relatives aux marques sont portées devant les tribunaux civils et jugées comme matières sommaires. — En cas d'action intentée par la voie correctionnelle, si le prévenu soulève pour sa défense des questions relatives à la propriété de la marque, le tribunal de police correctionnelle statue sur l'exception.

17. Le propriétaire d'une marque peut faire procéder par tous huissiers

à la description détaillée, avec ou sans saisie, des produits qu'il prétend marqués à son préjudice en contravention aux dispositions de la présente loi, en vertu d'une ordonnance du président du tribunal civil de première instance, ou du juge de paix du canton, à défaut de tribunal dans le lieu où se trouvent les produits à décrire ou à saisir. — L'ordonnance est rendue sur simple requête et sur la présentation du procès-verbal constatant le dépôt de la marque. Elle contient, s'il y a lieu, la nomination d'un expert, pour aider l'huissier dans sa description. — Lorsque la saisie est requise, le juge peut exiger du requérant un cautionnement qu'il est tenu de consigner avant de faire procéder à la saisie. — Il est laissé copie, aux détenteurs des objets décrits ou saisis, de l'ordonnance et de l'acte constatant le dépôt du cautionnement, le cas échéant; le tout à peine de nullité et de dommages-intérêts contre l'huissier.

18. A défaut par le requérant de s'être pourvu, soit par la voie civile, soit par la voie correctionnelle, dans le délai de quinzaine, outre un jour par cinq myriamètres de distance entre le lieu où se trouvent les objets décrits ou saisis et le domicile de la partie contre laquelle l'action doit être dirigée, la description ou saisie est nulle de plein droit, sans préjudice des dommages-intérêts qui peuvent être réclamés s'il y a lieu.

TITRE V. — *Dispositions générales ou transitoires.*

19. Tous produits étrangers portant soit la marque, soit le nom d'un fabricant résidant en France, soit l'indication d'un nom ou du lieu d'une fabrique française, sont prohibés à l'entrée et exclus du transit et de l'entrepôt, et peuvent être saisis, en quelque lieu que ce soit, soit à la diligence de l'administration des douanes, soit à la requête du ministère public ou de la partie lésée. — Dans le cas où la saisie est faite à la diligence de l'administration des douanes, le procès-verbal de saisie est immédiatement adressé au ministère public. — Le délai dans lequel l'action prévue par l'article 18 devra être intentée, sous peine de nullité de la saisie, soit par la partie lésée, soit par le ministère public, est porté à deux mois. — Les dispositions de l'article 14 sont applicables aux produits saisis en vertu du présent article.

20. Toutes les dispositions de la présente loi sont applicables aux vins, eaux-de-vie et autres boissons, aux bestiaux, grains, farines, et généralement à tous les produits de l'agriculture.

21. Tout dépôt de marques opéré au greffe du tribunal de commerce antérieurement à la présente loi, aura effet pour quinze années, à dater de l'époque où ladite loi sera exécutoire.

22. La présente loi ne sera exécutoire que six mois après sa promulgation. Un règlement d'administration publique déterminera les formalités à remplir pour le dépôt et la publicité des marques, et toutes les autres mesures nécessaires pour l'exécution de la loi. (*V. Décr.* 26 *juill.* 1858.)

23. Il n'est pas dérogé aux dispositions antérieures qui n'ont rien de contraire à la présente loi.

DÉCRET

Portant que les juges suppléants chargés temporairement de l'instruction dans les tribunaux de première instance recevront le supplément de traitement d'instruction défini par l'ordonnance du 16 *octobre* 1822.

(2 juillet 1857)

. . . .

ART. UNIQUE. Les juges suppléants chargés temporairement de l'instruction, en exécution de l'article 56 de la loi précitée (*L.* 17 *juill.* 1856), recevront, pendant la la durée de leur exercice, le supplément de traitement d'instruction défini par l'article 7 de l'ordonnance sus-visée. (*Ord.* 16 *oct.* 1822.)

DÉCRET

Portant règlement pour l'exécution de la loi du 9 *juin* 1857, *sur la Banque de France.*

(17 juillet 1857) (1)

DÉCRET

Portant règlement pour l'exécution de la loi du 23 *juin* 1857, *qui établit un droit de transmission sur les actions et obligations des sociétés, compagnies et entreprises françaises ou étrangères.*

(17 juillet 1857) (2)

(1) V. le texte dans notre édition in-8o.
(2) Bull., 11e série, no 4803. — V. le

1858.

DÉCISION IMPÉRIALE

Qui modifie le décret du 1er mars 1854, sur le service de la gendarmerie.

(24 avril 1858) (1)

LOI

Contenant des modifications au Code de procédure civile.

(21 mai 1858)

ART. 1er. Les articles 692, 696 et 717 du Code de procédure civile sont modifiés ainsi qu'il suit (2) :...

2. Les articles 749 à 779 du Code de procédure civile sont remplacés par les dispositions suivantes (2) :...

3. L'article 838 du Code de procédure civile est modifié ainsi qu'il suit (2) :...

4. *Dispositions transitoires.* — Les ordres ouverts avant la promulgation de la présente loi seront régis par les dispositions des lois antérieures. — L'article 692, tel qu'il est modifié par la présente loi, sera appliqué aux poursuites de saisie immobilière commencées lors de sa promulgation, dans lesquelles l'article 692 de la loi précédente n'aura pas encore été mis à exécution.

DÉCRET

Concernant la négociation, à la Bourse de Paris et dans les Bourses départementales, des titres émis par les compagnies des chemins de fer construits en dehors du territoire français.

(22 mai 1858) (3)

LOI

Qui modifie l'article 259 du Code pénal.

(28 mai 1858)

ART. UNIQUE. — L'article 259 du Code pénal est modifié ainsi qu'il suit (4) :...

LOI

Qui substitue la Société du Crédit foncier de France à l'État pour les prêts à faire jusqu'à concurrence de 100,000,000 fr., en vertu de la loi du 17 juillet 1856, sur le drainage.

(28 mai 1858) (5)

LOI

Sur les négociations concernant les marchandises déposées dans les magasins généraux.

(28 mai 1858) (6)

ART. 1er. Les magasins généraux établis en vertu du décret du 21 mars 1848, et ceux qui seront créés à l'avenir, recevront les matières premières, les marchandises et les objets fabriqués que les négociants et industriels voudront y déposer. — Ces magasins sont ouverts, les Chambres de commerce ou les Chambres consultatives des arts et manufactures entendues, avec l'autorisation du Gouvernement et placés sous sa surveillance. (*Abrogé par l'article 5 de la loi du 31 août 1870; V. art. 1er de cette loi.*) — Des récépissés délivrés aux déposants énoncent leurs nom profession et domicile, ainsi que la nature de la marchandise déposée et les indications propres à en établir l'identité et à en déterminer la valeur.

2. A chaque récépissé de marchandises est annexé, sous la dénomination de warrant, un bulletin de gage contenant les mêmes mentions que le récépissé.

3 Les récépissés et les warrants peuvent être transférés par voie d'endossement, ensemble ou séparément.

4. L'endossement du warrant séparé du récépissé vaut nantissement de la marchandise au profit du cessionnaire du warrant. — L'endossement du récépissé transmet au cessionnaire le droit de disposer de la marchandise, à la charge par lui, lorsque le warrant n'est pas transféré avec le récé-

texte dans notre édition in-8o. — *V.* Décr. 11 déc. 1864.

(1) *V.* le texte dans notre édition in-8o.

(2) *V.* le texte au Code de procédure civile.

(3) Bull., 11e série, no 5588. — *V.* le texte dans notre édition in-8o ; Décr. 7 févr. 1880, art. 6.

(4) *V.* le texte au Code pénal.

(5) *V.* le texte dans notre édition in-8o.

(6) *V.* Décr. 12 mars 1859 ; L. 31 août 1870.

pissé, de payer la créance garantie par le warrant, ou d'en laisser payer le montant sur le prix de la vente de la marchandise.

5. L'endossement du récépissé et du warrant, transférés ensemble ou séparément, doit être daté. — L'endossement du warrant séparé du récépissé doit, en outre, énoncer le montant intégral, en capital et intérêts, de la créance garantie, la date de son échéance, et les nom, profession et domicile du créancier. — Le premier cessionnaire du warrant doit immédiatement faire transcrire l'endossement sur les registres du magasin, avec les énonciations dont il est accompagné. Il est fait mention de cette transcription sur le warrant.

6. Le porteur du récépissé séparé du warrant peut, même avant l'échéance, payer la créance garantie par le warrant. — Si le porteur du warrant n'est pas connu, ou si, étant connu, il n'est pas d'accord avec le débiteur sur les conditions auxquelles aurait lieu l'anticipation de paiement, la somme due, y compris les intérêts jusqu'à l'échéance, est consignée à l'administration du magasin général, qui en demeure responsable, et cette consignation libère la marchandise.

7. A défaut de paiement à l'échéance, le porteur du warrant séparé du récépissé peut, huit jours après le protêt, et sans aucune formalité de justice, faire procéder à la vente publique aux enchères et en gros de la marchandise engagée, dans les formes et par les officiers publics indiqués dans la loi du 28 mai 1858. — Dans le cas où le souscripteur primitif du warrant l'a remboursé, il peut faire procéder à la vente de la marchandise, comme il est dit au paragraphe précédent, contre le porteur du récépissé, huit jours après l'échéance et sans qu'il soit besoin d'aucune mise en demeure.

8. Le créancier est payé de sa créance sur le prix, directement et sans formalité de justice, par privilége et préférence à tous créanciers, sans autre déduction que celle, 1° des contributions indirectes, des taxes d'octroi et des droits de douane dus par la marchandise; 2° des frais de vente, de magasinage et autres faits pour la conservation de la chose. — Si le porteur du récépissé ne se présente pas lors de la vente de la marchandise, la somme excédant celle qui est due au porteur du warrant est consignée à l'administration du magasin général, comme il est dit à l'article 6.

9. Le porteur du warrant n'a de recours contre l'emprunteur et les endosseurs qu'après avoir exercé ses droits sur la marchandise, et en cas d'insuffisance. — Les délais fixes par les articles 165 et suivants du Code de commerce, pour l'exercice du recours contre les endosseurs, ne courent que du jour où la vente de la marchandise est réalisée. — Le porteur du warrant perd en tout cas son recours contre les endosseurs, s'il n'a pas fait procéder à la vente dans le mois qui suit la date du protêt.

10. Les porteurs de récépissés et de warrants ont, sur les indemnités d'assurances dues, en cas de sinistre, les mêmes droits et priviléges que sur la marchandise assurée.

11. Les établissements publics de crédit peuvent recevoir les warrants comme effets de commerce, avec dispense d'une des signatures exigées par leurs statuts.

12. Celui qui a perdu un récépissé ou un warrant peut demander et obtenir par ordonnance du juge, en justifiant de la propriété et en donnant caution, un duplicata, s'il s'agit du récépissé, le paiement de la créance garantie, s'il s'agit du warrant.

13. Les récépissés sont timbrés: ils ne donnent lieu pour l'enregistrement qu'à un droit fixe d'un franc. — Sont applicables aux warrants endossés séparément des récépissés, les dispositions du titre Ier de la loi du 5 juin 1850 et de l'article 69, paragraphe 2, n° 6, de la loi du 22 frimaire an VII. — L'endossement d'un warrant séparé du récépissé non timbré, ou non visé pour timbre, conformément à la loi, ne peut être transcrit ou mentionné sur les registres du magasin, sous peine, contre l'administration du magasin, d'une amende égale au montant du droit auquel le warrant est soumis. — Les dépositaires des registres des magasins généraux sont tenus de les communiquer aux préposés de l'enregistrement, selon le mode prescrit par l'article 54 de la loi du 22 frimaire an VII, et sous les peines y énoncées.

14. Un règlement d'administration publique prescrira les mesures qui seraient nécessaires à l'exécution de la présente loi. (*V. Décr.* 12 *mars* 1859.)

15. Sont abrogés le décret du 21 mars 1848 et l'arrêté du 26 mars de la même année. — Est également abrogé, en ce qu'il a de contraire à la présente loi, le décret des 23-26 août 1848.

LOI

Sur les ventes publiques de marchandises en gros.

(28 mai 1858) (1)

ART. 1er. La vente volontaire aux enchères, en gros, des marchandises comprises au tableau annexé à la présente loi, peut avoir lieu par le ministère des courtiers, sans autorisation du tribunal de commerce. — Ce tableau peut être modifié, soit d'une manière générale, soit pour une ou plusieurs villes, par un décret rendu dans la forme des règlements d'administration publique et après avis des Chambres de commerce.

2. Les courtiers établis dans une ville où siége un tribunal de commerce ont qualité pour procéder aux ventes régies par la présente loi, dans toute localité dépendant du ressort de ce tribunal où il n'existe pas de courtiers. — Ils se conforment aux dispositions prescrites par la loi du 22 pluviôse an VII, concernant les ventes publiques de meubles.

3. Le droit de courtage pour les ventes qui font l'objet de la présente loi est fixé, pour chaque localité, par le ministre de l'Agriculture, du commerce et des travaux publics, après avis de la Chambre et du tribunal de commerce; mais, dans aucun cas, il ne peut excéder le droit établi dans les ventes de gré à gré, pour les mêmes sortes de marchandises.

4. Le droit d'enregistrement des ventes publiques en gros est fixé à 10 centimes pour 100 francs.

5. Les contestations relatives aux ventes sont portées devant le tribunal de commerce.

6. Il est procédé aux ventes dans des locaux spécialement autorisés à cet effet, après avis de la Chambre et du tribunal de commerce.

7. Un règlement d'administration publique prescrira les mesures nécessaires à l'exécution de la présente loi. — Il déterminera notamment les formes et les conditions des autorisations prévues par l'article 6. (*V. Décr. 12 mars* 1859.)

8. Les décrets du 22 novembre 1811 et du 17 avril 1812, et les ordonnances des 1er juillet 1818 et 9 avril 1819, sont abrogés en ce qui concerne les ventes régies par la présente loi; ils sont maintenus en ce qui touche les ventes publiques de marchandises faites par autorité de justice.

Tableau des marchandises qui peuvent être vendues en gros, aux enchères publiques, pour être annexé à la loi du 28 mai 1858.

(*Remplacé par le tableau annexé au décret du* 30 *mai* 1863.)

(1) V. Décr. 12 mars 1859; 8 mai 1861 et 30 mai 1863.

SÉNATUS-CONSULTE

Relatif à la compétence de la Haute Cour de justice.

(4 juin 1858) (2)

CODE

De justice militaire pour l'armée de mer.

(4 juin 1858) (3)

DÉCRET

Portant règlement d'admininistration publique pour l'exécution de la loi du 23 juin 1857, sur les marques de fabrique et de commerce.

(26 juillet 1858) (4)

DÉCRET

Relatif à la construction des fosses d'aisances dans la ville de Paris.

(23 août 1858) (5)

---

(2) Bull., 11e série, no 5666. — La Haute Cour a été abolie par le décret du 4 novembre 1870.

(3) V. Bull., 11e série, no 5667. — V. le texte du *Code de justice militaire pour l'armée de mer*, dans notre édition in-8o.

(4) Bull., 11e série, no 5785. — V. le texte dans notre édition in-8o.

(5) Bull., 11e série, no 5881. — Ce décret modifie l'article 5 de l'ordonnance du 24 septembre 1819 (Bull., 7e série, no 7667), relative à la construction et réparation des fosses d'aisances dans la ville de Paris, et abroge le décret du 1er mars 1852.

DÉCRET

Portant augmentation de divers traitements dans l'ordre judiciaire.

(23 août 1858) (1)

DÉCRET

Portant règlement d'administration publique pour l'exécution des lois des 17 juillet 1856 et 28 mai 1858, en ce qui touche les prêts destinés à faciliter les opérations de drainage.

(23 septembre 1858) (2)

DÉCRET

Qui autorise l'administration des forêts à réserver et livrer directement, chaque année, à la marine impériale, les bois extraits des forêts dépendant du domaine de l'Etat, et propres aux constructions navales.

(16 octobre 1858) (3)

DÉCRET

Portant règlement d'administration publique pour l'exécution du décret du 26 mars 1852, relatif aux rues de Paris.

(27 décembre 1858 (4)

1859

DÉCRET

Qui dispose que les titres conférés à des Français par des Souverains étrangers ne peuvent être portés en France qu'avec l'autorisation de l'Empereur.

(5 mars 1859)

ART. 1er. Aucun Français ne peut porter en France un titre conféré par un souverain étranger, sans y avoir été autorisé par un décret impérial rendu après avis du Conseil du sceau des titres. — Cette autorisation n'est accordée que pour des causes graves et exceptionnelles.

2. L'impétrant est assujetti au droit de sceau qui serait perçu en France pour la collation du même titre ou du titre correspondant.

3. L'ordonnance du 31 janvier 1819 est abrogée.

DÉCRET

Portant règlement d'administration publique pour l'exécution des lois du 28 mai 1858, sur les négociations concernant les marchandises déposées dans les magasins généraux, et sur les ventes publiques de marchandises en gros.

(12 mars 1859) (5)

DÉCRET

Qui fixe les droits à percevoir pour les conférences facultatives dans les Facultés de droit, les Facultés des sciences et les Facultés des lettres.

(18 mars 1859)

ART. 1er. Les droits à percevoir pour les conférences facultatives dans les Facultés de droit, les Facultés des sciences et les Facultés des lettres, sont fixés, pour l'année entière, à 60 francs. — Sur cette somme, celle de 50 francs continuera d'être prélevée au profit des maîtres chargés des conférences dans lesdites facultés.

. . . .

LOI

Sur le transport, par la poste, des valeurs déclarées.

(4 juin 1859) (6)

---

(1) V. le texte dans notre édition in-8o.

(2) Bull., 11e série, no 5933. — V. le texte dans notre édition in-8o.

(3) Bull., 11e série, no 5912.

(4) Bull., 11e série, no 6111. — V. le texte dans notre édition in-8o.

(5) Bull., 11e série, no 6304. — V. le texte dans notre édition in-8o. — V. L. 31 août 1870.

(6) Bull., 11e série, no 6686. — V. le texte dans notre édition in-8o. — V. LL. 25 janv. 1873; 6 avril 1878.

LOI

Portant fixation du Budget général des dépenses et des recettes de l'exercice 1860.

(11 juin 1859)

. . . .

TITRE III. — *Moyens de service et dispositions diverses.*

. . . .

ART. 16. A partir du 1er janvier 1860 les officiers et fonctionnaires des armées de terre et de mer, nommés ou promus dans l'ordre de la Légion d'Honneur pendant leur activité de service, depuis le 6 avril 1814 jusqu'au 22 janvier 1852, seront appelés successivement à jouir des allocations annuelles fixées par l'article 33 du décret organique de la Légion d'Honneur, en date du 16 mars 1852. — A cet effet, une subvention spéciale de six cent mille francs (600,000 francs) est accordée, pour 1860, à la Légion d'Honneur; elle s'accroîtra d'une somme égale en 1861 et chacune des années suivantes, jusqu'à ce que tous les membres de la Légion d'Honneur désignés par le paragraphe précédent jouissent des traitements déterminés par le décret ci-dessus rappelé du 16 mars 1852. — Ces traitements seront attribués, jusqu'à concurrence de la subvention spéciale et sans distinction d'âge, de grade dans l'armée, ni de position d'activité ou de retraite, d'abord aux légionnaires en suivant l'ordre d'ancienneté de leurs nominations, puis aux officiers et successivement aux commandeurs, aux grands officiers et aux grands-croix, en suivant, dans chaque catégorie, l'ordre d'ancienneté de leurs promotions.

. . . .

19. Le droit de timbre auquel l'article 3 de la loi du 5 juin 1850 assujettit les effets de commerce venant, soit de l'étranger, soit des îles ou des colonies dans lesquelles le timbre n'aurait pas encore été établi, pourra être acquitté par l'apposition sur ces effets d'un timbre mobile que l'administration de l'enregistrement est autorisée à vendre et faire vendre. — La forme et les conditions d'emploi de ce timbre mobile seront déterminées par un règlement d'administration publique.

20. Seront considérés comme non timbrés : — 1o Les effets mentionnés en l'article 19, sur lesquels le timbre mobile aurait été apposé sans l'accomplissement des conditions prescrites par le règlement d'administration publique, ou sur lesquels aurait été apposé un timbre mobile ayant déjà servi.; — 2o Les actes, pièces et écrits autres que ceux mentionnés en l'article 19, sur lesquels un timbre mobile aurait été indûment apposé. — En conséquence, toutes les dispositions pénales et autres des lois existantes concernant les actes, pièces et écrits non timbrés, pourront leur être appliquées.

21. Ceux qui auront sciemment employé, vendu ou tenté de vendre des timbres mobiles ayant déjà servi, seront poursuivis devant le tribunal correctionnel et punis d'une amende de 50 francs à 1,000 francs. En cas de récidive, la peine sera d'un emprisonnement de cinq jours à un mois, et l'amende sera doublée. — Il pourra être fait application de l'article 463 du Code pénal. (*V. art.* 5, *L.* 8 *juill.* 1865.)

22. Les marchés et traités réputés actes de commerce par les articles 632, 633 et 634, no 1er, du Code de commerce, faits ou passés sous signature privée, et donnant lieu au droit proportionnel, suivant l'article 69, § 3, no 1, et § 5, no 1, de la loi du 22 frimaire an VII, seront enregistrés provisoirement moyennant un droit fixe de 2 francs et les autres droits fixes auxquels leurs dispositions peuvent donner ouverture d'après les lois en vigueur. (*V. art.* 4, *L.* 28 *févr.* 1872.) Les droits proportionnels édictés par ledit article seront perçus lorsqu'un jugement portant condamnation, liquidation, collocation ou reconnaissance, interviendra sur ces marchés et traités, ou qu'un acte public sera fait ou rédigé en conséquence, mais seulement sur la partie du prix ou des sommes faisant l'objet soit de la condamnation, liquidation, collocation ou reconnaissance, soit des dispositions de l'acte public.

23. Dans le cas prévu par l'article 57 de la loi du 28 avril 1816, le double droit, dû en vertu de cet article, sera réglé conformément aux dispositions de l'article 22 de la présente loi, et pourra être perçu lors de l'enregistrement du jugement.

24. Les dispositions qui précèdent seront appliquées aux marchés et traités sur lesquels des demandes en justice ont été formées antérieurement à la présente loi, et qui n'auraient pas encore été enregistrés. Néanmoins, il ne sera perçu que les droits simples, si lesdits marchés et traités sont soumis à la formalité de l'enregistrement, dans le mois de la promulgation de la

présente loi, ou, au plus tard, en même temps que le jugement, s'il est rendu avant l'expiration de ce mois.

LOI

Qui détermine, pour la Corse et pour l'Algérie, les délais des instances devant le Conseil d'Etat et devant la Cour de cassation.

(11 juin 1859)

Art. 1er. Les délais à observer dans les instances portées devant le Conseil d'Etat par les habitants du département de la Corse et par ceux de l'Algérie seront les mêmes que les délais réglés par le décret du 22 juillet 1806 pour les habitants de la France continentale. — L'article 13 du même décret cessera de leur être appliqué.

2. Les lois et règlements qui déterminent pour la France continentale les délais à observer pour les pourvois et procédures en matière civile devant la Cour de cassation sont également applicables à la Corse et à l'Algérie. (*Modifié par la loi du* 2 *juin* 1862, *art.* 5.)

3. Toutes les dispositions contraires à la présente loi sont abrogées.

LOI

Qui modifie diverses dispositions du Code forestier.

(18 juin 1859)

Art. 1er. Les rubriques des sections 1 et 2 du titre XI, celles : des sections 1 et 2 du titre XIII, et les articles 57, 144, 159, 188, 189, 192, 194, 195, 200, 201, 210 et 215 du Code forestier sont modifiés ainsi qu'il suit :... (*V. le texte au Code forestier.*)

2. Le titre XV du Code forestier, intitulé : *Dispositions transitoires*, est remplacé par les articles suivants :... (*V. le texte au Code forestier.*)

DÉCRET

Portant règlement sur la hauteur des maisons, les combles et les lucarnes, dans la ville de Paris.

(27 juillet 1859) (1)

DÉCRET.

Sur le roulement des magistrats dans les Cours impériales et dans les tribunaux de première instance composés de plusieurs chambres.

(16 août 1859) (2)

DÉCRET

Qui modifie l'article 4 du décret du 22 mai 1858, relatif à la négociation et à la cote des valeurs des compagnies étrangères.

(16 août 1859)

Art. unique. L'article 4 du décret du 22 mai 1858, relatif à la négociation et à la cote des valeurs des compagnies étrangères, est modifié ainsi qu'il suit : « Les actions ne peuvent être de moins de 500 francs. Toutes celles qui ont été émises doivent être libérées jusqu'à concurrence des deux cinquièmes. » Les autres dispositions de l'article 4 du décret du 22 mai 1858 sont maintenues. (*Abrogé par décr.* 7 *févr.* 1880, *art.* 6.)

DÉCRET

Relatif à l'exécution de l'article 6 de la loi du 18 juin 1850, sur la Caisse des retraites pour la vieillesse.

(10 septembre 1859) (3)

DÉCRET

Qui autorise les agents de change près la Bourse de Paris à s'adjoindre un ou deux commis principaux.

(13 octobre 1859)

Art. 1er. Les agents de change près la Bourse de Paris sont autorisés à s'adjoindre un ou deux commis principaux.

2. Ces commis ne pourront faire aucune opération pour leur compte ; ils agiront au nom des agents de

(1) Bull., 11e série, no 6843. — V. le texte dans notre édition in-8o. — V. Décr. 26 mars 1852 et 27 déc. 1858.

(2) Bull., 11e série, no 6846. — Abrogé par le décret du 21 févr. 1870 ; — V. ce décret ; le décret du 21 oct. 1870, et l'arrêté du 12 juill. 1871.

(3) Bull., 11e série, no 6946. — V. le texte dans notre édition in-8o.

change et sous leur responsabilité ; ils seront soumis à un règlement délibéré par la chambre syndicale.

3. Il est interdit aux agents de change et aux commis principaux de vendre ou céder les fonctions de commis principal, moyennant un prix ou redevance quelconque.

DÉCRET

Qui modifie le titre XII de l'ordonnance du 1er août 1827, pour l'exécution du Code forestier.

(22 novembre 1859)

ART. UNIQUE. Le titre XII de l'ordonnance des 1er-4 août 1827 est remplacé par les dispositions suivantes :... (*V. le texte, à l'ordonnance du* 1er *août* 1827.)

DÉCRET

Qui attribue aux syndics des gens de mer, gardes maritimes et gendarmes de la marine, le droit de constater les délits de pêche commis dans les fleuves, rivières et canaux, entre les limites de l'inscription maritime et le point où cesse la salure des eaux.

(27 novembre 1859) (1)

DÉCRET

Portant règlement d'administration publique pour les transactions sur la poursuite des délits et contraventions en matière forestière et pour les prestations en nature autorisées par la loi du 18 juin 1859.

(21 décembre 1859) (2)

---

(1) Bull., 11e série, no 7197. — V. le texte dans notre édition in-8o.

(2) Bull., 11e série, no 7207. — V. le texte dans notre édition in-8o. — V. Arr. min. du 30 janv. 1860 et 27 avril 1861.

1860

ARRÊTÉ DU MINISTRE DES FINANCES

Sur l'exécution de la loi du 18 juin 1859 et du décret impérial du 21 décembre de la même année, en ce qui concerne les transactions en matière de délits forestiers.

(30 janvier 1860) (3)

LOI

Qui étend les dispositions de l'article 37 de la loi du 5 juin 1850 aux assurances contre la mortalité des bestiaux, la gelée, les inondations et autres risques agricoles

(9 mai 1860)

ART. UNIQUE. Les sociétés, compagnies et tous autres assureurs contre la mortalité des bestiaux, contre la gelée, les inondations et autres risques agricoles, pourront s'affranchir des obligations imposées par l'article 33 de la loi du 5 juin 1850, en contractant avec l'Etat un abonnement annuel, à raison de 2 centimes par 1,000 francs du total des sommes assurées d'après les polices ou contrats en cours d'exécution. — L'abonnement de l'année courante se calculera sur le chiffre total des opérations de l'année précédente.

SÉNATUS-CONSULTE

Concernant la réunion à la France de la Savoie et de l'arrondissement de Nice.

(12 juin 1860) (4)

DÉCRET

Relatif à l'application des lois pénales et d'instruction criminelle en Savoie et dans l'arrondissement de Nice.

(12 juin 1860) (5)

(3) V. le texte dans notre édition in-8o.

(4) Bull., 11e série, no 7731.

(5) Bull., 11e série, no 7722.

LOI

Portant répartition des territoires de la Savoie et de Nice en ressorts de Cours impériales et en départements.

(23 juin 1860)

ART. 1er. Les territoires réunis à l'Empire en vertu du sénatus-consulte du 12 juin 1860 sont répartis administrativement de la manière suivante : — Le territoire de la Savoie forme deux départements : celui de la Savoie et celui de la Haute-Savoie. — Le territoire de Nice et l'arrondissement de Grasse, distrait du département du Var, composent le département des Alpes-Maritimes.

2. La délimitation de ces départements et leur subdivision en arrondissements, cantons et communes, seront réglées par décrets de l'Empereur, rendus avant le 1er janvier 1861.

3. Les départements de la Savoie et de la Haute-Savoie forment le ressort d'une Cour impériale, dont le siége est Chambéry. — Le département des Alpes-Maritimes fait partie du ressort de la Cour impériale d'Aix.

DÉCRET

Portant que la qualité de Français pourra être réclamée par les sujets sardes majeurs, et dont le domicile est établi en Savoie et dans l'arrondissement de Nice, et par les sujets sardes encore mineurs nés dans lesdits pays.

(30 juin 1860)

ART. 1er. Les sujets sardes majeurs, et dont le domicile est établi dans les territoires réunis à la France par le traité du 24 mars 1860, pourront, pendant le cours d'une année, à dater des présentes, réclamer la qualité de Français. — Les demandes adressées à cet effet aux préfets des départements où se trouve leur résidence seront, après information, transmises à notre garde des Sceaux, ministre de la Justice, sur le rapport duquel la naturalisation sera, s'il échet, accordée sans formalités et sans paiement de droits.

2. Les sujets sardes encore mineurs, nés en Savoie et dans l'arrondissement de Nice, pourront, dans l'année qui suivra l'époque de leur majorité, réclamer la qualité de Français, en se conformant à l'article 9 du Code Napoléon.

LOI

Portant fixation du Budget général des dépenses et des recettes de l'exercice 1861.

(26 juillet 1860)

. . . .

TITRE III. — *Moyen de service et dispositions diverses.*

. . . .

ART. 18. A partir du 1er août 1860 et jusqu'au 31 janvier 1864, le droit général de consommation par hectolitre d'alcool pur contenu dans les eaux-de-vie et esprits en cercles, par hectolitre d'eaux-de-vie et esprits en bouteilles, de liqueurs en cercles et en bouteilles, et de fruits à l'eau-de-vie, sera fixé à soixante et quinze francs (75 fr.) en principal. — Les débitants établis dans les villes qui sont soumises à une taxe unique, les débitants établis en tous autres lieux et qui payent le droit général de consommation à l'arrivée, conformément à l'article 41 de la loi du 21 avril 1832, seront tenus d'acquitter, par hectolitre, un complément de vingt-cinq francs (25 fr.) en principal, sur les quantités qu'ils auront en leur possession à l'époque où les dispositions du présent article seront exécutoires, et qui seront constatées par voie d'inventaire. — A dater de la promulgation de la présente loi, la taxe de remplacement aux entrées de Paris sera portée à quatre-vingt-onze francs (91 fr.), en principal, par hectolitre d'alcool pur contenu dans les eaux-de-vie et esprits en cercles, par hectolitre d'eaux-de-vie et esprits en bouteilles, de liqueurs en cercles et en bouteilles, et de fruits à l'eau-de-vie.

19. A partir de 1861, le droit de patente des associés, dans les sociétés en nom collectif, sera réglé ainsi qu'il suit : — L'associé principal continuera à être assujetti à la totalité du droit fixe afférent à la profession, conformément à l'article 16 de la loi du 21 avril 1844. — Le même droit sera divisé en autant de parts égales qu'il y aura d'associés en nom collectif, et une de ces parts sera imposée à chaque associé secondaire. Toutefois, cette part

ne devra jamais, dans les cas prévus par l'article 23 de la loi du 18 mai 1850, dépasser le vingtième du droit fixe imposable au nom de l'associé principal.

20. Est autorisée, à partir du 1er janvier 1861, au profit des secrétaires des Ecoles de pharmacie, des secrétaires des Ecoles préparatoires de médecine et de pharmacie et des greffiers des justices de paix, la perception de 1 franc, tant pour chaque inscription des élèves stagiaires en pharmacie, que pour la délivrance des extraits de ces inscriptions. — Les registres destinés à recevoir ces inscriptions et les extraits de ces registres sont dispensés des formalités et des droits de timbre et d'enregistrement.

. . . .

LOI

Relative à la mise en valeur des marais et des terres incultes appartenant aux communes.

(28 juillet 1860) (1)

LOI

Relative au reboisement des montagnes.

(28 juillet 1860) (2)

DÉCRET

Sur l'application, en Savoie et dans l'arrondissement de Nice, des lois civiles, commerciales et de procédure civile qui régissent la France.

(22 août 1860) (3)

---

(1) Bull., 11e série, no 7991. — *V.* le texte dans notre édition in-8o.

(2) La loi ci-dessus a été abrogée par L. 4 avril 1882.

(3) Bull., 11e série, no 8131. — *V.* le texte dans notre édition in-8o.

DÉCRET

Qui complète le régime disciplinaire des Conseils de prud'hommes.

(8 septembre 1860) (4)

Art. 1er. Tout membre d'un Conseil de prud'hommes qui aura manqué gravement à ses devoirs dans l'exercice de ses fonctions pourra, sur la plainte du président du Conseil, ou du préfet, être frappé d'une des peines suivantes : — La censure ; — La suspension, pour un temps qui ne pourra excéder six mois ; — La destitution.

2. La censure et la suspension seront prononcées par arrêté ministériel, et la destitution, par décret impérial.

DÉCRET

Qui autorise les sociétés anonymes et autres associations commerciales, industrielles ou financières, légalement constituées dans le Royaume de Sardaigne, à exercer leurs droits en France.

(8 septembre 1860 (5)

1861

DÉCRET

Portant règlement d'administration publique pour l'exécution de la loi du 28 juillet 1860, relative à la mise en valeur des marais et des terres incultes appartenant aux communes.

(6 février 1861) (6)

DÉCRET

Qui modifie celui du 25 mars 1852, sur la décentralisation administrative.

(13 avril 1861) (7)

Art. 1er. Les préfets statueront désormais sur les affaires départementa-

(4) *V.* L. 4 juin 1864.

(5) Bull., 11e série, no 8235.

(6) Bull., 11e série, no 8800. — *V.* le texte de ce décret dans notre édition in-8o. — *V. Instr. min. de l'Agric.*, 24 mai 1861.

(7) *V.* Décrets des 24 févr., 1er août 1864.

les et communales qui exigeaient jusqu'à ce jour la décision du ministre de l'Intérieur, et dont la nomenclature suit, par addition au tableau A annexé au décret du 25 mars 1852 : — 1° Approbation des conditions des souscriptions à ouvrir et des traités de gré à gré à passer pour la réalisation des emprunts des villes qui n'ont pas 100,000 francs de recettes ordinaires ; — 2° Fixation de la durée des enquêtes qui doivent avoir lieu, en vertu de l'ordonnance du 18 février 1834, pour les travaux de construction de chemins vicinaux d'intérêt commun et de grande communication ou de ponts à péage situés sur ces voies publiques, quand ils n'intéressent que les communes d'un même département ; — 3° Règlement des indemnités pour dommages résultant d'extraction de matériaux destinés à la construction des chemins vicinaux de grande communication ; — 4° Règlement des frais d'expertise mis à la charge de l'administration, notamment en matière de subventions spéciales pour dégradations extraordinaires causées aux chemins vicinaux de grande communication ; — 5° Secours aux agents des chemins vicinaux de grande communication ; — 6° Gratifications aux mêmes agents ; — 7° Affectation du fonds départemental à des achats d'instruments ou à des dépenses d'impressions spéciales pour les chemins vicinaux de grande communication ; — 8° Approbation, dans les maisons d'arrêt, de justice et de correction, des dépenses suivantes : rations et fournitures supplémentaires, registres, imprimés, fournitures de bureau, secours de route aux libérés, frais de traitement dans les hospices et asiles, frais de chaussure aux détenus voyageant à pied, ferrement et déferrement des forçats ; — 9° Approbation, dans les maisons centrales, des dépenses suivantes : indemnités à raison du prix des grains, rations supplémentaires, fournitures d'écoles, indemnités aux moniteurs, allocation des frais de transport en voiture aux infirmes libérés et sans ressources, travaux de réparations aux bâtiments et logements jusqu'à 300 francs ; — 10° Examen et rectification des statuts présentés par les sociétés de secours mutuels qui demandent l'approbation ; — 11° Autorisation des versements votés par les sociétés pour la création ou l'accroissement de leur fonds de retraite ; — 12° Pensions de retraite aux sapeurs-pompiers communaux ; — 13° Autorisation de transports de corps d'un département dans un autre département et à l'étranger ; — 14° Congés aux commissaires de police n'excédant pas quinze jours ; — 15° Congés n'excédant pas quinze jours aux employés des maisons centrales, d'arrêt, de justice et de correction.

2. Les préfets statueront aussi, sans l'autorisation du ministre de l'Agriculture, du commerce et des travaux publics, mais sur l'avis ou la proposition des ingénieurs en chef, en ce qui concerne les nos 1, 2, 3, 4 et 5, sur les divers objets dont suit la nomenclature, par addition aux tableaux B et D annexés au décret du 25 mars 1852 : — 1° Approbation des adjudications autorisées par le ministre pour travaux imputables sur les fonds du Trésor ou des départements, dans tous les cas où les soumissions ne renferment aucune clause extraconditionnelle et où il n'aurait été présenté aucune réclamation ou protestation ; — 2° Approbation des prix supplémentaires pour des parties d'ouvrages non prévues au devis, dans le cas où il ne doit résulter de l'exécution de ces ouvrages aucune augmentation dans la dépense ; — 3° Fixation de la durée des enquêtes à ouvrir dans les formes déterminées par l'ordonnance du 18 février 1834, lorsque ces enquêtes auront été autorisées en principe par le ministre, et sauf le cas où les enquêtes doivent être ouvertes dans plusieurs départements sur un même projet ; — 4° Etablissement de prises d'eau pour fontaines publiques dans les cours d'eau non navigables ni flottables, sous la réserve des droits des tiers ; — 5° Répartition, entre l'industrie et l'agriculture, des eaux des cours d'eau non navigables ni flottables, de la manière prescrite par les anciens règlements ou les usages locaux ; — 6° Règlement des frais des visites annuelles des pharmacies payables sur les fonds départementaux ; — 7° Autorisations de fabriques d'eaux minérales artificielles ; — 8° Autorisations de dépôts d'eau minérale naturelle ou artificielle.

3. Les préfets statueront également, sans l'autorisation du ministre des Finances, sur les objets ci-après, par addition à la nomenclature du tableau C du décret du 25 mars 1852 : — 1° Approbation des adjudications pour la mise en ferme des bacs ; — 2° Règlement, dans le cas où il n'est pas dérogé au tarif municipal, des remises allouées aux percepteurs receveurs des associations de dessèchement.

4. Ils statueront aussi, sans l'autorisation du ministre de l'Instruction publique et des cultes, sur les objets

suivants : — 1° Répartition de la moitié du fonds de secours alloué au budget pour les écoles, les presbytères et les salles d'asile ; — 2° Autorisation donnée aux établissements religieux de placer en rentes sur l'Etat les sommes sans emploi provenant de remboursement de capitaux.

5. Ils nommeront directement, sans l'intervention du Gouvernement et sur la présentation des divers chefs de service, par addition à l'article 5 du décret du 25 mars 1852, aux fonctions et emplois suivants : — 1° Les membres des commissions de surveillance des maisons d'arrêt, de justice et de correction ; — 2° Les employés de ces établissements, aumôniers, médecins, gardiens-chefs et gardiens ; — 3° Les archivistes départementaux, dans les conditions déterminées par l'article 1er du décret du 4 février 1850 ; — 4° Les surnuméraires de l'administration des lignes télégraphiques, dans les conditions déterminées par les règlements ; — 5° Les commissaires de police des villes de six mille âmes et au-dessus ; — 6° Le tiers des percepteurs de la dernière classe ; — 7° Les surnuméraires contrôleurs des contributions directes, dans les conditions déterminées par les règlements ; — 8° Les surnuméraires des contributions indirectes dans les conditions déterminées par les règlements ; — 9° Les directeurs des bureaux publics pour le conditionnement des soies et laines ; — 10° Les médecins des épidémies ; — 11° Les membres des commissions chargées de la surveillance du travail des enfants dans les manufactures ; — 12° Les titulaires des débits de tabac dont le produit ne dépasse pas 1,000 francs ; — 13° Les gardiens des salines ; — 14° Les cantonniers de la navigation ; — 15° Les ouvriers employés dans les manufactures de tabac.

6. Les sous-préfets (*V. Décr. 4 mai 1864*) statueront désormais, soit directement, soit par délégation des préfets, sur les affaires qui, jusqu'à ce jour, exigeaient la décision préfectorale, et dont la nomenclature suit : — 1° Légalisation, sans les faire certifier par les préfets, des signatures données dans les cas suivants :

1° Actes de l'état civil, chaque fois que la légalisation du sous-préfet est requise ; — 2° Certificats d'indigence ; — 3° Certificats de bonnes vie et mœurs ; — 4° Certificats de vie ; — 5° Libération du service militaire ; — 6° Pièces destinées à constater l'état de soutien de famille ;

2° Délivrance des passe-ports ; — 3° Délivrance des permis de chasse ; — 4° Autorisation de mise en circulation des voitures publiques ; — 5° Autorisation des loteries de bienfaisance jusqu'à concurrence de 2,000 francs ; — 6° Autorisation de changement de résidence dans l'arrondissement des condamnés libérés ; — 7° Autorisation de débits de boissons temporaires ; — 8° Approbation des polices d'assurance contre l'incendie des édifices communaux ; — 9° Homologation des tarifs des concessions dans les cimetières quand ils sont établis d'après les conditions fixées par arrêté préfectoral ; — 10° Homologation des tarifs des droits de place dans les halles, foires et marchés, lorsqu'ils sont établis d'après les conditions fixées par arrêté préfectoral ; — 11° Homologation des tarifs des droits de pesage, jaugeage et mesurage, lorsqu'ils sont établis d'après les conditions fixées par arrêté préfectoral ; — 12° Autorisation des battues pour la destruction des animaux nuisibles dans les bois des communes et des établissements de bienfaisance ; — 13° Approbation des travaux ordinaires et de simple entretien des bâtiments communaux dont la dépense n'excède pas 1,000 francs, et dans la limite des crédits ouverts au budget ; — 14° Budgets et comptes des bureaux de bienfaisance ; — 15° Condition des baux et fermes des biens des bureaux de bienfaisance, lorsque la durée n'excède pas dix-huit ans ; — 16° Placement des fonds des bureaux de bienfaisance ; — 17° Acquisitions, ventes et échanges d'objets mobiliers des bureaux de bienfaisance ; — 18° Règlement du service intérieur dans ces établissements ; — 19° Acceptation par les bureaux de bienfaisance des dons et legs d'objets mobiliers ou de sommes d'argent, lorsque leur valeur n'excède pas 3,000 francs et qu'il n'y a pas réclamation des héritiers. — Les sous-préfets nommeront les simples préposés d'octroi.

7. L'article 6 du décret du 25 mars 1852 est applicable aux décisions prises par les préfets en vertu du présent décret. — Les sous-préfets rendront compte de leurs actes aux préfets, qui pourront les annuler ou les réformer, soit pour violation des lois et règlements, soit sur la réclamation des parties intéressées, sauf recours devant l'autorité compétente.

8. Les tableaux A, B, C, D, annexés au décret du 25 mars 1852, sont modifiés conformément aux dispositions ci-dessus.

. . . .

Tableau A.

1° Acquisitions, aliénations et échanges de propriétés départementales non affectées à un service public ; — 2° Affectation d'une propriété départementale à un service d'utilité départementale, lorsque cette propriété n'est déjà affectée à aucun service ; — 3° Mode de gestion des propriétés départementales ; — 4° Baux de biens donnés ou pris à ferme et à loyer dans le département ; — 5° Autorisation d'ester en justice ; — 6° Transactions qui concernent les droits des départements ; — 7° Acceptation ou refus des dons au département, sans charge ni affectation immobilière, et des legs qui présentent le même caractère, ou qui ne donnent pas lieu à réclamation ; — 8° Contrats à passer pour l'assurance des bâtiments départementaux ; — 9° Projets, plans et devis de travaux exécutés sur les fonds du département, et qui n'engageraient pas la question de système ou de régime intérieur, en ce qui concerne les maisons départementales d'arrêt, de justice ou de correction, ou les asiles d'aliénés ; — 10° Adjudication des travaux dans les mêmes limites ; 11° Adjudication des emprunts départementaux dans les limites fixées par les lois d'autorisation ; — 12° Acceptation des offres faites par des communes, des associations ou des particuliers pour concourir à la dépense des travaux à la charge des départements ; — 13° Concession à des associations, à des compagnies ou à des particuliers, des travaux d'intérêt départemental ; — 14° Acquisitions de meubles pour la préfecture, réparations à faire au mobilier ; — 15° Achat, sur les fonds départementaux, d'ouvrages administratifs destinés aux bibliothèques des préfectures et des sous-préfectures ; — 16° Distribution d'indemnités ordinaires et extraordinaires allouées sur le budget départemental aux ingénieurs des Ponts-et-chaussées ; — 17° Emploi du fonds de réserve inscrit à la deuxième section des budgets départementaux pour dépenses imprévues ; — 18° Règlement de la part des dépenses des aliénés, enfants trouvés et abandonnés, et orphelins pauvres, à mettre à la charge des communes, et base de la répartition à faire entre elles ; — 19° Traités entre les départements et les établissements publics ou privés d'aliénés ; — 20° Règlement des budgets des asiles publics ; — 21° Règlement des frais de transport, de séjour provisoire et du prix de pension des aliénés ; — 22° Dispenses de concours à l'entretien des aliénés réclamées par les familles ; — 23° Mode et condition d'admission des enfants trouvés dans les hospices ; tarifs des mois de nourrice et de pension ; indemnités aux nourriciers et gardiens ; prix des layettes et vêtures ; — 24° Marchés de fournitures pour les asiles d'aliénés et tous les établissements départementaux ; — 25° Transfèrement des détenus d'une maison départementale d'arrêt, de justice ou de correction, dans une autre maison du même département ; — 26° Approbation, dans les maisons d'arrêt, de justice et de correction, des dépenses suivantes : — Rations et fournitures supplémentaires, registres, imprimés, fournitures de bureau, secours de route aux libérés, frais de traitement dans les hospices et asiles, frais de chaussure aux détenus voyageant à pied, ferrement et déferrement des forçats ; — 27° Approbation, dans les maisons centrales, des dépenses suivantes : — Indemnités à raison du prix des grains, rations supplémentaires, fournitures d'écoles, indemnités aux moniteurs, allocation de frais de transport en voiture aux infirmes libérés et sans ressources, travaux de réparations aux bâtiments et logements jusqu'à 300 francs ; — 28° Congés n'excédant pas quinze jours, aux employés des maisons centrales, d'arrêt, de justice et de correction ; — 29° Création d'asiles départementaux pour l'indigence, la vieillesse, et règlements intérieurs de ces établissements ; — 30° Règlements intérieurs des dépôts de mendicité ; — 31° Règlements, budgets et comptes des sociétés de charité maternelles ; — 32° Acceptation ou refus des dons et legs faits à ces sociétés quand ils ne donnent point lieu à réclamations ; — 33° Examen et rectificaiton des statuts présentés par les sociétés de secours mutuels qui demandent l'approbation ; — 34° Autorisation des versements votés par les sociétés pour la création ou l'accroissement de leur fonds de retraite ; — 35° Rapatriement des aliénés étrangers soignés en France, et *vice versâ* ; — 36° Dépenses faites pour les militaires et les marins aliénés, et provisoirement pour les forçats libérés ; — 37° Autorisation d'établir des asiles privés d'aliénés ; — 38° Rapatriement d'enfants abandonnés à l'étranger ou d'enfants d'origine étrangère abandonnés en France ; — 39° Autorisation de transports de corps d'un département dans un autre département et à l'étranger ; — 40° Congés aux commissaires de police n'excédant pas quinze jours; — 41° Tarifs des droits de location de place dans les halles et marchés, et des droits de pesage, jaugeage et mesurage; — 42° Budgets et comptes des communes, lorsque ces budgets ne donnent pas lieu à des impositions extraordinaires; — 43° Approbation des conditions des souscriptions à ouvrir et des traités de gré à gré, à passer pour la réalisation des emprunts des villes qui n'ont pas 100,000 francs de recettes ordinaires; — 44° Pensions de retraite aux employés et agents des communes et établissements charitables; — 45° Pensions de retraite aux sapeurs-pompiers communaux; — 46° Répartition du fonds commun des amendes de police correctionnelle; — 47° Mode de jouissance en nature des biens communaux, quelle que soit la nature de l'acte primitif qui ait approuvé le mode actuel; — 48° Aliénations, acquisitions, échanges, partages de biens de toute nature, quelle qu'en soit la valeur; — 49° Dons et legs de toute sorte de biens, lorsqu'il n'y a pas réclamation des familles; — 50° Transactions sur toutes sortes de biens, quelle qu'en soit la valeur; — 51° Baux à donner ou à prendre, quelle qu'en soit la durée; — 52° Distraction de parties superflues de presbytères communaux, lorsqu'il n'y a pas opposition de l'autorité diocésaine; — 53° Tarifs des pompes funèbres; — 54° Tarifs des concessions dans les cimetières; — 55° Approbation des marchés passés de gré à gré; — 56° Approbation des plans et devis de travaux, quel qu'en soit le montant; — 57° Plan d'alignement des villes; — 58° Assurances contre l'incendie; — 59° Tarifs des droits de voirie dans les villes; — 60° Etablissements de trottoirs dans les villes; — 61° Fixation de la durée des enquêtes qui doivent avoir lieu, en vertu de l'ordonnance du 18 février 1834, pour les travaux de construction de chemins vicinaux d'intérêt commun et de grande communication, ou de ponts à péage situés sur ces voies publiques, quand ils n'intéressent que les communes du même département; — 62° Règlement des indemnités pour dommages résultant d'extraction de matériaux destinés à la construction des chemins vicinaux de grande communication; — 63° Règlement des frais d'expertise mis à la charge de l'Administration, notamment en matière de subventions spéciales pour dégradations extraordinaires causées aux chemins vicinaux de grande communication; — 64° Secours aux agents des chemins vicinaux de grande communication; — 65° Gratifications aux mêmes agents; — 66° Affectation du fonds départemental à des achats d'instruments ou à des dépenses d'impressions spéciales pour les chemins vicinaux de grande communication; — 67° Enfin, tous les autres objets d'administration départementale communale et d'assistance publique, sauf les exceptions ci-après : — *a.* Changements proposés à la circonscription du territoire du département, des arrondissements, des cantons et des communes, et à la désignation des chefs-lieux; — *b.* Contributions extraordinaires à établir et emprunts à contracter dans l'intérêt du département; — *c.* Répartition du fonds commun affecté aux dépenses ordinaires des départements; — *d.* Règlements des budgets départementaux; approbation des virements de crédits d'un sous-chapitre à un autre sous-chapitre de la première section du Budget, quand il s'agit d'une dépense nouvelle à introduire, et des virements de la seconde et de la troisième section; — *e.* Règlement du report des fonds libres départementaux d'un exercice sur un exercice ultérieur, et règlement des comptes départementaux; — *f.* Changement de destination des édifices départementaux affectés à un service public; — *g.* Fixation du taux maximum du mobilier des hôtels de préfecture; — *h.* Acceptation ou refus des dons et legs faits aux départements, qui donnent lieu à réclamation; — *i.* Classement, direction et déclassement des routes départementales; (*V. Décr. 24 février* 1864.) — *j.* Approbation des règlements d'administration et de discipline des maisons départementales d'arrêt, de justice et de correction; — *k.* Approbation des projets, plans et devis des travaux à exécuter aux maisons départementales d'arrêt, de justice et de correction, ou aux asiles publics d'aliénés, quand les travaux engagent la question de système ou de régime intérieur, quelle que soit d'ailleurs la quotité de la dépense; — *l.* Fixation de la part contributive du département aux travaux exécutés par l'Etat et qui intéressent le département; — *m.* Fixation de la part contributive du département aux dépenses et aux travaux qui intéressent à la fois le département et les communes; — *n.* Organisation des caisses de retraite ou de tout autre mode de rémunération ou de secours, en faveur des employés des préfectures ou sous-préfectures, et des autres services départementaux; — *o*. Règlement du domicile de secours pour les aliénés et les enfants trouvés, lorsque la question s'élève entre deux ou plusieurs départements; — *p*. Suppression des tours actuellement existants; ouverture de tours nouveaux; — *q*. Approbation des taxes d'octroi; — *r*. Frais de casernement à la charge des villes, leur abonnement; — *s*. Impositions extraordinaires pour dépenses facultatives, et impositions à établir d'office pour dépenses obligatoires; — *t*. Emprunts des communes; — *u*. Expropriation pour cause d'utilité publique, sans préjudice des concessions déjà faites en faveur de l'autorité préfectorale par la loi du 21 mai 1836, relative aux chemins vicinaux; — *v*. Legs, lorsqu'il y a réclamation de la famille; — *x*. Ponts communaux à péage; — *y*. Création d'établissements de bienfaisance (hôpitaux, hospices, bureaux de bienfaisance, monts-de-piété).

Tableau B.

1. Autorisation d'ouvrir des marchés, sauf pour les bestiaux; (*V. Décr. 13 août* 1864.) — 2° Réglementation complète de la boucherie, boulangerie et vente de comestibles sur les foires et marchés; — 3° Primes pour la destruction des animaux nuisibles; — 4° Règlement des frais de traitement des épizooties; — 5° Approbation des tableaux de marchandises à vendre aux enchères par le ministère des courtiers; — 6° Examen et approbation des règlements de police commerciale pour les foires, marchés, ports et autres lieux publics; — 7° Autorisation des établissements insalubres de première classe, dans les formes déterminées pour cette nature d'établissements, et avec les recours existant aujourd'hui pour les établissements de deuxième classe; — 8° Autorisation de fabriques et ateliers dans le rayon des douanes, sur l'avis conforme du directeur des douanes; — 9° Règlement des frais des visites annuelles des pharmacies payables sur les fonds départementaux; — 10° Autorisations de fabriques d'eaux minérales artificielles; — 11° Autorisations de dépôts d'eaux minérales naturelles ou artificielles.

Tableau C.

1° Transactions ayant pour objet les contraventions en matière de poudre à feu, lorsque la valeur des amendes et confiscations ne s'élève pas au-delà de 1,000 francs; — 2° Location amiable, après estimation contradictoire, de la valeur locative des biens de l'Etat, lorsque le prix annuel n'excède pas 500 francs; — 3° Concessions de servitudes à titre de tolérance temporaire et révocables à volonté; — 4° Concessions autorisées par les lois des 20 mai 1836 et 10 juin 1847 des biens usurpés, lorsque le prix n'excède pas 2,000 francs; — 5° Cession de terrains domaniaux compris dans le tracé des routes nationales, départementales et des chemins vicinaux; — 6° Echanges de terrains provenant de déclassement de routes, dans le cas prévu par l'article 4 de la loi du 20 mai 1836; — 7° Liquidation de dépenses, lorsque les sommes liquidées ne dépassent pas 2,000 francs; — 8° Demandes en autorisation concernant les établissements et constructions mentionnés dans les articles 151, 152, 153, 154 et 155 du Code forestier; — 9° Vente sur les lieux des produits façonnés provenant des bois des communes et des établissements publics, quelle que soit la valeur de ces produits; — 10° Travaux à exécuter dans les forêts communales ou d'établissements publics, pour la recherche ou la conduite des eaux, la construction des récipients et autres ouvrages analogues, lorsque ces travaux auront un but d'utilité communale; — 11° Approbation des adjudications pour la mise en ferme des bacs; — 12° Règlement, dans les cas où il n'est pas dérogé au tarif municipal, des remises allouées aux percepteurs-receveurs des associations de dessèchement.

Tableau D.

1° Autorisation, sur les cours d'eau navigables ou flottables, des prises d'eau, faites au moyen de machines, et qui, eu égard au volume du cours d'eau, n'auraient pas pour effet d'en altérer sensiblement le régime; — 2° Autorisation des établissements temporaires sur lesdits cours d'eau, alors même qu'ils auraient pour effet de modifier le régime ou le niveau des eaux; fixation de la durée de la permission; — 3° Autorisation sur les cours d'eau non navigables ni flottables de tout établissement nouveau, tel que moulin, usine, barrage, prise d'eau d'irrigation, patouillet, bocard, lavoir à mines; — 4° Régularisation de l'existence desdits établissements lorsqu'ils ne sont pas encore pourvus d'autorisation régulière, ou modification des règlements déjà existants; — 5° Etablissement de prises d'eau pour fontaines publiques, dans les cours d'eau non navigables ni flottables, sous la réserve des droits des tiers; — 6° Dispositions pour assurer le curage et le bon entretien des cours d'eau non navigables ni flottables de la manière prescrite par les anciens règlements ou d'après les usages locaux; réunion, s'il y a lieu, des propriétaires intéressés en associations syndicales; — 7° Répartition, entre l'industrie et l'agriculture, des eaux des cours d'eau non navigables ni flottables, de la manière prescrite par les anciens règlements ou les usages locaux; — 8° Constitution en associations syndicales des propriétaires intéressés à l'exécution et à l'entretien des travaux d'endiguement contre la mer, les fleuves, rivières et torrents navigables ou non navigables, de canaux d'arrosage ou de canaux de dessèchement, lorsque ces propriétaires sont d'accord pour l'exécution desdits travaux et la répartition des dépenses; — 9° Autorisation et établissement des débarcadères sur les bords des fleuves et rivières pour le service de la navigation; fixation des tarifs et des conditions d'exploitation de ces débarcadères; — 10° Approbation de la liquidation des plus-values ou des moins-values en fin de bail du matériel des bacs affermés au profit de l'Etat; — 11° Autorisation et établissement des bateaux particuliers; — 12° Fixation de la durée des enquêtes à ouvrir, dans les formes déterminées par l'ordonnance du 18 février 1834, lorsque ces enquêtes auront été autorisées en principe par le ministre, et sauf le cas où les enquêtes doivent être ouvertes dans plusieurs départements sur un même projet; — 13° Approbation des adjudications autorisées par le ministre, pour les travaux imputables sur les fonds du Trésor ou des départements, dans tous les cas où les soumissions ne renferment aucune clause extraconditionnelle, et où il n'aurait été présenté aucune réclamation ou protestation; — 14° Approbation des prix supplémentaires pour des parties d'ouvrages non prévues aux devis, dans le cas où il ne doit résulter de l'exécution de ces ouvrages aucune augmentation dans la dépense; — 15° Approbation, dans la limite des crédits ouverts, des dépenses dont la nomenclature suit : — *a*. Acquisition de terrains, d'immeubles, etc., dont le prix ne dépasse pas 25,000 francs; — *b*. Indemnités mobilières; — *c*. Indemnités pour dommages; — *d*. Frais accessoires aux acquisitions d'immeubles, aux indemnités mobilières et aux dommages ci-dessus désignés; — *e*. Loyers de magasins, terrains, etc. — *f*. Secours aux ouvriers réformés, blessés, etc., dans les limites déterminées par les instructions; — 16° Approbation de la répartition rectifiée des fonds d'entretien et des décomptes définitifs des entreprises quand il n'y a pas d'augmentation dans les dépenses autorisées; — 17° Autorisation de la main-levée des hypothèques prises sur les biens des adjudicataires ou de leurs cautions, et du remboursement des cautionnements après la réception définitive des travaux; autorisation de la remise à l'administration des domaines des terrains devenus inutiles au service.

DÉCRET

Portant règlement d'administration publique pour l'exécution de la loi du 28 juillet 1860, sur le reboisement des montagnes.

(27 avril 1861) (1)

LOI

Relative à la légalisation, par les juges de paix, des signatures des notaires et des officiers de l'état civil.

(2 mai 1861)

ART. 1er. Les juges de paix qui ne siégent pas au chef-lieu du ressort d'un tribunal de première instance sont autorisés à légaliser, concurremment avec le président du tribunal, les signatures des notaires qui résident dans leur canton et celles des officiers de l'état civil des communes qui en dépendent, soit en totalité, soit en partie.

2. Les notaires et les officiers de l'état civil déposeront leurs signatures et leurs paraphes au greffe de la justice de paix où la légalisation peut être donnée.

3. Il est alloué aux greffiers de justice de paix une rétribution de vingt-cinq centimes par chaque légalisation. — Néanmoins cette rétribution ne sera pas exigée, si l'acte, la copie ou l'extrait sont dispensés du timbre.

(1) Bull., 11e série, n° 9001. — Abrogé par l'article 37 du décret du 10 nov. 1864.

DÉCRET

Portant que les navires, agrès et apparaux, et les sucres raffinés, sont compris au tableau des marchandises qui peuvent être vendues aux enchères publiques, conformément à la loi du 28 mai 1858, dans tout l'Empire.

(8 mai 1861) (1)

LOI

Relative à la Caisse des retraites pour la vieillesse.

(12 juin 1861) (2)

LOI

Qui modifie celle du 11 avril 1831, sur les pensions de l'armée de terre.

(25 juin 1861) (3)

LOI

Qui modifie celle du 18 avril 1831, sur les pensions de l'armée de mer.

(26 juin 1861) (4)

LOI

Portant fixation du Budget de l'exercice 1862.

(28 juin 1861)

. . . .

TITRE III. — *Moyens de service et dispositions diverses.*

. . . .

ART. 16. A partir du 1er janvier 1862, les établissements d'enseignement supérieur chargés de la collation des grades cesseront de former un service spécial. Leurs dépenses seront inscrites au Budget des dépenses publiques; le recouvrement des recettes aura lieu au profit de l'État. (*V. art.* 13, *L.* 14 *juin* 1854.)

17. Le délai pour faire enregistrer les procès-verbaux des ventes publiques de marchandises faites par les courtiers est fixé à dix jours.

18. A dater du 1er janvier 1862, la taxe des lettres ordinaires, circulant de bureau de poste à bureau de poste dans l'intérieur de la France, et des lettres de même nature de la France, pour la Corse et l'Algérie, et réciproquement, sera ainsi fixée (5) :...

. . . .

LOI

Sur les ventes publiques de marchandises en gros, autorisées ou ordonnées par la justice consulaire.

(3 juillet 1861) (6)

ART. 1er. Les tribunaux de commerce peuvent, après décès ou cessation de commerce, et dans tous les autres cas de nécessité dont l'appréciation leur est soumise, autoriser la vente aux enchères en gros des marchandises de toute espèce et de toute provenance. — L'autorisation est donnée sur requête; un état détaillé des marchandises à vendre est joint à la requête. — Le tribunal constate par son jugement le fait qui donne lieu à la vente.

2. Les ventes autorisées en vertu de l'article précédent, ainsi que toutes celles qui sont autorisées ou ordonnées par la justice consulaire dans les divers cas prévus par le Code de commerce, sont faites par le ministère des courtiers. — Néanmoins, il appartient toujours au tribunal, ou au juge qui autorise ou ordonne la vente, de désigner, pour y procéder, une autre classe d'officiers publics; dans ce cas, l'officier public, quel qu'il soit, est soumis aux dispositions qui régissent les courtiers, relativement aux formes, aux tarifs et à la responsabilité.

3. Les dispositions des articles 2 à 7 inclusivement de la loi du 28 mai 1858, sur les ventes publiques, sont applicables aux ventes autorisées ou

(1) Bull., 11e série, no 9024.

(2) Bull., 11e série, no 9108. — *V.* le texte dans notre édition in-8o.

(3) Bull., 11e série, no 9169. — *V. L.* 22 juin 1878.

(4) Bull., 11e série, no 9170. — *V.* le texte dans notre édition in-8o.

(5) Cette taxe a été modifiée par la loi du 24 août 1871. — *V.* les articles 1er et suiv. de cette loi, et *L.* 3 août 1875.

(6) *V.* Décr. 6 juin 1863.

ordonnées comme il est dit dans les deux articles qui précèdent.

LOI

Sur la correspondance télégraphique privée, à l'intérieur de l'Empire.

(3 juillet 1861) (1)

DÉCRET

Portant règlement sur la Caisse de retraites pour la vieillesse.

(27 juillet 1861) (2)

DÉCRET

Qui modifie les articles 5 et 10 du décret du 4 août 1855, relatif à la taxe municipale sur les chiens.

(3 août 1861) (3)

DÉCRET

Portant règlement d'administration publique pour l'exécution de l'article 2 de la loi du 28 juillet 1860, relative à l'exécution de routes forestières, et de l'article 14 de la loi du même jour, relative au reboisement des montagnes.

(10 août 1861) (4)

DÉCRET

Relatif à l'exécution de l'aménagement des bois des communes et d'établissements publics, ainsi qu'au mode de paiement des frais de ces opérations.

(25 août 1861) (5)

---

(1) Bull., 11e série, no 9250. — *V.* le texte dans notre édition in-8o. — *V.* L. 4 juill. 1868; L. 21 mars 1878; Décr. 25 août 1879.

(2) Bull., 11e série, no 9408.

(3) Bull., 11e série, no 9420. — *V.* le texte dans notre édition in-8o.

(4) Bull., 11e série, no 9438. — *V.* le texte dans notre édition in-8o.

(5) Bull., 11e série, no 9456.

DÉCRET

Qui institue le titre d'avoué honoraire dans les compagnies d'avoués près les Cours impériales et les tribunaux de première instance.

(7 novembre 1861)

Art. 1er. Le titre d'avoué honoraire pourra être conféré par Nous, sur la proposition de la Chambre de discipline, et sur le rapport de notre garde des Sceaux, ministre de la Justice, aux avoués qui résigneront leurs fonctions après un exercice de vingt années consécutives (6).

2. Les avoués honoraires auront le droit d'assister aux assemblées générales. Ils auront voix consultative.

1862

DÉCRET

Relatif à la perception du droit de transmission établi sur les actions et obligations des sociétés, compagnies et entreprises étrangères.

(11 janvier 1862)

Art. 1er. Le droit de transmission établi par l'article 9 de la loi du 23 juin 1857 et par l'article 10 du décret du 17 juillet suivant, sur les actions et obligations des sociétés, compagnies et entreprises étrangères, est perçu de la manière suivante : — Pour les sociétés, compagnies et entreprises dont les titres sont cotés et circulent simultanément dans les places de commerce de l'étranger et à la Bourse de Paris, ou dans les Bourses départementales, la moitié du capital représenté par leurs actions et obligations est soumise à l'impôt; — Pour les sociétés, compagnies et entreprises dont il est notoire que les titres circulent particulièrement en France, l'impôt est perçu sur le montant total de leurs actions et obligations. (*V.* *Décr.* 11 *déc.* 1864.)

2. Les représentants des sociétés devront fournir au ministre des Finances une déclaration émanée des conseils d'administration desdites sociétés,

(6) Les Chambres des avoués n'ont pas le droit de conférer le titre de l'honorariat à des avoués démissionnaires. — *Instr. g. des Sc.* 16 mai 1856.

faisant connaître l'importance du capital émis, tant en actions qu'en obligations. Cette déclaration doit être certifiée par le consul de France du lieu où est établi le siége de ladite société.

DÉCRET

Relatif à l'acceptation des dons et legs faits aux fabriques des églises.

(15 février 1862) (1)

ART. 1er. L'acceptation des dons et legs faits aux fabriques des églises sera désormais autorisée par les préfets, sur l'avis préalable des évêques, lorsque ces libéralités n'excéderont pas la valeur de 1,000 francs, ne donneront lieu à aucune réclamation et ne seront grevées d'autres charges que l'acquit de fondations pieuses dans les églises paroissiales, et de dispositions au profit des communes, des hospices, des pauvres ou des bureaux de bienfaisance.

2. L'autorisation ne sera accordée qu'après l'approbation provisoire de l'évêque diocésain, s'il y a charge de services religieux.

3. Les préfets rendront compte de leurs arrêtés d'autorisation au ministre compétent dans les formes déterminées par les instructions qui leur seront adressées. Les arrêtés qui seraient contraires aux lois et règlements, ou qui donneraient lieu aux réclamations des parties intéressées, pourront être annulés ou réformés par arrêté ministériel.

DÉCRET

Relatif au traitement des instituteurs primaires publics.

(19 avril 1862) (2)

LOI

Portant modification des délais en matière civile et commerciale.

(3 mai 1862)

CODE DE PROCÉDURE.

ART. 1er. L'article 73 du Code de procédure civile sera remplacé par les dispositions suivantes (3) :...

2. Les articles 443, 445 et 446 du même Code seront remplacés par les articles suivants (3) :...

3. Les articles 483, 484, 485 et 486 du même Code seront remplacés par les articles suivants (3) :...

4. L'article 1033 du même Code sera remplacé par les dispositions suivantes (3) :...

CODE DE COMMERCE.

5. Les articles 160 et 166 du Code de commerce seront remplacés par les dispositions suivantes (4) ....

6. Les articles 373 et 375 du Code de commerce seront remplacés par les dispositions suivantes (4) :...

7. L'article 645 du Code de commerce sera remplacé par l'article suivant (4):..

8. La loi du 11 juin 1859, qui détermine le délai des ajournements d'Algérie en France et de France en Algérie, est abrogée. — Le délai des ajournements devant les tribunaux d'Algérie pour les personnes domiciliées en France sera d'un mois.

DÉCRET

Portant promulgation de la convention conclue, le 30 avril 1862, entre la France et la Grande-Bretagne, pour régulariser la situation des compagnies commerciales, industrielles et financières dans les Etats respectifs.

(17 mai 1862) (5)

DÉCRET

Qui modifie l'article 2 du décret du 16 août 1859, relatif au roulement des magistrats dans les Cours impériales.

(28 mai 1862) (6)

ART. 1er. L'article 2 du décret du

(1) *V. Circ. min. Instr. publ.* 10 avril 1862.

(2) Bull., 11e série, no 10250. — *V.* le texte dans notre édition in-8o. — *V.* L. 19 juill. 1875, *Relative au traitement des instituteurs et institutrices primaires.*

(3) *V.* le texte au Code de procédure civile.

(4) *V.* le texte au Code de commerce.

(5) Bull., 11e série, no 10202. — *V.* le texte dans notre édition in-8o.

(6) Le décret du 16 août 1859 a été abrogé par décret du 21 févr. 1870. — *V.* Ord. 11 oct. 1820; Arr. 12 juill. 1871.

16 août 1859 est modifié ainsi qu'il suit :

Aucun président ou conseiller ne peut être obligé de rester plus de deux années consécutives, soit dans chacune des Chambres criminelles, soit dans chacune des Chambres civiles.

. . . .

DÉCRET

Portant règlement général sur la comptabilité publique.

(31 mai 1862) (1)

DÉCRET

Qui augmente le nombre des juges du tribunal de commerce de Paris.

(31 mai 1862)

ART. 1er. Le nombre des juges du tribunal de commerce de Paris est porté de dix à quatorze. En conséquence, ce tribunal sera composé, à l'avenir, d'un président, de quatorze juges et de seize suppléants.

. . . .

LOI

Concernant les délais des pourvois devant la Cour de cassation en matière civile.

(2 juin 1862)

ART. 1er. Le délai pour se pourvoir en cassation sera de deux mois, à compter du jour où la signification de la décision objet du pourvoi aura été faite à personne ou à domicile. — A l'égard des jugements et arrêts par défaut qui pourront être déférés à la Cour de cassation, ce délai ne courra qu'à compter du jour où l'opposition ne sera plus recevable.

2. Le demandeur en cassation est tenu de signifier l'arrêt d'admission à personne ou à domicile, dans les deux mois après sa date ; sinon, il est déchu de son pourvoi envers ceux des défendeurs à qui la signification aurait dû être faite.

3. Le délai pour comparaître sera d'un mois à partir de la signification de l'arrêt d'admission faite à la personne ou au domicile des défendeurs.

4. Les délais fixés par les articles 1 et 3, relativement au pourvoi en cassation et à la comparution des défendeurs, seront augmentés de huit mois en faveur des demandeurs ou défendeurs absents du territoire français de l'Europe ou de l'Algérie, pour cause de service public, et en faveur des gens de mer absents de ce même territoire pour cause de navigation.

5. Il est ajouté au délai ordinaire du pouvoi, lorsque le demandeur sera domicilié en Corse, en Algérie, dans les Iles Britanniques, en Italie, dans le Royaume des Pays-Bas et dans les Etats ou Confédérations limitrophes de la France continentale, un mois. — S'il est domicilié dans les autres Etats, soit de l'Europe, soit du littoral de la Méditerranée et de celui de la mer Noire, deux mois. — S'il est domicilié hors d'Europe, en deçà des détroits de Malacca et de la Sonde ou en deçà du cap Horn, cinq mois. — S'il est domicilié au-delà des détroits de Malacca et de la Sonde ou au-delà du cap Horn, huit mois. — Les délais ci-dessus seront doublés pour les pays d'outre-mer, en cas de guerre maritime.

6. Les mêmes délais seront ajoutés : — 1° Au délai ordinaire accordé au demandeur lorsqu'il devra signifier l'arrêt d'admission dans l'un des pays désignés en l'article précédent ; — 2° Au délai ordinaire réglé par l'article 3, lorsque les défendeurs domiciliés dans l'un de ces pays devront comparaître sur la signification de l'arrêt d'admission.

7. Lorsque le délai pour la comparution sera expiré sans que le défendeur se soit fait représenter devant la Cour, l'audience ne pourra être poursuivie que sur un certificat du greffier constatant la non-comparution du défendeur.

8. Les arrêts de la Chambre des requêtes, contenant autorisation d'assigner en matière de règlement de juges ou de renvoi pour suspicion légitime, seront signifiés dans le mois de leur date aux défendeurs, sous peine de déchéance. Les défendeurs devront comparaître dans le délai fixé par l'article 3. Néanmoins, ces délais pourront être réduits ou augmentés, suivant les circonstances, par l'arrêt portant permission d'assigner.

9. Tous les délais ci-dessus énoncés seront francs ; si le dernier jour du délai est un jour férié, le délai sera prorogé au lendemain. Les mois seront

(1) Bull., 11e série, n° 10527. — *V.* le texte dans notre édition in-8°.

comptés suivant le calendrier grégorien.

10. Il n'est pas dérogé aux lois spéciales qui régissent les pourvois en matière électorale et d'expropriation pour cause d'utilité publique.

11. Sont abrogés, dans leurs dispositions contraires à la présente loi, l'ordonnance d'août 1737, le règlement du 28 juin 1738, les lois des 27 novembre 1790, 2 septembre 1793, 1er frimaire an II, 11 juin 1859, et autres lois relatives à la procédure en matière civile devant la Cour de cassation.

DÉCRET

Relatif aux élections des membres des tribunaux de commerce.

(14 juin 1862) (1)

LOI

Portant fixation du Budget général ordinaire des dépenses et des recettes de l'exercice 1863.

(2 juillet 1862)

TITRE Ier. — *Budget ordinaire.*

. . . .

§ 2. — Impôts autorisés.

. . . .

ART. 3. Les dispositions du paragraphe 6 de l'article 13 de la loi du 25 avril 1844 et de l'article 11 de la loi du 4 juin 1858, relatives aux exemptions de patente prononcées en faveur des ouvriers, seront désormais appliquées aux ouvriers, ayant une enseigne ou une boutique comme à ceux qui n'en ont point, si d'ailleurs ces ouvriers réunissent les autres conditions d'exemption énoncées aux paragraphes et aux articles précités.

4. A partir du 1er janvier 1863, il sera perçu une contribution annuelle, par chaque voiture attelée et pour chaque cheval affecté au service personnel du propriétaire ou au service de sa famille (*V. L.* 23 *juill.* 1872) (2).

5. Cette contribution sera établie d'après le tarif suivant (3) :

VILLES COMMUNES OU LOCALITÉS dans lesquelles le tarif est applicable.	SOMMES A PAYER, non compris les fonds de non-valeur, par chaque voiture à 4 roues.	voiture à 2 roues.	cheval de selle ou d'attelage
Paris	60 f.	40 f.	25 f.
Les communes autres que Paris ayant plus de 40,000 âmes de population	50	25	20
Les communes de 20,001 âmes à 40,000 âmes.	40	20	15
Les communes de 3,001 âmes à 20,000 âmes.	25	10	10
Les communes de 3,000 âmes et au-dessous.	10	5	5

6. — *Abrogé par la loi du* 23 *juillet* 1872.

7. Ne donnent pas lieu au payement de la taxe : — 1o... (*Abrogé par la loi du* 23 *juillet* 1872.) — 2o Les juments et étalons exclusivement consacrés à la reproduction ; — 3o... (*Abrogé par la loi du* 23 *juill.* 1872.)

8, 9. — *Abrogés par la loi du* 23 *juillet* 1872.

10. Si le contribuable a plusieurs résidences, il sera, pour les chevaux et les voitures qui le suivent habituellement, imposé dans la commune où il est soumis à la contribution per-

(1) Bull., 11e série, no 10290.

(2) Remise en vigueur par l'article 7 de la loi du 16 sept. 1871. — V. L. 22 déc. 1879.

(3) V. art. 1er, L. 22 déc. 1879.

sonnelle, conformément à l'article 13 de la loi du 21 avril 1832 ; mais la contribution sera établie suivant la taxe de la commune dont la population est la plus élevée. Pour les chevaux et les voitures qui restent habituellement attachés à l'une de ces résidences, le contribuable sera imposé dans la commune de cette résidence, et suivant la taxe afférente à la population de cette commune.

11. Les contribuables sont tenus de faire la déclaration des voitures et des chevaux à raison desquels ils sont imposables, et d'indiquer les différentes communes où ils ont des habitations, en désignant celles où ils ont des éléments de cotisation en permanence. — Les déclarations sont valables pour toute la durée des faits qui y ont donné lieu ; elles doivent être modifiées dans le cas de changement de résidence hors de la commune ou du ressort de la perception, et dans le cas de modifications survenues dans les bases de cotisation. — Les déclarations seront faites ou modifiées, s'il y a lieu, le 15 janvier, au plus tard, de chaque année, à la mairie de l'une des communes où les contribuables ont leur résidence. — Si les déclarations ne sont pas faites dans le délai ci-dessus, ou si elles sont inexactes ou incomplètes, il y sera suppléé d'office par le contrôleur des contributions directes, qui est chargé de rédiger, de concert avec le maire et les répartiteurs, l'état matrice destiné à servir de base à la confection du rôle. — En cas de contestation entre le contrôleur et le maire et les répartiteurs, il sera, sur le rapport du directeur des contributions directes, statué par le préfet, sauf référé au ministre des Finances, si la décision était contraire à la proposition du directeur, et, dans tous les cas, sans préjudice pour le contribuable du droit de réclamer après la mise en recouvrement du rôle.

12. Les taxes seront doublées pour les voitures et les chevaux qui n'auront pas été déclarés ou qui auront été déclarés d'une manière inexacte.

13. Il est ajouté à l'impôt 5 centimes par franc pour couvrir les décharges, réductions, remises ou modérations, ainsi que les frais de l'assiette de l'impôt et ceux de la confection des rôles, qui seront établis, arrêtés, publiés et recouvrés comme en matière de contributions directes. — En cas d'insuffisance, il sera pourvu au déficit par un prélèvement sur le montant de l'impôt.

. . . .

Dispositions spéciales sur le timbre.

17. A partir du 15 juillet 1862, le droit de timbre perçu à raison de la dimension du papier est fixé comme il suit :... (*Modifié par la loi du 23 août 1871.*)

Demi-feuille de petit papier.	0 f.	50 c.
Feuille de petit papier. .	1	00
Feuille de moyen papier.	1	50
Feuille de grand papier.	2	00
Feuille de grand registre.	3	00

18. A partir de la même époque, la faculté d'abonnement établie par l'article 37 de la loi du 5 juin 1850, au profit des sociétés, compagnies d'assurances et assureurs, s'exercera à raison de 3 centimes par 1,000 francs du total des sommes assurées.

19. Les bordereaux et arrêtés des agents de change et courtiers seront assujettis au droit de timbre du total des sommes employées aux opérations qui y sont mentionnées. — Ce droit sera, savoir :

Pour les sommes	de 10,000 francs et au-dessous..	0 f. 50 c.
	au-dessus de 10,000 francs..	1 f. 50

Le papier destiné à ces bordereaux et arrêtés sera fourni par les agents de change et courtiers, et timbré à l'extraordinaire, conformément à l'article 6 de la loi du 11 juin 1842.

20. Les copies des exploits, celles des significations d'avoué à avoué et des significations de tous jugements, actes ou pièces, doivent être correctes, lisibles et sans abréviations. — Un règlement d'administration publique déterminera le nombre de lignes et de syllabes que devront contenir les copies. — Toute contravention aux dispositions du présent article et à celles du règlement d'administration publique est punie d'une amende de 25 francs (*V. Décr.* 29 *août* 1813, *et* 30 *juill.* 1862) (1).

(1) (*a*) Les abréviations donnent lieu à la pénalité lorsqu'elles sont multipliées au point de rendre l'acte inintelligible. — *Circ. g. des Sc.* 6 déc. 1850.

(*b*) Le ministère public a le droit de poursuivre l'huissier contrevenant, non-seulement par voie de réquisition dans le cours d'une instance, mais encore, en tout état de cause, par voie d'action directe, sur la simple production de l'acte illisible. — Cass. 17 déc. 1828.

(*c*) Les juges taxateurs doivent rejeter

21. Ceux qui, dans une intention frauduleuse, ont altéré, employé, vendu ou tenté de vendre des papiers timbrés ayant déjà servi, sont poursuivis devant le tribunal correctionnel et punis d'une amende de 50 à 1,000 francs. En cas de récidive, la peine est d'un emprisonnement de cinq jours à un mois, et l'amende est doublée. — Il peut être fait application de l'article 463 du Code pénal.

22. L'amende est de 50 francs pour chaque acte ou écrit sous signature privée sujet au timbre de dimension et fait sur papier non timbré.

23. Les préposés des douanes, des contributions indirectes et ceux des octrois, ont, pour constater les contraventions au timbre des actes ou écrits sous signature privée, et pour saisir les pièces en contravention, les même attributions que les préposés de l'enregistrement.

24. Les receveurs de l'enregistrement pourront suppléer à la formalité du visa, pour toute espèce de timbres de dimension, au moyen de l'apposition de timbres mobiles.

25. A partir du 1er janvier 1863, le droit de timbre auquel les warrants endossés séparément des récépissés sont soumis par l'article 13 de la loi du 28 mai 1858, sur les négociations relatives aux marchandises déposées dans les magasins généraux, pourra être acquitté par l'apposition sur ces effets de timbres mobiles que l'administration de l'enregistrement est autorisée à vendre et à faire vendre.

26. Un règlement d'administration publique déterminera la forme et les conditions d'emploi des timbres mobiles créés en exécution de la présente loi. — Sont applicables à ces timbres les dispositions de l'article 21 de la loi du 11 juin 1859.

27. Sont considérés comme non timbrés les actes ou écrits sur lesquels le timbre mobile aurait été apposé sans l'accomplissement des conditions prescrites par le règlement d'administration publique ou sur lesquels aurait été apposé un timbre ayant déjà servi.

28. Sont maintenues toutes les exemptions et exceptions prononcées par les lois existantes. — Sont également maintenues toutes les dispositions des lois sur le timbre non contraires à la présente loi.

Disposition spéciale sur les postes.

29. A partir du 1er janvier 1863, la taxe à percevoir sur les envois de fonds ou sur la valeur des objets précieux confiés à la poste sera fixée à 1 pour 100 du montant des envois ou de la valeur des objets. — A partir de la même époque, la taxe des lettres originaires d'un bureau de poste, et distribuables dans la circonscription du même bureau, sera fixée ainsi qu'il suit :... (*V. L.* 24 *août* 1871, *qui modifie cette taxe.*)

. . . .

TITRE IV. — *Moyens de service et dispositions diverses.*

. . . .

46. Les sommes dont le placement ou le remploi en immeubles est prescrit ou autorisé par la loi, par un jugement, par un contrat ou par une disposition à titre gratuit entre-vifs ou testamentaire, peuvent être employées en rentes 3 pour 100 de la dette française, à moins de clause contraire. — Dans ce cas, et sur la réquisition des parties, l'immatricule de ces rentes au grand-livre de la dette publique en indique l'affectation spéciale. (*V. LL.* 16 *sept.* 1871, *art.* 29; 11 *juin* 1878, *art.* 3.)

47. A partir du 1er octobre 1862, les rentes 3 pour 100 d'une origine antérieure à la loi du 12 février 1862 seront payables par quart, de trois mois en trois mois, aux époques des 1er janvier, 1er avril, 1er juillet et 1er octobre de chaque année. — En conséquence, le semestre desdites rentes échéant au 21 décembre prochain sera payé moitié au 1er octobre 1862, et moitié au 1er janvier 1863.

de la taxe tous les actes illisibles. — *Circ. g. des Se.* 15 avril 1840.

LOI

Qui modifie les articles 74, 75 *et* 90 *du Code de commerce.*

(2 juillet 1862)

ART. UNIQUE. Les articles 74, 75 et 90 du Code de commerce sont modifiés ainsi qu'il suit (1) :...

(1) *V.* le texte au Code de commerce.

DÉCRET

Qui, en exécution de l'article 20 *de la loi de finances du* 2 *juillet* 1862, *détermine le nombre de lignes et de syllabes que devront contenir les copies des exploits, celles des significations d'avoués à avoués, et des significations de tous jugements, actes ou pièces.*

(30 juillet 1862)

Art. 1er. Les copies des exploits, celles des significations d'avoués à avoués et des significations de tous jugements, actes ou pièces, ne peuvent contenir, savoir : — Sur le petit papier (feuilles et demi-feuilles), plus de trente lignes à la page et de trente syllabes à la ligne ; — Sur le moyen papier, plus de trente-cinq lignes à la page et de trente-cinq syllabes à la ligne ; — Sur le grand papier, plus de quarante lignes à la page et de quarante syllabes à la ligne ; — Sur le grand registre, plus de quarante-cinq lignes à la page et de quarante-cinq syllabes à la ligne (1).

. . . .

DÉCRET

Relatif à l'établissement des parquets pour la négociation des effets publics.

(15 septembre 1862)

Art. unique. A l'avenir, les parquets pour la négociation des effets publics ne pourront être établis que par des décrets rendus sur la proposition de nos ministres secrétaires d'Etat aux départements des Finances, et de l'Agriculture, du commerce et des travaux publics.

DÉCRET

Portant augmentation de divers traitements dans l'ordre judiciaire.

(22 septembre 1862) (2)

DÉCRET

Concernant les agents de change.

(1er octobre 1862)

Art. 1er. Les agents de change ne peuvent user de la faculté de présenter leurs successeurs qu'en faveur des candidats qui ont obtenu préalablement l'agrément de la Chambre syndicale de la compagnie, et avec lesquels ils ont traité des conditions de leur démission par un acte soumis au ministre des Finances et approuvé par lui.

2. Nul ne peut être agent de change, s'il n'est Français ; — S'il n'a vingt-cinq ans accomplis ; — S'il ne produit un certificat d'aptitude et d'honorabilite signé par les chefs de plusieurs maisons de banque et de commerce.

3. La présentation des candidats par les Chambres syndicales est adressée : — A Paris, au ministre des Finances, directement ; — Dans les départements, au préfet, qui transmet les demandes au ministre avec son avis motivé. — Cette présentation est accompagnée de la démission du titulaire, du traité passé avec lui et des pièces établissant que les conditions prescrites par les articles 1 et 2 ont été remplies.

4. L'agent de change nommé par l'Empereur ne peut être admis à prêter le serment prescrit par l'article 16 du sénatus-consulte du 25 décembre 1852, ni entrer en fonctions qu'autant qu'il a justifié du versement au Trésor de son cautionnement. — Ce cautionnement est fixé ainsi qu'il suit : — A Paris, 250,000 francs ; — A Lyon, 40,000 francs ; — A Marseille et à Bordeaux, 30,000 francs ; — A Toulouse et à Lille, 12,000 francs.

5. Les titulaires actuellement en possession des offices d'agent de change sont tenus de compléter le cautionnement exigé par l'article 4 en deux termes égaux : le premier, dans les six mois qui suivront la promulgation du présent décret, et le second, six mois après.

6. Les agents de change sont tenus, lorsqu'ils en sont requis par les parties, de délivrer récépissé des sommes qui leur sont versées et des valeurs qui leur sont déposées.

7. Il est interdit aux agents de change d'avoir, soit en France, sur une place autre que celle pour laquelle ils auront été nommés, soit à l'étranger, des délégués chargés de les représenter ou de leur transmettre directement des ordres.

8. Lorsque les agents de change se sont adjoint des bailleurs de fonds intéressés, les actes qui ont été passés à cet égard, après avoir été communiqués à la Chambre syndicale et au ministre des finances, sont publiés par extrait, conformément aux dispositions des articles 42 et suivants du Code de commerce

(1) La contravention à ce décret est punie d'une amende de 25 francs. — V. L. 2 juill. 1862.

(2) V. le texte dans notre édition in-8o.

DÉCRET

Concernant les allocations aux greffiers des Cours impériales, des tribunaux de première instance, des tribunaux de commerce et des justices de paix, ainsi qu'aux huissiers, à titre de remboursement de papier timbré.

(8 décembre 1862) (1)

DÉCRET

Portant qu'à l'avenir les audiences des Conseils de préfecture statuant sur les affaires contentieuses seront publiques.

(30 décembre 1862)

ART. 1er. A l'avenir, les audiences des Conseils de préfecture statuant sur les affaires contentieuses seront publiques.

2. Après le rapport qui sera fait sur chaque affaire par un des conseillers, les parties pourront présenter leurs observations, soit en personne, soit par mandataire. — La décision motivée sera prononcée en audience après délibéré hors de la présence des parties.

3. Le secrétaire général de la préfecture remplira les fonctions de commissaire du Gouvernement. Il donnera ses conclusions dans les affaires contentieuses. — Les auditeurs au Conseil d'Etat attachés à une préfecture pourront y être chargés des fonctions du ministère public.

4. En cas d'insuffisance du nombre des membres nécessaires pour délibérer, il y sera pourvu conformément à l'arrêté du 19 fructidor an IX et au décret du 16 juin 1808.

5. Il y aura auprès de chaque Conseil un secrétaire greffier, nommé par le préfet et choisi parmi les employés de la préfecture.

6. Les comptes des receveurs des communes et des établissements de bienfaisance ne seront pas jugés en séance publique.

---

(1) Bull., 11e série, no 10751. — V. Décr. 13 mai 1863.

1863

DÉCRET

Relatif au Conseil de préfecture du département de la Seine.

(17 mars 1863) (2)

LOI

Qui modifie les articles 27 et 28 du Code de commerce.

(6 mai 1863)

ART. UNIQUE. Les articles 27 et 28 du Code de commerce sont modifiés ainsi qu'il suit : (3)...

LOI

Portant dérogation au paragraphe 1er de l'article 429 et à l'article 431 du Code d'instruction criminelle, en ce qui concerne le ressort de la Cour impériale d'Alger.

(9 mai 1863) (4)

LOI

Qui établit une taxe supplémentaire sur les lettres expédiées après les dernières levées.

(9 mai 1863) (5)

LOI

Portant fixation du Budget général des dépenses et des recettes ordinaires de l'exercice 1864.

(13 mai 1863) (6)

TITRE Ier. — *Budget ordinaire.*

. . . .

(2) Bull., 11e série, no 11090. — V. Décr. 3 févr. 1874 ; L. 23 mars 1878.

(3) V. le texte au Code de commerce.

(4) Bull., 11e série, no 11213.

(5) Bull., 11e série, no 11214. — V. le texte dans notre édition in-8o. — V. L. 24 août 1871.

(6) V. L. 2 août 1868, art. 3.

§ 2. — Impôts autorisés.

. . . .

Art. 3. Les tarifs et tableaux concernant les patentes, annexés aux lois des 25 avril 1844, 18 mai 1850 et 4 juin 1858, sont modifiés conformément à l'état D, annexé à la présente loi.

4. L'article 13 de la loi du 23 juin 1857 et l'article 14 de celle du 2 juillet 1862, relatifs à la perception d'un second décime sur les impôts indirects qui supportent le premier décime, continueront à recevoir leur exécution pour l'exercice 1864.

5. Les dispositions de l'article 18 de la loi du 26 juillet 1860, relatif à l'élévation du droit de consommation des alcools, sont prorogées jusqu'à la fin de l'année 1864.

6. A dater du 1er juillet 1863, sont soumis à un droit de timbre de 50 centimes (*V. LL.* 8 *juin* 1864, *art.* 7; 30 *mars* 1872, *et* 25 *mai* 1872) par 100 francs ou fraction de 100 francs du montant de leur valeur nominale, les titres de rentes, emprunts et autres effets publics des Gouvernements étrangers, quelle qu'ait été l'époque de leur création. — La valeur des monnaies étrangères en monnaies françaises sera fixée annuellement par un décret.

7. Aucune transmission des titres énoncés en l'article précédent ne peut avoir lieu avant que ces titres aient acquitté le droit de timbre. — En cas de contravention, le propriétaire du titre et l'agent de change ou tout autre officier public qui aura concouru à sa transmission seront passibles chacun d'une amende de 10 pour 100 de la valeur nominale de ce titre.

8. L'acquittement du droit de timbre établi par la présente loi sera constaté, soit au moyen du visa pour timbre, soit par l'apposition sur les titres de timbres mobiles que l'Administration de l'enregistrement est autorisée à vendre et à faire vendre. — Un règlement d'administration publique déterminera la forme et les conditions d'emploi des timbres mobiles créés en exécution du paragraphe précédent. — Sont applicables à ces timbres les dispositions de l'article 21 de la loi du 11 juin 1859.

9. Sont considérés comme non timbrés les titres sur lesquels le timbre mobile aurait été apposé sans l'accomplissement des conditions prescrites par le règlement d'administration publique, ou sur lesquels aurait été apposé un timbre ayant déjà servi.

10. A partir du 1er juillet prochain, est réduit à 20 centimes le droit de timbre des récépissés que les compagnies de chemins de fer sont tenues de délivrer aux expéditeurs, lorsque ces derniers ne demandent pas de lettres de voiture. — Le récépissé énoncera la nature, le poids et la désignation des colis, les noms et l'adresse du destinataire, le prix total du transport et le délai dans lequel ce transport devra être effectué. — Un double du récépissé accompagnera l'expédition et sera remis au destinataire. — Toute expédition non accompagnée d'une lettre de voiture doit être constatée sur un registre à souche, timbré sur la souche et sur le talon, à peine d'une amende de 50 francs. — Les préposés de l'enregistrement sont autorisés à prendre communication de ce registre, ainsi que de ceux mentionnés par l'article 50 de l'ordonnance du 15 novembre 1846, et des pièces relatives aux transports qui y sont énoncés. — La communication aura lieu selon le mode prescrit par l'article 54 de la loi du 22 frimaire an VII et sous les peines y portées. (*V. L.* 30 *mars* 1872.)

11. Les dispositions de l'article 7 de la loi du 15 mai 1850 sont applicables aux obligations des compagnies ou sociétés d'industrie et de finances étrangères.

. . . .

LOI

Portant modification de plusieurs dispositions du Code pénal.

(13 mai 1863)

Art. unique. Les articles 57, 58, 132, 133, 134, 135, 138, 142, 143, 149, 153, 154, 155, 156, 157, 158, 159, 160, 161, 164, 174, 177, 179, 222, 223, 224, 225, 228, 230, 238, 241, 251, 279, 305, 306, 307, 308, 309, 310, 311, 312, 320, 330, 331, 333, 345, 361, 362, 363, 364, 366, 382, 385, 387, 389, 399, 400, 405, 408, 418, 423, 434, 437, 443, et 463 du Code pénal, sont abrogés. Ils sont remplacés par les articles suivants : (1)...

LOI

Sur l'instruction des flagrants délits devant les tribunaux correctionnels.

(20 mai 1863)

Art. 1er. Tout inculpé arrêté en

(1) *V.* le texte au Code pénal.

état de flagrant délit pour un fait puni de peines correctionnelles est immédiatement conduit devant le procureur impérial, qui l'interroge, et, s'il y a lieu, le traduit sur le-champ à l'audience du tribunal. — Dans ce cas, le procureur impérial peut mettre l'inculpé sous mandat de dépôt.

2. S'il n'y a point d'audience, le procureur impérial est tenu de faire citer l'inculpé pour l'audience du lendemain. Le tribunal est, au besoin, spécialement convoqué.

3. Les témoins peuvent être verbalement requis par tout officier de police judiciaire ou agent de la force publique. Ils sont tenus de comparaître sous les peines portées par l'article 157 du Code d'instruction criminelle.

4. Si l'inculpé le demande, le tribunal lui accorde un délai de trois jours au moins pour préparer sa défense.

5. Si l'affaire n'est pas en état de recevoir jugement, le tribunal en ordonne le renvoi, pour plus ample information, à l'une des plus prochaines audiences, et, s'il y a lieu, met l'inculpé provisoirement en liberté, avec ou sans caution.

6. L'inculpé, s'il est acquitté, est immédiatement, nonobstant appel, mis en liberté.

7. La présente loi n'est point applicable aux délits de presse, aux délits politiques, ni aux matières dont la procédure est réglée par des lois spéciales.

LOI

Sur les sociétés à responsabilité limitée.

(23 mai 1863) (1)

LOI

Qui modifie le titre VI du livre Ier du Code de commerce.

(23 mai 1863)

ART. UNIQUE. Le titre VI du livre Ier du Code de commerce est modifié ainsi qu'il suit... : (2)

---

(1) Bull., 11e série, no 11296. — Abrégée par l'art. 47, L. 24 juill. 1867.

(2) V. le texte au Code de commerce.

DÉCRET

Qui modifie, 1o le tableau annexé à la loi du 28 mai 1858, sur les ventes publiques de marchandises en gros; 2o le décret du 12 mars 1859, portant règlement d'administration publique pour l'exécution de ladite loi.

(30 mai 1863) (3)

DÉCRET

Relatif aux ventes publiques de marchandises en gros, autorisées ou ordonnées par la justice consulaire.

(6 juin 1863) (4)

DÉCRET

Qui : 1o rend à la classe de logique dans les lycées son ancien nom de classe de philosophie; *2o rétablit un ordre spécial d'agrégation pour les classes de philosophie.*

(29 juin 1863) (5)

ART. 1er. La classe de logique dans les lycées reprend son ancien nom de *classe de philosophie*.

2. Un ordre spécial d'agrégation est rétabli pour les classes de philosophie dans les lycées.

3. Les formes et les conditions des examens de l'agrégation de philosophie seront déterminées par un règlement délibéré en Conseil impérial de l'instruction publique.

DÉCRET

Concernant les legs au profit des Communes, des pauvres, des établissements publics ou d'utilité publique, des associations religieuses, etc.

(30 juillet 1863) (6)

---

(3) Bull., 11e série, no 11371. — V. le texte dans notre édition in-8o.

(4) Bull. 11e série, no 11373. — V. le texte dans notre édition in-8o.

(5) V. Décr. 10 avril 1852, art. 3.

(6) Bull., 11e série, no 11587. — V. le texte dans notre édition in-8o.

DÉCRET

Portant que les articles 3, 6 et 20 à 27 du règlement d'administration publique du 12 mars 1859, modifié par le décret du 30 mai 1863, sont applicables aux ventes prévues par la loi du 23 mai 1863, qui modifie le titre VI du livre Ier du Code de commerce.

(29 août 1863) (1)

DÉCRET

Relatif à la boulangerie de Paris.

(31 août 1863) (2)

1864

DÉCRET

Qui établit, en exécution de l'article 24 de la loi du 2 juillet 1862, des timbres mobiles au droit de 20 centimes.

(2 janvier 1864) (3)

DÉCRET

Relatif à la liberté des théâtres.

(6 janvier 1864) (4)

DÉCRET

Qui fixe à 5 francs de rente le minimum des inscriptions au porteur.

(29 janvier 1864)

ART. UNIQUE. — Le minimum des inscriptions au porteur est fixé à 5 francs de rente.

DÉCRET

Portant que les travaux concernant les routes départementales pourront être exécutés, en certains cas, sur la seule approbation donnée par les préfets aux projets des ingénieurs et aux adjudications.

(24 février 1864)

ART. 1er. Pourront être exécutés, sur la seule approbation donnée par les préfets aux projets des ingénieurs et aux adjudications, les travaux concernant les routes départementales, dont la dépense, quel qu'en soit le montant, aura été allouée au Budget, toutes les fois qu'ils n'exigeront ni acquisition de terrains, ni changements dans la direction ou les alignements des routes, ni grands travaux d'art.

. . . .

LOI

Qui étend aux notaires, aux greffiers et aux officiers ministériels destitués, le bénéfice de la loi du 3 juillet 1852, sur la réhabilitation.

(19 mars 1864)

ART. 1er. Les notaires, les greffiers et les officiers ministériels destitués, peuvent être relevés des déchéances et incapacités résultant de leur destitution.

2. Toutes les dispositions du Code d'instruction criminelle relatives à la réhabilitation des condamnés à une peine correctionnelle, sont déclarées applicables aux demandes formées en vertu de l'article 1er. — Le délai de trois ans, fixé par le dernier paragraphe de l'article 620 du Code d'instruction criminelle, court du jour de la cessation des fonctions.

LOI

Qui modifie celle du 12 juin 1861, relative à la Caisse des retraites pour la vieillesse.

(4 mai 1864)

ART. UNIQUE. Le maximum de la rente viagère que la Caisse des retraites est autorisée à faire inscrire sur la même tête est fixé à quinze cents francs. — Les sommes versées dans une année au compte de la même

(1) Bull., 11e série, no 11371. — V. le texte dans notre édition in-8o.
(2) Bull., 11e série, no 11603. — V. le texte dans notre édition in-8o.
(3) Bull., 11e série, no 11932. — V. le texte dans notre édition in-8o.
(4) Bull., 11e série, no 11933. — V. le texte dans notre édition in-8o.

personne ne peuvent excéder quatre mille francs.

LOI

Relative aux alignements sur les routes impériales, les routes départementales et les chemins vicinaux de grande communication.

(4 mai 1864) (1)

ART. 1er. Sur les routes impériales et départementales, partout où il existe un plan d'alignement régulièrement approuvé, le sous-préfet délivre les alignements conformément à ce plan.

2. Le même droit appartient au sous-préfet en ce qui concerne les chemins vicinaux de grande communication, partout où il existe un plan régulièrement approuvé.

LOI

Qui modifie les articles 414, 415 et 416 du Code pénal.

(25 mai 1864)

ART. 1er. Les articles 414, 415 et 416 du Code pénal sont abrogés. Ils sont remplacés par les articles suivants : (2)..

2. Les articles 414, 415 et 416 ci-dessus sont applicables aux propriétaires et fermiers, ainsi qu'aux moissonneurs, domestiques et ouvriers de la campagne. — Les articles 19 et 20 du titre II de la loi des 28 septembre-6 octobre 1791 sont abrogés.

LOI

Relative à la fabrication de nouvelles pièces d'argent de 50 centimes et de 20 centimes.

(25 mai 1864)

. . . .

ART. 5. Les nouvelles pièces d'argent seront reçues dans les caisses publiques, quelle qu'en soit la quantité. Entre les particuliers, elles ne pourront être employées dans les paiements, si ce n'est de gré à gré, que pour 20 francs et au-dessous.

. . . .

---

(1) V. Décr. 13 avril 1861.
(2) V. le texte au Code pénal.

LOI

Qui modifie l'article 2 de la loi du 13 avril 1850, relative à l'assainissement des logements insalubres.

(25 mai 1864)

ART. UNIQUE. Sont substituées au dernier paragraphe de l'article 2 de la loi du 13 avril 1850 les dispositions suivantes : — Dans les communes dont la population dépasse cinquante mille âmes, le Conseil municipal pourra, soit nommer plusieurs commissions, soit porter jusqu'à vingt le nombre des membres de la commission existante. A Paris, le nombre des membres pourra être porté jusqu'à trente.

LOI

Qui règle le mode d'aliénation des immeubles domaniaux.

(1er juin 1864)

ART. 1er. Continueront à être vendus aux enchères publiques, dans les formes déterminées par les lois des 15 et 16 floréal an X, 5 ventôse an XII, et 18 mai 1850, les immeubles domaniaux autres que ceux dont l'aliénation est régie par des lois spéciales. Toutefois l'immeuble qui, en totalité, est d'une valeur estimative supérieure à un million ne pourra être aliéné, même partiellement ou par lots, qu'en vertu d'une loi.

. . . .

LOI

Sur le régime disciplinaire des Conseils de prud'hommes.

(4 juin 1864)

ART. 1er. Tout membre d'un Conseil de prud'hommes qui, sans motifs légitimes et après mise en demeure, se refuserait à remplir le service auquel il est appelé pourra être déclaré démissionnaire. — Le président constate le refus de service par un procès-verbal contenant l'avis motivé du Conseil, le prud'homme préalablement entendu ou dûment appelé. — Si le Conseil n'émet pas son avis dans le délai d'un mois à dater de la convocation, il est passé outre. — Sur le vu du procès-verbal, la démission est déclarée par arrêté du préfet. — En cas de réclamation, il est statué définitivement par le ministre de l'Agriculture, du commerce et des travaux publics, sauf recours au Conseil d'Etat, pour excès de pouvoir.

2. Tout membre d'un Conseil de prud'hommes qui aura manqué gravement à ses devoirs, dans l'exercice de ses fonctions, sera appelé, par le président, devant le Conseil, pour s'expliquer sur les faits qui lui sont reprochés. — Si le Conseil n'émet pas son avis motivé dans le délai d'un mois, à dater de la convocation, il est passé outre. — Un procès-verbal est dressé par le président.

3. Le procès-verbal est transmis par le préfet, avec son avis, au ministre. — Les peines suivantes peuvent être prononcées suivant les cas : — La censure, — La suspension pour un temps qui ne peut excéder six mois, — La déchéance. — La censure et la suspension sont prononcées par un arrêté ministériel ; la déchéance est prononcée par décret impérial.

4. Le prud'homme contre lequel la déchéance a été prononcée ne peut être élu aux mêmes fonctions pendant six ans, à dater du décret impérial.

LOI

Relative aux rues formant le prolongement des chemins vicinaux.

(8 juin 1864)

Art. 1er. Toute rue qui est reconnue, dans les formes légales, être le prolongement d'un chemin vicinal, en fait partie intégrante et est soumise aux mêmes lois et règlements.

2. Lorsque l'occupation de terrains bâtis est jugée nécessaire pour l'ouverture, le redressement ou l'élargissement immédiat d'une rue formant le prolongement d'un chemin vicinal, l'expropriation a lieu conformément aux dispositions de la loi du 3 mai 1841 combinées avec celles des cinq derniers paragraphes de l'article 16 de la loi du 21 mai 1836. — Il est procédé de la même manière lorsque les terrains bâtis sont situés sur le parcours d'un chemin vicinal en dehors des agglomérations communales.

LOI

Qui complète, en ce qui concerne le gazonnement, la loi du 28 juillet 1860, sur le reboisement des montagnes.

(8 juin 1864) (1)

LOI

Portant fixation du Budget général des dépenses et des recettes de l'exercice 1865.

(8 juin 1864)

Titre Ier. — *Budget ordinaire.*

§ 2. — Impôts autorisés.

. . . .

Art. 3. Il ne sera perçu, pour l'exercice 1865, que moitié du second décime établi par la loi du 2 juillet 1862 sur les droits et produits dont la perception est confiée à l'administration de l'enregistrement. (*V. art.* 5, *L.* 27 *juill.* 1870.) — L'article 13 de la loi du 23 juin 1857, relatif à la perception d'un second décime sur les autres impôts indirects qui supportent le premier décime, continuera à recevoir son exécution pour le même exercice 1865.

. . . .

6. A partir du 1er janvier 1865, est réduit à 20 centimes le droit de timbre dû pour les reconnaissances de valeurs cotées ou les quittances de sommes au-dessus de 10 francs envoyées par l'administration des Postes.

7. A partir du 1er juillet 1864, le droit de timbre établi par la loi du 13 mai 1863 sur les rentes, emprunts et effets publics des Gouvernements étrangers, est porté de 50 centimes à 1 franc. (*V. Décr.* 30 *mars* 1872 ; 25 *mai* 1872.)

. . . .

Titre IV. — *Moyens de service et dispositions diverses.*

. . . .

25. A l'avenir, les cautionnements des receveurs des communes, hospices, bureaux de bienfaisance, asiles d'aliénés, dépôts de mendicité et autres établissements publics de bienfaisance seront fixés d'après les proportions et conformément aux règles déterminées par les lois du 8 août 1847 et du 8 mars 1850 (art. 13) pour les

(1) Abrogée par L. 4 avril 1882.

cautionnements des percepteurs des contributions directes, et en prenant pour base le montant des recettes ordinaires du dernier exercice expiré.

. . . .

26. A partir de la promulgation de la présente loi, les cautionnements que les conservateurs des hypothèques sont tenus de fournir en immeubles, conformément aux articles 5 et 8 de la loi du 21 ventôse an VII, pourront être constitués, en totalité ou en partie, soit en immeubles, soit en rentes nominatives 3 pour 100 sur l'Etat. — La quotité de ces cautionnements aura pour base la moyenne des salaires des cinq années antérieures à la nomination, en déduisant la plus forte et la plus faible et en prenant le tiers des autres. Elle sera réglée à chaque mutation, suivant les bases ci-après : — 12,500 francs en immeubles ou 500 francs de rente pour 2,500 francs de salaires et au-dessous ; — 25,000 francs en immeubles ou 1,000 francs de rente pour 2,501 francs à 5,000 francs de salaires ; — 37,500 francs en immeubles ou 1,500 francs de rente pour 5,001 francs à 10,000 francs de salaires ; — 50,000 francs en immeubles ou 2,000 francs de rente pour 10,001 francs à 15,000 francs de salaires ; — 62,500 francs en immeubles ou 2,500 francs de rente pour 15,001 francs à 20,000 francs de salaires ; — 75,000 francs en immeubles ou 3,000 francs de rente pour 20,001 francs à 25,000 francs de salaires ; — 87,500 francs en immeubles ou 3,500 francs de rente pour 25,001 francs à 30,000 francs de salaires ; — 100,000 francs en immeubles ou 4,000 francs de rente pour 30,001 francs à 35,000 francs de salaires ; — 112,500 francs en immeubles ou 4,500 francs de rente pour 35,001 francs à 40,000 francs de salaires ; — 125,000 francs en immeubles ou 5,000 francs de rente pour 40,001 francs à 45,000 francs de salaires ; — 137,500 francs en immeubles ou 5,500 francs de rente pour 45,001 francs à 50,000 francs de salaires : — 150,000 francs en immeubles ou 6,000 de rente pour 50,001 francs à 55,000 francs de salaires ; — 162,500 francs en immeubles ou 6,500 francs de rente pour 55,001 francs à 60,000 francs de salaires ; — 175,000 francs en immeubles ou 7,000 francs de rente pour 60,001 francs à 100,000 francs de salaires ; — 200,000 francs en immeubles ou 8,000 francs de rente pour 100,001 francs de salaires et au-dessus.

27. Les conservateurs qui ont cessé leurs fonctions depuis moins de dix ans auront la faculté de transformer leur cautionnement actuel en immeubles en un cautionnement en rentes. — La même faculté est accordée aux conservateurs en exercice. — Les conservateurs appelés à une nouvelle résidence pourront fournir en immeubles ou en rentes le supplément de cautionnement dont ils seront tenus, par application des bases posées en l'article 1er. — L'affectation des immeubles actuellement hypothéqués cessera de plein droit aussitôt que le cautionnement aura été reconstitué en rentes.

28. Les cautionnements pourront être faits en tout ou en partie au moyen de rentes appartenant à des tiers.

29. Avant de prêter le serment prescrit par la loi, le conservateur qui fournira la totalité ou partie de son cautionnement en rentes sur l'Etat déposera au greffe du tribunal civil de l'arrondissement dans lequel il remplira ses fonctions, une expédition de l'acte de cautionnement qu'il aura souscrit ou qui aura été souscrit en son nom. (*V. art.* 5, *Décr.* 11 *août* 1864.) — Sont maintenues, en ce qui concerne les immeubles affectés au cautionnement, les dispositions de l'article 6 de la loi du 21 ventôse an VII.

30. La libération des cautionnements en rentes aura lieu conformément à l'article 8 de la loi du 21 ventôse an VII. Elle sera prononcée par le tribunal de l'arrondissement dans lequel le conservateur aura exercé ses fonctions en dernier lieu, et le procureur impérial entendu.

31. Un règlement d'administration publique déterminera les mesures à prendre pour l'exécution des articles 26, 27, 28, 29 et 30 de la présente loi, et notamment les dispositions concernant l'affectation des inscriptions de rentes fournies à titre de cautionnement, leur conservation, leur réalisation partielle ou totale et leur restitution à ceux qui les auront fournies, ainsi que le rétablissement du cautionnement dans son intégralité, s'il y a eu vente totale ou partielle de la rente. (*V. Décr.* 11 *août* 1864.)

. . . .

DÉCRET

Portant création, pour les propriétaires de rentes 3 pour 100 qui en feront la demande, de titres nominatifs de sommes fixe et munis de coupons d'arrérages payables au porteur.

(18 juin 1864) (1)

DÉCRET

Relatif aux révélations de biens et rentes provenant du domaine de l'Etat ou des anciens établissements ecclésiastiques.

(27 juillet 1864) (2)

ART. 1er. Ne seront plus autorisées : — 1° Les révélations de biens et rentes provenant du domaine de l'Etat ou des anciens établissements ecclésiastiques ; — 2° Les allocations, à titre de récompense, accordées aux révélateurs par l'article 3 de l'ordonnance (du 21 août 1816) susvisée.

. . . .

DÉCRET

Qui modifie celui du 27 juillet 1859, portant règlement sur la hauteur des maisons, les combles et les lucarnes dans la ville de Paris.

(1er août 1864) (3)

DÉCRET

Portant que les préfets pourront, sur la demande des directeurs des Caisses d'épargne, autoriser la conversion en rentes sur l'Etat du cautionnement des caissiers de ces établissements versé en numéraire à la Caisse des dépôts et consignations.

(1er août 1864) (4)

DÉCRET

Qui autorise les préfets à statuer sur les propositions d'établir des abattoirs.

(1er août 1864) (5)

DÉCRET

Portant règlement d'administration publique pour l'exécution des articles 26, 27, 28, 29 et 30 de la loi du 8 juin 1864, relatifs aux cautionnements des conservateurs des hypothèques.

(11 août 1864) (6)

DÉCRET

Sur l'augmentation du traitement des desservants qui ont atteint l'âge de soixante ans.

(13 août 1864)

ART. 1er. Les traitements des desservants qui ont atteint l'âge de soixante ans seront fixés de la manière suivante, à partir du 1er janvier 1865, savoir : — 1° A 1,100 francs pour les desservants de soixante à soixante et dix ans ; — 2° A 1,200 francs pour les desservants de soixante et dix à soixante et quinze ans ; — 3° A 1,300 francs pour les desservants de soixante et quinze ans et au-dessus.

. . . .

DÉCRET

Qui autorise les préfets à statuer sur l'établissement, la suppression ou le changement des foires et des marchés aux bestiaux.

(13 août 1864) (7).

DÉCRET

Qui crée une chaire d'économie politique et de droit public à la Faculté de droit de Paris.

(17 septembre 1864) (8)

---

(1) Bull., 11e série, n° 12451. — V. le texte dans notre édition in-8°.
(2) Bull., 11e série, n° 12685.
(3) Bull., 11e série, n° 12547. — Rapportée par le décret du 18 juin 1872.
(4) Bull., 11e série, n° 12561.
(5) Bull., 11e série, n° 12562.
(6) Bull., 11e série, n° 12554. — V. le texte dans notre édition in-8°. — V. L. 22 mars 1873.
(7) Modifié par l'art. 46, § 24, L. 10 août 1871.
(8) Bull., 11e série, n° 12615.

DÉCRET

Qui ajoute la coque du Levant aux substances vénéneuses dont le tableau est annexé au décret du 8 juillet 1850, relatif à la vente desdites substances.

1er octobre 1864) (1)

DÉCRET

Relatif à la procédure devant le Conseil d'Etat en matière contentieuse et aux règles à suivre par les ministres dans les affaires contentieuses.

(2 novembre 1864)

ART. 1er. Seront jugés sans autres frais que les droits de timbre et d'enregistrement : — Les recours portés devant le Conseil d'Etat, en vertu de la loi des 7-14 octobre 1790, contre les actes des autorités administratives, pour incompétence ou excès de pouvoirs ; — Les recours contre les décisions portant refus de liquidation ou contre les liquidations de pensions. — Le pourvoi peut être formé sans l'intervention d'un avocat au Conseil d'Etat, en se conformant, d'ailleurs, aux prescriptions de l'article 1er du décret du 22 juillet 1806.

2. Les articles 130 et 131 du Code de procédure civile sont applicables dans les contestations où l'Administration agit comme représentant le domaine de l'Etat et dans celles qui sont relatives soit aux marchés de fournitures, soit à l'exécution des travaux publics, aux cas prévus par l'article 4 de la loi du 28 pluviôse an VIII.

3. Les ordonnances de *soit communiqué* rendues sur des pourvois au Conseil d'Etat doivent être notifiées dans le délai de deux mois, sous peine de déchéance.

4. Doivent être formés dans le même délai : — L'opposition aux décisions rendues par défaut, autorisée par l'article 29 du décret du 22 juillet 1806 ; — Les recours autorisés par l'article 32 du même décret et par l'article 20 du décret du 30 janvier 1852. (*Art.* 23, *L.* 24 *mai* 1872.)

5. Les ministres font délivrer aux parties intéressées qui le demandent un récépissé constatant la date de la réception et de l'enregistrement au ministère, de leur réclamation.

6. Les ministres statuent par des décisions spéciales sur les affaires qui peuvent être l'objet d'un recours par la voie contentieuse. — Ces décisions sont notifiées administrativement aux parties intéressées.

7. Lorsque les ministres statuent sur des recours contre les décisions d'autorités qui leur sont subordonnées, leur décision doit intervenir dans le délai de quatre mois, à dater de la réception de la réclamation au ministère. Si des pièces sont produites ultérieurement par le réclamant, le délai ne court qu'à dater de la réception de ces pièces. — Après l'expiration de ce délai, s'il n'est intervenu aucune décision, les parties peuvent considérer leur réclamation comme rejetée et se pourvoir devant le Conseil d'Etat.

8. Lorsque les ministres sont appelés à produire des défenses ou à présenter des observations sur des pourvois introduits devant le Conseil d'Etat, la section du contentieux fixe, eu égard aux circonstances de l'affaire, les délais dans lesquels les réponses et observations doivent être produites.

DÉCRET

Portant règlement d'administration publique pour l'exécution combinée des deux lois du 28 *juillet* 1860 *et* 8 *juin* 1864, *sur le reboisement et le gazonnement des montagnes.*

(10 novembre 1864) (2)

DÉCRET

Relatif à la perception du droit de transmission établi sur les titres des sociétés, compagnies et entreprises étrangères.

(11 décembre 1864)

ART. 1er. A partir du 1er janvier 1865, le droit de transmission établi par l'article 9 de la loi du 23 juin 1857 et par l'article 10 de notre décret du 17 juillet suivant, sur les titres des sociétés, compagnies et entreprises étrangères, sera perçu sur la moitié du capital représenté par les actions et sur la totalité des obligations.

. . . .

---

(1) Bull., 11e série, no 12668.

(2) Abrogé par décret 11 juill. 1882.

1865

DÉCRET

Relatif aux chaudières à vapeur autres que celles qui sont placées à bord des bateaux.

(25 janvier 1865) (1)

LOI

Relative à la pêche.

(31 mai 1865) (2)

Art. 1er. Des décrets rendus en Conseil d'État, après avis des Conseils généraux de département, détermineront : — 1° Les parties des fleuves, rivières, canaux et cours d'eau réservées pour la reproduction, et dans lesquelles la pêche des diverses espèces de poissons sera absolument interdite pendant l'année entière ; — 2° Les parties des fleuves, rivières, canaux et cours d'eau dans les barrages desquelles il pourra être établi, après enquête, un passage appelé *échelle*, destiné à assurer la libre circulation du poisson.

2. L'interdiction de la pêche pendant l'année entière ne pourra être prononcée pour une période de plus de cinq ans. Cette interdiction pourra être renouvelée.

3. Les indemnités auxquelles auront droit les propriétaires riverains qui seront privés du droit de pêche, par application de l'article précédent, seront réglées par le Conseil de préfecture, après expertise, conformément à la loi du 16 septembre 1807. — Les indemnités auxquelles pourra donner lieu l'établissement d'échelles dans les barrages existants seront réglées dans les mêmes formes.

4. A partir du 1er janvier 1866, des décrets, rendus sur la proposition des ministres de la Marine et de l'Agriculture, du commerce et des travaux publics, régleront d'une manière uniforme, pour la pêche fluviale et pour la pêche maritime dans les fleuves, rivières, canaux affluant à la mer : — 1° Les époques pendant lesquelles la pêche des diverses espèces de poissons sera interdite ; — 2° Les dimensions au-dessous desquelles certaines espèces ne pourront être pêchées.

5. Dans chaque département, il est interdit de mettre en vente, de vendre, d'acheter, de transporter, de colporter, d'exporter et d'importer les diverses espèces de poissons, pendant le temps où la pêche en est interdite, en exécution de l'article 26 de la loi du 15 avril 1829. Cette disposition n'est pas applicable aux poissons provenant des étangs ou réservoirs définis en l'article 30 de la loi précitée.

6. L'Administration pourra donner l'autorisation de prendre et de transporter, pendant le temps de la prohibition, le poisson destiné à la reproduction.

7. L'infraction aux dispositions de l'article 1er et du premier paragraphe de l'article 5 de la présente loi sera punie des peines portées par l'article 27 de la loi du 15 avril 1829, et, en outre, le poisson sera saisi et vendu sans délai, dans les formes prescrites par l'article 42 de ladite loi. — L'amende sera double et les délinquants pourront être condamnés à un emprisonnement de dix jours à un mois : — 1° Dans les cas prévus par les articles 69 et 70 de la loi du 15 avril 1829 ; — 2° Lorsqu'il sera constaté que le poisson a été enivré ou empoisonné ; — 3° Lorsque le transport aura lieu par bateaux, voitures ou bêtes de somme. — La recherche du poisson pourra être faite, en temps prohibé, à domicile, chez les aubergistes, chez les marchands de denrées comestibles et dans les lieux ouverts au public.

8. Les dispositions relatives à la pêche et au transport des poissons s'appliquent au frai de poisson et à l'alevin.

9. L'article 32 de la loi du 15 avril 1829 est abrogé en ce qui concerne la marque ou le plombage des filets. — Des décrets détermineront le mode de vérification de la dimension des mailles des filets autorisés pour la pêche de chaque espèce de poisson, en exécution de l'article 26 de la loi du 15 avril 1829.

10. Les infractions concernant la pêche, la vente, l'achat, le transport, le colportage, l'exportation et l'importation du poisson seront recherchées et constatées par les agents des douanes, les employés des contributions indirectes et des octrois, ainsi que par les autres agents autorisés par la loi du 15 avril 1829 et par le décret du 9 janvier 1852. — Des décrets détermineront la gratification qui sera accor-

(1) Abrogé par le décret du 30 avril 1880.

(2) V. Décr. 12 janv. 1875.

dée aux rédacteurs des procès-verbaux ayant pour objet de constater les délits. Cette gratification sera prélevée sur le produit des amendes.

11. La poursuite des délits et contraventions et l'exécution des jugements pour infractions à la présente loi auront lieu conformément à la loi du 15 avril 1829 et au décret du 9 janvier 1852.

12. Les dispositions législatives antérieures sont abrogées en ce qu'elles peuvent avoir de contraire à la présente loi.

LOI

Relative aux inscriptions d'hypothèques dans les départements de la Savoie, de la Haute-Savoie, et dans les arrondissements de Nice et de Puget-Théniers.

(3 juin 1865)

Art. 1er. Tout créancier ayant une hypothèque légale inscrite sur les registres des conservateurs, dans les départements de la Savoie, de la Haute-Savoie, et dans les arrondissements de Nice et de Puget-Théniers, sera tenu de renouveler son inscription avant le 1er janvier 1866, si elle a plus de quinze ans de date au moment de la promulgation de la présente loi. — Cette formalité pourra être requise, soit par le créancier lui-même, soit par les tiers qui, d'après la loi sarde, étaient chargés de prendre la première inscription.

2. A partir du 1er janvier 1866, les conservateurs des hypothèques, dans les mêmes départements et arrondissements, ne comprendront dans les états qu'ils délivreront que les inscriptions d'hypothèques légales, conventionnelles ou judiciaires, dont la date primitive ou le renouvellement ne remontera pas au-delà de quinze ans, à partir de la réquisition de l'état, s'il s'agit d'inscriptions prises ou renouvelées avant le 25 août 1860. — Pour les inscriptions prises ou renouvelées depuis cette époque, les états des conservateurs ne comprendront que celles dont la date ne remontera pas à plus de dix ans.

3. Les créanciers ayant une hypotheque légale inscrite sous l'empire de la loi sarde, mais non portée sur les états dressés en exécution de l'article précédent, n'en conserveront pas moins les droits résultant de leur hypothèque, en se conformant, suivant les cas, aux dispositions des articles 2195 du Code Napoléon, 692, 717 et 772 du Code de procédure civile.

LOI

Concernant les chèques.

(14 juin 1865) (1)

Art. 1er. Le chèque est l'écrit qui, sous la forme d'un mandat de paiement, sert au tireur à effectuer le retrait, à son profit ou au profit d'un tiers, de tout ou partie de fonds portés au crédit de son compte chez le tiré, et disponibles. — Il est signé par le tireur et porte la date du jour où il est tiré. — Il ne peut être tiré qu'à vue. — Il peut être souscrit au porteur ou au profit d'une personne dénommée. — Il peut être souscrit à ordre et transmis même par voie d'endossement en blanc. (*V. art.* 5, *L.* 19 *févr.* 1874.)

2. Le chèque ne peut être tiré que sur un tiers ayant provision préalable ; il est payable à présentation.

3. Le chèque peut être tiré d'un lieu sur un autre ou sur la même place.

4. L'émission d'un chèque, même lorsqu'il est tiré d'un lieu sur un autre, ne constitue pas, par sa nature, un acte de commerce. — Toutefois, les dispositions du Code de commerce relatives à la garantie solidaire du tireur et des endosseurs, au protêt et à l'exercice de l'action en garantie, en matière de lettres de change, sont applicables aux chèques.

5. Le porteur d'un chèque doit en réclamer le paiement dans le délai de cinq jours, y compris le jour de la date, si le chèque est tiré de la place sur laquelle il est payable, et dans le délai de huit jours, y compris le jour de la date, s'il est tiré d'un autre lieu. — Le porteur d'un chèque qui n'en réclame pas le paiement dans les délais ci-dessus, perd son recours contre les endosseurs ; il perd aussi son recours contre le tireur, si la provision a péri par le fait du tiré, après lesdits délais.

6. Le tireur qui émet un chèque sans date ou qui le revêt d'une fausse date est puni d'une amende égale à 6 pour 100 de la somme pour laquelle le

(1) *V.* art. 5 à 19, L. 19 févr. 1874.

chèque est tiré. — L'émission d'un chèque sans provision préalable est passible de la même amende, sans préjudice de l'application des lois pénales, s'il y a lieu. (*Remplacé par l'art.* 6, *L.* 19 *févr.* 1874.)

7. Les chèques sont exempts de tout droit de timbre pendant dix ans à dater de la promulgation de la présente loi. (*Abrogé par l'art.* 18, *L.* 23 *août* 1871. — *V. art.* 8, *L.* 19 *févr.* 1874.)

LOI

Relative aux Conseils de préfecture.

(21 juin 1865)

Art. 1er. Le Conseil de préfecture est composé de huit membres y compris le président dans le département de la Seine, de quatre membres dans les départements suivants : Aisne, Bouches-du-Rhône, Calvados, Charente-Inférieure, Côtes-du-Nord, Dordogne, Eure, Finistère, Gard, Haute-Garonne, Gironde, Hérault, Ille-et-Vilaine, Isère, Loire, Loire-Inférieure, Maine-et-Loire, Manche, Meurthe, Morbihan, *Moselle*, Nord, Orne, Pas-de-Calais, Puy-de-Dôme, *Bas-Rhin*, Rhône, Saône-et-Loire, Seine-Inférieure, Seine-et-Oise, Somme, et de trois membres dans les autres départements. (*V. L.* 23 *mars* 1878.)

2. Nul ne peut être nommé conseiller de préfecture s'il n'est âgé de vingt-cinq ans accomplis, s'il n'est, en outre, licencié en droit, ou s'il n'a rempli, pendant dix ans au moins, des fonctions rétribuées dans l'ordre administratif ou judiciaire, ou bien, s'il n'a été, pendant le même espace de temps, membre d'un Conseil général ou maire.

3. Les fonctions de conseiller de préfecture, sont incompatibles avec un autre emploi public et avec l'exercice d'une profession.

4. Chaque année, un décret de l'Empereur désigne, pour chaque département, celui de la Seine excepté, un conseiller de préfecture qui devra présider le Conseil en cas d'absence ou d'empêchement du préfet.

5. Il y a, dans chaque préfecture, un secrétaire général titulaire. — Il remplit les fonctions de commissaire du Gouvernement. — Il donne ses conclusions dans les affaires contentieuses. — Les auditeurs au Conseil d'Etat attachés à une préfecture peuvent y être chargés des fonctions du ministère public.

6. En cas d'insuffisance du nombre des membres nécessaire pour délibérer, il y est pourvu conformément à l'arrêté du 19 fructidor an IX et au décret du 16 juin 1808.

7. Il y a, auprès de chaque Conseil, un secrétaire-greffier nommé par le préfet et choisi parmi les employés de la préfecture.

8. Les séances des Conseils de préfecture statuant sur les affaires contentieuses sont publiques.

9. Après le rapport qui est fait sur chaque affaire par un des conseillers, les parties peuvent présenter leurs observations, soit en personne, soit par mandataire. — La décision motivée est prononcée en audience, après délibéré hors la présence des parties.

10. Les comptes des receveurs des communes et des établissements de bienfaisance ne sont pas jugés en séance publique.

11. A l'avenir, seront portées devant les Conseils de préfecture toutes les affaires contentieuses dont le jugement est attribué au préfet en Conseil de préfecture, sauf recours au Conseil d'Etat.

12. Le recours au Conseil d'Etat, contre les arrêtés des Conseils de préfecture relatifs aux contraventions, dont la répression leur est confiée par la loi, peut avoir lieu par simple mémoire, déposé au secrétariat général de la préfecture ou à la sous-préfecture, et sans l'intervention d'un avocat au Conseil d'Etat. — Il est délivré au déposant récépissé du mémoire, qui doit être transmis immédiatement, par le préfet, au secrétariat général du Conseil d'Etat.

13. Sont applicables aux Conseils de préfecture les dispositions de l'article 85 et des articles 88 et suivants du titre V du Code de procédure civile, et celles de l'article 1036 du même Code.

14. Un règlement d'administration publique déterminera provisoirement : — 1° Les délais et les formes dans lesquels les arrêtés contradictoires ou non contradictoires des Conseils de préfecture peuvent être attaqués ; — 2° Les règles de la procédure à suivre devant les Conseils de préfecture, notamment pour les enquêtes, les expertises et les visites de lieux ; — 3° Ce qui concerne les dépens. — Il sera statué par une loi dans un délai de cinq ans.

LOI

Portant organisation de l'enseignement secondaire spécial.

(21 juin 1865) (1)

LOI

Sur les associations syndicales.

(21 juin 1865)

TITRE Ier. — *Des associations syndicales.*

ART. 1er. Peuvent être l'objet d'une association syndicale, entre propriétaires intéressés, l'exécution et l'entretien de travaux : — 1o De défense contre la mer, les fleuves, les torrents et les rivières navigables ou non navigables ; — 2o De curage, approfondissement, redressement et régularisation des canaux et cours d'eau non navigables ni flottables et des canaux de desséchement et d'irrigation ; — 3o De desséchement des marais ; — 4o Des étiers et ouvrages nécessaires à l'exploitation des marais salants ; — 5o D'assainissement des terres humides et insalubres ; — 6o D'irrigation et de colmatage ; — 7o De drainage ; — 8o De chemins d'exploitation et de toute autre amélioration agricole ayant un caractère d'intérêt collectif.

2. Les associations syndicales sont libres ou autorisées.

3. Elles peuvent ester en justice par leurs syndics, acquérir, vendre, échanger, transiger, emprunter et hypothéquer.

4. L'adhésion à une association syndicale est valablement donnée par les tuteurs, par les envoyés en possession provisoire et par tout représentant légal pour les biens des mineurs, des interdits, des absents et autres incapables, après autorisation du tribunal de la situation des biens, donnée sur simple requête en la chambre du Conseil, le ministère public entendu. Cette disposition est applicable aux immeubles dotaux et aux majorats.

TITRE II. — *Des associations syndicales libres.*

5. Les associations syndicales libres se forment sans l'intervention de l'administration. — Le consentement unanime des associés doit être constaté par écrit. — L'acte d'association spécifie le but de l'entreprise ; il règle le mode d'administration de la société et fixe les limites du mandat confié aux administrateurs ou syndics ; il détermine les voies et moyens nécessaires pour subvenir à la dépense, ainsi que le mode de recouvrement des cotisations.

6. Un extrait de l'acte d'association devra, dans le délai d'un mois à partir de sa date, être publié dans un journal d'annonces légales de l'arrondissement, ou, s'il n'en existe aucun, dans l'un des journaux du département. Il sera, en outre, transmis au préfet et inséré dans le recueil des actes de la préfecture.

7. A défaut de publication dans un journal d'annonces légales, l'association ne jouira pas du bénéfice de l'article 3. L'omission de cette formalité ne peut être opposée aux tiers par les associés.

8. Les associations syndicales libres peuvent être converties en associations autorisées par arrêté préfectoral, en vertu d'une délibération prise par l'assemblée générale, conformément à l'article 12 ci-après, sauf les dispositions contraires qui pourraient résulter de l'acte d'association. — Elles jouissent, dès lors, des avantages accordés à ces associations par les articles **15, 16, 17, 18** et **19.**

TITRE III. — *Des associations syndicales autorisées.*

9. Les propriétaires intéressés à l'exécution des travaux spécifiés dans les numéros 1, 2, 3, 4, 5 de l'article 1er peuvent être réunis, par arrêté préfectoral, en association syndicale autorisée, soit sur la demande d'un ou de plusieurs d'entre eux, soit sur l'initiative du préfet.

10. Le préfet soumet à une enquête administrative, dont les formes seront déterminées par un règlement d'administration publique, les plans, avant-projets et devis des travaux, ainsi que le projet d'association. — Le plan indique le périmètre des terrains intéressés et est accompagné de l'état des propriétaires de chaque parcelle. — Le projet d'association spécifie le but de l'entreprise et détermine les voies et moyens nécessaires pour subvenir à la dépense.

11. Après l'enquête, les propriétaires qui sont présumés devoir profiter des travaux sont convoqués en assemblée générale par le préfet, qui en nomme

(1) Bull., 11e série, no 13331. — *V.* le texte dans notre édition in-8o. — *V.* Décr. 4 août 1881.

le président, sans être tenu de le choisir parmi les membres de l'assemblée. — Un procès-verbal constate la présence des intéressés et le résultat de la délibération. Il est signé par les membres présents et mentionne l'adhésion de ceux qui ne savent pas signer. — L'acte contenant le consentement par écrit de ceux qui l'ont envoyé en cette forme est mentionné dans le procès-verbal et y reste annexé. — Le procès-verbal est transmis au préfet.

12. Si la majorité des intéressés, représentant au moins les deux tiers de la superficie des terrains, ou les deux tiers des intéressés, représentant plus de la moitié de la superficie, ont donné leur adhésion, le préfet autorise, s'il y a lieu, l'association. — Un extrait de l'acte d'association et l'arrêté du préfet, en cas d'autorisation, et, en cas de refus, l'arrêté du préfet sont affichés dans les communes de la situation des lieux et insérés dans le recueil des actes de la préfecture.

13. Les propriétaires intéressés et les tiers peuvent déférer cet arrêté au ministre des Travaux publics dans le délai d'un mois, à partir de l'affiche. — Le recours est déposé à la préfecture et transmis, avec le dossier, au ministre, dans le délai de quinze jours. — Il est statué par un décret rendu en Conseil d'Etat.

14. S'il s'agit des travaux spécifiés aux numéros 3, 4 et 5 de l'article 1er, les propriétaires qui n'auront pas adhéré au projet d'association pourront, dans le délai d'un mois ci-dessus déterminé, déclarer à la préfecture qu'ils entendent délaisser, moyennant indemnité, les terrains leur appartenant et compris dans le périmètre. Il leur sera donné récépissé de la déclaration. L'indemnité à la charge de l'association sera fixée conformément à l'article 16 de la loi du 21 mai 1836.

15. Les taxes ou cotisations sont recouvrées sur des rôles dressés par le syndicat chargé de l'administration de l'association, approuvés, s'il y a lieu, et rendus exécutoires par le préfet. — Le recouvrement est fait comme en matière de contributions directes.

16. Les contestations relatives à la fixation du périmètre des terrains compris dans l'association, à la division des terrains en différentes classes, au classement des propriétés en raison de leur intérêt aux travaux, à la répartition et à la perception des taxes, à l'exécution des travaux, sont jugées par le Conseil de préfecture, sauf recours au Conseil d'Etat. — Il est procédé à l'apurement des comptes de l'association selon les règles établies pour les comptes des receveurs municipaux.

17. Nul propriétaire compris dans l'association ne pourra, après le délai de quatre mois, à partir de la notification du premier rôle des taxes, contester sa qualité d'associé ou la validité de l'association.

18. Dans le cas où l'exécution des travaux entrepris par une association syndicale autorisée exige l'expropriation de terrains, il y est procédé conformément aux dispositions de l'article 16 de la loi du 21 mai 1836, après déclaration d'utilité publique, par décret rendu au Conseil d'État.

19. Lorsqu'il y a lieu à l'établissement de servitudes, conformément aux lois, au profit d'associations syndicales, les contestations sont jugées suivant les dispositions de l'article 5 de la loi du 10 juin 1854.

TITRE IV. — *De la représentation de la propriété dans les assemblées générales.*

Des syndics.

20. L'acte constitutif de chaque association fixe le minimum d'intérêt qui donne droit à chaque propriétaire de faire partie de l'assemblée générale. — Les propriétaires de parcelles inférieures au minimum fixé peuvent se réunir pour se faire représenter à l'assemblée générale par un ou plusieurs d'entre eux, en nombre égal au nombre de fois que le minimum d'intérêt se trouve compris dans leurs parcelles réunies. — L'acte d'association détermine le maximum de voix attribué à un même propriétaire, ainsi que le nombre de voix attaché à chaque usine, d'après son importance, et le maximum de voix attribué aux usiniers réunis.

21. Le nombre des syndics, leur répartition, s'il y a lieu, entre diverses catégories d'intéressés et la durée de leurs fonctions seront déterminés par l'acte constitutif de l'association.

22. Les syndics sont élus par l'assemblée générale parmi les intéressés. — Lorsque les syndics doivent être pris dans diverses catégories, la liste d'éligibilité est divisée en sections correspondant à ces diverses catégories. — Les syndics seront nommés par le préfet dans le cas où l'assemblée générale, après deux convocations, ne se serait pas réunie ou n'aurait pas procédé à l'élection des syndics.

23. Dans le cas où, sur la demande du syndicat, il est accordé une subvention par l'Etat, par le département ou par une commune, cette subvention donne droit à la nomination, par le préfet, d'un nombre de syndics proportionné à la part que la subvention représente dans l'ensemble de l'entreprise.

24. Les syndics élisent l'un d'eux pour remplir les fonctions de directeur, et, s'il y a lieu, un adjoint qui remplace le directeur en cas d'absence ou d'empêchement. — Le directeur et l'adjoint sont toujours rééligibles.

TITRE V. — *Dispositions générales.*

25. A défaut, par une association, d'entreprendre les travaux en vue desquels elle aura été autorisée, le préfet rapportera, s'il y a lieu et après mise en demeure, l'arrêté d'autorisation. — Il sera statué par un décret rendu en Conseil d'Etat, si l'autorisation a été accordée en cette forme. — Dans le cas où l'interruption ou le défaut d'entretien des travaux entrepris par une association pourrait avoir des conséquences nuisibles à l'intérêt public, le préfet, après mise en demeure, pourra faire procéder d'office à l'exécution des travaux nécessaires pour obvier à ces conséquences.

26. La loi du 6 septembre 1807 et celle du 14 floréal an XI, continueront à recevoir leur exécution, à défaut de formation d'associations libres ou autorisées, lorsqu'il s'agira de travaux spécifiés aux numéros 1, 2 et 3 de l'article 1er de la présente loi. — Toutefois il sera statué, à l'avenir, par le Conseil de préfecture, sur les contestations qui, d'après la loi du 16 septembre 1807, devaient être jugées par une commission spéciale. — En ce qui concerne la perception des taxes, l'expropriation et l'établissement de servitudes, il sera procédé conformément aux articles 15, 16, 18 et 19 de la présente loi.

DÉCRET

Concernant le mode de procéder devant les Conseils de préfecture.

(12 juillet 1865) (1)

ART. 1er. Les requêtes et mémoires introductifs d'instance, et en général toutes les pièces concernant les affaires sur lesquelles le Conseil de préfecture est appelé à statuer par la voie contentieuse, doivent être déposés au greffe du Conseil. — Ces pièces sont inscrites, à leur arrivée, sur le registre d'ordre qui doit être tenu par le secrétaire-greffier; elles sont, en outre, marquées d'un timbre qui indique la date de l'arrivée.

2. Immédiatement après l'enregistrement des requêtes et mémoires introductifs d'instance, le préfet ou le conseiller qui le remplace désigne un rapporteur auquel le dossier de l'affaire est transmis dans les vingt-quatre heures.

3. Le rapporteur est chargé, sous l'autorité du Conseil de préfecture, de diriger l'instruction de l'affaire; il propose les mesures et les actes d'instruction. — Avant tout, il doit vérifier si les pièces dont la production est nécessaire pour le jugement de l'affaire sont jointes au dossier.

4. Sur la proposition du rapporteur, le Conseil de préfecture règle les communications à faire aux parties intéressées, soit des requêtes et mémoires introductifs d'instance, soit des réponses à ces requêtes et mémoires. — Il fixe, eu égard aux circonstances de l'affaire, le délai qui est accordé aux parties pour prendre communication des pièces et fournir leurs défenses ou réponses.

5. Les décisions prises par le Conseil pour l'instruction des affaires dans les cas prévus par l'article précédent, sont notifiées aux parties dans la forme administrative. — Il est donné récépissé de cette notification. — A défaut de récépissé, il est dressé procès-verbal de la notification par l'agent qui l'a faite. — Le récépissé ou le procès-verbal est transmis immédiatement au greffe du Conseil de préfecture.

6. Lorsque les parties sont appelées à fournir des défenses sur les requêtes ou mémoires introductifs d'instance, comme il est dit en l'article 4 ci-dessus, ou à fournir des observations en vertu de l'article 29 de la loi du 21 avril 1832, elles doivent être invitées en même temps à faire connaître si elles entendent user du droit de présenter des observations orales à la séance publique où l'affaire sera portée pour être jugée.

7. La communication aux parties se fait au greffe sans déplacement des pièces.

8. Lorsqu'il s'agit de contraventions, il est procédé comme il suit, à moins qu'il n'ait été établi d'autres règles par la loi. — Dans les cinq jours qui sui-

(1) V. L. 21 juin 1865.

vent la rédaction d'un procès-verbal de contravention et son affirmation, quand elle est exigée, le sous-préfet fait faire au contrevenant notification de la copie du procès-verbal, ainsi que de l'affirmation, avec citation devant le Conseil de préfecture. — La notification et la citation sont faites dans la forme administrative. — La citation doit indiquer au contrevenant qu'il est tenu de fournir ses défenses écrites dans le délai de quinzaine, à partir de la notification qui lui est faite, et l'inviter à faire connaître s'il entend user du droit de présenter des observations orales. — Il est dressé acte de la notification et de la citation. Cet acte doit être envoyé immédiatement au sous-préfet ; il est adressé par lui, sans délai, au préfet, pour être transmis au Conseil de préfecture et y être enregistré comme il est dit en l'article 1er. — Lorsque le rapporteur a été désigné, s'il reconnaît que les formalités prescrites dans les troisième et quatrième alinéas du présent article n'ont pas été remplies, il en réfère au Conseil pour assurer l'accomplissement de ces formalités.

9. Lorsque l'affaire est en état de recevoir une décision, le rapporteur prépare le rapport et le projet de décision.

10. Le dossier, avec le rapport et le projet de décision, est remis au secrétaire-greffier, qui le transmet immédiatement au commissaire du Gouvernement.

11. Le rôle de chaque séance publique est arrêté par le préfet ou par le conseiller qui le remplace, sur la proposition du commissaire du Gouvernement.

12. Toute partie qui a fait connaître l'intention de présenter des observations orales, doit être avertie, par lettre non affranchie, à son domicile ou à celui de son mandataire ou défenseur, lorsqu'elle en a désigné un, du jour où l'affaire sera appelée en séance publique. Cet avertissement sera donné quatre jours au moins avant la séance.

13. Les arrêtés pris par les Conseils de préfecture dans les affaires contentieuses mentionnent qu'il a été statué en séance publique. — Ils contiennent les noms et conclusions des parties, le vu des pièces principales et des dispositions législatives dont ils font l'application. — Mention y est faite que le commissaire du Gouvernement a été entendu. — Ils sont motivés. — Les noms des membres qui ont concouru à la décision y sont mentionnés. — La minute est signée par le président, le rapporteur et le secrétaire-greffier.

14. La minute des décisions des Conseils de préfecture est conservée au greffe, pour chaque affaire, avec la correspondance et les pièces relatives à l'instruction. Les pièces qui appartiennent aux parties leur sont remises sur récépissé, à moins que le Conseil de préfecture n'ait ordonné que quelques-unes de ces pièces resteraient annexées à sa décision.

15. L'expédition des décisions est délivrée aux parties intéressées par le secrétaire général. — Le préfet fait transmettre aux administrations publiques expédition des décisions dont l'exécution rentre dans leurs attributions.

16. Les décisions des Conseils de préfecture doivent être transcrites, par ordre de date, sur un registre dont la tenue et la garde sont confiées au secrétaire-greffier. Tous les trois mois, le président du Conseil s'assure que ce registre est à jour.

17. Lorsque la section du contentieux du Conseil d'Etat pense qu'il est nécessaire, pour l'instruction d'une affaire dont l'examen lui est soumis, de se faire représenter des pièces qui sont déposées au greffe d'un Conseil de préfecture, le président de la section fait la demande de ces pièces au préfet. — Le secrétaire de la section adresse au secrétaire-greffier un récépissé des pièces communiquées : il sera fait renvoi du récépissé, lorsque les pièces auront été rétablies au greffe du Conseil de préfecture.

LOI

Relative aux chemins de fer d'intérêt local.

(12 juillet 1865) (1)

Art. 1er. Les chemins de fer d'intérêt local peuvent être établis : — 1o Par les départements ou les communes, avec ou sans le concours des propriétaires intéressés ; — 2o Par des concessionnaires, avec le concours des départements ou des communes. — Ils sont soumis aux dispositions suivantes :

2. Le Conseil général arrête, après instruction préalable par le préfet, la direction des chemins de fer d'intérêt local, le mode et les conditions de leur construction, ainsi que les traités et

(1) Abrogée par la loi du 11 juin 1880.

les dispositions nécessaires pour en assurer l'exploitation. — L'utilité publique est déclarée et l'exécution est autorisée par décret délibéré en Conseil d'Etat, sur le rapport des ministres de l'Intérieur et des Travaux publics. — Le préfet approuve les projets définitifs, après avoir pris l'avis de l'ingénieur en chef, homologue les tarifs et contrôle l'exploitation.

3. Les ressources créées en vertu de la loi du 21 mai 1836 peuvent être affectées en partie par les communes et les départements à la dépense des chemins de fer d'intérêt local. — L'article 13 de ladite loi est applicable aux centimes extraordinaires que les communes et les départements s'imposeront pour l'exécution de ces chemins. (*V. art.* 4, *L.* 24 *juill.* 1867.)

4. Les chemins de fer d'intérêt local sont soumis aux dispositions de la loi du 15 juillet 1845 sur la police des chemins de fer, sauf les modifications ci-après. — Le préfet peut dispenser de poser des clôtures sur tout ou partie du chemin. — Il peut également dispenser d'établir des barrières au croisement des chemins peu fréquentés.

5. Des subventions peuvent être accordées, sur les fonds du Trésor pour l'exécution des chemins de fer d'intérêt local. Le montant de ces subventions pourra s'élever jusqu'au tiers de la dépense que le traité d'exploitation à intervenir laissera à la charge des départements, des communes et des intéressés. — Il pourra être fixé à la moitié pour les départements dans lesquels le produit du centime additionnel au principal des quatre contributions directes est inférieur à 20,000 francs, et ne dépassera pas le quart pour ceux dans lesquels ce produit sera supérieur à 40,000 francs.

6. La somme affectée chaque année, sur les fonds du Trésor, au paiement des subventions mentionnées en l'article précédent, ne pourra dépasser six millions (6,000,000 fr.).

7. Les chemins de fer d'intérêt local qui reçoivent une subvention du Trésor peuvent seuls être assujettis envers l'Etat, à un service gratuit ou à une réduction du prix des places.

8. Les dispositions de l'article 4 de la présente loi seront également applicables aux concessions de chemins de fer destinés à desservir des exploitations industrielles.

SÉNATUS-CONSULTE

Sur l'état des personnes et la naturalisation en Algérie.

(14 juillet 1865)

ART. 1er. L'indigène musulman est Français; néanmoins il continuera à être régi par la loi musulmane. — Il peut être admis à servir dans les armées de terre et de mer. Il peut être appelé à des fonctions et emplois civils en Algérie. — Il peut, sur sa demande, être admis à jouir des droits de citoyen français; dans ce cas, il est régi par les lois civiles et politiques de la France.

2. L'indigène israélite est Français; néanmoins il continue à être régi par son statut personnel. — Il peut être admis à servir dans les armées de terre et de mer. Il peut être appelé à des fonctions et emplois civils en Algérie. — Il peut, sur sa demande, être appelé à jouir des droits de citoyen français; dans ce cas, il est régi par la loi française.

3. L'étranger qui justifie de trois années de résidence en Algérie peut être admis à jouir de tous les droits de citoyen français.

4. La qualité de citoyen français ne peut être obtenue, conformément aux articles 1, 2 et 3 du présent sénatus-consulte, qu'à l'âge de vingt et un ans accomplis; elle est conférée par décret impérial rendu en Conseil d'Etat.

5. Un règlement d'administration publique déterminera : — 1° Les conditions d'admission, de service et d'avancement des indigènes musulmans et des indigènes israélites dans les armées de terre et de mer; — 2° Les fonctions et emplois civils auxquels les indigènes musulmans et les indigènes israélites peuvent être nommés en Algérie; — 3° Les formes dans lesquelles seront instruites les demandes prévues par les articles 1, 2 et 3 du présent sénatus-consulte.

LOI

Sur la mise en liberté provisoire.

(14 juillet 1865)

ART. UNIQUE. Les articles 91, 94, 113 à 126, 206 et 613 du Code d'instruction criminelle sont abrogés et remplacés par les articles suivants : (1)...

DÉCRET

Qui exempte de la prohibition prononcée par l'ordonnance du 23 février 1837 les pistolets de poche, révolvers ou autres, fabriqués pour l'exportation.

(26 août 1865)

ART. 1er. La prohibition prononcée par l'ordonnance du 23 février 1837 ne s'applique pas aux pistolets de poche, révolvers ou autres, fabriqués pour l'exportation.

3. Ceux qui voudront se livrer à cette fabrication devront obtenir préalablement l'autorisation du ministre de l'Intérieur, auquel appartiennent, en cette matière, les attributions conférées au ministre de la Guerre, en ce qui touche les armes de guerre, par le décret impérial du 6 mars 1861, et se conformer, d'ailleurs, aux dispositions des articles 1, 2, 4, 5, 6, 7, 9 et 18 de ce décret.

3. En cas de péremption des délais fixés dans l'article 18 pour le transport au lieu de destination, pour la sortie, le récépissé du préfet du département expéditeur est présenté au préfet du département auquel appartient la douane de sortie, et revêtu par ce fonctionnaire de l'autorisation de passer outre.

DÉCRET

Qui rétablit les fonctions de secrétaire général dans soixante et une préfectures.

(25 octobre 1865) (2)

DÉCRET

Portant règlement d'administration publique, pour l'exécution de l'article 10 de la loi du 21 juin 1865, sur les associations syndicales.

(17 novembre 1865)

---

(1) V. le texte au Code d'Instr. crim. — *V. Circ. g. des Sc.* 14 oct. 1865.

(2) Bull., 11e série, no 13772.

1866

DÉCRET

Qui porte à vingt jours le délai fixé pour les demandes en inscription ou en radiation sur les listes électorales.

(13 janvier 1866)

ART. 1er. Le délai fixé par l'article 5 du décret réglementaire du 2 février 1852, pour les demandes en inscription ou en radiation sur les listes électorales, est porté à vingt jours, à compter de la publication desdites listes.

2. L'article 5 précité du décret réglementaire du 2 février 1852 est rapporté.

DÉCRET

Portant que les marchandises y désignées sont comprises au tableau de celles qui peuvent être vendues en gros aux enchères publiques, conformément à la loi du 28 mai 1858, dans la ville de Marseille.

(3 mars 1866)

ART. UNIQUE. Les graines de vers à soie sont comprises au tableau des marchandises qui peuvent être vendues en gros aux enchères publiques, conformément à la loi du 28 mai 1858, dans la ville de Marseille (Bouches-du-Rhône).

DÉCRET

Relatif au mariage des condamnés transportés dans les colonies françaises.

(24 mars 1866)

ART. 1er. Les individus condamnés aux travaux forcés et transportés dans les établissements pénitentiaires créés dans les colonies françaises en vertu de la loi du 31 mai 1854, et les personnes condamnées subissant leur peine dans les maisons centrales de France, qui auront demandé à être transférées dans ces colonies, sont, s'ils veulent y contracter mariage, dispensés des obligations imposées par les articles 151, 152 et 153 du Code Napoléon.

2. Les publications faites dans la colonie seront suffisantes pour la régularité

du mariage, même dans le cas où le domicile des parties ne serait pas établi par un séjour de six mois.

3. Les actes de l'état civil exigés par le Code Napoléon pour pouvoir contracter mariage pourront être remplacés, soit par un certificat délivré par l'autorité judiciaire du lieu de condamnation, soit, à défaut, par un acte de notoriété.

DÉCRET

Qui modifie l'article 13 du décret du 31 décembre 1853, concernant les écoles primaires.

(28 mars 1866)

Art. unique. L'article 13 du décret du 31 décembre 1853 est remplacé par la disposition suivante : — « Lorsque la liste des élèves gratuits, dressée, en exécution des articles 24 et 45 de la loi du 15 mars 1850 et de l'article 10 du décret du 7 octobre 1850, par le maire et les ministres des différents cultes et approuvée par le Conseil municipal, a été arrêtée par le préfet, il en est délivré par le maire un extrait, sous forme de billets d'admission, à chaque enfant qui y est porté. — Aucun élève ne peut être reçu gratuitement dans une école communale, s'il ne justifie d'un billet d'admission délivré par le maire. »

DÉCRET

Portant règlement d'administration publique pour l'exécution de la loi du 21 juin 1865, sur l'organisation de l'enseignement secondaire spécial.

(28 mars 1866) (1)

LOI

Qui, 1° abroge les dispositions de la loi du 21 avril 1810, relatives à l'établissement des forges, fourneaux et usines et aux droits établis à leur profit sur les minières du voisinage; 2° modifie les articles 57 et 58 de la même loi, relatifs à l'exploitation des minières.

(9 mai 1866)

Art. 1er. Sont abrogés les articles 73 à 78 de la loi du 21 avril 1810, ayant pour objet de soumettre à l'obtention d'une permission préalable l'établissement des fourneaux, forges et usines.

2. Sont également abrogés les articles 59 à 67, 79 et 80 de la même loi, ainsi que l'article 70, dans celle de ses dispositions qui, dans les cas de concession prévus par cet article, oblige le concessionnaire à fournir à certaines usines la quantité de minerai nécessaire à leur exploitation. — Néanmoins, les dispositions desdits articles continueront à être applicables jusqu'au 1er janvier 1876 aux usines établies, avec permission, antérieuremen à la promulgation de la présente loi.

3. Les articles 57 et 58 de la même loi sont modifiés ainsi qu'il suit :

Art. 57. Si l'exploitation des minières doit avoir lieu à ciel ouvert, le propriétaire est tenu, avant de commencer à exploiter, d'en faire la déclaration au préfet. Le préfet donne acte de cette déclaration, et l'exploitation a li u sans autre formalité. — Cette disposition s'applique aux minerais de fer en couches et filons, dans le cas où, conformément à l'article 69, ils ne sont pas concessibles. — Si l'exploitation doit être souterraine, elle ne peut avoir lieu qu'avec une permission du préfet. La permission détermine les conditions spéciales auxquelles l'exploitant est tenu, en ce cas, de se conformer.

Art. 58. Dans les deux cas prévus par l'article précédent, l'exploitant doit observer les règlements généraux ou locaux concernant la sûreté et la salubrité publiques auxquels est assujettie l'exploitation des minières. — Les articles 93 à 96 de la présente loi sont applicables aux contraventions commises par les exploitants de minières aux dispositions de l'article 57 et aux règlements généraux et locaux dont il est parlé dans le présent article.

LOI

Relative aux instruments de musique mécaniques.

(16 mai 1866)

Art. unique. La fabrication et la vente des instruments servant à reproduire mécaniquement des airs de musique qui sont du domaine privé ne constituent pas le fait de contrefaçon musicale prévu et puni par la loi du

(1) Bull., 11e série, n° 14319. — V. le texte dans notre édition in-8°.

19 juillet 1793, combinée avec les articles 425 et suivants du Code pénal.

LOI

Sur la marine marchande.

(19 mai 1866) (1)

Art. 1er. — *Abrogé par l'article 7 de la loi du 30 janvier 1872.*

2. La prime accordée par les articles 1 et 2 de la loi du 6 mai 1841 aux machines à feu de fabrication française, à installer à bord des navires nationaux destinés à une navigation internationale maritime, est et demeure supprimée. — Toutefois, ladite prime continuera d'être payée aux appareils dont la mise en chantier, antérieurement à la promulgation de la présente loi, sera dûment justifiée.

3. — *Abrogé par l'article 7 de la loi du 30 janvier 1872.*

4. Les droits de tonnage établis sur les navires étrangers entrant dans les ports de l'Empire seront supprimés à partir du 1er janvier 1867. — Les droits de tonnage actuellement perçus tant sur les navires français que sur les navires étrangers, et affectés, comme garantie, au paiement des emprunts contractés pour travaux d'amélioration dans les ports de mer français, sont maintenus. — Des décrets impériaux, rendus sous forme de règlement d'administration publique, pourront, en vue de subvenir à des dépenses de même nature, établir un droit de tonnage qui ne pourra excéder 2 francs 50 centimes par tonneau, décime compris, et qui portera à la fois sur les navires français et étrangers.

5. Trois ans après la promulgation de la présente loi, les surtaxes de pavillon aujourd'hui applicables aux produits importés des pays de production, autrement que par navires français, seront supprimées. (*Abrogé; art. 7, L. 30 janv. 1872.*)

6. Dans le cas où le pavillon français serait, dans un pays étranger, soumis au profit du Gouvernement, des villes ou des corporations, soit directement, soit indirectement, pour la navigation, l'importation ou l'exportation des marchandises, à des droits ou des charges quelconques dont les bâtiments dudit pays seraient exempts, des décrets impériaux pourront établir, sur les bâtiments de ladite nation entrant dans les ports de l'Empire, d'une colonie ou d'une possession française, et sur les marchandises qu'ils ont à bord, tels droits ou surtaxes qui seraient jugés nécessaires pour compenser les désavantages dont le pavillon français serait frappé.

7. Les dispositions qui précèdent sont applicables aux colonies de la Martinique, de la Guadeloupe et de la Réunion.

Dispositions spéciales à l'Algérie.

8. Les dispositions des articles 1, 3 et 4 de la présente loi sont applicables en Algérie.

8. La navigation entre la France et l'Algérie, et entre l'Algérie et l'étranger, pourra s'effectuer par tous pavillons. — Le cabotage d'un port à l'autre de cette possession française pourra, sur une autorisation du gouverneur général de l'Algérie, être fait par navires étrangers.

10. Les surtaxes de navigation établies, en Algérie, sur les marchandises importées par navires étrangers sont supprimées. — Sont également supprimées les modérations de droits accordées par l'article 9, paragraphe 2, de l'ordonnance du 16 décembre 1843 (*V. Décr. 8 juin 1866*), à certaines marchandises prises dans les entrepôts français et exportées en Algérie par bâtiments français.

11. La prohibition établie sur les sucres raffinés importés de l'étranger en Algérie, est levée. Lesdits sucres raffinés paieront, en sus du droit sur le sucre brut, une surtaxe de 5 francs par 100 kilogrammes.

12. Les lois, décrets et ordonnances qui seraient contraires aux dispositions de la présente loi sont et demeurent abrogés.

DÉCRET

Pour l'exécution de l'article 1er de la loi du 19 mai 1866, sur la marine marchande.

(8 juin 1866) (2)

LOI

Concernant les usages commerciaux.

(13 juin 1866) (3)

Art. 1er. Dans les ventes commer-

(1) *V.* LL. 30 janv. 1872 ; 28 juill. 1873 ; 29 janv. 1881.

(2) Bull., 11e série, no 14269.

(3) Bull., 11e série, no 14262. — *V.* le texte entier dans notre édition in-8o.

ciales, les conditions, tares et autres usages indiqués dans le tableau annexé à la présente loi sont applicables dans toute l'étendue de l'Empire, à défaut de convention contraire.

2. La présente loi sera exécutoire à partir du 1er janvier 1867.

TABLEAU ANNEXÉ

A la loi concernant les usages commerciaux.

PREMIÈRE PARTIE. — *Règles générales.*

I. Toute marchandise pour laquelle la vente est faite au poids se vend au poids brut ou au poids net. — Le poids brut comprend le poids de la marchandise et de son contenant. Le poids net est celui de la marchandise à l'exclusion du poids de son contenant. — La tare représente, à la vente, le poids présumé du contenant. La tare s'applique à certaines marchandises que, pour les facilités du commerce, il est d'usage de ne pas déballer.

II. Tout article se vendant au poids et non mentionné au tableau est vendu au poids net.

III. L'acheteur a le droit, en renonçant à la tare d'usage, de réclamer le poids net, même pendant le cours de la livraison.

IV. Pour la marchandise vendue au poids brut, l'emballage doit être conforme aux habitudes du commerce.

V. L'emballage (toile, fût, barrique, caisse, etc.) reste à l'acheteur, sauf les exceptions portées au tableau.

VI. Lorsqu'il y a deux emballages, l'emballage intérieur, en tant qu'il est considéré dans l'usage comme marchandise et qu'il est conforme aux habitudes du commerce, est compris dans le poids net.

VII. Le tonneau de mer s'entend du tonneau d'affrétement tel qu'il est réglé pour l'exécution des articles 3 et 6 de la loi du 3 juillet 1861.

VIII. Sauf les exceptions portées au tableau ci-après, il n'est accordé ni dons ni surdons ni tolérance (1).

IX. Dans les ports maritimes, toutes les marchandises autres que les articles manufacturés se vendent sur le pied de 2 pour 100 d'escompte au comptant, et, lorsque le vendeur consent à convertir tout ou partie de l'escompte en terme, l'escompte se règle à raison de 1/2 pour 100 par mois.

LOI

Sur la correspondance télégraphique privée à l'intérieur de l'Empire.

(13 juin 1866) (2)

LOI

Concernant les crimes, les délits et les contraventions commis à l'étranger.

(27 juin 1866)

ART. 1er. Les articles 5, 6, 7 et 187 du Code d'instruction criminelle sont abrogés et seront remplacés ainsi qu'il suit (3) :

. . . .

2. Tout Français qui s'est rendu coupable de délits et contraventions en matière forestière, rurale, de pêche, de douanes ou de contributions indirectes sur le territoire de l'un des Etats limitrophes, peut être poursuivi et jugé en France, d'après la loi française, si cet Etat autorise la poursuite de ses regnicoles pour les mêmes faits commis en France. — La réciprocité sera légalement constatée par des conventions internationales ou par un décret publié au *Bulletin des lois*.

DÉCRET

Concernant la fixation de l'abonnement à la redevance proportionnelle des mines.

(27 juin 1866) (4)

---

(1) On entend par *don* une réfaction pour altération ou déchet en quelque sorte forcé de la marchandise; le *surdon* est un forfait facultatif pour l'acheteur, à raison d'avaries ou mouillures accidentelles. La *tolérance*, accordée en général pour le déchet nommé *pousse* ou *poussière*, a pour objet de limiter la réclamation de l'acheteur contre le vendeur. (Note de l'édition officielle du *Bulletin des lois.*)

(2) Bull., 11e série, no 14281. — *V.* le texte dans notre édition in-8o. — *V.* Décr. 8 mai 1867.

(3) *V.* ces articles au Code d'instruction criminelle.

(4) Bull., 11e série, no 14363 — *V.* le texte dans notre édition in-8o.

LOI

Relative aux indemnités à allouer pour tous les animaux dont l'autorité publique aura ordonné ou ordonnera l'abattage par suite du typhus contagieux des bêtes à cornes.

(30 juin 1866) (1)

Art. unique. Les indemnités allouées pour tous les animaux dont l'autorité publique aura ordonné ou ordonnera l'abattage, par suite du typhus contagieux des bêtes à cornes, seront fixées aux trois quarts de la valeur.

LOI

Sur les droits des héritiers et ayants-cause des auteurs.

(14 juillet 1866)

Art. 1er. La durée des droits accordés par les lois antérieures aux héritiers, successeurs irréguliers, donataires ou légataires des auteurs, compositeurs ou artistes, est portée à cinquante ans à partir du décès de l'auteur. — Pendant cette période de cinquante ans, le conjoint survivant, quel que soit le régime matrimonial, et indépendamment des droits qui peuvent résulter en faveur de ce conjoint du régime de la communauté, a la simple jouissance des droits dont l'auteur prédécédé n'a pas disposé par acte entre-vifs ou par testament. — Toutefois, si l'auteur laisse des héritiers à réserve, cette jouissance est réduite, au profit de ces héritiers, suivant les proportions et distinctions établies par les articles 913 et 915 du Code Napoléon. — Cette jouissance n'a pas lieu lorsqu'il existe, au moment du décès, une séparation de corps prononcée contre ce conjoint; elle cesse au cas où le conjoint contracte un nouveau mariage. — Les droits des héritiers à réserve et des autres héritiers ou successeurs, pendant cette période de cinquante ans, restent d'ailleurs réglés conformément aux prescriptions du Code Napoléon. — Lorsque la succession est dévolue à l'Etat, le droit exclusif s'éteint sans préjudice des droits des créanciers et de l'exécution des traités de cession qui ont pu être consentis par l'auteur ou par ses représentants.

2. Toutes les dispositions des lois antérieures contraires à celles de la loi nouvelle sont et demeurent abrogées.

(1) Abrogée par L. 21 juill. 1881, art. 41.

DÉCRET

Qui dispense les communes de l'accomplissement des formalités de la purge des hypothèques, pour les acquisitions d'immeubles faites de gré à gré et dont le prix n'excède pas 500 francs.

(14 juillet 1866)

Art. 1er. Les maires des communes, autorisés à cet effet par délibérations des Conseils municipaux approuvées par les préfets, peuvent se dispenser de remplir les formalités de purge des hypothèques pour les acquisitions d'immeubles faites de gré à gré et dont le prix n'excède pas 500 francs (2).

2. L'article 1er de l'ordonnance royale du 18 avril 1842 est rapporté.

LOI

Sur les courtiers de marchandises.

(18 juillet 1866)

Titre Ier. — *De l'exercice de la profession de courtier de marchandises.*

Art. 1er. A partir du 1er janvier 1867, toute personne sera libre d'exercer la profession de courtier de marchandises, et les dispositions contraires du Code de commerce, des lois, décrets, ordonnances et arrêtés actuellement en vigueur seront abrogées.

(2) (*a*) En matière d'acquisitions d'immeubles, les communes, dans le cas prévu par le décret du 14 juillet 1866, peuvent se libérer entre les mains des vendeurs sans avoir besoin de produire un certificat d'inscription d'hypothèque et de procéder à la purge des hypothèques inscrites comme de celles non inscrites. — *Av. C. d'Ét.* 31 mars 1869.

(*b*) Dans les mêmes circonstances, les communes ne peuvent se dispenser de faire transcrire leur contrat d'acquisition que lorsque les immeubles ont été acquis en vertu de la loi du 3 mai 1841. — *Même avis.*

(*c*) Les hospices et autres établissements publics de bienfaisance ne jouissent pas de la faculté conférée aux communes par le décret du 14 juillet 1866. — *Même avis.*

2. Il pourra être dressé par le tribunal de commerce une liste des courtiers de marchandises de la localité qui auront demandé à y être inscrits. (*V. Décr.* 22 *déc.* 1866.) — Nul ne pourra être inscrit sur ladite liste s'il ne justifie : 1° de sa moralité par un certificat délivré par le maire ; 2° de sa capacité professionnelle par l'attestation de cinq commerçants de la place faisant partie des *notables* chargés d'élire le tribunal de commerce ; 3° de l'acquittement d'un droit d'inscription une fois payé au Trésor. Ce droit d'inscription, qui ne pourra excéder 3,000 francs, sera fixé, pour chaque place, en raison de son importance commerciale, par un décret rendu en la forme des règlements d'administration publique, et cessera d'être exigé à l'époque où sera amortie l'avance du Trésor, dont il sera parlé à l'article 17. — Aucun individu en état de faillite, ayant fait abandon de biens ou atermoiement sans s'être depuis réhabilité, ou ne jouissant pas des droits de citoyen français, ne pourra être inscrit sur la liste dont il vient d'être parlé. — Tout courtier inscrit sera tenu de prêter, devant le tribunal de commerce, dans la huitaine de son inscription, le serment de remplir avec honneur et probité les devoirs de sa profession. — Il sera également tenu de se soumettre, en tout ce qui se rapporte à la discipline de sa profession, à la juridiction d'une chambre syndicale, qui sera établie comme il est dit à l'article suivant.

3. Tous les ans, dans le courant d'août, les courtiers inscrits éliront parmi eux les membres qui devront composer, pour l'année, la chambre syndicale. — L'organisation et les pouvoirs disciplinaires de cette chambre seront déterminés dans un règlement dressé pour chaque place par le tribunal de commerce, après avis de la chambre de commerce ou de la chambre consultative des arts et manufactures. — Ce règlement sera soumis à l'approbation du ministre de l'Agriculture, du commerce et des travaux publics. — La chambre syndicale pourra prononcer, sauf appel devant le tribunal de commerce, les peines disciplinaires suivantes : — L'avertissement ; — La radiation temporaire ; — La radiation définitive, sans préjudice des actions civiles à intenter par les tiers intéressés, ou même de l'action publique, s'il y a lieu. — Si le nombre des courtiers inscrits n'est pas suffisant pour la constitution d'une chambre syndicale, le tribunal de commerce en remplira les fonctions.

4. Les ventes publiques de marchandises aux enchères et en gros qui, dans les divers cas prévus par la loi, doivent être faites par un courtier, ne pourront être confiées qu'à un courtier inscrit sur la liste dressée conformément à l'article 2, ou, à défaut de liste, désigné, sur la requête des parties intéressées, par le président du tribunal de commerce.

5. A défaut d'experts désignés d'accord entre les parties, les courtiers inscrits pourront être requis pour l'estimation des marchandises déposées dans un magasin général. — Si le courtier requis dans le cas prévu par le paragraphe qui précède réclame plus d'une vacation, il sera statué par le président du tribunal de commerce sans frais et sans recours.

6. Le courtier chargé de procéder à une vente publique, ou qui aura été requis pour l'estimation de marchandises déposées dans un magasin général, ne pourra se rendre acquéreur, pour son compte, des marchandises dont la vente ou l'estimation lui aura été confiée. — Le courtier qui aura contrevenu à la disposition qui précède sera rayé par le tribunal de commerce, statuant disciplinairement et sans appel, sur la plainte d'une partie intéressée ou d'office, de la liste des courtiers inscrits, et ne pourra plus y être inscrit de nouveau, sans préjudice de l'action des parties en dommages-intérêts.

7. Tout courtier qui sera chargé d'une opération de courtage pour une affaire où il avait un intérêt personnel, sans en prévenir les parties auxquelles il aura servi d'intermédiaire, sera poursuivi devant le tribunal de police correctionnelle et puni d'une amende de 500 francs à 3,000 francs, sans préjudice de l'action des parties en dommages-intérêts. S'il était inscrit sur la liste des courtiers dressée conformément à l'article 2, il en sera rayé et ne pourra plus y être inscrit de nouveau.

8. Les droits de courtage pour les ventes publiques et la quotité de chaque vacation due au courtier, pour l'estimation des marchandises déposées dans un magasin général, continueront à être fixés, pour chaque localité, par le ministre de l'agriculture, du commerce et des travaux publics, après avis de la chambre et du tribunal de commerce.

9. Dans chaque ville où il existe une Bourse de commerce, le cours des marchandises sera constaté par les

courtiers inscrits, réunis, s'il y a lieu, à un certain nombre de courtiers non inscrits et de négociants de la place, dans la forme qui sera prescrite par un règlement d'administration publique. (*V. Décr.* 22 *déc.* 1866.)

TITRE II. — *De l'indemnité à payer aux courtiers de marchandises actuellement en exercice.*

10. Les courtiers de marchandises actuellement en exercice seront indemnisés de la perte du droit de présenter leur successeur, qui avait été accordé par l'article 91 de la loi du 28 avril 1816.

11. Dans chaque place, l'indemnité sera égale à la valeur des offices de courtiers de marchandises de la place, déterminée d'après le prix moyen des cessions d'offices de cette catégorie, effectuées dans les sept années antérieures au 1er juillet 1864. — Toutefois, dans les villes où la commission dont il sera ultérieurement parlé aura constaté que la clientèle était habituellement comprise dans les éléments qui servaient à déterminer le prix de cession des offices, la commission pourra décider qu'une quote-part des indemnités fixées comme il est dit ci-dessus, qui ne pourra excéder 20 pour 100, sera mise en commun et répartie entre les différents courtiers de la place, au prorata des produits de leurs offices de courtiers de marchandises pendant les sept années antérieures au 1er juillet 1864.

12. Dans les villes où aucune cession d'office n'aurait eu lieu dans les sept années, ainsi que pour les offices qui, au 1er juillet 1854, étaient encore entre les mains d'un titulaire de la création, la commission fixera l'indemnité, sans qu'elle puisse être supérieure à quatre fois la moyenne annuelle des produits de l'office pendant les sept années antérieures au 1er juillet 1864.

13. Dans le cas où le même individu aurait été autorisé à cumuler les fonctions de courtier de marchandises avec celles d'agent de change, de courtier d'assurances ou de courtier conducteur et interprète de navires, et où il exercera ces diverses fonctions en vertu d'un titre unique, l'indemnité, déterminée conformément aux articles précédents, sera réduite dans la proportion de la valeur du titre réduit aux fonctions non supprimées.

14. Les droits privilégiés existant aujourd'hui sur le prix des offices s'exerceront sur les indemnités allouées en vertu de la présente loi.

15. Le montant de l'indemnité à payer aux courtiers sera fixé sur les bases ci-dessus indiquées, la chambre syndicale entendue, et après avis du préfet, de la chambre de commerce et du tribunal de commerce, par une commission instituée à Paris par un décret de l'Empereur et composée de neuf membres. — Trois membres seront désignés par le ministre des Finances. — Trois autres seront choisis dans chaque département, et pour les affaires de ce département, par les courtiers faisant partie des chambres syndicales, réunis par les soins et sous la présidence du préfet. — Les trois derniers membres nécessaires pour compléter la commission devront être choisis à l'unanimité par les six premiers. — Faute par ceux-ci de s'entendre dans le mois de la notification à eux faite de leur nomination, le choix de ceux des trois derniers membres qui n'auront pas été désignés à l'unanimité sera fait par le premier président et les présidents réunis de la Cour impériale de Paris. — Ses opérations commenceront dans les trois mois qui suivront la promulgation de la présente loi.

16. Le décret impérial qui instituera la commission en nommera le président et le secrétaire. — La commission ne pourra délibérer si elle ne compte au moins sept membres présents. En cas d'égalité de voix, celle du président sera prépondérante.

17. Les indemnités dues aux courtiers de marchandises en vertu des décisions de la commission nommée conformément à l'article 15 seront payées : — 1° Un quart comptant le 1er janvier 1867 ; — 2° Et les trois autres quarts, valeur au 1er janvier 1867, en dix annuités négociables, composées chacune de l'intérêt à 4 et demi pour 100 et du fonds d'amortissement nécessaire pour opérer en dix ans, au même taux, la libération de l'Etat.

18. Le paiement du quart des indemnités effectué par le Trésor lui sera remboursé en capital et intérêts à 4 pour 100 à partir de l'année 1867, et le service des annuités sera assuré au moyen des ressources suivantes : — 1° Le montant des droits d'inscription qui seront payés par les courtiers inscrits, par application de l'article 2 ; — 2° L'excédant du produit en principal et centimes additionnels établis au profit de l'Etat, des taxes des patentables mentionnés en l'article 20, réglées conformément audit article sur le produit des taxes des mêmes

patentables réalisées en 1866. — En cas d'insuffisance desdites ressources, il sera pourvu aux voies et moyens par une loi spéciale.

19. Il sera dressé tous les ans, dans la forme à déterminer par un règlement d'administration publique, un compte spécial dans lequel les ressources énoncées au précédent article seront appliquées : — 1° Au service des annuités ; — 2° Aux intérêts de l'avance faite par le Trésor pour le quart payé comptant ; — 3° A l'amortissement de ladite avance jusqu'à concurrence du montant des ressources de l'année. — Ce compte sera l'objet d'un rapport à l'Empereur, qui sera communiqué au Corps législatif.

20. Les patentables qui sont actuellement compris dans la législation des patentes sous la dénomination de *commissionnaires en marchandises, courtiers de marchandises, facteurs de denrées et marchandises, et représentants de commerce*, ainsi que tous les individus qui prêtent leur entremise pour l'achat et la vente des marchandises ou qui achètent ou vendent des marchandises pour le compte de tiers, et dont la profession n'est pas spécialement dénommée dans les tableaux annexés aux lois de patentes, seront assujettis, à partir de 1867, aux droits de patentes fixés comme il suit :

A Paris.	400 fr.
Dans les villes de cinquante mille âmes et au-dessus. . .	300
Dans les villes de trente mille à cinquante mille âmes et dans les villes de quinze mille à trente mille âmes qui ont un entrepôt réel. . . .	200
Dans les villes de quinze mille à trente mille âmes et dans les villes d'une population inférieure à quinze mille âmes qui ont un entrepôt réel.	150
Dans les autres communes.	75

Droit proportionnel au quinzième.

Si les opérations que font les patentables ci-dessus énumérés ou auxquelles ils prêtent leur entremise ont pour objet habituel la vente aux marchands détaillants et aux consommateurs, les droits de patentes seront ceux de la quatrième classe du tableau A annexé à la loi du 25 avril 1844.

LOI

Portant fixation du budget général des dépenses et des recettes ordinaires de l'exercice 1867.

(18 juillet 1866) (1)

TITRE Ier. — *Budget ordinaire.*

. . . .

§ 2. — Impôts autorisés.

. . . .

ART. 3. A partir du 1er janvier 1867, les baux et échanges de biens immeubles, les actes énumérés au paragraphe 7, nos 1, 3, 4, 5 et 6 de l'article 69 de la loi du 22 frimaire an VII, les obligations et libérations hypothécaires cesseront d'être soumis au demi-décime établi par le paragraphe 1er de l'article 3 de la loi du 8 juin 1864. — La perception de ce demi-décime continuera d'être effectuée, pour l'exercice 1867, sur tous les autres droits et produits dont le recouvrement est confié à l'administration de l'enregistrement. — L'article 13 de la loi du 23 juin 1857, relatif à la perception d'un deuxième décime sur les autres impôts indirects qui supportent le premier décime, continuera à recevoir son exécution pour le même exercice 1867.

4. A partir du 1er janvier 1867, le droit de timbre du papier des affiches est fixé de la manière suivante :

Par feuille de 12 décimètres et demi carrés et au-dessus.	0 f. 05 c.
Au-dessus de 12 décimètres et demi jusqu'à 25 décimètres carrés. . . .	0 f. 10 c.
Au-dessus de 25 décimètres jusqu'à 50 décimètres carrés.	0 f. 15 c.
Au-delà de cette dernière dimension.	0 f. 20 c.

Dans le cas où une affiche contiendrait plusieurs annonces distinctes, le maximum ci-dessus fixé sera toujours exigible Ce maximum sera doublé si l'affiche contient plus de cinq annonces. — Les affiches peuvent être imprimées sur papier non timbré, pourvu que le timbre y soit apposé avant l'affichage. — Néanmoins sont maintenues, en cas de contravention aux paragraphes qui précèdent, les amendes et pénalités édictées par l'article 69

(1) V. LL. 27 juill. 1870 ; 23 août 1871.

de la loi du 28 avril 1816 modifiée par l'article 10 de la loi du 16 juin 1824.

. . . .

DÉCRET

Portant que le nouveau Codex medicamentarius, Pharmacopée française, *édition de* 1866, *sera et demeurera obligatoire, pour les pharmaciens, à partir du* 1er *janvier* 1867.

(5 décembre 1866) (1)

DÉCRET

Portant règlement d'administration publique, pour l'exécution de l'article 9 *de la loi du* 18 *juillet* 1866, *sur les courtiers de marchandises.*

(22 décembre 1866) (2)

DÉCRET

Concernant les établissements réputés insalubres, dangereux ou incommodes.

(31 décembre 1866) (3)

ART. 1er. La division en trois classes des établissements réputés insalubres, dangereux ou incommodes, aura lieu conformément au tableau annexé au présent décret. Elle servira de règle toutes les fois qu'il sera question de prononcer sur les demandes en formation de ces établissements.

. . . .

1867

DÉCRET

Qui réunit, dans chaque place, sous la juridiction d'une seule chambre syndicale, les courtiers d'assurances, les courtiers interprètes et conducteurs de navires et les agents de change autres que ceux institués près des Bourses départementales pourvues d'un parquet.

(5 janvier 1867) (4)

ART. 1er. Les courtiers d'assurances, les courtiers interprètes et conducteurs de navires et les agents de change autres que ceux institués près des Bourses départementales pourvues d'un parquet, sont réunis, dans chaque place, sous la juridiction d'une seule chambre syndicale.

2. Le nombre des membres composant la chambre syndicale est fixé comme il suit : — Sept membres, y compris le syndic, lorsque le nombre des titulaires appelés à nommer la chambre syndicale est de quatorze et au-dessus ; — Cinq membres, y compris le syndic, lorsque le nombre des titulaires est de dix à treize ; — Trois membres, y compris le syndic, lorsque le nombre des titulaires est de six à neuf. — Si le nombre des titulaires est inférieur à six, le tribunal de commerce remplit les fonctions de la chambre syndicale.

LOI

Sur l'enseignement primaire.

(10 avril 1867) (5)

DÉCRET

Portant règlement d'administratio publique sur le service de la correspondance télégraphique privée.

(8 mai 1867) (6)

LOI

Sur la révision des procès criminels et correctionnels.

(29 juin 1867)

ART. 1er. Les articles 443, 444, 445, 446 et 447, du Code d'instruction cri-

(1) Bull., 11e série, n. 14737.

(2) V. le texte dans notre édition in-8o.

(3) Bull., 11e série, n. 14860. — *V. la nomenclature des établissements insalubres, dangereux ou incommodes,* dans notre édition in-8o ; *V. aussi Décr. 31 janv.* 1872 ; 26 *févr.* 1881.

(4) V. art. 11, L. 28 vent. an IX, art. 15 et 18 ; Arr. 29 germ. an IX, 27 prair. an X.

(5) Bull., 11e série, no 15060. — *V.* le texte dans notre édition in-8o.

(6) Bull., 11e série, no 15143. — Abrogé par Décr. 16 avril 1881.

minelle sont abrogés et remplacés par les articles suivants (1) :

Dispositions transitoires.

2. Dans tous les cas où la condamnation donnant ouverture à révision, dans les termes de l'article 443, paragraphes 2 et 3, serait antérieure à la présente loi, le délai fixé par l'article 444, pour l'inscription de la demande, courra à partir de la promulgation.

LOI

Relative à la naturalisation.

(29 juin 1867) (2)

Art. 1er. Les articles 1 et 2 de la loi du 3 décembre 1849 sont remplacés par les dispositions suivantes :

Art. 1er. L'étranger qui, après l'âge de vingt et un ans accomplis, a, conformément à l'article 13 du Code Napoléon, obtenu l'autorisation d'établir son domicile en France, et y a résidé pendant trois années, peut être admis à jouir de tous les droits de citoyen français. — Les trois années courront à partir du jour où la demande d'autorisation aura été enregistrée au ministère de la Justice. — Est assimilé à la résidence en France le séjour en pays étranger pour l'exercice d'une fonction conférée par le Gouvernement français. — Il est statué sur la demande en naturalisation, après enquête sur la moralité de l'étranger, par un décret de l'Empereur, rendu sur le rapport du ministre de la Justice, le Conseil d'État entendu.

Art. 2. Le délai de trois ans, fixé par l'article précédent, pourra être réduit à une seule année en faveur des étrangers qui auront rendu à la France des services importants, qui auront introduit en France soit une industrie, soit des inventions utiles, qui y auront apporté des talents distingués, qui y auront formé de grands établissements ou créé de grandes exploitations agricoles.

2. L'article 5 de la loi du 3 décembre 1849 est abrogé.

---

(1) V. le texte aux articles 443, 444, 445, 446 et 447 du Code d'instruction criminelle.

(2) V. Décr. 26 oct. 1870.

LOI

Relative à la contrainte par corps.

(22 juillet 1867)

Art. 1er. La contrainte par corps est supprimée en matière commerciale, civile, et contre les étrangers.

2. Elle est maintenue en matière criminelle, correctionnelle et de simple police.

3. Les arrêts, jugements et exécutoires portant condamnation, au profit de l'Etat, à des amendes, restitutions et dommages-intérêts en matière criminelle, correctionnelle et de police, ne peuvent être exécutés par la voie de la contrainte par corps que cinq jours après le commandement qui est fait aux condamnés, à la requête du receveur de l'enregistrement et des domaines. — La contrainte par corps n'aura jamais lieu pour le paiement des frais au profit de l'Etat (*alinéa abrogé par l'art.* 1er, *L.* 19 *déc.* 1871). — Dans le cas où le jugement de condamnation n'a pas été précédemment signifié au débiteur, le commandement porte en tête un extrait de ce jugement, lequel contient le nom des parties et le dispositif. — Sur le vu du commandement et sur la demande du receveur de l'enregistrement et des domaines, le procureur impérial adresse les réquisitions nécessaires aux agents de la force publique et aux autres fonctionnaires chargés de l'exécution des mandements de justice. — Si le débiteur est détenu, la recommandation peut être ordonnée immédiatement après la notification du commandement.

4. Les arrêts et jugements contenant des condamnations en faveur des particuliers pour réparations de crimes, délits ou contraventions commis à leur préjudice sont, à leur diligence, signifiés et exécutés suivant les mêmes formes et voies de contrainte que les jugements portant des condamnations au profit de l'Etat.

5. Les dispositions des articles qui précèdent s'étendent au cas où les condamnations ont été prononcées par les tribunaux civils au profit d'une partie lésée, pour réparation d'un crime, d'un délit ou d'une contravention reconnus par la juridiction criminelle.

6. Lorsque la contrainte a lieu à la requête et dans l'intérêt des particuliers, ils sont obligés de pourvoir aux aliments des détenus; faute de provision, le condamné est mis en li-

berté. — La consignation d'aliments doit être effectuée d'avance pour trente jours au moins; elle ne vaut que pour des périodes entières de trente jours. — Elle est, pour chaque période, de 45 francs à Paris, de 40 francs dans les villes de cent mille âmes et de 35 francs dans les autres villes.

7. Lorsqu'il y a lieu à élargissement faute de consignation d'aliments, il suffit que la requête présentée au président du tribunal civil soit signée par le débiteur détenu et par le gardien de la maison d'arrêt pour dettes, ou même certifiée véritable par le gardien si le détenu ne sait pas signer. — Cette requête est présentée en duplicata : l'ordonnance du président, aussi rendue par duplicata, est exécutée sur l'une des minutes qui reste entre les mains du gardien ; l'autre minute est déposée au greffe du tribunal et enregistrée gratis.

8. Le débiteur élargi faute de consignation d'aliments ne peut plus être incarcéré pour la même dette.

9. La durée de la contrainte par corps est réglée ainsi qu'il suit : — De deux jours à vingt jours, lorsque l'amende et les autres condamnations n'excèdent pas 50 francs ; — De vingt jours à quarante jours, lorsqu'elles sont supérieures à 50 francs et qu'elles n'excèdent pas 100 francs ; — De quarante jours à soixante jours, lorsqu'elles sont supérieures à 100 francs et qu'elles n'excèdent pas 200 francs ; — De deux mois à quatre mois, lorsqu'elles sont supérieures à 200 francs et qu'elles n'excèdent pas 500 francs ; — De quatre mois à huit mois, lorsqu'elles sont supérieures à 500 francs et qu'elles n'excèdent pas 2,000 francs ; — D'un an à deux ans, lorsqu'elles s'élèvent à plus de 2,000 francs. — En matière de simple police, la durée de la contrainte par corps ne pourra excéder cinq jours (1).

10. Les condamnés qui justifient de leur insolvabilité, suivant l'article 420 du Code d'instruction criminelle, sont mis en liberté après avoir subi la contrainte pendant la moitié de la durée fixée par le jugement.

11. Les individus contre lesquels la contrainte a été prononcée peuvent en prévenir ou en faire cesser l'effet, en fournissant une caution reconnue bonne et valable. — La caution est admise, pour l'État, par le receveur des domaines ; pour les particuliers, par la partie intéressée ; en cas de contestation, elle est déclarée, s'il y a lieu, bonne et valable par le tribunal civil de l'arrondissement. — La caution doit s'exécuter dans le mois, à peine de poursuites.

12. Les individus qui ont obtenu leur élargissement ne peuvent plus être détenus ou arrêtés pour condamnations pécuniaires antérieures, à moins que ces condamnations n'entraînent, par leur quotité, une contrainte plus longue que celle qu'ils ont subie et qui, dans ce dernier cas, leur est toujours comptée pour la durée de la nouvelle incarcération.

13. Les tribunaux ne peuvent prononcer la contrainte par corps contre les individus âgés de moins de seize ans accomplis à l'époque des faits qui ont motivé la poursuite.

14. Si le débiteur a commencé sa soixantième année, la contrainte par corps est réduite à la moitié de la durée fixée par le jugement, sans préjudice des dispositions de l'article 10.

15. Elle ne peut être prononcée ou exercée contre le débiteur au profit : 1° de son conjoint ; 2° de ses ascendants, descendants, frères ou sœurs ; 3° de son oncle ou de sa tante, de son grand-oncle ou de sa grand'tante, de son neveu ou de sa nièce, de son petit-neveu ou de sa petite-nièce, ni de ses alliés au même degré.

16. La contrainte par corps ne peut être exercée simultanément contre le mari et la femme, même pour des dettes différentes.

17. Les tribunaux peuvent, dans l'intérêt des enfants mineurs du débiteur et par le jugement de condamnation, surseoir, pendant une année au plus, à l'exécution de la contrainte par corps.

18. Les articles 120 et 355, paragraphe 1er, du Code d'instruction criminelle, 174 et 175 du décret du 18 juin 1811 sur les frais de justice criminelle, sont abrogés en ce qui concerne la contrainte par corps (*Remis en vigueur par l'art. 2, L. 19 déc. 1871.*) — Sont également abrogées, en ce qu'elles ont de contraire à la présente loi, toutes les dispositions des lois antérieures ; néanmoins, il n'est point dérogé aux articles 80, 157, 171, 189, 304, 355, paragraphes 2 et 3, 452, 454, 456 et 522 du Code d'instruction criminelle. — Le titre XIII du Code forestier et le titre VII de la loi sur

(1) Le décime et le double décime doivent être ajoutés au chiffre de l'amende pour la fixation de la durée de la contrainte par corps (*V.* L. 6 prair. an VII, art. 1 et 2 ; 14 juill. 1855, art. 5). — Cass. *Ch. réun.* 16 janv. 1872.

la pêche fluviale sont aussi maintenus et continuent d'être exécutés en ce qui n'est pas contraire à la présente loi. — En matière forestière et de pêche fluviale, lorsque le débiteur ne fait pas les justifications de l'article 420 du Code d'instruction criminelle, la durée de la contrainte par corps est fixée par le jugement, dans les limites de huit jours à six mois.

19. Les dispositions précédentes sont applicables à tous jugements et cas de contrainte par corps antérieurs à la présente loi.

LOI

Sur les sociétés.

(24 juillet 1867)

TITRE Ier. — *Des sociétés en commandite par actions.*

ART. 1er. Les sociétés en commandite ne peuvent diviser leur capital en actions ou coupons d'actions de moins de 100 francs, lorsque ce capital n'excède pas 200,000 francs, et de moins de 500 francs, lorsqu'il est supérieur. — Elles ne peuvent être définitivement constituées qu'après la souscription de la totalité du capital social et le versement, par chaque actionnaire, du quart au moins du montant des actions par lui souscrites. — Cette souscription et ces versements sont constatés par une déclaration du gérant dans un acte notarié. — A cette declaration sont annexés la liste des souscripteurs, l'état des versements effectués, l'un des doubles de l'acte de société, s'il est sous seing privé, et une expédition, s'il est notarié et s'il a été passé devant un notaire autre que celui qui a reçu la déclaration. — L'acte sous seing privé, quel que soit le nombre des associés, sera fait en double original, dont l'un sera annexé, comme il est dit au paragraphe qui précède, à la déclaration de souscription du capital et de versement du quart, et l'autre restera déposé au siége social.

2. Les actions ou coupons d'actions sont négociables après le versement du quart.

3. Il peut être stipulé, mais seulement par les statuts constitutifs de la société, que les actions ou coupons d'actions pourront, après avoir été libérés de moitié, être convertis en actions au porteur, par délibération de l'assemblée générale. — Soit que les actions restent nominatives après cette délibération, soit qu'elles aient été converties en actions au porteur, les souscripteurs primitifs qui ont aliéné les actions et ceux auxquels ils les ont cédées avant le versement de moitié restent tenus au paiement du montant de leurs actions pendant un délai de deux ans, à partir de la délibération de l'assemblée générale.

4. Lorsqu'un associé fait un apport qui ne consiste pas en numéraire, ou stipule à son profit des avantages particuliers, la première assemblée générale fait apprécier la valeur de l'apport ou la cause des avantages stipulés. — La société n'est définitivement constituée qu'après l'approbation de l'apport ou des avantages, donnée par une autre assemblée générale, après une nouvelle convocation. — La seconde assemblée générale ne pourra statuer sur l'approbation de l'apport ou des avantages qu'après un rapport qui sera imprimé et tenu à la disposition des actionnaires, cinq jours au moins avant la réunion de cette assemblée. — Les délibérations sont prises par la majorité des actionnaires présents. Cette majorité doit comprendre le quart des actionnaires et représenter le quart du capital social en numéraire. — Les associés qui ont fait l'apport ou stipulé des avantages particuliers soumis à l'appréciation de l'assemblée n'ont pas voix délibérative. — A défaut d'approbation, la société reste sans effet à l'égard de toutes les parties. — L'approbation ne fait pas obstacle à l'exercice ultérieur de l'action qui peut être intentée pour cause de dol ou de fraude. — Les dispositions du présent article relatives à la vérification de l'apport qui ne consiste pas en numéraire ne sont pas applicables au cas où la société à laquelle est fait ledit apport est formée entre ceux seulement qui en étaient propriétaires par indivis.

5. Un conseil de surveillance, composé de trois actionnaires au moins, est établi dans chaque société en commandite par actions. — Ce conseil est nommé par l'assemblée générale des actionnaires immédiatement après la constitution définitive de la société et avant toute opération sociale. — Il est soumis à la réélection aux époques et suivant les conditions déterminées par les statuts.—Toutefois, le premier conseil n'est nommé que pour une année.

6. Ce premier conseil doit, immédiatement après sa nomination, vérifier si toutes les dispositions contenues dans les articles qui précèdent ont été observées.

7. Est nulle et de nul effet à l'égard des intéressés toute société en commandite par actions constituée contrairement aux prescriptions des articles 1er, 2, 3, 4 et 5 de la présente loi. — Cette nullité ne peut être opposée aux tiers par les associés.

8. Lorsque la société est annulée, aux termes de l'article précédent, les membres du premier conseil de surveillance peuvent être déclarés responsables, avec le gérant, du dommage résultant, pour la société ou pour les tiers, de l'annulation de la société. — La même responsabilité peut être prononcée contre ceux des associés dont les apports ou les avantages n'auraient pas été vérifiés et approuvés conformément à l'article 4 ci-dessus.

9. Les membres du conseil de surveillance n'encourent aucune responsabilité en raison des actes de la gestion et de leurs résultats. — Chaque membre du conseil de surveillance est responsable de ses fautes personnelles, dans l'exécution de son mandat, conformément aux règles du droit commun.

10. Les membres du conseil de surveillance vérifient les livres, la caisse, le portefeuille et les valeurs de la société. — Ils font, chaque année, à l'assemblée générale, un rapport dans lequel ils doivent signaler les irrégularités et inexactitudes qu'ils ont reconnues dans les inventaires, et constater, s'il y a lieu, les motifs qui s'opposent aux distributions des dividendes proposés par le gérant. — Aucune répétition de dividendes ne peut être exercée contre les actionnaires, si ce n'est dans le cas où la distribution en aura été faite en l'absence de tout inventaire ou en dehors des résultats constatés par l'inventaire. — L'action en répétition, dans le cas où elle est ouverte, se prescrit par cinq ans, à partir du jour fixé pour la distribution des dividendes. — Les prescriptions commencées à l'époque de la promulgation de la présente loi pour lesquelles il faudrait encore, suivant les lois anciennes, plus de cinq ans, à partir de la même époque, seront accomplies par ce laps de temps.

11. Le conseil de surveillance peut convoquer l'assemblée générale et, conformément à son avis, provoquer la dissolution de la société.

12. Quinze jours au moins avant la réunion de l'assemblée générale, tout actionnaire peut prendre par lui ou par un fondé de pouvoir, au siége social, communication du bilan, des inventaires et du rapport du conseil de surveillance.

13. L'émission d'actions ou de coupons d'actions d'une société constituée contrairement aux prescriptions des articles 1er, 2 et 3 de la présente loi, est punie d'une amende de 500 à 10,000 francs. — Sont punis de la même peine : — Le gérant qui commence les opérations sociales avant l'entrée en fonctions du conseil de surveillance ; — Ceux qui, en se présentant comme propriétaires d'actions ou de coupons d'actions qui ne leur appartiennent pas, ont créé frauduleusement une majorité factice dans une assemblée générale, sans préjudice de tous dommages-intérêts, s'il y a lieu, envers la société ou envers les tiers ; — Ceux qui ont remis les actions pour en faire l'usage frauduleux. — Dans les cas prévus par les deux paragraphes précédents, la peine de l'emprisonnement de quinze jours à six mois peut, en outre, être prononcée.

14. La négociation d'actions ou de coupons d'actions dont la valeur ou la forme serait contraire aux dispositions des articles 1er, 2 et 3 de la présente loi, ou pour lesquels le versement du quart n'aurait pas été effectué conformément à l'article 2 ci-dessus, est punie d'une amende de 500 à 10,000 francs. — Sont punies de la même peine toute participation à ces négociations et toute publication de la valeur desdites actions.

15. Sont punis des peines portées par l'article 405 du Code pénal, sans préjudice de l'application de cet article à tous les faits constitutifs du délit d'escroquerie : — 1° Ceux qui, par simulation de souscriptions ou de versements ou par publication, faite de mauvaise foi, de souscriptions ou de versements qui n'existent pas, ou de tous autres faits faux, ont obtenu ou tenté d'obtenir des souscriptions ou des versements ; — 2° Ceux qui, pour provoquer des souscriptions ou des versements, ont, de mauvaise foi, publié les noms de personnes désignées, contrairement à la vérité, comme étant ou devant être attachées à la société à un titre quelconque ; — 3° Les gérants qui, en l'absence d'inventaires ou au moyen d'inventaires frauduleux, ont opéré entre les actionnaires la répartition de dividendes fictifs. — Les membres du conseil de surveillance ne sont pas civilement responsables des délits commis par le gérant.

16. L'article 463 du Code pénal est

applicable aux faits prévus par les trois articles qui précèdent.

17. Des actionnaires représentant le vingtième au moins du capital social peuvent, dans un intérêt commun, charger à leurs frais un ou plusieurs mandataires de soutenir, tant en demandant qu'en défendant, une action contre les gérants ou contre les membres du conseil de surveillance, et de les représenter, en ce cas, en justice, sans préjudice de l'action que chaque actionnaire peut intenter individuellement en son nom personnel.

18. Les sociétés antérieures à la loi du 17 juillet 1856, et qui ne se seraient pas conformées à l'article 15 de cette loi, seront tenues, dans un délai de six mois, de constituer un conseil de surveillance, conformément aux dispositions qui précèdent. — A défaut de constitution du conseil de surveillance dans le délai ci-dessus fixé, chaque actionnaire a le droit de faire prononcer la dissolution de la société.

19. Les sociétés en commandite par actions antérieures à la présente loi, dont les statuts permettent la transformation en société anonyme autorisée par le Gouvernement, pourront se convertir en société anonyme dans les termes déterminés par le titre II de la présente loi, en se conformant aux conditions stipulées dans les statuts pour la transformation.

20. Est abrogée la loi du 17 juillet 1856.

TITRE II. — *Des sociétés anonymes.*

21. A l'avenir, les sociétés anonymes pourront se former sans l'autorisation du Gouvernement. — Elles pourront, quel que soit le nombre des associés, être formées par un acte sous seing privé fait en double original. — Elles seront soumises aux dispositions des articles 29, 30, 32, 33, 34 et 36 du Code de commerce et aux dispositions contenues dans le présent titre.

22. Les sociétés anonymes sont administrées par un ou plusieurs mandataires à temps, révocables, salariés ou gratuits, pris parmi les associés. — Ces mandataires peuvent choisir parmi eux un directeur, ou, si les statuts le permettent, se substituer un mandataire étranger à la société et dont ils sont responsables envers elle.

23. La société ne peut être constituée si le nombre des associés est inférieur à sept.

24. Les dispositions des articles 1, 2, 3 et 4 de la présente loi sont applicables aux sociétés anonymes. — La déclaration imposée au gérant par l'article 1er est faite par les fondateurs de la société anonyme ; elle est soumise, avec les pièces à l'appui, à la première assemblée générale, qui en vérifie la sincérité.

25. Une assemblée générale est, dans tous les cas, convoquée, à la diligence des fondateurs, postérieurement à l'acte qui constate la souscription du capital social et le versement du quart du capital, qui consiste en numéraire. Cette assemblée nomme les premiers administrateurs ; elle nomme également, pour la première année, les commissaires institués par l'article 32 ci-après. — Ces administrateurs ne peuvent être nommés pour plus de six ans : ils sont rééligibles, sauf stipulation contraire. — Toutefois, ils peuvent être désignés par les statuts, avec stipulation formelle que leur nomination ne sera point soumise à l'approbation de l'assemblée générale. En ce cas, ils ne peuvent être nommés pour plus de trois ans. — Le procès-verbal de la séance constate l'acceptation des administrateurs et des commissaires présents à la réunion. — La société est constituée à partir de cette acceptation.

26. Les administrateurs doivent être propriétaires d'un nombre d'actions déterminé par les statuts. — Ces actions sont affectées en totalité à la garantie de tous les actes de la gestion, même de ceux qui seraient exclusivement personnels à l'un des administrateurs. — Elles sont nominatives, inaliénables, frappées d'un timbre indiquant l'inaliénabilité et déposées dans la caisse sociale.

27. Il est tenu, chaque année au moins, une assemblée générale à l'époque fixée par les statuts. Les statuts déterminent le nombre d'actions qu'il est nécessaire de posséder, soit à titre de propriétaire, soit à titre de mandataire, pour être admis dans l'assemblée, et le nombre de voix appartenant à chaque actionnaire, eu égard au nombre d'actions dont il est porteur. — Néanmoins, dans les assemblées générales appelées à vérifier les apports, à nommer les premiers administrateurs et à vérifier la sincérité de la déclaration des fondateurs de la société, prescrite par le deuxième paragraphe de l'article 24, tout actionnaire, quel que soit le nombre des actions dont il est porteur, peut prendre part aux délibérations avec le nombre de voix déterminé par les sta-

tuts, sans qu'il puisse être supérieur à dix.

28. Dans toutes les assemblées générales, les délibérations sont prises à la majorité des voix. — Il est tenu une feuille de présence; elle contient les noms et domiciles des actionnaires et le nombre d'actions dont chacun d'eux est porteur. — Cette feuille, certifiée par le bureau de l'assemblée, est déposée au siége social et doit être communiquée à tout requérant.

29. Les assemblées générales qui ont à délibérer dans des cas autres que ceux qui sont prévus par les deux articles qui suivent, doivent être composées d'un nombre d'actionnaires représentant le quart au moins du capital social. — Si l'assemblée générale ne réunit pas ce nombre, une nouvelle assemblée est convoquée dans les formes et avec les délais prescrits par les statuts, et elle délibère valablement, quelle que soit la portion du capital représenté par les actionnaires présents.

30. Les assemblées qui ont à délibérer sur la vérification des apports, sur la nomination des premiers administrateurs, sur la sincérité de la déclaration faite par les fondateurs aux termes du paragraphe 2 de l'article 24, doivent être composées d'un nombre d'actionnaires représentant la moitié au moins du capital social. — Le capital social, dont la moitié doit être représentée pour la vérification de l'apport, se compose seulement des apports non soumis à vérification. — Si l'assemblée générale ne réunit pas un nombre d'actionnaires représentant la moitié du capital social, elle ne peut prendre qu'une délibération provisoire. Dans ce cas, une nouvelle assemblée générale est convoquée. Deux avis, publiés à huit jours d'intervalle, au moins un mois à l'avance, dans l'un des journaux désignés pour recevoir les annonces légales, font connaître aux actionnaires les résolutions provisoires adoptées par la première assemblée, et ces résolutions deviennent définitives si elles sont approuvées par la nouvelle assemblée, composée d'un nombre d'actionnaires représentant le cinquième au moins du capital social.

31. Les assemblées qui ont à délibérer sur des modifications aux statuts ou sur des propositions de continuation de la société au delà du terme fixé pour sa durée, ou de dissolution avant ce terme, ne sont régulièrement constituées et ne délibèrent valablement qu'autant qu'elles sont composées d'un nombre d'actionnaires représentant la moitié au moins du capital social.

32. L'assemblée générale annuelle désigne un ou plusieurs commissaires, associés ou non, chargés de faire un rapport à l'assemblée générale de l'année suivante sur la situation de la société, sur le bilan et sur les comptes présentés par les administrateurs. — La délibération contenant approbation du bilan et des comptes est nulle, si elle n'a été précédée du rapport des commissaires. — A défaut de nomination des commissaires par l'assemblée générale, ou en cas d'empêchement ou de refus d'un ou de plusieurs des commissaires nommés, il est procédé à leur nomination ou à leur remplacement par ordonnance du président du tribunal de commerce du siége de la société, à la requête de tout intéressé, les administrateurs dûment appelés.

33. Pendant le trimestre qui précède l'époque fixée par les statuts pour la réunion de l'assemblée générale, les commissaires ont droit, toutes les fois qu'ils le jugent convenable dans l'intérêt social, de prendre communication des livres et d'examiner les opérations de la société. — Ils peuvent toujours, en cas d'urgence, convoquer l'assemblée générale.

34. Toute société anonyme doit dresser, chaque semestre, un état sommaire de sa situation active et passive. — Cet état est mis à la disposition des commissaires. — Il est, en outre, établi chaque année, conformément à l'article 9 du Code de commerce, un inventaire contenant l'indication des valeurs mobilières et immobilières et de toutes les dettes actives et passives de la société. — L'inventaire, le bilan et le compte des profits et pertes sont mis à la disposition des commissaires le quarantième jour, au plus tard, avant l'assemblée générale. Ils sont présentés à cette assemblée.

35. Quinze jours au moins avant la réunion de l'assemblée générale, tout actionnaire peut prendre, au siége social, communication de l'inventaire et de la liste des actionnaires, et se faire délivrer copie du bilan résumant l'inventaire et du rapport des commissaires.

36. Il est fait annuellement, sur les bénéfices nets, un prélèvement d'un vingtième au moins, affecté à la formation d'un fonds de réserve. — Ce prélèvement cesse d'être obligatoire lorsque le fonds de réserve a atteint le dixième du capital social.

37. En cas de perte des trois quarts

du capital social, les administrateurs sont tenus de provoquer la réunion de l'assemblée générale de tous les actionnaires, à l'effet de statuer sur la question de savoir s'il y a lieu de prononcer la dissolution de la société. — La résolution de l'assemblée est, dans tous les cas, rendue publique. — A défaut par les administrateurs de réunir l'assemblée générale, comme dans le cas où cette assemblée n'aurait pu se constituer régulièrement, tout intéressé peut demander la dissolution de la société devant les tribunaux.

38. La dissolution peut être prononcée sur la demande de toute partie intéressée, lorsqu'un an s'est écoulé depuis l'époque où le nombre des associés est réduit à moins de sept.

39. L'article 17 est applicable aux sociétés anonymes.

40. Il est interdit aux administrateurs de prendre ou de conserver un intérêt direct ou indirect dans une entreprise ou dans un marché fait avec la société ou pour son compte, à moins qu'ils n'y soient autorisés par l'assemblée générale. — Il est, chaque année, rendu à l'assemblée générale un compte spécial de l'exécution des marchés ou entreprises par elle autorisés, aux termes du paragraphe précédent.

41. Est nulle et de nul effet à l'égard des intéressés toute société anonyme pour laquelle n'ont pas été observées les dispositions des articles 22, 23, 24 et 25 ci-dessus.

42. Lorsque la nullité de la société ou des actes et délibérations a été prononcée aux termes de l'article précédent, les fondateurs auxquels la nullité est imputable et les administrateurs en fonctions au moment où elle a été encourue, sont responsables solidairement envers les tiers, sans préjudice des droits des actionnaires. — La même responsabilité solidaire peut être prononcée contre ceux des associés dont les apports ou les avantages n'auraient pas été vérifiés et approuvés conformément à l'article 24.

43. L'étendue et les effets de la responsabilité des commissaires envers la société sont déterminés d'après les règles générales du mandat.

44. Les administrateurs sont responsables, conformément aux règles du droit commun, individuellement ou solidairement suivant les cas, envers la société ou envers les tiers, soit des infractions aux dispositions de la présente loi, soit des fautes qu'ils auraient commises dans leur gestion, notamment en distribuant ou en laissant distribuer sans opposition des dividendes fictifs.

45. Les dispositions des articles 13, 14, 15 et 16 de la présente loi, sont applicables en matière de sociétés anonymes, sans distinction entre celles qui sont actuellement existantes et celles qui se constitueront sous l'empire de la présente loi. Les administrateurs qui, en l'absence d'inventaire ou au moyen d'inventaire frauduleux, auront opéré des dividendes fictifs, seront punis de la peine qui est prononcée dans ce cas par le n° 3 de l'article 15 contre les gérants des sociétés en commandite. — Sont également applicables en matière de sociétés anonymes les dispositions des trois derniers paragraphes de l'article 10.

46. Les sociétés anonymes actuellement existantes continueront à être soumises, pendant toute leur durée, aux dispositions qui les régissent. — Elles pourront se transformer en sociétés anonymes dans les termes de la présente loi, en obtenant l'autorisation du Gouvernement et en observant les formes prescrites pour la modification de leurs statuts.

47. Les sociétés à responsabilité limitée pourront se convertir en sociétés anonymes dans les termes de la présente loi, en se conformant aux conditions stipulées pour la modification de leurs statuts. — Sont abrogés les articles 31, 37 et 40 du Code de commerce et la loi du 23 mai 1863, sur les sociétés à responsabilité limitée.

TITRE III. — *Dispositions particulières aux sociétés à capital variable.*

48. Il peut être stipulé, dans les statuts de toute société, que le capital social sera susceptible d'augmentation par des versements successifs faits par les associés ou l'admission d'associés nouveaux, et de diminution par la reprise totale ou partielle des apports effectués. — Les sociétés dont les statuts contiendront la stipulation ci-dessus seront soumises, indépendamment des règles générales qui leur sont propres suivant leur forme spéciale, aux dispositions des articles suivants.

49. Le capital social ne pourra être porté par les statuts constitutifs de la société au-dessus de la somme de 200,000 francs. — Il pourra être augmenté par des délibérations de l'assemblée générale, prises d'année en année ; chacune des augmentations ne pourra être supérieure à 200,000 francs.

50. Les actions ou coupons d'actions seront nominatifs, même après leur entière libération ; ils ne pourront être inférieurs à 50 francs. — Ils ne seront négociables qu'après la constitution définitive de la société. — La négociation ne pourra avoir lieu que par voie de transfert sur les registres de la société, et les statuts pourront donner, soit au conseil d'administration, soit à l'assemblée générale, le droit de s'opposer au transfert.

51. Les statuts détermineront une somme au-dessous de laquelle le capital ne pourra être réduit par les reprises des apports autorisées par l'article 48. — Cette somme ne pourra être inférieure au dixième du capital social. — La société ne sera définitivement constituée qu'après le versement du dixième.

52. Chaque associé pourra se retirer de la société lorsqu'il le jugera convenable, à moins de conventions contraires et sauf l'application du paragraphe 1er de l'article précédent. — Il pourra être stipulé que l'assemblée générale aura le droit de décider, à la majorité fixée pour la modification des statuts, que l'un ou plusieurs des associés cesseront de faire partie de la société. — L'associé qui cessera de faire partie de la société, soit par l'effet de sa volonté, soit par suite de décision de l'assemblée générale, restera tenu, pendant cinq ans, envers les associés et envers les tiers, de toutes les obligations existant au moment de sa retraite.

53. La société, quelle que soit sa forme, sera valablement représentée en justice par ses administrateurs.

54. La société ne sera point dissoute par la mort, la retraite, l'interdiction, la faillite ou la déconfiture de l'un des associés ; elle continuera de plein droit entre les autres associés.

TITRE IV. — *Dispositions relatives à la publication des actes de société.*

55. Dans le mois de la constitution de toute société commerciale, un double de l'acte constitutif, s'il est sous seing privé, ou une expédition, s'il est notarié, est déposé au greffe de la justice de paix et du tribunal de commerce du lieu dans lequel est établie la société. — A l'acte constitutif des sociétés en commandite par actions et des sociétés anonymes sont annexées : 1o une expédition de l'acte notarié constatant la souscription du capital social et le versement du quart ; 2o une copie certifiée des délibérations prises par l'assemblée générale dans les cas prévus par les articles 4 et 24. — En outre, lorsque la société est anonyme, on doit annexer à l'acte constitutif la liste nominative, dûment certifiée, des souscripteurs, contenant les nom, prénoms, qualités, demeure et le nombre d'actions de chacun d'eux.

56. Dans le même délai d'un mois, un extrait de l'acte constitutif et des pièces annexées est publié dans l'un des journaux désignés pour recevoir les annonces légales. — Il sera justifié de l'insertion par un exemplaire du journal certifié par l'imprimeur, légalisé par le maire et enregistré dans les trois mois de sa date. — Les formalités prescrites par l'article précédent et par le présent article seront observées, à peine de nullité, à l'égard des intéressés ; mais le défaut d'aucune d'elles ne pourra être opposé aux tiers par les associés.

57. L'extrait doit contenir les noms des associés autres que les actionnaires ou commanditaires, la raison de commerce ou la dénomination adoptée par la société et l'indication du siége social ; la désignation des associés autorisés à gérer, administrer et signer pour la société ; le montant du capital social et le montant des valeurs fournies ou à fournir par les actionnaires ou commanditaires, l'époque où la société commence, celle où elle doit finir, et la date du dépôt fait aux greffes de la justice de paix et du tribunal de commerce.

58. L'extrait doit énoncer que la société est en nom collectif ou en commandite simple, ou en commandite par actions, ou anonyme, ou à capital variable. — Si la société est anonyme, l'extrait doit énoncer le montant du capital social en numéraire et en autres objets, la quotité à prélever sur les bénéfices pour composer le fonds de réserve. — Enfin, si la société est à capital variable, l'extrait doit contenir l'indication de la somme au-dessous de laquelle le capital social ne peut être réduit.

59. Si la société a plusieurs maisons de commerce situées dans divers arrondissements, le dépôt prescrit par l'article 55 et la publication prescrite par l'article 56 ont lieu dans chacun des arrondissements où existent les maisons de commerce. — Dans les villes divisées en plusieurs arrondissements, le dépôt sera fait seulement au greffe de la justice de paix du principal établissement.

60. L'extrait des actes et pièces déposés est signé, pour les actes pu-

blics, par le notaire, et, pour les actes sous seing privé, par les asssociés en nom collectif, par les gérants des sociétés en commandite ou par les administrateurs des sociétés anonymes.

61. Sont soumis aux formalités et aux pénalités prescrites par les articles 55 et 56 : — Tous actes et délibérations ayant pour objet la modification des statuts, la continuation de la société au-delà du terme fixé pour sa durée, la dissolution avant ce terme et le mode de liquidation, tout changement ou retraite d'associés et tout changement à la raison sociale. — Sont également soumises aux dispositions des articles 55 et 56 les délibérations prises dans les cas prévus par les articles 19, 37, 46, 47 et 49 ci-dessus.

62. Ne sont pas assujettis aux formalités de dépôt et de publication les actes constatant les augmentations ou les diminutions du capital social opérées dans les termes de l'article 48, ou les retraites d'associés, autres que les gérants ou administrateurs, qui auraient lieu conformément à l article 52.

63. Lorsqu'il s'agit d'une société en commandite par actions ou d'une société anonyme, toute personne a le droit de prendre communication des pièces déposées aux greffes de la justice de paix et du tribunal de commerce, ou même de s'en faire délivrer à ses frais expédition ou extrait par le greffier ou par le notaire détenteur de la minute. — Toute personne peut également exiger qu'il lui soit délivré au siége de la société une copie certifiée des statuts, moyennant paiement d'une somme qui ne pourra excéder un franc. — Enfin, les pièces déposées doivent être affichées d'une manière apparente dans les bureaux de la société.

64. Dans tous les actes, factures, annonces, publications et autres documents *imprimés* ou *autographiés*, émanés des sociétés anonymes ou des sociétés en commandite par actions, la dénomination sociale doit toujours être précédée ou suivie immédiatement de ces mots, écrits lisiblement en toutes lettres : *Société anonyme*, ou *Société en commandite par actions*, et de l'énonciation du montant du capital social. — Si la société a usé de la faculté accordée par l'article 48, cette circonstance doit être mentionnée par l'addition de ces mots : *à capital variable*. — Toute contravention aux dispositions qui précèdent est punie d'une amende de 50 francs à 1,000 francs.

65. Sont abrogées les dispositions des articles 42, 43, 44, 45 et 46 du Code de commerce.

TITRE V. — *Des tontines et des sociétés d'assurances.*

66. Les associations de la nature des tontines et les sociétés d'assurances sur la vie, mutuelles ou à primes, restent soumises à l'autorisation et à la surveillance du Gouvernement. — Les autres sociétés d'assurances pourront se former sans autorisation. Un règlement d'administration publique déterminera les conditions sous lesquelles elles pourront être constituées. (*V. Décr.* 22 *janv.* 1868.)

67. Les sociétés d'assurances désignées dans le paragraphe 2 de l'article précédent, qui existent actuellement, pourront se placer sous le régime qui sera établi par le règlement d'administration publique, sans l'autorisation du Gouvernement, en observant les formes et les conditions prescrites pour la modification de leurs statuts.

LOI

Sur les Conseils municipaux.

(24 juillet 1867) (1)

TITRE Ier. — *Des attributions des Conseils municipaux.*

ART. 1er. Les Conseils municipaux règlent, par leurs délibérations, les affaires ci-après désignées, savoir : — 1° Les acquisitions d'immeubles, lorsque la dépense, totalisée avec celle des autres acquisitions déjà votées dans le même exercice, ne dépasse pas le dixième des revenus ordinaires de la commune ; — 2° Les conditions des baux à loyer des maisons et bâtiments appartenant à la commune, pourvu que la durée du bail ne dépasse pas dix-huit ans ; — 3° Les projets, plans et devis de grosses réparations et d'entretien, lorsque la dépense totale afférente à ces projets et aux autres projets de la même nature, adoptés dans le même exercice, ne dépasse pas le cinquième des revenus ordinaires de la commune, ni, en aucun cas, une somme de 50,000 francs ; — 4° Le tarif des droits de place à percevoir

(1) *V. L.* 14 avril 1871, art. 18. — *Circ. min. Intér.* 3 août 1867, *contenant des instructions relatives à l'exécution de la loi du* 24 *juillet* 1867.

dans les halles, foires et marchés ; — 5° Les droits à percevoir pour permis de stationnement et de locations sur les rues, places et autres lieux dépendant du domaine public communal ; — 6° Le tarif des concessions dans les cimetières ; — 7° Les assurances des bâtiments communaux ; — 8° L'affectation d'une propriété communale à un service communal, lorsque cette propriété n'est encore affectée à aucun service public, sauf les règles prescrites par des lois particulières ; — 9° L'acceptation ou le refus de dons ou legs faits à la commune sans charges, conditions ni affectation immobilière, lorsque ces dons et legs ne donnent pas lieu à réclamation. — En cas de désaccord entre le maire et le Conseil municipal, la délibération ne sera exécutoire qu'après approbation du préfet.

2. Lorsque le budget communal pourvoit à toutes les dépenses obligatoires et qu'il n'applique aucune recette extraordinaire aux dépenses, soit obligatoires, soit facultatives, les allocations portées audit budget par le Conseil municipal pour des dépenses facultatives ne peuvent être ni changées ni modifiées par l'arrêté du préfet ou par le décret impérial qui règle le Budget.

3. Les Conseils municipaux peuvent voter, dans la limite du maximum fixé chaque année par le Conseil général, des contributions extraordinaires n'excédant pas 5 centimes pendant cinq années, pour en affecter le produit à des dépenses extraordinaires d'utilité communale. — Ils peuvent aussi voter 3 centimes extraordinaires, exclusivement affectés aux chemins vicinaux ordinaires. (*V. art.* 3, *L.* 11 *juillet* 1868.) — Les Conseils municipaux votent et règlent, par leurs délibérations, les emprunts communaux remboursables sur les centimes extraordinaires votés comme il vient d'être dit au premier paragraphe du présent article, ou sur les ressources ordinaires, quand l'amortissement, en ce dernier cas, ne dépasse pas douze années. — En cas de désaccord entre le maire et le Conseil municipal, la délibération ne sera exécutoire qu'après approbation du préfet.

4. A l'avenir, les forêts et les bois de l'Etat acquitteront les centimes additionnels ordinaires et extraordinaires affectés aux dépenses des communes, dans la proportion de la moitié de leur valeur imposable, le tout sans préjudice des dispositions de l'article 13 de la loi du 21 mai 1836, de l'article 3 de la loi du 12 juillet 1865 et du paragraphe 2 de l'article 3 de la présente loi.

5. Les Conseils municipaux votent, sauf approbation du préfet : — 1° Les contributions extraordinaires qui dépasseraient 5 centimes sans excéder le maximum fixé par le Conseil général, et dont la durée ne serait pas supérieure à douze années ; — 2° Les emprunts remboursables sur ces mêmes contributions extraordinaires ou sur les revenus ordinaires dans un délai excédant douze années.

6. L'article 18 de la loi du 18 juillet 1837 est applicable aux délibérations prises par les Conseils municipaux en exécution des articles 1, 2 et 3 qui précèdent. — L'article 43 de la même loi est applicable aux contributions extraordinaires et aux emprunts votés par les Conseils municipaux en exécution des articles 3 et 5.

7. Toute contribution extraordinaire dépassant le maximum fixé par le Conseil général et tout emprunt remboursable sur ressources extraordinaires, dans un délai excédant douze années, sont autorisés par décret impérial. — Le décret est rendu en Conseil d'Etat, s'il s'agit d'une commune ayant un revenu supérieur à 100,000 francs. — Il est statué par une loi si la somme à emprunter dépasse un million ou si ladite somme, réunie au chiffre d'autres emprunts non encore remboursés, dépasse un million.

8. L'établissement des taxes d'octroi votées par les Conseils municipaux, ainsi que les règlements relatifs à leur perception, sont autorisés par décrets impériaux rendus sur l'avis du Conseil d'Etat. — Il en sera de même en ce qui concerne : — 1° Les modifications aux règlements ou aux périmètres existants ; — 2° L'assujettissement à la taxe d'objets non encore imposés dans le tarif local ; — 3° L'établissement ou le renouvellement d'une taxe sur des objets non compris dans le tarif général indiqué ci-après ; — 4° L'établissement ou le renouvellement d'une taxe excédant le maximum fixé par ledit tarif général.

9. Sont exécutoires, dans les conditions déterminées par l'article 18 de la loi du 18 juillet 1837, les délibérations prises par les Conseils municipaux, concernant : — 1° La suppression ou la diminution des taxes d'octroi ; — 2° La prorogation des taxes principales d'octroi pour cinq ans au plus ; — 3° L'augmentation des taxes jusqu'à concurrence d'un décime, pour cinq ans au plus ; — Sous la condition

toutefois qu'aucune des taxes ainsi maintenues ou modifiées n'excédera le maximum déterminé dans un tarif général qui sera etabli, après avis des Conseils généraux, par un règlement d'administration publique, ou qu'aucune desdites taxes ne portera sur des objets non compris dans ce tarif. — En cas de désaccord entre le maire et le Conseil municipal, la délibération ne sera exécutoire qu'après approbation du préfet.

10. Sont exécutoires, sur l'approbation du préfet, lesdites délibérations ayant pour but : — La prorogation des taxes additionnelles actuellement existantes; — L'augmentation des taxes principales au-delà d'un décime, — Dans les limites du maximum des droits et de la nomenclature des objets fixés par le tarif général.

11. Les Conseils municipaux délibèrent sur l'établissement des marchés d'approvisionnement dans leur commune. — Le paragraphe 3 de l'article 6 et le paragraphe 3 de l'article 41 de la loi du 10 mai 1838 sont abrogés en ce qui concerne lesdits marchés.

12. Les délibérations des commissions administratives des hospices, hôpitaux et autres établissements charitables communaux, concernant un emprunt, sont exécutoires en vertu d'un arrêté du préfet, sur avis conforme du Conseil municipal, lorsque la somme à emprunter ne dépasse pas le chiffre des revenus ordinaires de l'établissement et que le remboursement doit être effectué dans un délai de douze années. — Si la somme à emprunter dépasse ledit chiffre, ou si le délai de remboursement est supérieur à douze années, l'emprunt ne peut être autorisé que par un décret de l'Empereur. — Le décret d'autorisation est rendu dans la forme des règlements d'administration publique, si l'avis du Conseil municipal est contraire ou s'il s'agit d'un établissement ayant plus de 100,000 francs de revenus. — L'emprunt ne peut être autorisé que par une loi, lorsque la somme à emprunter dépasse 500,000 francs, ou lorsque ladite somme, réunie au chiffre d'autres emprunts non encore remboursés, dépasse 500,000 francs.

13. Les changements dans la circonscription territoriale des communes faisant partie du même canton sont définitivement approuvés par les préfets, après accomplissement des formalités prévues au titre 1er de la loi du 18 juillet 1837, en cas de consentement des Conseils municipaux et sur avis conforme du Conseil général. — Si l'avis du Conseil général est contraire, ou si les changements proposés dans les circonscriptions communales modifient la composition d'un département, d'un arrondissement ou d'un canton, il est statué par une loi. — Tous autres changements dans la circonscription territoriale des communes sont autorisés par des décrets rendus dans la forme des règlements d'administration publique.

14. La création des bureaux de bienfaisance est autorisée par les préfets, sur l'avis des Conseils municipaux.

TITRE II — *Dispositions concernant les villes ayant trois millions de revenus.*

15. Les budgets des villes et des établissements de bienfaisance ayant 3 millions au moins de revenus sont soumis à l'approbation de l'Empereur, sur la proposition du ministre de l'Intérieur.

16. Les traités à passer pour l'exécution, par entreprises, des travaux d'ouverture des nouvelles voies publiques et de tous autres travaux communaux déclarés d'utilité publique, dans lesdites villes, sont approuvés par décrets rendus en Conseil d'Etat. — Il en est de même des traités portant concession, à titre exclusif ou pour une durée de plus de trente années, des grands services municipaux desdites villes, ainsi que des tarifs et traités relatifs aux pompes funèbres.

17. Les dispositions de la présente loi et celles de la loi du 18 juillet 1837 et du décret du 25 mars 1852, qui sont encore en vigueur, sont applicables à l'administration de la ville de Paris et de la ville de Lyon. — Les délibérations prises par les Conseils municipaux desdites villes, sur les objets énumérés dans les articles 1er et 9 de la présente loi, ne sont exécutoires, en cas de désaccord entre le préfet et le Conseil municipal, qu'en vertu d'une approbation donnée par décret impérial. — Aucune imposition extraordinaire ne peut être établie dans ces villes, aucun emprunt ne peut être contracté par elles, sans qu'elles y soient autorisées par une loi. — Il n'est pas dérogé aux dispositions spéciales concernant l'organisation des administrations de l'assistance publique, du mont-de-piété et de l'octroi de Paris.

TITRE III. — *Renouvellement des Conseils municipaux.*

18. A l'avenir, les Conseils municipaux seront élus pour sept ans.

TITRE IV. — *Dispositions diverses.*

19. Dans le cas où une commune sera divisée en sections pour l'élection des conseillers municipaux, conformément à l'article 7 de la loi du 5 mai 1855, la réunion des électeurs ne pourra avoir lieu avant le dixième jour, à compter de l'arrêté du préfet.

20. Les gardes champêtres sont chargés de rechercher, chacun dans le territoire pour lequel il est assermenté, les contraventions aux règlements de police municipale. — Ils dressent des procès-verbaux pour constater ces contraventions.

21. Nul ne peut être maire ou adjoint dans une commune et conseiller municipal dans une autre commune.

22. La commission, nommée en cas de dissolution d'un Conseil municipal, conformément à l'article 13 de la loi du 5 mai 1855, peut être maintenue en fonctions pendant trois ans.

23. L'article 50 de la loi du 5 mai 1855 est abrogé. — Toutefois, dans les villes chefs-lieux de département ayant plus de quarante mille âmes de population, l'organisation du personnel chargé des services de la police est réglée, sur l'avis du Conseil municipal, par un décret impérial, le Conseil d'État entendu. — Les inspecteurs de police, les brigadiers, sous-brigadiers et agents de police, sont nommés par le préfet, sur la présentation du maire. — Si un Conseil municipal n'allouait pas les fonds exigés pour la dépense, ou n'allouait qu'une somme insuffisante, l'allocation nécessaire serait inscrite au budget par décret impérial, le Conseil d'État entendu (1).

24. Toutes les dispositions de lois antérieures demeurent abrogées en ce qu'elles ont de contraire à la présente loi.

LOI

Relative à la répression des fraudes dans la vente des engrais.

(27 juillet 1867)

ART. 1er. Seront punis d'un emprisonnement de trois mois à un an et d'une amende de 50 francs à 2,000 francs : — 1° Ceux qui, en vendant ou mettant en vente des engrais ou amendements, auront trompé ou tenté de tromper l'acheteur, soit sur leur nature, leur composition ou le dosage des éléments qu'ils contiennent, soit sur leur provenance, soit en les désignant sous un nom qui, d'après l'usage, est donné à d'autres substances fertilisantes ; — 2° Ceux qui, sans avoir prévenu l'acheteur, auront vendu ou tenté de vendre des engrais ou amendements qu'ils sauront être falsifiés, altérés ou avariés. — Le tout sans préjudice de l'application de l'article 1er, paragraphe 3, de la loi du 27 mars 1851, en cas de tromperie sur la quantité de la marchandise.

2. En cas de récidive commise dans les cinq ans qui ont suivi la condamnation, la peine pourra être élevée jusqu'au double du maximum des peines édictées par l'article 1er de la présente loi.

3. Les tribunaux pourront ordonner que les jugements de condamnation soient, par extraits ou intégralement, aux frais des condamnés, affichés dans les lieux publics et publiés dans les journaux qu'ils détermineront.

4. L'article 463 du Code pénal est applicable aux délits prévus par la présente loi.

LOI

Portant fixation du Budget général de l'exercice 1868

(31 juillet 1867)

. . . .

TITRE II. — *Budget des dépenses sur ressources spéciales.*

. . . .

ART. 16. Les impositions extraordinaires pour le traitement des gardes champêtres seront votées conformément à l'article 42 de la loi du 18 juillet 1837, et porteront sur les quatre contributions.

. . . .

---

(1) V. *Circ. min. Inter.* 3 nov. 1861, *relative à l'exécution de l'art.* 23 *concernant les pouvoirs de police dévolus aux maires* (*Bull. off. min. Int.*, p. 544).

1868

DÉCRET

Portant règlement d'administration publique pour la constitution des sociétés d'assurances.

(22 janvier 1868)

TITRE Ier. — *Des sociétés anonymes d'assurances à primes.*

ART. 1er. Les sociétés anonymes d'assurances à primes sont soumises aux dispositions des lois relatives à cette forme de société et, en outre, aux conditions ci-après déterminées. — Elles ne peuvent user des dispositions du titre III de la loi du 24 juillet 1867, particulières aux sociétés à capital variable.

2. La société n'est valablement constituée qu'après le versement d'un capital de garantie qui ne pourra, en aucun cas, et alors même que le capital social est moindre de 200,000 francs, être inférieur à 50,000 francs.

3. L'article 3 de la loi du 24 juillet 1867, relatif à la conversion des actions en actions au porteur, n'est applicable aux sociétés d'assurances à primes que si le fonds de réserve est égal au moins à la partie du capital social non encore versée, et s'il a été intégralement constitué.

4. La société est tenue de faire annuellement un prélèvement d'au moins 20 pour 100 sur les bénéfices nets pour former un fonds de réserve. Ce prélèvement devient facultatif lorsque le fonds de réserve est égal au cinquième du capital.

5. Les fonds de la société, à l'exception des sommes nécessaires aux besoins du service courant, doivent être employés en acquisitions d'immeubles, en rentes sur l'Etat, bons du Trésor ou autres valeurs créées ou garanties par l'Etat, en actions de la Banque de France, en obligations des départements et des communes, du Crédit foncier de France ou des compagnies françaises de chemins de fer qui ont un minimum d'intérêt garanti par l'Etat.

6. Toute police doit faire connaître : — 1° Le montant du capital social ; — 2° La portion de ce capital déjà versée ou appelée, et, s'il y a lieu, la délibération par laquelle les actions auraient été converties en actions au porteur ; — 3° Le maximum que la compagnie peut, aux termes de ses statuts, assurer sur un seul risque, sans réassurance ; — 4° Et, dans le cas où un même capital couvrirait, aux termes des statuts, des risques de nature différente, le montant de ce capital et l'énumération de tous ces risques.

7. Tout assuré peut, par lui ou par un fondé de pouvoir, prendre à toute époque, soit au siége social, soit dans les agences établies par la société, communication du dernier inventaire. — Il peut également exiger qu'il lui en soit délivré une copie certifiée, moyennant le paiement d'une somme qui ne peut excéder un franc.

TITRE II. — *Des sociétés d'assurances mutuelles.*

SECTION I. — *De la constitution des sociétés et de leur objet.*

8. Les sociétés d'assurances mutuelles peuvent se former soit par un acte authentique, soit par un acte sous seing privé fait en double original, quel que soit le nombre des signataires à l'acte.

9. Les projets de statuts doivent : — 1° Indiquer l'objet, la durée, le siége, la dénomination de la société et la circonscription territoriale de ses opérations ; — 2° Comprendre le tableau de classification des risques, les tarifs applicables à chacun d'eux, et déterminer les formes suivant lesquelles ce tableau et ces tarifs peuvent être modifiés ; — 3° Fixer le nombre d'adhérents et le minimum de valeurs assurées au-dessous desquels la société ne peut être valablement constituée, ainsi que la somme à valoir sur la contribution de la première année, qui devra être versée avant la constitution de la société.

10. Le texte entier des projets de statuts doit être inscrit sur toute liste destinée à recevoir les adhésions.

11. Lorsque les conditions ci-dessus ont été remplies, les signataires de l'acte primitif ou leurs fondés de pouvoir le constatent par une déclaration devant notaire. — A cette déclaration sont annexés : — 1° La liste nominative dûment certifiée des adhérents, contenant leurs noms, prénoms, qualités et domiciles, et le montant des valeurs assurées par chacun d'eux ; — 2° L'un des doubles de l'acte de société, s'il est sous seing privé, ou une expédition, s'il est notarié et s'il a été passé devant un notaire autre que celui qui reçoit la déclaration ; — 3° L'état des versements effectués.

12. La première assemblée générale

qui est convoquée à la diligence des signataires de l'acte primitif, vérifie la sincérité de la déclaration mentionnée aux articles précédents; elle nomme les membres du premier conseil d'administration; elle nomme également, pour la première année, les commissaires institués par l'article 21 ci-après. — Les membres du conseil d'administration ne peuvent être nommés pour plus de six ans; ils sont rééligibles, sauf stipulation contraire. Toutefois, ils peuvent être désignés par les statuts, avec stipulation formelle que leur nomination ne sera pas soumise à l'assemblée générale; en ce cas, ils ne peuvent être nommés pour plus de trois ans. — Le procès-verbal de la séance constate l'acceptation des membres du conseil d'administration et des commissaires présents à la réunion. — La société n'est définitivement constituée qu'à partir de cette acceptation.

13. Le compte des frais de premier établissement est apuré par le conseil d'administration et soumis à l'assemblée générale, qui l'arrête définitivement et détermine le mode et l'époque du remboursement.

SECTION II. — *Administration des sociétés.*

14. L'administration peut être confiée à un conseil d'administration dont les statuts déterminent les pouvoirs. Les membres de ce conseil peuvent choisir parmi eux un directeur, ou, si les statuts le permettent, se substituer un mandataire étranger à la société et dont ils sont responsables envers elle. — L'administration peut également être confiée par les statuts à un directeur nommé par l'assemblée générale et assisté d'un conseil d'administration. Les statuts déterminent, dans ce cas, les attributions respectives du directeur et du conseil.

15. Les membres du conseil d'administration doivent être pris parmi les sociétaires ayant la somme de valeurs assurées déterminée par les statuts.

16. Il est tenu chaque année au moins une assemblée générale, à l'époque fixée par les statuts. — Les statuts déterminent soit le minimum de valeurs assurées nécessaire pour être admis à l'assemblée, soit le nombre des plus forts assurés qui doivent la composer; ils règlent également le mode suivant lequel les sociétaires peuvent s'y faire représenter.

17. Dans toutes les assemblées générales, il est tenu une feuille de présence. Elle contient les noms et domiciles des membres présents. — Cette feuille, certifiée par le bureau de l'assemblée et déposée au siége social, doit être communiquée à tout requérant.

18. L'assemblée générale ne peut délibérer valablement que si elle réunit le quart au moins des membres ayant le droit d'y assister; si elle ne réunit pas ce nombre, une nouvelle assemblée est convoquée dans les formes et avec les délais prescrits par les statuts, et elle délibère valablement, quel que soit le nombre des membres présents ou représentés.

19. L'assemblée générale qui doit délibérer sur la nomination des membres du premier conseil d'administration et sur la sincérité de la déclaration faite, aux termes de l'article 11, par les signataires de l'acte primitif, doit être composée de la moitié au moins des membres ayant le droit d'y assister. — Si l'assemblée générale ne réunit pas le nombre ci-dessus, elle ne peut prendre qu'une délibération provisoire; dans ce cas, une nouvelle assemblée générale est convoquée. Deux avis, publiés à huit jours d'intervalle, au moins un mois à l'avance, dans l'un des journaux désignés pour recevoir les annonces légales, font connaître aux sociétaires les résolutions provisoires adoptées par la première assemblée, et ces résolutions deviennent définitives si elles sont approuvées par la nouvelle assemblée, composée du cinquième au moins des sociétaires ayant le droit d'y assister.

20. Les assemblées qui ont à délibérer sur des modifications aux statuts ou sur des propositions de continuation de la société au-delà du terme fixé pour sa durée, ou de dissolution avant ce terme, ne sont régulièrement constituées et ne délibèrent valablement qu'autant qu'elles sont composées de la moitié au moins des sociétaires ayant le droit d'y assister. — Toute modification de statuts est portée à la connaissance des sociétaires dans le premier récépissé de cotisation qui leur est délivré.

21. L'assemblée générale annuelle désigne un ou plusieurs commissaires, sociétaires ou non, chargés de faire un rapport à l'assemblée générale de l'année suivante sur la situation de la société, sur le bilan et sur les comptes présentés par l'administration. — La délibération contenant approbation du bilan et des comptes est nulle si elle n'a été précédée du rapport des commissaires. — A défaut de nomination des commissaires par l'assemblée

générale, ou en cas d'empêchement ou de refus d'un ou de plusieurs d'entre eux, il est procédé à leur nomination ou à leur remplacement par ordonnance du président du tribunal de première instance du siége de la société, à la requête de tout intéressé, les membres du conseil d'administration dûment appelés.

22. Pendant le trimestre qui précède l'époque fixée par les statuts pour la réunion de l'assemblée générale, les commissaires ont droit, toutes les fois qu'ils le jugent convenable dans l'intérêt de la société, de prendre communication des livres et d'examiner les opérations de la société. Ils peuvent toujours, en cas d'urgence, convoquer l'assemblée générale.

23. Toute société doit dresser chaque semestre un état sommaire de sa situation active et passive. — Cet état est mis à la disposition des commissaires. — Il est, en outre, établi, chaque année, un inventaire ainsi qu'un compte détaillé des recettes et dépenses de l'année précédente et du montant des sinistres. — Ces divers documents sont mis à la disposition des commissaires le quarantième jour au plus tard avant l'assemblée générale. Ils sont présentés à cette assemblée. — L'inventaire et le compte détaillé sont également adressés au ministre de l'Agriculture, du commerce et des travaux publics.

24. Quinze jours au moins avant la réunion de l'assemblée générale, tout sociétaire peut prendre, par lui ou par un fondé de pouvoir, au siége social, communication de l'inventaire et de la liste des membres composant l'assemblée générale, et se faire délivrer copie de ces documents.

SECTION III. — *De la formation de l'engagement social.*

25. Les statuts déterminent le mode et les conditions générales suivant lesquels sont contractés les engagements entre la société et les sociétaires. Toutefois, les sociétaires auront, indépendamment de toute disposition statutaire, le droit de se retirer tous les cinq ans, en prévenant la société six mois d'avance dans la forme indiquée ci-après. Ce droit sera réciproque au profit de la société. — Dans tous les cas où un sociétaire a le droit de demander la résiliation, il peut le faire soit par une déclaration au siége social ou chez l'agent local, dont il lui sera donné récépissé, soit par acte extrajudiciaire, soit par tout autre moyen indiqué dans les statuts. — Les statuts indiquent spécialement le mode suivant lequel se fait l'estimation des valeurs assurées, les conditions réciproques de prorogation ou de résiliation des contrats et les circonstances qui font cesser les effets desdits contrats.

26. Toute modification des statuts relative à la nature des risques garantis et au périmètre de la circonscription territoriale donne de plein droit à chaque sociétaire la faculté de résilier son engagement. — Cette faculté doit être exercée par lui dans un délai de trois mois, à dater de la notification qui lui aura été faite, conformément à l'article 20.

27. Les statuts ne peuvent défendre aux sociétaires de se faire réassurer ou assurer à une autre compagnie. Ils peuvent seulement stipuler que la société sera immédiatement informée et aura le droit de notifier la résiliation du contrat.

28. Les polices remises aux assurés doivent contenir les conditions spéciales de l'engagement, sa durée, ainsi que les clauses de résiliation et de tacite réconduction, s'il en existe dans les statuts. — La police constate, en outre, la remise d'un exemplaire contenant le texte entier des statuts.

SECTION IV. — *Des charges sociales.*

29. Les tarifs annexés aux statuts fixent, par degrés de risques, le maximum de la contribution annuelle dont chaque sociétaire est passible pour le paiement des sinistres. Ce maximum constitue le fonds de garantie. — Les statuts peuvent décider que chaque sociétaire sera tenu de verser d'avance une portion de la contribution sociale pour former un fonds de prévoyance. Le montant de ce versement, dont le maximum est fixé dans les statuts, sera déterminé chaque année par l'assemblée générale.

30. Si les statuts le stipulent ainsi, les indications du tableau de classification ne font pas obstacle à ce que le conseil d'administration demeure juge soit de l'application de la classification à tout risque proposé à l'assurance, soit même de l'admissibilité de ce risque.

31. Les statuts déterminent également le maximum de la contribution annuelle qui peut être exigée de chaque sociétaire pour frais de gestion de la société. — La quotité de cette contribution est fixée tous les cinq ans au moins par l'assemblée générale. — Il peut être décidé, soit par les statuts, soit par l'assemblée générale, qu'une

somme fixe ou proportionnelle est allouée par traité à forfait à la direction. Ce traité est revisé tous les cinq ans au moins. — L'acte qui l'autorise ou l'approuve détermine en même temps, d'une manière précise, quels sont les frais auxquels la somme allouée a pour objet de pourvoir.

32. Il peut être formé, dans chaque société d'assurances mutuelles, un fonds de réserve ayant pour objet de donner à la société les moyens de suppléer à l'insuffisance de la cotisation annuelle pour le paiement des sinistres. — Le montant du fonds de réserve est fixé tous les cinq ans par l'assemblée générale, nonobstant toute stipulation contraire insérée dans les statuts. — Le mode de formation et l'emploi de ce fonds sont déterminés par les statuts, sauf application des dispositions suivantes : — Dans aucun cas, le prélèvement sur le fonds de réserve ne peut excéder la moitié de ce fonds pour un seul exercice. — En cas de dissolution de la société, l'emploi du reliquat du fonds de réserve est réglé par l'assemblée générale, sur la proposition des membres du conseil d'administration, et soumis à l'approbation du ministre de l'Agriculture, du commerce et des travaux publics.

33. Les fonds de la société doivent être placés en rentes sur l'Etat, bons du Trésor ou autres valeurs créées ou garanties par l'Etat, en actions de la Banque de France, en obligations des départements et des communes, du Crédit foncier de France ou des compagnies françaises de chemins de fer qui ont un minimum d'intérêt garanti par l'Etat. — Ces valeurs sont immatriculées au nom de la société.

SECTION V. — *Déclaration, estimation et paiement des sinistres.*

34. Les statuts déterminent le mode et les conditions de la déclaration à faire, en cas de sinistre, par les sociétaires, pour le règlement des indemnités qui peuvent leur être dues.

35. L'estimation des sinistres est faite par un agent de la société ou tout autre expert désigné par elle, contradictoirement avec le sociétaire ou avec un expert choisi par lui ; en cas de dissidence, il en est référé à un tiers expert designé, à défaut d'accord entre les parties, par le président du tribunal de première instance de l'arrondissement, ou, si les statuts l'ont ainsi décidé, par le juge de paix du canton où le sinistre a eu lieu.

36. Dans les trois mois qui suivent l'expiration de chaque année, il est fait un règlement général des sinistres à la charge de l'année, et chaque ayant-droit reçoit, s'il y a lieu, le solde de l'indemnité réglée à son profit.

37. En cas d'insuffisance du fonds de garantie et de la part du fonds de réserve déterminée par les statuts, l'indemnité de chaque ayant-droit est diminuée au centime le franc.

SECTION VI. — *Dispositions relatives à la publication des actes de société.*

38. Dans le mois de la constitution de toute société d'assurances mutuelles, une expédition de l'acte notarié et de ses annexes est déposée au greffe de la justice de paix, et, s'il en existe, du tribunal civil du lieu où est établie la société. — A cette expédition est annexée une copie certifiée des délibérations prises par l'assemblée générale, dans les cas prévus par l'article 12.

39. Dans le même délai d'un mois, un extrait de l'acte constitutif et des pièces annexées est publié dans l'un des journaux désignés pour recevoir les annonces légales. Il sera justifié de l'insertion par un exemplaire du journal certifié par l'imprimeur, légalisé par le maire et enregistré dans les trois mois de sa date.

40. L'extrait doit contenir la dénomination adoptée par la société et l'indication du siége social, la désignation des personnes autorisées à gérer, administrer et signer pour la société, le nombre d'adhérents et le minimum de valeurs assurées au-dessous desquels la société ne pouvait être valablement constituée, l'époque où la société a commencé, celle où elle doit finir et la date du dépôt fait au greffe de la justice de paix et du tribunal de première instance. Il indique également si la société doit ou non constituer un fonds de réserve. — L'extrait des actes et pièces déposés est signé, pour les actes publics, par le notaire, et, pour les actes sous seing privé, par les membres du conseil d'administration.

41. Sont soumis aux formalités ci-dessus prescrites tous actes et délibérations ayant pour objet la modification des statuts, la continuation de la société au-delà du terme fixé par les statuts, la dissolution avant ce terme et tout changement à la dénomination, ainsi que la transformation de la société dans les conditions indiquées

par l'article 67 de la loi du 24 juillet 1867.

42. Toute personne a le droit de prendre communication des pièces déposées au greffe de la justice de paix et du tribunal, ou même de s'en faire délivrer à ses frais expédition ou extrait par le greffier ou par le notaire détenteur de la minute. — Toute personne peut également exiger qu'il lui soit délivré, au siége de la société, une copie certifiée des statuts, moyennant paiement d'une somme qui ne pourra excéder un franc. — Enfin les pièces déposées doivent être affichées d'une manière apparente dans les bureaux de la société.

DÉCRET

Portant règlement pour les occupations temporaires des terrains nécessaires à l'exécution des travaux publics.

(8 février 1868) (1)

Art. 1er. Lorsqu'il y a lieu d'occuper temporairement un terrain, soit pour y extraire des pierres ou des matériaux, soit pour tout autre objet relatif à l'exécution des travaux publics, cette occupation est autorisée par un arrêté du préfet indiquant le nom de la commune où le terrain est situé, les numéros que les parcelles dont il se compose portent sur le plan cadastral et le nom du propriétaire. — Cet arrêté vise le devis qui désigne le terrain à occuper, ou le rapport par lequel l'ingénieur en chef chargé de la direction des travaux propose l'occupation. — Un exemplaire du présent règlement est annexé à l'arrêté.

2. Le préfet envoie ampliation de son arrêté à l'ingénieur en chef et au maire de la commune. L'ingénieur en chef en remet une copie certifiée à l'entrepreneur; le maire notifie l'arrêté au propriétaire du terrain ou à son représentant.

3. En cas d'arrangement à l'amiable entre le propriétaire et l'entrepreneur, ce dernier est tenu de présenter aux ingénieurs, toutes les fois qu'il en est requis, le consentement écrit du propriétaire ou le traité qu'il a fait avec lui.

4. A défaut de convention amiable, l'entrepreneur, préalablement à toute occupation du terrain désigné, fait au propriétaire ou, s'il ne demeure pas dans la commune, à son fermier, locataire ou gérant, une notification par lettre chargée indiquant le jour où il compte se rendre sur les lieux ou s'y faire représenter. Il l'invite à désigner un expert pour procéder, contradictoirement avec celui qu'il aura lui-même choisi, à la constatation de l'état des lieux. — En même temps, l'entrepreneur informe par écrit le maire de la commune de la notification faite par lui au propriétaire. — Entre cette notification et la visite des lieux, il doit y avoir un intervalle de dix jours au moins.

5. Au jour fixé, les deux experts procèdent ensemble à leurs opérations contradictoires; ils s'attachent à constater l'état des lieux, de manière qu'en rapprochant plus tard cette constatation de celle qui sera faite après l'exécution des travaux, on ait les éléments nécessaires pour évaluer la dépréciation du terrain et faire l'estimation des dommages; ils font eux-mêmes cette estimation si l'entrepreneur et le propriétaire y consentent. — Ils dressent leur procès-verbal en trois expéditions, dont l'une est remise au propriétaire du terrain, une autre à l'entrepreneur et la troisième au maire de la commune.

6. Si, dans le délai fixé par le dernier paragraphe de l'article 4, le propriétaire refuse ou néglige de nommer son expert, le maire en désigne un d'office pour opérer contradictoirement avec l'expert de l'entrepreneur.

7. Immédiatement après les constatations prescrites par les articles précédents, l'entrepreneur peut occuper le terrain et y commencer les travaux autorisés par l'arrêté du préfet, tous les droits du propriétaire étant réservés en ce qui concerne le règlement de l'indemnité. — Toutefois, s'il existe sur ce terrain des arbres fruitiers ou de haute futaie qu'il soit nécessaire d'abattre, l'entrepreneur est tenu de les laisser subsister jusqu'à ce que l'estimation en ait été faite dans les formes voulues par la loi. — En cas d'opposition de la part du propriétaire, l'occupation a lieu avec l'assistance du maire ou de son délégué.

8. Après l'achèvement des travaux, et, s'ils doivent durer plusieurs années, à la fin de chaque campagne, il est fait une nouvelle constatation de l'état des lieux. — A défaut d'accord entre l'entrepreneur et le propriétaire pour l'évaluation partielle ou totale

(1) V. *Circ. min. Agric.* 15 févr. 1868, sur l'exécution de ce décret. (*Bull. min. Int.*, p. 94.)

de l'indemnité, il est procédé conformément à l'article 56 de la loi du 16 septembre 1807.

9. Lorsque les travaux sont exécutés directement par l'Administration sans l'intermédiaire d'un entrepreneur, il est procédé comme il a été dit ci-dessus; mais alors la notification prescrite dans l'article 4 est faite par les soins de l'ingénieur, et l'expert chargé de constater l'état des lieux contradictoirement avec celui du propriétaire est nommé par le préfet.

DÉCRET

Qui admet à jouir du bénéfice de l'article 24 de la loi du 5 juin 1850, relative au timbre des actions dans les sociétés, etc., les sociétés, compagnies et entreprises étrangères dont les titres sont cotés aux Bourses françaises.

(28 mars 1868) (1)

LOI

Relative à la garantie des inventions susceptibles d'être brevetées et des dessins de fabrique qui seront admis aux expositions publiques, autorisées par l'Administration, dans toute l'étendue de l'Empire.

(23 mai 1868) (2)

LOI

Relative aux réunions publiques.

(6 juin 1868) (3)

TITRE Ier. — *Des réunions publiques non politiques.*

ART. 1er. Les réunions publiques peuvent avoir lieu sans autorisation préalable, sous les conditions prescrites par les articles suivants. — Toutefois, les réunions publiques ayant pour objet de traiter de matières politiques ou religieuses continuent à être soumises à cette autorisation.

2. Chaque réunion doit être précédée d'une déclaration signée par sept personnes domiciliées dans la commune où elle doit avoir lieu et jouissant de leurs droits civils et politiques. — Cette déclaration indique les noms, qualités et domiciles des déclarants, le local, le jour et l'heure de la séance, ainsi que l'objet spécial et déterminé de la réunion. — Elle est remise, à Paris, au préfet de police; dans les départements, au préfet ou au sous-préfet. — Il en est donné immédiatement un récépissé qui doit être représenté à toute réquisition des agents de l'autorité. — La réunion ne peut avoir lieu que trois jours francs après la délivrance du récépissé.

3. Une réunion ne peut être tenue que dans un local clos et couvert. Elle ne peut se prolonger au delà de l'heure fixée par l'autorité compétente pour la fermeture des lieux publics.

4. Chaque réunion doit avoir un bureau composé d'un président et de deux assesseurs au moins qui sont chargés de maintenir l'ordre dans l'assemblée et d'empêcher toute infraction aux lois. — Les membres du bureau ne doivent tolérer la discussion d'aucune question étrangère à l'objet de la réunion.

5. Un fonctionnaire de l'ordre judiciaire ou administratif, délégué par l'administration, peut assister à la séance. — Il doit être revêtu de ses insignes et prend une place à son choix.

6. Le fonctionnaire qui assiste à la réunion a le droit d'en prononcer la dissolution : 1o si le bureau, bien qu'averti, laisse mettre en discussion des questions étrangères à l'objet de la réunion; 2o si la réunion devient tumultueuse. — Les personnes réunies sont tenues de se séparer à la première réquisition. — Le délégué dresse procès-verbal des faits et le transmet à l'autorité compétente.

7. Il n'est pas dérogé par les articles 5 et 6 aux droits qui appartiennent aux maires en vertu des lois existantes.

TITRE II. — *Des réunions publiques électorales.*

8. Des réunions électorales peuvent être tenues à partir de la promulgation du décret de convocation d'un collége pour l'élection d'un député au Corps législatif jusqu'au cinquième jour avant celui fixé pour l'ouverture du scrutin. — Ne peuvent assister à cette réunion que les électeurs de la circonscription électorale et les candidats qui ont rempli les formalités prescrites par l'article 1er du sénatus-consulte du 17 février 1858. — Ils doivent, pour y être admis, faire connaître leurs nom, qua-

(1) Bull., 11e série, n. 15904.

(2) Bull., 11e série, n. 15983. — V. le texte dans notre édition in-8o.

(3) Abrogée par L. 30 juin 1881, art. 12.

lité et domicile. — La réunion ne peut avoir lieu qu'un jour franc après la délivrance du récépissé qui doit suivre immédiatement la déclaration. — Toutes les autres prescriptions des articles 2, 3, 4, 5 et 6 sont applicables aux réunions électorales.

TITRE III. — *Dispositions générales.*

9. Toute infraction aux prescriptions des articles 2, 3 et 4 et des paragraphes 1, 2 et 4 de l'article 8, constitue une contravention punie d'une amende de 100 francs à 3,000 francs et d'un emprisonnement de six jours à six mois. — Sont passibles de ces peines : — 1° Ceux qui ont fait une déclaration ne remplissant pas les conditions prescrites par l'article 2, si cette déclaration a été suivie d'une réunion ; — 2° Ceux qui ont prêté ou loué le local pour une réunion, si la déclaration n'a pas été faite, ou si le local n'est pas conforme aux prescriptions de l'article 3 ; — 3° Les membres du bureau, ou, si aucun bureau n'a été formé, les organisateurs de la réunion, en cas d'infraction aux articles 2, 3, 4 et 8, paragraphes 1 et 4 ; — 4° Ceux qui se sont introduits dans une réunion électorale en contravention au deuxième paragraphe de l'article 8 ; — Sans préjudice des poursuites qui peuvent être exercées pour tous crimes ou délits commis dans ces réunions publiques et de l'application des dispositions pénales relatives aux associations ou réunions non autorisées.

10. Tout membre du bureau ou de l'assemblée qui n'obéit pas à la réquisition faite à la réunion par le représentant de l'autorité d'avoir à se disperser, est puni d'une amende de 300 francs à 6,000 francs et d'un emprisonnement de quinze jours à un an, sans préjudice des peines portées par le Code pénal pour résistance, désobéissance et autres manquements envers l'autorité publique.

11. Quiconque se présente dans une réunion avec des armes apparentes ou cachées est puni d'un emprisonnement de un mois à un an et d'une amende de 300 francs à 10,000 francs.

12. L'article 463 du Code pénal est applicable aux délits et aux contraventions prévus par la présente loi.

13. Le préfet de police à Paris, les préfets dans les départements, peuvent ajourner toute réunion qui leur paraît de nature à troubler l'ordre ou à compromettre la sécurité publique. — L'interdiction de la réunion ne peut être prononcée que par décision du ministre de l'Intérieur.

14. Sont abrogés les lois et décrets antérieurs, en ce qu'ils ont de contraire à la présente loi.

LOI

Qui fixe la taxe des dépêches télégraphiques privées.

(4 juillet 1868) (1)

LOI

Portant création de deux Caisses d'assurances, l'une en cas de décès et l'autre en cas d'accidents résultant de travaux agricoles et industriels.

(11 juillet 1868) (2)

ART. 1er. Il est créé, sous la garantie de l'Etat : — 1° Une caisse d'assurance ayant pour objet de payer, au décès de chaque assuré, à ses héritiers ou ayants-droits, une somme déterminée suivant les bases fixées à l'article 2 ci-après ; — 2° Une caisse d'assurance en cas d'accidents, ayant pour objet de servir des pensions viagères aux personnes assurées qui, dans l'exécution de travaux agricoles ou industriels, seront atteintes de blessures entraînant une incapacité permanente de travail, et de donner des secours aux veuves et aux enfants mineurs des personnes assurées qui auront péri par suite d'accidents survenus dans l'exécution desdits travaux.

TITRE Ier. — *De la caisse d'assurance en cas de décès.*

2. La participation à l'assurance est acquise par le versement de primes uniques ou de primes annuelles. — La somme à payer au décès de l'assuré est fixée conformément à des tarifs tenant compte : — 1° De l'intérêt composé à 4 pour 100 par an des versements effectués ; — 2° Des chances de mortalité, à raison

(1) Bull., 11e série, n° 16122. — *V.* le texte de la loi du 4 juill. 1868, dans notre édition in-8°. — *V.* L. 8 mai 1869 ; L. 21 mars 1878.

(2) *V.* Décr. 10 août 1868. (*V.* le texte dans notre édition in-8°) ; *Circ. min. Agr.* 3 oct. 1868.

de l'âge des déposants, calculées d'après la table dite *de Deparcieux*. — Les primes établies d'après les tarifs susénoncés seront augmentées de 6 pour 100.

3 Toute assurance faite moins de deux ans avant le décès de l'assuré demeure sans effet. Dans ce cas, les versements effectués sont restitués aux ayants-droit, avec les intérêts simples à 4 pour 100. — Il en est de même lorsque le décès de l'assuré, quelle qu'en soit l'époque, résulte de causes exceptionnelles qui seront définies dans les polices d'asssurances.

4. Les sommes assurées sur une tête ne peuvent excéder 3,000 francs. — Elles sont insaisissables et incessibles jusqu'à concurrence de la moitié, sans toutefois que la partie incessible ou insaisissable puisse descendre au-dessous de 600 francs.

5. Nul ne peut s'assurer s'il n'est âgé de seize ans au moins et de soixante au plus.

6. A défaut de paiement de la prime annuelle dans l'année qui suivra l'échéance, le contrat est résolu de plein droit. Dans ce cas, les versements effectués, déduction faite de la part afférente aux risques courus, sont ramenés à un versement unique donnant lieu, au profit de l'assuré, à la liquidation d'un capital au décès. La déduction est calculée d'après les bases du tarif.

7. Les sociétés de secours mutuels approuvées conformément au décret du 26 mars 1852, sont admises à contracter des assurances collectives sur une liste indiquant le nom et l'âge de tous les membres qui les composent, pour assurer au décès de chacun d'eux une somme fixe qui, dans aucun cas, ne pourra excéder 1,000 francs. — Ces assurances seront faites pour une année seulement et d'après des tarifs spéciaux déduits des règles générales arrêtées à l'article 2. — Elles pourront se cumuler avec les assurances individuelles.

TITRE II. — *De la Caisse d'assurance en cas d'accidents.*

8. Les assurances en cas d'accidents ont lieu par année. L'assuré verse, à son choix et pour chaque année, 8 francs, 5 francs ou 3 francs.

9. Les ressources de la Caisse en cas d'accidents se composent : — 1° Du montant des cotisations versées par les assurés, comme il est dit ci-dessus ; — 2° D'une subvention de l'Etat à inscrire annuellement au Budget et qui, pour la première année, est fixée à un million ; — 3° Des dons et legs faits à la Caisse.

10. Pour le règlement des pensions viagères à concéder, les accidents sont distingués en deux classes : — 1° Accidents ayant occasionné une incapacité absolue de travail ; — 2° Accidents ayant entraîné une incapacité permanente du travail de la profession. — La pension accordée pour les accidents de la seconde classe n'est que la moitié de la pension afférente aux accidents de la première.

11. La pension viagère due aux assurés, suivant la distinction de l'article précédent, est servie par la Caisse des retraites, moyennant la remise qui lui est faite, par la Caisse des assurances en cas d'accidents, du capital nécessaire à la constitution de ladite pension d'après les tarifs de la Caisse des retraites. — Ce capital se compose, pour la pension en cas d'accidents de la première classe : — 1° D'une somme égale à trois cent vingt fois le montant de la cotisation versée par l'assuré ; — 2° D'une seconde somme égale à la précédente et qui est prélevée sur les ressources indiquées aux paragraphes 2 et 3 de l'article 9. — Le montant de la pension correspondant aux cotisations de 5 francs et de 3 francs ne peut être inférieur à 200 francs pour la première et à 150 francs pour la seconde. La seconde partie du capital ci-dessus est élevée de manière à atteindre ces minima, lorsqu'il y a lieu.

12. Le secours à allouer, en cas de mort par suite d'accident, à la veuve de l'assuré, et, s'il est célibataire ou veuf sans enfants, à son père ou à sa mère sexagénaire, est égal à deux années de la pension à laquelle il aurait eu droit aux termes de l'article précédent. — L'enfant ou les enfants mineurs reçoivent un secours égal à celui qui est attribué à la veuve. — Les secours se paieront en deux annuités.

13. Les rentes viagères constituées en vertu de l'article 9 ci-dessus sont incessibles et insaisissables.

14. Nul ne peut s'assurer s'il n'est âgé de douze ans au moins.

15. Les administrations publiques, les établissements industriels, les compagnies de chemins de fer, les sociétés de secours mutuels autorisées peuvent assurer collectivement leurs ouvriers ou leurs membres par listes nominatives, comme il a été dit à l'article 7. — Les administrations municipales peuvent assurer de la même manière les compagnies ou subdivi-

sions de sapeurs-pompiers contre les risques inhérents soit à leur service spécial, soit aux professions individuelles des ouvriers qui les composent. — — Chaque assuré ne peut obtenir qu'une seule pension viagère. Si, dans le cas d'assurances collectives, plusieurs cotisations ont été versées sur la même tête, elles seront réunies, sans que la cotisation ainsi formée pour la liquidation de la pension puisse dépasser le chiffre de 8 francs ou de 5 francs, fixé par la présente loi.

Dispositions générales.

16. Les tarifs des deux Caisses seront revisés tous les cinq ans, à partir de 1870. Ils seront, s'il y a lieu, modifiés par une loi.

17. Les Caisses d'assurances créées par la présente loi sont gérées par la Caisse des dépôts et consignations. — Toutes les recettes disponibles provenant soit des versements des assurés, soit des intérêts perçus par les Caisses, sont successivement, et dans les huit jours au plus tard, employées en achat de rentes sur l'Etat. Ces rentes sont inscrites au nom de chacune des Caisses qu'elles concernent. — Une commission supérieure, instituée sur les bases de la loi du 12 juin 1861, est chargée de l'examen des questions relatives aux deux Caisses. — Cette commission présente, chaque année, à l'Empereur, un rapport sur la situation morale et matérielle des deux Caisses d'assurances, lequel est communiqué au Sénat et au Corps législatif.

18. A dater de la promulgation de la présente loi, le Gouvernement fera préparer de nouvelles tables de mortalité, d'après les données de l'expérience. — Il fera également dresser une statistique annuelle indiquant le nombre, la nature, les causes des accidents qui se produisent dans les différentes professions.

19. Un règlement d'administration publique déterminera, d'après les bases posées dans la présente loi, les conditions spéciales des polices et la forme des assurances ; il désignera les agents de l'Etat par l'intermédiaire desquels les assurances pourront être contractées. — Les certificats, actes de notoriété et autres pièces exclusivement relatives à l'exécution de la présente loi seront délivrés gratuitement et dispensés des droits de timbre et d'enregistrement.

LOI

Relative à l'achèvement des chemins vicinaux et à la création d'une caisse spéciale pour leur exécution.

(11 juillet 1868)

ART. 1er. Une subvention de 100 millions, payable en dix annuités, à partir de 1869, est accordée aux communes pour faciliter l'achèvement des chemins vicinaux ordinaires, dont la longueur kilométrique aura été approuvée, pour chaque département, par un arrêté du ministre de l'intérieur, avant la répartition de la première annuité. (*V. L.* 25 *juill.* 1873, *art.* 1er.)

2. Chaque annuité sera répartie entre les départements par un décret délibéré en Conseil d'Etat, en ayant égard aux besoins, aux ressources et aux sacrifices des communes et des départements. — Un dixième pourra être réservé pour être appliqué directement, après avis de la section de l'intérieur du Conseil d'Etat, aux besoins exceptionnels dans les départements dont le centime est d'un produit inférieur à 20,000 francs. — Dans chaque département, la subvention de l'Etat et celle du département seront réparties entre les communes par le Conseil général, sur la proposition du préfet et suivant les bases indiquées par le paragraphe 1er du présent article.

3. Dans les communes dont les charges extraordinaires excèdent 10 centimes, les Conseils municipaux pourront, pendant la période d'exécution de la présente loi, opter entre une journée de prestation et les 3 centimes extraordinaires autorisés par l'article 3 de la loi du 24 juillet 1867.

4. Une nouvelle subvention de 15 millions est affectée, en dix ans, à partir de 1869, à l'achèvement des chemins vicinaux actuellement désignés comme chemins d'intérêt commun. — Chaque annuité sera répartie entre les départements et les communes, conformément aux paragraphes 1 et 3 de l'article 2 de la présente loi. (*V. L.* 25 *juill.* 1873, *art.* 1er.)

5. Dans les départements dont le centime est d'un produit inférieur à 20,000 francs, le Conseil général pourra appliquer aux chemins vicinaux de grande communication la moitié des subventions accordées en vertu du paragraphe 1er de l'article 2 et de l'article 4 de la présente loi ; la délibération qu'il aura prise à cet effet ne sera

exécutoire qu'après avoir été approuvée par décret impérial.

6. Il est créé, sous la garantie de l'Etat, une caisse des chemins vicinaux chargée de faire pendant dix ans, aux communes dûment autorisées à emprunter, les avances nécessaires pour l'achèvement des chemins vicinaux ordinaires. — Ces avances ne pourront excéder la somme de 200 millions, dont la répartition entre les départements sera faite et pourra être modifiée par un décret délibéré en Conseil d'Etat. (*V. L.* 25 *juill.* 1873, *art.* 2.)

7. Les départements dont les Conseils généraux en feraient la demande peuvent emprunter à ladite caisse aux lieu et place des communes qui ne pourraient user de la faculté ouverte par l'article précédent; les emprunts contractés dans ces conditions ne pourront, en aucun cas, être affectés à la subvention que les départements accorderont aux chemins vicinaux ordinaires. — Les départements dont le centime est d'un produit inférieur à 20,000 francs pourront emprunter à la même caisse les sommes nécessaires pour l'achèvement des chemins vicinaux de grande communication actuellement classés et celui des chemins vicinaux d'intérêt commun désignés dans l'article 4 de la présente loi. — La délibération que le Conseil général aura prise à cet effet ne sera exécutoire qu'après avoir été approuvée par décret impérial. (*Abrogé par art.* 2, *L.* 10 *avril* 1879.)

8. La caisse des chemins vicinaux est gérée par l'administration de la Caisse des dépôts et consignations; elle pourvoira aux dépenses prévues par les articles précédents au moyen de la partie disponible des fonds déposés par les communes et établissements publics au Trésor et à la Caisse des dépôts et consignations. — En cas de besoin, elle pourra être autorisée par un décret impérial à créer et à émettre des titres négociables portant intérêt, amortissables en trente années, dans la forme et aux conditions qui auront été approuvées par le ministre des Finances.

9. Les communes et les départements seront libérés de ces avances par le paiement de trente annuités de 4 pour 100 des sommes empruntées. — Il sera tenu compte à la caisse, par le Trésor, tant de la dépense complémentaire d'amortissement que des divers frais de gestion de la caisse.

10. Chaque année, le ministre de l'Intérieur et le ministre des Finances rendront compte à l'Empereur de la distribution des subventions, de la marche des travaux, des opérations de la caisse, dans un rapport qui sera communiqué au Sénat et au Corps législatif.

LOI

Portant fixation du Budget général des dépenses et des recettes ordinaires de l'exercice 1869.

(2 août 1868) (1)

TITRE Ier. — *Budget ordinaire.*

. . . .

§ 2. — Impôts autorisés.

. . . .

ART. 3. Les tarifs et tableaux concernant les patentes, annexés aux lois des 25 avril 1844, 18 mai 1850, 4 juin 1858 et 13 mai 1863, sont modifiés conformément à l'état D annexé à la présente loi. — Est exempt de la patente l'ouvrier travaillant en chambre avec un apprenti âgé de moins de seize ans.

4. Le patentable qui exploite un établissement industriel et qui n'y effectue pas la vente de ses produits n'est pas imposable au droit fixe additionnel de patente pour le magasin séparé dans lequel sont vendus exclusivement en gros les seuls produits de sa fabrication. — Toutefois, si la vente a lieu dans plusieurs magasins, l'exemption de droit fixe accordée par le paragraphe précédent n'est applicable qu'à celui de ces magasins qui est le plus rapproché du centre de l'établissement de fabrication. Les autres continuent d'être imposés conformément aux dispositions de l'article 9 de la loi du 4 juin 1858.

. . . .

LOI

Qui abroge l'article 1781 *du Code Napoléon.*

(2 août 1868)

ART. UNIQUE. L'article 1781 du Code Napoléon est abrogé.

---

(1) Bull., 11e série, no 16221.

DÉCRET

Portant fixation de divers traitements dans l'ordre judiciaire.

(12 novembre 1868) (1)

DÉCRET

Relatif à l'inspection du travail des enfants dans les manufactures.

(7 décembre 1868) (2)

DÉCRET

Portant que les fonctions d'auditeur au Conseil d'État sont incompatibles avec toutes autres fonctions publiques salariées.

(30 décembre 1868) (3)

1869

DÉCRET

Qui établit un concours général entre les élèves des Facultés de droit.

(27 janvier 1869) (4)

DÉCRET

Portant que, dans les communes où cela paraît utile, les préfets pourront, après avis des maires, prendre un arrêté pour ouvrir le scrutin avant l'heure fixée par l'article 25 du décret du 2 février 1852, pour l'élection au Corps législatif.

(1er mai 1869)

ART. 1er. Dans les communes où il paraîtra utile d'ouvrir le scrutin avant l'heure fixée par l'article susvisé, les (*art.* 25, *Décr.* 2 *févr.* 1852), préfets pourront, après avis des maires, prendre un arrêté pour que le scrutin soit ouvert avant huit heures du matin, soit pendant toute la durée des opérations électorales, soit pendant un jour seulement. — Dans aucun cas, le scrutin ne pourra s'ouvrir avant cinq heures du matin, et l'heure de la clôture du scrutin ne pourra être modifiée. — L'arrêté du préfet fixant l'heure de l'ouverture du scrutin devra être publié et affiché, dans chaque commune, cinq jours au moins avant la réunion des collèges électoraux

. . . .

LOI

Portant fixation du Budget général des dépenses et des recettes ordinaires de l'exercice 1870.

(8 mai 1869)

TITRE Ier. — *Budget ordinaire*

. . . .

§ 2. — Impôts autorisés.

. . . .

ART. 3. Les sociétés formées par actions, pour opérations de banque, de crédit, d'escompte, de dépôts, de comptes courants, etc., ayant un capital social de un million et au-dessous, seront imposées aux droits de patente, selon la nature de la profession exercée, d'après les tarifs des tableaux A et B annexés à la loi du 25 avril 1844.

. . . .

TITRE V. — *Moyens de service et dispositions diverses.*

. . . .

29. Les dépêches télégraphiques adressées hors du lieu d'arrivée et portant la mention *poste* sont remises au bureau de poste et expédiées *franco* au domicile du destinataire. — Il en est de même lorsque l'envoi par exprès, bien que demandé, n'est pas possible, ou lorsque aucun mode d'envoi spécial n'a été désigné. — Moyennant une taxe spéciale de vingt centimes, l'expéditeur peut faire charger sa dépêche.

30. La taxe établie par l'article 14 de la loi du 18 juin 1866 pour les dépêches télégraphiques transmises au moyen des appareils autographiques pourra être réduite par décrets rendus dans la forme des règlements d'administration publique. — La taxe établie en vertu de la disposition précédente sera soumise à la sanction du Corps

(1) Bull., 11e série, no 16420. — *V.* le texte dans notre édition in-8o.

(2) Bull., 11e série, no 16520. — *V.* le texte dans notre édition in-8o. — *V.* art. 16 et suiv., L. 19 mai 1874.

(3) Bull., 11e série, no 16558. — *V.* le texte dans notre édition in-8o.

(4) Bull., 11e série, no 16663. — Modifié par Décr. 21 déc. 1881.

législatif dans le cours de la troisième année qui suivra la promulgation de la présente loi.

1870

DÉCRET

Relatif au roulement des magistrats dans les Cours et tribunaux.

(21 février 1870)

Art. 1er. Le décret du 16 août 1859 est abrogé. L'ordonnance du 11 octobre 1820 et le décret du 28 octobre 1854 sont remis en vigueur. (*V. Décr.* 21 *oct.* 1870 ; *Arr.* 12 *juill.* 1871.)

. . . .

DÉCRET

Relatif à l'élection du bâtonnier de l'ordre des avocats près chaque Cour et chaque tribunal de l'Empire.

(10 mars 1870)

Art. 1er. Le bâtonnier de l'ordre des avocats près chaque Cour et tribunal de l'Empire sera élu à la majorité absolue des suffrages par l'assemblée générale de l'ordre, composée de tous les avocats inscrits au tableau.

2. L'article 2 du décret du 22 mars 1852 est abrogé.

LOI

Sur le transport des marchandises dangereuses par eau et par voies de terre autres que les chemins de fer.

(18 juin 1870)

Art. 1er. — Quiconque aura embarqué ou fait embarquer sur un bâtiment de commerce employé à la navigation maritime ou à la navigation sur les rivières et canaux, expédié ou fait expédier par voie de terre des matières pouvant être une cause d'explosion ou d'incendie, sans en avoir déclaré la nature au capitaine, maître ou patron, au commissionnaire expéditeur ou au voiturier, et sans avoir apposé des marques apparentes sur les emballages, sera puni d'une amende de 16 francs à 3,000 francs. — Cette disposition est applicable à l'embarquement sur navire étranger dans un port français ou sur un point quelconque des eaux françaises.

2. Un règlement d'administration publique déterminera : — 1° La nomenclature des matières qui doivent être considérées comme pouvant donner lieu soit à des explosions, soit à des incendies ; — 2° La forme et la nature des marques à apposer sur les emballages.

3. Un règlement d'administration publique déterminera également les conditions de l'embarquement et du débarquement desdites matières et les précautions à prendre pour l'amarrage dans les ports des bâtiments qui en sont porteurs.

4. Toute contravention au règlement d'administration publique énoncé à l'article précédent et aux arrêtés pris par les préfets, sous l'approbation du ministre des Travaux publics, pour l'exécution dudit règlement, sera punie de la peine portée à l'article 1er.

5. En cas de récidive dans l'année, les peines prononcées par la présente loi seront portées au double, et le tribunal pourra, selon les circonstances, prononcer, en outre, un emprisonnement de trois jours à un mois.

DÉCRET

Qui modifie l'article 58 du décret du 30 mars 1808, contenant règlement pour la police et la discipline des Cours et tribunaux.

(2 juillet 1870) (1)

LOI

Relative aux chemins vicinaux.

(21 juillet 1870)

Art. unique. Les communes dans lesquelles les chemins vicinaux classés sont entièrement terminés pourront, sur la proposition du Conseil municipal et après autorisation du Conseil général, appliquer aux chemins publics ruraux l'excédant de leurs prestations disponibles, après avoir assuré l'entretien de leurs chemins vicinaux et fourni le contingent qui leur est assigné pour les chemins

(1) Bull., 11e série, no 17853. — V. Décr. 10 nov. 1872.

de grande communication et d'intérêt commun. — Toutefois, elles ne pourront jouir de cette faculté que dans la limite maximum du tiers des prestations et lorsque, en outre, elles ne reçoivent, pour l'entretien de leurs chemins vicinaux ordinaires, aucune subvention de l'Etat ou du département.

DÉCRET

Relatif au traitement minimum des instituteurs et institutrices primaires.

(26 juillet 1870) (1)

LOI

Portant fixation du Budget général des recettes et des dépenses de l'exercice 1871.

(27 juillet 1870)

TITRE Ier. — *Budget ordinaire.*

. . . .

§ 2. — Impôts autorisés.

. . . .

ART. 3. Seront abrogées, à partir du 1er janvier 1871, les dispositions de l'article 16 de la loi du 18 mai 1850, aux termes duquel l'exemption de patente prévue à l'article 13, paragraphe 4, de la loi du 25 avril 1844, n'est pas applicable lorsque les transformations de récoltes et fruits sont pratiquées au moyen d'agents chimiques, de machines ou ustensiles autres que ceux qui servent aux travaux habituels de l'agriculture.

4. A partir de la promulgation de la présente loi, il ne sera perçu sur les échanges d'immeubles ruraux non bâtis que 20 centimes par 100 francs pour tout droit proportionnel d'enregistrement et de transcription, lorsqu'il sera justifié, conformément aux énonciations de l'acte : 1o que l'un des immeubles échangés est contigu aux propriétés de celui des échangistes qui le reçoit ; 2o que les immeubles échangés ont été acquis par les contractants par acte enregistré depuis plus de deux ans, ou recueillis par eux à titre héréditaire ; 3o que les immeubles échangés sont situés dans le même canton ou dans les cantons limitrophes ; 4o que la contenance de la parcelle contiguë aux propriétés de l'un des échangistes ne dépasse pas cinquante ares. — Est en outre réduit à un pour cent le droit perçu sur le montant de la soulte ou de la plus-value des échanges opérés conformément aux dispositions qui précèdent, lorsque ces soultes ou plus-values n'excèdent pas un quart de la valeur de la moindre part. — Dans le cas où les énonciations relatives à l'une des conditions spécifiées au paragraphe 1er seraient inexactes, les droits seront dus au taux ordinaire, indépendamment d'un droit en sus. — La réduction du droit sur la soulte ou sur la plus-value cessera également d'être applicable en cas d'insuffisance de ces soultes ou plus-values. Il sera en outre perçu à titre d'amende un droit en sus — La demande des droits devra être formée dans le délai fixé par l'article 61, no 1er, de la loi du 22 frimaire an VII.

. . . .

5. La perception du demi-décime établie par le paragraphe 1er de l'article 3 de la loi du 8 juin 1864 continuera d'être effectuée, pour l'exercice 1871, sur tous les droits et produits dont le recouvrement est confié à l'administration de l'enregistrement, autres que ceux mentionnés au paragraphe 1er de l'article 3 de la loi de finances du 18 juillet 1866. — L'article 13 de la loi du 23 juin 1857, relatif à la perception d'un deuxième décime sur tous les autres impôts indirects qui supportent le premier décime, continuera à recevoir son exécution pour le même exercice 1871.

6. Le droit de timbre auquel sont assujettis les effets de commerce créés en France pourra être acquitté par l'apposition de timbres mobiles. — Pourront également être timbrés au moyen de timbres mobiles les papiers destinés à l'impression des affiches et des formules assujetties au timbre de dimension. — La forme et la condition d'emploi de ces timbres seront déterminées par un règlement d'administration publique. (*V. Décr.* 21 *déc.* 1872.)

Sont applicables à ces timbres les dispositions pénales des articles 20 et 21 de la loi du 11 juin 1859.

LOI

Concernant les grands travaux publics.

(27 juillet 1870)

ART. 1er. — Tous grands travaux

(1) Bull., 11e série, no 18041. — *V.* le texte dans notre édition in-8o. — *V. L.* 19 juill. 1875.

publics, routes impériales, canaux, chemins de fer, canalisation des rivières, bassins et docks, entrepris par l'Etat ou par compagnies particulières, avec ou sans péage, avec ou sans subside du Trésor, avec ou sans aliénation du domaine public, ne pourront être autorisés que par une loi rendue après une enquête administrative. — Un décret impérial, rendu en la forme des règlements d'administration publique et également précédé d'une enquête, pourra autoriser l'exécution des canaux et chemins de fer d'embranchement de moins de 20 kilomètres de longueur, des lacunes et rectifications de routes impériales, des ponts et de tous autres travaux de moindre importance. — En aucun cas, les travaux dont la dépense doit être supportée en tout ou en partie par le Trésor ne pourront être mis à exécution qu'en vertu de la loi qui crée les voies ou moyens, ou d'un crédit préalablement inscrit à un des chapitres du Budget.

2. Il n'est rien innové, quant à présent, en ce qui touche l'autorisation et la déclaration d'utilité publique des travaux publics à la charge des départements et des communes.

LOI

Relative au cours légal des billets de la Banque de France.

(12 août 1870)

Art. 1er. A partir du jour de la promulgation de la présente loi, les billets de la Banque de France seront reçus comme monnaie légale par les caisses publiques et par les particuliers.

2. Jusqu'à nouvel ordre, la Banque est dispensée de l'obligation de rembourser ses billets avec des espèces.

3. En aucun cas, le chiffre des émissions de la Banque et de ses succursales ne pourra dépasser un milliard 800 millions (*Modifié; L.* 29 *déc.* 1871; *art.* 4, *L.* 15 *juill.* 1872.)

4. Les dispositions des articles 2 et 3 ci-dessus sont applicables à la Banque de l'Algérie, dont les émissions de billets ne pourront dépasser le chiffre de 18 millions. (*V. L.* 3 *avril* 1880.)

5. Les coupures des billets pourront être réduites à 25 *francs.* (*Modifié; LL.* 12 *déc.* 1870; 29 *déc.* 1871.)

LOI

Relative aux échéances des effets de commerce et aux poursuites contre les militaires.

(13 août 1870) (1)

LOI

Concernant les marchandises déposées dans les magasins généraux.

(31 août 1870)

Art. 1er. Les magasins généraux autorisés par la loi du 28 mai 1858 et le décret du 12 mars 1859 pourront être ouverts par toute personne et par toute société commerciale, industrielle ou de crédit, en vertu d'une autorisation donnée par un arrêté du préfet, après avis de la Chambre de commerce, à son défaut, de la Chambre consultative, et à défaut de l'une ou de l'autre, du tribunal de commerce. — Cet avis devra être donné dans les huit jours qui suivront la communication de la demande. — A l'expiration de ce délai et dans les trois jours qui suivront, le préfet sera tenu de statuer.

2. Le concessionnaire d'un magasin général devra être soumis, par l'arrêté préfectoral, à l'obligation d'un cautionnement variant de 20,000 à 100,000 francs. — Ce cautionnement pourra être fourni, en totalité ou en partie, en argent, en rentes, en obligations cotées à la Bourse, ou par une première hypothèque sur des immeubles d'une valeur double de la somme garantie. — Cette valeur sera estimée par le directeur de l'enregistrement et des domaines, sur les bases établies pour la perception des droits de mutation en cas de décès. — Pour la conservation de cette garantie, une inscription sera prise dans l'intérêt des tiers, à la diligence et au nom du directeur de l'enregistrement et des domaines.

3. Les exploitants de magasins généraux pourront prêter sur nantissement des marchandises à eux déposées, ou négocier les warrants qui les représenteront.

(1) Bull., 11e série, no 18019. — *V.* le texte dans notre édition in-8o. — *V.* 10 nov. 1870; 12 janv. 1871; 21 janv. 1871; 9 févr. 1871; 3 oct. 1870; 5 nov. 1870; 9 déc. 1870; LL. 10 mars 1871; 4 juill. 1871.

4. Les magasins généraux actuellement existants pourront profiter des dispositions de la présente loi, en se conformant, s'ils ne l'ont pas fait déjà, aux conditions qu'elle impose.

5. Sont abrogés le deuxième paragraphe de l'article 1er de la loi du 28 mai 1858 et toutes dispositions de lois ou décrets antérieurs contraires à la présente loi.

DÉCRET

Qui délie de tout serment les fonctionnaires publics de l'ordre civil, administratif, militaire et judiciaire, et qui abolit le serment politique.

(5 septembre 1870)

Les fonctionnaires publics de l'ordre civil, administratif, militaire ou judiciaire sont déliés de tout serment. Le serment politique est aboli (1)

DÉCRET

Relatif à la réhabilitation des condamnés.

(7 septembre 1870)

En matière de réhabilitation, il sera statué par une décision rendue par le ministre de la Justice, après communication au Conseil des ministres. — En matière de grâce, excepté aux colonies, il sera statué par le ministre de la Justice, quelle que soit la juridiction qui ait condamné. En conséquence, les départements desquels relèvent des tribunaux de répression transmettront au ministre de la Justice les propositions qui leur paraîtraient opportunes et les demandes individuelles qui leur seraient adressées. — En matière de délits ou contraventions relatifs à la pêche fluviale ou maritime ou à la grande voirie, les administrations de la Marine ou des Ponts-et-chaussées, représentées par les ministres ou les agents par eux désignés, auront respectivement le droit de transiger avec les justiciables des tribunaux ordinaires ou des Conseils de préfecture, dans les conditions prévues pour les délits forestiers par la loi du 18 juin 1859 et le règlement d'administration publique du 21 décembre 1859.

---

(1) V. Décr. 11 sept. 1870.

DÉCRET

Relatif aux prescriptions et péremptions en matière civile.

(9 septembre 1870) (2)

ART. 1er. Toutes prescriptions et péremptions en matière civile, tous les délais impartis pour attaquer ou signifier les décisions des tribunaux judiciaires ou administratifs, sont suspendus pendant la durée de la guerre : — 1° Au profit de ceux qui résident dans un département investi ou occupé par l'ennemi, alors même que l'occupation ne s'étendrait pas à tout le département ; — 2° Au profit de ceux dont l'action doit être exercée dans ce même département contre des personnes qui y résident.

2. A dater de la cessation de l'occupation, un nouveau délai égal au délai ordinaire courra au profit des personnes qui se trouveront dans le cas de l'article précédent.

DÉCRET

Qui rend libres les professions d'imprimeur et de libraire.

(10 septembre 1870) (3)

ART. 1er. Les professions d'imprimeur et de libraire sont libres.

2. Toute personne qui voudra exercer l'une ou l'autre de ces professions sera tenue à une simple déclaration faite au ministère de l'Intérieur.

3. Toute publication portera le nom de l'imprimeur.

4. Il sera ultérieurement statué sur les conséquences du présent décret à l'égard des titulaires actuels de brevets.

DÉCRET

Concernant les inventeurs brevetés qui, depuis le 25 août 1870, n'auront pu acquitter les annuités de leurs brevets dans le délai légal.

(10 septembre 1870)

Les inventeurs brevetés qui, depuis le 25 août 1870, n'auront pu acquitter les annuités de leurs brevets dans le délai légal, seront relevés de la déchéance encourue, en justifiant de

(2) V. Décr. 3 oct. 1870 ; L. 26 mai 1871 ; L. 20 déc. 1879.

(3) V. L. 29 juill. 1881, APP. C. PÉN.

l'acquittement de ces annuités avant une époque qui sera fixée ultérieurement (1).

ARRÊTÉ

Du ministre de l'Intérieur qui supprime les commissaires de police cantonaux.

(10 septembre 1870)

Le ministre de l'Intérieur, considérant que l'institution des commissaires de police dits commissaires cantonaux porte une atteinte grave aux droits de la commune, arrête :

Art. unique. Les articles 7, 8 et 9 du décret du 28 mars 1852 sont abrogés, et les commissaires de police cantonaux sont et demeurent supprimés à dater de ce jour.

DÉCRET

Relatif au serment professionnel des nouveaux fonctionnaires.

(11 septembre 1870)

Art. 1er. Le serment politique étant aboli, le serment professionnel des nouveaux fonctionnaires sera prêté dans la première séance du corps auquel ils appartiennent.

2. L'installation des magistrats peut avoir lieu, pendant les vacations, dans la séance de la chambre qui tient l'audience, et le serment professionnel est prêté publiquement (2).

DÉCRET

Qui autorise provisoirement le ministre de la Justice à statuer, sans prendre l'avis du Conseil d'Etat, sur les demandes de naturalisation formées par les étrangers qui ont obtenu l'autorisation d'établir leur domicile en France.

(12 septembre 1870) (3)

---

(1) V. Décr. 14 oct. 1870; Décr. 25 janv. 1871; Arr. 5 juill. 1871.

(2) V. Décr. 5 sept. 1870.

(3) Bull., 12e série, no 51. — V. le texte dans notre édition in-8o.

DÉCRET

Relatif au Conseil d'État.

(15 septembre 1870) (4)

DÉCRET

Qui abroge l'article 75 de la Constitution de l'an VIII.

(19 septembre 1870)

Art. 1er. L'article 75 de la Constitution de l'an VIII est abrogé. — Sont également abrogées toutes autres dispositions des lois générales ou spéciales ayant pour objet d'entraver les poursuites dirigées contre des fonctionnaires publics de tout ordre.

2. Il sera ultérieurement statué sur les peines civiles qu'il peut y avoir lieu d'édicter, dans l'intérêt public, contre les particuliers qui auraient dirigé des poursuites téméraires contre des fonctionnaires.

DÉCRET

Sur l'élection des présidents des sociétés de secours mutuels.

(22 septembre 1870)

Les membres des sociétés de secours mutuels éliront leurs présidents dans la forme que régleront leurs statuts. — Toute disposition contraire est abrogée.

DÉCRET

Qui étend et complète les dispositions du décret du 9 sept. 1870, relatif aux prescriptions et péremptions en matière civile.

(3 octobre 1870) (5)

Art. 1er. La suspension des prescriptions et péremptions en matière civile pendant la durée de la guerre s'applique aux inscriptions hypothécaires, à leur renouvellement, aux transcriptions et généralement à tous les actes qui, d'après la loi, doivent être accomplis dans un délai déterminé.

(4) Bull., 12e série, no 53.

(5) V. Décr. 9 sept. 1870, et L. 26 mai 1871; L. 02 déc. 1879.

2. La prorogation de délai dont il est parlé en l'article 2 du même décret ne s'applique qu'aux différents actes de recours devant les tribunaux judiciaires ou administratifs. — Quant aux autres actes, il est accordé, à dater de la cessation de la guerre, un délai égal à celui qui restait à courir au moment où elle a été déclarée.

3. Le présent décret est étendu à tous les départements de la France. Il s'applique aussi à l'Algérie et aux colonies, mais seulement pour les actes qui doivent être faits en France, et réciproquement.

DÉCRET

Relatif à la limite de la prorogation de délai en matière commerciale.

(3 octobre 1870) (1)

DÉCRET

Conférant aux chambres des huissiers la nomination de leurs syndics.

(13 octobre 1870)

Art. 1er. Les articles 55, paragraphe 1er, et 56 du décret du 14 juin 1813, sont abrogés.

2. Les membres composant la chambre de discipline des compagnies d'huissiers nomment entre eux, au scrutin et à la majorité absolue, leur syndic, qui peut être réélu. — En cas de partage des voix le scrutin est recommencé, et si le résultat est le même, le plus âgé des deux membres qui sont l'objet de ce partage est nommé de droit.

3. Toute disposition de loi contraire au présent décret est et demeure abrogée.

DÉCRET

Qui remet provisoirement en vigueur celui du 7 août 1848, sur le jury, en le modifiant par des dispositions transitoires.

(14 octobre 1870) (2)

DÉCRET

Réglementant l'élection des membres des tribunaux de commerce.

(17 octobre 1870) (3)

DÉCRET

Sur le roulement dans les Cours et tribunaux.

(21 octobre 1870) (4)

DÉCRET

Portant abrogation du décret du 8 décembre 1851, concernant les individus placés sous la surveillance de la haute police et les individus reconnus coupables d'avoir fait partie d'une société secrète, et de la loi du 27 février 1858, dite de sûreté générale.

(24 octobre 1870)

Art. 1er. Le décret du 8 décembre 1851 et la loi du 27 février 1858 sont abrogés.

2. L'effet du renvoi sous la surveillance de la haute police sera ultérieurement réglé.

DÉCRET

Relatif à la naturalisation des étrangers qui auront pris part à la guerre actuelle pour la défense de la France.

(26 octobre 1870)

Art. 1er. Le délai d'un an exigé par l'article 2 de la loi du 3 décembre 1849, modifié par la loi du 29 juin 1867, pour la naturalisation exceptionnelle, ne sera pas imposé aux étrangers qui auront pris part à la guerre actuelle pour la défense de la France. En conséquence, ces étrangers pourront être naturalisés aussitôt après leur admission à domicile, sauf l'enquête prescrite par la loi.

2. Les demandes d'admission à domicile ou de naturalisation formées

(1) Bull., 12e série, no 38.

(2) Bull., 12e série, no 133. — Abrogé par l'article 21 de la loi du 21 novembre 1872.

(3) Bull., 12e série, no 122. — Abrogé par la loi du 4 avril 1871.

(4) Bull., 12e série, no 140. — V. le texte dans notre édition in-8o. — V. Arr. 12 juill. 1871.

par des étrangers qui se trouvent dans le cas de l'article 1er sont dispensées de tous frais.

3. Les dispositions qui précèdent ne seront applicables qu'aux demandes formées avant l'expiration des deux mois qui suivront la cessation de la guerre.

DÉCRET

Relatif au mode de nomination des présidents des sociétés de secours mutuels approuvées ou déclarées établissements d'utilité publique.

(27 octobre 1870)

ART. UNIQUE. L'article 3 du décret du 26 mars 1832 est abrogé. — Les présidents des sociétés susmentionnées seront élus par les sociétaires.

DÉCRET

Qui suspend les procédures de saisie immobilière et de folle enchère.

(2 novembre 1870) (1)

DÉCRET

Qui abolit la Haute Cour de justice.

(4 novembre 1870)

ART. UNIQUE. La Haute Cour de justice est abolie.

DÉCRET

Relatif à la promulgation des lois et décrets.

(5 novembre 1870) (2)

DÉCRET

Sur les effets de commerce.

(5 novembre 1870) (3)

DÉCRET

Qui proroge d'un mois les délais accordés par la loi du 13 août et les décrets des 10 septembre et 11 octobre 1870, sur les effets de commerce.

(10 novembre 1870) (4)

DÉCRET

Sur la promulgation des lois et décrets de la Délégation du Gouvernement.

(11 novembre 1870) (5)

DÉCRET

Qui supprime dans les Cours d'appel le titre et les fonctions de premier avocat général, au fur et à mesure des extinctions.

(16 novembre 1870)

ART. UNIQUE. Le titre et les fonctions de premier avocat général seront supprimés dans les Cours d'appel, au fur et à mesure des extinctions, le nombre des avocats généraux restant le même.

DÉCRET

Réglementaire sur les conditions de la naturalisation exceptionnelle.

(19 novembre 1870) (6)

DÉCRET

Modifiant les trois derniers paragraphes de l'article 463 du Code pénal.

(27 novembre 1870)

ART. UNIQUE. Les trois derniers paragraphes de l'article 463 du Code

---

(1) Bull., 12e série, no 181. — Abrogé par la loi du 22 mai 1871.

(2) V. le texte sous l'article 1er du Code civil.

(3) Bull., 12e série, no 182. — V. le texte dans notre édition in-8o. — V. Décr. 9 déc. 1870 ; LL. 10 mars 1871 ; 26 avril 1871 ; 4 juill. 1871.

(4) V. Bull., 12e série, no 177. — V. L. 13 août 1870 ; Décr. 12 janv. 1871 ; 27 janv. 1871 ; 9 févr. 1871 ; 3 oct. 1870 ; 5 nov. 1870 ; 14 nov. 1870 ; 9 déc. 1870 ; LL. 10 mars 1871 ; 4 juill. 1871.

(5) Bull., 12e série, no 203. — V. Décr. 2 sept. 1871 ; 11 avril 1873.

(6) Bull., 12e série, no 236. — V. le texte dans notre édition in-8o.

pénal sont abrogés et remplacés par les dispositions suivantes :... (*V. le texte sous l'art.* 463 *C. pén.*)

DÉCRET

Prorogeant au 15 *janvier* 1871 *les délais pour le paiement des effets de commerce.*

(9 décembre 1870) (1)

DÉCRET

Qui modifie, pendant la durée de la guerre, les formalités légales pour l'autorisation des femmes mariées en justice, l'exercice de la puissance paternelle et l'émancipation des enfants.

(14 décembre 1870) (2)

DÉCRET

Relatif aux publications de mariage pendant la durée de la guerre.

(23 décembre 1870) (3)

DÉCRET

Autorisant les juges de paix à coter et parapher les registres publics dans les arrondissements envahis.

(25 décembre 1870) (4)

DÉCRET

Relatif aux annonces judiciaires et légales.

(28 décembre 1870)

ART. UNIQUE. Provisoirement et jusqu'à ce qu'il en ait été autrement décidé, les annonces judiciaires et légales pourront être insérées, au choix des parties, dans l'un des journaux publiés en langue française dans le département. Néanmoins toutes les annonces judiciaires relatives à une même procédure de vente seront insérées dans le même journal.

(1) Bull., 12e série, no 350.

(2) V. le texte dans notre édition in-8o.

(3) Bull., 12e série, no 319. — V. le texte dans notre édition in-8o.

(4) Bull., 12e série, no 381. — V. le texte dans notre édition in-8o.

1871

DÉCRET

Relatif à une nouvelle prorogation de délais accordée aux effets de commerce.

(12 janvier 1871) (5)

DÉCRET

Relatif à une nouvelle prorogation de délais accordée aux effets de commerce.

(27 janvier 1871) (6)

DÉCRET

Relatif à une nouvelle prorogation de délais pour les effets de commerce.

(9 février 1871) (7)

DÉCRET

Qui fixe les délais de la prescription pour les délits forestiers, etc.

(14 février 1871)

ART. UNIQUE. Les délais de la prescription pour les délits forestiers, dommages aux propriétés, champs et récoltes, destruction d'animaux domestiques, et généralement pour tous actes de pillage, ne commenceront à courir que du jour de l'évacuation du territoire par les armées ennemies.

(5) Bull., 12e série, no 265. — V. le texte dans notre édition in-8o.

(6) Bull., 12e série, no 288. — V. le texte dans notre édition in-8o.

(7) Bull., 12e série, no 315. — V. le texte dans notre édition in-8o. — V. L. 13 août 1870 ; 10 nov. 1870 ; 12 janv. 1871 ; 27 janv. 1871 ; 3 oct. 1870 ; 5 nov. 1870 ; 14 nov. 1870 ; 9 déc. 1870 ; LL. 10 mars 1871 ; 4 juill. 1871.

LOI

Sur la prorogation des échéances des effets de commerce.

(10 mars 1871) (1)

LOI

Relative aux effet de commerce.

(24 mars 1871) (2)

LOI

Qui modifie la loi électorale.

(10 avril 1871) (3)

LOI

Relative aux élections municipales

(14 avril 1871) (4)

Art. 1er. Immédiatement après la publication de la présente loi, les Commissions municipales, les présidents des Commissions, les maires et les adjoints en exercice et choisis en dehors du Conseil municipal cesseront leurs fonctions. Provisoirement et jusqu'à l'installation des nouveaux Conseils municipaux, les fonctions de maire, d'adjoints, de présidents des bureaux électoraux dans les communes administrées par des Commissions municipales, ou par des maires et adjoints pris en dehors du Conseil municipal, seront remplies par les membres des derniers Conseils municipaux élus en suivant l'ordre d'inscription sur le tableau. — Seront considérés comme derniers Conseils municipaux élus ceux qui ont été nommés à l'élection le 25 septembre 1870, ou depuis, et qui seront encore en exercice au moment de la publication de la présente loi.

2. Dans le plus bref délai après la promulgation de la présente loi, le Gouvernement convoquera les électeurs dans toutes les communes pour procéder au renouvellement intégral des Conseils municipaux.

3. Les élections auront lieu au scrutin de liste pour toute la commune. Néanmoins, la commune pourra être divisée en sections, dont chacune élira un nombre de conseillers proportionné au chiffre de la population. En aucun cas, ce fractionnement ne pourra être fait de manière qu'une section ait à élire moins de deux conseillers. Le fractionnement sera fait par le Conseil général sur l'initiative soit du préfet, soit d'un membre du Conseil général, ou enfin du Conseil municipal de la commune intéressée. Chaque année, dans sa session ordinaire, le Conseil général procédera, par un travail d'ensemble comprenant toutes les communes du département, à la révision des sections, et en dressera un tableau qui sera permanent pour les élections municipales à faire dans l'année. En attendant qu'il ait été procédé à la réélection des Conseils généraux, la division en sections sera faite par arrêté du préfet.

4. Sont électeurs tous les citoyens français âgés de vingt-un ans accomplis, jouissant de leurs droits civils et politiques, n'étant dans aucun cas d'incapacité prévu par la loi et de plus ayant, depuis une année au moins, leur domicile réel dans la commune. — Sont éligibles au Conseil municipal d'une commune tous les électeurs âgés de vingt-cinq ans, réunissant les conditions prévues par le paragraphe précédent, sauf les cas d'incapacité et d'incompatibilité prévus par les lois en vigueur et l'article 5 de la présente loi. — Toutefois il pourra être nommé au Conseil municipal d'une commune, sans la condition de domicile, un quart des membres qui le composeront, à la condition, par les élus non domiciliés, de payer dans ladite commune une des quatre contributions directes.

5. Ne pourront être élus membres des Conseils municipaux : — 1° Les juges de paix titulaires dans les cantons où ils exercent leurs fonctions ; — 2° Les membres amovibles des tribunaux de première instance dans les communes de leur arrondissement.

6. Dans les trois jours qui suivront la publication de la présente loi, les listes spéciales aux élections munici-

(1) Bull., 12e série, n° 481. — *V.* le texte dans notre édition in-8°. — *V.* 10 nov. 1870 ; 12 janv. 1871 ; 27 janv. 1871 ; 9 févr. 1871 ; 3 oct. 1870 ; 5 nov. 1870 ; 14 nov. 1870 ; 9 déc. 1870 ; L. 4 juill. 1871.

(2) Bull., 12e série, n° 346. — *V.* le texte dans notre édition in-8°.

(3) *V.* Bull., 12e série, n° 362. — Abrogé par L. org. 30 nov. 1875, art. 22, alin. 3.

(4) *V.* L. 7 juill. 1874.

pales seront dressées dans toutes les communes. Les réclamations seront reçues pendant trois jours après l'expiration du délai précédent et jugées, dans les trois jours qui suivront, par une commission composée de trois conseillers, en suivant l'ordre d'inscription sur le tableau, sauf l'appel au juge de paix et le pourvoi en cassation, qui suivront leur cours sans que les opérations électorales puissent être retardées.

7. Dans toutes les communes, quelle que soit leur population, le scrutin ne durera qu'un jour. Il sera ouvert et clos le dimanche. — Le dépouillement en sera fait immédiatement.

8. Les Conseils municipaux nommés resteront en fonctions jusqu'à la promulgation de la loi organique sur les municipalités. Néanmoins, la durée de ces fonctions ne pourra excéder trois ans. Dans l'intervalle on ne procédera à de nouvelles élections que si le nombre des conseillers avait été réduit de plus d'un quart. Toutefois, dans les communes divisées en sections ou arrondissements, il y aura toujours lieu à faire des élections partielles toutes les fois que, par suite de décès ou de perte des droits politiques, la section n'aurait plus aucun représentant dans le Conseil.

9. Le Conseil municipal élira le maire et les adjoints parmi ses membres, au scrutin secret et à la majorité absolue. Si après deux scrutins aucun candidat n'a obtenu la majorité, il sera procédé à un tour de ballottage entre les deux candidats qui ont obtenu le plus de suffrages. En cas d'égalité de suffrages, le plus âgé sera nommé. — Les maires et les adjoints ainsi nommés seront révocables par décret. — Les maires et les adjoints destitués ne seront pas rééligibles pendant une année. — La nomination des maires et adjoints aura lieu provisoirement par décret du Gouvernement dans les villes de plus de vingt mille âmes et dans les chefs-lieux de département ou d'arrondissement, quelle qu'en soit la population. Les maires seront pris dans le Conseil municipal. — Avant de procéder à la nomination des maires, il sera pourvu aux vacances existant dans le Conseil municipal.

10. Les vingt arrondissements de la ville de Paris nomment chacun quatre membres du Conseil municipal. Ces quatre membres seront élus par scrutin individuel à la majorité absolue, à raison d'un membre par quartier.

11. Le Conseil municipal de Paris tiendra, comme les Conseils des autres communes, quatre sessions ordinaires, dont la durée ne pourra excéder dix jours, sauf la session ordinaire où le budget ordinaire sera discuté et qui pourra durer six semaines.

12. Au commencement de chaque session ordinaire, le Conseil nommera au scrutin secret et à la majorité son président, ses vice-présidents et ses secrétaires. Pour les sessions extraordinaires qui seront tenues dans l'intervalle, on maintiendra le bureau de la dernière session ordinaire.

13. Le préfet de la Seine et le préfet de police ont entrée au Conseil. — Ils sont entendus toutes les fois qu'ils le demandent.

14. Le Conseil municipal de Paris ne pourra s'occuper, à peine de nullité de ses délibérations, que des matières d'administration communale telles qu'elles sont déterminées par les lois en vigueur sur les attributions municipales. En cas d'infraction, l'annulation sera prononcée par décret du Chef du Pouvoir exécutif.

15. Les incapacités et les incompatibilités établies par l'article 5 de la loi du 22 juin 1833, sur les Conseils généraux, sont applicables aux conseillers municipaux de Paris, indépendamment de celles qui sont établies par la loi en vigueur sur l'organisation municipale.

16. Il y a un maire et trois adjoints pour chacun des vingt arrondissements de Paris. Ils sont choisis par le Chef du Pouvoir exécutif de la République. Les maires d'arrondissement n'auront d'autres attributions que celles qui leur sont expressément conférées par des lois spéciales.

17. Il y a incompatibilité entre les fonctions de maire ou d'adjoint d'arrondissement et celles de conseiller municipal de la ville de Paris.

18. Provisoirement, et en attendant que l'Assemblée nationale ait statué sur ces matières, continueront à être observées les lois actuellement en vigueur sur l'organisation et les attributions municipales dans celles de leurs dispositions qui ne sont pas contraires à la présente loi.

19. Les fonctions de maire, d'adjoints et conseillers municipaux sont essentiellement gratuites.

20. Les décrets des 27 décembre 1866 et 16 janvier 1867 restent en vigueur pour l'Algérie.

LOI

Sur les loyers.

(21 avril 1871) (1)

LOI

Sur les concordats amiables.

(22 avril 1871) (2)

LOI

Relative à l'éligibilité des préfets et sous-préfets.

(2 mai 1871)

ART. UNIQUE. En attendant l'adoption d'une loi organique électorale, les préfets et sous-préfets ne pourront être élus représentants à l'Assemblée nationale dans les départements administrés par eux, et la prohibition continuera de subsister pendant les six mois qui suivront la cessation de la fonction. — Toutefois, cette disposition ne s'appliquera pas à ceux de ces fonctionnaires qui, ayant cessé leurs fonctions avant le 29 janvier 1871, se présenteront aux élections partielles auxquelles il devra être procédé par suite d'option, d'annulation, de démission, de décès, ou pour toute autre cause. (*Abrogé;* L. ORG. 30 *nov.* 1875, *art.* 22.)

LOI

Concernant les officiers ministériels, et en particulier les notaires, appelés sous les drapeaux et autorisés à se faire suppléer pendant la guerre.

(2 mai 1871) (3)

(1) Bull., 12e série, no 313. — *V.* le texte dans notre édition in-8o. — *V.* L. 6 janv. 1872.

(2) *V.* le texte dans notre édition in-8o. — *V.* L. 9 sept. 1871.

(3) Bull., 12e série, no 318.

LOI

Qui déclare inaliénables les propriétés publiques ou privées, saisies ou soustraites à Paris depuis le 18 mars 1871.

(12 mai 1871)

ART. 1er. Sont déclarés inaliénables jusqu'à leur retour aux mains du propriétaire tous biens meubles et immeubles de l'Etat, du département de la Seine, de la ville de Paris et des communes suburbaines, des établissements publics, des églises, des fabriques, des sociétés civiles, commerciales ou savantes, des corporations, des communautés, des particuliers, qui auraient été soustraits, saisis, mis sous le séquestre ou détenus d'une manière quelconque, depuis le 18 mars 1871, au nom ou par les ordres d'un prétendu Comité central, Comité de Salut public, d'une soi-disant Commune de Paris ou de tout autre pouvoir insurrectionnel, par leurs agents, par toute personne s'autorisant de ces ordres ou par tout individu ayant agi, même sans ordres, à la faveur de la sédition.

2. Les aliénations frappées de nullité par l'article 1er ne pourront, pour les immeubles, servir de base à la prescription de dix ou vingt ans, et, pour les meubles, donner lieu à l'application des articles 2279 et 2280 du Code civil. — Les biens aliénés en violation de la présente loi pourront être revendiqués, sans aucune condition d'indemnité et contre tous détenteurs, pendant trente ans, à partir de la cessation officiellement constatée de l'insurrection de Paris.

3. Tout individu qui, connaissant leur origine, aura concouru soit au détournement, soit à la vente, à la destruction, au transport à l'intérieur ou en pays étrangers, soit au recel des objets mobiliers de toute nature, à la fonte, à l'altération ou transformation des matières métalliques, soit à la négociation des titres ou valeurs commerciales, comme acheteur, donataire, créancier-gagiste, commissionnaire, ou à tout autre titre, sera puni des peines portées en l'article 401 du Code pénal, sans préjudice des peines auxquelles il pourrait être exposé par les circonstances du fait. Les destructions, mutilations et dégradations des biens immeubles seront punies conformément aux dispositions du Code pénal, qui les prévoient, sans que, dans aucun cas, les auteurs ou com-

plices des crimes ou délits puissent se prévaloir de prétendus ordres qu'ils auraient reçus. — La prescription de l'action publique sera soumise aux règles de la prescription en matière criminelle ou correctionnelle, suivant qu'il s'agira de crimes ou de délits. — Mais l'action civile ne sera prescrite que par le laps de trente ans, depuis la cessation officiellement constatée de l'insurrection, et ce, sans préjudice de toute interruption et suspension de droit.

4. Restera passible des peines prononcées par les articles 255 et 256 du Code pénal, et suivant les distinctions de ces articles, tout individu qui aura détruit en tout ou partie ou détourné les actes de l'état civil, les bulletins du casier judiciaire, les dépôts, minutes et papiers des notaires et autres officiers ministériels, les archives de toute nature, et autres dépôts d'intérêt public, ou qui se sera rendu complice de ces faits.

5. L'article 468 du Code pénal sera applicable aux crimes et délits prévus par la présente loi.

LOI

Qui abroge le décret de la Délégation du Gouvernement de la Défense nationale, en date du 2 novembre 1870, concernant les saisies immobilières, la folle-enchère et toutes les ventes judiciaires d'immeubles.

(22 mai 1871) (1)

LOI

Sur les prescriptions et péremptions.

(26 mai 1871) (2)

LOI

Sur l'exercice du droit de grâce.

(17 juin 1871)

Art. 1er. Les amnisties ne peuvent être accordées que par une loi. (*V. L. constit.* 25 *févr.* 1875, *art.* 3.)

2. L'Assemblée nationale délègue le pouvoir de faire grâce au Président du Conseil des ministres, Chef du Pouvoir exécutif de la République française. (*V. L. constit.* 25 *févr.* 1875, *art.* 3.)

3. Néanmoins, la grâce ne peut être accordée que par une loi aux ministres et autres fonctionnaires ou dignitaires dont la mise en accusation a été ordonnée par l'Assemblée nationale.

4. La grâce ne pourra être accordée aux personnes condamnées pour infractions qualifiées crimes par la loi, à raison des faits se rattachant à la dernière insurrection à Paris et dans les départements depuis le 15 mars 1871, que s'il y a accord entre le Chef du Pouvoir exécutif et l'Assemblée nationale, représentée par la commission dont il sera parlé ci-après. En conséquence, tous les recours formés par ces condamnés, après avoir été instruits par le ministre de la Justice, seront transmis au président de l'Assemblée nationale. Ces recours seront examinés par une commission de quinze membres nommés par l'Assemblée nationale, en réunion publique et au scrutin secret. La grâce ne pourra être accordée par le Chef du Pouvoir exécutif que conformément à l'avis de cette commission. En cas de dissentiment entre la commission et le Chef du Pouvoir exécutif, la condamnation sera exécutée.

LOI

Rendant électeurs et éligibles, sans condition de temps de résidence, les citoyens français qui, conformément à l'article 2 du traité du 18 mai 1871 avec l'Allemagne, opteront pour la nationalité française.

(17 juin 1871)

Art. unique. Sont électeurs et éligibles, sans condition de temps de résidence dans le nouveau domicile qu'ils ont choisi ou choisiront en France, les citoyens français qui, conformément à l'article 2 du traité du 10 mai 1871, ont opté ou opteront pour la nationalité française, à la charge par eux de faire, à la mairie de leur nouvelle résidence, leur déclaration constatant leur volonté d'y fixer leur domicile et d'y réclamer leur inscription sur les listes électorales.

---

(1) Bull., 12e série, no 384. — V. le texte dans notre édition in-8o.

(2) Bull., 12e série, no 419. — V. L. 20 déc. 1879.

LOI

Sur la prorogation des échéances des effets de commerce dans le département de la Seine.

(4 juillet 1871) (1)

LOI

Relative au mode de suppléer aux actes de l'état civil du département de la Seine, détruits dans la dernière insurrection.

(10 juillet 1871) (2)

ART. 1er. Provisoirement et jusqu'à ce que les actes de l'état civil du département de la Seine, détruits par le feu durant la dernière insurrection, aient été reconstitués, l'acte de naissance dont l'article 70 du Code civil prescrit la remise et que les futurs époux, par suite de cette destruction des registres, seraient dans l'impossibilité de reproduire, pourra être suppléé par l'attestation des père et mère, aïeuls et aïeules présents au mariage, jointe soit au bulletin délivré par les maires au moment de la déclaration de la naissance, soit à l'extrait des registres tenus par les ministres des différents cultes, soit à toute autre pièce ou document rendant vraisemblable la date de la naissance, indiquée. — En cas de décès des père et mère, aïeuls et aïeules, ou si aucun d'eux n'assiste au mariage, il pourra être procédé à la célébration sur la déclaration des futurs époux quant à l'époque de leur naissance, jointe à quelqu'une des pièces mentionnées ci-dessus, rendant vraisemblable la date indiquée et certifiée par les témoins du mariage. — A défaut de toute pièce ou de tout document rendant vraisemblable la date de la naissance, il y sera suppléé par un acte de notoriété, dressé par le juge de paix soit du domicile, soit du lieu de naissance, sur la déclaration de quatre témoins de l'un ou de l'autre sexe, parents ou non parents. Cet acte de notoriété sera délivré en minute, visé pour timbre, enregistré gratis et affranchi de toute homologation.

2. Jusqu'à la reconstitution desdits registres, il pourra être suppléé à leurs extraits quant aux actes de décès des père et mère, aïeuls et aïeules, par la déclaration des futurs époux et des quatre témoins, selon les formes indiquées par l'avis du Conseil d'Etat du 4 thermidor an XIII.

3. Dans les cas prévus aux articles précédents, l'officier de l'état civil fera mention, dans l'acte de mariage, des attestations ou déclarations qu'il aura reçues et des pièces ou documents produits à l'appui.

4. Provisoirement et jusqu'à ce que les actes de l'état civil du département de la Seine aient été reconstitués, les procédures intentées aux termes de l'article 46 du Code civil, relativement aux naissances, mariages ou décès dont la preuve aurait été détruite, par les causes indiquées ci-dessus, seront dispensées des frais d'enregistrement et de timbre. Le ministère d'un avoué ne sera pas obligatoire. Dans le cas où le tribunal croirait devoir faire comparaître des parties intéressées ou des témoins, le greffier les appellera par simples lettres chargées.

ARRÊTÉ

Relatif au roulement des magistrats dans les Cours et tribunaux.

(12 juillet 1871) (3)

ART. 1er. Jusqu'à ce qu'il en ait été autrement ordonné, le roulement se fera dans les Cours et tribunaux, conformément aux ordonnances des 11 octobre 1820 et 24 juillet 1825, et au décret du 28 octobre 1854.

2. Le roulement se fera, pour la Cour et les tribunaux de l'Algérie, dans la dernière quinzaine du présent mois de juillet; pour les Cours et tribunaux de France, dans la dernière quinzaine du mois d'août.

LOI

Relative à la nullité des actes de l'état civil à Paris et dans le département de la Seine depuis le 18 mars 1871.

(19 juillet 1871)

ART. 1er. Les actes de l'état civil reçus depuis le 18 mars 1871, à Paris et dans les autres communes du département de la Seine, les mentions

(1) Bull., 12e série, no 411. — V. le texte dans notre édition in-8o.

(2) V. L. 12 févr. 1872.

(3) V. Décr. 21 oct. 1870.

inscrites depuis la même époque en marge des registres, par tous autres que les officiers publics compétents, seront bâtonnés. — Il ne pourra en être délivré aucune expédition. — Mention de la présente loi sera faite en marge des actes bâtonnés.

2. Les déclarations de naissance contenues aux actes bâtonnés en vertu de l'article précédent, devront être renouvelées, sous les peines portées en l'article 346 du Code pénal, dans le délai de trente jours, à partir de la promulgation de la présente loi, devant l'officier de l'état civil, qui en dressera acte, sur un registre spécial, en présence de deux témoins. — Les naissances qui n'auraient pas été déclarées dans le délai de l'article 55 du Code civil, ou dont les déclarations n'auraient pas été renouvelées dans le délai prescrit par le paragraphe précédent, ne pourront être constatées qu'en vertu de jugements rendus en chambre du conseil, à la requête soit du ministère public, soit des parties intéressées.

3. Les reconnaissances d'enfants naturels, contenues dans les actes bâtonnés en vertu de l'article 1er de la présente loi, devront être renouvelées dans le même délai de trente jours. — En cas de décès des auteurs desdites reconnaissances, ou faute par eux de se présenter dans le délai prescrit, le tribunal pourra, à la requête du ministère public ou des parties intéressées, ordonner la transcription desdits actes sur le registre mentionné en l'article 2. — La transcription ainsi opérée assurera à la reconnaissance ses effets à la date du premier acte.

4. Dans le même délai, il sera dressé acte par l'officier de l'état civil, sur le registre mentionné en l'article 2, des décès survenus postérieurement au 18 mars, et dont il n'existerait pas d'actes réguliers, sur le vu du certificat du médecin qui aura constaté la mort, et en présence de deux témoins. — En l'absence du certificat exigé par le paragraphe précédent, les actes de décès ne pourront être dressés qu'en vertu d'un jugement.

5. Les actes de mariage bâtonnés en vertu de l'article 1er de la présente loi seront transcrits, dans le même délai de trente jours, par l'officier de l'état civil, sur le registre mentionné en l'article 2, en présence des parties et de quatre témoins. — En cas de décès des époux ou de l'un d'eux, ou faute par eux de se présenter dans le délai prescrit, le tribunal, à la requête du ministère public, des parties intéressées, ou de l'une d'elles, ordonnera la transcription sur le registre mentionné en l'article 2 des actes bâtonnés, sauf les cas prévus par l'article 184 du Code civil. — La transcription assurera au mariage, à la date du premier acte, tous les effets civils, tant à l'égard des époux qu'à l'égard des enfants issus du mariage.

6. Les témoins appelés aux termes des articles 2, 4 et 5 seront, autant que possible, ceux qui auront figuré aux actes bâtonnés.

7. Les actes et jugements auxquels donnera lieu l'exécution de la présente loi seront visés pour timbre et enregistrés gratis; le ministère d'avoué ne sera pas obligatoire. Dans le cas où le tribunal ordonnerait la mise en cause des parties intéressées, le greffier les appellera par simples lettres chargées.

LOI

Qui remet en vigueur la loi du 13 janvier 1817 pour constater judiciairement le sort des Français ayant appartenu aux armées de terre et de mer, et qui ont disparu depuis le 19 juillet 1870 jusqu'au 31 mai 1871.

(9 août 1871)

ART. UNIQUE. Les dispositions de la loi du 13 janvier 1817 sont remises en vigueur pour constater judiciairement le sort des Français ayant appartenu aux armées de terre et de mer, à la garde nationale mobile ou mobilisée, à un corps reconnu par le ministère de la Guerre, qui ont disparu depuis le 19 juillet 1870 jusqu'au traité de paix du 31 mai 1871. — Les mêmes dispositions pourront être appliquées par les tribunaux à tous autres Français qui auraient disparu dans le même temps par suite de faits de guerre.

LOI

Relative aux Conseils généraux.

(10 août 1871) (1)

TITRE Ier. — *Dispositions générales.*

ART. 1er. Il y a dans chaque département un Conseil général.

(1) *V. Circ. min. Int.* 19 sept. 1871; 23 sept. 1871; 6 oct. 1871; 18 oct. 1871; *Circ. min. Trav. publ.* 12 oct.

2. Le Conseil général élit dans son sein une commission départementale.

3. Le préfet est le représentant du Pouvoir exécutif dans le département. — Il est, en outre, chargé de l'instruction préalable des affaires qui intéressent le département, ainsi que de l'exécution des décisions du Conseil général et de la commission départementale, conformément aux dispositions de la présente loi.

TITRE II. — *De la formation des Conseils généraux.*

4. Chaque canton du département élit un membre du Conseil général.

5. L'élection se fait au suffrage universel, dans chaque commune, sur les listes dressées pour les élections municipales.

6. Sont éligibles au Conseil général tous les citoyens inscrits sur une liste d'électeurs ou justifiant qu'ils devaient y être inscrits avant le jour de l'élection, âgés de vingt-cinq ans accomplis, qui sont domiciliés dans le département, et ceux qui, sans y être domiciliés, y sont inscrits au rôle d'une des contributions directes au 1er janvier de l'année dans laquelle se fait l'élection, ou justifient qu'ils devaient y être inscrits à ce jour, ou ont hérité depuis la même époque d'une propriété foncière dans le département. — Toutefois, le nombre des conseillers généraux non domiciliés ne pourra dépasser le quart du nombre total dont le Conseil doit être composé.

7. Ne peuvent être élus au Conseil général les citoyens qui sont pourvus d'un conseil judiciaire.

8. Ne peuvent être élus membres du Conseil général : — 1° Les préfets, sous-préfets, secrétaires généraux et conseillers de préfecture, dans le département où ils exercent leurs fonctions ; — 2° Les procureurs généraux, avocats généraux et substituts du procureur général près les Cours d'appel, dans l'étendue du ressort de la Cour ; — 3° Les présidents, vice-présidents, juges titulaires, juges d'instruction et membres du parquet des tribunaux de première instance, dans l'arrondissement du tribunal ; — 4° Les juges de paix, dans leurs cantons ; — 5° Les généraux commandant les divisions ou les subdivisions territoriales, dans l'étendue de leurs commandements ; — 5° Les préfets maritimes, majors généraux de la marine et commissaires de l'inscription maritime, dans les départements où ils résident ; — 7° Les commissaires et agents de police, dans les cantons de leur ressort ; — 8° Les ingénieurs en chef de département et les ingénieurs ordinaires d'arrondissement, dans le département où ils exercent leurs fonctions ; — 9° Les ingénieurs du service ordinaire des mines, dans les cantons de leur ressort ; — 10° Les recteurs d'académie, dans le ressort de l'académie ; — 11° Les inspecteurs d'académie et les inspecteurs des écoles primaires, dans le département où ils exercent leurs fonctions ; — 12° Les ministres des différents cultes, dans les cantons de leur ressort ; — 13° Les agents et comptables de tout ordre, employés à l'assiette, à la perception et au recouvrement des contributions directes ou indirectes, et au paiement des dépenses publiques de toute nature, dans le département où ils exercent leurs fonctions ; — 14° Les directeurs et inspecteurs des postes, des télégraphes et des manufactures de tabac, dans le département où ils exercent leurs fonctions ; — 15° Les conservateurs, inspecteurs et autres agents des eaux et forêts, dans les cantons de leur ressort ; — 16° Les vérificateurs des poids et mesures, dans les cantons de leur ressort.

1871 ; 14 oct. 1871. — *Circ min. Int.* 3 janv. 1872 ; 20 mars 1872.

9. Le mandat de conseiller général est incompatible, dans toute la France, avec les fonctions énumérées aux nos 1 et 7 de l'article 8.

10. Le mandat de conseiller général est incompatible, dans le département, avec les fonctions d'architecte départemental, d'agent-voyer, d'employé des bureaux de la préfecture ou d'une sous-préfecture, et généralement de tous les agents salariés ou subventionnés sur les fonds départementaux. — La même incompatibilité existe à l'égard des entrepreneurs des services départementaux.

11. Nul ne peut être membre de plusieurs Conseils généraux.

12. Les collèges électoraux sont convoqués par le Pouvoir exécutif. — Il doit y avoir un intervalle de quinze jours francs, au moins, entre la date du décret de convocation et le jour de l'élection, qui sera toujours un dimanche. Le scrutin est ouvert à sept heures du matin et clos le même jour à six heures. Le dépouillement a lieu immédiatement. — Lorsqu'un second tour de scrutin est nécessaire, il y est procédé le dimanche suivant.

13. Immédiatement après le dépouillement du scrutin les procès-verbaux

de chaque commune, arrêtés et signés, sont portés au chef-lieu du canton par deux membres du bureau. Le recensement général des votes est fait par le bureau du chef-lieu, et le résultat est proclamé par son président, qui adresse tous les procès-verbaux et les pièces au préfet.

14. Nul n'est élu membre du Conseil général au premier tour de scrutin, s'il n'a réuni : — 1° La majorité absolue des suffrages exprimés ; — 2° Un nombre de suffrages égal au quart de celui des électeurs inscrits. — Au second tour de scrutin, l'élection a lieu à la majorité relative, quel que soit le nombre des votants. Si plusieurs candidats obtiennent le même nombre de suffrages, l'élection est acquise au plus âgé.

15. Les élections peuvent être arguées de nullité par tout électeur du canton. — Si la réclamation n'a pas été consignée au procès-verbal, elle doit être déposée au secrétariat général de la préfecture. Il en est donné récépissé.

16. Le Conseil général vérifie les pouvoirs de ses membres. Il n'y a pas de recours contre ses décisions.

17. Le conseiller général élu dans plusieurs cantons est tenu de déclarer son option au président du Conseil général dans les trois jours qui suivront la vérification de ses pouvoirs. A défaut d'option dans ce délai, le Conseil général détermine, en séance publique et par la voie du sort, à quel canton le conseiller appartiendra. — Lorsque le nombre des conseillers non domiciliés dans le département dépasse le quart du Conseil, le Conseil général procède de la même façon pour désigner celui ou ceux dont l'élection doit être annulée.

18. Tout conseiller général qui, par une cause survenue postérieurement à son élection, se trouve dans un des cas prévus par les articles 7, 8, 9 et 10, ou se trouve frappé de l'une des incapacités qui font perdre la qualité d'électeur, est déclaré démissionnaire par le Conseil général, soit d'office, soit sur les réclamations de tout électeur.

19. Lorsqu'un conseiller général aura manqué à une session ordinaire sans excuse légitime admise par le Conseil, il sera déclaré démissionnaire par le Conseil général, dans la dernière séance de la session.

20. Lorsqu'un conseiller général donne sa démission, il l'adresse au président du Conseil général ou au président de la commission départementale, qui en donne immédiatement avis au préfet.

21. Les conseillers généraux sont nommés pour six ans ; ils sont renouvelés par moitié tous les trois ans, et indéfiniment rééligibles. En cas de renouvellement intégral, à la session qui suit ce renouvellement, le Conseil général divise les cantons du département en deux séries, en répartissant, autant que possible, dans une proportion égale, les cantons de chaque arrondissement dans chacune des séries, et il procède ensuite à un tirage au sort pour régler l'ordre du renouvellement des séries.

22. En cas de vacance par décès, option, démission, par une des causes énumérées aux articles 17, 18 et 19, ou par toute autre cause, les électeurs devront être réunis dans le délai de trois mois. — Toutefois, si le renouvellement légal de la série à laquelle appartient le siége vacant doit avoir lieu avant la prochaine session ordinaire du Conseil général, l'élection partielle se fera à la même époque. — La commission départementale est chargée de veiller à l'exécution du présent article. Elle adresse ses réquisitions au préfet et, s'il y a lieu, au ministre de l'intérieur.

TITRE III. — *Des sessions des Conseils généraux.*

23. Les Conseils généraux ont chaque année deux sessions ordinaires. — La session dans laquelle sont délibérés le budget et les comptes commence de plein droit le premier lundi qui suit le 15 août et ne pourra être retardée que par une loi. — L'ouverture de l'autre session a lieu au jour fixé par le Conseil général dans la session du mois d'août précédent. Dans le cas où le Conseil général se serait séparé sans avoir pris aucune décision à cet égard, le jour sera fixé et la convocation sera faite par la commission départementale, qui en donnera avis au préfet. — La durée de la session d'août ne pourra excéder un mois ; celle de l'autre session ordinaire ne pourra excéder quinze jours.

24. Les Conseils généraux peuvent être réunis extraordinairement : — 1° Par décret du Chef du pouvoir exécutif ; — 2° Si les deux tiers des membres en adressent la demande écrite au président. — Dans ce cas, le président est tenu d'en donner avis immédiatement au préfet, qui devra convoquer d'urgence. — La durée des sessions extraordinaires ne pourra excéder huit jours.

25. A l'ouverture de la session d'août, le Conseil général, réuni sous la présidence du doyen d'âge, le plus jeune membre faisant fonctions de secrétaire, nomme au scrutin secret et à la majorité absolue son président, un ou plusieurs vice-présidents et ses secrétaires. — Leurs fonctions durent jusqu'à la session d'août de l'année suivante.

26. Le Conseil général fait son règlement intérieur.

27. Le préfet a entrée au Conseil général; il est entendu quand il le demande et assiste aux délibérations, excepté lorsqu'il s'agit de l'apurement de ses comptes.

28. Les séances des Conseils généraux sont publiques. — Néanmoins, sur la demande de cinq membres, du président ou du préfet, le Conseil général, par assis et levé, sans débats, décide s'il se formera en comité secret.

29. Le président a seul la police de l'assemblée. — Il peut faire expulser de l'auditoire ou arrêter tout individu qui trouble l'ordre. — En cas de crime ou de délit, il en dresse procès-verbal, et le procureur de la République en est immédiatement saisi.

30. Le Conseil général ne peut délibérer si la moitié plus un des membres dont il doit être composé n'est présente. — Les votes sont recueillis au scrutin public, toutes les fois que le sixième des membres présents le demande. En cas de partage, la voix du président est prépondérante. — Néanmoins, les votes sur les nominations et sur les validations d'élections contestées ont toujours lieu au scrutin secret. — Le résultat des scrutins publics, énonçant les noms des votants, est reproduit au procès-verbal.

31. Les Conseils généraux devront établir jour par jour un compte rendu sommaire et officiel de leurs séances, qui sera tenu à la disposition de tous les journaux du département, dans les quarante-huit heures qui suivront la séance. — Les journaux ne pourront apprécier une discussion du Conseil général sans reproduire en même temps la portion du compte rendu afférente à cette discussion. — Toute contravention à cette disposition sera punie d'une amende de 50 à 500 francs. (*Le 2e § est abrogé par L. 29 juill. 1881, art. 68.*)

32. Les procès-verbaux des séances, rédigés par un des secrétaires, sont arrêtés au commencement de chaque séance, et signés par le président et le secrétaire. — Ils contiennent les rapports, les noms des membres qui ont pris part à la discussion et l'analyse de leurs opinions. — Tout électeur ou contribuable du département a le droit de demander la communication sans déplacement et de prendre copie de toutes les délibérations du Conseil général, ainsi que des procès-verbaux des séances publiques, et de les reproduire par la voie de la presse.

33. Tout acte et toute délibération d'un Conseil général, relatifs à des objets qui ne sont pas légalement compris dans ses attributions sont nuls et de nul effet. — La nullité est prononcée par un décret rendu dans la forme des règlements d'administration publique.

34. Toute délibération prise hors des réunions du Conseil, prévues ou autorisées par la loi, est nulle et de nul effet. — Le préfet, par un arrêté motivé, déclare la réunion illégale, prononce la nullité des actes, prend toutes les mesures nécessaires pour que l'assemblée se sépare immédiatement et transmet son arrêté au procureur général du ressort pour l'exécution des lois et l'application, s'il y a lieu, des peines déterminées par l'article 258 du Code pénal. En cas de condamnation, les membres condamnés sont déclarés par le jugement exclus du Conseil et inéligibles pendant les trois années qui suivront la condamnation.

35. Pendant les sessions de l'Assemblée nationale, la dissolution d'un Conseil général ne peut être prononcée par le Chef du Pouvoir exécutif, que sous l'obligation expresse d'en rendre compte à l'Assemblée dans le plus bref délai possible. En ce cas, une loi fixe la date de la nouvelle élection, et décide si la commission départementale doit conserver son mandat jusqu'à la réunion du nouveau Conseil général, ou autorise le Pouvoir exécutif à en nommer provisoirement une autre.

36. Dans l'intervalle des sessions de l'Assemblée nationale, le Chef du Pouvoir exécutif peut prononcer la dissolution d'un Conseil général pour des causes spéciales à ce Conseil. — Le décret de dissolution doit être motivé. — Il ne peut jamais être rendu par voie de mesure générale. Il convoque en même temps les électeurs du département pour le quatrième dimanche qui suivra sa date. Le nouveau Conseil général se réunit de plein droit le deuxième lundi après l'élection et nomme sa commission départementale.

Titre IV. — *Des attributions des Conseils généraux.*

37. Le Conseil général répartit chaque année, à sa session d'août, les contributions directes, conformément aux règles établies par les lois. — Avant d'effectuer cette répartition, il statue sur les demandes délibérées par les Conseils compétents en réduction du contingent.

38. Le Conseil général prononce définitivement sur les demandes en réduction de contingent formées par les communes et préalablement soumises au Conseil compétent.

39. Si le Conseil général ne se réunissait pas, ou s'il se séparait sans avoir arrêté la répartition des contributions directes, les mandements des contingents seront délivrés par le préfet, d'après les bases de la répartition précédente, sauf les modifications à porter dans le contingent en exécution des lois.

40. Le Conseil général vote les centimes additionnels dont la perception est autorisée par les lois. — Il peut voter des centimes extraordinaires dans la limite du maximum fixé annuellement par la loi des finances. — Il peut voter également des emprunts départementaux remboursables dans un délai qui ne pourra excéder quinze années, sur les ressources ordinaires et extraordinaires.

41. Dans le cas où le Conseil général voterait une contribution extraordinaire ou un emprunt au-delà des limites déterminées dans l'article précédent, cette contribution ou cet emprunt ne pourrait être autorisé que par une loi.

42. Le Conseil général arrête, chaque année, à sa session d'août, dans les limites fixées annuellement par la loi de finances, le maximum du nombre des centimes extraordinaires que les Conseils municipaux sont autorisés à voter, pour en affecter le produit à des dépenses extraordinaires d'utilité communale. — Si le Conseil général se sépare sans l'avoir arrêté, le maximum fixé pour l'année précédente est maintenu jusqu'à la session d'août de l'année suivante.

43. Chaque année, dans sa session d'août, le Conseil général, par un travail d'ensemble comprenant toutes les communes du département, procède à la révision des sections électorales et en dresse le tableau.

44. Le Conseil général opère la reconnaissance, détermine la largeur et prescrit l'ouverture et le redressement des chemins vicinaux de grande communication et d'intérêt commun. — Les délibérations qu'il prend à cet égard produisent les effets spécifiés aux articles 15 et 16 de la loi du 21 mai 1836.

45. Le Conseil général, sur l'avis motivé du directeur et de la commission de surveillance, pour les écoles normales, du proviseur ou du principal et du bureau d'administration, pour les lycées ou collèges, du chef d'institution, pour les institutions d'enseignement libre, nomme et révoque les titulaires des bourses entretenues sur les fonds départementaux. — L'autorité universitaire, ou le chef d'institution libre, peut prononcer la révocation dans les cas d'urgence ; ils en donnent avis immédiatement au président de la commission départementale et en font connaître les motifs. — Le Conseil général détermine les conditions auxquelles seront tenus de satisfaire les candidats aux fonctions rétribuées exclusivement sur les fonds départementaux et les règles des concours d'après lesquels les nominations devront être faites. — Sont maintenus, néanmoins, les droits des archivistes paléographes, tels qu'ils sont réglés par le décret du 4 février 1850.

46. Le Conseil général statue définitivement sur les objets ci-après désignés, savoir : — 1° Acquisition, aliénation et échange des propriétés départementales, mobilières ou immobilières, quand ces propriétés ne sont pas affectées à l'un des services énumérés au n° 4 ; — 2° Mode de gestion des propriétés départementales ; — 3° Baux de biens donnés ou pris à ferme ou à loyer, quelle qu'en soit la durée ; — 4° Changement de destination des propriétés et des édifices départementaux autres que les hôtels de préfecture et de sous-préfecture, et des locaux affectés aux Cours d'assises, aux tribunaux, aux écoles normales, au casernement de la gendarmerie et aux prisons ; — 5° Acceptation ou refus de dons et legs faits au département, quand ils ne donnent pas lieu à réclamation ; — 6° Classement et direction des routes départementales ; — Projets, plans et devis des travaux à exécuter pour la construction, la rectification ou l'entretien desdites routes ; — Désignation des services qui seront chargés de leurs construction et de leur entretien ; — 7° Classement et direction des chemins vicinaux de grande communication et d'intérêt commun; désignation des communes qui doivent concourir à la con-

struction et à l'entretien desdits chemins, et fixation du contingent annuel de chaque commune; le tout sur l'avis des Conseils compétents; — Répartition des subventions accordées, sur les fonds de l'Etat ou du département, aux chemins vicinaux de toute catégorie; — Désignation des services auxquels sera confiée l'exécution des travaux sur les chemins vicinaux de grande communication et d'intérêt commun, et mode d'exécution des travaux à la charge du département; — Taux de la conversion en argent des journées de prestation (1); — 8° Déclassement des routes départementales, des chemins vicinaux de grande communication et d'intérêt commun; — 9° Projets, plans et devis de tous autres travaux à exécuter sur les fonds départementaux et désignation des services auxquels ces travaux seront confiés; — 10° Offres faites par les communes, les associations où les particuliers pour concourir à des dépenses quelconques d'intérêt départemental; — 11° Concessions à des associations, à des compagnies ou à des particuliers de travaux d'intérêt départemental; — 12° Direction des chemins de fer d'intérêt local, mode et conditions de leur construction, traités et dispositions nécessaires pour en assurer l'exploitation; — 13° Etablissement et entretien des bacs et passages d'eau sur les routes et chemins à la charge du département; fixation des tarifs de péage; — 14° Assurances des bâtiments départementaux; — 15° Actions à intenter ou à soutenir au nom du département, sauf les cas d'urgence, dans lesquels la commission départementale pourra statuer; — 16° Transactions concernant les droits des départements; — 17° Recettes de toute nature et dépenses des établissements d'aliénés appartenant au département; approbation des traités passés avec des établissements privés ou publics pour le traitement des aliénés du département; — 18° Service des enfants assistés; — 19° Part de la dépense des aliénés et des enfants assistés qui sera mise à la charge des communes, et bases de la répartition à faire entre elles; — 20° Créations d'institutions départementales d'assistance publique, et service de l'assistance publique dans les établissements départementaux; — 21° Etablissement et organisation des caisses de retraite ou tout autre mode de rémunération en faveur des employés des préfectures et des sous-préfectures et des agents salariés sur les fonds départementaux; — 22° Part contributive du département aux dépenses des travaux qui intéressent à la fois le département et les communes; — 23° Difficultés élevées relativement à la répartition de la dépense des travaux qui intéressent plusieurs communes du département; — 24° Délibérations des Conseils municipaux ayant pour but l'établissement, la suppression ou les changements de foires et marchés (2); — 25° Délibérations des Conseils municipaux ayant pour but la prorogation des taxes additionnelles d'octroi actuellement existantes, ou l'augmentation des taxes principales au-delà d'un décime, le tout dans les limites du maximum des droits et de la nomenclature des objets fixés par le tarif général, établi conformément à la loi du 24 juillet 1867; — 26° Changements à la circonscription des communes d'un même canton et à la désignation de leurs chefs-lieux, lorsqu'il y a accord entre les Conseils municipaux (3).

47. Les délibérations par lesquelles les Conseils généraux statuent définitivement sont exécutoires si, dans le délai de vingt jours, à partir de la clôture de la session, le préfet n'en a pas demandé l'annulation pour excès de pouvoir ou pour violation d'une disposition de la loi ou d'un règlement d'administration publique. — Le recours formé par le préfet doit être notifié au président du Conseil général et au président de la commission départementale. Si, dans le délai de deux mois, à partir de la notification, l'annulation n'a pas été prononcée, la délibération est exécutoire. — Cette annulation ne peut être prononcée que par un décret rendu dans la forme des

(1) *V. Circ. min. Int.* 3 janv. 1872 (*Bull. off. Int.*, p. 18).

(2) Cette mesure législative ne s'applique pas aux simples marchés d'approvisionnement local, qui, en vertu de la loi du 24 juillet 1867, sur les Conseils municipaux, peuvent être établis dans une commune sur la seule délibération de son Conseil municipal, sans qu'il soit nécessaire de consulter le Conseil d'arrondissement et le Conseil général. — *Circ. min. Trav. publ.* 12 oct. 1871.

(3) Si l'article 46 confère incontestablement au Conseil général le droit de modifier, avec l'assentiment des Conseils municipaux, les limites des communes déjà existantes, il ne lui donne pas le pouvoir de créer des communes nouvelles. — *Circ. min. Int.* 20 mars 1872.

règlements d'administration publique.

48. Le Conseil général délibère : — 1° Sur l'acquisition, l'aliénation et l'échange des propriétés départementales affectées aux hôtels de préfecture et de sous-préfectures, aux écoles normales, aux Cours d'assises et tribunaux, au casernement de la gendarmerie et aux prisons ; — 2° Sur le changement de destination des propriétés départementales affectées à l'un des services ci-dessus énumérés ; — 3° Sur la part contributive à imposer au département dans les travaux exécutés par l'Etat qui intéressent le département ; — 4° Sur les demandes des Conseils municipaux : 1° pour l'établissement ou le renouvellement d'une taxe d'octroi sur des matières non comprises dans le tarif général indiqué à l'article 46 ; 2° pour l'établissement ou le renouvellement d'une taxe excédant le maximum fixé par ledit tarif ; 3° pour l'assujettissement à la taxe d'objets non encore imposés dans le tarif local ; 4° pour les modifications aux règlements ou aux périmètres existants ; — 5° Sur tous les autres objets sur lesquels il est appelé à délibérer par les lois et règlements, et généralement sur tous les objets d'intérêt départemental dont il est saisi, soit par une proposition du préfet, soit sur l'initiative d'un de ses membres.

49. Les délibérations prises par le Conseil général, sur les matières énumérées à l'article précédent sont exécutoires si, dans le délai de trois mois, à partir de la clôture de la session, un décret motivé n'en a pas suspendu l'exécution.

50. Le Conseil général donne son avis : — 1° Sur les changements proposés à la circonscription du territoire du département, des arrondissements, des cantons et des communes, et la désignation des chefs-lieux, sauf le cas où il statue définitivement, conformément à l'article 46, n° 26 ; — 2° Sur l'application des dispositions de l'article 90 du Code forestier, relatives à la soumission au régime forestier des bois, taillis ou futaies appartenant aux communes, et à la conversion en bois de terrains en pâturages ; — 3° Sur les délibérations des Conseils municipaux relatives à l'aménagement, au mode d'exploitation, à l'aliénation et au défrichement des bois communaux ; — Et généralement sur tous les objets sur lesquels il est appelé à donner son avis en vertu des lois et règlements, ou sur lesquels il est consulté par les ministres.

51. Le Conseil général peut adresser directement au ministre compétent, par l'intermédiaire de son président, les réclamations qu'il aurait à présenter dans l'intérêt spécial du département, ainsi que son opinion sur l'état et les besoins des différents services publics, en ce qui touche le département. — Il peut charger un ou plusieurs de ses membres de recueillir sur les lieux les renseignements qui lui sont nécessaires pour statuer sur les affaires qui sont placées dans ses attributions. — Tous vœux politiques lui sont interdits. Néanmoins, il peut émettre des vœux sur toutes les questions économiques et d'administration générale.

52. Les chefs de service des administrations publiques dans le département sont tenus de fournir verbalement ou par écrit tous les renseignements qui leur seraient réclamés par le Conseil général, sur les questions qui intéressent le département (1).

53. Le préfet accepte ou refuse les dons et legs faits au département, en vertu, soit de la décision du Conseil général, quand il n'y a pas de réclamations des familles, soit de la décision du Gouvernement, quand il y a réclamation. — Le préfet peut toujours, à titre conservatoire, accepter les dons et legs. La décision du Conseil général ou du Gouvernement, qui intervient ensuite, a effet du jour de cette acceptation.

54. Le préfet intente les actions en vertu de la décision du Conseil général, et il peut, sur l'avis conforme de la commission départementale, défendre à toute action intentée contre le département. — Il fait tous actes conservatoires et interruptifs de déchéance. — En cas de litige entre l'Etat et le département l'action est intentée ou soutenue, au nom du département, par un membre de la commission départementale désigné par elle. — Le préfet, sur l'avis conforme de la commission départementale, passe les contrats au nom du département.

55. Aucune action judiciaire, autre que les actions possessoires, ne peut, à peine de nullité, être intentée contre un département, qu'autant que le demandeur a préalablement adressé au préfet un mémoire exposant l'objet et les motifs de sa réclamation. — Il lui en est donné récépissé. — L'action

(1) *V. Circ. min. Int.* 3 janv. 1872.

ne peut être portée devant les tribunaux que deux mois après la date du récépissé, sans préjudice des actes conservatoires. — La remise du mémoire interrompra la prescription, si elle est suivie d'une demande en justice dans le délai de trois mois.

56. A la session d'août, le préfet rend compte au Conseil général, par un rapport spécial et détaillé, de la situation du département et de l'état des différents services publics. — A l'autre session ordinaire, il présente au Conseil général un rapport sur les affaires qui doivent lui être soumises pendant cette session. — Ces rapports sont imprimés et distribués à tous les membres du Conseil général huit jours au moins avant l'ouverture de la session.

TITRE V. — *Du budget et des comptes du département.*

57. Le projet de budget du département est préparé et présenté par le préfet, qui est tenu de le communiquer à la commission départementale, avec les pièces à l'appui, dix jours au moins avant l'ouverture de la session d'août. — Le budget, délibéré par le Conseil général, est définitivement réglé par décret. — Il se divise en budget ordinaire et budget extraordinaire.

58. Les recettes du budget ordinaire se composent : — 1° Du produit des centimes ordinaires additionnels, dont le nombre est fixé annuellement par la loi de finances ; — 2° Du produit des centimes autorisés pour les dépenses des chemins vicinaux et de l'instruction primaire par les lois des 21 mai 1836, 15 mars 1850 et 10 avril 1867, dont l'affectation spéciale est maintenue ; — 3° Du produit des centimes spéciaux affectés à la confection du cadastre par la loi du 2 août 1829 ; — 4° Du revenu et du produit des propriétés départementales ; — 5° Du produit des expéditions d'anciennes pièces ou d'actes de la préfecture déposés aux archives ; — 6° Du produit des droits de péage des bacs et passages d'eau sur les routes et chemins à la charge du département, des autres droits de péage et de tous autres droits concédés au département par les lois ; — 7° De la part allouée au département sur le fonds inscrit annuellement au budget du ministère de l'Intérieur et reparti, conformément à un tableau annexé à la loi de finances, entre les départements qui, en raison de leur situation financière, doivent recevoir une allocation sur les fonds généraux du Budget ; — 8° Des contingents de l'Etat et des communes pour le service des aliénés et des enfants assistés, et de toute autre subvention applicable au budget ordinaire ; — 9° Du contingent des communes et autres ressources éventuelles pour le service vicinal et pour les chemins de fer d'intérêt local.

59. Les recettes du budget extraordinaire se composent : — 1° Du produit des centimes extraordinaires votés annuellement par le Conseil général, dans les limites déterminées par la loi de finances, ou autorisés par des lois spéciales ; — 2° Du produit des emprunts ; — 3° Des dons et legs ; — 4° Du produit des biens aliénés ; — 5° Du remboursement des capitaux exigibles et des rentes rachetées ; — 6° De toutes autres recettes accidentelles. — Sont comprises définitivement parmi les propriétés départementales les anciennes routes impériales de troisième classe, dont l'entretien a été mis à la charge des départements par le décret du 16 décembre 1811 ou postérieurement.

60. Le budget ordinaire comprend les dépenses suivantes : — 1° Loyer, mobilier et entretien des hôtels de préfecture et de sous-préfectures, du local nécessaire à la réunion du Conseil départemental d'instruction publique et du bureau de l'inspecteur d'académie ; — 2° Casernement ordinaire des brigades de gendarmerie ; — 3° Loyer, entretien, mobilier et menues dépenses des Cours d'assises, tribunaux civils et tribunaux de commerce, et menues dépenses des justices de paix ; — 4° Frais d'impression et de publication des listes pour les élections consulaires, frais d'impression des cadres pour la formation des listes électorales et des listes du jury ; — 5° Dépenses ordinaires d'utilité départementale ; — 6° Dépenses imputées sur les centimes spéciaux établis en vertu des lois des 2 août 1829, 21 mai 1836, 15 mars 1850 et 10 avril 1867. — Néanmoins les départements qui, pour assurer le service des chemins vicinaux et de l'instruction primaire, n'auront pas besoin de faire emploi de la totalité des centimes spéciaux, pourront en appliquer le surplus aux autres dépenses de leur budget ordinaire. L'affectation de l'excédant du produit des trois centimes spéciaux de l'instruction primaire à des dépenses étrangères à ce service ne pourra avoir lieu qu'à l'une des sessions de l'année suivante, et lorsque cet excédant aura été constaté en

fin d'exercice. — Les départements qui seraient en situation d'user de la faculté autorisée par le paragraphe précédent, et qui n'en feraient pas usage, ne pourront recevoir aucune allocation sur le fonds mentionné au nº 7 de l'article 58.

61. Si un Conseil général omet d'inscrire au budget un crédit suffisant pour l'acquittement des dépenses énoncées aux nºs 1, 2, 3 et 4 de l'article précédent, ou pour l'acquittement de dettes exigibles, il y est pourvu au moyen d'une contribution spéciale, portant sur les quatre contributions directes, et établie par un décret, si elle est dans les limites du maximum fixé annuellement par la loi de finances, ou par une loi, si elle doit excéder ce maximum. — Le décret est rendu dans la forme des règlements d'administration publique et inséré au Bulletin des Lois. — Aucune autre dépense ne peut être inscrite d'office dans le budget ordinaire, et les allocations qui y sont portées par le Conseil général ne peuvent être ni changées ni modifiées par le décret qui règle le budget.

62. Le budget extraordinaire comprend les dépenses qui sont imputées sur les recettes énumérées à l'article 59.

63. Les fonds qui n'auront pu recevoir leur emploi dans le cours de l'exercice seront reportés, après clôture, sur l'exercice en cours d'exécution, avec l'affectation qu'ils avaient au budget voté par le Conseil général. — Les fonds libres provenant d'emprunts, de centimes ordinaires et extraordinaires recouvrés ou à recouvrer dans le cours de l'exercice, ou de toute autre recette, seront cumulés, suivant la nature de leur origine, avec les ressources de l'exercice en cours d'exécution, pour recevoir l'affectation nouvelle qui pourra leur être donnée par le Conseil général dans le budget rectificatif de l'exercice courant. — Les Conseils généraux peuvent porter au budget un crédit pour dépenses imprévues.

64. Le comptable chargé du recouvrement des ressources éventuelles est tenu de faire, sous sa responsabilité, toutes les diligences nécessaires pour la rentrée de ces produits. — Les rôles et états des produits sont rendus exécutoires par le préfet, et par lui remis au comptable. — Les oppositions, lorsque la matière est de la compétence des tribunaux ordinaires, sont jugées comme affaires sommaires.

65. Le comptable chargé du service des dépenses départementales ne peut payer que sur les mandats délivrés par le préfet, dans la limite des crédits ouverts par les budgets du département.

66. Le Conseil général entend et débat les comptes d'administration qui lui sont présentés par le préfet, concernant les recettes et les dépenses du budget départemental. — Les comptes doivent être communiqués à la commission départementale, avec les pièces à l'appui, dix jours au moins avant l'ouverture de la session d'août. — Les observations du Conseil général sur les comptes présentés à son examen sont adressées directement par son président au ministre de l'Intérieur. — Ces comptes, provisoirement arrêtés par le Conseil général, sont définitivement réglés par décret. — A la session d'août, le préfet soumet au Conseil général le compte annuel de l'emploi des ressources municipales affectées aux chemins de grande communication et d'intérêt commun.

67. Les budgets et les comptes du département définitivement réglés sont rendus publics par la voie de l'impression.

68. Les secours pour travaux concernant les églises et presbytères ; — Les secours généraux à des établissements et institutions de bienfaisance ; — Les subventions aux communes pour acquisition, construction et réparation de maisons d'école et de salles d'asile ; — Les subventions aux comices et associations agricoles ne pourront être alloués par le ministre compétent que sur la proposition du Conseil général du département. — A cet effet, le Conseil général dressera un tableau collectif des propositions en les classant par ordre d'urgence.

TITRE VI. — *De la commission départementale.*

69. La commission départementale est élue, chaque année, à la fin de la session d'août. — Elle se compose de quatre membres au moins et de sept au plus, et elle comprend un membre choisi, autant que possible, parmi les conseillers élus ou domiciliés dans chaque arrondissement. — Les membres de la commission sont indéfiniment rééligibles.

70. Les fonctions de membre de la commission départementale sont incompatibles avec celles de maire du chef-lieu du département et avec le mandat de député. (*V. L.* 19 *déc.* 1876.)

71. La commission départementale est présidée par le plus âgé de ses

membres. Elle élit elle-même son secrétaire. Elle siége à la préfecture, et prend, sous l'approbation du Conseil général et avec le concours du préfet, toutes les mesures nécessaires pour assurer son service.

72. La commission départementale ne peut délibérer si la majorité de ses membres n'est présente. — Les décisions sont prises à la majorité absolue des voix. — En cas de partage, la voix du président est prépondérante. — Il est tenu procès-verbal des délibérations. Les procès-verbaux font mention du nom des membres présents.

73. La commission départementale se réunit au moins une fois par mois, aux époques et pour le nombre de jours qu'elle détermine elle-même, sans préjudice du droit qui appartient à son président et au préfet de la convoquer extraordinairement.

74. Tout membre de la commission départementale qui s'absente des séances pendant deux mois consécutifs, sans excuse légitime admise par la commission, est réputé démissionnaire. — Il est pourvu à son remplacement à la plus prochaine session du Conseil général.

75. Les membres de la commission départementale ne reçoivent pas de traitement.

76. Le préfet ou son représentant assiste aux séances de la commission; ils sont entendus quand ils le demandent. — Les chefs de service des administrations publiques dans le département sont tenus de fournir, verbalement ou par écrit, tous les renseignements qui leur seraient réclamés par la commission départementale, sur les affaires placées dans ses attributions (1).

77. La commission départementale règle les affaires qui lui sont renvoyées par le Conseil général, dans les limites de la délégation qui lui est faite. — Elle délibère sur toutes les questions qui lui sont déférées par la loi, et elle donne son avis au préfet sur toutes les questions qu'il lui soumet ou sur lesquelles elle croit devoir appeler son attention dans l'intérêt du département.

78. Le préfet est tenu d'adresser à la commission départementale, au commencement de chaque mois, l'état détaillé des ordonnances de délégation qu'il a reçues et des mandats de paiement qu'il a délivrés pendant le mois précédent, concernant le budget départemental. — La même obligation existe pour les ingénieurs en chef, sous-ordonnateurs délégués.

79. A l'ouverture de chaque session ordinaire du Conseil général, la commission départementale lui fait un rapport sur l'ensemble de ses travaux et lui soumet toutes les propositions qu'elle croit utiles. — A l'ouverture de la session d'août, elle lui présente dans un rapport sommaire ses observations sur le budget proposé par le préfet. — Ces rapports sont imprimés et distribués, à moins que la commission n'en décide autrement.

80. Chaque année, à la session d'août, la commission départementale présente au Conseil général le relevé de tous les emprunts communaux et de toutes les contributions extraordinaires communales qui ont été votées depuis la précédente session d'août, avec indication du chiffre total des centimes extraordinaires et des dettes dont chaque commune est grevée.

81. La commission départementale, après avoir entendu l'avis ou les propositions du préfet: — 1° Répartit les subventions diverses portées au budget départemental, et dont le Conseil général ne s'est pas réservé la distribution, les fonds provenant des amendes de police correctionnelle et les fonds provenant du rachat des prestations en nature sur les lignes que ces prestations concernent; — 2° Détermine l'ordre de priorité des travaux à la charge du département, lorsque cet ordre n'a pas été fixé par le Conseil général; — 3° Fixe l'époque et le mode d'adjudication ou de réalisation des emprunts départementaux, lorsqu'ils n'ont pas été fixés par le Conseil général; — 4° Fixe l'époque de l'adjudication des travaux d'utilité départementale.

82. La commission départementale assigne à chaque membre du Conseil général et aux membres des autres Conseils électifs le canton pour lequel ils devront siéger dans le Conseil de révision.

83. La commission départementale vérifie l'état des archives et celui du mobilier appartenant au département.

84. La commission départementale peut charger un ou plusieurs de ses membres d'une mission relative à des objets compris dans ses attributions.

85. En cas de désaccord entre la commission départementale et le préfet, l'affaire peut être renvoyée à la plus prochaine session du Conseil général qui statuera définitivement. — En cas de conflit entre la commission départementale et le préfet, comme

(1) *V. Circ. min. Int.* 3 janv. 1872.

aussi dans le cas où la commission aurait outre-passé ses attributions, le Conseil général sera immédiatement convoqué, conformément aux dispositions de l'article 24 de la présente loi, et statuera sur les faits qui lui auront été soumis. — Le Conseil général pourra, s'il le juge convenable, procéder dès lors à la nomination d'une nouvelle commission départementale.

86. La commission départementale prononce, sur l'avis des Conseils municipaux, la déclaration de vicinalité, le classement, l'ouverture et le redressement des chemins vicinaux ordinaires, la fixation de la largeur et de la limite desdits chemins. — Elle exerce à cet égard les pouvoirs conférés au préfet par les articles 15 et 16 de la loi du 21 mai 1836. — Elle approuve les abonnements relatifs aux subventions spéciales pour la dégradation des chemins vicinaux, conformément au dernier paragraphe de l'article 14 de la même loi.

87. La commission départementale approuve le tarif des évaluations cadastrales, et elle exerce à cet égard les pouvoirs attribués au préfet en Conseil de préfecture par la loi du 15 septembre 1807 et le règlement du 15 mars 1827. — Elle nomme les membres des commissions syndicales, dans le cas où il s'agit d'entreprises subventionnées par le département, conformément à l'article 23 de la loi du 21 juin 1865 (1).

88. Les décisions prises par la commission départementale, sur les matières énumérées aux articles 86 et 87 de la présente loi, seront communiquées aux préfets en même temps qu'aux Conseils municipaux et aux autres parties intéressées. — Elles pourront être frappées d'appel devant le Conseil général, pour cause d'inopportunité ou de fausse appréciation des faits, soit par le préfet, soit par les Conseils municipaux ou par toute autre partie intéressée. L'appel doit être notifié au président de la commission, dans le délai d'un mois, à partir de la communication de la décision. Le Conseil général statuera définitivement à sa plus prochaine session. — Elles pourront aussi être déférées au Conseil d'État, statuant au contentieux, pour cause d'excès de pouvoir ou de violation de la loi ou d'un règlement d'administration publique. — Le recours au Conseil d'Etat doit avoir lieu dans le délai de deux mois, à partir de la communication de la décision attaquée. Il peut être formé sans frais, et il est suspensif dans tous les cas.

TITRE VII. — *Des intérêts communs à plusieurs départements.*

89. Deux ou plusieurs Conseils généraux peuvent provoquer entre eux, par l'entremise de leurs présidents, et après en avoir averti les préfets, une entente sur les objets d'utilité départementale compris dans leurs attributions et qui intéressent à la fois leurs départements respectifs. — Ils peuvent faire des conventions, à l'effet d'entreprendre ou de conserver à frais communs des ouvrages ou des institutions d'utilité commune (2).

90. Les questions d'intérêt commun seront débattues dans des conférences, où chaque Conseil général sera représenté, soit par sa commission départementale, soit par une commission spéciale nommée à cet effet. — Les préfets des départements intéressés pourront toujours assister à ces conférences. — Les décisions qui y seront prises ne seront exécutoires qu'après avoir été ratifiées par tous les Conseils généraux intéressés, et sous les réserves énoncées aux articles 47 et 49 de la présente loi.

91. Si des questions autres que celles que prévoit l'article 89 étaient mises en discussion, le préfet du département où la conférence a lieu déclarerait la réunion dissoute. — Toute délibération prise après cette déclaration donnerait lieu à l'application des dispositions et pénalités énoncées à l'article 34 de la présente loi.

Dispositions spéciales ou transitoires.

92. Sont et demeurent abrogés les titres I et II de la loi du 22 juin 1833, le titre Ier de la loi du 10 mai 1838, la loi du 18 juillet 1866, et généralement toutes les dispositions de

(1) Le Conseil d'Etat... est d'avis : — que c'est aux préfets seuls qu'il appartient de communiquer aux Conseils municipaux et aux autres intéressés les décisions prises par les commissions départementales sur les matières énumérées aux articles 86 et 87 de la loi du 10 août 1871 (*Av. C. d'Et.* 16 janv. 1873).

(2) Le Conseil d'Etat est d'avis : que les commissions départementales ne peuvent, sans excéder leurs attributions et sans sortir de la légalité, correspondre entre elles et établir une entente pour agir de concert dans un but déterminé (*Av. C. d'Et.* 10 avril 1872).

lois ou de règlements contraires à la présente loi.

93. Les articles 86 et 87 et le deuxième paragraphe de l'article 23 de la présente loi ne seront exécutoires qu'à partir du 1er janvier 1872.

94. La présente loi n'est pas applicable au département de la Seine. Il sera statué à son égard par une loi spéciale (*V. L.* 16 *sept.* 1871).

LOI

Qui établit des augmentations d'impôts et des impôts nouveaux relatifs à l'enregistrement et au timbre.

(23 août 1871) (1)

Art. 1er. Les dispositions de l'article 14 de la loi du 2 juillet 1862, relatives à la perception d'un second décime sur les droits et produits dont le recouvrement est confié à l'administration de l'enregistrement, sont remises en vigueur (*V. L.* 30 *déc.* 1873).

2. Il est ajouté deux décimes au principal des droits de timbre de toute nature. — Ne sont pas soumis à ces deux décimes : — 1o Les effets de commerce spécifiés en l'article 1er de la loi du 5 juin 1850, dont le tarif, fixé par ledit article et par l'article 2 de la même loi, est porté au double, ainsi que les effets tirés de l'étranger sur l'étranger, négociés, endossés, acceptés ou acquittés en France, qui sont soumis aux mêmes droits (*V. L.* 19 *févr.* 1874, *art.* 3) ; — 2o Les récépissés des chemins de fer, les quittances de produits et revenus délivrées par les comptables de deniers publics, conformément à l'article 4 de la loi du 8 juillet 1865, les reconnaissances de valeurs cotées, ainsi que les quittances de sommes envoyées par la poste, lesquelles seront à l'avenir assujetties à un droit de timbre de 25 centimes (*V. L.* 25 *janv.* 1873) ; — 3o Les permis de chasse, dont le droit, perçu au profit du Trésor, est élevé de 15 francs à 30 francs (*V. L.* 20 *déc.* 1872).

3. Les dispositions de l'article 7 de la loi du 18 mai 1850, concernant les valeurs mobilières étrangères dépendant des successions régies par la loi française, et les transmissions entre-vifs à titre gratuit de ces mêmes valeurs au profit d'un Français, sont étendues aux créances, parts d'intérêts, obligations des villes, établissements publics et généralement à toutes les valeurs mobilières étrangères, de quelque nature qu'elles soient.

4. Sont assujettis aux droits de mutation par décès les fonds publics, actions, obligations, parts d'intérêts, créances, et généralement toutes les valeurs mobilières étrangères, de quelque nature qu'elles soient, dépendant de la succession d'un étranger domicilié en France, avec ou sans autorisation. — Il en sera de même des transmissions entre-vifs, à titre gratuit ou à titre onéreux, de ces mêmes valeurs, lesquelles s'opéreront en France.

5. Les actes d'ouverture de crédit sont soumis à un droit proportionnel d'enregistrement de cinquante centimes par 100 francs. — La réalisation ultérieure du crédit sera assujettie aux droits fixés par les lois en vigueur, mais il sera tenu compte, dans la liquidation, du montant du droit payé en exécution du paragraphe 1er du présent article. — Le droit d'hypothèque, fixé à un pour mille par l'article 60 de la loi du 28 avril 1816, sera perçu lors de l'inscription des hypothèques garantissant les ouvertures de crédit.

6. Tout contrat d'assurance maritime ou contre l'incendie, ainsi que toute convention postérieure contenant prolongation de l'assurance, augmentation dans la prime ou le capital assuré, désignation d'une somme en risque ou d'une prime à payer, est soumis à une taxe obligatoire, moyennant le payement de laquelle la formalité de l'enregistrement sera donnée gratis toutes les fois qu'elle sera requise. — La taxe est fixée ainsi qu'il suit, savoir — 1o Pour les assurances maritimes et par chaque contrat à raison de 50 centimes par 100 francs, décimes compris, du montant des primes et accessoires de la prime. — La perception suivra les sommes de 20 francs en 20 francs, sans fraction, et la moindre taxe perçue pour chaque contrat sera de 25 centimes, décimes compris ; — 2o Pour les assurances contre l'incendie et annuellement, à raison de 8 pour 100 du montant des primes ou, en cas d'assurances mutuelles, de 8 pour 100 des cotisations ou des contributions. — La taxe sera perçue d'après les mêmes bases sur les contrats en cours, mais seulement pour le temps restant à courir et sauf recours par les assureurs contre les assurés. — Les contrats de réassurance ne sont pas assujettis à la taxe

(1) *V. L.* 19 1874.

à moins que l'assurance primitive, souscrite à l'étranger, n'ait pas été soumise au droit.

7. La taxe fixée par l'article précédent sera perçue, pour le compte du Trésor, par les compagnies, sociétés et tous autres assureurs, courtiers ou notaires qui auraient rédigé les contrats. — Les répertoires et livres dont la tenue est prescrite par les articles 35, 44, 45 et 47 de la loi du 5 juin 1850, feront mention expresse, pour chaque contrat, du montant des primes ou cotisations exigibles, ainsi que de la taxe payée par les assurés en exécution de l'article 6 de la présente loi. — Chaque contravention à cette disposition sera passible d'une amende de dix francs. — Ces dispositions, celles de l'article 6 et celles des lois des 5 juin 1850 et 2 juillet 1862 sont applicables aux sociétés et assureurs étrangers qui auraient un établissement ou une succursale en France.

8. Les contrats d'assurances passés à l'étranger pour des immeubles situés en France, ou pour des objets ou valeurs appartenant à des Français, doivent être enregistrés avant toute publicité ou usage en France, à peine d'un droit en sus qui ne peut être inférieur à 50 francs. — Le droit est fixé ainsi qu'il suit : — Pour les assurances contre l'incendie, à raison de 8 francs par 100 francs du montant des primes multiplié par le nombre d'années pour lequel l'assurance a été contractée ; — Pour les assurances maritimes, au taux fixé par l'article 6 ci-dessus.

9. Les contrats d'assurances contre l'incendie passés en France pour des immeubles ou objets mobiliers situés à l'étranger ne sont pas assujettis au paiement de la taxe ; mais il ne pourra en être fait aucun usage en France, soit par acte public, soit en justice ou devant toute autre autorité constituée, sans qu'ils aient été préalablement enregistrés. Le droit sera perçu au taux fixé par l'article précédent, mais seulement pour les années restant à courir.

10. Un règlement d'administration publique déterminera le mode de perception et les époques de paiement de la taxe établie par l'article 6 ci-dessus, ainsi que toutes les mesures nécessaires pour assurer l'exécution des artices 6 et 7 de la présente loi. Chaque contravention aux dispositions de ce règlement sera passible d'une amende de 50 francs (*V. Décr.* 25 *nov.* 1871).

11. Lorsqu'il n'existe pas de conventions écrites constatant une mutation de jouissance de biens immeubles, il y est supplée par des déclarations détaillées et estimatives, dans les trois mois de l'entrée en jouissance. — Si la location est faite suivant l'usage des lieux, la déclaration en contiendra la mention. — Les droits d'enregistrement deviendront exigibles dans les vingt jours qui suivront l'échéance de chaque terme et la perception en sera continuée jusqu'à ce qu'il ait été déclaré que le bail a cessé ou qu'il a été résilié. — En cas de déclaration insuffisante, il sera fait application des dispositions des articles 19 et 39 de la loi du 22 frimaire an VII. — La déclaration doit être faite par le preneur ou, à son défaut, par le bailleur, ainsi qu'il est dit à l'article 14 ci-après. — Ne sont pas assujetties à la déclaration les locations verbales ne dépassant pas trois ans et dont le prix annuel n'excède pas 100 francs. Toutefois, si le même bailleur a consenti plusieurs locations verbales de cette catégorie, mais dont le prix cumulé excède 100 francs annuellement, il sera tenu d'en faire la déclaration et d'acquitter personnellement et sans recours les droits d'enregistrement. — Si le prix de la location verbale est supérieur à 100 francs, sans excéder 300 francs annuellement, le bailleur sera également tenu d'en faire la déclaration et d'acquitter les droits exigibles, sauf son recours contre le preneur qui sera dispensé, dans ce cas, de la formalité de la déclaration. — Le droit sera exigible lors de l'enregistrement ou de la déclaration. Toutefois, si le bail est de plus de trois ans et si les parties le requièrent, le montant du droit pourra être fractionné en autant de paiements égaux qu'il y aura de périodes triennales dans la durée du bail. Le paiement des droits afférent à la première période sera seul acquitté lors de l'enregistrement de la déclaration, et celui des périodes subséquentes aura lieu dans le premier mois de l'année qui commencera chaque période. — La dernière disposition du n° 2 du paragraphe 3 de l'article 69 de la loi du 22 frimaire an VII, relative aux baux de trois, six ou neuf années est abrogée. — Les dispositions du présent article ne seront exécutoires qu'à partir du 1er octobre prochain (*V. L.* 28 *fév.* 1872, *art.* 6).

12. Toute dissimulation dans le prix d'une vente et dans la soulte d'un échange ou d'un partage sera punie d'une amende égale au quart de la

somme dissimulée, et payée solidairement par les parties, sauf à la répartir entre elles par égale part.

13. La dissimulation peut être établie par tous les genres de preuves admises par le droit commun. Toutefois, l'administration ne peut déférer le serment décisoire et elle ne peut user de la preuve testimoniale que pendant dix ans, à partir de l'enregistrement de l'acte. — L'exploit d'ajournement est donné, soit devant le juge du domicile de l'un des défendeurs, soit devant celui de la situation des biens, au choix de l'administration. La cause est portée, suivant l'importance de la réclamation, devant la justice de paix ou devant le tribunal civil. Elle est instruite et jugée comme en matière sommaire ; elle est sujette à appel, s'il y a lieu. Le ministère des avoués n'est pas obligatoire ; mais les parties qui n'auraient pas constitué avoué ou qui ne seraient pas domiciliées dans le lieu où siége la justice de paix ou le tribunal seront tenues d'y faire élection de domicile, à défaut de quoi toutes significations seront valablement faites au greffe. — Le notaire qui reçoit un acte de vente, d'échange ou de partage est tenu de donner lecture aux parties des dispositions du présent article et de celles de l'article 12 ci-dessus. Mention expresse de cette lecture sera faite dans l'acte, à peine d'une amende de dix francs.

14. A défaut d'enregistrement ou de déclaration dans les délais fixés par les lois des 22 frimaire an VII, 27 ventôse an IX et par l'article 11 de la présente loi, l'ancien et le nouveau possesseur, le bailleur et le preneur sont tenus personnellement et sans recours, nonobstant toute stipulation contraire, d'un droit en sus, lequel ne peut être inférieur à 50 francs. — L'ancien possesseur et le bailleur peuvent s'affranchir du droit en sus qui leur est personnellement imposé, ainsi que du versement immédiat des droits simples, en déposant dans un bureau d'enregistrement l'acte constatant la mutation ou, à défaut d'acte, en faisant les déclarations prescrites par l'article 4 de la loi du 27 ventôse an IX et par l'article 11 de la présente loi. — Outre les délais fixés pour l'enregistrement des actes ou déclarations, un délai d'un mois est accordé à l'ancien possesseur et au bailleur pour faire le dépôt ou les déclarations autorisés par le paragraphe qui précède. — Les dispositions du présent article ne sont pas applicables au preneur dans les cas prévus par les paragraphes 5 et 6 de l'article 11 ci-dessus.

15. Lorsque, dans les cas prévus par la loi du 22 frimaire an VII et par l'article 11 de la présente loi, il y a lieu à expertise, et que le prix exprimé ou la valeur déclarée n'excède pas 2,000 francs, cette expertise est faite par un seul expert nommé par toutes les parties ou, en cas de désaccord, par le président du tribunal et sur simple requête.

16. Les tribunaux devant lesquels sont produits des actes non enregistrés doivent, soit sur les réquisitions du ministère public, soit même d'office, ordonner le dépôt au greffe de ces actes, pour être immédiatement soumis à la formalité de l'enregistrement. Il est donné acte au ministère public de ses réquisitions.

17. Il est accordé un délai de trois mois, à compter de la promulgation de la présente loi, pour faire enregistrer sans droits en sus ni amendes tous les actes sous signatures privées qui, en contravention aux lois sur l'enregistrement, n'auraient pas été soumis à cette formalité. — Le droit ne sera perçu pour les baux ainsi présentés à l'enregistrement que pour le temps restant à courir au jour de la promulgation de la présente loi. — Le même délai de faveur est accordé pour faire la déclaration des biens transmis soit par décès, soit entre-vifs, lorsqu'il n'existera pas de conventions écrites. — Les nouveaux possesseurs qui auraient fait des omissions ou des estimations insuffisantes, dans leurs actes ou déclarations, sont admis à les réparer sans être soumis à aucune peine, pourvu qu'ils acquittent les droits simples et les frais dans le délai de trois mois. — Les dispositions du paragraphe 1er du présent article sont également applicables aux contraventions aux lois sur le timbre de dimension encourues à raison des actes sous signatures privées qui n'auraient pas été régulièrement timbrés. — Le bénéfice résultant du présent article ne peut être réclamé que pour les contraventions existant au jour de la promulgation de la présente loi.

18. A partir du 1er décembre 1871, sont soumis à un droit de timbre de 10 centimes : — 1° Les quittances ou acquits donnés au pied des factures et mémoires, les quittances pures et simples, reçus ou décharges de sommes, titres, valeurs ou objets et généralement tous les titres de quelque

nature qu'ils soient, signés ou non signés, qui emporteraient libération, reçu ou décharge; — 2° Les chèques, tels qu'ils sont définis par la loi du 14 juin 1865, dont l'article 7 est et demeure abrogé. — Le droit est dû pour chaque acte, reçu, décharge ou quittance; il peut être acquitté par l'apposition d'un timbre mobile, à l'exception toutefois du droit sur les chèques, lesquels ne peuvent être remis à celui qui doit en faire usage sans qu'ils aient été préalablement revêtus de l'empreinte du timbre à l'extraordinaire. — Le droit de timbre de 10 centimes n'est applicable qu'aux actes faits sous signatures privées et ne contenant pas de dispositions autres que celles spécifiées au présent article (*V. Décr.* 27 *nov.* 1871 *et L.* 28 *févr.* 1872, *art.* 11; *Décr:* 29 *avril* 1881).

19. Une remise de deux pour cent sur le timbre est accordée, à titre de déchet, à ceux qui feront timbrer préalablement leurs formules de quittances, reçus ou décharges.

20. Sont seuls exceptés du droit de timbre de 10 centimes : — 1° Les acquits inscrits sur les chèques, ainsi que sur les lettres de change, billets à ordre et autres effets de commerce assujettis au droit proportionnel; — 2° Les quittances de 10 francs et audessous, quand il ne s'agit pas d'un à-compte ou d'une quittance finale sur une plus forte somme; — 3° Les quittances énumérées en l'article 16 de la loi du 13 brumaire an VII, à l'exception de celles relatives aux traitements et émoluments des fonctionnaires, officiers des armées de terre et de mer et employés salariés par l'Etat, les départements, les communes et tous établissements publics; — 4° Les quittances délivrées par les comptables de deniers publics, celles des douanes, des contributions indirectes et des postes, qui restent soumises à la législation qui leur est spéciale. — Toutes autres dispositions contraires sont abrogées.

21. Les avertissements donnés, aux termes de la loi du 2 mai 1855, avant toute citation, devront être rédigés par le greffier du juge de paix sur papier au timbre de dimension de 50 centimes.

22. Les sociétés, compagnies, assureurs, entrepreneurs de transports et tous autres assujettis aux vérifications des agents de l'enregistrement par les lois en vigueur, sont tenus de représenter auxdits agents leurs livres, registres, titres, pièces de recettes, de dépense et de comptabilité, afin qu'ils s'assurent de l'exécution des lois sur le timbre. — Tout refus de communication sera constaté par procès-verbal et puni d'une amende de 100 francs à 1,000 francs.

23. Toute contravention aux dispositions de l'article 18 sera punie d'une amende de 50 francs. — L'amende sera due par chaque acte, écrit, quittance, reçu ou décharge pour lequel le droit de timbre n'aurait pas été acquitté. — Le droit de timbre est à la charge du débiteur; néanmoins, le créancier qui a donné quittance, reçu ou décharge en contravention aux dispositions de l'article 18, est tenu personnellement et sans recours, nonobstant toute stipulation contraire, du montant des droits, frais et amendes. — La contravention sera suffisamment établie par la représentation des pièces non timbrées et annexées aux procès-verbaux que les employés de l'enregistrement, les officiers de police judiciaire, les agents de la force publique, les préposés des douanes, des contributions indirectes et ceux des octrois sont autorisés à dresser, conformément aux articles 31 et 32 de la loi du 13 brumaire an VII. Il leur est attribué un quart des amendes recouvrées. — Les instances seront instruites et jugées selon les formes prescrites par l'article 76 de la loi du 28 avril 1816.

24. Un règlement d'administration publique déterminera la forme et les conditions d'emploi des timbres mobiles créés en exécution de la présente loi. Toute infraction aux dispositions de ce règlement sera punie d'une amende de 20 francs. — Sont applicables à ces timbres les dispositions de l'article 21 de la loi du 11 juin 1859. — Sont considérés comme non timbrés : — 1° Les actes, pièces ou écrits sur lesquels le timbre mobile aurait été apposé sans l'accomplissement des conditions prescrites par le règlement d'administration publique, ou sur lesquels aurait été apposé un timbre ayant déjà servi; — 2° Les actes, pièces ou écrits sur lesquels un timbre mobile aurait été apposé en dehors des cas prévus par l'article 18 (*V. Décr.* 29 *avril* 1881).

LOI

Qui prolonge jusqu'au 30 *septembre inclusivement le délai établi par la loi du* 19 *juillet* 1871, *relative à la nullité des actes de l'état civil à Paris et dans le département de la Seine depuis le 18 mars.*

(23 août 1871)

Art. unique. Le délai de trente jours établi dans les articles 2, 3, 4 et 5 de la loi du 19 juillet 1871, est prolongé jusqu'au 30 septembre inclusivement.

LOI

Qui augmente les taxes postales.

(24 août 1871) (1)

LOI

Portant augmentation des impôts concernant les contributions indirectes.

(1er septembre 1871)

Art. 1er. Le droit de circulation sur les vins, cidres, poirés et hydromels sera perçu, en principal et par chaque hectolitre, conformément au tarif ci-après : — Vins en cercles, à destination des départements : première classe, 1 franc 20 centimes ; deuxième classe, 1 franc 60 centimes ; troisième classe, 2 francs ; quatrième classe, 2 francs 40 centimes. — Vins en bouteilles, quel que soit le département, 15 francs. — Cidres, poirés et hydromels, 1 franc. — La « *taxe de remplacement* » perçue aux entrées de Paris sera portée en principal : — Sur les vins en cercles, à 8 francs 50 centimes ; en bouteilles, à 15 francs. — Dans les autres villes rédimées, la taxe de remplacement sera révisée, eu égard au nouveau droit de circulation.

2. Le droit général de consommation par hectolitre d'alcool pur contenu dans les eaux-de-vie et esprits en cercles, par hectolitre d'eaux-de-vie et esprits en bouteilles, de liqueurs et absinthes en cercles et en bouteilles, et de fruits à l'eau-de-vie, est fixé à 125 francs en principal. — Les débitants établis dans les villes qui sont soumises à une taxe unique, les débitants établis en tous autres lieux et qui payent le droit général de consommation à l'arrivée, conformément à l'article 41 de la loi du 21 avril 1832, seront tenus d'acquitter, par hectolitre, un complément de 50 francs, en principal, sur les quantités qu'ils auront en leur possession à l'époque où les dispositions du présent article seront exécutoires et qui seront constatées par voies d'inventaire. — A dater de la même époque, la taxe de remplacement aux entrées de Paris sera portée à cent quarante et un francs en principal, par hectolitre d'alcool pur contenu dans les eaux-de-vie et esprits en cercles, par hectolitre d'eaux-de-vie et esprits en bouteilles, de liqueurs et absinthes en cercles et en bouteilles, et de fruits à l'eau-de-vie.

3. Les vins présentant une force alcoolique supérieure à 15 degrés sont passibles du double droit de consommation, d'entrée ou d'octroi pour la quantite d'alcool comprise entre 15 et 21 degrés. Les vins présentant une force alcoolique supérieure à 21 degrés seront imposés comme alcool pur.

4. Le droit à la fabrication des bières sera porté, pour la bière forte, à 3 francs 60 centimes l'hectolitre, décimes compris ; pour la petite bière, à 1 franc 20 centimes.

5. Les droits de 25 centimes et de 40 centimes actuellement perçus par chaque jeu de cartes à jouer sont remplacés par un droit unique de 50 centimes, en principal, par jeu, quel que soit le nombre de cartes dont il se compose et quels que soient la forme et le dessin des figures. — Le supplément de taxe sera payé par les fabricants de cartes, sur les quantités reconnues en leur possession et déjà imposées, d'après le tarif qui est modifié. (*V. L.* 21 *juin* 1873.)

6. A partir du 1er octobre 1871, les droits de licence seront perçus, d'après le tarif suivant, sur les assujettis qui y sont dénommés : — Débitants de boissons : dans les communes au-dessous de 4,000 âmes, 12 francs ; dans celles de 4,000 à 6,000 âmes, 16 francs ; dans celles de 6,000 à 10,000 âmes, 20 francs ; dans celles de 10,000 à 15,000 âmes, 24 francs ; dans celles de 15,000 à 20,000 âmes, 28 francs ; dans celles de 20,000 à 30,000 âmes, 32 francs ; dans celles de 30,000 à 50,000 âmes, 36 francs ; dans celles de 50,000 âmes et au-dessus (Paris excepté), 40 francs. — Brasseurs : dans les départements de l'Aisne, des Ardennes, de la Côte-d'Or, de la Meurthe, du Nord, du Pas-de-Calais, du Rhône, de la Seine, de la Seine-Inférieure, de Seine-et-Oise et de la Somme, 100 francs ; dans les autres départements,

(1) Bull., 12e série, no 482. — *V.* le texte dans notre édition in-8o. — *V.* LL. 8 août 1875 ; 6 avril 1878.

60 francs. — Bouilleurs et distillateurs de profession : dans tous les lieux, 20 francs. — Marchands en gros de boissons : dans tous les lieux, 100 francs. — Fabricants de cartes : dans tous les lieux, 100 francs. — Fabricants de sucres et glucoses : dans tous les lieux, 100 francs.

DÉCRET

Relatif à la forme de promulgation des lois et à la formule exécutoire des arrêts, jugements, etc.

(2 septembre 1871)

ART. 1er. Les lois seront promulguées à l'avenir dans la forme suivante :

« L'ASSEMBLÉE NATIONALE A ADOPTÉ,

« LE PRÉSIDENT DE LA RÉPUBLIQUE FRANÇAISE PROMULGUE LA LOI dont la teneur suit : » (*V. Décr.* 11 *avril* 1873).

2. Les expéditions des arrêts, jugements, mandats de justice, ainsi que les grosses et expéditions des contrats et de tous autres actes susceptibles d'exécution forcée, seront intitulés ainsi qu'il suit :

« RÉPUBLIQUE FRANÇAISE.

« AU NOM DU PEUPLE FRANÇAIS, »

et terminés par la formule suivante :

« En conséquence, le Président de « la République française mande et « ordonne à tous huissiers sur ce re« quis de mettre ledit arrêt (ou ledit « jugement, etc.) à exécution, aux « procureurs généraux et aux procu« reurs de la République près les tri« bunaux de première instance d'y « tenir la main, à tous commandants « et officiers de la force publique de « prêter main-forte lorsqu'ils en se« ront légalement requis. »

« En foi de quoi le présent arrêt (ou jugement, etc.) a été signé par... »

3. Les porteurs des grosses et expéditions d'actes revêtus de la formule prescrite par le décret du 6 septembre 1870 pourront les faire mettre à exécution sans faire ajouter la formule ci-dessus indiquée. Les grosses ou expéditions délivrées avant le 6 septembre 1870 devront, avant toute exécution, être préalablement présentées aux greffiers des Cours et tribunaux pour les arrêts et jugements et aux notaires pour les autres actes, afin d'ajouter la formule prescrite par le present décret.

4. Les ministres sont chargés, chacun en ce qui le concerne, de l'exécution du présent décret.

LOI

Portant augmentation des impôts concernant les contributions indirectes.

(4 septembre 1871) (1)

ART. 1er. Le prix des tabacs dits *de cantine*, dont la vente a été autorisée par la loi du 28 avril 1816, ne pourra pas excéder 2 francs 50 centimes, 4 francs et 6 francs chez les débitants, suivant les zones auxquelles ils appartiendront. Un règlement d'administration publique déterminera l'étendue et la délimitation des nouvelles zones.

2. La Régie est autorisée à fabriquer de nouvelles qualités de tabacs supérieurs à priser, à fumer et à mâcher, dont les prix seront fixés conformément à l'article 177 de la loi du 28 avril 1816.

3. Il sera perçu par la régie des Contributions indirectes, sur les allumettes chimiques fabriquées en France ou importées, quelles qu'en soient la forme et la dimension, un droit fixé comme suit, décimes compris :

Allumettes en bois.

Boîtes ou paquets de cinquante allumettes et au-dessous, 1 centime cinq millièmes. (Par boîte ou paquet). Boîtes ou paquets de cinquante et une à cent allumettes, 3 centimes. (Par boîte ou paquet). Boîtes ou paquets renfermant plus de cent allumettes, 3 centimes. (Par centaine ou fraction de centaine.) (*V. L.* 22 *janv.* 1872.)

Allumettes en cire, en amadou, en papier, en tissus, et toutes autres que les allumettes en bois (2).

Boîtes ou paquets de cinquante allumettes et au-dessous, 5 centimes. (Par boîte ou paquet.) — Boîtes ou paquets de cinquante et une à cent allumettes, 10 centimes. (Par boîte ou paquet.) — Boîtes ou paquets renfermant plus de cent allumettes, 10 centimes. (Par centaine ou fraction de centaine.) — Ces droits seront perçus,

(1) V. L. 21 juin 1873.

(2) V. L. 15 mars 1873. — V. le texte dans notre édition in-8°.

indépendamment des taxes de douanes, sur les allumettes importées de l'étranger. — Sont considérées comme allumettes chimiques passibles de l'impôt tous les objets quelconques amorcés ou préparés de manière à pouvoir s'enflammer ou produire du feu, par frottement ou par tout moyen autre que le contact direct avec une matière en combustion. — Les allumettes disposées de manière à pouvoir s'enflammer ou à prendre feu plusieurs fois seront taxées proportionnellement au nombre de leurs amorces. Les allumettes exportées seront affranchies de l'impôt.

4. Le droit sur les allumettes chimiques fabriquées en France sera assuré au moyen de l'exercice des fabriques et des débits par les employés des contributions indirectes. — Les allumettes chimiques fabriquées à l'intérieur ou importées ne pourront circuler ou être mises en vente qu'en boîtes ou paquets fermés et revêtus d'une vignette timbrée constatant la perception du droit.

5. Dans les trois jours de la promulgation de la présente loi, les fabricants d'allumettes chimiques seront tenus de faire la déclaration de leur industrie dans un bureau de la Régie et de désigner les espèces et quantités d'allumettes qu'ils auront en leur possession. Ces quantités seront passibles de l'impôt. — Une déclaration devra être également faite, dans un délai de dix jours avant le commencement des travaux, par les fabricants nouveaux. — Toute fabrication sans déclaration sera punie d'une amende de 100 francs à 1,000 francs, sans préjudice de la confiscation des objets saisis et du remboursement du droit fraudé. — Toute autre contravention, soit du fabricant, soit du débitant, sera punie d'une amende de 100 francs à 1,000 francs, sans préjudice de la confiscation des objets saisis et du remboursement du droit fraudé.

6. La racine de chicorée préparée est soumise à un droit de fabrication de 30 centimes par kilogramme, décimes compris. — Les dispositions de l'article 4 de la présente loi sont applicables à la constatation du droit sur la chicorée ainsi qu'à la vente et à la circulation de ce produit. — Sont également applicables à la fabrication de la chicorée préparée les dispositions de l'article 5, et notamment les dispositions pénales. — La chicorée exportée sera affranchie des droits. (*V. L.* 22 *déc.* 1878, *art.* 2.)

7. Il est établi un droit de fabrication sur les papiers de toute sorte, papiers à écrire, à imprimer ou à dessiner, papiers d'enveloppe et d'emballage, papiers-cartons, papiers de tenture et tous autres. — Ce droit, dont la perception s'effectuera à l'enlèvement ou par la voie d'abonnement annuel, réglé de gré à gré entre la Régie et les fabricants, est fixé ainsi qu'il suit, décimes compris : — 1° Papiers à cigarettes, papiers soie, papiers pelure, papiers parchemin blancs et similaires; — Papiers à lettres de toute espèce et de tout format, 15 francs les 100 kilogrammes; — 2° Papiers à écrire, à imprimer, à dessiner, papiers pour musique et assimilables; — Papiers blancs de tenture, papiers coloriés et marbrés pour reliure et assimilables, 10 francs les 100 kilogrammes; — 3° Cartons, papiers-cartons, papiers d'enveloppe et de tenture ou à pâte de couleurs, papiers d'emballage, papiers buvards et tous similaires, 5 francs les 100 kilogrammes. — Les mêmes droits seront perçus, en sus de ceux des douanes, sur les papiers importés de l'étranger. — Les papiers et les objets confectionnés en papier, destinés à l'exportation, seront affranchis du droit. — Les dispositions des articles 4 et 5 sont applicables aux fabricants de papier. — Le papier employé à l'impression des journaux et autres publications périodiques, assujetties au cautionnement, est, en outre, soumis à un droit de 20 francs par 100 kilogrammes. (*Le dernier alinéa est abrogé par L.* 29 *juill.* 1881, *art.* 5.)

8. Sont applicables aux visites et exercices des employés des contributions indirectes dans les fabriques d'allumettes, de chicorée et de papier, ainsi que dans les imprimeries des journaux et autres publications périodiques, les dispositions énoncées aux articles 235, 236, 237, 238, 245 de la loi du 28 avril 1816. — Les contraventions aux dispositions ci-dessus seront poursuivies et les amendes et confiscations réparties comme en matière de contributions indirectes. (*V. L.* 22 *déc.* 1878.)

9. Un règlement d'administration publique statuera sur les mesures que nécessitera l'exécution de la présente loi en ce qui concerne les dispositions des articles 4 et suivants. (*V. L.* 1878.)

10. Les dispositions de l'article 6 de la loi du 1er septembre 1871 seront applicables aux fabricants d'allumettes chimiques, aux fabricants de chicorée, aux fabricants de papier, lesquels seront assujettis à un droit annuel de licence de 20 francs en principal. (*V. L.* 22 *déc.* 1878, *art.* 2.)

11. A partir de la promulgation de la présente loi, le prix actuel des diverses espèces de poudre de chasse sera doublé.

LOI

Qui fait supporter par toute la nation française les contributions de guerre, réquisitions et dommages matériels de toute nature causés par l'invasion.

(6 septembre 1871) (1)

LOI

Relative aux concordats amiables.

(9 septembre 1871)

ART. UNIQUE. Les effets de la loi du 22 avril 1871 seront applicables aux suspensions de paiement qui se produiront du 30 septembre au 31 décembre 1871. (*V. L.* 19 *déc.* 1871.)

LOI

Relative à la reconstitution des consignations effectuées dans le département de la Seine antérieurement au 31 mars 1871.

(15 septembre 1871) (2)

LOI

Qui fixe la composition du Conseil général de la Seine.

(16 septembre 1871) (3)

ART. 1er. Provisoirement, et, au plus tard, jusqu'au 31 décembre 1872, le Conseil général du département de la Seine sera composé : — Des quatre-vingts membres du Conseil municipal de Paris, plus de huit membres élus dans les arrondissements de Sceaux et de Saint-Denis, à raison d'un membre par canton, conformément à la loi du 20 avril 1834.

2. Les lois des 22 juin 1833 (4), 10 mai 1838 (5) et 18 juillet 1866 (6), sont applicables au département de la Seine, en ce qu'elles n'ont rien de contraire à la présente loi. La loi du 14 avril 1871 et le titre II de celle du 10 août 1871 sont applicables au Conseil général de la Seine, concernant les conditions de l'électorat et de l'éligibilité. — Le titre II de la loi du 22 juin 1833 est applicable à la tenue des sessions du Conseil général de la Seine (7). — Sont maintenues les dis-

(1) Bull., 12e série, no 492. — *V.* le texte dans notre édition in-8o.

(2) Bull., 12e série, no 561. — *V.* le texte dans notre édition in-8o.

(3) *V.* LL. 21 mai 1873 et 19 mars 1875.

(4) Bull., 9e série, no 235.

(5) Bull., 9e série, n. 7378.

(6) Bull., 11e série, n. 14438.

(7) L. 22 juin 1833, *Sur l'organisation des Conseils généraux de département et des Conseils d'arrondissement.*

TITRE II. — *Règles de la session des Conseils généraux.*

Art. 12. Un Conseil général ne peut se réunir s'il n'a été convoqué par le préfet en vertu d'une ordonnance du Roi, qui détermine l'époque et la durée de la session. — Au jour indiqué pour la réunion du Conseil général, le préfet donnera lecture de l'ordonnance de convocation, recevra le serment des conseillers nouvellement élus, et déclarera au nom du Roi que la session est ouverte. — Les membres nouvellement élus, qui n'ont pas assisté à l'ouverture de la session, ne prennent séance qu'après avoir prêté serment entre les mains du président du Conseil général. — Le Conseil, formé sous la présidence du doyen d'âge, le plus jeune faisant les fonctions de secrétaire, nommera au scrutin et à la majorité absolue des voix son président et son secrétaire. — Le préfet a entrée au Conseil général ; il est entendu quand il le demande, et assiste aux délibérations, excepté lorsqu'il s'agit de l'apurement de ses comptes.

13. Les séances du Conseil général ne sont pas publiques ; il ne peut délibérer que si la moitié plus un des conseillers sont présents ; les votes sont recueillis au scrutin secret, toutes les fois que *quatre* des conseillers présents le réclament.

14. Tout acte ou toute délibération d'un Conseil général, relatifs à des objets qui ne sont pas légalement compris dans ses attributions, sont nuls et de nul effet. — La nullité sera prononcée par une ordonnance du Roi.

15. Toute délibération, prise hors de la réunion légale du Conseil général, est

positions des lois des 10 mai 1838 et 18 juillet 1866, en ce qui regarde les attributions du Conseil général de la Seine.

LOI

De finances de l'exercice 1871.

(16 septembre 1871)

. . . .

Art. 5. Il est établi un droit de fabrication sur l'huile de schiste. — Ce droit, dont la perception s'effectuera à l'enlèvement, est fixé ainsi qu'il suit, décimes non compris. — Huile à l'état brut, en principal, les 100 kilogrammes, 5 francs. — Huile épurée, en principal, les 100 kilogrammes, 8 francs. — Essence, en principal, les 100 kilogrammes, 10 francs. — Les dispositions de l'article 5 de la loi du 4 septembre 1871 sont applicables aux fabricants de schiste. (*V. Décr.* 22 *déc.* 1871.)

nulle de droit. — Le préfet, par un arrêté pris en Conseil de préfecture, déclare la réunion illégale, prononce la nullité des actes, prend toutes les mesures nécessaires pour que l'assemblée se sépare immédiatememt, et transmet son arrêté au procureur général du ressort pour l'exécution des lois et l'application, s'il y a lieu, des peines déterminées par l'article 258 du Code pénal. — En cas de condamnation, les membres condamnés sont exclus du Conseil et inéligibles aux Conseils de département et d'arrondissement, pendant les trois années qui suivront la condamnation.

16. Il est interdit à tout Conseil général de se mettre en correspondance avec un ou plusieurs Conseils d'arrondissement ou de département. — En cas d'infraction à cette disposition, le Conseil général sera suspendu par le préfet en attendant que le Roi ait statué.

17. Il est interdit à tout Conseil général de faire ou de publier aucune proclamation ou adresse. — En cas d'infraction à cette disposition, le préfet déclarera par arrêté que la session du Conseil général est suspendue : il sera statué définitivement par ordonnance royale.

18. Dans les cas prévus par les deux articles précédents, le préfet transmettra son arrêté au procureur général du ressort, pour l'exécution des lois et l'application, s'il y a lieu, des peines déterminées par l'article 123 du Code pénal.

19. Tout éditeur, imprimeur, journaliste ou autre, qui rendra publics les actes interdits au Conseil général par les articles 15, 16 et 17, sera passible des peines portées par l'article 123 du Code pénal.

6. L'article 2 de la loi du 8 juillet 1871 est modifié ainsi qu'il suit : Les sucres extraits, par les procédés barytiques et autres, des mélasses épuisées, libérées d'impôts, sont assujettis à un droit de 15 francs les 100 kilogrammes, décimes compris. (*V. L.* 22 *janv.* 1872, *et L.* 20 *déc.* 1872.)

7. La loi du 2 juillet 1862, sur l'impôt des chevaux et des voitures, est remise en vigueur à dater du 1er janvier 1872.

8. A dater du 1er octobre 1871, les billards publics et privés seront soumis aux taxes suivantes :

Paris.	60 fr.
Villes au-dessus de 50,000 âmes.	30
Villes de 10,000 âmes à 50,000 âmes.	15
Ailleurs.	6

9. A dater de la même époque (1er octobre 1871), les abonnés des cercles, sociétés et lieux de réunion où se payent des cotisations, supporteront une taxe de 20 pour 100 desdites cotisations payées par les membres ou associés. Cette taxe sera acquittée par les gérants, secrétaires ou trésoriers. — Ne sont pas assujetties à la taxe les sociétés de bienfaisance et de secours mutuels, ainsi que celles exclusivement scientifiques, littéraires, agricoles, musicales dont les réunions ne sont pas quotidiennes. (*V. L.* 5 *août* 1874, *art.* 7.)

10. Les taxes établies par les articles 8 et 9 de la présente loi seront doublées pour les contribuables qui auront fait des déclarations inexactes ou qui n'auront pas fait leur déclaration dans les trois mois qui suivront la promulgation de la présente loi, et, à l'avenir, avant le 31 janvier de chaque année. — Lorsqu'il n'y aura pas lieu à perception nouvelle ou à changement dans la perception antérieure, la déclaration ne sera pas exigée et la taxe continuera à être perçue sur le pied de l'année précédente. — Les demandes en décharge devront, à peine de nullité, être faites avant le 31 janvier de chaque année.

11. A partir du 15 octobre 1871, les droits de 20 centimes pour 100 francs de la valeur négociée, sur les titres nominatifs, et de 12 centimes sur les titres au porteur, établis par l'article 6 de la loi du 23 juin 1857, sont res-

pectivement élevés à 50 centimes et 15 centimes. — Ces droits seront applicables à la transmission des obligations des départements, des communes, des établissements publics et de la société du Crédit foncier. (*V. L.* 30 *mars* 1872, *et L.* 29 *juin* 1872.)

12. A dater du 15 octobre 1871, il sera perçu au profit du Trésor public une taxe additionnelle de 10 pour 100 du prix actuel : — 1° Sur le prix des places des voyageurs transportés par chemins de fer, par voitures publiques, par bateaux à vapeur et autres consacrés au public ; — 2° Sur le prix des transports de bagages et messageries à grande vitesse par les mêmes voies. — Dans l'application de la taxe, il ne sera pas tenu compte de tout prix ou fraction de prix sur lesquels la taxe serait inférieure à 5 centimes. (*V. L.* 21 *mars* 1874, *art.* 4 ; *Décr.* 21 *mai* 1881.)

. . . .

TITRE VI. — *Dispositions diverses.*

. . . .

29. Les sommes dont le placement ou le remploi en immeubles est prescrit ou autorisé par la loi, par un jugement, par un contrat ou par une disposition à titre gratuit entre-vifs ou testamentaire, peuvent, à moins de clause contraire, être employées en rentes françaises de toute nature. — Dans ce cas, et sur la réquisition des parties, l'immatricule de ces rentes au grand livre de la dette publique en indique l'affectation spéciale (*V. art.* 3, *L.* 11 *juin* 1878). — Les cautionnements qui, aux termes des lois actuellement en vigueur doivent ou peuvent être constitués, en totalité ou en partie, soit en immeubles, soit en rentes françaises d'une nature spéciale, pourront être constitués en rentes françaises de toute nature.

. . . .

LOI

Relative aux concordats amiables.

(19 décembre 1871)

ART. UNIQUE. Les effets de la loi du 22 avril 1871 seront applicables aux suspensions de paiement qui se produiront du 1er janvier au 13 mars 1872.

LOI

Sur la contrainte par corps en matière de frais de justice criminelle.

(19 décembre 1871)

ART. 1er. Est abrogé l'article 3, paragraphe 2, de la loi du 22 juillet 1867, qui a interdit l'exercice de la contrainte par corps pour le recouvrement des frais dus à l'État en vertu des condamnations prévues dans l'article 2 de la même loi.

2. Sont, en conséquence, remises en vigueur les dispositions légales abrogées par l'article 18, paragraphe 1er, de la loi du 22 juillet 1867.

LOI

Sur l'élection des juges des tribunaux de commerce.

(21 décembre 1871)

ART. 1er. Le décret du 2 mars 1852 est abrogé.

2. Les articles 618, 619, 620 et 621 du Code de commerce seront remplacés par les articles suivants (1) :

3. Pour les premières élections, auxquelles il sera procédé immédiatement après la promulgation de la présente loi, les juges et juges suppléants en exercice seront éligibles. — Pour la première élection, la désignation des conseillers généraux, dont il est parlé au 3° de l'article 619 ci-dessus, sera faite par la commission départementale.

LOI

Sur la Banque de France.

(29 décembre 1871)

ART. 1er. Le chiffre des émissions des billets de la Banque de France et de ses succursales, fixé au maximum de 2 milliards 400 millions, est élevé provisoirement à 2 milliards 800 millions.

2. La Banque de France aura la faculté d'abaisser à 10 francs et à 5 francs les coupures de ses billets.

3. Les établissements qui ont émis, sous leur responsabilité, des billets de 10 francs et au-dessous, ne pourront

(1) *V.* le texte au Code de commerce *Circ. g. des Sc.* 5 janv. 1872.

plus en faire de nouvelles émissions, et seront tenus de les retirer de la circulation dans le délai de six mois, à partir de la promulgation de la présente loi.

1872

—

LOI

Relative à l'avancement sur toute l'arme, dans les grades inférieurs, pour l'infanterie et la cavalerie.

(5 janvier 1872) (1)

LOI

Relative à la réorganisation des actes de l'état civil dans les départements.

(6 janvier 1872)

ART. 1er. Les actes inscrits sur les registres de l'état civil, depuis le 4 septembre 1870 jusqu'à ce jour, ne pourront être annulés à raison du seul défaut de qualité des personnes qui les ont reçus, pourvu que ces personnes aient eu, à ce moment, l'exercice public des fonctions municipales ou de celles d'officier d'état civil, à quelque titre et sous quelque nom que ce soit.

2. La disposition de l'article précédent n'est pas applicable aux actes reçus, à Paris et dans les autres communes du département de la Seine, pendant la période insurrectionnelle.

3. Seront visés pour timbre et enregistrés gratis les procédures et les jugements à la requête du ministère public, ayant pour objet soit de reconstituer des registres perdus, soit de rétablir ou de compléter des actes se rapportant à la période écoulée du 4 septembre 1870 jusqu'à ce jour. — Les registres destinés à remplacer des registres perdus sont exempts du timbre.

LOI

Qui limite les effets de la loi du 21 avril 1871, sur les loyers.

(6 janvier 1872) (2)

(1) Bull., 12e série, no 813. — V. le texte dans notre édition in-8o.

(2) Bull., 12e série, no 818. — V. le texte dans notre édition in-8o.

DÉCRET

Qui supprime le Conseil du sceau des titres et attribue ses fonctions au Conseil d'administration du ministère de la justice.

(10 janvier 1872) (3)

LOI

Concernant les sucres, la statistique commerciale et les allumettes.

(22 janvier 1872)

ART. 1er. Les droits perçus sur les sucres et glucoses de toute origine, antérieurement à la loi du 8 juillet 1871, sont augmentés de deux nouveaux dixièmes.

2. Les sucres existant, au moment de la promulgation de la présente loi, dans les entrepôts, les fabriques ou les raffineries, seront assujettis au paiement de cette taxe nouvelle. Les employés des douanes et des contributions indirectes relèveront les quantités existantes tant en sucre brut qu'en sucre raffiné et en tenant compte du rendement des sucres bruts au raffinage. — Les sucres bruts pourront être recherchés, en quelque endroit qu'ils existent, par les mêmes employés.

3. Il est établi, pour subvenir aux frais de la statistique commerciale, un droit spécial de 10 centimes par colis sur les marchandises en futailles, caisses, sacs ou autres emballages, de 10 centimes par 1,000 kilogrammes ou par mètre cube sur les marchandises en vrac, et de 10 centimes par tête sur les animaux, vivants ou abattus, des espèces chevaline, bovine, ovine, caprine et porcine. Ce droit, indépendant de toute autre taxe, mais affranchi des dixièmes additionnels, sera perçu tant à l'entrée qu'à la sortie, quelle que soit la provenance ou la destination.

4. Le droit intérieur sur les allumettes en bois, est fixé comme suit, décime compris : — Boîte ou paquet de cent allumettes et au-dessous, 4 centimes par boîte ou paquet ; — Boîte ou paquet renfermant plus de cent allumettes, 4 centimes par centaine ou fraction de centaine. — Le même droit sera perçu, indépendamment des taxes de douane, sur les allumettes en bois importées.

(3) Bull., 12e série, no 851. — V. le texte dans notre édition in-8o.

DÉCRET

Qui détermine le mode d'élection des membres des Chambres de commerce et des Chambres consultatives des arts et manufactures.

(22 janvier 1872) (1)

LOI

Relative à la marine marchande.

(30 janvier 1872)

ART. 1 et 2. — (*Abrogés par la L. 28 juill.* 1873.)

3. Les marchandises des pays hors d'Europe seront passibles, à leur importation des entrepôts d'Europe, d'une surtaxe de 3 francs par 100 kilogrammes. — Cette disposition n'est pas applicable aux marchandises que les lois actuellement en vigueur assujettissent à des surcharges plus élevées.

4. Les dispositions des articles 1 et 3 sont applicables aux relations de l'Algérie avec l'étranger.

5. Les droits à l'importation des bâtiments de mer sont fixés comme suit :

Bâtiments gréés et armés.

A voiles, en bois...	40 fr.	par tonneau de jauge.
A voiles, en bois et fer..........	50	
A voiles, en fer....	60	

A vapeur, droits ci-dessus, augmentés du droit afférent à la machine.

Coques de bâtiments de mer.

En bois......	30 fr.	par tonneau de jauge.
En bois et fer...........	40	
En fer...........	50	

Ces droits ne seront pas applicables aux navires étrangers dont l'achat antérieur à la promulgation de la présente loi sera justifié par des actes authentiques ou sous seing privé ayant date certaine.

6. Les navires de tout pavillon, venant de l'étranger ou des colonies et possessions françaises, chargés en totalité ou en partie, acquitteront, pour frais de quai, une taxe fixée par tonneau de jauge, savoir : — Pour les provenances des pays d'Europe ou du bassin de la Méditerranée, 50 centimes; — Pour les arrivages de tous autres pays, 1 franc. — En cas d'escales successives dans plusieurs ports pour le même voyage, le droit ne sera payé qu'à la douane de prime abord.

7. Les articles 1, 3 et 5 de la loi du 19 mai 1866 sont et demeurent rapportés.

DÉCRET

Portant que les établissements compris dans le tableau y annexé ne pourront être créés qu'après l'accomplissement des formalités exigées pour les ateliers insalubres, dangereux ou incommodes.

(31 janvier 1872) (2)

LOI

Relative à la reconstitution des actes de l'état civil de Paris.

(12 février 1872) (3)

LOI

Portant modification des articles 450 et 550 du Code de commerce.

(12 février 1872)

ART. 1er. Les articles 450 et 550 du Code de commerce sont modifiés et remplacés par les dispositions suivantes (4) :...

2. La présente loi ne s'appliquera pas aux baux qui, avant sa promulgation, auront acquis date certaine. — Toutefois le propriétaire, qui, en vertu desdits baux, a privilége pour tout ce qui est échu et pour tout ce qui est à échoir, ne pourra exiger par anticipation les loyers à échoir, s'il lui est donné des sûretés suffisantes pour en garantir le paiement.

LOI

Relative au rôle éventuel des Conseils généraux dans des circonstances exceptionnelles.

(15 février 1872)

ART. 1er. Si l'Assemblée nationale ou celles qui lui succéderont viennent à être illégalement dissoutes ou empê-

(1) Bull., 12e série, no 907. — *V.* le texte dans notre édition in-8o.

(2) Bull. 12e sér. no 884. — *V.* Décr. 26 févr. 1881.

(3) Bull., 12e série, no 925. — *V.* le texte dans notre édition in-8o. — *V* L. 13 févr. 1873, art. 1er ; L. 5 juin 1875, portant abrogation de l'article 19, L. 12 févr. 1872, pour tous les cas prévus aux articles 6, 11 et 13 de la même loi.

(4) *V.* le texte aux art. 450 et 550, C. comm.

chées de se réunir, les Conseils généraux s'assemblent immédiatement, de plein droit, et sans qu'il soit besoin de convocation spéciale, au chef-lieu de chaque département. — Ils peuvent s'assembler partout ailleurs dans le département, si le lieu habituel de leurs séances ne leur paraît pas offrir des garanties suffisantes pour la liberté de leurs délibérations. — Les Conseils ne sont valablement constitués que par la présence de la majorité de leurs membres.

2. Jusqu'au jour où l'assemblée dont il sera parlé à l'article 3 aura fait connaître qu'elle est régulièrement constituée, le Conseil général pourvoira d'urgence au maintien de la tranquillité publique et de l'ordre légal.

3. Une assemblée composée de deux délégués élus par chaque Conseil général, en comité secret, se réunit dans le lieu où se seront rendus les membres du Gouvernement légal et les députés qui auront pu se soustraire à la violence. — L'assemblée des délégues n'est valablement constituée qu'autant que la moitié des départements, au moins, s'y trouve représentée.

4. Cette assemblée est chargée de prendre, pour toute la France, les mesures urgentes que nécessite le maintien de l'ordre, et spécialement celles qui ont pour objet de rendre à l'Assemblée nationale la plénitude de son indépendance et l'exercice de ses droits. — Elle pourvoit provisoirement à l'administration générale du pays.

5. Elle doit se dissoudre aussitôt que l'Assemblée nationale se sera reconstituée par la réunion de la majorité de ses membres sur un point quelconque du territoire. — Si cette reconstitution ne peut se réaliser dans le mois qui suit les événements, l'assemblée des délégués doit décréter un appel à la nation pour des élections générales. — Ses pouvoirs cessent le jour où la nouvelle Assemblée nationale est constituée.

6. Les décisions de l'assemblée des délégués doivent être exécutées, à peine de forfaiture, par tous les fonctionnaires, agents de l'autorité et commandants de la force publique.

LOI

Concernant les droits d'enregistrement.

(28 février 1872)

Art. 1er. La quotité du droit fixe d'enregistrement auquel sont assujettis par la loi du 22 frimaire an VII et par les lois subséquentes les actes ci-après, sera déterminée ainsi qu'il suit, savoir : — 1o Les actes de formation et de prorogation de société qui ne contiennent ni obligation, ni libération, ni transmission de biens, meubles ou immeubles, entre les associés ou autres personnes, par le montant total des apports mobiliers et immobiliers, déduction faite du passif ; — 2o Les actes translatifs de propriété, d'usufruit ou de jouissance de biens immeubles situés en pays étranger ou dans les colonies françaises, dans lesquels le droit d'enregistrement n'est pas établi, par le prix exprimé, en y ajoutant toutes les charges en capital. — L'article 4 de la loi du 16 juin 1824 est abrogé ; — 3o Les actes ou procès-verbaux de vente de marchandises avariées par suite d'événements de mer et de débris de navires naufragés, par le prix exprimé, en y ajoutant toutes les charges en capital ; — 4o Les contrats de mariage soumis actuellement au droit fixe de 5 francs, par le montant net des apports personnels des futurs époux ; — 5o Les partages de biens meubles et immeubles entre copropriétaires, cohéritiers et coassociés à quelque titre que ce soit, par le montant de l'actif net partagé ; — 6o Les délivrances de legs, par le montant des sommes ou par la valeur des objets légués ; — 7o Les consentements à mains-levées totales ou partielles d'hypothèques, par le montant des sommes faisant l'objet de la main-levée ; — S'il y a seulement réduction de l'inscription, il ne sera perçu qu'un droit de 5 francs par chaque acte ; — 8o Les prorogations de délai pures et simples, par le montant de la créance dont le terme d'exigibilité est prorogé ; — 9o Les adjudications et marchés pour constructions, réparations, entretien, approvisionnements et fournitures dont le prix doit être payé directement par le Trésor public, et les cautionnements relatifs à ces adjudications et marchés, par le prix exprimé ou par l'évaluation des objets ; — L'article 73 de la loi du 15 mai 1818 est abrogé. — 10o Les titres nouvels et reconnaissances de rente dont les actes constitutifs ont été enregistrés, par le capital des rentes.

2. Le taux du droit établi par l'article précédent est fixé ainsi qu'il suit : — A 5 francs pour les sommes ou valeurs de 5,000 francs et au-dessous, et pour les actes ne contenant

aucune énonciation de sommes et valeurs, ni dispositions susceptibles d'évaluation ; — A 10 francs pour les sommes ou valeurs supérieures à 5,000 francs, mais n'excédant pas 10,000 francs ; — A 20 francs pour les sommes ou valeurs supérieures à 10,000 francs, mais n'excédant pas 20,000 francs ; — Et ensuite à raison de 20 francs par chaque somme ou valeur de 20,000 francs, ou fraction de 20,000 francs. — Si les sommes ou valeurs ne sont pas déterminées dans l'acte, il y sera suppléé conformément à l'article 16 de la loi du 22 frimaire an VII.

3. Si, dans le délai de deux années à partir de l'enregistrement des actes spécifiés en l'article 1er ci-dessus, la dissimulation des sommes ou valeurs ayant servi de base à la perception du droit est établie par des actes ou écrits émanés des parties ou par des jugements, il sera perçu, indépendamment des droits simples supplémentaires, un droit en sus, lequel ne peut être inférieur à 50 francs.

4. Les divers droits fixes auxquels sont assujettis par les lois en vigueur les actes civils, administratifs ou judiciaires, autres que ceux dénommés en l'article 1er, sont augmentés de moitié (1). Les actes de prestation de serment des gardes des particuliers et des agents salariés par l'Etat, les départements et les communes, dont le traitement et ses accessoires n'excèdent pas 1,500 francs ne seront soumis qu'à un droit de 3 francs.

5. Sont soumis au droit proportionnel, d'après les tarifs en vigueur : — 1° Les ordres, collocations et distributions de sommes, quelle que soit leur forme, et qui ne contiennent ni obligation ni transport par le débiteur ; — 2° Les mutations de propriété de navires, soit totales, soit partielles. Le droit est perçu soit sur l'acte ou le procès-verbal de vente, soit sur la déclaration faite pour obtenir la francisation ou l'immatricule au nom du nouveau possesseur. — Les articles 56 et 64 de la loi du 21 avril 1818 sont abrogés. (*V. L.* 29 *janv.* 1881, *art.* 3.)

(1) Le ministre des Finances a émis l'avis que l'augmentation de moitié, résultant de la loi de 1872, pour les droits fixes d'enregistrement des actes civils, administratifs et judiciaires, était applicable au droit de 1 franc auquel sont soumis les actes concernant les chemins vicinaux. Ce droit se trouve donc porté aujourd'hui à 1 franc 50 cent. — *Circ. min. Int.* 17 août 1872.

6. Les obligations imposées au preneur, dans le cas de location verbale, par l'article 11 de la loi du 23 août 1871, seront accomplies à l'avenir par le bailleur, qui sera tenu du paiement des droits, sauf son recours contre le preneur. — Néanmoins, les parties restent solidaires pour le recouvrement du droit simple.

7. Les mutations de propriété à titre onéreux de fonds de commerce ou de clientèles sont soumises à un droit d'enregistrement de 2 francs par 100 francs. Ce droit est perçu sur le prix de la vente de l'achalandage, de la cession du droit au bail, et des objets mobiliers ou autres, servant à l'exploitation du fonds, à la seule exception des marchandises neuves garnissant le fonds. Ces marchandises ne seront assujetties qu'à un droit de 50 centimes par 100 francs, à condition qu'il sera stipulé pour elles un prix particulier, et qu'elles seront désignées et estimées article par article, dans le contrat ou la déclaration.

8. Les actes sous signatures privées contenant mutation de propriété de fonds de commerce ou de clientèles sont enregistrés dans les trois mois de leur date. — A défaut d'acte constatant la mutation, il y est suppléé par des déclarations détaillées et estimatives faites au bureau de l'enregistrement de la situation du fonds de commerce ou de la clientèle, dans les trois mois de l'entrée en possession. — A défaut d'enregistrement ou de déclaration dans les délais fixés ci-dessus, il sera fait application des dispositions du paragraphe 1er de l'article 14 de la loi du 23 août 1871. Sont également applicables aux mutations de propriété des fonds de commerce ou des clientèles les dispositions des paragraphes 2 et 3 dudit article relatives à l'ancien possesseur, et celles des articles 12 et 13 de la même loi concernant les dissimulations dans les prix de vente. — L'insuffisance des prix de vente des fonds de commerce ou des clientèles peut également être constatée par expertise, dans les trois mois de l'enregistrement de l'acte ou de la déclaration de la mutation. — Il sera perçu un droit en sus sur le montant de l'insuffisance, outre les frais d'expertise, s'il y a lieu, et si l'insuffisance excède un huitième.

9. La mutation de propriété des fonds de commerce ou des clientèles est suffisamment établie, pour la demande et la poursuite des droits d'enregistrement et des amendes par les

actes ou écrits qui révèlent l'existence de la mutation ou qui sont destinés à la rendre publique, ainsi que par l'inscription aux rôles des contributions du nom du nouveau possesseur, et des paiements faits en vertu de ces rôles, sauf preuve contraire.

10. Sont soumis au droit proportionnel de 50 centimes par 100 francs les lettres de change et tous autres effets négociables, lesquels pourront n'être présentés à l'enregistrement qu'avec les protêts qui en auraient été faits. — Les dispositions de l'article 50 de la loi du 28 avril 1816, concernant les lettres de change, sont abrogées. — Il n'est rien innové en ce qui concerne les warrants.

11. Le droit de décharge de 10 centimes, créé par l'article 18 de la loi du 23 août 1871, pour constater la remise des objets, sera réuni à la taxe due pour les récépissés et lettres de voiture, qui est fixé ainsi qu'il suit : — Récépissé délivré par les compagnies de chemins de fer (droit de décharge compris), 35 centimes ; — Lettre de voiture (droit de décharge compris), 70 centimes.

LOI

Pour la répression de la fraude sur les spiritueux.

(28 février 1872) (1)

LOI

Concernant les officiers publics et ministériels appelés sous les drapeaux et autorisés à se faire suppléer pendant la guerre.

(28 février 1872) (2)

. . . .

ART. 3. Sont considérés comme réguliers les actes qui auraient été reçus par les suppléants des officiers publics et ministériels depuis le 30 novembre jusqu'à la promulgation de la présente loi.

---

(1) V. le texte dans notre édition in-8°.
(2) Bull., 12e série, n° 958. — V. L. 2 mai 1871, art 2.

LOI

Qui modifie celle du 29 décembre 1851, sur les débits de boissons.

(11 mars 1872)

ART. UNIQUE. Dans les cas prévus par la loi du 29 décembre 1851, sur les débits de boissons, les tribunaux sont autorisés à appliquer l'article 463 du Code pénal. (*Abrogé par L. 17 juill. 1880.*)

LOI

Qui établit des peines contre les affiliés de l'Association internationale des travailleurs.

(14 mars 1872)

ART. 1er. Toute association internationale qui, sous quelque dénomination que ce soit, et notamment sous sous celle d'*Association internationale des travailleurs*, aura pour but de provoquer à la suspension du travail, à l'abolition du droit de propriété, de la famille, de la patrie, de la religion ou du libre exercice des cultes, constituera, par le seul fait de son existence et de ses ramifications sur le territoire français, un attentat contre la paix publique.

2. Tout Français qui, après la promulgation de la présente loi, s'affiliera ou fera acte d'affilié à l'association internationale des travailleurs ou à toute autre association professant les mêmes doctrines et ayant le même but, sera puni d'un emprisonnement de trois mois à deux ans et d'une amende de 50 à 1,000 francs. Il pourra en outre être privé de tous ses droits civiques, civils et de famille énumérés en l'article 42 du Code pénal pendant cinq ans au moins et dix ans au plus. — L'étranger qui s'affiliera en France ou fera acte d'affilié sera puni des peines édictées par la présente loi.

3. La peine de l'emprisonnement pourra être élevée à cinq ans, et celle de l'amende à 2,000 francs, à l'égard de tous Français ou étrangers qui auront accepté une fonction dans une de ces associations, ou qui auront sciemment concouru à son développement, soit en recevant ou en provoquant à son profit des souscriptions, soit en lui procurant des adhésions collectives ou individuelles, soit enfin en propageant ses doctrines, ses statuts ou ses circulaires. — Ils pourront, en outre, être renvoyés par les tribunaux correctionnels, à partir de l'ex-

piration de la peine, sous la surveillance de la haute police pour cinq ans au moins et dix ans au plus. — Tout Français auquel aura été fait application du paragraphe précédent restera, pendant le même temps, soumis aux mesures de police applicables aux étrangers, conformément aux articles 7 et 8 de la loi du 3 décembre 1849.

4. Seront punis d'un à six mois de prison et d'une amende de 50 à 500 francs, ceux qui auront prêté ou loué sciemment un local pour une ou plusieurs réunions d'une partie ou section quelconque des associations susmentionnées, le tout sans préjudice des peines plus graves applicables, en conformité du Code pénal, aux crimes et délits de toute nature dont auront pu se rendre coupables, soit comme auteurs principaux, soit comme complices, les prévenus dont il est fait mention dans la présente loi.

5. L'article 463 du Code pénal pourra être appliqué, quant aux peines de la prison et de l'amende prononcées par les articles qui précèdent.

6. Les dispositions du Code pénal et celles des lois antérieures auxquelles il n'a pas été dérogé par la présente loi continueront de recevoir leur exécution.

7. La présente loi sera publiée et affichée dans toutes les communes.

LOI

Qui désigne de nouveaux lieux de déportation.

(23 mars 1872) (1)

LOI

Concernant la fabrication des liqueurs et la perception du droit d'entrée sur les spiritueux.

(26 mars 1872) (2)

LOI

Sur les patentes.

(29 mars 1872)

ART. 1er. Le patentable ayant plusieurs établissements, boutiques ou magasins de même espèce ou d'espèces différentes, est, quelle que soit la classe ou la catégorie à laquelle il appartient comme patentable, passible d'un droit fixe entier, en raison du commerce, de l'industrie ou de la profession exercée dans chacun de ces établissements, boutiques ou magasins. Les droits fixes sont imposables dans les communes où sont situés les établissements, boutiques ou magasins qui y donnent lieu.

2. Seront établis, sans limite de maximum, les droits de patente des professions, commerces et industries compris dans les tableaux annexés aux lois en vigueur, et qui sont tarifés en raison du nombre des ouvriers, machines, instruments ou moyens de production et autres éléments variables d'imposition.

3. Les droits fixes des patentables rangés dans le tableau C annexé à la loi du 25 avril 1844, et dans les tableaux modificatifs correspondants annexés aux lois subséquentes, sont rehaussés d'un cinquième, sauf en ce qui concerne les marchands forains avec balle, bête de somme ou voiture, et les marchands forains de poterie sur bateau.

4. Le taux du droit proportionnel de patente, établi d'après la valeur locative, est porté : — Du quinzième au dixième, pour les patentables compris dans la nomenclature générale des patentes à la première classe du tableau A et au tableau B annexés à la loi du 25 avril 1844, ainsi qu'aux tableaux modificatifs correspondants annexés aux lois subséquentes ; — Du vingtième au quinzième, pour les patentables compris dans les deuxième et troisième classes du tableau A annexé à la loi du 25 avril 1844, et des tableaux modificatifs correspondants annexés aux lois subséquentes.

5. Les articles 17 de la loi du 18 mai 1850 et 9 de la loi du 4 juin 1858, ainsi que les tableaux annexés aux lois de patentes en vigueur, sont modifiés en ce qu'ils ont de contraire aux dispositions des articles 1, 2, 3 et 4 ci-dessus. Ces dispositions auront leur effet à partir du 1er avril 1872. — Dans les rôles supplémentaires où seront portées, pour l'exercice 1872, les augmentations de tarif résultant de la présente loi, il ne sera pas tenu compte des centimes additionnels départementaux et communaux.

6. Les compagnies de chemins de fer, les services de transports fluviaux, maritimes et terrestres, ainsi que les établissements d'entrepôts et de maga-

(1) *J. off.* 3 avril 1872. — *V.* le texte dans notre édition in-8°.

(2) *V.* le texte dans notre édition in-8°. — *V.* L. 19 juill. 1880.

sins généraux, sont tenus de laisser prendre connaissance des registres de réception et d'expédition de marchandises, aux agents des contributions directes chargés de l'assiette des droits de patente.

LOI

Concernant : 1o l'élévation du droit de timbre des récépissés des expéditions faites par les chemins de fer en petite vitesse ; 2o la perception du droit de timbre des récépissés des expéditions faites par tous autres modes de transport ; 3o la perception du droit de timbre des connaissements.

(30 mars 1872) (1)

LOI

Relative au droit de transmission sur les titres au porteur, au taux d'abonnement au timbre des lettres de gage et obligations du Crédit foncier, aux droits sur les titres émis par les villes, provinces et établissements publics étrangers.

(30 mars 1872) (2)

Art. 1er. A dater du 1er avril 1872, le droit de transmission de 15 centimes sur les titres au porteur de toute nature, établi par la loi du 23 uin 1857 et par l'article 11 de la loi du 16 septembre 1871, est fixé à 25 centimes annuellement. — Ce droit, ainsi que celui de 50 centimes sur la transmission des titres nominatifs, établi par l'article 11 de la loi du 16 septembre 1871, seront perçus à l'avenir sur la valeur négociée, déduction faite des versements restant à faire sur les titres non entièrement libérés. — Le taux d'abonnement au timbre des lettres de gage et d'obligations du Crédit foncier, fixé par l'article 29 de la loi du 8 juillet 1852, est élevé à 5 centimes par 1,000 francs. — Les titres émis par les villes, provinces et corporations étrangères, quelle que soit leur dénomination, et par tout autre établissement public étranger, seront soumis à des droits équivalents à ceux qui sont établis par la présente loi et par celle du 5 juin 1850 sur le timbre. Ils ne pourront être cotés ou négociés en France qu'en se soumettant à l'acquittement de ces droits. — Un règlement d'administration publique fixera pour ces titres le mode d'établissement et de perception de l'impôt dont l'assiette pourra reposer sur une quotité déterminée du capital.

2. Nul ne peut négocier, exposer en vente ou énoncer dans des actes de prêt, de dépôt, de nantissement ou dans tout autre acte ou écrit, à l'exception des inventaires, des titres étrangers qui n'auraient pas été admis à la cote, ou qui n'auraient pas été dûment timbrés au droit de 1 pour 100 du capital nominal. — Tout acte, soit public, soit sous seing privé, qui énoncera un titre de rente ou effet public d'un Gouvernement étranger, ou tout autre titre étranger non coté aux Bourses françaises, devra indiquer la date et le numéro du visa pour timbre apposé sur ce titre, ainsi que le montant du droit payé. — Chaque contravention à ces dispositions pourra être constatée, dans tous les lieux ouverts au public, par les agents qui ont qualité pour verbaliser en matière de timbre ; elle sera punie d'une amende de 5 pour 100 de la valeur nominale des titres qui seront négociés, exposés en vente, énoncés dans des actes, ou dont il aura été fait usage. En aucun cas, l'amende ne pourra être inférieure à 50 francs. — Toutes les parties sont solidaires pour le recouvrement des droits et amendes. — Une amende de 50 francs sera encourue personnellement par tout officier public ou ministériel qui aura contrevenu aux dispositions qui précèdent.

3. Les deux décimes ajoutés au principal des droits de timbre de toute nature par l'article 2 de la loi du 23 août 1871 sont applicables aux taxes d'abonnement exigibles depuis la mise à exécution de cette loi, quelle que soit d'ailleurs l'époque à laquelle l'abonnement ait été contracté.

4. Sont exempts du droit de timbre des quittances, reçus ou décharges de toute nature, les reconnaissances et les reçus donnés, soit par lettres, soit autrement, pour constater la remise d'effets de commerce à négocier, à accepter ou à encaisser.

5. A partir du 1er janvier 1873, la taxe annuelle représentative des droits de transmission entre-vifs et par décès, fixée par l'article 1er de la loi du 20 février 1849, est élevée à 70 centimes par franc du principal de la contribution foncière. — Cette taxe sera, en outre, soumise à l'avenir aux

(1) Bull., 12e série, no 1041. — *V.* le texte dans notre édition in-8o.

(2) *V.* L. 25 mai 1872 ; L. 29 juin 1872.

décimes auxquels sont assujettis les droits d'enregistrement.

LOI

Qui interdit toutes fonctions publiques salariées aux membres de l'Assemblée nationale.

(25 avril 1872) (1)

DÉCRET

Qui établit des timbres mobiles pour l'exécution des articles 4 et 5 de la loi du 30 mars 1872, relatifs au timbre des connaissements.

(30 avril 1872) (2)

LOI

Relative à la composition des Conseils de guerre.

(16 mai 1872) (3)

LOI

Portant réorganisation du Conseil d'Etat.

(24 mai 1872) (4)

TITRE Ier. — *Composition du Conseil d'Etat.*

ART. 1er. Le Conseil d'Etat se compose de vingt-deux conseillers d'Etat en service ordinaire, et de quinze conseillers d'Etat en service extraordinaire. — Il y a auprès du Conseil d'Etat : — 1o Vingt-quatre maitres des requêtes, et 2o trente auditeurs. (*Modifié par L.* 13 *juill.* 1879, *art.* 1er.) — Un secrétaire général est placé à la ête des bureaux du Conseil; il a le rang et le titre de maître des requêtes. — Un secrétaire spécial est attaché au contentieux.

2. Les ministres ont rang et séance à l'assemblée générale du Conseil d'Etat. Chacun d'eux a voix délibérative, en matière non contentieuse, pour les affaires qui dépendent de son ministère. — Le garde des Sceaux a voix délibérative toutes les fois qu'il préside soit l'assemblée générale, soit les sections.

3. Les conseillers d'Etat en service ordinaire sont élus par l'Assemblée nationale (5), en séance publique, au scrutin de liste et à la majorité absolue. Après deux épreuves, il est procédé à un scrutin de ballottage entre les candidats qui ont obtenu le plus de suffrages en nombre double de ceux qui restent encore à élire. — Avant de procéder à l'élection, l'Assemblée nationale charge une commission de quinze membres, nommée dans les bureaux, de lui proposer une liste de candidatures. — Cette liste contient des noms en nombre égal à celui des conseillers à élire, plus une moitié en sus; elle est dressée par ordre alphabétique. — L'élection ne peut avoir lieu que trois jours au moins après la distribution et la publication de la liste. Le choix de l'Assemblée peut porter sur des candidats qui ne sont pas proposés par la commission. — Les membres du Conseil d'Etat ne pourront être choisis parmi les membres de l'Assemblée nationale. — Les députés démissionnaires ne pourront être élus que six mois après leur démission. — En cas de vacance, par décès ou démission d'un conseiller d'Etat, l'Assemblée nationale procède, dans le mois, à l'élection d'un nouveau membre. — Les conseillers d'Etat en service ordinaire peuvent être suspendus, pour un temps qui ne pourra pas excéder deux mois, par décret du Président de la République, et, pendant la durée de la suspension, le conseiller suspendu sera remplacé par le plus ancien maître des requêtes de la section. — L'Assemblée nationale est de plein droit saisie de l'affaire par le décret qui a prononcé la suspension; à l'expiration du délai, elle maintient ou révoque le conseiller d'Etat. — En cas de révocation, on procède au remplacement dans le mois. — Les conseillers d'Etat sont renouvelés par tiers tous les trois ans; les membres sortants sont désignés par le sort et indéfiniment rééligibles.

4. Le Conseil d'Etat est présidé par le garde des Sceaux, ministre de la Justice, et, en son absence, par un vice-président. Le vice-président est

(1) Bull., 12e série, no 1068. — V. L. ORG. 30 nov. 1875.

(2) Bull., 12e série, no 1135.

(3) Bull., 12e série, no 1125. — V. le texte dans notre édition in-8°.

(4) V. Décr. 21 août 1872, LL. 1er août 1874; 13 juill. 1879; Décr. 2 août 1879.

(5) Modifié par la L. Constit. 25 févr. 1875 (art. 4), relative à l'organisation des pouvoirs publics.

nommé par décret du Président de la République et choisi parmi les conseillers en service ordinaire. — En l'absence du garde des sceaux et du vice-président, le Conseil d'Etat est présidé par le plus ancien des présidents de section, en suivant l'ordre du tableau.

5. Les conseillers d'Etat en service extraordinaire sont nommés par le Président de la République ; ils perdent leur titre de conseiller d'Etat, de plein droit, dès qu'ils cessent d'appartenir à l'administration active. — Les maîtres des requêtes, le secrétaire général et le secrétaire spécial du contentieux sont nommés par décret du Président de la République ; ils ne peuvent être révoqués que par un décret individuel. — Pour la nomination des maîtres des requêtes, du secrétaire général ou du secrétaire du contentieux, le vice-président et les présidents de sections seront appelés à faire des présentations. — Les décrets portant révocation ne seront rendus qu'après avoir pris l'avis des présidents. — Les auditeurs sont divisés en deux classes, dont la première se compose de dix et la deuxième de vingt. (*Modifié par L.* 13 *juill.* 1879, *art.* 1er.) — Les auditeurs de deuxième classe sont nommés au concours, dans les formes et aux conditions qui seront déterminées dans un règlement que le Conseil d'Etat sera chargé de faire. Ils ne restent en fonctions que pendant quatre ans et ne reçoivent aucune indemnité. — Les auditeurs de première classe seront nommés au concours, dans les formes déterminées par le règlement du 9 mai 1849. Ne seront admis à concourir que les auditeurs de deuxième classe. (*Modifié par L.* 13 *juill.*1879, *art.* 2.) — Néanmoins, seront admis aux épreuves du premier concours, qui aura lieu après la promulgation de la présente loi, pour la première classe, tous les candidats âgés de vingt-cinq à trente ans qui remplissent les conditions prévues par l'article 5 du règlement du 9 mai 1849. — Les anciens auditeurs au Conseil d'Etat et ceux qui ont été attachés à la commission provisoire instituée par le décret du 15 septembre 1870 seront dispensés des épreuves préparatoires. — Les auditeurs de première classe reçoivent un traitement égal à la moitié de celui des maîtres des requêtes ; la durée de leurs fonctions n'est pas limitée. — Le tiers au moins des places des maîtres des requêtes sera réservé aux auditeurs de première classe. — Les auditeurs, tant de seconde que de première classe, ne peuvent être révoqués que par des décrets individuels et après avoir pris l'avis du vice-président du Conseil d'Etat délibérant avec les présidents de section. — Les employés des bureaux sont nommés par le vice-président du Conseil d'Etat, sur la proposition du secrétaire général.

6. Nul ne peut être nommé conseiller d'Etat, s'il n'est âgé de trente ans accomplis ; maître des requêtes, s'il n'est âgé de vingt-sept ans ; auditeur de deuxième classe, s'il a moins de vingt et un ans et plus de vingt-cinq ; auditeur de première classe, s'il a moins de vingt-cinq ans et plus de trente. (*Modifié par l'art.* 2, *L.* 1er *août* 1874.)

7. Les fonctions de conseiller en service ordinaire et de maître des requêtes sont incompatibles avec toute fonction publique salariée. — Néanmoins, les officiers généraux ou supérieurs de l'armée de terre ou de mer, les inspecteurs et ingénieurs des Ponts-et-chaussées, des Mines et de la marine, les professeurs de l'enseignement supérieur, peuvent être détachés au Conseil d'État. Ils conservent, pendant la durée de leurs fonctions, les droits attribués à leur positions, sans pouvoir toutefois cumuler leur traitement avec celui du Conseil d'Etat. — Les fonctions de conseiller, de maître des requêtes, sont incompatibles avec celles d'administrateur de toute compagnie privilégiée ou subventionnée. — Les conseillers d'Etat et les maîtres des requêtes, lorsqu'ils quittent leurs fonctions, peuvent être nommés conseillers ou maîtres des requêtes honoraires. — Est supprimé le titre d'auditeur et de maître des requêtes en service extraordinaire. (*V. L.* 13 *juill.* 1879, *art.* 3.)

Titre II. — *Fonctions du Conseil d'Etat.*

8. Le Conseil d'Etat donne son avis : — 1° Sur les projets d'initiative parlementaire que l'Assemblée nationale juge à propos de lui renvoyer ; — 2° Sur les projets de loi préparés par le Gouvernement, et qu'un décret spécial ordonne de soumettre au Conseil d'Etat ; — 3° Sur les projets de décret et, en général, sur toutes les questions qui lui sont soumises par le Président de la République ou par les ministres. Il est appelé nécessairement à donner son avis sur les règlements d'administration publique et sur les décrets en forme de règlements

d'administration publique. Il exerce, en outre, jusqu'à ce qu'il en soit autrement ordonné, toutes les attributions qui étaient conférées à l'ancien Conseil d'Etat par les lois ou règlements qui n'ont pas été abrogés. — Des conseillers d'Etat peuvent être chargés par le Gouvernement de soutenir devant l'Assemblée les projets de lois qui ont été renvoyés à l'examen du Conseil.

9. Le Conseil d'Etat statue souverainement sur les recours en matière contentieuse administrative, et sur les demandes d'annulation pour excès de pouvoirs formées contre les actes des diverses autorités administratives.

TITRE III. — *Formes de procéder*

10. Le Conseil d'Etat est divisé en quatre sections (*V. L.* 13 *juill.* 1879, *art.* 4), dont trois seront chargées d'examiner les affaires d'administration pure, et une de juger les recours contentieux. — La section du contentieux sera composée de six conseillers d'Etat et du vice-président du Conseil d'Etat; les autres sections se composeront de quatre conseillers et d'un président. — Les présidents de section sont nommés par décrets du Président de la République et choisis parmi les conseillers en service ordinaire. — Le ministre de la Justice a le droit de présider les sections, hormis la section du contentieux. — Les conseillers en service ordinaire sont répartis entre les sections par décrets du Président de la République. Les conseillers en service extraordinaire, les maîtres des requêtes et les auditeurs sont distribués entre les sections par arrêtés du ministre de la justice, suivant les besoins du service. Les conseillers en service extraordinaire ne peuvent pas être attachés à la section du contentieux. — Un règlement d'administration publique statuera sur l'ordre intérieur des travaux du Conseil, sur la répartition des affaires entre les sections, sur la nature des affaires qui devront être portées à l'assemblée générale, sur le mode de roulement des membres entre les sections, et sur les mesures d'exécution non prévues par la présente loi.

11. Les conseillers en service extraordinaire ont voix délibérative, soit à l'assemblée générale, soit à la section, dans les affaires qui dépendent du département ministériel auquel ils appartiennent. Ils n'ont que voix consultative dans les autres affaires. — Les maîtres des requêtes ont voix délibérative soit à l'assemblée générale, soit à la section, dans les affaires dont le rapport leur a été confié, et voix consultative dans les autres. — Les auditeurs ont voix délibérative à leur section et voix consultative à l'assemblée générale, seulement dans les affaires dont ils sont les rapporteurs.

12. Le Conseil d'Etat, en assemblée générale, ne peut délibérer si treize au moins de ses membres, ayant voix délibérative, ne sont présents. (*Modifié par L.* 13 *juill.* 1879, *art.* 6.) — En cas de partage, la voix du président est prépondérante. Les sections administratives ne peuvent délibérer valablement que si trois conseillers en service ordinaire sont présents. En cas de partage, la voix du président est prépondérante.

13. Les décrets rendus après délibération de l'assemblée générale mentionnent que le Conseil d'Etat a été entendu. — Les décrets rendus après délibération d'une ou de plusieurs sections mentionnent que ces sections ont été entendues.

14. Le Gouvernement peut appeler à prendre part aux séances de l'assemblée ou des sections, avec voix consultative, les personnes que leurs connaissances spéciales mettraient en mesure d'éclairer la discussion.

15. La section du contentieux est chargée de diriger l'instruction écrite et de préparer le rapport des affaires contentieuses qui doivent être jugées par le Conseil d'Etat. Elle ne peut délibérer que si trois au moins de ses membres, ayant voix délibérative, sont présents. — En cas de partage, on appellera le plus ancien des maîtres des requêtes présents à la séance. — Tous les rapports au contentieux sont faits par écrit.

16. Trois maîtres des requêtes sont désignés par le Président de la République pour remplir au contentieux les fonctions de commissaire du Gouvernement. — Ils assisteront aux délibérations de la section du contentieux.

17. Le rapport est fait, au nom de la section du contentieux, à l'assemblée publique du Conseil d'Etat statuant au contentieux. Cette assemblée se compose : — 1° Des membres de la section; — 2° De six conseillers en service ordinaire pris dans les autres sections et désignés par le vice-président du Conseil délibérant avec les présidents de section. (*Modifié par L.* 13 *juill.* 1879, *art.* 5.) — Les conseillers adjoints à la section du contentieux ne peuvent y être remplacés que par une décision prise dans la forme qui est suivie pour leur désignation.

18. Après le rapport, les avocats des parties présentent leurs observations orales. — Les questions posées par les rapports sont communiquées, sans déplacement, aux avocats, quatre jours au moins avant la séance. — Le commissaire du Gouvernement donne ses conclusions dans chaque affaire.

19. Les affaires pour lesquelles il n'y a pas de constitution d'avocat ne sont portées à l'audience publique que si ce renvoi a été demandé par l'un des conseillers d'Etat de la section ou par le commissaire du Gouvernement à qui elles sont préalablement communiquées. Si le renvoi n'a pas été demandé, ces affaires sont jugées par la section du contentieux, sur le rapport de celui de ses membres que le président en a chargé et après les conclusions du commissaire du Gouvernement.

20. Les membres du Conseil d'Etat ne peuvent participer au jugement des recours dirigés contre les décisions qui ont été préparées par les sections auxquelles ils appartiennent, s'ils ont pris part à la délibération.

21. L'assemblée du Conseil d'Etat statuant au contentieux ne peut délibérer qu'en nombre impair; elle ne décide valablement que si neuf membres au moins ayant voix délibérative sont présents. (*V. L.* 13 *juill.* 1879, *art.* 5.) — Pour compléter l'assemblée, les conseillers d'Etat absents ou empêchés peuvent être remplacés par d'autres conseillers en service ordinaire, suivant l'ordre du tableau.

22. Toutes les décisions prises par l'assemblée du Conseil d'Etat délibérant au contentieux et par la section du contentieux sont lues en séance publique, transcrites sur le procès-verbal des délibérations et signées par le vice-président, le rapporteur et le secrétaire du contentieux. Il y est fait mention des membres ayant délibéré. Les expéditions qui sont délivrées par le secrétaire portent la formule exécutoire.

23. Le procès-verbal des séances de la section et de l'assemblée du Conseil d'Etat, statuant au contentieux, mentionne l'accomplissement des dispositions contenues dans les articles 15, 17, 18 19, 20, 21 et 22. — Dans le cas où ces dispositions n'ont pas été observées, la décision peut être l'objet d'un recours en révision qui est introduit dans les formes établies par l'article 33 du décret du 22 juillet 1806, et dans les délais fixés par le décret du 2 novembre 1864.

24. Le décret du 22 juillet 1806, les lois et règlements relatifs à l'instruction et au jugement des affaires contentieuses continueront à être observés devant la section et l'assemblée du Conseil d'Etat statuant au contentieux. — Sont applicables à l'assemblée les dispositions des articles 88 et suivants du Code de procédure civile sur la police des audiences. — Les recours formés contre les décisions des autorités administratives continueront à n'être pas suspensifs. — Néanmoins, les Conseils de préfecture pourront subordonner l'exécution de leurs décisions, en cas de recours, à la charge de donner caution ou de justifier d'une solvabilité suffisante. — Les formalités édictées par les articles 440 et 441 du Code de procédure civile seront observées pour la présentation de la caution.

TITRE IV. — *Des conflits et du tribunal des conflits.*

25. Les conflits d'attributions entre l'autorité administrative et l'autorité judiciaire sont réglés par un tribunal spécial composé : — 1° du garde des Sceaux, président; 2° de trois conseillers d'Etat en service ordinaire, élus par les conseillers en service ordinaire; 3° de trois conseillers à la Cour de cassation, nommés par leurs collègues; 4° de deux membres et deux suppléants, qui seront élus par la majorité des autres juges désignés aux paragraphes précédents. — Les membres du tribunal des conflits sont soumis à réélection tous les trois ans et indéfiniment rééligibles. — Ils choisissent un vice-président au scrutin secret et à la majorité absolue des voix. — Ils ne pourront délibérer valablement qu'au nombre de cinq membres présents au moins.

26. Les ministres ont le droit de revendiquer devant le tribunal des conflits les affaires portées à la section du contentieux et qui n'appartiendraient pas au contentieux administratif. — Toutefois, ils ne peuvent se pourvoir devant cette juridiction qu'après que la section du contentieux a refusé de faire droit à la demande en revendication qui doit lui être préalablement communiquée.

27. La loi du 4 février 1850 et le règlement du 26 octobre 1849, sur le mode de procéder devant le tribunal des conflits, sont remis en vigueur.

28. Les délais fixés pour le jugement des conflits seront suspendus pendant le temps qui s'écoulera entre la promulgation de la présente loi et l'installation du tribunal des conflits.

Dispositions transitoires.

29. Pour le premier concours des auditeurs de deuxième classe, les candidats seront admis à concourir jusqu'à l'âge de vingt-sept ans accomplis. — Les auditeurs de deuxième classe nommés au premier concours seront admis à concourir pour la première classe jusqu'à l'âge de trente-deux ans.

30. La commission provisoire instituée par le décret du 15 septembre 1870 continuera d'exercer ses fonctions jusqu'à l'installation du nouveau Conseil d'Etat.

LOI

Qui modifie les droits de timbre auxquels sont assujettis les titres de rentes et effets publics des Gouvernements étrangers, avec une disposition relative aux connaissements.

(25 mai 1872)

Art. 1er. Le droit de timbre établi par les lois des 13 mai 1863 et 8 juin 1864 sur les titres de rentes, emprunts et tous autres effets publics des Gouvernements étrangers, est fixé, à l'avenir, ainsi qu'il suit, savoir : — A 75 centimes pour chaque titre de 500 francs et au-dessous ; — A 1 franc 50 centimes pour chaque titre de 500 francs, jusqu'à 1,000 francs ; — A 3 francs pour chaque titre au-dessus de 1,000 francs jusqu'à 2,000 francs, et ainsi de suite, à raison de 1 franc 50 centimes par 1,000 francs ou fraction de 1,000 francs. — Ce droit n'est pas assujetti aux décimes. — Il est perçu sur la valeur nominale du titre.

2. Aucune émission ou souscription de titres de rentes ou effets publics des Gouvernements étrangers ne peut être annoncée, publiée ou effectuée en France, sans qu'il ait été fait, dix jours à l'avance, au bureau de l'enregistrement de la résidence, une déclaration dont la date est mentionnée dans l'avis ou annonce. — Les titres ou les certificats provisoires de titres souscrits ou émis en France ne pourront être remis aux souscripteurs ou preneurs sans avoir préalablement acquitté les droits de timbre fixés par l'article précédent. — Si le droit a été payé sur le certificat provisoire, le titre définitif correspondant sera timbré sans frais sur la représentation de ce certificat.

3. Chaque contravention aux dispositions des paragraphes 1 et 2 de l'article précédent pourra être constatée dans les formes et conditions indiquées au troisième paragraphe de l'article 2 de la loi du 30 mars 1872. Elle sera également punie d'une amende de 5 pour 100 de la valeur nominale des titres annoncés ou émis, sans que cette amende puisse être inférieure à 50 francs. — L'amende est due personnellement et sans recours par celui qui a fait des annonces sans déclaration préalable, qui a émis ou qui a servi d'intermédiaire pour l'émission ou la souscription de titres non timbrés. La même amende sera exigible à raison d'émission ou de souscription faites sans déclaration préalable. Le souscripteur ou le preneur de titres non timbrés est tenu solidairement de l'amende, sauf son recours contre celui qui a ouvert la souscription ou émis les titres.

4. Le droit de timbre des connaissements créés en France pourra être acquitté par l'apposition de timbres mobiles. Sont applicables à ces timbres les dispositions des deux premiers paragraphes de l'article 7 de la loi du 30 mars 1872.

DÉCRET

Portant règlement de police pour les lieux affectés à la détention.

(25 mai 1872) (1).

DÉCRET

Portant règlement d'administration publique sur le régime de police et de surveillance auquel les condamnés à la déportation dans une enceinte fortifiée sont assujettis.

(31 mai 1872) (2)

DÉCRET

Qui autorise les sociétés anonymes et autres associations commerciales, industrielles ou financières, légalement constituées dans les

(1) Bull., 12e série, no 1304. — V. le texte dans notre édition in 8o.

(2) Bull., 12e série, no 1200. — V. le texte de ce décret dans notre édition in-8o. V. L. 25 mars 1873.

Royaumes de Suède et de Norwége, à exercer leurs droits en France.

(14 juin 1872) (1)

LOI

Relative aux titres au porteur.

(15 juin 1872) (2)

Art. 1er. Le propriétaire de titres au porteur, qui en est dépossédé par quelque événement que ce soit, peut se faire restituer contre cette perte, dans la mesure et sous les conditions déterminées dans la présente loi.

2. Le propriétaire dépossédé fera notifier par huissier à l'établissement débiteur un acte indiquant : le nombre, la nature, la valeur nominale, le numéro et, s'il y a lieu, la série des titres. — Il devra aussi, autant que possible, énoncer : — 1o L'époque et le lieu où il est devenu propriétaire, ainsi que le mode de son acquisition; — 2o L'époque et le lieu où il a reçu les derniers intérêts ou dividendes; — 3o Les circonstances qui ont accompagné sa dépossession. Le même acte contiendra une élection de domicile dans la commune du siége de l'établissement débiteur. Cette notification emportera opposition au paiement tant du capital que des intérêts ou dividendes échus ou à échoir.

3. Lorsqu'il se sera écoulé une année depuis l'opposition sans qu'elle ait été contredite, et que, dans cet intervalle, deux termes au moins d'intérêts ou de dividendes auront été mis en distribution, l'opposant pourra se pourvoir auprès du président du tribunal civil du lieu de son domicile, afin d'obtenir l'autorisation de toucher les intérêts ou dividendes échus ou à échoir, au fur et à mesure de leur exigibilité, et même le capital des titres frappés d'opposition dans le cas où ledit capital serait ou deviendrait exigible.

4. Si le président accorde l'autorisation, l'opposant devra, pour toucher les intérêts ou dividendes, fournir une caution solvable dont l'engagement s'étendra au montant des annuités exigibles et de plus à une valeur double de la dernière annuité échue. Après deux ans écoulés depuis l'autorisation, sans que l'opposition ait été contredite, la caution sera de plein droit déchargée. — Si l'opposant ne veut ou ne peut fournir la caution requise, il pourra, sur le vu de l'autorisation, exiger de la compagnie le dépôt à la Caisse des dépôts et consignations des intérêts ou dividendes échus et de ceux à échoir, au fur et à mesure de leur exigibilité. Après deux ans écoulés depuis l'autorisation, sans que l'opposition ait été contredite, l'opposant pourra retirer de la Caisse des dépôts et consignations les sommes ainsi déposées, et percevoir librement les intérêts et dividendes à échoir, au fur et à mesure de leur exigibilité.

5. Si le capital des titres frappés d'opposition est devenu exigible, l'opposant qui aura obtenu l'autorisation ci-dessus pourra en toucher le montant à charge de fournir caution. Il pourra s'il le préfère, exiger de la compagnie que le montant dudit capital soit déposé à la Caisse des dépôts et consignations. — Lorsqu'il se sera écoulé dix ans depuis l'époque de l'exigibilité et cinq ans au moins à partir de l'autorisation, sans que l'opposition ait été contredite, la caution sera déchargée, et, s'il y a eu dépôt, l'opposant pourra retirer de la Caisse des dépôts et consignations les sommes en faisant l'objet.

6. La solvabilité de la caution à fournir, en vertu des dispositions des articles précédents, sera appréciée comme en matière commerciale. S'il s'élève des difficultés, il sera statué en référé par le président du tribunal du domicile de l'établissement débiteur. — Il sera loisible à l'opposant de fournir un nantissement au lieu et place d'une caution. Ce nantissement pourra être constitué en titres de rentes sur l'Etat. Il sera restitué à l'expiration des délais fixés pour la libération de la caution.

7. En cas de refus de l'autorisation dont il est parlé en l'article 3, l'opposant pourra saisir, par voie de requête, le tribunal civil de son domicile, lequel statuera après avoir entendu le ministère public. Le jugement obtenu dudit tribunal produira les effets attachés à l'ordonnance d'autorisation.

8. Quand il s'agira de coupons au porteur détachés du titre, si l'opposition n'a pas été contredite, l'opposant pourra, après trois années à compter de l'échéance et de l'opposition, réclamer le montant desdits coupons de l'établissement débiteur, sans être tenu de se pourvoir d'autorisation.

9. Les paiements faits à l'opposant, suivant les règles ci-dessus posées, libèrent l'établissement débiteur en-

(1) Bull., 12e série, no 1241.
(2) V. Décr. 10 avril 1873.

vers tout tiers porteur qui se présenterait ultérieurement. Le tiers porteur, au préjudice duquel lesdits paiements auraient été faits, conserve seulement une action personnelle contre l'opposant qui aurait formé son opposition sans cause.

10. Si, avant que la libération de l'établissement débiteur soit accomplie, il se présente un tiers porteur des titres frappés d'opposition, ledit établissement doit provisoirement retenir ces titres contre un récépissé remis au tiers porteur ; il doit de plus avertir l'opposant, par lettre chargée, de la présentation du titre, en lui faisant connaître le nom et l'adresse du tiers porteur. Les effets de l'opposition restent alors suspendus jusqu'à ce que la justice ait prononcé entre l'opposant et le tiers porteur

11. L'opposant qui voudra prévenir la négociation ou la transmission des titres dont il a été dépossédé, devra notifier, par exploit d'huissier, au syndicat des agents de change de Paris une opposition renfermant les énonciations prescrites par l'article 2 de la présente loi ; l'exploit contiendra réquisition de faire publier les numéros des titres. — Cette publication sera faite un jour franc au plus tard, par les soins et sous la responsabilité du syndicat des agents de change de Paris, dans un bulletin quotidien, établi et publié dans les formes et sous les conditions déterminées par un règlement d'administration publique. — Le même règlement fixera le coût de la rétribution annuelle due par l'opposant pour frais de publicité. Cette rétribution annuelle sera payée d'avance à la caisse du syndicat, faute de quoi la dénonciation de l'opposition ne sera pas reçue ou la publication ne sera pas continuée à l'expiration de l'année pour laquelle la rétribution aura été payée. (*V. Décr.* 10 *avril* 1873.)

12. Toute négociation ou transmission postérieure au jour où le bulletin est parvenu ou aurait pu parvenir par la voie de la poste dans le lieu où elle a été faite sera sans effet vis-à-vis de l'opposant, sauf le recours du tiers porteur contre son vendeur et contre l'agent de change par l'intermédiaire duquel la négociation aura eu lieu. Le tiers porteur pourra également, au cas prévu par le précédent article, contester l'opposition faite irrégulièrement ou sans droit. — Sauf le cas où la mauvaise foi serait démontrée, les agents de change ne seront responsables des négociations faites par leur entremise qu'autant que les oppositions leur auront été signifiées personnellement ou qu'elles auront été publiées dans le bulletin par les soins du syndicat.

13. Les agents de change doivent inscrire sur leurs livres les numéros des titres qu'ils achètent ou qu'ils vendent. — Ils mentionneront sur les bordereaux d'achat les numéros livrés. Un règlement d'administration publique déterminera le taux de la rémunération qui sera allouée à l'agent de change pour cette inscription des numéros. (*V. Décr.* 10 *avril* 1873.)

14. A l'égard des négociations ou transmissions de titres antérieures à la publication de l'opposition, il n'est pas dérogé aux dispositions des articles 2279 et 2280 du Code civil.

15. Lorsqu'il se sera écoulé dix ans depuis l'autorisation obtenue par l'opposant, conformément à l'article 3, et que pendant le même laps de temps l'opposition aura été publiée sans que personne se soit présenté pour recevoir les intérêts ou dividendes, l'opposant pourra exiger de l'établissement débiteur qu'il lui soit remis un titre semblable et subrogé au premier. Ce titre devra porter le même numéro que le titre originaire, avec la mention qu'il est délivré par duplicata. — Le titre délivré en duplicata conférera les mêmes droits que le titre primitif et sera négociable dans les mêmes conditions. — Le temps pendant lequel l'établissement n'aurait pas mis en distribution de dividendes ou d'intérêts ne sera pas compté dans le délai ci-dessus. — Dans le cas du présent article, le titre primitif sera frappé de déchéance, et le tiers porteur qui le représentera après la remise du nouveau titre à l'opposant n'aura qu'une action personnelle contre celui-ci au cas où l'opposition aurait été faite sans droit. — L'opposant qui réclamera de l'établissement un duplicata paiera les frais qu'il occasionnera. Il devra de plus garantir par un dépôt ou par une caution que le numéro du titre frappé de déchéance sera publié pendant dix ans, avec une mention spéciale, au bulletin quotidien.

16. Les dispositions de la présente loi sont applicables aux titres au porteur émis par les départements, les communes et les établissements publics, mais elles ne sont pas applicables aux billets de la Banque de France, ni aux billets de même nature, émis par des établissements légalement autorisés, ni aux rentes et autres titres au porteur émis par l'État, lesquels continueront à être régis par

les lois, décrets et règlements en vigueur. — Toutefois, les cautionnements exigés par l'administration des Finances pour la délivrance des duplicata des titres perdus, volés ou détruits, seront restitués si, dans les vingt ans qui auront suivi, il n'a été formé aucune demande de la part des tiers porteurs, soit pour les arrérages, soit pour le capital. Le Trésor sera définitivement libéré envers le porteur des titres primitifs, sauf l'action personnelle de celui-ci contre la personne qui aura obtenu le duplicata.

DÉCRET

Relatif à la hauteur des maisons dans la ville de Paris.

(18 juin 1872) (1)

LOI

Relative à un impôt sur le revenu des valeurs mobilières.

(29 juin 1872) (2)

Art. 1er. Indépendamment des droits de timbre et de transmission établis par les lois existantes, il est établi, à partir du 1er juillet 1872, une taxe annuelle et obligatoire : — 1° Sur les intérêts, dividendes, revenus et tous autres produits des actions de toute nature, des sociétés, compagnies ou entreprises quelconques, financières, industrielles, commerciales ou civiles, quelle que soit l'époque de leur création ; — 2° Sur les arrérages et intérêts annuels des emprunts et obligations des départements, communes et établissements publics, ainsi que des sociétés, compagnies et entreprises ci-dessus désignées ; — 3° Sur les intérêts, produits et bénéfices annuels des parts d'intérêt et commandites dans les sociétés, compagnies et entreprises dont le capital n'est pas divisé en actions (3).

2. Le revenu est déterminé : — 1° Pour les actions, par le dividende fixé d'après les délibérations des assemblées générales d'actionnaires ou des conseils d'administration, les comptes rendus ou tous autres documents analogues ; — 2° Pour les obligations ou emprunts, par l'intérêt ou le revenu distribué dans l'année ; — 3° Pour les parts d'intérêt et commandites, soit par les délibérations des conseils d'administration des intéressés, soit, à défaut de délibération, par l'évaluation à raison de 5 pour 100 du montant du capital social ou de la commandite, ou du prix moyen des cessions de parts d'intérêt consenties pendant l'année précédente. — Les comptes rendus et les extraits des délibérations des conseils d'administration ou des actionnaires seront déposés, dans les vingt jours de leur date, au bureau de l'enregistrement du siége social (4).

3. La quotité de la taxe établie par la présente loi est fixée à 3 pour 100 du revenu des valeurs spécifiées en l'article 1er. — Le montant en est avancé, sauf leur recours, par les sociétés, compagnies, entreprises, villes, départements ou établissements publics. — Pour l'année 1872, les revenus, intérêts et dividendes seront sujets à la taxe pour moitié seulement de leur montant, quelle que soit d'ailleurs l'époque à laquelle le paiement aura lieu — A partir de la promulgation de la présente loi, le taux des droits et taxe établis par la loi du 23 juin 1857 et par celles des 16 septembre 1871 et 30 mars 1872, est réduit ainsi qu'il suit, savoir : — A 50 centimes par 100 francs pour la transmission ou la conversion des titres nominatifs ; — A 20 centimes par 100 francs pour la taxe à laquelle sont assujettis les titres au porteur. — Ces droits et taxe ne sont pas soumis aux décimes.

4. Les actions, obligations, titres d'emprunts, quelle que soit d'ailleurs leur dénomination, des sociétés, compagnies, entreprises, corporations, villes, provinces étrangères, ainsi que

(1) Bull., 12e série, n° 1202. — *V.* le texte dans notre édition in-8°.

(2) *V.* Décr. 6 déc. 1872. — *V. Instr de l'administration de l'enregistrement*, du 24 sept. 1875, *relative à la perception de la taxe de* 3 *pour* 100 *sur le revenu des valeurs mobilières* (n° 2525). — *J. off.* 13 oct. 1875. — L. 28 déc. 1880, art. 3.

(3) *V.* L. 1er déc. 1875.

(4) Lorsque les bénéfices annuels d'une société ne sont pas constatés par une délibération du conseil d'administration des intéressés, il y a lieu de recourir, pour déterminer le revenu passible de la taxe de 3 pour 100, au moyen subsidiaire indiqué par la loi, c'est-à-dire à l'évaluation à raison de 5 pour 100 du montant du capital social ou du prix moyen des cessions consenties pendant l'année précédente. — Cass. 23 août 1875 (2 arrêts).

tout autre établissement public étranger, sont soumis à une taxe équivalente à celle qui est établie par la présente loi sur le revenu des valeurs françaises. — Les titres étrangers ne pourront être cotés, négociés, exposés en vente ou émis en France qu'en se soumettant à l'acquittement de cette taxe, ainsi que des droits de timbre et de transmission. — Un règlement d'administration publique fixera le mode d'établissement et de perception de ces droits, dont l'assiette pourra reposer sur une quotité déterminée du capital social. — Le même règlement déterminera les époques de paiement de la taxe, ainsi que toutes les autres mesures nécessaires pour l'exécution de la présente loi. (*V. Décr.* 6 *déc.* 1872.)

5. Chaque contravention aux dispositions qui précèdent et à celles du règlement d'administration publique qui sera fait pour leur exécution, sera punie conformément à l'article 10 de la loi du 23 juin 1857. — Le recouvrement de la taxe sur le revenu sera suivi, et les instances seront introduites et jugées comme en matière d'enregistrement.

DÉCRET

Qui prescrit la publication de la Déclaration signée, le 14 juin 1872, entre la France et l'Allemagne, pour régler la légalisation des actes de l'état civil et des documents judiciaires originaires ou à destination de l'Alsace-Lorraine.

(5 juillet 1872) (1)

DÉCRET

Portant règlement d'administration publique pour l'exécution de l'article 4 de la loi du 25 mai 1872, relatif au droit de timbre des connaissements.

(24 juillet 1872) (2)

---

(1) Bull., 12e série, n° 1303. — *V.* le texte dans notre édition in-8°.
(2) Bull., 12e série, n° 1315.

LOI

Sur le recrutement de l'armée.

(27 juillet 1872)

Titre Ier. — *Dispositions générales.*

Art. 1er. Tout Français doit le service militaire personnel.

2. Il n'y a dans les troupes françaises ni prime en argent, ni prix quelconque d'engagement.

3. Tout Français qui n'est pas déclaré impropre à tout service militaire, peut être appelé, depuis l'âge de vingt ans jusqu'à celui de quarante ans, à faire partie de l'armée active et des réserves, selon le mode déterminé par la loi.

4. Le remplacement est supprimé. — Les dispenses de service, dans les conditions spécifiées par la loi, ne sont pas accordées à titre de libération définitive.

5. Les hommes présents au corps ne prennent part à aucun vote.

6. Tout corps organisé en armes est soumis aux lois militaires, fait partie de l'armée, et relève, soit du ministre de la Guerre, soit du ministre de la Marine.

7. Nul n'est admis dans les troupes françaises s'il n'est Français. — Sont exclus du service militaire, et ne peuvent à aucun titre servir dans l'armée : — 1° Les individus qui ont été condamnés à une peine afflictive ou infamante; — 2° Ceux qui, ayant été condamnés à une peine correctionnelle de deux ans d'emprisonnement et au-dessus, ont en outre été placés par le jugement de condamnation sous la surveillance de la haute police et interdits, en tout ou en partie, des droits civiques, civils ou de famille.

Titre II. — *Des appels.*

Section i. — *Du recensement et du tirage au sort.*

8. Chaque année, les tableaux de recensement des jeunes gens ayant atteint l'âge de vingt ans révolus dans l'année précédente et domiciliés dans le canton sont dressés par les maires : — 1° Sur la déclaration à laquelle sont tenus les jeunes gens, leurs parents ou leurs tuteurs; — 2° D'office, d'après les registres de l'état civil et tous autres documents et renseignements. — Ces tableaux mentionnent dans une colonne d'observations la profession de chacun des jeunes gens

inscrits. — Ces tableaux sont publiés et affichés dans chaque commune et dans les formes prescrites par les articles 63 et 64 du Code civil. La dernière publication doit avoir lieu au plus tard le 15 janvier. — Un avis publié dans les mêmes formes indique le lieu et le jour où il sera procédé à l'examen desdits tableaux et à la désignation, par le sort, du numéro assigné à chaque jeune homme inscrit.

9. Les individus nés en France de parents étrangers et les individus nés à l'étranger de parents étrangers naturalisés Français, et mineurs au moment de la naturalisation de leurs parents, concourent, dans les cantons où ils sont domiciliés, au tirage qui suit la déclaration par eux faite en vertu de l'article 9 du Code civil, et de l'article 2 de la loi du 7 février 1851. — Les individus déclarés Français en vertu de l'article 1er de la loi du 7 février 1851, concourent également, dans le canton où ils sont domiciliés, au tirage qui suit l'année de leur majorité, s'ils n'ont pas réclamé leur qualité d'étranger conformément à ladite loi. — Les uns et les autres ne sont assujettis qu'aux obligations de service de la classe à laquelle ils appartiennent par leur âge.

10. Sont considérés comme légalement domiciliés dans le canton : — 1° Les jeunes gens même émancipés, engagés, établis au dehors, expatriés, absents ou en état d'emprisonnement, si, d'ailleurs, leurs père, mère et tuteur ont leur domicile dans une des communes du canton, ou si leur père expatrié avait son domicile dans une desdites communes ; — 2° Les jeunes gens mariés dont le père, ou la mère à défaut de père, sont domiciliés dans le canton, à moins qu'ils ne justifient de leur domicile réel dans un autre canton ; — 3° Les jeunes gens mariés et domiciliés dans le canton, alors même que leur père ou leur mère n'y seraient pas domiciliés ; — 4° Les jeunes gens nés et résidant dans le canton qui n'auraient ni leur père, ni leur mère, ni leur tuteur ; — 5° Les jeunes gens résidant dans le canton qui ne seraient dans aucun des cas précédents et qui ne justifieraient pas de leur inscription dans un autre canton.

11. Sont, d'après la notoriété publique, considérés comme ayant l'âge requis pour le tirage, les jeunes gens qui ne peuvent produire, ou n'ont pas produit avant le tirage, un extrait des registres de l'état civil constatant un âge différent, ou qui, à défaut de registres, ne peuvent prouver, ou n'ont pas prouvé leur âge conformément à l'article 46 du Code civil.

12. Si dans les tableaux de recensement, ou dans les tirages des années précédentes, des jeunes gens ont été omis, ils sont inscrits sur les tableaux de recensement de la classe qui est appelée après la découverte de l'omission, à moins qu'ils n'aient trente ans accomplis à l'époque de la clôture des tableaux. — Après cet âge, ils sont soumis aux obligations de la classe à laquelle ils appartiennent.

13. Dans les cantons composés de plusieurs communes, l'examen des tableaux de recensement et le tirage au sort ont lieu au chef lieu de canton, en séance publique, devant le sous-préfet assisté des maires du canton. — Dans les communes qui forment un ou plusieurs cantons, le sous-préfet est assisté du maire et de ses adjoints. — Dans les villes divisées en plusieurs arrondissements, le préfet ou son délégué est assisté d'un officier municipal de l'arrondissement. — Le tableau est lu à haute voix. Les jeunes gens, leurs parents ou ayants-cause sont entendus dans leurs observations. Le sous-préfet statue après avoir pris l'avis des maires. Le tableau rectifié, s'il y a lieu, et définitivement arrêté, est revêtu de leurs signatures. — Dans les cantons composés de plusieurs communes, l'ordre dans lequel elles sont appelées pour le tirage est, chaque fois, indiqué par le sort.

14. Le sous-préfet inscrit, en tête de la liste de tirage, le nom des jeunes gens qui se trouvent dans les cas prévus par l'article 60 de la présente loi. — Les premiers numéros leur sont attribués de droit. — Ces numéros sont, en conséquence, extraits de l'urne avant l'opération du tirage.

15. Avant de commencer l'opération du tirage, le sous-préfet compte publiquement les numéros et les dépose dans l'urne, après s'être assuré que leur nombre est égal à celui des jeunes gens appelés à y concourir ; il en fait la déclaration à haute voix. — Aussitôt, chacun des jeunes gens appelés dans l'ordre du tableau prend dans l'urne un numéro qui est immédiatement proclamé et inscrit. Les parents des absents ou, à leur défaut, le maire de leur commune tirent à leur place. — L'opération du tirage achevée est définitive. — Elle ne peut, sous aucun prétexte, être recommencée, et chacun garde le numéro qu'il a tiré ou qu'on a tiré pour lui. — Les jeunes gens qui ne se trouveraient pas pourvus de numéros

seront inscrits à la suite, avec des numéros supplémentaires, et tireront entre eux pour déterminer l'ordre suivant lequel ils seront inscrits. — La liste par ordre de numéros est dressée à mesure que les numéros sont tirés de l'urne. Il y est fait mention des cas et des motifs d'exemption et de dispenses que les jeunes gens ou leurs parents, ou les maires des communes se proposent de faire valoir devant le Conseil de révision mentionné en l'article 27. — Le sous-préfet y ajoute ses observations. — La liste du tirage est ensuite lue, arrêtée et signée de la même manière que le tableau de recensement, et annexée avec ledit tableau au procès-verbal des opérations. Elle est publiée et affichée dans chaque commune du canton.

SECTION II. — *Des exemptions. — Des dispenses et des sursis d'appel.*

16. Sont exemptés du service militaire, les jeunes gens que leurs infirmités rendent impropres à tout service actif ou auxiliaire dans l'armée.

17. Sont dispensés du service d'activité en temps de paix : — 1° L'aîné d'orphelins de père et de mère ; — 2° Le fils unique ou l'aîné des fils, ou, à défaut de fils ou de gendre, le petit-fils unique ou l'aîné des petits-fils d'une femme actuellement veuve ou d'une femme dont le mari a été légalement déclaré absent, ou d'un père aveugle ou entré dans sa soixante-dixième année. — Dans les cas prévus par les deux paragraphes précédents, le frère puîné jouira de la dispense si le frère aîné est aveugle ou atteint de toute autre infirmité incurable qui le rende impotent ; — 3° Le plus âgé des deux frères appelés à faire partie du même tirage, si le plus jeune est reconnu propre au service ; — 4° Celui dont un frère sera dans l'armée active ; — 5° Celui dont un frère sera mort en activité de service ou aura été réformé ou admis à la retraite pour blessures reçues dans un service commandé, ou pour infirmités contractées dans les armées de terre ou de mer. — La dispense accordée, conformément aux paragraphes 4 et 5 ci-dessus, ne sera appliquée qu'à un seul frère pour un même cas, mais elle se répétera dans la même famille autant de fois que les mêmes droits s'y reproduiront. — Le jeune homme omis, qui ne s'est pas présenté par lui ou ses ayants-cause au tirage de la classe à laquelle il appartient, ne peut réclamer le bénéfice des dispenses indiquées par le présent article, si les causes de ces dispenses ne sont survenues que postérieurement à la clôture des listes. — Ces causes de dispenses doivent, pour produire leur effet, exister au jour où le Conseil de révision est appelé à statuer. — Néanmoins, l'appelé ou l'engagé qui, postérieurement, soit à la décision du Conseil de révision, soit au 1er juillet, soit à son incorporation, devient l'aîné d'orphelins de père et de mère, le fils unique ou l'aîné des fils, ou, à défaut du fils ou du gendre, le petit-fils unique ou l'aîné des petits-fils d'une femme veuve, d'une femme dont le mari a été légalement déclaré absent, ou d'un père aveugle, est, sur sa demande, et pour le temps qu'il a encore à servir, renvoyé dans ses foyers en disponibilité, à moins qu'en raison de sa présence sous les drapeaux, il n'ait procuré la dispense de service à un frère puiné actuellement vivant. — Le bénéfice de la disposition du paragraphe précédent s'étend au militaire devenu fils aîné ou petit-fils aîné de septuagénaire, par suite du décès d'un frère. — Les dispenses énoncées au présent article ne sont applicables qu'aux enfants légitimes.

18. Peuvent être ajournés deux années de suite à un nouvel examen, les jeunes gens qui, au moment de la réunion du Conseil de révision, n'ont pas la taille de 1 mètre 54 centimètres ou sont reconnus d'une complexion trop faible pour un service armé. — Les jeunes gens ajournés à un nouvel examen du Conseil de révision sont tenus, à moins d'une autorisation spéciale, de se représenter au Conseil de révision du canton devant lequel ils ont comparu. — Après l'examen définitif, ils sont classés, et ceux de ces jeunes gens reconnus propres soit au service armé, soit à un service auxiliaire, sont soumis, selon la catégorie dans laquelle ils sont placés, à toutes les obligations de la classe à laquelle ils appartiennent.

19. Les élèves de l'Ecole polytechnique et les élèves de l'Ecole forestière sont considérés comme présents sous les drapeaux dans l'armée active pendant tout le temps par eux passé dans lesdites écoles. — Les lois d'organisation prévues par l'article 45 de la présente loi déterminent, pour ceux de ces jeunes gens qui ont satisfait aux examens de sortie et ne sont pas placés dans les armées de terre ou de mer, les emplois auxquels ils peuvent être appelés, soit dans la disponibilité,

soit dans la réserve de l'armée active, soit dans l'armée territoriale, ou dans les services auxiliaires. — Les élèves de l'Ecole polytechnique et de l'Ecole forestière, qui ne satisfont pas aux examens de sortie de ces écoles, suivent les conditions de la classe de recrutement à laquelle ils appartiennent par leur âge; le temps passé par eux à l'Ecole polytechnique ou à l'Ecole forestière est déduit des années de service déterminées par l'article 36 de la présente loi.

20. Sont, à titre conditionnel, dispensés du service militaire : — 1° Les membres de l'instruction publique, les élèves de l'Ecole normale supérieure de Paris, dont l'engagement de se vouer pendant dix ans à la carrière de l'enseignement aura été accepté par le recteur de l'Académie, avant le tirage au sort, et s'ils réalisent cet engagement; — 2° Les professeurs des institutions nationales des sourds-muets et des institutions nationales des jeunes aveugles, aux mêmes conditions que les membres de l'instruction publique; — 3° Les artistes qui ont remporté les grands prix de l'Institut, à condition qu'ils passeront à l'école de Rome les années réglementaires et rempliront toutes leurs obligations envers l'Etat; — 4° Les élèves pensionnaires de l'Ecole des langues orientales vivantes et les élèves de l'Ecole des chartes, nommés après examen, à condition de passer dix ans tant dans lesdites écoles que dans un service public; — 5° Les membres et novices des associations religieuses vouées à l'enseignement et reconnues comme établissements d'utilité publique, et les directeurs, maîtres adjoints, élèves-maîtres des écoles fondées ou entretenues par les associations laïques, lorsqu'elles remplissent les mêmes conditions, pourvu toutefois que les uns et les autres, avant le tirage au sort, aient pris devant le recteur de l'Académie l'engagement de se consacrer pendant dix ans à l'enseignement et s'ils réalisent cet engagement, dans un des établissements de l'association religieuse ou laïque, à condition que cet établissement existe depuis plus de deux ans ou renferme trente élèves au moins; — 6° Les jeunes gens qui, sans être compris dans les paragraphes précédents, se trouvent dans les cas prévus par l'article 79 de la loi du 15 mars 1850, et par l'article 18 de la loi du 10 avril 1867, et ont, avant l'époque fixée pour le tirage, contracté devant le recteur le même engagement et aux mêmes conditions. — L'engagement de se vouer pendant dix ans à l'enseignement peut être réalisé par les instituteurs et par les instituteurs adjoints mentionnés au présent paragraphe 6, tant dans les écoles publiques que dans les écoles libres désignées à cet effet par le ministre de l'Instruction publique, après avis du Conseil départemental; — 7° Les élèves ecclésiastiques désignés à cet effet par les archevêques et par les évêques, et les jeunes gens autorisés à continuer leurs études pour se vouer au ministère dans les cultes salariés par l'Etat, sous la condition qu'ils seront assujettis au service militaire, s'ils cessent les études en vue desquelles ils auront été dispensés, ou si, à vingt-six ans, les premiers ne sont pas entrés dans les ordres majeurs, et les seconds n'ont pas reçu la consécration.

21. Les jeunes gens liés au service dans les armées de terre ou de mer en vertu d'un brevet ou d'une commission, et qui cessent leur service; — Les jeunes marins portés sur les registres matricules de l'inscription maritime, conformément aux règles prescrites par les articles 1, 2, 3, 4 et 5 de la loi du 25 octobre 1795 (3 brumaire an IV), qui se font rayer de l'inscription maritime; — Les jeunes gens désignés en l'article 20 ci-dessus, qui cessent d'être dans une des positions indiquées audit article avant d'avoir accompli les conditions qu'il leur impose, sont tenus : — 1° D'en faire la déclaration au maire de la commune dans les deux mois, et de retirer expédition de leur déclaration; — 2° D'accomplir dans l'armée active le service prescrit par la présente loi, et de faire ensuite partie des réserves selon la classe à laquelle ils appartiennent. — Faute par eux de faire la déclaration ci-dessus et de la soumettre au visa du préfet du département, dans le délai d'un mois, ils seront passibles des peines portées par l'article 60 de la présente loi. — Ils sont rétablis dans la première classe appelée après la cessation de leurs services, fonctions ou études. Mais le temps écoulé depuis la cessation de leurs services, fonctions ou études, jusqu'au moment de la déclaration, ne compte pas dans les années de service exigées par la présente loi. — Toutefois, est déduit du nombre d'années pendant lesquelles tout Français fait partie de l'armée active, le temps déjà passé au service de l'Etat par les marins inscrits et par les jeunes gens liés au service dans les armées de terre et de

mer, en vertu d'un brevet ou d'une commission.

22. Peuvent être dispensés à titre provisoire, comme soutiens indispensables de famille, et s'ils en remplissent effectivement les devoirs, les jeunes gens désignés par les Conseils municipaux de la commune où ils sont domiciliés. — La liste est présentée au Conseil de révision par le maire. — Ces dispenses peuvent être accordées par département, jusqu'à concurrence de 4 pour 100 du nombre des jeunes gens reconnus propres au service et compris dans la première partie des listes du recrutement cantonal. — Tous les ans, le maire de chaque commune fait connaître au Conseil de révision la situation des jeunes gens qui ont obtenu les dispenses à titre de soutiens de famille pendant les années précédentes.

23. En temps de paix, il peut être accordé des sursis d'appel aux jeunes gens qui, avant le tirage au sort, en auront fait la demande. — A cet effet, ils doivent établir que, soit pour leur apprentissage, soit pour les besoins de l'exploitation agricole, industrielle ou commerciale à laquelle ils se livrent pour leur compte ou pour celui de leurs parents, il est indispensable qu'ils ne soient pas enlevés immédiatement à leurs travaux. — Ce sursis d'appel ne confère ni exemption ni dispense. — Il n'est accordé que pour un an et peut être néanmoins renouvelé pour une seconde année. — Le jeune homme qui a obtenu un sursis d'appel conserve le numéro qui lui est échu lors du tirage au sort, et, à l'expiration de son sursis, il est tenu de satisfaire à toutes les obligations que lui imposait la loi en raison de son numéro.

24. Les demandes de sursis, adressées au maire, sont instruites par lui; le Conseil municipal donne son avis. Elles sont remises au Conseil de révision et envoyées par duplicata au sous-préfet, qui les transmet au préfet, avec ses observations, et y joint tous les documents nécessaires. — Il peut être accordé, pour tout le département et par chaque classe, des sursis d'appel jusqu'à concurrence de 4 pour 100 du nombre des jeunes gens reconnus propres au service militaire dans ladite classe et compris dans la première partie des listes du recrutement cantonal.

25. Les jeunes gens dispensés du service d'activité en temps de paix, aux termes de l'article 17 de la présente loi, les jeunes gens dispensés à titre de soutiens de famille, ainsi que les jeunes gens auxquels il est accordé des sursis d'appel, sont astreints, par un règlement du ministre de la Guerre, à certains exercices. — Quand les causes de dispenses viennent à cesser, ils sont soumis à toutes les obligations de la classe à laquelle ils appartiennent.

26. Les jeunes gens dispensés du service de l'armée active, aux termes de l'article 17 ci-dessus, les jeunes gens dispensés à titre de soutiens de famille, ainsi que ceux qui ont obtenu des sursis d'appel, sont appelés, en cas de guerre, comme les hommes de leur classe. — L'autorité militaire en dispose alors selon les besoins des différents services.

SECTION IV. — *Des Conseils de révision et des listes de recrutement cantonal.*

27. Les opérations du recrutement sont revues, les réclamations auxquelles ces opérations peuvent donner lieu sont entendues, les causes d'exemption et de dispenses prévues par les articles 16, 17 et 20 de la présente loi, sont jugées en séance publique par un Conseil de révision composé : — Du préfet, président, ou, à son défaut, du secrétaire général ou du conseiller de préfecture délégué par le préfet ; — D'un conseiller de préfecture désigné par le préfet ; — D'un membre du Conseil général du département autre que le représentant élu dans le canton où la révision a lieu ; — D'un membre du Conseil d'arrondissement également autre que le représentant élu dans le canton où la révision a lieu. — Tous deux désignés par la commission permanente du Conseil général, conformément à l'article 82 de la loi du 10 août 1871 ; — D'un officier général ou supérieur désigné par l'autorité militaire. — Un membre de l'intendance, le commandant du recrutement, un médecin militaire ou, à défaut, un médecin civil désigné par l'autorité militaire, assistent aux opérations du Conseil de révision. Le membre de l'intendance est entendu, dans l'intérêt de la loi, toutes les fois qu'il le demande, et peut faire consigner ses observations au registre des délibérations. — Le Conseil de révision se transporte dans les divers cantons. Toutefois, suivant les localités, le préfet peut exceptionnellement réunir dans le même lieu plusieurs cantons pour les opérations du Conseil. — Le sous-préfet, ou le fonctionnaire par lequel il aura été suppléé pour les

opérations du tirage, assiste aux séances que le Conseil de révision tient dans son arrondissement. — Il a voix consultative. — Les maires des communes auxquelles appartiennent les jeunes gens appelés devant le Conseil de révision assistent aux séances et peuvent être entendus. — Si, par suite d'une absence, le Conseil de révision ne se compose que de quatre membres, il peut délibérer, mais la voix du président n'est pas prépondérante. La décision ne peut être prise qu'à la majorité de trois voix; en cas de partage, elle est ajournée.

28. Les jeunes gens portés sur les tableaux de recensement, ainsi que ceux des classes précédentes qui ont été ajournés conformément à l'article 18 ci-dessus, sont convoqués, examinés et entendus par le Conseil de révision. Ils peuvent alors faire connaître l'arme dans laquelle ils désirent être placés. — S'ils ne se rendent pas à la convocation, ou s'ils ne se font pas représenter, ou s'ils n'obtiennent pas un délai, il est procédé comme s'ils étaient présents. — Dans le cas d'exemptions pour infirmités, le Conseil ne prononce qu'après avoir entendu le médecin qui assiste au Conseil. — Les cas de dispenses sont jugés sur la production de documents authentiques et sur les certificats signés de trois pères de famille domiciliés dans le même canton, dont les fils sont soumis à l'appel ou ont été appelés. Ces certificats doivent, en outre, être signés et approuvés par le maire de la commune du réclamant. — La substitution de numéros peut avoir lieu entre frères, si celui qui se présente comme substituant est reconnu propre au service par le Conseil de révision.

29. Lorsque les jeunes gens portés sur les tableaux de recensement ont fait des réclamations dont l'admission ou le rejet dépend de la décision à intervenir sur des questions judiciaires relatives à leur état ou à leurs droits civils, le Conseil de révision ajourne sa décision ou ne prend qu'une décision conditionnelle. — Les questions sont jugées contradictoirement avec le préfet, à la requête de la partie la plus diligente. Les tribunaux statuent sans délai, le ministère public entendu.

30. Hors les cas prévus par l'article précédent, les décisions du Conseil de révision sont définitives. Elles peuvent néanmoins être attaquées devant le Conseil d'Etat pour incompétence et excès de pouvoir. — Elles peuvent aussi être attaquées pour violation de la loi, mais par le ministre de la Guerre seulement, et dans l'intérêt de la loi. Toutefois l'annulation profite aux parties lésées.

31. Après que le Conseil de révision a statué sur les cas d'exemptions et sur ceux de dispenses, ainsi que sur toutes les réclamations auxquelles les opérations peuvent donner lieu, la liste du recrutement cantonal est définitivement arrêtée et signée par le Conseil de révision. — Cette liste, divisée en cinq parties, comprend : — — 1° Par ordre de numéros de tirage, tous les jeunes gens déclarés propres au service militaire, et qui ne doivent pas être classés dans les catégories suivantes; — 2° Tous les jeunes gens dispensés en exécution de l'article 17 de la présente loi; — 3° Tous les jeunes gens conditionnellement dispensés en vertu de l'article 20, ainsi que les jeunes gens liés au service en vertu d'un engagement volontaire, d'un brevet ou d'une commission, et les jeunes marins inscrits; — 4° Les jeunes gens qui, pour défaut de taille ou pour toute autre cause, ont été dispensés du service dans l'armée active, mais ont été reconnus aptes à faire partie d'un des services auxiliaires de l'armée; — 5° Enfin les jeunes gens qui ont été ajournés à un nouvel examen du Conseil de révision.

32. Quand les listes de recrutement de tous les cantons du département ont été arrêtées conformément aux prescriptions de l'article précédent, le Conseil de révision, auquel sont adjoints deux autres membres du Conseil général également désignés par la commission permanente, et réuni au chef-lieu du département, prononce sur les demandes de dispenses pour soutiens de famille, et sur les demandes de sursis d'appel.

SECTION IV. — *Du registre matricule.*

33. Il est tenu, par département, ou par circonscriptions déterminées dans chaque département, en vertu d'un règlement d'administration publique, un registre matricule, dressé au moyen des listes mentionnées en l'article 31 ci-dessus, et sur lequel sont portés tous les jeunes gens qui n'ont pas été déclarés impropres à tout service militaire, ou qui n'ont pas été ajournés à un nouvel examen du Conseil de révision. — Ce registre mentionne l'incorporation de chaque homme inscrit, ou la position dans

laquelle il est laissé, et successivement tous les changements qui peuvent survenir dans sa situation, jusqu'à ce qu'il passe dans l'armée territoriale.

34. Tout homme inscrit sur le registre matricule, qui change de domicile, est tenu d'en faire la déclaration à la mairie de la commune qu'il quitte et à la mairie du lieu où il vient s'établir. — Le maire de chacune des communes transmet, dans les huit jours, copie de ladite déclaration au bureau du registre matricule de la circonscription dans laquelle se trouve la commune.

35. Tout homme inscrit sur le registre matricule, qui entend se fixer en pays étranger, est tenu, dans sa déclaration à la mairie de la commune où il réside, de faire connaître le lieu où il va établir son domicile, et, dès qu'il y est arrivé, d'en prévenir l'agent consulaire de France. Le maire de la commune transmet, dans les huit jours, copie de ladite déclaration au bureau du registre matricule de la circonscription dans laquelle se trouve sa commune. — L'agent consulaire, dans les huit jours de la déclaration, en envoie copie au ministre de la Guerre.

TITRE III. — *Du service militaire.*

36. Tout Français qui n'est pas déclaré impropre à tout service militaire fait partie : — De l'armée active pendant cinq ans ; — De la réserve de l'armée active pendant quatre ans ; — De l'armée territoriale pendant cinq ans ; — De la réserve de l'armée territoriale pendant six ans. — 1o L'armée active est composée, indépendamment des hommes qui ne se recrutent pas par les appels, de tous les jeunes gens déclarés propres à un des services de l'armée et compris dans les cinq dernières classes appelées ; — 2o La réserve de l'armée active est composée de tous les hommes également déclarés propres à un des services de l'armée et compris dans les quatre classes appelées immédiatement avant celles qui forment l'armée active ; — 3o L'armée territoriale est composée de tous les hommes qui ont accompli le temps de service prescrit pour l'armée active et la réserve ; — 4o La réserve de l'armée territoriale est composée des hommes qui ont accompli le temps de service pour cette armée. — L'armée territoriale et la deuxième réserve sont formées par régions déterminées par un règlement d'administration publique ; elles comprennent pour chaque région les hommes ci-dessus désignés aux paragraphes 3o et 4o, et qui sont domiciliés dans la région.

37. L'armée de mer est composée, indépendamment des hommes fournis par l'inscription maritime : — 1o Des hommes qui auront été admis à s'engager volontairement ou à se rengager dans les conditions déterminées par un règlement d'administration publique ; — 2o Des jeunes gens qui, au moment des opérations du Conseil de révision, auront demandé à entrer dans un corps de la marine, et auront été reconnus propres à ce service ; — 3o Enfin, et à défaut d'un nombre suffisant d'hommes compris dans les deux catégories précédentes, du contingent du recrutement affecté par décision du ministre de la guerre à l'armée de mer. — Ce contingent, fourni par chaque canton, dans la proportion fixée par ladite décision, est composé des jeunes gens compris dans la première partie de la liste du recrutement cantonal et auxquels seront échus les premiers numéros sortis au tirage au sort. — Un règlement d'administration publique déterminera les conditions dans lesquelles pourront avoir lieu les permutations entre les jeunes gens affectés à l'armée de mer et ceux de la même classe affectés à l'armée de terre. — Pour les hommes qui ne proviennent pas de l'inscription maritime, le temps de service actif dans l'armée de mer est de cinq ans, et de deux ans dans la réserve. (*V. L. 4 déc.* 1875.) — Ces hommes passent ensuite dans l'armée territoriale.

38. La durée du service compte du 1er juillet de l'année du tirage au sort. — Chaque année, au 30 juin, en temps de paix, les militaires qui ont achevé le temps de service prescrit dans l'armée active, ceux qui ont accompli le temps de service prescrit dans la réserve de l'armée active, ceux qui ont terminé le temps de service prescrit pour l'armée territoriale, enfin ceux qui ont terminé le temps de service pour la réserve de cette armée, reçoivent un certificat constatant : — Pour les premiers, leur envoi dans la première réserve ; — Pour les seconds, leur envoi dans l'armée territoriale ; — Pour les troisièmes, leur envoi dans la deuxième réserve. — Et, à l'expiration du temps de service dans cette réserve, les hommes reçoivent un congé définitif. — En temps de guerre, ils reçoivent ces certificats immédiatement après l'arrivée au corps des hommes de la classe destinée à remplacer celle à laquelle ils appartiennent. —

Cette dernière disposition est applicable en tout temps aux hommes appartenant aux équipages de la flotte en cours de campagne.

39. Tous les jeunes gens de la classe appelée, qui ne sont pas exemptés pour cause d'infirmités ou ne sont pas dispensés en application des dispositions de la présente loi, ou n'ont pas obtenu de sursis d'appel, ou ne sont pas affectés, à l'armée de mer, font partie de l'armée active et sont mis à la disposition du ministre de la Guerre. — Ces jeunes soldats sont tous immatriculés dans les divers corps de l'armée et envoyés, soit dans lesdits corps, soit dans des bataillons et écoles d'instruction.

40. Après une année de service des jeunes soldats, dans les conditions indiquées en l'article précédent, ne sont plus maintenus sous les drapeaux que les hommes dont le chiffre est fixé chaque année par le ministre de la Guerre. — Ils sont pris par ordre de numéro sur la première partie de la liste du recrutement de chaque canton et dans la proportion déterminée par la décision du ministre : cette décision est rendue aussitôt après que toutes les opérations du recrutement sont terminées.

41. Nonobstant les dispositions de l'article précédent, le militaire compris dans la catégorie de ceux ne devant pas rester sous les drapeaux, mais qui, après l'année de service mentionnée audit article, ne sait pas lire et écrire, et ne satisfait pas aux examens déterminés par le ministre de la Guerre, peut être maintenu au corps pendant une seconde année. — Le militaire placé dans la même catégorie qui, par l'instruction acquise antérieurement à son entrée au service, et par celle reçue sous les drapeaux, remplit toutes les conditions exigées, peut, après six mois, à des époques fixées par le ministre de la Guerre, et avant l'expiration de l'année, être envoyé en disponibilité dans ses foyers, conformément à l'article suivant.

42. Les jeunes gens qui, après le temps de service prescrit par les articles 40 et 41, ne sont pas maintenus sous les drapeaux, restent en disponibilité de l'armée active dans leurs foyers et à la disposition du ministre de la Guerre. — Ils sont, par un règlement du ministre, soumis à des revues et à des exercices.

43. Les hommes envoyés dans la réserve de l'armée active restent immatriculés d'après le mode prescrit par la loi d'organisation. — Le rappel de la réserve de l'armée active peut être fait d'une manière distincte et indépendante pour l'armée de terre et dans l'armée de mer; il peut également être fait par classe, en commençant par la moins ancienne. — Les hommes de la réserve de l'armée active sont assujettis, pendant le temps de service de ladite réserve, à prendre part à deux manœuvres. — La durée de chacune de ces manœuvres ne peut dépasser quatre semaines.

44. Les hommes en disponibilité de l'armée active et les hommes de la réserve peuvent se marier sans autorisation. — Les hommes mariés restent soumis aux obligations du service imposées aux classes auxquelles ils appartiennent. — Toutefois, les hommes en disponibilité ou en réserve qui sont pères de quatre enfants vivants passent de droit dans l'armée territoriale.

45. Des lois spéciales déterminent les bases de l'organisation de l'armée active et de l'armée territoriale, ainsi que des réserves. (*L. 24 juill.* 1873.)

TITRE IV. — *Des engagements, des rengagements et des engagements conditionnels d'un an.*

SECTION I. — *Des engagements.*

46. Tout Français peut être autorisé à contracter un engagement volontaire aux conditions suivantes : — L'engagé volontaire doit : 1° S'il entre dans l'armée de mer, avoir seize ans accomplis, sans être tenu d'avoir la taille prescrite par la loi, mais sous la condition qu'à l'âge de dix-huit ans, il ne pourra être reçu s'il n'a pas cette taille ; — 2° S'il entre dans l'armée de terre, avoir dix-huit ans accomplis et au moins la taille de 1 mètre 54 centimètres; — 3° Savoir lire et écrire; — 4° Jouir de ses droits civils; — 5° N'être ni marié, ni veuf avec enfants; — 6° Être porteur d'un certificat de bonnes vie et mœurs délivré par le maire de la commune de son dernier domicile; et, s'il ne compte pas au moins une année de séjour dans cette commune, il doit également produire un autre certificat du maire des communes où il a été domicilié dans le cours de cette année. — Le certificat doit contenir le signalement du jeune homme qui veut s'engager, mentionner la durée du temps pendant lequel il a été domicilié dans la commune et attester : — Qu'il jouit de ses droits civils; — Qu'il n'a jamais été condamné à une peine correctionnelle pour vol, escro-

querie, abus de confiance ou attentat aux mœurs. — Si l'engagé a moins de vingt ans, il doit justifier du consentement de ses père, mère ou tuteur. — Ce dernier doit être autorisé par une délibération du conseil de famille. — Les conditions relatives, soit à l'aptitude militaire, soit à l'admissibilité dans les différents corps de l'armée, sont déterminées par un décret inséré au *Bulletin des lois*. (*V. Décr.* 30 *nov.* 1872.)

47. La durée de l'engagement volontaire est de cinq ans. — Les années de l'engagement volontaire comptent dans la durée du service militaire fixé par l'article 36 ci-dessus. — En cas de guerre, tout Français qui a accompli le temps de service prescrit pour l'armée active et la réserve de ladite armée, est admis à contracter dans l'armée active un engagement pour la durée de la guerre. — Cet engagement ne donne pas lieu aux dispenses prévues par le paragraphe 4 de l'article 17 de la présente loi.

48. Les hommes qui, après avoir satisfait aux conditions des articles 40 et 41 de la présente loi, vont être renvoyés en disponibilité, peuvent être admis à rester dans ladite armée de manière à compléter cinq années de service. — Les hommes renvoyés en disponibilité peuvent être autorisés à compléter cinq années de service sous les drapeaux.

49. Les engagés volontaires, les hommes admis à rester dans l'armée active, ainsi que ceux qui, en disponibilité, ont été autorisés à compléter cinq années de service dans ladite armée, ne peuvent être envoyés en congé sans leur consentement.

50. Les engagements volontaires sont contractés dans les formes prescrites par les articles 34, 35, 36, 37, 38, 39, 40, 42 et 44 du Code civil, devant les maires des chefs-lieux de canton. — Les conditions relatives à la durée des engagements sont insérées dans l'acte même. — Les autres conditions sont lues aux contractants avant la signature, et mention en est faite à la fin de l'acte, le tout sous peine de nullité.

SECTION II. — *Des rengagements.*

51. Des rengagements peuvent être reçus pour deux ans au moins et cinq ans au plus. — Ces rengagements ne peuvent être reçus que pendant le cours de la dernière année de service sous les drapeaux. — Ils sont renouvelables jusqu'à l'âge de vingt-neuf ans accomplis pour les caporaux et soldats, et jusqu'à l'âge de trente-cinq ans accomplis pour les sous-officiers. — Les autres conditions sont déterminées par un règlement inséré au *Bulletin des lois*. — Les rengagements, après cinq ans de service sous les drapeaux, donnent droit à une haute paye. (*V. Décr.* 30 *nov.* 1872.)

52. Les engagements prévus à l'article 48 de la présente loi et les rengagements sont contractés devant les intendants ou sous-intendants militaires, dans la forme prescrite dans l'article 50 ci-dessus, sur la preuve que le contractant peut rester, ou être admis dans le corps pour lequel il se présente.

SECTION III. — *Des engagements conditionnels d'un an.*

53. Les jeunes gens qui ont obtenu des diplômes de bachelier ès lettres, de bachelier ès sciences, des diplômes de fin d'études, ou des brevets de capacité institués par les articles 3 et 6 de la loi du 21 juin 1865; ceux qui font partie de l'Ecole centrale des arts et manufactures, des Ecoles nationales des arts et métiers, des Ecoles nationales des beaux-arts, du Conservatoire de musique, les élèves des Ecoles nationales vétérinaires et des Ecoles nationales d'agriculture; les élèves externes de l'Ecole des mines, de l'Ecole des ponts et chaussées, de l'Ecole du génie maritime et les elèves de l'Ecole des mineurs de Saint-Etienne, sont admis, avant le tirage au sort, lorsqu'ils présentent les certificats d'études émanés des autorités désignées par un règlement inséré au *Bulletin des lois*, à contracter dans l'armée de terre des engagements conditionnels d'un an, selon le mode déterminé par ledit règlement. (*V. Décr.* 1er *déc.* 1872; *L.* 31 *déc.* 1875.)

54. Indépendamment des jeunes gens indiqués en l'article précédent, sont admis, avant le tirage au sort, à contracter un semblable engagement, ceux qui satisfont à un des examens exigés par les différents programmes, préparés par le ministre de la Guerre et approuvés par décrets rendus dans la forme des règlements d'administration publique. Ces décrets sont insérés au *Bulletin des lois*. — Le ministre de la Guerre fixe chaque année le nombre des engagements conditionnels d'un ans spécifiés au présent article. Ce nombre est réparti par régions déterminées conformément à l'article 36 ci-dessus, et proportionnellement au nombre des jeunes gens inscrits sur les tableaux de recensement de l'année

précédente. — Si, au moment où les jeunes gens mentionnés au présent article et à l'article précédent se présentent pour contracter un engagement d'un an, ils ne sont pas reconnus propres au service, ils sont ajournés, et ne peuvent être incorporés que lorsqu'ils remplissent toutes les conditions voulues. (*V. Décr.* 1er *déc.* 1872; *L.* 31 *déc.* 1875.)

55. L'engagé volontaire d'un an est habillé, monté, équipé et entretenu à ses frais. — Toutefois, le ministre de la Guerre peut exempter de tout ou partie des obligations déterminées au paragraphe précédent, les jeunes gens qui ont donné dans leur examen des preuves de capacité et justifient, dans les formes prescrites par les règlements, être dans l'impossibilité de subvenir aux frais résultant de ces obligations. (*V. Décr.* 1er *déc.* 1872.)

56. L'engagé volontaire d'un an est incorporé et soumis à toutes les obligations de service imposées aux hommes présents sous les drapeaux. — Il est astreint aux examens prescrits par le ministre de la Guerre. — Si, après un an de service, l'engagé volontaire d'un an ne satisfait pas à ces examens, il est obligé de rester une seconde année au service, aux conditions déterminées dans le règlement prévu par l'article 53. — Si, après cette seconde année, l'engagé volontaire ne satisfait pas à ces examens, il est, par décision du ministre de la Guerre, déclaré déchu des avantages réservés aux volontaires d'un an, et il reste soumis aux mêmes obligations que celles imposées aux hommes de la première partie de la classe à laquelle il appartient par son engagement. — Il en est de même pour le volontaire qui, pendant la première ou la seconde année, a commis des fautes graves et répétées contre la discipline. — Dans tous les cas, le temps passé dans le volontariat compte en déduction de la durée du service prescrite par l'article 36 de la présente loi. — En temps de guerre, l'engagé volontaire d'un an est maintenu au service. — En cas de mobilisation, l'engagé volontaire d'un an marche avec la première partie de la classe à laquelle il appartient par son engagement.

57. Dans l'année qui précède l'appel de leur classe, les jeunes gens mentionnés dans l'article 53, qui n'auraient pas terminé les études de la Faculté ou des Écoles auxquelles ils appartiennent, mais qui voudraient les achever dans un laps de temps déterminé, peuvent, tout en contractant l'engagement d'un an, obtenir de l'autorité militaire un sursis avant de se rendre au corps pour lequel ils se sont engagés. Le sursis peut leur être accordé jusqu'à l'âge de vingt-quatre ans accomplis. (*V. Décr.* 1er *déc.* 1872; *L.* 31 *déc.* 1875.)

58. Après que les engagés volontaires d'un an ont satisfait à tous les examens exigés par l'article 56, ils peuvent obtenir des brevets de sous-officier ou des commissions au moins équivalentes. — Les lois spéciales prévues par l'article 45 déterminent l'emploi de ces jeunes gens, soit dans l'armée active, soit dans la disponibilité, soit dans la réserve de l'armée active, soit dans l'armée territoriale, ou dans les différents services auxquels leurs études les ont plus spécialement destinés.

TITRE V. — *Dispositions pénales.*

59. Tout homme inscrit sur le registre matricule, qui n'a pas fait les déclarations de changement de domicile prescrites par les articles 34 et 35 de la présente loi, est déféré aux tribunaux ordinaires, et puni d'une amende de 10 francs à 200 francs; il peut, en outre, être condamné à un emprisonnement de quinze jours à trois mois. — En temps de guerre, la peine est double.

60. Toutes fraudes ou manœuvres, par suite desquelles un jeune homme a été omis sur les tableaux de recensement ou sur les listes du tirage, sont déférées aux tribunaux ordinaires et punies d'un emprisonnement d'un mois à un an. — Sont déférés aux mêmes tribunaux et punis de la même peine : — 1° Les jeunes gens appelés qui, par suite d'un concert frauduleux, se sont abstenus de comparaître devant le Conseil de révision; — 2° Les jeunes gens qui, à l'aide de fraudes ou manœuvres, se sont fait exempter ou dispenser par un Conseil de révision, sans préjudice des peines plus graves en cas de faux. — Les auteurs ou complices sont punis des mêmes peines. — Si le jeune homme omis a été condamné comme auteur ou complice de fraudes ou manœuvres, les dispositions de l'article 14 lui sont appliquées lors du premier tirage qui a lieu après l'expiration de sa peine. — Le jeune homme indûment exempté ou indûment dispensé est rétabli en tête de la première partie de la classe appelée, après qu'il a été reconnu que l'exemption ou la dispense avait été indûment accordée.

61. Tout homme inscrit sur le regis-

tre matricule, au domicile duquel un ordre de route a été régulièrement notifié, et qui n'est pas arrivé à sa destination au jour fixé par cet ordre, est, après un mois de délai, et hors le cas de force majeure, puni, comme insoumis, d'un emprisonnement d'un mois à un an en temps de paix et de deux à cinq ans en temps de guerre. Dans ce dernier cas, à l'expiration de sa peine, il est envoyé dans une compagnie de discipline. — En temps de guerre, les noms des insoumis sont affichés dans toutes les communes du canton de leur domicile; ils restent affichés pendant toute la durée de la guerre. — Ces dispositions sont applicables à tout engagé volontaire qui, sans motifs légitimes, n'est pas arrivé à sa destination dans le délai fixé par sa feuille de route. — En cas d'absence du domicile, et lorsque le lieu de la résidence est inconnu, l'ordre de route est notifié au maire de la commune dans laquelle l'appelé a concouru au tirage. — A l'égard des appelés, le délai d'un mois sera porté : — 1° A deux mois, s'ils demeurent en Algérie, dans les îles voisines des contrées limitrophes de la France ou en Europe ; — 2° A six mois, s'ils demeurent dans tout autre pays. — L'insoumis est jugé par le Conseil de guerre de la division militaire dans laquelle il est arrêté. — Le temps pendant lequel l'engagé volontaire ou l'homme inscrit sur le registre matricule aura été insoumis ne compte pas dans les années de service exigées.

62. Quiconque est reconnu coupable d'avoir recélé ou d'avoir pris à son service un insoumis, est puni d'un emprisonnement qui ne peut excéder six mois. Selon les circonstances, la peine peut être réduite à une amende de 20 à 200 francs. — Quiconque est convaincu d'avoir favorisé l'évasion d'un insoumis est puni d'un emprisonnement d'un mois à un an. — La même peine est prononcée contre ceux qui, par des manœuvres coupables, ont empêché ou retardé le départ des jeunes soldats. — Si le délit a été commis à l'aide d'un attroupement, la peine sera double. — Si le délinquant est fonctionnaire public, employé du Gouvernement ou ministre d'un culte salarié par l'Etat, la peine peut être portée jusqu'à deux années d'emprisonnement, et il est, en outre, condamné à une amende qui ne pourra excéder 2,000 francs.

63. Tout homme qui est prévenu de s'être rendu impropre au service militaire, soit temporairement, soit d'une manière permanente, dans le but de se soustraire aux obligations imposées par la présente loi, est déféré aux tribunaux, soit sur la demande des Conseils de révision, soit d'office, et, s'il est reconnu coupable, il est puni d'un emprisonnement d'un mois à un an. — Sont également déférés aux tribunaux et punis de la même peine, les jeunes gens qui, dans l'intervalle de la clôture de la liste cantonale à leur mise en activité, se sont rendus coupables du même délit. — A l'expiration de leur peine, les uns et les autres sont mis à la disposition du ministre de la Guerre, pour tout le temps du service militaire qu'ils doivent à l'Etat et peuvent être envoyés dans une compagnie de discipline. — La peine portée au présent article est prononcée contre les complices. — Si les complices sont des médecins, chirurgiens, officiers de santé ou pharmaciens, la durée de l'emprisonnement est de deux mois à deux ans, indépendamment d'une amende de 200 francs à 1,000 francs qui peut aussi être prononcée, et sans préjudice de peines plus graves dans les cas prévus par le Code pénal.

64. Ne compte pas pour les années de service exigées par la présente loi, le temps pendant lequel un militaire a subi la peine de l'emprisonnement en vertu d'un jugement.

65. Tout fonctionnaire ou officier public, civil ou militaire, qui, sous quelque prétexte que ce soit, a autorisé ou admis des exemptions, dispenses ou exclusions autres que celles déterminées par la présente loi, ou qui aura donné arbitrairement une extension quelconque soit à la durée, soit aux règles ou conditions des appels, des engagements ou des rengagements, sera coupable d'abus d'autorité, et puni des peines portées dans l'article 185 du Code pénal, sans préjudice des peines plus graves prononcées par ce Code dans les autres cas qu'il a prévus.

66. Les médecins, chirurgiens ou officiers de santé qui, appelés au Conseil de révision à l'effet de donner leur avis, conformément aux articles 16, 18, 28, ont reçu des dons ou agréé des promesses pour être favorables aux jeunes gens qu'ils doivent examiner, sont punis d'un emprisonnement de deux mois à deux ans. — Cette peine leur est appliquée, soit qu'au moment des dons ou promesses ils aient déjà été désignés pour assister au Conseil, soit que les dons ou

promesses aient été agréés dans la prévoyance des fonctions qu'ils auraient à y remplir. — Il leur est défendu, sous la même peine, de rien recevoir, même pour une exemption ou réforme justement prononcée.

67. Les peines prononcées par les articles 60, 62 et 63 sont applicables aux tentatives des délits prévus par ces articles. — Dans le cas prévu par l'article 66, ceux qui ont fait des dons et promesses sont punis des peines portées par ledit article contre les médecins, chirurgiens ou officiers de santé.

68. Dans tous les cas non prévus par les dispositions précédentes, les tribunaux civils et militaires, dans les limites de leur compétence, appliqueront les lois pénales ordinaires aux délits auxquels pourra donner lieu l'exécution du mode de recrutement déterminé par la présente loi. — Dans tous les cas où la peine d'emprisonnement est prononcée par la présente loi, les juges peuvent, suivant les circonstances, user de la faculté exprimée par l'article 463 du Code penal.

Dispositions particulières.

69. Les jeunes gens appelés à faire partie de l'armée, en exécution de la présente loi, outre l'instruction nécessaire à leur service, reçoivent dans leurs corps, et suivant leurs grades, l'instruction prescrite par un règlement du ministre de la Guerre.

70. Les ministres de la Guerre et de la Marine assureront, par des règlements, aux militaires de toutes armes, le temps et la liberté nécessaires à l'accomplissement de leurs devoirs religieux les dimanches et autres jours de fête consacrés pour leurs cultes respectifs. Ces règlements seront insérés au *Bulletin des lois*.

71. Tout homme ayant passé sous les drapeaux douze ans, dont quatre ans au moins avec le grade de sous-officier, reçoit des chefs de corps un certificat en vertu duquel il obtient, au fur et à mesure des vacances, un emploi civil ou militaire en rapport avec ses aptitudes ou son instruction. — Une loi spéciale désignera, dans chaque service public, la catégorie des emplois qui seront réservés en totalité, ou dans une proportion déterminée, aux candidats munis du certificat ci-dessus.

72. Nul n'est admi avant l'âge de trente ans accomplis, à un emploi civil ou militaire, s'il ne justifie avoir satisfait aux obligations imposées par la présente loi.

73. Chaque année, avant le 31 mars, il sera rendu compte à l'Assemblée nationale, par le ministre de la Guerre, de l'exécution de la présente loi pendant l'année précédente.

Dispositions transitoires.

74. Les dispositions de la présente loi ne seront appliquées qu'à partir du 1er janvier 1873. — Toutefois, la totalité de la classe 1871 sera mise à la disposition du ministre de la guerre ; les jeunes gens de cette classe, qui ne feront pas partie du contingent fixé par le ministre, seront placés dans la réserve de l'armée active, au lieu de l'être dans la garde nationale mobile, conformément à la loi du 1er février 1868, et y resteront un temps égal à la durée du service accompli dans l'armée active et dans la réserve par les hommes de la même classe compris dans le contingent. Après quoi les uns et les autres seront placés dans l'armée territoriale, conformément aux dispositions de l'article 36 de la présente loi. — La durée du service pour la classe de 1871 comptera du 1er juillet 1872, conformément aux prescriptions de la loi du 1er février 1868 ; néanmoins, pour les jeunes gens de cette classe qui ont devancé l'appel à l'activité, elle comptera du 1er janvier 1871, conformément au décret du 5 janvier 1871.

75. Les jeunes gens ne faisant pas partie de la classe de 1871, qui voudraient, avant le 1er janvier 1873, profiter des dispositions des articles 53 et 54 ci-dessus, feront au ministre de la Guerre la demande de contracter un engagement d'un an. — Le règlement prévu par les articles 53 et suivants, et les programmes mentionnés en l'article 54, seront publiés avant le 1er novembre prochain ; à partir de cette époque, les jeunes gens désignés au paragraphe 1er du présent article seront admis soit à contracter leur engagement, soit à passer les examens exigés.— Les jeunes gens des classes de 1872 et suivantes, actuellement sous les drapeaux, par suite d'engagements volontaires, pourront, à partir du 1er janvier 1873, profiter des dispositions des articles 53 et 54. — Le temps passé au service par ces jeunes gens sera, lorsqu'ils auront rempli les obligations déterminées par l'article 56, déduit du temps de service prescrit par l'article 36. — Le temps passé au service par les jeunes gens qui se

sont engagés volontairement pour la durée de la guerre, sera également déduit du temps de service prescrit par l'article 36.

76. Les jeunes gens des classes de 1867, 1868, 1869 et 1870, appelés en vertu de la loi du 1er février 1868, qui ont été compris dans le contingent de l'armée, seront, à l'expiration de leur service dans la réserve, placés dans l'armée territoriale, conformément aux dispositions de l'article 36 de la présente loi. Les jeunes gens de ces mêmes classes, qui n'ont pas été compris dans le contingent de l'armée, et qui font actuellement partie de la garde nationale mobile, seront, à partir du 1er janvier 1873, placés dans la réserve de l'armée, où ils compteront jusqu'à la libération du service, dans la réserve des jeunes gens de la même classe qui ont été compris dans le contingent de l'armée. Ils seront ensuite placés dans l'armée territoriale, conformément aux dispositions de l'article 36 de la présente loi.

77. Les hommes des classes antérieures appelés en vertu de la loi du 21 mars 1832, qu'ils aient été ou non compris dans les contingents fournis par lesdites classes, feront partie de l'armée territoriale, et de la réserve de l'armée territoriale, conformément aux dispositions de l'article 36 de la présente loi, jusqu'à ce qu'ils aient atteint l'âge prescrit par ladite loi pour la libération du service dans l'armée territoriale et dans la réserve de l'armée territoriale. — L'état de recensement des hommes compris dans cette catégorie sera établi conformément aux dispositions de l'article 15 de la loi du 1er février 1868. Ils pourront être appelés par classe, en commençant par les moins anciennes. — Un Conseil de révision par arrondissement, composé ainsi qu'il est dit à l'article 16 de la loi précitée, prononcera sur les cas d'exemption pour infirmités et défaut de taille qui lui seront soumis.

78. Les jeunes gens qui, au lieu d'être placés ou maintenus dans la garde nationale mobile, feront partie de la réserve, conformément aux dispositions précédentes, seront soumis à des exercices et revues déterminés par un règlement du ministre de la Guerre.

79. L'obligation de savoir lire et écrire pour contracter un engagement volontaire, ou pour être envoyé en disponibilité, après une année de service, ne sera imposée qu'à partir du 1er janvier 1875. (*V. L.* 9 *déc.* 1875.)

80. Toutes les dispositions des lois et décrets antérieurs à la présente loi, relatifs au recrutement de l'armée, sont et demeurent abrogés.

LOI

Réglant les obligations imposées aux distillateurs et bouilleurs de cru.

(2 août 1872) (1)

LOI

Qui attribue à l'Etat le monopole de la fabrication et de la vente des allumettes chimiques.

(2 août 1872) (2)

DÉCRET

Portant règlement intérieur du Conseil d'Etat.

(21 août 1872) (3)

TITRE Ier. — *De l'organisation intérieure du Conseil d'Etat.*

ART. 1er. Les projets de lois renvoyés au Conseil d'Etat, soit par l'Assemblée nationale, soit par le Gouvernement, et les affaires administratives ressortissant aux différents ministères, sont répartis entre les trois sections suivantes : — 1° Section de l'intérieur, de la justice, de l'instruction publique, des cultes et des beaux-arts ; — 2° Section des finances, de la guerre, de la marine, des colonies et de l'Algérie ; — 3° Section des travaux publics, de l'agriculture, du commerce et des affaires étrangères.

2. Le nombre des maîtres des requêtes et des auditeurs attachés à chaque section sera fixé par le ministre de la Justice, sur la proposition du vice-président du Conseil et des présidents de section.

3. Tous les trois ans, après le renouvellement partiel des conseillers d'Etat en service ordinaire par l'Assemblée nationale, il est fait une nouvelle répartition des conseillers d'Etat

(1) *V.* le texte dans notre édition in-8°.

(2) Bull., 12e série, n° 1458. — *V.* le texte dans notre édition in-8°. — *V. L.* 28 janv. 1875.

(3) *V* L. 13 juill. 1879 ; Décr. 2 août 1879.

et des maîtres des requêtes entre les diverses sections. Cette répartition est faite par décret du Président de la République, en ce qui concerne les conseillers d'Etat, et par arrêté du ministre de la Justice, sur la proposition du vice-président et des présidents de section, en ce qui concerne les maîtres des requêtes. — En dehors des époques fixées pour le roulement, les conseillers d'Etat ne peuvent être déplacés par décret du Président de la République que sur leur demande et de l'avis du vice-président du Conseil d'Etat. — Chaque année, au 15 octobre, le ministre de la Justice arrête, sur la même proposition, la répartition des auditeurs entre les sections.

4. Le secrétaire général dirige les travaux des bureaux et tient la plume à l'assemblée générale du Conseil. Il signe et certifie les expéditions des actes, des décrets et des avis du Conseil d'Etat délivrées aux personnes qui ont qualité pour les réclamer, sauf pour les décisions rendues en matière contentieuse. — En cas d'absence ou d'empêchement, il est suppléé par un maître des requêtes désigné par le ministre de la Justice.

TITRE II. — *De l'attribution des affaires à l'assemblée générale et aux sections.*

5. Sont portés à l'assemblée générale du Conseil d'Etat : — Les projets de loi renvoyés au Conseil et les projets de règlement d'administration publique ; — Les projets de décret qui ont pour objet : — 1o L'enregistrement des bulles et autres actes du Saint-Siége ; — 2o Les recours pour abus ; — 3o Les autorisations des congrégations religieuses, et la vérification de leurs statuts ; — 4o L'autorisation ou la création d'établissements publics et d'établissements d'utilité publique ; — 5o L'autorisation à ces établissements, aux congrégations religieuses, aux communes et départements, d'accepter des dons et legs dont la valeur excéderait 50,000 francs ; — 6o L'annulation ou la suspension des délibérations prises par les Conseils généraux des départements, dans les cas prévus par les articles 33, 47 et 49 de la loi du 10 août 1871 ; — 7o Les impositions d'office établies sur les départements, dans le cas prévu par l'article 61 de la loi du 10 août 1871 ; — 8o Les recours formés par les Conseils municipaux en vertu de l'article 23 de la loi du 5 mai 1855, dans le cas d'annulation de leurs délibérations ; — 9o L'autorisation des impositions extraordinaires et des emprunts votés par les Conseils municipaux, dans le cas prévu par l'article 7 de la loi du 24 juillet 1867, et des emprunts contractés par les hospices et autres établissements charitables, dans le cas prévu par l'article 12 de la même loi ; — 10o Les impositions d'office établies sur les communes ; — 11o Les traités passés par les communes ayant plus de trois millions de revenus, pour les objets énumérés dans l'article 16 de la loi du 24 juillet 1867 ; — 12o Les changements apportés à la circonscription territoriale des communes ; — 13o Les caisses des retraites des employés des administrations municipales ; — 14o La création des octrois ou l'autorisation des taxes pour une durée supérieure à cinq ans ; — 15o La création des tribunaux de commerce et des conseils de prud'hommes, la création ou la prorogation des chambres temporaires dans les Cours et tribunaux ; — 16o La création des Chambres de commerce ; — 17o La naturalisation des étrangers accordée à titre exceptionnel, en vertu de l'article 2 de la loi du 29 juin 1867 ; — 18o Les prises maritimes ; — 19o La délimitation du rivage de la mer ; — 20o Les concessions de portions du domaine de l'Etat, et les concessions de mines, soit en France, soit en Algérie ; — 21o L'exécution des travaux publics à la charge de l'Etat, qui peuvent être autorisés par décrets du Pouvoir exécutif ; — 22o L'exécution des chemins de fer d'intérêt local ; — 23o La concession du desséchement de marais, les travaux d'endiguement et ceux de redressement des cours d'eau non navigables ; — 24o L'approbation des tarifs de ponts à péage et des bacs ; — 25o L'autorisation des sociétés d'assurances sur la vie, des tontines, et les modifications des statuts des sociétés anonymes autorisées avant la loi du 24 juillet 1867 ; — 26o Le classement des établissements dangereux, incommodes et insalubres, la suppression de ces établissements dans les cas prévus par le décret du 15 octobre 1810 ; — 27o Toutes les affaires non comprises dans cette nomenclature sur lesquelles il doit être statué, en vertu d'un texte de loi ou de règlement, par décret rendu dans la forme des règlements d'administration publique ; — 28o Enfin les affaires qui, à raison de leur importance, sont renvoyées à l'examen de l'assemblée générale, soit par les ministres, soit par les présidents

de section, d'office ou sur la demande de la section.

6. Les recours pour abus et les recours en matière d'autorisation de plaider sont examinés par la section de l'intérieur, justice, instruction publique, cultes et beaux arts. — Les affaires de prises maritimes sont soumises à la section des travaux publics, agriculture et commerce et affaires étrangères.

TITRE III. — *De l'ordre intérieur des travaux.*

§ 1er. — Assemblées de sections.

7. Il est tenu dans chaque section un rôle sur lequel toutes les affaires sont inscrites d'après leur ordre de date. — Le président de la section distribue les affaires entre les rapporteurs. Il désigne celles des affaires qui sont réputées urgentes, soit par leur nature, soit par des circonstances spéciales.

8. La date de la distribution des affaires, avec l'indication de leur nature, est inscrite sur un registre particulier qui reste à la disposition du président de la section.

9. Le secrétaire de chaque section tient note sur un registre spécial des affaires délibérées à chaque séance et de la décision prise par la section. — Il y fait mention de tous les membres présents.

10. En l'absence du président de la section, la présidence appartient à celui des conseillers d'Etat qui est le premier inscrit sur le tableau.

11. Pour l'examen préparatoire des projets de loi ou des règlements d'administration publique, la section compétente peut, avec l'agrément du garde des Sceaux, appeler dans son sein ceux des conseillers d'Etat ou des maîtres des requêtes des autres sections dont elle croit devoir réclamer le concours. — La section ainsi composée peut former une commission dont elle désigne les membres et qui lui fait son rapport.

12. Lorsque plusieurs sections sont réunies, soit sur la demande du Gouvernement, soit en vertu d'une décision du ministre de la Justice, la présidence appartient, en l'absence du ministre de la Justice, au vice-président ou aux présidents des sections réunies dans l'ordre du tableau. — Les lettres de convocation contiennent l'indication des affaires qui doivent être traitées dans ces réunions.

§ 2. — Des assemblées générales.

13. Les jours et heures des assemblées générales sont fixés par le Conseil d'Etat, sur la proposition du ministre de la Justice. — En cas d'urgence, le Conseil est convoqué par le vice-président.

14. Il est dressé par le secrétaire général, pour chaque séance, un rôle des affaires qui doivent être délibérées en assemblée générale. Ce rôle mentionne le nom du rapporteur et contient la notice de chaque affaire rédigée par le rapporteur. — Il est divisé en deux parties, sous les noms de *grand ordre* et de *petit ordre*. — Le rôle du *grand ordre* comprend les projets de loi et de règlement d'administration publique et toutes les affaires désignées dans un règlement arrêté par le ministre de la Justice, sur la proposition du vice-président et des présidents de section.

15. Le rôle du *grand ordre* est imprimé et adressé aux conseillers d'Etat, maîtres des requêtes et auditeurs, deux jours au moins avant la séance. — Sont imprimés et distribués en même temps que le rôle du *grand ordre*, s'ils n'ont pu l'être antérieurement, les projets de loi et de règlement d'administration publique, les avis proposés par les sections, ainsi que les documents à l'appui desdits projets dont l'impression aura été jugée nécessaire par les sections. — Les documents non imprimés sont déposés au secrétariat général le jour où a lieu la distribution du rôle et des impressions, et ils y sont tenus à la disposition des membres du Conseil, sauf les cas d'urgence.

16. Le procès-verbal contient les noms des conseillers d'Etat présents. — Les conseillers d'Etat et les maîtres des requêtes qui sont empêchés de se rendre à la séance doivent en prévenir d'avance le vice-président du Conseil d'Etat. — Il en est de même des auditeurs qui sont chargés de rapports inscrits à l'ordre du jour. — En cas d'urgence, les rapporteurs empêchés doivent, de l'agrément du président de leur section, remettre l'affaire dont ils sont chargés à un de leurs collègues.

17. Le président a la police de l'assemblée; il dirige les débats, résume la discussion, pose les questions à résoudre. — Nul ne peut prendre la parole sans l'avoir obtenue.

18. Les votes ont lieu par assis et levé ou par appel nominal. — Toutes les élections ont lieu au scrutin secret,

à la majorité absolue des membres présents et sur convocation spéciale. — Le président proclame le résultat des votes.

19. Après le vote des projets de loi ou des projets de règlement d'administration publique, le Conseil peut décider qu'il sera procédé à une seconde délibération.

§ 3. — Du jugement des affaires contentieuses.

20. La communication des recours aux parties intéressées et aux ministres, s'il y a lieu, les demandes de pièces, les mises en cause et tous les autres actes d'instruction sont délibérés par la section du contentieux, sur l'exposé du rapporteur. — Les décisions relatives aux actes d'instruction sont signées par le président de la section.

21. Le président de la section du contentieux distribue les affaires entre les trois maîtres des requêtes, qui remplissent les fonctions du ministère public.

22. La section du contentieux ne peut statuer, en exécution de l'article 19 de la loi du 24 mai 1872, sur les affaires introduites sans le ministère d'un avocat au Conseil, que si trois conseillers d'Etat au moins sont présents.

23. Le rôle de chaque séance publique du Conseil d'Etat est préparé par le commissaire du Gouvernement chargé de porter la parole dans la séance; il est arrêté par le président. — Ce rôle, imprimé et contenant sur chaque affaire une notice sommaire rédigée par le rapporteur, est distribué, quatre jours au moins avant la séance, à tous les conseillers d'Etat de service à l'assemblée du Conseil délibérant au contentieux, ainsi qu'aux maîtres des requêtes et auditeurs de la section du contentieux. — Il est également remis aux avocats dont les affaires doivent être appelées.

24. En l'absence du vice-président du Conseil d'Etat, la présidence de l'assemblée du Conseil statuant au contentieux, appartient à celui des conseillers d'Etat de la section du contentieux qui est le premier inscrit sur le tableau.

25. Toutes les décisions rendues par le Conseil d'Etat statuant au contentieux, ou par la section du contentieux, contiennent les noms et demeures des parties, leurs conclusions, le vu des pièces principales et des lois appliquées. — Elles portent en tête la mention suivante :

AU NOM DU PEUPLE FRANÇAIS.

Le Conseil d'Etat statuant au contentieux (ou la section du contentieux au Conseil d'Etat.)

26. L'expédition des décisions, délivrée par le secrétaire du contentieux, porte la formule exécutoire suivante :

« La République mande et ordonne aux ministres de (*ajouter le département ministériel désigné par la décision*), en ce qui les concerne, et à tous huissiers à ce requis, en ce qui concerne les voies de droit commun contre les parties privées, de pourvoir à l'exécution de la présente décision. »

TITRE IV. — *Dispositions générales.*

27. Les présidents de section et les conseillers d'Etat siégent dans l'ordre du tableau. — Le tableau comprend : 1° le vice-président; 2° les présidents de section, d'après l'ordre de leur nomination par le Gouvernement; 3° les conseillers d'Etat en service ordinaire, dans l'ordre de leur élection par l'Assemblée, conformément à la liste officielle insérée au *Bulletin des lois*; 4° les conseillers d'Etat en service extraordinaire, dans l'ordre de leur nomination. — Lors des renouvellements prévus par l'article 3 de la loi du 24 mai 1872, les conseillers d'Etat réélus conservent leur rang parmi les anciens membres. — Les maîtres des requêtes et les auditeurs siégent dans l'ordre de leur nomination.

28. Les conseillers d'Etat ne peuvent s'absenter sans un congé donné par le ministre de la Justice, après avoir pris l'avis du vice-président et du président de leur section. — Les maîtres des requêtes et les auditeurs ne peuvent s'absenter sans un congé donné par le vice-président, après avoir pris l'avis du président de la section dont ils font partie.

29. Dans le cas où, par suite de vacance, d'absence ou d'empêchement d'un ou plusieurs conseillers d'Etat, une section ne se trouve pas en nombre pour délibérer, le vice-président du Conseil, de concert avec les présidents de section, la complète par l'appel de conseillers d'Etat pris dans les autres sections. — En cas d'urgence, la décision est prise par le président de la section.

30. Tout conseiller d'Etat, maître des requêtes ou auditeur qui s'absente sans congé, ou qui excède la durée du congé qu'il a obtenu, subit la retenue intégrale de la portion de son traite-

ment afférente au temps pendant lequel a duré son absence non autorisée. — Si l'absence non autorisée dure plus d'un mois, le ministre de la Justice en informe le Président de la République.

31. Au procès-verbal des sections et des assemblées générales du Conseil d'Etat est annexée une analyse sommaire des discussions relatives aux projets de loi, aux règlements d'administration publique et aux affaires pour lesquelles, à raison de leur importance, le président jugerait que la discussion doit être recueillie. — Cette analyse est faite par un auditeur désigné à cet effet par le président et assisté d'un rédacteur spécial. — Elle reproduit sommairement les discussions; elle est soumise à la révision du président ou de l'un des conseillers d'Etat ou maîtres des requêtes présents à la séance, délégué par le président.

32. L'époque des vacances du Conseil d'Etat est fixée, chaque année, par un décret du Président de la République. — Le même décret forme deux sections pour délibérer sur les affaires urgentes, et désigne sept conseillers d'Etat en service ordinaire, six maîtres des requêtes et huit auditeurs pour composer ces sections. — L'assemblée générale ne peut délibérer pendant les vacations qu'autant que sept au moins de ses membres, ayant voix délibérative, sont présents. — Les conseillers d'Etat désignés pour faire partie de la section des vacations peuvent se faire remplacer, de l'agrément du président, par un autre conseiller d'Etat.

33. La bibliothèque est placée sous la surveillance d'une commission de trois conseillers d'Etat, élus au scrutin. Cette commission règle tout ce qui concerne l'acquisition, le prêt et l'usage des livres.

DÉCRET

Qui fixe les épreuves que doivent subir les jeunes gens qui demandent à contracter un engagement conditionnel d'un an.

(31 octobre 1872) (1)

---

(1) Bull., 12e série, n° 1594. — *V.* le texte dans notre édition in-8°.

DÉCRET

Qui abroge celui du 2 juillet 1870 et modifie les articles 59, 60, 61 et 62 du décret du 30 mars 1808.

(10 novembre 1872)

ART. UNIQUE. Le décret du 2 juillet 1870 est abrogé. Les articles 59, 60, 61 et 62 du décret du 30 mars 1808 sont modifiés ainsi qu'il suit (2) :...

LOI

Sur le jury.

(21 novembre 1872) (3)

DÉCRET

Relatif aux engagements volontaires et aux rengagements.

(30 novembre 1872) (4)

DÉCRET

Relatif aux engagements conditionnels d'un an.

(1er décembre 1872) (5)

DÉCRET

Portant règlement d'administration publique pour l'exécution de la loi

(2) *V.* le texte aux articles 59, 60, 61 et 62 du décret du 30 mars 1808.

(3) *V.* le texte, sous le chap. V, section 1, L. II, tit. II, *C. instr. crim.*

(4) Bull., 12e série, n. 1600. — *V.* le texte dans notre édition in-8°.

(5) Bull., 12e série, n. 1601. — *V.* le texte dans notre édition in-8°. — *V. Instr. min. de la Guerre,* 1er déc. 1872, *explicatives des diverses dispositions du décret du même jour sur les engagements conditionnels d'un an (Journ. off.* 10 janv. 1873); *Circ. min. de la Guerre,* du 7 févr. 1873, *qui porte règlement provisoire applicable aux engagés conditionnels d'un an pour le temps qu'ils vont passer sous les drapeaux. (Journ. off.* 24 févr. 1873.)

du 29 juin 1872, relative à un impôt sur le revenu des valeurs mobilières.

(6 décembre 1872) (1)

LOI

Portant fixation du Budget des dépenses et recettes de l'exercice 1872.

(20 décembre 1872)

TITRE Ier. — *Budget général.*

. . . .

§ 2. — Impôts autorisés.

. . . .

ART. 3. Les effets spécifiés dans l'article 1er de la loi du 5 juin 1851, tirés de l'étranger sur l'étranger et circulant en France, ne seront plus assujettis qu'à un droit de timbre proportionnel fixé à 50 centimes par 2,000 francs ou par fraction de 2,000 francs. — Ces effets pourront être valablement timbrés au moyen des timbres mobiles en usage en France. Les timbres seront employés à raison de leur quotité seulement, et non des sommes qu'ils indiquent.

4. A partir de la promulgation de la présente loi, le droit applicable aux sucres extraits des mélasses libérées d'impôts, par les procédés barytiques ou autres, est élevé de 15 francs à 25 francs, et celui des glucoses, de 10 francs 48 centimes à 11 francs par 100 kilogrammes.

. . . .

TITRE IV. — *Moyens de service et dispositions diverses.*

19. — (*Abrogé par L. 7 avril 1879.*)

20. La loi du 28 juin 1872, sur l'impôt des créances hypothécaires, est abrogée.

21. A l'avenir, le prix du permis de chasse sera fixé, comme autrefois, à 25 francs.

22. L'administration fera fabriquer des cartes postales destinées à circuler à découvert. Elles seront mises en vente au prix de 10 centimes pour celles envoyées et distribuées dans la circonscription du même bureau, ainsi que de Paris pour Paris, dans l'étendue dont les fortifications marquent la limite, et au prix de 15 centimes pour celles qui circulent en France et en Algérie, de bureau à bureau (2). — Le droit sur les envois d'argent sera de 1 pour 100.

1873

LOI

Tendant à réprimer l'ivresse publique et à combattre les progrès de l'alcoolisme.

(23 janvier 1873) (3)

ART. 1er. Seront punis d'une amende de 1 à 5 francs inclusivement ceux qui seront trouvés en état d'ivresse manifeste dans les rues, chemins, places, cafés, cabarets ou autres lieux publics. — Les articles 474 et 483 du Code pénal seront applicables à la contravention indiquée au paragraphe précédent.

2. En cas de nouvelle récidive, conformément à l'article 483, dans les douze mois qui auront suivi la deuxième condamnation, l'inculpé sera traduit devant le tribunal de police correctionnelle et puni d'un emprisonnement de six jours à un mois et d'une amende de 16 francs à 300 francs. — Quiconque ayant été condamné en police correctionnelle pour ivresse, depuis moins d'un an, se sera de nouveau rendu coupable du même délit, sera condamné au maximum des peines indiquées au paragraphe précédent, lesquelles pourront être élevées jusqu'au double.

3. Toute personne qui aura été condamnée deux fois en police correctionnelle pour délit d'ivresse manifeste, conformément à l'article précédent, sera déclarée par le second jugement incapable d'exercer les droits suivants : 1o de vote et d'élection; 2o d'éligibilité; 3o d'être appelée ou nommée aux fonctions de juré ou autres fonctions publiques ou aux emplois de l'administration, ou d'exercer

(1) Bull., 12e série, no 1604. — *V.* le texte dans notre édition in-8o.

(2) *V. Arrêté min. Fin.* 1 oct. 1875.

(3) *V. Circ. min. Mar.* 15 mars 1873, et 3 mai 1873 (*Bull. off. de la marine*, 1873, no 89, p. 281, et no 165, p. 533). — La loi du 23 janvier 1873 n'a pas abrogé le décret du 2 juin 1872 (*Bull. off. mar.*, 1er sem. 1872, p. 602), relatif à la répression de l'ivresse au sein des équipages de la flotte. — *Circ. min. G.* 15 mars 1873.

ces fonctions ou emplois; 4° de port d'armes pendant deux ans, à partir du jour où la condamnation sera devenue irrévocable.

4. Seront punis d'une amende de 1 à 5 francs inclusivement les cafetiers, cabaretiers et autres débitants qui auront donné à boire à des gens manifestement ivres, ou qui les auront reçus dans leurs établissements, ou auront servi des liqueurs alcooliques à des mineurs âgés de moins de seize ans accomplis. — Toutefois, dans le cas où le débitant sera prévenu d'avoir servi des liqueurs alcooliques à un mineur âgé de moins de seize ans accomplis, il pourra prouver qu'il a eté induit en erreur sur l'âge du mineur; s'il fait cette preuve, aucune peine ne lui sera applicable de ce chef. — Les articles 474 et 483 du Code pénal seront applicables aux contraventions indiquées aux paragraphes précédents.

5. Seront punis d'un emprisonnement de six jours à un mois et d'une amende de 16 francs à 300 francs, les cafetiers, cabaretiers et autres débitants qui, dans les douze mois qui auront suivi la deuxième condamnation prononcée en vertu de l'article précédent, auront commis un des faits prévus audit article. — Quiconque, ayant été condamné en police correctionnelle pour l'un ou l'autre des mêmes faits, depuis moins d'un an, se rendra de nouveau coupable de l'un ou de l'autre de ces faits, sera condamné au maximum des peines indiquées au paragraphe précédent, lesquelles pourront être portées jusqu'au double.

6. Toute personne qui aura subi deux condamnations en police correctionnelle pour l'un ou l'autre des délits prévus en l'article précédent pourra être déclarée par le second jugement incapable d'exercer tout ou partie des droits indiqués en l'article 3. Dans le même cas, le tribunal pourra ordonner la fermeture de l'établissement pour un temps qui ne saurait excéder un mois, sous les peines portées par l'article 3 du décret du 29 décembre 1851. Il pourra aussi, sous les mêmes peines, interdire seulement au débitant la faculté de livrer des boissons à consommer sur place.

7. Sera puni d'un emprisonnement de six jours à un mois et d'une amende de 16 francs à 300 francs, quiconque aura fait boire jusqu'à l'ivresse un mineur âgé de moins de seize ans accompli. Sera puni des peines portées aux articles 5 et 6 tout cafetier, cabaretier ou autre débitant de boissons qui, ayant subi une condamnation en vertu du paragraphe précédent, se sera de nouveau rendu coupable soit du même fait, soit de l'un ou de l'autre des faits prévus en l'article 4-1°, dans le délai indiqué en l'article 5-2°.

8. Le tribunal correctionnel, dans les cas prévus par la présente loi, pourra ordonner que son jugement soit affiché à tel nombre d'exemplaires et en tels lieux qu'il indiquera.

9. L'article 463 du Code pénal sera applicable aux peines d'emprisonnement et d'amende portées par la présente loi. L'article 59 du même Code ne sera pas applicable aux délits prévus par la présente loi.

10. Les procès-verbaux constatant les infractions prévues dans les articles précédents seront transmis au procureur de la République dans les trois jours au plus tard, y compris celui où aura été reconnu le fait sur lequel ils sont dressés.

11. Toute personne trouvée en état d'ivresse dans les rues, chemins, places, cafés, cabarets ou autres lieux publics, pourra être, par mesure de police, conduite à ses frais au poste le plus voisin pour y être retenue jusqu'à ce qu'elle ait recouvré sa raison.

12. Le texte de la présente loi sera affiché à la porte de toutes les mairies et dans la salle principale de tous cabarets, cafés et autres débits de boissons. Un exemplaire en sera adressé à cet effet à tous les maires et à tous les cabaretiers, cafetiers et autres débitants de boissons. Toute personne qui aura détruit ou lacéré le texte affiché sera condamnée à une amende de 1 à 5 francs et aux frais du rétablissement de l'affiche. Sera puni de même tout cabaretier, cafetier ou débitant chez lequel ledit texte ne sera pas trouvé affiché.

13. Les gardes champêtres sont chargés de rechercher, concurremment avec les autres officiers de police judiciaire, chacun sur le territoire sur lequel il est assermenté, les infractions à la présente loi. Ils dressent des procès-verbaux pour constater ces infractions.

LOI

Relative aux lettres, cartes postales, échantillons, papiers de commerce et d'affaires, journaux, imprimé et tous objets recommandés circulant par la poste.

(25 janvier 1873) (1)

LOI

Qui modifie et abroge divers articles du Code d'instruction criminelle, en ce qui concerne l'organisation des tribunaux de police.

(27 janvier 1873)

Art. 1er. Les articles 138, 144 et 178 du Code d'instruction criminelle sont modifiés ainsi qu'il suit (2) :.....

2. Sont abrogés les articles 139, 140, 166, 167, 168, 169, 170, 171 du Code d'instruction criminelle.

DÉCRET

Portant règlement pour le Collége de France.

(1er février 1873) (3)

DÉCRET

Qui modifie l'article 1er du décret du 21 août 1872.

(8 février 1873)

Art. 1er. L'article 1er du décret du 21 août 1872 est modifié ainsi qu'il suit : — Les projets de loi renvoyés au Conseil d'État, soit par l'Assemblée nationale, soit par le Gouvernement, et les affaires administratives ressortissant aux différents ministères, sont répartis entre les trois sections suivantes : — 1o Section de l'intérieur, de la justice, de l'instruction publique, des cultes et des beaux-arts ; — 2o Section des finances, de la guerre, de la marine et des colonies ; — 3o Section des travaux publics, de l'agriculture, du commerce et des affaires étrangères. — Les projets de loi et les affaires administratives concernant l'Algérie sont examinés par les différentes sections, suivant la nature du service auquel ils se rattachent.

---

(1) Bull., 12e série, no 1141. — V. le texte dans notre édition in-8o.

(2) V. le texte aux art. 138, 144 et 178, C. instr. cr.

(3) Bull., 12e série, no 1911.

LOI

Qui proroge jusqu'au 1er janvier 1874 le délai fixé par l'article 6 de la loi du 12 février 1872, sur la reconstitution des actes de l'état civil de Paris, et le délai fixé par l'article 13, paragraphe 3, de la même loi.

(13 février 1873) (4)

LOI

Relative à la majorité requise pour être élu député à l'Assemblée nationale.

(18 février 1873) (5)

DÉCRET

Relatif à la vérification des poids et mesures.

26 février 1873 (6)

LOI

Sur le Conseil supérieur de l'instruction publique.

(19 mars 1873) (7)

LOI

Relative aux cautionnements fournis par les conservateurs des hypothèques en rentes sur l'État.

(22 mars 1873) (8)

LOI

Qui règle la condition des déportés à la Nouvelle-Calédonie.

(25 mars 1873) (9)

---

(4) Bull., 12e série, no 1149. — V. le texte dans notre édition in-8o.

(5) Bull., 12e série, no 1150. — Abrogée par L. org. 22 nov. 1875, art. 22.

(6) V. le texte dans notre édition in-8o.

(7) Bull., 12e série, no 1864. — V. le texte dans notre édition in-8o.

(8) Bull., 12e série, no 1867. — V. le texte dans notre édition in-8o.

(9) Bull., 12e série, no 1868. — V. le texte dans notre édition in-8o.

DÉCRET

Portant règlement d'administration publique pour l'exécution des articles 11 et 13 de la loi du 15 juin 1872, relative aux titres au porteur.

(10 avril 1873)

ART. 1er. L'exploit signifié au syndicat des agents de change de Paris, en exécution de l'article 11 de la loi du 15 juin 1872, mentionnera en toutes lettres et en chiffres les numéros des titres dont la publication sera requise.

2. Le recueil quotidien que publiera la compagnie des agents de change de Paris, conformément au même article de la loi, portera pour titre : *Bulletin officiel des oppositions sur les titres au porteur, publié par le syndicat des agents de change de Paris.*

3. Le prix de l'insertion sera de 50 centimes par numéro de valeur et par an. — En cas de main-levée de l'opposition avant l'échéance de l'année, le prix payé restera acquis au syndicat.

4. Le bulletin publiera les oppositions par catégories de valeurs. — Tous les numéros d'une même valeur seront inscrits à la suite les uns des autres, par ordre augmentatif et en chiffres.

5. Il ne pourra être inséré dans le bulletin ni annonce, ni réclame, ni article quelconque.

6. Les parties intéressées ne pourront faire cesser la publication des numéros frappés d'opposition qu'en justifiant de la main-levée de l'opposition dans l'une des trois formes suivantes : — 1° Par acte notarié ; — 2° Par la remise de l'original de l'opposition ou de sa notification au syndicat, avec mention de la main-levée, ladite mention légalisée soit par un agent de change près la Bourse de Paris, soit par le président du tribunal civil, par le préfet ou le juge de paix du domicile de l'opposant ; — 3° Par la signification d'une décision judiciaire devenue définitive. — Néanmoins, lorsqu'il s'agira d'une main-levée partielle, l'opposant pourra arrêter la publication partielle de son opposition par un simple acte extrajudiciaire, mais à la condition de représenter au syndicat l'original de l'opposition à restreindre ou de sa notification et d'inscrire sur ledit original, qui continuera de rester en ses mains, mention de la main-levée partielle par lui consentie.

7. Le prix de l'abonnement au bulletin ne pourra pas dépasser 70 francs par an ; le prix du numéro ne pourra pas dépasser 50 centimes. — Ces deux maxima sont fixés pour toute la France continentale, les droits de poste compris. Pour les colonies et l'étranger, es droits de poste seront perçus en sus

8. Le syndicat sera tenu de donner à tout requérant, communication gratuite, sans déplacement, des numéros du bulletin dont le tirage sera épuisé.

9. L'opposant et les tiers porteurs successifs du titre frappé d'opposition ou leurs ayants-cause pourront obtenir du syndicat une copie certifiée ou un extrait des actes d'opposition ou de main-levée les intéressant, moyennant un droit de 1 franc en sus du timbre.

10. Toute personne pourra obtenir, moyennant un droit de 50 centimes, l'indication du nom et du domicile de l'opposant, ainsi que la date de l'opposition.

11. Le taux de la rémunération allouée aux agents de change pour mentionner sur les bordereaux d'achat les numéros livrés est fixé à 50 centimes par titre.

12. Les prix et tarifs fixés par le présent règlement seront révisés, s'il y a lieu, après la première année de leur mise à exécution.

DÉCRET

Qui modifie la forme de promulgation des lois.

(11 avril 1873)

ART. 1er. L'article 1er du décret du 2 septembre 1871 relatif à la forme de promulgation des lois, est modifié ainsi qu'il suit : — Les lois seront promulguées à l'avenir dans la forme suivante: « L'ASSEMBLÉE NATIONALE A ADOPTÉ LA LOI dont la teneur suit (1) :

(Texte de la loi.)

« LE PRÉSIDENT DE LA RÉPUBLIQUE PROMULGUE LA PRÉSENTE LOI. »

. . . .

LOI

Qui proroge l'application de la loi du 16 septembre 1871, relative à

(1) La forme de promulgation des lois est aujourd'hui celle-ci : « Le Sénat et la Chambre des députés ont adopté. » — V. Décr. 6 avril 1876.

l'organisation du Conseil général de la Seine.

(21 mai 1873) (1)

ART. UNIQUE. Les dispositions de la loi provisoire du 16 septembre 1871 relative à l'organisation et aux attributions du Conseil général du département de la Seine, continueront à être observées jusqu'à ce qu'une loi définitive ait été votée par l'Assemblée nationale, ou, au plus tard, jusqu'à l'expiration des pouvoirs des membres du Conseil municipal de Paris actuellement en fonctions.

Les pouvoirs des membres du Conseil général constitués en exécution de ladite loi expireront à la même époque.

LOI

Relative aux commissions administratives des établissements de bienfaisance.

(21 mai 1873) (2)

DÉCRET

Relatif aux engagements et rengagements dans l'armée de mer.

(18 juin 1873) (3)

LOI

Sur les contributions indirectes.

(21 juin 1873) (4)

LOI

Relative à l'organisation générale de l'armée.

(24 juillet 1873)

TITRE Ier. — *Division du territoire. — Composition des corps d'armée.*

ART. 1er. Le territoire de la France est divisé, pour l'organisation de l'armée active, de la réserve de l'armée active, de l'armée territoriale et de sa réserve, en dix-huit régions et en subdivisions de régions. — Ces régions et subdivisions de régions, établies d'après les ressources du recrutement et les exigences de la mobilisation, sont déterminées par décret rendu dans la forme des règlements d'administration publique et inséré au Bulletin des lois. (*V. Décr.* 6 *août* 1874.)

2. Chaque région est occupée par un corps d'armée qui y tient garnison. — Un corps d'armée spécial est, en outre, affecté à l'Algérie.

3. Chaque région possède des magasins généraux d'approvisionnements dans lesquels se trouvent les armes et munitions, les effets d'habillement, d'armement, de harnachement, d'équipement et de campement nécessaires aux diverses armes qui entrent dans la composition du corps d'armée.

4. Chaque subdivision de région possède un ou plusieurs magasins munis des armes et munitions, ainsi que de tous les effets d'habillement, d'armement, de harnachement, d'équipement et de campement nécessaires, et alimentés par les magasins généraux de la région.

5. Dans chaque subdivision de région, il y a un ou plusieurs bureaux de recrutement. Dans chaque bureau est tenu le registre matricule prescrit par l'article 33 de la loi du 27 juillet 1872 pour les hommes appartenant à l'armée active et à la réserve de ladite armée. — Ce bureau est chargé d'opérer l'immatriculation, dans les divers corps de la région, des hommes de la disponibilité et de la réserve, conformément aux paragraphes 3, 4, 5 et 6 de l'article 11 ci-après. — Il est, en outre, chargé de la tenue des contrôles de l'armée territoriale pour les hommes domiciliés dans la subdivision et de leur immatriculation dans les divers corps de l'armée territoriale de la région. — Par ses soins, il est fait chaque année un recensement général des chevaux, mulets et voitures susceptibles d'être utilisés pour les besoins de l'armée. — Ces chevaux, mulets et voitures sont répartis d'avance dans chaque corps d'armée et inscrits sur un registre spécial.

6. Chacun des corps d'armée des dix-huit régions comprend deux divisions d'infanterie, une brigade de cavalerie, une brigade d'artillerie, un bataillon du génie, un escadron du train des équipages militaires, ainsi que les états-majors, et les divers services nécessaires. — La composition détaillée des corps d'armée, des divisions et des brigades, celle des cadres des corps de

(1) *V.* L. 19 mars 1875.
(2) *V.* le texte dans notre édition in-8o.
(3) Bull., 12e série, no 2170. — *V.* le texte dans notre édition in-8o.
(4) Bull., 12e série, no 2139. — *V.* le texte dans notre édition in-8o. — *V.* L. 19 juill. 1880.

troupes de toutes armes dont l'armée se compose, et les effectifs de ces corps de troupes, tant sur le pied de paix que sur le pied de guerre, seront déterminés par une loi spéciale.

7. En temps de paix, les corps d'armée ne sont pas réunis en armées à l'état permanent.

8. Les hommes appartenant à des services régulièrement organisés en temps de paix peuvent, en temps de guerre, être formés en corps spéciaux destinés à servir, soit avec l'armée active, soit avec l'armée territoriale. — La formation de ces corps spéciaux est autorisée par décret. — Ces corps sont soumis à toutes les obligations du service militaire, jouissent de tous les droits des belligérants, et sont assujettis aux règles du droit des gens.

9. Chaque corps d'armée est organisé d'une manière permanente en divisions et en brigades. — Le corps d'armée, ainsi que toutes les troupes qui le composent, sont pourvus en tout temps du commandement, des états-majors, et de tous les services administratifs et auxiliaires qui leur sont nécessaires pour entrer en campagne ; le matériel de toute nature dont les troupes et les divers services du corps d'armée doivent être pourvus en temps de guerre est constamment organisé et emmagasiné à leur portée. — Le matériel roulant est emmagasiné sur roues.

10. A l'exception de ceux mentionnés à l'article 8, il ne peut être créé de nouveaux corps, ni apporté de changement dans la constitution normale de ceux qui existent, qu'en vertu d'une loi. — Aucun changement dans l'équipement et dans l'uniforme, si ce n'est partiellement et à titre d'essai, ne pourra avoir lieu qu'après le vote d'un crédit spécial.

11. L'armée active se recrute sur l'ensemble du territoire de la France. — En cas de mobilisation, les effectifs des divers corps de troupes et des divers services qui entrent dans la composition de chaque corps d'armée sont complétés avec les militaires de la disponibilité et de la réserve domiciliés dans la région, et, en cas d'insuffisance, avec les militaires de la disponibilité et de la réserve domiciliés dans les régions voisines. — A cet effet, les jeunes gens qui, à raison de leur numéro de tirage, ont été compris dans la partie maintenue plus d'un an sous les drapeaux, sont, au moment où ils entrent dans la réserve, immatriculés dans un des corps de la région dans laquelle ils ont déclaré vouloir être domiciliés. — Cette immatriculation est mentionnée dans une colonne spéciale sur le certificat indiqué en l'article 38 de la loi du 27 juillet 1872, de sorte que le militaire faisant partie de la réserve sache toujours où il doit se rendre en cas de mobilisation. — Les jeunes militaires qui, conformément aux articles 40, 41 et 42 de la loi du 27 juillet 1872, restent en disponibilité dans leurs foyers sont également immatriculés dans les divers corps de la région et reçoivent, au moment où ils sont envoyés en disponibilité, un certificat constatant leur immatriculation dans le corps qu'ils doivent rejoindre en cas de rappel. La même disposition est applicable aux engagés conditionnels d'un an, après leur année de service accomplie. — Elle est également applicable aux soldats, caporaux, brigadiers et sous-officiers envoyés en disponibilité avant l'expiration des cinq années de service dans l'armée active prévues par l'article 36 de la loi du 27 juillet 1872.

12. Les jeunes gens qui se trouvent dans les diverses positions mentionnées en l'article 26 de la loi du 27 juillet 1872, et dont l'autorité militaire dispose conformément audit article, sont portés sur des états spéciaux ; en cas de mobilisation, ils sont versés dans les différents corps de la région selon les besoins de l'armée.

13. Les divers emplois dont la mobilisation de l'armée rend la création nécessaire ont en tout temps leurs titulaires désignés d'avance et tenus, autant que possible, au courant de la position qui leur est assignée en cas de mobilisation. — Les officiers auxiliaires mentionnés aux articles 36, 38 et 41 de la présente loi, les sous-officiers provenant des engagés conditionnels d'un an, et les sous-officiers qui, de l'armée active, sont passés dans la réserve, sont d'avance affectés aux divers corps de la région et il leur est délivré un certificat constatant leur titre d'immatriculation.

Titre II. — *Commandement. — Administration.*

14. Dans chaque région le général commandant le corps d'armée a sous son commandement le territoire, les forces de l'armée active, de la réserve, de l'armée territoriale et de sa réserve, ainsi que tous les services et établissements militaires qui sont exclusivement affectés à ces forces. —

Les établissements spéciaux destinés à assurer la défense générale du pays, ou à pourvoir aux services généraux des armées, restent sous la direction immédiate du ministre de la guerre, dans les conditions de fonctionnement qui leur sont afférentes. — Toutefois, le commandant du corps d'armée exerce une surveillance permamente sur ces établissements et transmet ses observations au ministre de la Guerre. — En temps de paix, le commandant d'un corps d'armée ne pourra conserver que pendant trois années au plus son commandement, à moins qu'à l'expiration de ce délai il ne soit maintenu dans ses fonctions par un décret spécial rendu en conseil des ministres. — L'exercice de ce commandement ne crée d'ailleurs aux officiers généraux qui en ont été investis aucun privilége ultérieur de fonctions dans leur grade.

15. Des corps de troupes ou fractions de ces corps appartenant à un corps d'armée en peuvent être momentanément détachés et placés dans un autre corps d'armée. Ils sont alors sous le commandement du général commandant le corps d'armée auquel ils sont temporairement annexés.

16. Le général commandant un corps d'armée a sous ses ordres un service d'état-major placé sous la direction de son chef d'état-major général et divisé en deux sections : — 1° Section active marchant avec les troupes, en cas de mobilisation ; — 2° Section territoriale attachée à la région d'une manière permanente, chargée d'assurer en tout temps le fonctionnement du recrutement, des hôpitaux, de la remonte, et en général de tous les services territoriaux. — Les états-majors de l'artillerie, du génie et les divers services administratifs et sanitaires du corps d'armée sont également divisés en partie active et en partie territoriale. — Un règlement du ministre de la Guerre détermine la composition et la répartition des états-majors et des divers services pour chaque corps d'armée. — Un officier supérieur faisant partie de la section territoriale, et désigné par le ministre de la Guerre, est chargé de centraliser le service du recrutement.

17. Outre les états-majors dont il est parlé en l'article précédent, le commandant du corps d'armée a auprès de lui et sous ses ordres les fonctionnaires et les agents chargés d'assurer la direction et la gestion des services administratifs et du service de santé. — Une loi spéciale sur l'administration de l'armée réglera les attributions de ces divers fonctionnaires et agents et pourvoira à l'établissement d'un contrôle indépendant.

18. Un officier supérieur est placé à la tête du service du recrutement de chaque subdivision. — Tous les militaires de l'armée active, de la réserve et de l'armée territoriale, qui se trouvent à un titre quelconque dans leurs foyers et sont domiciliés dans la subdivision, relèvent de cet officier supérieur. — Il tient le général commandant le corps d'armée et les chefs de corps de troupes et des différents services au courant de toutes les modifications qui se produisent dans la situation des officiers, sous-officiers et hommes de la disponibilité et de la réserve, et qui sont immatriculés dans les divers corps de la région.

19. Tous les six mois il est dressé, par le service central du corps d'armée, un état des officiers auxiliaires, sous-officiers et hommes des cadres de la disponibilité et de la réserve, immatriculés dans les divers corps et les divers services de la région, et qui doivent être rappelés immédiatement, en cas de mobilisation, pour porter les cadres au pied de guerre. — Le général commandant transmet cet état au ministre de la Guerre et lui fait les propositions nécessaires pour que les cadres complémentaires soient toujours préparés pour la mobilisation.

TITRE III. — *Incorporations. — Mobilisation.*

20. Les jeunes soldats qui, à raison de leur numéro de tirage, sont destinés à être maintenus plus d'une année sous les drapeaux, se rendent, à la réception de leur ordre de départ, au bureau de recrutement de la subdivision de leur résidence. — Ils y reçoivent, sous la surveillance des cadres de conduite, les effets d'habillement nécessaires pour leur mise en route, et ils sont dirigés par détachement sur les divers corps de l'armée auxquels ils sont affectés. — Les jeunes soldats qui, par leur numéro de tirage, ne sont appelés qu'à demeurer un an au corps, se rendent également au bureau de recrutement de leur subdivision. — Ils accomplissent, dans le corps de la région dans lequel ils ont été immatriculés, la période d'instruction à laquelle ils sont assujettis.

21. En cas de mobilisation, et pour

la mise sur le pied de guerre des forces militaires de la région, le ministre de la guerre transmet au général commandant le corps d'armée l'ordre de mobilisation de tout ou partie des hommes des diverses classes de la disponibilité et de la réserve, enfin de la mise en activité de diverses classes de l'armée territoriale.

22. Aussitôt cet ordre reçu, le général prescrit à chaque officier commandant le bureau de recrutement de subdivision de faire connaître immédiatement aux militaires de la disponibilité et de la réserve destinés à porter au complet de guerre les compagnies, escadrons, batteries et services du corps d'armée de la région, qu'ils aient à se rendre à leur corps dans le délai fixé par l'ordre de départ. — Le commandant du bureau de recrutement fait remettre à chaque homme rappelé l'ordre nominatif et toujours préparé qui lui prescrit de rejoindre. — La mobilisation peut aussi avoir lieu par voie d'affiches et de publications sur la voie publique. En conséquence, tout homme à la disposition de l'autorité militaire ou faisant partie de la disponibilité et de la réserve de l'armée active, de l'armée territoriale et de la réserve de cette armée, devra se mettre en route de façon à arriver à son corps le jour fixé par l'ordre de mobilisation ou par le certificat dont il sera porteur en vertu de l'article 38 de la loi du 27 juillet 1872 et sans attendre la notification individuelle d'un ordre de route ou d'appel. (*Dernier paragraphe ajouté par la L. 19 mars 1875.*)

23. A dater du jour où il a reçu l'ordre de mobilisation, le général commandant le corps d'armée est assisté dans son commandement par l'officier général qui doit le remplacer et qui est désigné d'avance par le ministre de la Guerre. Cet officier général prend le commandement de la région, le jour où le corps d'armée mobilisé quitte la région.

24. Les hommes de remplacement, à quelque région qu'ils appartiennent, peuvent être envoyés par détachement aux divers corps de l'armée selon les besoins de ces corps. — Ils peuvent d'ailleurs être formés en compagnies, bataillons, escadrons ou batteries, et même en régiments, si les besoins de la guerre le réclament.

25. En cas de mobilisation, la réquisition des chevaux, mulets et voiture recensés en exécution de l'article 5 de la présente loi, peut être ordonnée par décret du Président de la République. — Cette réquisition a lieu moyennant fixation et paiement d'une juste indemnité. — Une loi spéciale déterminera le mode d'exécution de cette réquisition et celui d'après lequel cette indemnité est fixée et payée.

26. En cas de mobilisation ou de guerre, les compagnies de chemins de fer mettent à la disposition du ministre de la Guerre tous les moyens nécessaires pour les mouvements et la concentration des troupes et du matériel de l'armée. — Un service de marche ou d'étapes sera organisé sur les lignes de chemins de fer par un règlement ministériel.

27. L'administration des télégraphes tient en tout temps à la disposition du ministre de la Guerre le matériel et le personnel nécessaires pour assurer ou compléter le service de la télégraphie militaire.

28. L'instruction progressive et régulière des troupes de toutes armes se termine chaque année par des marches, manœuvres et opérations d'ensemble, de brigade, de division, et, quand les circonstances le permettent, de corps d'armée. Jusqu'à la promulgation d'une loi spéciale sur la matière, un règlement d'administration publique, inséré au Bulletin des lois, déterminera les conditions suivant lesquelles s'effectuera l'évaluation des dommages causés aux propriétés, ainsi que le paiement des indemnités dues aux propriétaires.

TITRE IV. — *Armée territoriale.*

29. L'armée territoriale a, en tout temps, ses cadres entièrement constitués. — Sa composition sera déterminée par la loi spéciale mentionnée en l'article 6 de la présente loi. — L'effectif permanent et soldé de l'armée territoriale ne comprend que le personnel nécessaire à l'administration, à la tenue des contrôles, à la comptabilité et à la préparation des mesures qui ont pour objet l'appel à l'activité des hommes de ladite armée.

30. L'armée territoriale est formée, conformément à l'article 36 de la loi du 27 juillet 1872, des hommes domiciliés dans la région. — Les militaires de tous grades qui la composent restent dans leurs foyers et ne sont réunis ou appelés à l'activité que sur l'ordre de l'autorité militaire. — La réserve de l'armée territoriale n'est appelée à l'activité qu'en cas d'insuffisance des ressources fournies par l'armée territoriale. Dans ce cas, l'ap-

pel se fait par classe et en commençant par la moins ancienne.

31. Les cadres des troupes et des divers services de l'armée territoriale sont recrutés : — 1° Pour les officiers et fonctionnaires, parmi les officiers et fonctionnaires démissionnaires ou en retraite des armées de terre et de mer, parmi les engagés conditionnels d'un an qui ont obtenu des brevets d'officiers auxiliaires ou des commissions, conformément aux articles 36 et 38 de la présente loi. — Toutefois, les anciens sous-officiers de la réserve et les engagés conditionnels d'un an munis du brevet de sous-officier peuvent, après examen déterminé par le ministre de la guerre, être promus au grade de sous-lieutenant dans l'armée territoriale, au moment où ils passent dans ladite armée, conformément à la loi du 27 juillet 1872 ; — 2° Pour les sous-officiers et employés, parmi les anciens sous-officiers et employés de la réserve et les engagés conditionnels d'un an, munis du brevet de sous-officier et parmi les anciens caporaux et brigadiers présentant les conditions d'aptitude nécessaires. — Les nominations des officiers et des fonctionnaires sont faites par le Président de la République, sur la proposition du ministre de la Guerre. — Les nominations des sous-officiers et des employés sont faites par le général commandant le corps d'armée de la région. — L'avancement dans l'armée territoriale sera réglé par une loi spéciale — Un règlement d'administration publique déterminera les relations hiérarchiques entre l'armée active et l'armée territoriale.

32. La formation des divers corps de l'armée territoriale a lieu : — Par subdivision de région, pour l'infanterie ; — Sur l'ensemble de la région, pour les autres armes. — A cet effet, chaque commandant de bureau de recrutement fait connaître au général commandant la région l'état, par arme, des hommes qui, finissant d'accomplir leur service dans la réserve, sont domiciliés dans sa subdivision. — Après que la répartition est faite entre les diverses armes par le général commandant, chaque homme passant dans l'armée territoriale est averti, par le commandant, du service de recrutement de la subdivision, du corps dont il doit faire partie. Mention en est faite dans une colonne spéciale sur le certificat qui doit lui être délivré conformément à l'article 38 de la loi du 27 juillet 1872. — Les dispositions des articles 34 et 35 de la loi du 27 juillet 1872 sont applicables aux militaires inscrits sur les contrôles de l'armée territoriale.

33. Chaque commandant de bureau de recrutement tient le général commandant la région au courant de la situation de l'armée territoriale, suivant le mode qui sera déterminé par un règlement ministériel. — Le général commandant propose au ministre de la guerre les nominations et mutations qui lui paraissent devoir être faites pour tenir au complet les cadres de ladite armée.

34. En cas de mobilisation, les corps de troupes de l'armée territoriale peuvent être affectés à la garnison des places fortes, aux postes et lignes d'étapes, à la défense des côtes, des points stratégiques : ils peuvent être aussi formés en brigades, divisions et corps d'armée destinés à tenir campagne. — Enfin, ils peuvent être détachés pour faire partie de l'armée active.

35. L'armée territoriale, lorsqu'elle est mobilisée, est soumise aux lois et règlements qui régissent l'armée active et lui est assimilée pour la solde et les prestations de toute nature. — Tant que les troupes de l'armée territoriale sont dans la région de leur formation sans être détachées pour faire partie de l'armee active, elles restent placées sous le commandement déterminé par les articles 14 et 16 de la présente loi. — Lorsqu'elles sont constituées en divisions et en corps d'armée, elles sont pourvues d'états-majors, de services administratifs, sanitaires et auxiliaires spéciaux.

TITRE V. — *Dispositions particulières.*

36. Les élèves de l'Ecole polytechnique et les élèves de l'Ecole forestière qui ont satisfait aux examens de sortie desdites écoles et ne sont pas placés dans un service public reçoivent un brevet de sous-lieutenant auxiliaire ou une commission équivalente au titre auxiliaire et restent dans la disponibilité, dans la réserve de l'armée active, dans l'armée territoriale, pendant le temps durant lequel ils y sont astreints en conformité de l'article 36 de la loi du 27 juillet 1872. — Toute fois est déduit, conformément à l'article 19 de la loi du 27 juillet 1872, le temps passé par eux dans ces écoles. — Un règlement d'administration publique, rendu pour chacun des servi-

ces dans lesquels sont placés les élèves sortant de l'Ecole polytechnique qui ne font pas partie de l'armée de terre ou de mer, et les élèves de l'Ecole forestière entrés dans le service forestier, détermine et les assimilations de grades et les emplois qui peuvent, en cas de mobilisation, leur être donnés dans l'armée, selon la position qu'ils occupent dans les services publics auxquels ils appartiennent.

37. Les engagés conditionnels d'un an qui, après l'année de service exigée par l'article 56 de la loi du 27 juillet 1872, ont satisfait à tous les examens prescrits et ont obtenu des brevets de sous-officier ou une commission pour un des services de l'armée, restent en disponibilité, passent ensuite dans la réserve et dans l'armée territoriale pendant le temps prescrit par la loi. — Ils sont, à cet effet, d'avance immatriculés dans les corps ou affectés aux services auxquels ils sont destinés et reçoivent, en entrant dans la disponibilité, un titre qui leur fait connaître le corps ou le service qu'ils devront rejoindre s'ils sont rappelés.

38. Les engagés conditionnels d'un an qui ont satisfait aux examens prescrits par l'article 56 de la loi du 27 juillet 1872 peuvent, en restant une année de plus, soit dans l'armée active, soit dans une école désignée par le ministre de la Guerre et après avoir subi les examens déterminés, obtenir un brevet de sous-lieutenant auxiliaire ou une commission équivalente et être placés avec leur grade, selon les besoins de l'armée, dans la disponibilité ou la réserve de l'armée active et, après le temps voulu par la loi, dans l'armée territoriale. (*V. Décr. 28 nov. 1873.*) — Ils sont immatriculés comme officiers dans les corps ou services du corps d'armée auquel ils sont attachés; mention en est faite sur leur brevet ou commission.

39. Les engagés conditionnels d'un an qui ont satisfait aux examens prescrits par l'article 56 de la loi du 27 juillet 1872, et qui veulent compléter cinq années de service dans l'armée active, peuvent y être autorisés. — Ceux qui, conformément à l'article 58 de ladite loi, ont obtenu un brevet de sous-officier, conservent alors, au titre de l'armée active, leur grade et concourent pour l'avancement dans les corps dont ils font partie.

40. Les officiers auxiliaires, les officiers de l'armée territoriale sont, pendant la durée de leur présence sous les drapeaux, considérés comme étant en activité; mais ils ne peuvent se prévaloir des grades qu'ils ont occupés ou obtenus pendant ce temps pour être maintenus dans l'armée active. — Toutefois, ceux qui jouissaient d'une pension de retraite peuvent faire reviser leur pension. — Sous le rapport de la médaille militaire, de la croix de la Légion-d'Honneur obtenue par eux pendant qu'ils sont sous les drapeaux, de même que sous le rapport des pensions pour infirmités et blessures, ils jouissent de tous les droits attribués aux militaires de même grade dans l'armée active.

Dispositions transitoires.

41. Les officiers de la garde nationale mobile qui sont assujettis par leur âge à servir dans la réserve de l'armée active, en exécution de l'article 76 de la loi du 27 juillet 1872, pourront transitoirement, et à la condition de satisfaire à un examen qui sera déterminé par un règlement du ministre de la Guerre, recevoir un brevet de sous-lieutenant au titre auxiliaire dans la réserve de l'armée active. Ils passeront dans l'armée territoriale en même temps que les hommes de la classe à laquelle ils appartiennent. — Les officiers, sous-officiers et soldats de la garde nationale mobile et des corps mobilisés qui, en raison de leur âge, ne sont pas classés dans la réserve de l'armée active, pourront transitoirement, et à la condition de satisfaire à un examen qui sera déterminé par un règlement du ministre de la Guerre, être admis dans les cadres de l'armée territoriale.

42. Des règlements d'administration publique et des règlements ministériels pourvoiront à l'exécution des dispositions contenues dans la présente loi.

43. Sont abrogées toutes les dispositions des lois antérieures contraires à la présente loi.

LOI

Sur les emplois réservés aux anciens sous-officiers des armées de terre et de mer.

(24 juillet 1873) (1)

(1) Bull., 12e série, no 2250. — *V.* le texte dans notre édition in-8o. — *V.* L. 31 déc. 1875.

LOI

Sur les récompenses nationales.

(25 juillet 1873) (1)

LOI

Qui modifie les articles 1, 4, 6 et 7 de la loi du 11 juillet 1868, sur les chemins vicinaux.

(25 juillet 1873)

ART. 1er. La subvention annuelle de 10,000,000 de francs accordée par l'article 1er de la loi du 11 juillet 1868 pour l'achèvement des chemins vicinaux ordinaires et celle de 1,500,000 francs attribuée par l'article 4 de la même loi au service des chemins d'intérêt commun, sont réduites, la première à 5,000,000 de francs, la seconde à 750,090 francs. — Ces subventions seront inscrites pendant dix ans, à partir de 1874, au budget du ministère de l'Intérieur.

2. La durée de la période déterminée par les articles 6 et 7 de la loi du 11 juillet 1868 pour les prêts à consentir par la Caisse des chemins vicinaux aux communes et aux départements, est prolongée de cinq ans.

A partir du 1er janvier 1874 et jusqu'au 31 décembre 1883, le montant de ces prêts ne pourra excéder 14,000,000 de francs par an. — Toutefois, si pendant une des années de cette période, les prêts consentis par la Caisse des chemins vicinaux n'atteignaient pas le maximum de 14,000,000 de francs, la somme disponible pourrait être reportée sur l'année suivante.

LOI

Qui complète l'article 10 du Code de justice militaire, relatif à la composition du Conseil de guerre de l'armée de terre suivant le grade de l'accusé.

(26 juillet 1873) (2)

LOI

Qui ajoute à l'article 401 du Code pénal un paragraphe concernant certains délits commis au préjudice des restaurateurs, aubergistes, cabaretiers, etc.

(26 juillet 1873) (3)

LOI

Relative à l'établissement et à la conservation de la propriété en Algérie.

(26 juillet 1873) (4)

LOI

Qui abroge les articles 1 et 2 de la loi du 30 janvier 1872, concernant la surtaxe de pavillon.

(28 juillet 1873) (5)

DÉCRET

Qui approuve la déclaration relative à la protection des marques de fabrique ou de commerce, signée à Paris, le 8 octobre 1873, entre la France et l'Allemagne.

(11 octobre 1873) (6)

LOI

Relative à l'établissement d'un timbre ou signe spécial destiné à être apposé sur les marques commerciales et de fabrique.

(26 novembre 1873) (7)

DÉCRET

Qui admet les engagés conditionnels d'un an à contracter l'engagement de rester une année de plus sous les drapeaux.

(28 novembre 1873) (8)

(1) Bull., 12e série, no 2210. — *V.* le texte dans notre édition in-8o.

(2) Bull., 12e série, no 2221. — *V.* le texte dans notre édition in-8o.

(3) Bull., 12e série, no 2230. — *V.* le texte à l'art. 401, C. pén.

(4) Bull., 12e série, no 2251. — *V.* le texte dans notre édition in-8o.

(5) Bull., 12e série, no 2287.

(6) Bull., 12e série, no 2436.

(7) Bull., 12e série, no 2488. — *V.* le texte dans notre édition in-8o. — *V.* Décr. 25 juin 1874.

(8) Bull., 12e série, no 2526. — *V.* le texte dans notre édition in-8o. — *V.* art. 38, L. 24 juill. 1873.

DÉCRET

Relatif à la modification du régime du service postal et du service télégraphique.

(6 décembre 1873) (1)

LOI

Portant fixation du Budget général des dépenses et des recettes de l'exercice 1874.

(29 décembre 1873)

TITRE Ier. — *Budget général.*

. . . .

§ 2. — Impôts autorisés.

ART. 2. Le droit de timbre des copies des exploits, des notifications d'avoué à avoué, et des significations de tous jugements, actes ou pièces, sera acquitté au moyen de timbres mobiles apposés sur l'original de l'exploit. — Néanmoins, ces copies ne pourront être faites que sur un papier timbré spécial de la dimension des feuilles aux droits de 50 centimes et de 1 franc, et qui sera fourni gratuitement par l'administration de l'enregistrement, des domaines et du timbre.

3. Indépendamment des mentions prescrites par l'article 48 du décret du 14 juin 1813 et par l'article 67 du Code de procédure civile, les huissiers seront tenus d'indiquer distinctement au bas de l'original et des copies de chaque exploit : — 1o Le nombre des feuilles de papier spécial employées tant pour les copies de l'original que pour les copies des pièces signifiées ; — 2o Le montant des droits de timbre dus à raison de la dimension de ces feuilles.

4. Il ne pourra être alloué en taxe, et les officiers ministériels ne pourront demander et se faire payer, à titre de remboursement de droit de timbre des copies, aucune somme excédant la valeur des timbres mobiles apposés en exécution des dispositions qui précèdent. — Un règlement d'administration publique déterminera la forme et les conditions d'emploi du papier spécial et des timbres mobiles créés par la présente loi, ainsi que toutes les autres mesures d'exécution. (*V. Décr. 30 déc.* 1873.) — Sont applicables à ces timbres les dispositions de l'article 21 de la loi du 11 juin 1859.

5. Chaque contravention aux dispositions des articles 2 et 3 ci-dessus et à celles du règlement d'administration publique à intervenir sera punie d'une amende de 50 francs. — Seront considérés comme non timbrés les actes et pièces autres que les copies spécifiées en l'article 2 et qui auraient été écrits sur le papier spécial exclusivement destiné à ces copies.

. . . .

7. Le port des circulaires, prospectus, catalogues, avis divers et prix courants, livres, gravures, lithographies, en feuilles, brochées ou reliées, et en général de tous les imprimés autres que les journaux et ouvrages périodiques, est, pour chaque exemplaire ou chaque paquet adressé à un seul destinataire, ainsi fixé, suivant le poids :

De 5 grammes et au-dessous	0 fr.	02 c.
De 5 à 10 grammes	0	03
De 10 à 15 —	0	04
De 15 à 40 —	0	05
De 40 à 80 —	0	10

Au-dessus de 80 grammes, il y aura une augmentation de 3 centimes par chaque 20 grammes ou fraction de 20 grammes excédant. — L'article 9 de la loi du 24 août 1871 est abrogé, sauf en ce qui concerne l'exception faite pour les circulaires électorales et bulletins de vote. (*Modifié par L.* 6 *avril* 1878, *art.* 6.)

8. Le port des échantillons de marchandises est réduit à 15 centimes par 50 grammes. — A partir de 50 grammes, il est augmenté de 5 centimes par 50 grammes ou fraction de 50 grammes. — L'article 7 de la loi du 24 août 1871 est abrogé en ce qu'il a de contraire au présent article.

. . . .

TITRE IV. — *Moyens de service et dispositions diverses.*

. . . .

25. A partir du 1er janvier 1874, les percepteurs des contributions directes seront substitués aux receveurs de l'enregistrement pour le recouvrement des amendes et des condamnations pécuniaires autres que celles concernant les droits d'enregistrement, de timbre, de greffe, d'hypothèques, le notariat et la procédure civile. — Sont maintenues toutes les dispositions des lois qui ne sont pas contraires au paragraphe précédent; toutefois, les porteurs de contraintes pourront remplacer les huissiers pour l'exercice des poursuites. — Un règlement d'administration publique déterminera, s'il y a lieu, les mesures nécessaires pour assurer l'exécution du présent article.

(1) Bull., 12e série, no 2552.

DÉCRET

Portant règlement d'administration publique pour l'exécution des articles 2, 3, 4 et 5 de la loi du 29 décembre 1873, relatifs au timbre des copies d'exploits et des significations de tous actes ou pièces.

(30 décembre 1873)

Art. 1er. L'administration de l'enregistrement, des domaines et du timbre est autorisée à débiter, pour l'exécution de l'article 2 susvisé de la loi du 29 décembre 1873, des feuilles et des demi-feuilles de petit papier de la dimension prescrite par l'article 3 de la loi du 13 brumaire an VII. — Chaque feuille est revêtue d'un timbre à l'encre grasse de couleur, et de l'empreinte d'un timbre sec portant le mot : *copies*. — Les empreintes sont appliquées sur les feuilles ou demi-feuilles de dimension, au haut de la partie gauche de la feuille (non déployée) ou de la demi-feuille. — Provisoirement, l'empreinte du timbre sec pourra être remplacée par un timbre appliqué à l'encre grasse et portant également le mot : *copies*. — Il est en outre établi, pour l'exécution dudit article 2 de la loi susvisée du 29 décembre 1873, des timbres mobiles conformes au modèle ci-annexé, mais dont la quotité pourra varier de 50 centimes à 10 francs, non compris les décimes. — L'administration de l'enregistrement, des domaines et du timbre fera déposer au greffe des Cours et tribunaux des spécimens du papier spécial et des timbres mobiles. Le dépôt sera constaté par un procès-verbal dressé sans frais.

2. Les huissiers et autres officiers ministériels chargés de faire ou de signer des copies d'exploits ou de pièces ne peuvent s'approvisionner du papier spécial et des timbres mobiles représentant la valeur des droits de timbre exigibles d'après la dimension des feuilles du papier spécial, qu'au bureau de l'enregistrement délégué à cet effet. — Les timbres mobiles et le papier spécial sont délivrés en même temps. Il ne peut être remis de timbres mobiles que pour une valeur équivalente au droit de timbre exigible à raison de la dimension des papiers délivrés.

3. L'officier ministériel est tenu, avant toute signification de copies d'apposer sur l'original de son exploit un ou plusieurs timbres mobiles représentant le montant des droits de timbre dus à raison du nombre et de la dimension des feuilles du papier spécial employé pour les copies. — Le timbre mobile est collé à la marge gauche de la première page de l'original, immédiatement au-dessous de l'empreinte du timbre sec. Le timbre mobile est oblitéré, lors de l'enregistrement de l'original de l'exploit, par le receveur, au moyen d'une griffe qui est fournie par l'Administration.

4. Les huissiers et tous autres officiers ministériels chargés de faire les significations d'actes ou pièces sont tenus de reproduire, dans des colonnes distinctes de leur répertoire, les indications prescrites par les nos 1 et 2 de l'article 3 de la loi du 29 décembre 1873.

1874

DÉCRET

Qui affecte le fort de l'île Sainte-Marguerite aux condamnés à la peine de la détention.

(16 janvier 1874)

Art. 1er. Le fort de l'île Sainte-Marguerite, département des Alpes-Maritimes, est affecté aux condamnés à la peine de la détention.

. . . .

LOI

Sur les maires et les attributions de police municipale.

(20 janvier 1874)

Art. 1er. Jusqu'au vote de la loi organique municipale, les maires et les adjoints seront nommés par le Président de la République dans les chefs-lieux de département, d'arrondissement et de canton ; dans les autres communes, ils seront nommés par le préfet. (*Abrogé par L. 12 août 1876.*)

2. Dès la promulgation de la présente loi, et sans qu'il y ait lieu de pourvoir aux vacances qui existeraient dans les Conseils municipaux, il sera procédé à la nomination des maires et adjoints ; ils seront pris, soit dans le Conseil municipal, soit en dehors ; mais, dans ce dernier cas, la nomination sera faite, suivant les distinctions

énoncées en l'article 1er, par décret délibéré en Conseil des ministres ou par arrêté du ministre de l'Intérieur. — Les maires et adjoints devront être âgés de vingt-cinq ans accomplis, membres du Conseil municipal ou électeurs dans la commune. (*Abrogé par L.* 12 *août* 1876.)

3. Dans toutes les communes où l'organisation de la police n'est pas réglée par la loi du 24 juillet 1867 ou par des lois spéciales, le maire nomme les inspecteurs de police, les brigadiers, sous-brigadiers et agents de police. Ils doivent être agréés par les préfets. — Ils peuvent être suspendus par le maire, mais le préfet peut seul les révoquer.

4. Dans les deux mois qui suivront la promulgation de la présente loi, l'Assemblée nationale sera saisie par le Gouvernement d'un projet de loi d'organisation communale, si elle ne l'a été précédemment par l'une de ses commissions.

LOI

Qui modifie les articles 3 *et* 9 *de la loi du* 3 *mai* 1844, *sur la police de la chasse.*

(22 janvier 1874)

ART. UNIQUE. Les articles 3 et 9 de la loi du 3 mai 1844 sont modifiés ainsi qu'il suit : ... (*V. le texte aux art.* 3 *et* 9, *L.* 3 *mai* 1844) (1).

LOI

Relative à la surveillance de la haute police.

(23 janvier 1874)

ART. 1er. Les articles 44, 46, 47 et 48 du Code pénal sont modifiés ainsi qu'il suit : ... (*V. le texte aux art.* 44, 46, 47 *et* 48, *C. pén.*)

2. Des règlements d'administration publique détermineront le mode d'exercice de la surveillance et fixeront les conditions sous lesquelles, après un temps d'épreuve, cette surveillance pourra être suspendue.

---

(1) *V. Circ. min. Int.* 30 janv. 1874. (*Bull. min. Int.* 1874, p. 34.)

DÉCRET

Qui modifie celui du 6 *mai* 1811, *relatif à l'établissement de la redevance proportionnelle des mines.*

(11 février 1874) (2)

LOI

Portant augmentation de droits d'enregistrement et de timbre.

(19 février 1874)

ART. 1er. Sont établis à titre extraordinaire et temporaire les augmentations d'impôts et les impôts énumérés dans la présente loi.

2. Les divers droits fixes d'enregistrement auxquels les actes extrajudiciaires sont assujettis par les lois en vigueur sont augmentés de moitié.

3. Le tarif du droit de timbre proportionnel établi par le no 1er de l'article 2 de la loi du 23 août 1871, sur les effets négociables ou de commerce, autres que ceux tirés de l'étranger sur l'étranger et circulant en France, est augmenté de moitié. — A partir du 1er juillet 1874, le droit de timbre des effets négociables ou de commerce, au-dessus de 500 francs jusqu'à 1,000 francs, sera gradué de 100 francs en 100 francs, sans fraction. (*V. L.* 22 *déc.* 1878, *art.* 1er.)

4. Sont soumis au droit de timbre proportionnel fixé par l'article précédent : — Les billets, obligations, délégations et tous mandats, non négociables, quelle que soit d'ailleurs leur forme ou leur dénomination, servant à procurer une remise de fonds de place à place. — Cette disposition est applicable aux écrits spécifiés ci-dessus souscrits en France et payables hors de France, et réciproquement. — En cas de contravention, le souscripteur, le bénéficiaire ou le porteur sont passibles chacun de l'amende de 6 pour 100 édictée par l'article 4 de la loi du 5 juin 1850. Sont également applicables, en cas de contravention, les dispositions pénales des articles 6 et 7 de ladite loi du 5 juin 1850.

5. Les dispositions suivantes sont ajoutées à l'article 1er de la loi du 14 juin 1865 : — Le chèque indique le lieu d'où il est émis. La date du jour où il est tiré est inscrite en toutes lettres et de la main de celui qui a

(2) Bull., 12e série, no 2782.

écrit le chèque. — Le chèque, même au porteur, est acquitté par celui qui le touche ; l'acquit est daté. — Toutes stipulations entre le tireur, le bénéficiaire ou le tiré, ayant pour objet de rendre le chèque payable autrement qu'à vue et à première réquisition, sont nulles de plein droit.

6. L'article 6 de la loi du 14 juin 1865 est abrogé et remplacé par les dispositions suivantes : — Le tireur qui émet un chèque sans date, ou non daté en toutes lettres, s'il s'agit d'un chèque de place à place ; celui qui revêt un chèque d'une fausse date ou d une fausse énonciation du lieu d'où il est tiré, est passible d'une amende de 6 pour 100 de la somme pour laquelle le chèque est tiré, sans que cette amende puisse être inférieure à 100 francs. — La même amende est due personnellement, et sans recours, par le premier endosseur ou le porteur d'un chèque sans date ou non daté en toutes lettres, s'il est tiré de place à place, ou portant une date postérieure à l'époque à laquelle il est endossé ou présenté. Cette amende est due, en outre, par celui qui paye ou reçoit en compensation un chèque sans date, ou irrégulièrement daté, ou présenté au paiement avant la date d'émission. — Celui qui émet un chèque sans provision préalable et disponible est passible de la même amende, sans préjudice des peines correctionnelles, s'il y a lieu.

7. Celui qui paye un chèque sans exiger qu'il soit acquitté est passible personnellement, et sans recours, d'une amende de 50 francs.

8. Les chèques de place à place sont assujettis à un droit de timbre fixe de 20 centimes. — Les chèques sur place continueront à être timbrés à 10 centimes. — Sont applicables aux chèques de place à place non timbrés conformément au présent article, les dispositions pénales des articles 4, 5, 6, 7 et 8 de la loi du 5 juin 1850. — Le droit de timbre additionnel peut être acquitté au moyen d'un timbre mobile de 10 centimes.

9. Toutes les dispositions législatives relatives aux chèques tirés de France sont applicables aux chèques tirés hors de France et payables en France. — Les chèques pourront, avant tout endossement en France, être timbrés avec des timbres mobiles. — Si le chèque tiré hors de France n'a pas été timbré conformément aux dispositions ci-dessus, le bénéficiaire, le premier endosseur, le porteur ou le tiré sont tenus, sous peine de l'amende de 6 pour 100, de le faire timbrer aux droits fixés par l'article précédent, avant tout usage en France. — Si le chèque tiré hors de France n'est pas souscrit conformément aux prescriptions de l'article 1er de la loi du 14 juin 1865 et de l'article 5 ci-dessus, il est assujetti aux droits de timbre des effets de commerce. Dans ce cas, le bénéficiaire, le premier endosseur, le porteur ou le tiré sont tenus de le faire timbrer avant tout usage en France, sous peine d'une amende de 6 pour 100. — Toutes les parties sont solidaires pour le recouvrement des droits et amendes.

10. Les recouvrements effectués par les entrepreneurs de transports, à titre de remboursement des objets transportés, quel que soit d'ailleurs le mode employé pour la remise des fonds au créancier, ainsi que tous autres transports fictifs ou réels de monnaies ou de valeurs, sont assujettis à la délivrance d'un récépissé ou d'une lettre de voiture dûment timbré. — Le droit de timbre du récépissé ou celui de la lettre de voiture, fixé dans ce cas à 35 centimes, y compris le droit de la décharge, est supporté par l'expéditeur de la marchandise.

DÉCRET

Relatif à l'application d'un contre-timbre sur les papiers timbrés actuellement en usage pour les effets de commerce.

(19 février 1874) (1)

DÉCRET

Relatif à l'apposition de timbres mobiles proportionnels sur les effets de commerce venant de l'étranger ou des colonies, sur les warrants endossés séparément des récépissés et sur les effets négociables de toute nature créés en France.

(19 février 1874) (2)

---

(1) Bull., 12e série, no 2715. — V. le texte dans notre édition in-8o.

(2) Bull., 12e série, no 2716. — V. le texte dans notre édition in-8o. — V. Décr. 18 juin 1874.

DÉCRET

Relatif aux bons de liquidation affectés au paiement de l'indemnité de guerre accordée aux départements, aux communes et aux particuliers, par la loi du 7 avril 1873.

(20 mars 1874) (1)

LOI

Relative à des augmentations d'impôts et à l'établissement d'impôts nouveaux.

(21 mars 1874)

Art. 1er. Sont établis à titre extraordinaire et temporaire les augmentations d'impôts et les impôts énumérés dans la présente loi.

2. La quantité de 40 litres d'alcool par année pour laquelle l'affranchissement du droit général de consommation est accordé aux bouilleurs et distillateurs par l'article 2 de la loi du 2 août 1872, est réduite à 20 litres.

3. Un règlement d'administration publique déterminera les mesures nécessaires pour assurer la perception de l'impôt dans les distilleries, chez les dénaturateurs d'alcool et relativement aux versements d'alcool sur les vins. — Les contraventions aux dispositions de ce règlement sont passibles des peines édictées par l'article 1er de la loi du 28 février 1872. (*V. Décr.* 29 *janv.* 1881; 15 *avril* 1881.)

4. Il est perçu au profit du Trésor public une taxe de 5 pour 100 du prix payé aux compagnies de chemins de fer pour le transport, le chargement et le déchargement effectués par les compagnies, les frais de gare et de transmission entre deux réseaux, des marchandises et objets de toute nature expédiés aux conditions des tarifs de la petite vitesse. — Les tarifs des compagnies peuvent être accrus du montant de cette taxe, qui n'est pas sujette aux décimes. (*Abrogé, L.* 26 *mars* 1878, *art.* 2.) — Toutes les autres expéditions faites par les compagnies de chemins de fer aux conditions de tarifs autres que ceux de la petite vitesse restent soumises aux dispositions des lois du 14 juillet 1855 et du 16 septembre 1871.

5. Le Gouvernement peut, par décret, suspendre temporairement la perception de cette taxe, en ce qui concerne les céréales.

(1) Bull., 12e série, no 2887.

6. Seront exemptés de l'impôt de 5 pour 100 : — 1o Le transport des marchandises en transit d'une frontière à l'autre; — 2o Le transport des marchandises expédiées directement en destination d'un pays étranger. — Un décret rendu dans la forme de règlement d'administration publique déterminera les conditions sous lesquelles les exemptions ci-dessus seront accordées.

7. Les viandes salées étrangères de toute origine paieront, indépendamment du droit d'importation dont elles sont actuellement passibles, une taxe supplémentaire de quatre francs (4 fr.) par 100 kilogrammes en représentation de la taxe de consommation due en France pour le sel employé à la préparation des viandes salées.

8. A partir du 1er juillet 1875 au plus tard, les raffineries de sucre seront assujetties à l'exercice dans les mêmes conditions que les fabriques-raffineries.

9. Les parcelles figurant sous des dénominations diverses sur les états de sections des communes, comme terres incultes ou improductives et cotisées comme telles, et qui ont été mises en culture ou sont devenues productives depuis la confection du cadastre, seront évaluées et cotisées comme les autres propriétés de même nature et d'égal revenu de la commune où elles sont situées, et accroîtront le contingent dans la contribution foncière de la commune, de l'arrondissement, du département et de l'Etat. — Il n'est pas dérogé aux articles 111, 112, 113, 114 de la loi du 3 frimaire an VII, ni à l'article 226 de la loi du 18 juin 1859. — Les parcelles qui, depuis la même époque, auront cessé d'être cultivées ou productives seront l'objet d'un nouveau classement et d'une nouvelle cotisation. Elles feront l'objet d'un dégrèvement au profit des propriétaires desdites parcelles et dans la contribution foncière de la commune, de l'arrondissement, du département et de l'Etat. — Les états des nouvelles cotisations et des dégrèvements par département seront annexés au budget de chaque année.

10. Le ministre des Finances est chargé d'établir les moyens de réaliser cette réforme et de présenter le plus tôt possible à l'approbation de l'Assemblée nationale les dispositions destinées à assurer l'application de ce principe de péréquation partielle.

DÉCRET

Qui constitue au tribunal de la Seine une chambre chargée de statuer sur les expropriations forcées et les contestations qui en dépendent.

(31 mars 1874) (1)

DÉCRET

Relatif à l'examen du baccalauréat ès lettres.

(9 avril 1874) (2)

DÉCRET

Sur la discipline des membres de la Légion-d'Honneur.

(14 avril 1874) (3)

DÉCRET

Qui rend celui du 14 avril 1874, sur la discipline des membres de la Légion-d'Honneur, applicable aux décorés de la Médaille militaire, aux titulaires des médailles commémoratives de diverses campagnes de guerre, ainsi qu'aux Français autorisés à porter des ordres étrangers.

(9 mai 1874)

ART. 1er. Les dispositions du règlement d'administration publique ci-dessus visé, en date du 14 avril 1874, sont applicables aux décorés de la Médaille militaire, aux titulaires des médailles commémoratives de diverses campagnes de guerre, ainsi qu'aux Français autorisés à porter des ordres étrangers.

2. L'article 5 du décret du 24 novembre 1852 et le décret du 8 décembre 1859 sont abrogés.

---

(1) Bull., 12e série, no 2813. — V. le texte dans notre édition in-8o.

(2) Bull., 12e série, no 2992. — V. le texte dans notre édition in-8o. — Décret du 25 juillet 1874.

(3) Bull., 12e série, no 2923. — V. le texte de ce décret dans notre édition in-8o. — V. Décr. 9 mai 1874.

LOI

Sur le travail des enfants et des filles mineures employés dans l'industrie.

(19 mai 1874)

SECTION I. — *Âge d'admission. — Durée du travail.*

ART. 1er. Les enfants et les filles mineures ne peuvent être employés à un travail industriel, dans les manufactures, fabriques, usines, mines, chantiers et ateliers, que sous les conditions déterminées dans la présente loi.

2. Les enfants ne pourront être employés par des patrons, ni être admis dans les manufactures, usines, ateliers ou chantiers avant l'âge de douze ans révolus. — Ils pourront être toutefois employés à l'âge de dix ans révolus dans les industries spécialement déterminées par un règlement d'administration publique rendu sur l'avis conforme de la commission supérieure ci-dessous instituée.

3. Les enfants, jusqu'à l'âge de douze ans révolus, ne pourront être assujettis à une durée de travail de plus de six heures par jour, divisée par un repos. — A partir de douze ans, ils ne pourront être employés plus de douze heures par jour, divisées par des repos.

SECTION II. — *Travail de nuit, des dimanches et jours fériés* (4).

4. Les enfants ne pourront être employés à aucun travail de nuit jusqu'à l'âge de seize ans révolus. — La même interdiction est appliquée à l'emploi des filles mineures de seize à vingt et un ans, mais seulement dans les usines et manufactures. — Tout travail entre neuf heures du soir et cinq heures du matin est considéré comme travail de nuit. — Toutefois, en cas de chômage résultant d'une interruption accidentelle et de force majeure, l'interdiction ci-dessus pourra être temporairement levée, et pour un délai déterminé, par la commission locale ou l'inspecteur ci-dessous institués, sans que l'on puisse employer au travail de nuit des enfants âgés de moins de douze ans.

5. Les enfants âgés de moins de seize ans et les filles âgées de moins de vingt et un ans ne pourront être employés à aucun travail, par leurs patrons, les dimanches et fêtes reconnues par la loi, même pour rangement de l'atelier.

(4) V. Décr. 22 mai 1875.

6. Néanmoins, dans les usines à feu continu, les enfants pourront être employés la nuit ou les dimanches et jours fériés aux travaux indispensables. — Les travaux tolérés et le laps de temps pendant lequel ils devront être exécutés seront déterminés par des règlements d'administration publique. — Ces travaux ne seront, dans aucun cas, autorisés que pour des enfants âgés de douze ans au moins. — On devra en outre leur assurer le temps et la liberté nécessaires pour l'accomplissement des devoirs religieux.

SECTION III. — *Travaux souterrains.*

7. Aucun enfant ne peut être admis dans les travaux souterrains des mines, minières et carrières avant l'âge de douze ans révolus. — Les filles et femmes ne peuvent être admises dans ces travaux. — Les conditions spéciales du travail des enfants de douze à seize ans dans les galeries souterraines seront déterminées par des règlements d'administration publique. (*V. Décr.* 12 *mai* 1875.)

SECTION IV. — *Instruction primaire.*

8. Nul enfant, ayant moins de douze ans révolus, ne peut être employé par un patron qu'autant que ses parents ou tuteur justifient qu'il fréquente actuellement une école publique ou privée. — Tout enfant admis avant douze ans dans un atelier devra, jusqu'à cet âge, suivre les classes d'une école pendant le temps libre du travail. — Il devra recevoir l'instruction pendant deux heures au moins, si une école spéciale est attachée à l'établissement industriel. La fréquentation de l'école sera constatée au moyen d'une feuille de présence dressée par l'instituteur et remise chaque semaine au patron.

9. Aucun enfant ne pourra, avant l'âge de quinze ans accomplis, être admis à travailler plus de six heures chaque jour, s'il ne justifie, par la production d'un certificat de l'instituteur ou de l'inspecteur primaire, visé par le maire, qu'il a acquis l'instruction primaire élémentaire. — Ce certificat sera délivré sur papier libre et gratuitement.

SECTION V. — *Surveillance des enfants. — Police des ateliers.*

10. Les maires sont tenus de délivrer aux père, mère ou tuteur un livret sur lequel sont portés les noms et prénoms de l'enfant, la date et le lieu de sa naissance, son domicile, le temps pendant lequel il a suivi l'école. — Les chefs d'industrie ou patrons inscriront sur le livret la date de l'entrée dans l'atelier ou établissement, et celle de la sortie. — Ils devront également tenir un registre sur lequel seront mentionnées toutes les indications insérées au présent article.

11. Les patrons ou chefs d'industrie seront tenus de faire afficher dans chaque atelier les dispositions de la présente loi et les règlements d'administration publique relatifs à son exécution.

12. Des règlements d'administration publique détermineront les différents genres de travaux présentant des causes de danger ou excédant leurs forces, qui seront interdits aux enfants dans les ateliers où ils seront admis. (*V. Décr.* 13 *mai* 1875.)

13. Les enfants ne pourront être employés dans les fabriques et ateliers indiqués au tableau officiel des établissements insalubres ou dangereux, que sous les conditions spéciales déterminées par un règlement d'administration publique. — Cette interdiction sera généralement appliquée à toutes les opérations où l'ouvrier est exposé à des manipulations ou à des émanations préjudiciables à sa santé. — En attendant la publication de ce règlement, il est interdit d'employer les enfants âgés de moins de seize ans : — 1° Dans les ateliers où l'on manipule des matières explosibles et dans ceux où l'on fabrique des mélanges détonants, tels que poudre, fulminates, etc., ou tous autres éclatant par le choc ou par le contact d'un corps enflammé ; — 2° Dans les ateliers destinés à la préparation, à la distillation ou à la manipulation de substances corrosives, vénéneuses et de celles qui dégagent des gaz délétères ou explosibles. — La même interdiction s'applique aux travaux dangereux ou malsains, tels que : — L'aiguisage ou le polissage à sec des objets en métal et des verres ou cristaux ; — Le battage ou grattage à sec des plombs carbonatés, dans les fabriques de céruse ; — Le grattage à sec d'émaux à base d'oxyde de plomb, dans les fabriques de verre dits *de mousseline ;* — L'étamage au mercure des glaces ; — La dorure au mercure.

14. Les ateliers doivent être tenus dans un état constant de propreté et convenablement ventilés. — Ils doivent présenter toutes les conditions de sécurité et de salubrité nécessaires à la santé des enfants. — Dans les usines à moteurs mécaniques, les roues, les

courroies, les engrenages ou tout autre appareil, dans le cas où il aura été constaté qu'ils présentent une cause de danger, seront séparés des ouvriers de telle manière que l'approche n'en soit possible que pour les besoins du service. — Les puits, trappes et ouvertures de descente doivent être clôturés.

15. Les patrons ou chefs d'établissements doivent, en outre, veiller au maintien des bonnes mœurs et à l'observation de la décence publique dans leurs ateliers.

SECTION VI. — *Inspection.*

16. Pour assurer l'exécution de la présente loi, il sera nommé quinze inspecteurs divisionnaires. La nomination des inspecteurs sera faite par le Gouvernement, sur une liste de présentation dressée par la commission supérieure ci-dessous instituée, et portant trois candidats pour chaque emploi disponible. — Ces inspecteurs seront rétribués par l'Etat. — Chaque inspecteur divisionnaire résidera et exercera sa surveillance dans l'une des quinze circonscriptions territoriales déterminées par un règlement d'administration publique. (*V. Décr. 15 févr.* 1875.)

17. Seront admissibles aux fonctions d'inspecteur les candidats qui justifieront du titre d'ingénieur de l'Etat ou d'un diplôme d'ingénieur civil, ainsi que les élèves diplômés de l'École centrale des arts et manufactures et des Écoles des mines. — Seront également admissibles ceux qui auront déjà rempli, pendant trois ans au moins, les fonctions d'inspecteur du travail des enfants ou qui justifieront avoir dirigé ou surveillé pendant cinq années des établissements industriels occupant 100 ouvriers au moins.

18. Les inspecteurs ont entrée dans tous les établissements manufacturiers, ateliers et chantiers. Ils visitent les enfants; ils peuvent se faire représenter le registre prescrit par l'article 10, les livrets, les feuilles de présence aux écoles, les règlements intérieurs. — Les contraventions seront constatées par les procès-verbaux des inspecteurs, qui feront foi jusqu'à preuve contraire. Lorsqu'il s'agira de travaux souterrains, les contraventions seront constatées concurremment par les inspecteurs ou par les gardes-mines. — Les procès-verbaux seront dressés en double exemplaire, dont l'un sera envoyé au préfet du département, et l'autre déposé au parquet. — Toutefois, lorsque les inspecteurs auront reconnu qu'il existe, dans un établissement ou atelier, une cause de danger ou d'insalubrité, ils prendront l'avis de la commission locale ci-dessous instituée, sur l'état de danger ou d'insalubrité, et ils consigneront cet avis dans un procès-verbal. — Les dispositions ci-dessus ne dérogent point aux règles du droit commun quant à la constatation et à la poursuite des infractions commises à la présente loi.

19. Les inspecteurs devront, chaque année, adresser des rapports à la commission supérieure ci-dessous instituée.

SECTION VII. — *Commissions locales.*

20. Il sera institué dans chaque département des commissions locales dont les fonctions seront gratuites, chargées : 1° de veiller à l'exécution de la présente loi ; 2° de contrôler le service de l'inspection ; 3° d'adresser au préfet du département, sur l'état du service et l'exécution de la loi, des rapports qui seront transmis au ministre et communiqués à la commission supérieure. — A cet effet, les commissions locales visiteront les établissements industriels, ateliers et chantiers; elles pourront se faire accompagner d'un médecin quand elles le jugeront convenable.

21. Le Conseil général déterminera, dans chaque département, le nombre et la circonscription des commissions locales ; il devra en établir une au moins dans chaque arrondissement ; il en établira, en outre, dans les principaux centres industriels ou manufacturiers, là où il le jugera nécessaire. — Le Conseil général pourra également nommer un inspecteur spécial rétribué par le département; cet inspecteur devra toutefois agir sous la direction de l'inspecteur divisionnaire.

22. Les commissions locales seront composées de cinq membres au moins et de sept au plus, nommés par le préfet sur une liste de présentation arrêtée par le Conseil général. — On devra faire entrer, autant que possible, dans chaque commission, un ingénieur de l'Etat ou un ingénieur civil, un inspecteur de l'instruction primaire et un ingénieur des mines dans les régions minières. — Les commissions sont renouvelées tous les cinq ans ; les membres sortants pourront être de nouveau appelés à en faire partie.

SECTION VIII. — *Commission supérieure.*

23. Une commission supérieure, composée de neuf membres dont les

fonctions seront gratuites, est établie auprès du ministre du Commerce; cette commission est nommée par le Président de la République; elle est chargée: — 1° De veiller à l'application uniforme et vigilante de la présente loi; — 2° De donner son avis sur les règlements à faire, et généralement sur les diverses questions intéressant les travailleurs protégés; — 3° Enfin d'arrêter les listes de présentation des candidats pour la nomination des inspecteurs divisionnaires.

24. Chaque année, le président de la commission supérieure adressera au Président de la République un rapport général sur les résultats de l'inspection et sur les faits relatifs à l'exécution de la présente loi. — Ce rapport devra être, dans le mois de son dépôt, publié au *Journal officiel*. — Le Gouvernement rendra compte chaque année à l'Assemblée nationale de l'exécution de la loi et de la publication des règlements d'administration publique destinés à la compléter.

SECTION IX. — *Pénalités.*

25. Les manufacturiers, directeurs ou gérants d'établissements industriels et les patrons qui auront contrevenu aux prescriptions de la présente loi et des règlements d'administration publique relatifs à son exécution seront poursuivis devant le tribunal correctionnel et punis d'une amende de 16 à 50 francs. — L'amende sera appliquée autant de fois qu'il y a eu de personnes employées dans des conditions contraires à la loi, sans que son chiffre total puisse excéder 500 francs. — Toutefois, la peine ne sera pas applicable si les manufacturiers, directeurs ou gérants d'établissements industriels et les patrons établissent que l'infraction à la loi a été le résultat d'une erreur provenant de la production d'actes de naissance, livrets ou certificats contenant de fausses énonciations ou délivrés pour une autre personne. — Les dispositions des articles 12 et 13 de la loi du 22 juin 1854, sur les livrets d'ouvriers, seront, dans ce cas, applicables aux auteurs des falsifications. — Les chefs d'industrie sont civilement responsables des condamnations prononcées contre leurs directeurs ou gérants.

26. S'il y a récidive, les manufacturiers, directeurs ou gérants d'établissements industriels et les patrons seront condamnés à une amende de 50 à 200 francs. — La totalité des amendes réunies ne pourra toutefois excéder 1,000 francs. — Il y a récidive lorsque le contrevenant a été frappé, dans les douze mois qui ont précédé le fait qui est l'objet de la poursuite, d'un premier jugement pour infraction à la présente loi ou aux règlements d'administration publique relatifs à son exécution.

27. L'affichage du jugement pourra, suivant les circonstances et en cas de récidive seulement, être ordonné par le tribunal de police correctionnelle. — Le tribunal pourra également ordonner, dans le même cas, l'insertion de sa sentence, aux frais du contrevenant, dans un ou plusieurs journaux du département.

28. Seront punis d'une amende de 16 à 100 francs les propriétaires d'établissements industriels et les patrons qui auront mis obstacle à l'accomplissement des devoirs d'un inspecteur, des membres des commissions, ou des médecins, ingénieurs et experts délégués pour une visite ou une constatation.

29. L'article 463 du Code pénal est applicable aux condamnations prononcées en vertu de la présente loi. — Le montant des amendes résultant de ces condamnations sera versé au fonds de subvention affecté à l'enseignement primaire dans le budget de l'instruction publique.

SECTION X. — *Dispositions spéciales.*

30. Les articles 2, 3, 4 et 5 de la présente loi sont applicables aux enfants placés en apprentissage et employés à un travail industriel. — Les dispositions des articles 18 et 25 ci-dessus seront appliquées auxdits cas, en ce qu'elles modifient la juridiction et la quotité de l'amende indiquées au premier paragraphe de l'article 20 de la loi du 22 février 1851. Ladite loi continuera à recevoir son exécution dans ses autres prescriptions.

31. Par mesure transitoire, les dispositions édictées par la présente loi ne seront applicables qu'un an après sa promulgation. — Toutefois, à ladite époque, les enfants déjà admis légalement dans les ateliers continueront à y être employés aux conditions spécifiées dans l'article 3.

32. A l'expiration du délai susindiqué, toutes dispositions contraires à la présente loi seront et demeureront abrogées.

DÉCRET

Qui crée des timbres mobiles pour les effets de commerce de 500 francs à 1,000 francs.

(18 juin 1874) (1)

LOI

Qui modifie l'article 105 du Code forestier, relatif au partage des bois d'affouage.

(25 juin 1874)

ART. UNIQUE. L'article 105 du Code forestier est modifié ainsi qu'il suit (2) :...

DÉCRET

Portant règlement d'administration publique pour l'exécution de la loi du 26 novembre 1873, concernant l'apposition d'un timbre ou d'un poinçon spécial sur les marques de fabrique ou de commerce.

(25 juin 1874) (3)

LOI

Relative à l'électorat municipal.

(7 juillet 1874) (4)

ART. 1er. A partir de la promulgation de la présente loi, une liste électorale relative aux élections municipale sera dressée dans chaque commune par une commission composée du maire, d'un délégué de l'administration désigné par le préfet et d'un délégué choisi par le Conseil municipal. — Dans les communes qui auront été divisées en sections électorales (*V. art.* 3, *L.* 14 *avril* 1871 ; *art.* 43, *L.* 10 *août* 1871), la liste sera dressée, dans chaque section, par une commission composée : 1° du maire ou adjoint ou d'un conseiller municipal dans l'ordre du tableau ; 2° d'un délégué de l'administration désigné par le préfet ; 3° d'un délégué choisi par le Conseil municipal. — Lorsque la commune est divisée en plusieurs cantons, le sectionnement devra être opéré de telle sorte qu'une section électorale ne puisse comprendre des portions de territoires appartenant à plusieurs cantons. — A Paris et à Lyon, la liste sera dressée, dans chaque quartier ou section, par une commission composée du maire de l'arrondissement ou d'un adjoint délégué, du conseiller municipal élu dans le quartier ou la section, et d'un électeur désigné par le préfet du département. — Il sera dressé, en outre, d'après les listes spéciales à chaque section ou quartier, une liste générale des électeurs de la commune, par ordre alphabétique. — A Paris et à Lyon, cette liste générale sera dressée par arrondissement.

2. Les listes seront déposées au secrétariat de la mairie, communiquées et publiées conformément à l'article 2 du décret réglementaire du 2 février 1852. — Les demandes en inscription ou en radiation devront être formées dans le délai de vingt jours, à partir de la publication des listes ; elles seront soumises aux commissions indiquées dans l'article 1er, auxquelles seront adjoints deux autres délégués du Conseil municipal. — A Paris et à Lyon, deux électeurs domiciliés dans le quartier ou la section et nommés, avant tout travail de révision, par la commission instituée en l'article 1er, seront adjoints à cette commission.

3. L'appel des décisions de ces commissions sera porté devant le juge de paix, qui statuera conformément aux dispositions du décret organique du 2 février 1852.

4. L'électeur qui aura été l'objet d'une radiation d'office de la part des commissions désignées à l'article 1er, ou dont l'inscription aura été contestée devant lesdites commissions, sera averti sans frais par le maire et pourra présenter ses observations. — Notification de la décision des commissions sera, dans les trois jours, faite aux parties intéressées, par écrit et à domicile, par les soins de l'administration municipale ; elles pourront interjeter appel dans les cinq jours de la notification. — Les listes électorales seront réunies en un registre et conservées dans les archives de la commune. — Tout électeur pourra prendre communication et copie de la liste électorale.

(1) Bull., 12e série, n° 3184. — *V.* le texte dans notre édition in-8°.

(2) *V.* le texte à l'art. 105, C. for.

(3) Bull., 12e série, n° 3259. — *V.* le texte dans notre édition in-8°.

(4) *V.* Décr. 11 juill. 1874. — *Circ. min. Intér.* 12 juill. 1874 (*Journ. off.* du 21 juill. 1874).

5. Sont inscrits sur la liste des électeurs municipaux tous les citoyens âgés de vingt et un ans, jouissant de leurs droits civils et politiques et n'étant dans aucun cas d'incapacité prévu par la loi : — 1° Qui sont nés dans la commune ou y ont satisfait à la loi du recrutement, et, s'ils n'y ont pas conservé leur résidence, sont venus s'y établir de nouveau depuis six mois au moins ; — 2° Qui, même n'étant pas nés dans la commune, y auront été inscrits depuis un an au rôle d'une des quatre contributions directes ou au rôle des prestations en nature, et, s'ils ne résident pas dans la commune, auront déclaré vouloir y exercer leurs droits électoraux. Seront également inscrits, aux termes du présent paragraphe, les membres de la famille des mêmes électeurs compris dans la cote de la prestation en nature, alors même qu'ils n'y sont pas personnellement portés, et les habitants qui, en raison de leur âge ou de leur santé, auront cessé d'être soumis à cet impôt ; — 3° Qui se sont mariés dans la commune et justifieront qu'ils y résident depuis un an au moins ; — 4° Qui, ne se trouvant pas dans un des cas ci-dessus, demanderont à être inscrits sur la liste électorale et justifieront d'une résidence de deux années consécutives dans la commune. Ils devront déclarer le lieu et la date de leur naissance. — Tout électeur inscrit sur la liste électorale pourra réclamer la radiation ou l'inscription d'un individu omis ou indûment inscrit ; — 5° Qui, en vertu de l'article 2 du traité de paix du 10 août 1871, ont opté pour la nationalité française et déclaré fixer leur résidence dans la commune, conformément à la loi du 19 juin 1871 ; — 6° Qui sont assujettis à une résidence obligatoire dans la commune en qualité soit de ministres des cultes reconnus par l'Etat, soit de fonctionnaires publics. — Seront également inscrits les citoyens qui, ne remplissant pas les conditions d'âge et de résidence ci-dessus indiquées lors de la formation des listes, les rempliront avant la clôture définitive. — L'absence de la commune résultant du service militaire ne portera aucune atteinte aux règles ci-dessus édictées pour l'inscription sur les listes électorales.

6. Ceux qui, à l'aide de déclarations frauduleuses ou de faux certificats, se seront fait inscrire ou auront tenté de se faire inscrire indûment sur une liste électorale ; ceux qui, à l'aide des mêmes moyens, auront fait inscrire ou rayer, tenté de faire inscrire ou rayer indûment un citoyen, et les complices de ces délits, seront passibles d'un emprisonnement de six jours à un an et d'une amende de 50 à 500 francs. — Les coupables pourront, en outre, être privés pendant deux ans de l'exercice de leurs droits civiques. — L'article 463 du Code pénal est dans tous les cas applicable.

7. Les dispositions des lois antérieures ne sont abrogées qu'en ce qu'elles ont de contraire à la présente loi.

8. Pour l'année 1874, les listes seront dressées immédiatement après la promulgation de la présente loi, et les délais déterminés par les décrets du 2 février 1852 seront observés.

LOI

Relative aux améliorations à apporter à la situation des sous-officiers de l'armée active.

(10 juillet 1874) (1)

DÉCRET

Relatif à la formation des listes électorales relatives aux élections municipales.

(11 juillet 1874) (2)

DÉCRET

Relatif à l'examen du baccalauréat ès lettres.

(25 juillet 1874) (3)

LOI

Sur le Conseil d'Etat.

(1er août 1874)

Art. 1er. La section du contentieux sera présidée par un président de section, qui sera nommé dans les conditions et les formes déterminées par l'article 10 de la loi du 24 mai 1872.

(1) Bull., 12e série, n° 3228. — Abrogée par L. 23 juill. 1881.
(2) Bull., 12e série, n° 3242.
(3) Bull., 12e série, n° 3309. — Abrogé par Décr. 19 juin 1880.

Il n'aura la présidence de l'assemblée publique du Conseil d'Etat au contentieux qu'en l'absence du vice-président.

2. Est supprimé le minimum de vingt-cinq ans d'âge exigé, par l'article 6 de la loi du 24 mai 1872, des auditeurs de deuxième classe pour être admis au concours de la première.

3. Le concours pour l'auditorat de première classe aura lieu dans les formes qui seront déterminées par un règlement que le Conseil d'Etat sera chargé de faire. Les concurrents subiront deux sortes d'épreuves : des épreuves par écrit, qui seront subies sous la surveillance d'un membre du jury, et des épreuves orales, qui auront lieu en séance publique. — Le jury, après discussion, pourra tenir compte, dans ses appréciations, des titres et des services antérieurs des candidats. (*Modifié par L.* 13 *juill.* 1879, *art.* 2.)

4. Sont abrogées toutes les dispositions des lois antérieures contraires à la présente loi.

LOI

Relative à la conscription des chevaux.

(1er août 1874) (1)

LOI

Portant fixation du Budget général des dépenses et des recettes de l'exercice 1875.

(5 août 1874)

TITRE Ier. — *Budget général.*

§ 2. — Impôts autorisés.

. . . .

ART. 2. Dans la loi de finances de 1876, il sera présenté par le Gouvernement un projet de nouvelle répartition du principal de la contribution foncière entre les départements. — La contribution des patentes continuera de supporter, comme en 1874, 43 centimes additionnels par franc.

. . . .

7. Ne sont pas assujetties à la taxe établie par l'article 9 de la loi du 16 septembre 1871 les sociétés ayant pour objet exclusif des jeux d'adresse ou des exercices spéciaux, tels que chasse, sport nautique, exercices gymnastiques, jeux de paume, jeux de boules, de tir au fusil, au pistolet, à l'arc, à l'arbalète, etc., et dont les réunions ne sont pas quotidiennes.

. . . .

DÉCRET

Qui détermine les régions territoriales et les subdivisions de région.

(6 août 1874) (2)

ART. 1er. Chacune des dix-huit régions énoncées à l'article 1er de la loi du 24 juillet 1873 comprend huit subdivisions de région.

. . . .

DÉCRET

Qui détermine la nomenclature des matières considérées comme pouvant donner lieu soit à des explosions, soit à des incendies.

(12 août 1874) (3)

ART. 1er. Les matières pouvant être une cause d'explosion ou d'incendie sont divisées en deux catégories : — 1o Les matières explosibles ou très-dangereuses, et dont le transport exige les plus grandes précautions ; — 2o Les matières inflammables et comburantes ou moins dangereuses, mais dont il importe cependant de soumettre le transport à des précautions spéciales.

2. Les matières de la première catégorie sont contenues dans la nomenclature suivante : — Nitroglycérine. — Dynamite — Picrates. — Coton-poudre. — Coton azotique (pour collodion). — Fulminates purs ou mélangés. — Amorces. — Mélanges de chlorates et d'une matière combustible. — Poudres et cartouches de guerre, de chasse et de mine. — Pièces d'artifice. — Mèches de mineur. (*V. Décr.* 15 *janv.* 1875.)

3. Les matières de la deuxième catégorie sont désignées dans la nomenclature ci-après :

(1) Abrogée par L. 3 juill. 1877. — V. cette loi, titre VIII.

(2) Bull., 12e série, no 3491. — Modifié par Décr. 10 août 1874. — L. 24 juill. 1873.

(3) V. L. 18 juin 1870 ; Décr. 2 sept. 1874.

Phosphore. — Allumettes. — Sulfure de carbone. — Ethers. — Collodion liquide. — Huiles brutes de pétrole, de schiste, de boghead, de résine. — Essences et huiles lampantes de pétrole. — Essences et huiles lampantes de schiste. — Essences et huiles lampantes de boghead. — Essences et huiles lampantes de résine. — Essence de houille, benzine, toluène. — Acide nitrique monohydraté.

4. Les substances de la première catégorie seront désignées par des marques de couleur rouge. — Les substances de la deuxième catégorie seront désignées par des marques de couleur verte.

5. Ces marques seront, ou bien tracées au pinceau en couleur à l'huile, ou formées d'une peau ou étoffe solide quelconque. — Leur surface sera au moins d'un décimètre carré. — Les caisses renfermant les matières dangereuses de l'une ou de l'autre catégorie porteront une de ces marques sur chacune de leurs six surfaces. — Si les colis ont moins d'un décimètre cube, une seule marque suffira et devra être visible sur deux des faces au moins. — Lorsque les matières seront renfermées dans des fûts, les marques seront peintes sur quatre points opposés et symétriques. — Lorsque les matières seront renfermées dans des touries, bonbonnes ou flacons emballés ou non dans des paniers, les marques seront en bois peint ou en étoffe, ou en peau, et appliquées en quatre points opposés et symétriques. — Dans le cas où les colis seraient extérieurement de couleur rouge ou verte, la marque rouge sera entourée d'un liséré vert au moins de 2 centimètres de largeur, et la marque verte d'un liséré rouge de même dimension.

6. Il n'est pas dérogé aux dispositions de l'article 10 du décret du 19 mai 1873, relatives au transport des essences inflammables de pétrole pour le commerce de détail.

DÉCRET

Qui prescrit les mesures à prendre pour l'embarquement et le débarquement des matières dangereuses.

(2 septembre 1874) (1)

(1) Bull., 12e série, n° 3481. — V. le texte dans notre édition in-8°.

DÉCRET

Relatif aux emplois réservés aux anciens sous-officiers des armées de terre et de mer.

(28 octobre 1874) (2)

LOI

Relative à la protection des enfants employés dans les professions ambulantes.

(7 décembre 1874) (3)

LOI

Qui rend les navires susceptibles d'hypothèque.

(10 décembre 1874) (4)

Art. 1er. Les navires sont susceptibles d'hypothèque ; ils ne peuvent être hypothéqués que par la convention des parties.

2. Le contrat par lequel l'hypothèque maritime est consentie doit être rédigé par écrit ; il peut être fait par acte sous signatures privées. — Pour l'inscription de l'hypothèque, l'acte sous seing privé ne sera passible que du droit fixe de deux francs. Mais le droit proportionnel pourra être ultérieurement exigé dans les cas où les actes sous seing privé y sont assujettis, conformément aux lois sur l'enregistrement.

3. L'hypothèque sur le navire ou sur portion du navire ne peut être consentie que par le propriétaire ou par son mandataire justifiant d'un mandat spécial.

4. L'hypothèque consentie sur le navire ou portion du navire s'étend, à moins de convention contraire, au corps du navire, aux agrès, apparaux, machines et autres accessoires.

5. L'hypothèque maritime peut être constituée sur un navire en construction. Dans ce cas, l'hypothèque doit être précédée d'une déclaration faite au bureau du receveur des douanes du lieu où le navire est en construction. — Cette déclaration indiquera la longueur de la quille du navire, et approximativement ses autres dimen-

(2) Bull., 12e série, n° 3585. — V. L. 24 juill. 1873.

(3) Bull., 12e série, n° 3632. — V. le texte dans notre édition in-8°.

(4) V. Décr. 23 avril 1875.

sions, ainsi que son port présumé. Elle mentionnera l'emplacement de la mise en chantier du navire.

6. L'hypothèque est rendue publique par l'inscription sur un registre spécial tenu par le receveur des douanes du lieu où le navire est en construction, ou de celui où il est immatriculé. — Si le navire a déjà un acte de francisation, l'inscription doit être mentionnée au dos dudit acte par le receveur des douanes. — Dans tous les cas, l'inscription est, en outre, certifiée par lui immédiatement et sous la même date sur le contrat d'hypothèque ou sur son expédition authentique, dont la représentation lui aura été faite.

7. Tout propriétaire d'un navire construit en France qui demande à le faire admettre à la francisation est tenu de joindre aux pièces requises à cet effet un état des inscriptions prises sur le navire en construction ou un certificat qu'il n'en existe aucune. — Les inscriptions non rayées sont reportées d'office à leurs dates respectives, par le receveur des douanes, sur l'acte de francisation ainsi que sur le registre du lieu de la francisation, si ce lieu est autre que celui de la construction. — Si le navire change de port d'immatricule, les inscriptions non rayées sont pareillement reportées d'office, par le receveur des douanes du nouveau port où il est immatriculé, sur son registre et avec mention de leurs dates respectives.

8. Pour opérer l'inscription, il est présenté au bureau du receveur des douanes un des originaux du titre constitutif d'hypothèque, lequel y reste déposé s'il est sous seing privé ou reçu en brevet, ou une expédition s'il en existe minute. — Il y est joint deux bordereaux signés par le requérant, dont l'un peut être porté sur le titre présenté. Ils contiennent : — 1° Les noms, prénoms et domiciles du créancier et du débiteur, et leur profession, s'ils en ont une ; — 2° La date et la nature du titre ; — 3° Le montant de la créance exprimée dans le titre ; — 4° Les conventions relatives aux intérêts et au remboursement ; — 5° Le nom et la désignation du navire hypothéqué, la date de l'acte de francisation ou de la déclaration de sa mise en construction ; — 6° Election de domicile, par le créancier, dans le lieu de la résidence du receveur des douanes.

9. Le receveur des douanes fait mention sur son registre du contenu aux bordereaux, et remet au requérant l'expédition du titre, s'il est authentique, et l'un des bordereaux au pied duquel il certifie avoir fait l'inscription.

10. S'il y a deux ou plusieurs hypothèques sur la même part de propriété du navire, leur rang est déterminé par l'ordre de priorité des dates de l'inscription. — Les hypothèques inscrites le même jour viennent en concurrence, nonobstant la différence des heures de l'inscription.

11. L'inscription conserve l'hypothèque pendant trois ans, à compter du jour de sa date ; son effet cesse si l'inscription n'a été renouvelée, avant l'expiration de ce délai, sur le registre tenu en douane et mentionnée à nouveau sur l'acte de francisation, dès le retour du navire au port où il est immatriculé.

12. Si le titre constitutif de l'hypothèque est à ordre, sa négociation par voie d'endossement emporte la translation du droit hypothécaire.

13. L'inscription garantit, au même rang que le capital, deux années d'intérêt en sus de l'année courante.

14. Les inscriptions sont rayées, soit du consentement des parties intéressées ayant capacité à cet effet, soit en vertu d'un jugement en dernier ressort ou passé en force de chose jugée.

15. A défaut de jugement, la radiation totale ou partielle de l'inscription ne peut être opérée, par le receveur des douanes, que sur le dépôt d'un acte authentique de consentement à la radiation, donné par le créancier ou son cessionnaire justifiant de ses ses droits. — Si l'acte se borne à donner main-levée, le droit proportionnel sur le titre constitutif de l'hypothèque ne sera pas perçu. — Dans le cas où l'acte constitutif de l'hypothèque est sous seing privé, ou si, étant authentique, il a été reçu en brevet, il est communiqué au receveur des douanes, qui y mentionne, séance tenante, la radiation totale ou partielle. — Si l'acte de francisation lui est représenté simultanément ou ultérieurement, le receveur des douanes est tenu d'y mentionner à sa date la radiation totale ou partielle.

16. Le receveur des douanes est tenu de délivrer à tous ceux qui le requièrent l'état des inscriptions subsistantes sur un navire, ou un certificat qu'il n'en existe aucune.

17. En cas de perte ou d'innavigabilité du navire, les droits des créanciers s'exercent sur les choses sauvées ou sur leur produit, alors même que les créances ne seraient pas encore échues. Ils s'exercent également, dans

l'ordre des inscriptions, sur le produit des assurances qui auraient été faites par l'emprunteur sur le navire hypothéqué. Dans le cas prévu par le présent article, l'inscription de l'hypothèque vaut opposition au paiement de l'indemnité d'assurance. — Les créanciers inscrits ou leurs cessionnaires peuvent, de leur côté, faire assurer le navire pour la garantie de leurs créances. — Les assureurs avec lesquels ils ont contracté l'assurance sont, lors du remboursement, subrogés à leurs droits contre le débiteur.

18. Les créanciers ayant hypothèque inscrite sur un navire ou portion de navire le suivent, en quelques mains qu'il passe, suivant l'ordre de leurs inscriptions. — Si l'hypothèque ne grève qu'une portion de navire, le créancier ne peut saisir et faire vendre que la portion qui lui est affectée. Toutefois, si plus de la moitié du navire se trouve hypothéquée, le créancier pourra, après saisie, le faire vendre en totalité, à charge d'appeler à la vente les copropriétaires. — Dans tous les cas de copropriété autres que ceux qui résultent d'une succession ou de la dissolution d'une communauté conjugale, par dérogation à l'article 883 du Code civil, les hypothèques consenties durant l'indivision, par un ou plusieurs des copropriétaires, sur une portion de navire, continuent à subsister après le partage ou la licitation. — Toutefois, si la licitation s'est faite en justice dans les formes déterminées par les articles 201 et suivants du Code de commerce, le droit des créanciers n'ayant hypothèque que sur une portion du navire sera limité au droit de préférence sur la partie du prix afférente à l'intérêt hypothéqué.

19. L'acquéreur d'un navire ou d'une portion de navire hypothéqué, qui veut se garantir des poursuites autorisées par l'article précédent, est tenu, avant la poursuite ou dans le délai de quinzaine, de notifier à tous les créanciers inscrits sur l'acte de francisation, au domicile élu dans les inscriptions : — 1° Un extrait de son titre indiquant seulement la date et la nature de l'acte, le nom du vendeur, le nom, l'espèce et le tonnage du navire et les charges faisant partie du prix ; — 2° Un tableau, sur trois colonnes, dont la première contiendra la date des inscriptions, la seconde, le nom des créanciers, la troisième, le montant des créances inscrites.

20. L'acquéreur déclarera, par le même acte, qu'il est prêt à acquitter sur-le-champ les dettes hypothécaires jusqu'à concurrence seulement de son prix, sans distinction des dettes exigibles ou non exigibles.

21. Tout créancier peut requérir la mise aux enchères du navire ou portion de navire, en offrant de porter le prix à un dixième en sus et de donner caution pour le paiement du prix et des charges.

22. Cette réquisition signée du créancier doit être signifiée à l'acquéreur dans les dix jours des notifications. Elle contiendra assignation devant le tribunal civil du lieu où se trouve le navire, ou, s'il est en cours de voyage, du lieu où il est immatriculé, pour voir ordonner qu'il sera procédé aux enchères requises.

23. La revente aux enchères aura lieu à la diligence soit du créancier qui l'aura requise, soit de l'acquéreur, dans les formes établies pour les ventes sur saisie.

24. La réquisition de mise aux enchères n'est pas admise en cas de vente judiciaire.

25. Faute par les créanciers de s'être réglés entre eux à l'amiable, dans le délai de quinzaine, pour la distribution du prix offert par la notification ou produit par la surenchère, il y est procédé entre les créanciers privilégiés, hypothécaires et chirographaires, dans les formes établies en matière de saisie. En cas de distribution du prix d'un navire hypothéqué, l'inscription vaut opposition au profit du créancier inscrit. Les créanciers auront un mois pour produire leurs titres, à compter de la soumission qui leur aura été adressée.

26. Le propriétaire qui veut se réserver la faculté d'hypothéquer son navire en cours de voyage est tenu de déclarer, avant le départ du navire, au bureau du receveur des douanes du lieu où le navire est immatriculé, la somme pour laquelle il entend pouvoir user de ce droit. — Cette déclaration est mentionnée sur le registre du receveur et sur l'acte de francisation, à la suite des hypothèques déjà existantes. — Les hypothèques réalisées en cours de voyage sont constatées sur l'acte de francisation : en France et dans les possessions françaises, par le receveur des douanes ; à l'étranger, par le consul de France, ou, à défaut, par un officier public du lieu du contrat. Il en est fait mention, par l'un et par l'autre, sur un registre spécial qui sera conservé pour y avoir recours, au cas de perte de l'acte de francisation, par naufrage ou autre-

ment, avant le retour du navire. Elles prennent rang du jour de leur inscription sur l'acte de francisation. — La mention faite en vertu du paragraphe 2 du présent article ne pourra être supprimée qu'après le voyage accompli, et sur la présentation de l'acte de francisation.

27. Les paragraphes 9 de l'article 191 et 7 de l'article 192 du Code de commerce sont abrogés. — L'article 191 du même Code est terminé par la disposition suivante : — « Les créanciers hypothécaires sur le navire « viendront, dans leur ordre d'inscription, après les créances privi- « légiées. »

28. L'article 233 du Code de commerce est modifié ainsi qu'il suit (1) :...

29. Les navires de vingt tonneaux et au-dessus seront seuls susceptibles de l'hypothèque créée par la présente loi.

30. Le tarif des droits à percevoir par les employés de l'administration des douanes et le cautionnement spécial à leur imposer, à raison des actes auxquels donnera lieu l'exécution de la présente loi, seront fixés par un décret rendu dans la forme des règlements d'administration publique. — La responsabilité de la régie des douanes, du fait de ses agents, ne s'applique pas aux attributions conférées aux receveurs par les dispositions qui précèdent. — La loi sera exécutoire à partir du 1er mai 1875.

LOI

Qui modifie la loi du 7 février 1851, concernant les individus nés en France d'étrangers qui eux-mêmes y sont nés.

(16 décembre 1874)

Art. 1er. L'article 1er de la loi du 7 février 1851 est ainsi modifié : — Est Français tout individu né en France d'un étranger qui lui-même y est né, à moins que, dans l'année qui suivra l'époque de sa majorité, telle qu'elle est fixée par la loi française, il ne réclame la qualité d'étranger par une déclaration faite, soit devant l'autorité municipale du lieu de sa résidence, soit devant les agents diplomatiques et consulaires de France à l'étranger, et qu'il ne justifie avoir conservé sa nationalité d'origine par une attestation en due forme de son Gouvernement, laquelle demeurera annexée à la déclaration. — Cette déclaration pourra être faite par procuration spéciale et authentique.

2. Les jeunes gens auxquels s'applique l'article précédent peuvent, soit s'engager volontairement dans les armées de terre et de mer, soit contracter l'engagement conditionnel d'un an, conformément à la loi du 27 juillet 1872, titre IV, troisième section, soit entrer dans les écoles du Gouvernement à l'âge fixé par les lois et règlements, en déclarant qu'ils renoncent à réclamer la qualité d'étranger dans l'année qui suivra leur majorité. — Cette déclaration ne peut être faite qu'avec le consentement exprès et spécial du père, ou, à défaut du père, de la mère, ou, à défaut de père et de mère, qu'avec l'autorisation du conseil de famille. Elle ne doit être reçue qu'après les examens d'admission et s'ils sont favorables.

LOI

Relative à la protection des enfants du premier âge et, en particulier, des nourrissons.

(23 décembre 1874) (2)

DÉCRET

Qui fixe le prix de vente des allumettes chimiques dites de luxe.

(30 décembre 874) (3)

1875

LOI

Relative à l'organisation des commandements supérieurs de Paris et de Lyon.

(5 janvier 1875) (4)

(1) *V.* le texte à l'article 233 du Code de commerce.

(2) Bull., 12e série, no 3707. — *V.* le texte dans notre édition in-8o.

(3) Bull., 12e série, no 3825. — *V.* le texte de cette loi dans notre édition in-8o.

(4) Bull., 12e série, no 3694. — *V.* le

LOI

Ayant pour objet d'assurer la conservation des registres hypothécaires et d'en faciliter la reconstitution partielle.

(5 janvier 1875)

ART. 1er. L'article 2200 du Code civil est modifié ainsi qu'il suit... (*V.* le texte à l'article 2200 du Code civil.)

2. Il sera statué par un décret sur toutes les autres mesures d'exécution nécessitées par la présente loi. (*V. Decr.* 28 *août* 1875.)

DÉCRET

Qui désigne les parties des fleuves, rivières et canaux navigables et flottables réservées pour la reproduction du poisson.

(12 janvier 1875) (1)

LOI

Relative au monopole des allumettes chimiques.

(28 janvier 1875) (2)

DÉCRET

Qui fixe le prix de vente des allumettes de luxe.

(1er février 1875) (3)

DÉCRET

Qui détermine les circonscriptions territoriales des inspections instituées par la loi du 19 mai 1874, relative au travail des enfants et des filles mineures employés dans l'industrie.

(15 février 1875) (4)

LOI

Relative aux droits sur les manquants chez les marchands en gros, bouilleurs et distillateurs.

(4 mars 1875) (5)

LOI

Relative à la constitution des cadres et des effectifs de l'armée active et de l'armée territoriale.

(13 mars 1875) (6)

LOI

Qui proroge la loi du 16 septembre 1871, sur le Conseil général du département de la Seine.

(19 mars 1875)

ART. 1er. L'organisation et les attributions du Conseil général du département de la Seine continueront à être régies par la loi du 16 septembre 1871.

2. Les représentants au Conseil général des huit cantons des arrondissements de Sceaux et de Saint-Denis seront nommés pour une période de trois ans. — Toutefois, le mandat des conseillers généraux premiers élus en vertu de la présente loi expirera le 30 novembre 1877.

LOI

Relative à la mobilisation par voie d'affiches et de publications sur la voie publique.

(19 mars 1875) (7)

ART. UNIQUE. L'article 22 de la loi du 24 juillet 1873, sur l'organisation générale de l'armée, est complété par l'addition du paragraphe suivant :... (*V. le texte à la fin de l'art.* 22, *L.* 24 *juillet* 1873.)

(1) Bull., 12e série, no 3914. — *V.* le texte dans notre édition in-8o. — *V.* art. 1 et 2, L. 31 mai 1865 ; Décr. 10 août 1875.

(2) Bull., 12e série, no 3915.

(3) *V.* le texte dans notre édition in-8o. — *V.* L. 2 août 1872 ; Décr. 30 déc. 1874.

(4) Bull., 12e série, no 4002. — *V.* le texte de ce décret dans notre édition in-8o. — *V.* L. 19 mai 1874, art. 16.

(5) Bull., 12e série, no 3996. — Abrogé par L. 19 juill. 1880.

(6) Bull., 12e série, no 4189. — *V.* au Bulletin, p. 627 et suiv., les tableaux annexés à cette loi. — *V.* Décr. 31 août 1878 ; L. 9 juin 1881 ; Décr. 31 juill. 1881.

(7) Bull., 12e série, no 4071.

DÉCRET

Portant règlement d'administration publique pour l'exécution de l'article 2 de la loi du 19 mai 1874, relative au travail des enfants dans les manufactures (industries dans lesquelles les enfants de 10 à 12 ans peuvent être employés).

(27 mars 1875)

Art. 1er. Les enfants de dix à douze ans peuvent, dans les conditions déterminées par la loi, être employés dans les industries dont la nomenclature suit : — 1° Dévidage des cocons ; — 2° Filature de bourre de soie ; — 3° Filature du coton ; — 4° Filature de la laine ; — 5° Filature du lin ; — 6° Filature de la soie ; — 7° Impression à la main sur tissus ; — 8° Moulinage de la soie ; — 9° Papeterie (les enfants de dix à douze ans ne pourront être employés au triage des chiffons) ; — 10° Retordage du coton ; — 11° Tulles et dentelles (fabrication mécanique des) ; — 12° Verrerie.

CIRCULAIRE DU MINISTRE DE LA JUSTICE

Relative aux permissions de mariage des officiers et assimilés.

(3 avril 1875) (1)

DÉCRET

Concernant les droits à percevoir par les employés de l'administration des douanes et le cautionnement spécial à leur imposer, à raison des actes auxquels donnera lieu l'exécution de la loi du 10 décembre 1874, sur l'hypothèque maritime.

(23 avril 1875)

Art. 1er. Les droits à percevoir par les employés de l'administration des douanes chargés du service de l'hypothèque maritime se composent de remises et de salaires payables d'avance.

2. Les remises sont fixées à un demi pour mille du capital des créances donnant lieu à l'hypothèque ou au renouvellement d'une inscription. — Elles sont réduites à un quart pour mille à l'égard des sommes que le propriétaire du navire se réserve la faculté de réaliser par voie d'hypothèque, en cours de voyage, conformément à l'article 26 de la loi du 10 décembre 1874. — Lorsque l'hypothèque ainsi réservée est effectivement prise, l'agent appelé à l'inscrire perçoit, à son tour, une remise d'un quart pour mille sur la somme hypothéquée.

3. Les salaires seront de un franc : — 1° Pour l'inscription de chaque hypothèque requise par un seul bordereau, quel que soit le nombre des créanciers ; — 2° Pour chaque inscription reportée d'office, en vertu de l'article 7 de la loi du 10 décembre 1874, sur l'acte de francisation, sur le registre du lieu de la francisation ou sur le registre du nouveau port-d'attache ; — 3° Pour chaque déclaration, soit de changement de domicile, soit de subrogation, soit de tous les deux par le même acte ; — 4° Pour chaque radiation d'inscription ; — 5° Pour chaque extrait d'inscription ou pour le certificat, s'il n'en existe pas.

4. Chaque bordereau d'inscription ne peut s'appliquer qu'à un seul navire. Dans le cas de changement de domicile, de subrogation ou de radiation, il est fait aussi une déclaration distincte par inscription.

5. Les employés des douanes chargés du service de l'hypothèque maritime auront à fournir, pour la garantie des actes auxquels donnera lieu l'exécution de la loi du 10 décembre 1874, un cautionnement supplémentaire égal au dixième de leur cautionnement actuel. Ce cautionnement supplémentaire devra être fourni en immeubles ou en rentes nominatives sur l'Etat, conformément à ce qui est réglé pour les hypothèques terrestres. Les rentes sur l'État seront capitalisées au denier vingt. La libération du cautionnement supplémentaire ne pourra être réclamée qu'après un délai de trois ans, à dater du dernier jour de la gestion du comptable.

6. Le taux des cautionnements, des remises et des salaires sera revisé à l'expiration d'une période de cinq ans.

DÉCRET

Portant règlement d'administration publique pour l'exécution de l'article 7 de la loi du 19 mai 1874, relative au travail des enfants

(1) V. le texte dans notre édition in-8°. — V. Circ. 12 août 1875.

dans les manufactures (travail dans les mines).

(12 mai 1875) (1)

DÉCRET

Portant règlement d'administration publique pour l'exécution de l'article 12 de la loi du 19 mai 1874, relative au travail des enfants dans les manufactures (travaux fatigants ou dangereux).

(13 mai 1875) (2)

DÉCRET

Portant règlement d'administration publique pour l'exécution de l'article 13 de la loi du 19 mai 1874, relative au travail des enfants dans les manufactures (travail dans les établissements classés comme insalubres, incommodes ou dangereux.

(14 mai 1875) (3)

LOI

Portant modification du Code de justice militaire.

(18 mai 1875)

ART. 1er. Les articles 2, 7, 13, 18, 33, 34, 35, 37, 42, 44, 45, 46, 48, 49, 50, 70, 71, 81, 85, 109, 156, 230, 231, 234 et 235 du Code de justice militaire sont modifiés ainsi qu'il suit (4) :...

Disposition générale.

2. Dans les divers articles du Code de justice militaire autres que ceux modifiés en vertu de la présente loi, le mot « *division* » sera remplacé par le mot « *circonscription* », dans tous les cas où il signifie division militaire territoriale.

Dans les articles 152, 154, 157, 158, 182 et 214 du Code, les mots : « *Les communes, les départements et les places de guerre en état de siége* », seront remplacés par ceux-ci : « *les communes et les départements en état de siége et les places de guerre assiégées ou investies.* »

Disposition transitoire.

3. Les Conseils de guerre et de révision permanents dont les siéges devraient être changés en vertu de la présente loi et par suite de la nouvelle division du territoire, continueront à fonctionner, s'il y a lieu, dans les villes où ils sont actuellement établis, jusqu'à ce que des mesures aient été prises afin de pourvoir à leur nouvelle installation.

DÉCRET

Portant règlement d'administration publique pour l'exécution des articles 4, 5 et 6 de la loi du 19 mai 1874, relative au travail des enfants dans les manufactures (travail de nuit et du dimanche).

(22 mai 1875) (5)

LOI

Relative, 1° à des mesures de surveillance et de répression; 2° à l'établissement de décimes additionnels à divers droits de douane, de contributions indirectes et de timbre.

(2 juin 1875)

ART. 1er. Les articles 41, 42, 43, 52 et 53 du titre V de la loi du 28 avril 1816, section des douanes, et 37, titre VI, de la loi du 21 avril 1818, seront appliqués en cas d'importation sans déclaration, par les bureaux de terre ou de mer, de marchandises prohibées et de celles qui sont taxées à vingt francs (20 fr.) et plus les cent kilogrammes (100 kilog.), ou soumises à des taxes de consommation intérieure.

2. Tout versement frauduleux, toute tentative de versement frauduleux des mêmes marchandises, effectués soit dans l'enceinte des ports, soit sur les côtes, seront poursuivis et punis conformément aux articles 34 et 37, titre VI,

(1) Bull., 12e série, n° 4160. — *V.* le texte dans notre édition in-8°.

(2) Bull., 12e série, n° 4161. — *V.* le texte dans notre édition in-8°.

(3) Bull., 12e série, n° 4161. — *V.* Décr. 22 sept. 1879.

(4) *V.* le texte de ces articles au *Code de justice militaire* du 9 juin 1857.

(5) Bull., 12e série, n° 4163. — *V.* le texte dans notre édition in-8°.

de la loi du 21 avril 1818, et aux articles 51, 52 et 53, titre V, de la loi du 28 avril 1816.

3. Le transport en contrebande, par voiture, de marchandises prohibées et de celles qui sont taxées à vingt francs (20 fr.) et plus les cent kilogrammes (100 kilog.) ou soumises à des taxes de consommation intérieure, donnera lieu à l'application des articles 48, 51, 52 et 53 du titre V de la loi du 28 avril 1816, section *des Douanes*, et 37, titre VI, de la loi du 21 avril 1818.

4. Dans tous les cas d'application des articles 41 à 53 de la loi du 28 avril 1816, titre V, section *des Douanes*, et 37 de la loi du 21 avril 1818, prévus tant par la présente loi que par les lois antérieures, les marchandises servant à masquer la fraude seront confisquées avec l'objet de contrebande et les moyens de transport.

5. Toutes les dispositions des lois de douane relatives aux marchandises prohibées sont applicables aux poudres à feu et aux produits qui y sont assimilés.

6. Seront soumis aux décimes établis par la législation actuelle les droits de douanes, de contributions indirectes et de timbre existant avant 1870 et qui, depuis cette époque, n'ont pas été augmentés en principal ou en décimes. — Cette disposition ne s'appliquera pas à la vente des poudres de mine, ni à celle des poudres de commerce extérieur.

LOI

Sur le régime des prisons départementales.

(5 juin 1875) (1)

LOI

Relative à la reconstitution des actes de l'état civil de Paris et des communes annexées.

(5 juin 1875) (2)

---

(1) Bull., 12e série, no 4191. — *V.* le texte dans notre édition in-8o.

(2) Bull., 12e série, no 4192. — *V.* le texte dans notre édition in-8o.

DÉCRET

Qui dispense les hospices et autres établissements publics de bienfaisance de l'accomplissement de la formalité de la purge des hypothèques pour les acquisitions d'immeubles dont le prix n'excède pas 500 *francs.*

(7 juin 1875) (3)

LOI

Relative à l'établissement et à la révision des taxes uniques dans les agglomérations de dix mille âmes et au-dessus.

(9 juin 1875)

ART. 1er. A partir du 1er juillet 1875, le régime de l'exercice des débits de boissons cessera d'être appliqué dans toutes les agglomérations de dix mille âmes et au-dessus, et les droits d'entrée et de détail sur les vins, cidres, poirés et hydromels y seront, par nature de boisson, convertis en une taxe unique, payable à l'introduction dans le lieu sujet ou à la sortie des entrepôts intérieurs. Cette taxe unique sera fixée d'après les bases et dans les conditions déterminées par les lois du 21 avril 1832 et du 25 juin 1841.

2. Les débitants des agglomérations où la taxe unique sera établie seront tenus d'acquitter les nouveaux droits ou suppléments de droits sur toutes les quantités qu'ils auront en leur possession au moment du changement de régime.

3. Les tarifs des villes déjà rédimées seront immédiatement revisés d'après les prix moyens de la vente en détail dans l'arrondissement durant les années 1872, 1873, 1874.

4. Le tarif de la taxe unique sera revisé périodiquement, dans toutes les villes rédimées, d'après le prix moyen de la vente en détail et d'après les quantités vendues par les débitants. — Le prix moyen de la vente en détail sera celui constaté dans l'arrondissement pendant les trois dernières années. — Les quantités vendues par les débitants seront celles relevées d'après les expéditions et sur les registres des contributions indirectes, en prenant la moyenne des trois dernières périodes annuelles.

(3) *V.* le texte dans notre édition in-8o.

5. La première révision périodique des taxes uniques prescrite par l'article précédent aura lieu à la fin de l'année 1878, et les nouveaux tarifs en résultant seront appliqués à partir du 1er janvier 1879. — Les révisions auront lieu ensuite successivement de cinq ans en cinq ans.

6. Les vins, cidres, poirés et hydromels expédiés du dehors à destination des villes placées sous le régime de la taxe unique ne pourront circuler qu'en vertu d'acquits-à-caution.

7. Les dispositions des lois du 21 avril 1832 et du 25 juin 1841 qui ne sont pas contraires à celles qui précèdent sont maintenues et rendues applicables aux villes placées sous le régime de la taxe unique par application de la présente loi.

DÉCRET

Qui approuve la Déclaration signée à Paris, le 14 juin 1875, entre la France et le Grand-Duché de Luxembourg, pour assurer la communication réciproque des actes de l'état civil.

(17 juin 1875) (1)

LOI

Relative à divers droits d'enregistrement.

(21 juin 1875)

Art. 1er. Le droit sur la transcription des actes de donation contenant partage, faits entre-vifs, conformément aux articles 1075 et 1076 du Code civil, est réduit à cinquante centimes (0 fr. 50 c.) par 100 francs. — Ce droit sera perçu lors de l'enregistrement de l'acte de donation, mais la formalité de la transcription au bureau des hypothèques ne donnera plus lieu qu'au droit fixe déterminé par l'article 61 de la loi du 28 avril 1816. — Dans le délai d'une année, à compter de la promulgation de la présente loi, les donations contenant partage, faites dans les conditions ci-dessus, avant cette promulgation, seront admises à la transcription moyennant le paiement de cinquante centimes pour cent francs (0 fr. 50 c. p. 100) (2).

2. Dans tous les cas où, conformément à l'article 15 de la loi du 22 frimaire an VII, le revenu doit être multiplié par vingt et par dix, il sera, à l'avenir, multiplié par vingt-cinq et par douze et demi. — Cette disposition ne s'appliquera qu'aux immeubles ruraux.

3. La valeur de la propriété et de l'usufruit des biens meubles est déterminée, pour la liquidation et le paiement du droit de mutation par décès : — 1o Par l'estimation contenue dans les inventaires ou autres actes passés dans les deux années du décès ; — 2o Par le prix exprimé dans les actes de vente, lorsque cette vente a lieu publiquement et dans les deux années qui suivent le décès. Cette disposition s'applique aux objets inventoriés et estimés conformément au paragraphe 1er, et dont l'évaluation serait inférieure au prix de la vente ; — 3o Enfin, à défaut d'inventaire, d'actes ou de vente, par la déclaration faite conformément au paragraphe 8 de l'article 14 de la loi du 22 frimaire an VII, le tout sans distraction des charges. — L'insuffisance dans l'estimation des biens déclarés sera punie d'un droit en sus, si elle résulte d'un acte antérieur à la déclaration. Si, au contraire, l'acte est postérieur à cette déclaration, il ne sera perçu qu'un droit simple sur la différence existant entre l'estimation des parties et l'évaluation contenue aux actes. — Les dispositions qui précèdent ne sont applicables ni aux créances, ni aux rentes, actions, obligations, effets publics et tous autres biens meubles dont la valeur et le mode d'évaluation sont déterminés par des lois spéciales.

4. Le droit principal des échanges d'immeubles, réduit à un pour cent (1 p. 100) par l'article 2 de la loi du 16 juin 1824, est reporté, indépendamment du droit de transcription, à deux pour cent (2 p. 100), conformément à l'article 69, paragraphe 5, no 3, de la loi du 22 frimaire an VII ; mais la formalité de la transcription au bureau de la conservation des hypothèques ne donnera plus lieu à aucun droit proportionnel. — Sont maintenues les dispositions de l'article 4 de la loi du 27 juillet 1870, en ce qui concerne les échanges d'immeubles ruraux contigus.

5. Sont assujettis à la taxe de trois pour cent (3 p. 100) établie par la loi du 29 juin 1872, les lots et primes de remboursement payés aux créanciers et aux porteurs d'obligations, effets publics et tous autres titres d'emprunt. — La valeur est déterminée, pour la perception de la taxe, savoir : —

(1) V. le texte dans notre édition in-8o.
(2) V. L. 26 mars 1878, art. 6.

1° Pour les lots, par le montant même du lot en monnaie française; — 2° Pour les primes, par la différence entre la somme remboursée et le taux d'émission des emprunts. — Un règlement d'administration publique déterminera le mode d'évaluation du taux d'émission, ainsi que toutes autres mesures d'exécution. — Sont applicables à la taxe établie par le présent article les dispositions des articles 3, 4 et 5 de la loi du 29 juin 1872.

6. Sont considérés, pour la perception du droit de mutation par décès, comme faisant partie de la succession d'un assuré, sous la réserve des droits de communauté, s'il en existe une, les sommes, rentes ou émoluments quelconques dus par l'assureur, à raison du décès de l'assuré. — Les bénéficiaires à titre gratuit de ces sommes, rentes ou émoluments sont soumis aux droits de mutation suivant la nature de leurs titres et leurs relations avec le défunt, conformément au droit commun.

7. Les sociétés, compagnies d'assurances, assureurs contre l'incendie ou sur la vie, et tous autres assujettis aux vérifications de l'Administration, sont tenus de communiquer aux agents de l'enregistrement, tant au siége social que dans les succursales et agences, les polices et autres documents énumérés dans l'article 22 de la loi du 23 août 1871, afin que ces agents s'assurent de l'exécution des lois sur l'enregistrement et le timbre.

Tout refus de communication sera constaté par procès-verbal et puni de l'amende spécifiée en l'article 22 de la loi du 23 août 1871.

LOI

Relative à la liberté de l'enseignement supérieur.

(12 juillet 1875)

Titre Ier. — *Des cours et des établissements libres d'enseignement supérieur.*

Art. 1er. L'enseignement supérieur est libre.

2. Tout Français âgé de vingt-cinq ans, n'ayant encouru aucune des incapacités prévues par l'article 8 de la présente loi, les associations formées légalement dans un dessein d'enseignement supérieur, pourront ouvrir librement des cours et des établissements d'enseignement supérieur, aux seules conditions prescrites par les articles suivants. — Toutefois, pour l'enseignement de la médecine et de la pharmacie, il faudra justifier, en outre, des conditions requises pour l'exercice des professions de médecin ou de pharmacien. — Les cours isolés dont la publicité ne sera pas restreinte aux auditeurs régulièrement inscrits resteront soumis aux prescriptions des lois sur les réunions publiques. (*Alinéa abrogé par L. 18 mars 1880, art. 9.*) — Un règlement d'administration publique déterminera les formes et les délais des inscriptions exigées par le paragraphe précédent.

3. L'ouverture de chaque cours devra être précédée d'une déclaration signée par l'auteur de ce cours. — Cette déclaration indiquera les noms, qualités et domicile du déclarant, le local où seront faits les cours, et l'objet ou les divers objets de l'enseignement qui y sera donné. — Elle sera remise au recteur dans les départements où est établi le chef-lieu de l'Académie, et à l'inspecteur d'Académie dans les autres départements. Il en sera donné immédiatement récépissé. — L'ouverture du cours ne pourra avoir lieu que dix jours francs après la délivrance du récépissé. Toute modification aux points qui auront fait l'objet de la déclaration primitive devra être portée à la connaissance des autorités désignées dans le paragraphe précédent. Il ne pourra être donné suite aux modifications projetées que cinq jours après la délivrance du récépissé.

4. Les établissements libres d'enseignement supérieur devront être administrés par trois personnes au moins. — La déclaration prescrite par l'article 3 de la présente loi devra être signée par les administrateurs ci-dessus désignés; elle indiquera leurs noms, qualités et domiciles, le siége et les statuts de l'établissement, ainsi que les autres énonciations mentionnées dans ledit article 3. En cas de décès ou de retraite de l'un des administrateurs, il devra être procédé à son remplacement dans un délai de six mois. — Avis en sera donné au recteur ou à l'inspecteur d'Académie. — La liste des professeurs et le programme des cours seront communiqués chaque année aux autorités désignées dans le paragraphe précédent. — Indépendamment des cours proprement dits, il pourra être fait dans lesdits établissements des conférences spéciales sans qu'il soit besoin d'autorisation préalable. — Les autres formalités prescrites par l'article 3 de la

présente loi sont applicables à l'ouverture et à l'administration des établissements libres.

5. Les établissements d'enseignement supérieur ouverts conformément à l'article précédent, et comprenant au moins le même nombre de professeurs pourvus du grade de docteur que les facultés de l'Etat qui comptent le moins de chaires, pourront prendre le nom de *Faculté libre des lettres, des sciences, de droit, de médecine,* etc., s'ils appartiennent à des particuliers ou à des associations. — Quand ils réuniront trois facultés, ils pourront prendre le nom d'*Université libre.* (*Alinéa abrogé par L.* 18 *mars* 1880, *art.* 9.)

6. Pour les Facultés des lettres, des sciences et de droit, la déclaration signée par les administrateurs devra porter que lesdites Facultés ont des salles de cours, de conférences et de travail suffisantes pour cent étudiants au moins et une bibliothèque spéciale. — Pour une Faculté des sciences, il devra être établi, en outre, qu'elle possède des laboratoires de physique et de chimie, des cabinets de physique et d'histoire naturelle en rapport avec les besoins de l'enseignement supérieur. — S'il s'agit d'une Faculté de médecine, d'une Faculté mixte de médecine et de pharmacie, ou d'une école de médecine ou de pharmacie, la déclaration signée par les administrateurs devra établir : — Que ladite Faculté ou école dispose, dans un hôpital fondé par elle ou mis à sa disposition par l'assistance publique, de cent vingt lits au moins habituellement occupés, pour les trois enseignements cliniques principaux : médical, chirurgical, obstétrical ; — Qu'elle est pourvue : 1o de salles de dissection munies de tout ce qui est nécessaire aux exercices anatomiques des élèves ; 2o des laboratoires nécessaires aux études de chimie, de physique et de physiologie ; 3o de collections d'étude pour l'anatomie normale et pathologique, d'un cabinet de physique, d'une collection de matière médicale, d'une collection d'instruments et appareils de chirurgie ; — Qu'elle met à la disposition des élèves un jardin de plantes médicinales et une bibliothèque spéciale. — S'il s'agit d'une école spéciale de pharmacie, les administrateurs de cet établissement devront déclarer qu'il possède des laboratoires de physique, de chimie, de pharmacie et d'histoire naturelle, les collections nécessaires à l'enseignement de la pharmacie, un jardin de plantes médicinales et une bibliothèque spéciale.

7. Les cours ou établissements libres d'enseignement supérieur seront toujours ouverts et accessibles aux délégués du ministre de l'Instruction publique. — La surveillance ne pourra porter sur l'enseignement que pour vérifier s'il n'est pas contraire à la morale, à la Constitution et aux lois.

8. Sont incapables d'ouvrir un cours et de remplir les fonctions d'administrateur ou de professeur dans un établissement libre d'enseignement supérieur : — 1o Les individus qui ne jouissent pas de leurs droits civils ; — 2o Ceux qui ont subi une condamnation pour crime ou pour un délit contraire à la probité ou aux mœurs ; — 3o Ceux qui, par suite de jugement, se trouveront privés de tout ou partie des droits civils, civiques et de famille indiqués dans les numéros 1, 2, 3, 5, 6, 7 et 8 de l'article 42 du Code pénal ; — 4o Ceux contre lesquels l'incapacité aura été prononcée en vertu de l'article 16 de la présente loi.

9. Les étrangers pourront être autorisés à ouvrir des cours ou à diriger des établissements libres d'enseignement supérieur dans les conditions prescrites par l'article 78 de la loi du 15 mars 1850.

TITRE II. — *Des associations formées dans un dessein d'enseignement supérieur.*

10. L'article 291 du Code pénal n'est pas applicable aux associations formées pour créer et entretenir des cours ou établissements d'enseignement supérieur dans les conditions déterminées par la présente loi. — Il devra être fait une déclaration indiquant les noms, professions et domiciles des fondateurs et administrateurs desdites associations, le lieu de leurs réunions et les statuts qui doivent les régir. — Cette déclaration devra être faite, savoir : 1o au recteur ou à l'inspecteur d'Académie, qui la transmettra au recteur ; 2o dans le département de la Seine, au préfet de police, et, dans les autres départements, au préfet ; 3o au procureur général de la Cour du ressort, en son parquet, ou au parquet du procureur de la République. — La liste complète des associés, avec indication de leur domicile, devra se trouver au siége de l'association et être communiquée au parquet à toute réquisition du procureur général.

11. Les établissements d'enseignement supérieur fondés, ou les associa-

tions formées en vertu de la présente loi, pourront, sur leur demande, être déclarés établissements d'utilité publique, dans les formes voulues par la loi, après avis du Conseil supérieur de l'instruction publique. — Une fois reconnus, ils pourront acquérir et contracter à titre onéreux; ils pourront également recevoir des dons et des legs dans les conditions prévues par la loi. — La déclaration d'utilité publique ne pourra être révoquée que par une loi. (*Abrogé par L.* 18 *mars* 1880, *art.* 9.)

12. En cas d'extinction d'un établissement d'enseignement supérieur reconnu, soit par l'expiration de la société, soit par la révocation de la déclaration d'utilité publique, les biens acquis par donation entre-vifs et par disposition à cause de mort feront retour aux donateurs ou aux successeurs des donateurs et testateurs, dans l'ordre réglé par la loi, et, à défaut de successeurs, à l'Etat. — Les biens acquis à titre onéreux feront également retour à l'Etat, si les statuts ne contiennent à cet égard aucune disposition. — Il sera fait emploi de ces biens pour les besoins de l'enseignement supérieur par décrets rendus en Conseil d'Etat, après avis du Conseil supérieur de l'instruction publique.

TITRE III. — *De la collation des grades.*

13. Les élèves des Facultés libres pourront se présenter pour l'obtention des grades, devant les Facultés de l'Etat, en justifiant qu'ils ont pris, dans la Faculté dont ils ont suivi les cours, le nombre d'inscriptions voulu par les règlements. Les élèves des universités libres pourront se présenter, s'ils le préfèrent, devant un jury spécial formé dans les conditions déterminées par l'article 14. — Toutefois, le candidat ajourné devant une Faculte de l'Etat ne pourra se présenter ensuite devant le jury spécial, et réciproquement, sans en avoir obtenu l'autorisation du ministre de l'Instruction publique. L'infraction à cette disposition entraînerait la nullité du diplôme, ou du certificat obtenu. — Le baccalauréat ès lettres et le baccalauréat ès sciences resteront exclusivement conférés par les Facultés de l'Etat. (*Abrogé par L.* 18 *mars* 1880, *art.* 9.)

14. Le jury spécial sera formé de professeurs ou agrégés des Facultés de l'Etat et de professeurs des universités libres, pourvus du diplôme de docteur. Ils seront désignés, pour chaque session, par le ministre de l'Instruction, publique, et, si le nombre des membres de la commission d'examen est pair, ils seront pris en nombre égal dans les Facultés de l'Etat et dans l'université libre à laquelle appartiendront les candidats à examiner. Dans le cas où le nombre est impair, la majorité sera du côté des membres de l'enseignement public. — La présidence, pour chaque commission, appartiendra à un membre de l'enseignement public. — Le lieu et les époques des sessions d'examen seront fixés chaque année par un arrêté du ministre, après avis du Conseil supérieur de l'instruction publique. (*Abrogé par L.* 18 *mars* 1880, *art.* 9.)

15. Les élèves des universités libres seront soumis aux mêmes règles que ceux des Facultés de l'Etat, notamment en ce qui concerne les conditions préalables d'âge, de grades, d'inscriptions, de stage dans les hôpitaux, le nombre des épreuves à subir devant le jury spécial pour l'obtention de chaque grade, les délais obligatoires entre chaque grade et les droits à percevoir. — Un règlement délibéré en Conseil supérieur de l'instruction publique déterminera les conditions auxquelles un étudiant pourra passer d'une Faculté dans une autre (*Abrogé par L.* 18 *mars* 1880, *ar* 9.)

TITRE IV. — *Des pénalités.*

16. Toute infraction aux articles 3, 4, 5, 6, 8 et 10 de la présente loi sera punie d'une amende qui ne pourra excéder mille francs (1,000 fr.). — Sont passibles de cette peine : — 1° L'auteur du cours, dans le cas prévu par l'article 3 ; — 2° Les administrateurs, ou, à défaut d'administrateurs régulièrement constitués, les organisateurs, dans les cas prévus par les articles 4, 6 et 10 ; — 3° Tout professeur qui aura enseigné, malgré la défense de l'article 8.

17. En cas d'infraction aux prescriptions des articles 3, 4, 5, 6 ou 10, les tribunaux pourront prononcer la suspension du cours ou de l'établissement pour un temps qui ne devra pas excéder trois mois. — En cas d'infraction aux dispositions de l'article 8, ils prononceront la fermeture du cours et pourront prononcer celle de l'établissement. — Il en sera de même lorsqu'une seconde infraction aux prescriptions des articles 3, 4, 5, 6 ou 10 sera commise dans le courant de l'année qui suivra la première condamnation. Dans ce cas, le délinquant pourra être frappé, pour un temps n'excédant

pas cinq ans, de l'incapacité édictée par l'article 8.

18. Tout jugement prononçant la suspension ou la fermeture d'un cours sera exécutoire par provision, nonobstant appel ou opposition.

19. Tout refus de se soumettre à la surveillance, telle qu'elle est prescrite par l'article 7, sera puni d'une amende de mille à trois mille francs (1,000 fr. à 3,000 fr.), et, en cas de récidive, de trois mille à six mille francs (3,000 à 6,000 fr.). Si la récidive a lieu dans le courant de l'année qui suit la première condamnation, le jugement pourra ordonner la fermeture du cours ou de l'établissement. — Tous les administrateurs de l'établissement seront civilement et solidairement responsables du paiement des amendes prononcées contre l'un ou plusieurs d'entre eux.

20. Lorsque les déclarations faites conformément aux articles 3 et 4 indiqueront comme professeur une personne frappée d'incapacité, ou contiendront la mention d'un sujet contraire à l'ordre public ou à la morale publique et religieuse, le procureur de la République pourra former opposition dans les dix jours. — L'opposition sera notifiée à la personne qui aura fait la déclaration. — La demande en mainlevée pourra être formée devant le tribunal civil, soit par déclaration écrite au bas de la notification, soit par acte séparé, adressé au procureur de la République. — Elle sera portée à la plus prochaine audience. — En cas de pourvoi en cassation, le recours sera formé dans la quinzaine de la notification de l'arrêt, par déclaration au greffe de la Cour; il sera notifié dans la huitaine, soit à la partie, soit au procureur général, suivant le cas, le tout à peine de déchéance. — Le recours formé par le procureur général sera suspensif. — L'affaire sera portée directement devant la chambre civile de la Cour de cassation. — Le cours ne pourra être ouvert avant la main-levée de l'opposition, à peine d'une amende de seize francs à cinq cents francs (16 fr. à 500 fr.), laquelle pourra être portée au double en cas de récidive dans l'année qui suivra la première condamnation. — Si le cours est ouvert dans un établissement, les administrateurs seront civilement et solidairement responsables des amendes prononcées en vertu du présent article.

21. En cas de condamnation pour délit commis dans un cours, les tribunaux pourront prononcer la fermeture du cours. — La poursuite entraînera la suspension provisoire du cours; l'affaire sera portée à la plus prochaine audience.

22. Indépendamment des pénalités ci-dessus édictées, tout professeur pourra, sur la plainte du préfet ou du recteur, être traduit devant le Conseil départemental de l'instruction publique pour cause d'inconduite notoire, ou lorsque son enseignement sera contraire à la morale et aux lois, ou pour désordre grave occasionné ou toléré par lui dans son cours. Il pourra, à raison de ces faits, être soumis à la réprimande avec ou sans publicité; l'enseignement pourra même lui être interdit à temps ou à toujours, sans préjudice des peines encourues pour crimes ou délits. — Le Conseil départemental devra être convoqué dans les huit jours à partir de la plainte. — Appel de la décision rendue pourra toujours être porté devant le Conseil supérieur, dans les quinze jours à partir de la notification de cette décision. — L'appel ne sera pas suspensif.

23. L'article 463 du Code pénal pourra être appliqué aux infractions prévues par la présente loi.

Disposition transitoire.

24. Le Gouvernement présentera, dans le délai d'un an, un projet de loi ayant pour objet d'introduire dans l'enseignement supérieur de l'Etat les améliorations reconnues nécessaires.

25. Sont abrogés les lois et décrets antérieurs en ce qu'ils ont de contraire à la présente loi.

DÉCRET

Concernant l'institution des Ecoles de médecine et de pharmacie de plein exercice.

(14 juillet 1875) (1)

LOI

Relative aux traitements des instituteurs et institutrices primaires.

(19 juillet 1875) (2)

(1) V. le texte dans notre édition in-8°.

(2) Bull., 12e série, n° 4329. — V. le texte dans notre édition in-8°.

DÉCRET

Qui modifie le chapitre V du titre IV du décret du 1er mars 1854, sur l'organisation et le service de la gendarmerie.

(24 juillet 1875) (1)

LOI

Relative aux consignations judiciaires.

(28 juillet 1875)

ART. 1er. Les titres et valeurs mobilières, sous forme nominative ou au porteur, dont la consignation serait prescrite soit par une disposition de loi ou par un règlement, soit par une décision judiciaire ou administrative, devront être déposés à la Caisse des dépôts et consignations. — Il en sera de même des titres et valeurs trouvés dans les successions, lorsque les parties intéressées ou l'une d'elles en feront la demande. — Ces dépôts auront lieu dans les conditions fixées par les lois du 28 nivôse an XIII et du 28 avril 1816 pour les dépôts d'espèces.

2. Un règlement d'administration publique déterminera les mesures à prendre pour le dépôt, la conservation et le retrait des valeurs dont il s'agit, ainsi que le mode de rémunération de la caisse.

LOI

Relative à la répression de la fraude dans la fabrication et la vente des allumettes chimiques.

(28 juillet 1875) (2)

DÉCRET

Qui prescrit les mesures à prendre pour le transport par eau des marchandises dangereuses.

(31 juillet 1875) (3)

---

(1) Bull., 12e série, no 4608. — V. le texte dans notre édition in-8o.

(2) Bull., 12e série, no 4361. — V. le texte dans notre édition in-8o.

(3) Bull., 12e série, no 4480. — V. le texte dans notre édition in-8o.

LOI

Qui modifie la loi du 21 novembre 1872, sur le Jury.

(31 juillet 1875)

ART. UNIQUE. — L'article 18 de la loi du 21 novembre 1872, sur le jury, est modifié ainsi qu'il suit (4) : ...

LOI

Relative à la vérification des pouvoirs des membres des Conseils généraux.

(31 juillet 1875)

ART. 1er. Les articles 15, 16 et 17 de la loi du 10 août 1871 sont modifiés ainsi qu'il suit :

Art. 15. Les élections pourront être arguées de nullité par tout électeur du canton, par les candidats et par les membres du Conseil général. — Si la réclamation n'a pas été consignée dans le procès-verbal, elle doit être déposée dans les dix jours qui suivent l'élection, soit au secrétariat de la section du contentieux du Conseil d'Etat, soit au secrétariat général de la préfecture du département où l'élection a eu lieu. — Il en sera donné récépissé. — La réclamation sera, dans tous les cas, notifiée à la partie intéressée dans le délai d'un mois, à compter du jour de l'élection. — Le préfet transmettra au Conseil d'Etat, dans les dix jours qui suivront leur réception, les réclamations consignées au procès-verbal ou déposées au secrétariat général de la préfecture. — Le préfet aura, pour réclamer contre les élections, un délai de vingt jours, à partir du jour où il aura reçu les procès-verbaux des opérations électorales. Il enverra sa réclamation au Conseil d'Etat ; elle ne pourra être fondée que sur l'inobservation des conditions et formalités prescrites par les lois.

16. Les réclamations seront examinées au Conseil d'Etat, suivant les formes adoptées pour le jugement des affaires contentieuses. Elles seront jugées sans frais, dispensées du timbre et du ministère des avocats au Conseil d'Etat ; elles seront jugées dans le délai de trois mois, à partir de l'arrivée des

(4) V. le texte, à l'art. 18, L. 21 nov. 1872, rapportée en note sous le chap. V, tit. II, liv. II, C. Instr crim.

pièces au secrétariat du Conseil d'Etat. — Lorsqu'il y aura lieu à renvoi devant les tribunaux, le délai de trois mois ne courra que du jour où la décision judiciaire sera devenue définitive. — Le débat ne pourra porter que sur les griefs relevés dans les réclamations, à l'exception des moyens d'ordre public, qui pourront être produits en tout état de cause. — Lorsque la réclamation est fondée sur l'incapacité légale de l'élu, le Conseil d'Etat surseoit à statuer jusqu'à ce que la question préjudicielle ait été jugée par les tribunaux compétents, et fixe un bref délai dans lequel la partie qui aura élevé la question préjudicielle doit justifier de ses diligences. — S'il y a appel, l'acte d'appel doit, sous peine de nullité, être notifié à la partie dans les dix jours du jugement, quelle que soit la distance des lieux. Les questions préjudicielles seront jugées sommairement par les tribunaux et conformément au paragraphe 4 de l'article 33 de la loi du 19 avril 1831.

17. Le conseiller général élu dans plusieurs cantons est tenu de déclarer son option au président du Conseil général dans les trois jours qui suivront l'ouverture de la session, et en cas de contestation, à partir de la notification de la décision du Conseil d'Etat. — A défaut d'option dans ce délai, le Conseil général déterminera, en séance publique et par la voie du sort, à quel canton le conseiller appartiendra. — Lorsque le nombre des conseillers non domiciliés dans le département dépasse le quart du Conseil, le Conseil général procède de la même façon pour désigner celui ou ceux dont l'élection doit être annulée. Si une question préjudicielle s'élève sur le domicile, le Conseil général surseoit et le tirage au sort est fait par la commission départementale pendant l'intervalle des sessions,

2. Pour les élections qui ont eu lieu avant la présente loi, les réclamations pourront être faites par les électeurs du canton, les candidats, les membres du Conseil général et le préfet, dans les vingt jours, à partir de la promulgation.

3. Les Conseils généraux sont dessaisis des réclamations qui ont été portées devant eux dans les sessions précédentes. — Les ayants-droit pourront se pourvoir au Conseil d'Etat, dans les délais de l'article précédent.

4. Par dérogation à l'article 23 de la loi du 10 août 1871, la session ordinaire qui doit suivre le 15 août commencera, de plein droit, dans le département de la Corse, le deuxième lundi de septembre.

LOI

Qui modifie certaines dispositions de la loi du 12 février 1872, relative à la reconstitution des actes de l'état civil de Paris.

(3 août 1875) (1)

LOI

Qui approuve le traité de création d'une Union générale des postes et modifie la taxe des lettres circulant à l'intérieur.

(3 août 1875) (2)

LOI

Portant fixation du Budget général des dépenses et des recettes de l'exercice 1876.

(3 août 1875) (3)

TITRE Ier. — *Budget général.*

. . . .

§ 2. — Impôts autorisés.

ART. 3. La contribution des patentes continuera de supporter, comme en 1874 et en 1875, quarante-trois centimes (0 fr. 43) additionnels extraordinaires par franc.

. . . .

6. Le port des échantillons de marchandises avec ou sans imprimés, des épreuves d'imprimerie corrigées et des papiers de commerce ou d'affaires est fixé, pour chaque paquet portant une adresse particulière, à 5 centimes par 50 grammes ou fraction de 50 grammes.

7. Le port des circulaires, prospectus, catalogues, avis divers et prix-courants, livres, gravures, lithographies en feuilles, brochés ou reliés, et en général de tous imprimés expédiés sous bande, autres que les journaux, ouvrages périodiques, circulaires élec-

(1) Bull., 12e série, no 4376. — V. le texte dans notre édition in-8o.

(2) *J. off.* 16 août 1875. — V. le texte dans notre édition in-8o. — V. Décr. 29 oct. 1875 ; L. 6 avril 1878.

(3) V. *J. off.*, 16 août 1875.

torales et bulletins de vote, est ainsi fixé : — De 5 grammes et au-dessous, 2 centimes ; — Au-dessus de 5 grammes jusqu'à 10 grammes inclusivement, 3 centimes ; — Au-dessus de 10 grammes jusqu'à 15 grammes inclusivement, 4 centimes ; — Au-dessus de 15 grammes jusqu'à 50 grammes inclusivement, 5 centimes ; — Au-dessus de 50 grammes, le port est augmenté de 5 centimes pour chaque 50 grammes ou fraction de 50 grammes excédant. (*Modifié par L.* 6 *avril* 1878, *art.* 6, 7.)

8. Sont maintenues toutes les dispositions des lois sur les taxes postales auxquelles il n'est pas dérogé par la présente loi.

9. Le droit de 10 francs institué par l'article 9 de la loi de finances du 29 décembre 1873, relatif aux bibliothèques des Facultés, est perçu chaque année et par quart, en même temps que le prix de chaque inscription scolaire.

. . . .

11. A compter de la promulgation de la présente loi, la disposition du dernier paragraphe de l'article 13 de la loi du 23 août 1871, relative à la lecture aux parties de cet article et de l'article 12 de la même loi, et à la mention de cette lecture dans les actes, cessera de s'appliquer aux adjudications publiques.

. . . .

TITRE IV. — *Moyens de service et dispositions diverses.*

. . . .

28. Lorsque les avances faites à l'Etat par la Banque de France, en vertu des lois des 20 juin 1871 et 5 août 1874, auront été réduites à 300 millions de francs, l'article 2 de la loi du 12 août 1870 sera et demeurera abrogé, et les billets de la Banque de France seront remboursables en espèces à présentation.

. . . .

32. Les dispositions de la loi du 15 février 1873, relatives aux crédits et escomptes, sont applicables aux taxes établies sur les dynamites et les explosibles à base de nitroglycérine.

. . . .

DÉCRET

Fixant les époques pendant lesquelles la pêche est interdite.

(10 août 1875)

ART. 1er. Les époques pendant lesquelles la pêche est interdite en vue de protéger la reproduction du poisson, sont fixées comme il suit : — 1° Du 20 octobre au 31 janvier est interdite la pêche du saumon, de la truite, de l'ombre-chevalier et du lavaret ; — 2° Du 15 avril au 15 juin est interdite la pêche de tous les autres poissons et de l'écrevisse. — Les interdictions prononcées dans les paragraphes précédents s'appliquent à tous les procédés de pêche, même à la ligne flottante tenue à la main.

2. Les préfets peuvent, par des arrêtés rendus après avoir pris l'avis des Conseils généraux, soit pour tout le département, soit pour certaines parties du département, soit pour certains cours d'eau déterminés : — 1° Interdire exceptionnellement la pêche de toutes les espèces de poissons pendant l'une ou l'autre périodes lorsque cette interdiction est nécessaire pour protéger les espèces prédominantes ; — 2° Augmenter, pour certains poissons désignés, la durée desdites périodes, sous la condition que les périodes ainsi modifiées comprennent la totalité de l'intervalle de temps fixé par l'article 1er ; — 3° Excepter de la seconde période la pêche de l'alose, de l'anguille, de la lamproie, ainsi que des autres poissons vivant alternativement dans les eaux douces et les eaux salées ; — 4° Fixer une période d'interdiction pour la pêche de la grenouille.

3. Des publications sont faites dans les communes, dix jours au moins avant le début de chaque période d'interdiction de la pêche, pour rappeler les dates du commencement et de la fin de ces périodes.

4. Quiconque, pendant la période d'interdiction, transporte ou débite des poissons dont la pêche est prohibée, mais qui proviennent des étangs et réservoirs, est tenu de justifier de l'origine de ces poissons.

5. Les poissons saisis et vendus aux enchères, conformément à l'article 42 de la loi du 15 avril 1829, ne peuvent pas être exposés de nouveau en vente.

6. La pêche n'est permise que depuis le lever jusqu'au coucher du soleil. — Toutefois la pêche de l'anguille, de la lamproie et de l'écrevisse peut être autorisée après le coucher et avant le lever du soleil, dans des cours d'eau désignés et aux heures fixées par des arrêtés préfectoraux rendus après avis des Conseils généraux. Ces arrêtés déterminent, pour l'anguille, la lamproie et l'écrevisse,

la nature et les dimensions des engins dont l'emploi est autorisé,

7 Le séjour dans l'eau des filets et engins ayant les dimensions réglementaires et destinés à la pêche de tous les poissons non désignés à l'article précédent, est permis à toute heure, sous la condition qu'ils ne peuvent être placés et relevés que depuis le lever jusqu'au coucher du soleil.

8. Les dimensions au-dessous desquelles les poissons et écrevisses ne peuvent être pêchés même à la ligne flottante et doivent être immédiatement rejetés à l'eau, sont déterminées comme il suit, pour les diverses espèces : — 1° Les saumons et anguilles, 25 centimètres de longueur ; — 2° Les truites, ombres-chevaliers, ombres communs, carpes, brochets, barbeaux, brêmes, meuniers, muges, aloses, perches, gardons, tanches, lottes, lamproies et lavarets, 14 centimètres de longueur ; — 3° Les soles, plies et flets, 10 centimètres de longueur ; — 4° Les écrevisses à pattes rouges, 8 centimètres de longueur ; celles à pattes blanches, 6 centimètres de longueur. — La longueur des poissons ci-dessus mentionnés est mesurée de l'œil à la naissance de la queue ; celle de l'écrevisse de l'œil à l'extrémité de la queue déployée.

9. Les mailles des filets, mesurées de chaque côté après leur séjour dans l'eau, et l'espacement des verges des bires, nasses et autres engins employés à la pêche des poissons, doivent avoir les dimensions suivantes : — 1° Pour les saumons, 40 millimètres au moins ; — 2° Pour les grandes espèces autres que le saumon et l'écrevisse, 27 millimètres au moins ; — 3° Pour les petites espèces, telles que goujons, loches, vérons, ablettes et autres, 10 millimètres. — La mesure des mailles et de l'espacement des verges est prise avec une tolérance d'un dixième. — Il est interdit d'employer simultanément, à la pêche, des filets ou engins de catégorie différente.

10. Les préfets peuvent, sur l'avis des Conseils généraux, prendre des arrêtés pour réduire les dimensions des mailles des filets et l'espacement des verges des engins employés uniquement à la pêche de l'anguille, de la lamproie et de l'écrevisse. Les filets et engins à mailles ainsi réduits ne peuvent être employés que dans les emplacements déterminés par ces arrêtés. — Les préfets peuvent aussi, sur l'avis des Conseils généraux, déterminer les emplacements limités, en dehors desquels l'usage des filets à mailles de 10 millimètres n'est pas permis.

11. Les filets fixes ou mobiles et les engins de toute nature ne peuvent excéder en longueur ni en largeur les deux tiers de la largeur mouillée des cours d'eau dans les emplacements où on les emploie. — Plusieurs filets ou engins ne peuvent être employés simultanément sur la même rive ou sur deux rives opposées qu'à une distance au moins triple de leur développement. — Lorsqu'un ou plusieurs des engins employés sont en partie fixes et en partie mobiles, les distances entre les parties fixées à demeure sur la même rive ou sur les rives opposées doivent être au moins triples du développement total des parties fixes et mobiles mesurées bout à bout.

12. Les filets fixes employés à la pêche doivent être soulevés par le milieu pendant trente-six heures de chaque semaine, du samedi, à six heures du soir, au lundi, à six heures du matin, sur une longueur équivalente au dixième de leur développement, et de manière à laisser entre le fond et la ralingue inférieure un espace libre de 50 centimètres au moins de hauteur.

13. Sont prohibés tous les filets traînants, à l'exception du petit épervier jeté à la main et manœuvré par un seul homme. — Sont réputés traînants, tous filets coulés à fond au moyen de poids et promenés sous l'action d'une force quelconque. — Est pareillement prohibé l'emploi de lacets ou collets.

14. Il est interdit d'établir dans les cours d'eau des appareils ayant pour objet de rassembler le poisson dans des noues, boires, fossés ou mares dont il ne pourrait plus sortir, ou de le contraindre à passer par une issue garnie de piéges.

15. Il est également interdit : — 1° D'accoler aux écluses, barrages, chutes naturelles, pertuis, vannages, coursiers d'usines et échelles à poissons, des nasses, paniers et filets à demeure ; — 2° De pêcher avec tout autre engin que la ligne flottante tenue à la main, dans l'intérieur des écluses, barrages, pertuis, vannages, coursiers d'usines et passages ou échelles à poissons, ainsi qu'à une distance moindre de 30 mètres en amont et en aval de ces ouvrages ; — 3° De pêcher à la main, de troubler l'eau et de fouiller au moyen de perches sous les racines ou autres retraites fréquentées par le poisson ; — 4° De se servir d'armes à feu, de

poudre de mine, de dynamite ou de toute autre substance explosive.

16. Les préfets peuvent, après avoir pris l'avis des Conseils généraux, interdire en outre, par des arrêtés spéciaux, d'autres engins, procédés ou modes de pêche de nature à nuire au repeuplement des cours d'eau. — Ils déterminent, conformément au paragraphe 6 de l'article 26 de la loi du 15 avril 1829, les espèces de poissons avec lesquelles il est interdit d'appâter les hameçons, nasses, filets ou autres engins.

17. Il est interdit de pêcher dans les parties des rivières, canaux ou cours d'eau dont le niveau serait accidentellement abaissé, soit pour y opérer des curages ou travaux quelconques, soit par suite du chômage des usines ou de la navigation.

18. Sur la demande des adjudicataires de la pêche des cours d'eau et canaux navigables et flottables, et sur la demande des propriétaires de la pêche des autres cours d'eau et canaux, les préfets peuvent autoriser, dans des emplacements déterminés et à des époques qui ne coïncideront pas avec les périodes d'interdiction, des manœuvres d'eau et des pêches extraordinaires pour détruire certaines espèces, dans le but d'en propager d'autres plus précieuses.

19. Des arrêtés préfectoraux, rendus sur les avis des Conseils de salubrité et des ingénieurs, déterminent : — 1° La durée du rouissage du lin et du chanvre dans les cours d'eau, et les emplacements où cette opération peut être pratiquée avec le moins d'inconvénients pour le poisson ; — 2° Les mesures à observer pour l'évacuation dans les cours d'eau des matières et résidus susceptibles de nuire au poisson et provenant des fabriques et établissements industriels quelconques.

20. Les arrêtés pris par les préfets en vertu des articles 2, 6, 10, 16 et 19 du présent décret ne seront exécutoires qu'après l'approbation du ministre des Travaux publics. — A la fin de chaque année, les préfets adressent au même ministre un relevé des autorisations accordées en vertu de l'article 18.

21. Les dispositions du présent décret ne sont applicables ni au lac Léman, ni à la Bidassoa, lesquels restent soumis aux lois et règlements qui les régissent spécialement.

22. Sont abrogés le décret du 25 janvier 1868 et toutes dispositions contraires au présent décret.

23. Le ministre des Travaux publics est chargé de l'exécution du présent décret.

CIRCULAIRE DU MINISTRE DE LA JUSTICE

Relative aux formalités à remplir pour le mariage des officiers de l'armée.

(12 août 1875) (1)

DÉCRET

Concernant l'intervention des percepteurs et des receveurs des postes dans le service des Caisses d'épargne.

(23 août 1875) (2)

DÉCRET

Relatif à la tenue du registre sur lequel les conservateurs des hypothèques inscrivent les remises d'actes et de bordereaux pour être transcrits, mentionnés ou inscrits.

(28 août 1875)

ART. 1er. Le registre dont la tenue double est prescrite par l'article 1er de la loi du 5 janvier 1875, est en papier timbré et conforme au modèle fourni par l'administration de l'enregistrement. — Le coût du timbre est à la charge des parties.

2. Il est alloué au conservateur 20 centimes, à titre de salaire, pour l'enregistrement sur les deux registres et pour la reconnaissance des dépôts d'actes ou de bordereaux à transcrire, à mentionner ou à inscrire, conformément aux dispositions de l'article 1er de la loi du 5 janvier 1875. — Les droits de timbre des cases employées à l'inscription des arrêtés quotidiens sur le registre à déposer au greffe resteront à la charge de l'Etat.

3. Le dépôt du double du registre est effectué par les soins du conservateur dans le délai prescrit par la loi.

(1) V. cette circulaire dans notre édition in-8°.

(2) Bull., 12e série, n° 4514. — V. le texte de ce décret dans notre édition in-8°. — *V. Arrêtés min. Fin.* 23 août 1875, *J. off.* 29 août 1875. — V. Décr. 31 août 1881, art. 39.

— L'envoi a lieu par la poste au moyen d'un paquet chargé. — Le jour même de la réception du registre, le greffier dresse acte de la remise et il en fait parvenir par lettre chargée le récépissé au conservateur. — Le tout a lieu sans frais.

4. Les doubles des registres sont gardés au greffe sous clef; il est interdit au greffier d'en donner connaissance à toute autre personne qu'aux agents de l'administration de l'enregistrement. — En cas de destruction des registres de dépôt, les doubles conservés au greffe sont immédiatement remis, contre récépissé, à l'administration de l'enregistrement, qui procède à la reconstitution de ces registres, sans qu'il en puisse résulter aucune charge nouvelle pour les parties ; cette reconstitution aura lieu dans la même forme dans le cas de destruction des doubles gardés au greffe.

DÉCRET

Relatif au mode d'exercice de la surveillance de la haute police.

(30 août 1875)

ART. 1er. La feuille de route avec itinéraire obligé remise au condamné libéré qui se rend à sa résidence sera établie en la forme ordinaire des passe-ports gratuits, sauf l'insertion, avant la date, de la mention suivante, écrite à la main : « Délivré en exécution de la loi du 23 janvier 1874. »

2. Dans les vingt-quatre heures de son arrivée à destination, le surveillé devra déposer sa feuille de route à la mairie, ou au bureau de police dans les communes où il existe un ou plusieurs commissaires de police; il lui sera remis en échange un permis de séjour délivré par le maire, qui transmettra la feuille de route à la préfecture, où elle sera conservée en dépôt.

3. Dans les huit jours qui précéderont le changement de résidence du surveillé, sa feuille de route sera renvoyée par le préfet au maire qui la visera pour la nouvelle destination du surveillé, et la remettra à celui-ci en échange du permis de séjour. — Si cette feuille de route est périmée, le préfet en fera parvenir une nouvelle au maire, qui la remettra au surveillé en échange du permis de séjour et la visera au moment du départ.

4. Le surveillé sera tenu de faire constater sa présence au lieu de sa résidence en se présentant à la mairie, ou au bureau de police, à des époques qui seront déterminées pour chaque surveillé, par le maire, sauf l'approbation du préfet. — Le préfet pourra, après avoir pris l'avis du maire, dispenser le surveillé de cette obligation, à charge de faire constater sa présence de toute autre façon.

5. La surveillance pourra être suspendue par le ministre de l'Intérieur, sur la proposition du préfet, après un temps d'épreuve qui ne devra jamais être inférieur à la moitié de la durée totale de cette surveillance. — Cette mesure pourra toujours être rapportée par une décision ultérieure du ministre de l'Intérieur, qui sera notifiée au surveillé. La notification aura pour effet de replacer le surveillé sous l'application des articles 44 et 45 du Code pénal; il sera mis en demeure de souscrire immédiatement une déclaration de résidence, et, à défaut de cette déclaration, il sera procédé d'office, conformément à l'article 44, paragraphe 2, du Code pénal.

6. Le vice-président du conseil, ministre de l'Intérieur, est chargé de l'exécution du présent décret.

ARRÊTÉ DU MINISTRE DES FINANCES

Concernant la fabrication et la vente des cartes postales par l'industrie privée.

(7 octobre 1875) (1)

DÉCISION DU MINISTRE DES FINANCES.

Concernant les journaux et imprimés transportés par la poste.

(9 octobre 1875) (2)

Est autorisée sur les livres, journaux, circulaires, avis divers, et en général sur tous les imprimés et objets assimilés, circulant à l'intérieur à prix réduit, l'inscription de simples traits destinés à marquer un mot ou un passage du texte.

---

(1) *J. off.* 26 oct. 1875.
(2) *J. off.* 19 oct. 1875. — V. L. 25 juin 1856, art. 10.

ARRÊTÉ DU MINISTRE DE LA JUSTICE

Instituant un concours pour la nomination des attachés à la Chancellerie, au parquet de la Cour d'appel de Paris et à celui du tribunal de la Seine.

(10 octobre 1875) (1)

ART. 1er. A l'avenir, toutes les places d'attaché à la Chancellerie, au parquet de la Cour d'appel de Paris ou à celui du tribunal civil de la Seine, seront données au concours.

2. Les attachés sont divisés en deux classes; ils ne peuvent rester plus de trois années dans la deuxième classe, ni plus de deux années dans la première classe. Pour être attaché de deuxième classe, il faut être licencié en droit; le grade de docteur et deux années de stage dans la deuxième classe sont exigés pour passer dans la première classe. Sont admis, toutefois, à concourir pour la première classe sans condition de stage, les docteurs en droit ayant été secrétaires de la conférence des avocats de Paris ou lauréats d'une Faculté de droit, ou ayant été déclarés admissibles au concours de l'agrégation des Facultés de droit.

3. Les attachés de première et de deuxième classe sont répartis par le garde des sceaux entre les services de la Chancellerie et ceux du parquet de la Cour ou du parquet du tribunal.

4. Tous les ans, un certain nombre d'attachés de première classe seront proposés pour des postes de substitut ou de juge dans le ressort de la Cour de Paris ou pour les fonctions de juge suppléant au tribunal de la Seine.

5. Un concours pour six places d'attaché de première classe sera ouvert, à Paris, au ministère de la justice, le 1er décembre prochain. Sont admis, pour cette fois, à concourir tous les docteurs en droit.

6. Les épreuves seront écrites et orales. A la suite de l'épreuve écrite, le jury arrêtera la liste des candidats admis à l'épreuve orale. Les compositions et les interrogations porteront sur les diverses branches du droit, et plus spécialement sur les matières suivantes : — 1o Organisation judiciaire de la France, de l'Algérie et des colonies depuis 1789; devoirs des magistrats, discipline judiciaire ; — 2o Organisation et discipline du notariat ; — 3o Attributions du ministère public en matière civile ; — 4o Absence, état civil, naturalisation, admission des étrangers au domicile en France ; — 5o Titres nobiliaires, majorats, changements et additions de noms ; — 6o Organisation de la justice criminelle. Police judiciaire. Fonctions des juges d'instruction. Détention préventive. Cours d'assises ; jury ; — 7o Extradition, principaux traités avec les Puissances étrangères ; — 8o Grâces et réhabilitations. — Il sera tenu compte aux candidats de la connaissance d'une ou plusieurs langues étrangères.

7. Le jury sera composé du sous-secrétaire d'Etat au ministère de la Justice, d'un membre du Conseil d'Etat, d'un membre de la Cour de cassation, du directeur des affaires civiles, du directeur des affaires criminelles au ministère de la Justice, d'un membre du parquet de la Cour d'appel de Paris et d'un membre du parquet du tribunal de la Seine.

8. Un concours pour la nomination d'attachés de deuxième classe aura lieu dans le courant du mois de décembre prochain. Le jour de l'ouverture et le nombre des places à pourvoir seront fixés par un arrêté ultérieur.

9. Les candidats aux fonctions d'attaché de première classe sont invités à adresser, avant le 5 novembre prochain, au garde des Sceaux, par l'intermédiaire du procureur général du ressort où ils résident, une demande écrite accompagnée d'une expédition de leur acte de naissance. — La liste des candidats admis à concourir sera arrêtée par le garde des Sceaux et portée à la connaissance des intéressés dix jours au moins avant l'ouverture du concours.

(1) V. arr. 21 oct. 1875 ; Décr. 29 mai 1876 (*J. off.* 1 juin 1876) *Circ. g. d. Sc.* 4 juin 1876 (*J. off.* 1 juin 1876). — Arr. 24 juill. 1876 (*J. off.* 2 août 1876).

ARRÊTÉ DU MINISTRE DE LA JUSTICE

Concernant les docteurs et licenciés en droit attachés à la Chancellerie, au parquet de la Cour d'appel de Paris et au parquet du tribunal de la Seine.

(21 octobre 1875) (2)

ART. 1er. Les attachés ayant plus de

(2) V. Arr. 10 oct. 1875.

trois ans de service sont dispensés du concours et assimilés aux attachés de première classe.

2. Les attachés pourvus du diplôme de docteur en droit ou ayant subi avec succès les deux examens de doctorat sont admis à concourir pour la première classe, sous la condition, pour les derniers, qu'ils justifieront, dans les trois mois qui suivront la clôture du concours, du diplôme de docteur en droit.

3. Les licenciés en droit qui remplissent depuis un an au moins les fonctions d'attaché sont nommés attachés de deuxième classe. Ils seront admis à concourir pour la première classe, dès qu'ils auront obtenu le diplôme de docteur en droit; un délai de deux ans leur est accordé, à partir de ce jour, pour achever leurs études de doctorat.

4. Les licenciés en droit, qui sont depuis moins d'un an attachés à la Chancellerie ou aux parquets de la Cour et du tribunal, cesseront d'exercer leurs fonctions à dater du 1er janvier prochain, s'ils n'ont été nommés attachés de deuxième classe, à la suite du concours ouvert entre les licenciés en droit.

DÉCRET

Qui institue auprès du ministre de l'Intérieur un Conseil supérieur des prisons.

(3 novembre 1875) (1)

LOI

Concernant le traitement des greffiers de justice de paix.

(16 novembre 1875) (2)

LOI

Ayant pour objet de coordonner les lois des 27 juillet 1872, 24 juillet 1873, 13 mars, 19 mars et 6 novembre 1875, avec le Code de justice militaire.

(18 novembre 1875) (3)

(1) Bull., 12e série, no 4624. — Abrogé par Décr. 3 janv. 1881.

(2) J. off. 24 nov. 1875. — V. *Tarifs civils*, APP. C. PROC. CIV.

(3) V. le texte dans notre édition in-8o. — V. L. 31 déc. 1875

DÉCRET

Rendant applicables à la pêche maritime diverses mesures édictées par le décret du 10 août 1875 qui réglemente la pêche fluviale en France.

(20 novembre 1875) (4)

ART. 1er. La pêche de la truite, du saumon, de l'ombre-chevalier et du lavaret est interdite chaque année du 20 octobre au 31 janvier inclusivement, tant à la mer, le long des côtes, que dans la partie des fleuves, rivières, étangs et canaux où les eaux sont salées.

2. Les dimensions au-dessous desquelles les espèces vivant alternativement dans les eaux douces et dans les eaux salées, ne pourront être pêchées, achetées, vendues, transportées, exportées ou employées à un usage quelconque, sont déterminées comme suit: 1o Les saumons et anguilles, 25 centimètres de longueur; — 2o Les truites, ombres-chevaliers, ombres communs, muges, brêmes, aloses, lamproies, esturgeons et lavarets, 14 centimètres de longueur; — 3o Les soles, plies et flets, 10 centimètres de longueur. La longueur des poissons susmentionnés sera mesurée de l'œil à la naissance de la queue. — Les prescriptions qui précèdent sont applicables aux poissons pris à la ligne flottante.

3. Les dispositions contraires au présent décret sont abrogées.

DÉCRET

Relatif à la durée des études, aux inscriptions et aux droits à percevoir dans les Ecoles de médecine et de pharmacie de plein exercice.

(20 novembre 1875)

La durée du temps d'études est la même dans les Ecoles de médecine et de pharmacie de plein exercice que dans les Facultés de médecine et les Ecoles supérieurs de pharmacie.

Les élèves des Ecoles de plein exercice pourront faire valoir les inscriptions prises dans ces établissements près les Facultés ou les Ecoles supérieures sans avoir à subir les réduc-

(4) V. LL. 31 mai 1865; 10 août 1875.

tions prévues par le décret du 22 août 1854.

Les droits d'inscription, de travaux pratiques, d'examen, de certificats d'aptitude, de diplôme et autres, seront perçus, dans les Ecoles de médecine et de pharmacie de plein exercice, conformément aux dispositions des règlements relatifs au régime financier des établissements publics d'enseignement supérieur.

ARRÊTÉ DU MINISTRE DE L'INSTRUCTION PUBLIQUE

Concernant les élèves de l'enseignement supérieur public ou libre.

(24 novembre 1875)

ART. 1er. Tout élève d'un établissement d'enseignement supérieur public ou libre, qui veut passer d'une Faculté dans une autre, en conservant le bénéfice des inscriptions qu'il a prises et des examens qu'il a passés, doit présenter : 1° un certificat de scolarité délivré par le doyen de la Faculté ou le directeur de l'Ecole supérieure de pharmacie, ou de l'Ecole de médecine et de pharmacie d'où il sort, ledit certificat visé par le recteur; 2° son acte de naissance. — En cas de refus du doyen ou du chef d'une Ecole publique de délivrer le certificat de scolarité, l'élève a le droit de se pourvoir devant le Conseil académique.

2. A moins de motifs graves, dont le ministre sera seul juge, les étudiants en médecine sont tenus de subir devant la même Faculté l'ensemble de leurs examens probatoires et d'y soutenir leur thèse.

LOI

Ayant pour objet de déclarer que les dispositions de la loi du 29 juin 1872 ne sont pas applicables aux sociétés de commerce en nom collectif, ni aux associés gérants des sociétés en commandite, ni aux sociétés dites de coopération.

(1er décembre 1875)

ART. 1er. Les dispositions de l'article 1er, paragraphe 3 de la loi du 29 juin 1872, ne sont pas applicables aux parts d'intérêt dans les sociétés commerciales en nom collectif, et elles ne s'appliquent, dans les sociétés en commandite, dont le capital n'est pas divisé par actions, qu'au montant de la commandite.

2. La même exception s'applique aux parts d'intérêt dans les sociétés de toute nature, dites de coopération, formées exclusivement entre des ouvriers ou artisans au moyen de leurs cotisations périodiques.

LOI

Ayant pour objet de modifier l'article 37 de la loi du 27 juillet 1872, sur le recrutement de l'armée.

(4 décembre 1875)

ART. UNIQUE. — L'avant-dernier paragraphe de l'article 37 de la loi du 27 juillet 1872 est ainsi modifié :

« Pour les hommes qui ne proviennent pas de l'inscription maritime, le temps de service actif dans l'armée de mer est de cinq ans, et de quatre ans dans la réserve. Après avoir accompli ces quatre ans dans la réserve, ces hommes passent immédiatement dans la réserve de l'armée territoriale où ils restent jusqu'à quarante ans. »

LOI

Portant modification de l'article 79 de la loi du 27 juillet 1872, sur le recrutement de l'armée.

(9 décembre 1875) (1)

ART UNIQUE. — L'article 79 de la loi du 27 juillet 1872, sur le recrutement de l'armée, est modifié de la manière suivante : — « L'obligation de savoir lire et écrire pour contracter un engagement volontaire dans les armées de terre et de mer ne sera imposée qu'à partir du 1er janvier 1880. »

LOI

Relative aux bouilleurs de cru.

(14 décembre 1875)

ART. UNIQUE. — Les propriétaires qui distillent les vins, marcs, cidres, prunes et cerises provenant exclusivement de leurs récoltes sont dispensés de toute déclaration préalable et sont affranchis de l'exercice.

(1) *J. off.* 11 déc. 1875.

LOI

Qui exempte de la taxe établie par la loi du 20 février 1849, les sociétés anonymes ayant pour objet exclusif l'achat et la vente d'immeubles.

(14 décembre 1875)

ART. UNIQUE. — Sont exceptées, à partir du 1er janvier 1876, de la taxe établie par l'article 1er de la loi du 20 février 1849 : — Les sociétés anonymes ayant pour objet exclusif l'achat et la vente d'immeubles. — Néanmoins, la taxe continuera d'être perçue pour les immeubles exploités par la société ou qui ne sont pas destinés à être vendus.

LOI

Ayant pour objet de modifier divers articles de la loi du 13 mars 1875, sur les cadres et les effectifs de l'armée.

(15 décembre 1875) (1)

DÉCRET

Déterminant le mode de taxation et de paiement de l'indemnité de déplacement allouée aux délégués des Conseils municipaux

(26 décembre 1875) (2)

LOI

Portant modification des articles 53 et 57 de la loi du 27 juillet 1872, sur le recrutement de l'armée.

(31 décembre 1875)

ART. 1er. L'article 53 de la loi du 27 juillet 1872 sur le recrutement de l'armée est modifié de la manière suivante :

« Les jeunes gens qui ont obtenu des diplômes de bachelier ès lettres, de bachelier ès sciences, des diplômes de fin d'études, ou des brevets de capacité institués par les articles 4 et 6 de la loi du 21 juin 1865 ; ceux qui font partie de l'Ecole centrale des arts et manufactures, des Ecoles nationales des arts et métiers, des Ecoles nationales des beaux-arts, du Conservatoire de musique ; les élèves des Ecoles nationales vétérinaires, des Ecoles nationales d'agriculture et de l'Ecole des haras du Pin ; les élèves externes de l'Ecole des mines, de l'Ecole des ponts et chaussées, de l'Ecole du génie maritime et les élèves de l'Ecole des mineurs de Saint-Etienne, sont admis, avant le tirage au sort, lorsqu'ils présentent les certificats d'études émanés des autorités désignées par un règlement inséré au *Bulletin des lois*, à contracter dans l'armée de terre des engagements conditionnels d'un an, selon le mode déterminé par ledit règlement. »

2. Le paragraphe suivant est ajouté à l'article 57 de la loi du 27 juillet 1872 : — « Jouiront du même privilége, sous la condition d'avoir contracté un engagement conditionnel d'un an : 1o les élèves des Ecoles supérieures d'agriculture, subventionnées par l'Etat ; 2o les élèves des Ecoles supérieures de commerce subventionnées par les chambres de commerce. Ces écoles devront avoir été agréées par le ministère de la Guerre quant à l'application du présent article. »

LOI

Ayant pour objet d'ajouter un paragraphe à l'article 54 de la loi du 27 juillet 1872, sur le recrutement de l'armée.

(31 décembre 1875)

ART. UNIQUE. — Le paragraphe suivant est ajouté à l'article 54 de la loi du 27 juillet 1872, sur le recrutement de l'armée :

« Si un jeune homme, s'étant présenté pour l'engagement conditionnel d'un an, a été reconnu impropre au service et qu'ensuite, au moment de la révision de sa classe, il soit déclaré bon, il est admis à remplir dans l'armée les conditions requises pour le volontariat d'un an. »

LOI

Ayant pour objet de modifier la loi du 24 juillet 1873, sur les emplois réservés aux anciens sous-officiers des armées de terre et de mer.

(31 décembre 1875)

ART. UNIQUE. — La limite d'âge,

(1) *J. off.* 21 janvier 1876. — *V.* le texte dans notre édition in-8o.

(2) *V.* le texte dans notre édition in-8.

pour l'admission des anciens sous-officiers des armées de terre et de mer dans le service des douanes, comme commis ou préposés, est portée de trente-quatre à trente-cinq ans. — Les emplois de surveillants dans les Ecoles militaires sont exclusivement réservés aux militaires en activité de service; les emplois de maître d'escrime et de gymnastique dans les mêmes établissements sont, en totalité, réservés aux militaires liés au service, soit comme appelés ou engagés, soit comme rengagés ou commissionnés.

LOI

Ayant pour objet de rendre applicables à l'armée de mer les dispositions des lois des 18 mai et 18 novembre 1875.

(31 décembre 1875)

ART. 1er. Les modifications apportées par la loi du 18 mai 1875 au titre II du livre IV du Code de justice militaire pour l'armée de terre, sont étendues au Code de justice militaire pour l'armée de mer.

2. Sont également applicables à la réserve de l'armée de mer, ainsi qu'aux marins et militaires de cette armée en congé renouvelable, les dispositions de la loi du 18 novembre 1875, qui concernent la disponibilité et la réserve de l'armée active. — Toutefois, le rôle et la compétence attribués à l'autorité et aux juridictions militaires, sont dévolus, en ce qui touche l'armée de mer, à l'autorité et aux juridictions maritimes.

1876

DÉCRET

Relatif à la convocation des Conseils municipaux, à l'effet d'élire leurs délégués pour l'élection du Sénat.

(3 janvier 1876) (1)

---

(1) *V.* le texte dans notre édition in-8o.

DÉCRET

Prescrivant la promulgation de la convention conclue, le 3 mai 1875, entre la France et l'Allemagne, pour l'échange des mandats de poste.

(12 janvier 1876) (2)

DÉCRET

Supprimant, dans les Facultés de théologie, de droit et de médecine, des sciences et des lettres et dans les Ecoles supérieures de pharmacie, les rétributions éventuelles de toute nature, allouées annuellement aux professeurs et agrégés, et fixant un seul émolument applicable au double service obligatoire de l'enseignement et des examens.

(14 janvier 1876) (3)

DÉCRET

Fixant le préciput des doyens des Facultés de théologie, de droit, de médecine, des sciences et des lettres et des directeurs des Ecoles supérieures de pharmacie.

(14 janvier 1876) (4)

DÉCRET

Relatif aux conditions et aux formalités à remplir pour l'ouverture de cours ou d'établissements libres d'enseignement supérieur.

(25 janvier 1876) (5)

ART. 1er. Le recteur, dans chaque département où est établi le siége de l'Académie, les inspecteurs d'Académie, dans les autres départements, sont tenus d'ouvrir un registre à souche, coté et paraphé par eux, où seront inscrites, en conformité des dispositions des articles 3, 4 et 10 de la loi du 12 juillet 1875, les déclarations tendant soit à l'ouverture de cours ou d'établissements libres d'en-

(2) *J. off.* 13 janv. 1876. — *V.* le texte dans notre édition in-8o.

(3) *V.* le texte dans notre édition in-8o.

(4) *V.* le texte dans notre édition in-8o.

(5) *V.* L. 12 juill. 1875.

seignement supérieur, soit à la formation d'associations dans un dessein d'enseignement supérieur. — Ces déclarations devront être signées au registre par le recteur ou l'inspecteur et par les déclarants ou leur mandataire. — Indépendamment des indications spécifiées dans le paragraphe 2 de chacun des articles susvisés, toute déclaration doit être accompagnée : 1° de l'acte de naissance des administrateurs et professeurs ; 2° de leurs diplômes, dans le cas où ils sont exigibles ; 3° du plan du local, lorsqu'il s'agit de l'ouverture d'une Faculté libre ou d'une Université libre.

2. Après la délivrance du récépissé, le recteur ou l'inspecteur transmet dans les vingt-quatre heures la déclaration reçue au procureur de la République près le tribunal de l'arrondissement où doit s'ouvrir le cours ou l'établissement projeté. — Il y joint l'acte de naissance des parties intéressées. — Avis de cette transmission est donné au ministre de l'instruction publique et au préfet du département. — La déclaration faite au recteur ou à l'inspecteur d'Académie est affichée pendant dix jours, par les soins du recteur et du maire, à la porte des bureaux académiques et à la porte de la mairie du lieu où doit s'ouvrir le cours ou l'établissement libre.

3. Dans les dix jours qui suivent la déclaration d'ouverture d'une Faculté libre ou d'une Université libre, le recteur visite ou fait visiter les locaux et adresse son rapport au ministre. — Quarante-huit heures avant l'expiration du délai de dix jours fixé par le quatrième paragraphe de l'article 3 de la loi, le recteur ou l'inspecteur communique au procureur de la République les observations auxquelles la déclaration affichée peut avoir donné lieu, ou l'informe qu'il n'en a pas été reçu à l'Académie ni à la mairie.

4. Lorsque le procureur de la République juge qu'il y a lieu d'user du droit spécial d'opposition qui lui est conféré par l'article 30 de la loi, cette opposition est motivée, déposée au greffe du tribunal et notifiée par le procureur de la République aux personnes ou au domicile des parties intéressées ; le recteur ou l'inspecteur en est informé sans délai.

5. En exécution des articles 4 et 7 de la loi, il sera tenu, dans chaque établissement libre, un registre spécial contenant les nom, prénoms, date et lieu de naissance des professeurs, maîtres de conférences et répétiteurs attachés à la maison, avec l'indication de la fonction spéciale que chacun d'eux remplit. — Dans chaque Faculté libre et chaque Université libre, le registre spécial prescrit dans le paragraphe précédent indiquera si les professeurs sont docteurs ou non. — Ce registre doit être communiqué à toute réquisition des autorités préposées à la surveillance et à l'inspection desdits établissements. — Chaque année, dix jours au moins avant l'ouverture du premier semestre, tout établissement, Faculté ou Université libre, sera tenu d'adresser à l'autorité la liste des professeurs et le programme des cours. — En cas d'extension ou de modification de programme, ou d'appel de nouveaux professeurs, avis en sera donné à l'autorité académique dix jours au moins avant l'ouverture des nouveaux cours ou l'installation des nouveaux professeurs.

6. Lorsqu'une des conférences prévues par l'avant-dernier paragraphe de l'article 4 de la loi doit avoir lieu dans un établissement libre, le chef d'établissement est tenu d'en informer l'autorité académique vingt-quatre heures au moins à l'avance.

7. Il sera tenu dans chaque Faculté libre et dans chaque Faculté d'une Université libre un registre coté et paraphé par le recteur de l'Académie ou son délégué, sur lequel seront prises de suite, sans aucun blanc, les inscriptions trimestrielles nécessaires pour fixer et reconnaître le temps d'études. — Le registre d'inscription est ouvert du 15 octobre au plus tôt au 15 novembre au plus tard et pendant les quinze premiers jours des trimestres de janvier, d'avril et de juillet. Après l'expiration des dates qui viennent d'être fixées, sauf les délais qui pourront être accordés par le ministre de l'Instruction publique, le registre sera clos par le doyen de la Faculté libre et arrêté par le recteur de l'Académie ou son délégué. — Le registre régulièrement tenu fait preuve pour l'admission aux examens.

8. En exécution de l'article 9 de la loi du 12 juillet 1875, le décret du 5 décembre 1850, relatif aux conditions imposées aux étrangers pour être admis à enseigner dans les écoles d'enseignement primaire et secondaire, est applicable aux cours et établissements libres d'enseignement supérieur.

DÉCRET

Relatif aux conditions d'admission aux cours isolés d'enseignement supérieur.

(25 janvier 1876) (1)

ART. 1er. Nul ne sera admis à suivre un cours isolé d'enseignement supérieur, ouvert dans les conditions prévues par la loi du 12 juillet 1875, si, deux jours au moins avant son admission au cours, il ne s'est fait régulièrement inscrire sur un registre spécial qui sera tenu par l'auteur du cours. — Ce registre sera coté et paraphé par le recteur ou par l'inspecteur d'Académie. — Il indiquera, avec mention du jour de l'inscription, les noms, prénoms, qualités et domiciles des élèves. — Les mêmes renseignements seront reportés sur une carte délivrée à chaque élève lors de son inscription. — Cette carte sera visée et certifiée par le professeur.

2. A toute réquisition de l'autorité, le registre d'inscription devra être communiqué.

3. Nul ne pourra se présenter à une leçon sans être porteur de sa carte d'inscription. — Le professeur devra, sous sa responsabilité, veiller à l'exécution de cette disposition.

DÉCRET

Relatif à l'admission au concours pour suivre les cours spéciaux de l'Ecole supérieure de guerre.

(18 février 1876) (2)

ART. 1er. Il est institué à Paris des cours militaires spéciaux, d'une durée de deux ans, qui commenceront le 1er janvier de chaque année pour finir le 31 décembre de l'année suivante. — Par exception et pour cette année-ci seulement, ces cours commenceront au mois de mai.

2. Seront admis, par voie de concours, à suivre cet enseignement, des lieutenants et capitaines de toutes armes, dans les proportions qui seront déterminées par le ministre de la Guerre.

3. Les conditions d'admission sont les suivantes : — 1° Pour les lieutenants, avoir au 31 décembre de l'année du concours moins de vingt-huit ans d'âge, et au moins quatre ans de grade d'officier, dont deux dans les troupes ; — 2° Pour les capitaines, avoir moins de trente-deux ans d'âge à la même date. — Pour les candidats qui se présenteront cette année-ci, l'âge et l'ancienneté de grade d'officier seront calculés au 31 décembre 1875.

4. Des lieutenants et capitaines de l'armée de mer, désignés par le ministre de la Marine, pourront être admis à ces cours dans les mêmes conditions que les officiers de l'armée de terre, et après avoir justifié de leur capacité en prenant part aux épreuves du concours.

5. Les officiers admis seront détachés de leurs corps et en conserveront l'uniforme.

6. Chaque année d'étude se terminera par des examens généraux à la suite desquels les officiers seront classés par ordre de mérite sur une seule et même liste. — A la fin de la première année, ceux d'entre eux qui n'auront pas subi leurs examens d'une manière satisfaisante seront renvoyés dans leurs corps respectifs. — A la fin de la seconde année, il sera délivré à tous ceux qui auront satisfait aux examens de sortie un brevet de capacité. Les officiers qui auront obtenu ce brevet recevront alors les destinations et jouiront des droits et avantages qui seront déterminés par la loi.

7. Pendant ces deux années d'enseignement, les officiers admis à suivre les cours conserveront, dans leurs armes respectives, tous leurs droits à l'avancement à l'ancienneté et au choix.

8. Dans le cours de l'une ou l'autre année, tout officier pourra être renvoyé par le ministre à son corps pour fautes graves.

9. Le ministre fixera l'époque, le mode et la nature des épreuves d'admission, ainsi que la composition du jury d'examen. — Un règlement ministériel comprendra toutes les dispositions nécessaires pour compléter l'organisation de l'enseignement institué par le présent décret.

10. Le personnel chargé de l'instruction et du service, ainsi que les officiers suivant les cours, seront, jusqu'à nouvel ordre, placés sous l'autorité supérieure du général commandant l'Ecole d'application d'état-major.

11. Il sera institué un conseil de perfectionnement dont la composition

(1) *V.* L. 12 juill. 1875, art. 2.

(2) *V.* LL. 24 juill. 1873 et 13 mars 1875 ; — Instruction du ministre de la Guerre, 19 févr. 1876, pour l'exécution du décret ci-dessus. (*J. off.* 20 févr. 1876).

sera déterminée par le ministre de la guerre, pour donner à l'enseignement une impulsion et des developpements en rapport avec les progrès des sciences militaires.

LOI

Levant l'état de siége dans les départements de la Seine, de Seine-et-Oise, du Rhône et des Bouches-du-Rhône.

(4 avril 1876)

ART. UNIQUE. L'état de siége est levé dans les départements de la Seine, de Seine-et-Oise, du Rhône et des Bouches-du-Rhône.

LOI

Concernant la réorganisation de la commission de surveillance de la Caisse d'amortissement et de la Caisse des dépôts et consignations.

(6 avril 1876)

ART. 1er. Les Caisses d'amortissement et des dépôts et consignations sont surveillées par dix commissaires.

2. La commission de surveillance est composée : — 1° De deux sénateurs élus par le Sénat; — 2° De deux membres de la Chambre des députés élus par elle ; — 3° De deux membres du Conseil d'Etat nommés par le Gouvernement ; — 4° D'un président de la Cour des comptes désigné par cette Cour ; — 5° Du gouverneur ou de l'un des sous-gouverneurs de la Banque de France, désigné par le conseil de la Banque ; — 6° Du président ou de l'un des membres de la Chambre de commerce de Paris, choisi par cette chambre ; - 7° Du directeur du mouvement général des fonds au ministère des Finances.

3. La commission de surveillance élit son président ; elle le choisit parmi ses membres. — En cas de partage des voix, la voix du président est prépondérante.

4. Les nominations sont faites pour trois ans ; les membres sortants sont rééligibles. Leurs fonctions sont gratuites.

5. Les dispositions des lois, ordonnances et décrets antérieurs à la présente loi, relatifs à la composition de la commission de surveillance des Caisses d'amortissement et des dépôts et consignations sont abrogées.

DÉCRET

Relatif à la forme de promulgation des lois.

(6 avril 1876)

ART. 1er. A l'avenir, les lois seront promulguées dans la forme suivante :

« Le Sénat et la Chambre des députés ont adopté,

« Le Président de la République promulgue la loi dont la teneur suit :

(Texte de la loi.)

« La présente loi, délibérée et adoptée par le Sénat et par la Chambre des députés, sera exécutée comme loi de l'Etat.

« Fait à...... »

DÉCRET

Portant règlement sur l'organisation et les attributions du corps des ingénieurs des poudres et salpêtres, ainsi que sur la constitution du personnel civil d'exploitation des poudreries et raffineries de l'Etat.

(9 mai 1876) (1)

DÉCRET

Relatif à l'institution d'un comité consultatif des épizooties.

(24 mai 1876) (2)

DÉCRET

Concernant l'institution des attachés à la Chancellerie et aux parquets.

(29 mai 1876)

TITRE Ier. — *Dispositions générales.*

ART. 1er. Les attachés à la Chancellerie sont nommés au concours.

(1) *J. off.* 24 mai 1876. — *V.* le texte dans notre édition in-8°.

(2) *V* le texte dans notre édition in-8°. — *V.* L. 21 juill. 1881.

Leur nombre maximum reste fixé à douze.

2. Les attachés aux parquets des Cours et tribunaux sont divisés en deux classes : — Les attachés de 1re classe sont nommés au concours. Leur nombre maximum ne peut dépasser quarante-huit. — Les attachés de 2e classe sont choisis parmi les docteurs en droit et les licenciés qui ont subi avec succès les deux examens de doctorat.

3. Le garde des Sceaux détermine les parquets qui peuvent recevoir des attachés ; il fixe le nombre maximum des attachés, soit de 1re, soit de 2e classe, à chaque parquet, et règle leur organisation. — Il les nomme et les révoque. — Nul ne peut être attaché à un parquet que sur la présentation ou de l'agrément du chef de ce parquet.

4. Il n'est admis aux parquets de la Cour d'appel de Paris et du tribunal de première instance de la Seine que des attachés de 1re classe.

5. Dans les parquets autres que ceux de la Cour d'appel de Paris et du tribunal de première instance de la Seine, les attachés de 2e classe peuvent obtenir le titre d'attachés de 1re en se présentant aux concours qui seront institués ci-après. — Les attachés soit de 1re, soit de 2e classe, ne peuvent rester en fonctions plus de trois ans dans chacune de ces classes.

6. Il est ouvert, chaque année, à Paris, dans la première semaine de décembre un concours auquel peut être admis tout docteur en droit présenté par un premier président, un procureur général ou le bâtonnier d'un barreau près une Cour d'appel, ou qui, à défaut de présentation, justifie d'un des titres suivants : — Attaché de 2e classe à un parquet ; — Lauréat de l'Institut ou des Facultés de droit de l'Etat ; — Admissible à l'agrégation des mêmes Facultés ; — Licencié ès lettres. — Les candidats se font inscrire au secrétariat général du ministère de la Justice ou au parquet de la Cour d'appel de leur ressort, avant le 1er septembre. — Le garde des Sceaux apprécie s'ils réunissent les conditions morales qui doivent être exigées des aspirants à la magistrature et arrête la liste de ceux qu'il admet à concourir.

7. Un arrêté publié au *Journal officiel* un mois à l'avance, fixe le jour de l'ouverture du concours. — Le même arrêté indique le nombre des places à donner. Jusqu'au commencement des épreuves, ce nombre peut être augmenté.

8. Le jury d'examen est nommé par le garde des Sceaux, qui désigne le président ; il est composé de deux membres de la Cour de cassation, du secrétaire général ou d'un des directeurs du ministère de la Justice, d'un membre du parquet d'une Cour d'appel et d'un membre du parquet d'un tribunal civil, d'un professeur d'une faculté de droit, d'un membre ou d'un ancien membre du conseil de l'ordre d'un barreau près une Cour d'appel.

9. Le jury classe, par ordre de mérite, les candidats dont les épreuves ont été satisfaisantes, sans s'arrêter au nombre des places mises au concours. — La liste ainsi préparée est soumise au garde des Sceaux. Celui-ci nomme les attachés et les répartit entre les services de la Chancellerie et les parquets où il existe des places réglementaires d'attachés de 1re classe. — Parmi les candidats promus à la 1er classe, ceux qui étaient attachés de 2e classe à un parquet rentrent de plein droit, s'ils le demandent, avec leur titre nouveau, au parquet auquel ils appartenaient, lors même qu'il n'existerait pas à ce parquet de place réglementaire d'attaché de 1re classe. — Les places mises au concours, qui, par ce motif ou par tout autre, ne sont pas occupées par les candidats auxquels leur rang de nomination les attribue, peuvent être dévolues à ceux qui les suivent dans l'ordre qu'ils occupent sur la liste arrêtée par le garde des Sceaux.

10. Le garde des Sceaux peut, par un arrêté spécial et sur la proposition du procureur général, ouvrir, dans une ville où sont tout à la fois établies une Cour d'appel et une Faculté de droit, un concours pour des places d'attachés à la chancellerie et d'attachés de 1re classe. L'arrêté fixe la date du concours, le nombre des places à donner et les ressorts où elles seront données. Il est publié au *Journal officiel* au moins quatre mois à l'avance. — Le jury d'examen se compose de deux présidents ou conseillers et d'un membre du parquet d'une Cour d'appel, d'un président ou d'un juge et d'un membre du parquet d'un tribunal, d'un professeur d'une Faculté de droit, d'un membre ou ancien membre du Conseil de l'ordre d'un barreau près une Cour d'appel. — Sont applicables, pour le surplus, toutes les dispositions du présent décret.

TITRE II. — *Matières des épreuves. — Règlement du concours.*

11. Les épreuves du concours institué par l'article 6 du présent décret portent : — 1° Sur le droit civil et commercial et sur la procédure, spécialement sur les attributions du ministère public en matière civile ; sur les faillites et les banqueroutes ; sur les saisies immobilières, les ordres et les contributions ; — 2° Sur le droit criminel, spécialement sur la police judiciaire, l'instruction, les cours d'assises ; — 3° Sur l'organisation judiciaire de la France, les devoirs des magistrats, la discipline judiciaire ; — 4° Sur les principes généraux du droit public et administratif, spécialement sur la séparation des pouvoirs, les conflits positifs et négatifs.

12. Il y a des épreuves écrites et des épreuves orales. — Après les épreuves écrites, le jury détermine les candidats qui sont admis aux épreuves orales. Les épreuves orales sont publiques.

13. Les épreuves écrites consistent en deux compositions, l'une sur une question de droit civil, l'autre sur une question de droit criminel ou de procédure civile.

14. Le sujet de chacune de ces compositions, commun à tous les candidats, est tiré au sort entre trois sujets choisis, séance tenante, par le jury. Il est dicté aux candidats, qui doivent le traiter en six heures, sans pouvoir consulter d'autres livres qu'un code non annoté.

15. Les compositions sont faites sur un papier délivré aux candidats, et en tête duquel ils inscrivent leur nom et leurs prénoms. — Lors du dépôt de la composition sur le bureau, le juge surveillant place en tête un numéro d'ordre qui est répété sur le manuscrit. — Les têtes des compositions sont détachées à l'instant et réunies sous une enveloppe cachetée, laquelle n'est ouverte qu'après l'examen et le jugement.

16. A la suite des épreuves écrites, la liste des candidats admis aux épreuves orales est dressée par ordre alphabétique. — L'ordre dans lequel les candidats subissent chacune des deux épreuves orales est indiqué par un tirage au sort.

17. La première épreuve orale consiste en un exposé fait par le candidat sur une question tirée au sort et empruntée à l'une des matières énoncées à l'article 11. — Cette question contenue dans une enveloppe cachetée sur laquelle le président et le candidat apposent leur signature, est remise à celui-ci une heure avant le commencement de son épreuve. — L'exposé ne dure pas plus d'une demi-heure.

18. La seconde épreuve orale ne peut être subie le même jour que la première ; elle consiste en une interrogation d'une heure, par les membres du jury, sur les matières du concours, sans argumentation entre les concurrents.

TITRE III. — *Dispositions transitoires.*

19. Pourront être admis à concourir pour le titre d'attaché de 1re classe, jusqu'au 1er janvier 1878, les licenciés en droit qui seront âgés de plus de vingt-trois ans au moment de la promulgation du présent décret.

20. Les licenciés en droit qui ont été nommés attachés aux parquets des Cours et tribunaux avant le 1er janvier 1876, sont maintenus dans leurs fonctions avec le titre d'attachés de 2e classe. Le délai de trois ans fixé à l'article 5 court pour eux du jour de leur nomination.

21. Les attachés de 2e classe nommés à la suite du concours ouvert à Paris le 17 mars 1876 seront promus, sans nouveau concours, à la 1re classe, sous la condition de justifier du diplôme de docteur en droit.

DÉCRET

Ayant pour but de modifier le règlement d'administration publique rendu le 27 décembre 1858 pour l'exécution du décret relatif aux rues de Paris.

(14 juin 1876) (1)

DÉCRET

Relatif au traitement des receveurs des communes, des hospices et des bureaux de bienfaisance.

(27 juin 1876) (2)

ART. 1er. A partir du 1er janvier 1877, les receveurs des communes, des hos-

(1) *V.* le texte dans notre édition in-8°.
(2) *V. Circ. min. Inter.* 29 août 1876. (*J. off* 17 août, p. 6478.)

pices et des bureaux de bienfaisance seront rémunérés au moyen d'un traitement fixe arrêté par le préfet, sur la proposition du trésorier-payeur général, et d'après les bases indiquées à l'article 2.

2. Ce traitement sera déterminé, par l'application du tarif des ordonnances des 17 avril et 23 mai 1839 et du décret du 7 octobre 1850, à la moyenne des opérations tant ordinaires qu'extraordinaires de recettes et de dépenses, effectuées pendant les exercices 1867, 1868, 1869, 1872 et 1873, déduction faite des opérations reconnues non passibles de remises pendant les mêmes exercices, et sans tenir compte du dixième en plus ou en moins dont les Conseils municipaux et les commissions administratives auraient augmenté ou réduit le tarif des ordonnances et décret précités.

3. Si, pendant un ou plusieurs des cinq exercices énumérés à l'article 2, des opérations exceptionnelles ont été exécutées par les communes et les établissements, le préfet, pour la fixation du traitement, pourra, sur la demande des communes ou des établissements, distraire ces opérations du décompte.

4. Les réclamations formées par les receveurs, les communes et les établissements contre le chiffre du traitement arrêté par le préfet, seront soumises au ministre de l'Intérieur, qui statuera définitivement. — Elles devront être présentées dans le délai de deux mois à partir de la notification de l'arrêté du préfet.

5. Les Conseils municipaux et les commissions administratives pourront, avec l'approbation du préfet, et sur l'avis du trésorier-payeur général, élever d'un dixième le traitement de leur receveur, fixé comme il vient d'être dit.

6. Les frais de bureau ne seront supportés par les receveurs que jusqu'à concurrence du quart de leur traitement; le surplus sera à la charge de la commune ou de l'établissement. — En cas de désaccord entre le comptable et la commune ou l'établissement sur le chiffre de ces frais, le préfet statuera, après avoir pris l'avis du trésorier-payeur général, et sauf recours au ministre de l'Intérieur.

7. Chaque fois que la moyenne des revenus ordinaires des cinq derniers exercices sera supérieure ou inférieure d'un dixième à celle des exercices qui auront servi à l'établir, le traitement pourra, sur la demande de la commune, de l'établissement ou du receveur, être revisé par le préfet, sauf recours au ministre de l'Intérieur. — L'augmentation ou la réduction du traitement sera déterminee, au moyen de l'application du tarif doublé des ordonnances des 17 avril et 23 mai 1839, à tous les revenus ordinaires, quels qu'ils soient, formant la différence en plus ou moins. — Ce tarif sera employé suivant les tranches dans lesquelles tomberaient lesdits revenus, si l'on avait à calculer des remises conformément aux ordonnances précitées. — La première révision ne pourra avoir lieu avant le 1er janvier 1882.

8. En cas de création d'un établissement de bienfaisance, le traitement du receveur sera fixé par le préfet, sauf le recours indiqué à l'article 4, en prenant pour base le chiffre des revenus ordinaires prévus au budget du nouvel établissement et en appliquant le tarif doublé des ordonnances de 1839. — Le traitement ainsi fixé pourra être revisé, dans les conditions déterminées par l'article 7, à partir de l'expiration des cinq premiers exercices.

9. Le présent décret n'est applicable ni aux villes de Paris et de Lyon, ni à l'administration générale de l'assistance publique à Paris, déjà soumises pour le traitement de leur receveur à un régime spécial.

10. Les dispositions antérieures contraires au présent décret cesseront d'être en vigueur à partir du 1er janvier 1877.

DÉCRET

Relatif à l'organisation du corps des infirmiers de la marine.

(29 juin 1876) (1)

ARRÊTÉ DU MINISTRE DE LA JUSTICE

Fixant le nombre des attachés à la Chancellerie et aux différents parquets.

(24 juillet 1876) (2)

ART. 1er. — Le nombre des attachés à la Chancellerie et aux diffé-

(1) *J. off.* 4 juill. 1876. — *V.* le texte dans notre édition in-8°.

(2) *V.* Décr. 29 mai 1876.

rents parquets est fixé conformément au tableau ci-joint ;

Chancellerie, attachés de 1re classe. 12

Cour de cassation, *idem*. . . 2

Cour d'appel de Paris, attachés de 1re classe. 6

Tribunal de la Seine, *idem*. . 12

COURS.	1re CLASSE.		2e CLASSE.		NOMBRE.
	COURS.	TRIBUNAUX.	COURS.	TRIBUNAUX.	
Agen	»		2	1 Agen	3
Aix	1	1 Marseille	1	1 Marseille, 1 Toulon, 1 Nice	6
Alger	»		2	1 Alger	3
Amiens	»		2	1 Saint-Quentin	3
Angers	»		1	1 Angers, 1 Le Mans	3
Bastia	»		1	1 Bastia	2
Besançon	»		2	1 Besançon	3
Bordeaux	2	1 Bordeaux	2	2 Bordeaux	7
Bourges	»		2	1 Nevers	3
Caen	1		2	1 Lisieux	4
Chambéry	»		2	1 Chambery	3
Dijon	»		2	1 Dijon	3
Douai	1		3	1 Lille	6
Grenoble	»	1 Lille.	1	1 Grenoble, 1 Valence	3
Limoges	»		2	1 Limoges	3
Lyon	1		1	4 Lyon, 1 Saint-Étienne	8
Montpellier	1	1 Lyon.	2	1 Montpellier, 1 Béziers	5
Nancy	»	1 Nancy.	2	1 Nancy	5
Nîmes	»		2	1 Nîmes, 1 Avignon	4
Orléans	»		2	1 Orléans	3
Pau	»		2		2
Poitiers	1		1	1 Poitiers, 1 Saintes	4
Rennes	1	1 Nantes.	2	1 Nantes, 1 Brest	6
Riom	»		2	1 Le Puy	3
Rouen	1	1 Rouen.	1	1 Rouen, 1 Le Havre	5
Toulouse	2	1 Toulouse.	2	2 Toulouse	7

LOI

Relative au droit de limiter ou de suspendre la fabrication des pièces de cinq francs en argent.

(5 août 1876)

ART. 1er. — La fabrication des pièces de cinq francs en argent pour le compte des particuliers, pourra être limitée ou suspendue par décret.

2. La présente loi n'aura d'effet que jusqu'au 31 janvier 1878.

LOI

Ayant pour objet de pourvoir à l'enseignement supérieur de l'agriculture, par la création d'un Institut agronomique.

(9 août 1876)

ART. 1er. — Une école, destinée à l'étude et à l'enseignement des sciences, dans leurs rapports avec l'agriculture, sera fondée au Conservatoire des arts et métiers, à Paris, sous le nom d'Institut agronomique.

2. Les professeurs et répétiteurs, lors de la création de l'école, seront à la nomination du ministre, et il en sera de même pour les nouvelles chaires qui seraient créées. Mais, dans

l'avenir, il sera pourvu aux vacances par un concours dont les conditions seront déterminées par arrêté ministériel.

3. L'établissement recevra des élèves externes, payant une rétribution scolaire, et des auditeurs libres. — Les élèves réguliers qui, à la suite des examens de fin d'études, en auront été jugés dignes, recevront un diplôme.

4. Chaque année, quatre bourses de mille francs (1,000 fr.) et deux de cinq cents francs (500 fr.), donnant les unes et les autres droit à l'enseignement gratuit, et dix bourses, consistant dans la remise de toute rétribution scolaire, seront mises au concours par moitié entre les élèves diplômés des écoles d'agriculture et les autres concurrents, qui se présenteront. — Les bourses ne seront néanmoins accordées et maintenues que si les candidats en sont jugés dignes.

5. Les deux premiers élèves sortant chaque année pourront recevoir, aux frais de l'Etat, une mission complémentaire d'études. Cette mission durera trois ans et aura lieu tant en France qu'à l'étranger.

6. Un champ d'expériences, dont la contenance ne pourra dépasser cinquante hectares sera affecté, avec les bâtiments nécessaires, au service de l'Institut agronomique.

LOI

Concernant le renouvellement des auditeurs de 2e classe au Conseil d'Etat.

(10 août 1876)

Art. 1er. Le nombre des auditeurs de 2e classe au Conseil d'Etat est porté à vingt-quatre.

2. Le renouvellement des auditeurs de 2e classe au Conseil d'Etat aura lieu annuellement par quart. — Chaque année, dans le mois de décembre, un concours sera ouvert pour la nomination de six auditeurs. Les auditeurs nommés à la suite du concours entreront en fonctions le 1er janvier.

3. Les auditeurs dont les places deviendront vacantes avant le terme légal de leurs fonctions, ne seront remplacés que lors du renouvellement de la série à laquelle ils appartiennent. — Un ou plusieurs auditeurs pris dans l'ordre du tableau parmi ceux qui achèvent leur dernière année pourront être autorisés par le ministre de la Justice à remplir, pendant une année, les places qui deviendraient vacantes par suite de l'application du paragraphe précédent.

4. Les auditeurs de 2e classe qui, pour une cause quelconque, autre que la révocation, ont quitté le Conseil d'Etat, sont admis, s'ils sont encore dans les conditions d'âge, à concourir pour les places d'auditeurs de 1re classe qui deviendront vacantes à l'avenir. (*V. L.* 13 *juill.* 1879, *art.* 2.)

Dispositions transitoires.

5. Il ne sera pourvu aux quatre places créées par l'article 1er de la présente loi qu'au fur et à mesure des concours annuels, et à raison d'une place nouvelle par année.

6. Les auditeurs nommés le 27 janvier 1873, et actuellement en exercice, seront maintenus, savoir : les cinq derniers dans l'ordre du tableau, jusqu'au 31 décembre 1877 ; cinq autres, en remontant le tableau, jusqu'au 31 décembre 1878. Le premier sur le tableau des auditeurs nommés le 27 janvier 1873 et les quatre auditeurs nommés le 26 décembre 1874, cesseront leurs fonctions le 31 décembre 1879.

7. Les candidats qui prendront part à toutes les épreuves du concours de décembre 1876 seront admis au concours de 1877, alors même qu'ils auraient dépassé la limite d'âge fixée par l'article 6 de la loi du 24 mai 1872.

LOI

Relative à la nomination des maires et des adjoints.

(12 août 1876) (1)

Art. 1er. Les articles 1 et 2 de la loi du 20 janvier 1874, relatifs à la nomination des maires et des adjoints, sont abrogés.

2. Provisoirement, et jusqu'au vote de la loi organique municipale, il sera procédé à la nomination des maires et adjoints conformément aux règles suivantes ; — Le conseil municipal élit le maire et les adjoints parmi ses

(1) *Circ. min Intér.* 29 août 1876 (*J. off.* 30 août 1876) ; *Circ. min. Intér*, 12 sept. 1876 (*J. off.* 13 sept. 1876).

membres, au scrutin secret et à la majorité absolue. — Si, après deux scrutins, aucun candidat n'a obtenu la majorité, il est procédé à un scrutin de ballottage entre les deux candidats qui ont obtenu le plus de suffrages. En cas d'égalité de suffrages, le plus âgé est nommé. — La séance dans laquelle il est procédé à l'élection du maire est présidée par le plus âgé des membres du Conseil municipal. — Dans les communes chefs-lieux de département, d'arrondissement et de canton les maires et adjoints sont nommés parmi les membles du Conseil municipal, par décret du Président de la République. (*Le dernier alinéa est abrogé par L.* 28 *mars* 1882.)

3. La présente loi est applicable à l'Algérie, sous réserve des dispositions du décret du 27 décembre 1866, relatives à la nomination des adjoints indigènes musulmans.

LOI

Concernant le transport de la contribution foncière dans le cas de réunion de communes.

(12 août 1876)

ART. UNIQUE. Dans le cas de réunion d'une commune ou d'une portion de commune à une autre commune, les évaluations cadastrales des propriétés bâties et non bâties comprises dans les territoires réunis, doivent être modifiées de manière à maintenir pour chaque parcelle le chiffre de la cotisation foncière en principal qu'elle supportait antérieurement, sans préjudice des changements que pourrait éprouver cette cotisation, soit par suite d'une nouvelle répartition des contingents entre les communes, soit par suite du renouvellement total ou partiel des opérations cadastrales. — Les frais nécessités par les opérations effectuées en exécution de ces dispositions sont supportés par les communes auxquelles les territoires en question ont été annexés, à moins que le Conseil général n'en autorise le prélèvement sur les fonds départementaux. — Sont et demeurent confirmées les opérations exécutées conformément aux dispositions du paragraphe 1er ci-dessus dans les communes qui ont fait l'objet de réunions antérieurement à la promulgation de la présente loi.

LOI

Fixant une date uniforme pour la première session annuelle des Conseils généraux.

(12 août 1876)

ART. UNIQUE. Le paragraphe 3 de l'article 23 de la loi du 10 août 1871 est modifié ainsi qu'il suit : — « L'ouverture de la première session annuelle aura lieu de plein droit le second lundi qui suit le jour de Pâques. »

DÉCRET

Relatif aux droits à percevoir pour les examens passés devant les jurys mixtes par les élèves des Universités libres.

(16 août 1876) (1)

ART. 1er. Les droits relatifs aux examens passés devant les jurys mixtes, ainsi que les droits de certificats de capacité ou d'aptitude, de diplôme et de visa seront versés entre les mains des secrétaires agents comptables des établissements d'enseignement supérieur de l'Etat.

2. Les droits d'examen seront partagés, par moitié, entre l'Etat et l'Université libre. — Les droits de certificats de capacité ou d'aptitude, de diplôme, de visa, de duplicata de diplômes et de certificats formant brevet appartiendront en totalité à l'État qui, seul, a qualité pour délivrer lesdits certificats et diplômes.

3. La portion des droits d'examen revenant aux Universités libres sera décomptée sur les états sommaires que les recteurs d'Académie établissent en fin de trimestre, et sera payée auxdites Universités par le trésorier-payeur général du département dans lequel les examens auront été passés.

LOI

Relative à la retraite de divers fonctionnaires de l'enseignement primaire.

(17 août 1876)

ART. 1er. Les inspecteurs de l'en-

(1) V. art. 15, L. 12 juill. 1875.

seignement primaire, les directeurs et les directrices, les maîtres-adjoints et les maitresses-adjointes des Écoles normales primaires; les instituteurs communaux et les institutrices communales, titulaires ou adjoints; les directrices de salles d'asile communales, seront compris parmi les fonctionnaires du service actif et ajoutés au tableau n° 2 annexé à la loi du 9 juin 1853. Leur pension de retraite sera, à partir de la promulgation de la présente loi, réglée conformément aux dispositions relatives aux emplois de la partie active.

2. La pension de retraite sera basée sur la moyenne des traitements et émoluments de toute nature, soumis à la retenue, dont l'ayant-droit aura joui pendant les six années qui auront produit le chiffre le plus élevé. — Les années passées à partir de l'âge de vingt ans, en qualité d'élèves dans les Écoles normales, seront comprises dans le compte des années de service, lors de la liquidation de la pension de retraite.

3. Le chiffre de la pension de retraite ne pourra être inférieur à six cents francs (600 fr.) pour un instituteur, et à cinq cents francs (500 fr.) pour une institutrice et une directrice de salle d'asile communale. — Ce minimum ne s'appliquera pas aux pensions exceptionnelles pour infirmités.

DÉCRET

Portant règlement d'administration publique sur les distilleries.

(26 août 1876) (1)

DÉCRET

Qui approuve la déclaration signée à Bruxelles, le 25 août 1876, entre la France et la Belgique, pour assurer la communication réciproque des actes de l'état civil.

(3 septembre 1876)

Art. 1er. Une déclaration ayant été signée à Bruxelles, le 25 août 1876, entre la France et la Belgique, pour assurer la communication des actes intéressant l'état civil de leurs ressortissants respectifs, ladite déclaration, dont la teneur suit, est approuvée et sera insérée au *Journal officiel*.

DÉCLARATION.

Le Gouvernement de la République française et le Gouvernement de Sa Majesté le roi des Belges, désirant assurer la communication des actes intéressant l'état civil de leurs ressortissants respectifs, sont convenus de ce qui suit :

Art. 1er. Les deux Gouvernements contractants s'engagent à se soumettre réciproquement, aux époques déterminées et sans frais, des expéditions dûment légalisées, des actes de naissance, des actes de reconnaissances d'enfants naturels, lorsque ces actes auront été reçus par un officier de l'état civil, des actes de mariage et des actes de décès dressés sur leur territoire et concernant des citoyens de l'autre Etat.

2. La transmission des actes de décès s'étendra, en outre, aux personnes mortes en France et qui étaient nées ou qui avaient, d'après les renseignements fournis aux autorités locales, leur domicile en Belgique.

Il en sera de même pour les actes de décès des personnes mortes en Belgique et qui étaient nées ou qui avaient, d'après les renseignements fournis aux autorités locales, leur domicile en France.

3. Les officiers de l'état civil en France et en Belgique se donneront mutuellement avis, par voie diplomatique, des reconnaissances et légitimations d'enfants naturels, inscrits dans les actes de mariage.

4. Tous les six mois, les expéditions desdits actes dressés pendant le semestre précédent, seront remises par le Gouvernement français à la Légation de Belgique à Paris et par le Gouvernement belge à la Légation de France à Bruxelles.

Par dérogation à ce qui précède, la première remise d'actes ne comprendra que le dernier trimestre de l'année 1876.

5. Il est expressément entendu que la délivrance ou l'acceptation des expéditions desdits actes ne préjugera pas les questions de nationalité. — Les actes de l'état civil demandés, de part et d'autre, à la requête de particuliers non pourvus d'un certificat d'indigence, resteront soumis au paiement

(1) *J. off.* 29 août 1876. — *V.* Décr. 18 et 20 juill. 1878; 18 et 19 sept. 1879.

des droits exigibles dans chacun des deux pays.

6. La présente déclaration sortira ses effets à dater du 1er octobre 1876.

DÉCRET

Fixant le régime sous lequel seront placés les produits étrangers envoyés à l'Exposition universelle de 1878.

(4 septembre 1876) (1)

DÉCRET.

Relatif à la tenue d'un registre par les greffiers de justice de paix ayant qualité pour procéder aux ventes publiques d'objets mobiliers.

(2 décembre 1876) (2)

ART. 1er. Les greffiers de justice de paix, qui ont qualité pour procéder aux ventes publiques d'objets mobiliers, devront tenir un registre visé et paraphé par le juge de paix ou son suppléant. Ce registre contiendra, suivant l'ordre de date des procès-verbaux, les mentions suivantes, relatives à chaques vente d'objets mobiliers : — 1o Le numéro d'ordre que les greffiers devront donner à chaque procès-verbal de vente ; — 2o La date et le lieu de la vente ; — 3o Les noms, prénoms et domiciles des vendeurs ; — 4o Le montant du prix de vente total ; — 5o Le montant des frais, déboursés et honoraires.

2. Dans les dix premiers jours de chaque trimestre, le greffier devra dresser un état indicatif des ventes auxquelles il aura procédé pendant le trimestre écoulé. — Cet état contiendra les mentions suivantes : — 1o Le numéro d'ordre du procès-verbal de vente ; — 2o La date et le lieu de la vente ; — 3o Les noms, prénoms et domiciles des vendeurs ; — 4o Le montant des frais, déboursés et honoraires ; — 5o La date de la décharge remise au greffier ; — 6o La date du certificat de dépôt à la caisse des consignations, s'il y a lieu ; — 7o L'énoncé des motifs qui empêchent ou retardent la reddition des comptes. — Cet état sera remis, dans le délai susindiqué, au juge de paix, qui le visera, après vérification, y joindra ses observations et le transmettra sans délai au procureur de la République près le tribunal civil de l'arrondissement.

(1) J. off. 5 sept. 1876.
(2) V. Décr. 29 mars 1879.

LOI

Portant modification des art. 620 et 626 du Code de commerce.

(5 décembre 1876)

ART. 1er. Le premier paragraphe de l'art. 620 du Code de commerce est abrogé et remplacé par la disposition suivante (*V. le texte à l'art.* 620 *C. comm.*).

2. L'art. 626 du Code de commerce est complété comme il suit, conformément au décret du 28 août 1848 (*V. le texte à l'art.* 626 *C. comm.*).

3. Les jugements des tribunaux de commerce et tous actes en général, émanant de la juridiction consulaire, intervenus depuis la loi du 21 décembre 1871, ne peuvent être annulés par le motif que des agents de change, des directeurs de compagnies anonymes, des capitaines au long cours, des maîtres au cabotage ou des commerçants appelés, en cas d'empêchement, à compléter les tribunaux auraient pris part auxdits actes et jugements.

LOI

Ayant pour objet de modifier l'art. 70 *de la loi du* 10 *août* 1871, *sur les conseils généraux.*

(19 décembre 1876)

ART. UNIQUE. — L'art. 70 de la loi organique départementale, du 10 août 1871, est abrogé et remplacé par la disposition suivante : — Les fonctions de membre de la commission départementale sont incompatibles avec celles de maire de chef-lieu du département et avec le mandat de député ou de sénateur.

LOI

Sur le timbre des contrats d'assurance ayant exclusivement pour objet des biens situés à l'étranger.

(30 décembre 1876)

ART UNIQUE. — A partir de la promulgation de la présente loi, le droit de timbre établi par les art. 33 et 37 de la loi du 5 juin 1850 cessera d'être perçu sur les contrats d'assurance passés en pays étranger et ayant exclusivement pour objet des immeubles, des meubles ou des valeurs situés à l'étranger. Mais ces contrats doivent être soumis au timbre moyennant le payement du droit au comptant, avant qu'il puisse en être fait aucun usage en France, soit dans un acte public, soit dans une déclaration quelconque, soit devant une autorité judiciaire ou administrative, à peine d'une amende de 50 francs. — Les mêmes dispositions sont applicables aux contrats de réassurance passés en France par actes sous signatures privées applicables à des polices souscrites à l'étranger et ayant également pour objet exclusif des immeubles, des meubles ou des valeurs situés à l'étranger.

1877

LOI

Qui rend applicables aux élections consulaires les règles de procédure en cassation suivies pour les élections législatives.

(26 janvier 1877)

ART. UNIQUE. Les pourvois en cassation formés en matière d'élections consulaires seront portés directement devant la chambre civile. — Ils seront instruits et jugés dans les formes prescrites par l'art. 23 du décret du 2 février 1852 sur les élections législatives.

LOI

Tendant à abroger l'art. 3 de la loi du 17 brumaire an V, concernant le mode de poursuites par voie de garnison individuelle, employé pour le recouvrement des contributions directes.

(9 février 1877)

ART. 1er. Sont abrogées les dispositions de l'art. 3 de la loi du 17 brumaire an V, en ce qui concerne le mode de poursuites par voie de garnison individuelle.

2. Le mode de poursuites désigné sous la dénomination de garnison collective prendra celle de sommation avec frais.

DÉCRET

Portant modification au règlement des examens de baccalauréat et de licence en droit.

(26 mars 1877) (1)

ART. 1er. Les étudiants en droit sont interrogés, à l'examen de première année d'études, sur les parties du Code civil, du droit romain et du droit criminel qui ont été enseignées par les professeurs dont ils auront suivi les cours. — A cet effet, il doit être remis aux examinateurs un programme de l'enseignement donné par ces professeurs. Le nombre des membres du jury pour cet examen est porté de trois à quatre.

2. L'économie politique est comprise au nombre des matières de la seconde année des études juridiques.

3. Au second examen de baccalauréat, les étudiants ne seront plus interrogés sur le droit pénal et la procédure criminelle. — Le jury d'examen se composera de trois membres. — Le premier examen de licence portera sur les matières expliquées dans les deux cours de droit romain (1re et 2e années) et sur l'économie politique.

4. Le présent règlement sera exécutoire à partir de l'année scolaire 1877-78.

LOI

Tendant à modifier les art. 420 et 421 du Code d'instruction criminelle.

(28 juin 1877)

ART. UNIQUE. Les art. 420 et 421 du code d'instruction criminelle sont modifiés ainsi qu'il suit (2) :

---

(1) V. L. 19 mars 1873, art. 4.

(2) V. Le texte aux art. 420, 421, C. instr. crim.

LOI

Relative aux réquisitions militaires.

(3 juillet 1877) (1)

TITRE 1er. — *Conditions générales dans lesquelles s'exerce le droit de réquisition.*

ART. 1er. En cas de mobilisation partielle ou totale de l'armée, ou de rassemblement de troupes, le ministre de la guerre détermine l'époque où commence, sur tout ou partie du territoire français, l'obligation de fournir les prestations nécessaires pour suppléer à l'insuffisance des moyens ordinaires d'approvisionnement de l'armée.

2. Toutes les prestations donnent droit à des indemnités représentatives de leur valeur, sauf dans les cas spécialement déterminés par l'art. 15 de la présente loi.

3. Le droit de requérir appartient à l'autorité militaire. — Les réquisitions sont toujours formulées par écrit et signées. — Elles mentionnent l'espèce et la quantité des prestations imposées et, autant que possible, leur durée. — Il est toujours délivré un reçu des prestations fournies.

4. Un règlement d'administration publique déterminera les conditions d'exécution de la présente loi, en ce qui concerne la désignation des autorités ayant qualité pour ordonner ou exercer les réquisitions, la forme de ces réquisitions et les limites dans lesquelles elles pourront être faites.

TITRE II. — *Des prestations à fournir par voie de réquisition.*

5. Est exigible par voie de réquisition la fourniture des prestations nécessaires à l'armée et qui comprennent notamment : — 1o Le logement chez l'habitant et le cantonnement pour les hommes et pour les chevaux, mulets et bestiaux, dans les locaux disponibles, ainsi que les bâtiments nécessaires pour le personnel et le matériel des services de toute nature qui dépendent de l'armée ; — 2o La nourriture journalière des officiers et soldats logés chez l'habitant, conformément à l'usage du pays ; — 3o Les vivres et le chauffage pour l'armée, les fourrages pour les chevaux, mulets et bestiaux ; la paille de couchage pour les troupes campées ou cantonnées ; — 4o Les moyens d'attelage et de transport de toute nature, y compris le personnel ; — 5o Les bateaux ou embarcations qui se trouvent sur les fleuves, rivières, lacs et canaux ; — 6o Les moulins et les fours ; — 7o Les matériaux, outils, machines et appareils nécessaires pour la construction ou la réparation des voies de communication, et, en général, pour l'exécution de tous les travaux militaires ; — 8o Les guides, les messagers, les conducteurs, ainsi que les ouvriers pour tous les travaux que les différents services de l'armée ont à exécuter ; — 9o Le traitement des malades ou blessés chez l'habitant ; — 10o Les objets d'habillement, d'équipement, de campement, de harnachement, d'armement et de couchage, les médicaments et moyens de pansement ; — 11o Tous les autres objets et services dont la fourniture est nécessitée par l'intérêt militaire. — Hors le cas de mobilisation, il ne pourra être fait réquisition que des prestations énumérées aux cinq premiers paragraphes du présent article. Les moyens d'attelage et de transport, bateaux et embarcations, dont il est question aux paragraphes 4 et 5, ne pourront également être requis chaque fois, hors le cas de mobilisation, que pour une durée maximum de vingt-quatre heures.

6. Les réquisitions relatives à l'emploi d'établissements industriels pour la fourniture de produits autres que ceux qui résultent de leur fabrication normale ne pourront être exercées que sur un ordre du ministre de la guerre ou d'un commandant d'armée ou de corps d'armée.

7. En cas d'urgence, sur l'ordre du ministre de la guerre ou de l'autorité militaire supérieure chargée de la défense de la place, il peut être pourvu, par voie de réquisition, à la formation des approvisionnements nécessaires à la subsistance des habitants des places de guerre.

TITRE III. — *Du logement et du cantonnement.*

8. Le logement des troupes, en station ou en marche, chez l'habitant, est l'installation, faute de casernement spécial, des hommes, des animaux et du matériel dans les parties des maisons, écuries, remises ou abris des particuliers reconnues, à la suite d'un recensement, comme pouvant être affectées à cet usage, et fixées en

(1) V. Décr. 2 août 1877, dans notre édition in-8o.

proportion des ressources de chaque particulier; les conditions d'installation afférentes aux militaires de chaque grade, aux animaux et au matériel, étant d'ailleurs déterminées par les règlements en vigueur. — Le cantonnement des troupes, en station ou en marche, est l'installation des hommes, des animaux et du matériel dans les maisons, établissements, écuries, bâtiments ou abris de toute nature appartenant soit aux particuliers, soit aux communes ou aux départements, soit à l'Etat, sans qu'il soit tenu compte des conditions d'installation attribuées, en ce qui concerne le logement défini ci-dessus, aux militaires de chaque grade, aux animaux et au matériel; mais en utilisant, dans la mesure du nécessaire, la contenance des locaux, sous la réserve toutefois que les propriétaires ou détenteurs conservent toujours le logement qui leur est indispensable.

9. Aux termes de l'art. 5 ci-dessus, et en cas d'insuffisance des bâtiments militaires destinés au logement des troupes dans les places de guerre ou les villes de garnison, il y est suppléé au moyen de maisons ou d'établissements loués par les municipalités, reconnus et acceptés par l'autorité militaire, ou au moyen du logement des officiers et des hommes de troupe chez l'habitant. Cette disposition est également applicable à la fourniture des magasins et des écuries. — Le logement est fourni de la même manière, à défaut de bâtiments militaires dans les villes, villages, hameaux et maisons isolées, aux troupes détachées ou cantonnées, ainsi qu'aux troupes de passage et aux militaires isolés.

10. Il sera fait par les municipalités un recensement de tous les logements, établissements et écuries, que les habitants peuvent fournir pour le logement ou le cantonnement des troupes, dans les circonstances spécifiées à l'art. 9. — Ce recensement sera communiqué à l'autorité militaire. — Il pourra être révisé en tout ou en partie dans les localités et aux époques fixées par le ministre de la guerre.

11. Dans tous les cas où les troupes devront être logées ou cantonnées chez l'habitant, l'autorité militaire informera les municipalités du jour de leur arrivée. — Les municipalités délivreront ensuite, sur la présentation des ordres de route, les billets de logement, en observant de réunir, autant que possible, dans le même quartier les hommes et les chevaux appartenant aux mêmes unités constituées, afin d'en faciliter le rassemblement.

12. Dans l'établissement du logement ou du cantonnement chez l'habitant, les municipalités ne feront aucune distinction de personnes, quelles que soient leurs fonctions ou qualités. — Seront néanmoins dispensés de fournir le logement dans leur domicile les détenteurs de caisses publiques déposées dans ledit domicile, les veuves et filles vivant seules et les communautés religieuses de femmes. Mais les uns et les autres sont tenus d'y suppléer en fournissant le logement en nature chez d'autres habitants, avec lesquels ils prendront des arrangements à cet effet; à défaut de quoi, il y sera pourvu à leurs frais par les soins de la municipalité. — Les officiers et les fonctionnaires militaires, dans leur garnison ou résidence, ne logeront pas les troupes dans le logement militaire qui leur sera fourni en nature, et lorsqu'ils seront logés en dehors des bâtiments militaires, ils ne seront tenus de fournir le logement aux troupes qu'autant que celui qu'ils occuperont excèdera la proportion affectée à leur grade ou à leur emploi. — Les officiers en garnison dans le lieu de leur habitation ordinaire seront tenus de fournir le logement dans leur domicile propre, comme les autres habitants.

13. Les municipalités veilleront à ce que la charge du logement ou du cantonnement soit répartie avec équité sur tous les habitants. — Les habitants ne seront jamais délogés de la chambre et du lit où ils ont l'habitude de coucher; ils ne pourront néanmoins, sous ce prétexte, se soustraire à la charge du logement selon leurs facultés. — Hors le cas de mobilisation, le maire ne pourra envahir le domicile des absents; il devra loger ailleurs à leurs frais. — Les établissements publics ou particuliers requis préalablement par l'autorité militaire, et effectivement utilisés par elle, ne seront pas compris dans la répartition du logement ou du cantonnement.

14. Les troupes seront responsables des dégâts et dommages occasionnés par elles dans leurs logements ou cantonnements. Les habitants qui auront à se plaindre, à cet égard, adresseront leurs réclamations, par l'intermédiaire de la municipalité, au commandant de la troupe, afin qu'il

y soit fait droit, si elles sont fondées. — Lesdites réclamations devront être adressées et les dégâts constatés, à peine de déchéance, avant le départ de la troupe, ou, en temps de paix, trois heures après, au plus tard ; un officier sera laissé, à cet effet, par le commandant de la troupe.

15. Le logement des troupes, en cas de passage, de rassemblement, de détachement ou de cantonnement, donnera droit à l'indemnité, conformément à l'art. 2 ci-dessus, sauf les exceptions suivantes : — 1o Le logement des troupes de passage chez l'habitant ou leur cantonnement pour une durée maximum de trois nuits dans chaque mois, ladite durée s'appliquant indistinctement au séjour d'un seul corps ou de corps différents chez les mêmes habitants ; 2o Le cantonnement des troupes qui manœuvrent ; — 3o Le logement chez l'habitant ou le cantonnement des troupes rassemblées dans les lieux de mobilisation et leurs dépendances pendant la période de mobilisation dont un décret fixe la durée.

16. En toutes circonstances, les troupes auront droit, chez l'habitant, au feu et à la chandelle.

17. Dans tous les cas où les troupes seront gratuitement logées chez l'habitant, ou cantonnées, le fumier provenant des animaux appartiendra à l'habitant. Dans tous les cas où le logement chez l'habitant et le cantonnement donneront droit à une indemnité, le fumier restera la propriété de l'Etat, et son prix pourra être déduit du montant de ladite indemnité, avec le consentement de l'habitant.

18. Un règlement d'administration publique fixera les détails d'exécution du logement des troupes en dehors des bâtiments militaires, notamment les conditions du logement attribué aux militaires de chaque grade. — Il déterminera en outre le prix de la journée de logement ou de cantonnement pour les hommes ou les animaux et le prix de la journée de fumier.

TITRE IV. — *De l'exécution des réquisitions.*

19. Toute réquisition doit être adressée à la commune ; elle est notifiée au maire. Toutefois, si aucun membre de la municipalité ne se trouve au siège de la commune, ou si une réquisition urgente est nécessaire sur un point éloigné du siège de la commune et qu'il soit impossible de la notifier régulièrement, la réquisition peut être adressée directement par l'autorité militaire aux habitants. — Les réquisitions exercées sur une commune ne doivent porter que sur les ressources qui y existent sans pouvoir les absorber complétement.

20. Le maire, assisté, sauf le cas de force majeure ou d'extrême urgence, de deux membres du conseil municipal appelés dans l'ordre du tableau, et de deux des habitants les plus imposés de la commune, répartit les prestations exigées entre les habitants et les contribuables, alors même que ceux-ci n'habitent pas la commune et n'y sont pas représentés. — Cette répartition est obligatoire pour tous ceux qui y sont compris. — Il est délivré par le maire, à chacun d'eux, un reçu des prestations fournies. — Le maire prendra les mesures nécessitées par les circonstances, pour que, dans le cas d'absence de tout habitant ou contribuable, la répartition, en ce qui le concerne, soit effective. — Au lieu de procéder par voie de répartition, le maire, assisté comme il est dit ci-dessus, peut, au compte de la commune, pourvoir directement à la fourniture et à la livraison des prestations requises ; les dépenses qu'entraîne cette opération sont imputées sur les ressources générales du budget municipal, sans qu'il soit besoin d'autorisation spéciale. — Dans les cas prévus par le premier paragraphe de l'art. 19, ou lorsque les prestations requises ne sont pas fournies dans les délais prescrits, l'autorité militaire fait d'office la répartition entre les habitants.

21. Dans le cas de refus de la municipalité, le maire, ou celui qui en fait fonctions, peut être condamné à une amende de 25 à 500 fr. — Si le fait provient du mauvais vouloir des habitants, le recouvrement des prestations est assuré, au besoin, par la force ; en outre, les habitants qui n'obtempèrent pas aux ordres de réquisitions, sont passibles d'une amende qui peut s'élever au double de la valeur de la prestation requise. — En temps de paix, quiconque abandonne le service pour lequel il est requis personnellement est passible d'une amende de 16 à 50 fr. — En temps de guerre, et par application des dispositions portées à l'art. 62 du Code de justice militaire, il est traduit devant le conseil de guerre et peut être condamné à la peine de l'emprisonnement de six jours à cinq ans,

dans les termes de l'art. 194 du même code.

22. Tout militaire qui, en matière de réquisitions, abuse des pouvoirs qui lui sont conférés, ou qui refuse de donner reçu des quantités fournies, est puni de la peine de l'emprisonnement, dans les termes de l'art. 194 du Code de justice militaire; tout militaire qui exerce des réquisitions sans avoir qualité pour le faire est puni, si ces réquisitions sont faites sans violence, conformément au cinquième paragraphe de l'art. 248 du Code de justice militaire. — Si ces réquisitions sont exercées avec violence, il est puni conformément à l'art. 250 du même code. — Le tout sans préjudice des restitutions auxquelles il peut être condamné.

23. Dans les eaux maritimes, les propriétaires, capitaines ou patrons de navires, bateaux et embarcations de toute nature sont tenus, sur réquisition, de mettre ces navires, bateaux ou embarcations à la disposition de l'autorité militaire, qui a le droit d'en disposer dans l'intérêt de son service et qui peut également requérir le personnel en tout ou en partie. — Ces réquisitions se font par l'intermédiaire de l'administration de la marine, sur les points du littoral où elle est représentée.

Titre V. — *Du règlement des indemnités.*

24. Lorsqu'il y a lieu, par application de l'art. 1er de la présente loi, de requérir des prestations pour les besoins de l'armée, le ministre de la guerre nomme, dans chaque département où peuvent être exercées des réquisitions, une commission chargée d'évaluer les indemnités dues aux personnes et aux communes qui ont fourni des prestations. — Un règlement d'administration publique déterminera la composition et le fonctionnement de cette commission, qui devra comprendre des membres civils et des membres militaires, en assurant la majorité à l'élément civil.

25. Le maire de chacune des communes où il a été exercé des réquisitions adresse, dans le plus bref délai, à la commission, avec une copie de l'ordre de réquisition, un état nominatif contenant l'indication de toutes les personnes qui ont fourni des prestations, avec la mention des quantités livrées, des prix réclamés par chacune d'elles et de la date des réquisitions. — L'autorité militaire fixe, sur la proposition de la commission, l'indemnité qui est allouée à chacun des intéressés.

26. Dans les trois jours de la proposition de la commission, les décisions de l'autorité militaire sont adressées au maire et notifiées administrativement par lui à chacun des intéressés ou à leur résidence habituelle, dans les vingt-quatre heures de la réception. — Dans un délai de quinze jours, à partir de cette notification, ceux-ci doivent faire connaître au maire s'ils acceptent ou refusent l'allocation qui leur est faite. — Faute par eux d'avoir fait connaître leur refus dans ce délai, les allocations sont considérées comme définitives. Le refus sera motivé et indiquera la somme réclamée. — Il est transmis par le maire au juge de paix du canton, qui en donne connaissance à l'autorité militaire et envoie de simples avertissements, sans frais, pour une date aussi prochaine que possible, à l'autorité militaire et au réclamant. — En cas de non-conciliation, il peut prononcer immédiatement ou ajourner les parties pour être jugées dans le plus bref délai. — Il statue en dernier ressort jusqu'à une valeur de deux cents francs (200 fr.) inclusivement, et en premier ressort jusqu'à quinze cents (1,500 fr.) inclusivement. Au-dessus de ce chiffre, l'affaire sera portée devant le tribunal de première instance. — Dans tous les cas, le jugement sera rendu comme en matière sommaire.

27. Après l'expiration du délai fixé par le deuxième paragraphe de l'article précédent, le maire dresse l'état des allocations devenues définitives par l'acceptation ou le silence des intéressés. — Le montant des allocations portées sur ce tableau est mandaté collectivement, au nom de la commune, par les soins de l'intendance. — Le montant doit être payé comptant. — En temps de guerre, le payement peut être fait en bons du Trésor, portant intérêt à 5 p. 100 du jour de la livraison.

28. Aussitôt après le payement du mandat ou l'échéance du bon du Trésor, le maire est tenu de mandater et le receveur municipal est tenu de payer à chaque indemnitaire la somme qui lui revient.

Titre VI. — *Des réquisitions relatives aux chemins de fer.*

29. Dans les cas prévus par l'art. 1er de la présente loi, les compagnies de chemins de fer sont tenues de mettre à la disposition du ministre de la

guerre toutes les ressources en personnel et matériel qu'il juge nécessaires pour assurer les transports militaires. Le personnel et le matériel ainsi requis peuvent être indifféremment employés sans distinction de réseau sur toutes les lignes dont il peut être utile de se servir, tant en deçà qu'au delà de la base d'opérations.

30. L'autorité militaire peut aussi se faire livrer par les compagnies, sur réquisition, et au prix de revient, le combustible, les matières grasses et autres objets qui seront nécessaires pour le service des chemins de fer en campagne.

31. Les dépendances des gares et de la voie, y compris les bureaux et fils télégraphiques des compagnies, qui peuvent être nécessaires à l'administration de la guerre, doivent également être mis, sur réquisition, à la disposition de l'autorité militaire. — Les réquisitions seront adressées par l'autorité militaire aux chefs de gare.

32. Les réquisitions prévues par les articles 29, 30 et 31 de la présente loi, sont exercées conformément aux articles 22 et suivants de la loi du 13 mars 1875, et donnent lieu à des indemnités qui seront déterminées par un règlement d'administration publique.

33. En temps de guerre, les transports commerciaux cessent de plein droit sur les lignes ferrées situées au-delà de la station de transition fixée sur la base d'opérations. — Cette suppression ne donne lieu à aucune indemnité.

34. Les communes ne peuvent comprendre dans la répartition des prestations qu'elles sont requises de fournir, aucun objet appartenant aux compagnies de chemin de fer.

TITRE VII. — *Des réquisitions de l'autorité maritime.*

35. Les dispositions de la présente loi sont applicables aux réquisitions exercées pour les besoins de l'armée de mer. — Un règlement d'administration publique déterminera les attributions de l'autorité maritime, en ce qui concerne le droit de requérir et les conditions d'exécution des réquisitions.

TITRE VIII. — *Dispositions relatives aux chevaux, mulets et voitures nécessaires à la mobilisation.*

36. L'autorité militaire a le droit d'acquérir, par voie de réquisition, pour compléter et pour entretenir l'armée au pied de guerre, des chevaux, juments, mules et mulets, et des voitures attelées.

37. Tous les ans, avant le 16 janvier, a lieu dans chaque commune, sur la déclaration obligatoire des propriétaires, et, au besoin, d'office, par les soins du maire, le recensement des chevaux, juments, mules et mulets, susceptibles d'être requis en raison de l'âge, qu'ils ont eu au 1er janvier, c'est-à-dire six ans et au-dessus pour les chevaux et juments, quatre ans et au-dessus pour les mulets et les mules. — L'âge se compte à partir du 1er janvier de l'année de la naissance. — Tous les trois ans, avant le 16 janvier, a lieu dans chaque commune, et de la même manière que ci-dessus, le recensement des voitures attelées de chevaux et de mulets, autres que celles qui sont exclusivement affectées au transport des personnes.

38. Chaque année, le ministre de la guerre peut faire procéder, du 16 janvier au 1er mars, ou du 15 mai au 15 juin, à l'inspection et au classement des chevaux, juments, mulets ou mules, recensés ou non, ayant l'âge fixé à l'article précédent. — La même opération peut être faite, aux mêmes époques, dans l'année du recensement pour les voitures attelées. — L'inspection et le classement ont lieu en temps de paix dans chaque commune, à l'endroit désigné à l'avance par l'autorité militaire, en présence du maire ou de son suppléant légal. — Il y est procédé par des commissions mixtes, désignées dans chaque région par le général commandant le corps d'armée, et composées chacune d'un officier président et ayant voix prépondérante en cas de partage, d'un membre civil choisi dans la commune, ayant voix délibérative, et d'un vétérinaire militaire ou d'un vétérinaire civil, ou, à défaut, d'une personne compétente désignée par le maire, ayant voix consultative. — Il ne sera pas alloué d'indemnité au membre civil de ladite commission.

39. Les animaux reconnus propres à l'un des services de l'armée sont classés suivant les catégories établies au budget pour les achats annuels de la remonte, les chevaux d'officiers formant dans chaque catégorie des chevaux de selle une classe à part.

40. Sont exemptés de la réquisition en cas de mobilisation, et ne sont pas portés sur la liste de classement par catégories : — 1° Les chevaux appartenant au chef de l'État ; — 2° Les chevaux dont les fonctionnaires sont tenus d'être pourvus pour leur service ; — 3° Les chevaux entiers approuvés ou autorisés pour la reproduction ; — 4° Les juments en état de

gestation constatée, ou suitées d'un poulain, ou notoirement reconnues comme consacrées à la reproduction; — 5° Les chevaux et juments n'ayant pas atteint l'âge de six ans, les mulets et mules au-dessous de quatre ans; — 6° Les chevaux de l'administration des postes, ou ceux qu'elle entretient pour son service par des contrats particuliers; — 7° Les chevaux indispensables pour assurer le service des administrations publiques et ceux affectés aux transports de matériel necessités par l'exploitation des chemins de fer. Ces derniers peuvent toutefois être requis au même titre que les voies ferrées elles-mêmes, conformément aux dispositions de l'art. 29 de la présente loi.

41. Les voitures recensées sont présentées tout attelées aux commissions mixtes qui arrêtent leur classement, ainsi que celui des harnais. A l'issue de ce classement, il est procédé, en présence de la commission, à un tirage au sort qui règle l'ordre d'appel des voitures en cas de mobilisation.

42. Sont exemptées de la réquisition, en cas de mobilisation, et ne sont pas portées sur la liste de classement par catégorie les voitures indispensables pour assurer le service des administrations publiques et celles affectées aux transports de matériel nécessités par l'exploitation des chemins de fer. Ces dernières peuvent, toutefois, être requises au même titre que les voies ferrées elles-mêmes, conformément aux dispositions de l'article 29 de la présente loi.

43. Un tableau certifié par le président de la commission mixte et par le maire, indiquant pour chaque commune le signalement des animaux classés ainsi que le nom de leurs propriétaires, est adressé au bureau de recrutement du ressort. — Un double de ce tableau reste déposé à la mairie jusqu'au classement suivant. — Il est dressé de la même manière un tableau de classement des voitures en double expédition: les numéros de tirage y sont inscrits.

44. Le contingent des animaux à fournir en cas de mobilisation, dans chaque région, pour compléter et entretenir au pied de guerre les troupes qui y sont stationnées, est fixé par le ministre de la guerre, d'après les ressources constatées au classement pour chaque catégorie. — Ce contingent est réparti, dans la région, par l'autorité militaire, de manière à égaliser les charges provenant des réquisitions prévues pour les besoins successifs de l'armée. Toutefois, cette répartition n'est notifiée qu'en cas de mobilisation. — L'insuffisance des ressources dans un corps d'armée sera compensée, sur l'ordre du ministre de la guerre, par l'excédant d'un autre corps d'armée. — Les mêmes dispositions sont applicables aux voitures attelées.

45. Dès la réception de l'ordre de mobilisation, le maire est tenu de prévenir les propriétaires que: 1° tous les animaux classés présents dans la commune; 2° tous ceux qui y ont été introduits depuis le dernier classement, et qui ne sont pas compris dans les cas d'exemption prévus par l'art. 40; 3° tous ceux qui ont atteint l'âge légal depuis le dernier classement; 4° tous ceux enfin qui, pour un motif quelconque, n'auraient pas été déclarés au recensement ni présentés au dernier classement, bien qu'ils eussent l'âge légal, doivent être conduits, aux jour et heure fixés pour chaque canton, au point indiqué par l'autorité militaire. — Le maire prévient également les propriétaires des voitures, d'après les numéros de tirage portés sur le dernier état de classement, suivant la demande de l'autorité militaire, d'avoir à les conduire tout attelées au même point de rassemblement. — Les animaux doivent avoir leur ferrure en bon état, un bridon et un licol pourvu d'une longe.

46. Des commissions mixtes, désignées par l'autorité militaire, procèdent, audit point, à la réception, par canton, des animaux amenés, et opèrent le classement non encore fait de ceux qui se trouvent compris dans les cas spéciaux indiqués à l'article précédent. — Si le nombre des animaux présentés à la commission est supérieur au chiffre à requérir dans la catégorie, il est procédé à un tirage au sort pour déterminer l'ordre dans lequel ils seront appelés.

47. Le propriétaire d'un animal compris dans le contingent a le droit de présenter à la commission de remonte et de faire inscrire à sa place un autre animal non compris dans le contingent, mais appartenant à la même catégorie et à la même classe dans la catégorie.

48. Après avoir statué sur tous les cas de réforme, de remplacement ou d'ajournement demandé pour cause de maladie, la commission de réception, en présence des maires ou de leurs suppléants légaux, prononce la réquisition des animaux nécessaires pour la mobilisation. — Elle procède également à la réception des voitures attelées. — Elle fixe le prix des voitures

et des harnais d'après les prix courants du pays. — Les animaux qui attellent les voitures admises entrent en déduction du contingent requis en vertu du présent article et sont payés conformément à l'art. 49 ci-après.

49. Les prix des animaux requis sont déterminés à l'avance et fixés d'une manière absolue, pour chaque catégorie, aux chiffres portés au budget de l'année, augmentés du quart, pour les chevaux de selle et pour les chevaux d'attelage d'artillerie. — Toutefois, cette augmentation n'est pas applicable aux chevaux entiers.

50. Les propriétaires des animaux, voitures ou harnais requis reçoivent sans délai des mandats en représentant le prix et payables à la caisse du receveur des finances le plus à proximité.

51. Les propriésaires qui, aux termes de l'art. 45, n'auront pas conduit eurs animaux classés ou susceptibles de l'être, leurs voitures attelées désignées par l'autorité militaire, au lieu indiqué pour la réquisition, sans motifs légitimes admis par la commission de réception, sont déférés aux tribunaux et, en cas de condamnation, frappés d'une amende égale à la moitié du prix d'achat fixé pour la catégorie à laquelle appartiennent les animaux, ou à la moitié du prix moyen d'acquisition des voitures ou harnais dans la région. — Néanmoins, la saisie et la réquisition pourront être exécutées immédiatement, et sans attendre le jugement, à la diligence du président de la commission de réception ou de l'autorité militaire.

52. Les maires ou les propriétaires de chevaux, juments, mulets ou mules, de voitures ou de harnais, qui ne se conforment pas aux dispositions du titre VIII de la présente loi, sont passibles d'une amende de 25 à 1,000 fr. Ceux qui auront fait sciemment de fausses déclarations seront frappés d'une amende de 50 à 2,000 francs.

53. Lorsque l'armée sera replacée sur le pied de paix, les anciens propriétaires des animaux requis pourront les réclamer, sauf restitution du prix intégral de payement et sous réserve de les rechercher eux-mêmes dans les rangs de l'armée, et d'aller les prendre à leurs frais, au lieu de garnison des corps ou de l'officier détenteur.

Titre IX. — *Dispositions spéciales aux grandes manœuvres.*

54. Les indemnités qui peuvent être allouées en cas de dommages causés aux propriétés privées par le passage ou le stationnement des troupes dans les marches, manœuvres et opérations d'ensemble, prévues à l'art. 28 de la loi du 24 juillet 1873, doivent, à peine de déchéance, être réclamées par les ayants-droit, à la mairie de la commune, dans les trois jours qui suivront le passage ou le départ des troupes. — Une commission attachée à chaque corps d'armée ou fraction de corps d'armée opérant isolément, procède à l'évaluation des dommages. Si cette évaluation est acceptée, le montant de la somme fixée est payé sur-le-champ.

En cas de désaccord, la contestation sera introduite et jugée comme il a été dit à l'art. 26. — Un règlement d'administration publique déterminera la composition et le mode de fonctionnement de la commission.

Dispositions générales.

55. Tous les avertissements et autres actes qu'il sera nécessaire de signifier à l'autorité militaire, pour l'exécution de la présente loi, le seront à la mairie du chef-lieu de canton.

56. Sont abrogées toutes les dispositions antérieures relatives aux réquisitions militaires, et notamment : — Le titre V de la loi du 10 juillet 1791, et les lois des 26 avril, 23 mai, 2 septembre et 13 décembre 1792, 19 brumaire an III, 28 juin 1815 ; les décrets des 11, 22 et 28 novembre 1870, et la loi du 1er août 1874.

LOI

Relative à l'organisation des services hospitaliers de l'armée dans les hôpitaux militaires et dans les hospices civils.

(7 juillet 1877 (1).

DÉCRET

Relatif à la création de timbres mobiles pour les effets de commerce et warrants.

(8 septembre 1877) (2).

Art. 1er. Il est créé des timbres mobiles : — Pour les effets au-dessus de

(1) J. Off. 11 juillet 1877. — V. Décr. 1er août 1879.

(2) V. LL. 5 juin 1850, 28 mai 1858, 23 août 1871, 19 février 1874 ; — LL. 11 juin 1859. (art. 19), 2 juillet 1862 (art. 25), 27 juill. 1870 (art. 6) ; — Décr. 19 février 1874.

10,000 fr. jusqu'à 11,000 fr. ; — Pour ceux au-dessus de 11,000 fr, jusqu'à 12,000 fr. ; — Pour ceux au-dessus de 12,000 fr. jusqu'à 13,000 fr. ; — Pour ceux au-dessus de 13,000 fr. jusqu'à 14,000 fr. ; — Pour ceux au-dessus de 14,000 fr. jusqu'à 15,000 fr. ; — Pour ceux au-dessus de 15,000 fr. jusqu'à 16,000 fr. ; — Pour ceux au-dessus de 16,000 fr. jusqu'à 17,000 fr. ; — Pour ceux au-dessus de 17,000 fr. jusqu'à 18,000 fr. ; — Pour ceux au-dessus de 18,000 fr. jusqu'à 19,000 fr. ; — Pour ceux au-dessus de 19,000 fr. jusqu'à 20,000 fr. — La quotité des droits fixés par les lois en vigueur et afférents à chaque catégorie sera indiquée sur ces timbres qui seront conformes au modèle annexé au décret du 19 février 1874. — Le payement des droits de timbre des effets négociables et des warrants pourra être constaté au moyen de l'apposition de plusieurs timbres mobiles même sur les effets d'une valeur supérieure à 20,000 francs pour lesquels il n'est pas créé de timbres spéciaux.

2. Les dispositions du paragraphe final de l'art. 1er et celles des art. 3, 4 et 5, et du premier paragraphe de l'art. 6 du décret du 19 février 1874 sont appplicables aux timbres mobiles créés par le présent décret.

DÉCRET

Relatif aux conditions de la retraite des employés de l'administration centrale du ministère des travaux publics.

(11 octobre 1877)

Art. 1er. Sont nécessairement admis à faire valoir leurs droits à la retraite : — Les expéditionnaires, rédacteurs et sous-chefs de bureau âgés de soixans ans ; — Les chefs de bureau âgés de soixante-deux ans ; — Les chefs de division âgés de soixante-six ans.

2. Les dispositions qui précèdent ne seront applicables aux chefs et employés nommés antérieurement au présent décret, que lorsqu'ils rempliront les conditions nécessaires pour obtenir une pension de retraite.

DÉCRET

Relatif aux oppositions et significations d'actes concernant les cautionnements des chanceliers diplomatiques et consulaires et vice-consuls.

(13 décembre 1877).

Art. unique. Les oppositions et signications d'actes de toute nature, concernant les cautionnements des chanceliers diplomatiques et consulaires et des vices-consuls, seront exclusivement formées entre les mains du conservateur des oppositions au ministère des finances.

1878

DÉCRET

Supprimant les fonctions d'administrateur et de vérificateur général près l'administration des forêts, et créant un corps d'inspecteurs généraux dans ladite administration.

(12 janvier 1878)

Art. 1er. Sont supprimées les fonctions d'administrateur et de vérificateur général près l'administration des forêts.

2. Il est créé un corps d'inspecteurs généraux, qui sera recruté exclusivement parmi les conservateurs et les chefs de bureau de l'administration des forêts.

3. Les inspecteurs généraux seront au nombre de six, dont deux de première classe au traitement de 15,000 francs, et quatre de seconde classe au tement de 12,000 fr.

4. Les inspecteurs généraux composeront le conseil d'administration. Pour le surplus de leurs attributions, elles seront déterminées par un règlement ministériel.

DÉCRET

Relatif aux ventes en gros de denrées alimentaires dans la ville de Paris.

(23 janvier 1878) (1)

---

(1) *J. off.* 26 janv. 1878. — *V.* le texte dans notre édition in-8o.

LOI

Ayant pour objet la prorogation du droit de limiter ou de suspendre la fabrication des pièces de cinq francs en argent.

(31 janvier 1878)

Art. unique. Les effets de la loi du 5 août 1876, relative à la fabrication des pièces de cinq francs en argent, sont prorogés jusqu'au 31 mars 1879.

DÉCRET

Relatif à la fabrication des pièces de 5 francs en argent pour le compte des particuliers.

(31 janvier 1878) (1)

Art. 1er. Le décret du 6 août 1876 qui suspend l'admission aux bureaux du change des monnaies de Paris et de Bordeaux des lingots, espèces ou matières destinés à la fabrication des pièces de 5 francs en argent pour le compte des particuliers, continuera d'avoir son effet jusqu'à ce qu'il en soit autrement ordonné.

LOI

Relative au colportage.

(9 mars 1878) (2)

Art. 1er. Les dispositions des articles 1er de la loi du 16 février 1834 et 6 de la loi du 27 juillet 1849, concernant le colportage, ne s'appliquent pas à la presse périodique. — Les journaux peuvent être librement colportés et distribués par toute personne moyennant une simple déclaration avec indication de domicile faite soit à l'administration municipale du lieu, soit à la sous-préfecture; dans ce dernier cas, la déclaration produira son effet pour toutes les communes de l'arrondissement. — La déclaration est constatée par un recépissé qui doit être représenté à toute réquisition des agents de l'autorité. — Les déclarants devront attester qu'ils sont Français et qu'ils n'ont pas été privés de leurs droits civils ou politiques.

2. L'exercice de la profession de colporteur et distributeur de journaux, sans déclaration préalable, sera puni, par le tribunal de simple police, d'une amende de cinq à quinze francs (5 à 15 fr.) et pourra l'être, en outre, d'un emprisonnement de un à cinq jours. — La peine de l'emprisonnement sera nécessairement prononcée, en cas de récidive, dans les termes de l'article 483 du code pénal. — L'article 463 du même code est toujours applicable.

3. Si la déclaration est fausse, elle sera punie des peines portées par l'article 2.

(1) V. LL. 5 août 1876 et 31 janv. 1878.
(2) Abrogée par L. 17 juin 1880.

LOI

Relative à la taxe télégraphique.

(21 mars 1878) (3)

Art. 1er. La taxe télégraphique, pour tout le territoire de la République, est fixée comme suit : Quelle que soit la destination, il sera perçu cinq centimes (0 fr. 05) par mot, sans que le prix de la dépêche puisse être moindre de cinquante centimes (0 fr. 50). — Cette disposition recevra son exécution au plus tard quatre mois après la promulgation de la présente loi.

2. Les taxes sous-marine, sémaphorique et urbaine, et généralement les taxes accessoires, ainsi que les mesures propres à mettre les règles du service télégraphique intérieur en harmonie avec celles du service international, pourront être fixées par décrets; néanmoins, celles de ces dispositions qui pourront affecter les recettes de l'Etat devront être soumises à l'approbation des Chambres dans la prochaine loi de finances.

3. Un crédit de trois millions trois cent neuf mille huit cent dix francs (3,309,810 francs) est ouvert au ministre de l'intérieur, sur l'exercice 1878, en addition à ceux ouverts ou à ouvrir par les lois de finances. — Il sera ainsi réparti :

Chap. VII. — Personnel des lignes télégraphiques...........	940.810
Chap. VIII. — Matériel et travaux neufs des lignes télégraphiques...........	2.369.000
Total............	3.309.810

Il sera pourvu à ces dépenses au moyen des ressources générales du budget de 1878.

4. Un règlement d'administration publique désignera les fonctionnaires ayant droit à la franchise télégraphique, et déterminera les conditions dans lesquelles ils jouiront de cette franchise.

---

(3) V. Décr. 25 janv. 1879; Décr. 16 avril 1881.

LOI

Concernant la composition du conseil de préfecture de la Seine.

(23 mars 1878)

Art. unique. Le nombre des membres du conseil de préfecture de la Seine est porté à neuf, y compris le président.

LOI

Portant fixation du budget des recettes de l'exercice 1878.

(26 mars 1878) (1)

TITRE. Ier.

§ 1er. — Impôts et revenus autorisés.

Art. 1er. Seront supprimés, à partir de la promulgation de la présente loi, les droits établis sur les savons par les articles 7 et 8 de la loi du 30 décembre 1873.

2. Sera supprimée, à partir du 1er juillet 1878, la taxe de 5 p. 100, établie par l'article 4 de la loi du 21 mars 1874, et portant sur le prix payé aux compagnies de chemins de fer pour le transport, le chargement et le déchargement effectués par les compagnies, et pour les frais de gare et de transmission entre deux réseaux, des marchandises et objets de toute nature expédiés aux conditions des tarifs de la petite vitesse.

3. Les compagnies de chemins de fer et autres entreprises de transports par terre et par eau sont tenues de communiquer aux agents des contributions indirectes, tant au siége de l'exploitation que dans les gares, stations, dépôts et succursales, les registres et documents de toute nature concernant le transport d'objets soumis à l'impôt. — Tout refus de communication sera constaté par procès-verbal et puni des amendes édictées par l'article 122 de la loi du 25 mars 1817 relative aux voitures publiques.

. . . .

6. Dans le délai d'une année à partir de la promulgation de la présente loi, les donations contenant partage, faites entre vifs, conformément aux articles 1075 et 1076 du code civil, avant la promulgation de la loi du 21 juin 1875 et qui n'ont pas encore été transcrites, seront admises à recevoir cette formalité moyennant le payement du droit proportionnel de 50 centimes par 100 francs.

(1) *J. off.* 27 mars 1878.

LOI

Relative aux délits et contraventions commis par la voie de la parole, de la presse ou par tout autre moyen de publication.

(2 avril 1878)

Art. 1er. Amnistie est accordée pour tous délits et contraventions prévus par la loi du 17 mai 1819 et les lois subséquentes sur la presse, ainsi que pour toutes infractions à la loi du 6 juin 1868 sur les réunions publiques, jusqu'au 1er janvier 1878.

2. Les délits d'outrage aux bonnes mœurs, et de diffamation, sont exceptés du bénéfice de la présente loi.

3. Les amendes acquittées par suite de condamnations prononcées en vertu de l'article 1er, pour des faits qui se seraient produits pendant l'exercice 1877 (1er janvier au 31 décembre 1877), seront restituées. Elles devront, à peine de déchéance, être réclamées dans les six mois à partir de la promulgation de la présente loi.

LOI

Relative à l'état de siége.

(3 avril 1878)

Art. 1er L'état de siége ne peut être déclaré qu'en cas de péril imminent, résultant d'une guerre étrangère ou d'une insurrection à main armée. — Une loi peut seule déclarer l'état de siége ; cette loi désigne les communes, les arrondissements ou départements auxquels il s'applique. Elle fixe le temps de sa durée. A l'expiration de ce temps, l'état de siége cesse de plein droit, à moins qu'une loi nouvelle n'en prolonge les effets.

2. En cas d'ajournement des Chambres, le Président de la République peut déclarer l'état de siége, de l'avis du conseil des ministres, mais alors les Chambres se réunissent de plein droit, deux jours après.

3. En cas de dissolution de la Chambre des députés, et jusqu'à l'accomplissement entier des opérations électorales, l'état de siége ne pourra, même provisoirement, être déclaré par le Président de la République. —

Néanmoins, s'il y avait guerre étrangère, le Président, de l'avis du conseil des ministres, pourrait déclarer l'état de siége dans les territoires menacés par l'ennemi, à la condition de convoquer les colléges électoraux et de réunir les Chambres dans le plus bref délai possible.

4. Dans le cas où les communications seraient interrompues avec l'Algérie, le gouverneur pourra déclarer tout ou partie de l'Algérie en état de siége, dans les conditions de la présente loi.

5. Dans les cas prévus par les articles 2 et 3, les Chambres, dès qu'elles sont réunies, maintiennent ou lèvent l'état de siége. En cas de dissentiment entre elles, l'état de siége est levé de plein droit.

6. Les articles 4 et 5 de la loi du 9 août 1849 sont maintenus ainsi que les dispositions de ses autres articles non contraires à la présente loi.

LOI

Relative à une réforme postale.

(6 avril 1878)

TITRE Ier.

ART. 1er. La taxe des lettres affranchies est fixée à quinze centimes (0 fr. 15) par 15 grammes ou fraction de 15 grammes. — La taxe des lettres non affranchies est fixée à trente centimes (0 fr. 30) par 15 grammes ou fraction de 15 grammes.

2. La taxe des cartes postales est fixée à dix centimes (0 fr. 10).

TITRE II.

3. La taxe des journaux, recueils, annales, mémoires et bulletins périodiques, paraissant au moins une fois par trimestre et traitant de matières politiques ou non politiques, est, par exemplaire, de deux centimes (0 fr. 02) jusqu'à 25 grammes. — Au-dessus de 25 grammes, le port est augmenté de un centime (0 fr. 01) par 25 grammes ou fraction de 25 grammes.

4. Les journaux et écrits périodiques désignés en l'article précédent et publiés dans les départements de la Seine et de Seine-et-Oise, ne payent que la moitié du prix fixé par l'art. 3, quand ils circulent dans l'intérieur du département où ils sont publiés. — Les journaux publiés dans les autres départements paient également la moitié du prix fixé par l'article 3, quand ils circulent dans le département où ils sont publiés ou dans les départements limitrophes; mais leur poids peut s'élever à 50 grammes, sans qu'ils paient plus de un centime (0 fr. 01). Au-dessus de 50 grammes, la taxe supplémentaire est de un demi-centime (0 fr. 005) par 25 grammes ou fraction de 25 grammes. — La perception de la taxe se fait en numéraire pour les journaux expédiés en nombre, et le centime entier n'est dû que pour la fraction de centime du port total.

5. Sont exempts de droits de poste, à raison de leur parcours sur le territoire de la métropole ou sur le territoire colonial, les suppléments des journaux, lorsque la moitié au moins de leur superficie est consacrée à la reproduction des débats des Chambres, des exposés des motifs des projets de lois, des rapports de commissions, des actes et documents officiels, et des cours, officiels ou non, des halles, bourses et marchés. Pour jouir de l'exemption sus-énoncée, les suppléments devront être publiés sur feuilles détachées du journal. — Ces suppléments ne pourront dépasser, en dimensions et en étendue, la partie du journal soumise à la taxe.

6. Le port : 1° des circulaires, prospectus, avis divers et prix courants, livres, gravures, lithographies, en feuilles, brochés ou reliés; — 2° Des avis imprimés ou lithographiés de naissance, mariage ou décès, des cartes de visite, des circulaires électorales ou bulletins de vote; — 3° Et généralement de tous les imprimés expédiés sous bandes, autres que les journaux et ouvrages périodiques; — Est fixé ainsi qu'il suit par chaque paquet portant une adresse particulière : Un centime (0 fr. 01) par 5 grammes jusqu'à 20 grammes, cinq centimes (0 fr. 05) au-dessus de 20 grammes jusqu'à 50 grammes; — Au-dessus de 50 grammes, cinq centimes (0 fr. 05) par 50 grammes ou fraction de 50 grammes excédant; — Les bandes doivent être mobiles et ne pas dépasser un tiers de la surface des objets qu'elles recouvrent. — Dans le cas contraire, la taxe fixée par l'article suivant est appliquée.

7. Les objets désignés en l'article précédent peuvent être expédiés sous forme de lettres ou sous enveloppes ouvertes, de manière qu'ils soient facilement vérifiés. Dans ce cas, le port est, pour chaque paquet portant une adresse particulière, de cinq centimes (0 fr. 05) par 50 grammes ou fraction de 50 grammes.

8. Les journaux, recueils, annales, mémoires et bulletins périodiques, ainsi que tous les imprimés, sont exceptés de la prohibition établie par l'art. 1er de l'arrêté du 27 prairial an IX, quel que soit leur poids, mais à la condition d'être expédiés soit sous bandes mobiles ou sous enveloppes ouvertes, soit en paquets non cachetés et faciles à vérifier.

TITRE III.

9. Le droit à payer pour l'expédition des valeurs envoyée par lettres est abaissé de vingt à dix centimes (0 fr. 10) par 100 francs ou fraction de 100 francs déclarés; — La taxe des avis de réception des valeurs déclarées et des lettres ou autres objets recommandés est également abaissée de vingt à dix centimes (0 fr. 10).

TITRE IV.

10. Les dispositions des articles qui précèdent ne sont applicables qu'aux lettres, imprimés confiés à la poste, nés et distribuables en France et en Algérie. — La date de l'exécution ne pourra être retardée de plus de deux mois après la promulgation de la présente loi; elle sera fixée par décret. A partir de la même date, seront abrogées toutes les dispositions des lois postales antérieures contraires à la présente loi.

DÉCRET

Réglant les traitements des fonctionnaires et employés de l'administration académique en résidence dans le département de la Seine.

(16 avril 1878) (1)

DÉCRET

Relatif à la délivrance de récépissé des télégrammes.

(16 avril 1878) (2)

ART. 1er. Il n'est délivré de récépissé d'un télégramme déposé que sur la demande de l'expéditeur et contre le payement de la taxe de dix centimes édictée par l'art. 18 de la loi du 23 août 1871.

2. Les seuls télégrammes dont la remise aux destinataires reste subordonnée à la délivrance d'un reçu, sont les télégrammes internationaux et les télégrammes intérieurs, dits spéciaux.

3. Les télégrammes collationnés ou recommandés pourront seuls à l'avenir donner lieu à remboursement dans les conditions prévues par l'article 31 du décret du 8 mai 1867.

(1) *J. off.* 17 avril 1878. — V. le texte dans notre édition in-8o.

(2) Abrogé par Décr. 16 avril 1881.

DÉCRET

Relatif à la présentation pour vérification, aux bureaux d'octroi, du pétrole et de ses dérivés, des huiles, essences, etc.

(23 avril 1878)

ART. 1er. Le pétrole et ses dérivés; — Les huiles de schiste et de goudron; — Les essences et autres hydrocarbures liquides pour l'éclairage et le chauffage, la fabrication des couleurs et vernis, le dégraissage des étoffes ou tout autre emploi; — L'éther et le sulfure de carbone ne peuvent être présentés qu'à la clarté du jour, aux bureaux d'octroi, pour la vérification soit à l'entrée, soit à la sortie. En conséquence, toute vérification pendant la nuit est absolument interdite. — Il est également interdit d'approcher des chargements de quelqu'une des matières indiquées ci-dessus, du feu, de la lumière ou des allumettes.

. . . .

DÉCRET

Modifiant la nomenclature des établissements dangereux, insalubres et incommodes.

(7 mai 1878) (3)

DÉCRET

Instituant les directeurs départementaux des postes et télégraphes ordonnateurs secondaires du ministère des finances.

(13 mai 1878) (4)

---

(3) *J. off.* 9 mai 1878. — V. Décr. 31 déc. 1866; et Décr. 31 janv. 1872; (Bull. 12e sér. no 884; 22 avril 1879; 26 févr. 1881).

(4) *J. off.* 16 mai 1878. L'art. 2 de ce décret est rapporté par Décr. 15 oct. 1880, art. 1er.

DÉCRET

Portant augmentation du traitement des maîtres élémentaires de l'enseignement spécial.

(25 mai 1878)

ART. 1er. Le traitement des maîtres élémentaires de l'enseignement spécial est augmenté de 300 fr. et fixé ainsi qu'il suit :

Lycées de Paris et de Versailles :

Classe unique....... 1.700 fr.

Lycées des départements :

1re classe.......... 1.500 fr.
2e classe........... 1.300 fr.

. . . .

LOI

Sur la construction des maisons d'école.

(1er juin 1878)

TITRE 1er. — *Des ressources affectées à la construction des bâtiments scolaires.*

ART. 1er. Une somme de soixante millions de francs (60,000,000 fr.) payable en cinq annuités à partir de 1878, est mise à la disposition du ministre de l'instruction publique, des cultes et des beaux-arts, pour être répartie, à titre de subvention, entre les communes, en vue de l'amélioration ou de la construction de leurs bâtiments scolaires et de l'acquisition des mobiliers scolaires. — Une autre somme de soixante millions de francs (60,000,000 fr.), également payable en cinq annuités, à partir de la même époque, est mise, à titre d'avance, à la disposition des communes dûment autorisées à emprunter pour le même objet.

2. Les allocations consenties par le ministre sont indépendantes de celles qui peuvent être accordées aux communes par le conseil général sur les fonds du département. — La quotité de ces dernières doit être fixée au moment où le conseil général est appelé à donner son avis sur les demandes de secours présentées par les communes.

3. Les communes qui auront préalablement consenti les sacrifices que comporte leur situation financière, et qui ne seront pas en mesure de couvrir la totalité de la dépense, seront seules admises à la subvention de l'État. Elles devront adresser leurs demandes au préfet, qui les instruira conformément aux lois et règlements existants, et les transmettra ensuite au ministre de l'instruction publique, en y joignant les plans et devis des constructions projetées.

4. Lorsque ces plans et devis auront été approuvés par le ministre de l'instruction publique, un arrêté ministériel déterminera la quotité et les époques d'exigibilité de la subvention, en tenant compte, pour ces évaluations, de la situation financière de la commune et de l'étendue des sacrifices qu'elle aura consentis.

5. Les subventions allouées aux communes ne leur sont définitivement acquises que sous les conditions ci-après : — 1o Production d'un certificat, dont la forme sera déterminée par le ministre de l'instruction publique, et qui devra lui être également transmis, établissant que la commune a déjà fait emploi de ses propres ressources pour les bâtiments scolaires, et que les travaux exécutés sont conformes aux plans et devis approuvés comme il vient d'être dit; — 2o Mise à exécution des travaux dans un laps de temps qui ne pourra excéder deux ans. — Si, à l'expiration de ce délai, la commune n'a pas rempli les conditions ci-dessus, la subvention sera considérée comme non avenue. — Dans le cas où le projet sera ultérieurement repris, le ministre de l'instruction publique devra statuer à nouveau.

6. Toutes les communes admises ou non à profiter de la subvention de l'Etat et du département, peuvent être appelées à participer à l'avance de 60 millions indiquée au deuxième paragraphe de l'art. 1er. — Les plans et devis de constructions projetées doivent, dans les deux cas, être soumis à l'approbation du ministre de l'instruction publique. — Lorsque ces demandes d'emprunt auront été reconnues admissibles, les emprunts ne pourront avoir lieu que s'ils sont autorisés par une loi, un décret ou un arrêté péfectoral, suivant le cas, conformément aux lois en vigueur.

TITRE II. — *De la caisse pour la construction des écoles.*

7. Il est créé, sous la garantie de l'État, une caisse spéciale chargée de délivrer aux communes les subventions qui leur auront été accordées conformément aux art. 1er, 3, 4 et 5, et de leur faire les avances prévues

aux art. 1er et 6. Cette caisse, qui prendra le nom de caisse pour la construction des écoles, est administrée par la caisse des dépôts et consignations.

8. La caisse pour la construction des écoles pourvoira au payement des subventions et avances ci-dessus stipulées, soit avec des fonds qui seront mis à sa disposition par le Trésor, moyennant un intérêt de trois pour cent (3 p. 100), réglé annuellement, soit avec le produit de la négociation de titres créés et émis dans les conditions du dernier paragraphe de l'art. 8 de la loi du 11 juillet 1868 sur les chemins vicinaux. (*Abrogé par L. 3 juill.* 1880, *art.* 11.)

9. Les subventions payées aux communes par la caisse pour la construction des écoles lui seront remboursées, en capital et intérêts, au moyen de quinze annuités de cinq millions de francs (5,000,000 fr.) chacune, à inscrire au budget du ministère de l'instruction publique, à partir de l'exercice 1878. — Cette dotation sera ordonnancée au profit de la la caisse et payée par le Trésor, dans les trois premiers mois de chaque année. — Les crédits nécessaires seront ouverts chaque année par la loi de finances. — En cas d'insuffisance du fonds de dotation et des ressources propres à la caisse, il lui sera tenu compte par le Trésor, tant de ses dépenses complémentaires d'intérêt et d'amortissement que de ses divers frais de gestion. (*Abrogé par L. 3 juill.* 1880, *art.* 12.)

10. Les avances aux communes seront faites pour trente et un ans au plus. Elles seront remboursées à la caisse pour la construction des écoles au moyen du versement semestriel d'une somme de deux francs cinquante centimes (2 fr. 50) par chaque cent francs empruntés. — Ce versement, continué pendant soixante-deux semestres, libérera la commune en intérêts et amortissement. — Des termes de remboursement plus courts pourront être stipulés; dans ce cas, les versements semestriels devront être calculés de manière à tenir compte à la caisse, en outre de l'amortissement, d'un intérêt fixé à (3 p. 100) trois pour cent l'an. (*Abrogé par L. 3 juill.* 1880, *art.* 13.)

11. Il sera passé, entre la caisse pour la construction des écoles et les communes dûment autorisées à contracter des emprunts, des traités particuliers relatant la quotité et les termes d'exigibilité des avances consenties par la caisse, ainsi que les conditions de remboursement de ces avances.

12. Les fonds prêtés à la caisse spéciale par le Trésor ou réalisés au moyen d'obligations, conformément à l'art. 8, seront remboursés aux ayants-droit, savoir : — En ce qui concerne les subventions, au moyen des ressources de la dotation stipulée en faveur de la caisse par l'art. 9, et dans un délai de quinze ans au plus tard ; — En ce qui concerne les fonds employés en avances, au moyen des remboursements en capital opérés par les communes et dans les conditions de temps de ces remboursements, conformément à l'art. 10.

13. Chaque année, les ministres de l'instruction publique, de l'intérieur et des finances, rendront compte au président de la République de la distribution des subventions et des avances, de la marche des travaux et des opérations de la caisse pour la construction des écoles, par un rapport qui sera distribué au Sénat et à la Chambre des députés au commencement de leur session ordinaire.

TITRE III. — *De l'obligation de construire des maisons d'école.*

14. Lorsque la création d'une école dans une commune aura été décidée par l'autorité compétente, conformément aux prescriptions des lois des 15 mars 1850 et 10 avril 1867, les frais d'installation, d'acquisition, d'appropriation et de construction des locaux scolaires et d'acquisition du mobilier scolaire constitueront pour la commune une dépense obligatoire. — La même prescription est applicable aux bâtiments scolaires destinés à deux ou plusieurs communes réunies. — Pour ce dernier cas, le mode de fixation de la part contributive de chaque commune dans la dépense sera déterminé par un règlement spécial.

15. A défaut d'un vote du conseil municipal, ou sur son refus, il est pourvu d'office, par un arrêté préfectoral, et après avis conforme du conseil général, au payement des frais dont il s'agit, soit par un prélèvement sur les ressources disponibles de la commune, soit par des subventions du département ou de l'Etat, soit enfin par un emprunt contracté à la caisse spéciale. — Lorsque cet emprunt aura été jugé nécessaire par le préfet et par le conseil général, le maire ou, sur son refus, un délégué spécial nommé en exécution de l'art. 15 de la loi du 18 juillet 1837, em-

pruntera à ladite caisse, après y avoir été autorisé, la somme nécessaire. — Il sera alors pourvu au remboursement de l'emprunt au moyen d'une imposition spéciale établie par un décret.

LOI

Relative au cumul de la solde militaire avec les traitements ou les pensions de retraite pour les militaires de la réserve ou de l'armée territoriale appelés en temps de paix à des exercices ou manœuvres.

(1er juin 1878)

ART. 1er. Les militaires de la réserve et de l'armée territoriale, autres que ceux mentionnés à l'art. 53 de la loi du 13 mars 1875, cumuleront, en temps de paix, les traitements ou pensions dont ils jouissent avec la solde et les prestations qui leur sont attribuées pendant les exercices ou manœuvres auxquels ils sont convoqués.

2. Le temps passé sous les drapeaux, dans les conditions prévues à l'article précédent, n'entre pas dans la supputation des services militaires donnant droit à pension. — Toutefois, les dispositions du titre II de la loi du 11 avril 1831 sur les pensions militaires, restent toujours applicables aux militaires de la réserve et de l'armée territoriale.

LOI

Portant : 1° création de la dette amortissable par annuités ; 2° ouverture au ministre des travaux publics d'un crédit de 331,000,000 francs, pour le rachat des chemins de fer; 3° autorisation pour le ministre des finances d'émettre pour la même somme de rentes 3 p. 100 amortissables, et de convertir les obligations pour travaux publics.

(11 juin 1878) (1)

ART. 1er. Il est institué au Grand livre de la dette publique une section spécialement consacrée à la dette amortissable par annuités.

2. Seront inscrites à la section du grand-livre de la dette publique, instituée par l'art. 1er, les rentes 3 p. 100 amortissables en 75 ans, dont la création et la négociation font l'objet de la présente loi ou seront autorisées par des lois ultérieures.

3. Tous les priviléges et immunités attachés aux rentes sur l'Etat sont assurés aux rentes 3 p. 100 amortissables. — Ces rentes sont insaisissables conformément aux dispositions des lois des 8 nivôse an VI et 22 floréal an VII, et pourront être affectées aux remplois et placements spécifiés par l'art. 29 de la loi du 26 septembre 1871. — Tout déposant de caisse d'épargne dont le crédit sera de somme suffisante pour acheter quinze francs au moins de rente 3 p. 100 amortissable, pourra faire opérer cet achat, sans frais, par les soins de l'administration de la caisse d'épargne.

(1) *J. off.* 12 juin 1878.

DÉCRET

Portant création d'une école supérieure militaire.

(15 juin 1878) (2)

DÉCRET

Relatif aux conditions à remplir pour obtenir le diplôme de docteur en médecine.

(20 juin 1878) (3)

LOI

Tendant à porter la pension de la veuve ou les secours des orphelins d'un militaire ou d'un marin au tiers, au lieu du quart, du maximum de la pension de retraite d'ancienneté dont le mari ou le père était titulaire.

(20 juin 1878)

ART. 1er. A dater de la promulgation de la présente loi, les pensions des veuves des militaires et marins, non encore inscrites au Grand livre de la Dette publique, qui, aux termes des lois des 11 et 18 avril 1831, étaient fixées au quart du maximum de la pension d'ancienneté affectée

(2) *J. off.* 21 juin 1878. — *V.* le texte dans notre édition in-8°.

(3) *J. off.* 23 juin 1878. — *V.* le texte dans notre édition in-8°. — *V.* Décr. 23 juill. 1882.

au grade dont le mari était titulaire, seront fixées au tiers dudit maximum.

2. Les veuves des militaires et marins tués sur le champ de bataille, ou dont la mort a été causée par des événements de guerre, auront droit, conformément à l'art. 1er de la loi du 26 avril 1856, à une pension qui sera de moitié du maximum de la pension d'ancienneté affectée au grade dont le mari était titulaire.

LOI

Relative aux pensions de retraite des officiers de l'armée de terre.

(22 juin 1878) (1)

Art. 1er La retenue prélevée sur la solde des officiers ou assimilés de tout grade de l'armée de terre, en activité de service, est élevée de deux pour cent à cinq pour cent (2 p. 100 à 5 p. 100), à dater du mois qui suivra la promulgation de la présente loi.

2. Les officiers de tout grade et assimilés dont les droits à la retraite seront réglés d'après le tarif de la présente loi resteront, après leur mise à la retraite, pendant cinq années, à la disposition du ministre de la guerre, qui pourra leur donner un emploi de leur grade comme officiers de réserve ou même d'un grade supérieur dans l'armée territoriale. Ils demeureront soumis, pendant ces cinq années, aux lois et règlements militaires sur la réserve et l'armée territoriale.

3. Le tarif de la pension de retraite des officiers et des fonctionnaires assimilés de l'armée de terre est fixé conformément au tableau annexé à la présente loi.

4. Les dispositions du paragraphe 2 de l'art. 1er de la loi du 25 juin 1861, qui veulent que les pensions des généraux de division et généraux de brigade, ainsi que celles des intendants et inspecteurs du service de santé, ne puissent, en aucun cas, excéder la somme du traitement attribué aux officiers généraux placés dans le cadre de réserve, sont et demeurent abrogées.

5. Sont également abrogées les dispositions contenues dans les art. 11 et 33 de la loi du 11 avril 1831 et dans le § 2 de l'art. 4 de la loi du 25 juin 1861.

6. La pension des officiers, dont la réforme pour infirmités incurables est prononcée, conformément à l'art. 11 de la loi du 19 mai 1834, sur l'état des officiers, est fixée d'après le tarif déterminé par l'art. 3 de la présente loi. (*Abrogé par L. 17 août 1879, art. 1er.*)

7. Le nouveau tarif sera appliqué à tous les officiers et assimilés qui seront admis à faire valoir leurs droits à la retraite à dater de la promulgation de la présente loi. — Il sera également appliqué à tous les officiers, assimilés et fonctionnaires militaires dont la pension ne sera pas inscrite au Grand-livre de la Dette publique au moment de ladite promulgation.

8. Il est institué un fonds de subvention pour venir en aide aux pensionnaires placés sous le régime de la loi du 25 juin 1861. — Ce fonds sera formé à l'aide d'une somme annuelle d'un million inscrite au budget du ministère de la guerre. — Un règlement ultérieur déterminera le chiffre des allocations à attribuer, selon le grade et la situation des pensionnaires.

9. Un tableau communiqué chaque année aux Chambres indiquera les liquidations des pensions et les extinctions survenues dans les rangs des pensionnaires au cours de l'année précédente.

(1) V. le tableau annexé à cette loi, *J. off.* 25 juin 1878.

LOI

Sur le rengagement des sous-officiers.

(22 juin 1878) (2)

TITRE Ier. — *Des rengagements.*

ART. 1er. Il est alloué aux sous-officiers admis à contracter un premier rengagement de cinq ans une somme de six cents francs (600 francs), à titre de première mise d'entretien, et une indemnité de rengagement de deux mille francs (2,000 fr.).

2. La première mise d'entretien est payée aux sous-officiers immédiatement après la signature de l'acte de rengagement. — Si elle n'est réclamée que partiellement, le restant de la somme est placée à la caisse d'épargne et le livret est remis au sous-

(2) Abrogée par loi 23 juill. 1881.

officier. — L'indemnité de 2,000 fr. est conservée par l'Etat tant que le sous-officier reste sous les drapeaux. L'intérêt à cinq pour cent (5 p. 100), soit 100 fr. par an, lui est payé à la fin de chaque trimestre, à partir du jour où commence le rengagement effectif. — Cette indemnité est incessible et insaisissable pendant la durée du service du sous-officier rengagé.

3. Le sous-officier rengagé, lorsqu'il est nommé officier, ou qu'il passe dans la gendarmerie, ou qu'il est appelé à l'un des emplois militaire prévus par les lois ou règlements, reçoit sur l'indemnité de 2,000 fr. une part proportionnelle au temps de service qu'il a accompli depuis le jour où compte son rengagement effectif.

4. Le sous-officier rengagé qui est retraité ou réformé, soit pour blessures reçues dans un service commandé, soit pour infirmités contractées dans l'armée (congé de réforme n° 1), à une époque quelconque du temps de service compris dans son rengagement, reçoit intégralement l'indemnité de 2,000 fr. — En cas de décès sous les drapeaux, dans les circonstances indiquées à l'art. 19 de la loi du 11 avril 1831, cette somme est attribuée à la veuve et, à défaut de veuve, aux héritiers.

5. Tout sous-officier rengagé qui est réformé, soit pour blessures reçues hors du service, soit pour infirmités contractées hors de l'armée (congé de réforme n° 2), reçoit, en quittant le corps, une partie de l'indemnité de 2,000 fr., proportionnelle au temps de service accompli depuis le jour où compte son rengagement effectif. — Il en est de même pour le sous-officier rengagé qui renonce volontairement à son grade ou le perd par cassation, rétrogradation ou jugement. — Dans le cas de décès dans les circonstances autres que celles prévues à l'art. 4, la partie de l'indemnité de 2,000 fr., correspondant au service accompli, est attribuée à la veuve et, à défaut de veuve, aux héritiers. — Dans les cas prévus par les art. 4 et 5, la veuve séparée de corps sur la demande du mari, ou dont le mariage n'a pas été contracté suivant les prescriptions réglementaires, n'a pas droit à l'attribution de l'indemnité.

6. Les sous-officiers, après un premier rengagement de cinq ans, peuvent être admis à en contracter un deuxième de la même durée. — Ce deuxième rengagement leur donne droit, en outre des 2,000 francs déjà acquis : 1° à une deuxième mise d'entretien de cinq cents francs (500 fr.), qui leur sera payée comme la première, après la signature de l'acte de rengagement, soit en espèces, soit en un livret sur la caisse d'épargne ; 2° à une pension de retraite dont le taux, calculé conformément aux lois et ordonnances actuellement en vigueur, sera augmenté, pour tous les grades, de 116 francs, de façon qu'après quinze ans de service tout sous-officier rengagé, quel que soit son grade, a droit à une pension de trois cent soixante-cinq francs (365 fr.) au moins. — Cette pension s'augmentera pour chaque campagne ou année de service en plus de 1/25 de la pension du grade dont il sera titulaire. — Elle se cumule avec les traitements afférents aux emplois civils et militaires qu'ils peuvent obtenir en vertu de la loi du 24 juillet 1873.

7. Les sous-officiers non-commissionnés ne peuvent rester au service par rengagement au-delà des quinze années, qui prennent date du jour où commence le service de la classe à laquelle ils appartiennent par leur âge.

8. Les sous-officiers ne sont admis à se rengager que pendant le cours de la dernière année de service, ou au moment de la libération par anticipation de la classe à laquelle ils appartiennent et pour le corps dans lequel ils servent. — Toutefois, le ministre pourra exceptionnellement autoriser le rengagement pour un autre corps de la même arme, dans lequel le nombre des sous-officiers rengagés serait insuffisant.

9. La demande de rengagement sera soumise à un conseil de régiment composé conformément au tableau A annexé à la présente loi. — La demande sera transmise hiérarchiquement au commandant de corps d'armée, qui autorisera le rengagement, s'il y a lieu. — Le sous-officier rengagé sous le régime de la loi actuelle, ou sous le régime des lois antérieures, ne pourra perdre son grade que par renonciation volontaire, rétrogradation ou cassation. — La cassation et la rétrogradation ne pourront être prononcées que par le commandant de corps d'armée, sur l'avis conforme du conseil indiqué ci-dessus. — Si le sous-officier est décoré de la médaille militaire ou de la Légion d'honneur, la cassation ou la rétrogradation ne pourront être prononcées que par le ministre de la guerre.

TITRE II. — *Hautes payes. — Emplois civils et militaires.*

10. Les sous-officiers auront droit, à partir du jour où compte leur rengagement effectif, à la haute paye journalière de 0 fr. 30 stipulée à l'art. 2 de la loi du 10 juillet 1874. Cette haute paye sera augmentée de 0 fr. 20 après dix ans de service.

11. Les sous-officiers ayant dix ans de service dont quatre comme sous-officiers participent, au point de vue des emplois civils et militaires déterminés par la loi du 24 juillet 1873, aux avantages stipulés par l'art. 1er de cette loi.

12. Les sous-officiers portés sur les listes de classement des emplois civils dressées en conformité de l'art. 8 de la loi du 24 juillet 1873, pourront être pourvus, dans les six derniers mois de leur service, de l'emploi pour lequel ils ont été désignés. — Dans ce cas, ils seront mis en congé et remplacés dans leur grade. — Ceux qui n'auraient pas été pourvus de cet emploi civil au jour de leur libération auront la faculté d'attendre au corps leur nomination, pendant un an au plus. — Dans ce cas, ils continueront à faire leur service, et ne seront pas remplacés. Ils seront assimilés aux sous-officiers commissionnés. — Ceux qui préféreront attendre, dans leurs foyers, leur nomination à un emploi civil ne recevront aucune allocation.

13. La limite d'âge de 36 ans, fixée pour l'admission à certains emplois civils, est portée à 37 ans.

TITRE III. — *Dispositions spéciales.*

14. Le ministre détermine chaque année la proportion des sous-officiers admis à se rengager. — Dans aucun cas, le nombre des sous-officiers rengagés ne peut dépasser, dans un corps de troupes, le tiers de l'effectif normal des sous-officiers.

15. Il sera créé successivement, et suivant les ressources des corps, un emploi d'adjudant dans chaque compagnie des corps d'infanterie. — Sur le pied de paix, les adjudants de bataillon sont supprimés; le service d'état major est fait par des adjudants de compagnie désignés chaque année à l'inspection générale. — Il est également supprimé un emploi de sergent dans les compagnies des corps d'infanterie qui en ont plus de quatre.

16. Tout sous-officier qui jouira de la pension de retraite accordée après 15 ans de service, sera tenu de servir dans l'armée territoriale jusqu'à 40 ans.

TITRE IV. — *Dispositions transitoires.*

17. Les anciens sous-officiers faisant partie des deux plus jeunes classes de la réserve de l'armée active au moment de la promulgation de la présente loi, pourront être admis à contracter, pour leur ancien corps seulement, un rengagement de cinq ans, donnant droit aux avantages stipulés aux art. 1, 2, 3, 4 et 5 de la présente loi. — Les sous-officiers rengagés actuellement sous les drapeaux pourront, après la promulgation de la présente loi, être admis à contracter un rengagement de cinq ans donnant droit aux avantages stipulés aux art. 1, 2, 3, 4 et 5 de la présente loi. — Le nouveau rengagement annulera celui précédemment contracté. — Les rengagements mentionnés au présent article ne seront admis que si les sous-officiers ont encore au moins cinq ans à faire avant l'expiration des 15 années datant du jour où a commencé le service de la classe à laquelle ils appartiennent par leur âge. — La demande de rengagement devra être faite dans les six mois, à partir du jour de la promulgation de la présente loi.

18. Le ministre de la guerre présentera au Sénat et à la Chambre des députés, dans le cours de l'année 1879, une loi spéciale révisant et complétant les tableaux des emplois réservés aux sous-officiers, annexés à la loi du 24 juillet 1873.

TITRE V. — *Dispositions générales.*

19. Les dispositions qui précèdent sont applicables aux troupes de la marine.

20. Sont abrogées toutes les dispositions contraires à la présente loi.

DÉCRET

Portant fixation de la tare légale sur les huiles et les essences de pétrole et de schiste importées dans des fûts dits à pétrole.

(8 juillet 1878)

ART. UNIQUE. La tare légale sur les huiles et les essences de pétrole et de schiste importées dans des fûts dits à pétrole est fixée ainsi qu'il suit : —

Huiles de pétrole ou de schiste brutes ou éprouvées, 20 p. 100. — Essence de pétrole ou de schiste, 21 p. 100.

DÉCRET

Relatif aux conditions à remplir pour obtenir le diplôme de pharmacien de 1re classe.

(12 juillet 1878) (1)

LOI

Relative aux mesures à prendre pour arrêter les progrès du phylloxera et du doryphora.

(15 juillet 1878) (2)

TITRE Ier. — *Du phylloxera.*

ART. 1er. Un décret du Président de la République peut interdire l'entrée, soit dans toute l'étendue, soit dans une partie du territoire français, des plants, sarments, feuilles et débris de vignes, des échalas ou tuteurs déjà employés, des composts ou des terreaux provenant d'un pays étranger, ainsi que le transport des mêmes objets hors des parties du territoire français envahies par le phylloxera. — En ce cas, le ministre de l'agriculture et du commerce peut autoriser exceptionnellement l'introduction des plants étrangers à destination d'une localité déterminée.

2. Des arrêtés spéciaux du ministre de l'agriculture et du commerce, pris sur l'avis de la commission supérieure du phylloxera, règlent les conditions sous lesquelles peuvent entrer et circuler en France les plants, sarments, feuilles et débris de vignes, échalas ou tuteurs déjà employés, composts ou terreaux provenant des pays étrangers ou des parties du territoire français déjà envahies par le phylloxera, auxquelles ne s'appliquent pas les décrets d'interdiction. — *Article additionnel au projet du 23 janvier.* — Le ministre de l'agriculture et du commerce fera établir des cartes, avec tableaux à l'appui, indiquant par des teintes différentes les parties du territoire attaquées par le phylloxera et celles qui en sont préservées. Ces cartes seront tenues au courant, rectifiées chaque année, et plus souvent, si le ministre le juge nécessaire.

3. *Modifié par L.* 2 *août* 1879.

4. *Modifié par L.* 2 *août* 1879.

5. *Modifié par L.* 2 *août* 1879.

TITRE II. — *Du doryphora.*

6. Un décret du Président de la République peut interdire l'importation en France des pommes de terre, feuilles et débris de cette plante, des sacs et autres objets d'emballage servant ou ayant servi à les transporter et provenant des pays où l'existence de l'insecte dit *doryphora decem-lineata* ou colorado aura été signalée.

7. Il est interdit de détenir et de transporter le doryphora, ses œufs, larves et nymphes.

8. Des arrêtés spéciaux du ministre de l'agriculture et du commerce déterminent les conditions sous lesquelles peuvent circuler en France les pommes de terre, feuilles et débris de cette plante, les sacs et autres objets d'emballage servant ou ayant servi à les transporter et venant de pays étrangers.

9. Tout propriétaire, fermier, métayer ou colon qui aura constaté la présence du doryphora dans un champ lui appartenant ou cultivé par lui, est tenu d'en faire immédiatement la déclaration au maire de la commune dans laquelle le champ est situé. Celui-ci, après vérification des faits, doit en informer sans retard le sous-préfet de l'arrondissement; cet avis est transmis sans retard au préfet et au ministre de l'agriculture et du commerce.

10. Le ministre de l'agriculture et du commerce est autorisé à prendre toutes les mesures nécessaires pour combattre la propagation du doryphora. Il peut ordonner au besoin la destruction, par le feu ou par tout autre procédé, des pommes de terre existant sur le terrain envahi ou sur les terrains environnants. Les opérations ordonnées se font après une constatation contradictoire de l'état des lieux, en présence d'un délégué du préfet, du maire de la commune, des propriétaires des terrains ou de leurs représentants dûment appelés ; il est dressé procès-verbal de l'opération et les témoins y appliquent leur signature.

TITRE III. — *Dispositions générales.*

11. Il sera alloué une indemnité pour la perte des récoltes détruites par mesure de précaution. Aucune indemnité n'est due pour la destruction des ré-

(1) *J. off.* 20 juil. 1878. — *V.* le texte dans notre édition in-8o.

(2) *V.* Arr. min. 11 déc. 1880 (*J. off.* 21 déc. 1880).

coltes sur lesquelles l'existence du phylloxera ou du doryphora aura été constatée. — Les juges de paix connaîtront sans appel jusqu'à la valeur de 100 fr., et, à charge d'appel, à quelque valeur que la demande puisse s'élever, des contestations relatives aux indemnités réclamées en vertu du présent article.

12. *Modifié par L.* 2 *août* 1879.

13. Ceux qui auront introduit l'un des objets énoncés aux articles 1er, 6 et 7, sans déclaration ou à l'aide d'une fausse déclaration de provenance, ou de route, ou de toute autre manœuvre frauduleuse, seront punis d'un emprisonnement de un mois à quinze mois et d'une amende de 50 à 500 fr.

14. Les peines prévues aux deux articles précédents seront doublées en cas de récidive. — Il y a récidive lorsque, dans les douze mois précédents, il a été rendu contre le contrevenant ou le délinquant un premier jugement en vertu de la présente loi.

15. L'article 463 du Code pénal est applicable aux condamnations prononcées en vertu de la présente loi.

16. Un règlement d'administration publique déterminera les mesures nécessaires pour l'exécution de la loi, notamment des articles 4, 5 et 11. (*V. Décr.* 26 *déc.* 1878.)

DÉCRET

Relatif à la création de la somme de rente 3 p. 100 amortissable en 75 ans, dont l'inscription au Grand-Livre de la Dette publique a été autorisée par la loi du 11 juin 1878; — arrêté du ministre des finances y annexé.

(16 juillet 1878) (1)

DÉCRET

Portant règlement d'administration publique sur les distilleries autres que celles qui mettent en œuvre des vins, cidres, poirés, lies, marcs et fruits.

(18 juillet 1878) (2)

DÉCRET

Portant règlement d'administration publique sur les distilleries de vins, cidres, poirés, lies, marcs ou fruits.

(20 juillet 1878) (3)

DÉCRET

Déterminant les conditions de nomination aux emplois de receveur particulier des finances.

(23 juillet 1878)

ART. Ier. Nul ne peut être nommé receveur particulier des finances, s'il a moins de trente ans ou plus de cinquante-cinq ans et s'il ne compte dix ans de services publics, dont cinq au moins dans un service ressortissant au ministère des finances. — Les deux tiers des vacances annuelles de recettes particulières sont réservés aux percepteurs. Aucun receveur particulier ne peut obtenir une recette d'une classe supérieure, s'il ne compte trois années d'exercice au moins dans la classe immédiatement inférieure. Cette condition de trois années d'exercice n'est pas exigée pour les mutations qui peuvent avoir lieu dans une même classe. (*V. L.* 25 *juill.* 1879, *art.* 4.)

DÉCRET

Relatif au poinçonnage des matières d'or et d'argent.

(27 juillet 1878) (4)

DÉCRET

Appliquant à la ville de Paris les arrêtés du Gouvernement, ordonnances et décrets sur la comptabilité des communes.

(8 août 1878) (5)

---

(1) *J. off.* 17 juil. 1878. — *V.* Décr. et Arr. min. 7 mars 1881 (*J. off.* 8 mars 1881).

(2) *J. off.* 1er août 1878. — Abrogé par Décr. 15 avril 1881, art. 36.

(3) *J. off.* 1er août 1878. — Abrogé par Décr. 15 avril 1881, art. 36.

(4) *J. off.* 1er août 1878. — *V.* le texte dans notre édition in-8o.

(5) *J. off.* 15 août 1878.

DÉCRET

Relatif au fonctionnement de la caisse pour la construction des écoles.

(10 août 1878) (1)

DÉCRET

Relatif aux examens à subir par les élèves en pharmacie.

(31 août 1878) (2)

DÉCRET

Relatif à la position des officiers de réserve et de l'armée territoriale.

(31 août 1878) (3)

DÉCRET

Instituant une commission supérieure pour l'aménagement des eaux.

(5 septembre 1878 (4)

DÉCRET

Relatif aux concessions de terre en algérie.

30 septembre 1878 (5)

LOI

Ayant pour objet de dispenser du timbre et de l'enregistrement les actes faits en exécution de la loi sur les réquisitions militaires.

(18 décembre 1878)

ART. UNIQUE. Les procès-verbaux, certificats, significations, jugements, contrats, quittances et autres actes faits en vertu de la loi du 3 juillet 1877 sur les réquisitions militaires, et exclusivement relatifs au règlement de l'indemnité, seront dispensés du timbre et enregistrés gratis lorsqu'il y aura lieu à la formalité de l'enregistrement.

(1) *J. off.* 12 août 1878. — *V.* le texte dans notre édition in-8o.
(2) *J. off.* 1er sept. 1878. — *V.* le texte dans notre édition in-8o.
(3) *J. off.* 5 sept. 1878. — *V.* Décr. 3 févr. 1880 ; 31 juill. 1881.
(4) *J. off.* 6 sept. 1878. — *V.* le texte dans notre édition in-8o.
(5) *J. off.* 1er oct. 1878.

LOI

Portant fixation du budget des recettes de l'exercice 1879.

(22 décembre 1878) (6)

TITRE Ier. — *Budget général.*

§ 1er Impôts et revenus autorisés.

ART. 1er. A partir du 1er mai 1879, le tarif du droit de timbre proportionnel établi par l'article 3 de la loi du 19 février 1874, sur les effets négociables ou de commerce, autres que ceux tirés de l'étranger sur l'étranger et circulant en France, est réduit des deux tiers.

2. Seront supprimés, à partir du 1er janvier 1879, les droits établis sur la chicorée et ses similaires, par les lois des 4 septembre 1871 et 21 juin 1873.

DÉCRET

Réglant les mesures à prendre pour l'exécution de la loi du 15 juillet 1878, relative au phylloxera et au doryphora.

(26 décembre 1878) (7)

LOI

Portant réduction du droit fixe de recommandation applicable aux lettres circulant à l'intérieur du territoire français.

(26 décembre 1878)

ART. UNIQUE. Le droit de recommandation pour toute lettre circulant en France et en Algérie est fixé à vingt-cinq centimes (0 fr. 25) (droit fixe), en sus de la taxe ordinaire.

(6) *J. off.* 23 déc. 1878.
(7) *J. off.* 28 déc. 1878. — *V.* le texte dans notre édition in-8o.

— Toutes dispositions contraires à la présente loi sont abrogées.

DÉCRET

Portant modification du programme du second examen de doctorat.

(28 décembre 1878) (1)

ART. Ier. A partir du 1er mai 1879, les aspirants au doctorat en droit qui se présenteront au second examen pour ce grade, seront interrogés à leur choix sur les matières enseignées dans les cours spéciaux suivants : — Histoire du droit; — Droit coutumier; — Droit constitutionnel; Droit commercial industriel. — Cette faculté d'option peut, après autorisation du ministre, s'étendre à d'autres cours spéciaux institués en vue du doctorat. — Toutefois, les matières de droit civil, et l'un des deux cours d'histoire du droit ou de droit coutumier, demeurent obligatoires.

2. Les aspirants au doctorat, dès la 13e inscription, se feront inscrire à deux des cours spéciaux dont les matières sont comprises dans le programme du second examen. — Toutefois, ceux d'entre eux qui sont actuellement en cours d'études et qui doivent passer leur examen pendant l'année scolaire 1878-1879, déclareront leur option avant le 15 janvier 1879 au secrétariat de la faculté.

3. Les professeurs des divers cours spéciaux du doctorat doivent, à l'ouverture de l'année scolaire, déposer au secrétariat ou faire imprimer le programme développé et autorisé, de leur enseignement. — Ce programme servira de base à l'examen.

DÉCRET

Portant augmentation des traitements des professeurs de la faculté de médecine et de la faculté des sciences de Paris.

(28 décembre 1878)

ART. UNIQUE. A dater du 1er janvier 1879, les traitements des professeurs de la faculté de medecine et de la faculté des sciences de Paris sont portés à quinze mille francs.

(1) V. Décr. 20 juill. 1882.

1879

DÉCRET

Relatif à la taxe des dépêches destinées à être échangées dans les limites de l'ancien octroi de Paris.

(25 janvier 1879)

ART. 1er. A partir du 1er mai 1879, la taxe des dépêches confiées à l'administration des télégraphes et destinées à être échangées dans les limites de l'ancien octroi de Paris, sera indépendante du nombre de mots. Les dépêches devront être libellées sur des formules affranchies, et seront transportées par la voie des tubes pneumatiques. — Ces formules spéciales seront fournies au public par l'administration des télégraphes. — Le prix des formules destinées aux dépêches ouvertes sera de 50 centimes. Celui des formules destinées aux dépêches fermées, de 75 centimes. (V. *Décr.* 22 *mai* 1880.)

DÉCRET

Détachant le ministère des cultes du ministère de l'instruction publique et des beaux-arts et nommant le ministre des cultes par intérim.

(4 février 1879)

ART. 1er. Le ministère des cultes est détaché du ministère de l'instruction publique et des beaux-arts.

DÉCRET

Créant un ministère des postes et des télégraphes.

(5 février 1879)

ART. 1er. Il est créé un ministère des postes et des télégraphes.

2. Ce ministère sera formé de l'administration des postes et télégraphes qui sera distraite du ministère des finances.

DÉCRET

Créant une direction du personnel au ministère de la justice.

(8 février 1879)

ART. UNIQUE. Il est créé une direction du personnel au ministère de la justice.

LOI

Sur l'amnistie partielle.

(3 mars 1879)

ART. 1er. L'amnistie est accordée à tous les condamnés pour faits relatifs aux insurrections de 1871 et à tous les condamnés pour crimes ou délits relatifs à des faits politiques, qui ont été et seront libérés ou qui ont été et seront graciés par le Président de la République dans le délai de trois mois après la promulgation de la présente loi.

2. Les peines prononcées par contumace pour les mêmes faits pourront être remises par voie de grâce.

3. A partir de la promulgation de la présente loi, la prescription sera acquise pour faits relatifs aux insurrections de 1871, qui n'auront pas encore été l'objet de condamnations contradictoires ou par contumace.

4. A dater de la notification des lettres de grâce, entraînant virtuellement l'amnistie, le condamné qui sera rentré en France ne jouira plus du bénéfice de l'article 476 du code d'instruction criminelle.

5. La présente loi ne sera pas applicable aux individus qui, indépendamment des faits qu'elle prévoit, auront été condamnés contradictoirement ou par contumace pour crimes de droit commun ou pour délits de même nature ayant entraîné une condamnation à plus d'une année d'emprisonnement.

LOI

Portant suppression du droit de timbre sur les mandats de poste.

(18 mars 1879)

ART. UNIQUE. A partir du 1er avril 1879, les mandats d'articles d'argent émis et payés par la poste, soit en France, soit dans les colonies françaises, seront exempts de tout droit de timbre.

LOI

Concernant les avis de payement à donner, moyennant une taxe spéciale, aux expéditeurs de mandats de poste.

(25 mars 1879)

ART. UNIQUE. L'expéditeur d'un mandat sur la poste pourra demander, au moment du dépôt des fonds, qu'il lui soit donné avis du payement de ce mandat. — A cet effet, il acquittera d'avance, pour l'affranchissement de l'avis, un droit de dix centimes (0 fr. 10). — Cette taxe sera acquise au Trésor, alors même que le mandat n'aurait pas été présenté au payement.

DÉCRET

Relatif aux ventes publiques d'objets mobiliers auxquelles procèdent les greffiers de justice de paix.

(29 mars 1879)

ART. 1er. Les greffiers de justice de paix, qui ont qualité pour procéder aux ventes publiques d'objets mobiliers, devront tenir un registre visé et paraphé par le juge de paix ou son suppléant. Ce registre contiendra, suivant l'ordre de date des procès-verbaux, les mentions suivantes relatives à chaque vente d'objets mobiliers : — 1o Le numéro d'ordre que les greffiers devront donner à chaque procès-verbal de vente ; — 2o La date et le lieu de la vente ; — 3o Les noms, prénoms et domicile des vendeurs ; — 4o le montant du prix de vente total ; — 5o Le montant des frais, déboursés et honoraires.

2. Dans les dix premiers jours de chaque trimestre, le greffier devra dresser un état indicatif des ventes auxquelles il aura procédé pendant le trimestre écoulé. — Cet état contiendra les mentions suivantes : — 1o Le numéro d'ordre du procès-verbal de vente ; — 2o La date et le lieu de la vente ; — 3o Les noms, prénoms et domiciles des vendeurs ; — 4o Le montant du prix de vente total ; — 5o Le montant des frais, déboursés et honoraires ; — 6o La date de la décharge remise au greffier ; — 7o La date du certificat de dépôt à la caisse des consignations, s'il y a lieu ; — 8o L'énoncé des motifs qui empêchent ou retardent la reddition des comptes. — Cet état sera remis dans le délai susindiqué au juge de paix, qui le visera, après vérification, y joindra ses observations, et le transmettra

sans délai au procureur de la République près le tribunal civil de l'arrondissement.

DÉCRET

Relatif à l'affectation des cautionnements des préposés des chemins de fer de l'État et à l'inscription de ces cautionnements.

(1er avril 1879)

Art. 1er. Les cautionnements des préposés de chemins de fer de l'Etat, soit en numéraire, soit en rentes sur l'Etat, seront affectés à la garantie de la gestion des titulaires, quel que soit le lieu où ils exerceront leurs fonctions. En conséquence, les cautionnements auxquels ces comptables seront assujettis, seront inscrits sans indication de résidence, et il ne pourra être formé d'opposition sur ces cautionnements qu'entre les mains du conservateur des oppositions à Paris.

2. Pour que les cautionnements déjà réalisés puissent suivre à l'avenir les comptables et servir de garantie pour toutes les gestions qui pourraient leur être confiées, les titulaires devront produire à l'administration des chemins de fer de l'Etat les justifications suivantes : — I. S'il s'agit de numéraire : 1° leur certificat d'inscription; 2° un certificat de non-opposition délivré par le greffier du tribunal civil de l'arrondissement dans lequel ils exercent leurs fonctions; 3° le consentement du bailleur de fonds, s'il y en a un. — II. Si le cautionnement a été réalisé en rentes, le consentement du propriétaire de l'inscription, s'il n'a déjà été donné dans l'acte d'affectation passé avec l'agent judiciaire du Trésor. — Ce consentement, ainsi que celui du bailleur de fonds, devra être conforme au modèle annexé au présent décret.

3. Lorsqu'un comptable sera désigné pour une autre gestion, il ne pourra entrer en exercice qu'après avoir justifié de la réalisation de son ancien cautionnement, et si le nouveau est supérieur à l'ancien, il devra fournir le supplément dans les délais fixés par sa lettre de service. Si le cautionnement afférent à la nouvelle gestion est inférieur à l'ancien, la portion disponible sera remboursée à qui de droit après apurement des omptes.

4. Toute interruption dans les fonctions d'un gestionnaire, soit pour cause de mise en sous-ordre, soit pour cause de mise en disponibilité, sera considérée comme une cessation de fonctions et donnera aux comptables le droit de réclamer le cautionnement dont ils sont propriétaires et aux bailleurs de fonds le droit de ne plus continuer à cautionner le comptable pour les nouvelles gestions auxquelles il pourrait être ultérieurement appelé. — Ce droit ne sortira son effet qu'autant qu'il aura été revendiqué par les cautions avant que le comptable cautionné ait été appelé à une nouvelle gestion.

5. Les préposés des chemins de fer de l'Etat pourront, après la cessation de leurs fonctions, obtenir la restitution intégrale de leurs cautionnements en produisant, à l'appui de la demande, le certificat de quitus du conseil d'administration des chemins de fer de l'Etat. Ce certificat devra être délivré dans les quatre mois qui suivront la cessation des services du titulaire.

LOI

Concernant le recouvrement des effets de commerce, factures, valeurs commerciales, etc., par la poste.

(5 avril 1879)

Art. 1er. Le Gouvernement est autorisé à faire effectuer le recouvrement, par le service des postes, des quittances, factures, billets, traites et généralement de toutes les valeurs, commerciales ou autres, payables sans frais, en France ou en Algérie, et dont le montant n'excède pas cinq cents francs (500 fr.).

2. Il n'est pas admis de payement partiel. — Les valeurs doivent être payées en une seule fois. — Un payement effectué ne peut, par un motif quelconque, donner lieu à répétition contre l'État de la part de celui qui a remis les fonds.

3. L'envoi des valeurs à recouvrer est fait sous forme de lettre recommandée, adressée directement par le déposant au bureau de poste qui doit encaisser les fonds.

4. Il n'est exceptionnellement perçu pour toute lettre recommandée, adressée à un bureau de poste et destinée seulement à charger l'administration d'un recouvrement, qu'une taxe unique de vingt-cinq centimes (0 fr. 25).

5. Indépendamment du droit perçu en exécution de l'article 4, il est

opéré, sur le montant de chaque encaissement, deux prélèvements égaux : l'un au profit du facteur qui a effectué le recouvrement, l'autre au profit du receveur qui a été chargé de l'assurer. — Chacun de ces prélèvements est calculé à raison de 0 fr. 05 par 20 francs, ou fraction de 20 francs, sans pouvoir dépasser 0 fr. 25. — Le surplus de la somme recouvrée sera converti en un mandat de poste, au nom du déposant, après déduction du droit proportionnel établi par la loi sur les mandats de poste. — L'administration est autorisée à remplacer les mandats par l'ouverture de comptes courants, au débit desquels figurera un droit égal à celui qui aurait été perçu pour la délivrance des mandats de poste.

6. Les valeurs qui n'auront pu être recouvrées seront réexpédiées en franchise au déposant, sans que l'administration soit tenue à aucune constatation de nature quelconque de non payement.

7. En cas de perte, soit de la lettre recommandée contenant les valeurs à recouvrer, soit des valeurs elles-mêmes en tout ou en partie, la responsabilité pécuniaire de l'administration ne pourra dépasser la somme de cinquante francs (50 fr.) au maximum. — En cas de perte des sommes encaissées par les facteurs, l'administration sera tenue au remboursement intégral des sommes perdues.

8. La non responsabilité de l'administration en cas de retard des objets de correspondance est étendue aux lettres recommandées contenant les valeurs à recouvrer, à ces valeurs et aux mandats de payement. — Aucune indemnité ne peut être réclamée de ce chef.

9. Le service des postes pourra recevoir les abonnements aux journaux, revues, recueils périodiques, moyennant un droit de trois pour cent (3 p. 100).

10. Le maximum des valeurs à recouvrer par la poste pourra être élevé par décrets insérés au *Bulletin des lois*.

11. Le Gouvernement est autorisé à pourvoir à toutes les mesures nécessaires pour assurer l'exécution de la présente loi et notamment à abaisser, dans le cas où il en reconnaîtrait l'opportunité, le taux des prélèvements prévus au premier alinéa de l'article 5.

12. Un décret fixera la date de l'exécution de la présente loi, qui pourra n'être appliquée d'abord qu'à une partie des bureaux de poste de la France et de l'Algérie. Elle sera ensuite étendue par décrets successifs.

LOI

Ayant pour objet de modifier l'art. 19 de la loi de finances du 20 décembre 1872, concernant la limitation du nombre des receveurs-percepteurs de Paris.

(7 avril 1879)

ART. UNIQUE. Le nombre des receveurs-percepteurs de Paris est fixé à trente-six. — L'article 19 de la loi de finances du 20 décembre 1872 est abrogé.

LOI

Ayant pour but de rétablir la représentation des colonies de la Guyane et du Sénégal à la Chambre des députés.

(8 avril 1879)

ART. UNIQUE. Chacune des colonies de la Guyane et du Sénégal nomme un député.

LOI

Relative à une dotation nouvelle de 200 millions pour la caisse des chemins vicinaux.

(10 avril 1879) (1)

DÉCRET

Complétant la nomenclature des établissements dangereux, insalubres ou incommodes.

(22 avril 1879) (2)

ART. 1er. La nomenclature des établissements dangereux, insalubres ou incommodes, contenue dans les tableaux annexés aux décrets du 31 décembre 1866, 31 janvier 1872 et 7 mai 1878, est complétée comme suit :

(1) *J. off.* 11 avril 1879. — *V.* le texte dans notre édition in-8°.

(2) *V.* Décr. 26 févr. 1881.

DÉSIGNATION DES INDUSTRIES.	INCONVÉNIENTS	CLASSES.
Dépôt de pulpes de betteraves humides destinées à la vente........	Odeur. Émanations.	3e

DÉCRET

Relatif au service des abonnements par l'intermédiaire de la poste aux journaux, recueils périodiques publiés en France.

(5 mai 1879)

Art. 1er. Le service des abonnements, par l'intermédiaire de la poste, aux journaux, revues, recueils périodiques publiés en France, commencera à partir du 1er juin prochain dans tous les bureaux de poste de France.

2. Les sommes versées pour prix d'abonnements seront transmises par le bureau de poste de dépôt aux directeurs de publications, au moyen d'un mandat spécial émis à leur nom et contenant toutes les indications nécessaires au service de l'abonnement.

3. Le droit de 3 p 100 sera préalablement déduit du prix de l'abonnement pour les journaux dont les éditeurs auront déclaré prendre ce prélèvement à leur charge. Les tarifs de ces publications seront tenus à la disposition du public dans tous les bureaux de poste. — Pour les autres publications, les abonnements seront perçus d'après les déclarations mêmes du déposant des fonds, sous sa propre responsabilité, et le payement du droit de 3 p. 100 sera acquitte par lui en sus.

LOI

Relative à l'enseignement départemental et communal de l'agriculture.

(16 juin 1879) (1)

LOI

Relative au conseil d'État.

(13 juillet 1879)

Art 1er. Le conseil d'État se compose : 1o de trente-deux conseillers d'État en service ordinaire; 2o de dix-huit conseillers en service extraordinaire; 3o de trente maîtres des requêtes; 4o de trente-six auditeurs, savoir : douze de première classe et vingt-quatre de seconde classe.

2. Le concours pour les fonctions d'auditeur de première classe est supprimé. — Les auditeurs de première classe seront choisis parmi les auditeurs de seconde classe, ou parmi les anciens auditeurs sortis du conseil qui comptent quatre années d'exercice, soit de leurs fonctions, soit des fonctions publiques auxquelles ils auraient été appelés. — Ils sont nommés par décret du Président de la République. Le vice-président et les présidents de section seront appelés à faire des présentations.

3. Les conseillers d'État en service ordinaire, maîtres des requêtes et auditeurs de première classe, après trois années depuis leur entrée au conseil d'État, pourront, sans perdre leur rang au conseil, être nommés à des fonctions publiques, pour une durée qui n'excèdera pas trois ans. — Le nombre des membres du conseil ainsi nommés à des fonctions publiques ne pourra excéder le cinquième du nombre des conseillers, maîtres des requêtes et auditeurs. — Pendant ces trois années, ils ne seront pas remplacés. — Les traitements ne pourront être cumulés. — Les conseillers et maîtres des requêtes qui seront remplacés dans leurs fonctions pourront obtenir le titre de conseillers et de maîtres des requêtes honoraires. — Les auditeurs de première classe, remplacés dans leurs fonctions, pourront être nommés maîtres des requêtes, s'ils comptent huit ans de fonctions au conseil d'État.

4. Le conseil d'État est divisé en cinq sections, dont une section du section du contentieux et une section de législation. — Les sections sont composées de cinq conseillers d'État en service ordinaire et d'un président, à l'exception de la section du contentieux, qui est composée de six con-

(1) *J. off.* 17 juin 1879. — *V.* Décr. 9 juin 1880.

seillers en service ordinaire et d'un président. — Il y aura un quatrième commissaire du Gouvernement attaché à cette section. — Un règlement d'administration publique statuera sur ordre intérieur des travaux du conseil, sur la répartition des membres et des affaires entre les sections, sur la nature des affaires qui devront être portées à l'assemblée générale, sur le mode de roulement des membres entre les sections et sur les mesures d'exécution non prévues par la présente loi. (*V. Décr.* 2 *août* 1879).

5. L'assemblée publique du conseil d'État, statuant au contentieux, se compose: 1o du vice-président; 2o des membres de la section; 3o de huit conseillers en service ordinaire, pris dans les autres sections et désignés conformément à l'article 17 de la loi du 24 mai 1872. — Lorsque les membres de l'assemblée du contentieux, délibérant dans une affaire, seront en nombre pair, le dernier des conseillers, dans l'ordre du tableau, devra s'abstenir.

6. Le conseil d'État, en assemblée générale, ne pourra délibérer si seize au moins des conseillers en service ordinaire ne sont présents. En cas de partage, la voix du président est prépondérante.

7. Toutes les lois antérieures sont abrogées en ce qu'elles auraient de contraire à la présente loi.

LOI

Relative au rétablissement des perceptions de villes.

(25 juillet 1879)

Art. 1er. Le ministre des finances est autorisé à rétablir, quand les besoins du service l'exigeront, les perceptions supprimées par l'art. 18 de la loi de finances du 20 décembre 1872, dans les villes chefs-lieux de département et d'arrondissement, sans toutefois que le nombre total des perceptions, qui est actuellement 5,265, puisse être augmenté.

2. Les tarifs des remises payées aux percepteurs par le Trésor devront être remaniés, de manière que la dépense occasionnée par le rétablissement des perceptions de villes soit compensée par une diminution égale sur les remises des perceptions qui deviendront vacantes, à partir de la promulgation de la présente loi.

3. Les nouveaux tarifs qui seront adoptés en exécution de l'article précédent continueront à être appliqués à chaque vacance de perception, même après le rétablissement des perceptions de villes.

4. L'admission aux emplois de receveurs particuliers des finances est réglée comme il suit : — Une moitié des vacances est réservée aux percepteurs ayant au moins cinq ans de service, l'autre moitié aux candidats ayant cinq ans de services publics, soit civils, soit militaires. — Aucun receveur particulier ne peut obtenir une recette d'une classe supérieure s'il ne compte trois ans d'exercice dans une classe immédiatement inférieure. Cette condition de trois ans d'exercice n'est pas exigée pour les mutations qui peuvent avoir lieu dans la même classe.

5. Toutes dispositions contraires à la présente loi sont et demeurent abrogées.

LOI

Relative aux contributions directes et aux taxes y assimilées de l'exercice de 1880.

(30 juillet 1879)

Art. 12. Le droit fixe des patentables compris dans la 4e classe du tableau A annexé à la loi du 25 avril 1844, et et des tableaux modificatifs correspondants annexés aux lois subséquentes, est réglé ainsi qu'il suit :

Dans les communes d'une population de 100,000 âmes et au-dessus	65 fr.
De 50,000 à 100,000	50
De 30,000 à 50,000	40
De 20'000 à 30,000	25
De 10,000 à 20,000	20
De 5,000 à 10,000	16
De 2,000 à 5,000	14
De 2,000 âmes et au-dessous	10

13. Le taux du droit proportionnel de patente, établi d'après la valeur locative, est réduit du vingtième au trentième pour les patentables compris dans les 5e et 6e classes du tableau A annexé à la loi du 25 avril 1844, et des tableaux modificatifs correspondants annexés aux lois subséquentes.

DÉCRET

Relatif à l'organisation des services hospitaliers de l'armée dans les hôpitaux militaires et dans les hospices civils.

(**1er août 1879**) (1)

LOI

Ayant pour objet de modifier plusieurs dispositions de la loi du 15 juillet 1878, relative aux mesures à prendre pour arrêter les progrès du phylloxera et du doryphora.

(**2 août 1879**) (2)

ART. UNIQUE. Les art. 3, 4, 5 et 12 de la loi du 15 juillet 1878 sont modifiés de la manière suivante :

« Art. 3. Dès que le préfet d'un département a reçu avis, soit par le propriétaire d'une vigne, soit par le maire d'une commune, soit par la commission départementale d'études et de surveillance, que le phylloxera a fait son apparition dans une localité, il charge un délégué de visiter la vigne signalée comme malade, et, en cas de besoin, les vignes environnantes. Le délégué peut faire, dans ladite vigne, les opérations nécessaires pour constater l'existence du phylloxera. — Un arrêté du ministre de l'agriculture et du commerce peut, en tout temps, ordonner ou autoriser des investigations dans les vignobles des localités considérées comme indemnes, où la présence du phylloxera sera soupçonnée. — Dans des cas urgents et particuliers, le préfet aura le droit d'ordonner ou d'autoriser ces investigations.

« Art. 4. Lorsque l'existence du phylloxera a été constatée dans les contrées indemnes dont le périmètre sera tracé tous les ans sur la carte de l'invasion phylloxérique dont il est fait mention à l'art. 2, conformément aux dispositions de l'article précédent, sur le rapport du préfet, la commission départementale permanente et les propriétaires entendus, dans les formes et les délais qui seront déterminés par le règlement d'administration publique, un arrêté du ministre de l'agriculture et du commerce, pris sur l'avis conforme de la section permanente de la commission supérieure du phylloxera, peut ordonner que la vigne malade et et les vignes environnantes dans un rayon fixé, et sous les conditions d'exécution déterminées par le même arrêté, seront soumises à l'un des traitements indiqués par la commission supérieure. — Le ministre peut ordonner, pendant plusieurs années, la continuation du traitement mentionné ci-dessus, et prescrire au besoin le traitement des taches nouvelles qui viendraient à être découvertes. — Dans les circonstances exceptionnelles, lorsqu'il y aura nécessité et urgence de préserver de l'invasion du phylloxera une contrée viticole, le ministre, sur l'avis conforme de la section permanente, pourra ordonner, hors des contrées indemnes, dans les formes prescrites par le règlement d'administration publique, le traitement indiqué au premier paragraphe du présent article. — Dans les cas ci-dessus énoncés, les dépenses occasionnées par le traitement des vignes sont à la charge de l'État.

« Art. 5. Lorsqu'un département ou une commune votera une subvention destinée à aider les propriétaires qui traitent leurs vignes suivant l'un des modes approuvés par la commission supérieure du phylloxera, l'État donnera une subvention égale à celle du département ou de la commune, qui se trouvera ainsi doublée. — Lorsque des propriétaires, en vue de la destruction du phylloxera sur leur territoire, se seront organisés en associations syndicales temporaires approuvées par l'autorité administrative, ils pourront recevoir, sur l'avis conforme de la section permanente de la commission supérieure du phylloxera, une subvention de l'Etat. Cette subvention ne pourra, dans aucun cas, dépasser la somme votée par le syndicat pour le traitement des vignes phylloxérées. — Pourront également être subventionnées par l'État, sous les conditions et dans les proportions fixées par le paragraphe précédent, les associations syndicales temporaires approuvées par l'autorité administrative et constituées en vue de la recherche du phylloxera dans les contrées indemnes ou partiellement atteintes.

« Art. 12. Les contraventions aux dispositions de la présente loi et à celles des décrets ou arrêtés pris pour son exécution seront punies d'une amende de 50 à 500 francs. »

(1) *J. off.* 2 août 1879 — *V.* le texte dans notre édition in-8°.

(2) *V.* Arr. min. 11 déc. 1880 (*J. off.* 21 déc. 1880).

DÉCRET

Portant règlement intérieur du conseil d'État.

(2 août 1879)

TITRE Ier. — *De l'organisation intérieure du conseil d'Etat.*

ART. 1er. Les projets et les propositions de loi renvoyés au conseil d'Etat soit par les Chambres, soit par le Gouvernement, et les affaires administratives ressortissant aux différents ministères sont répartis entre les quatre sections suivantes : — 1o Section de législation, de la justice et des affaires étrangères ; — 2o Section de l'intérieur, des cultes, de l'instruction publique et des beaux-arts ; — 3o Section des finances, des postes et télégraphes, de la guerre, de la marine et des colonies ; — 4o Section des travaux publics, de l'agriculture et du commerce. — Les projets et les propositions de loi, les projets de règlement d'administration publique et les affaires administratives concernant l'Algérie sont examinés par les différentes sections suivant la nature du service auquel ils se rattachent.

2. Le ministre de la justice ou le vice-président du conseil d'Etat pourra toujours réunir à la section compétente soit la section de législation, soit telle autre section qu'il croira devoir désigner.

3. Les conseillers d'Etat, maîtres des requêtes et auditeurs de 1re classe qui sont nommés à des fonctions publiques, conformément à l'art. 3 de la loi du 13 juillet 1879, ont entrée à la section administrative à laquelle ils appartiennent et à l'assemblée générale. — Toutefois les conseillers d'Etat ainsi nommés à des fonctions publiques ne peuvent prendre part aux travaux du conseil que dans les conditions prévues pour les conseillers d'Etat en service extraordinaire par l'art. 11 de la loi du 24 mai 1872.

4. Les trente maîtres des requêtes, les douze auditeurs de 1re classe et les vingt-quatre auditeurs de 2e classe sont répartis ainsi qu'il suit : — 1o A la section de législation, etc. : — 3 maîtres des requêtes ; — 2 auditeurs de 1re classe, — 3 auditeurs de 2e classe ; — 2o A la section du contentieux : — 12 maîtres des requêtes, y compris 4 commissaires du Gouvernement, — 4 auditeurs de 1re classe, — 10 auditeurs de 2e classe ; — 3o A la section de l'intérieur, etc. : — 5 maîtres des requêtes ; — 2 auditeurs de 1re classe ; — 4 auditeurs de 2e classe ; — 4o A la section des finances, etc. : — 5 maîtres des requêtes, — 2 auditeurs de 1re classe, — 3 auditeurs de 2e classe ; — 5o A la section des travaux publics, etc. : — 5 maîtres des requêtes. — 2 auditeurs de 1re classe. — 4 auditeurs de 2e classe. — Néanmoins cette répartition, dans le cas où les besoins du service le rendraient nécessaire, pourra être modifiée par le vice-président du conseil d'Etat, sur la proposition des présidents de section.

5. Tous les trois ans, il peut être procédé à une nouvelle répartition des conseillers d'Etat et des maîtres des requêtes entre les diverses sections. Cette répartition est faite par décret du Président de la République en ce qui concerne les conseillers d'Etat, et par arrêté du ministre de la justice, sur la proposition du vice-président et des présidents de section, en ce qui concerne les maîtres des requêtes. — En dehors des époques fixées pour le roulement, les conseillers d'Etat ne peuvent être déplacés par décret du président de la République que sur leur demande et de l'avis du vice-président du conseil d'Etat. — Chaque année, au 15 octobre, le ministre de la justice arrête, sur la même proposition, la répartition des auditeurs entre les sections.

6. Le secrétaire général dirige les travaux des bureaux et tient la plume à l'assemblée générale du conseil. Il signe et certifie les expéditions des actes, des décrets et des avis du conseil d'Etat délivrés aux personnes qui ont qualité pour les réclamer, sauf pour les decisions rendues en matière contentieuse. — En cas d'absence ou d'empêchement, il est suppléé par un maître des requêtes désigné par le ministre de la justice.

TITRE II. — *De l'attribution des affaires à l'assemblée générale et aux sections.*

7. Sont portés à l'assemblée générale du conseil d'Etat : — Les projets et les propositions de loi renvoyés au conseil et les projets de règlement d'administration publique ; — Les projets de décret qui ont pour objet : — 1o L'enregistrement des bulles et autres actes du Saint-Siège ; — 2o Les recours pour abus ; — 3o Les autorisations des congrégations religieuses, et la vérification de leurs statuts ; — 4o L'autorisation ou la création d'établissements publics et d'établissements d'utilité publique ; — 5o L'autorisa-

tion à ces établissements, aux congrégations religieuses, aux communes et départements d'accepter soit des legs universels, soit des dons et legs dont la valeur excéderait 50,000 fr.; — 6° L'annulation ou la suspension des délibérations prises par les conseils généraux des départements dans les cas prévus par les art. 33, 47 et 49 de la loi du 10 août 1871; — 7° Les impositions d'office établies sur les départements dans les cas prévus par l'art. 61 de la loi du 10 août 1871; — 8° Les recours formés par les conseils municipaux en vertu de l'art. 23 de la loi du 5 mai 1855, dans le cas d'annulation de leurs délibérations; — 9° L'autorisation des impositions extraordinaires et des emprunts votés par les conseils municipaux, dans le cas prévu par l'art. 7 de la loi du 24 juillet 1867, et des emprunts contractés par les hospices et autres établissements charitables, dans le cas prévu par l'art. 12 de la même loi; — 10° Les impositions d'office établies sur les communes; — 11° Les traités passés par les communes ayant plus de trois millions de revenus pour les objets énumérés dans l'art. 16 de la loi du 24 juillet 1867; — 12° Les changements apportés à la circonscription territoriale des communes; — 13° Les caisses des retraites des employés des administrations municipales; — 14° La création des octrois ou l'autorisation des taxes pour une durée supérieure à cinq ans; — 15° La création des tribunaux de commerce et des conseils de prud'hommes, la création ou la prorogation des chambres temporaires dans les cours et tribunaux; — 16° La création des chambres de commerce; — 17° La naturalisation des étrangers accordée à titre exceptionnel, en vertu de l'art. 2 de la loi du 29 juin 1867; — 18° Les prises maritimes; — 19° La délimitation du rivage de la mer; — 20° Les concessions de portions du domaine de l'Etat et les concessions de mines, soit en France, soit en Algérie; — 21° L'exécution des travaux publics, à la charge de l'Etat, qui peuvent être autorisés par décrets du pouvoir exécutif; — 22° L'exécution des chemins de fer d'intérêt local; — 23° La concession du dessèchement de marais, les travaux d'endiguement et ceux de redressement des cours d'eau non navigables; — 24° L'approbation des tarifs de ponts à péages et des bacs; — 25° L'autorisation des sociétés d'assurances sur la vie, des tontines, et les modifications des statuts des sociétés anonymes autorisées avant la loi du 24 juillet 1867; — 26° Le classement des établissements dangereux, incommodes et insalubres, la suppression de ces établissements dans les cas prévus par le décret du 15 octobre 1810; — 27° Toutes les affaires non comprises dans cette nomenclature sur lesquelles il doit être statué, en vertu d'un texte de loi ou de règlement, par décret rendu dans la forme des règlements d'administration publique; — 28° Enfin les affaires qui, en raison de leur importance, sont renvoyées à l'examen de l'assemblée générale, soit par les ministres, soit par les présidents de section, d'office ou sur la demande de la section.

TITRE III. — *De l'ordre intérieur des travaux.*

§ 1er. — Assemblées de sections.

8. Il est tenu, dans chaque section, un rôle sur lequel toutes les affaires sont inscrites d'après leur ordre de date. — Le président de la section distribue les affaires entre les rapporteurs. Il désigne celles des affaires qui sont réputées urgentes, soit par leur nature, soit par des circonstances spéciales.

9. La date de la distribution des affaires, avec l'indication de leur nature, est inscrite sur un registre particulier qui reste à la disposition du président de la section.

10. Le secrétaire de chaque section tient note, sur un registre spécial, des affaires délibérées à chaque séance et de la décision prise par la section. Il y fait mention de tous les membres présents.

11. En l'absence du président de la section, la présidence appartient à celui des conseillers d'Etat qui est le premier inscrit sur le tableau.

12. Lorsque plusieurs sections sont réunies, la présidence appartient, en l'absence du ministre de la justice, au vice-président, ou à celui des présidents de ces sections qui est le premier dans l'ordre du tableau. — Les lettres de convocation contiennent l'indication des affaires qui doivent être traitées dans ces réunions.

§ 2. — Des assemblées générales.

13. Les jours et heures des assemblées générales sont fixés par le conseil d'Etat, sur la proposition du ministre de la justice. — En cas d'urgence, le conseil est convoqué par le vice-président.

14. Il est dressé par le secrétaire général, pour chaque séance, un rôle des affaires qui doivent être délibérées en assemblée générale. Ce rôle mentionne le nom du rapporteur et contient la notice de chaque affaire, rédigée par le rapporteur.

15. Le rôle est imprimé et adressé aux conseillers d'Etat, maîtres des requêtes et auditeurs, deux jours au moins avant la séance. — Sont imprimés et distribués en même temps que le rôle, s'ils n'ont pu l'être antérieurement, les projets de loi et de règlement d'administration publique, les avis proposés par les sections, ainsi que les documents à l'appui desdits projets dont l'impression aura été jugée nécessaire par les sections. — Les documents non imprimés sont déposés au secrétariat général le jour où a lieu la distribution du rôle et des impressions, et ils y sont tenus à la disposition des membres du conseil, sauf les cas d'urgence.

16. Le procès-verbal contient les noms des conseillers d'Etat présents. — Les conseillers d'Etat et les maîtres des requêtes qui sont empêchés de se rendre à la séance doivent en prévenir d'avance le vice-président du conseil d'Etat. — Il en est de même des auditeurs qui sont chargés de rapports inscrits à l'ordre du jour. — En cas d'urgence, les rapporteurs empêchés doivent, de l'agrément du président de leur section, remettre l'affaire dont ils sont chargés à un de leurs collègues.

17. Le président a la police de l'assemblée, il dirige les débats, résume la discussion, pose les questions à résoudre. — Nul ne peut prendre la parole sans l'avoir obtenue.

18. Les votes ont lieu par assis et levé ou par appel nominal. — Toutes les élections ont lieu au scrutin secret, à la majorité absolue des membres présents et sur convocation spéciale. — Le président proclame le résultat des votes.

§ 3. — De l'instruction et du jugement des affaires contentieuses.

19. La communication des recours aux parties intéressées et aux ministres, s'il y a lieu, les demandes de pièces, les mises en cause et tous les autres actes d'instruction sont délibérés par la section du contentieux, sur l'exposé du rapporteur. — Les décisions relatives aux actes d'instruction sont signées par le président de la section.

20. Le président de la section du contentieux distribue les affaires entre les quatre maîtres des requêtes qui remplissent les fonctions du ministère public.

21. La section du contentieux ne peut statuer, en exécution de l'article 19 de la loi du 24 mai 1872, sur les affaires introduites sans le ministère d'un avocat au conseil, ni délibérer sur les affaires qui doivent être portées à l'assemblée du conseil d'Etat, statuant au contentieux, que si cinq membres au moins ayant voix délibérative sont présents.

22. Le rôle de chaque séance publique du conseil d'Etat est préparé par le commissaire du Gouvernement chargé de porter la parole dans la séance ; il est arrêté par le président. — Ce rôle, imprimé et contenant sur chaque affaire une notice sommaire rédigée par le rapporteur, est distribué, quatre jours au moins avant la séance, à tous les conseillers d'Etat de service à l'assemblée du conseil statuant au contentieux, ainsi qu'aux maîtres des requêtes et auditeurs de la section du contentieux. — Il est également remis aux ministres qui ont pris des conclusions et aux avocats dont les affaires doivent être appelées.

23. En l'absence du vice-président du conseil d'Etat, la présidence de l'assemblée du conseil statuant au contentieux appartient au président de la section du contentieux. — En cas d'empêchement du secrétaire du contentieux, un secrétaire adjoint peut être désigné par le vice-président du conseil d'Etat sur la proposition du président de la section du contentieux.

24. Toutes les décisions rendues par le conseil d'Etat statuant au contentieux ou par la section du contentieux contiennent les noms et demeures des parties, leurs conclusions, le vu des pièces principales et des lois appliquées. — Elles portent en tête la mention suivante :

« Au nom du peuple français,

« Le conseil d'Etat statuant au contentieux (ou la section du contentieux du conseil d'Etat). »

25. L'expédition des décisions, délivrée par le secrétaire du contentieux, porte la formule exécutoire suivante : « La République mande et ordonne aux ministres de (ajouter le département ministériel désigné par la décision), en ce qui les concerne, et à tous huissiers à ce requis, en ce qui concerne les voies de droit commun contre les parties privées, de pourvoir à l'exécution de la présente décision. »

TITRE IV. — *Dispositions générales.*

26. Les présidents de section et les

conseillers d'Etat siègent dans l'ordre du tableau. — Le tableau comprend : 1° le vice-président; 2° les présidents de section ; 3° les conseillers d'Etat en service ordinaire ; 4° les conseillers d'Etat en service extraordinaire ; 5° les maîtres des requêtes et les auditeurs. — Ils y sont tous inscrits dans l'ordre de leur nomination.

27. Les conseillers d'Etat ne peuvent s'absenter sans un congé donné par le ministre de la justice, après avoir pris l'avis du vice-président et du président de leur section. — Les maîtres des requêtes et les auditeurs ne peuvent s'absenter sans un congé donné par le vice-président, après avoir pris l'avis du président de la section dont ils font partie.

28. Dans le cas où, par suite de vacance, d'absence ou d'empêchement d'un ou de plusieurs conseillers d'Etat, une section ne se trouve pas en nombre pour délibérer, le vice-président du conseil, de concert avec les présidents de section, la complète par l'appel de conseillers d'Etat pris dans les autres sections. — En cas d'urgence, la décision est prise par le président de la section.

29. Tout conseiller d'Etat, maître des requêtes ou auditeur qui s'absente sans congé, ou qui excède la durée du congé qu'il a obtenu, subit la retenue intégrale de la portion de son traitement afférente au temps pendant lequel a duré son absence non autorisée. — Si l'absence non autorisée dure plus d'un mois, le ministre de la justice en informe le Président de la République.

30. Au procès-verbal des sections et des assemblées générales du conseil d'Etat est annexé un résumé des discussions relatives aux projets de loi, aux règlements d'administration publique et aux affaires pour lesquelles, en raison de leur importance, le président jugerait que la discussion doit être recueillie. — Ce résumé est fait par un auditeur désigné par le président et assisté d'un rédacteur spécial. — Il reproduit sommairement les discussions ; il est soumis à la révision du président ou de l'un des conseillers d'Etat ou maîtres des requêtes présents à la séance, délégué par le président.

31. L'époque des vacances du conseil d'Etat est fixée, chaque année, par un décret du Président de la République. — Le même décret forme deux sections pour délibérer sur les affaires urgentes et désigne neuf conseillers d'Etat en service ordinaire, huit maîtres des requêtes et dix auditeurs pour composer ces sections. — L'assemblée générale ne peut délibérer pendant les vacations qu'autant que neuf au moins de ses membres, ayant voix délibérative, sont présents. — Les conseillers d'Etat désignés pour faire partie de la section des vacations peuvent se faire remplacer, de l'agrément du président, par un autre conseiller d'Etat.

32. La bibliothèque est placée sous la surveillance d'une commission de trois conseillers d'Etat élus au scrutin. Cette commission règle tout ce qui concerne l'acquisition, le prêt et l'usage des livres.

LOI

Relative à la nomination des membres de commissions administratives des hospices et des hôpitaux et des bureaux de bienfaisance.

(5 août 1879) (1)

LOI

Sur les pensions du personnel du département de la marine et des colonies.

(5 août 1879) (2)

LOI

Ayant pour objet l'établissement des écoles normales primaires.

(9 août 1879) (3)

LOI

Sur les soldes et pensions des officiers en réforme.

(17 août 1879)

ART. 1er. L'art. 6 de la loi du 22 juin 1878 est abrogé.

2. L'art. 18 de la loi du 19 mai 1834 est ainsi modifié :

(1) *J. off.* 7 août 1879. — *V.* le texte dans notre édition in-8°.

(2) *J. off.* 6 août 1879. — *V.* le texte dans notre édition in-8°.

(3) *J. off.* 10 août 1879. — *V.* le texte dans notre édition in-8°.

« Art. 18. Nul officier réformé n'a droit à un traitement s'il n'a accompli le temps de service imposé par la loi de recrutement. — Tout officier réformé ayant moins de vingt ans de service recevra, pendant un temps égal à la moitié de la durée de ses services effectifs, une solde de réforme égale aux deux tiers du minimum de la pension de retraite de son grade, conformément à ce qui est déterminé par les lois en vigueur; la solde ne sera que de la moitié de ce minimum, si l'officier a été réformé pour cause de discipline. — L'officier ayant au moment de sa réforme vingt ans ou plus de service effectif, recevra une pension de réforme dont la quotité sera déterminée d'après le minimum de la retraite de son grade, à raison d'un trentième pour chaque année de service effectif s'il appartient à l'armée de terre, ou à raison d'un vingt-cinquième s'il appartient à l'armée de mer, et sous les conditions indiquées au paragraphes 1er et 3 de l'art. 1er de la loi du 18 avril 1831. Si l'officier a été réformé pour cause de discipline, la pension ne sera que de la moitié du minimum de la pension de retraite de son grade, augmentée par chaque année de service effectif au-delà de vingt ans, savoir : de l'annuité d'accroissement fixée pour la pension d'ancienneté s'il appartient à l'armée de terre et de deux annuités s'il appartient à l'armée de mer, et sous les conditions ci-dessus rappelées. — La solde ou la pension des officiers réformés pour prolongation de la position de non-activité au-delà de trois ans seront réglées conformément aux dispositions qui précèdent, suivant qu'ils auront été mis en non-activité pour cause d'infirmités ou pour cause de discipline.

LOI

Sur les pensions des sous-officiers, caporaux ou brigadiers et soldats de l'armée de terre.

(18 août 1879)

TITRE Ier. — *Des droits à la pension de retraite.*

ART. 1er. Les sous-officiers, caporaux, brigadiers, soldats de l'armée de terre et leurs assimilés, acquièrent des droits à une pension de retraite, soit par la durée de leurs services, soit par suite de blessures ou d'infirmités.

2. Le droit à la pension de retraite pour ancienneté est acquis, à vingt-cinq ans de service effectif, par les militaires maintenus sous les drapeaux au delà des limites d'âge fixées par l'art. 51 de la loi du 27 juillet 1872, en qualité de commissionnés ou par application des lois antérieures.

3. Ont droit à une pension proportionnelle à la durée de leurs services : — 1° Les sous-officiers qui, après avoir accompli les cinq années de service actif exigées par la loi du 27 juillet 1872, ont contracté deux rengagements successifs de cinq années avec indemnités, conformément aux dispositions de la loi du 22 juin 1878, et pour lesquels la limite d'âge de trente-cinq ans n'est pas exigée ; — 2° Tous les sous-officiers restés sous les drapeaux jusqu'à la limite d'âge de trente-cinq ans, par suite de rengagements contractés dans les conditions de la loi du 27 juillet 1872 et de la loi du 10 juillet 1874 ; — 3° Les sous-officiers, caporaux ou brigadiers et soldats maintenus sous les drapeaux comme commissionnés par application de l'art. 35 de la loi du 13 mars 1875 modifié par la loi du 15 décembre suivant, et qui comptent au moins quinze années et moins de vingt-cinq années de service effectif accomplies sous les drapeaux. — L'art. 19, numéro 4, de la loi du 11 avril 1831 n'est pas applicable aux veuves des sous-officiers, caporaux ou brigadiers et soldats morts en jouissance de la pension proportionnelle concédée en vertu du présent article, ou en possession de droits à cette pension. (*Modifié par L. 23 juill.* 1881, *art.* 26.)

4. Lorsque, par application du deuxième paragraphe de l'art. 4 de la loi du 10 juillet 1874 et des deux premiers paragraphes de l'art. 12 de la loi du 22 juin 1878, un sous-officier est pourvu d'un emploi civil dans les six mois qui précèdent sa libération définitive, le temps qui s'écoule depuis sa nomination à l'emploi civil jusqu'à sa libération est compté comme service militaire pour la liquidation de sa pension.

TITRE II. — *Fixation du taux de la pension de retraite.*

5. La pension pour ancienneté de service comporte un minimum et un maximum qui sont déterminés, pour chaque grade, par le tarif annexé à la présente loi. — Le minimum est acquis à vingt-cinq années de service effectif. — Le maximum est acquis à quarante-cinq ans de service, campagnes com-

prises. — Chaque année de service en sus des vingt-cinq années et chaque campagne augmentent le minimum d'une somme égale au vingtième de la différence du maximum au minimum.

6. La pension proportionnelle acquise après quinze ans de service est déterminée, pour chaque grade, par le tarif annexé à la présente loi. — Les sous-officiers qui ont accompli les deux rengagements avec indemnités prévues par les art. Ier et 6 de la loi du 22 juin 1878 ont droit, à l'expiration de leur deuxième rengagement de cinq ans, au minimum de la pension proportionnelle, tel qu'il est fixé pour leur grade par la première colonne du tarif annexé à la présente loi. (*V. le tableau p.* 655.) — Les sous-officiers maintenus jusqu'à trente-cinq ans sous les drapeaux, par suite de rengagements contractés dans les conditions des lois des 27 juillet 1872 et 10 juillet 1874, et qui n'ont pas quinze ans de services, ont droit au minimum de la pension proportionnelle de leur grade, diminué, par chaque année accomplie en moins, d'une somme égale au quinzième du minimum de ladite pension proportionnelle. — Les sous-officiers, caporaux ou brigadiers et les soldats maintenus sous les drapeaux comme commissionnés ont, à quinze ans de service effectif, droit au minimum de la pension proportionnelle de leur grade.

7. Chaque année de service accomplie en sus des quinze ans, ainsi que chaque campagne, donne droit à une augmentation égale à un dixième de la différence entre le minimum de la pension d'ancienneté et le minimum de la pension proportionnelle. — Toutefois, si les campagnes ajoutées aux années de service forment un total de plus de vingt-cinq ans, les années ou campagnes en sus sont calculées sur le taux d'accroissement des pensions d'ancienneté de vingt-cinq à quarante-cinq ans.

8. Il n'est pas dérogé aux art. 10 et 11 de la loi du 11 avril 1831 et 4 de la loi du 25 juin 1861, en ce qui concerne les sous-officiers, caporaux ou brigadiers de toutes armes, ainsi que les gendarmes.

TITRE III. — *Des pensions pour blessures ou infirmités.*

9. La pension à titre de blessures ou d'infirmités est acquise dans les conditions déterminées par les prescriptions des lois antérieures. — La liquidation en est calculée d'après les règles indiquées dans lesdites lois.

TITRE IV. — *Dispositions spéciales à l'arme de la gendarmerie.*

10. Les tarifs de la présente loi s'appliquent aux pensions des sous-officiers, brigadiers de gendarmerie ou gendarmes. Toutefois, les pensions des militaires de cette arme sont liquidées suivant les dispositions de l'ordonnance du 20 janvier 1841, et, de plus, elles sont augmentées, pour chaque année d'activité passée dans la gendarmerie au delà de quinze ans de service effectif, soit dans l'armée, soit dans la gendarmerie : — De 18 francs pour le sous-officier; — De 15 francs pour le brigadier; — De 8 francs pour le gendarme. (*Modifié par L.* 23 *juill.* 1881, *art.* 20.) — Le droit à ces annuités est acquis après vingt-cinq ans de service effectif. Ce maximum de l'augmentation est atteint à trente ans de service effectif.

11. Le militaire qui, après être sorti de la gendarmerie pour une cause quelconque, y est réadmis, ne profite de la majoration dont il s'agit que pour le temps accompli dans cette arme depuis sa réadmission.

12. En cas d'admission à la retraite à titre de blessures ou d'infirmité, le bénéfice des annuités déterminées à l'article précédent est acquis au militaire qui compte plus de quinze ans de service effectif, mais seulement pour le nombre d'années de présence dans l'arme de la gendarmerie.

13. Les annuités fixées par l'art. 10 seront décomptées et fractionnées selon les règles générales adoptées pour la liquidation des pensions militaires; elles sont déterminées par le grade dont le militaire est titulaire à l'époque de sa mise à la retraite.

TITRE V. — *Des pensions des veuves et des secours aux orphelins.*

14. Sont élevés du tiers à la moitié du maximum de la pension d'ancienneté affectée au grade dont le mari ou le père était titulaire ou était en possession de droits à la jouissance, les pensions des veuves et les secours annuels accordés aux orphelins mineurs des sous-officiers, brigadiers, caporaux, soldats ou assimilés.

15. Sont élevés de la moitié aux trois quarts du maximum de la pension d'ancienneté affectée au grade dont le mari ou le père était titulaire, les pensions et secours auxquels ont droit, aux termes de la loi du 26 avril

1856, les veuves et orphelins des sous-officiers, brigadiers ou caporaux et soldats dont les maris ou pères ont été tués sur les champs de bataille ou qui ont péri à l'armée et dont la mort a été causée par des événements de guerre.

16. Dans les cas où les veuves et orphelins des militaires de la gendarmerie ont droit à des pensions ou à des secours annuels, ces pensions et secours annuels, calculés d'après les lois générales sur les pensions militaires, sont augmentés de la moitié des annuités afférentes au temps d'activité passé dans la gendarmerie par le mari ou le père, si ce dernier avait plus de quinze ans de service effectif, soit dans l'armée, soit dans la gendarmerie.

17. Sont élevés aux trois quarts du maximum de la pension d'ancienneté affectée au grade dont le mari ou le père était titulaire les pensions de veuves et les secours annuels accordés orphelins mineurs des sous-officiers, brigadiers de gendarmerie ou gendarmes qui ont péri par suite de lutte ou combat soutenu dans l'exercice de leurs fonctions. — Les pensions et secours annuels liquides en vertu du présent article sont augmentés, en outre, des trois quarts des annuités énoncées aux art. 10, 11 et 12.

TITRE VI. — *Dispositions générales et transitoires.*

18. Sont abrogées les dispositions des lois et décrets antérieurs contraires à la présente loi.

19. Les dispositions de la présente loi sont applicables à toutes les pensions non encore inscrites, au moment de sa promulgation, au livre de la dette publique. (*V. le tableau annexé à la loi du* 23 *juill.* 1881.)

DÉCRET

Concernant les pensions proportionnelles à concéder aux officiers-mariniers.

(18 août 1879)

ART. 1er. Les pensions proportionnelles que les officiers mariniers, les magasiniers de la flotte, ainsi que les premiers et les seconds commis aux vivres sont susceptibles d'obtenir, conformément aux dispositions de l'art. 3 de la loi du 5 août 1879, lorsqu'ils ont été reconnus impropres à l'embarquement par suite des fatigues de la navigation, ne peuvent pas être réclamées par les intéressés. — Elles sont concédées en vertu de propositions motivées formées d'office, par les chefs sous les ordres desquels ils se trouvent placés.

2. Les commissions de réforme établies dans les cinq ports militaires, conformément à l'arrêté du 25 mai 1877 (B. O., p. 928) sont exclusivement chargées de l'examen des propositions pour pensions proportionnelles présentées en faveur des officiers-mariniers, des magasiniers de la flotte, des premiers ou seconds commis aux vivres qui servent soit à terre, soit à la mer.

3. Les officiers-mariniers, les magasiniers de la flotte et les commis aux vivres proposés pour la pension proportionnelle, devront toujours comparaître devant les commissions de réforme chargées de statuer à leur égard. — Ces commissions rechercheront quelles ont été les circonstances de la carrière des officiers-mariniers et agents proposés; elles tiendront compte du genre de la navigation accomplie, des fonctions remplies pendant cette navigation, des maladies survenues, et établiront ainsi les causes qui ont pu influer d'une manière assez décisive sur la santé desdits officiers mariniers et agents pour motiver leur éloignement du service. — Elles formuleront leur opinion dans un rapport détaillé, qui déclarera expressément que les intéressés ne sont pas susceptibles de rendre de bons services dans les corps qui se recrutent par les équipages de la flotte, tels que les marins vétérans, les pompiers, les surveillants des prisons maritimes, etc., qui ne sont pas soumis à l'embarquement sur les bâtiments de la flotte.

4. Les rapports des commissions de réforme seront transmis au ministre avec l'avis personnel du préfet maritime. — Sur la décision prise par le ministre, après avis de l'inspection générale du service de santé, les mémoires de proposition à la pension proportionnelle seront établis par les ports dans lesquels les officiers-mariniers, magasiniers de la flotte, premiers et seconds commis aux vivres auront été examinés.

DÉCRET

Fixant les cautionnements des receveurs chargés du double service des postes et des télégraphes, ou

Ancien tarif annexé à la loi du 18 *août* 1879 *sur les pensions des sous-officiers*, etc., *et remplacé par le tarif joint à la loi du* 23 *juillet* 1881.

GRADES.	PENSIONS proportionnelles.	ACCROISSEMENT de 15 à 25 ans de services.	PENSIONS d'ancienneté à 25 ans de services.	ACCROISSEMENT de 25 à 45 ans de services.	MAXIMUM à 45 ans.	MINIMUM ET MAXIMUM augmentés du 5e en plus.		VEUVES ET ORPHELINS.	
						MINIMUM.	MAXIMUM.	1re CATÉG. 1/2	2e CATÉG. 3/4
Adjudant........	455	24 50	700	10 »	900	840	1.080	450	675
Sergent-major...	395	20 50	600	10 »	800	720	960	400	600
Sergent.........	365	18 50	550	7 50	700	600	840	350	525
Caporal.	347	17 30	520	6 »	640	624	768	320	480
Soldat..........	335	16 50	500	5 »	600	600	720	300	450

simplement du service postal, à Paris, dans les départements, en Algérie et dans les bureaux français à l'étranger.

(13 septembre 1879)

ART. 1er. Les cautionnements des receveurs chargés du double service des postes et des télégraphes, ou simplement du service postal, à Paris, dans les départements, en Algérie et dans les bureaux français à l'étranger, seront fixés, à l'avenir, d'après le traitement attribué à l'agent par sa nomination et conformément aux bases suivantes : — Receveurs au traitement de 5,000 fr. et au-dessus, trois fois le traitement annuel ; — Receveurs au traitement de 2,500 à 4,500 fr., deux fois et demie le traitement annuel ; — Receveurs au traitement de 1,600 à 2,400 fr., deux fois le traitement annuel ; — Receveurs au traitement de 1,200 à 1,400 fr., une fois et demie le traitement annuel ; — Receveurs au traitement de 800 à 1,000 fr., une fois le traitement annuel. — Dans le calcul des cautionnements les fractions de 100 fr. seront négligées.

2. Les cautionnements actuels et ceux qui seront fixés à l'avenir d'après les bases qui précèdent, ne pourront être modifiés qu'en cas de changement de gestion ou d'avancement sur place. Toutefois les comptables aujourd'hui en fonctions qui, sans avoir été déplacés et sans avoir obtenu d'avancement dans un délai de six ans à partir de la date du présent décret, pourraient bénéficier de la mesure, obtiendront la révision de leur cautionnement à l'expiration de cette sixième année.

LOI

Relative aux attributions des conseils généraux pour l'établissement, la suppression ou les changements des foires et marchés.

(16 septembre 1879)

ART. 1er. Les conseils généraux appelés à délibérer dans les cas prévus à l'art. 46, paragraphe 24, de la loi du 10 août 1871, statuent souverainement et nonobstant toute opposition sur l'établissement, la suppression ou les changements des foires et marchés dans les communes de leurs départements respectifs. — Néanmoins, lorsqu'il s'agira de foires et marchés établis ou à établir dans des communes situées à moins de deux myriamètres d'un département voisin, le conseil général de ce département devra être préalablement consulté, conformément aux dispositions du décret du 13 août 1864.

2. Sont abrogées toutes les dispositions de lois et de règlements contraires à la présente loi.

DÉCRET

Déterminant les mesures nécessaires pour assurer la perception de l'impôt dans les distilleries.

(18 septembre 1879) (1)

DÉCRET

Déterminant les mesures nécessaires pour assurer la perception de l'impôt dans les distilleries.

(19 septembre 1879) (2)

DÉCRET

Relatif au travail des enfants dans certains établissements.

(22 septembre 1879) (3)

DÉCRET

Approuvant la déclaration entre la France et la Belgique à l'effet de simplifier la légalisation des pièces à produire par les nationaux de l'un des deux pays pour contracter mariage dans l'autre.

(24 octobre 1879)

ART. 1er. Les actes à produire pour contracter mariage en France par les Belges et en Belgique par les Français, seront à l'avenir admis par les officiers de l'état civil des deux pays respectivement, lorsqu'ils auront été légalisés, soit par le président d'un tribunal, soit par un juge de paix ou son suppléant. Aucune autre légalisation

(1) *J. off.* 21 sept. 1879.
(2) *J. off.* 21 sept. 1879.
(3) *J. off.* 24 sept. 1879. — V. le texte dans notre édition in-8o.

ne sera exigée par l'officier de l'état civil, hormis le cas où il y aurait lieu de mettre en doute l'authenticité des pièces produites. — Le présent arrangement est conclu pour une période de cinq années, à compter de ce jour; mais il continuera d'être observé, si aucune des deux parties n'a notifié, trois mois au moins avant l'expiration dudit terme, son intention d'en faire cesser les effets.

DÉCRET

Fixant les frais de fabrication à exiger pour les matières d'or et les matières d'argent.

(31 octobre 1879) (1)

DÉCRET

Relatif à l'avancement des percepteurs qui auront passé six années consécutives dans la même classe.

(15 novembre 1879)

ART. 1er. Les dispositions du 1er § de l'article 1206 de l'instruction générale du 20 juin 1859 sont complétées ainsi qu'il suit : — Les percepteurs qui auront passé six années consécutives dans la même classe pourront, à titre exceptionnel, être promus à la classe supérieure à celle qui aurait pu leur être attribuée après trois années d'exercice.

DÉCRET

Apportant des modifications aux décrets et ordonnances qui règlent l'institution des huissiers en Algérie.

(13 décembre 1879)

ART. 1er. Les huissiers attachés aux tribunaux de première instance et aux justices de paix de l'Algérie ont le droit d'exploiter concurremment dans le ressort du tribunal de leur résidence, sous les réserves et aux conditions exprimées dans le décret du 14 juin 1813.

2. En cas d'absence ou d'empêchement de ces huissiers, le procureur général pourra pourvoir à leur remplacement provisoire par la désignation d'un huissier appartenant au même arrondissement judiciaire.

3. S'il ne peut être pourvu à leur remplacement provisoire par un autre huissier, ces fonctions seront provisoirement et exceptionnellement confiées aux commandants de brigades de gendarmerie.

4. Les commandants de brigades de gendarmerie, instrumentant à la requête du ministère public, des administrations publiques ou des particuliers, auront droit aux mêmes frais de transport et émoluments que les huissiers.

LOI

Relative au délai légal des prescriptions et péremptions en matière civile.

(20 décembre 1879)

ART. UNIQUE. Le délai légal des prescriptions et péremptions en matière civile, qui ont fait l'objet des décrets des 9 septembre et 3 octobre 1870, ainsi que de la loi du 26 mai 1871, ne sera plus augmenté du temps de suspension prévu par les décrets ci-dessus visés. — La présente loi ne sera pas applicable aux prescriptions et péremptions qui arriveraient à échéance dans l'année de sa promulgation.

LOI

Relative à l'enseignement supérieur en Algérie.

(20 décembre 1879) (2)

LOI

Portant fixation du budget des recettes de l'exercice 1880.

(21 décembre 1879)

TITRE Ier.

. . . .

§ 1er.

ART. 3. . . . .

Sont supprimés, à partir du 1er octo-

(1) *J. off.*, 24 déc. 1879. — *V.* le texte dans notre édition in-8o.

(2) *J. off.*, 31 déc. 1879. — *V.* le texte dans notre édition in-8o. — Le texte de cette loi est celui qui a été rectifié et publié au *Journal officiel* du 31 décembre 1879.

tobre 1880, les droits établis sur la navigation intérieure.

. . . .

LOI

Concernant les modifications à apporter aux lois des 2 juillet 1862 *et 23 juillet* 1872, *qui ont établi une contribution sur les voitures et sur les chevaux.*

(22 décembre 1879) (1)

Art. 1er. A partir du 1er janvier 1880, la contribution sur les voitures et les chevaux sera établie d'après le tarif suivant :

VILLES, COMMUNES OU LOCALITÉS dans lesquelles le tarif est applicable.	SOMME A PAYER non compris LE FONDS DE NON-VALEURS par chaque		
	VOITURE		CHEVAL de selle ou d'attelage.
	à 4 roues.	à 2 roues.	
Paris	60	40	25
Les communes autres que Paris ayant plus de 40,000 âmes de population	50	25	20
Les communes de 20,001 âmes à 40,000	40	20	15
Les communes de 10,001 âmes à 20,000	30	15	12
Les communes de 5,001 âmes à 10,000	25	10	10
Les communes de 5,000 âmes et au-dessous	10	5	5

2. Les mules et mulets de selle ainsi que les mules et mulets servant à atteler les voitures imposables à la contribution sur les voitures et les che-

(1) *L. 23 juillet* 1872.

Art. 5. A partir du 1er janvier 1873, les taxes spécifiées à l'article 5 de la loi du 2 juillet 1862, concernant la contribution sur les voitures et les chevaux seront appliquées : — 1o Aux voitures suspendues destinées au transport des personnes ; — 2o aux chevaux servant à atteler les voitures imposables ; — 3o aux chevaux de selle.

6. *V. L'art.* 3 *de la loi du* 22 *décembre* 1879 ci-dessus.

7. L'exemption de taxe prévue par l'article 7 de la loi du 2 juillet 1862 est étendue : — 1o Aux voitures et chevaux affectés exclusivement au service des voitures publiques qui sont soumises aux droits perçus par l'administration des contributions indirectes ; — 2o aux chevaux et voitures possédés par les marchands de chevaux, carrossiers, marchands de voitures, et exclusivement destinés à la vente ou à la location ; — 3o aux chevaux et voitures possédés en conformité des règlements du service militaire ou administratif.

8. Les possesseurs de chevaux et de voitures imposables sont passibles de la taxe pour l'année entière, en ce qui concerne les faits existants au 1er janvier. — Les personnes qui, dans le courant de l'année, deviennent possesseurs de voitures ou de chevaux imposables, doivent la contribution à partir du 1er du mois dans lequel le fait s'est produit, et sans qu'il y ait lieu de tenir compte des taxes imposées au nom des précédents possesseurs.

9. Dans le cas où, à raison d'une résidence nouvelle, le contribuable devient passible d'une taxe supérieure à celle à laquelle il a été assujetti au 1er janvier, il doit un supplément complémentaire égal au montant de la différence, et calculé à partir du 1er du mois dans lequel le changement de résidence s'est produit. — Dans les cas prévus au présent article et au paragraphe 2 de l'article précédent,

vaux, sont passibles de cette contribution d'après le même tarif et suivant les mêmes règles que les chevaux.

3. L'article 6 de la loi du 23 juillet 1872 est modifié ainsi qu'il suit : — La taxe est réduite de moitié pour les chevaux et voitures imposables, d'après l'article 5 de la loi du 23 juillet 1872, lorsqu'ils sont employés habituellement pour le service de l'agriculture ou d'une profession quelconque donnant lieu à l'application du droit de patente, sauf en ce qui concerne les professions rangées dans le tableau G annexé à la loi du 18 mai 1850, et dans les tableaux correspondants annexés aux lois de patentes subséquentes.

DÉCRET

Supprimant la 4e catégorie des lycées.

(22 décembre 1879)

ART. 1er. La 4e catégorie des lycées est supprimée. Les lycées des villes ci-après désignées passent dans la 3e catégorie, savoir :

Albi.	Montauban.
Alençon.	Mont-de-Marsan.
Auch.	Pontivy.
Avignon.	Puy (Le).
Bastia.	Roche-sur-Yon (La).
Bayonne.	Rodez.
Bourg.	Sens.
Cahors.	Tarbes.
Charleville.	Tournon.
Châteauroux.	Valenciennes.
Chaumont.	Vendôme.
Evreux.	Vesoul.
Lons-le-Saunier.	
Mâcon.	

DÉCRET

Portant répartition des commis d'inspection académique de France et d'Algérie.

(24 décembre 1879)

ART. UNIQUE. Les commis d'inspection académique de France et d'Algérie sont répartis ainsi qu'il suit, à dater du 1er janvier 1880 :

1re classe, 30 à........ 2,000 fr.
2e classe, 59 à........ 1,800 fr.

1880

DÉCRET

Elevant de 500 à 1,000 francs, à partir du 15 janvier 1880, le maximum des quittances, factures, billets, traites, et généralement de toutes les valeurs commerciales ou autres, payables sans frais, dont le gouvernement est autorisé à effectuer le recouvrement, en vertu des dispositions de la loi du 5 avril 1879.

(3 janvier 1880)

ART. 1er. Est élevé de 500 à 1,000 fr., à partir du 15 janvier 1880, le maximum des quittances, factures, billets, traites, et, généralement, de toutes les valeurs commerciales ou autres, payables sans frais, dont le Gouvernement est autorisé à effectuer le recouvrement, en vertu des dispositions de la loi du 5 avril 1879.

2. Les règles fixées par les décrets des 10 mai, 28 juin et 9 juillet 1879, continueront à être appliquées à toutes les valeurs à recouvrer confiées au service des postes.

DÉCRET

Concernant les écoles préparatoires d'enseignement supérieur établies à Alger.

(10 janvier 1880) (1)

---

les déclarations que les contribuables sont tenus de faire, en exécution de l'article 11 de la loi du 2 juillet 1862, doivent être effectuées dans le délai de trente jours, à partir de la date à laquelle se sont produits les faits susceptibles de motiver l'imposition de nouvelles taxes ou de suppléments de taxes.

10. Il sera attribué aux communes un vingtième du produit de l'impôt établi par l'article 4 de la loi du 2 juillet 1862, et dont l'assiette est modifiée par la présente loi, déduction faite des cotes et portions de cotes dont le dégrèvement aura été accordé.

11. Les dispositions de la loi du 2 juillet 1862, relatives à la contribution sur les voitures et les chevaux, remises en vigueur par l'article 7 de la loi du 16 septembre 1871, sont maintenues, sauf en ce qui concerne les articles 4, 6, 8 et 9 et les paragraphes 1 et 3 de l'article 7, lesquels sont abrogés.

. . . .

(1) *J. off.*, 11 janv. 1880 — *V.* le texte dans notre édition in-8o.

DÉCRET

Modifiant le décret du 31 août 1878, sur l'état des officiers de réserve et de l'armée territoriale.

(3 février 1880)

ART. 1er. Les officiers admis à la retraite et placés pendant cinq ans à la disposition du ministre de la guerre, par application de la loi du 22 juin 1878, sont pourvus d'emplois dans les cadres de l'armée territoriale, de préférence aux officiers de cette même armée qui n'ont pas la même origine. — Ces derniers peuvent être mis à la suite par décret du Président de la République, rendu sur le rapport du ministre de la guerre.

2. Tout officier mis à la suite par application de l'article précédent, et qui a atteint la limite du temps de service exigé dans la réserve de l'armée territoriale, peut être rayé des cadres par décision ministérielle.

3. Les conseils d'enquête qu'il y a lieu de réunir en vertu du décret du 21 août 1878 sur l'état des officiers de réserve et des officiers de l'armée territoriale sont composés conformément aux tableaux annexés au décret du 29 juin 1878 sur les conseils d'enquête de l'armée active. — Dans chaque conseil d'enquête, l'officier le moins élevé en grade est pris parmi les officiers de réserve ou parmi ceux de l'armée territoriale, selon que l'officier inculpé appartient aux cadres de la réserve ou à l'armée territoriale; les autres membres du conseil sont pris dans l'armée active.

4. Sont abrogées les dispositions du décret du 31 août 1878, contraires au présent décret, ainsi que les tableaux annexés audit décret du 31 août 1878.

DÉCRET

Concernant les attributions des chambres syndicales des agents de change, à Paris ou dans les départements, et la négociation des valeurs étrangères.

(7 février 1880)

ART. 1er. Les chambres syndicales des agents de change, à Paris ou dans les départements, accordent, refusent, suspendent ou interdisent la négociation, à leurs bourses respectives, des actions, obligations, titres d'emprunts, quelle que soit d'ailleurs leur dénomination émanant de sociétés, compagnies, entreprises, corporations, villes, provinces étrangères et tous autres établissements étrangers.

2. La chambre syndicale près la Bourse où l'admission d'une valeur étrangère est demandée, se fait remettre les pièces et justifications suivantes :—1o Les actes publics ou privés, statuts, cahiers des charges, etc., en vertu desquels cette valeur a été créée dans son lieu d'origine; — 2o La certification, par l'autorité consulaire établie en France, que ces actes sont conformes aux lois et usages de leur pays d'origine, et que la valeur est officiellement cotée dans ledit pays, à moins qu'il n'y existe pas de Bourse officielle, auquel cas le fait serait constaté par le certificat; — 3o La justification de l'agrément, par le ministre des finances, d'un représentant responsable du payement des droits du Trésor.

3. La chambre syndicale peut demander, en outre, toutes pièces, justifications et renseignements qu'elle juge nécessaires.

4. Les actions admises à la cote ne peuvent être de moins de 100 fr., lorsque le capital des entreprises n'excède pas 200,000 fr., ni de moins de 500 fr., si le capital est supérieur à 200,000 fr. Elles doivent être libérées jusqu'à concurrence du quart.

5. Le ministre des finances peut toujours interdire la négociation, en France, d'une valeur étrangère.

6. Sont abrogés les décrets des 22 mai 1858 et 16 août 1859, concernant la négociation, en France, des valeurs étrangères.

LOI

Concernant : 1o la présidence et le secrétariat du conseil des prud'hommes; 2o l'abrogation de l'article 30 du décret du 18 mars 1806.

(7 février 1880)

ART. 1er. Les membres des conseils des prud'hommes, réunis en assemblée générale, éliront parmi eux, à la majorité absolue des membres présents, un président et un vice-président. — En cas de partage des voix et après deux tours de scrutin, le conseiller le plus ancien en fonctions sera élu. Si les deux candidats avaient un temps de service égal, la préférence serait accordée au plus âgé. Il en sera de même dans le cas de la création d'un nouveau conseil

2. Lorsque le président sera choisi parmi les prud'hommes patrons, le vice-président ne pourra l'être que parmi les prud'hommes ouvriers, et réciproquement.

3. La durée des fonctions du président et du vice-président est d'une année. — Ils seront rééligibles.

4. Le bureau particulier des conseils de prud'hommes, institué par l'article 21 du décret du 11 juin 1809, sera présidé alternativement par un patron et un ouvrier, suivant un roulement établi par le règlement particulier de chaque conseil.

5. Le secrétaire attaché aux conseils de prud'hommes sera nommé à la majorité absolue des suffrages, il pourra être révoqué à volonté; mais, dans ce cas, la délibération devra être signée par les deux tiers des prud'hommes.

6. L'art. 30 du décret du 18 mars 1806 est abrogé.

7. Sont abrogées toutes les dispositions antérieures contraires à celles de la présente loi.

8. Dans les trois mois à partir de la promulgation de la présente loi, il sera procédé à l'élection des présidents, vice-présidents et secrétaires des conseils de prud'hommes.

DÉCRET

Relatif à la concession de bourses nationales fondées dans les écoles primaires supérieures.

(14 février 1880) (1)

LOI

Portant suppression immédiate des droits de navigation intérieure.

(19 février 1880)

ART. 1er. Les droits de navigation intérieure (dont la suppression, à partir du 1er octobre 1880, est prononcée par l'art. 3, § 2, de la loi de finances du 21 décembre 1879) cesseront d'être perçus à dater de la promulgation de la présente loi.

2. Les patrons et mariniers seront néanmoins tenus de déclarer aux agents commissionnés à cet effet, la nature et le poids de leurs chargements. — Ils devront, en outre, représenter à toute réquisition auxdits agents, leurs connaissements et lettres de voiture. — Un règlement d'administration publique déterminera les conditions dans lesquelles les déclarations devront être effectuées et vérifiées.

3. Les contraventions aux dispositions du précédent article et aux règlements relatifs à son application, seront assimilées aux contraventions en matière de grande voirie, et punies des mêmes peines.

DÉCRET

Relatif au traitement des directrices d'écoles normales d'institutrices.

(24 février 1880)

ART. UNIQUE. Le traitement des directrices d'écoles normales d'institutrices est fixé ainsi qu'il suit partir du 1er mars prochain :

1re Classe.......	4.000
2e Classe.......	3,500 fr,
3e Classe.......	3,000 fr,

LOI

Relative au conseil supérieur de l'instruction publique et aux conseils académiques.

(27 février 1880)

TITRE Ier. — *Du conseil supérieur de l'instruction publique.*

ART. 1er. Le conseil supérieur de l'instruction publique est composé comme il suit : — Le ministre, président : — Cinq membres de l'Institut, élus par l'Institut en assemblée générale et choisis dans chacune des cinq classes ; — Neuf conseillers, nommés par décret du Président de la République en conseil des ministres, sur la présentation du ministre de l'instruction publique, et choisis parmi les directeurs et anciens directeurs du ministère de l'instruction publique, les inspecteurs généraux et anciens inspecteurs généraux, les recteurs et anciens recteurs, les inspecteurs et anciens inspecteurs d'académie, les professeurs en exercice et anciens professeurs de l'enseignement public ; — Deux professeurs du Collège de France, élus par leurs collègues ; — un professeur du Muséum, élu par ses collègues ; — Un professeur titu-

(1) Rapporté par Décr. 3 janv. 1882.

laire des facultés de théologie catholique, élu par l'ensemble des professeurs, des suppléants et des chargés de cours desdites facultés ; — un professeur titulaire des facultés de théologie protestante, élu par les professeurs, les chargés de cours et les maîtres de conférences ; — deux professeurs titulaires des facultés de droit, élus au scrutin de liste par les professeurs, les agrégés et les chargés de cours ; — deux professeurs titulaires des facultés de médecine ou des facultés mixtes, élus au scrutin de liste par les professeurs, les agrégés en exercice, les chargés de cours et maîtres de conférences pourvus du grade de docteur ; — un professeur titulaire des écoles supérieures de pharmacie ou des facultés mixtes, élu dans les mêmes conditions. — Dans les facultés mixtes, les professeurs de l'enseignement médical voteront pour les deux professeurs de médecine, et les professeurs de l'enseignement de la pharmacie voteront pour le professeur de pharmacie ; — deux professeurs titulaires des facultés des sciences, élus au scrutin de liste par les professeurs, les suppléants, les chargés de cours et les maîtres de conférences pourvus du grade de docteur ; — deux professeurs titulaires des facultés des lettres, élus dans les mêmes conditions ; — deux délégués de l'École normale supérieure, un pour les lettres, l'autre pour les sciences, élus par le directeur, le sous-directeur et les maîtres de conférences de l'école et choisis parmi eux ; — un délégué de l'école normale d'enseignement spécial, élu par le directeur, le sous-directeur et les professeurs de l'école et choisi parmi eux ; — un délégué de l'école nationale des chartes, élu par les membres du conseil de perfectionnement et les professeurs et choisi parmi eux ; — un professeur titulaire de l'école des langues orientales vivantes, élu par ses collègues ; — un délégué de l'École polytechnique, élu par le commandant, le commandant en second, les membres du conseil de perfectionnement, le directeur des études, les examinateurs, professeurs et répétiteurs de l'école et choisi parmi eux ; — un délégué de l'École des beaux-arts, élu par le directeur et les professeurs de l'école et choisi parmi eux ; — Un délégué du Conservatoire des arts et métiers, élu par le directeur, le sous-directeur et les professeurs et choisi parmi eux ; — Un délégué de l'École centrale des arts et manufactures, élu par le directeur et les professeurs de l'école et choisi parmi eux ; — Un délégué de l'Institut agronomique, élu par le directeur et les professeurs de cet établissement et choisi parmi eux ; — Huit agrégés en exercice de chacun des ordres d'agrégation (Grammaire, Lettres, Philosophie, Histoire, Mathématiques, Sciences physiques ou naturelles, Langues vivantes, Enseignement spécial), élu par l'ensemble des agrégés du même ordre, qui sont professeurs ou fonctionnaires en exercice, dans les lycées ; — Deux délégués des collèges communaux, élus, l'un dans l'ordre des lettres, l'autre dans l'ordre des sciences, par les principaux et professeurs en exercice dans ces collèges, pourvus du grade de licencié dans le même ordre ; — Six membres de l'enseignement primaire, élus au scrutin de liste par les inspecteurs généraux de l'instruction primaire, par le directeur de l'enseignement primaire de la Seine, les inspecteurs d'académie des départements, les inspecteurs primaires, les directeurs et directrices des écoles normales primaires, la directrice de l'école Pape-Carpentier, les inspectrices générales et les déléguées spéciales chargées de l'inspection des salles d'asile ; — Quatre membres de l'enseignement libre, nommés par le Président de la République sur la proposition du ministre.

2. Tous les membres du conseil sont nommés pour quatre ans. Leurs pouvoirs peuvent être indéfiniment renouvelés.

3. Les neuf membres nommés conseillers par décret du Président de la République, et six conseillers que le ministre désigne parmi ceux qui procèdent de l'élection, constituent une section permanente.

4. La section permanente a pour fonctions : — D'étudier les programmes et règlements avant qu'ils ne soient soumis à l'avis du conseil supérieur. — Elle donne son avis : — Sur les créations de facultés, lycées, collèges, écoles normales primaires ; — Sur les créations, transformations ou suppressions de chaires ; — Sur les livres de classe, de bibliothèque et de prix qui doivent être interdits dans les écoles publiques ; — Et enfin sur toutes les questions d'études, d'administration, de discipline ou de scolarité qui lui sont renvoyées par le ministre. — En cas de vacance d'une chaire dans une faculté, la section permanente présente deux candidats, concurremment avec la faculté dans laquelle la vacance existe. — En ce

qui concerne les facultés de théologie, la section permanente donne son avis sur la présentation faite au ministre selon les lois et règlements auxquels d'ailleurs il n'est rien innové.

5. Le conseil donne son avis : — Sur les programmes, méthodes d'enseignement, modes d'examens, règlements administratifs et disciplinaires relatifs aux écoles publiques, déjà étudiés par la section permanente ; — Sur les règlements relatifs aux examens et à la collation des grades ; — Sur les règlements relatifs à la surveillance des écoles libres ; — Sur les livres d'enseignement, de lecture et de prix qui doivent être interdits dans les écoles libres comme contraires à la morale, à la Constitution et aux lois ; — Sur les règlements relatifs aux demandes formées par les étrangers pour être autorisés à enseigner, à ouvrir ou à diriger une école.

6. Un décret, rendu en la forme des règlements d'administration publique, après avis du conseil supérieur de l'instruction publique, détermine le tarif des droits d'inscription, d'examen et de diplôme à percevoir dans les établissements d'enseignement supérieur, chargés de la collation des grades, ainsi que les conditions d'âge pour l'admission aux grades. — L'article 14 de la loi du 14 juin 1854 est abrogé.

7. Le conseil statue en appel et en dernier ressort sur les jugements rendus par les conseils académiques en matière contentieuse ou disciplinaire. — Il statue également en appel et en dernier ressort sur les jugements rendus par les conseils départementaux, lorsque ces jugements prononcent l'interdiction absolue d'enseigner contre un instituteur primaire, public ou libre. — Lorsqu'il s'agit : 1° de la révocation, du retrait d'emploi, de la suspension des professeurs titulaires de l'enseignement public, supérieur ou secondaire, ou de la mutation pour emploi inférieur des professeurs titulaires de l'enseignement public supérieur; 2° de l'interdiction du droit d'enseigner ou de diriger un établissement d'enseignement prononcée contre un membre de l'enseignement, public ou libre; 3° de l'exclusion des étudiants de l'enseignement public ou libre de toutes les académies, la décision du conseil supérieur de l'instruction publique doit être prise aux deux tiers des suffrages.

8. Le conseil se réunit en assemblée générale deux fois par an. Le ministre peut le convoquer en session extraordinaire.

TITRE II. — *Des conseils académiques.*

9. Il est institué au chef-lieu de chaque académie un conseil académique composé : — 1° Du recteur, président ; — 2° Des inspecteurs d'académie ; — 3° Des doyens des facultés de théologie catholique ou protestante, de droit, de médecine, des sciences et des lettres, des directeurs des écoles supérieures de pharmacie de l'Etat, des directeurs des écoles de plein exercice et préparatoires de médecine et de pharmacie et des directeurs des écoles préparatoires à l'enseignement supérieur des sciences et des lettres du ressort ; — 4° D'un professeur titulaire de chacune de ces facultés ou écoles supérieures de pharmacie du ressort, élu dans chacune d'elles par les professeurs, les suppléants, les agrégés en exercice, les chargés de cours et les maîtres de conférences ; — 5° D'un professeur titulaire des écoles préparatoires de médecine et de pharmacie du ressort, élu par l'ensemble des professeurs, chargés de cours ou suppléants de ces écoles, pourvus du grade de docteur ou de pharmacien de première classe ; — 6° D'un professeur titulaire des écoles préparatoires à l'enseignement supérieur des sciences et des lettres du ressort, élu par l'ensemble des professeurs et chargés de cours ; — 7° D'un proviseur et d'un principal de l'un des lycées et collèges communaux de plein exercice du ressort, désignés par le ministre ; — 8° De deux professeurs de l'ordre des sciences agrégés ou docteurs, élus au scrutin de liste par les professeurs du même ordre, agrégés ou docteurs, en exercice dans les lycées du ressort ; — 9° De deux professeurs de l'ordre des lettres, agrégés ou docteurs, élus dans les mêmes conditions ; — 10° De deux professeurs des collèges communaux du ressort, pourvus du grade de licencié, l'un pour l'ordre des lettres, l'autre pour l'ordre des sciences, élus par l'ensemble des professeurs de ces établissements, pourvus des mêmes grades et appartenant au même ordre ; — 11° De deux membres choisis par le ministre dans les conseils généraux, et deux dans les conseils municipaux, qui concourent aux dépenses de l'enseignement supérieur ou secondaire du ressort.

10. Les membres du conseil acadé

mique, nommés par le ministre ou élus, le sont pour quatre ans. Leurs pouvoirs peuvent être renouvelés. Les pouvoirs des conseillers généraux et des conseillers municipaux cessent avec leur qualité de conseillers généraux et de conseillers municipaux.

11. Le conseil académique donne son avis sur les règlements relatifs aux collèges communaux, aux lycées et aux établissements d'enseignement supérieur public; sur les budgets et comptes d'administration de ces établissements; sur toutes les questions d'administration et de discipline concernant ces mêmes établissements, qui lui sont renvoyées par le ministre. — Il adresse, chaque année, au ministre un rapport sur la situation des établissements d'enseignement public, secondaire et supérieur, et sur les améliorations qui peuvent y être introduites. — Il est saisi par le ministre ou le recteur des affaires contentieuses ou disciplinaires qui sont relatives à l'enseignement secondaire ou supérieur, public ou libre; il les instruit, et il prononce, sauf recours au conseil supérieur, les décisions et les peines à appliquer. — L'appel au conseil supérieur d'une décision du conseil académique doit être fait dans le délai de quinze jours à partir de la notification qui en est donnée en la forme administrative. Cet appel est suspensif; toutefois le conseil académique pourra, dans tous les cas, ordonner l'exécution provisoire de ses décisions, nonobstant appel. — Les membres de l'enseignement public ou libre, traduits devant le conseil académique ou le conseil supérieur, ont le droit de prendre connaissance du dossier, de se défendre ou de se faire défendre de vive voix, ou au moyen de mémoires écrits. — Pour les affaires contentieuses ou disciplinaires intéressant les membres de l'enseignement libre, supérieur ou secondaire, deux membres de l'enseignement libre, nommés par le ministre, sont adjoints au conseil académique.

12. Le conseil académique se réunit deux fois par an en session ordinaire. Il peut être convoqué extraordinairement par le ministre.

13. Indépendamment du pouvoir disciplinaire réglé par les articles 7 et 11 de la présente loi, le ministre de l'instruction publique peut prononcer contre tout membre de l'enseignement public, la réprimande devant le conseil académique, et la censure devant le conseil supérieur. Ces décisions ne sont susceptibles d'aucun recours.

14. Il peut également prononcer la mutation pour emploi inférieur, en ce qui concerne un professeur de l'enseignement supérieur, sur l'avis conforme du conseil supérieur, et en ce qui concerne un professeur de l'enseignement secondaire, après avoir pris l'avis de la section permanente.

15. Le ministre de l'instruction publique peut prononcer la suspension pour un temps qui n'excédera pas un an, sans privation de traitement. La suspension pour un temps plus long, avec privation totale ou partielle de traitement, ne pourra être prononcée que par le conseil académique, ou en appel par le conseil supérieur.

16. Sont et demeurent abrogées les dispositions des lois, décrets, ordonnances et règlements contraires à la présente loi.

LOI

Relative à l'aliénation des valeurs mobilières appartenant aux mineurs ou aux interdits, et à la conversion de ces mêmes valeurs en titres au porteur.

(27 février 1880)

ART. 1er. Le tuteur ne pourra aliéner, sans y être autorisé préalablement par le conseil de famille, les rentes, actions, parts d'intérêts, obligations, et autres meubles incorporels quelconques appartenant au mineur ou à l'interdit. — Le conseil de famille, en autorisant l'aliénation, prescrira les mesures qu'il jugera utiles.

2. Lorsque la valeur des meubles incorporels à aliéner dépassera, d'après l'appréciation du conseil de famille, quinze cents francs (1,500 fr.) en capital, la délibération sera soumise à l'homologation du tribunal, qui statuera en la chambre du conseil, le ministère public entendu, le tout sans dérogation à l'art. 883 du Code de procédure civile. — Dans tous les cas, le jugement rendu sera en dernier ressort.

3. L'aliénation sera opérée par le ministère d'un agent de change, toutes les fois que les valeurs seront négociables à la Bourse, au cours moyen du jour.

4. Le mineur émancipé au cours de la tutelle, même assisté de son curateur, devra observer, pour l'aliénation de ses meubbles incorporels, les formes ci-dessus prescrites à l'égard du mineur non émancipé. — Cette disposition ne s'applique pas au mineur émancipé par le mariage.

5. Le tuteur devra dans les trois mois qui suivront l'ouverture de la tutelle, convertir en titres nominatifs les titres au porteur appartenant au mineur ou à l'interdit, et dont le conseil de famille n'aurait pas jugé l'aliénation nécessaire ou utile. — Il devra également convertir en titres nominatifs les titres au porteur qui adviendraient au mineur ou à l'interdit, de quelque manière que ce fût, et ce, dans le même délai de trois mois à partir de l'attribution définitive ou de la mise en possession de ces valeurs. — Le conseil de famille pourra fixer pour la conversion, un terme plus long. — Lorsque, soit par leur nature, soit à raison de conventions, les valeurs au porteur ne seront pas susceptibles d'être converties en titres nominatifs, le tuteur devra, dans les trois mois, obtenir du conseil de famille l'autorisation, soit de les aliéner avec emploi, soit de les conserver; dans ce dernier cas, comme dans celui prévu par le paragraphe précédent, le conseil pourra prescrire le dépôt des titres au porteur, au nom du mineur ou de l'interdit, soit à la caisse des dépôts et consignations, soit entre les mains d'une personne ou d'une société spécialement désignée. — Les délais ci-dessus ne seront applicables que sous la réserve des droits des tiers et des conventions préexistantes.

6. Le tuteur devra faire emploi des capitaux appartenant au mineur ou à l'interdit, ou qui leur adviendraient par succession ou autrement, et ce, dans le délai de trois mois, à moins que le conseil ne fixe un délai plus long, auquel cas il pourra en ordonner le dépôt, comme il est dit en l'article précédent. — Les règles prescrites par les articles ci-dessus et par l'article 455 du Code civil, seront applicables à cet emploi. — Les tiers ne seront en aucun cas garants de l'emploi.

7. Le subrogé tuteur devra surveiller l'accomplissement des formalités prescrites par les articles précédents. Il devra, si le tuteur ne s'y conforme pas, provoquer la réunion du conseil de famille devant lequel le tuteur sera appelé à rendre compte de ses actes.

8. Les dispositions de la présente loi sont applicables aux valeurs mobilières appartenant aux mineurs et aliénés placés sous la tutelle, soit de l'administration de l'assistance publique, soit des administrations hospitalières. — Le conseil de surveillance de l'administration de l'assistance publique et les commissions administratives rempliront à cet effet les fonctions attribuées au conseil de famille. Les dispositions de la présente loi sont également applicables aux administrateurs provisoires des biens des aliénés, nommés en exécution de la loi du 30 juin 1838.

9. Les tuteurs entrés en fonctions et les mineurs émancipés antérieurement à la présente loi seront tenus de s'y conformer. Les délais courront pour eux à partir de la promulgation.

10. La conversion de tous titres nominatifs en titres au porteur est soumise aux mêmes conditions et formalités que l'aliénation de ces titres.

11. Les dispositions de la présente loi sont applicables à l'Algérie et aux colonies de la Martinique, de la Guadeloupe et de la Réunion. Les délais, en ce qui concerne ces colonies, seront, quand il y aura lieu, augmentés des délais supplémentaires fixés, à raison des distances, par la loi du 3 mai 1862.

12. La loi du 24 mars 1806 et le décret du 25 septembre 1813 sont abrogés. — Sont également abrogées toutes les dispositions des lois qui seraient contraires à la présente loi.

DÉCRET

Relatif à l'exécution de la loi du 1er août 1879 sur l'organisation de l'église de la confession d'Augsbourg.

(12 mars 1880) (1)

LOI

Relative à l'amnistie pour les déserteurs et les insoumis des armées de terre et de mer.

(16 mars 1880)

ART. 1er Amnistie est accordée aux sous-officiers, brigadiers, caporaux et soldats de l'armée de terre, insoumis ou déserteurs. La même amnistie est accordée : — 1° Aux officiers mariniers-quartiers-maîtres et marins des équipages de la flotte; — 2° Aux sous-officiers, brigadiers, caporaux et soldats des troupes de la marine; — 3° Aux agents divers embarquant, ainsi qu'aux individus faisant partie des

(1) *J. off.*, 14 mars 1880. — V. le texte dans notre édition in-8°.

différents corps de la marine, assimilés aux équipages de la flotte ou aux troupes de la marine. — Elle est étendue aux marins de l'inscription maritime, déserteurs des bâtiments de commerce, sans qu'elle puisse être opposée, en aucun cas, aux droits des tiers.

2. L'amnistie est entière et sans condition de servir : — 1° Pour les insoumis et déserteurs âgés de plus de quarante ans ; — 2° Pour les insoumis et déserteurs que des infirmités rendent impropres à tout service actif ou auxiliaire dans les armées de terre ou de mer.

3. L'amnistie est conditionnelle pour les hommes âgés de moins de quarante ans, c'est-à-dire avec obligation de servir dans les conditions suivantes : — Les insoumis ayant moins de trente ans seront tenus d'accomplir le service auquel ils étaient assujettis ; — Les insoumis qui ont accompli le temps de service actif, mais n'ont pas répondu aux appels de la réserve, auront à passer ou à compléter dans un corps ou un dépôt, le temps de service pour lequel ils auraient été appelés, conformément à l'article 20 de la loi du 1er novembre 1875 ; — Les déserteurs ayant moins de trente ans auront à compléter le temps de service qu'ils avaient à faire au moment où ils ont manqué à l'appel. — Néanmoins, les hommes désignés dans les trois paragraphes qui précèdent ne seront pas astreints à un service actif au delà de leur trentième année révolue. Le bénéfice de cette disposition s'étendra aux hommes omis dans les tableaux de recensement. — Après trente ans, les uns et les autres resteront soumis aux obligations de la classe à laquelle ils appartiennent par leur âge. — Les insoumis et déserteurs âgés de moins de trente ans, qui seront mariés ou veufs, avec un ou plusieurs enfants, ne seront pareillement soumis qu'aux obligations de la classe à laquelle ils appartiennent par leur âge ; — Les hommes âgés de moins de quarante ans qui se trouveraient dans les cas de dispense du service en temps de paix, prévus à l'article 17 de la loi du 27 juillet 1872, seront tenus de servir dans les conditions stipulées par les articles 25 et 26 de la loi précitée.

4. Les déserteurs et insoumis susceptibles de recevoir l'application de l'amnistie avec condition de servir, prévue par l'article 3, devront, ainsi que les marins inscrits, déserteurs du commerce, se présenter devant les autorités qui seront désignées par les ministres de la guerre et de la marine pour formuler leur déclaration de repentir, avant l'expiration des délais ci-après qui compteront à partir de la promulgation de la présente loi, savoir : — Trois mois pour ceux qui sont dans l'intérieur de la France et en Corse ; — Six mois pour ceux qui sont hors du territoire français, mais en Europe ou en Algérie ; — Un an pour ceux qui sont hors du territoire d'Europe ; — Et dix-huit mois pour ceux qui sont au delà du cap de Bonne-Espérance ou du cap Horn.

5. A l'expiration des délais fixés au précédent article, les insoumis et déserteurs qui ne se seront pas présentés pour réclamer le bénéfice de l'amnistie avec condition de servir, ou ceux qui, après avoir pris une feuille de route, ne se rendraient pas à leur destination, seront de nouveau recherchés et poursuivis, s'il y a lieu.

6. Tous autres faits étrangers à la désertion ou à l'insoumission ayant entraîné des condamnations soit contradictoires, soit par contumace, ou étant l'objet de poursuites, sont exclus de la présente amnistie.

DÉCRET

Relatif à l'élection des membres du conseil supérieur de l'instruction publique et aux élections pour les conseils académiques.

(16 mars 1880)

Art. 1er. Lorsqu'il y a lieu de procéder à l'élection des membres du conseil supérieur de l'instruction publique, le ministre de l'instruction publique et des beaux-arts fixe, par un arrêté, l'époque des élections. Un délai minimum de quinze jours est obligatoire entre la publication de l'arrêté au *Journal officiel* et les élections.

2. L'élection a lieu au scrutin secret et à la majorité absolue des suffrages exprimés. — Si un second tour de scrutin est nécessaire, il y est procédé quinze jours après ; dans ce cas, la majorité relative suffit.

3. Les bulletins sont valables, bien qu'ils portent plus ou moins de noms qu'il n'y a de conseillers à élire. — Les derniers noms inscrits au delà de ce nombre ne sont pas comptés. — Les bulletins blancs ou illisibles, ceux qui ne contiennent pas une désignation suffisante, ou dans lesquels les votants se font connaître, n'entrent pas en compte dans le résultat du dépouillement, mais ils sont annexés au procès-verbal.

4. En cas d'égalité de suffrages, la préférence se détermine par l'ancienneté des services, et par l'âge si l'ancienneté est la même. — En cas de refus d'un candidat élu à la majorité absolue, il est procédé à une nouvelle élection. — En cas de refus d'un candidat élu à la majorité relative, il est procédé à un nouveau tour de scrutin. — Le délégué élu par plusieurs corps est tenu de faire connaître son option au ministre, dans les trois jours qui suivent l'insertion au *Journal officiel* du procès-verbal des opérations électorales. — A défaut d'option dans ce délai, le ministre, assisté de la commission instituée par l'article 13, détermine par la voie du sort le corps dont l'élu devra être le représentant. — Il sera procédé quinze jours après à une nouvelle élection. — En cas de vacance, par décès ou démission, dans le conseil supérieur et dans les conseils académiques, il est pourvu à la vacance dans le délai de trois mois. — L'acceptation par un membre élu d'une fonction qui ne lui conserve pas l'éligibilité dans la catégorie spéciale où il est placé, donne lieu également à vacance. Il est alors pourvu au remplacement de ce membre dans le même délai de trois mois.

5. Le ministre de l'instruction publique et des beaux-arts communique l'arrêté fixant la date des élections, au ministre de la guerre et au ministre de l'agriculture et du commerce, qui prennent les mesures nécessaires pour que l'Ecole polytechnique, le Conservatoire des arts et métiers, l'Ecole centrale des arts et manufactures, l'Institut agronomique, nomment leurs délégués à la date fixée. Le dépouillement des votes est fait par le bureau. Les procès-verbaux de ces élections sont transmis, le jour même, au ministre de l'instruction publique et des beaux-arts.

6. Le ministre de l'instruction publique et des beaux-arts informe du jour fixé pour les élections : le président de l'Institut, l'administrateur du Collège de France, le directeur du Muséum, le directeur de l'Ecole normale supérieure, le directeur de l'Ecole normale d'enseignement spécial, le président du Conseil de perfectionnement et le directeur de l'Ecole nationale des chartes, le directeur de l'Ecole des langues orientales vivantes, le directeur de l'Ecole des beaux-arts, qui font procéder à l'élection au jour fixé. Immédiatement après la clôture du scrutin, le dépouillement des votes est fait par le bureau. Procès-verbal des élections est transmis le jour même au ministre.

7. Au jour fixé par l'arrêté ministériel, les professeurs de chaque faculté et des écoles supérieures de pharmacie se réunissent sous la présidence du doyen ou du directeur. Le scrutin est ouvert durant deux heures. Il a été dressé au préalable, en double, une liste des électeurs de chaque faculté ou école, liste certifiée par le recteur et le doyen ou le directeur. Chaque électeur, en signant cette liste en face de son nom, remet au doyen un pli cacheté ne portant aucun signe extérieur et renfermant son bulletin de vote. Tous les plis cachetés ainsi recueillis sont mis, séance tenante, sous une enveloppe générale avec un exemplaire de la liste émargée et le procès-verbal de la séance. Le tout est scellé, parafé par le doyen et le plus ancien des professeurs et expédié le même jour au ministre.

8. Les mesures édictées par l'article 7 sont applicables aux agrégés des lycées et aux professeurs des collèges communaux. Les votes sont recueillis par le chef de l'établissement, assisté du plus âgé et du plus jeune des électeurs présents.

9. Les agrégés qui ont obtenu ce titre soit dans les lettres, soit dans les sciences, pendant la période où les agrégations spéciales ont été supprimées, votent avec les agrégés de la classe où ils enseignent actuellement s'ils sont professeurs ; de la dernière classe où ils ont enseigné, s'ils appartiennent actuellement à l'administration des lycées.

10. Les agrégés de l'enseignement classique et de l'enseignement spécial attachés aux collèges communaux votent avec les professeurs licenciés de ces collèges.

11. Les inspecteurs généraux de l'enseignement primaire, le directeur de l'enseignement primaire de la Seine, les inspecteurs d'académie des départements, les inspecteurs primaires, les directeurs et directrices d'écoles normales, la directrice de l'école Pape-Carpentier, les inspectrices générales et les déléguées spéciales chargées de l'inspection des salles d'asile votent dans l'académie de leur résidence. — Le recteur dresse en double la liste de tous les électeurs de l'académie qui doivent participer à l'élection des six membres de l'enseignement primaire. — Il doit recevoir, dans la journée fixée pour le vote, les plis cachetés contenant le bulletin de vote et ne portant aucun signe extérieur. Une lettre

d'envoi signée de l'électeur est jointe au pli ; le recteur, assisté d'un inspecteur d'académie et d'un inspecteur primaire, émarge sur la liste des électeurs les noms de ceux dont il a reçu le vote. Il réunit dans une enveloppe commune tous les plis cachetés et un exemplaire de la liste émargée : il envoie le tout au ministre.

12. Une commission présidée par le vice-recteur et composée des inspecteurs de l'académie de Paris procède, dans un local accessible aux électeurs, au dépouillement des votes transmis au ministre conformément aux articles 7, 8, 9, 10 et 11, ainsi qu'au recensement des votes recueillis conformément aux articles 5 et 6. — Procès-verbal de l'examen des opérations électorales et du dépouillement est publié au *Journal officiel*. — Dans les cinq jours de cette publication, les opérations électorales pourront être attaquées par tout électeur du même groupe devant le ministre qui statuera dans le délai d'un mois. — La décision du ministre pourra être déférée au conseil d'Etat dans le délai de quinze jours, à partir de la notification. — Faute par le ministre d'avoir prononcé, dans le délai d'un mois, la réclamation pourra être portée directement devant le conseil d'Etat, statuant au contentieux.

13. Les mesures édictées dans les articles précédents sont applicables aux élections pour les conseils académiques ; le recteur centralise les votes et en fait le dépouillement avec l'assistance d'une commission de deux inspecteurs d'académie au moins, dans un local accessible aux électeurs. — Les trois derniers paragraphes de l'article 12, relatifs aux recours, sont applicables aux opérations électorales des conseils académiques.

LOI

Relative à la liberté de l'enseignement supérieur.

(18 mars 1880)

Art. 1er. Les examens et épreuves pratiques qui déterminent la collation des grades ne peuvent être subis que devant les facultés de l'Etat. — Les examens et épreuves pratiques qui déterminent la collation des titres d'officiers de santé, pharmaciens, sages-femmes et herboristes ne peuvent être subis que devant les facultés de l'Etat, les écoles supérieures de pharmacie de l'Etat et les écoles secondaires de médecine de l'Etat.

2. Tous les candidats sont soumis aux mêmes règles en ce qui concerne les programmes, les conditions d'âge, de grades, d'inscriptions, de travaux pratiques, de stage dans les hôpitaux et dans les officines, les délais obligatoires entre chaque examen et les droits à percevoir au profit du Trésor public.

3. Les inscriptions prises dans les facultés de l'Etat sont gratuites.

4. Les établissements libres d'enseignement supérieur ne pourront, en aucun cas, prendre le titre d'universités. — Les certificats d'études qu'on y jugera à propos de décerner aux élèves ne pourront porter les titres de baccalauréat, de licence ou de doctorat.

5. Les titres ou grades universitaires ne peuvent être attribués qu'aux personnes qui les ont obtenus après les examens ou les concours réglementaires subis devant les professeurs ou les jurys de l'Etat.

6. L'ouverture des cours isolés est soumise, sans autre réserve, aux formalités prévues par l'article 3 de la loi du 12 juillet 1875.

7. Aucun établissement d'enseignement libre, aucune association formée en vue de l'enseignement supérieur ne peut être reconnue d'utilité publique qu'en vertu d'une loi.

8. Toute infraction aux dispositions des articles 4 et 5 de la présente loi sera punie d'une amende de 100 à 1,000 fr., et de 1,000 à 3,000 fr. en cas de récidive.

9. Sont abrogées les dispositions des lois, décrets, ordonnances et règlements contraires à la présente loi, notamment l'avant-dernier paragraphe de l'article 2, le paragraphe 2 de l'article 5 et les articles 11, 13, 14 et 15 de la loi du 12 juillet 1875.

DÉCRET

Concernant la gratuité des inscriptions dans les facultés.

(20 mars 1880)

Art. 1er. Les droits d'inscriptions cesseront d'être perçus à la date du 1er avril prochain dans les facultés de l'Etat, les écoles de plein exercice et les écoles préparatoires de médecine et de pharmacie. — La validation des inscriptions prises dans les écoles de plein exercice et les écoles préparatoires ne donne lieu à la perception d'aucun droit, à quelque époque que remontent ces inscriptions et quel que soit le régime d'examen pour lequel les candidats ont opté.

2. Il sera tenu compte aux villes dans lesquelles sont instituées des ecoles de plein exercice ou des écoles préparatoires de médecine et de pharmacie, des sommes dont la perception leur était acquise à titre de droits d'inscriptions, en vertu des décrets antérieurs. — Il sera tenu compte des mêmes droits aux villes de Lyon et de Montpellier, en ce qui concerne les facultés de droit, et aux villes de Bordeaux, Lille, Lyon et Toulouse, en ce qui concerne les facultés mixtes de médecine et de pharmacie, conformément aux dispositions des contrats passés précédemment entre l'Etat et les municipalités.

3. Dans le premier trimestre de chaque année, le ministre de l'instruction publique arrêtera, sur le vu du relevé des inscriptions dressé par l'inspecteur d'académie et contresigné par le recteur, le compte des sommes qui, aux termes des lois ou conventions antérieures, seraient entrées dans les caisses municipales pour l'année précédente. — Le montant de la dépense pour les écoles de plein exercice et les écoles préparatoires sera rattaché au chapitre 7 en un paragraphe spécial ; pour les facultés mentionnées au précédent article, il sera procédé par voie de réduction sur les sommes à reverser par les villes.

LOI

Relative au service d'état-major.

(20 mars 1880) (1)

LOI

Relative au renouvellement des auditeurs de 2e classe au conseil d'État.

(23 mars 1880)

Art. 1er. Un concours supplémentaire sera ouvert au mois de juin 1880 pour la nomination de six auditeurs de 2e classe au conseil d'Etat. — Le concours de 1881 aura lieu exceptionnellement dans le mois de juin de la même année et il ne sera ouvert que pour la nomination de deux auditeurs. — Le concours du mois de décembre 1882 aura pour objet la nomination de quatre auditeurs. — Les auditeurs nommés à la suite du concours supplémentaire de 1880 et à la suite du concours du mois de juin 1881, entreront en fonctions le 1er juillet suivant.

2. Les auditeurs nommés le 1er juillet 1880 resteront en fonctions jusqu'au 1er janvier 1885 ; les auditeurs nommés le 1er janvier 1881 resteront en fonctions jusqu'au 1er janvier 1886; les auditeurs nommés le 1er juillet 1881 resteront en fonctions jusqu'au 1er janvier 1887.

3. Les deux auditeurs issus du concours de décembre 1877 resteront en fonctions jusqu'au 1er janvier 1883.

4. Les auditeurs de 2e classe reçoivent, après une année de service, un traitement annuel qui sera déterminé par une loi de finances. Il ne peut être cumulé.

(1) *J. off.*, 23 mars 1880. — *V.* le texte dans notre édition in-8o

---

DÉCRET

Ordonnant qu'il soit tenu, au greffe de chaque tribunal de commerce et de chaque tribunal civil, un registre sur lequel seront inscrits, pour chaque faillite, les actes relatifs à la gestion des syndics, recettes, dépenses et versements à la caisse des dépôts et consignations.

(25 mars 1880)

Art. 1er. Il sera tenu au greffe de chaque tribunal de commerce et de chaque tribunal civil jugeant commercialement un registre, coté et paraphé, conformément aux prescriptions de l'article 11 du code de commerce, sur lequel seront inscrits, pour chaque faillite, article par article et à leurs dates respectives, les actes relatifs à la gestion des syndics, recettes, dépenses et versements à la caisse des dépôts et consignations, d'après les états de situation fournis par les syndics.

2. Ce registre, tenu sous la surveillance spéciale du juge commissaire de chaque faillite, sera communiqué au failli et aux créanciers sur leur demande.

3. Tous les trois mois, un relevé indiquant sommairement la situation de chaque faillite, d'après les énonciations du registre, sera transmis au procureur général par le greffier du tribunal.

4. Les greffiers auront droit, pour

la tenue du registre, les communications à faire au failli et aux créanciers, et l'établissement des relevés trimestriels à un émolument fixe de 2 francs par trimestre et par faillite. — Cet émolument sera payé par la masse et par privilège comme frais de justice.

DÉCRET

Fixant à l'agrégation ou association non autorisée dite de Jésus, un délai pour se dissoudre et évacuer les établissements qu'elle occupe sur la surface du territoire de la République.

(29 mars 1880)

Art. 1er. Un délai de trois mois, à dater du présent décret, est accordé à l'agrégation ou association non autorisée, dite de Jésus, pour se dissoudre, en exécution des lois ci-dessus visées (1), et évacuer les établissements qu'elle occupe sur la surface du territoire de la République. — Ce délai sera prolongé jusqu'au 31 août 1880 pour les établissements dans lesquels l'enseignement littéraire ou scientifique est donné, par les soins de l'association, à la jeunesse.

DÉCRET

Portant que toute congrégation ou communauté non autorisée est tenue, dans le délai de trois mois, de faire les diligences nécessaires à l'effet d'obtenir la vérification et l'approbation de ses statuts et règlements.

(29 mars 1880)

Art. 1er. Toute congrégation ou communauté non autorisée est tenue, dans le délai de trois mois à dater du jour de la promulgation du présent décret, de faire les diligences ci-dessous spécifiées, à l'effet d'obtenir la vérification et l'approbation de ses statuts et règlements et la reconnaissance légale pour chacun de ses établissements actuellement existants de fait.

2. La demande d'autorisation devra, dans le délai ci-dessus imparti, être déposée au secrétariat général de la préfecture de chacun des départements où l'association possède un ou plusieurs établissements. — Il en sera donné récépissé. — Elle sera transmise au ministre de l'intérieur et des cultes qui instruira l'affaire.

3. A l'égard des congrégations d'hommes, il sera statué par une loi : — A l'égard des congrégations de femmes, suivant les cas et les distinctions établies par la loi du 24 mai 1825 et par le décret du 31 janvier 1852, il sera statué par une loi ou par un décret rendu en conseil d'Etat.

4. Pour les congrégations qui, aux termes de l'article 2 de la loi du 24 mai 1825 et du décret du 31 janvier 1852 peuvent être autorisées par décret rendu en conseil d'Etat, les formalités à suivre pour l'instruction de la demande seront celles prescrites par l'article 3 de la loi précitée de 1825, auquel il n'est rien innové.

5. Pour toutes les autres congrégations, les justifications à produire à l'appui de la demande d'autorisation seront celles énoncées ci-dessous.

6. La demande d'autorisation devra contenir la désignation du supérieur ou des supérieurs, la détermination du lieu de leur résidence et la justification que cette résidence est et restera fixée en France. Elle devra indiquer si l'association s'étend à l'étranger ou si elle est renfermée dans le territoire de la République.

7. A la demande d'autorisation devront être annexées : 1° la liste nominative de tous les membres de l'association ; cette liste devra spécifier, pour chaque membre, quel est le lieu de son origine et s'il est Français ou étranger ; 2° l'état de l'actif et du passif, ainsi que des revenus et charges de l'association et de chacun de ses établissements ; 3° un exemplaire des statuts et règlements.

8. L'exemplaire des statuts dont la production est requise devra porter l'approbation des évêques des diocèses dans lesquels l'association a des établissements, et contenir la clause que la congrégation ou communauté est soumise, dans les choses spirituelles, à la juridiction de l'ordinaire.

9. Toute congrégation ou communauté qui, dans le délai ci-dessus imparti, n'aura pas fait la demande d'autorisation avec les justifications prescrites à l'appui, encourra l'application des lois en vigueur.

---

(1) L. 18 août 1792, tit. Ier, art. 1er ; art. 11, concordat ; art. 11, 18 germ. an X ; Décr. 3 mess. an XII ; L. 10 avr. 1834 ; art. 291, 292, C. pén.

LOI

Relative au timbre des affiches.

(30 mars 1880)

Art. 1er. A partir de la promulgation de la présente loi, les timbres mobiles créés en exécution de l'article 6 de la loi du 27 juillet 1870, pour les affiches imprimées, pourront être employés à l'acquittement des droits de timbre des autres affiches passibles des droits fixés par l'article 4 de la loi du 18 juillet 1866.

2. Le timbre mobile sera collé avant l'affichage au *recto* de chaque affiche non imprimée. Il sera oblitéré soit par l'inscription d'une ou plusieurs lignes du texte de l'affiche, soit par l'application, en travers du timbre, de la date de l'oblitération et de la signature de l'auteur de l'affiche, soit enfin par l'apposition, en travers du timbre, d'une griffe faisant connaître le nom et la résidence de l'auteur de l'affiche. — Sont applicables à ces timbres les dispositions pénales des articles 20 et 21 de la loi du 11 juin 1859.

3. Les contraventions à la présente loi et à celle du 18 juillet 1866 seront constatées conformément aux articles 5 et 6 du décret du 25 août 1852.

LOI

Ayant pour objet la suppression des sous-préfectures de Sceaux et de Saint-Denis.

(2 avril 1880)

Art. 1er. Les sous-préfectures de Saint-Denis et de Sceaux sont supprimées.

2. Les arrondissements de Saint-Denis et de Sceaux sont administrés directement par le préfet de la Seine.

3. Les conseils d'arrondissement de Saint-Denis et de Sceaux se réuniront lors de leurs sessions à la préfecture de la Seine.

4. Toutes dispositions contraires à la présente loi sont et demeurent abrogées.

DÉCRET

Relatif à l'électorat dans les églises réformées.

(12 avril 1880) (1)

(1) *J. off.*, 14 avr. 1880. — *V.* le texte dans notre édition in-8o.

DÉCRET

Relatif aux appareils à vapeur.

(30 avril 1880) (2)

DÉCRET

Relatif aux examens auxquels sont astreints les jeunes gens qui demandent à contracter un engagement conditionnel d'un an.

(10 mai 1880) (3)

Art. 1er. Les examens auxquels sont astreints les jeunes gens qui, ne se trouvant dans aucun des cas prévus par l'article 53 de la loi du 27 juillet 1872, demandent à contracter un engagement conditionnel d'un an, sont passés devant des commissions siégeant aux chefs-lieux de région de corps d'armée, et composées de cinq membres, ainsi qu'il suit : — Le chef d'état-major général du corps d'armée, ou un colonel ou lieutenant-colonel, par lui délégué, président; — Un membre désigné en raison de sa spécialité, pour celle des séries de l'agriculture, du commerce et de l'industrie à laquelle appartiendra le candidat ; — Un inspecteur de l'enseignement primaire ; — Un chef de bataillon ; — Un officier du grade de capitaine, secrétaire, avec voix délibérative. — Les membres des commissions sont nommés par le ministre sur la proposition des commandants de corps d'armée.

2. Les épreuves consistent : — 1o En une composition écrite ; — 2o En un examen oral.

3. La composition écrite se compose d'une dictée et d'un problème d'arithmétique. — L'épreuve écrite est la même pour toute la France. Elle est passée à la préfecture de chaque département, sous la surveillance d'un officier. — Le sujet en est donné chaque année par le ministre de la guerre. Il est adressé sous pli cacheté au préfet qui remet ce pli fermé à l'officier chargé de surveiller l'exécution de la composition.

4. L'épreuve écrite est appréciée suivant les règles énoncées en l'article 6 ci-après. Le ministre de la guerre détermine le minimum de

(2) *J. off.*, 2 mai 1880. — *V.* le texte dans notre édition in-8o.

(3) *V.* Programme des examens annexé au décret ci-dessus (*J. off.*, 11 mai 1880).

points nécessaires pour l'admission à l'examen oral.

5. L'examen oral est public. Il se divise en deux parties : — La première, commune à tous les candidats, porte sur l'arithmétique, la géométrie, l'histoire et la géographie. — La seconde porte sur les connaissances professionnelles, et varie suivant la série (agriculture, commerce, industrie) dans laquelle le candidat a demandé à être examiné.

6. La commission attribue à chacun des éléments qui entrent dans les épreuves, tant écrites qu'orales, une note prise dans la série des nombres entiers de 0 à 20. — Chacune de ces notes est ensuite multipliée par un des coefficients ci-après :

Composition écrite : Dictée...	25
— Problème.	15
Examen oral : Arithmétique 10 et géométrie 10, ci............	20
Examen oral : Histoire 10 et géographie 10, ci..............	20
Examen oral : Connaissances professionnelles...............	40
Total général.....	120

Le nombre des points obtenus pour chaque candidat au moyen du calcul indiqué dans l'article précédent détermine le classement des jeunes gens qui ont subi l'examen. — Le ministre de la guerre fixe le minimum de points au-dessus duquel les candidats pourront être admis à contracter l'engagement conditionnel d'un an. Ce minimum est le même pour toutes les régions. — Les noms des jeunes gens admis sont notifiés aux préfets des départements qui restent chargés de les faire publier et d'informer les intéressés.

7. Sont approuvés les programmes annexés au présent décret pour servir aux examens oraux définis en l'article 6.

DÉCRET

Portant règlement intérieur du conseil supérieur de l'instruction publique.

(11 mai 1880)

ART. 1er. Le Président de la République désigne chaque année, sur la proposition du ministre de l'instruction publique, un vice-président et un secrétaire du conseil supérieur de l'instruction publique, choisis parmi les membres du conseil.

2. Un arrêté ministériel fixe l'ouverture et la durée des sessions.

3. A l'ouverture de la session, le ministre fait distribuer au conseil la liste des affaires qui seront traitées dans la session. — Sur la proposition du ministre, le conseil se divise en commissions entre lesquelles sont réparties les affaires inscrites à l'ordre du jour. En matière disciplinaire ou contentieuse, les commissions sont élues au scrutin secret. — Les commissions nomment leur président et leur secrétaire.

4. Les conseillers qui veulent soumettre une proposition au conseil la présentent par écrit au président. — Cette proposition est renvoyée de droit à la section permanente. Après l'avis de la section, le ministre décide si le conseil doit être saisi de la proposition.

5. En matière contentieuse ou disciplinaire, les affaires sont inscrites au secrétariat du conseil supérieur, d'après l'ordre de leur arrivée, sur un registre à ce destiné. — Elles sont jugées suivant l'ordre de leur inscription et dans la plus prochaine session. — Les rapports sont faits par écrit; ils sont déposés, avec le dossier, au secrétariat par les rapporteurs, un jour franc avant le jour fixé pour la délibération, et sont tenus à la disposition des intéressés et des membres du conseil. — En matière disciplinaire, la section permanente et le conseil supérieur sont tenus d'entendre l'inculpé et son conseil dans leurs explications, si l'inculpé en fait la demande.

6. La présence de la moitié plus un des membres du conseil est nécessaire pour la validité des délibérations. — En cas de partage, si la matière n'est ni contentieuse ni disciplinaire, la voix du président est prépondérante; si la matière est contentieuse, il en est délibéré de nouveau, et les membres qui n'ont pas assisté à la délibération sont spécialement convoqués. S'il y a, de nouveau, partage dans la deuxième délibération, la voix du président est prépondérante. — En matière disciplinaire, toute décision doit être prise aux deux tiers des suffrages.

7. Les séances du conseil ne sont pas publiques. — Les procès-verbaux des séances sont transcrits en double expédition sur des registres spéciaux; ils sont signés par le président et par le secrétaire. — Les avis et décisions du conseil sont publiés au *Journal général de l'instruction publique*. Les procès-verbaux ne peuvent être rendus publics à moins de décision spéciale du ministre.

8. Les décrets ou arrêtés qui interviennent sur l'avis du conseil supérieur portent la mention : *le conseil supérieur de l'instruction publique entendu*.

9. En matière contentieuse ou disciplinaire les décisions du conseil sont notifiées par le ministre. — Les parties ont toujours le droit d'en obtenir expédition.

10. La section permanente est présidée par le ministre, qui délègue, quand il le juge convenable, un membre de la section pour le remplacer.

DÉCRET

Portant reconstitution du comité consultatif de l'enseignement public.

(11 mai 1880)

ART. 1er. Le comité consultatif de l'enseignement public est divisé en trois sections correspondant aux trois ordres d'enseignement supérieur, secondaire et primaire.

2. La section de l'enseignement supérieur se compose d'inspecteurs généraux de l'enseignement supérieur, titulaires ou honoraires, de professeurs et d'anciens professeurs des facultés et écoles supérieures de pharmacie, de professeurs et d'anciens professeurs des établissements de haut enseignement de l'Etat, du vice-recteur de l'académie de Paris et du directeur de l'école normale supérieure. — La section de l'enseignement secondaire se compose d'inspecteurs généraux de l'enseignement secondaire, d'inspecteurs généraux des langues vivantes, du vice-recteur de l'académie de Paris, du directeur de l'école normale supérieure. — La section de l'enseignement primaire se compose d'inspecteurs généraux de l'enseignement primaire (titulaires, honoraires, hors cadres ou délégués), du vice-recteur de l'académie de Paris, du directeur du Musée pédagogique, d'un inspecteur primaire de la Seine, du directeur de l'école normale primaire de Paris, de la directrice de l'école normale de Paris, de la directrice du cours pratique des salles d'asile, d'une inspectrice générale des salles d'asile. — Les directeurs des trois ordres d'enseignement font partie, de droit, du comité. — Chaque section a pour secrétaire un chef de bureau de l'administration centrale.

3. Les membres du comité consultatif sont nommés par le ministre pour une année. Leur mandat est renouvelable.

4. Les membres de l'Institut et les fonctionnaires de l'enseignement public, appelés annuellement par le ministre à présider les jurys d'agrégation, les inspecteurs d'académie qui ont rempli, durant l'année, les fonctions d'inspecteur général peuvent être appelés, par arrêté du ministre, à siéger au comité avec voix délibérative.

5. La section de l'enseignement supérieur comprend cinq commissions : — 1° Commission de scolarité ; — 2° Commission du droit ; — 3° Commission de médecine et de pharmacie ; — 4° Commission des sciences ; — 5° Commission des lettres.

6. Les sections et les commissions désignent un de leurs membres pour les présider. — Les secrétaires des sections sont secrétaires des commissions.

7. Chaque section ou commission se réunit sur la convocation du ministre. Il ne peut y avoir moins d'une réunion par mois.

8. La commission de scolarité de la section de l'enseignement supérieur donne son avis sur toutes les questions de scolarité qui ne sont pas renvoyées à la section permanente. — Les quatre autres commissions de la même section donnent leur avis : — Sur les vœux émis par les comités de perfectionnement des différentes académies ; — Sur les programmes des cours ; — Sur la valeur des compositions et des travaux des candidats aux grades ; — Sur les augmentations de traitement.

9. Les commissions des sciences et des lettres étudient les rapports mensuels qui sont adressés par les doyens sur les conférences de licence et sur la préparation par correspondance. — Ces deux commissions et celle de médecine et de pharmacie dressent la liste, par ordre de mérite, des candidats aux bourses d'enseignement supérieur.

10. La section d'enseignement secondaire délibère sur toutes les questions relatives au personnel et aux promotions qui lui sont soumises par le ministre.

11. La section de l'enseignement primaire donne son avis : — Sur les demandes des établissements d'enseignement primaire libres (subventions, autorisations de recevoir des boursiers de l'Etat, réalisation de l'engagement décennal, etc.) ; — Sur les progrès des études dans les écoles normales ; — Sur les compositions d'examen des

différents brevets ; — Sur les dispenses d'âge ; — Sur la promotion de classe des fonctionnaires ; — Et sur toutes les questions qui lui sont soumises par le ministre.

12. Sont abrogées les dispositions antérieures contraires au présent décret.

DÉCRET

Portant abaissement du prix des dépêches télégraphiques circulant par la voie des tubes pneumatiques dans les limites de l'ancien octroi de Paris.

(22 mai 1880)

ART. 1er. Le prix des dépêches télégraphiques circulant par la voie des tubes pneumatiques, dans les limites de l'ancien octroi de Paris, conformément aux dispositions du décret du 25 janvier 1879, et rédigées sur des formules spéciales affranchies, est abaissé à partir du 1er juin 1880, à 30 centimes pour les dépêches ouvertes, et à 50 centimes pour les dépêches fermées. (*V. L.* 28 *déc.* 1880, *art.* 5.)

DÉCRET

Relatif à la nomination des inspecteurs de l'instruction primaire, des directeurs ou directrices d'école normale.

(5 juin 1880)

ART. 1er. Nul ne peut être nommé inspecteur de l'instruction primaire, directeur ou directrice d'école normale, s'il n'a été déclaré apte à ces fonctions après un examen spécial, dont le programme sera déterminé par arrêté du ministre de l'instruction publique, pris en conseil supérieur.

2. Ne peuvent être admis à cet examen que les candidats qui justifient : — 1° De vingt-cinq ans d'âge ; — 2° D'un stage soit de deux ans comme maître adjoint dans une école normale, ou comme professeur dans un établissement d'enseignement secondaire public, soit de cinq ans comme instituteur public, titulaire ou adjoint. Ce dernier délai de cinq ans sera réduit à trois ans pour les commis d'inspection en exercice depuis deux ans au moins ; — 3° De l'un des titres ci-après désignés : diplôme de bachelier ès lettres ou ès sciences, brevet de capacité pour l'enseignement secondaire spécial, brevet complet de l'instruction primaire.

3. Les aspirants et aspirantes à la direction d'une école normale devront, en outre, justifier du certificat d'aptitude à l'enseignement dans les écoles normales, à moins qu'ils ne soient munis des deux diplômes de bachelier ou d'une des licences ès lettres ou ès sciences.

4. Pendant les cinq années qui suivront la publication du présent décret, les maîtresses-adjointes comptant au moins cinq ans d'exercice comme titulaires pourront, par décision ministérielle rendue sur le rapport du comité consultatif, être dispensées de produire le certificat d'aptitude à l'enseignement dans les écoles normales.

5. Les articles 38, 39 et 40 du décret du 29 juillet 1850 sont abrogés.

DÉCRET

Relatif à la nomination définitive aux fonctions de l'enseignement dans les écoles normales primaires d'instituteurs ou d'institutrices.

(5 juin 1880)

ART. 1er. Nul ne peut être nommé définitivement aux fonctions de l'enseignement dans les écoles normales primaires d'instituteurs ou d'institutrices, s'il n'a été déclaré apte à ces fonctions, soit dans l'ordre des lettres, soit dans l'ordre des sciences, après un examen spécial dont le programme sera déterminé par un arrêté ministériel pris en conseil supérieur.

2. Ne peuvent être admis à cet examen que les candidats qui justifient : — 1° De vingt et un ans d'âge ; — 2° D'un stage de deux ans au moins dans l'enseignement public ; — 3° De l'un des titres suivants : — Diplôme de bachelier ès lettres ou ès sciences, brevet de capacité pour l'enseignement secondaire spécial, brevet complet de l'enseignement primaire.

3. Les maîtres-adjoints et les maîtresses-adjointes pourvus du certificat d'aptitude à l'enseignement dans les écoles normales prennent le titre de professeurs d'écoles normales primaires et jouissent du traitement attaché à ces fonctions. (*Ainsi modifié par Décr. 4 janv.* 1882.)

DÉCRET

Relatif à l'école préparatoire de l'enseignement du droit et aux autres écoles d'enseignement supérieur d'Alger.

(5 juin 1880) (1)

DÉCRET

Fixant à cinq le nombre des examinateurs devant lesquels l'épreuve de la thèse de doctorat sera subie dans les facultés de droit.

(5 juin 1880)

ART. 1er. L'épreuve de la thèse de doctorat sera subie, à l'avenir, dans les facultés de droit, devant cinq examinateurs.

2. L'article 1er du décret du 26 décembre 1875 est rapporté en ce qui concerne le doctorat en droit.

DÉCRET

Relatif aux concours ouverts dans les départements pour la nomination aux fonctions de professeur départemental d'agriculture.

(9 juin 1880) (2)

LOI

Relative aux chemins de fer d'intérêt local et aux tramways.

(11 juin 1880) (3)

CHAP. Ier. — CHEMINS DE FER D'INTÉRÊT LOCAL.

ART. 1er. L'établissement des chemins de fer d'intérêt local par les départements ou par les communes, avec ou sans le concours des propriétaires intéressés, est soumis aux dispositions suivantes.

2. S'il s'agit de chemins à établir par un département, sur le territoire d'une ou de plusieurs communes, le conseil général arrête, après instruction préalable par le préfet et après enquête, la direction de ces chemins, le mode et les conditions de leur construction, ainsi que les traités et les dispositions nécessaires pour en assurer l'exploitation, en se conformant aux clauses et conditions du cahier des charges type approuvé par le conseil d'Etat, sauf les modifications qui seraient apportées par la convention et la loi d'approbation. — Si la ligne doit s'étendre sur plusieurs départements, il y aura lieu à l'application des articles 89 et 90 de la loi du 10 août 1871. — S'il s'agit de chemins de fer d'intérêt local à établir par une commune, sur son territoire, les attributions confiées au conseil général par le paragraphe 1er du présent article seront exercées par le conseil municipal dans les mêmes conditions et sans qu'il soit besoin de l'approbation du préfet. — Les projets de chemins de fer d'intérêt local départementaux ou communaux, ainsi arrêtés, sont soumis à l'examen du conseil général des ponts et chaussées et du conseil d'Etat. Si le projet a été arrêté par un conseil municipal, il est accompagné de l'avis du conseil général. — L'utilité publique est déclarée, et l'exécution est autorisée par une loi.

3. L'autorisation obtenue, s'il s'agit d'un chemin de fer concédé par le conseil général, le préfet, après avoir pris l'avis de l'ingénieur en chef du département, soumet les projets d'exécution au conseil général qui statue définitivement. — Néanmoins, dans les deux mois qui suivent la délibération, le ministre des travaux publics, sur la proposition du préfet, peut, après avoir pris l'avis du conseil général des ponts et chaussées, appeler le conseil général du département à délibérer de nouveau sur lesdits projets. — Si la ligne doit s'étendre sur plusieurs départements, et s'il y a désaccord entre les conseils généraux, le ministre statue. — S'il s'agit d'un chemin concédé par un conseil municipal, les attributions exercées par le conseil général, aux termes du paragraphe 1er du présent article, appartiennent au conseil municipal, dont la délibération est soumise à l'approbation du préfet. — Si un chemin de fer d'intérêt local doit emprunter le sol d'une voie publique, les projets d'exécution sont précédés de l'enquête prévue par l'article 29 de la présente loi. — Dans ce cas, sont également applicables les articles 34, 35, 37 et 38 ci-après. — Les projets de détail des ouvrages sont approuvés par le préfet sur l'avis de l'ingénieur en chef.

(1) *J. off.*, 6 juin 1880. — *V.* le texte dans notre édition in-8o.

(2) *J. off.*, 10 juin 1880. — *V.* le texte dans notre édition in-8o.

(3) *V.* Décr. 18 mai 1881 ; 9 août 1881.

4. L'acte de concession détermine les droits de péage et les prix de transport que le concessionnaire est autorisé à percevoir pendant toute la durée de sa concession.

5. Les taxes perçues dans les limites du maximum fixé par le cahier des charges sont homologuées par le ministre des travaux publics, dans le cas où la ligne s'étend sur plusieurs départements, et dans le cas de tarifs communs à plusieurs lignes. Elles sont homologuées par le préfet dans les autres cas.

6. L'autorité qui fait la concession a toujours le droit : — 1° D'autoriser d'autres voies ferrées à s'embrancher sur des lignes concédées ou à s'y raccorder ; — 2° D'accorder à ces entreprises nouvelles, moyennant le paiement des droits de péage fixés par le cahier des charges, la faculté de faire circuler leurs voitures sur les lignes concédées : — 3° De racheter la concession aux conditions qui seront fixées par le cahier des charges ; — 4° De supprimer ou de modifier une partie du tracé lorsque la nécessité en aura été reconnue après enquête. — Dans ces deux derniers cas, si les droits du concessionnaire ne sont pas réglés par un accord préalable ou par un arbitrage établi soit par le cahier des charges, soit par une convention postérieure, l'indemnité qui peut lui être due est liquidée par une commission spéciale formée comme il est dit au paragraphe 3 de l'article 11 de la présente loi.

7. Le cahier des charges détermine : 1° Les droits et les obligations du concessionnaire pendant la durée de la concession ; — 2° Les droits et les obligations du concessionnaire à l'expiration de la concession ; — 3° Les cas dans lesquels l'inexécution des conditions de la concession peut entraîner la déchéance du concessionnaire, ainsi que les mesures à prendre à l'égard du concessionnaire déchu. — La déchéance est prononcée, dans tous les cas, par le ministre des travaux publics, sauf recours au conseil d'Etat par la voie contentieuse.

8. Aucune concession ne pourra faire obstacle à ce qu'il soit accordé des concessions concurrentes, à moins de stipulation contraire dans l'acte de concession.

9. A l'expiration de la concession, le concédant est substitué à tous les droits du concessionnaire sur les voies ferrées qui doivent lui être remises en bon état d'entretien. — Le cahier des charges règle les droits et les obligations du concessionnaire en ce qui concerne les autres objets mobiliers ou immobiliers servant à l'exploitation de la voie ferrée.

10. Toute cession totale ou partielle de la concession, la fusion des concessions ou des administrations, tout changement de concessionnaire, la substitution de l'exploitation directe à l'exploitation par concession, l'élévation des tarifs au-dessus du maximum fixé, ne pourront avoir lieu qu'en vertu d'un décret délibéré en conseil d'Etat, rendu sur l'avis conforme du conseil général, s'il s'agit de lignes concédées par les départements, ou du conseil municipal, s'il s'agit de lignes concédées par les communes. — Les autres modifications pourront être faites par l'autorité qui a consenti la concession : s'il s'agit de lignes concédées par les départements, elles seront faites par le conseil général statuant conformément aux articles 48 et 49 de la loi du 10 août 1871 ; s'il s'agit de lignes concédées par les communes, elles seront faites par le conseil municipal dont la délibération devra être approuvée par le préfet. — En cas de cession, l'inobservation des conditions qui précèdent entraîne la nullité et peut donner lieu à la déchéance.

11. A toute époque, une voie ferrée peut être distraite du domaine public départemental ou communal et classée par une loi dans le domaine de l'Etat. — Dans ce cas, l'Etat est substitué aux droits et obligations du département ou de la commune, à l'égard des entrepreneurs ou concessionnaires, tels que ces droits et obligations résultent des conventions légalement autorisées. — En cas d'éviction du concessionnaire, si ses droits ne sont pas réglés par un accord préalable ou par un arbitrage établi, soit par le cahier des charges, soit par une convention postérieure, l'indemnité qui peut lui être due est liquidée par une commission spéciale qui fonctionne dans les conditions réglées par la loi du 29 mai 1845. Cette commission sera instituée par un décret et composée de neuf membres, dont trois désignés par le ministre des travaux publics, trois par le concessionnaire et trois par l'unanimité des six membres déjà désignés ; faute par ceux-ci de s'entendre dans le mois de la notification à eux faite de leur nomination, le choix de ceux des trois membres qui n'auront pas été désignés à l'unanimité sera fait par le premier président et les présidents

réunis de la cour d'appel de Paris. — En cas de désaccord entre l'Etat et le département ou la commune, les indemnités ou dédommagements qui peuvent être dus par l'Etat sont déterminés par un décret délibéré en conseil d'État.

12. Les ressources créées en vertu de la loi du 21 mai 1836 peuvent être appliquées, en partie, à la dépense des voies ferrées, par les communes qui ont assuré l'exécution de leur réseau subventionné et l'entretien de tous les chemins classés.

13. Lors de l'établissement d'un chemin de fer d'intérêt local, l'Etat peut s'engager, en cas d'insuffisance du produit brut pour couvrir les dépenses de l'exploitation et cinq pour cent (5 p. 100) par an du capital de premier établissement, tel qu'il a été prévu par l'acte de concession, augmenté, s'il y a lieu, des insuffisances constatées pendant la période assignée à la construction par ledit acte, à subvenir pour partie au payement de cette insuffisance, à la condition qu'une partie au moins équivalente sera payée par le département ou par la commune, avec ou sans le concours des intéressés. — La subvention de l'Etat sera formée : 1o d'une somme fixe de cinq cents francs (500 fr.) par kilomètre exploité ; 2o du quart de la somme nécessaire pour élever la recette brute annuelle (impôts déduits) au chiffre de dix mille francs (10,000 fr.) par kilomètre pour les lignes établies de manière à recevoir les véhicules des grands réseaux ; huit mille francs (8,000 fr.) pour les lignes qui ne peuvent recevoir ces véhicules. — En aucun cas, la subvention de l Etat ne pourra élever la recette brute au-dessus dix mille cinq cents francs (10,500 fr.) et de huit mille cinq cents francs (8,500 fr.), suivant les cas, ni attribuer au capital de premier établissement plus de cinq pour cent (5 p. 100) par an. — La participation de l'Etat sera suspendue quand la recette brute annuelle atteindra les limites ci-dessus fixées.

14. La subvention de l'Etat ne peut être accordée que dans les limites fixées, pour chaque année, par la loi de finances. — La charge annuelle imposée au Trésor en exécution de la présente loi ne peut, en aucun cas, dépasser quatre cent mille francs (400,000 fr.) pour l'ensemble des lignes situées dans un même département.

15. Dans le cas où le produit brut de la ligne pour laquelle une subvention a été payée devient suffisant pour couvrir les dépenses d'exploitation et six pour cent (6 p. 100) par an du capital de premier établissement, tel qu'il est prévu par l'article 13, la moitié du surplus de la recette est partagée entre l'Etat, le département, ou, s'il y a lieu, la commune et les autres intéressés, dans la proportion des avances faites par chacun d'eux, jusqu'à concurrence du complet remboursement de ces avances, sans intérêts.

16. Un règlement d'administration publique déterminera : 1o Les justifications à fournir par les concessionnaires pour établir les recettes et les dépenses annuelles ; — 2o Les conditions dans lesquelles seront fixés, en exécution de la présente loi, le chiffre de la subvention due par l'Etat, le département ou les communes ; et, lorsqu'il y aura lieu, la part revenant à l'État, au département, aux communes ou aux intéressés, à titre de remboursement de leurs avances sur le produit net de l'exploitation.

17. Les chemins de fer d'intérêt local qui reçoivent ou ont reçu une subvention du Trésor peuvent seuls être assujettis envers l'Etat à un service gratuit ou à une réduction du prix des places.

18. Aucune émission d'obligations, pour les entreprises prévues par la présente loi, ne pourra avoir lieu qu'en vertu d'une autorisation donnée par le ministre des travaux publics, après avis du ministre des finances. — Il ne pourra être émis d'obligations pour une somme supérieure au montant du capital-actions, qui sera fixé à la moitié au moins de la dépense jugée nécessaire pour le complet établissement et la mise en exploitation de la voie ferrée. Le capital-actions devra être effectivement versé, sans qu'il puisse être tenu compte des actions libérées ou à libérer autrement qu'en argent. — Aucune émission d'obligations ne doit être autorisée avant que les quatre cinquièmes du capital-actions aient été versés et employés en achat de terrains, approvisionnements sur place, ou en dépôt de cautionnement. — Toutefois, les concessionnaires pourront être autorisés à émettre des obligations, lorsque la totalité du capital-actions aura été versée, et s'il est dûment justifié que plus de la moitié de ce capital-actions a été employée dans les termes du paragraphe précédent ; mais les fonds provenant de ces émissions anticipées devront être déposés à la caisse des

dépôts et consignations et ne pourront être mis à la disposition des concessionnaires que sur l'autorisation formelle du ministre des travaux publics. — Les dispositions des paragraphes 2, 3 et 4 du présent article ne seront pas applicables dans le cas où la concession serait faite à une compagnie déjà concessionnaire d'autres chemins de fer en exploitation, si le ministre des travaux publics reconnaît que les revenus nets de ces chemins sont suffisants pour assurer l'acquittement des charges résultant des obligations à émettre.

19. Le compte rendu détaillé des résultats de l'exploitation, comprenant les dépenses d'établissement et d'exploitation et les recettes brutes, sera remis tous les trois mois, pour être publié, au préfet, au président de la commission départementale et au ministre des travaux publics. Le modèle des documents à fournir sera arrêté par le ministre des travaux publics.

20. Par dérogation aux dispositions de la loi du 15 juillet 1845 sur la police des chemins de fer, le préfet peut dispenser de poser des clôtures sur tout ou partie de la voie ferrée; il peut également dispenser de poser des barrières au croisement des chemins peu fréquentés.

21. La construction, l'entretien et les réparations des voies ferrées avec leurs dépendances, l'entretien du matériel et le service de l'exploitation sont soumis au contrôle et à la surveillance des préfets sous l'autorité du ministre des travaux publics. — Les frais de contrôle sont à la charge des concessionnaires. Ils seront réglés par le cahier des charges ou, à défaut, par le préfet, sur l'avis du conseil général, et approuvés par le ministre des travaux publics.

22. Les dispositions de l'article 20 de la présente loi sont également applicables aux concessions de chemins de fer industriels destinés à desservir des exploitations particulières.

23. Sur la proposition des conseils généraux ou municipaux intéressés, et après adhésion des concessionnaires, la substitution, aux subventions en capital promises en exécution de l'article 5 de la loi de 1865, de la subvention en annuités stipulée par la présente loi, pourra, par décret délibéré en conseil d'Etat, être autorisée en faveur des lignes d'intérêt local actuellement déclarées d'utilité publique et non encore exécutées. — Ces lignes seront soumises dès lors à toutes les obligations résultant de la présente loi. — Il n'y aura pas lieu de renouveler les concessions consenties ou les mesures d'instruction accomplies avant la promulgation de la présente loi, si toutes les formalités qu'elle prescrit ont été observées par avance.

24. Toutes les conventions relatives aux concessions et rétrocessions de chemins de fer d'intérêt local, ainsi que les cahiers des charges annexés, ne seront passibles que du droit d'enregistrement fixe de un franc.

25. La loi du 12 juillet 1865 est abrogée.

CHAP. II. — TRAMWAYS.

26. Il peut être établi sur les voies dépendant du domaine public de l'Etat, des départements ou des communes, des tramways ou voies ferrées à traction de chevaux ou de moteurs mécaniques. — Ces voies ferrées, ainsi que les déviations accessoires construites en dehors du sol des routes et chemins et classées comme annexes, sont soumises aux dispositions suivantes.

27. La concession est accordée par l'Etat lorsque la ligne doit être établie, en tout ou en partie, sur une voie dépendant du domaine public de l'Etat. — Cette concession peut être faite aux villes ou aux départements intéressés avec faculté de rétrocession. — La concession est accordée par le conseil général, au nom du département, lorsque la voie ferrée, sans emprunter une route nationale, doit être établie, en tout ou en partie, soit sur une route départementale, soit sur un chemin de grande communication ou d'intérêt commun, ou doit s'étendre sur le territoire de plusieurs communes. — Si la ligne doit s'étendre sur plusieurs départements, il y aura lieu à l'application des articles 89 et 90 de la loi du 10 août 1871. — La concession est accordée par le conseil municipal, lorsque la voie ferrée est établie entièrement sur le territoire de la commune et sur un chemin vicinal ordinaire ou sur un chemin rural.

28. Le département peut accorder la concession à l'Etat ou à une commune avec faculté de rétrocession; une commune peut agir de même à l'égard de l'Etat ou du département.

29. Aucune concession ne peut être faite qu'après une enquête dans les formes déterminées par un règlement d'administration publique et dans laquelle les conseils généraux des dé-

partements et les conseils municipaux des communes dont la voie doit traverser le territoire seront entendus, lorsqu'il ne leur appartiendra pas de statuer sur la concession. — L'utilité publique est déclarée et l'exécution est autorisée par décret délibéré en conseil d'Etat, sur le rapport du ministre des travaux publics, après avis du ministre de l'intérieur.

30. Toute dérogation ou modification apportée aux clauses du cahier des charges type, approuvé par le conseil d'Etat, devra être expressément formulée dans les traités passés au sujet de la concession, lesquels seront soumis au conseil d'Etat et annexés au décret.

31. Lorsque, pour l'établissement d'un tramway, il y aura lieu à expropriation, soit pour l'élargissement d'un chemin vicinal, soit pour l'une des déviations prévues à l'article 26 de la présente loi, cette expropriation pourra être opérée conformément à l'article 16 de la loi du 21 mai 1836, sur les chemins vicinaux, et à l'article 2 de la loi du 8 juin 1864.

32. Les projets d'exécution sont approuvés par le ministre des travaux publics, lorsque la concession est accordée par l'Etat. Les dispositions de l'article 3 sont applicables lorsque la concession est accordée par un département ou par une commune.

33. Les taxes perçues dans les limites du maximum fixé par l'acte de concession sont homologuées par le ministre des travaux publics, dans le cas où la concession est faite par l'Etat, et par le préfet dans les autres cas.

34. Les concessionnaires de tramways ne sont pas soumis à l'impôt des prestations établi par l'article 3 de la loi du 21 mai 1836, à raison des voitures et des bêtes de trait exclusivement employées à l'exploitation du tramway. — Les départements ou les communes ne peuvent exiger des concessionnaires une redevance ou un droit de stationnement qui n'aurait pas été stipulé expressément dans l'acte de concession.

35. A l'expiration de la concession, l'administration peut exiger que les voies ferrées qu'elle avait concédées soient supprimées en tout ou en partie, et que les voies publiques et leurs déviations lui soient remises en bon état de viabilité aux frais du concessionnaire.

36. Lors de l'établissement d'un tramway desservi par des locomotives et destiné au transport des marchandises en même temps qu'au transport des voyageurs, l'Etat peut s'engager, en cas d'insuffisance du produit brut pour couvrir les dépenses d'exploitation et cinq pour cent (5 p. 100) par an du capital d'établissement tel qu'il a été prévu par l'acte de concession et augmenté, s'il y a lieu, des insuffisances constatées pendant la période assignée à la construction par ledit acte, à subvenir, pour partie, au paiement de cette insuffisance, à condition qu'une partie au moins équivalente sera payée par le département ou par la commune avec ou sans le concours des intéressés. — La subvention de l'Etat sera formée : 1° d'une somme fixe de cinq cents francs (500 fr.) par kilomètre exploité ; 2° du quart de la somme nécessaire pour élever la recette brute annuelle (impôts déduits), au chiffre de six mille francs (6,000 fr.) par kilomètre. — En aucun cas, la subvention de l'Etat ne pourra élever la recette brute au-dessus de six mille cinq cents francs (6,500 fr.), ni attribuer au capital de premier établissement plus de cinq pour cent (5 p. 100) par an. — La participation de l'Etat sera suspendue de plein droit quand les recettes brutes annuelles atteindront la limite ci-dessus fixée.

37. La loi du 15 juillet 1845, sur la police des chemins de fer, est applicable aux tramways, à l'exception des articles 4, 5, 6, 7, 8, 9 et 10.

38. Un règlement d'administration publique déterminera les mesures nécessaires à l'exécution des dispositions qui précèdent et notamment : 1° Les conditions spéciales auxquelles doivent satisfaire, tant pour leur construction que pour la circulation des voitures et des trains, les voies ferrées dont l'établissement sur le sol des voies publiques aura été autorisé ; — 2° les rapports entre le service de ces voies ferrées et les autres services intéressés. (*V. Décr.* 9 *août* 1881.)

39. Sont applicables aux tramways, les dispositions des articles 4, 6 à 12, 14 à 19, 21 et 24 de la présente loi.

DÉCRET

Relatif aux audiences réglementaires pendant les vacances judiciaires.

(12 juin 1880)

Art. 1er. Les audiences réglementaires pendant les vacances judiciaires seront à l'avenir fixées conformément aux dispositions suivantes : — Une audience sera tenue chaque quinzaine dans les tribunaux de première instance n'ayant qu'une chambre. — La chambre des vacations des tribunaux de deux chambres tiendra une audience par semaine. — Les jours d'audience seront fixés à intervalle, soit de quinzaine, soit de huitaine.

2. La chambre des vacations des tribunaux de première instance ayant trois chambres, ou un plus grand nombre, tiendra deux audiences hebdomadaires à des jours différents fixés de huitaine en huitaine.

3. La chambre des vacations du tribunal de première instance de la Seine continuera à siéger quatre jours par semaine, conformément à la disposition finale de l'article 78 du décret du 30 mars 1808.

4. Dans chaque cour d'appel, la chambre des vacations devra siéger au moins une fois par semaine, de huitaine en huitaine. — A Paris, cette chambre se réunira deux fois chaque semaine.

5. Les audiences réglementaires, dont les dates seront fixées par une délibération prise par chaque compagnie judiciare, seront indépendantes de celle que le président de la chambre des vacations reconnaîtrait, après son ouverture, utiles à l'intérêt du service. — Il appartiendra toujours au procureur général de requérir la convocation extraordinaire, en dehors des jours fixés à l'avance, des magistrats chargés du service de la chambre des mises en accusation. — Le procureur de la République pourra également demander, par application de la loi du 20 mai 1863 sur l'instruction des flagrants délits, une réunion spéciale du tribunal.

6. Les délibérations des compagnies judiciaires ayant pour objet de régler le service des vacations seront prises dans la première quinzaine du mois d'août. — Une expédition en sera adressée, par les soins du procureur général, dans la huitaine, au ministère de la justice.

7. Les dispositions du décret du 30 mars 1808 sont abrogées, en ce qu'elles ont de contraire aux articles ci-dessus.

DÉCRET

Modifiant l'article 1er de l'ordonnance du 5 août 1844 relative aux membres de la chambre des mises en accusation.

(12 juin 1880)

Art. 1er. L'article 1er de l'ordonnance du 5 août 1844, portant que les membres de la chambre des mises en accusation des cours d'appel feront, en outre, le service des autres chambres, est modifié en ce sens que ces magistrats pourront désormais, suivant l'intérêt du service, être attachés à une même chambre ou répartis entre les autres chambres de la cour.

DÉCRET

Relatif au service de santé militaire.

(15 juin 1880) (1)

LOI

Relative au colportage des livres, brochures, lithographies et autres écrits imprimés.

(17 juin 1880) (2)

Art. 1er. Quiconque voudra exercer la profession de colporteur ou de distributeur sur la voie publique ou tout autre lieu public ou privé, de livres, écrits, brochures, journaux, dessins, gravures, lithographies et photographies, sera tenu d'en faire la déclaration à la préfecture du département où il a son domicile et de justifier qu'il est Français et qu'il n'a pas encouru une condamnation pouvant entraîner privation de ses droits civils et politiques. — Toutefois, en ce qui concerne les journaux et autres feuilles périodiques, la déclaration pourra être faite, soit à la mairie de la commune dans laquelle doit se faire la distribution, soit à la sous-préfecture. Dans ce dernier cas, la déclaration produira son effet pour toutes les communes de l'arrondissement.

2. La déclaration contiendra les nom, prénoms, profession, domicile, âge et lieu de naissance du déclarant. — Il sera délivré immédiatement et sans frais au déclarant un récépissé de sa déclaration. — Tout colporteur ou distributeur devra être, en outre, muni d'un catalogue qui contiendra l'indication des objets énumérés à l'article 1er destinés à la vente. Ce cata-

(1) *J. off.*, 2 juill. 1880. — *V.* le texte dans notre édition in-8o. — *V.* le Règlement du 14 juin 1880 relatif aux élèves du service de santé militaire (*J. off.*, 2 juill. 1880).

(2) Abrogée par L. 29 juill. 1881, art. 68, APP. C. PÉN.

logue sera dressé sur un livret qui sera coté, visé et paraphé à l'avance par le préfet ou le sous-préfet. — Pour le colportage et la distribution des journaux dans une commune, le livret pourra être visé par le maire. — Le récépissé et le catalogue devront être présentés, par le colporteur, à toute réquisition de l'autorité compétente, qui aura toujours le droit de vérifier si les objets colportés ou distribués sont mentionnés au catalogue. — Les objets mentionnés au catalogue pourront seuls être colportés ou distribués.

3. La distribution et le colportage accidentels ne sont assujettis à aucune déclaration.

4. L'exercice de la profession de colporteur ou de distributeur sans déclaration préalable, ou après déclaration faite par un individu incapable, en vertu de l'article 5 ci-après, la fausseté de la déclaration, l'absence de catalogue, la détention par le colporteur ou distributeur d'objets non mentionnés au catalogue, le défaut de présentation à toute réquisition du récépissé ou du catalogue, constituent des contraventions. — Les contrevenants seront punis d'une amende de 5 à 15 francs et pourront l'être en outre d'un emprisonnement d'un à cinq jours. — En cas de récidive, de déclaration mensongère ou de déclaration faite par un individu incapable en vertu de l'article 5 ci-après, l'emprisonnement sera nécessairement prononcé. — L'article 463 du Code pénal pourra être appliqué.

5. Les colporteurs et distributeurs pourront être poursuivis conformément au droit commun, s'ils ont sciemment colporté ou distribué des livres, écrits, etc. présentant un caractère délictueux. — Les tribunaux pourront prononcer l'interdiction de l'exercice de la profession de colporteur ou de distributeur à tout individu condamné en vertu du présent article.

6. L'article 6 de la loi du 27 juillet 1849, — L'article 2 de la loi du 29 décembre 1875, — La loi du 9 mars 1878, — Et toutes les dispositions des lois, ordonnances, décrets ou règlements relatifs au colportage ou à la distribution des objets énumérés à l'article premier sont abrogés.

DÉCRET

Réglant le régime disciplinaire des établissements des travaux forcés.

(18 juin 1880)

TITRE Ier. — *Des classes de condamnés dans les colonies pénitentiaires.*

ART. 1er. Le personnel des condamnés aux travaux forcés qui subissent leur peine dans les colonies pénitentiaires est divisé en cinq classes déterminées d'après la situation pénale, l'état moral, la conduite et l'assiduité au travail des condamnés.

2. La 1re classe comprend les hommes les mieux notés. — Les condamnés de cette classe peuvent, sur leur demande : — 1° Obtenir une concession de terrains conformément au décret du 31 août 1878 ; — 2° Etre employés par les habitants de la colonie, aux conditions et moyennant des salaires fixes par le gouverneur en conseil privé, sur la proposition du directeur de l'administration pénitentiaire ; — 3° Etre employés aux travaux des divers services publics, comme chefs d'ateliers ou de chantiers ; — Dans ce dernier cas, ils reçoivent le maximum des salaires fixés par les tarifs de l'administratiou pénitentiaire.

3. Les condamnés de la 2e classe sont employés aux travaux agricoles du service pénitentiaire ou aux travaux publics pour le compte de l'Etat ou de la colonie. — Ils reçoivent un salaire moins élevé que ceux de la première classe.

4. Les condamnés de la 3e classe sont employés aux travaux publics pour le compte de l'Etat ou de la colonie. — Ils ne reçoivent de salaire qu'à titre de récompense exceptionnelle. Cette récompense leur est accordée par le gouverneur, sur la proposition du chef de service pour lequel sont faits les travaux qui la motivent, et d'après l'avis du directeur de l'administration pénitentiaire.

5. Les condamnés de la 4e classe sont employés aux travaux publics les plus pénibles. Ils ne reçoivent pas de salaires. Si leur conduite et leur travail sont satisfaisants ils peuvent obtenir deux fois par semaine une ration de vin ou de tafia. — Ils sont astreints au silence et isolés la nuit, si les locaux le permettent. Ils ne reçoivent aucune visite.

6. Les condamnés des classes précédentes peuvent recevoir des rations de tabac et de vin ou de tafia, à titre de gratification, pour des travaux exceptionnels et dans les conditions

fixées par le second paragraphe de l'article 4 ci-dessus.

7. Les condamnés de la 5e classe sont traités comme ceux de la 4e; seulement ils ne reçoivent en aucun cas des rations de tabac, de vin ou de tafia.

8. A leur arrivée au pénitencier les condamnés qui ne seront pas récidivistes, sont placés dans la 4e classe, les récidivistes, dans la 5e.

9. Le passage d'un condamné à la classe supérieure a lieu par décision du gouverneur, sur la proposition du directeur de l'administration pénitentiaire. — Aucun condamné n'est proposé pour l'avancement en classe, s'il n'a été effectivement employé pendant six mois aux travaux de sa classe.

10. Chaque classe peut être divisée en catégories par arrêté du gouverneur, sans que les condamnés placés dans les différentes catégories cessent d'être soumis au régime de la classe à laquelle ils appartiennent.

TITRE II. — *Des fautes et des peines.*

11. Les punitions disciplinaires qui peuvent être infligées aux condamnés aux travaux forcés, sont les suivantes : — 1o Le retranchement de vin ou de tafia; — 2o La prison pendant la nuit; — 3o La boucle simple ou double; — 4o La cellule; — 5o La mise au peloton de correction; — 6o Le peloton de correction avec la chaîne simple; — 7o Le peloton de correction avec la chaîne à deux; — 8o Le cachot avec la chaîne double ou la double boucle. — Chacune de ces peines peut se cumuler avec le renvoi dans une classe inférieure et avec la privation de salaires. — Les peines corporelles sont supprimées.

12. Le retranchement de vin ou de tafia est infligé pour les fautes légères, telles que : — Inconvenance envers un agent ou un fonctionnaire; — Ivresse; — Jeu d'argent; — Infraction aux règlements; — Paresse ou mauvaise volonté au travail. — Il peut être infligé pour quinze jours au plus. — Pour les mêmes fautes, les condamnés de la 4e ou de la 5e classe sont punis pendant le même temps de la prison de nuit.

13. En outre, en cas de récidive dans les trois mois, les condamnés des deux premières classes sont privés de salaires, ceux de la troisième sont punis de la prison, et ceux de la quatrième et de la cinquième classe de la boucle simple ou double.

14. La prison de nuit est infligée pour les fautes plus graves, telles que : — Insolence envers un agent ou un fonctionnaire; — Insubordination; — Ivresse avec tapage; — Paresse et mauvaise volonté au travail persistantes; — Refus d'obéir ou de travailler; — Rixe. — La prison de nuit est infligée pour un mois au plus. — Elle entraîne, pendant le même temps, le retranchement absolu de vin ou de tafia et la suppression des salaires. — Le condamné qui la subit, couche sur un lit de camp. — S'il est de la 4e ou de la 5e classe, il est mis à la boucle simple ou double. — En cas de récidive dans les trois mois, la prison est remplacée par la cellule ordinaire.

15. La boucle simple ou double remplace la prison et la cellule dans les ateliers et les camps où n'existent pas de lieux de détention. — Elle peut être infligée en addition à la prison ou à la cellule pour les fautes prévues par les articles 14 et 16 du présent décret.

16. La cellule est infligée pour les fautes très graves, telles que : — Actes d'immoralité; — Coups et violence envers un transporté; — Insulte ou menace envers un agent ou un fonctionnaire; — Lacération volontaire d'effets règlementaires; — Tentative d'évasion; — Rébellion, mutinerie; — Vol ou larcin. — La cellule est infligée pour deux mois au plus. Elle entraîne pendant le même temps le retranchement absolu de vin ou de tafia. — Les condamnés qui la subissent couchent sur un lit de camp et peuvent être mis au pain sec un jour sur trois. Ils ne reçoivent ni visite ni lettres. Ils sont astreints au travail. — En cas de récidive dans les trois mois, les condamnés coupables des fautes énoncées ci-dessus sont, à l'expiration de leur peine, placés au peloton de correction, pendant deux mois au plus.

17. Les condamnés du peloton de correction sont soumis au même régime que ceux de la 5e classe. Ils sont, de plus, en dehors des heures de travail, enfermés dans leurs cases, ou employés aux corvées intérieures les plus pénibles.

18. Les condamnés du peloton de correction qui commettent de nouvelles fautes peuvent être mis à la chaîne simple ou à la chaîne à deux, pendant quinze jours au plus. — La peine de la chaîne à deux ne peut être appliquée que pendant le jour.

19. Le cachot est infligé pour un mois au plus : — 1o Aux condamnés

qui ont encouru cinq fois la punition de cellule ordinaire, ou qui ont subi cette punition pendant plus de soixante jours; — 2° Aux condamnés placés au peloton de correction, qui se sont rendus coupables d'une des fautes prévues par l'article 16 du présent décret. — La peine du cachot entraîne le retranchement absolu de vin ou de tafia et la mise au pain sec deux jours sur trois. — Le prisonnier est mis à la double chaîne ou à la double boucle et couche sur un lit de camp.

20. Tout cachot doit être visité, tous les huit jours au moins, par un médecin chargé de constater si la lumière et le volume d'air sont suffisants, et si la température et la ventilation sont convenables pour la santé du prisonnier.

21. Le retranchement de vin ou de tafia et la prison de nuit avec ou sans boucle peuvent être infligés par le sous-directeur de la transportation, par le commandant du pénitencier, ou, à défaut, par le chef de camp.

22. La suppression des salaires, la prison de nuit, la cellule avec ou sans boucle, la mise au peloton de correction, la chaîne simple et la chaîne à deux sont infligées par le directeur de l'administration pénitentiaire, sur le rapport du sous-directeur de la transportation, du commandant du pénitencier ou du chef de camp. La suppression des salaires peut être prononcée aussi par le directeur de l'administration pénitentiaire, sur la proposition du chef de service qui emploie le condamné.

23. La peine du cachot est prononcée par décision du gouverneur, rendue sur le rapport du directeur de l'administration pénitentiaire.

24. La réintégration au pénitencier d'un condamné de la 1re classe employé chez un habitant peut être prononcée par le directeur de l'administration pénitentiaire, soit d'office, soit à la demande de l'habitant ou du condamné.

25. Le renvoi d'un condamné à la classe inférieure peut être prononcé pour les fautes prévues à l'art. 14 du présent décret et pour les récidives des fautes prévues à l'art. 12. Il est prononcé pour les fautes prévues à l'article 16. — Le renvoi à la 5e classe peut être prononcé pour les fautes prévues à l'article 16 et pour les récidives des fautes prévues à l'article 14. Il est prononcé pour les récidives des fautes prévues à l'article 16 et à la suite de toute condamnation par un conseil de guerre. — Le renvoi à une classe inférieure est prononcé par le gouverneur, sur l'avis du directeur de l'administration pénitentiaire.

26. Les fonctionnaires et agents spécifiés à l'article 22 doivent libeller les punitions sur un registre spécial, appelé registre de punitions et qui est tenu dans chaque établissement pénitentiaire.

27. Les surveillants ne peuvent prononcer aucune peine; ils doivent se borner à faire un rapport au chef de l'établissement. Ils peuvent, toutefois, dans l'intérêt de l'ordre et de la discipline, faire arrêter et mettre en prison ou à la boucle le délinquant, à la condition d'en rendre compte immédiatement à l'autorité supérieure.

DÉCRET

Ayant pour objet de modifier les conditions imposées aux communes pour obtenir la création de bureaux télégraphiques municipaux.

(18 juin 1880)

ART. UNIQUE. L'article 11 de la loi du 29 décembre 1876 est abrogé.

DÉCRET

Relatif à l'examen du baccalauréat.

(19 juin 1880)

ART. 1er. Nul ne peut, sauf le cas de dispense, se présenter à l'examen du baccalauréat ès lettres, s'il n'est âgé de seize ans accomplis.

2. L'examen, pour le baccalauréat ès lettres, comprend deux séries d'épreuves.

3. Les épreuves de la deuxième série ne peuvent être subies qu'un an après que le candidat a subi avec succès celles de la première série. — Il ne pourra être accordé aucune dispense. — L'intervalle compris entre la session d'otocbre-novembre et celle de juillet-août compte pour une année.

4. Pour le jugement des épreuves de la première série, le jury est formé de trois membres de la faculté des lettres. Pour le jugement des épreuves de la seconde série, il est formé de deux membres de la faculté des lettres et d'un membre de la faculté des sciences.

5. Les agrégés des facultés et, à leur défaut, des docteurs désignés au

nuellement par le ministre, après avis des doyens et du recteur, peuvent être appelés à faire partie du jury d'examen. — Il peut, en outre, être adjoint au jury, sur la proposition du recteur de l'académie, un examinateur spécial pour les épreuves relatives aux langues vivantes.

6. Les épreuves de chaque série sont : les unes écrites, les autres orales.

7. Les épreuves de la première série sont : 1° Une version latine. — (A partir de la session de juillet-août 1883, cette version sera faite sans dictionnaire, à l'aide de lexiques ou vocabulaires mis à la disposition des candidats par les facultés). — 2° Une composition française sur un sujet de littérature ou d'histoire. — (Pour cette composition l'usage de tout livre et dictionnaire est interdit). — 3° Un thème allemand ou anglais. — (A partir de la session de juillet-août 1883, le candidat ne pourra se servir que d'un simple lexique). — Les compositions, corrigées chacune par un membre du jury, sont jugées par le jury tout entier qui décide quels sont les candidats admis à subir les épreuves orales. (*V. Décr.* 15 *janv.* 1881.)

8. Les épreuves orales de la première série consistent en explications d'auteurs et en interrogations. — Les explications portent sur les textes des auteurs français, grecs et latins, prescrits dans les lycées pour les classes de troisième, seconde et rhétorique, et sur les textes désignés, dans les mêmes classes, pour l'enseignement des langues vivantes. Le candidat peut désigner pour chaque classe et pour chaque langue le prosateur et le poète sur lesquels il désire être interrogé. — Les interrogations portent sur les matières de littérature, d'histoire et de géographie, enseignées dans les mêmes classes.

9. Tout candidat ayant satisfait aux épreuves exigées sur l'anglais ou l'allemand peut demander à subir l'examen, soit sur l'autre langue, soit sur l'italien ou l'espagnol. En cas de succès, mention est faite sur le diplôme de cette partie facultative.

10. Les épreuves écrites de la seconde série consistent : — 1° En une composition française sur une question empruntée au programme de philosophie ; — 2° En une composition sur un sujet scientifique d'un caractère élémentaire.

11. Les épreuves orales de la seconde série consistent en interrogations et explications portant : — 1° Sur les parties de la philosophie et de l'histoire enseignées dans la classe de philosophie des lycées ; — 2° Sur les sciences ; — 3° Sur les auteurs de philosophie portés au programme de la classe. (Les auteurs grecs et latins seront expliqués dans le texte.)

12. Toutes les parties de l'examen sont obligatoires. — Soit à l'épreuve écrite, soit à l'épreuve orale, l'ajournement ne peut être prononcé qu'en vertu d'une délibération du jury.

13. Les candidats qui produisent le diplôme de bachelier ès sciences sont dispensés de la partie scientifique du baccalauréat ès lettres.

14. Tout candidat qui, sans excuse jugée valable par le jury, ne répond pas à l'appel de son nom le jour qui lui a été indiqué, est renvoyé à une autre session et perd le montant des droits d'examen qu'il a consignés.

15. Les dispositions du présent décret seront applicables à partir de la session de juillet-août 1883. — Toutefois, les dispositions de l'article 7, relatives à l'épreuve française substituée à l'épreuve latine de l'ancien règlement, et celle de l'épreuve de langues vivantes reportée de la deuxième à la première série, seront applicables à partir de la session de juillet-août 1881. — A partir de la session de juillet-août 1882, la composition de sciences fera partie de l'épreuve écrite de la seconde série.

16. Le décret du 25 juillet 1874 est abrogé, sauf en ce qui concerne les prescriptions de l'article 14 dudit décret sur les droits à percevoir.

DÉCRET

Instituant un concours général entre les lycées et collèges des départements, pour les classes de mathématiques spéciales, de philosophie, de rhétorique, et pour la quatrième année de l'enseignement spécial.

(22 juin 1880) (1)

DÉCRET

Relatif aux sessions des conseils académiques.

(26 juin 1880)

ART. 1er. Le conseil académique es

(1) *J. off.*, 2 juill. 1880. — *V.* le texte dans notre édition in-8°. — *V.* L'arrêté du 22 juin 1880, relatif au concours gé-

présidé par le recteur. — En cas d'empêchement, le recteur délègue avec l'autorisation du ministre, ou à condition de lui en référer, un vice-président pour le remplacer. — Le secrétaire de l'académie remplit les fonctions de secrétaire du conseil, sans voix délibérative.

2. Le conseil se réunit deux fois par an, en session ordinaire, avant les vacances et après la rentrée. — La durée de chaque session est fixée par les lettres de convocation. — Le recteur, avec l'autorisation du ministre, convoque le conseil en session extraordinaire.

3. A l'ouverture de chaque session, le recteur fait distribuer au conseil la liste des affaires qui seront traitées dans la session.

4. La première session est spécialement consacrée à l'examen de la situation de l'enseignement secondaire public; la seconde, à l'examen de la situation de l'enseignement supérieur public. — Le conseil examine, en outre, dans sa première session ordinaire, les comptes des établissements d'enseignement supérieur et secondaire pour l'exercice précédent, et, dans la seconde session, les budgets des mêmes établissements pour l'exercice suivant.

5. Sur la proposition du recteur, le conseil se divise en commissions de l'enseignement supérieur, de l'enseignement secondaire et de la comptabilité. — Le conseil nomme, quand il y a lieu, au scrutin secret, une commission des affaires disciplinaires et contentieuses. — Le recteur est membre de droit de toutes les commissions, il les préside quand il y assiste; elles nomment leurs rapporteurs ; en l'absence du recteur, elles nomment leur président.

6. Les rapports présentés au conseil sur la comptabilité des lycées et collèges et sur la situation des établissements d'enseignement secondaire, sont préparés par les inspecteurs d'académie. Les rapports concernant la situation de l'enseignement supérieur sont préparés par les doyens et les directeurs des écoles.

7. Les membres qui veulent soumettre une proposition au conseil la font parvenir par écrit au recteur, avant l'ouverture de la session. Cette proposition est renvoyée à la commission compétente. Dans un rapport adressé au recteur, la commission émet l'avis qu'il y a lieu, soit de discuter immédiatement la proposition, soit de l'ajourner à une session ultérieure, soit de ne pas la prendre en considération.

8. En matière disciplinaire, la commission spéciale instruit l'affaire et en fait rapport. Ce rapport, et le dossier des pièces à l'appui, sont mis à la disposition de l'inculpé, au secrétariat de l'Académie, un jour franc avant la délibération du conseil. — Au jour fixé pour la délibération, la commission donne lecture de son rapport; l'inculpé et, s'il en fait la demande. son conseil, sont ensuite introduits et entendus dans leurs observations. Après qu'ils se sont retirés, le président met l'affaire en délibération et le conseil statue.

9. La présence de la moitié plus un des membres est nécessaire pour la validité des délibérations. — En cas de partage, lorsque la matière n'est ni disciplinaire, ni contentieuse, la voix du président est prépondérante; si la matière est contentieuse, il en est délibéré à nouveau et les membres qui n'ont pas assisté à la délibération sont spécialement convoqués. S'il y a de nouveau partage dans la 2e délibération, la voix du président est prépondérante; si la matière est disciplinaire, l'avis favorable à l'inculpé prévaut. — Lorsqu'il s'agit : 1o de la révocation, du retrait d'emploi, de la suspension des professeurs titulaires de l'enseignement public supérieur ou secondaire, ou de la mutation pour emploi inférieur des professeurs titulaires de l'enseignement public supérieur; — 2o de l'interdiction du droit d'enseigner ou de diriger un établissement, prononcée contre un membre de l'enseignement libre, secondaire ou supérieur; — 3o de l'exclusion d'un étudiant de l'enseignement public ou libre de toutes les académies, la décision du conseil doit être prise aux deux tiers des suffrages.

10. A la suite de chaque session, une copie des procès-verbaux est adressée au ministre.

11. Les procès-verbaux ne peuvent être rendus publics à moins de décision spéciale du ministre. En matière disciplinaire ou contentieuse, les intéressés ont toujours le droit d'obtenir une copie certifiée de la décision qui les concerne.

---

néral entre les lycées et les collèges des départements (*J. off.*, 2 juill. 1880).

DÉCRET

Déterminant les époques auxquelles

auront lieu les nominations d'officiers d'académie et d'officiers de l'instruction publique.

(30 juin 1880)

Art. 1er. Les nominations d'officiers d'académie et d'officiers de l'instruction publique auront lieu aux trois époques suivantes : — 1° Au 1er janvier ; — 2° Au 14 juillet ; — 3° A l'époque de la réunion à Paris des sociétés savantes des départements.

LOI

Ayant pour objet d'autoriser, dans certains cas, l'augmentation du nombre des jurés portés sur les listes dressées annuellement en vertu de l'article 29 de la loi du 3 mai 1841 sur l'expropriation pour cause d'utilité publique.

(3 juillet 1880)

Art. unique. Le nombre des personnes désignées, pour chaque arrondissement, conformément à l'article 29 de la loi du 3 mai 1841 et parmi lesquelles sont choisis les membres du jury spécial chargé de régler les indemnités dues par suite d'expropriation pour cause d'utilité publique, peut, lorsque des circonstances exceptionnelles l'exigent, être augmenté par des décrets rendus en conseil d'Etat, sans pouvoir dépasser 144.

LOI

Concernant : 1° la caisse des lycées nationaux, collèges communaux et écoles primaires ; 2° l'ouverture, au ministre de l'instruction publique et des beaux-arts, d'un crédit de 17 millions de francs, à titre de subvention extraordinaire à ladite caisse.

(3 juillet 1880) (1)

LOI

Ayant pour objet l'établissement d'un jour de fête nationale annuelle.

(6 juillet 1880)

Art. unique. La République adopte la date du 14 juillet comme jour de fête nationale annuelle.

DÉCRET

Fixant la composition du conseil académique d'Alger.

(6 juillet 1880) (2)

DÉCRET

Donnant sa pleine et entière exécution à la convention conclue, le 29 juillet 1879, entre la France et la Suisse, pour régulariser la situation des enfants des Français naturalisés Suisses.

(7 juillet 1880)

Art. 1er. Le Sénat et la Chambre des députés ayant approuvé la convention conclue, le 29 juillet 1879, entre la France et la Suisse, pour régulariser la situation des enfants des Français naturalisés Suisses, et les ratifications de cet acte ayant été échangées, à Paris, le 6 juillet 1880, ladite convention, dont la teneur suit, recevra sa pleine et entière exécution.

CONVENTION

Art. 1er. Les individus dont les parents, Français d'origine, se font naturaliser Suisses, et qui sont mineurs au moment de cette naturalisation, auront le droit de choisir, dans le cours de leur vingt-deuxième année, entre les deux nationalités française et suisse. Ils seront considérés comme Français jusqu'au moment où ils auront opté pour la nationalité suisse.

2. L'option pour la nationalité suisse résultera d'une déclaration faite par l'intéressé devant l'autorité municipale française ou suisse du lieu de sa résidence. Si l'intéressé ne réside ni sur le territoire français ni sur le territoire suisse, il pourra faire cette déclaration devant les agents diplomatiques ou consulaires de l'un ou de l'autre Etat. Il pourra se faire représenter par un mandataire pourvu d'une procuration spéciale et légalisée. — Ceux qui n'auront pas effectué cette

(1) *J. off.*, 4 juill. 1880. — *V.* le texte dans notre édition in-8°. — *V.* Décr. 13 août 1880 ; L. 2 août 1881, art. 11.

(2) *J. off.*, 8 juill. 1880. — *V.* le texte dans notre édition in-8°.

déclaration dans le cours de leur vingt-deuxième année, seront considérés comme ayant définitivement conservé leur nationalité française.

3. Les jeunes gens à qui est conféré ce droit d'option ne seront pas astreints au service militaire en France avant d'avoir accompli leur vingt-deuxième année. Toutefois, ils pourront, sur leur demande, remplir avant leur majorité leurs obligations militaires, ou s'engager dans l'armée française, à la condition de renoncer à leur droit d'option pour la nationalité suisse. Cette renonciation devra être faite par les intéressés, avec le consentement de leurs représentants légaux, dans les mêmes formes et devant les mêmes autorités que les déclarations d'option.

4. Toute déclaration d'option ou de renonciation au droit d'opter sera communiquée à l'autre gouvernement par celui qui l'aura reçue.

DISPOSITIONS TRANSITOIRES.

5. Les enfants mineurs des Français naturalisés Suisses avant la mise en vigueur de la présente convention, qui, par suite de la non-concordance des législations des deux pays, sont considérés de part et d'autre comme Français et Suisses bénéficieront de la règle établie dans l'article 3. — En déclarant, dans le cours de leur vingt-deuxième année et conformément aux dispositions de l'article 2, leur intention d'être Suisses, ils cesseront d'être considérés en France comme Français. — Ceux d'entre eux qui auront atteint leur vingt et unième année avant la mise en vigueur de la présente convention pourront faire la même déclaration dans le délai d'un an, après que ladite convention sera devenue exécutoire. Ce délai sera de deux ans en faveur de ceux qui, au moment de la mise à exécution de la présente convention, ne résideraient ni en France ni en Suisse.

6. La présente convention est conclue pour cinq années à partir du jour de l'échange des ratifications. — Dans le cas où aucune des hautes parties contractantes n'aurait notifié une année avant l'expiration de ce terme son intention d'en faire cesser les effets, la convention continuera d'être obligatoire encore une année, et ainsi de suite d'année en année à compter du jour où l'une des parties l'aura dénoncée.

LOI

Relative à l'abrogation de la loi des 20 mai-3 juin 1874 sur l'aumônerie militaire.

(8 juillet 1880)

Art. 1er. La loi des 20 mai-3 juin 1874 sur l'aumônerie militaire est abrogée.

2. Il sera attaché des ministres des différents cultes aux camps, forts détachés et aux garnisons placées hors de l'enceinte des villes, contenant un rassemblement de deux mille hommes au moins et éloignés des églises paroissiales et des temples de plus de trois kilomètres, ainsi qu'aux hôpitaux et pénitentiers militaires.

3. En cas de mobilisation, des ministres des différents cultes seront attachés aux armées, corps d'armée et divisions en campagne, mais sans aucune distinction hiérarchique. Un règlement d'administration publique déterminera le mode de recrutement et le nombre de ces ministres.

DÉCRET

Relatif aux concours pour l'admission dans les carrières diplomatique et consulaire.

(10 juillet 1880) (1)

LOI

Relative à l'amnistie des individus condamnés pour avoir pris part aux événements insurrectionnels de 1870-1871 et aux événements insurrectionnels postérieurs.

(11 juillet 1880)

ART. UNIQUE. Tous les individus condamnés pour avoir pris part aux événements insurrectionnels de 1870 et 1871 et aux événements insurrectionnels postérieurs, qui ont été ou qui seront, avant le 14 juillet 1880, l'objet d'un décret de grâce, seront considérés comme amnistiés, à l'exception des individus condamnés par jugement contradictoire à la peine de mort et aux travaux forcés pour crimes d'incendie ou d'assassinat. — Cette exception, toutefois, ne sera pas applicable

(1) *J. off.*, 13 juill. 1880. — *V.* le texte dans notre édition in-8°.

aux condamnés ci-dessus qui auront été jusqu'à la date du 9 juillet 1880 l'objet d'une commutation de leur peine en une peine de déportation, de détention ou de bannissement. — Amnistie est accordée à tous les condamnés pour crimes et délits politiques ou pour crimes et délits de presse commis jusqu'à la date du 6 juillet 1880. — Les frais de justice applicables aux condamnations ci-dessus spécifiées et qui ne sont pas encore payés ne seront pas réclamés. Ceux qui ont été payés ne seront pas restitués.

LOI

Ayant pour objet l'abrogation de la loi du 18 novembre 1814, relative à l'interdiction du travail pendant les dimanches et jours de fêtes religieuses reconnues par la loi.

(12 juillet 1880)

ART. 1er. La loi du 18 novembre 1814, sur le repos du dimanche et des fêtes religieuses, est abrogée.

2. Sont également abrogées toutes les lois et ordonnances rendues antérieurement sur la même matière. Il n'est, toutefois, porté aucune atteinte à l'article 57 de la loi organique du 18 germinal an X.

3. Il n'est rien innové par la présente loi aux dispositions des lois civiles ou criminelles qui règlent les vacances des diverses administrations, les délais et l'accomplissement des formalités judiciaires, l'exécution des décisions de justice, non plus qu'à la loi du 17 mai 1874, sur le travail des enfants et des filles mineures employés dans l'industrie.

DÉCRET

Appliquant à l'Algérie la loi des 15 juillet 1878 et 2 août 1879, relative aux mesures à prendre pour arrêter les progrès du phylloxera et du doryphora.

(12 juillet 1880)

ART. 1er. La loi des 15 juillet 1878, 2 août 1879 est déclarée applicable à l'Algérie. — A cet effet, elle sera publiée et promulguée, à la suite du présent décret qui sera inséré au Bulletin officiel des actes administratifs du gouvernement général de l'Algérie.

2. Le décret du 24 juin 1879, spécial à l'Agérie, reste et demeure en vigueur. Par suite, les arrêtés pris en France, pour l'application de ladite loi des 15 juillet 1878, 2 août 1879, ne sont pas exécutoires en Algérie.

3. Le gouverneur général de l'Algérie exerce celles des attributions conférées au ministre de l'agriculture et du commerce par la loi des 15 juillet 1878, 2 août 1879.

DÉCRET

Relatif à la création d'une école normale supérieure d'institutrices préparatoire à l'enseignement et à la direction des écoles normales de filles.

(13 juillet 1880)

ART. 1er Il est créé une école normale supérieure d'institutrices préparatoire à l'enseignement et à la direction des écoles normales de filles.

2. Il sera pourvu aux dépenses d'installation et d'appropriation de ce établissement au moyen des crédits inscrits au chapitre 34 du budget du ministère de l'instruction publique.

3. Le siège de cet établissement sera fixé par décret. L'école normale du département où il sera situé sera annexée comme école d'application audit établissement.

DÉCRET

Relatif aux pensions de retraite du personnel colonial des services des ponts et chaussées, des postes, de l'enregistrement, etc.

(13 juillet 1880)

ART. 1er. Le personnel colonial des services des ponts et chaussées, des ports, de l'enregistrement, des poids et mesures, des contributions diverses, du cadastre, des postes, des eaux et forêts, des feux et phares, et des vétérinaires, est traité pour les pensions de retraite, suivant la parité d'office, avec le personnel similaire de la métropole telle qu'elle est fixée dans le tableau annexé au présent décret (1).

2. Les retenues déterminées par l'article 3 de la loi du 9 juin 1853 sont exercées au profit de la caisse des Invalides, sur le traitement de parité d'office. — Le supplément accordé

(1) V. ce tableau (*J. off.*, 19 juill. 1880).

pour parfaire le traitement colonial ne supporte que la retenue de 3 p. 100, conformément aux lois annuelles de finances.

3. Le personnel colonial non compris dans le tableau faisant suite au présent décret, est retraité d'après les dispositions générales de la loi du 9 juin 1853. Sa solde d'Europe est déterminée par le ministre; elle est passible, au profit de la Caisse des Invalides, des retenues prescrites par ladite loi. Le supplément accordé à titre de traitement colonial supporte la retenue de 3 p. 100.

4. Sont abrogées les dispositions contraires au présent décret et notamment celles contenues au paragraphe 7 de l'article 204 du décret du 1er juin 1875 sur la solde.

LOI

Sur les patentes.

(15 juillet 1880)

Art. 1er. Tout individu, Français ou étranger, qui exerce en France un commerce, une industrie, une profession, non compris dans les exceptions déterminées par la présente loi, est assujetti à la contribution des patentes.

2. La contribution des patentes se compose d'un droit fixe et d'un droit proportionnel.

3. Le droit fixe est réglé conformément aux tableaux A, B, C annexés à la présente loi (1). — Il est établi : — Eu égard à la population et d'après un tarif général, pour les industries et professions énumérées dans le tableau A : — Eu égard à la population et d'après un tarif exceptionnel, pour les industries et professions portées dans le tableau B ; — Sans avoir égard à la population pour celles qui font l'objet du tableau C.

4. Les commerces, industries et professions non dénommés dans ces tableaux n'en sont pas moins assujettis à la patente. Les droits auxquels ils doivent être soumis sont réglés d'après l'analogie des opérations ou des objets de commerce, par un arrêté spécial du préfet, rendu sur la proposition du directeur des contributions directes, et après avoir pris l'avis du maire. — Tous les cinq ans, des tableaux additionnels contenant la nomenclature des commerces, industries et professions classés par voie d'assimilation, depuis trois années au moins, seront soumis à la sanction législative.

5. Pour les professions dont le droit fixe varie en raison de la population du lieu où elles sont exercées, les tarifs seront appliqués d'après la population qui aura été déterminée par le dernier décret de dénombrement. — Néanmoins, lorsque ce dénombrement fera passer une commune dans une catégorie supérieure à celle dont elle faisait précédemment partie, l'augmentation du droit fixe ne sera appliquée que pour moitié pendant les cinq premières années.

6. Dans les communes dont la population totale est de plus de 5,000 âmes, les patentables exerçant dans la banlieue des professions imposées eu égard à la population payeront le droit fixe d'après le tarif applicable à la population non agglomérée. — Les patentables exerçant lesdites professions dans la partie agglomérée payeront le droit fixe d'après le tarif applicable à la population totale.

7. Le patentable qui, dans le même établissement, exerce plusieurs commerces, industries ou professions, ne peut être soumis qu'à un seul droit fixe. Ce droit est le plus élevé de ceux qu'il aurait à payer s'il était assujetti à autant de droits fixes qu'il exerce de professions. — Si les professions exercées dans le même établissement comportent pour le droit fixe, soit seulement des taxes variables à raison du nombre d'employés, d'ouvriers, de machines ou autres éléments d'imposition, soit à la fois des taxes de cette nature et des taxes déterminées, c'est-à-dire arrêtées à un chiffre invariable, le patentable sera assujetti aux taxes variables d'après tous les élements d'imposition afférents aux professions exercées, mais il ne payera que la plus élevée des taxes déterminées.

8. Le patentable ayant plusieurs établissements, boutiques ou magasins de même espèce ou d'espèces différentes est, quel que soit le tableau auquel il appartient comme patentable, passible d'un droit fixe, en raison du commerce, de l'industrie ou de la profession exercée dans chacun de ces établissements, boutiques ou magasins. — Les droits fixes sont imposables dans les communes où sont situés les établissements, boutiques ou magasins qui y donnent lieu.

9. Le patentable qui exploite un établissement industriel et qui n'y effectue pas la vente de ses produits est exempt du droit fixe pour le magasin séparé dans lequel sont vendus exclusivement en gros les seuls produits de sa fabri-

(1) V. ces tableaux (*J. off.*, 22 juill. 1880).

cation. — Toutefois, si la vente a lieu dans plusieurs magasins, l'exemption de droit fixe, accordée par le paragraphe précédent, n'est applicable qu'à celui de ces magasins qui est le plus rapproché du centre de l'établissement de fabrication. Les autres sont imposés conformément aux dispositions de l'article 8 de la présente loi.

10. Dans les établissements à raison desquels le droit fixe de patente est réglé d'après le nombre des ouvriers, les individus au-dessous de seize ans et au-dessus de soixante-cinq ne seront comptés dans les éléments de cotisation que pour la moitié de leur nombre.

11. Dans les usines fonctionnant exclusivement à l'aide de moteurs hydrauliques, le droit fixe est réduit de moitié pour ceux des éléments de cotisation qui, par ma que ou par crue d'eau, sont périodiquement forcés de chômer pendant une partie de l'année équivalente au moins à quatre mois.

12. Le droit proportionnel est établi sur la valeur locative tant de la maison d'habitation que des magasins, boutiques, usines, ateliers, hangars, remises, chantiers et autres locaux servant à l'exercice des professions imposables. — Il est dû, lors même que le logement et les locaux occupés sont concédés à titre gratuit. — La valeur locative est déterminée, soit au moyen de baux authentiques ou de déclarations de locations verbales dûment enregistrées, soit par comparaison avec d'autres locaux dont le loyer aura été régulièrement constaté ou sera notoirement connu, et, à defaut de ces bases, par voie d'appréciation. — Le droit proportionnel pour les usines et les établissements industriels est calculé sur la valeur locative de ces établissements, pris dans leur ensemble et munis de tous leurs moyens matériels de production.

13. Le taux du droit proportionnel est fixé conformément au tableau D annexé à la présente loi.

14. Le droit proportionnel est payé dans toutes les communes où sont situés les magasins, boutiques, usines, ateliers, hangars, remises, chantiers et autres locaux servant à l'exercice des professions imposables. — Si, indépendamment de la maison où il fait sa résidence habituelle et principale et qui, dans tous les cas, sauf l'exception ci-après, doit être soumise au droit proportionnel, le patentable possède, soit dans la même commune, soit dans des communes différentes, une ou plusieurs maisons d'habitation, et ne paye le droit proportionnel que pour celles de ces maisons qui servent à l'exercice de sa profession. — Si l'industrie pour laquelle il est assujetti à la patente ne constitue pas sa profession principale, et s'il ne l'exerce pas par lui-même, il ne paye le droit proportionnel que sur la maison d'habitation de l'agent préposé à l'exploitation.

15. Le patentable qui exerce dans un même local, ou dans des locaux non distincts, plusieurs industries ou professions passibles d'un droit proportionnel différent, paye ce droit d'après le taux applicable à la profession pour laquelle il est assujetti au droit fixe. — Dans le cas où les locaux sont distincts, il paye pour chaque local le droit proportionnel attribué à l'industrie ou à la profession qui y est spécialement exercée. — Dans tous les cas, le droit proportionnel est établi sur la maison d'habitation d'après le taux applicable à celle des professions imposées au droit fixe qui comporte le taux le plus élevé.

16. Dans les communes dont la population est inférieure à 20,001 âmes, mais qui, en vertu d'un nouveau dénombrement, passent dans la catégorie des communes de 20,001 âmes et au-dessus, les patentables des 7e et 8e classes ne seront soumis au droit proportionnel que dans le cas où un second décret de dénombrement aura maintenu lesdites communes dans la même catégorie.

17. Ne sont pas assujettis à la patente : — 1o Les fonctionnaires et employés salariés, soit par l'Etat, soit par les administrations départementales et communales, en ce qui concerne seulement l'exercice de leurs fonctions : — 2o Les peintres, sculpteurs, graveurs et dessinateurs, considérés comme artistes, et ne vendant que le produit de leur art ; — Les professeurs de belles-lettres, sciences et arts d'agrément, les instituteurs primaires ; — Les sages-femmes ; — Les éditeurs de feuilles périodiques ; — Les artistes dramatiques ; — 3o Les laboureurs et cultivateurs, seulement pour la vente et la manipulation des récoltes et fruits provenant des terrains qui leur appartiennent ou par eux exploités, et pour le bétail qu'ils y élèvent, qu'ils y entretiennent ou qu'ils y engraissent ; — Les concessionnaires de mines, pour le seul fait de l'extraction et de la vente des matières par eux extraites, l'exemption ne pouvant en aucun cas être étendue à la transformation des matières extraites ; — Les propriétaires ou fermiers de marais salants ; — Les propriétaires ou locataires louant

accidentellement une partie de leur habitation personnelle; — Les pêcheurs, lors même que la barque qu'ils montent leur appartient; — 4° Les associés en commandite, les caisses d'épargne et de prévoyance administrées gratuitement, les assurances mutuelles régulièrement autorisées; — 5° Les capitaines de navires de commerce ne naviguant pas pour leur compte; — Les cantiniers attachés à l'armée; — Les écrivains publics; — Les commis et toutes les personnes travaillant à gages, à façon et à la journée, dans les maisons, ateliers et boutiques des personnes de leur profession; — Les ouvriers travaillant chez eux ou chez les particuliers sans compagnons ni apprentis, soit qu'ils travaillent à façon, soit qu'ils travaillent pour leur compte et avec des matières à eux appartenant, qu'ils aient ou non une enseigne ou une boutique; — Les ouvriers travaillant en chambre avec un apprenti âgé de moins de seize ans; — La veuve qui continue avec l'aide d'un seul ouvrier ou d'un seul apprenti la profession précédemment exercée par son mari; — Les personnes qui vendent en ambulance dans les rues, dans les lieux de passage et dans les marchés, soit des fleurs, de l'amadou, des balais, des statues et figures en plâtre, soit des fruits, des légumes, des poissons, du beurre, des œufs, du fromage et autres menus comestibles; — Les savetiers, les chiffonniers au crochet, les porteurs d'eau à la bretelle ou avec voiture à bras, les rémouleurs ambulants, les gardes-malades. — Ne sont point considérés comme compagnons ou apprentis, la femme travaillant avec son mari, ni les enfants non mariés travaillant avec leurs père et mère, ni le simple manœuvre dont le concours est indispensable à l'exercice de la profession.

18. Tous ceux qui vendent en ambulance des objets non compris dans les exemptions déterminées par l'article précédent et tous marchands sous échoppe ou en étalage, sont passibles de la moitié des droits que payent les marchands qui vendent les mêmes objets en boutique. Toutefois, cette disposition n'est pas applicable aux bouchers, épiciers et autres marchands ayant un étal permanent ou occupant des places fixes dans les halles et marchés.

19. Les mari et femme séparés de biens ne doivent qu'une patente, à moins qu'ils n'aient des établissements distincts, auquel cas chacun d'eux doit avoir sa patente et payer séparément les droits fixe et proportionnel.

20. Les patentes sont personnelles et ne peuvent servir qu'à ceux à qui elles sont délivrées. — Dans les sociétés en nom collectif, l'associé principal paye seul la totalité du droit fixe afférent à la profession. Le même droit est divisé en autant de parts égales qu'il y a d'associés en nom collectif, et une de ces parts est imposée à chaque associé secondaire. Néanmoins, pour les associés habituellement employés comme simples ouvriers dans les travaux de l'association, cette part ne doit jamais dépasser le vingtième du droit fixe imposable au nom de l'associé principal. — L'associé principal et les associés secondaires sont imposés au droit fixe dans les communes où sont situés les établissements, boutiques ou magasins qui y donnent lieu. — Le droit proportionnel est établi sur la maison d'habitation de l'associé principal et sur tous les locaux qui servent à la société pour l'exercice de son industrie. — La maison d'habitation de chacun des autres associés est affranchie du droit proportionnel, à moins qu'elle ne serve à l'exercice de l'industrie sociale. En ce dernier cas, elle est, de même que les autres locaux servant à l'industrie sociale, imposable au nom de l'associé principal.

21. Par exception aux dispositions de l'article qui précède, dans les sociétés en nom collectif qui sont passibles des droits de patente pour l'exercice de professions rangées dans le tableau C annexé à la présente loi, et tarifées en raison du nombre des ouvriers, machines, instruments, moyens de production ou autres éléments variables d'imposition, l'associé principal paye seul le droit fixe, les autres associés en sont affranchis. — Par exception aux mêmes dispositions, dans les sociétés en nom collectif qui sont passibles de droits de patente pour l'exercice de professions rangées dans le tableau B annexé à la présente loi, le droit de patente des associés autres que l'associé principal, établi conformément à l'article 20 de la présente loi, ne porte pas sur les employés et autres éléments variables d'imposition.

22. Les sociétés ou compagnies anonymes, ayant pour but une entreprise industrielle ou commerciale, sont imposées pour chacun de leurs établissements à un seul droit fixe, sous la désignation de l'objet de l'entreprise, sans préjudice du droit proportionnel. — La patente assignée à ces sociétés ou compagnies ne dispense aucun des sociétaires ou actionnaires du payement des droits de patente auxquels

ils pourraient être personnellement assujettis pour l'exercice d'une industrie particulière. — Les dispositions du deuxième paragraphe du présent article sont applicables aux gérants et associés solidaires des sociétés en commandite.

23. Tout individu transportant des marchandises de commune en commune, lors même qu'il vend pour le compte de marchands ou de fabricants, est tenu d'avoir une patente personnelle, qui est, selon les cas, celle de colporteur avec balle, avec bête de somme ou avec voiture.

24. Les commis-voyageurs des nations étrangères seront traités, relativement à la patente, sur le même pied que les commis-voyageurs français chez ces mêmes nations.

25. Les contrôleurs des contributions directes procèderont annuellement au recensement des imposables et à la formation des matrices de patentes. — Le maire sera prévenu de l'époque du recensement et pourra assister le contrôleur dans cette opération ou se faire représenter, à cet effet, par un délégué. — En cas de dissentiment entre les contrôleurs et les maires ou leurs délégués, les observations contradictoires de ces derniers seront consignées dans une colonne spéciale. — La matrice dressée par le contrôleur sera déposée pendant dix jours au secrétariat de la mairie, afin que les intéressés puissent en prendre connaissance et remettre au maire leurs observations. — A l'expiration d'un second délai de dix jours, le maire, après avoir consigné ses observations sur la matrice, la transmettra au directeur des contributions directes, qui établira les taxes conformément à la loi pour les articles non contestés. — Toutes les fois que le directeur ne croira pas devoir donner suite aux observations consignées par le maire sur la matrice, il soumettra les contestations au préfet avec son avis motivé. Si le préfet n'adopte pas les propositions du directeur, il en sera référé au ministre des finances. — Le préfet arrête les rôles et les rend exécutoires. — A Paris, l'examen de la matrice des patentes aura lieu, pour chaque arrondissement municipal, par le maire, assisté soit de l'un des membres de la commission des contributions, soit de l'un des agents attachés à cette commission, délégué à cet effet par le préfet. — Les matrices, revêtues des observations du maire de chaque arrondissement, seront centralisées à la commission des contributions, qui, après y avoir aussi consigné ses observations, les transmettra au directeur des contributions, comme il est dit au cinquième paragraphe.

26. Les patentés qui réclameront contre la fixation de leurs taxes seront admis à prouver la justice de leurs réclamations par la représentation d'actes de société légalement publiés, de journaux et livres de commerce régulièrement tenus et par tous autres documents.

27. Les réclamations en décharge ou réduction et les demandes en remise ou modération seront communiquées aux maires ; elles seront d'ailleurs présentées, instruites et jugées dans les formes et délais prescrits pour les autres contributions directes.

28. La contribution des patentes est due pour l'année entière par tous les individus exerçant au mois de janvier une profession imposable. — En cas de cession d'établissement, la patente sera, sur la demande du cédant ou du cessionnaire, transférée à ce dernier. La demadde sera recevable dans le délai de trois mois, à partir, soit de la cession de l'établissement, soit de la publication du rôle supplémentaire dans lequel le cessionnaire aura été personnellement imposé pour l'établissement cédé. La mutation de cote sera réglée par le préfet et les droits qui formeraient double emploi au préjudice du cessionnaire seront alloués en décharge par le conseil de préfecture. — En cas de fermeture des magasins, boutiques et ateliers, par suite de décès ou de faillite déclarée, les droits ne seront dus que pour le passé et le mois courant. Sur la réclamation des parties intéressées, il sera accordé décharge du surplus de la taxe. — Ceux qui entreprennent dans le cours de l'année une profession sujette à patente ne doivent la contribution qu'à partir du premier du mois dans lequel ils ont commencé d'exercer, à moins que, par sa nature, la profession ne puisse pas être exercée pendant toute l'année. Dans ce cas, la contribution sera due pour l'année entière, quelle que soit l'époque à laquelle la profession aura été entreprise. — Les patentés qui, dans le cours de l'année, entreprennent une profession comportant un droit fixe plus élevé que celui qui était afférent à la profession qu'ils exerçaient d'abord ou qui transportent leur établissement dans une commune d'une plus forte population, sont tenus de payer au prorata un supplément de droit fixe. — Il est également dû un

supplément de droit proportionnel par les patentables qui prennent des maisons ou locaux d'une valeur locative supérieure à celle des maisons ou locaux pour lesquels ils ont été primitivement imposés, et par ceux qui entreprennent une profession passible d'un droit proportionnel plus élevé. — Les suppléments seront dus à compter du premier du mois dans lequel les changements prévus par les deux derniers paragraphes auront été opérés. — Sont imposables, au moyen de rôles supplémentaires, les individus omis aux rôles primitifs, qui exerçaient avant le 1er janvier de l'année de l'émission de ces rôles une profession, un commerce ou une insdustrie sujets à patente, ou qui, antérieurement à la même époque, avaient apporté dans leur profession, commerce ou industrie, des changements donnant lieu à des augmentations de droits. — Toutefois, les droits ne sont dus qu'à partir du 1er janvier de l'année pour laquelle le rôle primitif a été émis.

29. La contribution des patentes est payable par douzième, et le recouvrement en est poursuivi comme celui des contributions directes. Dans le cas où le rôle n'est publié que postérieurement au 1er mars, les douzièmes échus ne sont pas immédiatement exigibles; le recouvrement en est fait par portion égales, en même temps que celui des douzièmes non échus. Néanmoins, les marchands forains, les colporteurs, les directeurs de troupes ambulantes, les entrepreneurs d'amusements et jeux publics non sédentaires, et tous autres patentables dont la profession n'est pas exercée à demeure fixe, sont tenus d'acquitter le montant total de leur cote au moment où la patente leur est délivrée.

30. En cas de déménagement hors du ressort de la perception, comme en cas de vente volontaire ou forcée, la contribution des patentes sera immédiatement exigible en totalité. — Les propriétaires, et à leur place les principaux locataires, qui n'auront pas, un mois avant le terme fixé par le bail ou par les conventions verbales, donné avis au percepteur du déménagement de leurs locataires, seront responsables des sommes dues par ceux-ci pour la contribution des patentes. — Dans le cas où ce terme serait devancé, comme dans le cas de déménagement furtif, les propriétaires et, à leur place, les principaux locataires, deviendront responsables de la contribution de leurs locataires, s'ils n'ont pas, dans les trois jours, donné avis du déménagement au percepteur. — La part de la contribution laissée à la charge des propriétaires ou principaux locataires par les paragraphes précédents comprendra seulement le dernier douzième échu et le douzième courant dus par le patentable.

31. Les formules de patentes sont expédiées par le directeur des contributions directes. Elles sont affranchies du droit de timbre. En remplacement de ce droit, il est ajouté au principal de la contribution des patentes des centimes généraux dont le nombre est annuellement fixé par la loi de finances. — Les formules de patentes sont, à la diligence des patentés, visées par le maire, et revêtues du sceau de la commune.

32. Tout patentable est tenu d'exhiber sa patente lorsqu'il en est requis par les maires, adjoints, juges de paix, et tous autres officiers ou agents de police judiciaire.

33. Les individus qui exercent, hors de la commune de leur domicile, une profession imposable sont tenus de justifier, à toute réquisition, de leur imposition à la patente, à peine de saisie ou de séquestre à leurs frais, des marchandises par eux mises en vente et des instruments servant à l'exercice de leur profession, à moins qu'ils ne donnent caution suffisante jusqu'à la représentation de la patente ou la production de la preuve que la patente a été délivrée. Si les individus non munis de patente exercent dans la commune de leur domicile, il sera seulement dressé des procès-verbaux qui seront transmis immédiatement aux agents des contributions directes.

34. Les agents des contributions directes peuvent, sur la demande qui leur en est faite, délivrer des patentes avant l'émission du rôle, après toutefois que les requérants ont acquitté entre les mains du percepteur les douzièmes échus, s'il s'agit d'individus domiciliés dans le ressort de la perception, ou la totalité des droits, s'il s'agit des patentables désignés en l'article 29 ci-dessus, ou d'individus étrangers au ressort de la perception.

35. Le patenté qui aura égaré sa patente ou qui sera dans les cas d'en justifier hors de son domicile pourra se faire délivrer un certificat par le directeur ou par le contrôleur des contributions directes. Ce certificat fera mention des motifs qui obligent le patenté à le réclamer et devra être sur papier timbré.

36. Il est ajouté au principal de la contribution des patentes, ainsi qu'au montant des centimes additionnels départementaux et communaux ordinaires et extraordinaires afférents à cette contribution, cinq centimes par franc dont le produit est destiné à couvrir les décharges, réductions, remises et modérations, ainsi que les frais d'impression et d'expédition des formules de patentes. — En cas d'insuffisance des cinq centimes, le montant du déficit est prélevé sur le principal des rôles. — Il est en outre prélevé sur le principal huit centimes par franc dont le produit est versé dans la caisse municipale.

37. Les compagnies de chemins de fer, les services de transports fluviaux, maritimes et terrestres, ainsi que les établissements d'entrepôts et de magasins généraux, sont tenus de laisser prendre connaissance des registres de réception et d'expédition de marchandises aux agents des contributions directes chargés de l'assiette des droits de patente.

38. Les contributions spéciales destinées à subvenir aux dépenses des bourses et chambres de commerce, et dont la perception est autorisée par l'article 11 de la loi du 23 juillet 1820, seront réparties sur les patentables des trois premières classes du tableau A annexé à la présente loi et sur ceux désignés dans les tableaux B et C comme passibles d'un droit fixe égal ou supérieur à celui desdites classes. — Les associés des établissements compris dans les classes et tableaux sus-désignés contribueront aux frais des bourses et chambres de commerce sous réserve des dispositions des articles 20 et 21 de la présente loi.

39. La contribution des patentes sera établie conformément à la présente loi à partir du 1er janvier 1881.

40. Toutes les dispositions contraires à la présente loi seront et demeureront abrogées à partir de la même époque, sans préjudice des lois et des règlements de police qui sont ou pourront être faits.

TABLEAU A

Tarif général des professions imposées eu égard à la population.

CLASSES	DROIT FIXE								
	A PARIS.	DANS LES COMMUNES							
		au-dessus de 100,000 âmes.	de 50,001 à 100,000 âmes.	de 30,001 à 50,000 âmes.	de 20,001 à 30,000 âmes.	de 10,001 à 20,000 âmes.	de 5,001 à 10,000 âmes.	de 2,001 à 5,000 âmes.	de 2,000 âmes et au-dessous.
1re..........	400	300	240	180	120	80	60	45	35
2e..........	200	150	120	90	60	45	40	30	25
3e..........	140	100	80	60	40	30	25	22	18
4e..........	75	75	60	45	30	25	20	15	12
5e..........	50	50	40	30	20	15	12	9	7
6e..........	40	40	32	24	16	10	8	6	4
7e..........	20	20	16	12	8	*8	*5	*4	*3
8e..........	12	12	10	8	6	*5	*4	*3	*2

Les patentables des 7e et 8e classes, vendant en ambulance, en étalage ou sous échoppe, sont exempts de droit proportionnel.

Le signe * veut dire exemption du droit proportionnel dans les villes de 20,000 âmes et au-dessous.

Sont réputés : — Marchands en gros ceux qui vendent principalement à d'autres marchands ; — Marchands en demi-gros ceux qui vendent habituellement aux détaillants et aux consommateurs ; — Marchands en détail ceux qui ne vendent habituellement qu'aux consommateurs.

DÉCRET

Augmentant le nombre des conseillers référendaires à la cour des comptes.

(17 juillet 1880)

ART. 1er. Le nombre des conseillers référendaires à la cour des comptes est porté de quatre-vingt-quatre à quatre-vingt-six, savoir : — Vingt-six de 1re classe ; — Soixante de 2e.

2. Les deux conseillers référendaires de 1re classe à nommer seront pris, conformément à l'article 14 du décret du 28 septembre 1807, parmi ceux de la 2e classe, et il sera pourvu par le choix du Gouvernement aux deux vacances, qui en résulteront dans cette dernière classe.

DÉCRET

Déléguant deux conseillers référendaires à la cour des comptes pour exercer les fonctions d'avocat général et substitut du procureur général.

(17 juillet 1880)

ART. 1er. Deux conseillers référendaires à la cour des comptes, l'un de 1re classe, l'autre de 2e, sont délégués, par décret du Président de la République, pour exercer les fonctions, celui de 1re classe, d'avocat général près la cour, celui de 2e, de substitut du procureur général. — Ils conservent leur rang dans la classe à laquelle ils appartiennent.

2. En cas d'absence ou d'empêchement, le procureur général est remplacé par l'avocat général, et, à défaut, par le subtitut.

3. Le ministère public près la cour, a le droit d'assister aux audiences des chambres et d'y prendre la parole.

4. Sont et demeurent abrogées toutes les dispositions contraires au présent décret.

LOI

Abrogeant le décret du 29 décembre 1851, sur les cafés, cabarets et débits de boissons.

(17 juillet 1880)

ART. 1er. Le décret du 29 décembre 1851 sur les cafés, cabarets et débits de boissons à consommer sur place, est abrogé.

2. A l'avenir, toute personne qui voudra ouvrir un café, cabaret ou autre débit de boissons à consommer sur place, sera tenue de faire, quinze jours au moins à l'avance et par écrit, une déclaration indiquant : — 1o Ses nom, prénoms, lieu de naissance, profession et domicile ; — 2o La situation du débit ; — 3o A quel titre elle doit gérer le débit et les nom, prénoms, profession et domicile du propriétaire, s'il y a lieu. — Cette déclaration sera faite à la mairie de la commune où le débit doit être établi. — A Paris elle sera faite à la préfecture de police. — Il en sera donné immédiatement récépissé. — Dans les trois jours de cette déclaration, le maire de la commune où elle aura été faite, en transmettra copie intégrale au procureur de la République de l'arrondissement.

3. Toute mutation dans la personne du propriétaire ou du gérant devra être déclarée dans les quinze jours qui suivront. — La translation du débit d'un lieu à un autre devra être déclarée huit jours au moins à l'avance. — La transmission de ces déclarations sera faite aussi au procureur de la République de l'arrondissement, conformément aux dispositions édictées dans le précédent article 2.

4. L'infraction aux dispositions des deux précédents articles sera punie d'une amende de seize à cent francs (16 à 100 fr.).

5. Les mineurs non émancipés et les interdits ne peuvent exercer par eux-mêmes la profession de débitant de boissons.

6. Ne peuvent non plus exploiter des débits de boissons à consommer sur place : — 1o Tous les individus condamnés pour crimes de droit commun ; — 2o Ceux qui auront été condamnés à un emprisonnement d'un mois au moins, pour vol, recel, escroquerie, filouterie, abus de confiance, recel de malfaiteurs, outrage public à la pudeur, excitation de mineurs à la débauche, tenue d'une maison de jeu, vente de marchandise

falsifiées et nuisibles à la santé, conformément aux articles 379, 401, 405, 406, 407, 408, 248, 330, 334, 410 du Code pénal, et à l'article 2 de la loi du 27 mars 1851. — L'incapacité sera perpétuelle à l'égard de tous les individus condamnés pour crimes. Elle cessera cinq ans après l'expiration de leur peine, à l'égard des condamnés pour délits, si, pendant ces cinq années, ils n'ont encouru aucune condamnation correctionnelle à l'emprisonnement.

7. Les mêmes condamnations, lorsqu'elles seront prononcées contre un débitant de boissons à consommer sur place, entraîneront de plein droit contre lui, et pendant le même délai, l'interdiction d'exploiter un débit, à partir du jour où lesdites condamnations seront devenues définitives. — La même interdiction atteindra aussi tout débitant qui viendrait à être condamné à un mois au moins d'emprisonnement, en vertu des articles 1er et 2 de la loi du 23 janvier 1873, pour la répression de l'ivresse publique. — Le débitant interdit ne pourra être employé, à quelque titre que ce soit, dans l'établissement qu'il exploitait, comme attaché au service de celui auquel il aurait vendu ou loué, ou par qui il ferait gérer ledit établissement, ni dans l'établissement qui serait exploité par son conjoint même séparé.

8. Toute infraction aux dispositions des articles 5, 6 et 7, sera punie d'une amende de seize à deux cents francs (16 à 200 fr.). — En cas de récidive, l'amende pourra être portée jusqu'au double, et le coupable pourra, en outre, être condamné à un emprisonnement de six jours à un mois.

9. Les maires pourront, les conseils municipaux entendus, prendre des arrêtés pour déterminer, sans préjudice des droits acquis, les distances auxquelles les cafés et débits de boissons ne pourront être établis autour des édifices consacrés à un culte quelconque, des cimetières, des hospices, des écoles primaires, collèges ou autres établissements d'instruction publique.

10. Les individus qui, à l'occasion d'une foire, d'une vente ou d'une fête publique, établiraient des cafés ou débits de boissons, ne seront pas tenus à la déclaration prescrite par l'article 2, mais ils devront obtenir l'autorisation de l'autorité municipale. — En cas d'infraction à la présente disposition, le débit sera immédiatement fermé, et le contrevenant puni de la peine portée en l'article 4.

11. Les infractions ou contraventions aux règlements de police continueront à être punies des peines de simple police.

12. L'article 463 du Code pénal sera applicable à tous les délits et contraventions prévus par les articles ci-dessus.

LOI

Ayant pour objet : 1o d'autoriser le recouvrement, par la poste, des effets de commerce, valeurs, etc., soumis au protêt ; 2o d'abaisser le droit proportionnel d'encaissement ; 3o de réduire le droit d'abonnement par l'intermédiaire de la poste.

(17 juillet 1880) (1)

Art. 1er. Les dispositions de la loi du 5 avril 1879, qui autorisent le Gouvernement à faire effectuer le recouvrement, par le service des postes, des quittances, factures, billets, traites et généralement de toutes les valeurs commerciales ou autres payables sans frais en France et en Algérie, sont étendues aux valeurs soumises au protêt.

2. En cas de refus de payement à présentation d'un effet soumis au protêt, l'administration sera déchargée par la remise à un officier ministériel. — En cas de payement entre les mains de ce dernier, les prélèvements fixés par l'article 5 de la loi du 5 avril 1879 seront acquis au receveur et au facteur. — L'huissier n'aura aucun recours, pour ses frais, contre l'administration.

3. L'administration n'assume aucune responsabilité au cas où la présentation à domicile ou la remise de l'effet à l'officier ministériel n'auraient pas eu lieu en temps utile. — Les règles limitant la responsabilité de l'État à la pertes des objets de correspondance recommandés, et les articles 7 et 8 de la loi du 5 avril 1879 sont d'ailleurs applicables, de plein droit, au recouvrement des effets de commerce sujets au protêt.

4. Le droit proportionnel à percevoir en vertu de la loi du 5 avril 1879 est maintenu à 1 p. 100, pour tout recouvrement ne dépassant pas 50 francs ; il est réduit à 1/2 p. 100 pour toute fraction excédant la somme de 50 francs. — Le Gouvernement pourra néanmoins, par décrets insérés au *Bulletin des Lois*, abaisser successivement jusqu'au taux uniforme

(1) V. Décr. 15 févr. 1881.

de 1/2 p. 100 le droit de 1 p. 100 applicable aux sommes qui ne dépasseront pas 50 fr.

5. Le droit de 3 p. 100 prévu par l'article 9 de la loi du 5 avril 1879, pour les abonnements aux journaux, revues, etc., est abaissé à 1 p. 100, plus un droit fixe de 10 cent. par abonnement.

6. Des décrets fixeront la date d'exécution de la présente loi qui pourra n'être appliquée que successivement aux bureaux de poste de la France et de l'Algérie, ou même qu'à partie de la circonscription de chacun de ces bureaux.

7. Sont abrogées toutes les dispositions contraires à la présente loi. Les autres dispositions de la loi du 5 avril 1879 sont applicables aux valeurs soumises au protêt.

8. Un règlement d'administration publique déterminera les règles à suivre dans les rapports, soit entre le public et l'administration, soit entre celle-ci et les officiers ministériels chargés d'effectuer les protêts ; il formulera le mode de constatation de la remise des valeurs, s'il y a lieu, ou du refus d'en faire le protêt. — Ce règlement devra prévoir le droit, pour le déposant d'une valeur à recouvrer, d'indiquer l'officier ministériel de son choix pour le cas de protêt et de consigner au bureau expéditeur le montant des frais de cet acte, ainsi que de l'enregistrement du titre.

LOI

Portant dégrèvement des droits sur les sucres et sur les vins.

(19 juillet 1880) (1)

DÉCRET

Portant qu'il pourra être accordé des dispenses totales ou partielles du stage établi par les décrets du 5 juin 1880 relatifs aux certificats d'aptitude à l'enseignement et à la direction des écoles normales.

(19 juillet 1880)

ART. UNIQUE. Des dispenses totales ou partielles du stage établi par les décrets du 5 juin 1880 pourront être accordées, après avis du recteur de l'académie dans laquelle réside le candidat, par décision spéciale du ministre de l'instruction publique prise en conseil supérieur.

(1) *J. off.*, 21 juill. 1880. — *V.* le texte dans notre édition in-8°.

DÉCRET

Portant que le droit de 3 p. 100 fixé pour les abonnements aux journaux, revues, etc., est, à partir du 1er août 1880, abaissé à 1 p. 100, plus un droit fixe de 10 centimes par abonnement.

(24 juillet 1880)

ART. 1er. Le droit de 3 p. 100 fixé par la loi du 5 avril 1879 pour les abonnements aux journaux, revues, etc., est, à partir du 1er août 1880, abaissé à 1 p. 100 plus un droit fixe de 10 centimes par abonnement.

2. Le droit proportionnel à percevoir pour la transformation en un mandat de poste du montant des valeurs commerciales recouvrées par la poste est maintenu à 1 p. 100 pour toute somme égale ou inférieure à 50 fr., il est réduit, à partir du 1er août 1880, à un demi p. 100 pour toute fraction excédant la somme de 50 fr.

3. Les dispositions du présent décret sont applicables aux bureaux de poste de France et d'Algérie. — Elles ne recevront leur application, en ce qui concerne les abonnements reçus par les agents embarqués sur les paquebots-postes, et par les agents des bureaux français à l'étranger, qu'à dater du jour où leur parviendra la notification du présent décret.

LOI

Relative à une révision de la loi du 21 avril 1810 sur les mines.

(27 juillet 1880)

ART. UNIQUE. Les articles 11, 23, 26, 42, 43, 44, 50, 70, 81 et 82 de la loi du 21 avril 1810 sont modifiés ainsi qu'il suit :

ART. 11. Nulle permission de recherches ni concession de mines ne pourra, sans le consentement du propriétaire de la surface, donner le droit de faire des sondages, d'ouvrir des puits ou galeries, ni d'établir des machines, ateliers ou magasins dans les enclos murés, cours et jardins. — Les puits et galeries ne peuvent être ouverts dans un rayon de cinquante mètres des habitations et des terrains compris dans les clôtures murées y attenant, sans le consentement des propriétaires de ces habitations.

25. L'affichage aura lieu, pendant deux mois, aux chefs-lieu du département et de l'arrondissement où la mine est située, dans la commune où le demandeur est domicilié et dans toutes les communes sur le territoire desquelles la concession peut s'étendre ; les affiches seront insérées, deux fois et à un mois d'intervalle, dans les journaux du département et dans le *Journal officiel*.

26. Les oppositions et demandes en concurrence seront admises devant le préfet jusqu'au dernier jour du second mois à compter de la date de l'affiche. Elles seront notifiées, par actes extrajudiciaires, à la préfecture du département où elles seront enregistrées sur le registre indiqué à l'article 22. Elles seront également notifiées aux parties intéressées, et le registre sera ouvert à tous ceux qui en demanderont communication.

42. Le droit accordé par l'article 6 de la présente loi au propriétaire de la surface sera réglé sous la forme fixée par l'acte de concession.

43. Le concessionnaire peut être autorisé, par arrêté préfectoral, pris après que les propriétaires auront été mis à même de présenter leurs observations, à occuper, dans le périmètre de sa concession, les terrains nécessaires à l'exploitation de sa mine, à la préparation métallique des minerais et au lavage des combustibles, à l'établissement des routes ou à celui des chemins de fer ne modifiant pas le relief du sol. — Si les travaux entrepris par le concessionnaire ou par un explorateur, muni du permis de recherches mentionné à l'article 10, ne sont que passagers, et si le sol où ils ont eu lieu peut être mis en culture, au bout d'un an, comme il l'était auparavant, l'indemnité sera réglée à une somme double du produit net du terrain endommagé. — Lorsque l'occupation ainsi faite prive le propriétaire de la jouissance du sol, pendant plus d'une année, ou lorsque, après l'exécution des travaux, les terrains occupés ne sont plus propres à la culture, les propriétaires peuvent exiger du concessionnaire ou de l'explorateur l'acquisition du sol. — La pièce de terre trop endommagée ou dégradée sur une trop grande partie de sa surface doit être achetée en totalité, si le propriétaire l'exige. — Le terrain à acquérir ainsi sera toujours estimé au double de la valeur qu'il avait avant l'occupation. — Les contestations relatives aux indemnités réclamées par les propriétaires du sol aux concessionnaires de mines, en vertu du présent article, seront soumises aux tribunaux civils. — Les dispositions des paragraphes 2 et 3, relatives au mode de calcul de l'indemnité due au cas d'occupation ou d'acquisition des terrains, ne sont pas applicables aux autres dommages causés à la propriété par les travaux de recherche ou d'exploitation ; la réparation de ces dommages reste soumise au droit commun.

44. Un décret rendu en conseil d'Etat peut déclarer d'utilité publique les canaux et les chemins de fer, modifiant le relief du sol, à exécuter dans l'intérieur du périmètre, ainsi que les canaux, les chemins de fer, les routes nécessaires à la mine et les travaux de secours, tels que puits ou galeries destinés à faciliter l'aérage et l'écoulement des eaux, à exécuter en dehors du périmètre. Les voies de communication créées en dehors du périmètre pourront être affectées à l'usage du public, dans les conditions établies par le cahier des charges. — Dans le cas prévu par le présent article, les dispositions de la loi du 3 mai 1841, relatives à la dépossession des terrains et au règlement des indemnités, seront appliquées.

50. Si les travaux de recherche ou d'exploitation d'une mine sont de nature à compromettre la sécurité publique, la conservation de la mine, la sûreté des ouvriers mineurs, la conservation des voies de communication, celle des eaux minérales, la solidité des habitations, l'usage des sources qui alimentent des villes, villages, hameaux et établissements publics, il y sera pourvu par le préfet.

70. Lorsque le ministre des travaux publics, après la concession d'une mine de fer, interdit aux propriétaires de minières de continuer une exploitation qui ne pourrait se prolonger sans rendre ensuite impossible l'exploitation avec puits et galeries régulières, le concessionnaire de la mine est tenu d'indemniser les propriétaires des minières dans la proportion du revenu net qu'ils en tiraient. — Un décret rendu en conseil d'Etat peut, alors même que les minières sont exploitables à ciel ouvert ou n'ont pas encore été exploitées, autoriser la réunion des minières à une mine, sur la demande du concessionnaire. — Dans ce cas, le concessionnaire de la

mine doit indemniser le propriétaire de la minière, par une redevance équivalente au revenu net que ce propriétaire aurait pu tirer de l'exploitation et qui sera fixée par les tribunaux civils.

81. L'exploitation des carrières à ciel ouvert a lieu en vertu d'une simple déclaration faite au maire de la maire de la commune et transmise au préfet. Elle est soumise à la surveillance de l'administration et à l'observation des lois et règlements. — Les règlements généraux seront remplacés, dans les départements où ils seront en vigueur, par des règlements rendus sous forme de décrets en conseil d'Etat.

82. Quand l'exploitation a lieu par galeries souterraines, elle est soumise à la surveillance de l'administration des mines dans les conditions prévues par les articles 47, 48 et 50. — Dans l'intérieur de Paris, l'exploitation des carrières souterraines de toute nature est interdite. — Sont abrogées les dispositions ayant force de loi des deux décrets des 22 mars et 4 juillet 1813 et du décret, portant règlement général, du 22 mars 1813, relatifs à l'exploitation des carrières dans les départements de la Seine et de Seine-et-Oise.

LOI

Ayant pour objet de déterminer le mode de rachat des ponts à péage.

(30 juillet 1880) (1)

DÉCRET

Relatif aux droits à percevoir des élèves en pharmacie aspirant au certificat de validation de stage.

(3 août 1880)

ART. 1er. Les droits à percevoir des élèves en pharmacie aspirant au certificat de validation de stage, sont fixés à 25 fr. — Dans les facultés mixtes de médecine et de pharmacie et dans les écoles supérieures de pharmacie, les droits sont perçus au profit du Trésor public, la somme se décompose ainsi :

Droits d'examen (représentant la rémunération des deux pharmaciens membres du jury, à raison de 5 fr. chacun) .... 10 fr.
Frais matériels d'examen ... 15

Total ..... 25 fr.

2. Dans les écoles de plein exercice et dans les écoles préparatoires de médecine et de pharmacie, les droits sont perçus au profit de la caisse municipale, et se répartissent ainsi :

Droits d'examen (représentant la rémunération des trois examinateurs, à raison de 5 fr. chacun) ...... 15 fr.
Frais matériels d'examen ... 10

Total ..... 25 fr.

DÉCRET

Relatif au certificat d'aptitude permettant d'exercer la médecine en territoire indigène, décerné par l'Ecole préparatoire de médecine et de pharmacie d'Alger.

(3 août 1880)

ART. 1er. L'école préparatoire de médecine et de pharmacie d'Alger décerne un certificat d'aptitude permettant d'exercer la médecine en territoire indigène. Le gouverneur général de l'Algérie détermine les circonscriptions d'exercice par des arrêtés individuels qu'il a toujours la faculté de rapporter.

2. Le certificat d'aptitude ne peut être délivré à un Européen.

3. Un enseignement sera organisé dans l'école en vue de ce certificat.

4. Les candidats, pour se faire inscrire, doivent : 1° Avoir vingt ans accomplis ; 2° Passer un examen constatant qu'ils parlent et écrivent le français et possèdent les éléments du calcul.

5. L'enseignement dure quatre trimestres consécutifs, après lesquels sont subis les examens probatoires. — Ces examens sont au nombre de deux, et peuvent être subis dans la même session. — Le premier porte sur la connaissance élémentaire des parties du corps humain et sur leurs fonctions. — Le second, sur la connaissance des principales maladies externes et internes, sur l'emploi des médicaments usuels, sur les soins chirurgicaux, sur les règles élémentaires d'hygiène.

6. En cas d'échec au premier examen, le candidat ne peut se représenter qu'après un délai de six mois. — En cas d'échec au deuxième examen, le

(1) *J. off.*, 31 juill. 1880. — V. le texte dans notre édition in-8°.

bénéfice du premier lui demeure acquis, mais il ne peut être admis à se présenter à ce second examen qu'après un délai de trois mois.

7. Les droits sont de trente francs pour chaque examen.

8. Un arrêté spécial fixera le programme de l'enseignement qui sera aussi le programme de l'examen.

DÉCRET

Instituant un concours annuel à Paris pour les aspirants au certificat d'aptitude (1er degré et degré supérieur) à l'enseignement du dessin dans les lycées et les collèges.

(6 août 1880) (1)

DÉCRET

Réglant le fonctionnement de la section de la caisse relative aux lycées et colléges communaux.

(13 août 1880) (2)

DÉCRET

Concernant le mode d'ordonnancement et de payement des dépenses et traitements des agents diplomatiques et consulaires.

(14 août 1880) (3)

DÉCRET

Fixant le costume et le titre du conseiller référendaire de 1re classe à la Cour des comptes, délégué aux fonctions d'avocat général.

(14 août 1880)

ART. 1er. Le conseiller référendaire de 1re classe à la cour des comptes délégué aux fonctions d'avocat général près ladite cour a le même costume que les conseillers-maîtres.

2. Il prend le titre d'avocat général près la cour des comptes. (*V. Décr.* 20 *oct.* 1880.)

(1) *J. off.*, août 1880. — *V.* le texte dans notre édition in-8o.

(2) *J. off.*, 25 août 1880. — *V.* le texte dans notre édition in-8o.

(3) *J. off.* 19 août 1880 — *V.* le texte dans notre édition in-8o. — Décr. 30 sept. et 21 déc. 1880.

DÉCRET

Relatif à la tenue, au greffe de chaque tribunal de première instance, d'un registre sur lequel seront inscrites toutes les liquidations et tous les partages ordonnés par le tribunal.

(7 septembre 1880)

ART. 1er. Il sera tenu, au greffe de chaque tribunal de première instance, un registre sur lequel seront inscrites toutes les liquidations et tous les partages ordonnés par le tribunal.

2. Le registre sera divisé en colonnes, où seront mentionnés : — 1o La nature de la liquidation ; — 2o Le nom des parties ; — 3o Celui de l'avoué poursuivant ; — 4o La date du jugement ordonnant la liquidation ; — 5o Le nom du notaire désigné ; — 6o La date de la licitation des immeubles, s'il y a été procédé ; — 7o La date de la clôture du procès-verbal des opérations du notaire ; — 8o La date du jugement d'homologation ou de la décision ordonnant des modifications au travail du notaire. Une colonne, dite d'observations, sera destinée à l'explication des retards qui se seront produits.

3. Le registre sera tenu sous la surveillance du procureur de la République, qui vérifiera l'inexactitude des mentions qui y seront portées. — Ce registre sera, à toute époque, à la disposition du président du tribunal, qui pourra prendre les mesures que les intérêts engagés lui paraîtront réclamer.

4. Tous les trois mois, un relevé du registre sera transmis, sous forme d'état, au procureur général du ressort par le procureur de la République.

5. Les greffiers des tribunaux auront droit, pour la tenue du registre et la rédaction des états trimestriels, à un revenu fixe de 2 francs par procédure de liquidation. eu partage.

DÉCRET

Relatif à la franchise des droits sur les glucoses destinées à la fabrication des bières.

(18 septembre 1880)

ART. 1er. Les brasseurs ne sont admis à jouir de la franchise des droits sur les glucoses destinées à la fabrication des bières qu'autant que, quinze jours au moins avant l'introduction d'une quantité quelconque de glucoses dans leurs usines, ils ont souscrit, par écrit, l'engagement de représenter des acquits-à-caution pour toutes les quantités de glucoses qu'ils auront reçues et de payer les doubles droits, tant sur les excédents que sur les manquants que ferait apparaître la balance du compte des glucoses.

2. Les glucoses introduites dans les brasseries doivent être représentées aux employés lors de leurs vérifications. Elles sont prises en charge à un compte spécial, qui sera tenu par les employés de la régie. — Ce compte est successivement déchargé des quantités employées à la fabrication des bières. Toutefois, les glucoses ajoutées aux moûts de petite bière ne sont portées en décharge qu'après que les employés ont constaté que, par l'addition des glucoses, la densité originelle des moûts à la température de 15 degrés centigrades n'a pas été portée au delà de 25° du densimètre centésimal. — Cette constatation a lieu, si les moûts n'ont encore subi aucune fermentation, au moyen du densimètre centésimal, et si déjà la fermentation s'est manifestée par la distillation opérée contradictoirement pour déterminer l'abaissement de la densité originelle. — Les employés peuvent arrêter la situation des restes et opérer la balance du compte aussi souvent qu'ils le jugent nécessaire.

3. Les glucoses introduites dans les brasseries ne jouiront de l'exemption d'impôt que si elles sont placées, au choix du brasseur, soit dans un magasin spécial, soit dans un ou plusieurs récipients préalablement déclarés pour cet usage. — L'administration peut exiger en outre que les récipients soient scellés du plomb de la régie et, s'il s'agit d'un magasin, que ce magasin n'ait qu'une seule porte, que cette porte soit fermée à deux serrures dont l'une des clefs sera remise aux employés, et que les fenêtres en soient condamnées intérieurement; l'administration sera tenue dans ce cas de faire ouvrir les récipients des magasins dans les délais fixés à l'article 4.

4. Lorsque le brasseur veut employer des glucoses pour la fabrication d'un brassin, il doit en faire mention dans la déclaration prescrite par l'article 120 de la loi du 28 avril 1816. — La déclaration doit énoncer pour chaque brassin: — 1° La quantité de glucose dont il doit être fait emploi; — 2° La date et l'heure à partir desquelles la glucose doit être ajoutée au moût de bière. — En l'absence des employés de la régie, la glucose ne peut être extraite du magasin ou des récipients et ajoutée aux moûts qu'une heure après l'heure fixée par la déclaration. — Si les employés se présentent dans ce délai, l'opération doit être immédiatement commencée pour se continuer sans désemparer.

5. Le brasseur peut ajouter à son choix la glucose au moût de bière, soit à la cuve-matière, soit dans la chaudière de fabrication, soit aux bacs, soit à la cuve-guilloire. — Cette opération ne peut avoir lieu que dans les intervalles de temps déterminés par l'article 26 de la loi du 28 avril 1816.

6. Les brasseurs sont tenus de fournir les ouvriers, les balances et les poids nécessaires pour le pesage des glucoses, tant à l'arrivée que lors des exercices et des recensements.

DÉCRET

Relatif à la création d'un bureau national métrologique en France.

(8 octobre 1880) (1)

DÉCRET

Fixant le costume du conseiller référendaire à la Cour des comptes délégué aux fonctions de substitut du procureur général et portant que ce magistrat prendra le titre de substitut du procureur général près la Cour des comptes.

(20 octobre 1880)

ART. 1er. Le conseiller référendaire de 2e classe à la Cour des comptes

(1) *J. off.*, 8 oct. 1880.

délégué aux fonctions de substitut du procureur général porte le même costume que les conseillers référendaires avec la modification suivante : les revers de la simarre en satin noir.

2. Il prend le titre de substitut du procureur général près la cour des comptes.

DÉCRET

Portant modification des décrets qui ont constitué le conseil supérieur des beaux-arts, et réorganisé ce conseil.

(15 novembre 1880) (1)

LOI

Sur l'enseignement secondaire des jeunes filles.

(21 décembre 1880)

ART. 1er. Il sera fondé par l'Etat, avec le concours des départements et des communes, des établissements destinés à l'enseignement secondaire des jeunes filles.

2. Ces établissements seront des externats. — Des internats pourront y être annexés sur la demande des conseils municipaux et après entente entre eux et l'Etat. Ils seront soumis au même régime que les collèges communaux.

3. Il sera fondé par l'Etat, les départements et les communes, au profit des internes et des demi-pensionnaires, tant élèves qu'élèves maîtresses, des bourses dont le nombre sera déterminé dans le traité constitutif qui interviendra entre le ministre, le département et la commune où sera créé l'établissement.

4. L'enseignement comprend : — 1o l'enseignement moral ; — 2o la langue française, la lecture à haute voix et au moins une langue vivante ; — 3o les littératures anciennes et modernes ; — 4o la géographie et la cosmographie ; — 5o l'histoire nationale et un aperçu de l'histoire générale ; — 6o l'arithmétique, les éléments de la géométrie, de la chimie, de la physique et de l'histoire naturelle ; — 7o l'hygiène ; — 8o l'économie domestique ; — 9o les travaux à l'aiguille ; — 10o des notions de droit usuel ; — 11o le dessin ; — 12o la musique ; — 13o la gymnastique.

5. L'enseignement religieux sera donné, sur la demande des parents, par les ministres des différents cultes, dans l'intérieur des établissements, en dehors des heures des classes. — Les ministres des différents cultes seront agréés par le ministre de l'instruction publique. — Ils ne résideront pas dans l'établissement.

6. Il pourra être annexé aux établissements d'enseignement secondaire un cours de pédagogie.

7. Aucune élève ne pourra être admise dans les établissements d'enseignement secondaire sans avoir subi un examen constatant qu'elle est en état d'en suivre les cours.

8. Il sera, à la suite d'un examen, délivré un diplôme aux jeunes filles qui auront suivi les cours des établissements publics d'enseignement secondaire.

9. Chaque établissement est placé sous l'autorité d'une directrice. — L'enseignement est donné par des professeurs hommes ou femmes munis de diplômes réguliers.

LOI

Sur la répression des crimes commis dans l'intérieur des prisons.

(25 décembre 1880)

ARTICLE UNIQUE. Lorsque, à raison d'un crime commis dans une prison par un détenu, la peine des travaux forcés à temps ou à perpétuité est appliquée, la Cour d'assises ordonnera que cette peine sera subie dans la prison même où le crime a été commis, à moins d'impossibilité, pendant la durée qu'elle déterminera, et qui ne pourra être inférieure au temps de réclusion ou d'emprisonnement que le détenu avait à subir au moment du crime. — L'impossibilité prévue par le paragraphe précédent sera constatée par le ministre de l'intérieur, sur l'avis de la commission de surveillance de la prison. Dans ce cas, la peine sera subie dans une maison centrale. — La cour d'assises pourra ordonner, en outre, que le condamné sera resserré plus étroitement, enfermé seul et soumis, pendant un temps qui

(1) *J. off.*, 16 déc. 1880. — V. le texte dans notre édition in-8o.

n'excédera pas un an, à l'emprisonnement cellulaire.

DÉCRET

Portant modification des épreuves de la licence ès lettres.

(25 décembre 1880) (1)

LOI

Ayant pour objet d'autoriser, dans certains cas, en ce qui concerne les clôtures et les barrières, une dérogation à l'article 4 de la loi du 15 juillet 1845 sur la police des chemins de fer.

(27 décembre 1880)

ART. 1er. Par dérogation à l'article 4 de la loi du 15 juillet 1845 sur la police des chemins de fer, le ministre des travaux publics pourra, sur tout ou partie des chemins de fer d'intérêt général en construction ou à construire et des lignes d'intérêt local qui ont été ou qui seront ultérieurement incorporées au réseau d'intérêt général, dispenser de poser des clôtures fixes le long des voies ferrées et des barrières mobiles à la traversée des routes de terre, toutes les fois que cette mesure lui paraîtra compatible avec la sûreté de l'exploitation et la sécurité du public.

2. Les dispenses accordées dans ces conditions n'auront qu'un caractère provisoire; le ministre des travaux publics conservant le droit de prescrire, à toute époque et lorsqu'il le reconnaîtra nécessaire, l'établissement de clôtures fixes et de barrières mobiles sur les lignes ou portions des lignes ci-dessus désignées.

DÉCRET

Rendant exécutoire dans son ensemble le décret du 14 août 1880, à partir du 1er janvier 1881.

(27 décembre 1880) (2)

(1) *J. off.*, 19 déc. 1880. — *V.* le texte dans notre édition in-8°. — *V.* Décr. 27 déc. 1881, 21 et 22 juill. 1882.

(2) *J. off.*, 28 déc. 1880.

DÉCRET

Relatif à la licence en droit.

28 décembre 1880)

ART. 1er. La durée des études pour obtenir le grade de licencié en droit est de trois ans. — Les étudiants doivent prendre douze inscriptions trimestrielles, suivre les cours correspondant à chaque année et subir trois examens. — Chaque faculté arrête, par un règlement intérieur, sous l'approbation du recteur, les moyens propres à assurer la présence des élèves au lieu où elle siège et leur assiduité aux cours.

2. La première inscription doit être prise au commencement du 1er trimestre de l'année scolaire. — Le ministre peut, pour des motifs graves, après avis de la faculté, accorder l'autorisation de prendre cumulativement les deux premières inscriptions au 2e trimestre. — En aucun cas, la scolarité ne peut être commencée après le 15 janvier. Aucune dispense ne sera accordée.

3. Le cours des inscriptions est suspendu pendant le temps passé sous les drapeaux dans l'armée active par les engagés conditionnels d'un an. — Tout étudiant doit, lors de chaque inscription, déclarer qu'il n'est pas en activité de service comme engagé conditionnel d'un an. — Les déclarations fausses entraînent l'application des peines établies par l'article 7 du statut du 9 avril 1825 et l'article 3 de l'arrêté du 28 octobre 1833.

4. Il est établi : 1° en première année, un cours d'histoire générale du droit français public et privé; 2° en troisième année, un cours de droit international privé. — La thèse de licence et la composition écrite qui précède actuellement le quatrième examen (deuxième de licence) sont supprimées.

5. Chaque étudiant subit, à la fin de l'année scolaire, un examen portant sur toutes les matières enseignées pendant l'année. — Le deuxième examen confère le grade de bachelier en droit; le troisième, celui de licencié en droit. — Les trois examens sont divisés en deux parties, subies chacune, à deux jours consécutifs, devant un jury composé de trois examinateurs. — Ils portent sur les objets suivants :

1re *année* (1er *de baccalauréat*).
1re partie. Droit romain.
— Histoire générale du droit français.
2e partie. Code civi.
— Droit criminel.
2e *année* (2e *de baccalauréat*).
1re partie. Droit romain.
— Economie politique.
2e partie. Code civil.
— Procédure civile.
3e *année* (*Examen de licence*).
1re partie. Droit administratif.
— Droit commercial.
2e partie. Code civil.
— Droit international privé.

Chaque partie de l'examen donne lieu à trois suffrages. — Chacune des matières de l'épreuve fait nécessairement l'objet d'une interrogation ; une troisième interrogation porte, au gré du troisième examinateur, sur l'une ou sur l'autre de ces matières.

6. Tout candidat qui a mérité une boule noire et une rouge-noire, ou trois rouges-noires, est ajourné. — Le candidat admis à la première ou à la seconde partie de l'examen et ajourné sur l'autre conserve le bénéfice de la partie où il a réussi.

7. L'examen de première année doit être subi après la quatrième inscription et avant la cinquième ; l'examen de seconde année, après la huitième inscription et avant la neuvième ; l'examen de troisième année ne peut être subi qu'après la douzième inscription. — A cet effet, il est tenu deux sessions ordinaires à la fin et au commencement de l'année scolaire, en juillet et en novembre ; la date de l'ouverture des sessions est arrêtée par la faculté sous l'approbation du recteur. Aucun examen isolé ou collectif ne peut avoir lieu *extra tempora*. — Tout étudiant doit, à moins d'une autorisation du recteur, qui n'est accordée que sur l'avis du doyen et pour cause grave, subir l'examen de fin d'année à la session de juillet ; sont seuls admis à se présenter en novembre ceux qui ont été ajournés à la session de juillet ou autorisés à ne pas se présenter à cette session. — L'étudiant qui n'a passé à la session de novembre ni l'une ni l'autre des deux parties de l'examen de l'année scolaire précédente, soit qu'il n'ait pas subi les épreuves, soit qu'il ait été refusé, est ajourné à la session de fin d'année de l'année suivante ; il ne peut prendre aucune inscription pendant le cours de cette année. — L'étudiant qui a été admis à une partie de l'examen, soit à la session de juillet, soit à celle de novembre, peut se présenter pour l'autre partie à une session spéciale qui a lieu au commencement de janvier ; au cas d'admission, il peut prendre rétroactivement l'inscription de novembre conjointement avec celle de janvier ; en cas d'ajournement, il est définitivement renvoyé à la fin de l'année scolaire, avec suspension du cours des inscriptions.

8. Les étudiants qui n'ont passé l'examen de fin d'année qu'à la session de novembre peuvent prendre la cinquième ou la neuvième inscription jusqu'au 30 novembre.

9. Tout élève doit subir l'examen de fin d'année dans la Faculté où il a pris les deux dernières inscriptions de l'année courante. — Tout élève ajourné doit se représenter devant la Faculté qui a prononcé l'ajournement. — Il ne peut être dérogé à ces règles que par le recteur, sur l'avis de la Faculté compétente.

10. Deux ans après la dernière épreuve passée avec succès, les inscriptions prises depuis cette épreuve sont périmées, s'il n'a été subi aucun examen dans l'intervalle. Le bénéfice de l'examen subi avec succès reste toujours acquis. — Les inscriptions sont périmées deux ans après une épreuve suivie d'ajournement si cette épreuve n'a pas été renouvelée dans ce délai. — Elles sont périmées deux ans après l'époque où l'examen en vue duquel elles ont été prises aurait dû être passé, si cet examen n'a pas été subi. — Le temps passé sous les drapeaux, en cours d'étude, n'est pas compté dans le délai entraînant la péremption des inscriptions.

11. Les professeurs titulaires peuvent ouvrir, dans les salles de la Faculté, des conférences spéciales sur les matières de leur enseignement. — Ces conférences sont gratuites.

12. Il n'est rien innové quant aux examens de capacité et aux examens de doctorat ; les règlements actuellement suivis restent en vigueur. — Toutefois l'article 6, § 1er, est applicable aux examens de capacité.

13. Les dispositions des articles 1, 2, 3, 4, 6 § 1, 9, 10, 11, 12 § 2 du présent décret sont exécutoires à partir du jour de la promulgation. — Les articles 5, 6 § 2, 7, 8, relatifs au régime des examens, sont obligatoires à partir de la même date, pour les étudiants qui ont pris leur première inscription à partir de l'année scolaire 1880-1881. — Les étudiants inscrits

antérieurement peuvent, jusqu'à la fin de l'année scolaire 1882-1883, choisir entre le nouveau mode d'examen et le mode antérieur. — Toutefois les étudiants ayant passé soit le second, soit le troisième examen d'après l'ancien régime restent soumis à ce régime pour les autres examens de licence. — A partir du 1er novembre 1884, le présent décret sera seul en vigueur.

14. Sont abrogées les dispositions antérieures contraires au présent décret.

LOI

Portant fixation du budget des recettes de l'exercice 1881.

(28 décembre 1880) (1)

1881

DÉCRET

Sur la réorganisation du conseil supérieur des prisons.

(3 janvier 1881) (2)

DÉCRET

Relatif aux brevets de capacité pour l'enseignement primaire.

(4 janvier 1881) (3)

DÉCRET

Fixant les droits à percevoir pour la licence en droit.

(8 janvier 1881)

Art. 1er. Les droits d'examen, de certificat d'aptitude et de diplôme à percevoir au profit du Trésor, pour la licence en droit, telle qu'elle est organisée par le décret du 28 décembre 1880, restent fixés à la somme de 740 francs, conformément à l'article 22 du décret du 22 août 1854. Ils sont répartis de la manière suivante :

1er *Examen de baccalauréat :*

Epreuves. — Deux à 60 fr.	120	180
Certificats d'aptitude. — Deux à 30 fr.	60	

2e *Examen de baccalauréat :*

Epreuves. — Deux à 60 fr.	120	280
Certificats d'aptitude. — Deux à 30 fr.	60	
Diplôme, 100 fr.	100	

Examen de licence.

Epreuves. — Deux à 60 fr.	120	280
Certificats d'aptitude. — Deux à 30 fr.	60	
Diplôme, 100 fr.	100	

2. Tout candidat consignera en même temps les droits afférents aux deux parties de l'examen. — Savoir : — 1° Pour le premier examen du baccalauréat, 180 fr. En cas d'ajournement, les droits de certificat d'aptitude (30 fr. par acte) seront remboursés. — 2° Pour le deuxième examen du baccalauréat et pour l'examen de licence, 280 fr. — En cas d'ajournement, les droits de certificat d'aptitude (30 fr. par acte) et de diplôme seront remboursés. — Le candidat admis seulement à une partie de l'examen devra, quand il consignera à nouveau, pour la seconde, acquitter les droits afférents à celle-ci (90 fr.) et, en outre, s'il s'agit du deuxième de baccalauréat ou de l'examen de licence, le droit de diplôme.

Dispositions transitoires.

3. Les étudiants ayant passé le 1er examen de baccalauréat d'après l'ancien régime qui, par application de l'article 13 du décret du 28 décembre 1880, opteront pour le nouveau régime, acquitteront les droits ci-après :

1er *Examen de baccalauréat :*

Examen subi. — Pour mémoire	100

2e *Examen de baccalauréat :*

Epreuves. — Deux à 80 fr.	160	320
Certificats d'aptitude. — Deux à 30 fr.	60	
Diplôme	100	

(1) *J. off.*, 29 déc. 1880. — *V.* le texte dans notre édition in-8o.

(2) Rapporté par Décr. 26 janv. 1882. — *V.* le texte dans notre édition in-8o.

(3) *V.* le texte dans notre édition in-8o. — *V.* Décr. 21 juill. 1882.

Examen de licence.

Epreuves. — Deux à 80 fr.	160	320
Certificats d'aptitude. — Deux à 30 fr.	60	
Diplôme	100	

4. Les étudiants qui, par application de l'article 13 du décret du 28 décembre 1880, resteront placés sous l'ancien régime, continueront à payer pour chaque examen les droits fixés par l'article 22 du décret du 22 août 1854. — Toutefois le diplôme de licencié ne sera délivré qu'après acquittement de la totalité des droits fixés par ledit article (740 fr.). — Les étudiants qui n'ont pas subi le second examen de licence (ancien régime) verseront le complément des droits, lors de la consignation pour cet examen.

DÉCRET

Instituant un concours annuel pour la délivrance d'un certificat d'aptitude aux fonctions de professeur des classes élémentaires de l'enseignement classique.

(8 janvier 1881) (1)

DÉCRET

Relatif à l'enseignement primaire supérieur.

(15 janvier 1881) (2)

DÉCRET

Élevant le nombre des membres du conseil supérieur des prisons.

(15 janvier 1881) (3)

DÉCRET

Partageant en trois catégories les bourses d'enseignement classique et d'enseignement spécial.

(19 janvier 1881) (4)

DÉCRET

Portant promulgation de la convention conclue entre la France et la Belgique pour l'admission réciproque des médecins établis dans les communes frontières des deux États.

(27 janvier 1881) (5)

LOI

Sur la marine marchande.

(29 janvier 1881) (6)

ART. 1er. La franchise du pilotage est accordée à tous les navires à voiles ne jaugeant pas plus de quatre-vingts tonneaux, et aux navires à vapeur dont le tonnage ne dépasse pas cent tonneaux, lorsqu'ils font habituellement la navigation de port en port et qu'ils pratiquent l'embouchure des rivières. — Toutefois, sur la demande des chambres de commerce et après une instruction faite dans les formes ordinaires, des règlements d'administration publique détermineront les améliorations qu'il y aurait lieu d'apporter aux règlements actuels dans l'intérêt de la navigation.

2. Pour les navires au long cours, la visite prescrite par l'article 225 du code de commerce, pour un chargement nouveau pris en France, ne sera obligatoire que s'il s'est écoulé plus de six mois depuis la dernière visite, à moins toutefois qu'ils n'aient subi des avaries.

3. Les actes ou procès-verbaux constatant les mutations de propriété des navires, soit totales, soit partielles, ne seront passibles à l'enregistrement que du droit fixe de 3 francs. L'article 5 nº 2 de la loi du 28 février 1872 est abrogé en ce qu'il a de contraire à la présente disposition.

(1) *J. off.*, 9 janv. 1881. — *V.* le texte dans notre édition in-8º.

(2) *J. off.*, 16 janv. 1881. — *V.* le texte dans notre édition in-8º. — *V.* Décr. 29 oct. 1881.

(3) Rapporté par Décr. 26 janv. 1882.

(4) *J. off.*, 21 janv. 1881. — *V.* le texte dans notre édition in-8º.

(5) *J. off.*, 29 janv. 1881. — *V.* le texte dans notre édition in-8º.

(6) *V.* Décr. du 17 août 1881.

4. En compensation des charges que le tarif des douanes impose aux constructeurs de bâtiments de mer, il leur est attribué les allocations suivantes : — Pour les navires en fer ou en acier, 60 fr. par tonneau de jauge brute. — Pour les navires en bois de 200 tonneaux ou plus, 20 francs. — Pour les navires en bois de moins de 200 tonneaux, 10 francs. — Pour les navires mixtes, 40 francs. — Pour les machines motrices placées à bord des navires à vapeur et pour les appareils auxiliaires, tels que pompes à vapeur, servo-moteurs, treuils, ventilateurs, mus mécaniquement, ainsi que pour les chaudières qui les alimentent, et leur tuyautage, 12 fr. par 100 kilogrammes. — Sont considérés comme navires mixtes les navires bordés en bois, dont la membrure et le barotage sont entièrement en fer ou en acier.

5. Toute transformation d'un navire ayant pour résultat d'en accroître la jauge donne droit à une prime calculée conformément au tarif ci-dessus, d'après le nombre de tonneaux d'augmentation de la jauge. — La prime est accordée pour les machines motrices et les appareils auxiliaires mis en place après l'achèvement du navire. — Lors des changements de chaudières, il est alloué au propriétaire du navire une compensation de 8 francs pour 100 kilogrammes de chaudières neuves pesées sans les tubes et de construction française.

6. Les allocations déterminées par les articles 4 et 5 sont payées après la délivrance de l'acte de francisation, par les soins du receveur des douanes du lieu de construction le plus rapproché.

7. Est supprimé le régime de l'admission en franchise institué en exécution de l'article 1er de la loi du 19 mai 1866 et de l'article 2 de la loi du 17 mars 1879.

8. A l'égard des navires en chantier au moment de l'entrée en vigueur de la présente loi, les constructeurs ne recevront les allocations stipulées par l'article 4 que sous déduction du montant des droits de douane déterminés par le tarif conventionnel relativement aux matières étrangères dont ils auraient obtenu l'admission en franchise pour la construction de ces navires.

9. A titre de compensation des charges imposées à la marine marchande pour le recrutement et le service de la marine militaire, il est accordé pour une période de dix années, à partir de la promulgation de la présente loi, une prime de navigation aux navires français à voiles et à vapeur. — Cette prime s'applique exclusivement à la navigation au long cours. — Elle est fixée, par tonneau de jauge nette et 1,000 milles parcourus, à 1 fr. 50 pour les navires de construction française sortant de chantier et décroît par année de :

0 fr. 075 pour les navires en bois ;
0 fr. 075 pour les navires composites;
0 fr. 05 pour les navires en fer.

La prime est réduite à moitié de celle déterminée ci-dessus pour les navires de construction étrangère. — Les navires francisés avant la promulgation de la présente loi sont assimilés, pour la prime, aux navires de construction française. — La prime est augmentée de 15 p. 100 pour les navires à vapeur construits sur des plans préalablement approuvés par le département de la marine. — Le nombre des milles parcourus est calculé d'après la distance comprise entre le point de départ et d'arrivée, mesurée sur la ligne directe maritime. — En cas de guerre, les navires de commerce peuvent être réquisitionnés par l'Etat. — Sont exceptés de la prime les navires affectés à la grande et à la petite pêche, aux lignes subventionnées et à la navigation de plaisance.

10. Tout capitaine de navire recevant l'une des primes fixées par l'article 9 de la présente loi sera tenu de transporter gratuitement les objets de correspondance qui lui seront confiés par l'administration des postes, ou qu'il aura à remettre à cette administration, en vertu des prescriptions de l'arrêté des consuls du 19 germinal an X. — Si un agent des postes est délégué pour accompagner les dépêches, il sera également transporté gratuitement.

11. Un règlement d'administration publique, contenant notamment un état des distances de port à port, déterminera le mode d'application de la présente loi.

DÉCRET

Déterminant les mesures nécessaires pour assurer la perception de l'impôt chez les dénaturateurs d'alcool.

(29 janvier 1881) (1)

---

(1) *J. off.*, 29 avr. 1881. — *V.* le texte dans notre édition in-8°.

DÉCRET

Fixant le taux des bourses nationales, départementales et communales dans les lycées.

(1er février 1881) (1)

DÉCRET

Portant règlement pour le recouvrement par la poste des effets protestables.

(15 février 1881)

TITRE Ier. — *De la remise à un tiers des effets non recouvrés.*

ART. 1er. L'expéditeur d'un effet dont le recouvrement est confié à la poste peut demander que cet effet, en cas de non-payement, soit remis à la personne qu'il désigne dans une déclaration qui est jointe à l'envoi et dont la forme est arrêtée par le ministre des postes et télégraphes.

TITRE II. — *Du protêt des effets non recouvrés.*

2. Toute personne qui, conformément à la loi du 17 juillet 1880, confie à la poste le recouvrement d'un effet et désire qu'il soit protesté en cas de non-payement, doit l'indiquer dans une déclaration jointe à l'envoi. — Elle peut indiquer dans la déclaration les formalités dont elle demande l'accomplissement, telles que protêt à deux domiciles, protêt de perquisition, etc. — Elle peut également désigner, à ses risques et périls, dans ladite déclaration, le notaire ou l'huissier auquel la valeur sera remise en cas de non-payement

3. Le mode d'expédition et la forme de la déclaration prévus à l'article 2 sont arrêtés par le ministre des postes et des télégraphes. — La déclaration doit être signée par l'expéditeur.

4. Le déposant peut, conformément au dernier paragraphe de l'article 8 de la loi du 17 juillet 1880, consigner au bureau expéditeur le coût probable des actes à dresser et de l'enregistrement du titre. Cette consignation est constatée par un récépissé conforme au modèle arrêté par décision ministérielle. — La consignation est, s'il y a lieu, remboursée en tout ou en partie à l'expéditeur, aux conditions déterminées par un arrêté du ministre des postes et des télégraphes.

5. Tout notaire ou huissier peut déclarer qu'il consent à dresser, sans consignation préalable, les protêts des effets payables dans la circonscription des bureaux qu'il désigne. — L'administration peut ne pas agréer cette offre, au cas où elle entraînerait des conséquences qui ne pourraient se concilier avec les nécessités du service des postes, ou à raison des allocations pour transports qu'elle comporterait. — Le notaire ou l'huissier qui a fait la déclaration dont il s'agit, et son successeur en cas de changement de titulaire de l'office, doivent, pour échapper aux effets de cette déclaration, prévenir deux mois à l'avance l'administration des postes et des télégraphes. — Il est mis à la disposition du public, dans tous les bureaux de poste, une liste des bureaux pour lesquels il a été fait une pareille déclaration et auxquels l'expéditeur peut confier, à ses risques et périls, sans consignation préalable, des recouvrements susceptibles de protêt.

6. Lorsque, dans la circonscription d'un bureau de poste, un ou plusieurs notaires ou huissiers y résidant ont pris l'engagement prévu par l'article précédent, ils sont chargés, à l'exclusion de tous autres, sauf le cas prévu au dernier paragraphe de l'article 2, des protêts des effets dont le recouvrement est confié à ce bureau, qu'il y ait ou non consignation. — Ce droit de préférence ne peut s'étendre à toutes les circonscriptions de bureaux désignés dans l'engagement que si aucun notaire ou huissier n'y réside.

7. La répartition des effets à protester entre les notaires et huissiers qui, pour une même circonscription de bureau de poste, ont pris l'engagement prévu par l'article 5, est réglée par le ministre des postes et des télégraphes. Ces officiers publics et ministériels sont appelés, s'ils le demandent, à présenter leurs observations. — Cette répartition est faite d'après les convenances du service des postes, soit par voie de roulement, soit par division de la circonscription du bureau en territoires assignés à chacun des notaires et huissiers dont il s'agit. — Malgré cette répartition, ces officiers sont tenus de déférer à toutes les de-

(1) *J. off.*, 2 févr. 1881. — *V.* le texte dans notre édition in-8°.

mandes de protêt que peut leur adresser l'administration des postes.

8. Les notaires et huissiers sont tenus de faire les protêts pour lesquels ils sont requis par l'administration des postes, dès qu'il y a consignation du coût des actes à intervenir et de l'enregistrement du titre. — L'officier public ou ministériel est informé de l'existence et du montant de la consignation par la remise d'un bulletin dont la forme est arrêtée par le ministre des postes et des télégraphes et qui est joint à l'effet à protester.

9. Lorsque, pour la circonscription d'un bureau, l'engagement prévu à l'article 5 n'existe pas, les protêts des effets dont le recouvrement est confié à ce bureau et pour lesquels il y a consignation préalable sont répartis entre les huissiers résidant dans la circonscription et, à défaut, entre les huissiers pouvant instrumenter dans la circonscription. — Les notaires peuvent demander à être compris dans cette répartition. Lorsque les nécessités du service l'exigent, ils y sont compris d'office. — La répartition des protêts par roulement ou par quartiers et localités est arrêtée par le ministre des postes et des télégraphes, en tenant compte des allocations pour transports des officiers publics et ministériels et de manière à répondre aux convenances du service postal. Les chambres de commerce et les chambres de discipline sont appelées, sur leur demande, à donner leur avis sur la répartition. — Cette répartition, à laquelle il peut être dérogé en cas de nécessité, ne préjudicie pas au droit absolu de réquisition prévu à l'article précédent.

10. Les notaires et huissiers sont admis à contracter l'engagement de faire prendre à la poste, sous leur responsabilité, les effets dont le protêt leur est attribué en suite de la répartition prévue aux articles 7 et 9. — Les receveurs des postes rendent compte immédiatement à l'administration centrale des manquements à cet engagement.

11. Les villes où il existe plusieurs bureaux de poste peuvent être considérées comme ne formant qu'une seule circonscription postale pour l'exécution des articles 5 à 10 du présent décret.

12. La forme de la réquisition prévue aux articles 7, 8 et 9 du présent décret est arrêtée par le ministre des postes et des télégraphes, d'accord avec le garde des sceaux, ministre de la justice. — Tout notaire ou huissier qui défère à une pareille réquisition est tenu de remettre à l'agent qui la lui présente un reçu dont la forme est arrêtée par le ministre des postes et des télégraphes. — Au cas contraire, il remet une déclaration écrite et signée constatant son refus et ses motifs. Cette déclaration et l'effet qu'elle concerne sont renvoyés au bureau expéditeur. Le déposant est avisé sans frais d'avoir à retirer ces pièces contre un reçu en due forme. — Ces règles sont applicables au cas où l'officier public ou ministériel a été désigné par l'expéditeur.

13. Dans le cas de consignation, le coût des actes est payé par le bureau destinataire moyennant la production : 1° d'un état sommaire dûment quittancé, dont la forme est arrêtée par le ministre des postes et des télégraphes, des frais et débours du notaire ou de l'huissier rédacteur; 2° de l'effet non payé et des originaux des actes intervenus. Le nombre de ces documents est mentionné sur l'état sommaire. — Ces pièces sont envoyées à l'expéditeur par le notaire ou l'huissier, en présence du receveur des postes ou de son délégué, sous la forme de lettre recommandée, dont l'affranchissement au droit de 25 centimes, fixé par l'article 4 de la loi du 7 avril 1879, est compris dans ses débours par l'officier public ou ministériel.

14. Dans le cas de non-consignation, le notaire ou l'huissier qui a fait le protêt recouvre en la forme suivante, laquelle est obligatoire, le coût des actes intervenus, augmenté des frais de recouvrement. — Un état sommaire, établi comme il est dit à l'article précédent, est dressé par l'officier public ou ministériel. — Cet état est mis en recouvrement par la poste dans les conditions fixées par la loi du 5 avril 1879 et l'article 4 de la loi du 17 juillet 1880. Toutefois le notaire ou l'huissier expéditeur est tenu de remettre au bureau de poste une déclaration dont la forme est arrêtée par le ministre des postes et des télégraphes, dans laquelle il spécifie l'effet qui a été protesté. — L'effet protesté et les originaux des actes intervenus sont joints à l'état et placés sous pli recommandé, adressé au receveur des postes chargé d'effectuer le recouvrement. — Ces pièces ne sont remises à l'intéressé que lorsqu'il a versé les sommes à recouvrer pour le compte de l'officier

public ou ministériel. — En cas de non-payement, l'état et les pièces annexées sont retournées sans frais au notaire ou à l'huissier expéditeur, à moins qu'il n'ait usé de la faculté prévue à l'article 1er. — Ces règles sont applicables en cas de consignation insuffisante.

15. Lorsque l'effet est payé entre les mains du notaire ou de l'huissier avant la clôture du protêt, il ne peut être fait par ces officiers, à leur profit, de prélèvement sur les sommes versées entre leurs mains ou sur la consignation. — Le montant intégral de l'effet est versé au bureau de poste pour être remis à l'expéditeur dans les conditions fixées par la loi du 5 avril 1879 et l'article 4 de la loi du 17 juillet 1880, déduction faite des prélèvements au profit de la poste et de ses agents ordonnés par l'article 2 de cette dernière loi.

16. Les remises de fonds et de documents prévues aux articles 13, 14 et 15 doivent être effectuées entre les mains du receveur des postes, au plus tard le huitième jour après l'échéance. Passé ce délai, le reçu de l'officier public ou ministériel, spécifié à l'article 12, est envoyé sans frais à l'expéditeur dans les conditions fixées au troisième paragraphe de cet article.

17. Les officiers publics ou ministériels, appelés en vertu du présent règlement à protester des effets confiés à la poste, sont tenus de produire tous les mois au bureau de poste un état dûment certifié mentionnant les valeurs qui leur ont été remises par ce bureau, les actes intervenus, le renvoi des pièces à l'intéressé, les recouvrements, etc. La forme de cet état est arrêtée par le ministre des postes et des télégraphes.

18. Les notaires et huissiers sont soumis aux obligations professionnelles spécialement prévues au present décret dans les conditions fixées par la loi du 25 ventôse an XI, l'ordonnance du 4 janvier 1843, les articles 102, 103 et 104 du décret du 30 mars 1808, l'article 85 du décret du 18 juin 1811 et les articles 42, 70, 71 et 72 du décret du 14 juin 1813.

19. Il sera statué par un règlement d'administration publique spécial sur les modifications qu'il pourra être nécessaire d'apporter au présent règlement pour le recouvrement par la poste des effets protestables venant de l'étranger.

20. Le présent décret est exécutoire dans les circonscriptions de bureaux de poste de l'Algérie désignées par le ministre des postes et des télégraphes. — Il sera statué ultérieurement, par un règlement d'administration publique spécial, sur les modifications qu'il pourra être nécessaire d'y apporter pour les recouvrements des effets protestables payables dans les autres parties du territoire algérien.

21. Les dispositions du présent décret, portant règlement d'administration publique, entreront en vigueur à partir de la date qui sera fixée par un décret ultérieur, pour l'application partielle ou totale de la loi du 17 juillet 1880, en ce qui concerne le recouvrement des effets protestables.

DÉCRET

Autorisant les vice-consuls à remplir les fonctions attribuées aux consuls comme suppléant à l'étranger les administrateurs de la marine.

(22 février 1881) (1)

DÉCRET

Relatif à la juridiction française au Cambodge.

(24 février 1881) (2)

DÉCRET

Complétant et modifiant la nomenclature des établissements insalubres, dangereux et incommodes.

(26 février 1881)

Art. 1er. La nomenclature des établissements insalubres, dangereux et incommodes contenus dans les tableaux annexés aux décrets des 31 décembre 1866, 31 janvier 1872, 7 mai 1878 et 21 avril 1879, est complétée et modifiée, conformément aux tableaux A et B annexés au présent décret.

(1) *J. off.*, 12 mars 1881. — *V.* le texte dans notre édition in-8°.

(2) *J. off.*, 1er mars 1881. — *V.* le texte dans notre édition in-8°.

Tableau A.

Addition aux nomenclatures annexées aux décrets des 31 décembre 1866, 31 janvier 1872, 7 mai 1878 et 21 avril 1879.

DÉSIGNATION DES INDUSTRIES.	INCONVÉNIENTS.	CLASSE.
Acide salicylique (Fabrication de) au moyen de l'acide phénique........	Odeurs....................	2e
Acide sulfurique de Nordhausen, par décomposition du sulfate de fer...	Emanations nuisibles.......	1re
Celluloïde et produits nitrés analogues :		
Fabrication (du)..................	Vapeurs nuisibles, danger d'incendie...............	1re
Ateliers de façonnage (du)........	Danger d'incendie..........	2e
Chlorures de soufre (Fabrication des).	Vapeurs nuisibles..........	1re
Scieries mécaniques et établissements où l'on travaille le bois à l'aide de machines à vapeur ou à feu.......	Danger d'incendie..........	3e

Tableau B.

Article à supprimer dans la nomenclature annexée au décret du 31 décembre 1866.

DÉSIGNATION DES INDUSTRIES.	INCONVÉNIENTS.	CLASSE.
Acide sulfurique (Fabrication de) :		
1o	....	.....
2o de Nordhausen par la décomposition du sulfate de fer......	....	3e

DÉCRET

Sur le droit qu'ont les vice-consuls à recevoir une indemnité pour frais d'établissement.

(28 février 1881) (1)

LOI

Portant approbation des conventions conclues pour l'organisation, en France et dans les relations internationales, du service des colis postaux.

(3 mars 1881) (2)

ART. 1er. Le Président de la République française est autorisé à ratifier et à faire appliquer, s'il y a lieu, la convention internationale, conclue à Paris, le 3 novembre 1880, pour l'échange des colis postaux, sans déclaration de valeur, et dont une copie authentique est annexée à la présente loi.

(1) *J. off.*, 4 mars 1881. — *V.* le texte dans notre édition in-8o.

(2) J. *off.*, 5 mars 1881. — *V.* L. 24 juill. 1881 — Décr. 24 août 1881.

2. Est également approuvée la convention conclue le 2 novembre 1880, entre le ministre des postes et des télégraphes agissant au nom et pour le compte de l'Etat, d'une part, et les compagnies des chemins de fer de l'Etat, du Nord, de l'Est, de Paris à Lyon et à la Méditerranée, de l'Ouest, d'Orléans, du Midi, la compagnie des Messageries maritimes, la compagnie Fraissinet, concessionnaire du service postal entre la France et la Corse, la compagnie concessionnaire du service postal de Calais à Douvres et la compagnie générale transatlantique, d'autre part, convention dont une copie authentique est également annexée à la présente loi.

3. Des décrets insérés au *Bulletin des lois* détermineront, s'il y a lieu, les mesures à prendre par l'Etat pour l'exécution, en France, des conventions sus-visées et en fixeront la date d'exécution ; ces décrets détermineront les taxes à percevoir en France et en Algérie et spécifieront notamment dans quel cas pourra être perçue la taxe de factage et la surtaxe de vingt-cinq centimes prévues par l'article 5 de la convention internationale.

4. Le Gouvernement est autorisé à étendre, par des traités spéciaux, le transport des colis postaux sur le territoire français, en dehors des limites d'exploitation assignées aux compagnies de chemins de fer par la convention du 2 novembre 1880 ; la taxe afférente au transport en France ne pourra toutefois dépasser la taxe admise à cet effet par la convention internationale.

5. Le droit de timbre des récépissés, bulletins d'expédition ou autres pièces en tenant lieu, délivrés par les compagnies de chemins de fer, conformément à la loi du 13 mai 1863, pour les transports prévus par les deux conventions qui précèdent, est réduit, y compris le droit de la décharge donnée par le destinataire, à dix centimes par chaque expédition. Sont applicables à ces récépissés les dispositions du second paragraphe de l'article 1er de la loi du 30 mars 1872. — Le droit de timbre établi sur les connaissements est également réduit, pour les mêmes transports, à 10 centimes par chaque expédition. — Un règlement d'administration publique déterminera les mesures d'exécution du présent article. Toute contravention aux dispositions tant dudit article que du règlement sera punie d'une amende de 50 fr.

6. L'impôt établi sur le prix des transports en grande vitesse est supprimé pour les expéditions prévues dans les mêmes conventions.

7. Est également supprimé sur ces transports le droit spécial de dix centimes établi par l'article 3 de la loi du 22 juin 1872.

8. Les actes de toute nature relatifs aux marchés passés par l'Etat et ayant exclusivement pour objet l'exécution des deux conventions, sont dispensés du timbre et seront enregistrés gratis lorsqu'il y aura lieu à l'enregistrement.

DÉCRET

Relatif à un emprunt d'un milliard en rente 3 p. 100 amortissable.

(7 mars 1881) (1)

LOI

Portant création d'une caisse d'épargne postale.

(9 avril 1881)

ART. 1er. Il est institué une caisse d'épargne publique sous la garantie de l'Etat ; elle est placée sous l'autorité du ministre des postes et des télégraphes et prend le nom de Caisse d'épargne postale. — Les bureaux de poste français seront appelés, au fur et à mesure, par des arrêtés ministériels, à participer au service de la caisse postale. — Tout déposant muni d'un livret de la caisse d'épargne peut continuer ses versements et opérer ses retraits dans tous les bureaux de poste français dûment organisés en agences de cette caisse. — L'administration des postes représentera l'Etat dans ses rapports avec les déposants.

2. Les fonds de la caisse d'épargne postale seront versés à Paris à la caisse des dépôts et consignations ; dans les départements, aux caisses des trésoriers-payeurs généraux et receveurs particuliers préposés à la caisse des dépôts (*modifié par L. 29 juill. 1881, art. 34*). — Ils produiront à la caisse d'épargne, à partir du jour de leur versement jusques et non compris le jour du retrait, un intérêt de trois francs vingt-cinq centimes pour cent (3 francs 25 p. 100) par an.

3. Un intérêt de trois fr. pour

(1) J. off., 8 mars 1881. — V. le texte dans notre édition in-8°.

cent (3 fr. p. 100) sera servi aux déposants par la caisse d'épargne. — Cet intérêt partira du 1er ou du 16 de chaque mois après le jour du versement. — Il cessera de courir à partir du 1er ou du 16 qui aura précédé le jour du remboursement. — Au 31 décembre de chaque année, l'intérêt acquis s'ajoutera au capital et deviendra lui-même productif d'intérêts. Les fractions de francs ne produiront pas d'intérêts.

4. Le taux de l'intérêt fixé par les deux articles précédents ne pourra être modifié que par une loi.

5. Les frais d'administration de la caisse d'épargne postale seront prélevés sur les sommes dont elle bénéficiera : 1° par suite de la différence entre l'intérêt servi par le Trésor et l'intérêt dont on tiendra compte aux déposants ; 2° par suite de la différence d'intérêt produit par les arrérages des valeurs achetées en exécution de l'article 19 et le taux de 3 fr. 25 p. 100 servi à la caisse postale. — En cas d'insuffisance, il y sera pourvu au moyen des intérêts de la dotation dont il est parlé à l'article 16.

6. L'administration des postes ouvrira un compte à toute personne par laquelle ou au nom de laquelle des fonds auront été versés, à titre d'épargne, dans un bureau de poste. — Elle délivrera gratuitement, au nom des bénéficiaires, un livret sur lequel seront inscrits les versements, les retraits de fonds et les intérêts acquis. — Nul ne pourra être titulaire de plus d'un livret à la caisse d'épargne postale sous peine de perdre l'intérêt des sommes inscrites sur le second livret et les livrets de date ultérieure. Si plusieurs livrets ont la même date, la perte de l'intérêt portera sur la totalité des dépôts constatés par ces livrets. — Les mineurs sont admis à se faire ouvrir des livrets sans l'intervention de leur représentant légal. Ils pourront retirer, sans cette intervention, mais seulement après l'âge de seize ans révolus, les sommes figurant sur les livrets ainsi ouverts, sauf opposition de la part de leur représentant légal. — Les femmes mariées, quel que soit le régime de leur contrat de mariage, seront admises à se faire ouvrir des livrets sans l'assistance de leurs maris ; elles pourront retirer sans cette assistance les sommes inscrites aux livrets ainsi ouverts, sauf opposition de la part de leurs maris.

7. Tout déposant, dont le crédit sera suffisant pour acheter dix francs (10 fr.) de rente au minimum, pourra faire opérer cet achat, sans frais, par la caisse d'épargne postale. L'achat de rente pourra être supérieur à dix francs (10 fr.), si la situation du crédit le comporte.

8. Chaque versement ne pourra être inférieur à un franc. — Le compte ouvert à chaque déposant ne pourra excéder le chiffre de deux mille francs (2,000 fr.), versés en une ou plusieurs fois.

9. Dès qu'un compte dépassera par les versements et la capitalisation des intérêts le chiffre de deux mille francs (2,000 fr.), il en sera donné avis au déposant par lettre chargée. — Si, dans les trois mois qui suivront cet avis, le déposant n'a pas réduit son crédit, il lui sera acheté d'office et sans frais vingt francs (20 fr.) de rente sur l'Etat. — Le service des intérêts sur l'excédant sera suspendu à partir de la date de l'avis jusqu'au jour de la réduction du compte.

10. Lorsque le déposant n'aura pas retiré les titres de rente achetés pour son compte, dans le cas prévu par l'article précédent, la caisse d'épargne en touchera les arrérages et les inscrira comme nouveau versement au crédit du titulaire.

11. La demande de retrait devra être déposée à l'avance, et le remboursement aura lieu dans un délai de huit jours au maximum pour la France continentale. — Des délais supplémentaires seront fixés par décret pour les opérations nécessitant l'intervention d'un bureau situé en dehors de la France continentale.

12. Dans le cas de force majeure, des décrets rendus, le conseil d'Etat entendu, pourront autoriser la caisse d'épargne postale à n'opérer le remboursement que par acomptes de cinquante francs (50 fr.) au minimum et par quinzaine.

13. Les sociétés de secours mutuels seront admises à faire des versements à la caisse d'épargne postale, et le compte ouvert à leur crédit pourra atteindre le chiffre de huit mille francs (8,000 fr.). Les institutions de coopération, de bienfaisance et autres sociétés de même nature pourront être admises à faire des versements dans les mêmes conditions, après en avoir obtenu l'autorisation du ministre. — Au delà de ce chiffre, il leur sera fait application des articles 9 et 10 ci-dessus ; toutefois, le montant de la rente achetée d'office, pour leur compte, sera de cent francs (100 fr.).

14. Le montant d'un livret n'ayant donné lieu depuis trente ans à aucun versement, à aucun remboursement,

ni à aucune autre opération faite sur la demande du déposant, cessera d'être productif d'intérêts et devra être remboursé à l'ayant droit. — Si l'ayant droit ne peut être connu, ou si, par une cause quelconque, le remboursement ne peut être opéré, la somme inscrite à son crédit sera convertie en un titre de rente sur l'Etat, qui sera consigné à la caisse des dépôts et consignations. — Seront également consignées les inscriptions de rente achetées soit d'office, soit à la demande du titulaire et non retirées dans le délai de trente ans. — Par exception, pour les placements faits sous la condition, stipulée par le donateur ou le testateur, que le titulaire n'en pourra disposer qu'après une époque déterminée, le délai de trente ans ne courra qu'à partir de cette époque. — Du jour de la consignation, et jusqu'à la réclamation des déposants, le service des arrérages de la rente est suspendu. — Les reliquats des placements en rente et les dépôts qui, en raison de leur insuffisance, n'auraient pu être convertis en rente, seront acquis à la caisse d'épargne. — La caisse d'épargne est autorisée à se décharger de toutes quittances et pièces, et de tous livrets qui ont plus de trente ans de date.

15. Des dons et legs pourront être faits au profit de la caisse d'épargne postale dans les formes et selon les règles prescrites pour les établissements d'utilité publique.

16. La caisse d'épargne postale possédera une dotation qui sera formée, savoir : — 1° Du boni réalisé sur les frais d'administration, lorsque ceux-ci n'atteindront pas le produit du prélèvement de vingt-cinq centimes, destinés à couvrir ces frais ; — 2° Des dons et legs qui pourraient être consentis par des tiers ; — 3° Des produits des reliquats de dépôts attribués à la caisse d'épargne, dans les conditions prévues à l'avant-dernier alinéa de l'article 14 ; — 4° De la capitalisation des intérêts de ces divers fonds, demeurés libres après le prélèvement autorisé par l'article 5 ; — 5° Enfin, de la différence d'intérêt produit par les arrérages des valeurs achetées en exécution de l'article 19, et le taux de 3 fr. 25 p. 100 servi à la caisse postale, après le prélèvement autorisé par l'article 5. — Les fonds constituant cette dotation ne pourront être aliénés qu'en vertu d'une loi.

17. Le ministre des postes et des télégraphes présentera chaque année un rapport sur la situation et les opérations de la caisse d'épargne postale. — Ce rapport sera publié au *Journal officiel* et distribué au Sénat et à la Chambre des députés.

18. Un règlement d'administration publique déterminera le mode de contrôle de la caisse d'épargne postale (*V. Décret* 31 *août* 1881).

19. La caisse des dépôts et consignations devra faire emploi de toutes les sommes déposées par la caisse d'épargne postale. — Cet emploi aura lieu en valeurs de l'Etat français. — La différence d'intérêt produite par les arrérages de ces valeurs et le taux de 3 fr. 25 p. 100 servi à la caisse postale accroîtra la dotation instituée par l'article 16, après prélèvement, s'il y a lieu, des sommes nécessaires pour couvrir les frais d'administration. — Néanmoins, pour satisfaire aux remboursements qui pourraient être réclamés, la caisse des dépôts et consignations conservera, par son compte courant au Trésor, une réserve du cinquième des versements qui lui seront effectués, sans que cette réserve puisse excéder cent millions de francs.

20. Les imprimés, écrits et actes de toute espèce, nécessaires pour le service de la caisse d'épargne postale, seront exempts des formalités du timbre et de l'enregistrement.

21. Les paragraphes 2 et 3 de l'article 3 ; 4 et 5 de l'article 6, les articles 8, 9, 12 et 13 ; le dernier paragraphe de l'article 14, et l'article 20 sont applicables aux caisses d'épargne ordinaires. — Toutefois cette disposition ne recevra son effet qu'à partir du jour où la caisse d'épargne postale aura commencé de fonctionner. — Nul ne pourra être en même temps titulaire d'un livret de caisse d'épargne postale et d'un livret de caisse d'épargne ordinaire, sous peine de perdre l'intérêt de la totalité des sommes déposée.

LOI

Ayant pour objet l'amélioration des pensions de retraites attribuées aux inscrits maritimes.

(11 avril 1881) (1)

---

(1) *J. off.*, 13 avril 1881. — *V.* le texte dans notre édition in-8°.

DÉCRET

Déterminant les mesures nécessaires pour assurer la perception de l'impôt dans les distilleries.

(15 avril 1881) (1)

DÉCRET

Déterminant les règles applicables à la correspondance télégraphique intérieure.

(16 avril 1881) (2)

DÉCRET

Portant exécution à l'intérieur de la loi du 3 mars 1881, concernant les colis postaux.

(19 avril 1881) (3)

DÉCRET

Concernant le droit de timbre des colis postaux.

(19 avril 1881) (4)

DÉCRET

Abaissant le droit de consommation à percevoir sur les sels français introduits dans les zones neutralisées du pays de Gex et de la Haute-Savoie.

(20 avril 1881) (5)

---

(1) *J. off.*, 26 juin 1881. — *V.* le texte dans notre édition in-8o.

(2) *J. off.*, 19 mai 1881. — *V.* le texte dans notre édition in-8o.

(3) *J. off.*, 22 avril 1881. — *V.* le texte dans notre édition in-8o.

(4) *J. off.*, 22 avril 1881. — *V.* le texte dans notre édition in-8o.

(5) *J. off.*, 22 avril 1881. — *V.* le texte dans notre édition in-8o.

LOI

Ayant pour objet de prolonger le délai pendant lequel les certificats d'inventaire, délivrés par application de la loi du 19 juillet 1880, pourront être reçus en payement des droits sur les sucres.

(20 avril 1881) (6)

LOI

Ayant pour objet la restitution à la ville de Lyon de ses droits municipaux et le rétablissement de sa mairie centrale.

(21 avril 1881) (7)

DÉCRET

Réglementant la forme et les conditions d'emploi des timbres mobiles créés en exécution de la loi du 23 août 1871, relative au droit de timbre sur les quittances, reçus et décharges.

(29 avril 1881)

ART. 1er. Il est établi, pour l'exécution de l'article 18 de la loi du 23 août 1871, des timbres mobiles de 10 et de 50 centimes, de 1 fr. et de 2 fr., conformes aux modèles annexés au présent décret. — L'administration de l'enregistrement, des domaines et du timbre fera déposer aux greffes des cours et tribunaux des spécimens de ces timbres mobiles. Le dépôt sera constaté par un procès-verbal dressé sans frais.

2. Les couleurs de ces timbres peuvent être changées ou modifiées par décision du ministre des finances. — Dans ce cas, le ministre peut fixer une date au delà de laquelle les timbres anciens ne peuvent plus être utilisés. Les anciennes figurines doivent être échangées par les détenteurs, dans les six mois qui suivent cette date.

3. Les timbres de 50 cent., 1 fr. et 2 fr., créés par l'article 1er, sont exclusivement destinés à timbrer les états dit d'émargement, les registres

(6) *J. off.*, 22 avril 1881. — *V.* le texte dans notre édition in-8o.

(7) *J. off.*, 22 avril 1881. — *V.* le texte dans notre édition in-8o.

de factage et de camionnage et autres documents constatant les payements ou remises d'objets effectués par les personnes énoncées à l'article 4 et pour lesquels il est dû un droit de timbre de 10 cent. par chaque payement excédant 10 fr. ou par chaque objet reçu ou déposé.

4. Ces timbres ne peuvent être employés, sauf l'exception prévue à l'article 6, que par les comptables de deniers publics, les agents spéciaux des services administratifs régis par économie, les trésoriers des corps de troupe, et par les sociétés, assureurs, entrepreneurs de transports et autres personnes assujetties aux vérifications des agents de l'enregistrement d'après les lois en vigueur.

5. Les timbres mobiles de 50 cent., 1 fr. et 2 fr., et les timbres mobiles de 10 cent. employés pour l'appoint, sont apposés et oblitérés par les comptables de deniers publics ou autres personnes désignées en l'article précédent, dans les conditions et sous la responsabilité édictées par l'article 3 du décret du 27 novembre 1871.

6. Les personnes qui, sans être assujetties par la loi aux vérifications des agents de l'administration de l'enregistrement, prennent l'engagement de s'y soumettre, peuvent être autorisées par cette administration à user du bénéfice des articles 3, 4 et 5 du présent décret. Cette autorisation peut toujours être retirée.

LOI

Relative à l'établissement du tarif général des douanes.

(7 mai 1881) (1)

DÉCRET

Contenant un règlement d'administration publique des tramways et des chemins de fer d'intérêt local.

(18 mai 1881) (2)

---

(1) *J. off.*, 8 mai 1881. — *V.* le texte dans notre édition in-8°.

(2) *J. off.*, 11 juin 1881. — *V.* le texte dans notre édition in-8°.

DÉCRET

Relatif à la perception de l'impôt établi sur les entreprises de transports par chemins de fer, par les articles 3 et 5 de la loi du 14 juillet 1855 et par l'article 12 de la loi du 16 septembre 1871.

(21 mai 1881) (3)

DÉCRET

Autorisant l'échange des lettres avec valeurs déclarées, avec garantie du montant de la déclaration, entre la France et ses colonies et l'Espagne et ses colonies.

(14 juin 1881) (4)

DÉCRET

Fixant la date de l'ouverture du service du recouvrement par la poste des effets de commerce soumis à protêt, et exceptant provisoirement du bénéfice de cette mesure la Corse et l'Algérie.

(14 juin 1881) (5)

LOI

Établissant la gratuité absolue de l'enseignement primaire dans les écoles publiques.

(16 juin 1881)

ART. 1er. Il ne sera plus perçu de rétribution scolaire dans les écoles primaires publiques, ni dans les salles d'asile publiques. — Le prix de pension dans les écoles normales est supprimé.

2. Les quatre centimes spéciaux créés par les articles 40 de la loi du 15 mars 1850 et 7 de la loi du 19 juillet 1875, pour le service de l'instruction primaire, sont obligatoires pour toutes les communes, compris dans leurs ressources ordinaires et votés sans le concours des plus imposés. —

(3) *J. off.*, 24 mai 1881. — *V.* le texte dans notre édition in-8°.

(4) *J. off.*, 18 juin 1881. — *V.* le texte dans notre édition in-8°.

(5) *J. off.*, 18 juin 1881. — *V.* le texte dans notre édition in-8°.

Les communes auront la faculté de s'exonérer de tout ou partie de ces quatre centimes en inscrivant au budget, avec la même destination, une somme égale au produit des centimes supprimés, somme qui pourra être prise soit sur le revenu des dons et legs, soit sur une portion quelconque de leurs ressources ordinaires et extraordinaires.

3. Les prélèvements à effectuer en faveur de l'instruction primaire sur les revenus ordinaires des communes, en vertu de l'article 40 de la loi du 15 mars 1850, porteront exclusivement sur les ressources ci-après énumérées : — 1° Les revenus en argent des biens communaux ; — 2° La part revenant à la commune sur l'imposition des chevaux et voitures et sur les permis de chasse ; — 3° La taxe sur les chiens ; — 4° Le produit net des taxes ordinaires d'octroi ; — 5° Les droits de voirie et les droits de location aux halles, foires et marchés. — Ces revenus sont affectés, jusqu'à concurrence d'un cinquième, aux dépenses ordinaires et obligatoires afférentes à la commune pour le service de ses écoles primaires publiques. — Sont désormais exemptées de tout prélèvement sur leurs revenus ordinaires les communes dans lesquelles la valeur du centime additionnel du principal des quatre contributions directes n'atteint pas vingt francs (20 fr.).

4. Les quatre centimes spéciaux établis par les articles 40 de la loi du 15 mars 1850, 14 de la loi du 10 avril 1867, et 7 de la loi du 19 juillet 1875, au principal des quatre contributions directes, pour le service de l'instruction primaire, sont obligatoires pour les départements. — Toutefois, les départements auront la faculté de s'exonérer de tout ou partie de cette imposition, en inscrivant à leur budget, avec la même destination, une somme égale au produit des centimes supprimés, somme qui pourra être prise soit sur le revenu des dons et legs, soit sur une portion quelconque de leurs ressources ordinaires ou extraordinaires.

5. En cas d'insuffisance des ressources énumérées aux articles 2, 3 et 4 de la présente loi, les dépenses seront couvertes par une subvention de l'Etat.

6. Le traitement des instituteurs et institutrices, titulaires et adjoints actuellement en exercice, ne pourra, dans aucun cas, devenir inférieur au plus élevé des traitements dont ils auront joui pendant les trois années qui auront précédé l'application de la présente loi. — Le taux de rétribution servant à déterminer le montant du traitement éventuel, établi par l'article 9 de la loi du 10 avril 1867, sera fixé, chaque année, par le ministre, sur la proposition du préfet, après avis du conseil départemental. — Un décret fixera la quotité des traitements en ce qui concerne les salles d'asile ou les classes enfantines.

7. Sont mises au nombre des écoles primaires publiques donnant lieu à une dépense obligatoire pour la commune, à la condition qu'elles soient créées conformément aux prescriptions de l'article 2 de la loi du 10 avril 1867 : — 1° Les écoles communales de filles qui sont ou seront établies dans les communes de plus de 400 âmes ; — 2° Les salles d'asile ; — 3° Les classes intermédiaires entre la salle d'asile et l'école primaire, dites classes enfantines, comprenant des enfants des deux sexes et confiés à des institutrices pourvues du brevet de capacité ou du certificat d'aptitude à la direction des salles d'asile.

LOI

Relative aux titres de capacité de l'enseignement primaire.

(16 juin 1881)

ART. 1er. Nul ne peut exercer les fonctions d'instituteur ou d'institutrice titulaire, d'instituteur-adjoint chargé d'une classe ou d'institutrice-adjointe chargée d'une classe, dans une école publique ou libre, sans être pourvu du brevet de capacité pour l'enseignement primaire. — Toutes les équivalences admises par le paragraphe 2 de l'article 25 de la loi du 15 mars 1850 sont abolies.

2. Nulle ne peut exercer les fonctions de directrice ou de sous-directrice de salles d'asile publiques ou libres, sans être pourvue du certificat d'aptitude à la direction des salles d'asile, institué par l'article 20 paragraphe 1er, du décret du 21 mars 1855.

3. Les personnes occupant, sans les brevets et certificats sus-énoncés, les fonctions énumérées aux articles précédents, devront, dans le laps d'un an, à partir de la promulgation de la loi, se présenter devant les commissions d'examen instituées pour décerner lesdits brevets et certificats. — Celles

qui auront échoué auront le droit de se présenter de nouveau aux sessions ordinaires ou extraordinaires tenues dans le cours des années suivantes, jusqu'à la rentrée des classes du mois d'octobre 1884. — Toutefois, les adjoints qui auront contracté, conformément à l'article 20 de la loi du 27 juillet 1872, l'engagement de se vouer pendant dix ans à la carrière de l'enseignement, et qui viendraient à échouer aux examens ci-dessus, conserveront le bénéfice de la dispense, à titre conditionnel, du service militaire.

4. Les prescriptions de la présente loi ne s'appliqueront pas : — Aux directeurs d'écoles publiques ou libres qui, au 1er janvier 1881, exerçaient les fonctions de directeur en vertu des équivalences établies par la loi du 15 mars 1850 ; — 2o Aux directrices d'écoles et de salles d'asile publiques ou libres qui, au 1er janvier 1881, comptaient trente-cinq ans d'âge et cinq ans au moins de services en qualité de directrices ; — 3o Aux adjoints ou adjointes d'écoles publiques ou libres, ainsi qu'aux sous-directrices de salles d'asile publiques ou libres qui, au 1er janvier 1881, comptaient trente-cinq ans d'âge et cinq ans au moins de services comme adjoints ou adjointes chargés d'une classe ou comme sous-directrices d'une salle d'asile, sans toutefois que cette exemption leur permette d'obtenir ultérieurement la direction d'une école ou d'une salle d'asile en dehors des conditions prescrites par les articles 1er et 2 de la présente loi.

LOI

Portant modification de l'article 336 du Code d'instruction criminelle.

(19 juin 1881)

Art. 1er. L'article 336 du Code d'instruction criminelle est modifié comme il suit (1) :

(1) V. le texte à l'art. 336, C. I. cr.

LOI

Ayant pour objet d'établir une prescription spéciale, au profit des communes, contre les actions des particuliers qui auraient été l'objet des réquisitions directes des autorités allemandes, pendant la guerre de 1870-71.

(27 juin 1881)

Art. 1er. Toutes actions que des particuliers, ayant eu à subir des réquisitions directes de la part des autorités allemandes pendant la guerre de 1870-1871. se croiraient en droit d'exercer contre la commune sur le territoire de laquelle les réquisitions ont été faites, seront prescrites si elles n'ont été intentées, six mois au plus tard à compter de la promulgation de la présente loi.

2. Toute instance actuellement engagée ou qui sera intentée dans le délai de six mois, fixé par la présente loi, et dont l'objet est celui qui vient d'être spécifié, sera passible de la péremption quand il y aura discontinuation de poursuites pendant trois mois, encore qu'il n'y ait pas eu constitution d'avoué.

3. L'article 2278 du Code civil est applicable à la prescription édictée par la présente loi.

LOI

Sur la liberté de réunion.

(30 juin 1881)

Art. 1er. Les réunions publiques sont libres. — Elles peuvent avoir lieu sans autorisation préalable, sous les conditions prescrites par les articles suivants.

2. Toute réunion publique sera précédée d'une déclaration indiquant le lieu, le jour, l'heure de la réunion. Cette déclaration sera signée par deux personnes au moins, dont l'une domiciliée dans la commune où la réunion doit avoir lieu. — Les déclarants devront jouir de leurs droits civils et politiques, et la déclaration indiquera leurs noms, qualités et domiciles. — Les déclarations sont faites : à Paris, au préfet de police ; dans les chefs-lieux de département, au préfet ; dans les chefs-lieux d'arrondissement, au sous-préfet, et dans les autres communes, au maire. — Il sera donné immédiatement récépissé de la déclaration. — Dans le cas où le déclarant n'aurait pu obtenir de récépissé, l'empêchement ou le refus pourra être constaté par acte extra-judiciaire ou par attestation signée de deux citoyens do-

miciliés dans la commune. — Le récépissé, ou l'acte qui en tiendra lieu, constatera l'heure de la déclaration. — La réunion ne peut avoir lieu qu'après un délai d'au moins vingt-quatre heures.

3. Ce délai sera réduit à deux heures pour les réunions publiques électorales prévues à l'article 5, lorsqu'elles seront tenues dans la période comprise entre le décret ou l'arrêté portant convocation du collège électoral et le jour de l'élection exclusivement. — La réunion pourra avoir lieu le jour même du vote, s'il s'agit d'élections comportant plusieurs tours de scrutin dans la même journée. — La réunion pourra alors suivre immédiatement la déclaration.

4. La déclaration fera connaître si la réunion a pour but une conférence, une discussion publique, ou si elle doit constituer une réunion électorale prévue par l'article suivant.

5. La réunion électorale est celle qui a pour but le choix ou l'audition de candidats à des fonctions publiques électives, et à laquelle ne peuvent assister que les électeurs de la circonscription, les candidats, les membres des deux Chambres et le mandataire de chacun des candidats.

6. Les réunions ne peuvent être tenues sur la voie publique; elles ne peuvent se prolonger au-delà de onze heures du soir; cependant, dans les localités où la fermeture des établissements publics a lieu plus tard, elles pourront se prolonger jusqu'à l'heure fixée pour la fermeture de ces établissements.

7. Les clubs demeurent interdits.

8. Chaque réunion doit avoir un bureau composé de trois personnes au moins. Le bureau est chargé de maintenir l'ordre, d'empêcher toute infraction aux lois, de conserver à la réunion le caractère qui lui a été donné par la déclaration; d'interdire tout discours contraire à l'ordre public et aux bonnes mœurs, ou contenant provocation à un acte qualifié crime ou délit. — A défaut de désignation par les signataires de la déclaration, les membres du bureau seront élus par l'assemblée. — Les membres du bureau et, jusqu'à la formation du bureau, les signataires de la déclaration, sont responsables des infractions aux prescriptions des articles 6, 7 et 8 de la présente loi.

9. Un fonctionnaire de l'ordre administratif ou judiciaire peut être délégué : à Paris, par le préfet de police et dans les départements, par le préfet, le sous-préfet ou le maire, pour assister à la réunion. — Il choisit sa place. — Il n'est rien innové aux dispositions de l'article 3 de la loi des 16-24 août 1790, de l'article 9 de la loi des 19-22 juillet 1791 et des articles 9 et 15 de la loi du 18 juillet 1837. — Toutefois, le droit de dissolution ne devra être exercé par le représentant de l'autorité que s'il en est requis par le bureau, ou s'il se produit des collisions et voies de fait.

10. Toute infraction aux dispositions de la présente loi sera punie des peines de simple police, sans préjudice des poursuites pour crimes et délits qui pourraient être commis dans les réunions.

11. L'article 463 du Code pénal est applicable aux contraventions prévues par la présente loi. L'action publique et l'action privée se prescrivent par six mois.

12. Le décret du 28 juillet 1848 demeure abrogé, sauf l'article 13 qui interdit les sociétés secrètes. Sont également abrogées : le décret du 25 mars 1852, la loi des 6-10 juin 1868 et toutes dispositions contraires à la présente loi.

13. La présente loi est applicable aux colonies représentées au Parlement.

DÉCRET

Portant réorganisation des maisons d'éducation de la Légion d'honneur.

(30 juin 1881) (1)

LOI

Tendant à rendre exclusivement obligatoire l'alcoomètre centésimal de Gay-Lussac et à le soumettre à une vérification officielle.

(7 juillet 1881) (2)

LOI

Relative aux capitaines montés.

(8 juillet 1881)

ARTICLE UNIQUE. — Le paragraphe

(1) *J. off.*, 10 septembre 1881. — *V.* le texte dans notre édition in-8°.

(2) *J. off.*, 9 juillet 1881. — *V.* le texte dans notre édition in-8°. — *V.* L. 7 juill. 1882.

9 de l'article 3 de la loi du 13 mars 1875 est ainsi modifié :

« Le cadre de chacune des compagnies des corps de troupe, tant à l'intérieur qu'en Algérie, comporte un seul capitaine. Cet officier sera monté. »

LOI

Sur la police sanitaire des animaux.

(21 juillet 1881) (1)

TITRE Ier. — *Maladies contagieuses des animaux et mesures sanitaires qui leur sont applicables.*

ART. 1er. Les maladies des animaux qui sont réputées contagieuses et qui donnent lieu à l'application des dispositions de la présente loi sont : — La peste bovine dans toutes les espèces de ruminants ; — La péripneumonie contagieuse dans l'espèce bovine ; — La clavelée et la gale dans les espèces ovine et caprine ; — La fièvre aphteuse dans les espèces bovine, ovine, caprine et porcine ; — La morve, le farcin, la dourine dans les espèces chevaline et asine ; — La rage et le charbon dans toutes les espèces.

2. Un décret du Président de la République, rendu sur le rapport du ministre de l'agriculture et du commerce, après avis du comité consultatif des épizooties, pourra ajouter à la nomenclature des maladies réputées contagieuses dans chacune des espèces d'animaux énoncées ci-dessus, toutes autres maladies contagieuses, dénommées ou non, qui prendraient un caractère dangereux. — Les dispositions de la présente loi pourront être étendues, par un décret rendu dans la même forme aux animaux d'espèces autres que celles ci-dessus désignées.

3. Tout propriétaire, toute personne ayant, à quelque titre que ce soit, la charge des soins ou la garde d'un animal atteint ou soupçonné d'être atteint d'une maladie contagieuse, dans les cas prévus par les articles 1er et 2, est tenu d'en faire sur-le-champ la déclaration au maire de la commune où se trouve cet animal. — Sont également tenus de faire cette déclaration tous les vétérinaires qui seraient appelés à le soigner. — L'animal atteint ou soupçonné d'être atteint de l'une des maladies spécifiées dans l'article 1er devra être immédiatement, et avant même que l'autorité administrative ait répondu à l'avertissement, séquestré, séparé et maintenu isolé autant que possible des autres animaux susceptibles de contracter cette maladie. — Il est interdit de le transporter avant que le vétérinaire délégué par l'administration l'ait examiné. La même interdiction est applicable à l'enfouissement, à moins que le maire, en cas d'urgence, n'en ait donné l'autorisation spéciale.

4. Le maire devra, dès qu'il aura été prévenu, s'assurer de l'accomplissement des prescriptions contenues dans l'article précédent et y pourvoir d'office, s'il y a lieu. — Aussitôt que la déclaration prescrite par le paragraphe 1er de l'article précédent a été faite, ou, à défaut de déclaration, dès qu'il a connaissance de la maladie, le maire fait procéder sans retard à la visite de l'animal malade ou suspect par le vétérinaire chargé de ce service. — Ce vétérinaire constate et, au besoin, prescrit la complète exécution des dispositions du troisième alinéa de l'article 3 et les mesures de désinfection immédiatement nécessaires. — Dans le plus bref délai, il adresse son rapport au préfet.

5. Après la constatation de la maladie, le préfet statue sur les mesures à mettre à exécution dans le cas particulier. — Il prend, s'il est nécessaire, un arrêté portant déclaration d'infection. — Cette déclaration peut entraîner, dans les localités qu'elle détermine, l'application des mesures suivantes : — 1o L'isolement, la séquestration, la visite, le recensement et la marque des animaux et troupeaux dans les localités infectées ; — 2o L'interdiction de ces localités ; — 3o L'interdiction momentanée ou la réglementation des foires et marchés, du transport et de la circulation du bétail ; — 4o La désinfection des écuries, étables, voitures ou autres moyens de transport, la désinfection ou même la destruction des objets à l'usage des animaux malades ou qui ont été souillés par eux, et généralement des objets quelconques pouvant servir de véhicules à la contagion. — Un règlement d'administration publique déterminera celles de ces mesures qui seront applicables suivant la nature des maladies.

6. Lorsqu'un arrêté du préfet a constaté l'existence de la peste bovine dans une commune, les animaux qui en sont atteints et ceux de l'espèce bovine qui auraient été contaminés, alors même qu'ils ne présenteraient aucun signe apparent de maladie, sont abattus par ordre du maire, conformément à la proposition du vétérinaire délégué et après évaluation. — Il est

(1) V. Décr. 22 juin 1882.

interdit de suspendre l'exécution desdites mesures pour traiter les animaux malades, sauf les cas et sous les conditions qui seraient spécialement déterminés par le ministre de l'agriculture et du commerce, sur l'avis du comité consultatif des épizooties.

7. Dans le cas prévu par l'article précédent, les animaux malades sont abattus sur place, sauf le cas où le transport du cadavre au lieu de l'enfouissement sera déclaré par le vétérinaire plus dangereux que celui de l'animal vivant: le transport en vue de l'abatage peut être autorisé par le maire conformément à l'avis du vétérinaire délégué, pour ceux qui ont été seulement contaminés. — Les animaux des espèces ovine et caprine qui ont été exposés à la contagion sont isolés et soumis aux mesures sanitaires déterminées par le règlement d'administration publique rendu pour l'exécution de la loi.

8. Dans le cas de morve constatée, et dans le cas de farcin, de charbon, si la maladie est jugée incurable par le vétérinaire délégué, les animaux doivent être abattus sur ordre du maire. — Quand il y a contestations sur la nature ou le caractère incurable de la maladie entre le vétérinaire délégué et le vétérinaire que le propriétaire aurait fait appeler, le préfet désigne un troisième vétérinaire, conformément au rapport duquel il est statué.

9. Dans le cas de péripneumonie contagieuse, le préfet devra ordonner l'abatage, dans le délai de deux jours, des animaux reconnus atteints de cette maladie par le vétérinaire délégué, et l'inoculation des animaux d'espèce bovine, dans les localités reconnues infectées de cette maladie. — Le ministre de l'agriculture aura le droit d'ordonner l'abatage des animaux d'espèce bovine ayant été dans la même étable, ou dans le même troupeau, ou en contact avec des animaux atteints de péripneumonie contagieuse.

10. La rage, lorsqu'elle est constatée chez les animaux de quelque espèce qu'ils soient, entraîne l'abatage, qui ne peut être différé sous aucun prétexte. — Les chiens et les chats suspects de rage doivent être immédiatement abattus. Le propriétaire de l'animal suspect est tenu, même en l'absence d'un ordre des agents de l'administration, de pourvoir à l'accomplissement de cette prescription.

11. Dans les épizooties de clavelée, le préfet peut, par arrêté pris sur l'avis du comité consultatif des épizooties, ordonner la clavelisation des troupeaux infectés. — La clavelisation ne devra pas être exécutée sans autorisation du préfet.

12. L'exercice de la médecine vétérinaire dans les maladies contagieuses des animaux est interdit à quiconque n'est pas pourvu du diplôme de vétérinaire. — Le Gouvernement, sur la demande des conseils généraux, pourra ajourner, par décret, dans les départements, l'exécution de cette mesure, pendant une période de six années à partir de la promulgation de la présente loi.

13. La vente ou la mise en vente des animaux atteints ou soupçonnés d'être atteints de maladies contagieuses est interdite. — Le propriétaire ne peut s'en dessaisir que dans les conditions déterminées par le règlement d'administration publique prévu à l'article 5. — Ce règlement fixera pour chaque espèce d'animaux et de maladie le temps pendant lequel l'interdiction de vente s'appliquera aux animaux qui ont été exposés à la contagion.

14. La chair des animaux morts de maladies contagieuses quelles qu'elles soient, ou abattus comme atteints de la peste bovine, de la morve, du farcin, du charbon et de la rage, ne peut être livrée à la consommation. — Les cadavres ou débris des animaux morts de la peste bovine et du charbon, ou ayant été abattus comme atteints de ces maladies, devront être enfouis avec la peau tailladée, à moins qu'ils ne soient envoyés à un atelier d'équarrissage régulièrement autorisé. — Les conditions dans lesquelles devront être exécutés le transport, l'enfouissement ou la destruction des cadavres seront déterminées par le règlement d'administration publique, prévu à l'article 5.

15. La chair des animaux abattus comme ayant été en contact avec des animaux atteints de la peste bovine peut être livrée à la consommation, mais leurs peaux, abats et issues ne peuvent être sortis du lieu de l'abatage qu'après avoir été désinfectés.

16. Tout entrepreneur de transport par terre ou par eau qui aura transporté des bestiaux devra, en tout temps, désinfecter, dans les conditions prescrites par le règlement d'administration publique, les véhicules qui auront servi à cet usage.

TITRE II. — *Indemnités.*

17. Il est alloué aux propriétaires des animaux abattus pour cause de peste bovine, en vertu de l'article 7, une indemnité des trois quarts de leur valeur avant la maladie. — Il est

alloué aux propriétaires d'animaux abattus pour cause de péripneumonie contagieuse ou morts par suite de l'inoculation en vertu de l'article 9, une indemnité ainsi réglée : — La moitié de leur valeur avant la maladie, s'ils en sont reconnus atteints ; — Les trois quarts, s'ils ont seulement été contaminés ; — La totalité, s'ils sont morts des suites de l'inoculation et de la péripneumonie contagieuse. — L'indemnité à accorder ne peut dépasser la somme de 400 fr., pour la moitié de la valeur de l'animal, celle de 600 fr. pour les trois quarts, et celle de 800 fr. pour la totalité de sa valeur.

18. Il n'est alloué aucune indemnité aux propriétaires d'animaux importés des pays étrangers, abattus pour cause de péripneumonie contagieuse dans les trois mois qui ont suivi leur introduction en France.

19. Lorsque l'emploi des débris d'un animal abattu pour cause de peste bovine ou de péripneumonie contagieuse a été autorisé pour la consommation ou un usage industriel, le propriétaire est tenu de déclarer le produit de la vente de ces débris. — Ce produit appartient au propriétaire ; s'il est supérieur à la portion de la valeur laissée à sa charge, l'indemnité due par l'État est réduite de l'excédent.

20. Avant l'exécution de l'ordre d'abatage, il est procédé à une évaluation des animaux, par le vétérinaire délégué et un expert désigné par la partie. — A défaut, par la partie, de désigner un expert, le vétérinaire délégué opère seul. — Il est dressé un procès-verbal de l'expertise ; le maire et le juge de paix le contresignent et donnent leur avis.

21. La demande d'indemnité doit être adressée au ministre de l'agriculture et du commerce, dans le délai de trois mois, à dater du jour de l'abatage, sous peine de déchéance. — Le ministre peut ordonner la révision des évaluations faites en vertu de l'article 20, par une commission dont il désigne les membres. — L'indemnité est fixée par le ministre, sauf recours au conseil d'Etat.

22. Toute infraction aux dispositions de la présente loi ou des règlements rendus pour son exécution peut entraîner la perte de l'indemnité prévue par l'article 17. — La décision appartiendra au ministre, sauf recours au conseil d'Etat.

23. Il n'est alloué aucune indemnité aux propriétaires des animaux abattus par suite de maladies contagieuses, autres que la peste bovine, et de la péripneumonie contagieuse dans les conditions spéciales indiquées dans l'article 9.

TITRE III. — *Importation et exportation des animaux.*

24. Les animaux des espèces chevaline, asine, bovine, ovine, caprine et porcine sont soumis, en tout temps, aux frais des importateurs, à une visite sanitaire au moment de leur entrée en France, soit par terre, soit par mer. — La même mesure peut être appliquée aux animaux des autres espèces, lorsqu'il y a lieu de craindre, par suite de leur introduction, l'invasion d'une maladie contagieuse.

25. Les bureaux de douane et ports de mer, ouverts à l'importation des animaux soumis à la vente, sont déterminés par décret.

26. Le Gouvernement peut prohiber l'entrée en France, ou ordonner la mise en quarantaine des animaux susceptibles de communiquer une maladie contagieuse, ou de tous les objets pouvant présenter le même danger. — Il peut, à la frontière, prescrire l'abatage, sans indemnité, des animaux malades ou ayant été exposés à la contagion, et, enfin, prendre toutes les mesures que la crainte de l'invasion d'une maladie rendrait nécessaires.

27. Les mesures sanitaires, à prendre à la frontière, sont ordonnées par les maires dans les communes rurales, par les commissaires de police dans les gares frontières et dans les ports de mer, conformément à l'avis du vétérinaire désigné par l'administration pour la visite du bétail. — En attendant l'intervention de ces autorités, les agents des douanes peuvent être requis de prêter main forte.

28. Les municipalités des ports de mer, ouverts à l'importation du bétail, devront fournir des quais spéciaux de débarquement, munis des agrès nécessaires, ainsi qu'un bâtiment destiné à recevoir, à mesure du débarquement, les animaux mis en quarantaine par mesure sanitaire. — Les locaux devront être préalablement agréés par le ministre de l'agriculture et du commerce. — Pour se rembourser de ces frais, les municipalités pourront établir des taxes spéciales sur les animaux importés.

29. Le Gouvernement est autorisé à prescrire à la sortie les mesures nécessaires pour empêcher l'exportation des animaux atteints de maladies contagieuses.

TITRE IV. — *Pénalités.*

30. Toute infraction aux dispositions des articles 3, 5, 6, 9, 10, 11, § 2, et 12, de la présente loi sera punie d'un emprisonnement de six jours à deux mois et d'une amende de 16 à 400 francs.

31. Seront punis d'un emprisonnement de deux mois à six mois et d'une amende de 100 à 1,000 fr. : — 1° Ceux qui, au mépris des défenses de l'administration, auront laissé leurs animaux infectés communiquer avec d'autres ; — 2° Ceux qui auraient vendu ou mis en vente des animaux qu'ils savaient atteints ou soupçonnés d'être atteints de maladies contagieuses ; — 3° Ceux qui, sans permission de l'autorité, auront déterré ou sciemment acheté des cadavres ou débris des animaux morts de maladies contagieuses quelles qu'elles soient ou abattus comme atteints de la peste bovine, du charbon, de la morve, du farcin et de la rage ; — 4° Ceux qui, même avant l'arrêté d'interdiction, auront importé en France des animaux qu'ils savaient atteints de maladies contagieuses ou avoir été exposés à la contagion.

32. Seront punis d'un emprisonnement de six mois à trois ans et d'une amende de 100 à 2,000 fr. : — 1° Ceux qui auront vendu ou mis en vente de la viande provenant d'animaux qu'ils savaient morts de maladies contagieuses quelles qu'elles soient, ou abattus comme atteints de la peste bovine, du charbon, de la morve, du farcin et de la rage ; — 2° Ceux qui se seront rendus coupables des délits prévus par les articles précédents, s'il est résulté de ces délits une contagion parmi les autres animaux.

33. Tout entrepreneur de transports qui aura contrevenu à l'obligation de désinfecter son matériel sera passible d'une amende de 100 fr. à 1,000 fr. — Il sera puni d'un emprisonnement de six jours à deux mois, s'il est résulté de cette infraction une contagion parmi les autres animaux.

34. Toute infraction à la présente loi, non spécifiée dans les articles ci-dessus, sera punie de 16 fr. à 400 fr. d'amende. Les contraventions aux dispositions du règlement d'administration publique rendu pour l'exécution de la présente loi seront, suivant les cas, passibles d'une amende de 1 fr. à 200 fr., qui sera prononcée par le juge de paix du canton.

35. Si la condamnation pour infraction à l'une des dispositions de la présente loi remonte à moins d'une année, ou si cette infraction a été commise par des vétérinaires délégués, des gardes champêtres, des gardes forestiers, des officiers de police à quelque titre que ce soit, les peines peuvent être portées au double du maximum fixé par les précédents articles.

36. L'article 463 du code pénal est applicable dans tous les cas prévus par les articles du présent titre.

TITRE V. — *Dispositions générales.*

37. Les frais d'abatage, d'enfouissement, de transport, de quarantaine, de désinfection, ainsi que tous autres frais auxquels peut donner lieu l'exécution des mesures prescrites en vertu de la présente loi, sont à la charge des propriétaires ou conducteurs d'animaux. — En cas de refus des propriétaires ou conducteurs d'animaux de se conformer aux injonctions de l autorité administrative, il y est pourvu d'office à leur compte. — Les frais de ces opérations seront recouvrés sur un état dressé par le maire et rendu exécutoire par le sous-préfet. Les oppositions seront portées devant le juge de paix. — La désinfection des wagons de chemins de fer prescrite par l'article 16 a lieu par les soins des compagnies ; les frais de cette désinfection sont fixés par le ministre des travaux publics, les compagnies entendues.

38. Un service des épizooties est établi dans chacun des départements, en vue d'assurer l'exécution de la présente loi. — Les frais de ce service seront compris parmi les dépenses obligatoires à la charge des budgets départementaux et assimilés aux dépenses classées sous les paragraphes 1er à 4 de l'article 60 de la loi du 10 août 1871.

39. Les communes où il existe des foires et marchés aux chevaux ou aux bestiaux seront tenues de préposer, leurs frais et sauf à se rembourser par l'établissement d'une taxe sur les animaux amenés, un vétérinaire pour l'inspection sanitaire des animaux conduits à ces foires et marchés. — Cette dépense sera obligatoire pour la commune. (*V. Décr.* 22 *juin* 1882.) — Le Gouvernement pourra, sur l'avis des conseils généraux, ajourner par décret, dans les départements, l'exécution de cette mesure pendant une période de six années, à partir du jour de la promulgation de cette loi.

40. Le règlement d'administration publique rendu pour l'exécution de la présente loi détermine l'organisation du comité consultatif des épizooties institué auprès du ministre de l'agriculture e

du commerce. — Les renseignements recueillis par le ministre au sujet des épizooties sont communiqués au comité qui donne son avis sur les mesures que peuvent exiger ces maladies.

41. Sont et demeurent abrogés les articles 459, 460 et 461 du code pénal, toutes lois et ordonnances, tous arrêts du conseil, arrêtés, décrets et règlements intervenus, à quelque époque que ce soit, sur la police sanitaire des animaux.

LOI

Relative au rengagement des sous-officiers.

(23 juillet 1881) (1)

Titre Ier. — *État des sous-officiers rengagés ou commissionnés.*

Art. 1er. Les sous-officiers sont admis à contracter pour deux ans au moins et cinq ans au plus des rengagements renouvelables d'une durée totale de dix ans. — Après dix ans de rengagement, les sous-officiers peuvent être maintenus sous les drapeaux en qualité de commissionnés jusqu'à l'âge de 47 ans accomplis.

2. Les sous-officiers peuvent être autorisés à contracter leur premier rengagement dans l'année qui précède le renvoi de leur classe et dans celle qui suit. — Ils peuvent être autorisés à contracter des rengagements ultérieurs dans leur dernière année de service ou pendant les six mois qui suivent leur rentrée dans leurs foyers.

3. Le nombre total des sous-officiers rengagés ou commissionnés ne peut dépasser, pour l'ensemble de l'armée, les deux tiers de l'effectif normal des sous-officiers. — Sous cette réserve, le ministre détermine tous les ans le nombre des sous-officiers qui pourront être pendant l'année rengagés ou commissionnés dans chaque corps de troupe.

4. Les autorisations de rengagement ou les commissions ne peuvent être refusées aux sous-officiers, dans les limites de nombre fixées par le ministre, qu'en cas d'avis défavorable du conseil prévu au tableau annexé à la présente loi. — La demande sera transmise hiérarchiquement au commandant de corps d'armée, qui statuera et qui, pour le premier rengagement, délivrera au sous-officier un titre formant brevet. — La rétrogradation ou la cassation du sous-officier rengagé, la mise à la retraite d'office du commissionné ne peuvent être prononcées que par le commandant de corps d'armée, sur l'avis conforme du conseil d'enquête prévu au tableau annexé à la présente loi. — La procédure est la même que pour les officiers.

5. Les sous-officiers sont rengagés ou commissionnés pour le corps dans lequel ils servent. — Toutefois ils peuvent être affectés sur leur demande et même d'office par le ministre, à un autre corps de la même arme dans lequel le nombre des rengagés ou commissionnés serait insuffisant.

Titre II. — *Avantages pécuniaires, emplois civils.*

6. Le sous-officier rengagé a droit à une haute paye de trente centimes (0 fr. 30) à partir du jour du renvoi de sa classe ou à partir du jour de son rengagement, si cette date est postérieure à celle du jour du renvoi de la classe. — Cette haute paye est portée à cinquante centimes (0 fr. 50) après cinq ans de rengagement, et à soixante-dix centimes (0 fr. 70) après dix ans. — Le sous-officier, marié et logé en ville, reçoit une indemnité de logement de 15 francs par mois.

7. Il est alloué aux sous-officiers, qui contractent un premier rengagement de cinq ans une somme de six cents francs (600 fr.) à titre de première mise d'entretien, et une indemnité de deux mille francs (2,000 fr.).

8. La première mise d'entretien est payée aux sous-officiers immédiatement après la signature de l'acte de rengagement. — Si elle n'est réclamée que partiellement, le restant est placé à la caisse d'épargne et le livret est remis au sous-officier. — L'indemnité de 2,000 francs est conservée par l'Etat tant que le sous-officier reste sous les drapeaux. Liintérêt à 5 p. 100, soit 100 fr. par an, lui est payé à la fin de chaque trimestre à partir du jour où commence le rengagement effectif. — Toutefois, si le sous-officier est autorisé à se marier, l'indemnité de rengagement sera mise à sa disposition après l'expiration du premier rengagement de cinq années.

9. Les rengagements de moins de cinq ans ne donnent droit, en dehors de la haute paye, à aucune indemnité. — Toutefois, les sous-officiers qui, après avoir contracté un rengagement de moins de cinq ans, en contracteront un second destiné à compléter la durée des cinq ans, auront droit, sur

(1) *J. off.*, 24 juillet 1881. — V. les tableaux dans notre édition in-8o.

l'indemnité prévue à l'article précédent, à une part proportionnelle à la durée de ce second rengagement.

10. Le sous-officier rengagé passant dans la gendarmerie ou appelé à l'un des emplois militaires prévus par les lois ou règlements reçoit sur l'indemnité de 2,000 francs une part proportionnelle au temps de service qu'il a accompli depuis le jour où compte son rengagement effectif. — Le sous-officier nommé officier n'a pas droit à cette part proportionnelle.

11. Le sous-officier rengagé qui est retraité ou réformé, soit pour blessures reçues dans un service commandé, soit pour infirmités contractées dans l'armée (congé de réforme, nº 1), à une époque quelconque de son rengagement, reçoit intégralement l'indemnité de 2,000 fr. — En cas de décès sous les drapeaux dans les circonstances indiquées à l'article 19 de la loi du 11 avril 1831, cette somme est attribuée à sa veuve non séparée de corps, et à défaut de sa veuve, aux héritiers.

12. Tout sous-officier rengagé qui est réformé, soit pour blessures reçues hors du service, soit pour infirmités contractées hors de l'armée (congé de réforme nº 2), reçoit en quittant le corps une partie de l'indemnité de 2,000 francs proportionnelle au temps de service accompli depuis le jour où compte son rengagement effectif. — Il en est de même pour le sous-officier rengagé qui renonce volontairement à son grade ou le perd par rétrogradation, cassation ou jugement. — Si celui-ci redevient sous-officier avant sa libération, il a droit à une nouvelle part de l'indemnité de 2,000 francs, proportionnelle au temps de service accompli depuis la dernière nomination. — Dans le cas de décès, dans les circonstances autres que celles prévues à l'article précédent, la partie de l'indemnité de 2,000 fr. correspondant au service accompli est attribuée à la veuve non séparée de corps et, à défaut de veuve, aux héritiers.

13. Les sous-officiers qui, après un premier rengagement de cinq ans, seront admis à en contracter un deuxième de la même durée auront droit à une deuxième mise d'entretien de 500 fr. qui leur sera payée, comme la première, après la signature de l'acte de rengagement, soit en espèces, soit en un livret sur la caisse d'épargne. — Après dix ans de rengagement, ils acquièrent des droits à une pension proportionnelle à la durée de leur service. Après vingt-cinq ans de service, ils ont droit à une pension de retraite. — Le taux de ces pensions est décompté d'après les lois des 11 avril 1831, 25 juin 1861, 18 août 1879, et le tarif annexé à la présente loi. — La pension est liquidée sur le grade dont le militaire est titulaire depuis deux années consécutives précédant immédiatement l'admission à la retraite, et, dans le cas contraire, sur le grade inférieur. — Elle se cumule avec les traitements afférents aux emplois civils dont le militaire peut être pourvu.

14. Les sous-officiers ayant sept ans de service, dont quatre de sous-officier, participent, au point de vue des emplois civils, aux avantages stipulés par l'article 1er de la loi du 24 juillet 1873.

15. Les sous-officiers qui auront cinq ans de rengagement et qui seront portés sur les listes de classement des emplois dressées en conformité de l'article 8 de la loi du 24 juillet 1873 pourront être pourvus, dans les six derniers mois de leur service, de l'emploi pour lequel ils ont été désignés. — Dans ce cas, ils seront mis en congé et remplacés. Ceux qui n'auraient pas été pourvus de cet emploi au jour de leur libération pourront attendre au corps leur nomination pendant un an au plus. — Dans ce cas, ils continueront à faire leur service et ne seront pas remplacés. Ils seront assimilés aux commissionnés. — Ceux qui préfèreront attendre dans leurs foyers leur nomination ne recevront aucune allocation. — Les sous-officiers proposés pour la gendarmerie pourront attendre au corps leur nomination pendant un an au plus, dans les mêmes conditions que les sous-officiers proposés pour les emplois civils.

16. La limite d'âge de 36 ans, fixée pour l'admission à certains emplois civils, est portée à 37 ans.

17. Tout sous-officier qui jouira de la pension proportionnelle ou de retraite sera pendant cinq ans à la disposition du ministre de la guerre pour le service de l'armée territoriale.

TITRE III. — *Dispositions spéciales aux adjudants, à la gendarmerie et aux troupes de la marine.*

18. Sont maintenues les dispositions de l'article 15 de la loi du 22 juin 1878 portant création d'un emploi d'adjudant dans chaque compagnie des corps d'infanterie, suppression des adjudants de bataillon et suppression d'un emploi de sergent dans les compagnies des corps d'infanterie qui en ont plus de quatre. — Ces dispositions ne sont

pas applicables aux troupes du génie. — Les adjudants admis à la pension proportionnelle ou de retraite seront pourvus d'emplois de sous-lieutenant dans l'armée territoriale.

19. Les dispositions spéciales aux pensions des militaires de la gendarmerie (Titre IV de la loi du 18 août 1879) sont maintenues. — Mais le ministre peut, après avis d'un conseil de discipline, prononcer d'office la retraite proportionnelle des militaires de cette arme.

20. Sont maintenues les dispositions de l'article 1er de l'ordonnance du 20 janvier 1841, aux termes desquelles les sous-officiers, caporaux et brigadiers de l'armée admis dans la gendarmerie, soit comme brigadiers, soit comme gendarmes, sont considérés pour la retraite comme étant restés titulaires de leur ancien grade jusqu'à promotion à un grade supérieur à celui-ci dans la gendarmerie. — Sont abrogées les dispositions contenues dans l'article 11 de la loi du 11 avril 1831, spécifiant, que la pension de retraite de tout sous-officier, caporal, brigadier ou gendarme ayant douze ans accomplis d'activité dans son grade est augmenté d'un cinquième. — Le taux de la majoration de la pension, établi par l'article 10 de la loi du 18 août 1879, est modifié ainsi qu'il suit : — 18 francs pour le sous-officier et brigadier ; — 15 francs pour le gendarme.

21. Les dispositions de la présente loi sont applicables aux troupes de la marine, sous la réserve des modifications suivantes : — L'indemnité de rengagement est fixée à trois mille francs (3,000 fr.). La deuxième mise d'entretien à laquelle donne droit un deuxième rengagement de cinq ans est portée à sept cent cinquante francs (750 francs). — La haute paye journalière sera portée à un franc après dix ans de rengagement. — Tous les sous-officiers européens du cadre des corps indigènes et des corps qui seraient ultérieurement créés dans les colonies peuvent être rengagés ou commissionnés.

TITRE IV. — *Dispositions transitoires.*

22. Les anciens sous-officiers ayant quitté l'armée active depuis un an au plus au moment de la promulgation de la présente loi pourront être admis, pour leur ancien corps seulement, à contracter, soit un premier, soit un second rengagement de cinq ans, soit à recevoir une commission donnant droit aux avantages stipulés dans la présente loi. — La demande devra en être faite dans les six mois qui suivront la promulgation de la présente loi. — Ce dernier délai sera porté à un an pour les troupes de la marine.

23. Les chefs-ouvriers des corps de troupe qui, lors du licenciement des compagnies hors rang, étaient sous-officiers et ont dû consentir à une rétrogradation pour conserver leur situation, pourront être promus sous-officiers deux ans avant l'époque de leur mise à la retraite, afin de pouvoir jouir de la retraite affectée au grade dont ils étaient primitivement revêtus.

24. Dès la promulgation de la présente loi, les sous-officiers actuellement sous les drapeaux et ayant plus de dix ans de rengagement seront commissionnés dans les conditions stipulées dans la présente loi. — Ils pourront toutefois être maintenus sous les drapeaux même au delà de quarante-sept ans jusqu'à vingt-cinq ans de service effectif.

TITRE V. — *Dispositions générales,*

25. Le tarif joint à la loi du 18 août 1879 sur les pensions de retraite est remplacé par le tarif annexé à la présente loi. Ce tarif est applicable à toutes les pensions non encore liquidées au moment de la promulgation de la présente loi.

26. L'article 3 de la loi du 18 août 1879 sur les pensions des sous-officiers, brigadiers ou caporaux et soldats de l'armée de terre est modifié ainsi qu'il suit : — Ont droit à une pension proportionnelle à la durée de leur service : — 1° Les sous-officiers comptant dix ans de rengagement et moins de 25 ans de service ; — 2° Les caporaux ou brigadiers et soldats maintenus sous les drapeaux comme commissionnés par application de l'article 35 de la loi du 13 mars 1875, modifiée par la loi du 15 décembre suivant, ainsi que les militaires de tout grade de la gendarmerie, et qui comptent au moins quinze années de service et moins de vingt-cinq années de service accompli sous les drapeaux. — L'article 19, n° 4, de la loi du 11 avril 1831, n'est pas applicable aux veuves des sous-officiers, caporaux, brigadiers et soldats morts en jouissance de la pension proportionnelle concédée en vertu du présent article ou en possession de droits à cette pension.

27. Sont abrogées : — 1° La loi du

10 juillet 1874, sur les améliorations à apporter à la situation des sous-officiers; — 2° La loi du 22 juin 1878, sur le rengagement des sous-officiers; — 3° Toutes les dispositions contraires à la présente loi.

LOI

Relative aux colis postaux, portant: 1° modification de la loi du 3 mars 1881, en ce qui concerne les récépissés et connaissements; 2° suppression du droit de timbre des acquits-à-caution et passavants de douane, et de la taxe du plombage.

(24 juillet 1881)

ART. 1er. A partir de la promulgation de la présente loi, le droit de timbre de 0 fr. 10 cessera d'être perçu sur les bulletins d'expédition de colis postaux transitant par la France ou l'Algérie. — Un seul droit de 0 fr. 10 est applicable à l'expédition d'un colis postal transporté successivement par voie terrestre et maritime.

2. Les droits de timbre de 0 fr. 75 et de 0 fr. 05 afférents aux acquits-à-caution et passavants de douane, en vertu de l'article 19 du titre Ier de la loi du 28 avril 1816, ne seront pas perçus en matière de transports de colis postaux transitant à travers la France ou l'Algérie, ou donnant lieu à des expéditions par mer, soit entre les ports français, soit entre les ports de la France et de l'Algérie, soit entre les ports algériens.

3. Dans tous les cas où il est prescrit par les lois et règlements de douane, le plombage sera appliqué gratuitement aux colis de l'espèce.

LOI

Concernant la suppression des limites de volume et de dimensions imposées aux colis postaux, et l'application aux mêmes colis du régime de l'envoi contre remboursement.

(25 juillet 1881)

ART. 1er. Le ministre des postes et des télégraphes est autorisé à traiter avec les compagnies de chemins de fer et de navigation, signataires de la convention du 2 novembre 1880, approuvée par la loi du 3 mars 1881, afin de supprimer les conditions de dimensions et de volume imposées aux colis postaux, et d'accorder au public la faculté d'expédier des colis postaux contre remboursement, dans les conditions fixées ci-après. — Le ministre des postes et des télégraphes est également autorisé à étendre, par des traités spéciaux, le bénéfice des dispositions qui précèdent, soit en France, en dehors des limites d'exploitation des compagnies sus-désignées, soit aux colonies françaises, soit enfin dans les relations avec les pays étrangers.

2. Le remboursement dont tout colis postal pourra être grevé ne devra pas dépasser la somme de 100 francs. — La taxe à payer par le public pour le retour des sommes encaissées à titre de remboursement sur les colis postaux sera celle applicable aux colis postaux ordinaires, en vertu de la loi du 3 mars 1881.

3. En cas de perte des sommes encaissées, l'expéditeur du colis postal expédié contre remboursement aura droit au payement intégral des sommes perdues.

4. Des décrets insérés au *Bulletin des lois* détermineront les mesures à prendre par l'État pour l'exécution de la présente loi, et en fixeront la date d'exécution. — Le maximum du montant des remboursements sur colis postaux pourra être élevé par des décrets également insérés au *Bulletin des lois.*

5. Le droit de timbre, établi par l'article 10 de la loi du 19 février 1874 sur les recouvrements effectués par les entrepreneurs de transports à titre de remboursement des objets transportés, est réduit à dix centimes (0 fr. 10) par chaque expédition, pour les colis postaux désignés dans la présente loi. — Sont applicables à ces envois les dispositions relatives au timbre des expéditions des colis postaux, ainsi que les dispositions qui exemptent ces mêmes colis de l'impôt établi sur le prix des transports en grande vitesse et du droit de statistique.

6. Les récépissés, bulletins d'expédition et décharges relatifs au transport des colis postaux expédiés et distribués dans l'intérieur de la même ville sont exempts du timbre de dix centimes (0 fr. 10).

7. Les actes de toute nature relatifs aux marchés passés par l'État, et ayant exclusivement pour objet l'exécution de la présente loi, sont dispensés du timbre et seront enregistrés

gratis lorsqu'il y aura lieu à enregistrement.

LOI

Ayant pour objet la création par l'État d'une école normale destinée à préparer des professeurs-femmes pour les écoles secondaires de jeunes filles.

(26 juillet 1881)

ART. 1er. Il sera fondé par l'État une école normale d'internes destinée à recruter des professeurs-femmes pour les écoles secondaires de jeunes filles. — Les jeunes filles seront admises par voie de concours et entretenues gratuitement par l'État.

2. Tout ce qui concerne le programme, la durée des études, le personnel, les conditions d'admission, les examens de sortie, sera déterminé par un règlement délibéré en conseil supérieur de l'instruction publique.

LOI

Portant modifications au tableau des circonscriptions électorales.

(28 juillet 1881) (1)

LOI

Sur la liberté de la Presse.

(29 juillet 1881) (2)

LOI

Portant fixation du budget général des dépenses et des recettes de l'exercice 1882.

(29 juillet 1881) (3)

(1) *J. off.*, 29 juillet 1881. — *V.* le texte dans notre édition in-8o.

(2) *V.* le texte à l'appendice du Code pénal.

(3) *J. off.*, 2 août 1881. — *V.* le texte dans notre édition in-8o.

DÉCRET

Sur l'organisation des écoles normales.

(29 juillet 1881) (4)

DÉCRET

Sur l'organisation des écoles manuelles d'apprentissage.

(30 juillet 1881) (5)

DÉCRET

Relatif à l'avancement dans l'armée territoriale.

(31 juillet 1881) (6)

DÉCRET

Relatif à l'établissement des écoles maternelles, publiques ou libres.

(2 août 1881) (7)

ARRÊTÉ MINISTÉRIEL

Relatif aux écoles maternelles, publiques ou libres.

(2 août 1881) (8)

DÉCRET

Modifiant l'art. 11 du décret du 19 janvier 1881, relatif à la collation des bourses nationales, départementales et communales, dans les lycées et collèges.

(4 août 1881) (9)

(4) *J. off.*, 2 août 1881. — *V.* le texte dans notre édition in-8o.

(5) *J. off.*, 2 août 1881. — *V.* le texte dans notre édition in-8o.

(6) *J. off.*, 4 août 1881. — *V.* le texte dans notre édition in-8o.

(7) *J. off.*, 3 août 1881. — *V.* le texte dans notre édition in-8o.

(8) *J. off.*, 3 août 1881. — *V.* le texte dans notre édition in-8o.

(9) *J. off.*, 5 août 1881. — *V.* le texte dans notre édition in-8o.

DÉCRET

Déterminant les conditions exigées des candidats à l'école normale secondaire de l'enseignement spécial:

(4 août 1881) (1)

DÉCRET

Portant organisation de l'enseignement secondaire spécial.

(4 août 1881) (2)

LOI

Relative à la fixation de la prescription pour la taxe des actes notariés.

(5 août 1881)

ART. 1er. L'action des notaires en payement des sommes dues pour les actes de leur ministère se prescrit par cinq ans à partir de la date des actes. La prescription ne cesse de courir que lorsqu'il y a eu compte arrêté, reconnaissance, obligation ou citation en justice non périmée; les articles 2275 et 2278 du code civil sont applicables à cette prescription. — Pour les actes dont l'exécution est subordonnée au décès, tels que les testaments et donations entre époux pendant le mariage, les cinq ans ne dateront que du jour du décès de l'auteur de la disposition.

2. Les demandes en taxe et les actions en restitution des honoraires dus aux notaires pour les actes de leur ministère se prescrivent par deux ans, du jour du payement ou du règlement par compte arrêté, reconnaissance ou obligation.

3. La taxe des actes notariés, régulièrement faite par le président du tribunal, donnera ouverture à un exécutoire qui sera délivré sur la réquisition du notaire par le greffier. Cet exécutoire sera susceptible d'opposition de la part de la partie. — Les oppositions à taxe seront jugées en audience publique comme en matière sommaire. — Les jugements seront susceptibles d'appel dans les délais et formes ordinaires.

4. Les demandes en taxe et toutes actions en restitution des frais et honoraires contre les avoués ou huissiers seront prescrites par deux ans, du jour du payement ou du règlement par compte arrêté, reconnaissance ou obligation.

5. La présente loi sera applicable aux payements et règlements effectués aux actes passés antérieurement à ce jour, et les prescriptions commencées, et pour lesquelles il faudrait encore, d'après les lois actuelles, plus de deux ans ou de cinq ans, seront acquises par l'expiration de ces délais, en suivant les distinctions déterminées par les articles précédents, à compter de la promulgation de la présente loi.

6. La présente loi est applicable à l'Algérie et aux colonies.

DÉCRET

Relatif à l'établissement et à l'exploitation des voies ferrées sur le sol des voies publiques.

(9 août 1881) (3)

DÉCRET

Concernant l'organisation et la compétence des conseils du contentieux administratif dans les colonies de la Martinique, de la Guadeloupe et de la Réunion, et règlementant la procédure à suivre devant ces conseils.

(5-10 août 1881) (4)

DÉCRET

Distrayant des communes, au point de vue de la vente des tabacs de cantine, de la troisième zone et les reportant dans la deuxième.

(11 août 1881) (5)

(1) *J. off.*, 5 août 1881. — *V.* le texte dans notre édition in-8o.

(2) *J. off.*, 5 août 1881. — *V.* le texte dans notre édition in-8o.

(3) *J. off.*, 11 août 1881. — *V.* le texte dans notre édition in-8o.

(4) *J. off.*, 10 août 1881. — *V.* le texte dans notre édition in-8o.

(5) *J. off.*, 18 août 1881. — *V.* le texte dans notre édition in-8o.

DÉCRET

Portant règlement d'administration publique pour l'application de la loi sur la marine marchande.

(17 août 1881) (1)

LOI

Relative aux pensions des anciens militaires et marins et de leurs veuves.

(18 août 1881) (2)

ART. 1er. A partir du 1er janvier 1881, les pensions de retraites de tous les sous-officiers, caporaux, brigadiers, soldats, officiers-mariniers, marins et assimilés retraités sous tous les régimes antérieurs aux lois des 5 et 18 août 1879, seront payées selon le tarif établi par ces deux dernières lois. — Un supplément de pension est accordé, à partir du 1er janvier 1881 : — Aux officiers et assimilés de l'armée de terre et à leurs veuves, retraités en vertu des lois antérieures à celles du 22 juin 1878 ; — Aux officiers et assimilés de la marine et des colonies et à leurs veuves, retraités antérieurement à la loi du 5 août 1879. — Ces suppléments sont fixés conformément aux tarifs annexés à la présente loi, suivant le grade ayant servi de base à la liquidation de la pension. — Ils sont soumis aux mêmes conditions de droit et de jouissance que la pension, et sont payés par les mêmes caisses et aux mêmes échéances. — Toutefois le payement en demeurera suspendu pour les pensionnés de toute catégorie pourvus d'emplois civils rétribués par l'Etat, les départements et les communes, ou de débits de tabac, tant que ces pensionnaires seront en possession des emplois ou débits.

2. Les suppléments de pension institués par la présente loi seront payés sous déduction des compléments servis par la caisse des offrandes nationales en exécution de la loi du 27 novembre 1872.

3. Les pensions des veuves de sous-officiers, caporaux, brigadiers, soldats, officiers-mariniers, marins et assimilés, et les secours annuels aux orphelins, jusqu'ici réglées selon les tarifs fixés par les lois antérieures à celles des 5 et 18 août 1879, le seront désormais selon les tarifs établis par ces dernières lois.

4. Le ministre des finances est autorisé à servir les suppléments alloués par la présente loi au moyen d'avances qui pourront être faites au Trésor par la caisse des dépôts et consignations. — Pour le remboursement de ses avances en capital et intérêts, calculés au taux de 4 p. 100, la caisse des dépôts et consignations recevra jusqu'à complet remboursement une annuité de neuf millions trois cent vingt-cinq mille francs (9,325,000 fr.) qui sera inscrite chaque année, à partir de 1881, au budget du ministère des finances (Dette viagère).

5. Les suppléments de pension seront portés en dépense à un compte à ouvrir parmi les services spéciaux du Trésor. — Les sommes empruntées à la caisse des dépôts pour pourvoir à ces dépenses seront portées en recette au même compte. — La situation de ce compte sera insérée chaque année dans le compte général de l'administration des finances.

6. Est supprimé, à partir de 1881, le fonds de subvention d'un million, institué par l'article 8 de la loi du 22 juin 1878, pour venir en aide aux pensionnaires placés sous le régime de la loi du 25 juin 1861.

(1) *J. off.*, 25 août 1881. — V. le texte dans notre édition in-8°.

(2) V. les tableaux annexés à la loi ci-dessus (*J. off.*, 21 août 1881).

DÉCRET

Relatif à la fixation du traitement des chargés de cours qui occupent dans les facultés des chaires magistrales.

(20 août 1881) (3)

LOI

Relative au code rural (chemins et sentiers d'exploitation).

(20 août 1881)

SECTION III. — *Des chemins et sentiers d'exploitation.*

33. Les chemins et sentiers d'exploitation sont ceux qui servent exclusivement à la communication entre di-

(3) *J. off.*, 21 août 1881. — V. le texte dans notre édition in-8°.

vers héritages, ou à leur exploitation. Ils sont, en l'absence de titre, présumés appartenir aux propriétaires riverains, chacun en droit soi; mais l'usage en est commun à tous les intéressés. — L'usage de ces chemins peut être interdit au public.

34. Tous les propriétaires dont ils desservent les héritages sont tenus les uns envers les autres de contribuer, dans la proportion de leur intérêt, aux travaux nécessaires à leur entretien et à leur mise en état de viabilité.

35. Les chemins et sentiers d'exploitation ne peuvent être supprimés que du consenetment de tous les propriétaires qui ont le droit de s'en servir.

36. Toutes les contestations relatives à la propriété et à la suppression de ces chemins et sentiers sont jugées par les tribunaux comme en matière sommaire. — Le juge de paix statue, sauf appel, s'il y a lieu, sur toutes les difficultés relatives aux travaux prévus par l'article 34.

37. Dans les cas prévus par l'article 34, les intéressés pourront toujours s'affranchir de toute contribution en renonçant à leurs droits soit d'usage, soit de propriété, sur les chemins d'exploitation.

LOI

Relative au code rural (chemins ruraux).

(20 août 1881)

SECTION Ire. — *Des chemins ruraux.*

ART. 1er. Les chemins ruraux sont les chemins appartenant aux communes, affectés à l'usage du public, qui n'ont pas été classés comme chemins vicinaux.

2. L'affectation à l'usage du public peut s'établir notamment par la destination du chemin, jointe soit au fait d'une circulation générale et continue, soit à des actes réitérés de surveillance et de voirie de l'autorité municipale.

3. Tout chemin affecté à l'usage du public est présumé, jusqu'à preuve contraire, appartenir à la commune sur le territoire de laquelle il est situé.

4. Le conseil municipal, sur la proposition du maire, déterminera ceux des chemins ruraux qui devront être l'objet d'arrêtés de reconnaissance, dans les formes et avec les conséquences énoncées par la présente loi. — Ces arrêtés seront pris par la commission départementale, sur la proposition du préfet, après enquête publique dans les formes prescrites par l'ordonnance des 23 août, 9 septembre 1835, et sur l'avis du conseil municipal. — Ils désigneront, d'après l'état des lieux, au moment de l'opération, la direction des chemins ruraux, leur longueur sur le territoire de la commune et leur largeur sur les différents points. — Ils devront être affichés dans la commune, et notifiés par voie administrative à chaque riverain, en ce qui concerne sa propriété. — Un plan sera annexé à l'état de reconnaissance. — Les dispositions de l'article 88 de la loi du 10 août 1871, relatives aux droits d'appel devant le conseil général et de recours devant le conseil d'Etat, sont applicables aux arrêtés de reconnaissance.

5. Ces arrêtés vaudront prise de possession, sans préjudice des droits antérieurement acquis à la commune, conformément à l'article 23 du code de procédure. Cette possession pourra être contestée dans l'année de la notification.

6. Les chemins ruraux qui ont été l'objet d'un arrêté de reconnaissance deviennent imprescriptibles.

7. Les contestations qui peuvent être élevées par toute partie intéressée sur la propriété ou sur la possession totale ou partielle des chemins ruraux sont jugées par les tribunaux ordinaires.

8. Pour assurer l'exécution de la présente loi, le préfet de chaque département fera un règlement général sur les chemins ruraux reconnus. — Ce règlement sera communiqué au conseil général et transmis, avec ses observations, au ministre de l'intérieur pour être approuvé s'il y a lieu.

9. L'autorité municipale est chargée de la police et de la conservation des chemins ruraux.

10. Elle pourvoit à l'entretien des chemins ruraux reconnus, dans la mesure des ressources dont elle peut disposer. — En cas d'insuffisance des ressources ordinaires, les communes sont autorisées à pourvoir aux dépenses des chemins ruraux reconnus, à l'aide soit d'une journée de prestation, soit de centimes extraordinaires en addition au principal des quatre contributions directes. — Les dispositions des articles 5 et 7 de la loi du 24 juillet 1867 seront applicables, lorsque l'imposition extraordinaire excédera trois centimes.

11. Toutes les fois qu'un chemin

rural reconnu, entretenu à l'état de viabilité, sera habituellement ou temporairement dégradé par des exploitations de mines, de carrières, de forêts ou de toute autre entreprise industrielle appartenant à des particuliers, à des établissements publics ou à l'Etat, il pourra y avoir lieu à imposer aux entrepreneurs ou propriétaires, suivant que l'exploitation ou les transports auront lieu pour les uns ou les autres, des subventions spéciales, dont la quotité sera proportionnée à la dégradation extraordinaire qui devra être attribuée aux exploitations. — Ces subventions pourront, au choix des subventionnaires, être acquittées en argent ou en prestations en nature, et seront exclusivement affectées à ceux des chemins qui y auront donné lieu. — Elles seront réglées annuellement, sur la demande des communes, ou, à leur défaut, à la demande des syndicats, par les conseils de préfecture, après des expertises contradictoires, et recouvrées comme en matière de contributions directes — Les experts seront nommés d'après l'article 17 de la loi du 21 mai 1836. — Ces subventions pourront aussi être déterminées par abonnement; les traités devront être approuvés par la commission départementale.

12. Le maire accepte les souscriptions volontaires et en dresse l'état qui est rendu exécutoire par le préfet. — Si les souscriptions ont été faites en journées de prestation, elles seront, après mise en demeure restée sans effet, converties en argent, conformément au tarif adopté pour la prestation de la commune. — Le conseil de préfecture statuera sur les réclamations des souscripteurs.

13. L'ouverture, le redressement, la fixation de la largeur et de la limite des chemins ruraux sont prononcés par la commission départementale conformément aux dispositions des cinq derniers paragraphes de l'article 4. — A défaut du consentement des propriétaires, l'occupation des terrains nécessaires pour l'exécution des travaux d'ouverture, de redressement ou d'élargissement. ne peut avoir lieu qu'après une expropriation poursuivie conformément aux dispositions des paragraphes 2 et suivants de l'article 16 de la loi du 21 mai 1836. — Quand il y a lieu à l'occupation, soit des maisons, soit de cours ou jardins y attenant, soit de terrains clos de murs ou de haies vives, la déclaration d'utilité publique devra être prononcée par un décret, le conseil d'Etat entendu, et l'expropriation sera poursuivie comme il est dit dans le paragraphe précédent. — La commune ne pourra prendre possession des terrains expropriés avant le payement de l'indemnité.

14. Lorsque des extractions de matériaux, des dépôts ou enlèvements de terres ou des occupations temporaires de terrains sont nécessaires pour les travaux de réparation ou d'entretien des chemins ruraux, effectués par les communes, il est procédé à la désignation et à la délimitation des lieux et à la fixation de l'indemnité, conformément à l'article 17 de la loi du 21 mai 1836.

15. L'action en indemnité, dans les cas prévus par les deux articles précédents, se prescrit par le laps de deux ans, conformément à l'article 18 de la même loi.

16. Les arrêtés portant reconnaissance, ouverture ou redressement, peuvent être rapportés dans les formes prescrites par l'article 4 ci-dessus. — Lorsqu'un chemin rural cesse d'être affecté à l'usage du public, la vente peut en être autorisée par un arrêté du préfet, rendu conformément à la délibération du conseil municipal, et après une enquête précédée de trois publications faites à quinze jours d'intervalle. L'aliénation n'est point autorisée, si, dans le délai de trois mois, les intéressés formés en syndicat, conformément aux articles 19 et suivants, consentent à se charger de l'entretien.

17. Lorsque l'aliénation est ordonnée, les propriétaires riverains sont mis en demeure d'acquérir les terrains attenant à leurs propriétés, par un avertissement qui leur est notifié en la forme administrative. En ce cas, le prix est réglé à l'amiable, ou fixé par deux experts, dont un sera nommé par la commune, l'autre par le riverain; à défaut d'accord entre eux, un tiers expert sera nommé par ces deux experts. S'il n'y a pas entente pour cette désignation, le tiers expert sera nommé par le juge de paix. Si, dans le délai d'un mois, à dater de l'avertissement, les propriétaires riverains n'ont pas fait leur soumission, il est procédé à l'aliénation des terrains selon les règles suivies pour la vente des propriétés communales.

18. Les plans, procès-verbaux, certificats, significations, jugements, contrats, marchés, adjudications de travaux, quittances et autres actes ayant pour obje exclusif la construc-

tion, l'entretien et la réparation des chemins ruraux, seront enregistrés moyennant le droit de un franc cinquante centimes (1 fr. 50). — Les actions civiles intentées par les communes ou dirigées contre elles, relativement à leurs chemins, seront jugées comme affaires sommaires et urgentes, conformément à l'article 405 du code de procédure civile.

SECTION II. — *Des syndicats pour l'ouverture, le redressement, l'élargissement, la réparation et l'entretien des chemins ruraux.*

19. Lorsque l'ouverture, le redressement ou l'élargissement a été régulièrement autorisé conformément à l'article 13, et que les travaux ne sont pas exécutés, ou lorsqu'un chemin reconnu n'est pas entretenu par la commune, le maire peut d'office, ou doit, sur la demande qui lui est faite par trois intéressés au moins, convoquer individuellement tous les intéressés. Il les invite à délibérer sur la nécessité des travaux à faire et à se charger de leur exécution, tous les droits de la commune restant réservés. — Le maire recueille les suffrages, constate le vote des personnes présentes qui ne savent signer et mentionne les adhésions envoyées par écrit.

20. Si la moitié plus un des intéressés, représentant au moins les deux tiers de la superficie des propriétés desservies par le chemin, ou si les deux tiers des intéressés représentant plus de la moitié de la superficie, consentent à se charger des travaux nécessaires pour mettre ou maintenir la voie en état de viabilité, l'association est constituée. — Elle existe même à l'égard des intéressés qui n'ont pas donné leur adhésion. — Pour les travaux d'amélioration et d'élargissement partiel, l'assentiment de la moitié plus un des intéressés représentant au moins les trois quarts de la superficie des propriétés desservies ou des trois quarts des intéressés représentant plus de moitié de la superficie sera exigé. — Pour les travaux d'ouverture, de redressement et d'élargissement d'ensemble, le consentement unanime des intéressés sera nécessaire.

21. Le maire dresse un procès-verbal et constate la formation de l'association, en spécifie le but, fait connaître sa durée, le mode d'administration qui a été adopté, le nombre des syndics, l'étendue de leurs pouvoirs, et enfin les voies et moyens qui ont été votés.

22. Ce procès-verbal est transmis au préfet par le maire, avec son avis et l'avis du conseil municipal. — Le préfet, après avoir constaté l'observation des formalités exigées par la loi, autorise l'association, s'il y a lieu. — Si la commune a consenti à contribuer aux travaux, le préfet approuve, dans son arrêté, le mode et le montant de la subvention promise par le conseil municipal.

23. Un extrait du procès-verbal constatant la constitution de l'association et l'arrêté du préfet en cas d'approbation, ou, en cas de refus, l'arrêté du préfet, sont affichés dans la commune où le chemin est situé et publiés dans le recueil des actes de la préfecture.

24. Les syndics de l'association sont élus en assemblée générale. — Si la commune a accordé une subvention, le maire nomme un nombre de syndics proportionné à la part que la subvention représente dans l'ensemble de l'entreprise. — Les autres syndics sont nommés par le préfet, dans le cas où l'assemblée générale, après deux convocations, ne se serait pas réunie ou n'aurait pas procédé à leur élection.

25. Les associations ainsi constituées peuvent ester en justice par leurs syndics; elles peuvent emprunter. Elles peuvent aussi acquérir les parcelles de terrain nécessaires pour l'amélioration, l'élargissement, le redressement ou l'ouverture du chemin régulièrement entrepris; les terrains réunis à la voie publique deviennent la propriété de la commune.

26. Le syndicat détermine le mode d'exécution des travaux, soit en nature, soit en taxe; il répartit les charges entre les associés proportionnellement à leur intérêt; il règle l'accomplissement des travaux en nature ou le recouvrement des taxes en un ou plusieurs exercices.

27. Les rôles pour le recouvrement de la taxe due par chaque intéressé sont dressés par le syndicat, approuvés, s'il y a lieu, et rendus exécutoires par le préfet, qui peut ordonner préalablement la vérification des travaux. — Ces rôles sont recouvrés, dans la forme des contributions directes, par le receveur municipal. — Dans ces rôles seront compris les frais de perception, dont le montant sera déterminé par le préfet, sur l'avis du trésorier-payeur général.

28. Dans le cas où l'exécution des

travaux entrepris par l'association syndicale exige l'expropriation de terrains, il y est procédé conformément à l'article 13 ci-dessus.

29. A défaut par une association d'entreprendre les travaux pour lesquels elle a été autorisée, le préfet rapportera, s'il y a lieu, et après mise en demeure, l'arrêté d'autorisation. — Dans le cas où l'interruption ou le défaut d'entretien des travaux entrepris par une association pourrait avoir des conséquences nuisibles à l'intérêt pubilc, le préfet, après mise en demeure, pourra faire procéder d'office à l'exécution des travaux nécessaires pour obvier à ces conséquences.

30. Les intéressés et les tiers peuvent déférer au ministre de l'intérieur, dans le délai d'un mois à partir de l'affiche, les arrêtés qui autorisent ou refusent d'autoriser les associations syndicales. — Le recours est déposé à la préfecture et transmis avec le dossier au ministre dans le délai de quinze jours. — Il est statué par un décret rendu en conseil d'Etat.

31. Toutes contestations relatives au défaut de convocation d'une partie intéressée, à l'absence ou au défaut d'intérêt des personnes appelées à l'association, ou au degré d'intérêt des associés ainsi qu'à la répartition, à la perception et à l'accomplissement des taxes et prestations, à la nomination des syndics, à l'exécution des travaux et aux mesures ordonnées par le préfet en vertu du dernier paragraphe de l'article 29 ci-dessus, sont jugées par le conseil de préfecture, sauf recours au conseil d'État. — Il est procédé à l'apurement des comptes de l'association selon les règles établies pour les comptes des receveurs municipaux.

32. Nulle personne comprise dans l'association ne pourra contester sa qualité d'associé ou la validité de l'acte d'association, après le délai de trois mois à partir de la notification du premier rôle des taxes ou prestations.

LOI

Ayant pour objet le titre complémentaire du livre 1er du Code rural, portant modification des articles du Code civil relatifs à la mitoyenneté des clôtures, aux plantations et aux droits de passage en cas d'enclave.

(20 août 1881) (1)

DÉCRET

Fixant la date de la suppression des limites de volume et de dimension imposées aux colis postaux et portant application, aux mêmes colis, du régime de l'envoi contre remboursement.

(24 août 1881) (2)

DÉCRETS

Relatifs à l'organisation administrative de l'Algérie.

(26 août 1881) (3)

LOI

Ayant pour objet de réduire de 10 à 6 p. 100 le taux de l'intérêt légal de l'argent en Algérie.

(27 août 1881)

Art. 1er. A défaut de convention, l'intérêt légal en Algérie sera, à l'avenir, de 6 p. 100, tant en matière civile qu'en matière commerciale.

2. Les acquéreurs, concessionnaires d'immeubles ou cessionnaires des droits immobiliers, moyennant le payement d'une rente annuelle et perpétuelle, pourront se libérer dans le délai de cinq années à partir de la promulgation de la présente loi, en prenant pour base le taux de l'intérêt à 10 p. 100 par an; passé ce délai, ils tomberont sous l'application de l'article 12 de l'ordonnance royale du 1er octobre 1844.

3. L'ordonnance royale du 8 décembre 1835 est abrogée dans ce qu'elle a de contraire à la présente loi.

---

(1) *V.* le texte aux art. 666, 667, 668, 669, 670, 671, 672, 673, 682, 683, 684, 685, C. civ.

(2) *J. off.*, 26 août 1881. — *V.* le texte dans notre édition in-8o.

(3) *J. off.*, 6 septembre 1881. — *V.* le texte dans notre édition in-8o.

DÉCRET

Portant règlement d'administration publique déterminant le mode de contrôle de la caisse d'épargne postale.

(31 août 1881) (1)

DÉCRET

Portant abaissement des taxes postales.

(7 septembre 1881)

ART. 1er. Les taxes à acquitter en France, en Algérie et dans les bureaux français à l'étranger, sur les correspondances ordinaires (lettres, cartes postales, papiers d'affaires, échantillons de marchandises, journaux et imprimés de toute nature) à destination ou provenant des pays de l'union postale universelle mentionnés dans la colonne 1re du tarif annexé au présent décret, seront perçues conformément audit tarif.

2. Ce même tarif sera applicable par le bureau français de Sang-Haï aux correspondances à destination ou provenant de la France, des colonies françaises et de tous les pays étrangers compris dans l'union postale universelle ou assimilés au pays de l'union.

3. Les dispositions du présent décret seront exécutoires à partir du 1er octobre 1881.

4. Toutes dispositions contraires au présent décret sont et demeurent abrogées.

DÉCRET

Rendant applicable à toutes les colonies françaises le décret des 5-10 août 1881 sur l'organisation et la compétence des conseils du contentieux administratif dans les colonies de la Martinique, de la Guadeloupe et de la Réunion, et, réglementant la procédure à suivre devant ces conseils.

(7 septembre 1881) (2)

DÉCRET

Relatif à l'organisation administrative de l'Algérie.

(13 septembre 1881) (3)

DÉCRET

Portant création d'un quatrième emploi de président de chambre à la cour d'appel d'Alger.

(13 septembre 1881) (4)

DÉCISION MINISTÉRIELLE

Déterminant les conditions à remplir par les navires construits en France pour avoir droit à la surprime de 15 p. 100.

(7 octobre 1881)

Les navires du commerce inscrits à la cote la plus élevée dans le *Registre maritime* jouissent de la même faveur que ceux cotés au Llyod ou au Véritas, c'est-à-dire qu'ils ont droit à la surprime de 15 p. 100, lorsqu'ils remplissent les autres conditions stipulées dans l'arrêté du 31 août 1881. — En conséquence l'article 1er de cet arrêté est modifié ainsi qu'il suit :

ART. 1er. La surprime de 15 p. 100 n'est accordée qu'aux bâtiments construits en France, cotés dans la catégorie la plus élevée par le Lloyd, le *Véritas* ou le *Registre maritime*, et seulement pour le temps pendant lequel la cote en question est maintenue.

DÉCRET

Portant organisation de l'école nationale de dessin pour les jeunes filles.

(7 octobre 1881) (5)

---

(1) *J. off.*, 11 octobre 1881. — *V.* le texte dans notre édition in-8o.

(2) *J. off.*, 7 octobre 1881. — *V.* le texte dans notre édition in-8o.

(3) *J. off.*, 15 septembre 1881. — *V.* le texte dans notre édition in-8o.

(4) *J. off.*, 15 septembre 1881. — *V.* le texte dans notre édition in-8o.

(5) *J. off.*, 8 octobre 1881.

DÉCRET

Fixant le traitement des directrices et sous-directrices des écoles maternelles (salles d'asile).

(10 octobre 1881) (1)

DÉCRET

Sur les écoles de hameau.

(10 octobre 1881) (2)

DÉCRET

Portant organisation du service des colis postaux à l'intérieur de Paris.

(11 octobre 1881) (3)

DÉCRET

Sur la réorganisation de l'administration des beaux-arts au ministère de l'instruction publique.

(12 octobre 1881) (4)

DÉCRET

Sur la suppression des fonctions d'administrateur des musées nationaux.

(12 octobre 1881) (5)

DÉCRET

Fixant le traitement des chargés de cours qui occupent, à titre provisoire, dans les facultés de théologie et les écoles supérieures de pharmacie, une chaire magistrale.

(15 octobre 1881) (6)

(1) *J. off.*, 19 octobre 1881. — *V.* le texte dans notre édition in-8°.
(2) *J. off.*, 11 octobre 1881. — *V.* le texte dans notre édition in-8°.
(3) *J. off.*, 12 octobre 1881. — *V.* le texte dans notre édition in-8°.
(4) *J. off.*, 13 octobre 1881. — *V.* le texte dans notre édition in-8°.
(5) *J. off.*, 13 octobre 1881. — *V.* le texte dans notre édition in-8°.
(6) *J. off.*, 16 octobre 1881. — *V.* le texte dans notre édition in-8°.

DÉCRET

Portant organisation du personnel de l'enseignement primaire supérieur, au point de vue du traitement et de l'avancement.

(29 octobre 1881) (1)

LOI

Ayant pour objet l'abrogation de l'article 15 du décret du 23 prairial an XII, relatif aux cimetières.

(14 novembre 1881)

ART. UNIQUE. L'article 15 du décret du 23 prairial an XII est expressément abrogé.

DÉCRET

Relatif à l'instruction religieuse dans les établissements publics d'instruction secondaire.

(24 décembre 1881)

ART. 1er. Dans les établissements publics d'instruction secondaire, le vœu des pères de famille sera toujours consulté et suivi en ce qui concerne la participation de leurs enfants à l'enseignement et aux exercices religieux.

2. L'instruction religieuse sera donnée par les ministres des différents cultes dans l'intérieur des établissements, en dehors des heures de classe.

3. Sont et demeurent abrogées les dispositions contraires au présent décret.

DÉCRET

Relatif aux règlements applicables à la plaidoirie devant les cours d'appel et les tribunaux d'Algérie.

(27 décembre 1881)

ART. 1er. A partir de la promulgation du présent décret, les règlements applicables à la plaidoirie devant les cours d'appel et les tribunaux de France seront étendus à l'Algérie. — Les avoués qui seront nommés à l'avenir, aux conditions d'ailleurs déterminées par l'article 6 de l'arrêté du 26 novembre 1841, pourront en con-

(1) *V.* le texte dans notre édition in-8°.

séquence plaider les incidents de procédure et les affaires qui, d'après la législation de la métropole, sont réputées sommaires.

2. Les défenseurs actuellement en exercice conserveront le droit de plaider devant la cour ou les tribunaux près lesquels ils ont été nommés.

DÉCRET

Portant réglementation des conditions auxquelles les candidats à la licence ès-lettres peuvent obtenir le diplôme de licencié ès-lettres avec la mention : langues vivantes.

(27 décembre 1881) (1)

DÉCRET

Portant réglementation de l'attribution des prix et des mentions honorables décernés aux élèves, aux docteurs et aux aspirants au doctorat dans les facultés de droit de l'Etat.

(27 décembre 1881)

ART. 1er. Les prix et les mentions honorables décernés annuellement dans les facultés de droit de l'Etat sont attribués, sous la réserve des fondations ayant un objet spécial, d'après les résultats de concours ouverts : 1° entre les élèves de chacune des trois années de licence ; 2° entre les docteurs et les aspirants au doctorat.

2. Deux premiers et deux seconds prix sont attribués aux élèves de chaque année de licence. Ils sont décernés sur deux compositions écrites. L'une porte : en première et en troisième année, sur un sujet de droit civil français ; en seconde année, sur un sujet de droit romain ; l'autre porte sur un sujet emprunté à l'une des autres matières enseignées pendant l'année, déterminée par tirage au sort et portée à la connaissance des élèves quinze jours avant l'ouverture du concours. — Le nombre des mentions honorables n'est pas limité. — Les sujets des compositions sont choisis par la faculté ; ils ne peuvent l'être que dans les programmes de l'année.

3. Dans les facultés qui ouvrent des concours supplémentaires, par suite de fondations ou de subventions ayant un objet spécial, les matières faisant l'objet de ces concours sont exclues du tirage au sort prescrit par l'article précédent ou continuent d'y participer selon l'intention des fondateurs. — En cas de doute, la faculté où les concours sont institués est juge de cette intention.

4. Un premier et un second prix sont attribués aux docteurs et aspirants au doctorat ; ils sont décernés sur une dissertation écrite, dont le sujet est arrêté par le ministre de l'instruction publique sur une liste de questions choisies par la faculté dans les diverses matières de l'enseignement du droit : le sujet est publié, par affiche à la faculté, au moins dix mois à l'avance. — Le nombre des mentions honorables n'est pas limité.

5. Les élèves de première année et de seconde année qui obtiennent un premier ou un second prix sont dispensés des droits d'examens, de certificat d'aptitude et de diplôme pour l'examen de l'année suivante. — Les élèves de troisième année qui obtiennent un premier ou un second prix sont dispensés des mêmes droits pour l'admission au doctorat, conformément à l'article 4 de l'ordonnance du 17 mars 1840. — Tout lauréat qui subit un ajournement perd pour l'avenir le bénéfice du présent article.

6. Les conseils généraux de la circonscription académique et le conseil municipal de la ville où siège la faculté continuent, conformément à l'article 7 de l'ordonnance du 18 mars 1840, d'être appelés à participer aux dépenses résultant des dispositions qui précèdent.

7. Un règlement, délibéré en conseil supérieur de l'instruction publique, déterminera la nature des prix, les conditions d'admission aux divers concours, le mode des épreuves et de proclamation des résultats.

8. Les dispositions antérieures contraires au présent décret sont abrogées.

DÉCRET

Portant suppression du stage exigé des candidats aux divers ordres d'agrégation des lycées.

(30 décembre 1881)

ART. 1er. Le stage exigé des candidats aux divers ordres d'agrégation des lycées, par le décret du 10 février 1869 (art. 1er, § 2) est supprimé.

(1) V. le texte dans notre édition in-8°.

2. Sont, en conséquence, supprimées les équivalences établies par l'article 4 de l'arrêté du 27 février 1869 et l'article 1er du décret du 28 janvier 1881.

DÉCRET

Supprimant le stage exigé des candidats aux divers ordres d'agrégation des lycées par le décret du 10 février 1869.

(30 décembre 1881)

Art. 1er. Le stage exigé des candidats aux divers ordres d'agrégation des lycées par le décret du 10 février 1869 (art. 1er, § 2), est supprimé.

2. Sont, en conséquence, supprimées les équivalences établies par l'article 4 de l'arrêté du 27 février 1869 et l'article 1er du décret du 28 janvier 1881.

1882

DÉCRET

Portant création de bourses dans les établissements publics d'enseignement primaire supérieur de garçons et de filles.

(3 janvier 1882) (1)

DÉCRET

Portant modification au décret du 5 juin 1880 sur les qualifications à accorder aux maîtres adjoints et maîtresses adjointes dans les écoles normales primaires.

(4 janvier 1882) (2)

DÉCRET

Portant organisation de l'enseignement secondaire des jeunes filles.

(14 janvier 1882 (3)

Art. 1er. L'enseignement secondaire des jeunes filles comprend cinq années d'études. — Il est divisé en deux périodes. — La première période est de trois années ; la seconde de deux années.

2. Dans la première période, les cours sont tous obligatoires. Dans la deuxième période, un certain nombre de cours sont obligatoires, les autres sont facultatifs.

3. La répartition des matières de l'enseignement sera fixée par un arrêté ministériel, après avis du conseil supérieur de l'instruction publique.

4. A la fin de chaque année d'études, les élèves devront subir un examen pour passer dans une classe supérieure. Cet examen devra être également subi par les élèves qui viendront du dehors.

5. L'examen passé après la troisième année permettra de conférer un « certificat d'études secondaires ».

6. Le diplôme de fin d'études secondaires » institué par l'article 8 de la loi du 21 décembre 1880 sera délivré à la suite d'un examen portant sur les matières obligatoires de l'enseignement des deux dernières années et sur celles des matières facultatives que désignera l'élève. — Le programme de cet examen et celui de l'examen d'entrée institué par l'article 7 de la loi précitée seront établis par arrêtés ministériels, après avis du conseil supérieur de l'instruction publique.

DÉCRET

Relatif à l'enseignement du dessin dans les lycées, les collèges, les écoles normales et les écoles primaires.

(18 janvier 1882) (1)

DÉCRET

Portant augmentation de l'indemnité allouée aux fonctionnaires des lycées et collèges pourvus du titre d'agrégé de l'enseignement spécial, et de l'indemnité allouée aux fonctionnaires de l'enseignement secondaire reconnus admissibles aux épreuves de l'agrégation de l'enseignement spécial.

(26 janvier 1882)

Art. 1er. L'indemnité allouée aux

(1) *V.* le texte dans notre édition in-8o.

(2) Ce décret a été inséré à l'art. 3 du décret du 5 juin 1880.

(3) *V.* Arrêté du 14 janv. 1882, qui fixe la répartition des matières de cet enseignement (*J. off.*, 23 janv. 1882).

(1) *V.* le texte dans notre édition in-8o.

fonctionnaires des lycées et colléges pourvus du titre d'agrégé de l'enseignement spécial est portée de 300 à 500 fr.

2. L'indemnité allouée, pendant deux ans, aux fonctionnaires de l'enseignement secondaire reconnus admissibles aux épreuves de l'agrégation de l'enseignement spécial, et qui ont subi toutes les épreuves du concours, est élevée de 200 à 300 fr.

DÉCRET

Fixant la composition et les attributions du conseil supérieur des prisons.

(26 janvier 1882) (1)

LOI

Relative aux droits des enfants nés en France d'un père étranger naturalisé après leur naissance.

(14 février 1882)

Art. unique. L'article 2 de la loi du 7 février 1851, relative aux enfants d'étranger naturalisé, est modifié ainsi qu'il suit : — « L'article 9 du code civil est applicable aux enfants de l'étranger naturalisé, quoique nés en pays étrangers, s'ils étaient mineurs lors de la naturalisation. — A l'égard des enfants nés en France ou à l'étranger, qui étaient majeurs à cette même époque, l'article 9 du code civil leur est applicable dans l'année qui suivra la naturalisation. — Les enfants mineurs, même ceux nés à l'étranger avant la naturalisation des parents, peuvent soit s'engager volontairement dans les armées de terre et de mer, soit contracter l'engagement conditionnel d'un an, conformément à la loi du 27 juillet 1872, titre IV, 3e section, soit entrer dans les écoles du Gouvernement à l'âge fixé par les lois et règlements, en déclarant qu'ils renoncent à la qualité d'étranger et adoptent la nationalité française. — Cette déclaration ne peut être faite qu'avec le consentement exprès et spécial du père; à défaut du père, de la mère, et, à défaut du père et de la mère, avec l'autorisation de la famille conformément au statut personnel. Elle ne doit être reçue qu'après les examens d'admission et s'ils sont favorables. — La même faculté est accordée, et aux mêmes conditions, aux enfants mineurs d'un Français qui aurait perdu la qualité de Français par l'une des trois causes exprimées dans l'article 17 du Code civil, si le père recouvre sa nationalité d'origine, conformément à l'article 18. Les enfants majeurs pourront réclamer la qualité de Français par une déclaration faite dans l'année qui suivra le jour où le père a recouvré sa nationalité.

(1) V. le texte dans notre édition in-8°.

DÉCRET

Relatif au rétablissement du tableau d'avancement pour les corps des ingénieurs des ponts et chaussées et des mines.

(18 février 1882)

Art. 1er. Un comité spécial dressera chaque année un tableau d'avancement pour les ingénieurs de chacun des corps des ponts et chaussées et des mines. — Ce tableau contiendra une liste de présentations pour chaque grade, jusqu'à celui d'inspecteur général de 2e classe inclusivement.

2. Le comité d'avancement se composera, pour chaque corps, des inspecteurs généraux de 1re classe, du directeur du personnel et du secrétariat, du directeur des chemins de fer et du directeur des routes, de la navigation et des mines.

3. Le mode des présentations et les conditions d'inscription au tableau seront déterminés par arrêté ministériel. — Un arrêté déterminera également les catégories d'emplois pour lesquelles l'inscription sera faite d'office par le ministre.

LOI

Ayant pour objet de modifier l'article 69, § 9, du Code de procédure civile.

(8 mars 1882)

Art. unique. Le paragraphe 9 de l'art. 69 du Code de procédure civile est ainsi modifié (1) :

---

(1) V. le texte, à l'art. 69, C. proc. civ.

DÉCRET

Concernant les juridictions appelées à connaître des crimes et délits de presse dans les colonies où n'existent pas de cours d'assises.

(14 mars 1882)

Art. 1er. Dans les colonies françaises de la Guyane, du Sénégal, de Saint-Pierre et Miquelon, de la Nouvelle-Calédonie et de la Cochinchine, ainsi que dans le établissements français de l'Inde et de l'Océanie, les crimes et délits prévus par la loi du 27 juillet 1881 sur la liberté de la presse, et qui sont déférés en France à la Cour d'assises, seront portés devant les tribunaux criminels composés conformément aux ordonnances et aux décrets sur l'organisation judiciaire en vigueur dans ces possessions. — Lorsqu'un prévenu ne comparaît pas au jour fixé par la citation, il sera jugé par défaut par le tribunal criminel, sans assistance ni intervention des assesseurs.

LOI

Sur l'administration de l'armée.

(16 mars 1882) (1)

LOI

Sur l'état civil des indigènes musulmans de l'Algérie.

(23 mars 1882)

Titre Ier. *Constitution de l'état civil des indigènes musulmans.*

Art. 1er. Il sera procédé à la constitution de l'état civil des indigènes musulmans de l'Algérie.

2. Dans chaque commune et section de commune, il sera fait préalablement par les officiers de l'état civil, ou, à leur défaut, par un commissaire désigné à cet effet, un recensement de la population indigène musulmane. — Le résultat de ce recensement sera consigné sur un registre-matrice tenu en double expédition, qui mentionnera les nom, prénoms, profession, domicile et, autant que possible, l'âge et le lieu de naissance de tous ceux qui y sont inscrits.

3. Chaque indigène n'ayant ni ascendant mâle dans la ligne paternelle, ni oncle paternel, ni frère aîné, sera tenu de choisir un nom patronymique, lors de l'établissement du registre-matrice. — Si l'indigène a un ascendant mâle dans la ligne paternelle, ou un oncle paternel, ou un frère aîné, le choix du nom patronymique appartient successivement au premier, au deuxième, au troisième. — Si l'indigène auquel appartiendrait le droit de choisir le nom patronymique est absent de l'Algérie, le droit passe au membre de la famille qui vient après lui. S'il est mineur, le droit appartient à son tuteur.

4. Dans le cas où la famille qui doit être comprise sous le même nom patronymique ne se composerait que de femmes, le droit de choisir le nom patronymique appartient à l'ascendante, et, à défaut d'ascendante, à l'aînée des sœurs, conformément au principe posé par l'article 3.

5. En cas de refus ou d'abstention de la part du membre de la famille auquel appartient le droit de choisir le nom patronymique, ou de persistance dans l'adoption du nom précédemment choisi par un ou plusieurs individus, la collation du nom patronymique sera faite par le commissaire à la constitution de l'état civil.

6. Le nom patronymique est ajouté simplement, sur le registre-matrice, au nom actuel des indigènes. — Lorsque le travail de l'officier de l'état civil ou du commissaire aura été homologué conformément aux dispositions de l'article 13 ci-après, le registre-matrice deviendra le registre de l'état civil, les deux doubles seront envoyés au maire de la commune, qui y inscrira les actes de l'état civil des indigènes musulmans reçus depuis sa confection, gardera un des doubles et enverra l'autre au greffe du tribunal civil de l'arrondissement. — Une carte d'identité, ayant un numéro de référence à ce registre et indiquant le nom et les prénoms qui y seront portés, sera ensuite délivrée sans frais à chaque indigène.

7. Lorsqu'un nom patronymique devra être commun à un chef de famille domicilié dans une circonscription, et à des descendants ou collatéraux domiciliés hors de ladite circonscription, avis du nom adopté par le premier sera donné auxdits descendants ou collatéraux, à la diligence du fonctionnaire chargé de la constitution de l'état civil, et par l'intermédiaire de l'autorité administrative de leur commune. — Ils seront inscrits dans cette

(1) V. le texte dans notre édition in-8°.

dernière suivant cette indication. La notification sera accompagnée de la remise de la carte d'identité. — Si, au contraire, l'indigène à qui le choix du nom patronymique appartient est domicilié dans une circonscription autre que la circonscription actuellement recensée, il sera mis en demeure, par le maire ou par l'administrateur de la commune, à la diligence du commissaire, d'avoir à faire choix du nom patronymique sous lequel sera inscrit le groupe familial. — Une carte d'identité sera ensuite adressée à tous les membres du groupe.

8. Dans les circonscriptions où la loi du 26 juillet 1873, sur la constitution de la propriété individuelle, aura été exécutée, le nom patronymique donné à l'indigène propriétaire, en vertu de l'article 17 de cette loi, ne sera attribué à la famille que s'il est choisi par ceux auxquels ce droit est réservé par les articles 3 et 4 de la présente loi. — Si ces individus ont fait choix d'un autre nom, l'indigène propriétaire, membre de la même famille, ajoutera ce nom à celui qui lui a été donné précédemment. — Mention de cette addition sera faite sur son titre de propriété, ainsi qu'au bureau des hypothèques en marge du titre y déposé, ou du registre sur lequel la transcription a eu lieu.

9. Les dispositions qui précèdent sont applicables au fur et à mesure de la constitution de l'état civil dans le lieu de leur domicile : — Aux indigènes musulmans présents sous les drapeaux; — A ceux qui se trouvent dans les hôpitaux ou hospices; — A ceux qui sont détenus dans une prison de France ou d'Algérie. — Dans ces cas, les chefs de corps, les directeurs des hôpitaux et hospices, les directeurs de prison remplissent les attributions conférées aux maire ou à l'administrateur pour l'exécution de la présente loi.

10. A la demande des intéressés, ou sur les réquisitions du procureur de la République, mention sera faite en marge des actes de l'état civil, dressés antérieurement, des noms patronymiques attribués en vertu de la présente loi ou de la loi du 26 juillet 1873. — Pareille mention sera faite, à la diligence du procureur de la République, sur les bulletins nº 1 classés au casier judiciaire.

11. Lorsque le travail de constitution de l'état civil sera terminé dans une circonscription, avis en sera donné dans le *Mobacher* et par affiches placardées dans la commune. — Un délai d'un mois est accordé à tous les intéressés pour se pourvoir, en cas d'erreur ou d'omission, contre les conclusions du commissaire à la constitution de l'état civil.

12. Dans le mois qui suit l'expiration de ce délai, ledit commissaire rectifie, s'il y a lieu, les omissions et les erreurs signalées.

13. A l'expiration de ce dernier délai, le travail du commissaire est provisoirement arrêté par lui, transmis au gouverneur général civil qui, le conseil de gouvernement entendu, prononce sur les conclusions dudit commissaire. — Au cas où l'opposition des parties soulèverait une question touchant à l'état des personnes, cette question sera réservée et renvoyée devant les tribunaux compétents, soit par le commissaire, soit par le gouverneur général, sans que, pour le surplus, l'homologation du travail de constitution de l'état civil soit retardée.

14. A partir de l'arrêté d'homologation, l'usage du nom patronymique devient obligatoire pour les indigènes compris dans l'opération. — Dès ce moment, il est interdit aux officiers de l'état civil, aux officiers publics et ministériels, sous peine d'une amende de cinquante à deux cents francs (50 à 200 fr.), de désigner lesdits indigènes, dans les actes qu'ils sont appelés à recevoir ou à dresser, par d'autres dénominations que celles portées dans leurs cartes d'identité.

15. Tout indigène musulman qui ne sera pas en possession d'un nom patronymique, et qui établira son domicile dans une circonscription déjà soumise à la constitution de l'état civil, devra, dans un délai d'un mois, faire sa déclaration au maire ou à l'administrateur qui en tient lieu. Celui-ci procédera à son égard comme il a été dit aux articles précédents. L'indigène sera ensuite inscrit sur le registre-matrice, avec le nom patronymique qu'il aura choisi ou qui lui aura été attribué. — A défaut de déclaration, il sera procédé d'office, par le maire ou l'administrateur, comme il est dit ci-dessus.

TITRE II. — *Des actes de l'état civil.*

16. Les déclarations de naissance, de décès, de mariage et de divorce deviennent obligatoires pour les indigènes musulmans, à partir du jour où, conformément à l'article 14, l'usage du nom patronymique devient lui-même obligatoire. — Les déclarations sont appuyées de la carte d'identité

des intervenants à l'acte. — Les noms portés dans ledit acte sont rigoureusement reproduits suivant l'orthographe de la carte d'identité.

17. Les actes de naissance ou de décès, concernant les indigènes musulmans, sont établis dans les formes prescrites par la loi française. — Les actes de mariage et de divorce sont établis sur une simple déclaration, faite dans les trois jours, au maire de la commune ou à l'administrateur qui en remplit les fonctions, par le mari et par la femme ou par le mari et par le représentant de la femme, aux termes de la loi musulmane, en présence de deux témoins. — Toutefois, lorsque les distances ne permettront pas de faire les déclarations au siège de la commune ou d'une section française de ladite commune, elles seront reçues par l'adjoint de la section indigène. — Ces déclarations seront faites en arabe, suivant des formules imprimées sur des registres visés pour timbre et paraphés par le juge de paix. Ces registres contiendront une souche et un volant reproduisant les mêmes mentions. — Les actes seront revêtus de la signature de l'adjoint indigène ou de son cachet et de la signature des parties et témoins, si ceux-ci savent écrire; s'ils déclarent ne pas savoir écrire, mention en sera faite.

18. Les volants des actes de l'état civil sont détachés de leur souche et adressés, dans les huit jours, à l'officier de l'état civil français, pour être transcrits sur les registres tenus au chef-lieu de la commune.

19. Il sera statué sur les rectifications à opérer dans les actes de l'état civil, conformément à la loi française. — Par exception et pendant cinq années à partir de la délivrance des cartes d'identité, ces rectifications seront faites sans frais à la diligence du procureur de la République. — Pendant le même délai, les extraits des actes de l'état civil seront délivrés aux indigènes musulmans sur papier libre avec un droit unique de vingt-cinq centimes (0 fr. 25).

Dispositions générales.

20. Les crimes, délits et contraventions en matière d'état civil sont punis conformément à la loi française.

21. La fabrication, la falsification d'une carte ou l'usage d'une carte d'identité fausse est réprimé conformément aux articles 153 et 154 du Code pénal, sous réserve de l'application de l'article 463 du même Code.

22. Un règlement d'administration publique déterminera les conditions d'exécution de la présente loi, qui sera immédiatement appliquée à toute la région du Tell algérien, tel qu'il est délimité au plan annexé au décret du 20 février 1873 sur les circonscriptions cantonales. — En dehors du Tell, des arrêtés du gouverneur général détermineront successivement les territoires où elle deviendra exécutoire.

23. Sont abrogées toutes dispositions contraires à la présente loi.

DÉCRET

Portant règlement d'administration publique pour la réorganisation de l'Église réformée de Paris.

(25 mars 1882) (1)

LOI

Tendant à attribuer aux conseils municipaux, dans les chefs-lieux de département, d'arrondissement et de canton, la nomination des maires et adjoints.

(28 mars 1882)

ART. 1er. Le dernier paragraphe de l'article 2 de la loi du 12 août 1876 est abrogé.

2. Les conseils municipaux appelés à élire des maires et adjoints seront convoqués à cet effet dans le délai de deux mois, à partir de la promulgation de la loi. — Avant de procéder à cette élection, il sera pourvu aux vacances existant dans le conseil municipal.

3. La présente loi est applicable à l'Algérie, sous réserve des dispositions du décret du 27 décembre 1866, concernant les adjoints indigènes. — L'article 2 de la loi du 12 août 1876 et la présente loi sont applicables aux colonies pourvues de conseils municipaux.

LOI

Sur l'enseignement primaire obligatoire.

(28 mars 1882) (2)

Art. 1er. L'enseignement primaire

(1) V. le texte dans notre édition in-8o.

(2) V. Circ. min. instr. publ. 7 sept. 1882 (*J. off.*, 10 sept. 1882).

comprend : — L'instruction morale et civique ; — La lecture et l'écriture ; — La langue et les éléments de la littérature française ; — La géographie, particulièrement celle de la France ; — L'histoire, particulièrement celle de la France jusqu'à nos jours ; — Quelques notions usuelles de droit et d'économie politique ; — Les éléments des sciences naturelles physiques et mathématiques ; leurs applications à l'agriculture, à l'hygiène, aux arts industriels, travaux manuels et usage des outils des principaux métiers ; — Les éléments du dessin, du modelage et de la musique ; — La gymnastique ; — Pour les garçons, les exercices militaires ; — Pour les filles, les travaux à l'aiguille. — L'article 23 de la loi du 15 mars 1850 est abrogé.

2. Les écoles primaires publiques vaqueront un jour par semaine, en outre du dimanche, afin de permettre aux parents de faire donner, s'ils le désirent, à leurs enfants, l'instruction religieuse, en dehors des édifices scolaires. — L'enseignement religieux est facultatif dans les écoles privées.

3. Sont abrogées les dispositions des articles 18 et 44 de la loi du 14 mars 1850, en ce qu'elles donnent aux ministres des cultes un droit d'inspection, de surveillance et de direction dans les écoles primaires publiques et privées et dans les salles d'asile, ainsi que le paragraphe 2 de l'article 31 de la même loi qui donne aux consistoires le droit de présentation pour les instituteurs appartenant aux cultes non catholiques.

4. L'instruction primaire est obligatoire pour les enfants des deux sexes âgés de six ans révolus à treize ans révolus; elle peut être donnée soit dans les établissements d'instruction primaire ou secondaire, soit dans les écoles publiques ou libres, soit dans les familles, par le père de famille lui-même ou par toute personne qu'il aura choisie. — Un règlement déterminera les moyens d'assurer l'instruction primaire aux enfants sourds-muets et aux aveugles.

5. Une commission municipale scolaire est instituée dans chaque commune, pour surveiller et encourager la fréquentation des écoles. — Elle se compose du maire, président ; d'un des délégués du canton et, dans les communes comprenant plusieurs cantons, d'autant de délégués qu'il y a de cantons, désignés par l'inspecteur d'académie ; de membres désignés par le conseil municipal en nombre égal, au plus, au tiers des membres de ce conseil. — A Paris et à Lyon, il y a une commission pour chaque arrondissement municipal. Elle est présidée : à Paris, par le maire, à Lyon, par un des adjoints ; elle est composée d'un des délégués cantonaux désignés par l'inspecteur d'académie, de membres désignés par le conseil municipal, au nombre de trois à sept par chaque arrondissement. — Le mandat des membres de la commission scolaire désignés par le conseil municipal durera jusqu'à l'élection d'un nouveau conseil municipal. — Il sera toujours renouvelable. — L'inspecteur primaire fait partie de droit de toutes les commissions scolaires instituées dans son ressort.

6. Il est institué un certificat d'études primaires ; il est décerné après un examen public auquel pourront se présenter les enfants dès l'âge de onze ans. — Ceux qui, à partir de cet âge, auront obtenu le certificat d'études primaires, seront dispensés du temps de scolarité obligatoire qui leur restait à passer.

7. Le père, le tuteur, la personne qui a la garde de l'enfant, le patron chez qui l'enfant est placé, devra, quinze jours au moins avant l'époque de la rentrée des classes, faire savoir au maire de la commune s'il entend faire donner à l'enfant l'instruction dans la famille ou dans une école publique ou privée ; dans ces deux derniers cas, il indiquera l'école choisie. — Les familles domiciliées à proximité de deux ou plusieurs écoles publiques ont la faculté de faire inscrire leurs enfants à l'une ou à l'autre de ces écoles, qu'elle soit ou non sur le territoire de leurs communes, à moins qu'elle ne compte déjà le nombre maximum d'élèves autorisé par les règlements. — En cas de contestation, et sur la demande soit du maire, soit des parents, le conseil départemental statue en dernier ressort.

8. Chaque année le maire dresse, d'accord avec la commission municipale scolaire, la liste de tous les enfants âgés de six à treize ans, et avise les personnes qui ont charge de ces enfants de l'époque de la rentrée des classes. — En cas de non déclaration, quinze jours avant l'époque de la rentrée, de la part des parents et autres personnes responsables, il inscrit d'office l'enfant à l'une des écoles publiques et en avertit la personne responsable. — Huit jours avant la rentrée des classes, il remet aux directeurs d'écoles publiques et privées la liste des en-

fants qui doivent suivre leurs écoles. Un double de ces listes est adressé par lui à l'inspecteur primaire.

9. Lorsqu'un enfant quitte l'école, les parents ou les personnes responsables doivent en donner immédiatement avis au maire et indiquer de quelle façon l'enfant recevra l'instruction à l'avenir.

10. Lorsqu'un enfant manque momentanément l'école, les parents ou les personnes responsables doivent faire connaître au directeur ou à la directrice les motifs de son absence. — Les directeurs et les directrices doivent tenir un registre d'appel qui constate, pour chaque classe, l'absence des élèves inscrits. A la fin de chaque mois, ils adresseront au maire et à l'inspecteur primaire un extrait de ce registre, avec l'indication du nombre des absences et des motifs invoqués. — Les motifs d'absence seront soumis à la commission scolaire. Les seuls motifs réputés légitimes sont les suivants : maladie de l'enfant, décès d'un membre de la famille, empêchements résultant de la difficulté accidentelle des communications. Les autres circonstances exceptionnellement invoquées seront également appréciées par la commission.

11. Tout directeur d'école privée, qui ne se sera pas conformé aux prescriptions de l'article précédent, sera, sur le rapport de la commission scolaire et de l'inspecteur primaire, déféré au conseil départemental. — Le conseil départemental pourra prononcer les peines suivantes : 1° l'avertissement ; 2° la censure ; 3° la suspension pour un mois au plus et, en cas de récidive dans l'année scolaire, pour trois mois au plus.

12. Lorsqu'un enfant se sera absenté de l'école quatre fois dans le mois, pendant au moins une demi-journée, sans justification admise par la commission municipale scolaire, le père, le tuteur ou la personne responsable sera invité, trois jours au moins à l'avance, à comparaître dans la salle des actes de la mairie, devant ladite commission, qui lui rappellera le texte de la loi et lui expliquera son devoir. — En cas de non-comparution, sans justification admise, la commission appliquera la peine énoncée dans l'article suivant.

13. En cas de récidive dans les douze mois qui suivront la première infraction, la commission municipale scolaire ordonnera l'inscription pendant quinze jours ou un mois, à la porte de la mairie, des noms, prénoms et qualités de la personne responsable, avec indication du fait relevé contre elle. — La même peine sera appliquée aux personnes qui n'auront pas obtempéré aux prescriptions de l'article 9.

14. En cas d'une nouvelle récidive, la commission scolaire, ou, à son défaut, l'inspecteur primaire, devra adresser une plainte au juge de paix. L'infraction sera considérée comme une contravention et pourra entraîner condamnation aux peines de police, conformément aux articles 479, 480 et suivants du Code pénal. — L'article 463 du même code est applicable.

15. La commission scolaire pourra accorder aux parents demeurant chez leurs parents ou leur tuteur, lorsque ceux-ci en feront la demande motivée, des dispenses de fréquentation scolaire ne pouvant dépasser trois mois par année en dehors des vacances. Ces dispenses devront, si elles excèdent quinze jours, être soumises à l'approbation de l'inspecteur primaire. — Ces dispositions ne sont pas applicables aux enfants qui suivront leurs parents ou tuteurs, lorsque ces derniers s'absenteront temporairement de la commune. Dans ce cas, un avis donné verbalement ou par écrit au maire ou à l'instituteur suffira. — La commission peut aussi, avec l'approbation du conseil départemental, dispenser les enfants employés dans l'industrie, et arrivés à l'âge de l'apprentissage, d'une des deux classes de la journée ; la même faculté sera accordée à tous les enfants employés, hors de leur famille, dans l'agriculture.

16. Les enfants qui reçoivent l'instruction dans la famille doivent, chaque année, à partir de la fin de la deuxième année d'instruction obligatoire, subir un examen qui portera sur les matières de l'enseignement correspondant à leur âge dans les écoles publiques, dans des formes et suivant des programmes qui seront déterminés par arrêtés ministériels rendus en conseil supérieur. — Le jury d'examen sera composé de : l'inspecteur primaire ou son délégué, président ; un délégué cantonal ; une personne munie d'un diplôme universitaire ou d'un brevet de capacité ; les juges seront choisis par l'inspecteur d'académie. Pour l'examen des filles, la personne brevetée devra être une femme. — Si l'examen de l'enfant est jugé insuffisant et qu'aucune excuse ne soit admise par le jury, les parents sont mis en demeure d'envoyer leur enfant dans une école publique ou privée dans la huitaine de la notification et de faire savoir au maire quelle école ils ont choisie. —

En cas de non-déclaration, l'inscription aura lieu d'office, comme il est dit à l'article 8.

17. La caisse des écoles, instituée par l'article 15 de la loi du 10 avril 1867, sera établie dans toutes les communes. Dans les communes subventionnées dont le centime n'excède pas 30 francs, la caisse aura droit, sur le crédit ouvert pour cet objet au ministère de l'instruction publique, à une subvention au moins égale au montant des subventions communales. — La répartition des secours se fera par les soins de la commission scolaire.

18. Des arrêtés ministériels, rendus sur la demande des inspecteurs d'académie et des conseils départementaux, détermineront chaque année les communes où, par suite d'insuffisance des locaux scolaires, les prescriptions des articles 4 et suivants sur l'obligation ne pourraient être appliquées. — Un rapport annuel, adressé aux chambres par le ministre de l'instruction publique, donnera la liste des communes auxquelles le présent article aura été appliqué.

LOI

Relative à la restauration et à la conservation des terrains en montagne.

(4 avril 1882) (1)

Art. 1er. Il est pourvu à la restauration et à la conservation des terrains en montagne, soit au moyen de travaux exécutés par l'État, ou par les propriétaires, avec subvention de l'État, soit au moyen de mesures de protection, conformément aux dispositions de la présente loi.

Titre Ier. — *De la restauration des terrains en montagne.*

2. L'utilité publique des travaux de restauration rendus nécessaires par la dégradation du sol, et des dangers nés et actuels, ne peut être déclarée que par une loi. — La loi fixe le périmètre des terrains sur lesquels ces travaux doivent être exécutés. — Elle est précédée : — 1° D'une enquête ouverte dans chacune des communes intéressées ; — 2° D'une délibération des conseils municipaux de ces communes ; — 3° De l'avis du conseil d'arrondissement et de celui du conseil général ; — 4° De l'avis d'une commission spéciale, composée : du préfet ou de son délégué, président, avec voix prépondérante ; d'un membre du conseil général et d'un membre du conseil d'arrondissement, autres que ceux du canton où se trouve le périmètre, délégués par leurs conseils respectifs et toujours rééligibles, et dans l'intervalle des sessions par la commission départementale ; de deux délégués de la commune intéressée, désignés dans les mêmes conditions par le conseil municipal ; d'un ingénieur des ponts et chaussées ou des mines, d'un agent forestier, ces deux derniers membres nommés par le préfet. — Le procès-verbal de reconnaissance des terrains, le plan des lieux et l'avant-projet des travaux proposés par l'administration des forêts restent déposés à la mairie pendant l'enquête, dont la durée est fixée à trente jours. — Ce délai court du jour de la signification de l'arrêté préfectoral qui prescrit l'ouverture de l'enquête et la convocation du conseil municipal.

3. La loi est publiée et affichée dans les communes intéressées ; un duplicata du plan du périmètre est déposé à la mairie de chacune d'elles. — Le préfet fait en outre notifier aux communes, aux établissements publics et aux particuliers un extrait du projet et du plan contenant les indications relatives aux terrains qui leur appartiennent.

4. Dans le périmètre fixé par la loi, les travaux de restauration seront exécutés par les soins de l'administration et aux frais de l'État qui, à cet effet, devra acquérir, soit à l'amiable, soit par expropriation, les terrains reconnus nécessaires. Dans ce dernier cas, il sera procédé dans les formes prescrites par la loi du 3 mai 1841, à l'exception de celles qu'indiquent les articles 4, 5, 6, 7, 8, 9 et 10 du titre II et qui sont remplacées par celles des articles 2 et 3 de la présente loi. — Toutefois les propriétaires, les communes et les établissements publics pourront conserver la propriété de leurs terrains, s'ils parviennent à s'entendre avec l'État avant le jugement d'expropriation, et s'engagent à exécuter dans le délai à eux imparti, avec ou sans indemnités, aux clauses stipulées entre eux, les travaux de restauration qui leur seront indiqués et à pourvoir à leur entretien sous le contrôle et la surveillance de l'administration forestière. — Ils pourront, à cet effet, constituer des associations syndicales, confor-

(1) V. Décr. 11 juill. 1882.

mément aux dispositions de la loi du 21 juin 1865.

5. Dans les pays de montagne, en dehors même des périmètres établis conformément aux dispositions qui précèdent, des subventions continueront à être accordées aux communes, aux associations pastorales, aux fruitières, aux établissements publics, aux particuliers, à raison des travaux entrepris par eux pour l'amélioration, la consolidation du sol et la mise en valeur des pâturages. — Ces subventions consisteront soit en délivrances de graines ou de plants, soit en argent, soit en travaux.

6. Le paragraphe 1er de l'article 224 du code forestier, qui autorise le défrichement des jeunes bois pendant les vingt premières années après leur semis ou plantation, n'est applicable dans aucun cas aux reboisements effectués en exécution de la présente loi. — Mais les bois ainsi créés bénéficient sans exception de l'exemption d'impôts établie pendant trente ans par l'article 226 du code forestier.

TITRE II. — *Conservation des terrains en montagne.*

CHAP. Ier. — DE LA MISE EN DÉFENS.

7. L'administration des forêts pourra requérir la mise en défens des terrains et pâturages en montagne appartenant aux communes, aux établissements publics et aux particuliers, toutes les fois que l'état de dégradation du sol ne paraîtra pas encore assez avancé pour nécessiter des travaux de restauration. — Cette mise en défens est prononcée par un décret rendu en conseil d'État.

8. Ce décret est précédé des enquêtes, délibérations et avis prescrits par le troisième paragraphe de l'article 2 de la présente loi. — Il détermine la nature, la situation et les limites du terrain à interdire. Il fixe, en outre, la durée de la mise en défens, sans qu'elle puisse excéder dix ans, et le délai pendant lequel les parties intéressées pourront procéder au règlement amiable de l'indemnité à accorder aux propriétaires pour privation de jouissance. — En cas de désaccord sur le chiffre de l'indemnité, il sera statué par le conseil de préfecture, après expertise contradictoire, s'il y a lieu, sauf recours au conseil d'État, devant lequel il sera procédé sans frais dans les mêmes formes et délais qu'en matière de contributions publiques. — Il pourra n'être nommé qu'un seul expert. — Dans le cas où l'Etat voudrait, à l'expiration du délai de dix ans, maintenir la mise en défens, il sera tenu d'acquérir les terrains à l'amiable ou par voie d'expropriation publique, s'il en est requis par les propriétaires.

9. L'indemnité annuelle sera versée à la caisse municipale. — La somme représentant la perte éprouvée par les communes à raison de la suspension de l'exercice de leur droit d'amodier les pâturages ou de les soumettre à des taxes locales, sera affectée aux besoins communaux, et le surplus et même le tout, s'il y a lieu, sera distribué aux habitants par les soins du conseil municipal.

10. Pendant la durée de la mise en défens, l'Etat pourra exécuter, sur les terrains interdits, tels travaux que bon lui semblera, pour parvenir plus rapidement à la consolidation du sol, pourvu que ces travaux n'en changent pas la nature, et sans qu'une indemnité quelconque puisse être exigée du propriétaire, à raison des améliorations que ces travaux auraient procurées à sa propriété.

11. Les délits commis sur les terrains mis en défens seront constatés et poursuivis comme ceux commis dans les bois soumis au régime forestier. Il sera procédé à l'exécution des jugements conformément aux articles 209, 211, 212 et aux paragraphes 1er et 2 de l'article 210 du code forestier.

CHAP. II. — DE LA RÉGLEMENTATION DES PATURAGES COMMUNAUX.

12. Dans l'année qui suivra la promulgation de la présente loi, et à l'avenir avant le 1er janvier de chaque année, les communes dont les noms seront inscrits au tableau annexé au règlement d'administration publique prévu par l'article 23 devront transmettre au préfet du département un règlement indiquant la nature et les limites des terrains communaux soumis au pacage, les diverses espèces de bestiaux et le nombre de têtes à y introduire, l'époque du commencement et de la fin du pâturage, ainsi que les autres conditions relatives à son exercice.

13. Si, à l'expiration du délai fixé par l'article précédent, les communes n'ont pas soumis à l'approbation du préfet le projet de règlement prescrit par le même article, il y sera pourvu d'office par le préfet, après avis d'une commission spéciale, composée du secrétaire général ou du sous-préfet,

président, d'un conseiller général et du plus âgé des conseillers d'arrondissement du canton, d'un délégué du conseil municipal de la commune et de l'agent forestier. — Il en sera de même dans les cas où les communes n'auraient pas consenti à modifier le règlement proposé par elles conformément aux observations de l'administration.

14. Les règlements mentionnés à l'article 13 ci-dessus seront rendus exécutoires par le préfet, si, dans le mois qui suivra l'accusé de réception de la délibération du conseil municipal, ils n'ont donné lieu à aucune contestation.

15. Les contraventions aux règlements de pâturage intervenus dans les conditions fixées par les articles ci-dessus seront constatées et poursuivies dans les formes prescrites par les articles 137 et suivants du code d'instruction criminelle, et, au besoin, par tous les officiers de police judiciaire. — Les contrevenants seront passibles des peines portées par les articles 471 du code pénal et 474 en cas de récidive, modifiées, s'il y a lieu, par l'application de l'article 463.

TITRE III. — *Dispositions transitoires.*

16. Les lois du 28 juillet 1860 et du 8 juin 1864 sont abrogées. — Toutefois, les périmètres décrétés jusqu'à ce jour sont provisoirement maintenus. — Ils seront revisés dans les trois ans à partir de la promulgation de la présente loi. — Pendant ce délai, l'administration des forêts devra notifier aux propriétaires la liste des parcelles qu'elle se propose d'acquérir pour en former de nouveaux périmètres. — Les sommes représentant, dans les règlements à intervenir, le prix desdites parcelles, porteront intérêt au taux légal, au profit des propriétaires, à partir de l'expiration du délai de trois ans ci-dessus mentionné.

17. A l'expiration de ce délai, les communes, les établissements publics et les particuliers rentreront dans la pleine propriété et jouissance des parcelles qui ne figureront pas sur cette liste. Ils ne pourront en être dépossédés de nouveau qu'après l'accomplissement des formalités prescrites par la présente loi.

18. Dans les cinq ans à partir de la promulgation de la présente loi, l'administration devra traiter avec les communes, les établissements publics et les particuliers, pour l'acquisition des parcelles maintenues dans les périmètres de gazonnement et de reboisement.

19. Si les propriétaires des parcelles que l'État se propose d'acquérir n'acceptent pas les prix qui leur seront offerts, il sera procédé ainsi qu'il est prescrit par le premier paragraphe de l'article 4 de la présente loi.

20. L'État fait abandon des créances qu'il aurait à faire valoir contre les communes et les établissements publics, en vertu des lois du 28 juillet 1860 et du 8 juin 1864. — Toutefois, la plus-value résultant des travaux effectués en vertu de ces mêmes lois sera prise en considération par le jury dans l'évaluation du montant du prix des terrains à exproprier.

21. L'État aura la faculté de payer le montant des indemnités par annuités, dont chacune ne pourra être inférieure au dixième de la valeur totale attribuée aux terrains acquis. — Les annuités non payées porteront intérêt à 5 p. 100. L'État pourra se libérer en tout ou en partie par anticipation.

22. Dans les communes assujetties à l'application de la présente loi, les gardes domaniaux appelés à veiller à l'exécution et à la conservation des travaux dans les périmètres de reboisement et de gazonnement seront chargés en même temps de la constatation des infractions aux mises en défens, aux règlements sur les pâturages et de la surveillance des bois communaux, de manière que, pour le tout, il n'y ait désormais qu'un seul service commandé et soldé par l'État.

23. Un règlement d'administration publique déterminera les dispositions à prendre pour l'application de la présente loi.

LOI

Tendant à l'abrogation des dispositions législatives concernant l'adjonction des plus imposés.

(5 avril 1882)

ART. UNIQUE. Sont abrogées les diverses dispositions législatives ou réglementaires exigeant l'adjonction des plus imposés soit en matière d'impositions extraordinaires ou d'emprunts à voter par le conseil municipal, soit en toutes autres matières.

ARRÊTÉ MINISTÉRIEL

Portant réglementation du travail des détenus dans les maisons centrales.

(15 avril 1882)

DÉCRET

Relatif à l'exclusion des marins étrangers des examens de capitaine au long cours et de maître au cabotage.

(21 avril 1882)

ART. 1er. Nul n'est admis à subir les examens de capitaine au long cours ou de maître au cabotage, s'il n'est Français ou naturalisé Français.

2. L'article 14 du décret du 28 janvier 1857, relatif à l'inscription des mécaniciens, chauffeurs, etc., est remplacé par la disposition suivante : — « Nul ne peut être chargé, en chef ou en sous-ordre, de la direction d'une machine à bord de tout bâtiment quel qu'il soit, s'il n'est Français ou naturalisé Français, et dans aucun cas le personnel de la machine ne doit comprendre, dans son effectif total, plus d'un quart d'étranger. » (Loi du 21 septembre 1793, art. 2.)

DÉCRET

Déclarant exécutoire le traité sur l'établissement des Français en Suisse et des Suisses en France, signé le 23 février 1882, entre la France et la Suisse.

(13 mai 1882)

TRAITÉ.

ART. 1er. Les Français seront reçus et traités dans chaque canton de la Confédération, relativement à leurs personnes et à leurs propriétés, sur le même pied et de la même manière que le sont ou pourront l'être à l'avenir les ressortissants des autres cantons. Ils pourront, en conséquence, aller et venir et séjourner temporairement en Suisse, en se conformant aux lois et règlements de police. Tout genre de commerce et d'industrie permis aux ressortissants des divers cantons le sera également aux Français, et sans qu'on puisse en exiger aucune condition pécuniaire ou autre plus onéreuse.

(1) V. le texte dans notre édition in-8o.

2. Pour prendre domicile ou former un établissement en Suisse, les Français devront être munis d'un acte d'immatriculation constatant leur nationalité, qui leur sera délivré par l'ambassade de la République française ou par les consulats et vice-consulats de France institués en Suisse.

3. Les Suisses jouiront, en France, des mêmes droits et avantages que l'art. 1er ci-dessus assure aux Français en Suisse.

4. Les ressortissants de l'un des deux Etats établis dans l'autre ne seront pas atteints par les lois militaires du pays qu'ils habiteront, mais resteront soumis à celles de leur patrie. — Ils seront également exempts de tout service, soit dans la garde nationale, soit dans les milices municipales.

5. Les ressortissants de l'un des deux Etats établis dans l'autre, et qui seraient dans le cas d'être renvoyés par sentence légale ou d'après les lois ou règlements sur la police des mœurs et sur la mendicité seront reçus, en tout temps, eux et leurs familles, dans le pays dont ils sont originaires et où ils auront conservé leurs droits.

6. Tout avantage que l'une des parties contractantes aurait concédé ou pourrait encore concéder à l'avenir d'une manière quelconque à une autre puissance, en ce qui concerne l'établissement des citoyens et l'exercice des professions industrielles, sera applicable, de la même manière et à la même époque, à l'autre partie, sans qu'il soit nécessaire de faire une convention spéciale à cet effet.

7. Les dispositions du présent traité sont applicables à l'Algérie. — En ce qui concerne les autres possessions françaises d'outre-mer, ces mêmes dispositions y seront également applicables, sous les réserves que comporte le régime spécial auquel ces possessions sont soumises.

8. Le présent traité rentrera en vigueur le 16 mai 1882 et restera exécutoire jusqu'au 1er février 1892. — Dans le cas où aucune des deux Hautes Parties contractantes n'aurait notifié douze mois avant la fin de ladite période son intention d'en faire cesser les effets, il demeurera obligatoire jusqu'à l'expiration d'une année à partir du jour où l'une ou l'autre des Hautes Parties contractantes l'aura dénoncé. — Le présent Traité sera ratifié et les ratifications en seront échangées à Paris avant le 12 mai 1882 et simultanément avec celles du traité de commerce conclu à la date de ce jour.

DÉCRET

Elevant de 1,000 à 2,000 fr. le maximum des quittances, factures, billets, traites, et généralement les valeurs commerciales ou autres dont le Gouvernement est autorisé à faire effectuer le recouvrement par la poste.

(19 juin 1882)

ART. 1er. Est élevé de 1,000 à 2,000 fr., à partir du 1er juillet 1882, le maximum des quittances, factures, billets, traites, et généralement les valeurs commerciales ou autres dont le Gouvernement est autorisé à faire effectuer le recouvrement par la poste, en vertu des dispositions des lois du 5 avril 1879 et du 17 juillet 1880.

2. Les règles fixées par les décrets des 10 mai, 28 juin et 9 juillet 1879, 31 mars, 18 juin, 24 juillet 1880, 15 février et 14 juin 1881, continueront à être appliquées à toutes les valeurs à recouvrer par la poste.

DÉCRET

Ajournant l'exécution des prescriptions de l'art. 12 de la loi du 21 juillet 1881, sur la police sanitaire des animaux, dans un certain nombre de départements.

(22 juin 1882)

ART. 1er. L'exécution des prescriptions portées à l'art. 12, paragraphe 1er de la loi du 21 juillet 1881, sur la police sanitaire des animaux, est ajournée jusqu'au 21 juillet 1887 dans les départements ci-après désignés : Alpes (Basses-), Alpes (Hautes-), Alpes-Maritimes, Ardèche, Aude, Corrèze, Corse, Côte-d'Or, Côtes-du-Nord, Creuse, Dordogne, Drôme, Eure, Finistère, Gard, Indre, Isère, Jura, Loir-et-Cher, Loire (Haute-), Manche, Meurthe-et-Moselle, Meuse, Morbihan, Orne, Rhin (Haut-) (partie française du), Savoie, Tarn, Var, Vaucluse, Vienne (Haute-).

DÉCRET

Ajournant l'exécution des prescriptions de l'art. 39 de la loi du 21 juillet 1881, sur la police sanitaire des animaux, dans un certain nombre de départements.

(22 juin 1882)

ART. 1er. L'exécution des prescriptions portées à l'art. 39, paragraphes 1er et 2 de la loi du 21 juillet 1881, sur la police sanitaire des animaux, est ajournée jusqu'au 21 juillet 1887 dans les départements ci-après désignés : Alpes (Basses-), Alpes (Hautes-), Alpes-Maritimes, Ardèche, Ariège, Calvados, Charente, Cher, Corrèze, Corse, Côte-d'Or, Côtes-du-Nord, Creuse, Dordogne, Drôme, Eure, Eure-et-Loir, Finistère, Ille-et-Vilaine, Indre, Indre-et-Loire, Isère, Jura, Loir-et-Cher, Loire, Loire (Haute-), Loire-Inférieure, Lozère, Maine-et-Loire, Manche, Meuse, Morbihan, Orne, Puy-de-Dôme, Rhin (Haut-) (partie française du), Saône (Haute-), Saône-et-Loire, Savoie (Haute-), Tarn, Vaucluse, Vendée, Vienne, Vienne (Haute-).

DÉCRET

Portant règlement d'administration publique sur la police sanitaire des animaux.

(22 juin 1882) (1)

LOI

Relative à la création de bons de poste de sommes fixes.

(29 juin 1882) (2)

LOI

Ayant pour objet de proroger le délai fixé pour la mise en vigueur de la loi du 7 juillet 1881, qui rend exclusivement obligatoire l'alcoomètre centésimal de Gay-Lussac et le soumet à une vérification officielle.

(7 juillet 1882)

ART. UNIQUE. Est prorogé de quatorze mois le délai fixé pour la mise en vigueur de la loi du 7 juillet 1881, qui rend exclusivement obligatoire l'alcoomètre centésimal de Gay-Lussac et le soumet à une vérification officielle.

---

(1) V. le texte dans notre édition in-8°.

(2) V. le texte dans notre édition in-8°.

DÉCRET

Fixant les conditions exigées pour l'introduction sur le territoire de la République française des plants de vigne provenant de l'étranger et pour leur circulation à travers les territoires préservés de l'invasion phylloxérique.

(8 juillet 1882) (1)

DÉCRET

Portant règlement d'administration publique pour l'exécution de la loi du 4 avril 1882 sur la restauration et la conservation des terrains en montagne.

(11 juillet 1882) (2)

LOI

Portant réduction du délai de conservation des valeurs confiées à la poste.

(15 juillet 1882)

ART. 1er. Est réduit de huit à cinq années le délai fixé par les lois du 31 janvier 1833 et du 5 mai 1855 à partir duquel sont définitivement acquises à l'État, lorsque le remboursement ou la remise n'a pas été réclamé par les ayants droit dans ce délai : — Les sommes versées aux caisses des agents des postes et télégraphes ou déposées aux guichets de leurs bureaux pour être remises à destination sous forme de mandat ou autrement : — Les valeurs quelconques trouvées dans le service, insérées ou non dans les boîtes ou dans les lettres, et qui n'ont pu être remises au destinataire. — Le délai de cinq années court pour les sommes versées à partir du jour de leur versement, et pour les autres valeurs à partir du jour où elles ont été déposées ou trouvées dans le service.

2. Le délai de prescription pour les valeurs confiées à la poste ou trouvées dans le service, moins de trois ans avant la promulgation de la présente loi, sera de cinq années à partir de la date de cette promulgation. — Par mesure transitoire, l'administration est autorisée à faire détruire les mandats payés ayant plus de cinq ans de date, les pièces justificatives des payements et les documents de comptabilité s'y rapportant exclusivement. La simple indication conservée par elle du payement de ces mandats suffira pour la décharger entièrement. — Cette dernière disposition transitoire ne recevra son effet que trois mois après la date de la promulgation de la présente loi.

3. Les dispositions de l'article 1er seront inscrites sur les récépissés délivrés au public par les bureaux de poste et de télégraphe.

DÉCRET

Portant modification aux épreuves du doctorat en droit.

(20 juillet 1882)

ART. 1er. Les licenciés en droit doivent, pour obtenir le grade de docteur, subir trois examens et soutenir un acte public. — Les épreuves du doctorat doivent être subies devant la faculté où ont été prises les quatre inscriptions réglementaires, à moins d'une autorisation du recteur, qui ne peut être accordée que sur l'avis de cette faculté.

2. Le premier examen a pour objet le droit romain et son histoire. Une interrogation porte nécessairement sur le cours de *Pandectes*, d'après un programme général publié au commencement de l'année scolaire. — Le deuxième examen a pour objet le droit civil français et l'histoire du droit français ; l'histoire fait nécessairement l'objet d'une interrogation distincte. Dans les facultés où il existe deux cours d'histoire du droit spécialement institués en vue du doctorat, les candidats ont l'option entre les deux enseignements. — Le troisième examen a pour objet le droit constitutionnel et, en outre, deux matières choisies librement par le candidat parmi celles qui font l'objet d'un cours dans la faculté et qui n'auront pas fait partie des deux premiers examens. A défaut de cours spécialement institués en vue du doctorat sur les matières choisies, le candidat est interrogé d'après les programmes de la licence. — L'acte public porte sur deux dissertations. Le sujet de l'une d'elles est toujours pris dans le droit romain ; celui de l'autre peut l'être dans tout autre ordre d'études enseignées dans la faculté ; l'un et l'autre

(1) V. le texte dans notre édition in-8o.

(2) V. le texte dans notre édition in-8o.

sont choisis librement par le candidat, qui doit toutefois les présenter préalablement à l'approbation du doyen. — Le candidat joint aux dissertations académiques, outre les propositions prises dans les sujets traités, douze propositions prises en dehors de ces sujets, savoir : quatre sur le droit romain, quatre sur le droit civil français, quatre sur les autres parties du droit à son choix.

3. L'option autorisée par les paragraphes 2 et 3 de l'article précédent s'exerce parmi les enseignements donnés dans les cours complémentaires comme parmi ceux donnés dans les chaires magistrales. — Toutefois, quant aux cours complémentaires, l'option ne peut s'exercer que sous la condition que leur programme ait été spécialement autorisé comme programme d'examen par décision du ministre, après avis du comité consultatif de l'enseignement supérieur (section du droit). — Le candidat indique, lors de la consignation, les matières sur lesquelles il désire être interrogé.

4. Les programmes des cours spéciaux ordinaires ou complémentaires doivent être communiqués à la faculté, au mois de juillet de chaque année, et, après avis donné par elle, être soumis à l'approbation du ministre ; ils sont déposés au secrétariat de la faculté à l'ouverture de l'année scolaire ; ils servent de base à l'examen. — Le candidat qui n'a pas pris les inscriptions dans la faculté où il se présente pour subir l'examen dépose au secrétariat, lors de la consignation, le programme des cours qu'il a suivis ailleurs.

5. Les trois examens de doctorat et l'acte public sont passés devant quatre examinateurs. Au troisième examen, chacune des matières de l'épreuve fait nécessairement l'objet d'une interrogation ; la quatrième interrogation porte, au gré de l'examinateur, sur l'une ou l'autre des matières. — Chaque examen dure une heure ; l'acte public dure une heure et demie. — Nul n'est admis s'il n'a obtenu au moins deux blanches et une blanche rouge. En cas d'ajournement, l'épreuve ne peut être renouvelée qu'après un délai de deux mois ; aucune abréviation ne pourra être accordée.

6. Les épreuves du doctorat peuvent être subies à toute époque de l'année scolaire, sauf les restrictions jugées nécessaires par la faculté pour l'ordre général du service. — Le premier examen ne peut être subi qu'après la quinzième inscription prise. — Le deuxième et le troisième ne peuvent l'être qu'après la seizième. — L'acte public ne peut être soutenu qu'après les trois examens. — A quelque époque qu'un examen soit subi, il porte sur le programme d'une année entière.

7. L'article 4 du présent décret sera exécuté à partir du jour de la promulgation. — Les articles 1, 2, 3, 5 et 6 seront exécutés à partir de la même date, pour les étudiants qui n'auront pas encore subi avec succès le premier examen du régime actuel, qu'ils aient déjà pris ou non des inscriptions de doctorat. — Les étudiants ayant, à cette date, subi le premier examen du régime actuel, mais non le second, pourront choisir entre le nouveau mode et le mode antérieur. — A partir du 1er novembre 1884, le présent décret sera seul en vigueur.

DÉCRET

Portant modification à l'article 3 du décret du 28 décembre 1880.

(21 juillet 1882)

Art. 1er. L'article 3 du décret du 28 décembre 1880 est modifié ainsi qu'il suit : — « Le cours des inscriptions est suspendu pendant le temps passé sous les drapeaux dans l'armée active par les engagés conditionnels d'un an et par les jeunes gens qui, en Algérie, aux termes de l'article 28 de la loi du 6 novembre 1875, ne sont astreints qu'à une année de présence effective. — « Tout étudiant doit, lors de chaque inscription, déclarer qu'il n'est pas en activité de service, soit comme engagé conditionnel d'un an, soit comme soldat appartenant à la catégorie visée par la loi précitée. — « Les déclarations fausses entraînent l'application des peines établies par les articles 6 et 8 du statut du 9 avril 1725.

DÉCRET

Réglant les conditions d'admission aux emplois de trésorier-payeur général.

(22 juillet 1882)

Art. 1er. L'admission aux emplois de trésorier-payeur général est réglée comme il suit : — Deux tiers des vacances sont réservés aux receveurs particuliers et aux autres candidats appartenant ou ayant appartenu à un service ressortissant au ministère des finances. — Un tiers des vacances est réservé au choix du Gouvernement.

2. Le décret du 18 janvier 1880 est et demeure rapporté.

DÉCRET

Portant modification à l'art. 10 du décret du 28 décembre 1880 sur les conditions d'études et d'admission aux grades de bachelier et de licencié dans les facultés de droit.

(22 juillet 1882)

ART. 1er. L'article 10 du décret du 27 décembre 1880 est modifié ainsi qu'il suit : « Les inscriptions non suivies d'épreuve ne sont valables, outre l'année courante, que pour les deux années scolaires qui suivent la session de juillet où l'examen en vue duquel elles ont été prises aurait dû être subi; passé ce délai, elles sont périmées. — Elles sont également périmées en cas d'ajournement, si l'épreuve n'a pas été renouvelée dans le même délai ; si elle est renouvelée en temps utile, les inscriptions, en cas de nouvel ajournement, restent valables pour l'année scolaire qui suit celle pendant laquelle a eu lieu le dernier ajournement. Dans tous les cas, le bénéfice des examens subis avec succès reste acquis. — Pour les élèves soumis au régime ancien, les inscriptions ne sont valables, outre l'année courante, que pour les deux années scolaires qui suivent celle pendant laquelle l'examen, en vue duquel elles ont été prises, aurait dû régulièrement être subi, ou, en cas d'ajournement, aurait pu être renouvelé; en cas de renouvellement en temps utile, elles restent valables pour l'année scolaire qui suit celle pendant laquelle a eu lieu le dernier ajournement. — Le temps passé sous les drapeaux, dans l'armée active, n'est pas compté dans le délai entraînant la péremption. »

DÉCRET

Portant règlement sur les saillies sur la voie publique de Paris.

(22 juillet 1882) (1)

---

(1) *V.* le texte dans notre édition in-8o.

DÉCRET

Portant modification à l'article 5 du décret du 20 juin 1878 sur les examens à subir par les candidats au doctorat en médecine.

(23 juillet 1882) (1)

DÉCRET

Portant modification au paragraphe 1er de l'article 4 du décret du 20 juin 1878.

(23 juillet 1882)

ART. 1er. Le paragraphe 1er de l'article 4 du décret du 20 juin 1878 est modifié ainsi qu'il suit : — « Le premier examen est subi après la quatrième inscription et avant la cinquième ; la première partie du deuxième examen, après l'expiration du dixième trimestre d'études et avant la douzième inscription ; la deuxième partie de cet examen, après la douzième et avant la quatorzième. »

DÉCRET

Portant organisation de cours normaux pour la préparation de directrices d'écoles maternelles.

(27 juillet 1882) (2)

DÉCRET

Portant modification aux art. 4 et 5 du décret du 4 janvier 1881, relatif aux brevets de capacité.

(27 juillet 1882)

ART. 1er. Les art. 4 et 5 du décret du 4 janvier 1881 sont modifiés ainsi qu'il suit :

4. Pour se présenter devant une commission d'examen en vue d'obtenir le brevet supérieur, tout candidat doit justifier de la possession du brevet élémentaire et avoir 17 ans, à la date de l'ouverture de la session.

5. Pour se présenter aux examens du brevet simple, le candidat doit avoir au moins 16 ans à la date de l'ouverture de la session.

---

(1) *V.* le texte dans notre édition in-8o.

(2) *V.* le texte dans notre édition in-8o.

DÉCRET

Portant règlement pour la collation des bourses de l'État, des départements, des communes et des particuliers dans les lycées et les collèges de jeunes filles.

(28 juillet 1882) (1)

DÉCRET

Portant règlement pour l'administration et la comptabilité intérieure des écoles normales primaires.

(29 juillet 1882) (2)

LOI

Ayant pour objet la répression des outrages aux bonnes mœurs.

(3 août 1882) (3)

ART. 1er. Est puni d'un emprisonnement de un mois à deux ans et d'une amende de seize à trois mille francs (16 à 3,000 fr.) quiconque aura commis le délit d'outrage aux bonnes mœurs, par la vente, l'offre, l'exposition, l'affichage ou la distribution gratuite sur la voie publique ou dans les lieux publics d'écrits, d'imprimés autres que le livre, d'affiches, dessins, gravures, peintures, emblèmes ou images obscènes.

2. Les complices de ces délits, dans les conditions prévues et déterminées par l'art. 60 du code pénal, seront punis de la même peine, et la poursuite aura lieu devant le tribunal correctionnel, conformément au droit commun et suivant les règles édictées par le code d'instruction criminelle.

3. L'art. 463 du code pénal s'applique aux délits prévus par la présente loi.

4. Sont abrogées toutes les dispositions contraires à la présente loi.

LOI

Relative à la destruction des loups.

(3 août 1882)

ART. 1er. Les primes pour la destruction des loups sont fixées de la manière suivante : — Cent francs (100 fr.) par tête de loup ou de louve non pleine ; — Cent cinquante francs (150 fr.) par tête de louve pleine ; — Quarante francs (40 fr.) par tête de louveteau. — Est considéré comme louveteau l'animal dont le poids est inférieur à huit kilogrammes (8 kilogr.). — Lorsqu'il sera prouvé qu'un loup s'est jeté sur des êtres humains, celui qui le tuera aura droit à une prime de deux cents francs (200 fr.).

2. Le payement des primes pour la destruction des loups est à la charge de l'Etat. — Un crédit spécial est ouvert, à cet effet, au budget du ministère de l'agriculture.

3. L'abatage sera constaté par le maire de la commune sur le territoire de laquelle le loup aura été abattu.

4. La prime sera payée au plus tard le quinzième jour qui suivra la constatation de l'abatage.

5. Un règlement d'administration publique déterminera les formalités à remplir pour la constatation de l'abatage par l'autorité municipale, ainsi que pour le payement des primes.

6. La loi du 10 messidor an V est et demeure abrogée.

LOI

Tendant à augmenter le nombre des adjoints aux maires dans certains arrondissements de la ville de Paris.

(9 août 1882)

ART. UNIQUE. Il pourra être nommé deux adjoints en sus du nombre fixé par l'art. 16 de la loi du 14 avril 1871 dans ceux des arrondissements municipaux de la ville de Paris dont la population dépasse 120,000 habitants.

DÉCRET

Fixant la limite d'âge et les droits à percevoir par le trésor pour le baccalauréat de l'enseignement secondaire spécial.

(18 août 1882)

ART. 1er. Nul ne peut, sauf le cas de dispense, se présenter à l'examen du baccalauréat de l'enseignement secondaire spécial, s'il n'est âgé de 16 ans accomplis.

2. Les droits à percevoir par le Tré-

(1) V. le texte dans notre édition in-8°.

(2) V. le texte dans notre édition in-8°.

(3) V. Circ. Min. Just. 7 août 1882 (J. off., 13 août 1882).

or, pour le baccalauréat de l'enseignement secondaire spécial, sont fixés ainsi qu'il suit :

Examens.............	60
Diplôme.............	40
Total........	100

Lorsque le candidat est ajourné, il lui est remboursé la somme de 40 fr. sur les 100 fr. qu'il a consignés.

DÉCRET

Désignant les bureaux par lesquels les plantes et produits divers des pépinières, jardins, serres et orangeries, venant de l'étranger, pourront être introduits en France, et fixant les conditions exigées pour l'introduction de ces produits.

(28 août 1882) (1)

DÉCRET

Modifiant le tare légale accordée pour les caisses en planches servant au transport des fils de coton.

(11 septembre 1882)

ART. 1er. La tare légale est fixée à 17 p. 100 pour les caisses en planches épaisses de la nature de celles qui sont actuellement en usage pour le transport des fils de coton en bobines ou en canettes. — Dans tout autre cas, les caisses de fil de coton n'auront droit qu'à la tare de 12 p. 100.

(1) V. le texte dans notre édition in-8.

FIN DES LOIS USUELLES.

TABLE DE CONCORDANCE

DES

LOIS USUELLES, DÉCRETS, ORDONNANCES ET AVIS

DU CONSEIL D'ÉTAT

TABLE DE CONCORDANCE

DES

LOIS USUELLES, DÉCRETS, ORDONNANCES ET AVIS

DU CONSEIL D'ÉTAT

PAR ORDRE ALPHABÉTIQUE.

A

B

C

D

E

F

G

H

I

J

L

M

N

O

P

R

S

T

U

V

FIN DE LA TABLE DE CONCORDANCE.

TABLE ALPHABÉTIQUE

DES

CODES FRANÇAIS ET DU COMPLÉMENT [1].

A

(1) Voy. l'explication des abréviations au commencement du volume.

B

C

D

E

G

H

I

J

L

M

N

O

P

Q

R

S

T

U

V

www.ingramcontent.com/pod-product-compliance
Lightning Source LLC
LaVergne TN
LVHW021040011026
849160LV00007BA/205

* 9 7 8 2 0 1 9 9 7 1 5 2 6 *